CB076610

Suma
teológica
III
Tomás de Aquino

Tomás de Aquino

Suma
teológica

Volume III
I Seção da II Parte – Questões 1-48

**A BEM-AVENTURANÇA
OS ATOS HUMANOS
AS PAIXÕES DA ALMA**

Edições Loyola

© Introdução e notas:
Thomas d'Aquin – Somme théologique,
Les Éditions du Cerf, Paris, 1984
ISBN 2-204-02-229-2

Texto latino de *Editio Leonina*, reproduzido na Edição Marietti (ed. Cl. Suermondt, OP), Marietti, Turim, Roma, 1948ss.

Dados Internacionais de Catalogação na Publicação (CIP)
(Câmara Brasileira do Livro, SP, Brasil)

Tomás de Aquino, Santo, 1225?-1274
    Suma teológica : volume III : I seção da II parte : questões 1-48 : a bem-aventurança : os atos humanos : as paixões da alma / Tomás de Aquino ; tradução Carlos Josaphat Pinto de Oliveira. -- 3. ed. -- São Paulo : Edições Loyola, 2021.

    Título original: Thomas d'Aquin - Somme théologique
    ISBN 978-85-15-02764-4

    1. Igreja Católica - Doutrinas - Obras anteriores a 1800 2. Sacramento - Igreja Católica 3. Tomás de Aquino, Santo, 1225?-1274. Suma de teologia I. Título.

21-56282   CDD-230.2

Índices para catálogo sistemático:
1. Tomás de Aquino : Suma de teologia   230.2

Maria Alice Ferreira - Bibliotecária - CRB-8/7964

Edições Loyola Jesuítas
Rua 1822, 341 – Ipiranga
04216-000 São Paulo, SP
T 55 11 3385 8500/8501 • 2063 4275
editorial@loyola.com.br
vendas@loyola.com.br
www.loyola.com.br

Todos os direitos reservados. Nenhuma parte desta obra pode ser reproduzida ou transmitida por qualquer forma e/ou quaisquer meios (eletrônico ou mecânico, incluindo fotocópia e gravação) ou arquivada em qualquer sistema ou banco de dados sem permissão escrita da Editora.

ISBN 978-85-15-02764-4

3ª edição: 2021

© EDIÇÕES LOYOLA, São Paulo, Brasil, 2003

PLANO GERAL DA OBRA

Volume I	**I Parte – Questões 1-43** Teologia como ciência O Deus único Os três que são o Deus único
Volume II	**I Parte – Questões 44-119** O Deus criador O anjo A obra dos seis dias O homem A origem do homem O governo divino
Volume III	**I Seção da II Parte – Questões 1-48** A bem-aventurança Os atos humanos As paixões da alma
Volume IV	**I Seção da II Parte – Questões 49-114** Os hábitos e as virtudes Os dons do Espírito Santo Os vícios e os pecados A pedagogia divina pela lei A lei antiga e a lei nova A graça
Volume V	**II Seção da II Parte – Questões 1-56** A fé – A esperança – A caridade A prudência
Volume VI	**II Seção da II Parte – Questões 57-122** A justiça A religião As virtudes sociais
Volume VII	**II Seção da II Parte – Questões 123-189** A força A temperança Os carismas a serviço da Revelação A vida humana
Volume VIII	**III Parte – Questões 1-59** O mistério da encarnação
Volume IX	**III Parte – Questões 60-90** Os sacramentos da fé O batismo A confirmação A eucaristia A penitência

COLABORADORES DA EDIÇÃO BRASILEIRA

Direção:
Pe. Gabriel C. Galache, SJ
Pe. Danilo Mondoni, SJ

Coordenação geral:
Carlos-Josaphat Pinto de Oliveira, OP

Colaboraram nas traduções:

Aldo Vannucchi
Bernardino Schreiber
Bruno Palma
Carlos-Josaphat Pinto de Oliveira
Carlos Palacio
Celso Pedro da Silva
Domingos Zamagna
Eduardo Quirino
Francisco Taborda
Gilberto Gorgulho
Henrique C. de Lima Vaz
Irineu Guimarães
João B. Libanio

José de Ávila
José de Souza Mendes
Luiz Paulo Rouanet
Marcio Couto
Marcos Marcionilo
Maurílio J. Camello
Maurilo Donato Sampaio
Odilon Moura
Orlando Soares Moreira
Oscar Lustosa
Romeu Dale
Yvone Maria de Campos Teixeira da Silva
Waldemar Valle Martins

Diagramação:
So Wai Tam

Editor:
Joaquim Pereira

SIGLAS E ABREVIATURAS

Chamadas de notas, no rodapé
Formuladas em letras, referem-se às notas da tradução e das introduções.
Formuladas em algarismos, referem-se ao texto latino.

Referências bíblicas
Aparecem no texto com as siglas da Tradução Ecumênica da Bíblia — TEB.
As referências dadas por Sto. Tomás ou por seus editores foram adaptadas às bíblias traduzidas do hebraico e do grego que todos temos em mãos, hoje. A numeração dos salmos é, portanto, a do hebraico.
Após uma referência bíblica, a sigla Vg (Vulgata) não concerne à referência, mas assinala que Sto. Tomás funda-se em uma tradução cujo sentido não se encontra exatamente em nossas bíblias traduzidas do hebraico ou do grego.

Referência à *Suma teológica*
Seu título não é chamado. Suas partes são designadas por algarismos romanos.
— I, q. 1, a. 2, obj. 1 lê-se: *Suma teológica*, primeira parte, questão 1, artigo 2, objeção 1.
— I-II, q. 3, a. 1, s.c. lê-se: *Suma teológica*, primeira seção da segunda parte, questão 3, artigo 1, argumento em sentido contrário.
— II-II, q. 5, a. 2, rep, lê-se: *Suma teológica*, segunda seção da segunda parte, questão 5, artigo 2, resposta (ou "corpo do artigo").
— III, q. 10, a. 4, sol. 3 lê-se: *Suma teológica*, terceira parte, questão 10, artigo 4, solução (da objeção) 3.

Principais obras de Sto. Tomás
Com. = comentários sobre...
— IV Sent. d. 2, q. 3 lê-se: *Livro das Sentenças*, de Pedro Lombardo, quarto livro, distinção 2, questão 3.
— III CG, 12 lê-se: *Suma contra os gentios*, terceiro livro, capítulo 12.

Referências aos Padres da Igreja
— PL 12, 480 significa: MIGNE, *Patrologia latina*, tomo 12, coluna 480.
— PG 80, 311 significa: MIGNE, *Patrologia grega*, tomo 80, coluna 311.
Com frequência, deu-se a referência a edições contendo uma tradução francesa dos textos citados por Sto. Tomás:
— SC 90, 13 significa: Coleção *Sources Chrétiennes*, n. 90, p. 13.
— BA 10, 201 significa: *Bibliothèque Augustinienne*, tomo 10, p. 201.
— BL 7, 55 significa: *Correspondance de S. Jérôme*, por J. Labourt, aux éditions des Belles-Lettres, tomo 7, p. 55.

Referências ao magistério da Igreja
— DS 2044 significa: DENZINGER-SCHÖNMETZER, *Enchiridion Symbolorum*... n. 2044 (em latim).
— DUMEIGE 267 significa: GERVAIS DUMEIGE, *La Foi Catholique*... n. 267 (em francês).

AUTORES E OBRAS CITADOS NA SUMA TEOLÓGICA

I Seção – II Parte – Questões 1-48

AGOSTINHO (354-431) – Agostinho é universalmente conhecido. Africano de nascimento e inicialmente seduzido pelo maniqueísmo, contou, em suas *Confissões*, sua longa caminhada interior até a conversão e seu batismo, por Sto. Ambrósio, em 387.

Descobriu, atuando em sua vida, o amor gratuito de Deus, e essa experiência da graça iluminou toda a sua obra. Ordenado sacerdote, quase sem o querer, em 391, e bispo de Hipona, em 395, permaneceu sempre atraído pela experiência interior da união a Deus.

Sua obra é imensa. Excetuando Orígenes, nenhum autor cristão procurou a verdade em tantos campos: teologia, exegese, música etc. Combateu todas as heresias de seu tempo: maniqueísmo, donatismo, pelagianismo, procurando definir a doutrina cristã com força e precisão. Sua luta contra o pelagianismo levou-o demasiadamente longe no caminho da restrição à liberdade humana. Sua concepção do homem, marcada por um pessimismo latente, é transfigurada por seu amor a Cristo, o Verbo encarnado e salvador, e por sua ardente procura de Deus, fonte da vida bem-aventurada.

Agostinho não elaborou um sistema. Mas encontrou em Platão o que convinha a seu pensamento: "Nenhuma doutrina está mais próxima da nossa" (*Cidade de Deus* VIII, 5). Todavia, repensa essa doutrina como cristão. É em Deus que as Ideias subsistem, não existem em si.

Nada faz parar seu desejo de conhecer, e pesquisa longamente o mistério da Trindade (*Tratado sobre a Trindade*). Os acontecimentos trágicos de seu tempo ditam-lhe uma grandiosa visão da história, síntese da história universal e divina, em que as duas Cidades se enfrentam (*A Cidade de Deus*).

Agostinho exerce essa atividade espantosa concomitantemente ao exercício de um cargo pastoral extenuante. Dá-se inteiramente a seu povo de Hipona. Quer comunicar-lhe a chama que devora seu coração.

De todas as partes, é consultado. É a autoridade de numerosos concílios regionais, até a morte, momento em que os vândalos sitiam sua cidade de Hipona.

Agostinho lançou inúmeras ideias fecundas e novas. A Igreja do Ocidente o escolheu por guia, julgando-o infalível. Admirou nele o doutor do amor, da unidade da Igreja na caridade de Cristo, o doutor da graça. Essa riqueza de pensamento possibilitou a quase todas as heresias do Ocidente referir-se a uma ou outra de sua obras.

Depois de Aristóteles — e quase tanto quanto ele —, Agostinho é, de longe, o autor mais citado por Sto. Tomás que, também, atribui a ele muitas obras de outros autores.

ALEXANDRE DE HALES († 1245) – Teólogo franciscano, inglês de nascimento e professor na universidade de Paris. Sua obra mais conhecida é uma *Summa theologica* ou *Summa universae theologiae*. Serve-se da filosofia aristotélica no estudo da teologia.

AMBROSIASTER – Nome dado, desde o Renascimento, a um autor anônimo do século IV. Escreveu um comentário das epístolas de S. Paulo que chegou a nós, erradamente, entre os escritos de Sto. Ambrósio.

AMBRÓSIO – Nascido provavelmente em 339, morreu em 397. Filho de um prefeito do pretório das Gálias, Ambrósio seguiu a carreira dos filhos das grandes famílias. Era prefeito consular de Ligúria e de Emília, em 374, quando morreu Auxêncio, o bispo ariano de Milão. Eleito bispo da cidade, então capital do Império no Ocidente, em oito dias foi batizado e ordenado sacerdote.

Consciente de sua falta de preparo, Ambrósio iniciou-se na leitura das Escrituras, leu cuidadosamente os autores do Oriente cristão e, principalmente, Orígenes.

Conselheiro dos imperadores, administrador e homem de ação, soube utilizar as circunstâncias, às vezes difíceis, para assegurar a vitória da Igreja sobre o arianismo e os velhos cultos pagãos. Mas era, antes de tudo, um pastor, vigoroso defensor dos fracos e dos pobres. Seus sermões atraíam as massas: "A suavidade de seu discurso encantava", afirmou Sto. Agostinho, seduzido.

ARISTÓTELES (384-322 a.C.) – Nascido em Estagira, chega em 367 a Atenas, onde é aluno de Isócrates e, depois, de Platão, durante cerca de vinte anos, até a morte deste em 347.

Preceptor de Alexandre durante dois anos, volta a Atenas em 335 e funda a escola do Liceu. Durante treze anos, forma numerosos discípulos. Graças ao apoio de Alexandre, reúne uma biblioteca e uma documentação

consideráveis. É nessa época que compõe a maior parte de suas obras. Sua inteligência vastíssima possibilita-lhe trabalhar em todas as áreas: filosofia, anatomia, história, política.

Suas obras — cerca de mil, diz a tradição, das quais 162 chegaram até nós —, repartem-se em três grupos que constituem, segundo Aristóteles, o sistema das ciências:

Ciências poéticas, que estudam as obras da inteligência enquanto a inteligência "faz" algo com materiais preexistentes: poética, retórica e lógica.

Ciências práticas, que estudam as diversas formas da atividade humana, segundo três principais direções: ética, política, econômica.

Ciências teóricas, as mais altas: ciências matemáticas, ciências físicas, ciência primeira (a metafísica), incidindo no ser eterno e imutável, concreto e individual, substância e causa verdadeira, Deus.

Aquele que Sto. Tomás chama de "o Filósofo" estabeleceu as regras da arte da demonstração e do silogismo.

Separa-se completamente do sistema platônico; seu senso do concreto, do real, obriga-o a afirmar que as Ideias não existem fora dos indivíduos.

Segundo ele, tudo na natureza é composto de matéria e de forma. Toda matéria exige uma forma, e uma matéria não pode existir sem ser determinada por uma forma. A matéria e a forma estão entre si na relação da potência e do ato.

A mais alta atividade é o pensamento. Portanto, Deus é essencialmente inteligência e pensamento. É "pensamento de pensamento", ato puro, totalidade de ser e de existir.

AVICENA (980-1037) – Filósofo e médico árabe da escola de Bagdá, muito envolvido na política de seu tempo. Foi para os escolásticos um dos grandes iniciadores ao pensamento de Aristóteles; mas introduziu no aristotelismo temas neoplatônicos, o que suscitou, mais tarde, viva reação de Averróis.

Definiu a metafísica como ciência do ser, reconheceu os limites da inteligência humana, incapaz de conhecer a essência das coisas em si mesmas e capaz, apenas, de concluí-la a partir das qualidades que lhe são inseparáveis.

Seu *Cânon da Medicina* permaneceu a base dos estudos de medicina no Oriente como no Ocidente, até o século XVIII.

BENTO (± 480-547) – Pai e legislador dos monges do Ocidente, Bento compôs para seus monges uma *Regra* que são Gregório, seu biógrafo, afirma ser notável pela discreção e clareza da linguagem. Bento reúne toda a tradição dos antigos sobre a obediência, a humildade, no quadro de uma vida de oração, de trabalho e de caridade mútua. A obrigação da estabilidade faz da comunidade beneditina uma comunidade familiar. Devido a sua sabedoria, a *Regra de S. Bento* suplantou, pouco a pouco, todas as outras regras monásticas no Ocidente.

BOAVENTURA (1221-1274) – Teólogo franciscano, natural de Bagnoregio, na Toscana. Tornou-se superior geral dos franciscanos, cardeal-bispo de Albano e legado pontifício no concílio de Lyon. Escreveu numerosas obras de teologia e filosofia, inspiradas na doutrina de Agostinho. Uniu a razão com a mística. É conhecido como Doutor Seráfico.

BOÉCIO (480-524) – Herdeiro da cultura antiga, filósofo, Boécio veio a ser mestre do palácio do rei godo Teodorico, em 520. Mas, injustamente acusado de cumplicidade com Bizâncio e de alta traição, foi condenado, sem mesmo poder defender-se, à prisão e à morte.

Boécio está na junção de duas civilizações. Num mundo em que a cultura se perdia, pôde fazer sólidos estudos no Oriente, sobretudo em Atenas, e transmitir aos romanos a sabedoria antiga, mostra o acordo fundamental entre Platão e Aristóteles. Além disso, Boécio é um cristão familiarizado com o pensamento de Sto. Agostinho e com o dos filósofos gregos. Tenta uma síntese que a Idade Média estudou com admiração.

Sua obra é importante. Tratados de teologia como *Sobre a Trindade*; tradução e comentário de diversos tratados de Aristóteles, tratado sobre a música, a matemática etc.; a mais célebre de suas obras, a *Consolação da filosofia*, escrita na prisão, foi lida e recopiada ao longo da Idade Média.

CASULANO – Destinatário da Carta 36, escrita por Agostinho, em Hipona, em 397, em que refuta longamente um escrito sobre o jejum no sábado. Agostinho o chama de "irmão amadíssimo e copresbítero.

CAUSIS (*De*) – Tratado árabe (não necessariamente muçulmano) que adapta ao monoteísmo,

resumindo-os, os *Elementos de Teologia* do filósofo neoplatônico Proclo (412-485). Foi traduzido para o latim em meados do século XII, com o título de *Livro da Bondade Pura*, mas foi conhecido, principalmente, como *Livro das Causas* e atribuído quer a Aristóteles, quer a autores árabes ou judeus. A tradução, em 1268, dos próprios *Elementos*, por Guilherme de Moerbeke, possibilitou aos latinos conhecer a verdadeira origem do *Livro das Causas*.

CÍCERO, TÚLIO (106-43 a.C.) – O maior dos oradores romanos. Faz estudos para advocacia no ano 80. Eleito questor na Sicília, defende os sicilianos contra o antigo governador Verres e, pelo fato, torna-se célebre. Cônsul em 63, frustra a conjuração de Catilina. Tem a ambição de desempenhar grande papel político, mas é exilado e reabilitado. Nesse período de perturbações e guerra civil, morre assassinado por ordem de Antônio.

Para Cícero, a atividade intelectual está a serviço da política. Mas foi seu talento oratório que lhe valeu renome durável. Elaborou uma teoria da eloquência: "Provar, agradar, comover", que formou gerações de retóricos.

Formado no contato com os filósofos gregos, Cícero procurou, em seus tratados filosóficos, conciliar as diversas escolas (estoicos, epicuristas, acadêmicos) para chegar a uma moral prática (*Dos Deveres, Tusculanas*). Foi iniciador ao criar uma prosa filosófica.

CORNÉLIO CELSO, AULO (25 a.C-40) – Não era médico, mas conhecia bem a medicina greco-romana sobre a qual escreveu um tratado: *De medicina octo libri*. Descoberto pelo papa Nicolau V, no século XV, foi o primeiro livro médico a ser impresso em Florença no ano de 1478.

CRISÓSTOMO, JOÃO (± 347-407) – João, a quem a posteridade deu o título de "Crisóstomo" ou "Boca de Ouro", nasceu em Antioquia onde fez excelentes estudos profanos e exegéticos. A seguir, retirou-se às montanhas vizinhas e viveu entre os monges, depois, solitário. Doente, devido a excesso de austeridades, volta a Antioquia e põe-se a serviço da Igreja. Durante doze anos, atrai a cidade pelos sermões cheios de eloquência, comenta as Escrituras, defende os direitos dos pobres, lembra a grande tradição da Igreja de que está impregnado.

Sua fama é tão grande que, com a morte de Nectário, patriarca de Constantinopla, é praticamente "sequestrado" (397) para suceder-lhe. Na capital, João enfrenta o luxo desenfreado, intrigas e rivalidades. Empreende reformas, denuncia severamente os abusos e as injustiças sociais, em nome de Cristo. Mas incomoda. Sua liberdade de palavra e sua intransigência unem em oposição a bispos ciumentos e a imperadora Eudóxia. É o exílio, de curta duração, uma primeira vez, e definitiva, uma segunda vez. Em consequência de nova ordem de exílio mandando-o sempre mais longe, João morre de esgotamento.

De sua obra considerável (tratados sobre diversos temas, mas sobretudo homilias sobre a Escritura: Antigo Testamento, Evangelho e, particularmente, Epístolas de seu querido S. Paulo), os latinos não conheceram senão uma pequena parte (alguns tratados e homilias, *Comentários sobre Mateus, João e Hebreus*).

DAMASCENO (± 675-749) – Nascido em Damasco, daí o sobrenome, João faz-se monge de S. Sabas, perto de Jerusalém. É, antes de tudo, um teólogo. Seu nome está ligado à reação contra os iconoclastas. Ocupou-se, também, de exegese, de ascese, de moral.

Sua mais importante obra é a *Fonte do conhecimento*, suma do pensamento oriental, em que quer "unificar as vozes múltiplas" dos séculos anteriores. A obra divide-se em três partes: 1) os capítulos filosóficos, espécie de introdução filosófica à exposição do dogma, 2) um catálogo das heresias, 3) a exposição da fé ortodoxa.

Esta última parte, a mais conhecida, foi dividida por João em cem capítulos. Mas seu tradutor latino, em 1150, apresentou-a em quatro partes. Essa tradução foi uma das fontes de Pedro Lombardo*. João estabelece sua síntese teológica a partir do Padres gregos; ignora os Padres latinos. Essa Exposição da fé ortodoxa influenciou, com certeza, os teólogos do período escolástico.

Quanto ao livro citado igualmente por Sto. Tomás: *Sobre os que adormeceram na fé*, não é, provavelmente, de João Damasceno.

DIONÍSIO AREOPAGITA – Pseudônimo de um autor do Oriente do final do século V e início de século VI. Suas obras *A hierarquia celeste*, a *hierarquia eclesiástica*, os *Nomes divinos* (comentados por Sto. Tomás), a *Teologia mís-*

tica exerceram uma influência considerável no Oriente e no Ocidente, sem contar que, até o século XVI, acreditava-se que esse autor fosse realmente o Areopagita, discípulo de S. Paulo, o que deu a seus escritos imensa autoridade. O pseudo-Dionísio é um místico. Afirma que para conhecer Deus temos duas vias: a positiva, pela causalidade, que atribui a Deus, ao máximo, todas as perfeições; e a negativa, que é não-conhecimento, ignorância diante desse excesso de plenitude, pois Deus, o Transcendente, está além do cognoscível.

Além das processões internas que constituem as Pessoas da Trindade, há as processões externas: a criação. Deus, em sua condescendência, penetra os seres de sua bondade e os atrai para uni-los a si.

A síntese dionisiana, centrada na transcendência divina e na participação dos seres a Deus, fascinou verdadeiramente o pensamento medieval.

DIÓSCORO († 454) – Patriarca de Alexandria. A fim de defender a ortodoxia de seu antecessor S. Cirilo, toma partido a favor de Êutiques, acusando de nestorianismo Flaviano, patriarca de Constantinopla, e o papa Leão. Em 449, no Concílio de Éfeso que preside (chamado de "latrocínio" por S. Leão), Dióscoro recusa-se a escutar os legados do papa, reabilita Êutiques, depõe Flávio de Constantinopla. Mas o Concílio de Calcedônia, em 451, define a doutrina cristológica segundo o *Tomus ad Flavianum* de S. Leão, depõe Dióscoro e o exila.

DULCÍCIO – Destinatário da carta 204, escrita por Agostinho, em Hipona, entre 419 e 420. Era um tribuno encarregado de executar as leis imperiais contra os donatistas. Diante da resistência de Gaudêncio, bispo de Tamugades na Namídia, recorre a Agostinho. Este escreve o livro *Contra Gaudentium* respondendo a duas cartas do bispo a Dulcício e *De octo Dulcitii quaestionibus* em resposta às questões propostas por Dulcício.

EPICURO (341-270 a.C.) – Nascido em Samos ou Atenas, fundou em Atenas o "Jardim", uma escola que estabelecia como critério da moral as sensações e como princípio da felicidade, os prazeres delas decorrentes.

ESTOICOS – Filósofos seguidores da doutrina de Zenão, fundador do estoicismo no século IV a.C. Os estoicos têm uma física, uma lógica e uma metafísica. Mas preocupam-se mais com a ação que com a ciência. Para eles, Deus é ordenador de todas as coisas, mas sem as ter criado. É Providência. Ocupa-se do homem que pode dirigir-se a ele pela oração. Dá ao homem uma alma racional. A função dessa alma consiste em dar a Deus seu assentimento: "Não obedeço a Deus, dou-lhe meu consentimento; estou de acordo, não constrangido" (Sêneca*).

Deste princípio decorre a moral estoica, que constitui a essência da doutrina e sua finalidade. O homem deve seguir sua natureza, que é "razão". A virtude é a escolha refletida e voluntária do que é conforme à natureza, isto é, conforme à razão. O bem supremo está no esforço para chegar à virtude. Todo o restante, prazer, dor etc., é indiferente. A virtude reside inteiramente na intenção. Não há graus na virtude (nem no vício). A paixão é contrária à natureza, é uma doença da alma. O sábio deve abster-se da paixão, permanecer insensível. Quem não realizou essa libertação é um escravo. Quem possui a virtude possui a felicidade.

EUDEMO DE RODES (séc. IV a.C.) – Filósofo grego, discípulo de Aristóteles, escreveu um comentário ao livro da Física de seu mestre. É autor de Histórias da astronomia e da geometria.

FILÓSOFO (O) – Assim é que Sto. Tomás se refere, com maior frequência, a Aristóteles.

GLOSA – Compilação do século XII cujo plano foi concebido por Anselmo de Laon (1050-1117). A obra foi realizada, em parte, por Anselmo, em parte por pessoas que o cercavam. Os versículos da Bíblia são acompanhados, na margem, de excertos de comentários patrísticos.
→ GLOSA LOMBARDI, ver Pedro Lombardo*.

GREGÓRIO DE NISSA (± 335-394) – Irmão de S. Basílio que o consagra, em 371, bispo de Nissa, na Capadócia. Gregório é um filósofo, um teólogo, um místico. Desempenhou um grande papel no Concílio de Constantinopla (381), ao lado de Gregório Nazianzeno.

Sua obra é vasta. Escreveu tratados dogmáticos para refutar as numerosas heresias de seu tempo, uma longa Catequese, exposição sistemática da fé cristã e comentários da Escritura. Consagra seus últimos anos a obras para os meios monásticos organizados por S. Basílio e

empenha-se em dar uma "mística" a esse fervoroso movimento: *Vida de Moisés, Comentário do Cântico dos Cânticos*.

Sto. Tomás atribui-lhe o tratado *Sobre a natureza do homem*, muito apreciado durante a Idade Média, composto, na realidade, por NEMÉSIO, bispo de Emesa, nos últimos anos do século IV.

GREGÓRIO I MAGNO – Nascido por volta de 540, papa de 590 a 604). Oriundo de uma grande família romana foi, por volta de 570, prefeito de Roma, o mais alto cargo da cidade. Logo depois, renuncia ao mundo para tornar-se monge. É enviado a Constantinopla como apocrisário (núncio) de 579 a 585. Em 590, após sete meses de resistência, torna-se bispo de Roma num momento particularmente infeliz: invasão lombarda, peste. Grande administrador, reorganiza o patrimônio da Igreja e as distribuições aos pobres, procura defender a Itália, luta contra a simonia e a imoralidade do clero, envia missionários à Inglaterra, afirma os direitos da primazia romana.

Esse homem de ação é, também, um pastor. Escreve e prega. Sua correspondência é abundante. *As Morais sobre Jó* e as *Homilias sobre Ezequiel*, conferências para um círculo monástico, são uma exposição da teologia moral penetrada por um grande desejo de Deus; suas *Homilias sobre o Evangelho*, seus *Diálogos* dirigem-se, principalmente, ao povo de Deus, e sua *Pastoral* destina-se a quem tem responsabilidade dentro da Igreja. São Gregório foi lido, copiado, meditado durante toda a Idade Média, que encontrou nele seu mestre espiritual.

HEITOR – filho de Príamo, morto por Aquiles.

HUGO DE SÃO VITOR († 1141) – Nada se sabe de suas origens. Por volta de 1127, está na abadia de São Vítor, em Paris e torna-se, em 1133, mestre da escola pública da abadia. Dá-lhe grande impulso. É um dos espíritos mais cultivados da Idade Média, um homem cheio de curiosidade intelectual e do zelo de tudo aprender.

Sua obra é imensa, desde a gramática (pois todas as artes são servas da divina Sabedoria) até a teologia. Suas obras mais conhecidas são: *A Escritura e os escritores sacros*, os *Sacramentos da fé cristã*, sem contar numerosos comentários da Escritura.

A *Suma das Sentenças* a que se refere Sto. Tomás não é, propriamente falando, de Hugo de São Vitor, mas recebeu sua influência.

JERÔNIMO (± 347-420) – Temperamento impetuoso, Jerônimo passou a juventude viajando para instruir-se junto aos melhores mestres, antes de fazer um estágio no deserto, onde procura dominar seu rude temperamento. "Trilíngue" (sabe o grego e o hebraico), volta a Roma onde, devido a sua ciência, o papa Dâmaso* o escolhe para secretário. Depois da morte de Dâmaso, Jerônimo deve deixar a cidade em que conta com muitos amigos e, também, com numerosos inimigos. Acaba instalando-se em Belém com um grupo de "fiéis". Funda dois mosteiros, um masculino e outro feminino, e leva uma vida de trabalho assíduo e de oração. Empreende a grande obra de sua vida: a tradução da Bíblia, do hebraico para o latim. Sempre muito ativo e atento, impressionável e excessivo, imiscui-se em todas as controvérsias e sua pena ágil escreve alternadamente comentários sobre as Escrituras, cartas e panfletos.

LUCÍLIO, CAIO (180-102 a.C.) – Poeta satírico romano.

ORÍGENES (± 185-253) – É iniciado nas Escrituras pelo pai (que acabou morrendo mártir). Clemente de Alexandria* forma-o, a seguir, nos conhecimentos humanos e cristãos. Demonstra inteligência tão brilhante que o bispo de Alexandria confia-lhe a direção da escola catequética, mesmo tendo apenas 18 anos. Dá imenso brilho à escola, tanto pelo valor de seus ensinamentos como pelo exemplo de sua vida austera. Completa sua formação filosófica pelas lições de Amônio Saccas, a leitura de Platão e de Aristóteles; estuda o hebraico para ler o texto do Antigo Testamento no original. Crente ardoroso e apaixonado, "tinha recebido o dom de pesquisar e de descobrir" (Gregório Taumaturgo, seu aluno). Procura a verdade em todas as fontes mas, antes de tudo, na Escritura. Em consequência de atrito com seu bispo, parte, em 231, para Cesareia da Palestina onde funda uma escola, que passou a ser tão próspera quanto a primeira. De todos os lugares, consultam-no sobre questões difíceis, pois não há, ainda, nem concílios nem definição de fé. É a partir da Escritura que os problemas se colocam e que se procura resolvê-los. Durante a perseguição de Décio, Orígenes é longamente torturado

e morre pouco depois, em consequência das torturas.

Orígenes deixou obra imensa: 2.000 títulos. Seu pensamento ousado e novo exerceu profunda influência sobre os séculos seguintes. Foi o primeiro a fazer exegese científica sobre todos os livros da Escritura; comentários profundos, escólios sobre as passagens difíceis, homilias calorosas para os fiéis. Compôs escritos ascéticos, apologéticos (*Contra Celso*) e, sobretudo, o tratado *Dos Princípios*, a primeira *Suma Teológica* da antiguidade cristã. Numa grande síntese, Orígenes parte da natureza íntima de Deus para terminar na consumação do universo.

Quase todas as obras de Orígenes desapareceram nas controvérsias levantadas por seu pensamento audacioso, muitas vezes deformado por seus discípulos. Esse homem que tanto amou a Igreja e que testemunhou fidelidade à sua fé, foi condenado por seus erros sobre a preexistência das almas, a existência de vários mundos sucessivos, a salvação final universal (incluindo os demônios). Mas seus erros não podem fazer esquecer todas as descobertas e os aprofundamentos que enriqueceram o pensamento cristão.

→ AMÔNIO SACCAS, mestre grego em Alexandria. Cristão de nascimento, passou ao paganismo.

PEDRO LOMBARDO (± 1100-1160) – De origem lombarda, chega a Paris em 1136 para completar seus estudos. A partir de 1142, é mestre afamado na escola de Notre-Dame. Acompanha de perto todas as correntes de ideias de seu tempo, faz parte do corpo de jurados que, no concílio de Reims, condena Gilberto de la Porrée. Em 1159, é escolhido para bispo de Paris. Morre no ano seguinte.

Todas as suas obras são fruto de seu ensino: *Glosa-Comentário das Salmos*, espécie de compilação patrística que deve servir de complemento à brevidade da obra de Anselmo de Laon, *Glosa sobre as Epístolas de S. Paulo*, ainda mais famosa que a anterior. Mas uma obra, em especial, valeu a Pedro o título de "**Mestre das Sentenças**", os quatro *Livros das Sentenças*: 1) Deus trino e uno; 2) Deus criador, graça e pecado; 3) Verbo encarnado e Cristo redentor, virtudes e decálogo; 4) Sacramentos e fins derradeiros. Esse plano marca um progresso real sobre os compêndios teológicos desse tempo.

Na efervescência do século XII, quando os mestres enveredam, às vezes, por teorias arriscadas, Pedro Lombardo é um moderado. Não quer contentar-se com uma atitude meramente defensiva multiplicando as condenações; sente a necessidade de pesquisar seus contemporâneos e quer mantê-los na ortodoxia. Fiel à tradição dos Padres e com uma clara preocupação pedagógica, une uns aos outros formando como que um mosaico de sábios. Toma, também, de seus contemporâneos, mas não quer elaborar teorias pessoais. Não é um filósofo e não tem, provavelmente, a envergadura de seus grandes predecessores. Sua obra, contudo, apesar de algumas oposições tenazes, é logo apreciada. No Concílio de Latrão, em 1215, os *Livros das Sentenças*, atacados por Joaquim de Fiore, recebem um solene elogio por sua ortodoxia. A partir desse momento, passam a ser o manual de base para o ensino da teologia. São comentados, adaptados. É só a partir do século XVII que a *Suma* de Sto. Tomás os substitui.

PLATÃO (± 428-347 a.C.) – Ateniense, por volta de 20 anos, liga-se a Sócrates*; vive em sua intimidade durante oito anos. Depois da morte de seu mestre, viaja para se instruir e volta a Atenas, onde funda uma escola de filosofia nos jardins de Academos. Aí, durante quarenta anos, ajuda seus discípulos a descobrir a verdade que trazem em si mesmos, e da qual devem tomar consciência.

Podemos conhecer o pensamento de Platão graças a seus escritos. Inicialmente fiel ao método socrático, reelabora, pouco a pouco, a doutrina das Ideias e a dialética. A dialética é o meio que possibilita à alma elevar-se, por degraus, das aparências múltiplas e mutantes até as Ideias (essências), modelos imutáveis, das quais o mundo sensível é imagem. Assim, a alma passa do devir ao ser, da opinião à ciência, pois é "irmã das Ideias", tem parentesco com elas. Conheceu-as numa existência anterior; mas essas Ideias permanecem latentes, adormecidas no seio do pensamento, até o choque ocasional transmitido ao espírito pelo corpo (a sensação) que desperta sua potência. Portanto, todo conhecimento é reminiscência, conversão graças à qual a alma reorienta seu olhar para as realidades verdadeiras. O conhecimento discursivo é importante, mas a forma superior do saber é uma visão, uma intuição intelectual

das Essências. As Ideias relacionam-se entre si. Seu princípio é a Ideia do Bem, Deus, "medida de todas as coisas", princípio de toda existência, causa universal e causa de cada ser. Deus é Providência e dará, numa outra vida, recompensa ou castigo à alma que é imortal.

Platão quer pôr a alma em busca da verdade. Para isso não basta raciocinar corretamente, é preciso a pureza de uma vida reta. Não se alcança a verdade seguindo ilusões vãs.

Embora durante a Idade Média os latinos só conhecessem o *Timeu*, Platão exerceu uma verdadeira atração sobre o pensamento cristão tanto no Oriente como no Ocidente. Os cristãos dos primeiros séculos viram nele "o maior teólogo de todos os gregos", aquele que convida a ver com o olho da alma a luz imutável e eterna, a procurar a verdade além do mundo dos corpos, a descobrir as perfeições invisíveis de Deus mediante as coisas criadas que são Ideias de Deus projetadas no ser, a reconhecer que Deus é o Bem supremo.

→ ESPEUSIPO, cunhado de Platão.

PRÓSPERO DE AQUITÂNIA (± 390-455/463) – Nascido na Aquitânia, mora em Marselha em 426. Apavorado pelas doutrinas semipelagianas dos monges da região, escreve a Agostinho para assinalar-lhe o perigo. Pouco antes de morrer, Agostinho responde por *A Predestinação dos Santos* e *O Dom da Perseverança*. Sempre mais isolado em Marselha, Próspero vai a Roma, esperando obter uma condenação. O papa prega a paz aos dois partidos. Mas nenhum o leva em conta e Próspero escreve suas *Respostas* às objeções caluniosas dos Gauleses e outros tratados. Pouco a pouco, volta a sentimentos mais pacíficos e vê que é preciso abandonar certas posições intransigentes de Agostinho. Desempenha funções importantes na chancelaria pontifícia, junto a S. Leão. Escreveu um *Comentário dos Salmos*, um tratado sobre *A Vocação de todos os Povos*, um *Livro das Sentenças* tiradas das obras de Sto. Agostinho, assim como uma vasta Crônica que vai até 455.

O tratado sobre *A vida contemplativa*, que Sto. Tomás lhe atribui, é obra de Juliano Pomère, sacerdote de Arles, morto em 498.

PTOLOMEU (± 90-168) – Célebre astrônomo, matemático e geógrafo grego de Alexandria. Sua obra mais conhecida é *A Composição Matemática* (ou *Almagesto*), descrição do mundo geocêntrico (sistema de Ptolomeu). Escreveu, também, obras de astronomia e de ótica.

RABANO MAURO (Hrabanus Maurus) (aproximadamente 780-856) – Monge beneditino de Fulda (Alemanha), Rabano Mauro vai seguir em Tours os curso de Alcuíno. De volta, nomeado diretor de escola e abade de Fulda, torna-se, enfim, bispo de Mainz. Recebeu o título de "preceptor da Germânia". Espírito enciclopédico, como seu mestre ALCUÍNO, comentou quase todo o Antigo e o Novo Testamentos. Escreveu, também, um livro sobre *A instituição dos clérigos* e um *De universo*, espécie de Suma em que reúne todo o saber de seu tempo.

SALÚSTIO (86-35 a.C.) – Historiador latino. Começa pela carreira política: senador no tempo de César, governador da Numídia, onde enriquece sem escrúpulo. Depois da morte de César, retira-se da política e dedica-se à história. Escreveu *A Conjuração de Catilina*, *A Guerra de Jugurta* e *Histórias* de que só temos fragmentos.

SÊNECA (4 a.C.-65 d.C.) – Nascido em Córdoba, chega a Roma e inicia-se na filosofia estoica. Advogado e questor, é exilado durante oito anos. Agripina o chama de volta para confiar-lhe, e a Burro, a educação de Nero. Quando Nero se torna imperador, Sêneca procura contê-lo em suas paixões. Nero o implica na conjuração de Pisão e lhe envia a ordem de matar-se.

A obra de Sêneca é variada: tragédias, tratados de filosofia dos quais alguns são muito conhecidos: *A clemência*, *Os benefícios*, *A constância do sábio*, *A tranquilidade da alma*, *Cartas a Lucílio*. Sua filosofia é exclusivamente moral. Propõe o domínio de si. Os Padres da Igreja acharam que o pensamento dele estava de acordo com a moral cristã.

TÚLIO – Sobrenome de Cícero* pelo qual é geralmente designado na Idade Média.

VEGÉCIO – Escritor latino do final do século IV, autor de um *Tratado da Arte Militar*.

VIRGÍLIO (± 70-19 a.C.) – Célebre poeta latino. De origem modesta, renuncia à eloquência e à filosofia para dedicar-se à poesia. Sustentado por Asínio Pólio e, depois, por Otávio e Mecenas, publica, em 39, *As Bucólicas*, em 29, *As Geórgicas*. Quando morreu, trabalhava na *Eneida*, vasta epopeia nacional.

Sto. Tomás só o cita a partir de Sto. Agostinho.

STO. AGOSTINHO
—— *Confessionum Libri tredecim*: ML 32,659-868 (*Confess.*).
—— *Contra Faustum Manichaeum Libri triginta tres*: ML 42,207-518 (*Contra Faust.*).
—— *Contra Iulianum Haeresis Pelagianae Defensorem Libri sex*: ML 44,641-874 (*Contra Iulian.*).
—— *Contra Maximinum Haereticum Arianorum Episcopum Libri duo*: ML 42,743-814 (*Contra Maximin. Haeret.*).
—— *Contra Mendacium ad Consentium Liber unus*: ML 40,517-548 (*Contra Mendac.*).
—— *De Civitate Dei contra Paganos Libri duo et viginti*: ML 41,13-804 (*De Civit. Dei*).
—— *De Diversis Quaestionibus LXXXIII Liber unus*: ML 40,11-100 (*Octog. trium Quaest.*).
—— *De Doctrina Christiana Libri quatuor*: ML 34,15-122 (*De Doctr. Christ.*).
—— *De Genesi ad Litteram Libri duodecim*: ML 34,345-486 (*De Genesi ad Litt.*).
—— *De Libero Arbitrio Libri tres*: ML 32,1221-1310 (*De Lib. Arb.*).
—— *De Moribus Ecclesiae Catholicae et de Moribus Manichaeorum Libri duo*: ML 32,1309-1378 (*De Mor. Eccl. Cathol.*).
—— *De Natura Boni contra Manichaeos Liber unus*: ML 42,551-572 (*De Nat. Boni*).
—— *De Sermone Domini in Monte secundum Matthaeum Libri duo*: ML 34,1229-1308 (*De Serm. Dom.*).
—— *De Trinitate Libri quindecim*: ML 42,819-1098 (*De Trin.*).
—— *De Vera Religione Liber unus*: ML 34,121-172 (*De Vera Relig.*).
—— *Enarrationes in Psalmos*, ps. I-LXXIX: ML 36,68-1028; ps. LXXX-CI: ML 37,1033-1968 (*Enarr. in Psalm.*).
—— *Enchiridion ad Laurentium, sive de Fide, Spe et Caritate Liber unus*: ML 40,231-290 (*Enchir.*).
—— Epistola CXVIII *Ad Dioscorum*: ML 33,431-449 (Epist. CXVIII *Ad Diosc.*).
—— Epistola CXLVII *De Videndo Deo ad Paulinam*: ML 33,596-622 (Epist. CXLVII *Ad Paulinam*).
—— Epistola CCXI *Ad Monachas*: ML 33,958-965 (Epist. CCXI *Ad Monachas*).
—— *In Epistolam Ioannis ad Parthos Tractatus decem*: ML 35,1977-2062 (*In I Ioann.*).
—— *In Ioannis Evangelium Tractatus centum viginti et quattuor*: ML 35,1379-1976 (*In Ioann.*).
—— *Retractationum Libri duo*: ML 32,583-656 (*Retract.*).
—— *Sermones ad Populum*, serm. I-CCCXL: ML 38,23-1484; serm. CCCXLI-CCCXCVI: ML 39,1493-1718 (*Serm. ad Popul.*).
—— *Soliloquiorum Libri duo*: ML 32,869-904 (*Solil.*).

STO. AGOSTINHO (?)
—— *De vera et falsa Poenitentia ad Christi Devotam Liber unus*: ML 40,1113-1130 (*De vera et falsa Poenit.*).

ALEXANDRE DE HALES
—— *Summa Theologica*, edita studio et cura PP. Collegii S. Bonaventurae (Quaracchi 1924-1930) 3 vols. (*Summa Theol.*).

STO. AMBRÓSIO
—— *Expositio Evangelii secundum Lucam Libris decem comprehensa*: ML 15,1607-1944 (*In Luc.*).
—— *Hymnus: Deus Creator omnium*: ML 16,1473.
—— *In Epistolam Beati Pauli ad Galatas*: ML 17,357-394 (*In Gal.*).
—— *Obras de S. Ambrosio. Edición bilingüe* (Madrid, BAC).

ARISTÓTELES
—— *Analyticorum Posteriorum* (Bk 71a1-100b17) (*Post.*).
—— *Ars Rhetorica* (Bk 1354a1-1420b4) (*Rhet.*).
—— *Categoriae sive Praedicamenta* (Bk 1a1-15b33) (*Cat.*).
—— *De Anima* (Bk 402a1-435b25) (*De An.*).
—— *De Animalium Motione* (Bk 698a1-704b3) (*De Anim. Mot.*).
—— *De Caelo* (Bk 268a1-313b23) (*De Caelo*).
—— *De Generatione Animalium* (Bk 715a1-789b20) (*De Gen. Anim.*).

—— *De Interpretatione sive Perihermeneias* (Bk 16a1-24b9) (*Periherm.*).
—— *De Partibus Animalium* (Bk 639a1-697b30) (*De Part. Anim.*).
—— *De Poetica* (Bk 1447a8-1462b18) (*Poet.*).
—— *De Re Publica o Politica* (Bk 1252a1-1342b34) (*Pol.*).
—— *De Virtutibus et Vitiis* (Bk 1249a26-1251b37) (*De Virt. et Vit.*).
—— *Ethica ad Eudemum* (Bk 1214a1-1249b25) (*Lib. de Bona Fortuna*).
—— *Ethica Nicomachea* (Bk 1094a1-1181b23) (*Eth.*).
—— *Metaphysica* (Bk 980a21-1093b29) (*Metaph.*).
—— *Meteorologicorum* (Bk 338a20-390b22) (*Meteor.*).
—— *Physica Auscultatio* (Bk 184a10-267b26) (*Phys.*).
—— *Topicorum* (Bk 100a18-164b19) (*Top.*).

PSEUDO-ARISTÓTELES
—— *Problemata* (Bk 859a1-967b27) (*De Probl.*).

AVICENA
—— *Opera in lucem redacta ac nuper quantum ars niti potuit per canonicos emendata*, translata per Dominicum Gundissalinum (Venetiis 1508). (*De An.*) (*Metaph.*) (*Suffic.*) (*De Nat. Anim.*).

S. BENTO
—— *San Benito. Su vida. Su regla* (Madrid, BAC).
—— *Regula, cum Commentariis*: ML 66,215-932 (*Reg. ad Mon.*).

S. BOAVENTURA
—— *Commentarii in quatuor Libros Sententiarum Petri Lombardi*, t. 1-4 (*In Sent.*).

BOÉCIO
—— *Commentaria in Porphyrium a se translatum*: ML 64,71-158 (*Isagoge*, Boethio interprete).
—— *De Consolatione Philosophiae Libri quinque*: ML 63,579-862 (*De Consol.*).
—— *In Librum Aristotelis de Interpretatione Libri sex. Editio secunda, seu Maiora Commentaria*: ML 64,393-640 (*Maior Comm. in De Interpret. Arist.*).
—— *Liber de Persona et duabus Naturis contra Eutychen et Nestorium ad Ioannem Diaconum Ecclesiae Romanae*: ML 64,1337-1354 (*De duabus Nat.*).

CÍCERO
—— *De Finibus*: DD 3,487-612 (*De Finibus*).
—— *Rhetorica seu De Inventione Oratoria*: DD 1,88-169 (*Rhetor.*).
—— *Topica*: DD 1,489-507 (*Top.*).
—— *De Tusculanis Quaestionibus*: DD 3,621-670; 4,1-74 (*Tuscul.*).

PSEUDO-DIONÍSIO AREOPAGITA
—— *De Caelesti Hierarchia*: MG 3,119-370 (*De Cael. Hier.*).
—— *De Divinis Nominibus*: MG 3,585-996 (*De Div. Nom.*).
—— *De Mystica Theologia ad Timotheum*: MG 3,997-1064 (*De Myst. Theol.*).

ESTOICOS
—— *Stoicorum Veterum Fragmenta*, 4 vols., collegit 1. Ab Arnim (Lipsiae, in Aedibus B. G. Teubneri, 1921-1924) (*Fragm.*), *De Virtute* (*Fragm.* v. 3).

GLOSA
—— *Glossa Ordinaria cum expositione Lyre litterali et morali, necnon additionibus et relicis*, 6 vols. (Basileae, Iohanni Petri de Langedorff et Iohanni Frobenio de Hammelburg, 1506-1508) (*Glossa ordin.*) (*Glossa interl.*).

S. GREGÓRIO MAGNO
—— *Homiliarum in Ezechielem Prophetam Libri duo*: ML 76,786-1072; CC 142 (*In Ezech.*).
—— *Moralium Libri*, 1. I-XVI: ML 75,509-1162; 1. XVII-XXXV: ML 76,9-782; CC 143-143A-143B (*Moral.*).

—— *Obras de S. Gregorio Magno* (Madrid, BAC).
—— *Quadraginta Homiliarum in Evangelia Libri duo*: ML 76,1075-1312 (*In Evang.*).

PSEUDO-GREGÓRIO DE NISSA (NEMÉSIO EMESENO)
—— *De natura hominis*: MG 40-503-818 (*De Nat. Hom.*).

HOMERO
—— *Carmina et Cycli Epici Reliquiae, Graece et Latine, editio iteratis curis correcta* (Parisiis, Firmin-Didot, 1853) (DD) (*Iliad.*) (*Odyss.*).

S. JERÔNIMO
—— *Libri quatuor Commentariorum in Evangelium Matthaei, ad Eusebium*: ML 26,15-228 (*In Matth.*).

S. JOÃO CRISÓSTOMO
—— *Commentarius in S. Matthaeum Evangelistam*: MG 57,13-472; 58,471-794 (*In Matth.*).
—— *Commentarius seu Homiliae in Epistolam ad Romanos*: MG 60,391-682 (*In Rom.*).

S. JOÃO DAMASCENO
—— *Expositio accurata Fidei Orthodoxae*: MG 94,789-1228 (*De Fide Orth.*).

LIBER DE CAUSIS
—— *S. Thomae in Librum De Causis expositio* cura et studio C. Pera (Taurini 1955) (*De Causis.*).

ORÍGENES
—— *Homiliae in Exodum*: MG 12,297-396 (*In Exod.*).
—— *Homiliae in Numeros*: MG 12,585-806 (*In Num.*).
—— *Peri Archon Libri quatuor Interprete Rufino Aquileiensi Presbytero*: MG 11,115-414 (*Peri Archon*).

PEDRO LOMBARDO
—— *Collectanea in omnes Divi Pauli Epistolas, Rom., I Cor.*: ML 191,1297-1696; otras: ML 192,9-520 (*Glossa Lombardi*).
—— *Libri IV Sententiarum*, 2 vols., editi studio et cura PP Collegii S. Bonaventurae (Quaracchi 1916) (*Sent.*).

PLATÃO
—— *Platonis Opera*, ex recensione R. B. Hirschigii graece et latine, 2 vols. (Parisiis, A. Firmin-Didot 1856) (*Phaedo-Thaeel.-Protag.-Philebus-Symposium-Respublica-Timaeus*).
—— *Timaeus ex Platonis Dialogo translatus et in eundem Commentarius a* Chalcidio edidit G. A. Mullachius (Parisiis 1867) (Fragmenta Philosophorum graecorum, edidit G. A. Mullachius. Parisiis, Firmin-Didot, vol. 2, p. 147-258) (*Timaeus*, Chalcidio interprete: DD).

PRÓSPERO DE AQUITÂNIA
—— *Sententiarum ex Operibus S. Augustini Delibatarum Liber unus*: ML 51,427-496 (*Sent.*).

PTOLOMEU
—— *Liber Ptholomei quattuor tractuum (Quadripartitum) cum Centiloquio eiusdem Ptholomei et commento Haly* (Venetiis 1484) (*Centiloquium Quadripartitum*).

RABANO MAURO
—— *Commentariorum in Matthaeum Libri octo*: ML 107,727-1156 (*In Matth.*).

SALÚSTIO
—— *Conjuration de Catilina-Guerre de Jugurtha*, texte établi et traduit par J. Roman (Paris 1924) (Collection des Universités de France, édition Budé, "Les Belles-Lettres") (*In Coniurat. Catil.*).

SÊNECA
—— *Lettres à Lucilius*. Texte établi par F. Préchach et traduit par H. Noblot (Paris 1958-1965) 5 t. (Collection des Universités de France, éditions Budé, "Les Belles-Lettres") (*Ad Lucilium*: BU).

Vegécio Renato
—— *Ad Valentinianum Augustum Institutorum Rei Militaris ex Commentariis Catonis, Celsi, Traiani, Hadriani et Frontini* (*Instit. Rei Militar.*: DD).

Virgílio
—— *Énéide*. Texte établi par J. Perret (Paris 1794) 3 vols. (Collection des Universités de France, éditions Budé, "Les Belles-Lettres") (*Aeneidos*: BU).

A BEM-AVENTURANÇA

Introdução e notas por Jean-Louis Bruguès

INTRODUÇÃO

A importância do presente tratado não poderia passar despercebida. No plano da Suma, marca uma divisão essencial. Não apenas abre a segunda Parte — que denominamos impropriamente de *moral* da Suma —, como a terceira Parte. Depois de ter estudado Deus em si mesmo, ao mesmo tempo uno e trinitário, e enquanto autor da criação, Sto. Tomás aborda aqui, de maneira magnificamente desenvolvida, o grande movimento de *retorno* a Deus de toda a criação. Isto porque todas as criaturas são chamadas de volta ao Criador. Para a maior parte delas, não dotadas de razão, esse retorno será operado de maneira passiva: Deus as orienta para ele, que simplesmente as atrai. O mesmo não ocorre com o homem. Pelo fato de ser criado à imagem de Deus, e de gozar, portanto, de inteligência, de livre-arbítrio, de capacidade de se autodeterminar, o homem voltará a seu Autor de maneira absolutamente original. Deus o orienta para ele mediante uma inclinação a sua própria realização, por intermédio de um desejo de bem-aventurança. Deve-se observar de imediato que, nesse movimento de retorno ao Exemplar, o homem é a única dentre as criaturas visíveis a desempenhar um papel, secundário sem dúvida, pois de certo modo Deus sempre conserva a iniciativa, porém ativo. O homem não é salvo à sua revelia. Sto. Tomás explica que ele se dirige para seu Criador "com passos de conhecimento e de amor".

Ao longo das cinco questões que se seguirão, comportando cada uma oito artigos, o leitor moderno ficará espantada, talvez, em encontrar um número tão pequeno de referências à Escritura. Isto não provém, sem dúvida, de uma falta de conhecimento ou de interesse da parte do autor pela Escritura! Pelo contrário, ao longo de sua carreira magistral comentou-a abundantemente. Aliás, como não reconhecer que a felicidade pertence às categorias essenciais da Escritura? O Deus de Israel revela-se como autor de uma promessa e como fonte de bênçãos. Que o conteúdo dessa promessa tenha evoluído de maneira formidável na meditação piedosa de Israel, que ele passe de um conteúdo puramente temporal (a terra, a saúde, a paz, a vitória, a riqueza...) a um enfoque mais espiritualizado e interiorizado (a intimidade com o Senhor possível em todas as circunstâncias) para demorar-se nos últimos livros do Antigo Testamento em uma evocação de imortalidade, isto não é para ser desenvolvido aqui. Será suficiente recordar as imagens de festim de núpcias ou de reuniões alegres pelas quais o Novo Testamento evoca de forma poética a felicidade depois da morte. Três verbos se esforçam todavia para explicar de maneira mais técnica em que consistiria essa bem-aventurança: *ver* Deus (Mt 5,8; 1Jo 3,2; 1Co 13,12; Hb 12,14; Ap 22,4); *unir-se* a Cristo (Jo 14,3; 1Cor 1,9; Ap 3,20-21); *reunir-se* em torno do Senhor (as referências são muitos numerosas). Para Sto. Tomás, esses dados são supostamente conhecidos da parte daquele que abre o livro da *Suma*. Desse modo, propõe-nos outro itinerário.

O presente tratado é da ordem da teologia especulativa e repousa inteiramente sobre a noção de *fim*. O fim pode ser compreendido de duas maneiras: tal como se apresenta inscrito na natureza humana, já que dizíamos que essa natureza é finalizada em direção a sua realização ou sua perfeição; tal como se manifestará efetivamente ao homem que chega ao fim de seu percurso, resultando das escolhas livres e voluntárias que este tiver feito ao longo de sua existência terrestre. Deve notar-se que o homem não é livre em relação ao fim expresso da primeira maneira. O homem não pode não querer a sua felicidade. O ordenamento ao fim é coextensivo a toda natureza humana. Por outro lado, ele pode deliberadamente errar nas escolhas concretas pelas quais, em sua vida, ele se tornará apto ou não a possuir a bem-aventurança prometida por Deus. Dois tratados deveriam abarcar o conjunto do movimento de retorno a Deus da criatura racional: aquele que abordamos agora, que corresponde à primeira abordagem da noção de *fim*, e um tratado intitulado *dos fins últimos*, que deveria figurar ao final da terceira Parte da Suma. Sto. Tomás não teve tempo de redigi-lo.

É no interior de uma teologia resolutamente especulativa que o autor situa a questão central da existência humana, talvez a única, que valha a pena ser colocada, conforme diziam os antigos: o que é a felicidade para o homem? Dado que se trata de um procedimento da razão, Sto. Tomás não experimenta nenhuma dificuldade em assumir a metafísica anterior. Não é inútil lembrar, sem dúvida, sob risco de chocar uma sensibilidade moderna historicizante em excesso, que o pensamento humano não se supera. Ele se desloca. Sto. Tomás não supera seus antecessores não-cristãos no plano da análise racional. Ele desloca a questão do domínio metafísico para o qual havia sido alocada

pela força das coisas, para o da revelação. Isso porque Deus, finalidade da existência humana, o qual estará em questão, será aquele que falou aos patriarcas, aos sábios e aos profetas de Israel e que se fez carne em Jesus Cristo. Tal deslocamento, é verdade, representa um salto qualitativo de singular importância. Nem por isso torna obsoletos os ápices anteriormente atingidos. Pois com Platão o pensamento humano atinge efetivamente um ápice. Em três diálogos, particularmente — Filebo, O Banquete e Fédon —, ele explica se todos os homens buscam a felicidade, como é necessário esclarecê-los sobre a natureza dessa felicidade e sobre o itinerário que leva a ela. A felicidade consiste na contemplação pela alma imortal da Ideia do Bem, ou Ideia suprema, origem de tudo o que é belo e bom no mundo. Isto só pode ser atingido mediante o desapego aos bens sensíveis e pela busca incessante da justiça. Poder-se-á observar que, se Sto. Tomás não se utiliza de Platão de maneira literal e direta, a maioria dos grandes temas platônicos já se encontrava incorporados ao pensamento cristão ocidental, principalmente por intermédio de Sto. Agostinho.

Sto. Tomás, ao invés, refere-se explicitamente a Aristóteles, o Filósofo por excelência, na quase totalidade dos artigos que se seguem. É sem grande originalidade que o estagirita continua a localizar a bem-aventurança na contemplação, evidentemente reservada a uma elite. Porém, Sto. Tomás empresta dele a teoria da causalidade final, de capital importância para sua própria demonstração. Todas as nossas ações se ordenam para um fim que buscamos por ele mesmo. O nome desse fim é o soberano bem, ou *vida feliz.* "A felicidade, portanto, e isto salta aos olhos, é algo de final e independente (dos eventos externos), estando claro que ela é, para começar, a finalidade à qual se acham ordenados todos os objetos de nossas ações" (Ética a Nicômaco, 1097 b 20). De Aristóteles, Sto. Tomás reterá também a distinção, tornada clássica em teologia, entre bem-aventurança perfeita, ou contemplação definitiva do soberano bem, e bem-aventurança imperfeita, situada nesta vida presente.

Quanto à reflexão cristã, também ela se inclina, desde suas origens, sobre a questão. Já no final do século II, Clemente de Alexandria apresenta as três etapas de uma teologia da bem-aventurança, conservadas pelas análises ulteriores: a prática da virtude; o desapego às paixões e aos bens sensíveis (*apatheia*); a contemplação eterna. Se Sto. Tomás não conhecia esse autor, em contrapartida cita abundantemente Sto. Agostinho, em quem a reflexão ocidental sempre viu uma referência obrigatória em matéria de teologia da bem-aventurança. Inútil entrar aqui nas longas querelas que se prolongaram até os próprios tomistas para saber em que medida e até que ponto Sto. Tomás fora fiel ao grande doutor da Igreja latina. No atual tratado, o parentesco é evidente. Chegou-se a escrever que ele não passava de "um comentário literal das Confissões: 'Tu nos fizeste orientados para ti e nosso coração não repousará enquanto não repousar em ti' "Todavia, para evitar possíveis confusões, convém lembrar que, quando fala de *natureza humana,* Sto. Tomás a entende de um ponto de vista metafísico, ao passo que Sto. Agostinho raciocina com base naquela natureza humana saída das mãos de Deus. Para Agostinho, a busca da felicidade encontra sua origem na dureza de nossa atual condição: o homem é solicitado por seus desejos vindos de todos os lados; basta abrir os olhos para se dar conta de que *a vida humana é uma lástima*; a cada dia, precisamos lutar contra a fome e a sede, a fadiga física, o acachapamento moral. Em suma, não há felicidade em um país onde reina a morte. Somente Cristo pode preencher além de toda esperança o nosso desejo de prazer. Sto. Tomás inicia o seu tratado interrogando-se tranquilamente sobre o conceito de *fim*.

Para entrar em semelhante percurso, o leitor moderno enfrentará diversas dificuldades. Desde Kant, a questão da felicidade desapareceu do questionamento filosófico. Não é por interesse que o homem se interessa por ela? Para impedir-lhe toda veleidade de egoísmo, mesmo que transcendental, o melhor a fazer não é convidar o homem a rejeitar essa questão como baixa e indigna, mesmo que, ao fazê-lo, ele sinta em si como que um vazio, um abismamento do ser? Quanto aos cristãos, empreenderam-se esforços para extirpar a palavra de seu vocabulário e, a ideia de seu espírito, por temor do mesmo egoísmo, do individualismo, de um eudemonismo ascendente, incompatível com a cruz de Cristo e o valor redentor do sofrimento. Um *Dicionário de Teologia Cristã*, redigido por uma equipe internacional de teólogos e publicado em 1979, nem sequer menciona o termo. Seria preciso buscar em outras referências, próximas, sem dúvida, mas não equivalentes, como "esperança", "futuro", "escatologia"... Contudo, sem a bem-aventurança, como admitir as "bem-aventuranças"?

PRIMA SECUNDAE
SUMMAE THEOLOGIAE
ANGELICI DOCTORIS
SANCTI THOMAE AQUINATIS
ORDINIS PRAEDICATORUM

PROLOGUS

Quia, sicut Damascenus dicit[1], homo factus ad imaginem Dei dicitur, secundum quod per imaginem significatur *intellectuale et arbitrio liberum et per se potestativum*; postquam praedictum est de exemplari, scilicet de Deo, et de his quae processerunt ex divina potestate secundum eius voluntatem[2]; restat ut consideremus de eius imagine, idest de homine, secundum quod et ipse est suorum operum principium, quasi liberum arbitrium habens et suorum operum potestatem.

PRÓLOGO[a]

Afirma Damasceno que o homem é criado à imagem de Deus[b], enquanto o termo imagem significa o *que é dotado de intelecto, de livre-arbítrio e revestido por si de poder*. Após ter discorrido sobre o exemplar, a saber, Deus, e sobre as coisas que procederam do poder voluntário de Deus, deve-se considerar agora a sua imagem, a saber, o homem, enquanto ele é o princípio de suas ações, possuindo livre-arbítrio e domínio sobre suas ações.

---

1. Cfr. I-II, q. 6, prol.

---

a. Este prólogo visa, evidentemente, efetuar a transição com a primeira Parte. Não obstante, o objeto da reflexão teológica não muda. Com efeito, não se vá pensar que, depois de ter estudado Deus, Sto. Tomás passará a estudar o homem. Um tratado inteiro já foi consagrado ao homem como criatura (I, q. 75-102). O tema permanece sendo Deus, mas abordado sob outro aspecto, atraindo a si todas as criaturas e suscitando a atividade pela qual elas retornam a ele.

b. Entre todas as criaturas, o homem retorna a Deus de uma maneira que lhe é absolutamente original: tal retorno, com efeito, não se impõe a ele, como ocorre com as criaturas privadas de razão; lhe é confiado. O homem desempenha um papel secundário, sem dúvida, na obra de salvação, mas indispensável. As criaturas não racionais procedem de Deus; elas se assemelham a ele e se orientam para ele, mas tal orientação lhes é imposta. Já o homem, é criado à imagem de Deus.

O tema da criação humana à imagem de Deus era essencial na reflexão patrística. Por ser criado por Deus, o homem era considerado "capaz de Deus" (*capax Dei*). A afirmação da capacidade humana de Deus, ou do Bem, percorrerá todo o presente tratado, não se deve perder de vista tal fato. De imediato, Sto. Tomás tira três consequências para o homem de sua criação à imagem de Deus: ele é inteligente, goza do livre-arbítrio, e é senhor de seu agir, portanto, de seu destino.

QUAESTIO I
DE ULTIMO FINE HOMINIS
in octo articulos divisa

Ubi primo considerandum occurrit de ultimo fine humanae vitae; et deinde de his per quae homo ad hunc fine pervenire potest, vel ab eo deviare: ex fine enim oportet accipere rationes eorum quae ordinantur ad finem. Et quia ultimus finis humanae vitae ponitur esse beatitudo, oportet primo considerare de ultimo fine in communi; deinde de beatitudine.

Circa primum quaeruntur octo.
Primo: utrum hominis sit agere propter finem.
Secundo: utrum hoc sit proprium rationalis naturae.
Tertio: utrum actus hominis recipiant speciem a fine.
Quarto: utrum sit aliquis ultimus finis humanae vitae.
Quinto: utrum unius hominis possint esse plures ultimi fines.
Sexto: utrum homo ordinet omnia in ultimum finem.
Septimo: utrum idem sit finis ultimus omnium hominum.
Octavo: utrum in illo ultimo fine omnes aliae creaturae conveniant.

Articulus 1
Utrum homini conveniat agere propter finem

Ad primum sic proceditur. Videtur quod homini non conveniat agere propter finem.

1. Causa enim naturaliter prior est. Sed finis habet rationem ultimi, ut ipsum nomen sonat. Ergo finis non habet rationem causae. Sed propter illud agit homo, quod est causa actionis: cum haec praepositio *propter* designet habitudinem causae. Ergo homini non convenit agere propter finem.

QUESTÃO 1
O ÚLTIMO FIM DO HOMEM
em oito artigos

É de se considerar, em primeiro lugar, o fim último da vida humana. Em seguida, aqueles meios que poderão levar o homem a este fim, ou desviá-lo dele, pois é do fim que aquelas coisas que a ele concernem recebem as razões[c]. Como o fim último da vida humana é a bem-aventurança[d], deve-se considerar, primeiramente, o fim último em comum, e, em seguida, a bem-aventurança.

A respeito do primeiro, são oito as perguntas:
1. É próprio do homem agir em vista do fim?
2. É próprio da natureza racional?
3. Os atos do homem recebem a espécie do fim?
4. Há um último fim para a vida humana?
5. Poderá haver muitos últimos fins para um único homem?
6. Ordena o homem todas as coisas para o último fim?
7. Há um só último fim para todos os homens?
8. Todas as outras criaturas coincidem naquele último fim?

Artigo 1
Convém ao homem agir em vista do fim?

Quanto ao primeiro artigo, assim se procede: parece que **não** convém ao homem agir em vista do fim.

1. Com efeito, a causa é naturalmente anterior ao efeito. Ora, o fim tem razão de último, como o próprio nome diz. Por isso, o fim não tem razão de causa. No entanto, o homem age em vista daquilo que é causa da ação, até porque a expressão *em vista de* designa relação de causa. Logo, ao homem não convém agir em vista do fim.

---

1 Parall.: Infra, a. 2; q. 6, a. 1; *Cont. Gent.* III, 2.

---

c. Toda ação é determinada em função de seu fim, do objetivo ao qual se propõe atingir. É normal, portanto, que aquilo que se denominou impropriamente de "moral" de Sto. Tomás — na verdade, conforme acabamos de ver, trata-se do "retorno" da criatura racional para seu Criador —, comece por uma análise da noção de fim. Observe-se que o presente tratado da bem-aventurança comanda tudo o que se segue na Suma, não apenas na segunda Parte mas também na terceira.

d. Existem duas maneiras de considerar o fim de uma ação. Pode-se concebê-lo como um objetivo a atingir: é o fim tal como se apresenta na intenção daquele que age. O presente tratado só enfocará essa primeira análise. Pode-se estudar também o fim tal como foi realmente atingido. Todos sabem que entre a intenção e a realização pode haver diferenças consideráveis. Pelo fato de ser livre, o homem pode se desviar de seu verdadeiro fim e fixar sua eternidade na ausência de Deus. Com efeito, a *Suma* deveria terminar por um tratado dos fins últimos que Sto. Tomás não teve tempo de compor.

2. PRAETEREA, illud quod est ultimus finis, non est propter finem. Sed in quibusdam actiones sunt ultimus finis; ut patet per Philosophum in I *Ethic*.[1]. Ergo non omnia homo agit propter finem.

3. PRAETEREA, tunc videtur homo agere propter finem, quando deliberat. Sed multa homo agit absque deliberatione, de quibus etiam quandoque nihil cogitat: sicut cum aliquis movet pedem vel manum aliis intentus, vel fricat barbam. Non ergo homo omnia agit propter finem.

SED CONTRA, omnia quae sunt in aliquo genere, derivantur a principio illius generis. Sed finis est principium in operabilibus ab homine; ut patet per Philosophum in II *Physic*.[2]. Ergo homini convenit omnia agere propter finem.

RESPONDEO dicendum quod actionum quae ab homine aguntur, illae solae proprie dicuntur *humanae*, quae sunt propriae hominis inquantum est homo. Differt autem homo ab aliis irrationalibus creaturis in hoc, quod est suorum actuum dominus. Unde illae solae actiones vocantur proprie humanae, quarum homo est dominus. Est autem homo dominus suorum actuum per rationem et voluntatem: unde et liberum arbitrium esse dicitur *facultas voluntatis et rationis*. Illae ergo actiones proprie humanae dicuntur, quae ex voluntate deliberata procedunt. Si quae autem alia actiones homini conveniant, possunt dici quidem *hominis* actiones; sed non proprie humanae, cum non sint hominis inquantum est homo. — Manifestum est autem quod omnes actiones quae procedunt ab aliqua potentia, causantur ab ea secundum rationem sui obiecti. Obiectum autem voluntatis est finis et bonum. Unde oportet quod omnes actiones humanae propter finem sint.

2. ALÉM DISSO, o que é último fim não é em vista de um fim. Ora, há algumas ações que são último fim, como diz o Filósofo no livro I da *Ética*. Logo, o homem não age em tudo em vista do fim.

3. ADEMAIS, parece que o homem age em vista do fim quando delibera. Ora, o homem faz muitas coisas sem deliberação, e, às vezes, nem pensa nelas, por exemplo, quando alguém movimenta o pé ou a mão, ou coça a barba, pensando em outras coisas. Logo, o homem não age em tudo em vista do fim.

EM SENTIDO CONTRÁRIO, tudo o que está em algum gênero deriva do princípio desse gênero. Ora, o fim é o princípio das ações humanas, como afirma o Filósofo no livro II da *Física*. Logo, é próprio do homem agir em tudo em vista do fim.

RESPONDO. Das ações realizadas pelo homem, são ditas propriamente *humanas* as que pertencem ao homem enquanto homem. O homem diferencia-se das criaturas irracionais por que tem o domínio de seus atos. Por isso, somente são ditas propriamente humanas aquelas ações sobre as quais o homem tem domínio. Ora, o homem tem domínio de suas ações pela razão e pela vontade. Donde será chamada de livre-arbítrio a *faculdade da vontade e da razão*. Assim sendo, são propriamente ditas humanas as ações que procedem da vontade deliberada. Se outras ações, porém, são próprias do homem, poderão ser chamadas de ações *do homem*, mas não são propriamente ações humanas, pois não são do homem enquanto homem[e]. É também evidente que todas as ações que procedem de uma potência, por ela são causadas de acordo com a razão de seu objeto. O objeto da vontade é o fim[f] e o bem[g]. Logo, é necessário que todas as ações humanas tenham em vista o fim.

---

1. C. 1: 1094, a, 3 sq.
2. C. 9: 200, a, 34 — b, 1.

---

e. Aparece aqui uma distinção muito importante no campo da moral e que se tornou clássica. Pode-se dividir as ações do homem em duas categorias. Denominar-se-ão "atos do homem" aqueles que não distinguem dos seres vivos inferiores. Será o caso, por exemplo, da digestão, da percepção do som, dos automatismos aos quais faz referência a r. 3. Em contrapartida, denominar-se-ão "atos humanos" os que procedem das faculdades verdadeiramente próprias do homem: sua razão e sua vontade. Unicamente sobre eles o homem exerce domínio e pode, portanto, reivindicar a responsabilidade. É desse modo que Sto. Tomás definirá o pecado como um "ato humano mau" (I-II, q. 71, a. 5 e 6).

f. O ato humano tal como acaba de ser definido procede da vontade esclarecida pela inteligência. Ora, a vontade é uma potência, e é impossível a uma potência agir fora de seu objeto. Um ato voluntário é sempre realizado tendo em vista um fim, pois o fim é o objeto da vontade.

g. Sto. Tomás distingue aqui o fim e o bem. Para melhor compreender as demonstrações que seguem, é preciso lembrar que o bem é uma propriedade transcendental do ente. O bem, ou o ente percebido como bom, é "o que toda coisa deseja". Ele se apresenta à inteligência como verdadeiro. À vontade, apresenta-se como bom de possuir e, portanto, desejável. É ele que suscita o desejo. Exerce sobre a vontade uma atração que se chama "amor". Logo, é o bem que, de certo modo, põe em movimento a vontade, desempenhando para ela o papel de causa.

AD PRIMUM ergo dicendum quod finis, etsi sit postremus in executione, est tamen primus in intentione agentis. Et hoc modo habet rationem causae.

AD SECUNDUM dicendum quod, si qua actio humana sit ultimus finis, oportet eam esse voluntariam: alias non esset humana, ut dictum est[3]. Actio autem aliqua dupliciter dicitur voluntaria: uno modo, quia imperatur a voluntate, sicut ambulare vel loqui; alio modo, quia elicitur a voluntate, sicut ipsum velle. Impossibile autem est quod ipse actus a voluntate elicitus sit ultimus finis. Nam obiectum voluntatis est finis, sicut obiectum visus est color: unde sicut impossibile est quod primum visibile sit ipsum videre, quia omne videre est alicuius obiecti visibilis; ita impossibile est quod primum appetibile, quod est finis, sit ipsum velle. Unde relinquitur quod, si qua actio humana sit ultimus finis, quod ipsa sit imperata a voluntate. Et ita ibi aliqua actio hominis, ad minus ipsum velle, est propter finem. Quidquid ergo homo faciat, verum est dicere quod homo agit propter finem, etiam agendo actionem quae est ultimus finis.

AD TERTIUM dicendum quod huiusmodi actiones non sunt proprie humanae: quia non procedunt ex deliberatione rationis, quae est proprium principium humanorum actuum. Et ideo habent quidem finem imaginatum, non autem per rationem praestitutum.

QUANTO AO 1º, portanto, deve-se dizer que o fim, embora seja o último na execução é o primeiro na intenção de quem age. Por isso, o fim tem razão de causa

QUANTO AO 2º, deve-se dizer que se uma ação humana é o último fim, ela deve ser também voluntária; de outro modo não seria humana, como acima foi dito. Uma ação pode ser voluntária de duas maneiras: primeiro, porque é imperada pela vontade, como andar ou falar; segundo, porque procede da vontade, como o próprio querer. É impossível que o ato que procede da vontade seja o último fim, porque o objeto da vontade é o fim, como o objeto da vista é a cor. Assim sendo, como é impossível que o que primeiro se vê seja o próprio ver, porque todo ver é de algum objeto visível; assim também é impossível que o apetecível primeiro[h], que é o fim, seja o próprio querer. Segue-se, pois, que se alguma ação humana é último fim, ela deve ser imperada pela vontade. Então, alguma ação do homem, ao menos o próprio querer, é em vista do fim. Logo, o que quer que o homem faça, com verdade se diz que ele age em vista do fim, mesmo em se tratando da ação que é o último fim.

QUANTO AO 3º, deve-se dizer que tais ações não são propriamente humanas, porque não procedem de deliberação da razão, que é o princípio próprio dos atos humanos. Por isso têm um fim imaginado, mas não estabelecido pela razão.

ARTICULUS 2
Utrum agere propter finem sit proprium rationalis naturae

AD SECUNDUM SIC PROCEDITUR. Videtur quod agere propter finem sit proprium rationalis naturae.

1. Homo enim, cuius est agere propter finem, nunquam agit propter finem ignotum. Sed multa sunt quae non cognoscunt finem: vel quia omnino carent cognitione, sicut creaturae insensibiles; vel quia non apprehendunt rationem finis, sicut bruta animalia. Videtur ergo proprium esse rationalis naturae agere propter finem.

ARTIGO 2
Agir em vista do fim é próprio da natureza racional?

QUANTO AO SEGUNDO, ASSIM SE PROCEDE: parece que é próprio da natureza racional agir em vista do fim.

1. Com efeito, o homem, de quem é próprio agir em vista do fim, jamais age em vista de um fim desconhecido. Ora, há muitas coisas que desconhecem o fim, ou porque carecem totalmente de conhecimento, como as criaturas insensíveis, ou porque não apreendem a razão de fim, como os animais. Logo, parece que é próprio da natureza racional agir em vista do fim.

---

3. In corp.

PARALL.: Infra, q. 12, a. 5; *Cont. Gent.* II, 23; III, 1, 2, 16, 24; *De Pot.*, q. 1, a. 5; q. 3, a. 15; V *Metaphys.*, lect. 16.

h. O "apetecível primeiro": o que é desejado por si mesmo; o que traz em si a justificação do desejo.

2. Praeterea, agere propter finem est ordinare suam actionem ad finem. Sed hoc est rationis opus. Ergo non convenit his quae ratione carent.

3. Praeterea, bonum et finis est obiectum voluntatis. Sed *voluntas in ratione est*, ut dicitur in III *de Anima*[1]. Ergo agere propter finem non est nisi rationalis naturae.

Sed contra est quod Philosophus probat in II *Physic.*[2], quod *non solum intellectus, sed etiam natura agit propter finem*.

Respondeo dicendum quod omnia agentia necesse est agere propter finem. Causarum enim ad invicem ordinatarum, si prima subtrahatur, necesse est alias subtrahi. Prima autem inter omnes causas est causa finalis. Cuius ratio est, quia materia non consequitur formam, nisi secundum quod movetur ab agente: nihil enim reducit se de potentia in actum. Agens autem non movet nisi ex intentione finis. Si enim agens non esset determinatum ad aliquem effectum, non magis ageret hoc quam illud: ad hoc ergo quod determinatum effectum producat, necesse est quod determinetur ad aliquid certum, quod habet rationem finis. Haec autem determinatio, sicut in rationali natura fit per rationalem appetitum, qui dicitur voluntas; ita in aliis fit per inclinationem naturalem, quae dicitur appetitus naturalis.

Tamen considerandum est quod aliquid sua actione vel motu tendit ad finem dupliciter: uno modo, sicut seipsum ad finem movens, ut homo; alio modo, sicut ab alio motum ad finem, sicut sagitta tendit ad determinatum finem ex hoc quod movetur a sagittante, qui suam actionem dirigit in finem. Illa ergo quae rationem habent, seipsa movent ad finem: quia habent dominium suorum actuum per liberum arbitrium, quod est *facultas voluntatis et rationis*. Illa vero quae ratione carent, tendunt in finem per naturalem inclinationem, quasi ab alio mota, non autem a seipsis: cum non cognoscant rationem finis, et ideo nihil in finem ordinare possunt, sed solum in finem ab alio ordinantur. Nam tota irrationalis natura comparatur ad Deum sicut instrumentum ad agens principale, ut supra[3] habitum est. Et ideo proprium est naturae rationalis ut tendat in finem

2. Além disso, agir em vista do fim é ordenar a ação para o fim. Ora, isso é obra da razão. Logo, não é próprio daquilo que carece de razão.

3. Ademais, o bem e o fim são o objeto da vontade. Ora, a "vontade está na razão", como diz o livro III da *Alma*. Logo, agir em vista do fim pertence só à natureza racional.

Em sentido contrário, no livro II da *Física*, o Filósofo prova que "não só o intelecto, mas também a natureza age em vista do fim".

Respondo. É necessário que todo agente aja em vista do fim[i], pois das causas ordenadas entre si, se a primeira for supressa, sê-lo-ão também as outras. A primeira de todas as causas é a causa final. A razão disso é que a matéria não segue a forma senão movida pelo agente, pois nada passa por si mesmo de potência a ato[j]. Ademais, o agente não move senão pela intenção do fim. Se, pois, o agente não fosse determinado para um efeito, não faria isso em vez daquilo. Portanto, para que produza um efeito determinado, é necessário que esteja determinado a algo certo que tenha a razão de fim. Esta determinação, como na natureza racional faz-se pelo apetite racional, que se chama vontade; nas outras faz-se pela inclinação natural que se chama apetite natural.

Deve-se considerar, entretanto, que uma coisa tende para o fim por sua ação ou por movimento, de duas maneiras: primeira, como o homem, que por si mesmo se move para o fim; segunda, como movida por outro para o fim, como a seta tende para determinado fim, por que é movida pelo sagitário, que dirige sua ação para o fim. Portanto, os que são dotados de razão movem-se para o fim, porque têm o domínio de seus atos pelo livre-arbítrio, que é *faculdade da vontade e da razão*. As coisas, porém, carentes de razão, tendem para o fim por inclinação natural, movidas que são por outras, não por si mesmas, porque não conhecem a razão de fim. Assim, não podem ordenar coisa alguma para o fim, mas são somente ordenadas por outrem para o fim. Assim, toda natureza irracional está para Deus como o instrumento para o agente principal, como foi

---

1. C. 9: 432, b, 5.
2. C. 5: 196, b, 18-22.
3. P. I, q. 22, a. 2, ad 4; q. 103, a. 1, ad 3.

---

i. A resposta de Sto. Tomás faz referência ao princípio de finalidade. Sem finalidade da ação nenhuma causalidade é possível; sem ela, não poderia existir movimento. A qualidade da ação só é explicável se estiver como pré-inscrita no próprio agente, sob forma de tendência.

j. Retomando por sua conta o hilemorfismo de Aristóteles, Sto. Tomás interpreta todo movimento na natureza como passagem da matéria à forma, sob a ação de um agente, tendo em vista um fim.

quasi se agens vel ducens ad finem: naturae vero irrationalis, quasi ab alio acta vel ducta, sive in finem apprehensum, sicut bruta animalia, sive in finem non apprehensum, sicut ea quae omnino cognitione carent.

AD PRIMUM ergo dicendum quod homo, quando per seipsum agit propter finem, cognoscit finem: sed quando ab alio agitur vel ducitur, puta cum agit ad imperium alterius, vel cum movetur altero impellente, non est necessarium quod cognoscat finem. Et ita est in creaturis irrationalibus.

AD SECUNDUM dicendum quod ordinare in finem est eius quod seipsum agit in finem. Eius vero quod ab alio in finem agitur, est ordinari in finem. Quod potest esse irrationalis naturae, sed ab aliquo rationem habente.

AD TERTIUM dicendum quod obiectum voluntatis est finis et bonum in universali. Unde non potest esse voluntas in his quae carent ratione et intellectu, cum non possint apprehendere universale: sed est in eis appetitus naturalis vel sensitivus, determinatus ad aliquod bonum particulare. Manifestum autem est quod particulares causae moventur a causa universali: sicut rector civitatis, qui intendit bonum commune, movet suo imperio omnia particularia officia civitatis. Et ideo necesse est quod omnia quae carent ratione, moveantur in fines particulares ab aliqua voluntate rationali, quae se extendit in bonum universale, scilicet a voluntate divina.

estabelecido anteriormente. Portanto, é próprio da natureza racional tender para o fim agindo por si mesma e se conduzindo para o fim; da natureza irracional, porém, atuada ou conduzida por outro, quer para o fim apreendido, como os animais, quer para o fim não apreendido, como acontece com as coisas que totalmente carecem de conhecimento[k].

QUANTO AO 1º, portanto, deve-se dizer que o homem, quando por si mesmo age em vista do fim, conhece o fim. Mas, quando age ou é conduzido por outro, por exemplo, quando age sob o império de outro, ou quando é movido por outro que o impele, não tem necessidade de conhecer o fim. Assim acontece com as criaturas irracionais.

QUANTO AO 2º, deve-se dizer que ordenar-se ao fim é próprio daquele que por si mesmo age em vista do fim. Mas é próprio daquele que age em vista do fim por outro, ser ordenado ao fim. Isso pode ser próprio da natureza irracional, movida por outro que tenha razão.

QUANTO AO 3º, deve-se dizer que o objeto da vontade é o fim e o bem universal. Donde não pode existir vontade nas coisas que carecem de razão e de intelecto, porque elas não podem apreender o universal. Nelas há, porém, o apetite natural ou sensitivo, determinado a um bem particular[l]. É claro que as causas particulares são movidas pela causa universal, assim como o governante de uma cidade, que busca o bem comum, por sua ordem movimenta todos os ofícios particulares da cidade. Por isso, é necessário que todas as coisas que carecem de razão sejam movidas para seus fins particulares por uma vontade racional, que alcance o bem universal, e esta é a vontade divina.

ARTICULUS 3
Utrum actus hominis recipiant speciem ex fine

AD TERTIUM SIC PROCEDITUR. Videtur quod actus humani non recipiant speciem a fine.

ARTIGO 3
O ato do homem recebe a espécie do fim?

QUANTO AO TERCEIRO, ASSIM SE PROCEDE: parece que os atos do homem **não** recebem a espécie do fim.

---

3 PARALL.: Infra, q. 18, a. 6; q. 72, a. 3; II *Sent*., dist. 40, a. 1; *De Virtut*., q. 1, a. 2, ad 3; q. 2, a. 3.

---

k. O princípio de finalidade é universal, mas se aplica diferentemente de acordo com as criaturas. Os agentes que conhecem o fim enquanto tal determinam-se a si próprios. Por ser livre, senhor de seus atos, capaz de se autodeterminar, o homem tende a seu fim ligando-se ele próprio a tal fim. As criaturas irracionais também se dirigem para seu fim, mas determinadas por outro, diferente delas mesmas. São levadas a ele por um apetite que é a inclinação de sua própria natureza.

l. Sto. Tomás distingue três tipos de apetites. O "apetite natural", o qual é examinado aqui, é a tendência ou inclinação de um ser que resulta das propriedades de sua natureza. O peso, por exemplo, é a tendência de todo corpo a se dirigir para o centro da terra. O "apetite sensível" é a tendência experimentada pela natureza de um ser dotado de conhecimento sensível; poderá ser chamado também de "apetite animal". Quanto ao "apetite racional", ele designa a vontade humana.

1. Finis enim est causa extrinseca. Sed unumquodque habet speciem ab aliquo principio intrinseco. Ergo actus humani non recipiunt speciem a fine.
2. PRAETEREA, illud quod dat speciem, oportet esse prius. Sed finis est posterior in esse. Ergo actus humanus non habet speciem a fine.
3. PRAETEREA, idem non potest esse nisi in una specie. Sed eundem numero actum contingit ordinari ad diversos fines. Ergo finis non dat speciem actibus humanis.

SED CONTRA est quod dicit Augustinus, in libro *de Moribus Ecclesiae et Manichaeorum*[1]: *Secundum quod finis est culpabilis vel laudabilis, secundum hoc sunt opera nostra culpabilia vel laudabilia.*

RESPONDEO dicendum quod unumquodque sortitur speciem secundum actum, et non secundum potentiam: unde ea quae sunt composita ex materia et forma, constituuntur in suis speciebus per proprias formas. Et hoc etiam considerandum est in motibus propriis. Cum enim motus quodammodo distinguatur per actionem et passionem, utrumque horum ab actu speciem sortitur: actio quidem ab actu qui est principium agendi; passio vero ab actu qui est terminus motus. Unde calefactio actio nihil aliud est quam motio quaedam a calore procedens, calefactio vero passio nihil aliud est quam motus ad calorem: definitio autem manifestat rationem speciei.

Et utroque modo actus humani, sive considerentur per modum actionum, sive per modum passionum, a fine speciem sortiuntur. Utroque enim modo possunt considerari actus humani: eo quod homo movet seipsum, et movetur a seipso. Dictum est autem supra[2] quod actus dicuntur humani, inquantum procedunt a voluntate deliberata. Obiectum autem voluntatis est bonum et finis. Et ideo manifestum est quod principium humanorum actuum, inquantum sunt humani, est finis. Et similiter est terminus eorumdem: nam id ad quod terminatur actus humanus, est id quod voluntas intendit tanquam finem; sicut in agentibus naturalibus forma generati est conformis formae generantis. Et quia, ut Ambrosius dicit,

1. Com efeito, o fim é causa extrínseca. Ora, cada coisa recebe a espécie de um princípio intrínseco. Logo, os atos humanos não recebem a espécie do fim.
2. ALÉM DISSO, o que dá a espécie é preciso que seja o primeiro. Ora, o fim é o último no existir. Logo, o ato humano não recebe a espécie do fim.
3. ADEMAIS, uma mesma coisa não pode existir senão em uma só espécie. Ora, um mesmo ato acontece estar ordenado a diversos fins. Logo, o fim não dá a espécie aos atos humanos.

EM SENTIDO CONTRÁRIO, diz Agostinho: "De acordo com o fim culpável ou louvável, as nossas obras são culpáveis ou louváveis".

RESPONDO. Cada coisa recebe a espécie do ato, e não da potência. Donde as coisas compostas de matéria e forma serem constituídas em suas espécies por suas formas. Isso deve também ser considerado em seus movimentos. Como o movimento de certo modo se distingue em ação e paixão, uma e outra recebem a espécie do ato: a ação, do ato que é princípio de agir; a paixão, do ato que é termo do movimento. Por isso, a ação de aquecer nada mais é que certa moção procedente do calor, e sua paixão nada mais é que um movimento para o calor: assim a definição manifesta a razão da espécie.

Também de duas maneiras os atos humanos recebem o fim da espécie, quer sejam considerados como ação, quer sejam considerados como paixão. De ambas as maneiras podem os atos humanos ser considerados, porque o homem move a si mesmo e é movido por si mesmo. Acima foi dito que os atos são chamados de humanos, enquanto procedem da vontade deliberada. Ora, o objeto da vontade é o bem e o fim. Por isso, é claro que o princípio dos atos humanos, enquanto são humanos, é o fim que é igualmente o termo dos mesmos, pois aquilo em que termina o ato humano é o que a vontade busca como fim. Por exemplo, nos agentes naturais, a forma da coisa gerada é semelhante à forma daquele que a gerou[m]. Uma

---

1. L. II, c. 13, n. 27: ML 32, 1356.
2. Art. 1.

m. O ato voluntário apresenta esta analogia com o movimento: proceder, como ele, de um princípio para atingir um termo que é seu objeto. Pode-se considerá-lo, como uma ação, na medida em que o homem se autodetermina. Tem sua espécie da forma que é seu princípio, isto é, do fim, objeto formal da vontade. Pode-se igualmente considerá-lo como uma paixão, na medida em que é movido por si mesmo. Nesse caso, obtém sua espécie de sua forma, que é o termo para o qual tende. Esse termo é ainda o seu fim. Qualquer que seja o enfoque que se considere, pode-se concluir que os atos humanos têm sua espécie do fim.

*super Lucam*³, *mores proprie dicuntur humani*, actus morales proprie speciem sortiuntur ex fine: nam idem sunt actus morales et actus humani.

AD PRIMUM ergo dicendum quod finis non est omnino aliquid extrinsecum ab actu: quia comparatur ad actum ut principium vel terminus; et hoc ipsum est de ratione actus, ut scilicet sit ab aliquo, quantum ad actionem, et ut sit ad aliquid, quantum ad passionem.

AD SECUNDUM dicendum quod finis secundum quod est prior in intentione, ut dictum est⁴, secundum hoc pertinet ad voluntatem. Et hoc modo dat speciem actui humano sive morali.

AD TERTIUM dicendum quod idem actus numero, secundum quod semel egreditur ab agente, non ordinatur nisi ad unum finem proximum, a quo habet speciem: sed potest ordinari ad plures fines remotos, quorum unus est finis alterius. — Possibile tamen est quod unus actus secundum speciem naturae, ordinetur ad diversos fines voluntatis: sicut hoc ipsum quod est occidere hominem, quod est idem secundum speciem naturae, potest ordinari sicut in finem ad conservationem iustitiae, et ad satisfaciendum irae. Et ex hoc erunt diversi actus secundum speciem moris: quia uno modo erit actus virtutis, alio modo erit actus vitii. Non enim motus recipit speciem ab eo quod est terminus per accidens, sed solum ab eo quod est terminus per se. Fines autem morales accidunt rei naturali; et e converso ratio naturalis finis accidit morali. Et ideo nihil prohibet actus qui sunt iidem secundum speciem naturae, esse diversos secundum speciem moris, et e converso.

vez que, como Ambrósio diz: "Os costumes são propriamente chamados de humanos", os atos morais propriamente recebem a espécie do fim, pois se identificam os atos morais e os atos humanos.

QUANTO AO 1º, portanto, deve-se dizer que o fim não é algo totalmente extrínseco ao ato, porque se refere ao ato como seu princípio ou como seu termo. E isso é da razão do ato, isto é, que seja de algo, quanto à ação, e que seja para algo, quanto à paixão.

QUANTO AO 2º, deve-se dizer que o fim, enquanto é primeiro na intenção, como acima foi dito, pertence à vontade. E desse modo dá a espécie ao ato humano ou moral.

QUANTO AO 3º, deve-se dizer que um só e mesmo ato na medida em que sai de uma vez do agente não se ordena a não ser a um fim próximo, do qual recebe a espécie. Pode, porém, ser ordenado a muitos fins remotos, dos quais, um é o fim do outro. — Entretanto, é possível que um só ato, considerado em sua espécie natural, seja ordenado a diversos fins da vontade. Assim, o fato de matar um homem, ato único segundo sua espécie natural, pode ser ordenado, como a um fim, à preservação da justiça e à satisfação da ira. Assim, haverá diversos atos morais especificamente distintos, porque um será ato de virtude, outro ato de vício. O movimento não recebe a espécie daquilo que é termo acidental, mas somente daquilo que é termo por si. Os fins morais são acidentais às coisas naturais; por sua vez, a razão de fim natural é acidental à moralidade. Portanto, nada impede que atos que são idênticos segundo a espécie natural, sejam diversos segundo a espécie moral e vice-versa.

ARTICULUS 4
Utrum sit aliquis
ultimus finis humanae vitae

AD QUARTUM SIC PROCEDITUR. Videtur quod non sit aliquis ultimus finis humanae vitae, sed procedatur in finibus in infinitum.

1. Bonum enim, secundum suam rationem, est diffusivum sui; ut patet per Dionysium, 4 cap. *de Div. Nom.*¹. Si ergo quod procedit ex bono, ipsum etiam est bonum, oportet quod illud bonum

ARTIGO 4
Há um último fim
para a vida humana?

QUANTO AO QUARTO, ASSIM SE PROCEDE: parece que **não** há um último fim para a vida humana, mas que, com respeito aos fins, se pode ir ao infinito.

1. Com efeito, o bem segundo sua razão é difusivo de si, como diz Dionísio. Se, pois, o que procede do bem é também bem, é necessário que esse bem difunda outro bem. Assim, o processo

---

3. In Prologo, n. 7: ML 15, 1532 B.
4. Art. 1, ad 1.

PARALL.: II *Metaphys.*, lect. 4; I *Ethic.*, lect. 2.

1. MG 3, 693 B.

diffundat aliud bonum: et sic processus boni est in infinitum. Sed bonum habet rationem finis. Ergo in finibus est processus in infinitum.

2. PRAETEREA, ea quae sunt rationis, in infinitum multiplicari possunt: unde et mathematicae quantitates in infinitum augentur. Species etiam numerorum propter hoc sunt infinitae, quia, dato quolibet numero, ratio alium maiorem excogitare potest. Sed desiderium finis sequitur apprehensionem rationis. Ergo videtur quod etiam in finibus procedatur in infinitum.

3. PRAETEREA, bonum et finis est obiectum voluntatis. Sed voluntas infinities potest reflecti supra seipsam: possum enim velle aliquid, et velle me velle illud, et sic in infinitum. Ergo in finibus humanae voluntatis proceditur in infinitum, et non est aliquis ultimus finis humanae voluntatis.

SED CONTRA est quod Philosophus dicit, II *Metaphys.*[2], quod *qui infinitum faciunt, auferunt naturam boni*. Sed bonum est quod habet rationem finis. Ergo contra rationem finis est quod procedatur in infinitum. Necesse est ergo ponere unum ultimum finem.

RESPONDEO dicendum quod, per se loquendo, impossibile est in finibus procedere in infinitum, ex quacumque parte. In omnibus enim quae per se habent ordinem ad invicem, oportet quod, remoto primo, removeantur ea quae sunt ad primum. Unde Philosophus probat, in VIII *Physic.*[3], quod non est possibile in causis moventibus procedere in infinitum, quia iam non esset primum movens, quo subtracto alia movere non possunt, cum non moveant nisi per hoc quod moventur a primo movente. In finibus autem invenitur duplex ordo, scilicet ordo intentionis, et ordo executionis: et in utroque ordine oportet esse aliquid primum. Id enim quod est primum in ordine intentionis est quasi principium movens appetitum: unde, subtracto principio, appetitus a nullo moveretur. Id autem quod est principium in executione, est unde incipit operatio: unde, isto principio subtracto, nullus inciperet aliquid operari. Principium autem intentionis est ultimus finis: principium autem executionis est primum eorum quae sunt ad finem. Sic ergo ex neutra parte possibile est in infinitum procedere: quia si non esset ultimus finis, nihil appeteretur, nec aliqua actio terminaretur, nec etiam quiesceret intentio agentis; si autem non esset primum in his quae sunt ad finem,

do bem é ao infinito. Ora, o bem tem razão de fim. Logo, quanto aos fins há processo ao infinito.

2. ALÉM DISSO, as coisas que são de razão podem ser infinitamente multiplicadas. Por isso, as quantidades matemáticas aumentam ao infinito. Assim, as espécies de números são infinitas, porque dado um número qualquer, a razão poderá pensar em outro maior. Ora, o desejo do fim segue a apreensão da razão. Logo, parece que também quanto aos fins se pode ir ao infinito.

3. ADEMAIS, o bem e o fim são objetos da vontade. Ora, a vontade pode refletir infinitas vezes sobre si mesma: eu posso querer algo, e posso querer que eu o queira, e assim ao infinito. Logo, nos fins da vontade humana se pode ir ao infinito e não há um último fim para a vontade humana.

EM SENTIDO CONTRÁRIO, afirma o Filósofo no livro II da *Metafísica*: "Aqueles que admitem o infinito destróem a natureza do bem". Ora, o bem é o que tem a razão de fim. Logo, é contra a razão de fim ir ao infinito. É necessário, pois, afirmar um só último fim.

RESPONDO. Falando propriamente, quando se trata de fins é impossível ir ao infinito, qualquer que seja a consideração. Em todas as coisas que por si se ordenam entre si, é necessário que, removida a primeira, seja também removido o que a ela se refere. Por isso, o Filósofo prova, no livro VIII da *Física*, que não é possível ir ao infinito, nas causas que movem, porque já não haveria o primeiro movente, e, este eliminado, os outros não poderão mover, uma vez que não movem senão enquanto são movidos pelo primeiro movente. Ora, nos fins há duas ordens: ordem da intenção e ordem da execução. Em cada uma delas deve haver algo primeiro. Aquilo que é primeiro na ordem da intenção, é como o princípio que move o apetite. Por isso, eliminado o princípio, não haverá o que mova o apetite. Aquilo que é princípio na ordem da execução, é donde se inicia a operação. Logo, eliminado este princípio, ninguém começará a agir. O princípio da intenção é o último fim; mas o princípio da execução é o primeiro daquelas coisas que se ordenam ao fim. Assim, em nenhuma das duas partes é possível ir ao infinito porque se não houver o último fim nenhuma coisa será apetecida, nem ação alguma terminará, nem terá repouso a intenção dos agentes. Se não houvesse

---

2. C. 2: 994, b, 12-13.
3. C. 5: 256, a, 13-b, 2.

nullus inciperet aliquid operari, nec terminaretur consilium, sed in infinitum procederet.

Ea vero quae non habent ordinem per se, sed per accidens sibi invicem coniunguntur, nihil prohibet infinitatem habere: causae enim per accidens indeterminatae sunt. Et hoc etiam modo contingit esse infinitatem per accidens in finibus, et in his quae sunt ad finem.

AD PRIMUM ergo dicendum quod de ratione boni est quod aliquid ab ipso effluat, non tamen quod ipsum ab alio procedat. Et ideo, cum bonum habeat rationem finis, et primum bonum sit ultimus finis, ratio ista non probat quod non sit ultimus finis; sed quod a fine primo supposito procedatur in infinitum inferius versus ea quae sunt ad finem. Et hoc quidem competeret, si consideraretur sola virtus primi boni, quae est infinita. Sed quia primum bonum habet diffusionem secundum intellectum, cuius est secundum aliquam certam formam profluere in causata; aliquis certus modus adhibetur bonorum effluxui a primo bono, a quo omnia alia bona participant virtutem diffusivam. Et ideo diffusio bonorum non procedit in infinitum, sed, sicut dicitur Sap 11,21, Deus omnia disposuit *in numero, pondere et mensura*.

AD SECUNDUM dicendum quod in his quae sunt per se, ratio incipit a principiis naturaliter notis, et ad aliquem terminum progreditur. Unde Philosophus probat, in I *Poster.*[4], quod in demonstrationibus non est processus in infinitum, quia in demonstrationibus attenditur ordo aliquorum per se ad invicem connexorum, et non per accidens. In his autem quae per accidens connectuntur, nihil prohibet rationem in infinitum procedere. Accidit autem quantitati aut numero praeexistenti, inquantum huiusmodi, quod ei addatur quantitas aut unitas. Unde in huiusmodi nihil prohibet rationem procedere in infinitum.

AD TERTIUM dicendum quod illa multiplicatio actuum voluntatis reflexae supra seipsam, per accidens se habet ad ordinem finium. Quod patet ex hoc, quod circa unum et eundem finem indifferenter semel vel pluries supra seipsam voluntas reflectitur.

o primeiro nas coisas que são para o fim, ninguém começaria a agir, nenhuma resolução alcançaria o termo, e se iria ao infinito[n].

Todavia, àquelas coisas que por si não estão ordenadas, mas que se unem acidentalmente, nada impede que possuam infinitude, porque as causa acidentais são indeterminadas. Assim sendo, acontece haver infinitude acidental nos fins e nas coisas que são para o fim.

QUANTO AO 1º, portanto, deve-se dizer que é da razão de bem que alguma coisa proceda dele, mas não que ele proceda de outro. Por isso, como o bem tem razão de fim, e o primeiro bem é o último fim, este argumento não prova que não existe o último fim. Prova, porém, que suposto o primeiro fim se iria ao infinito descendo para as coisas que são para o fim. E isso caberia, se fosse considerado só o poder do primeiro bem, que é infinito. Sendo, porém o primeiro bem difusivo pelo intelecto, ao qual pertence fluir nos efeitos segundo determinada forma, alguma medida será usada para o fluxo dos bens pelo primeiro bem, de cujo poder difusivo participam os outros bens. Por isso, a difusão dos bens não vai ao infinito mas, como diz o livro da Sabedoria, Deus tudo dispôs *em número, peso e medida*.

QUANTO AO 2º, deve-se dizer que nas coisas que existem por si, a razão começa pelos princípios naturalmente conhecidos, e se estende para algum termo. Donde o Filósofo provar no livro I dos *Analíticos Posteriores*, que nas demonstrações não há processo ao infinito, porque nelas se atende à ordem de coisas entre si conexas por si, e não acidentalmente. Nas coisas, porém, conexas acidentalmente, nada impede que a razão proceda ao infinito. Isto acontece à quantidade ou ao número preexistente tomados enquanto tais, quando se acrescenta uma quantidade ou a unidade. Por isso, nada impede que nesses casos a razão proceda ao infinito.

QUANTO AO 3º, deve-se dizer que aquela multiplicação de atos da vontade reflexa sobre si mesma, é acidental à ordem dos fins. Evidencia-se isto porque com respeito a um só e mesmo fim a vontade reflete sobre si mesma indiferentemente uma ou várias vezes.

---

4. C. 3: 72, b, 7-15.

n. Este artigo se apresenta como a conclusão das análises precedentes. Se não houvesse causalidade final não haveria causalidade em absoluto: ela é a primeira das causas da qual dependem as outras. No âmbito das causas finais, é preciso admitir que existe um fim último, insuperável, que liga a ele todos os outros fins. Sem isto, não haveria finalidade de modo algum. Desse modo, só se pode explicar a atração de qualquer bem particular pela subordinação desse bem a um Bem supremo, ele mesmo não subordinado a qualquer outro. Tal Bem supremo é a própria Bondade.

Articulus 5
Utrum unius hominis possint esse plures ultimi fines

AD QUINTUM SIC PROCEDITUR. Videtur quod possibile sit voluntatem unius hominis in plura ferri simul, sicut in ultimos fines.

1. Dicit enim Augustinus, XIX *de Civ. Dei*[1], quod quidam ultimum hominis finem posuerunt in quatuor, scilicet *in voluptate, in quiete, in primis naturae, et in virtute*. Haec autem manifeste sunt plura. Ergo unus homo potest constituere ultimum finem suae voluntatis in multis.

2. PRAETEREA, ea quae non opponuntur ad invicem, se invicem non excludunt. Sed multa inveniuntur in rebus quae sibi invicem non opponuntur. Ergo si unum ponatur ultimus finis voluntatis, non propter hoc alia excluduntur.

3. PRAETEREA, voluntas per hoc quod constituit ultimum finem in aliquo, suam liberam potentiam non amittit. Sed antequam constitueret ultimum finem suum in illo, puta in voluptate, poterat constituere finem suum ultimum in alio, puta in divitiis. Ergo etiam postquam constituit aliquis ultimum finem suae voluntatis in voluptate, potest simul constituere ultimum finem in divitiis. Ergo possibile est voluntatem unius hominis simul ferri in diversa, sicut in ultimos fines.

SED CONTRA, illud in quo quiescit aliquis sicut in ultimo fine, hominis affectui dominatur: quia ex eo totius vitae suae regulas accipit. Unde de gulosis dicitur Philp 3,19: *Quorum deus venter est*: quia scilicet constituunt ultimum finem in deliciis ventris. Sed sicut dicitur Mt 6,24: *nemo potest duobus dominis servire*, ad invicem scilicet non ordinatis. Ergo impossibile est esse plures ultimos fines unius hominis ad invicem non ordinatos.

RESPONDEO dicendum quod impossibile est quod voluntas unius hominis simul se habeat ad diversa, sicut ad ultimos fines. Cuius ratio potest triplex assignari. Prima est quia, cum unumquodque appetat suam perfectionem, illud appetit aliquis ut ultimum finem, quod appetit, ut bonum perfectum et completivum sui ipsius. Unde Augustinus dicit, XIX *de Civ. Dei*[2]: *Finem boni nunc dicimus, non*

Artigo 5
Poderá haver muitos últimos fins para um só homem?

QUANTO AO QUINTO, ASSIM SE PROCEDE: parece ser **possível** que a vontade de um só homem se volte ao mesmo tempo para muitos fins, como se fossem últimos.

1. Com efeito, diz Agostinho que alguns afirmaram o fim último do homem em quatro coisas: *no prazer, no descanso, nos bens da natureza* e *na virtude*. Ora, claramente se vê que estes são muitos. Logo, um homem pode pôr em muitas coisas o último fim de sua vontade.

2. ALÉM DISSO, as coisas que mutuamente não se opõem, mutuamente não se excluem. Ora, encontram-se muitas coisas que não se opõem mutuamente. Logo, se afirma um só fim último da vontade, não é por isso que as outras estão excluídas.

3. ADEMAIS, pelo fato de a vontade ter posto o fim último em algo, não perde a sua capacidade de ser livre. Logo, antes de pôr o fim último em algo, por exemplo, no prazer, poderá pô-lo em outra coisa, por exemplo, nas riquezas. Consequentemente, também depois de alguém ter posto o fim último da vontade no prazer, ao mesmo tempo poderá pô-lo nas riquezas. Logo, é possível que a vontade de um homem possa ao mesmo tempo inclinar-se para coisas diversas como últimos fins.

EM SENTIDO CONTRÁRIO, aquilo em que repousa alguém como em seu fim último, domina o afeto do homem, porque disso recebe as regras para toda sua vida. Por isso, a respeito dos gulosos diz a Carta aos Filipenses: "Deles Deus é o ventre", por que estes constituem nas delícias do ventre o último fim. Mas, como diz o Evangelho de Mateus: "Ninguém pode servir a dois senhores", isto é, não ordenados entre si. Logo, é impossível haver para um só homem muitos últimos fins, não ordenados entre si.

RESPONDO. É impossível que a vontade de um só homem se refira ao mesmo tempo a diversas coisas como a últimos fins. Três razões podem ser indicadas para isso. Primeira. Como cada um deseja a sua perfeição, alguém deseja como último fim aquilo que deseja como sendo o bem perfeito e completivo de si mesmo. Por isso, Agostinho diz: " Chamamos agora fim do bem, não o que

---

5
1. C. 1: ML 41, 621-622.
2. C. 1, n. 1: ML 41, 621.

quod consumatur ut non sit, sed quod perficiatur ut plenum sit. Oportet igitur quod ultimus finis ita impleat totum hominis appetitum, quod nihil extra ipsum appetendum relinquatur. Quod esse non potest, si aliquid extraneum ad ipsius perfectionem requiratur. Unde non potest esse quod in duo sic tendat appetitus, ac si utrumque sit bonum perfectum ipsius.

Secunda ratio est quia, sicut in processu rationis principium est id quod naturaliter cognoscitur, ita in processu rationalis appetitus, qui est voluntas, oportet esse principium id quod naturaliter desideratur. Hoc autem oportet esse unum: quia natura non tendit nisi ad unum. Principium autem in processu rationalis appetitus est ultimus finis. Unde oportet id in quod tendit voluntas sub ratione ultimi finis, esse unum.

Tertia ratio est quia, cum actiones voluntarie ex fine speciem sortiantur, sicut supra[3] habitum est, oportet quod a fine ultimo, qui est communis, sortiantur rationem generis: sicut et naturalia ponuntur in genere secundum formalem rationem communem. Cum igitur omnia appetibilia voluntatis, inquantum huiusmodi, sint unius generis, oportet ultimum finem esse unum. Et praecipue quia in quolibet genere est unum primum principium: ultimus autem finis habet rationem primi principii, ut dictum est.

Sicut autem se habet ultimus finis hominis simpliciter ad totum humanum genus, ita se habet ultimus finis huius hominis ad hunc hominem. Unde oportet quod, sicut omnium hominum est naturaliter unus finis ultimus, ita huius hominis voluntas in uno ultimo fine statuatur.

AD PRIMUM ergo dicendum quod omnia illa plura accipiebantur in ratione unius boni perfecti ex his constituti, ab his qui in eis ultimum finem ponebant.

AD SECUNDUM dicendum quod, etsi plura accipi possint quae ad invicem oppositionem non

se consome até não mais existir, mas o que se aperfeiçoa até ser plenamente". É, pois, necessário que o fim último preencha de tal modo todos os desejos do homem, que não deixe nada a desejar fora dele. O que é impossível se se requer para a perfeição do homem algo distinto do fim último. Logo, não é possível que o apetite se incline para duas coisas, como se uma e outra fossem seu bem perfeito.

Segunda. Como no processo da razão, é princípio aquilo que é naturalmente conhecido, assim também no processo do apetite racional, que é vontade, é necessário ser princípio aquilo que é desejado naturalmente. É também necessário que isso seja um só, porque a natureza não tende senão para uma só coisa. Ora, o princípio, no processo do apetite racional é o último fim. Logo, é necessário que aquilo para o qual a vontade tende enquanto último fim também seja único[o].

Terceiro. As ações voluntárias recebem a espécie do fim, como acima foi dito. É necessário, pois, que do fim último, que é comum, recebam também a razão do gênero, pois as coisas naturais são afirmadas em um gênero segundo a razão formal e comum. Como todas as coisas apetecíveis da vontade, enquanto tais, estão no mesmo gênero, é necessário que o último fim seja um só. Isso sobretudo, porque em cada gênero há um só primeiro princípio, pois o fim último tem razão de primeiro princípio, como foi dito.

Assim sendo, como o fim último do homem se refere de modo absoluto a todo o gênero humano, assim também se refere o último fim de um homem para o de outro homem. Portanto, é necessário que como há naturalmente para todos os homens um só fim último, também a vontade de cada homem se firme em um só fim último.

QUANTO AO 1º, portanto, deve-se dizer que aqueles que afirmavam o fim último em muitas coisas, consideravam-nas segundo a razão de um só bem perfeito por elas constituído.

QUANTO AO 2º, deve-se dizer que, embora se possam aceitar muitas coisas que não se oponham

---

3. Art. 3.

---

o. A primeira razão apresentada por Sto. Tomás era facilmente compreensível: o Bem, fonte de toda causalidade, deve surgir como perfeito, satisfazendo todo desejo, ou seja, perfeitamente adequado ao objeto da vontade. A segunda razão é mais sutil. Em qualquer ser, o primeiro princípio de seu movimento é sua natureza. O primeiro ato de uma faculdade que comanda as outras é o ato mais natural dessa faculdade, aquele que abarca diretamente o seu objeto formal. Tal objeto não pode ser múltiplo, mas uno, pois a natureza tende sempre à unidade.

Sto. Tomás extrairá como consequência dessa argumentação que o primeiro pecado pessoal na vida de um homem só pode ser mortal. O primeiro ato livre, com efeito, só pode incidir sobre o fim último. É o motivo pelo qual ele é ou plenamente retificador ou totalmente desviante.

habeant, tamen bono perfecto opponitur quod sit aliquid de perfectione rei extra ispum.

AD TERTIUM dicendum quod potestas voluntatis non habet ut faciat opposita esse simul. Quod contingeret, si tenderet in plura disparata sicut in ultimos fines, ut ex dictis[4] patet.

mutuamente, ao bem perfeito se opõe que exista uma perfeição fora dele.

QUANTO AO 3º, deve-se dizer que o poder da vontade não é capaz de fazer que coisas opostas existam simultaneamente. Isso aconteceria se inclinasse a muitas coisas opostas como se fossem fins últimos, como fica claro pelo que foi dito.

ARTICULUS 6
Utrum homo omnia quae vult, velit propter ultimum finem

AD SEXTUM SIC PROCEDITUR. Videtur quod non omnia quaecumque homo vult, propter ultimum finem velit.

1. Ea enim quae ad finem ultimum ordinantur, seriosa dicuntur, quasi utilia. Sed iocosa a seriis distinguuntur. Ergo ea quae homo iocose agit, non ordinat in ultimum finem.

2. PRAETEREA, Philosophus dicit, in principio *Metaphys.*[1], quod scientiae speculativae propter seipsas quaeruntur. Nec tamen potest dici quod quaelibet earum sit ultimus finis. Ergo non omnia quae homo appetit, appetit propter ultimum finem.

3. PRAETEREA, quicumque ordinat aliquid in finem aliquem, cogitat de illo fine. Sed non semper homo cogitat de ultimo fine in omni eo quod appetit aut facit. Non ergo omnia homo appetit aut facit propter ultimum finem.

SED CONTRA est quod dicit Augustinus, XIX *de Civ. Dei*[2]: *Illud est finis boni nostri, propter quod amantur cetera, illud autem propter seipsum.*

RESPONDEO dicendum quod necesse est quod omnia quae homo appetit, appetat propter ultimum finem. Et hoc apparet duplici ratione. Primo quidem, quia quidquid homo appetit, appetit sub ratione boni. Quod quidem si non appetitur ut bonum perfectum, quod est ultimus finis, necesse est ut appetatur ut tendens in bonum perfectum: quia semper inchoatio alicuius ordinatur ad consummationem ipsius; sicut patet tam in his quae fiunt natura, quam in his quae fiunt ab arte. Et ideo omnis inchoatio perfectionis ordinatur in perfectionem consummatam, quae est per ultimum finem.

ARTIGO 6
Tudo aquilo que o homem quer é em vista do último fim?

QUANTO AO SEXTO, ASSIM SE PROCEDE: parece que **nem tudo** o que o homem quer, o quer em vista do último fim.

1. Com efeito, as coisas que se ordenam para o fim último dizem-se sérias porque são úteis. Ora, as brincadeiras distinguem-se das coisas sérias. Logo, aquilo que o homem faz por brincadeira não se ordena para o último fim.

2. ALÉM DISSO, o Filósofo afirma, no início do livro da *Metafísica*, que as ciências especulativas são procuradas por si mesmas. Ora, não se pode dizer que cada uma delas seja o último fim. Logo, nem tudo aquilo que o homem deseja o deseja como último fim.

3. ADEMAIS, quem ordena alguma coisa para um fim pensa neste fim. Ora, nem sempre o homem pensa no último fim em tudo aquilo que deseja ou faz. Logo, o homem não deseja ou faz todas as coisas em vista do último fim.

EM SENTIDO CONTRÁRIO, escreve Agostinho: "É o fim de nosso bem aquilo que por sua causa são amadas as outras coisas, mas este fim é amado por si mesmo".

RESPONDO. É necessário que todas as coisas que o homem deseja, deseje-as em vista do último fim. E isso fica claro por duas razões.

Primeira. Tudo aquilo que o homem deseja, deseja-o sob a razão de bem. E se este não é desejado como bem perfeito, que é o último fim, é necessário que seja desejado enquanto tende para o bem perfeito, porque sempre o início de alguma coisa se ordena para sua consumação, como se vê tanto nas coisas feitas pela natureza, como também nas feitas pela arte. Por isso, todo início de uma perfeição se ordena para a perfeição terminada que se tem pelo último fim.

---

4. In corp. et resp. ad 2.

6 PARALL.: IV *Sent.*, dist. 49, q. 1, a. 3, q.la 4; *Cont. Gent.* I, 101.

1. C. 2: 982, a, 14-16.
2. C. 1, n. 1: ML 41, 621.

Secundo, quia ultimus finis hoc modo se habet in movendo appetitum, sicut se habet in aliis motionibus primum movens. Manifestum est autem quod causae secundae moventes non movent nisi secundum quod moventur a primo movente. Unde secunda appetibilia non movent appetitum nisi in ordine ad primum appetibile, quod est ultimus finis.

AD PRIMUM ergo dicendum quod actiones ludicrae non ordinantur ad aliquem finem extrinsecum; sed tamen ordinantur ad bonum ipsius ludentis, prout sunt delectantes vel requiem praestantes. Bonum autem consummatum hominis est ultimus finis eius.

Et similiter dicendum AD SECUNDUM, de scientia speculativa; quae appetitur ut bonum quoddam speculantis, quod comprehenditur sub bono completo et perfecto, quod est ultimus finis.

AD TERTIUM dicendum quod non oportet ut semper aliquis cogitet de ultimo fine, quandocumque aliquid appetit vel operatur: sed virtus primae intentionis, quae est respectu ultimi finis, manet in quolibet appetitu cuiuscumque rei, etiam si de ultimo fine actu non cogitetur. Sicut non oportet quod qui vadit per viam, in quolibet passu cogitet de fine.

Segunda. Porque o último fim se comporta, quando move o apetite, como o primeiro motor quanto aos outros movimentos. É evidente, pois, que as causas segundas motoras não movem a não ser quando são movidas pelo primeiro motor. Consequentemente, as coisas desejadas em segundo lugar não movem o apetite, senão em ordem ao primeiro desejado, que é o último fim.

QUANTO AO 1º, portanto, deve-se afirmar que as ações do jogo não se ordenam para um fim extrínseco, mas se ordenam para o bem do próprio jogador, enquanto lhe trazem prazer ou descanso. Ora, o bem perfeito do homem é seu último fim[p].

QUANTO AO 2º, deve-se dizer o mesmo a respeito da ciência especulativa. Ela é desejada como um bem do que estuda, e este bem está compreendido no bem completo e perfeito que é o último fim.

QUANTO AO 3º, deve-se dizer que não é necessário que se pense sempre no último fim, todas as vezes que algo é desejado ou feito. Contudo, a potência da primeira intenção, que se ordena para o último fim, permanece em todo desejo de qualquer coisa, mesmo que não se pense em ato no último fim. Assim como não é necessário que alguém que anda numa estrada pense para onde vai a cada passo[q].

ARTICULUS 7
Utrum sit unus ultimus finis omnium hominum

AD SEPTIMUM SIC PROCEDITUR. Videtur quod non omnium hominum sit unus finis ultimus.

1. Maxime enim videtur hominis ultimus finis esse incommutabile bonum. Sed quidam avertuntur ab incommutabili bono, peccando. Non ergo omnium hominum est unus ultimus finis.

2. PRAETEREA, secundum ultimum finem tota vita hominis regulatur. Si igitur esset unus ultimus finis omnium hominum, sequeretur quod in ho-

ARTIGO 7
Há um só último fim para todos os homens?

QUANTO AO SÉTIMO, ASSIM SE PROCEDE: parece que **não** há um só último fim para todos os homens.

1. Com efeito, parece que o último fim do homem é sobretudo um bem imutável. Ora, alguns se afastam do bem imutável pelo pecado. Logo, não há para todos os homens um só último fim.

2. ALÉM DISSO, toda a vida do homem é regulada pelo último fim. Se houvesse só um último fim para todos os homens, seguir-se-ia que entre os

---

7 PARALL.: Supra, a. 5; I *Ethic.*, lect. 9.

---

p. O homem só pode querer motivado pelo bem — a palavra "bem" deve ser tomada evidentemente em seu sentido metafísico, e não moral. Quando ele busca um bem imperfeito, este só pode estar subordinado ao bem perfeito: é em nome mesmo de seu vínculo com o fim último que ele o quer. Tudo na criação deve ser posto em ligação com esse fim último, aí incluindo as atividades que nos parecem pouco "sérias", como o jogo.

q. A resposta 3 traz uma distinção importante no terreno da moral. Quando a vontade incide sobre o fim, diz-se que sua intenção é "atual": o ato primeiro de intenção desencadeia todo o processo da ação humana. É, porém, psicologicamente impossível ao homem manter sua vontade nessa situação de orientação imediata para o fim. Fala-se de intenção "virtual", portanto, quando a influência da intenção primeira subsiste. Tal influência permanece enquanto o primeiro ato não é retirado e substituído por uma intenção atual contrária.

minibus non essent diversa studia vivendi. Quod patet esse falsum.

3. PRAETEREA, finis est actionis terminus. Actiones autem sunt singularium. Homines autem, etsi conveniant in natura speciei, tamen differunt secundum ea quae ad individua pertinent. Non ergo omnium hominum est unus ultimus finis.

SED CONTRA est quod Augustinus dicit, XIII *de Trin.*[1], quod omnes homines conveniunt in appetendo ultimum finem, qui est beatitudo.

RESPONDEO dicendum quod de ultimo fine possumus loqui dupliciter: uno modo, secundum rationem ultimi finis; alio modo, secundum id in quo finis ultimi ratio invenitur. Quantum igitur ad rationem ultimi finis, omnes conveniunt in appetitu finis ultimi: quia omnes appetunt suam perfectionem adimpleri, quae est ratio ultimi finis, ut dictum est[2]. Sed quantum ad id in quo ista ratio invenitur, non omnes homines conveniunt in ultimo fine: nam quidam appetunt divitias tanquam consummatum bonum, quidam autem voluptatem, quidam vero quodcumque aliud. Sicut et omni gustui delectabile est dulce: sed quibusdam maxime delectabilis est dulcedo vini, quibusdam dulcedo mellis, aut alicuius talium. Illud tamen dulce oportet esse simpliciter melius delectabile, in quo maxime delectatur qui habet optimum gustum. Et similiter illud bonum oportet esse completissimum, quod tanquam ultimum finem appetit habens affectum bene dispositum.

AD PRIMUM ergo dicendum quod illi qui peccant, avertuntur ab eo in quo vere invenitur ratio ultimi finis: non autem ab ipsa ultimi finis intentione, quam quaerunt falso in aliis rebus.

AD SECUNDUM dicendum quod diversa studia vivendi contingunt in hominibus propter diversas res in quibus quaeritur ratio summi boni.

homens não existiriam maneiras diversas de viver. O que claramente é falso.

3. ADEMAIS, o fim é o termo da ação e as ações são próprias dos indivíduos. Ora, embora os homens sejam iguais na natureza específica, diferenciam-se naquilo que é próprio dos indivíduos. Logo, não há um só último fim para todos os homens.

EM SENTIDO CONTRÁRIO, escreve Agostinho: "Todos os homens são iguais em desejarem o último fim, que é a bem-aventurança".

RESPONDO. Pode-se falar do último fim de duas maneiras: segundo a razão do último fim, ou segundo aquilo em que se encontra a sua razão. Quanto à razão do último fim, todos são iguais no desejo do último fim, porque todos desejam alcançar a sua perfeição que é a razão do último fim, como acima foi dito. Mas quanto àquilo em que esta razão se encontra, nem todos os homens estão de acordo com o último fim. Com efeito, alguns desejam as riquezas como o bem perfeito, outros o prazer, outros qualquer outra coisa. Assim como para todo paladar é agradável o que é doce, não obstante, para alguns é muitíssimo agradável a doçura do vinho, para outros, a doçura do mel, ou a doçura de outras coisas. Mas convém que seja absolutamente o mais agradável aquele doce no qual se compraz muitíssimo quem tem um ótimo paladar. Semelhantemente, é necessário que seja perfeitíssimo aquele bem que é desejado como último fim por quem tenha o afeto bem disposto[r].

QUANTO AO 1º, portanto, deve-se dizer que os que pecam, afastam-se daquilo em que verdadeiramente se encontra a razão do último fim, não da intenção do último fim, que buscam falsamente em outras coisas[s].

QUANTO AO 2º, deve-se dizer que entre os homens acontecem maneiras diversas de viver, por serem diversas as coisas nas quais se busca a razão do sumo bem.

---

1. C. 3: ML 42, 1018. — Cfr. *In Ps.* 118, serm. 1, n. 1: ML 37, 1502; *Serm.* 150, c. 3, n. 4: ML 38, 809.
2. Art. 5.

---

r. Salientemos a importância da distinção que acaba de ser proposta. A razão formal do fim último é o bem perfeitamente satisfatório. Esse primeiro elemento é a expressão da natureza da vontade (ver nota o). Por evidência metafísica, percebe-se que esse fim é único em cada homem e único para todos os homens, pois, devido à sua própria natureza, eles só podem querer motivado pelo bem. A experiência, ao invés, mostra que os homens situam o seu fim último em coisas extremamente diferentes. Que um bem qualquer se revista para nós da qualidade de fim último só depende de nós, e sabemos o quanto é frágil, vulnerável e sujeito a erro o juízo prático que esclarece nossa escolha.

s. A gravidade do pecado provirá do fato de que se atribui o bem soberanamente completo a algo diferente de Deus. Seria querer alguma coisa de um modo pelo qual só se pode querer Deus. Poder-se-ia dizer, de igual maneira, que o pecado consiste em querer-se a si mesmo satisfeito independentemente de Deus, e fora dele, o que é ilustrado pela parábola evangélica do filho pródigo.

Ad tertium dicendum quod, etsi actiones sint singularium, tamen primum principium agendi in eis est natura, quae tendit ad unum, ut dictum est³.

Articulus 8
Utrum in illo ultimo fine aliae creaturae conveniant

Ad octavum sic proceditur. Videtur quod in ultimo fine hominis etiam omnia alia conveniant.

1. Finis enim respondet principio. Sed illud quod est principium hominum, scilicet Deus, est etiam principium omnium aliorum. Ergo in ultimo fine hominis omnia alia communicant.

2. Praeterea, Dionysius dicit, in libro *de Div. Nom.*¹, quod *Deus convertit omnia ad seipsum, tanquam ad ultimum finem*. Sed ipse est etiam ultimus finis hominis: quia solo ipso fruendum est, ut Augustinus dicit². Ergo in fine ultimo hominis etiam alia conveniunt.

3. Praeterea, finis ultimus hominis est obiectum voluntatis. Sed obiectum voluntatis est bonum universale, quod est finis omnium. Ergo necesse est quod in ultimo fine hominis omnia conveniant.

Sed contra est quod ultimus finis hominum est beatitudo; quam omnes appetunt, ut Augustinus dicit³. Sed *non cadit in animalia rationis expertia ut beata sint*, sicut Augustinus dicit in libro *Octoginta trium Quaest.*⁴. Non ergo in ultimo fine hominis alia conveniunt.

Respondeo dicendum quod, sicut Philosophus dicit in II *Physic.*⁵ et in V *Metaphys.*⁶, finis dupliciter dicitur, scilicet *cuius*, et *quo*: idest ipsa res in qua ratio boni invenitur, et usus sive adeptio illius rei. Sicut si dicamus quod motus corporis gravis finis est vel locus inferior ut res, vel hoc quod est

Artigo 8
As outras criaturas têm como próprio esse último fim?

Quanto ao oitavo, assim se procede: parece que todas as outras coisas **têm como próprio** o último fim do homem.

1. Com efeito, o fim corresponde ao princípio. Ora, o princípio dos homens, isto é, Deus, é também princípio de todas as outras coisas. Logo, todas as outras coisas têm em comum o último fim do homem.

2. Além disso, Dionísio diz: "Deus atrai todas as coisas para si como para o último fim". Ora, ele é o último fim do homem, porque, como afirma Agostinho, somente dele mesmo se deve fruir. Logo, as outras coisas têm também como próprio o fim último do homem.

3. Ademais, é o último fim do homem objeto da vontade. Ora, o objeto da vontade é o bem universal, que é fim de todas as coisas. Logo, é necessário que todas as coisas tenham como próprio o último fim do homem.

Em sentido contrário, o último fim do homem é a bem-aventurança que todos desejam, como diz Agostinho. São palavras suas: "Não pertence aos animais destituídos de razão serem bem-aventurados". Logo, as outras coisas não têm como próprio o último fim do homem.

Respondo. Aristóteles diz no livro II da *Física* e no V da *Metafísica*, que o fim pode ser considerado de duas maneiras, a saber, *do qual* e *pelo qual*: isto é, a própria coisa na qual se encontra a razão do bem, e o uso ou a aquisição dessa coisa. É como se disséssemos que o fim do movimento

---

3. Ibid.

Parall.: Part. I, q. 103, a. 2; II *Sent.*, dist. 38, a. 1, 2; *Cont. Gent.* III, 17, 25; *De Verit.*, q. 5, a. 6, ad 4.

1. C. 4: MG 3, 700 A.
2. *De Doctr. Christ.* l. I, cc. 5, 22: ML 34, 21, 26.
3. *De Trin.* l. XIII, cc. 3-4: ML 42, 1017-1019.
4. Q. 5: ML 40, 12.
5. C. 2: 194, a, 95-96.
6. *De Anima* l. II, c. 4: 415, b, 2-3.

---

t. Não basta conhecer a moral para praticá-la. Apenas raramente o homem se decide sobre a escolha de seu fim último por meio de raciocínios metafísicos. Na maioria dos casos, tal escolha segue uma lógica inteiramente diversa da razão, dependente do peso do afetivo e do irracional.

esse in loco inferiori, ut usus: et finis avari est vel pecunia ut res, vel possessio pecuniae ut usus.

Si ergo loquamur de ultimo fine hominis quantum ad ipsam rem quae est finis, sic in ultimo fine hominis omnia alia conveniunt: quia Deus est ultimus finis hominis et omnium aliarum rerum. — Si autem loquamur de ultimo fine hominis quantum ad consecutionem finis, sic in hoc fine hominis non communicant creaturae irrationales. Nam homo et aliae rationales creaturae consequuntur ultimum finem cognoscendo et amando Deum: quod non competit aliis creaturis, quae adipiscuntur ultimum finem inquantum participant aliquam similitudinem Dei, secundum quod sunt, vel vivunt, vel etiam cognoscunt.

Et per hoc patet responsio AD OBIECTA: nam beatitudo nominat adeptionem ultimi finis.

do corpo pesado é ou o lugar inferior como coisa, ou o fato de estar no lugar inferior como uso. E o fim do avaro é ou o dinheiro como coisa, ou a posse do dinheiro como uso.

Se, portanto, falamos do último fim do homem quanto à própria coisa que é fim, desse modo todas as coisas têm como próprio o último fim do homem, porque Deus é o último fim do homem e de todas as outras coisas. — Se, porém, falamos do último fim do homem quanto à consecução do fim, desse modo as criaturas irracionais não têm em comum este último fim do homem. Com efeito, o homem e as outras criaturas racionais conseguem o último fim conhecendo e amando Deus. Mas isto não cabe às outras criaturas, que conseguem o último fim enquanto participam de alguma semelhança de Deus, enquanto são, ou vivem, ou também conhecem[u].

E assim fica clara a resposta ÀS OBJEÇÕES, por que a bem-aventurança significa a aquisição do último fim.

---

u. A divisão das criaturas inferiores em três categorias provém do Pseudo-Dionísio (A *hierarquia celeste*, cap. XV).

QUAESTIO II
DE HIS IN QUIBUS HOMINIS BEATITUDO CONSISTIT
in octo articulos divisa

Deinde considerandum est de beatitudine: primo quidem, in quibus sit; secundo, quid sit; tertio, qualiter eam consequi possimus.
Circa primum quaeruntur octo.
Primo: utrum beatitudo consistat in divitiis.
Secundo: utrum in honoribus.
Tertio: utrum in fama, sive in gloria.
Quarto: utrum in potestate.
Quinto: utrum in aliquo corporis bono.
Sexto: utrum in voluptate.
Septimo: utrum in aliquo bono animae.
Octavo: utrum in aliquo bono creato.

QUESTÃO 2
EM QUE CONSISTE A BEM-AVENTURANÇA DO HOMEM[a]
em oito artigos

Em seguida deve-se considerar a bem-aventurança. Primeiro, em que consiste; segundo, o que é; terceiro, de que modo podemos consegui-la.
A respeito do primeiro são oito as perguntas:
1. A bem-aventurança consiste nas riquezas?
2. Nas horas?
3. Na fama ou na glória?
4. No poder?
5. Em algum bem do corpo?
6. No prazer?
7. Em algum bem da alma?
8. Em algum bem criado?

---

a. A bem-aventurança caracteriza a maneira pela qual as criaturas racionais tendem a seu fim último e o atingem: mediante uma operação pessoal de conhecimento e de amor.

Articulus 1
Utrum beatitudo hominis consistat in divitiis

AD PRIMUM SIC PROCEDITUR. Videtur quod beatitudo hominis in divitiis consistat.

1. Cum enim beatitudo sit ultimus finis hominis, in eo consistit quod maxime in hominis affectu dominatur. Huiusmodi autem sunt divitiae: dicitur enim Eccle 10,19: *Pecuniae obediunt omnia*. Ergo in divitiis beatitudo hominis consistit.
2. PRAETEREA, secundum Boetium, in III *de Consol.*¹, beatitudo est *status omnium bonorum aggregatione perfectus*. Sed in pecuniis omnia possideri videntur: quia, ut Philosophus dicit in V *Ethic.*², ad hoc nummus est inventus, ut sit quasi fideiussor habendi pro eo quodcumque homo voluerit. Ergo in divitiis beatitudo consistit.

3. PRAETEREA, desiderium summi boni, cum nunquam deficiat, videtur esse infinitum. Sed hoc maxime in divitiis invenitur: quia *avarus non implebitur pecunia*, ut dicitur Eccle 5,9. Ergo in divitiis beatitudo consistit.

SED CONTRA, bonum hominis in retinendo beatitudinem magis consistit quam in emittendo ipsam. Sed sicut Boetius in II *de Consol.*³ dicit, *divitiae effundendo, magis quam coacervando, melius nitent: siquidem avaritia semper odiosos, claros largitas facit*. Ergo in divitiis beatitudo non consistit.

RESPONDEO dicendum quod impossibile est beatitudinem hominis in divitiis consistere. Sunt enim duplices divitiae, ut Philosophus dicit in I *Polit.*⁴, scilicet naturales, et artificiales. Naturales quidem divitiae sunt, quibus homini subvenitur ad defectus naturales tollendos: sicut cibus, potus, vestimenta, vehicula et habitacula, et alia huiusmodi. Divitiae autem artificiales sunt, quibus secundum se natura non iuvatur, ut denarii; sed ars humana eos adinvenit propter facilitatem commutationis, ut sint quasi mensura quaedam rerum venalium.

Artigo 1
A bem-aventurança do homem consiste nas riquezas?

QUANTO AO PRIMEIRO ARTIGO, ASSIM SE PROCEDE: parece que a bem-aventurança do homem **consiste** nas riquezas.

1. Com efeito, sendo a bem-aventurança o último fim do homem, ela consiste naquilo que ao máximo domina o afeto humano. Ora, no livro do Eclesiastes se diz: "Tudo obedece ao dinheiro". Logo, a bem-aventurança consiste nas riquezas.
2. ALÉM DISSO, segundo Boécio: "A bem-aventurança é o estado perfeito da junção de todos os bens". Ora, parece que pelo dinheiro poderão se adquirir todas as coisas, porque o Filósofo, no livro V da *Ética*, afirma que o dinheiro se inventou para ser a fiança de tudo aquilo que o homem quisesse possuir. Logo, a bem-aventurança consiste nas riquezas.
3. ADEMAIS, como o desejo do sumo bem jamais acaba, parece ser infinito. Ora, isso se encontra ao máximo nas riquezas, porque diz o Eclesiastes que "o avaro jamais se satisfaz com as riquezas". Logo, a bem-aventurança consiste nas riquezas.

EM SENTIDO CONTRÁRIO, consiste o bem do homem mais em conservar a bem-aventurança do que em perdê-laᵇ. Ademais, Boécio diz: "Mais brilham as riquezas quando são distribuídas do que quando conservadas. Por isso, a avareza torna os homens odiosos, a generosidade os torna ilustres."

RESPONDO. É impossível que a bem-aventurança do homem consista nas riquezas. Conforme o Filósofo, diz no livro I da *Política*, há duas espécies de riquezas, as naturais e as artificiais. As riquezas naturais são aquelas pelas quais o homem é ajudado a compensar as deficiências naturais, como sejam, a comida, a bebida, as vestes, os veículos, a habitação etc. As riquezas artificiais são aquelas que por si mesmas não auxiliam a natureza, como o dinheiro, mas a arte humana as inventou para facilitar as trocas, para que fossem como medidas das coisas venais.

---

1 PARALL.: *Contra Gent*. III, 30; I *Ethic.*, lect. 5.

1. Prosa 2: ML 63, 724 A.
2. C. 8: 1133, b, 10-14.
3. Prosa 5: ML 63, 690 A.
4. C. 3: 1257, a, 4.

b. Quem diz, com efeito, bem soberanamente satisfatório entende que esse bem seja possuído de maneira definitiva. A possibilidade, o temor de perdê-lo significaria que ele não é perfeito. Ver, neste mesmo tratado, q. 5, a. 4.

Manifestum est autem quod in divitiis naturalibus beatitudo hominis esse non potest. Quaeruntur enim huiusmodi divitiae propter aliud, scilicet ad sustentandam naturam hominis: et ideo non possunt esse ultimus finis hominis, sed magis ordinantur ad hominem sicut ad finem. Unde in ordine naturae omnia huiusmodi sunt infra hominem, et propter hominem facta; secundum illud Ps 8,8: *Omnia subiecisti sub pedibus eius.*

Divitiae autem artificiales non quaeruntur nisi propter naturales: non enim quaererentur, nisi quia per eas emuntur res ad usum vitae necessariae. Unde multo minus habent rationem ultimi finis. Impossibile est igitur beatitudinem, quae est ultimus finis hominis, in divitiis esse.

AD PRIMUM ergo dicendum quod omnia corporalia obediunt pecuniae, quantum ad multitudinem stultorum, qui sola corporalia bona cognoscunt, quae pecunia acquiri possunt. Iudicium autem de bonis humanis non debet sumi a stultis, sed a sapientibus: sicut et iudicium de saporibus ab his qui habent gustum bene dispositum.

AD SECUNDUM dicendum quod pecunia possunt haberi omnia venalia: non autem spiritualia, quae vendi non possunt. Unde dicitur Pr 17,16: *Quid prodest stulto divitias habere, cum sapientiam emere non possit?*

AD TERTIUM dicendum quod appetitus naturalium divitiarum non est infinitus: quia secundum certam mensuram naturae sufficiunt. Sed appetitus divitiarum artificialium est infinitus: quia deservit concupiscentiae inordinatae, quae non modificatur, ut patet per Philosophum in I *Polit.*[5]. Aliter tamen est infinitum desiderium divitiarum, et desiderium summi boni. Nam summum bonum quanto perfectius possidetur, tanto ipsummet magis amatur, et alia contemnuntur: quia quanto magis habetur, magis cognoscitur. Et ideo dicitur Eccli 24,29: *Qui edunt me, adhuc esurient.* Sed in appetitu divitiarum, et quorumcumque temporalium bonorum, est e converso: nam quando iam habentur, ipsa contemnuntur, et alia appetuntur; secundum quod significatur Io 4,13, cum Dominus dicit: *Qui bibit ex hac aqua,* per quam temporalia significantur, *sitiet iterum.* Et hoc ideo, quia eorum insufficientia magis cognoscitur cum habentur. Et ideo hoc

É evidente que a bem-aventurança do homem não pode estar nas riquezas naturais. Buscam-se essas riquezas em vista de outra coisa, para sustentarem a natureza humana. Por isso, não podem ser o último fim do homem, porque mais se ordenam ao homem como fim. Donde, na ordem natural, todas elas estão abaixo do homem, e são feitas em vista dele, conforme o Salmo 8: "Submetestes todas as coisas a seus pés.".

Não se buscam as riquezas artificiais senão por causa das naturais, pois não se buscariam, se não fosse porque por elas é comprado o que é necessário para o uso da vida. Por isso, têm muito menos razão de último fim. Logo, é impossível que a bem-aventurança, que é o último fim do homem, esteja nas riquezas.

QUANTO AO 1º, portanto, deve-se dizer que todas as coisas corporais obedecem ao dinheiro, devido à multidão dos estultos que só conhecem os bens corporais, que podem ser adquiridas por dinheiro. Mas o critério dos bens humanos não deve ser tomado dos estultos, mas dos sábios, como também o critério dos sabores, por aqueles que têm gosto apurado.

QUANTO AO 2º, deve-se dizer que, pelo dinheiro pode-se ter todas as coisas venais, mas não as espirituais, que não podem ser vendidas. Donde dizer o livro dos Provérbios: "Que adianta aos estultos possuírem riquezas, não podendo comprar sabedoria?

QUANTO AO 3º, deve-se dizer que o apetite das riquezas naturais não é infinito, porque são suficientes à natureza segundo alguma medida. No entanto, o apetite das riquezas artificiais é infinito, porque satisfaz à concupiscência desordenada, que é imutável, como esclarece o Filósofo no livro I da *Política*. Todavia, o desejo infinito das riquezas é diferente do desejo do sumo bem. Pois o sumo bem quanto mais perfeitamente é possuído, tanto mais é amado e desprezadas as outras coisas, porque quanto mais é possuído, mais é conhecido. Donde dizer o livro do Eclesiástico: "Os que me comem, têm ainda mais fome." Mas no apetite das riquezas e de quaisquer outros bens temporais, acontece o contrário. Possuídos esses bens, são logo desprezados e outros são desejados. Isto está significado nas palavras do Senhor: "Quem bebe desta água (que significam os bens temporais) tem ainda sede". E isso porque a insuficiência deles é

---

5. C. 3: 1258, a, 1.

ipsum ostendit eorum imperfectionem, et quod in eis summum bonum non consistit.

Articulus 2
Utrum beatitudo hominis consistat in honoribus

Ad secundum sic proceditur. Videtur quod beatitudo hominis in honoribus consistat.

1. Beatitudo enim, sive felicitas, est *praemium virtutis*, ut Philosophus dicit in I *Ethic*.[1]. Sed honor maxime videtur esse id quod est virtutis praemium, ut Philosophus dicit in IV *Ethic*.[2]. Ergo in honore maxime consistit beatitudo.

2. Praeterea, illud quod convenit Deo et excellentissimis, maxime videtur esse beatitudo, quae est bonum perfectum. Sed huiusmodi est honor, ut Philosophus dicit in IV *Ethic*.[3]. Et etiam 1Ti 1,17, dicit Apostolus: *Soli Deo honor et gloria*. Ergo in honore consistit beatitudo.

3. Praeterea, illud quod est maxime desideratum ab hominibus, est beatitudo. Sed nihil videtur esse magis desiderabile ab hominibus quam honor: quia homines patiuntur iacturam in omnibus aliis rebus, ne patiantur aliquod detrimentum sui honoris. Ergo in honore beatitudo consistit.

Sed contra, beatitudo est in beato. Honor autem non est in eo qui honoratur, sed *magis in honorante*, qui reverentiam exhibet honorato, ut Philosophus dicit in I *Ethic*.[4]. Ergo in honore beatitudo non consistit.

Respondeo dicendum quod impossibile est beatitudinem consistere in honore. Honor enim exhibetur alicui propter aliquam eius excellentiam; et ita est signum et testimonium quoddam illius excellentiae quae est in honorato. Excellentia autem hominis maxime attenditur secundum beatitudinem, quae est hominis bonum perfectum; et secundum partes eius, idest secundum illa bona quibus aliquid beatitudinis participatur. Et ideo honor potest quidem consequi beatitudinem, sed principaliter in eo beatitudo consistere non potest.

Artigo 2
A bem-aventurança do homem consiste nas honras?

Quanto ao segundo, assim se procede: parece que a bem-aventurança do homem **consiste** nas honras.

1. Com efeito, como diz o Filósofo no livro I da *Ética*: "A bem-aventurança ou felicidade é o prêmio da virtude". Ora, a honra parece ser o máximo prêmio da virtude, como diz o Filósofo no livro IV da *Ética*. Logo, a bem-aventurança consiste sobretudo na honra.

2. Além disso, o que convém a Deus e aos mais excelentes parece ser sobretudo a bem-aventurança, que é o bem perfeito. Ora, o Filósofo diz no livro IV da *Ética* que isto é a honra, e o Apóstolo na primeira Carta a Tito também diz: "Só a Deus a honra e a glória." Logo, a bem-aventurança consiste na honra.

3. Ademais, a bem-aventurança é o que sobretudo desejam os homens. Ora, nada parece ser mais desejado pelos homens do que a honra, porque os homens suportam perder todas as outras coisas, mas não suportam algum detrimento de sua honra. Logo, a bem-aventurança consiste na honra.

Em sentido contrário, a bem-aventurança está no bem-aventurado. A honra não está naquele que é honrado, porém *mais naquele que honra*, que reverencia o honrado, como diz o Filósofo no livro I da *Ética*. Logo, a bem-aventurança não consiste na honra.

Respondo. É impossível que a bem-aventurança consista na honra. A honra é prestada a alguém devido alguma sua excelência: e assim, é um sinal e testemunho daquela excelência que está no honrado. Ora, a excelência do homem considera-se sobretudo segundo a bem-aventurança, que é o bem perfeito do homem, e segundo as suas partes, ou seja, segundo aqueles bens que participam de algo da bem-aventurança. Por isso, pode ela acompanhar a bem-aventurança, mas nela não pode principalmente consistir a bem-aventurança.

---

2 Parall.: *Cont. Gent.* III, 28; I *Ethic*., lect. 5.

1. C. 10: 1099, b, 16-17.
2. C. 7: 1123, b, 35.
3. C. 7: 1723, b, 20.
4. C. 3: 1095, b, 24-25.

AD PRIMUM ergo dicendum quod, sicut Philosophus ibidem[5] dicit, honor non est praemium virtutis propter quod virtuosi operantur: sed accipiunt honorem ab hominibus loco praemii, *quasi a non habentibus aliquid maius ad dandum*. Verum autem praemium virtutis est ipsa beatitudo, propter quam virtuosi operantur. Si autem propter honorem operarentur, iam non esset virtus, sed magis ambitio.

AD SECUNDUM dicendum quod honor debetur Deo et excellentissimis, in signum vel testimonium excellentiae praeexistentis: non quod ipse honor faciat eos excellentes.

AD TERTIUM dicendum quod ex naturali desiderio beatitudinis, quam consequitur honor, ut dictum est[6], contingit quod homines maxime honorem desiderant. Unde quaerunt homines maxime honorari a sapientibus, quorum iudicio credunt se esse excellentes vel felices.

QUANTO AO 1º, portanto, deve-se dizer que, como o Filósofo diz no mesmo lugar, a honra não é prêmio da virtude em razão da qual as pessoas de virtude agem[c], mas eles recebem dos homens a honra como prêmio, *como se não houvesse coisa alguma melhor para dar*. O verdadeiro prêmio da virtude é a bem-aventurança, em vista da qual os virtuosos agem. Se agem por causa da honra, já não será virtude, mas ambição.

QUANTO AO 2º, deve-se dizer que a honra é devida a Deus e aos mais excelentes, como sinal ou testemunho de sua excelência preexistente, não que a honra os torna excelentes.

QUANTO AO 3º, deve-se dizer que, como foi dito, acontece que os homens desejam sobretudo a honra, pelo desejo natural da bem-aventurança, a qual a honra acompanha. Por isso, os homens buscam ser honrados sobretudo pelos sábios, por cujos juízos se julgam excelentes e felizes.

ARTICULUS 3
Utrum beatitudo hominis consistat in fama, sive gloria

AD TERTIUM SIC PROCEDITUR. Videtur quod beatitudo hominis consistat in gloria.

1. In eo enim videtur beatitudo consistere, quod redditur. Sanctis pro tribulationibus quas in mundo patiuntur. Huiusmodi autem est gloria: dicit enim Apostolus, Rm 8,18: *Non sunt condignae passiones huius temporis ad futuram gloriam, quae revelabitur in nobis*. Ergo beatitudo consistit in gloria.

2. PRAETEREA, bonum est diffusivum sui, ut patet per Dionysium, 4 cap. *de Div. Nom.*[1]. Sed per gloriam bonum hominis maxime diffunditur in notitiam aliorum: quia gloria, ut Ambrosius[2] dicit, nihil aliud est quam *clara cum laude notitia*. Ergo beatitudo hominis consistit in gloria.

3. PRAETEREA, beatitudo est stabilissimum bonorum. Hoc autem videtur esse fama vel gloria:

ARTIGO 3
A bem-aventurança do homem consiste na fama ou na glória?

QUANTO AO TERCEIRO, ASSIM SE PROCEDE: parece que a bem-aventurança do homem **consiste** na glória.

1. Com efeito, parece que a bem-aventurança consiste naquilo que se dá aos santos, por causa das tribulações que sofreram no mundo. Ora, isso é a glória, como diz o Apóstolo na Carta aos Romanos: "As tribulações deste mundo não são equivalentes à glória futura, que será em nós manifestada." Logo, a bem-aventurança consiste na glória.

2. ALÉM DISSO, como afirma Dionísio, o bem é difusivo de si. Ora, é sobretudo pela glória que o bem do homem se difunde sendo conhecido pelos outros, porque, como afirma Ambrósio, a glória nada mais é que o "claro conhecimento com louvor." Logo, a bem-aventurança do homem consiste na glória.

3. ADEMAIS, a bem-aventurança é o mais estável dos bens. Ora, isso parece ser a fama ou a glória,

---

5. C. 7: 1124, a, 5-9.
6. In corp.

3 PARALL.: *Cont. Gent.* III, 29.
1. Mg 3, 693 B.
2. Cfr. AUGUST., *Cont. Maximin. Arian.* l. II (al. III), c. 13, n. 2: ML 42, 770.

c. De maneira discreta, é aqui indicada a articulação de toda a moral tomista. Com todo seu ser, o homem tende a seu fim e a sua realização, que não são outra coisa que a bem-aventurança (ou felicidade). Ele somente pode se dirigir a ela e adquiri-la colocando-se na escola da virtude ou perfeição.

quia per hanc quodammodo homines aeternitatem sortiuntur. Unde Boetius dicit, in libro *de Consol*.³: *Vos immortalitatem vobis propagare videmini, cum futuri famam temporis cogitatis*. Ergo beatitudo hominis consistit in fama seu gloria.

SED CONTRA, beatitudo est verum hominis bonum. Sed famam seu gloriam contingit esse falsam: ut enim dicit Boetius, in libro III *de Consol*.⁴, *plures magnum saepe nomen falsis vulgi opinionibus abstulerunt. Quo quid turpius excogitari potest? Nam qui falso praedicantur, suis ipsi necesse est laudibus erubescant*. Non ergo beatitudo hominis consistit in fama seu gloria.

RESPONDEO dicendum quod impossibile est beatitudinem hominis in fama seu gloria humana consistere. Nam gloria nihil aliud est quam *clara notitia cum laude*, ut Ambrosius dicit⁵. Res autem cognita aliter comparatur ad cognitionem humanam, et aliter ad cognitionem divinam: humana enim cognitio a rebus cognitis causatur, sed divina cognitio est causa rerum cognitarum. Unde perfectio humani boni, quae beatitudo dicitur, non potest causari a notitia humana: sed magis notitia humana de beatitudine alicuius procedit et quodammodo causatur ab ipsa humana beatitudine, vel inchoata vel perfecta. Et ideo in fama vel in gloria non potest consistere hominis beatitudo: Sed bonum hominis dependet, sicut ex causa, ex cognitione Dei. Et ideo ex gloria quae est apud Deum, dependet beatitudo hominis sicut ex causa sua: secundum illud Ps 90,15-16: *Eripiam eum, et glorificabo eum, longitudine dierum replebo eum, et ostendam illi salutare meum*.

Est etiam aliud considerandum, quod humana notitia saepe fallitur, et praecipue in singularibus contingentibus, cuiusmodi sunt actus humani. Et ideo frequenter humana gloria fallax est. Sed quia Deus falli non potest, eius gloria semper vera est. Propter quod dicitur, 2Cor 10,18: *Ille probatus est, quem Deus commendat*.

AD PRIMUM ergo dicendum quod Apostolus non loquitur ibi de gloria quae est ab hominibus, sed

porque por elas conseguem de certo modo os homens a eternidade. Por isso diz Boécio: "Pareceis preparar a vossa imortalidade, quando pensais na fama do tempo futuro." Logo, a bem-aventurança do homem consiste na fama ou glória.

EM SENTIDO CONTRÁRIO, a bem-aventurança é o verdadeiro bem do homem. Ora, a fama ou a glória, acontece serem falsas. Confirma-o Boécio: "Muitos assumiram um grande nome por causa das falsas opiniões do povo. Pode-se pensar em coisa mais vergonhosa? Ora, os que são falsamente louvados devem se envergonhar de seus louvores." Logo, a bem-aventurança do homem não consiste na fama ou na glória.

RESPONDO. É impossível que a bem-aventurança do homem consista na fama ou na glória humanas. A glória nada mais é que "o claro conhecimento com louvor", como diz Ambrósio. As coisas conhecidas diferentemente se referem à inteligência humana e à inteligência divina: pois o conhecimento humano é causado pelas coisas conhecidas, mas o conhecimento divino é a causa das coisas conhecidas. Por isso, a perfeição do bem humano, que se chama bem-aventurança, não pode ser causada pelo conhecimento humano, porém, o conhecimento humano da bem-aventurança de alguém procede, e é, de certo modo, causado pela própria bem-aventurança humana seja iniciada ou perfeita. Daí que a bem-aventurança do homem não pode consistir na fama ou na glória. O bem do homem, todavia, depende do conhecimento de Deus, como da causa. Por isso, da glória que está em Deus depende a bem-aventurança humana como da sua causa, segundo o Salmo 90: "Livrá-lo-ei, glorificá-lo-ei, dar-lhe-ei longos dias e mostrar-lhe-ei a minha salvação."ᵈ

É também de se considerar que o conhecimento humano falha muitas vezes, sobretudo nos fatos contingentes singulares, como são os atos humanos. Por isso, a glória humana é também frequentemente enganadora. Como, porém, Deus não pode enganar-se, a sua glória é sempre verdadeira. Donde dizer a segunda Carta aos Coríntios: "É aprovado o homem que Deus recomenda."

QUANTO AO 1º, portanto, deve-se dizer que não trata aqui o Apóstolo da glória que vem dos ho-

---

3. L. II, prosa 7: ML 63, 711 B.
4. Prosa 6: ML 63, 745 A.
5. Cfr. AUGUST., *l. c.*, nota 2.

---

d. Não se pode dizer, portanto, que a glória não tem nada a ver com a bem-aventurança. Ela decorre desta. Não é porque seríamos conhecidos, ainda que por nosso Criador, que possuiríamos a bem-aventurança. Pelo contrário, esta última consistirá em conhecer a Deus.

de gloria quae est a Deo coram Angelis eius. Unde dicitur Mc 8,38: *Filius hominis confitebitur eum in gloria Patris sui, coram Angelis eius.*

AD SECUNDUM dicendum quod bonum alicuius hominis quod per famam vel gloriam est in cognitione multorum, si cognitio quidem vera sit, oportet quod derivetur a bono existente in ipso homine: et sic praesupponit beatitudinem perfectam vel inchoatam. Si autem cognitio falsa sit, non concordat rei: et sic bonum non invenitur in eo cuius fama celebris habetur. Unde patet quod fama nullo modo potest facere hominem beatum.

AD TERTIUM dicendum quod fama non habet stabilitatem: immo falso rumore de facili perditur. Et si stabilis aliquando perseveret, hoc est per accidens. Sed beatitudo habet per se stabilitatem, et semper.

ARTICULUS 4
Utrum beatitudo hominis consistat in potestate

AD QUARTUM SIC PROCEDITUR. Videtur quod beatitudo consistat in potestate.
1. Omnia enim appetunt assimilari Deo, tanquam ultimo fini et primo principio. Sed homines qui in potestatibus sunt, propter similitudinem potestatis, maxime videntur esse Deo conformes: unde et in Scriptura *dii* vocantur, ut patet Ex 22,28, *Diis non detrahes.* Ergo in potestate beatitudo consistit.

2. PRAETEREA, beatitudo est bonum perfectum. Sed perfectissimum est quod homo etiam alios regere possit, quod convenit his qui in potestatibus sunt constituti. Ergo beatitudo consistit in potestate.
3. PRAETEREA, beatitudo, cum sit maxime appetibilis, opponitur ei quod maxime est fugiendum. Sed homines maxime fugiunt servitutem, cui contraponitur potestas. Ergo in potestate beatitudo consistit.

SED CONTRA, beatitudo est perfectum bonum. Sed potestas est maxime imperfecta. Ut enim dicit Boetius, III *de Consol.*[1], *potestas humana sollicitudinum morsus expellere, formidinum aculeos vitare nequit.* Et postea: *Potentem cen-*

mens, mas da glória que vem de Deus diante de seus anjos. Por isso, diz o Evangelho de Marcos: "O Filho do homem o confessará na glória de seu Pai, diante de seus anjos."

QUANTO AO 2º, deve-se dizer que o bem de um homem que é de muitos conhecido pela fama ou glória, se tal conhecimento é verdadeiro, deve derivar do bem existente neste homem. Assim, pressupõe a bem-aventurança perfeita ou iniciada. Porém, se o conhecimento é falso, não concorda com a realidade. Assim, o bem não existe naquele que pela fama é tido como célebre. Portanto, fica claro que a fama não pode fazer homem algum bem-aventurado.

QUANTO AO 3º, deve-se dizer que a fama é instável, até porque por um falso rumor ela facilmente desaparece. Se por algum tempo permanece estável, isto é acidental. Mas a bem-aventurança tem permanente estabilidade e para sempre.

ARTIGO 4
A bem-aventurança do homem consiste no poder?

QUANTO AO QUARTO, ASSIM SE PROCEDE: parece que a bem-aventurança **consiste** no poder.
1. Com efeito, todas as coisas desejam assemelhar-se a Deus, como último fim e primeiro princípio. Ora, os homens que estão no poder, devido à semelhança do poder, parecem sobretudo ser conformes a Deus. Chama-os, por isso a Escritura, de *deuses*, como se vê no livro do Êxodo: "Não falarás mal dos deuses". Logo, a bem-aventurança consiste no poder.
2. ALÉM DISSO, a bem-aventurança é o bem perfeito. Ora, o que há de mais perfeito é o homem poder governar os outros, e isto é próprio daqueles que estão investidos de poder. Logo, a bem-aventurança consiste no poder.
3. ADEMAIS, sendo a bem-aventurança o que há de mais desejável, ela se opõe àquilo do qual se deve sobretudo fugir. Ora, os homens fogem sobretudo da escravidão, que é o oposto do poder. Logo, a bem-aventurança consiste no poder.

EM SENTIDO CONTRÁRIO, a bem-aventurança é o bem perfeito. O poder, no entanto, é o que há de mais imperfeito. Diz Boécio: "O poder humano não pode evitar o tormento das preocupações, nem o aguilhão do medo", e mais adiante: "Tens por

---

4 PARALL.: *Cont. Gent.* III, 31; *Compend. Theol.*, part. 2, c. 9; *De Regim. Princip.*, l. 1, c. 8; in *Matth.*, c. 5.
  1. Prosa 5: ML 63, 741 A — 742 A.

ses cui satellites latus ambiunt, qui quos terret, ipse plus metuit? Non igitur beatitudo consistit in potestate.

RESPONDEO dicendum quod impossibile est beatitudinem in potestate consistere, propter duo. Primo quidem, quia potestas habet rationem principii, ut patet in V *Metaphys.*[2]. Beatitudo autem habet rationem ultimi finis. — Secundo, quia potestas se habet ad bonum et ad malum. Beatitudo autem est proprium et perfectum hominis bonum. Unde magis posset consistere beatitudo aliqua in bono usu potestatis, qui est per virtutem, quam in ipsa potestate.

Possunt autem quatuor generales rationes induci ad ostendendum quod in nullo praemissorum exteriorum bonorum beatitudo consistat. Quarum prima est quia, cum beatitudo sit summum hominis bonum, non compatitur secum aliquod malum. Omnia autem praedicta possunt inveniri et in bonis et in malis. — Secunda ratio est quia, cum de ratione beatitudinis sit quod sit *per se sufficiens*, ut patet in I *Ethic.*[3], necesse est quod, beatitudine adepta, nullum bonum homini necessarium desit. Adeptis autem singulis praemissorum, possunt adhuc multa bona homini necessaria deesse, puta sapientia, sanitas corporis, et huiusmodi. — Tertia, quia, cum beatitudo sit bonum perfectum, ex beatitudine non potest aliquod malum alicui provenire. Quod non convenit praemissis: dicitur enim Eccle 5,12, quod divitiae interdum conservantur *in malum domini sui*; et simile patet in aliis tribus. — Quarta ratio est quia ad beatitudinem homo ordinatur per principia interiora: cum ad ipsam naturaliter ordinetur. Praemissa autem quatuor bona magis sunt a causis exterioribus, et ut plurimum a fortuna: unde et bona fortunae dicuntur. Unde patet quod in praemissis nullo modo beatitudo consistit.

AD PRIMUM ergo dicendum quod divina potestas est sua bonitas: unde uti sua potestate non potest nisi bene. Sed hoc in hominibus non invenitur. Unde non sufficit ad beatitudinem hominis quod

poderoso o que está rodeado de guardas, aquele que mais teme aos quais amedronta"? Logo, a bem-aventurança não está no poder.

RESPONDO. A bem-aventurança não pode consistir no poder, por dois motivos. Primeiro, porque o poder tem a razão de princípio, como esclarece o livro V da *Metafísica*. Mas a bem-aventurança tem a razão de último fim. — Segundo, porque o poder refere-se ao bem e ao mal. A bem-aventurança, porém, é o próprio e o perfeito bem do homem. Por isso, poderia a bem-aventurança consistir mais em algum bom uso do poder, o que é efeito da virtude, do que no próprio poder.

Podem, ainda, ser apresentadas quatro razões gerais para mostrar que a bem-aventurança não consiste em nenhum dos bens exteriores citados[e]. A primeira, por ser a bem-aventurança o sumo bem do homem, ela não está acompanhada de mal algum. Ora, os bens dos quais tratamos podem ser encontrados nos bons e nos maus. — A segunda razão, uma vez que da razão da bem-aventurança é que seja *suficiente por si mesma*, como se vê no livro I da *Ética*, é necessário que, possuída a bem-aventurança, não falta ao homem nenhum bem necessário. Ora, possuídos cada um dos citados, podem ainda faltar muitos bens necessários ao homem, por exemplo, a sabedoria, a saúde do corpo e coisas semelhantes. — A terceira, por ser a bem-aventurança o bem perfeito, dela não é possível vir a alguém algum mal. Mas isso não é próprio dos citados, porque diz o livro do Eclesiastes que as riquezas muitas vezes são conservadas "para o mal de seu senhor". Isto vale para os três outros. — A quarta razão, porque o homem ordena-se para a bem-aventurança por princípios interiores, uma vez que se ordena para ela naturalmente. Ora, os quatro bens mencionados originam-se mais de causas exteriores e, na maioria das vezes, da sorte, e, por isso, são chamados de bens da sorte. Fica claro, portanto, que nos citados de nenhuma maneira consiste a bem-aventurança.

QUANTO AO 1º, portanto, deve-se dizer que o poder divino é a sua bondade. Por isso, Deus não pode usar de seu poder senão bem. Mas tal não acontece com os homens. Consequentemente, não

---

2. C. 12: 1019, a, 19-20.
3. C. 5: 1097, b, 20-21.

---

e. Com o presente desenvolvimento, é efetuada uma distinção na questão 2. Ao longo dos três primeiros artigos, Sto. Tomás mostrou que a bem-aventurança não podia consistir em um bem exterior ao homem, fosse ele material (as riquezas), fosse imaterial (a glória e o poder). A partir do artigo 4, ele explica que tampouco pode consistir em um bem interior (o corpo, o prazer e a alma).

assimiletur Deo quantum ad potestatem, nisi etiam assimiletur ei quantum ad bonitatem.

AD SECUNDUM dicendum quod, sicut optimum est quod aliquis utatur bene potestate in regimine multorum, ita pessimum est si male utatur. Et ita potestas se habet et ad bonum et ad malum.

AD TERTIUM dicendum quod servitus est impedimentum boni usus potestatis: ed ideo naturaliter homines eam fugiunt, et non quasi in potestate hominis sit summum bonum.

ARTICULUS 5
Utrum beatitudo hominis consistat in aliquo corporis bono

AD QUINTUM SIC PROCEDITUR. Videtur quod beatitudo hominis consistat in bonis corporis.

1. Dicitur enim Eccli 30,16: *Non est census supra censum salutis corporis*. Sed in eo quod est optimum, consistit beatitudo. Ergo consistit in corporis salute.
2. PRAETEREA, Dionysius dicit, V cap. *de Div. Nom.*[1], quod esse est melius quam vivere, et vivere melius quam alia quae consequuntur. Sed ad esse et vivere hominis requiritur salus corporis. Cum ergo beatitudo sit summum bonum hominis, videtur quod salus corporis maxime pertineat ad beatitudinem.
3. PRAETEREA, quanto aliquid est communius, tanto ab altiori principio dependet quia quanto causa est superior, tanto eius virtus ad plura se extendit. Sed sicut causalitas causae efficientis consideratur secundum influentiam, ita causalitas finis attenditur secundum appetitum. Ergo sicut prima causa efficiens est quae in omnia influit, ita ultimus finis est quod ab omnibus desideratur. Sed ipsum esse est quod maxime desideratur ab omnibus. Ergo in his quae pertinent ad esse hominis, sicut est salus corporis, maxime consistit eius beatitudo.

SED CONTRA, secundum beatitudinem homo excellit omnia alia animalia. Sed secundum bona corporis, a multis animalibus superatur: sicut ab elephante in diuturnitate vitae, a leone in fortitudine, a cervo in cursu. Ergo beatitudo hominis non consistit in bonis corporis.

será suficiente para a bem-aventurança do homem que se assemelhe a Deus pelo poder, a não ser que também se assemelhe pela bondade.

QUANTO AO 2º, deve-se dizer que assim como é ótimo que se use bem do poder para o governo de muitos, será péssimo, se o usa mal. Assim, o poder pode referir-se ao bem ou ao mal.

QUANTO AO 3º, deve-se dizer que a escravidão impede o bom uso do poder. Por isso, naturalmente os homens fogem dela, mas não por que o sumo bem consista no poder humano.

ARTIGO 5
A bem-aventurança do homem consiste em algum bem do corpo?

QUANTO AO QUINTO, ASSIM SE PROCEDE: parece que a bem-aventurança do homem **consiste** nos bens do corpo.

1. Com efeito, diz o livro do Eclesiástico: "Nenhuma riqueza é comparável à saúde do corpo". Ora, a bem-aventurança consiste no que há de ótimo. Logo, ela consiste na saúde do corpo.
2. ALÉM DISSO, diz Dionísio: "É melhor ser do que viver, e viver melhor que as suas consequências". Ora, para ser e viver exige-se do homem a saúde do corpo. Logo, sendo a bem-aventurança o sumo bem do homem, parece que a saúde pertence sobretudo à bem-aventurança.
3. ADEMAIS, quanto uma coisa é mais comum, tanto mais depende de princípio mais elevado, porque, quanto mais uma causa é superior, tanto mais seu poder se estende a mais coisas. Ora, como a causalidade da causa eficiente considera-se segundo a sua influência, assim a causa final, segundo o apetite. Como a primeira causa eficiente influi em todas as coisas, assim o último fim é o que é desejado por todos. Mas o existir é o que é sobretudo desejado por todos. Logo, a bem-aventurança consiste sobretudo naquilo que pertence ao existir do homem, como é a saúde do corpo.

EM SENTIDO CONTRÁRIO, pela bem-aventurança o homem é superior a todos os outros animais. Entretanto, muitos animais o superam pelos bens do corpo, por exemplo, o elefante, pela longevidade, o leão, pela fortaleza, o veado, pela corrida. Logo, a bem-aventurança não consiste nos bens do corpo.

---

5 PARALL.: IV *Sent.* dist. 49, q. 1, a. 1, q.la 1; *Cont. Gent.* III, 32; *Compend. Theol.*, part. 2, c. 9; I *Ethic.*, lect. 10.
1. MG 3, 816 B.

RESPONDEO dicendum quod impossibile est beatitudinem hominis in bonis corporis consistere, propter duo. Primo quidem, quia impossibile est quod illius rei quae ordinatur ad aliud sicut ad finem, ultimus finis sit eiusdem conservatio in esse. Unde gubernator non intendit, sicut ultimum finem, conservationem navis sibi commissae, eo quod navis ad aliud ordinatur sicut ad finem, scilicet ad navigandum. Sicut autem navis committitur gubernatori ad dirigendum, ita homo est suae voluntati et rationi commissus; secundum illud quod dicitur Eccli 15,14: *Deus ab initio constituit hominem, et reliquit eum in manu consilii sui.* Manifestum est autem quod homo ordinatur ad aliquid sicut ad finem: non enim homo est summum bonum. Unde impossibile est quod ultimus finis rationis et voluntatis humanae sit conservatio humani esse.

Secundo quia, dato quod finis rationis et voluntatis humanae esset conservatio humani esse, non tamen posset dici quod finis hominis esset aliquod corporis bonum. Esse enim hominis consistit in anima et corpore: et quamvis esse corporis dependeat ab anima, esse tamen humanae animae non dependet a corpore, ut supra[2] ostensum est; ipsumque corpus est propter animam, sicut materia propter formam, et instrumenta propter motorem, ut per ea suas actiones exerceat. Unde omnia bona corporis ordinantur ad bona animae, sicut ad finem. Unde impossibile est quod in bonis corporis beatitudo consistat, quae est ultimus hominis finis.

AD PRIMUM ergo dicendum quod, sicut corpus ordinatur ad animam sicut ad finem, ita bona exteriora ad ipsum corpus. Et ideo rationabiliter bonum corporis praefertur bonis exterioribus, quae per *censum* significantur, sicut et bonum animae praefertur omnibus bonis corporis.

AD SECUNDUM dicendum quod esse simpliciter acceptum, secundum quod includit in se omnem perfectionem essendi, praeeminet vitae et omnibus subsequentibus: sic enim ipsum esse praehabet in se omnia subsequentia. Et hoc modo Dionysius loquitur. — Sed si consideretur ipsum esse prout

RESPONDO. Por dois motivos é impossível que a bem-aventurança consista nos bens do corpo. Primeiro, porque é impossível que o último fim daquilo que se ordena a outra coisa como para seu fim, seja a sua conservação no existir. Por isso, o comandante não visa como último fim a conservação do barco que lhe foi entregue, porque o barco está ordenado para outra coisa como para seu fim, a saber, navegar. Assim como o barco é entregue ao comandante para que ele o dirija, assim o homem é entregue à sua vontade e razão, conforme o que diz o livro do Eclesiástico[f]: "Deus criou o homem desde o início, e o deixou entregue ao seu conselho". Isso evidencia que o homem se ordena para alguma coisa como fim, pois o homem não é o sumo bem. Donde ser impossível que o último fim da razão e da vontade humana seja a conservação do existir humano[g].

Segundo, porque concedido que o fim da razão e da vontade humana fosse a conservação do existir humano, não se poderia dizer que o fim do homem fosse algum bem do corpo. Ora, o ser do homem consiste na alma e no corpo, e, embora o ser do corpo dependa da alma, o ser da alma humana não depende do corpo, como acima foi dito: O corpo existe para a alma, como a matéria para a forma, como o instrumento para o motor, para que por ela exerça suas ações. Consequentemente, todos os bens do corpo se ordenam para os da alma, como para o fim. Logo, é impossível que a bem-aventurança, que é o último fim do homem, consista nos bens do corpo.

QUANTO AO 1º, portanto, deve-se dizer que assim como o corpo se ordena para a alma como para seu fim, assim os bens exteriores, para o corpo. Donde ser razoável que os bens do corpo sejam preferidos aos bens exteriores, representados pela *riqueza*, como o bem da alma é preferido a todos os bens do corpo.

QUANTO AO 2º, deve-se dizer que o existir absolutamente considerado, enquanto inclui em si toda perfeição do existir, prevalece à vida e a tudo que se lhe segue, pois o próprio existir contém em si tudo o que se lhe segue. Nesse sentido fala Dionísio. — Mas, considerando-se o mesmo existir

---

2. I, q. 75, a. 2; q. 76, a. 1, ad 5, 6; q. 90, a. 2, ad 2.

f. Esta referência à Escritura é evidentemente muito importante. Por ter sido criado à imagem de Deus, o homem é capaz de se autodeterminar, de pôr atos livres, de escolher as orientações principais de sua existência. Torna-se para si mesmo a sua própria providência.

g. A vida não é feita para ser conservada, mas para ser utilizada. Sto. Tomás parece sugerir que cada um de nós é ameaçado por uma forma de avareza de si.

participatur in hac re vel in illa, quae non capiunt totam perfectionem essendi, sed habent esse imperfectum, sicut est esse cuiuslibet creaturae; sic manifestum est quod ipsum esse cum perfectione superaddita est eminentius. Unde et Dionysius ibidem dicit quod viventia sunt meliora existentibus, et intelligentia viventibus.

AD TERTIUM dicendum quod, quia finis respondet principio, ex illa ratione probatur quod ultimus finis est primum principium essendi, in quo est omnis essendi perfectio: cuius similitudinem appetunt, secundum suam proportionem, quaedam quidem secundum esse tantum, quaedam secundum esse vivens, quaedam secundum esse vivens et intelligens et beatum. Et hoc paucorum est.

enquanto participa desta ou daquela coisa que não atinge toda a perfeição do existir, mas tem o existir incompleto, como é o existir das criaturas, então é evidente que o mesmo existir acrescido de perfeição é mais eminente. Por isso, Dionísio disse que os viventes são melhores que os existentes, e os seres inteligentes, que os viventes[h].

QUANTO AO 3º, deve-se dizer que como o fim corresponde ao princípio, por esse motivo se prova que o último fim é o primeiro princípio do existir, no qual está toda a perfeição do existir. Assemelharem-se a este todos desejam, cada um em seu grau. Uns, somente segundo o existir, outros segundo o existir vivente; finalmente, outros, segundo o existir inteligente e bem-aventurado. Mas isto é de poucos.

ARTICULUS 6
Utrum beatitudo hominis consistat in voluptate

AD SEXTUM SIC PROCEDITUR. Videtur quod beatitudo hominis in voluptate consistat.

1. Beatitudo enim, cum sit ultimus finis, non appetitur propter aliud, sed alia propter ipsam. Sed hoc maxime convenit delectationi: *ridiculum est enim ab aliquo quaerere propter quid velit delectari*, ut dicitur in X *Ethic.*[1]. Ergo beatitudo maxime in voluptate et delectatione consistit.

2. PRAETEREA, *causa prima vehementius imprimit quam secunda*, ut dicitur in libro *de Causis*[2]. Influentia autem finis attenditur secundum eius appetitum. Illud ergo videtur habere rationem finis ultimi, quod maxime movet appetitum. Hoc autem est voluptas: cuius signum est quod delectatio intantum absorbet hominis voluntatem et rationem, quod alia bona contemnere facit. Ergo videtur quod ultimus finis hominis, qui est beatitudo, maxime in voluptate consistat.

3. PRAETEREA, cum appetitus sit boni, illud quod omnia appetunt, videtur esse optimum. Sed delectationem omnia appetunt, et sapientes et insipientes, et etiam ratione carentia. Ergo delectatio est optimum. Consistit ergo in voluptate beatitudo, quae est summum bonum.

ARTIGO 6
A bem-aventurança do homem consiste no prazer?

QUANTO AO SEXTO, ASSIM SE PROCEDE: parece que a bem-aventurança do homem **consiste** no prazer.

1. Com efeito, sendo a bem-aventurança o último fim, não é desejada em vista de outra coisa, mas, em vista dela as outras coisas. Ora, isto é próprio sobretudo do prazer, como diz o livro X da *Ética*: "É ridículo perguntar a alguém por que quer se deleitar". Logo, a bem-aventurança consiste sobretudo na voluptuosidade e no prazer.

2. ALÉM DISSO, "A primeira causa tem atuação mais forte que a segunda", diz o livro das *Causas*. Ora, considera-se a influência do fim conforme ele é desejado. Portanto, parece que aquilo que sobretudo move o apetite, tem a razão de último fim. Isto é a voluptuosidade, cujo sinal está no deleite que de tal modo absorve a vontade e a razão do homem que faz desprezar os outros bens. Logo, parece que o último fim do homem que é a bem-aventurança, consiste sobretudo na voluptuosidade.

3. ADEMAIS, como o desejo é do bem, aquilo que todos desejam, parece ser o melhor. Ora, todos desejam o prazer, os sábios e os ignorantes, e até os desprovidos de razão. Logo, na voluptuosidade está a bem-aventurança, que é o sumo bem.

---

6 PARALL.: IV *Sent.*, dist. 44, q. 1, a. 3, q.la 4, ad 3, 4; *Cont. Gent.* III, 27, 33; I *Ethic.*, lect. 5.
   1. C. 2: 1172, b, 22-23.
   2. Prop. I, § *Omnis*. Vide PROCLUM, *Elem. theol.* 70; PLOTINUM, *Enn.* VI, VIII, 14.

---

h. Numa metafísica do ser, todo elemento da criação é uma participação no ser, com maior ou menor elevação. Pode-se estabelecer, desse modo, uma hierarquia entre os seres.

SED CONTRA est quod Boetius dicit, in III *de Consol*.³: *Tristes exitus esse voluptatum, quisquis reminisci libidinum suarum volet, intelliget. Quae si beatos efficere possent, nihil causae est quin pecudes quoque beatae esse dicantur.*

RESPONDEO dicendum quod, *quia delectationes corporales pluribus notae sunt, assumpserunt sibi nomen voluptatum*, ut dicitur VII *Ethic*.⁴: cum tamen sint aliae delectationes potiores. In quibus tamen beatitudo principaliter non consistit. Quia in unaquaque re aliud est quod pertinet ad essentiam eius, aliud est proprium accidens ipsius: sicut in homine aliud est quod est animal rationale mortale, aliud quod est risibile. Est igitur considerandum quod omnis delectatio est quoddam proprium accidens quod consequitur beatitudinem, vel aliquam beatitudinis partem: ex hoc enim aliquis delectatur quod habet bonum aliquod sibi conveniens, vel in re, vel in spe, vel saltem in memoria. Bonum autem conveniens, si quidem sit perfectum, est ipsa hominis beatitudo si autem sit imperfectum, est quaedam beatitudinis participatio, vel propinqua, vel remota, vel saltem apparens. Unde manifestum est quod nec ipsa delectatio quae consequitur bonum perfectum, est ipsa essentia beatitudinis; sed quoddam consequens ad ipsam sicut per se accidens.

Voluptas autem corporalis non potest etiam modo praedicto sequi bonum perfectum. Nam sequitur bonum quod apprehendit sensus, qui est virtus animae corpore utens. Bonum autem quod pertinet ad corpus, quod apprehenditur secundum sensum, non potest esse perfectum hominis bonum. Cum enim anima rationalis excedat proportionem materiae corporalis, pars animae quae est ab organo corporeo absoluta, quandam habet infinitatem respectu ipsius corporis et partium animae corpori concretarum: sicut immaterialia sunt quodammodo infinita respectu materialium, eo quod forma per materiam quodammodo contrahitur et finitur, unde forma a materia absoluta est quodammodo infinita. Et ideo sensus, qui est vis corporalis, cognoscit singulare, quod est determinatum per materiam: intellectus vero, qui

EM SENTIDO CONTRÁRIO, diz Boécio: "Todos os que quiserem lembrar-se de suas paixões compreenderão que são tristes os resultados da voluptuosidade. Se ela pudesse fazer felizes, não haveria motivo para que também os animais não se dissessem felizes".

RESPONDO. "Porque os prazeres do corpo são conhecidos de um grande número" assumiram o nome de voluptuosidade, diz o livro VII da *Ética*, embora existam outros prazeres mais fortes. Mas a bem-aventurança não consiste principalmente neles, porque em cada coisa há o que pertence à sua essência e há o que lhe é acidental e próprio. No homem, por exemplo, uma coisa é ser animal racional mortal, outra coisa é ser dotado de riso. Deve-se ainda considerar que todo prazer é um acidente próprio que acompanha a bem-aventurança, ou uma parte da bem-aventurança, pois alguém se deleita porque tem algum bem que lhe é conveniente seja na realidade, na esperança ou na memória. O bem conveniente, se é perfeito, é a própria bem-aventurança do homem. Porém, se é imperfeito, é uma certa participação da bem-aventurança, ou próxima ou remota, ou ao menos aparente. É claro, portanto, que nem o mesmo prazer que acompanha o bem perfeito, é a própria essência da bem-aventurança, mas algo que a acompanha como um acidente próprioⁱ.

Contudo, a voluptuosidade corporal não pode, desse modo, seguir o bem perfeito, pois segue o bem o que é apreendido pelo sentido, que é potência da alma que usa o corpo. Mas, o bem que pertence ao corpo, apreendido pelo sentido, não pode ser o bem perfeito do homem. Como a alma racional supera a proporção da matéria corporal, a parte da alma que é independente do órgão corpóreo possui uma certa infinidade relativamente ao corpo e às partes da alma unida ao corpo. Assim, as coisas imateriais são de algum modo infinitas relativamente às materiais, porque a forma de certo modo contraída pela matéria e por ela limitada. Por isso, a forma independente da matéria é de certo modo infinita. O sentido, pois, que é potência corporal, conhece o singular que é determinado pela matéria. O intelecto, porém,

---
3. Prosa 7: ML 63, 749 A.
4. C. 14: 1153, b, 33-35.

i. Depois de ter lamentado que a significação do prazer tenha sido empobrecida a ponto de só designar os prazeres do corpo na representação comum, Sto. Tomás se interroga sobre o estatuto de todo prazer na busca da bem-aventurança. O papel do prazer, como se vê, não é pequeno. Ele representa, com efeito, um "acidente próprio", ou seja, uma propriedade inseparável e derivada. Deve-se, porém, observar que é apenas uma propriedade, isto é, uma emanação da essência, a qual, portanto, não coincide com ela.

est vis a materia absoluta, cognoscit universale, quod est abstractum a materia, et continet sub se infinita singularia. Unde patet quod bonum conveniens corpori, quod per apprehensionem sensus delectationem corporalem causat, non est perfectum bonum hominis, sed est minimum quiddam in comparatione ad bonum animae. Unde Sap 7,9 dicitur quod *omne aurum, in comparatione sapientiae, arena est exigua*. Sic igitur neque voluptas corporalis est ipsa beatitudo, nec est per se accidens beatitudinis.

AD PRIMUM ergo dicendum quod eiusdem rationis est quod appetatur bonum, et quod appetatur delectatio, quae nihil est aliud quam quietatio appetitus in bono: sicut ex eadem virtute naturae est quod grave feratur deorsum, et quod ibi quiescat. Unde sicut bonum propter seipsum appetitur, ita et delectatio propter se, et non propter aliud appetitur, si ly *propter* dicat causam finalem. Si vero dicat causam formalem, vel potius motivam, sic delectatio est appetibilis propter aliud, idest propter bonum, quod est delectationis obiectum, et per consequens est principium eius, et dat ei formam: ex hoc enim delectatio habet quod appetatur, quia est quies in bono desiderato.

AD SECUNDUM dicendum quod vehemens appetitus delectationis sensibilis contingit ex hoc quod operationes sensuum, quia sunt principia nostrae cognitionis, sunt magis perceptibiles. Unde etiam a pluribus delectationes sensibiles appetuntur.

AD TERTIUM dicendum quod eo modo omnes appetunt delectationem, sicut et appetunt bonum: et tamen delectationem appetunt ratione boni, et non e converso, ut dictum est[5]. Unde non sequitur quod delectatio sit maximum et per se bonum: sed quod unaquaeque delectatio consequatur aliquod bonum, et quod aliqua delectatio consequatur id quod est per se et maximum bonum.

que é potência independente da matéria conhece o universal, que é abstraído da matéria e abarca sob si uma infinidade de singulares. Fica, pois, claro que o bem conveniente ao corpo, que apreendido pelo sentido causa o prazer, não será o perfeito bem do homem, mas é algo muito pequeno comparado com o bem da alma. Por isso se diz no livro do Sabedoria que "Todo o ouro comparado com a sabedoria é um pequeno grão de areia". Assim sendo, nem a voluptuosidade corporal é a própria bem-aventurança, nem é acidente próprio dela.

QUANTO AO 1º, portanto, deve-se dizer que é pela mesma razão que se deseja o bem e que se deseja o prazer, porque os dois nada mais são que o descanso do apetite no bem. Assim também, pela mesma força da natureza, o corpo pesado é trazido para baixo, e aí descansa. Donde, assim como o bem é desejado por si mesmo, o prazer também o é por si mesmo, não por causa de outra coisa, tomando-se a expressão *por causa* no sentido de causa final. Se significa, porém, causa formal, ou melhor causa motora, então o prazer é desejado por outra coisa, isto é, por causa do bem, que é o objeto do prazer, e, consequentemente, seu princípio e lhe dá a forma. Sendo assim, o prazer tem motivo por que é desejado, pois é o descanso no bem desejado[j].

QUANTO AO 2º, deve-se dizer que acontece um forte desejo de prazer sensível, pelo fato de que as operações dos sentidos, porque são princípios do nosso conhecimento, são mais perceptíveis. Por isso, também é que os prazeres sensíveis são por muitos desejados.

QUANTO AO 3º, deve-se dizer que todos desejam o prazer, como desejam o bem. Contudo, desejam o prazer em razão do bem, mas não o contrário, como foi dito. Disto não se conclui que o prazer é propriamente o maior bem, mas, que cada prazer segue algum bem, e que algum prazer segue aquilo que é por si mesmo o maior bem.

---

5. In resp. ad 1.

j. Para melhor compreender esta resposta, convém recordar que existem três abordagens do bem. O bem desejado por si mesmo é o fim último (*bonum honestum*); somente ele está em condições de terminar o movimento que suscitou. Quando considerado como meio, o bem é desejado na medida em que conduz a um fim que o ultrapassa (*bonum utile*). O bem que satisfaz o apetite, quando possuído, produz um repouso ou prazer (*bonum delectabile*); supõe o *bonum honestum* como sua fonte. O prazer é desejado como termo, sem dúvida, mas não por si mesmo, pois depende do valor do bem possuído. Seguindo Aristóteles, Sto. Tomás se mostra partidário da especificidade dos prazeres. A tal função corresponde tal prazer que lhe é próprio.

Articulus 7
Utrum beatitudo hominis consistat in aliquo bono animae

AD SEPTIMUM SIC PROCEDITUR. Videtur quod beatitudo consistat in aliquo bono animae.

1. Beatitudo enim est quoddam hominis bonum. Hoc autem per tria dividitur, quae sunt bona exteriora, bona corporis, et bona animae. Sed beatitudo non consistit in bonis exterioribus, neque in bonis corporis, sicut supra[1] ostensum est. Ergo consistit in bonis animae.

2. PRAETEREA, illud cui appetimus aliquod bonum, magis amamus quam bonum quod ei appetimus: sicut magis amamus amicum cui appetimus pecuniam, quam pecuniam. Sed unusquisque quodcumque bonum sibi appetit. Ergo seipsum amat magis quam omnia alia bona. Sed beatitudo est quod maxime amatur: quod patet ex hoc quod propter ipsam omnia alia amantur et desiderantur. Ergo beatitudo consistit in aliquo bono ipsius hominis. Sed non in bonis corporis. Ergo in bonis animae.

3. PRAETEREA, perfectio est aliquid eius quod perficitur. Sed beatitudo est quaedam perfectio hominis. Ergo beatitudo est aliquid hominis. Sed non est aliquid corporis, ut ostensum est[2]. Ergo beatitudo est aliquid animae. Et ita consistit in bonis animae.

SED CONTRA, sicut Augustinus dicit in libro *de Doctr. Christ.*[3], *id in quo constituitur beata vita, propter se diligendum est*. Sed homo non est propter seipsum diligendus, sed quidquid est in homine, est diligendum propter Deum. Ergo in nullo bono animae beatitudo consistit.

RESPONDEO dicendum quod, sicut supra[4] dictum est, finis dupliciter dicitur: scilicet ipsa res quam adipisci desideramus; et usus, seu adeptio aut possessio illius rei. Si ergo loquamur de ultimo fine hominis quantum ad ipsam rem quam appetimus sicut ultimum finem, impossibile est quod ultimus finis hominis sit ipsa anima, vel aliquid eius. Ipsa enim anima, in se considerata, est ut in potentia existens: fit enim de potentia sciente actu sciens, et de potentia virtuosa actu virtuosa. Cum

Artigo 7
A bem-aventurança consiste em algum bem da alma?

QUANTO AO SÉTIMO, ASSIM SE PROCEDE: parece que a bem-aventurança **consiste** em algum bem da alma.

1. Com efeito, a bem-aventurança é um bem do homem. Este bem se divide em bens exteriores, bens do corpo e bens da alma. Porém, como foi visto acima, ela não consiste nos bens exteriores, nem nos bens do corpo. Logo, a bem-aventurança consiste nos bens da alma.

2. ALÉM DISSO, aquilo para o que desejamos algum bem, mais amamos que o bem que desejamos. Por exemplo, mais amamos o amigo para o qual desejamos dinheiro, do que o dinheiro. Ora, cada um deseja para si toda espécie de bem. Por isso, mais ama a si que a todos os outros bens. Mas, a bem-aventurança é aquilo que é sobretudo amado, até porque por causa dela todas as outras coisas são amadas e desejadas. Logo, a bem-aventurança consiste em algum bem do próprio homem. Não, porém, em bens do corpo. Logo, em bens da alma.

3. ADEMAIS, a perfeição é algo próprio do que é aperfeiçoável. Ora, a bem-aventurança é uma perfeição do homem. Logo, a bem-aventurança é algo do homem. Ora, não é algo do corpo, como acima foi visto. Logo, a bem-aventurança é algo da alma. E assim consiste nos bens da alma.

EM SENTIDO CONTRÁRIO, diz Agostinho: "Aquilo em que está constituída a vida bem-aventurada é amável por causa de si mesmo". Ora, o homem não deve ser amado por causa de si mesmo, mas tudo que nele existe deve ser amado por causa de Deus. Logo, a bem-aventurança não consiste em bem algum da alma.

RESPONDO. Como acima foi visto, o fim se entende de dois modos: A coisa que desejamos conseguir, e o uso, a obtenção ou a posse daquela coisa. Se nos referirmos ao último fim do homem quanto à coisa que desejamos como último fim, é impossível que o último fim do homem seja a alma, ou algo dela. Pois, a alma, considerada em si mesma, existe como em potência: passa de potência de saber a ato de saber, e da potência virtuosa a ato virtuoso. Todavia, como a potência está para

---
7
1. Art. 4, 5.
2. Art. 5.
3. L. I, c. 22, n. 20: ML 34, 26.
4. Q. 1, a. 8.

autem potentia sit propter actum, sicut propter complementum, impossibile est quod id quod est secundum se in potentia existens, habeat rationem ultimi finis. Unde impossibile est quod ipsa anima sit ultimus finis sui ipsius.

Similiter etiam neque aliquid eius, sive sit potentia sive habitus, sive actus. Bonum enim quod est ultimus finis, est bonum perfectum complens appetitum. Appetitus autem humanus, qui est voluntas, est boni universalis. Quodlibet bonum autem inhaerens ipsi animae, est bonum participatum, et per consequens particulatum. Unde impossibile est quod aliquod eorum sit ultimus finis hominis.

Sed si loquamur de ultimo fine hominis quantum ad ipsam adeptionem vel possessionem, seu quemcumque usum ipsius rei quae appetitur ut finis, sic ad ultimum finem pertinet aliquid hominis ex parte animae: quia homo per animam beatitudinem consequitur. Res ergo ipsa quae appetitur ut finis, est id in quo beatitudo consistit, et quod beatum facit: sed huius rei adeptio vocatur beatitudo. Unde dicendum est quod beatitudo est aliquid animae; sed id in quo consistit beatitudo, est aliquid extra animam.

AD PRIMUM ergo dicendum quod, secundum quod sub illa divisione comprehenduntur omnia bona quae homini sunt appetibilia, sic bonum animae dicitur non solum potentia aut habitus aut actus, sed etiam obiectum, quod est extrinsecum. Et hoc modo nihil prohibet dicere id in quo beatitudo consistit, esse quoddam bonum animae.

AD SECUNDUM dicendum, quantum ad propositum pertinet, quod beatitudo maxime amatur tanquam bonum concupitum: amicus autem amatur tanquam id cui concupiscitur bonum; et sic etiam homo amat seipsum. Unde non est eadem ratio amoris utrobique. Utrum autem amore amicitiae aliquid homo supra se amet, erit locus considerandi cum de caritate agetur[5].

o ato como para seu complemento, é impossível que aquilo que em si mesmo existe em potência tenha a razão de último fim. Logo, é impossível que a alma seja o último fim de si mesma.

Igualmente, nem alguma coisa da alma, seja potência, seja *habitus*, seja ato. Com efeito, o bem que é último fim é o bem perfeito que satisfaz o apetite. O apetite humano que é a vontade, tem como objeto o bem universal. Ora, qualquer bem inerente à alma é um bem participado e, por isso, um bem particularizado. Logo, é impossível que algum desses bens seja o último fim do homem.

No entanto, se nos referimos ao último fim do homem quanto à aquisição ou à posse, ou a qualquer uso da coisa que se deseja como fim, desse modo pertence ao último fim algo da alma[k]. Isso, porque o homem alcança a bem-aventurança pela alma. Ora, a coisa desejada como fim é aquilo em que consiste a bem-aventurança e que faz bem-aventurado, mas a aquisição desta coisa chama-se bem-aventurança. Portanto, deve-se dizer que a bem-aventurança é algo da alma, mas aquilo em que consiste a bem-aventurança é algo fora da alma.

QUANTO AO 1º, portanto, deve-se dizer que na medida em que naquela divisão estão abrangidos todos os bens que são desejados pelo homem, então deve-se dizer bem da alma não somente a potência, ou o *habitus*, ou o ato, mas também o objeto, que a ela é extrínseco. Assim, nada impede que se diga que aquilo em que a bem-aventurança consiste é algum bem da alma.

QUANTO AO 2º, deve-se dizer que quanto ao nosso propósito, a bem-aventurança é amada sobretudo como o bem desejado. O amigo, de fato, é amado como aquilo a quem se deseja um bem. Assim também o homem ama a si mesmo. Portanto, a razão do amor não é a mesma nos dois casos. Se o homem, com amor de amizade, ama alguma coisa mais que a si mesmo, quando se tratar da caridade haverá lugar para essa consideração[l].

---

5. Cfr. II-II, q. 26, a. 3.

---

k. Nada na criação, nem no exterior do homem, nem no interior, mesmo que fosse em sua parte mais nobre, a alma, pode apaziguar definitiva e totalmente o seu desejo, o seu apetite de bem. É preciso, contudo, que a posse do objeto beatificante se efetue por meio da alma: somente neste sentido, subjetivo, pode-se dizer que a bem-aventurança é um apetite da alma.

l. Embora bem curta, a resposta que dá Sto. Tomás à segunda objeção merece reter nossa atenção. Pode-se amar Deus por si mesmo e apenas por si mesmo? Amá-lo porque se espera alguma coisa dele, a saber, nossa bem-aventurança, não é demasiado interessado? Não se faz assim da vida cristã um egoísmo transcendental? Cristãos, e não dos menos importantes, afirmaram que continuariam a amar Deus mesmo que devessem ser inteiramente privados de sua presença, mesmo no inferno. Reconhece-se aqui, sem dúvida, a questão bastante clássica do "puro amor". Sto. Tomás traz alguns elementos de respostas. O fim último beatificante é amado acima de tudo; é amado como bem desejado. Somente ele pode finalizar o desejo humano; mediante qualquer bem

AD TERTIUM dicendum quod beatitudo ipsa, cum sit perfectio animae, est quoddam animae bonum inhaerens: sed id in quo beatitudo consistit, quod scilicet beatum facit, est aliquid extra animam, ut dictum est[6].

ARTICULUS 8
Utrum beatitudo hominis consistat in aliquo bono creato

AD OCTAVUM SIC PROCEDITUR. Videtur quod beatitudo hominis consistat in aliquo bono creato.

1. Dicit enim Dionysius, 7 cap. *de Div. Nom.*[1], quod divina sapientia *coniungit fines primorum principiis secundorum*: ex quo potest accipi quod summum inferioris naturae sit attingere infimum naturae superioris. Sed summum hominis bonum est beatitudo. Cum ergo angelus naturae ordine sit supra hominem, ut in Primo[2] habitum est; videtur quod beatitudo hominis consistat in hoc quod aliquo modo attingit ad angelum.

2. PRAETEREA, ultimus finis cuiuslibet rei est in suo perfecto: unde pars est propter totum, sicut propter finem. Sed tota universitas creaturarum, quae dicitur *maior mundus*, comparatur ad hominem, qui in VIII *Physic.*[3] dicitur *minor mundus*, sicut perfectum ad imperfectum. Ergo beatitudo hominis consistit in tota universitate creaturarum.

3. PRAETEREA, per hoc homo efficitur beatus, quod eius naturale desiderium quietat. Sed naturale desiderium hominis non extenditur ad maius bonum quam quod ipse capere potest. Cum ergo homo non sit capax boni quod excedit limites totius creaturae, videtur quod per aliquod bonum creatum homo beatus fieri possit. Et ita beatitudo hominis in aliquo bono creato consistit.

SED CONTRA est quod Augustinus dicit, XIX *de Civ. Dei*[4]: *Ut vita carnis anima est, ita beata*

QUANTO AO 3º, deve-se dizer que a bem-aventurança sendo perfeição da alma, lhe é um bem inerente. Mas aquilo em que a bem-aventurança consiste, e que faz o bem-aventurado, lhe é exterior, como foi dito.

ARTIGO 8
A bem-aventurança consiste em algum bem criado?

QUANTO AO OITAVO, ASSIM SE PROCEDE: parece que a bem-aventurança **consiste** em algum bem criado.

1. Com efeito, diz Dionísio que a sabedoria divina "une os fins dos primeiros aos princípios dos segundos", donde se pode entender que o máximo da natureza inferior é atingir o mínimo da natureza superior. Ora, o sumo bem do homem é a bem-aventurança. Logo, como o anjo, pela ordem natural, está acima do homem, como foi estabelecido na I Parte, parece que a bem-aventurança do homem consiste naquilo que de algum modo toca ao anjo.

2. ALÉM DISSO, o último fim de qualquer coisa está em sua perfeição. Daí que a parte está para o todo, como para o fim. Ora, o conjunto total das criaturas, denominado *mundo maior*, refere-se ao homem, que no livro VIII da *Física* diz-se *mundo menor*, como o perfeito para o imperfeito. Logo, a bem-aventurança do homem consiste no conjunto total das criaturas.

3. ADEMAIS, o homem torna-se bem-aventurado por aquilo que lhe aquieta o desejo natural. Ora, o desejo natural do homem não se estende para um bem maior do que aquele que pode atingir. Logo, como o homem não é capaz do bem que excede o limite de todas as criaturas, parece que ele pode se tornar bem-aventurado por algum bem criado. E assim, a bem-aventurança do homem consiste em algum bem criado.

EM SENTIDO CONTRÁRIO, diz Agostinho: "Como a vida do corpo é a alma, a vida bem-aventurada

---

6. In corp.

8 PARALL.: Part. I, q. 12, a. 1; *Cont. Gent.* IV, 54; *Compend. Theol.* part. 1, c. 108; part. 2, c. 9; *De Regim. Princip.*, l. I, c. 8; in *Psalm* 32.
1. MG 3, 872 B.
2. Q. 96, a. 1, ad 1; q. 108, a. 2, ad 3; a. 8, ad 2; q. 111, a. 1.
3. C. 2: 252, b, 26-27.
4. C. 26: ML 41, 656.

---

que seja é sempre ele que se deseja. Assim, amar alguém é amá-lo não como um bem suficiente, mas porque ele pode subordinar-se ao fim último. É querer que ele seja subordinado a Deus, explicará o artigo seguinte. Amar a si mesmo — amor de que Cristo fez a condição e medida do amor por outrem — é o mesmo que afirmar que ele precisa amar-se tal como Deus o quer. O amor de Deus é o princípio de todo amor, incluindo daquele que temos por nós mesmos.

vita hominis Deus est; de quo dicitur Ps 143,15: *Beatus populus cuius Dominus Deus eius*.

Respondeo dicendum quod impossibile est beatitudinem hominis esse in aliquo bono creato. Beatitudo enim est bonum perfectum, quod totaliter quietat appetitum: alioquin non esset ultimus finis, si adhuc restaret aliquid appetendum. Obiectum autem voluntatis, quae est appetitus humanus, est universale bonum; sicut obiectum intellectus est universale verum. Ex quo patet quod nihil potest quietare voluntatem hominis, nisi bonum universale. Quod non invenitur in aliquo creato, sed solum in Deo: quia omnis creatura habet bonitatem participatam. Unde solus Deus voluntatem hominis implere potest; secundum quod dicitur in Ps 102,5: *Qui replet in bonis desiderium tuum*. In solo igitur Deo beatitudo hominis consistit.

Ad primum ergo dicendum quod superius hominis attingit quidem infimum angelicae naturae per quandam similitudinem; non tamen ibi sistit sicut in ultimo fine, sed procedit usque ad ipsum universalem fontem boni, qui est universale obiectum beatitudinis omnium beatorum, tanquam infinitum et perfectum bonum existens.

Ad secundum dicendum quod, si totum aliquod non sit ultimus finis, sed ordinetur ad finem ulteriorem, ultimus finis partis non est ipsum totum, sed aliquid aliud. Universitas autem creaturarum, ad quam comparatur homo ut pars ad totum, non est ultimus finis, sed ordinatur in Deum sicut in ultimum finem. Unde bonum universi non est ultimus finis hominis, sed ipse Deus.

Ad tertium dicendum quod bonum creatum non est minus quam bonum cuius homo est capax ut rei intrinsecae et inhaerentis: est tamen minus quam bonum cuius est capax ut obiecti, quod est infinitum. Bonum autem quod participatur ab angelo, et a toto universo, est bonum finitum et contractum.

do homem é Deus", referindo-se a isto o Salmo 143: "Feliz o povo cujo Deus é o Senhor".

Respondo. É impossível estar a bem-aventurança do homem em um bem criado. A bem-aventurança é um bem perfeito, que totalmente aquieta o desejo, pois não seria o último fim, se ficasse algo para desejar. O objeto da vontade, que é o apetite humano, é o bem universal, como o objeto do intelecto é a verdade universal. Disto fica claro que nenhuma coisa pode aquietar a vontade do homem, senão o bem universal. Mas tal não se encontra em bem criado algum, a não ser só em Deus, porque toda criatura tem bondade participada. Por isso, só Deus' pode satisfazer plenamente a vontade humana, segundo o que diz o Salmo 102: "Que enche de bens o teu desejo". Consequentemente, só em Deus consiste a bem-aventurança do homem.

Quanto ao 1º, portanto, deve-se dizer que o mais alto do homem atinge o ínfimo da natureza angélica por alguma semelhança. Porém, não para aí como no seu último fim, mas procede até a fonte universal do bem que é o objeto universal da bem-aventurança de todos os bem-aventurados, como sendo o infinito e perfeito bem existente.

Quanto ao 2º, deve-se dizer que quando algum todo não é o último fim, mas se ordena para um fim ulterior, o fim da parte não é o todo, mas outra coisa. O conjunto das criaturas ao qual é referido o homem como a parte ao todo, não é o último fim, mas se ordena para Deus, como para seu último fim. Por isso, o bem do universo não é o último fim do homem, mas o próprio Deus.

Quanto ao 3º, deve-se dizer que o bem criado não é inferior ao bem do qual o homem é capaz, como algo intrínseco e inerente, mas é inferior ao bem do qual o homem é capaz como objeto, que é infinito. O bem, porém, do qual o anjo participa, como também todo o universo, é um bem finito e restrito.

QUAESTIO III
QUID SIT BEATITUDO
in octo articulos divisa

Deinde considerandum est quid sit beatitudo; et quae requirantur ad ipsam.

Circa primum quaeruntur octo.

QUESTÃO 3
O QUE É A BEM-AVENTURANÇA[a]
em oito artigos

Em seguida, deve-se considerar o que é a bem-aventurança e o que se requer para ela.

A respeito, são oito as perguntas:

---

a. As questões 3 e 4 formam um conjunto. Depois do objeto beatificante, Sto. Tomás estuda o sujeito que possui a bem-aventurança. Ela surgirá como o saciamento total e definitivo do homem. A questão 3 examina a essência da bem-aventurança.

Primo: utrum beatitudo sit aliquid increatum.
Secundo: si est aliquid creatum, utrum sit operatio.
Tertio: utrum sit operatio sensitivae partis, an intellectivae tantum.
Quarto: si est operatio, intellectivae partis, utrum sit operatio intellectus, an voluntatis.
Quinto: si est operatio intellectus, utrum sit operatio intellectus speculativi, aut practici.
Sexto: si est operatio intellectus speculativi, utrum consistat in speculatione scientiarum speculativarum.
Septimo: utrum consistat in speculatione substantiarum separatarum, scilicet angelorum.
Octavo: utrum in sola speculatione Dei qua per essentiam videtur.

1. A bem-aventurança é algo criado?
2. Se é algo criado, é ação?
3. É ação da parte sensitiva ou apenas da intelectiva.
4. Se é ação da parte intelectiva, é ação do intelecto ou da vontade?
5. Se é ação do intelecto, é ação do intelecto especulativo ou prático?
6. Se é ação do intelecto especulativo, consiste na consideração das ciências especulativas?
7. Consiste na consideração das substâncias separadas, isto é, dos anjos?
8. Consiste apenas na consideração de Deus pela qual se vê em essência?

Articulus 1
Utrum beatitudo sit aliquid increatum

AD PRIMUM SIC PROCEDITUR. Videtur quod beatitudo sit aliquid increatum.

1. Dicit enim Boetius, in III *de Consol.*[1]: *Deum esse ipsam beatitudinem necesse est confiteri.*

2. PRAETEREA, beatitudo est summum bonum. Sed esse summum bonum convenit Deo. Cum ergo non sint plura summa bona, videtur quod beatitudo sit idem quod Deus.

3. PRAETEREA, beatitudo est ultimus finis, in quem naturaliter humana voluntas tendit. Sed in nullum aliud voluntas tanquam in finem tendere debet nisi in Deum; quo solo fruendum est, ut Augustinus dicit[2]. Ergo beatitudo est idem quod Deus.

SED CONTRA, nullum factum est increatum. Sed beatitudo hominis est aliquid factum: quia secundum Augustinum, I *de Doctr. Christ.*[3], *illis rebus fruendum est, quae nos beatos faciunt.* Ergo beatitudo non est aliquid increatum.

RESPONDEO dicendum quod, sicut supra[4] dictum est, finis dicitur dupliciter. Uno modo, ipsa res quam cupimus adipisci: sicut avaro est finis pecunia. Alio modo, ipsa adeptio vel possessio, seu usus aut fruitio eius rei quae desideratur: sicut si dicatur quod possessio pecuniae est finis avari, et

Artigo 1
A bem-aventurança é algo criado?

QUANTO AO PRIMEIRO ARTIGO, ASSIM SE PROCEDE: parece que a bem-aventurança é algo incriado.

1. Com efeito, diz Boécio: "É necessário confessar que Deus é a própria bem-aventurança"?

2. ALÉM DISSO, a bem-aventurança é o sumo bem. Ora, ser o sumo bem é próprio de Deus. Logo, não existindo muitos sumos bens, parece que a bem-aventurança é o mesmo que Deus.

3. ADEMAIS, a bem-aventurança é o último fim, para o qual naturalmente tende a vontade humana. Ora, para nenhuma outra coisa deve tender a vontade como para o último fim, a não ser para Deus, pois ele deve ser objeto de gozo, como diz Agostinho. Logo, a bem-aventurança é o mesmo que Deus.

EM SENTIDO CONTRÁRIO, nenhuma coisa feita é incriada. Mas, a bem-aventurança do homem é algo feito, porque como diz Agostinho: "Deve-se desfrutar daquelas coisas que nos fazem bem-aventurados". Logo, a bem-aventurança não é algo incriado.

RESPONDO. Como foi dito acima, o fim se entende de duas maneiras. De um modo, ele é a coisa que desejamos conseguir, por exemplo, o fim do avaro é o dinheiro. De outro modo, ele é a aquisição ou posse, ou o uso, ou o gozo da coisa desejada, por exemplo, se disséssemos que

---

1 PARALL.: Part. I, q. 26, a. 3: IV *Sent.*, dist. 49, q. 1, a. 2, q.la 1.

1. Prosa 10: ML 63, 766 A.
2. *De Doctr. Christ.* l. I, cc. 5, 22: ML 34, 21, 26.
3. C. 3: ML 34, 20.
4. Q. 1, a. 8; q. 2, a. 7.

frui re voluptuosa est finis intemperati. Primo ergo modo, ultimus hominis finis est bonum increatum, scilicet Deus, qui solus sua infinita bonitate potest voluntatem hominis perfecte implere. Secundo autem modo, ultimus finis hominis est aliquid creatum in ipso existens, quod nihil est aliud quam adeptio vel fruitio finis ultimi. Ultimus autem finis vocatur beatitudo. Si ergo beatitudo hominis consideretur quantum ad causam vel obiectum, sic est aliquid increatum: si autem consideretur quantum ad ipsam essentiam beatitudinis, sic est aliquid creatum.

AD PRIMUM ergo dicendum quod Deus est beatitudo per essentiam suam: non enim per adeptionem aut participationem alicuius alterius beatus est, sed per essentiam suam. Homines autem sunt beati, sicut ibidem dicit Boetius, per participationem; sicut et *dii* per participationem dicuntur. Ipsa autem participatio beatitudinis secundum quam homo dicitur beatus, aliquid creatum est.

AD SECUNDUM dicendum quod beatitudo dicitur esse summum hominis bonum, quia est adeptio vel fruitio summi boni.

AD TERTIUM dicendum quod beatitudo dicitur ultimus finis, per modum quo adeptio finis dicitur finis.

ARTICULUS 2
Utrum beatitudo sit operatio

AD SECUNDUM SIC PROCEDITUR. Videtur quod beatitudo non sit operatio.

1. Dicit enim Apostolus, Rm 6,22: *Habetis fructum vestrum in sanctificationem, finem vero vitam aeternam*. Sed vita non est operatio, sed ipsum esse viventium. Ergo ultimus finis, qui est beatitudo, non est operatio.

2. PRAETEREA, Boetius dicit, in III *de Consol.*[1], quod beatitudo est *status omnium bonorum aggregatione perfectus*. Sed status non nominat operationem. Ergo beatitudo non est operatio.

3. PRAETEREA, beatitudo significat aliquid in beato existens: cum sit ultima perfectio hominis. Sed operatio non significat ut aliquid existens in operante, sed magis ut ab ipso procedens. Ergo beatitudo non est operatio.

a posse do dinheiro é o fim do avaro, e gozar da coisa que traz prazer é o fim do intemperante. Logo, conforme ao primeiro modo, o último fim do homem é o bem incriado, isto é, Deus, pois só Deus pela sua infinita bondade pode perfeitamente satisfazer a vontade do homem. Pelo segundo modo, o último fim do homem é algo criado, existente nele mesmo, e outra coisa não é que a posse ou o gozo do último fim. Pois bem, o último fim do homem se chama bem-aventurança. Se ela for considerada segundo a causa ou segundo o objeto, então será algo incriado. Se, porém, for considerada segundo a própria essência da bem-aventurança, então será algo criado.

QUANTO AO 1º, portanto, deve-se dizer que Deus é a bem-aventurança em sua essência, ele é bem-aventurado: não por aquisição ou participação de outra coisa, mas em sua essência. Os homens são bem-aventurados, como Boécio diz no mesmo livro, por participação, como também são chamados *deuses* por participação. Ora, a participação na bem-aventurança, pela qual o homem é dito bem-aventurado, é algo criado.

QUANTO AO 2º, deve-se dizer que a bem-aventurança é o sumo bem do homem, porque é aquisição ou gozo do sumo bem.

QUANTO AO 3º, deve-se dizer que a bem-aventurança é o último fim da maneira como a aquisição do fim, é chamada fim.

ARTIGO 2
A bem-aventurança é uma ação?

QUANTO AO SEGUNDO, ASSIM SE PROCEDE: parece que a bem-aventurança **não** é uma ação.

1. Com efeito, diz o Apóstolo na Carta aos Romanos: "Tendes o vosso fruto na santificação; o fim, a vida eterna". Ora, a vida não é ação, mas o próprio existir dos viventes. Logo, o último fim, que é a bem-aventurança, não é ação.

2. ALÉM DISSO, diz Boécio que a bem-aventurança é: "O estado perfeito da reunião de todos os bens". Ora, estado não quer dizer ação. Logo, a bem-aventurança não é ação.

3. ADEMAIS, sendo a bem-aventurança a última perfeição do homem, quer dizer algo existente no bem-aventurado. Ora, a ação não quer dizer algo existente no agente, mas algo que procede dele. Logo, a bem-aventurança não é ação.

---

2 PARALL.: IV *Sent.*, dist. 49, q. 1, a. 2, q.la 2; *Cont. Gent.* I, 100; I *Ethic.*, lect. 10; IX *Metaphys.*, lect. 8.

1. Prosa 2: ML 63, 724 A.

4. Praeterea, beatitudo permanet in beato. Operatio autem non permanet, sed transit. Ergo beatitudo non est operatio.

5. Praeterea, unius hominis est una beatitudo. Operationes autem sunt multae. Ergo beatitudo non est operatio.

6. Praeterea, beatitudo inest beato absque interruptione. Sed operatio humana frequenter interrumpitur puta sommo, vel aliqua alia occupatione, vel quiete. Ergo beatitudo non est operatio.

Sed contra est quod Philosophus dicit, in I *Ethic.*[2], quod *felicitas est operatio secundum virtutem perfectam.*

Respondeo dicendum quod, secundum quod beatitudo hominis est aliquid creatum in ipso existens necesse est dicere quod beatitudo hominis sit operatio. Est enim beatitudo ultima hominis perfectio. Unumquodque autem intantum perfectum est, inquantum est actu: nam potentia sine actu imperfecta est. Oportet ergo beatitudinem in ultimo actu hominis consistere. Manifestum est autem quod operatio est ultimus actus operantis; unde et *actus secundus* a Philosopho nominatur, in II *de Anima*[3]: nam habens formam potest esse in potentia operans, sicut sciens est in potentia considerans. Et inde est quod in aliis quoque rebus res unaquaeque dicitur esse *propter suam operationem*, ut dicitur in II *de Caelo*[4]. Necesse est ergo beatitudinem hominis operationem esse.

Ad primum ergo dicendum quod vita dicitur dupliciter. Uno modo, ipsum esse viventis. Et sic beatitudo non est vita: ostensum est enim[5] quod esse unius hominis, qualecumque sit, non est hominis beatitudo; solius enim Dei beatitudo est suum esse. — Alio modo dicitur vita ipsa operatio viventis, secundum quam principium vitae in actum reducitur: et sic nominamus vitam activam, vel contemplativam, vel voluptuosam. Et hoc modo vita aeterna dicitur ultimus finis. Quod patet per hoc quod dicitur Io 17,3: *Haec est vita aeterna, ut cognoscant te, Deum verum unum.*

Ad secundum dicendum quod Boetius, definiendo beatitudinem, consideravit ipsam communem beatitudinis rationem. Est enim communis ratio beatitudinis quod sit bonum commune perfec-

4. Ademais, a bem-aventurança permanece no bem-aventurado. Ora, a ação não é permanente, mas, transitória. Logo, a bem-aventurança não é ação.

5. Ademais, há uma só bem-aventurança para cada homem. Ora, as ações são muitas. Logo, a bem-aventurança não é ação.

6. Ademais, a bem-aventurança está no bem-aventurado sem interrupção. Ora, a ação humana é frequentes vezes interrompida, por exemplo, pelo sono, por uma outra ocupação, e pelo descanso. Logo, a bem-aventurança não é ação.

Em sentido contrário, diz o Filósofo no livro I da *Ética*: "A felicidade é a ação que procede de uma virtude perfeita."

Respondo. Sendo a bem-aventurança do homem algo criado nele existente, é necessário afirmar que ela é ação. É a bem-aventurança, ademais, a última perfeição do homem. Cada coisa é perfeita enquanto é ato, pois a potência é imperfeita, sem ato. É necessário, pois, que a bem-aventurança consista no último ato do homem. É claro que a ação é o último ato do agente, donde o Filósofo denominá-la "ato segundo", no livro II da *Alma*, pois o que tem a forma pode estar em potência para agir, como o que sabe está em potência para considerar. Daí que, nas outras coisas, cada uma é dita existir "devido à sua ação", como se diz no livro II do *Céu*. É, pois, necessário que a bem-aventurança do homem seja ação".

Quanto ao 1º, portanto, deve-se dizer que a vida se entende de dois modos. De um modo, ela é o existir do vivente. Assim, a bem-aventurança não é vida. Ora, acima foi dito que o existir de homem, quem quer que seja ele, não é a sua bem-aventurança. Somente de Deus a bem-aventurança é o próprio existir. — De outro modo, a vida é a ação do vivente, na medida em que o princípio da vida se reduz a ato. Esta chamamos vida ativa ou contemplativa ou voluptuosa. Desse modo, o último fim é chamado de vida eterna, como se lê no Evangelho de S. João: "Esta é a vida eterna, que te conheçam, Deus único e verdadeiro".

Quanto ao 2º, deve-se dizer que Boécio, ao definir a bem-aventurança, considerou-a segundo a sua razão comum. A razão comum da bem-aventurança é o bem comum perfeito. Assim o

---

2. C. 13: 1102, a, 5-6.
3. C. 1: 412, a, 10-11.
4. C. 3: 286, a, 8-9.
5. Q. 2, a. 5.

tum; et hoc significavit cum dixit quod est *status omnium bonorum aggregatione perfectus*, per quod nihil aliud significatur nisi quod beatus est in statu boni perfecti[6]. Sed Aristoteles expressit ipsam essentiam beatitudinis, ostendens per quid homo sit in huiusmodi statu, quia per operationem quandam. Et ideo in I *Ethic*.[7] ipse etiam ostendit quod beatitudo est *bonum perfectum*.

AD TERTIUM dicendum quod, sicut dicitur in IX *Metaphys*.[8], duplex est actio. Una quae procedit ab operante in exteriorem materiam, sicut urere et secare. Et talis operatio non potest esse beatitudo: nam talis operatio non est actio et perfectio agentis, sed magis patientis, ut ibidem dicitur. Alia est actio manens in ipso agente, ut sentire, intelligere et velle: et huiusmodi actio est perfectio et actus agentis. Et talis operatio potest esse beatitudo.

AD QUARTUM dicendum quod, cum beatitudo dicat quandam ultimam perfectionem, secundum quod diversae res beatitudinis capaces ad diversos gradus perfectionis pertingere possunt, secundum hoc necesse est quod diversimode beatitudo dicatur. Nam in Deo est beatitudo per essentiam: quia ipsum esse eius est operatio eius, qua non fruitur alio, sed seipso. In angelis autem beatis est ultima perfectio secundum aliquam operationem, qua coniunguntur bono increato: et haec operatio in eis est unica et sempiterna. In hominibus autem, secundum statum praesentis vitae, est ultima perfectio secundum operationem qua homo coniungitur Deo: sed haec operatio nec continua potest esse, et per consequens nec unica est, quia operatio intercisione multiplicatur. Et propter hoc in statu praesentis vitae, perfecta beatitudo ab homine haberi non potest. Unde Philosophus, in I *Ethic*.[9], ponens beatitudinem hominis in hac vita, dicit eam imperfectam, post multa concludens: *Beatos autem dicimus ut homines*. Sed promittitur nobis a Deo beatitudo perfecta, quando erimus *sicut angeli in caelo*, sicut dicitur Mt 22,30.

Quantum ergo ad illam beatitudinem perfectam, cessat obiectio: quia una et continua et sempiterna operatione in illo beatitudinis statu mens hominis

significou quando disse que é "o estado perfeito da reunião de todos os bens", não significando outra coisa por isso, senão que o bem-aventurado, está no estado do bem perfeito. Aristóteles, porém, designou a mesma essência da bem-aventurança demonstrando por que o homem está neste estado, a saber, por uma ação. Por isso, no livro I da *Ética*, ele também demonstra que "a bem-aventurança é um bem perfeito".

QUANTO AO 3º, deve-se dizer que conforme o livro IX da *Metafísica*, a ação é dupla. Uma, que procede do agente para a matéria exterior, como queimar e cortar. Essa operação não pode ser a bem-aventurança, pois ela não é uma ação e perfeição do agente, mas mais do paciente, como se diz no mesmo livro. Outra, é uma ação que permanece no agente, como sentir, conhecer e querer. Tal ação é perfeição e ato do agente. Essa operação pode ser a bem-aventurança.

QUANTO AO 4º, deve-se dizer que sendo a bem-aventurança uma última perfeição, na medida em que diversas coisas capazes de bem-aventurança podem atingir diversos graus de perfeição, por isso é necessário que se entenda a bem-aventurança de diversos modos. Assim, em Deus ela é por essência, porque o próprio existir de Deus é sua ação, pela qual não frui outra coisa, senão a si mesmo. Nos anjos bem-aventurados, ela é a última perfeição por uma ação que os une ao bem incriado. E essa ação é única e sempiterna. Nos homens, ela é a última perfeição, na vida presente por uma ação que os une a Deus. Mas essa ação não pode ser contínua, e por isso, ela não é única, por que ação se multiplica com a interrupção. Consequentemente, na vida presente, a bem-aventurança perfeita o homem não pode ter. Por essa razão, o Filósofo, no livro I da *Ética*, ao afirmar a bem-aventurança do homem nesta vida, após muitas considerações, diz que ela é imperfeita: "Dizemos bem-aventurados, como homens". Contudo, Deus nos promete a bem-aventurança perfeita, quando seremos "como os anjos no céu"[b], conforme o Evangelho de Mateus.

Não há objeção relativamente à bem-aventurança perfeita, porque por uma única e contínua e sempiterna ação, naquele estado de bem-

---

6. Circa Boetii definitionem cfr. a. sq., ad 2; q. 4, a. 7, ad 2; cfr. etiam I, q. 26, a. 1, ad 1.
7. C. 5: 1097, a, 33-b, 1.
8. C. 8: 1050, a, 23-b, 2.
9. C. 11: 1101, a, 20-21.

---

b. Esta resposta se tornou clássica. É comum fazer-se referência a ela nas obras de teologia espiritual.

Deo coniungetur. Sed in praesenti vita, quantum deficimus ab unitate et continuitate talis operationis, tantum deficimus a beatitudinis perfectione. Est tamen aliqua participatio beatitudinis: et tanto maior, quanto operatio potest esse magis continua et una. Et ideo in activa vita, quae circa multa occupatur, est minus de ratione beatitudinis quam in vita contemplativa, quae versatur circa unum, idest circa veritatis contemplationem. Et si aliquando homo actu non operetur huiusmodi operationem, tamen quia in promptu habet eam semper operari; et quia etiam ipsam cessationem, puta somni vel occupationis alicuius naturalis, ad operationem praedictam ordinat; quasi videtur operatio continua esse.

Et per hoc patet solutio ad QUINTUM, et ad SEXTUM.

aventurança, a mente do homem se unirá a Deus. Mas, na presente vida, carecemos da perfeição da bem-aventurança tanto quanto da unidade e continuidade de tal ação. Não obstante, há alguma participação na bem-aventurança, e tanto maior quanto a ação pode ser mais contínua e una. Por isso, na vida ativa, a qual tem muitas ocupações, há menos razão de bem-aventurança do que na vida contemplativa, que se aplica a uma coisa só, isto é, à contemplação da verdade. E se alguma vez o homem não realiza em ato tal ação, todavia porque tem em mente sempre operá-la, e porque a mesma interrupção, por exemplo, do sono ou de alguma ocupação natural, ele a ordena a tal ação, parece que a ação é quase contínua.

Com isso fica clara a resposta à QUINTA e à SEXTA objeção.

Articulus 3
Utrum beatitudo sit operatio sensitivae partis, aut intellectivae tantum

AD TERTIUM SIC PROCEDITUR. Videtur quod beatitudo consistat etiam in operatione sensus.

1. Nulla enim operatio invenitur in homine nobilior operatione sensitiva, nisi intellectiva. Sed operatio intellectiva dependet in nobis ab operatione sensitiva: quia *non possumus intelligere sine phantasmate*, ut dicitur in III *de Anima*[1]. Ergo beatitudo consistit etiam in operatione sensitiva.

2. PRAETEREA, Boetius dicit, in III *de Consol.*[2], quod beatitudo est *status omnium bonorum aggregatione perfectus*. Sed quaedam bona sunt sensibilia, quae attingimus per sensus operationem. Ergo videtur quod operatio sensus requiratur ad beatitudinem.

3. PRAETEREA, beatitudo est *bonum perfectum*, ut probatur in I *Ethic.*[3]: quod non esset, nisi homo perficeretur per ipsam secundum omnes partes suas. Sed per operationes sensitivas quaedam partes animae perficiuntur. Ergo operatio sensitiva requiritur ad beatitudinem.

SED CONTRA, in operatione sensitiva communicant nobiscum bruta animalia. Non autem in beatitudine. Ergo beatitudo non consistit in operatione sensitiva.

Artigo 3
A bem-aventurança é ação da parte sensitiva ou somente da intelectiva?

QUANTO AO TERCEIRO, ASSIM SE PROCEDE: parece que a bem-aventurança **consiste** também numa ação do sentido.

1. Com efeito, no homem não há ação mais nobre que a sensitiva, a não ser a intelectiva. Ora, em nós, a ação intelectiva depende da sensitiva, porque não podemos conhecer sem as representações imaginárias, como diz o livro III da *Alma*. Logo, a bem-aventurança consiste também na ação sensitiva.

2. ALÉM DISSO, diz Boécio que a bem-aventurança é "o estado perfeito de reunião de todo os bens". Ora, alguns bens são sensíveis e são atingidos pela ação do sentido. Logo, parece que para a bem-aventurança é necessária a ação do sentido.

3. ADEMAIS, a bem-aventurança é o "bem perfeito", como se prova no livro I da *Ética*. Não o seria se o homem não fosse aperfeiçoado por ela em todas suas partes. Ora, pelas ações sensitivas, algumas partes da alma são aperfeiçoadas. Logo, a ação sensitiva é exigida pela bem-aventurança.

EM SENTIDO CONTRÁRIO, os animais têm em comum conosco a ação sensitiva. Ora, não na bem-aventurança. Logo, a bem-aventurança não consiste na ação sensitiva.

---

3 PARALL.: *Cont. Gent.* III, 33: *Compend. Theol.*, part. 2, c. 9; I *Ethic.*, lect. 10.
  1. C. 7: 431, a, 16-17.
  2. Prosa 2: ML 63, 724 A.
  3. C. 5: 1097, a, 33-b, 1.

RESPONDEO dicendum quod ad beatitudinem potest aliquid pertinere tripliciter: uno modo, essentialiter; alio modo, antecedenter; tertio modo, consequenter. Essentialiter quidem non potest pertinere operatio sensus ad beatitudinem. Nam beatitudo hominis consistit essentialiter in coniunctione ipsius ad bonum increatum, quod est ultimus finis, ut supra[4] ostensum est: cui homo coniungi non potest per sensus operationem. Similiter etiam quia, sicut ostensum est[5], in corporalibus bonis beatitudo hominis non consistit: quae tamen sola per operationem sensus attingimus.

Possunt autem operationes sensus pertinere ad beatitudinem antecedenter et consequenter. Antecedenter quidem, secundum beatitudinem imperfectam, qualis in praesenti vita haberi potest: nam operatio intellectus praeexigit operationem sensus. — Consequenter autem, in illa perfecta beatitudine quae expectatur in caelo: quia post resurrectionem, *ex ipsa beatitudine animae*, ut Augustinus dicit in Epistola *ad Dioscorum*[6], *fiet quaedam refluentia in corpus et in sensus corporeos, ut in suis operationibus perficiantur*; ut infra magis patebit, cum de resurrectione agetur[7]. Non autem tunc operatio qua mens humana Deo coniungetur, a sensu dependebit.

AD PRIMUM ergo dicendum quod obiectio illa probat quod operatio sensus requiritur antecedenter ad beatitudinem imperfectam, qualis in hac vita haberi potest.

AD SECUNDUM dicendum quod beatitudo perfecta, qualem angeli habent, habet congregationem omnium bonorum per coniunctionem ad universalem fontem totius boni; non quod indigeat singulis particularibus bonis. Sed in hac beatitudine imperfecta, requiritur congregatio bonorum sufficientium ad perfectissimam operationem huius vitae.

AD TERTIUM dicendum quod in perfecta beatitudine perficitur totus homo, sed in inferiori parte per redundantiam a superiori. In beatitudine autem imperfecta praesentis vitae, e converso a perfectione inferioris partis proceditur ad perfectionem superioris.

RESPONDO. De três maneiras pode uma coisa pertencer à bem-aventurança: essencialmente, antecedentemente, consequentemente. Essencialmente, a ação do sentido não pode a ela pertencer. Com efeito, a bem-aventurança do homem consiste essencialmente na união dele como o bem incriado, que é o último fim, como acima foi demonstrado. A este bem o homem não pode se unir pela operação sensitiva. Igualmente, como acima foi dito, porque a bem-aventurança não consiste nos bens corporais, os quais só atingimos pela ação dos sentidos.

Antecedentemente e consequentemente as ações dos sentidos podem pertencer à bem-aventurança. Antecedentemente, enquanto bem-aventurança imperfeita, qual se pode ter na presente vida, porque a operação intelectiva pressupõe a sensitiva. — Consequentemente, naquela perfeita bem-aventurança que se espera ter no céu, porque, depois da ressurreição, como diz Agostinho: "Haverá algum refluxo nos corpos e nos sentidos corpóreos, de modo que se aperfeiçoem em suas ações". Isto será mais esclarecido ao se tratar da ressurreição[c]. Então a ação pela qual a mente humana se unirá com Deus não dependerá dos sentidos.

QUANTO AO 1º, portanto, deve-se dizer que a primeira objeção prova que a ação do sentido é exigida antecedentemente para a bem-aventurança imperfeita, a qual se pode ter nesta vida.

QUANTO AO 2º, deve-se dizer que a bem-aventurança perfeita, que os anjos têm, possui a reunião de todos os bens, devido à união com a fonte universal de todo bem. Assim, não necessita de cada um dos bens particulares. Mas, para esta bem-aventurança imperfeita, é exigida a união dos bens suficientes para a mais perfeita ação desta vida.

QUANTO AO 3º, deve-se dizer que o homem todo é aperfeiçoado pela bem-aventurança perfeita, mas, na parte inferior, pela redundância da superior. Em sentido contrário, na bem-aventurança imperfeita da vida presente, da perfeição da parte inferior procede-se para a perfeição da superior.

---

4. Art. 1.
5. Q. 2, a. 5.
6. *Epist.* 118, al. 56, c. 3, n. 14; ML 33, 439.
7. Vide *Suppl.*, q. 82 sqq. Cfr. etiam I-II, q. 4, a. 5, 6.

---

c. Sto. Tomás não terá tempo de compor o tratado aqui anunciado.

Articulus 4
Utrum, si beatitudo est intellectivae partis, sit operatio intellectus, an voluntatis

AD QUARTUM SIC PROCEDITUR. Videtur quod beatitudo consistat in actu voluntatis.

1. Dicit enim Augustinus, XIX *de Civ. Dei*[1], quod beatitudo hominis in pace consistit: unde in Ps 147,3: *Qui posuit fines tuos pacem*. Sed pax ad voluntatem pertinet. Ergo beatitudo hominis in voluntate consistit.

2. PRAETEREA, beatitudo est summum bonum. Sed bonum est obiectum voluntatis. Ergo beatitudo in operatione voluntatis consistit.

3. PRAETEREA, primo moventi respondet ultimus finis: sicut ultimus finis totius exercitus est victoria, quae est finis ducis, qui omnes movet. Sed primum movens ad operandum est voluntas: quia movet alias vires, ut infra[2] dicetur. Ergo beatitudo ad voluntatem pertinet.

4. PRAETEREA, si beatitudo est aliqua operatio oportet quod sit nobilissima operatio hominis. Sed nobilior operatio est dilectio Dei, quae est actus voluntatis, quam cognitio, quae est operatio intellectus: ut patet per Apostolum, 1Cor 13. Ergo videtur quod beatitudo consistat in actu voluntatis.

5. PRAETEREA, Augustinus dicit, in XIII *de Trin.*[3], quod *beatus est qui habet omnia quae vult, et nihil vult male*. Et post pauca subdit[4]: *Propinquat beato qui bene vult quodcumque vult: bona enim beatum faciunt, quorum bonorum iam habet aliquid, ipsam scilicet bonam voluntatem*. Ergo beatitudo in actu voluntatis consistit.

SED CONTRA est quod Dominus dicit, Io 17,3: *Haec est vita aeterna, ut cognoscant te, Deum verum unum*. Vita autem aeterna est ultimus finis, ut dictum est[5]. Ergo beatitudo hominis in cognitione Dei consistit, quae est actus intellectus.

Artigo 4
A bem-aventurança da parte intelectiva é ação do intelecto ou da vontade[d]?

QUANTO AO QUARTO, ASSIM SE PROCEDE: parece que a bem-aventurança **consiste** no ato da vontade.

1. Com efeito, diz Agostinho que a bem-aventurança do homem consiste na paz, conforme o Salmo 147: "Ele que colocou a paz em teus limites". Ora, a paz pertence à vontade. Logo, a bem-aventurança do homem consiste na vontade.

2. ALÉM DISSO, a bem-aventurança é o sumo bem. Ora, o bem é objeto da vontade. Logo, a bem-aventurança consiste em ação da vontade.

3. ADEMAIS, ao primeiro motor corresponde o último fim, como o último fim de todo exército é a vitória, e essa é o fim do comandante, que a todos move. Ora, o primeiro motor da ação é a vontade, porque ela move as outras forças, como se verá adiante. Logo, a bem-aventurança pertence à vontade.

4. ADEMAIS, se a bem-aventurança é uma ação, deve ser a mais nobre ação do homem. Ora, mais nobre que o conhecimento, ato do intelecto, é o ato do amor de Deus, que é ato da vontade, segundo esclarece o Apóstolo, na primeira Carta aos Coríntios. Logo, parece que a bem-aventurança consiste em ato da vontade.

5. ADEMAIS, diz Agostinho: "Bem-aventurado é aquele que tem todas coisas que quer, e nada quer de mal". Continua, logo depois: "Está próximo de ser bem-aventurado aquele que quer bem tudo o que quer, porque os bens tornam bem-aventurado quem possui algo deles, isto é, a boa vontade". Logo, a bem-aventurança consiste em ato da vontade.

EM SENTIDO CONTRÁRIO, diz o Senhor no Evangelho de João: "Esta é a vida eterna, que te conheçam, único Deus verdadeiro". Ora, a vida eterna é último fim, como foi dito. Logo, a bem-aventurança do homem consiste no conhecimento de Deus, que é ato do intelecto.

---

4 PARALL.: Part. I, q. 26, a. 2, ad 2; IV *Sent.*, dist. 49, q. 1, a. 1, q.la 2; *Cont. Gent.* III, 26; *Quodlib.* VIII, q. 9, a. 1; *Compend. Theol.*, c. 107.

1. C. 10-11: ML 41, 636-637.
2. Q. 9, a. 1, 3.
3. C. 5: ML 42, 1020.
4. C. 6: ML 42, 1020.
5. A. 2, ad 1.

---

d. O artigo precedente explicou que a bem-aventurança é essencialmente supra-sensível. As duas potências da alma intelectiva, a inteligência e a vontade, estão portanto empenhadas na bem-aventurança. Mas, no interior da alma intelectiva, qual é o elemento formal que fornece tão bem a essência da bem-aventurança que todo o resto dele decorre? A inteligência ou a vontade? Trata-se de uma questão célebre nas controvérsias teológicas. Para Sto. Tomás, e para os que falam em seu nome, a bem-aventurança é um ato da inteligência. A chamada escola franciscana, com São Boaventura, Duns Scot e Guilherme de Ockam, fundador do nominalismo, dela faz um ato da vontade, invocando, segundo ela, a autoridade de Sto. Agostinho.

RESPONDEO dicendum quod ad beatitudinem, sicut supra[6] dictum est, duo requiruntur: unum quod est essentia beatitudinis; aliud quod est quasi per se accidens eius, scilicet delectatio ei adiuncta. Dico ergo quod, quantum ad id quod est essentialiter ipsa beatitudo, impossibile est quod consistat in actu voluntatis. Manifestum est enim ex praemissis[7] quod beatitudo est consecutio finis ultimi. Consecutio autem finis non consistit in ipso actu voluntatis. Voluntas enim fertur in finem et absentem, cum ipsum desiderat; et praesentem, cum in ipso requiescens delectatur. Manifestum est autem quod ipsum desiderium finis non est consecutio finis, sed est motus ad finem. Delectatio autem advenit voluntati ex hoc quod finis est praesens: non autem e converso ex hoc aliquid fit praesens, quia voluntas delectatur in ipso. Oportet igitur aliquid aliud esse quam actum voluntatis, per quod fit ipse finis praesens volenti.

Et hoc manifeste apparet circa fines sensibiles. Si enim consequi pecuniam esset per actum voluntatis, statim a principio cupidus consecutus esset pecuniam, quando vult eam habere. Sed a principio quidem est absens ei; consequitur autem ipsam per hoc quod manu ipsam apprehendit, vel aliquo huiusmodi; et tunc iam delectatur in pecunia habita. Sic igitur et circa intelligibilem finem contingit. Nam a principio volumus consequi finem intelligibilem; consequimur autem ipsum per hoc quod fit praesens nobis per actum intellectus; et tunc voluntas delectata conquiescit in fine iam adepto.

Sic igitur essentia beatitudinis in actu intellectus consistit: sed ad voluntatem pertinet delectatio, beatitudinem consequens; secundum quod Augustinus dicit, X *Confess.*[8], quod beatitudo est *gaudium de veritate*; quia scilicet ipsum gaudium est consummatio beatitudinis.

RESPONDO. Como acima foi dito, para a bem-aventurança duas coisas são exigidas: uma, que é a essência da bem-aventurança; a outra, que é de alguma maneira seu acidente próprio, a saber, o prazer a ela acrescido[e]. Afirmo que, quanto ao que é essencialmente a bem-aventurança, é impossível que ela consista em ato da vontade. Ficou, pois, claro pelo que precede, que a bem-aventurança é a consecução do último fim. Ora, a consecução do fim não consiste no ato mesmo da vontade. Ora, a vontade se move para um fim que é ausente quando o deseja, e que é presente quando nele se deleita descansando. É claro que o mesmo desejo do fim não é a consecução do fim, mas é um movimento em direção ao fim. O prazer chega à vontade, pelo fato de o fim estar presente. E não o contrário, que uma coisa se torna presente porque nela a vontade se deleita. É preciso, pois, que exista outra coisa que o ato de vontade, pelo qual o fim se faz presente àquele que quer.

E isso claramente se manifesta quanto aos fins sensíveis. Se a aquisição do dinheiro fosse por um ato da vontade, imediatamente aquele que o quer de início o conseguiria, assim que o quisesse possuir. Mas no princípio o dinheiro lhe está ausente, pois só o consegue quando a mão o apreende, ou de outra maneira. Então deleita-se com o dinheiro possuído. Assim também acontece com o fim inteligível. No princípio queremos o fim inteligível. Conseguimo-lo mediante o ato do intelecto que o faz presente. Em seguida, a vontade gozosa descansa no fim já possuído[f].

Assim, pois, a essência da bem-aventurança consiste em ato da inteligência[g]. Pertence, porém, à vontade o prazer consequente à bem-aventurança, segundo diz Agostinho: "A bem-aventurança é o gozo da verdade", porque o mesmo gozo é a consumação da bem-aventurança.

---

6. Q. 2, a. 6.
7. A. 1, 2; q. 2, a. 7.
8. C. 23: ML 32, 793.

e. Ver q. 2, a. 6 e a nota j.
f. A vontade é uma faculdade de tendência ou de desejo, e igualmente uma faculdade de repouso ou de prazer quando seu objeto é atingido. Mas o entremeio, que permite a passagem do desejo ao prazer, não lhe pertence. É obra das faculdades de apreensão e de realização que caracterizam a inteligência. Do mesmo modo, o amor, anterior ao desejo assim como ao gozo, não realiza a tomada de posse. É a visão que assegura a passagem ao termo, portanto, a entrada na bem-aventurança. Na solução 4, Sto. Tomás explicará que, se o amor supera o conhecimento quando se trata de imprimir o movimento, o conhecimento precede o amor quando se trata de atingir o fim. A inteligência, é preciso lembrar, é faculdade de apreensão e de posse.
g. O artigo inteiro remete à teoria tomista do conhecimento. O ser é inteligível por si mesmo. É inteiramente penetrado de inteligência. No cume, ser e conhecimento se identificam mutuamente. Deus se conhece em plenitude. O apetite é sempre secundário em relação ao conhecimento.

AD PRIMUM ergo dicendum quod pax pertinet ad ultimum hominis finem, non quasi essencialiter sit ipsa beatitudo; sed quia antecedenter et consequenter se habet ad ipsam. Antecedenter quidem, inquantum iam sunt remota omnia perturbantia, et impedientia ab ultimo fine. Consequenter vero, inquantum iam homo, adepto ultimo fine, remanet pacatus, suo desiderio quietato.

AD SECUNDUM dicendum quod primum obiectum voluntatis non est actus eius sicut nec primum obiectum visus est visio, sed visibile. Unde ex hoc ipso quod beatitudo pertinet ad voluntatem tanquam primum obiectum eius, sequitur quod non pertineat ad ipsam tanquam actus ipsius.

AD TERTIUM dicendum quod finem primo apprehendit intellectus quam voluntas: tamen motus ad finem incipit in voluntate. Et ideo voluntati debetur id quod ultimo consequitur consecutionem finis, scilicet delectatio vel fruitio.

AD QUARTUM dicendum quod dilectio praeeminet cognitioni in movendo, sed cognitio praevia est dilectioni in attingendo: *non enim diligitur nisi cognitum*, ut dicit Augustinus in X *de Trin.*[9]. Et ideo intelligibilem finem primo attingimus per actionem intellectus; sicut et finem sensibilem primo attingimus per actionem sensus.

AD QUINTUM dicendum quod ille qui habet omnia quae vult, ex hoc est beatus, quod habet ea quae vult: quod quidem est per aliud quam per actum voluntatis. Sed nihil male velle requiritur ad beatitudinem sicut quaedam debita dispositio ad ipsam. Voluntas autem bona ponitur in numero bonorum quae beatum faciunt, prout est inclinatio quaedam in ipsa: sicut motus reducitur ad genus sui termini, ut alteratio ad qualitatem.

QUANTO AO 1º, portanto, deve-se dizer que a paz pertence ao último fim do homem, não como sendo essencialmente a bem-aventurança, mas porque a ela se refere antecedente e consequentemente. Antecedentemente, quando já não existem todas as coisas que a perturbavam e impediam do último fim. Consequentemente, quando o homem, já tendo conseguido o último fim, permanece tranquilo e com o seu desejo aquietado.

QUANTO AO 2º, deve-se dizer que o primeiro objeto da vontade não é seu ato, como também o primeiro objeto da vista não é a visão, mas algo visível. Por isso, porque a bem-aventurança pertence à vontade como seu primeiro objeto, segue-se que a ela não pertence como ato seu.

QUANTO AO 3º, deve-se dizer que o intelecto apreende antes o fim que a vontade, todavia o movimento para o fim começa na vontade. Por isso, deve-se à vontade o que por último segue à consecução do fim, a saber, o prazer e a fruição.

QUANTO AO 4º, deve-se dizer que a dileção supera o conhecimento em mover, mas o conhecimento precede o amor em atingir, porque, como diz Agostinho:"Não é amado o que não é conhecido". Por isso, atingimos antes o fim inteligível por ação do intelecto, como também atingimos o fim sensível por ação do sentido.

QUANTO AO 5º, deve-se dizer que aquele que tem todas as coisas que quer, por isso é bem-aventurado porque tem aquilo que quer, e isto acontece por outra coisa que pelo ato de vontade. Mas não querer mal coisa alguma é requerido para a bem-aventurança como disposição devida para a mesma. A boa vontade está entre o número de bens que fazem o bem-aventurado, enquanto é uma inclinação para a mesma, assim como o movimento se reduz ao gênero de seu termo, como a alteração, à qualidade.

ARTICULUS 5
Utrum beatitudo sit operatio intellectus speculativi, an practici

AD QUINTUM SIC PROCEDITUR. Videtur quod beatitudo consistat in operatione intellectus practici.

1. Finis enim ultimus cuiuslibet creaturae consistit in assimilatione ad Deum. Sed homo magis assimilatur Deo per intellectum practicum,

ARTIGO 5
A bem-aventurança é ação do intelecto especulativo ou do intelecto prático?

QUANTO AO QUINTO, ASSIM SE PROCEDE: parece que a bem-aventurança **consiste** na ação do intelecto prático.

1. Com efeito, o fim último de qualquer criatura consiste em assemelhar-se a Deus. Ora, o homem mais se assemelha a Deus pelo intelecto prático,

---

9. C. 1: ML 42, 973.

5 PARALL.: IV *Sent.*, dist. 49, q. 1, a. 1, q.la 3; X *Ethic.*, lect. 10 sqq.

qui est causa rerum intellectarum, quam per intellectum speculativum, cuius scientia accipitur a rebus. Ergo beatitudo hominis magis consistit in operatione intellectus practici quam speculativi.

2. Praeterea, beatitudo est perfectum hominis bonum. Sed intellectus practicus magis ordinatur ad bonum quam speculativus, qui ordinatur ad verum. Unde et secundum perfectionem practici intellectus, dicimur boni: non autem secundum perfectionem speculativi intellectus, sed secundum eam dicimur scientes vel intelligentes. Ergo beatitudo hominis magis consistit in actu intellectus practici quam speculativi.

3. Praeterea, beatitudo est quoddam bonum ipsius hominis. Sed speculativus intellectus occupatur magis circa ea quae sunt extra hominem: practicus autem intellectus occupatur circa ea quae sunt ipsius hominis, scilicet circa operationes et passiones eius. Ergo beatitudo hominis magis consistit in operatione intellectus practici quam intellectus speculativi.

Sed contra est quod Augustinus dicit, in I de Trin.[1], quod *contemplatio promittitur nobis, actionum omnium finis, atque aeterna perfectio gaudiorum.*

Respondeo dicendum quod beatitudo magis consistit in operatione speculativi intellectus quam practici. Quod patet ex tribus. Primo quidem, ex hoc quod, si beatitudo hominis est operatio, oportet quod sit optima operatio hominis. Optima autem operatio hominis est quae est optimae potentiae respectu optimi obiecti. Optima autem potentia est intellectus, cuius optimum obiectum est bonum divinum, quod quidem non est obiectum practici intellectus, sed speculativi. Unde in tali operatione, scilicet in contemplatione divinorum, maxime consistit beatitudo. Et quia *unusquisque videtur esse id quod est optimum in eo*, ut dicitur in IX[2] et X *Ethic.*[3], ideo talis operatio est maxime propria homini, et maxime delectabilis.

Secundo apparet idem ex hoc quod contemplatio maxime quaeritur propter seipsam. Actus autem intellectus practici non quaeritur propter seipsum, sed propter actionem. Ipsae etiam actiones ordinantur ad aliquem finem. Unde manifestum est quod ultimus finis non potest consistere in vita activa, quae pertinet ad intellectum practicum.

que é a causa das coisas conhecidas, do que pelo intelecto especulativo, cujo conhecimento vem das coisas. Logo, a bem-aventurança do homem mais consiste no intelecto prático que no especulativo.

2. Além disso, a bem-aventurança é o bem perfeito do homem. Ora, o intelecto prático mais se ordena para o bem que o intelecto especulativo, que se ordena para o verdadeiro. Por isso, nos chamamos bons pela perfeição do intelecto prático, e não, pela perfeição do intelecto especulativo, porque por ela somos chamados de sábios ou inteligentes. Logo, a bem-aventurança do homem mais consiste no intelecto prático do que no intelecto especulativo.

3. Ademais, a bem-aventurança é um certo bem do homem. Ora, o intelecto especulativo se ocupa mais das coisas que estão fora do homem; enquanto o intelecto prático se ocupa daquelas coisas que pertencem ao homem, isto é, de suas ações e paixões. Logo, a bem-aventurança do homem consiste mais na ação do intelecto prático do que na do intelecto especulativo.

Em sentido contrário, diz Agostinho: "A contemplação nos é prometida como o fim de todas as ações e como a eterna perfeição das alegrias".

Respondo. A bem-aventurança consiste mais na ação do intelecto especulativo que na do prático. Isso fica claro por três razões. Primeira, porque se a bem-aventurança do homem é ação, ela deve ser a sua melhor ação. Ora, a melhor ação do homem é aquela que é da melhor potência a respeito do melhor objeto. Ora, a melhor potência é o intelecto, cujo melhor objeto é o bem divino, e este não é objeto do intelecto prático, mas, do intelecto especulativo. Por isso, em tal ação, isto é, na contemplação das coisas divinas, consiste sobretudo a bem-aventurança. Como, segundo o livro IX e X da *Ética*, "Cada um parece ser o que nele há de melhor", tal ação é a mais própria do homem e a mais deleitável.

Segunda, porque a contemplação é procurada sobretudo em vista dela mesma. Ora, o ato do intelecto prático não é procurado por si mesmo, mas em vista da ação. Com efeito, as ações ordenam-se para algum fim. Por isso é claro que o último fim não pode consistir na vida ativa, que pertence ao intelecto prático.

---

1. C. 8, n. 17: ML 42, 831.
2. C. 8: 1168, b, 31-34.
3. C. 7: 1177, b, 31-a, 8.

Tertio idem apparet ex hoc quod in vita contemplativa homo communicat cum superioribus, scilicet cum Deo et angelis, quibus per beatitudinem assimilatur. Sed in his quae pertinent ad vitam activam, etiam alia animalia cum homine aliqualiter communicant, licet imperfecte.

Et ideo ultima et perfecta beatitudo, quae expectatur in futura vita, tota consistit in contemplatione. Beatitudo autem imperfecta, qualis hic haberi potest, primo quidem et principaliter consistit in contemplatione: secundario vero in operatione practici intellectus ordinantis actiones et passiones humanas, ut dicitur in X *Ethic*.[4].

AD PRIMUM ergo dicendum quod similitudo praedicta intellectus practici ad Deum, est secundum proportionalitatem; quia scilicet se habet ad suum cognitum, sicut Deus ad suum. Sed assimilatio intellectus speculativi ad Deum, est secundum unionem vel informationem; quae est multo maior assimilatio. — Et tamen dici potest quod, respectu principalis cogniti, quod est sua essentia, non habet Deus practicam cognitionem, sed speculativam tantum.

AD SECUNDUM dicendum quod intellectus practicus ordinatur ad bonum quod est extra ipsum: sed intellectus speculativus habet bonum in seipso, scilicet contemplationem veritatis. Et si illud bonum sit perfectum, ex eo totus homo perficitur et fit bonus: quod quidem intellectus practicus non habet sed ad illud ordinat.

AD TERTIUM dicendum quod ratio illa procederet, si ipsemet homo esset ultimus finis suus: tunc enim consideratio et ordinatio actuum et passionum eius esset eius beatitudo[5]. Sed quia ultimus hominis finis est aliquod bonum extrinsecum, scilicet Deus, ad quem per operationem intellectus speculativi attingimus; ideo magis beatitudo hominis in operatione intellectus speculativi consistit, quam in operatione intellectus practici.

Terceira, porque na vida contemplativa o homem se comunica com os superiores, isto é, com Deus e com os anjos, aos quais se assemelha pela bem-aventurança. Mas, naquilo que pertence à vida ativa, também os outros animais têm em comum alguma coisa com o homem, embora imperfeitamente.

Assim sendo, a última e perfeita bem-aventurança, que se espera na vida futura, consiste totalmente na contemplação. Mas a bem-aventurança imperfeita, que aqui se pode ter, primeira e principalmente consiste na contemplação; secundariamente na ação do intelecto prático, que ordena as ações e as paixões humanas, como se diz no livro da *Ética*.

QUANTO AO 1º, portanto, deve-se dizer que a supracitada semelhança do intelecto prático com Deus é analógica, porque se refere a seu objeto conhecido, como Deus, ao seu. A semelhança, porém, do intelecto especulativo com Deus é por união ou informação, que é muito maior semelhança. — Pode-se dizer que relativamente ao principal objeto conhecido, que é a essência de Deus, Deus não tem conhecimento prático, mas somente especulativo[h].

QUANTO AO 2º, deve-se dizer que o intelecto prático ordena-se para o bem que está fora dele. Mas, o intelecto especulativo possui o bem em si, ou seja, a contemplação da verdade. E se o bem é perfeito, o homem todo aperfeiçoa-se e torna-se bom. Isso o intelecto prático não tem mas ordena para ele.

QUANTO AO 3º, deve-se dizer que aquele argumento procederia se o mesmo homem fosse o seu último fim. Então, a sua bem-aventurança seria a consideração e a ordenação de suas ações e paixões. Mas, porque o último fim do homem é um bem extrínseco, ou seja, Deus, que atingimos pela ação do intelecto especulativo, por isso, a bem-aventurança do homem consiste mais na ação do intelecto especulativo, do que na ação do intelecto prático.

---

4. Cfr. q. 38, a. 4; II-II, q. 180, a. 7.
5. Cc: 7-8: 1177, a, 12-1178, b, 32.

h. Ver I, Q. 14, a. 16.

Articulus 6
Utrum beatitudo consistat in consideratione scientiarum speculativarum

AD SEXTUM SIC PROCEDITUR. Videtur quod beatitudo hominis consistat in consideratione speculativarum scientiarum.

1. Philosophus enim dicit, in libro *Ethic*.[1], quod *felicitas est operatio secundum perfectam virtutem*. Et distinguens virtutes, non ponit speculativas nisi tres, *scientiam, sapientiam* et *intellectum* [2]; quae omnes pertinent ad considerationem scientiarum speculativarum. Ergo ultima hominis beatitudo in consideratione scientiarum speculativarum consistit.

2. PRAETEREA, illud videtur esse ultima hominis beatitudo, quod naturaliter desideratur ab omnibus propter seipsum. Sed huiusmodi est consideratio speculativarum scientiarum: quia, ut dicitur in I *Metaphys*.[3], *omnes homines natura scire desiderant*; et post pauca subditur[4] quod speculativae scientiae propter seipsas quaeruntur. Ergo in consideratione scientiarum speculativarum consistit beatitudo.

3. PRAETEREA, beatitudo est ultima hominis perfectio. Unumquodque autem perficitur secundum quod reducitur de potentia in actum. Intellectus autem humanus reducitur in actum per considerationem scientiarum speculativarum. Ergo videtur quod in huiusmodi consideratione ultima hominis beatitudo consistat.

SED CONTRA est quod dicitur Ier 9,23: *Non glorietur sapiens in sapientia sua*; et loquitur de sapientia speculativarum scientiarum. Non ergo consistit in harum consideratione ultima hominis beatitudo.

RESPONDEO dicendum quod, sicut supra[5] dictum est, duplex est hominis beatitudo: una perfecta, et alia imperfecta. Oportet autem intelligere perfectam beatitudinem, quae attingit ad veram beatitudinis rationem: beatitudinem autem imperfectam, quae non attingit, sed participat quandam particularem beatitudinis similitudinem. Sicut perfecta

Artigo 6
A bem-aventurança consiste na consideração das ciências especulativas?

QUANTO AO SEXTO, ASSIM SE PROCEDE: parece que a bem-aventurança do homem **consiste** na consideração das ciências especulativas.

1. Com efeito, diz o Filósofo no livro da *Ética*, que a "felicidade é a ação segundo a perfeita virtude". E distinguindo as virtudes, não afirma senão três especulativas: ciência, sabedoria e intelecto. Essas três pertencem à consideração das ciências especulativas. Logo, a última bem-aventurança do homem consiste na consideração das ciências especulativas.

2. ALÉM DISSO, parece que a última bem-aventurança do homem é aquilo que naturalmente é desejado por todos e por si mesmo. Ora, tal é a consideração das ciências especulativas, porque, como se diz no livro da *Metafísica*: "Todos os homens naturalmente desejam saber", e pouco depois acrescenta que as ciências especulativas são procuradas por si mesmas. Logo, a bem-aventurança consiste na consideração das ciências especulativas.

3. ADEMAIS, a bem-aventurança é a última perfeição do homem. Cada um se aperfeiçoa enquanto passa de potência a ato. Ora, o intelecto humano passa a ato pela consideração das ciências especulativas. Logo, parece que a última bem-aventurança do homem consiste em tal consideração.

EM SENTIDO CONTRÁRIO, está o que diz o livro de Jeremias: "O sábio não se glorie em sua sabedoria", falando da sabedoria das ciências especulativas. A última bem-aventurança do homem, portanto, não consiste na consideração delas.

RESPONDO. Como se disse acima, duas são as bem-aventuranças do homem: a perfeita e a imperfeita. Deve-se entender a perfeita bem-aventurança como sendo a que atinge a perfeita razão da bem-aventurança; a imperfeita, a que não a atinge, mas participa de alguma semelhança particular da bem-aventurança[i]. Assim também a prudência

---

6   PARALL.: *Cont. Gent.* III, 48; *Compend. Theol.*, c. 104.

1. L. I, c. 13: 1102, a, 5-6.
2. *Eth*. l. VI, c. 3 sqq.: 1139, b, 14 sqq.
3. C. 1: 980, a, 21.
4. C. 2: 982, a, 14-16; a, 30-b, 4.
5. A. 2, ad 4.

---

i. É somente por fidelidade a Aristóteles que Sto. Tomás utiliza a expressão de "bem-aventurança imperfeita". Pode-se julgá-la chocante, pois falta o essencial a essa bem-aventurança a saber, ser uma realização total e definitiva, logo, perfeita.

prudentia invenitur in homine, apud quem est ratio rerum agibilium: imperfecta autem prudentia est in quibusdam animalibus brutis, in quibus sunt quidam particulares instinctus ad quaedam opera similia operibus prudentiae.

Perfecta igitur beatitudo in consideratione scientiarum speculativarum essentialiter consistere non potest. Ad cuius evidentiam, considerandum est quod consideratio speculativae scientiae non se extendit ultra virtutem principiorum illius scientiae: quia in principiis scientiae virtualiter tota scientia continetur. Prima autem principia scientiarum speculativarum sunt per sensum accepta; ut patet per Philosophum in principio *Metaphys.*[6], et in fine *Poster.*[7]. Unde tota consideratio scientiarum speculativarum non potest ultra extendi quam sensibilium cognitio ducere potest. In cognitione autem sensibilium non potest consistere ultima hominis beatitudo, quae est ultima eius perfectio. Non enim aliquid perficitur ab aliquo inferiori, nisi secundum quod in inferiori est aliqua participatio superioris. Manifestum est autem quod forma lapidis, vel cuiuslibet rei sensibilis, est inferior homine. Unde per formam lapidis non perficitur intellectus inquantum est talis forma, sed inquantum in ea participatur aliqua similitudo alicuius quod est supra intellectum humanum, scilicet lumen intelligibile, vel aliquid huiusmodi. Omne autem quod est per aliud, reducitur ad id quod est per se. Unde oportet quod ultima perfectio hominis sit per cognitionem alicuius rei quae sit supra intellectum humanum. Ostensum est autem[8] quod per sensibilia non potest deveniri in cognitionem substantiarum separatarum, quae sunt supra intellectum humanum. Unde relinquitur quod ultima hominis beatitudo non possit esse in consideratione speculativarum scientiarum. — Sed sicut in formis sensibilibus participatur aliqua similitudo superiorum substantiarum, ita consideratio scientiarum speculativarum est quaedam participatio verae et perfectae beatitudinis.

AD PRIMUM ergo dicendum quod Philosophus loquitur in libro *Ethicorum* de felicitate imper-

perfeita encontra-se no homem, no qual é a razão das coisas que devem ser feitas; mas a prudência imperfeita está em alguns animais selvagens, nos quais existem instintos particulares para algumas obras semelhantes às da prudência.

A perfeita bem-aventurança, portanto, não pode consistir essencialmente na consideração das ciências especulativas. Para evidenciar isto, deve-se ter em mente que a consideração da ciência especulativa não vai além dos princípios desta ciência, porque nos princípios da ciência está contida virtualmente toda a ciência. Ora, os primeiros princípios das ciências especulativas são recebidos pelos sentidos, como deixa claro o início do livro da *Metafísica* e o fim do livro dos *Analíticos Posteriores*. Por isso, a completa consideração das ciências especulativas, não pode ir além daquilo a que o conhecimento sensitivo possa conduzir. Mas, no conhecimento sensitivo não pode consistir a última bem-aventurança do homem que é a última perfeição do homem. Ademais, uma coisa não é aperfeiçoada por algo inferior, a não ser que neste inferior haja alguma participação do superior. É claro que a forma da pedra, ou de alguma coisa sensível é inferior ao homem. Daí que pela forma da pedra, enquanto tal, não será aperfeiçoado o intelecto do homem, mas enquanto nela há participação de alguma semelhança com algo que está acima do intelecto humano, ou seja, a luz inteligível, ou coisa semelhante. Pois, tudo aquilo que é por outro, reduz-se àquilo que é por si. Por isso é necessário que a última perfeição do homem se dê pelo conhecimento de algo que é superior ao intelecto humano. Foi acima demonstrado que pelas coisas sensíveis não se pode chegar ao conhecimento das substâncias separadas, que estão acima do intelecto humano. Resta, pois, que a última bem-aventurança do homem não pode estar na consideração das ciências especulativas. — Mas, como nas formas sensíveis há alguma participação na semelhança das substâncias superiores, assim a consideração das ciências especulativas é uma certa participação da verdadeira e perfeita bem-aventurança.

QUANTO AO 1º, portanto, deve-se dizer que no livro da *Ética*, o Filósofo refere-se à felicidade

---

6. C. 1: 981, a, 2-12.
7. L. II, c. 19: 100, a, 4-14.
8. I, q. 88, a. 2.

Sto. Tomás não tem dificuldade em reconhecê-la, uma vez que, segundo diz, ela só participa de "uma certa semelhança parcial" da bem-aventurança.

fecta, qualiter in hac vita haberi potest, ut supra dictum est.

AD SECUNDUM dicendum quod naturaliter desideratur non solum perfecta beatitudo, sed etiam qualiscumque similitudo vel participatio ipsius.

AD TERTIUM dicendum quod per considerationem scientiarum speculativarum reducitur intellectus noster aliquo modo in actum, non autem in ultimum et completum.

ARTICULUS 7
Utrum beatitudo consistat in cognitione substantiarum separatarum, scilicet angelorum

AD SEPTIMUM SIC PROCEDITUR. Videtur quod beatitudo hominis consistat in cognitione substantiarum separatarum, idest angelorum.
1. Dicit enim Gregorius, in quadam Homilia[1]: *Nihil prodest interesse festis hominum, si non contingat interesse festis angelorum*; per quod finalem beatitudinem designat. Sed festis angelorum interesse possumus per eorum contemplationem. Ergo videtur quod in contemplatione angelorum ultima hominis beatitudo consistat.

2. PRAETEREA, ultima perfectio uniuscuiusque rei est ut coniungatur suo principio: unde et circulus dicitur esse figura perfecta, quia habet idem principium et finem. Sed principium cognitionis humanae est ab ipsis angelis, per quos homines illuminantur, ut dicit Dionysius, 4 cap. *Cael. Hier.*[2]. Ergo perfectio humani intellectus est in contemplatione angelorum.

3. PRAETEREA, unaquaeque natura perfecta est, quando coniungitur superiori naturae: sicut ultima perfectio corporis est ut coniungatur naturae spirituali. Sed supra intellectum humanum, ordine naturae, sunt angeli. Ergo ultima perfectio intellectus humani est ut coniungatur per contemplationem ipsis angelis.

SED CONTRA est quod dicitur Ie 9,24: *In hoc glorietur qui gloriatur, scire et nosse me*. Ergo

imperfeita que se pode ter nesta vida, como acima foi dito.

QUANTO AO 2º, deve-se dizer que naturalmente se deseja não somente a perfeita bem-aventurança, mas também qualquer semelhança ou participação na mesma.

QUANTO AO 3º, deve-se dizer que pela consideração das ciências especulativas o nosso intelecto passa de algum modo a ato; porém, não ao ato último e completo.

ARTIGO 7
A bem-aventurança consiste no conhecimento das substâncias separadas, isto é, dos anjos?[j]

QUANTO AO SÉTIMO, ASSIM SE PROCEDE: parece que a bem-aventurança **consiste** no conhecimento das substâncias separadas, isto é, dos anjos.
1. Com efeito, diz Gregório em uma homilia: "De nada vale estar presente às festas dos homens, se não se está presente às festas dos anjos, pelo qual significa a bem-aventurança final". Ora, podemos estar presentes às festas dos anjos pela contemplação deles. Logo, parece que a última bem-aventurança do homem consiste na contemplação dos anjos.

2. ALÉM DISSO, unir-se a seu primeiro princípio consiste a última perfeição de cada coisa. Por isso, se diz que o círculo é uma figura perfeita, porque tem o mesmo princípio e fim. Ora, o princípio do conhecimento humano vem dos anjos, pelos quais os homens são iluminados, segundo Dionísio. Logo, a perfeição do intelecto humano consiste na contemplação dos anjos.

3. ADEMAIS, cada natureza é perfeita quando se une a uma natureza superior, como a última perfeição do corpo acontece quando ele se une à natureza espiritual. Ora, na ordem natural, os anjos estão acima do intelecto humano. Logo, a última perfeição do intelecto humano está em o homem se unir aos anjos pela contemplação.

EM SENTIDO CONTRÁRIO, está o que diz o livro de Jeremias: "O que se glorie, glorie-se nisso: em

---

7 PARALL.: Part. I, q. 64, a. 1, ad 1; *Cont. Gent.* III, 44; in Boet. *de Trin.*, q. 6, a. 4, ad 3.
  1. Homil. 26 in Evang., n. 10: ML 76, 1202 D — 1203 A.
  2. MG 3, 180-181.

j. Este artigo dá sequência ao artigo 8 da questão 2. Conforme as concepções neoplatônicas da emanação, o divino só se comunica com a criação mediante uma sucessão de intermediários dispostos em ordem hierárquica. O retorno a Deus não segue o mesmo procedimento, mas, com certeza, em sentido inverso. Nesse caso, a bem-aventurança consistiria, para um intermediário, no conhecimento do intermediário situado imediatamente acima dele. Para o homem, seria o conhecimento dos anjos.

ultima hominis gloria, vel beatitudo, non consistit nisi in cognitione Dei.

R‍espondeo dicendum quod, sicut dictum est³, perfecta hominis beatitudo non consistit in eo quod est perfectio intellectus secundum alicuius participationem, sed in eo quod est per essentiam tale. Manifestum est autem quod unumquodque intantum est perfectio alicuius potentiae, inquantum ad ipsum pertinet ratio proprii obiecti illius potentiae. Proprium autem obiectum intellectus est verum. Quidquid ergo habet veritatem participatam, contemplatum non facit intellectum perfectum ultima perfectione. Cum autem eadem sit dispositio rerum in esse sicut in veritate, ut dicitur in II *Metaphys.*⁴; quaecumque sunt entia per participationem, sunt vera per participationem. Angeli autem habent esse participatum: quia solius Dei suum esse est sua essentia, ut in Primo⁵ ostensum est. Unde relinquitur quod solus Deus sit veritas per essentiam, et quod eius contemplatio faciat perfecte beatum. — Aliqualem autem beatitudinem imperfectam nihil prohibet attendi in contemplatione angelorum; et etiam altiorem quam in consideratione scientiarum speculativarum.

A‍d primum ergo dicendum quod festis angelorum intererimus non solum contemplantes angelos, sed simul cum ipsis, Deum.

A‍d secundum dicendum quod, secundum illos qui ponunt animas humanas esse ab angelis creatas, satis conveniens videtur quod beatitudo hominis sit in contemplatione angelorum, quasi in coniunctione ad suum principium. Sed hoc est erroneum, ut in Primo⁶ dictum est. Unde ultima perfectio intellectus humani est per coniunctionem ad Deum, qui est primum principium et creationis animae et illuminationis eius. Angelus autem illuminat tanquam minister, ut in Primo⁷ habitum est. Unde suo ministerio adiuvat hominem ut ad beatitudinem perveniat, non autem est humanae beatitudinis obiectum.

A‍d tertium dicendum quod attingi superiorem naturam ab inferiori contingit dupliciter. Uno modo, secundum gradum potentiae participantis: et sic ultima perfectio hominis erit in hoc quod

saber e conhecer-me". A última glória do homem, portanto, ou bem-aventurança, consiste só no conhecimento de Deus

R‍espondo. Como foi dito, a perfeita bem-aventurança do homem não consiste naquilo que é a perfeição do intelecto humano por participação em algo, mas naquilo que é essencialmente a sua perfeição. É claro que uma coisa é perfeição de uma potência tanto quanto a ela pertence a razão do objeto próprio dessa potência. Ora, o objeto próprio do intelecto é a verdade. Logo, a contemplação de algo que possui a verdade participada, não faz o intelecto perfeito com a última perfeição. Como diz o livro II da *Metafísica*, a disposição das coisas para o ser é a mesma que para a verdade. Por isso, os que são entes por participação são também verdadeiros por participação. Ora, os anjos têm o ser participado, porque é próprio somente de Deus que o seu seja a sua essência\u1d4f. Resta, pois, que somente Deus, é a verdade por essência, e que a sua contemplação faz perfeito o bem-aventurado. — Contudo, nada impede que alguma bem-aventurança imperfeita seja considerada na contemplação dos anjos, e mesmo mais elevada que na consideração das ciências especulativas.

Q‍uanto ao 1º, portanto, deve-se dizer que participaremos das festas dos anjos, não só contemplando-os, mas também a Deus, junto com eles.

Q‍uanto ao 2º, deve-se dizer que segundo aqueles que afirmam que as almas humanas foram criadas pelos anjos, parece muito conveniente que a bem-aventurança do homem consista na contemplação dos anjos como a seu princípio. Mas isso é falso, como na I Parte foi dito. Com efeito, a última perfeição do intelecto humano dá-se pela união com Deus, que é o primeiro princípio da criação da alma e de sua iluminação. Como na I Parte foi estabelecido, o anjo ilumina como ministro. Por isso, com seu serviço, auxilia o homem a conseguir a bem-aventurança, mas não é o objeto da bem-aventurança humana.

Q‍uanto ao 3º, deve-se dizer que de duas maneiras a natureza inferior atinge a superior. Primeiro, de acordo com o grau da potência de quem participa, e assim, a última perfeição do

---

3. A. praec.
4. C. 1: 993, b, 30-31.
5. Q. 44, a. 1. Cfr. ibid. q. 3, a. 4; q. 7, a. 1, ad 3; art. 2.
6. Q. 90, a. 3.
7. Q. 111, a. 2, ad 2; cfr. *ibid*. q. 45, a. 5, ad 1.

---

k. Somente em Deus, ser e essência são idênticos (I, q. 44, a. 1). O ser de cada elemento da criação é somente uma participação no ser.

homo attinget ad contemplandum sicut angeli contemplantur. Alio modo, sicut obiectum attingitur a potentia: et hoc modo ultima perfectio cuiuslibet potentiae est ut attingat ad id in quo plene invenitur ratio sui obiecti.

Articulus 8
Utrum beatitudo hominis sit in visione divinae essentiae

Ad octavum sic proceditur. Videtur quod beatitudo hominis non sit in visione ipsius divinae essentiae.

1. Dicit enim Dionysius, in 1 cap. *Myst. Theol.*[1], quod per id quod est supremum intellectus, homo Deo coniungitur sicut omnino ignoto. Sed id quod videtur per essentiam, non est omnino ignotum. Ergo ultima intellectus perfectio, seu beatitudo, non consistit in hoc quod Deus per essentiam videtur.

2. Praeterea, altioris naturae altior est perfectio. Sed haec est perfectio divini intellectus propria, ut suam essentiam videat. Ergo ultima perfectio intellectus humani ad hoc non pertingit, sed infra subsistit.

Sed contra est quod dicitur 1Io 3,2: *Cum apparuerit, similes ei erimus, et videbimus eum sicuti ipse est.*

Respondeo dicendum quod ultima et perfecta beatitudo non potest esse nisi in visione divinae essentiae. Ad cuius evidentiam, duo consideranda sunt. Primo quidem, quod homo non est perfecte beatus, quandiu restat sibi aliquid desiderandum et quaerendum. Secundum est, quod uniuscuiusque potentiae perfectio attenditur secundum rationem sui obiecti. Obiectum autem intellectus est *quod quid est*, idest essentia rei, ut dicitur in III *de Anima*[2]. Unde intantum procedit perfectio intellectus, inquantum cognoscit essentiam alicuius rei. Si ergo intellectus aliquis cognoscat essentiam alicuius effectus, per quam non possit cognosci

homem estará naquilo que o homem atinge para contemplar como contemplam os anjos. Segundo, como o objeto é recebido pela potência. Assim, a última perfeição de qualquer potência está em atingir aquilo em que plenamente se encontra a razão de seu objeto.

Artigo 8
A bem-aventurança do homem está na visão da essência divina?[1]

Quanto ao oitavo, assim se procede: parece que a bem-aventurança do homem **não** está na visão da mesma essência divina.

1. Com efeito, diz Dionísio: "Por aquilo que é o mais elevado do intelecto, o homem se une a Deus, como ao totalmente desconhecido". Ora, o que é visto em essência não é totalmente desconhecido. Logo, a última perfeição do intelecto, isto é, a bem-aventurança, não consiste em Deus ser visto em sua essência.

2. Além disso, é próprio de uma natureza mais elevada, uma perfeição mais elevada. Ora, essa é a perfeição própria do intelecto divino: ver a sua essência. Logo, a última perfeição do intelecto humano a isso não atinge, e permanece em grau inferior.

Em sentido contrário, está na primeira Carta de João: "Quando ele aparecer, seremos a ele semelhantes e o veremos tal como é".

Respondo. A última e perfeita bem-aventurança não pode estar senão na visão da essência divina. Para esclarecer isso, duas considerações são necessárias. A primeira, que o homem não é perfeitamente bem-aventurado quando ainda lhe fica algo para desejar e querer[m]. A segunda, que a perfeição de uma potência se considera segundo a razão de seu objeto. Como diz o livro III da *Alma*, o objeto do intelecto é *aquilo que é*, ou seja a essência da coisa. Donde, a perfeição do intelecto se mede pelo conhecimento da essência de uma coisa. Se, no entanto, o intelecto conhece a essência de um efeito, pela qual não

---

8 Parall.: Part. I, q. 12, a. 1; *De Verit.*, q. 8, a. 1; *Quodlib.* X, q. 8; *Compend. Theol.*, part. 1, c. 104, 106; part. 2, c. 9; in *Matth.*, c. 5; in *Ioan.*, c. 1, lect. 11.

1. MG 3, 1001 A.
2. C. 6: 430, b, 27-28.

l. O presente artigo representa o ápice de todo o tratado. Põe o problema bastante debatido e complexo do "desejo natural de ver Deus" e da "gratuidade do sobrenatural". Poder-se-á reportar às passagens paralelas nas quais Sto. Tomás o aborda: III C. G. 48 a 51; De Veritate q. 14, a. 2 e q. 22, a. 7; De Malo q. 5, a. 3; I, q. 12, a. 1; I-II, q. 62, a. 1 e 3; III, q. 9, a. 2.
m. Existe no homem um desejo de conhecer, que só será plenamente satisfeito pela visão da essência divina. Um desejo da natureza não pode ser vão.

essentia causae, ut scilicet sciatur de causa *quid est*; non dicitur intellectus attingere ad causam simpliciter, quamvis per effectum cognoscere possit de causa *an sit*. Et ideo remanet naturaliter homini desiderium, cum cognoscit effectum, et scit eum habere causam, ut etiam sciat de causa *quid est*. Et illud desiderium est admirationis, et causat inquisitionem, ut dicitur in principio *Metaphys*.[3]. Puta si aliquis cognoscens eclipsim solis, considerat quod ex aliqua causa procedit, de qua, quia nescit quid sit, admiratur, et admirando inquirit. Nec ista inquisitio quiescit quousque perveniat ad cognoscendum essentiam causae.

Si igitur intellectus humanus, cognoscens essentiam alicuius effectus creati, non cognoscat de Deo nisi *an est*; nondum perfectio eius attingit simpliciter ad causam primam, sed remanet ei adhuc naturale desiderium inquirendi causam. Unde nondum est perfecte beatus. Ad perfectam igitur beatitudinem requiritur quod intellectus pertingat ad ipsam essentiam primae causae. Et sic perfectionem suam habebit per unionem ad Deum sicut ad obiectum, in quo solo beatitudo hominis consistit, ut supra[4] dictum est.

AD PRIMUM ergo dicendum quod Dionysius loquitur de cognitione eorum qui sunt in via, tendentes ad beatitudinem.

AD SECUNDUM dicendum quod, sicut supra[5] dictum est, finis potest accipi dupliciter. Uno modo, quantum ad rem ipsam quae desideratur: et hoc modo idem est finis superioris et inferioris naturae, immo omnium rerum, ut supra[6] dictum est. Alio modo, quantum ad consecutionem huius rei: et sic diversus est finis superioris et inferioris naturae, secundum diversam habitudinem ad rem talem. Sic igitur altior est beatitudo Dei suam essentiam intellectu comprehendentis, quam hominis vel angeli videntis, et non comprehendentis.

pode ser conhecida a essência da causa, a saber *o que a causa é*, não se pode dizer que o intelecto conheceu absolutamente a causa, embora, pelo efeito, possa conhecer *que a causa existe*. Por isso, naturalmente permanece no homem, ao conhecer o efeito, o desejo de saber que este efeito tem uma causa e de saber *o que é* a causa. Esse desejo é de admiração e causa a inquirição, como diz o início do livro da *Metafísica*. Por exemplo, se alguém conhecendo o eclipse do sol considera que ele procede de alguma causa, admira-se dela porque não sabe o que é, e admirando investiga. E esta investigação não repousará até que conheça a essência da causa.

Ora, se o intelecto humano, conhecendo a essência de algum efeito criado, não conhece de Deus senão *se ele existe*, sua perfeição ainda não atingiu absolutamente a causa primeira. Permanece ainda nele o desejo natural de investigar a causa[n]. Por isso, ainda não é perfeitamente bem-aventurado, pois, para a perfeita bem-aventurança requer-se que o intelecto atinja a essência mesma da primeira causa. Assim sendo, terá a sua perfeição na união com Deus como seu objeto, e só nisto consiste a bem-aventurança do homem, como acima foi dito.

QUANTO AO 1º, portanto, deve-se dizer que Dionísio refere-se ao conhecimento daqueles que estão a caminho, tendendo para a bem-aventurança.

QUANTO AO 2º, deve-se dizer que, como acima foi dito, o fim pode ser entendido de duas maneiras: a primeira refere-se à coisa desejada, e assim a natureza superior e a inferior têm o mesmo fim e também todas as coisas, como acima foi dito. A segunda, refere-se à consecução do fim. Desse modo, é diverso o fim da natureza superior e o da natureza inferior, segundo a diversa relação com tal coisa. Donde ser mais elevada a bem-aventurança de Deus ao compreender com o intelecto a sua essência, do que a bem-aventurança do homem, ou dos anjos, que veem mas não compreendem.

---

3. L. I, c. 2: 982, b, 11-21.
4. A. 1, 7; q. 2, a. 8.
5. Q. 1, a. 8.
6. Ibid.

---

n. O intelecto é, por sua própria natureza — logo, por seu apetite natural — inclinado a um conhecimento que não pode ser adequadamente saciado, além da visão, em sua essência, da causa suprema de todos os efeitos criados. Não é apenas como faculdade que o intelecto é naturalmente inclinado a sua completude, é como intelecto. Na raiz de todos os desejos "produzidos" (desejos da criatura cognoscente) existe um apetite natural de conhecer, anterior ao conhecimento determinado desse ou daquele objeto, que nada apaziguará enquanto não se tiver atingido o conhecimento insuperável que o satisfaz e mesmo o ultrapassa ao infinito: contemplar a essência divina. Para Sto. Tomás, todo espírito criado é por natureza mais amplo do que tudo o que somente a natureza pode lhe dar.

QUAESTIO IV
DE HIS QUAE AD BEATITUDINEM EXIGUNTUR
in octo articulos divisa

Deinde, considerandum est de his quae exiguntur ad beatitudinem.
Et circa hoc quaeruntur octo.
Primo: utrum delectatio requiratur ad beatitudinem.
Secundo: quid sit principalius in beatitudine, utrum delectatio vel visio.
Tertio: utrum requiratur comprehensio.
Quarto: utrum requiratur rectitudo voluntatis.
Quinto: utrum ad beatitudinem hominis requiratur corpus.
Sexto: utrum perfectio corporis.
Septimo: utrum aliqua exteriora bona.
Octavo: utrum requiratur societas amicorum.

ARTICULUS 1
Utrum delectatio requiratur ad beatitudinem

AD PRIMUM SIC PROCEDITUR. Videtur quod delectatio non requiratur ad beatitudinem.

1. Dicit enim Augustinus, in I *de Trin.*[1], quod *visio est tota merces fidei.* Sed id quod est praemium vel merces virtutis, est beatitudo, ut patet per Philosophum in I *Ethic.*[2]. Ergo nihil aliud requiritur ad beatitudinem nisi sola visio.
2. PRAETEREA, beatitudo est *per se sufficientissimum bonum,* ut Philosophus dicit I *Ethic.*[3]. Quod autem eget aliquo alio, non est per se sufficiens. Cum igitur essentia beatitudinis in visione Dei consistat, ut ostensum est[4]; videtur quod ad beatitudinem non requiratur delectatio.

3. PRAETEREA, *operationem felicitatis* seu beatitudinis oportet esse *non impeditam,* ut dicitur in VII *Ethic.*[5]. Sed delectatio impedit actionem

QUESTÃO 4
O QUE SE REQUER PARA A BEM-AVENTURANÇA
em oito artigos

Em seguida, deve-se considerar o que se requer para a bem-aventurança.
E sobre isso são oito as perguntas:
1. Requer-se o prazer para a bem-aventurança?
2. O que é mais importante na bem-aventurança: o prazer ou a visão?
3. Requer-se a compreensão?
4. A retidão da vontade?
5. Para a bem-aventurança do homem requer-se o corpo?
6. A perfeição do corpo?
7. Alguns bens exteriores?
8. Requer a companhia de amigos?[a]

ARTIGO 1
Requer-se o prazer para a bem-aventurança?

QUANTO AO PRIMEIRO ARTIGO, ASSIM SE PROCEDE: parece que **não** se requer o prazer para a bem-aventurança.

1. Com efeito, diz Agostinho: "A visão é a completa recompensa da fé". Ora, o prêmio ou recompensa da virtude é a bem-aventurança, como diz o Filósofo no livro I da *Ética.* Logo, nada além da visão é requerido para a bem-aventurança.
2. ALÉM DISSO, a bem-aventurança "é por si mesma o bem suficientíssimo", como diz o Filósofo no livro I da *Ética.* Ora, o que precisa de outra coisa, não é suficiente por sim mesmo. Logo, como a essência da bem-aventurança consiste na visão de Deus, conforme foi demonstrado, parece que o prazer não é requerido para a bem-aventurança.
3. ADEMAIS, "para a ação da felicidade, ou seja, da bem-aventurança, não deve haver impedimento", como diz o livro VII da *Ética.* Ora,

---

1 PARALL.: Supra, q. 3, a. 4; II *Sent.*, dist. 38, a. 2; IV, dist. 49, q. 1, a. 1, q.la 2; q. 3, a. 4, q.la 3; *Compend. Theol.*, c. 107, 165; X *Ethic.*, lect. 6.

1. *Enarrat. in Ps.* 90, serm. 2: ML 37, 1170. Cfr. *De Trin.*, l. I, c. 8: ML 42, 832.
2. C. 10: 1099, b, 16-17.
3. C. 5: 1097, b, 7-21.
4. Q. 3, a. 8.
5. C. 14: 1153, b, 11.

---

a. Vê-se, portanto, que, nessa questão destinada a especificar os elementos da bem-aventurança, os quatro primeiros artigos são consagrados a estudar o papel da vontade, e os seguintes o do corpo.

intellectus: *corrumpit* enim *aestimationem prudentiae*, ut dicitur in VI *Ethic*.⁶. Ergo delectatio non requiritur ad beatitudinem.

SED CONTRA est quod Augustinus dicit, X *Confess*.⁷, quod beatitudo est *gaudium de veritate*.

RESPONDEO dicendum quod quadrupliciter aliquid requiritur ad aliud. Uno modo, sicut praeambulum vel praeparatorium ad ipsum: sicut disciplina requiritur ad scientiam. Alio modo, sicut perficiens aliquid: sicut anima requiritur ad vitam corporis. Tertio modo, sicut coadiuvans extrinsecum: sicut amici requiruntur ad aliquid agendum. Quarto modo, sicut aliquid concomitans: ut si dicamus quod calor requiritur ad ignem. Et hoc modo delectatio requiritur ad beatitudinem. Delectatio enim causatur ex hoc quod appetitus requiescit in bono adepto. Unde, cum beatitudo nihil aliud sit quam adeptio summi boni, non potest esse beatitudo sine delectatione concomitante.

AD PRIMUM ergo dicendum quod ex hoc ipso quod merces alicui redditur, voluntas merentis requiescit, quod est delectari. Unde in ipsa ratione mercedis redditae delectatio includitur.

AD SECUNDUM dicendum quod ex ipsa visione Dei causatur delectatio. Unde ille qui Deum videt, delectatione indigere non potest.

AD TERTIUM dicendum quod delectatio concomitans operationem intellectus, non impedit ipsam, sed magis eam confortat, ut dicitur, in X *Ethic*.⁸: ea enim quae delectabiliter facimus, attentius et perseverantius operamur. Delectatio autem extranea impedit operationem: quandoque quidem ex intentionis distractione; quia, sicut dictum est, ad ea in quibus delectamur, magis intenti sumus; et dum uni vehementer intendimus, necesse est quod ab alio intentio retrahatur. Quandoque autem etiam ex contrarietate: sicut delectatio sensus contraria rationi, impedit aestimationem prudentiae magis quam aestimationem speculativi intellectus.

o prazer impede a ação do intelecto, pois, como diz o livro VI da *Ética*, "corrompe a estima da prudência". Logo, não se requer o prazer para a bem-aventurança.

EM SENTIDO CONTRÁRIO, diz Agostinho: "A bem-aventurança é a alegria que provém da verdade".

RESPONDO. De quatro modos uma coisa se requer para outra. Primeiro, enquanto preâmbulo ou preparação, como requer a disciplina para a ciência. Segundo, enquanto aperfeiçoamento de algo, como se requer alma para a vida do corpo. Terceiro, enquanto auxílio extrínseco, como os amigos para alguma ação. Quarto, enquanto concomitante, como o calor para o fogo. Desse modo, se requer o prazer para a bem-aventurança. O prazer é causado quando o apetite se aquieta no bem conseguido. Por isso, como a bem-aventurança nada mais é do que a posse do sumo bem, não pode haver bem-aventurança sem a concomitância do prazer[b].

QUANTO AO 1º, portanto, deve-se dizer que pelo fato de a recompensa ser dada a alguém, a vontade de quem a merece descansa, e isso é deleitar-se. Por isso, na própria razão da recompensa dada está presente o prazer.

QUANTO AO 2º, deve-se dizer que pela mesma visão de Deus é causado o prazer. Por isso a quem vê Deus, não lhe pode faltar o prazer.

QUANTO AO 3º, deve-se dizer que o prazer concomitante à ação do intelecto, não a impede, mas ainda a reforça, como diz o livro X da *Ética*, pois aquilo que fazemos nos deleitando, realizamos com mais atenção e perseverança. Mas, o prazer alheio à ação, a impede, às vezes por distração, pois, como foi dito, damos mais atenção àquilo em que nos deleitamos, e enquanto damos muita atenção a uma coisa, necessariamente a atenção se retrai de outra. Às vezes, por contrariedade, como o prazer dos sentidos contrário a razão impede o juízo da prudência mais do que o juízo do intelecto especulativo.

---

6. C. 5: 1140, b, 13-16.
7. C. 23, n. 35: ML 32, 793.
8. C. 4: 1174, b, 19-34.

---

b. Se o prazer não é o princípio formal da bem-aventurança, conforme foi explicado ao longo de toda a questão 3, nem por isso ele é acidental. Pelo contrário, constitui uma propriedade essencial da mesma.

Articulus 2
Utrum in beatitudine sit principalius visio quam delectatio

AD SECUNDUM SIC PROCEDITUR. Videtur quod delectatio sit principalius in beatitudine quam visio.

1. *Delectatio* enim, ut dicitur in X *Ethic.*[1], *est perfectio operationis*. Sed perfectio est potior perfectibili. Ergo delectatio est potior operatione intellectus, quae est visio.
2. PRAETEREA, illud propter quod aliquid est appetibile, est potius. Sed operationes appetuntur propter delectationem ipsarum: unde et natura operationibus necessariis ad conservationem individui et speciei, delectationem apposuit, ut huiusmodi operationes ab animalibus non negligantur. Ergo delectatio est potior in beatitudine quam operatio intellectus, quae est visio.
3. PRAETEREA, visio respondet fidei, delectatio autem, sive fruitio, caritati. Sed caritas est maior fide, ut dicit Apostolus 1Cor 13,13. Ergo delectatio, sive fruitio, est potior visione.

SED CONTRA, causa est potior effectu. Sed visio est causa delectationis. Ergo visio est potior quam delectatio.

RESPONDEO dicendum quod istam quaestionem movet Philosophus in X *Ethic.*[2], et eam insolutam dimittit. Sed si quis diligenter consideret, ex necessitate oportet quod operatio intellectus, quae est visio, sit potior delectatione. Delectatio enim consistit in quadam quietatione voluntatis. Quod autem voluntas in aliquo quietetur, non est nisi propter bonitatem eius in quo quietatur. Si ergo voluntas quietatur in aliqua operatione, ex bonitate operationis procedit quietatio voluntatis. Nec voluntas quaerit bonum propter quietationem: sic enim ipse actus voluntatis esset finis, quod est contra praemissa[3]. Sed ideo quaerit quod quietetur in operatione, quia operatio est bonum eius. Unde manifestum est quod principalius bonum est ipsa operatio in qua quietatur voluntas, quam quietatio voluntatis in ipso.

AD PRIMUM ergo dicendum quod, sicut Philosophus ibidem[4] dicit, *delectatio perficit operationem sicut decor iuventutem*, qui est ad iuventutem

Artigo 2
Na bem-aventurança é mais importante a visão do que o prazer?

QUANTO AO SEGUNDO, ASSIM SE PROCEDE: parece que o prazer **é** mais importante na bem-aventurança do que a visão.

1. Com efeito, diz o livro X da *Ética* que "o prazer é a perfeição da ação". Ora, a perfeição é superior ao perfectível. Logo, o prazer é superior à ação do intelecto.
2. ALÉM DISSO, aquilo por cuja causa alguma coisa é apetecível, lhe é superior. Ora, as ações são apetecidas por causa do prazer das mesmas. Por isso, a natureza acrescentou o prazer às ações indispensáveis à conservação do indivíduo e da espécie, e os animais não prescindem dessas ações. Logo, o prazer é na bem-aventurança superior à ação do intelecto, que é a visão.
3. ADEMAIS, a visão corresponde à fé, mas o prazer ou a fruição, à caridade. Ora, diz o Apóstolo na primeira Carta aos Coríntios: "A caridade é maior que a fé". Logo, o prazer, ou fruição, é superior à visão.

EM SENTIDO CONTRÁRIO, a causa é superior ao efeito. Ora, a visão é a causa do prazer. Logo, a visão é superior ao prazer.

RESPONDO. Essa questão foi tratada pelo Filósofo no livro X da *Ética*, e a deixou sem solução. Mas se alguém considerar atentamente, é necessário que a ação do intelecto, que é a visão seja superior ao prazer, pois o prazer consiste em certo repouso da vontade. Ora, a vontade não repousa em algo, senão por causa da bondade da coisa em que descansa. Portanto, se a vontade repousa em alguma ação, só o faz por causa da bondade desta ação. Ademais, nem a vontade quer o bem por causa do descanso, pois nesse caso a ato da vontade seria o fim, o que vai contra o que se disse acima. Por isso, procura o que a descansa na ação, porque a ação é o seu bem. Logo, é evidente que o bem mais importante é a mesma ação na qual a vontade descansa, mais do que o descanso da vontade nesse bem.

QUANTO AO 1º, portanto, deve-se dizer com o Filósofo no mesmo texto, que "o prazer aperfeiçoa a ação, como a beleza aperfeiçoa a juventude",

---

2 PARALL.: II *Sent.*, dist. 38, ad 2, ad 6; *Cont. Gent.* III, 26; X *Ethic.*, lect. 6.

1. C. 4: 1174, b, 19-23.
2. C. 4: 1175, a, 18-19.
3. Q. 1, a. 1, ad 2; q. 3, a. 4.
4. C. 4: 1174, b, 19-23.

consequens. Unde delectatio est quaedam perfectio concomitans visionem; non sicut perfectio faciens visionem esse in sua specie perfectam.

AD SECUNDUM dicendum quod apprehensio sensitiva non attingit ad communem rationem boni, sed ad aliquod bonum particulare quod est delectabile. Et ideo secundum appetitum sensitivum, qui est in animalibus, operationes quaeruntur propter delectationem. Sed intellectus apprehendit universalem rationem boni, ad cuius consecutionem sequitur delectatio. Unde principalius intendit bonum quam delectationem. Et inde est quod divinus intellectus, qui est institutor naturae, delectationes apposuit propter operationes. Non est autem aliquid aestimandum simpliciter secundum ordinem sensitivi appetitus, sed magis secundum ordinem appetitus intellectivi.

AD TERTIUM dicendum quod caritas non quaerit bonum dilectum propter delectationem: sed hoc est ei consequens, ut delectetur in bono adepto quod amat. Et sic delectatio non respondet ei ut finis, sed magis visio, per quam primo finis fit ei praesens.

que é consequente à juventude. Donde o prazer ser uma perfeição concomitante à visão, e não uma perfeição que faz a visão ser perfeita em sua espécie.

QUANTO AO 2º, deve-se dizer que o conhecimento sensitivo não atinge a razão do bem comum, mas a de um bem particular que é deleitável. Por isso, segundo o apetite sensitivo, que há nos animais, se buscam as ações por causa do prazer. O intelecto, porém, apreende a razão universal de bem, a cuja consecução segue-se o prazer. Por isso, prefere o bem ao prazer. E é por isso que o intelecto divino, que instituiu a natureza, acrescentou o prazer por causa das ações. Não deve uma coisa, por isso, ser avaliada, de modo absoluto, segundo a ordem sensitiva, mas segundo a ordem do apetite intelectivo.

QUANTO AO 3º, deve-se dizer que a caridade não busca o bem desejado por causa do prazer, mas deleita-se no bem possuído que ama e lhe é consequente. Donde, o prazer não corresponde à caridade como fim, mas a visão, pela qual este fim se faz presente.

ARTICULUS 3
Utrum ad beatitudinem requiratur comprehensio

AD TERTIUM SIC PROCEDITUR. Videtur quod ad beatitudinem non requiratur comprehensio.

1. Dicit enim Augustinus, *ad Paulinam de Videndo Deum*[1]: *Attingere mente Deum magna est beatitudo, comprehendere autem est impossibile*. Ergo sine comprehensione est beatitudo.
2. PRAETEREA, beatitudo est perfectio hominis secundum intellectivam partem, in qua non sunt aliae potentiae quam intellectus et voluntas, ut in Primo[2] dictum est. Sed intellectus sufficienter perficitur per visionem Dei, voluntas autem per delectationem in ipso. Ergo non requiritur comprehensio tanquam aliquod tertium.
3. PRAETEREA, beatitudo in operatione consistit. Operationes autem determinantur secundum obiecta. Obiecta autem generalia sunt duo, verum et bonum: verum correspondet visioni, et bonum correspondet delectationi. Ergo non requiritur comprehensio quasi aliquod tertium.

ARTIGO 3
Para a bem-aventurança requer-se a compreensão?

QUANTO AO TERCEIRO, ASSIM SE PROCEDE: parece que para a bem-aventurança **não** se requer a compreensão.

1. Com efeito, diz Agostinho: "Grande bem-aventurança é conhecer a Deus pelo intelecto, mas compreender é impossível". Logo, a bem-aventurança existe sem a compreensão.
2. ALÉM DISSO, a bem-aventurança é a perfeição do homem na parte intelectiva, na qual não há outras potências além do intelecto e da vontade, como foi dito na I Parte. Ora, o intelecto é suficientemente aperfeiçoada pela visão de Deus, a vontade, porém, pelo prazer em Deus. Logo, não se requer a compreensão como algo terceiro.
3. ADEMAIS, a bem-aventurança consiste na ação. Ora, as ações são determinadas pelos objetos. E os objetos gerais são dois: a verdade e o bem. A verdade corresponde à visão; o bem corresponde ao prazer. Logo, não se requer a compreensão como algo terceiro.

---

3 PARALL.: Part. I, q. 12, a. 7, ad 1; I *Sent.*, dist. 1, q. 1, a. 1; IV, dist. 49, q. 4, a. 5, q.la 1.
1. *De Verbis Ev.*, serm. 117, al. *de Verbis Dom.* 38, c. 3, n. 5; ML 38, 663.
2. Q. 79 sqq.

SED CONTRA est quod Apostolus dicit, 1Cor 9,24: *Sic currite ut comprehendatis*. Sed spiritualis cursus terminatur ad beatitudinem: unde ipse dicit, 2Ti 7,8: *Bonum certamen certavi, cursum consummavi, fidem servavi; in reliquo reposita est mihi corona iustitiae*. Ergo comprehensio requiritur ad beatitudinem.

RESPONDEO dicendum quod, cum beatitudo consistat in consecutione ultimi finis, ea quae requiruntur ad beatitudinem sunt consideranda ex ipso ordine hominis ad finem. Ad finem autem intelligibilem ordinatur homo partim quidem per intellectum, partim autem per voluntatem. Per intellectum quidem, inquantum in intellectu praeexistit aliqua cognitio finis imperfecta. Per voluntatem autem, primo quidem per amorem, qui est primus motus voluntatis in aliquid: secundo autem, per realem habitudinem amantis ad amatum, quae quidem potest esse triplex. Quandoque enim amatum est praesens amanti: et tunc iam non quaeritur. Quandoque autem non est praesens, sed impossibile est ipsum adipisci: et tunc etiam non quaeritur. Quandoque autem possibile est ipsum adipisci, sed est elevatum supra facultatem adipiscentis, ita ut statim haberi non possit: et haec est habitudo sperantis ad speratum, quae sola habitudo facit finis inquisitionem. Et istis tribus respondent aliqua in ipsa beatitudine. Nam perfecta cognitio finis respondet imperfectae; praesentia vero ipsius finis respondet habitudini spei; sed delectatio in fine iam praesenti consequitur dilectionem, ut supra[3] dictum est. Et ideo necesse est ad beatitudinem ista tria concurrere: scilicet visionem, quae est cognitio perfecta intelligibilis finis; comprehensionem, quae importat praesentiam finis; delectationem, vel fruitionem, quae importat quietationem rei amantis in amato.

AD PRIMUM ergo dicendum quod comprehensio dicitur dupliciter. Uno modo, inclusio comprehensi in comprehendenti: et sic omne quod comprehenditur a finito, est finitum. Unde hoc modo Deus non potest comprehendi ab aliquo intellectu creato. Alio modo comprehensio nihil aliud nominat quam tentionem alicuius rei iam praesentialiter habitae: sicut aliquis consequens aliquem, dicitur

EM SENTIDO CONTRÁRIO, diz o Apóstolo na primeira Carta aos Coríntios: "Correi para que compreendais". Ora, a corrida espiritual termina na bem-aventurança, segundo ele mesmo afirma: "Combati o bom combate, terminei a carreira, sustentei a fé; finalmente me está reservada a coroa da justiça". Logo, requer-se a compreensão para a bem-aventurança[c].

RESPONDO. Consistindo a bem-aventurança na consecução do último fim, o que se requer para a bem-aventurança deve ser considerado segundo a ordenação do homem ao fim. Para o fim inteligível, o homem está ordenado, em parte pelo intelecto, em parte pela vontade. Pelo intelecto, enquanto neste preexiste algum conhecimento imperfeito do fim[d]. Pela vontade, em primeiro lugar pelo amor, que é o primeiro movimento da vontade em querer algo; em segundo lugar, pela relação real do amante para o amado, que pode ser tríplice: às vezes, o amado está presente ao amante, e então não mais se busca. Às vezes não está presente, e é impossível alcançá-lo; então não se busca. Às vezes, é possível alcançá-lo: mas está acima da faculdade do que o quer alcançar de modo que não pode imediatamente ser alcançado. Esta é a relação do que espera para o esperado e somente esta relação causa a investigação do fim. A essas três relações corresponde algo na bem-aventurança. O perfeito conhecimento do fim corresponde ao imperfeito; a presença do fim corresponde à relação da esperança; mas o prazer no fim já presente segue-se ao amor, como acima foi dito. Donde ser necessário para a bem-aventurança o concurso das três coisas: a visão, que é o conhecimento perfeito inteligível do fim; a compreensão, que implica a presença do fim, e o prazer, ou fruição, que implica o repouso do amante no amado.

QUANTO AO 1º, portanto, deve-se dizer que a compreensão se entende de dois modos. Primeiro, a inclusão da coisa compreendida no que a compreende, e assim tudo o que é compreendido por algo finito, é finito. Desse modo Deus não pode ser compreendido por algum intelecto criado. Segundo, compreensão nada mais significa que a retenção de uma coisa presente e possuída, como

---

3. A. 2, ad 3.

c. Somos hoje "viajantes sobre a terra", para retomar a expressão da epístola aos Hebreus: é a esperança que nos faz tender à bem-aventurança. No entanto, assim que esta for obtida definitivamente, para falar como São Paulo, estaremos nós na medida de compreender Deus na totalidade. Na solução 1, Sto. Tomás distingue duas maneiras de entender a palavra "compreensão".

d. O conhecimento dado pela fé.

eum comprehendere quando tenet eum. Et hoc modo comprehensio requiritur ad beatitudinem.

AD SECUNDUM dicendum quod, sicut ad voluntatem pertinet spes et amor, quia eiusdem est amare aliquid et tendere in illud non habitum; ita etiam ad voluntatem pertinet et comprehensio et delectatio, quia eiusdem est habere aliquid et quiescere in illo.

AD TERTIUM dicendum quod comprehensio non est aliqua operatio praeter visionem: sed est quaedam habitudo ad finem iam habitum. Unde etiam ipsa visio, vel res visa secundum quod praesentialiter adest, est obiectum comprehensionis.

ARTICULUS 4
Utrum ad beatitudinem requiratur rectitudo voluntatis

AD QUARTUM SIC PROCEDITUR. Videtur quod rectitudo voluntatis non requiratur ad beatitudinem.

1. Beatitudo enim essentialiter consistit in operatione intellectus, ut dictum est[1]. Sed ad perfectam intellectus operationem non requiritur rectitudo voluntatis, per quam homines mundi dicuntur: dicit enim Augustinus, in libro *Retract*.[2]: *Non approbo quod in oratione dixi, Deus qui non nisi mundos verum scire voluisti. Respondere enim potest multos etiam non mundos multa scire vera*. Ergo rectitudo voluntatis non requiritur ad beatitudinem.

2. PRAETEREA, prius non dependet a posteriori. Sed operatio intellectus est prior quam operatio voluntatis. Ergo beatitudo, quae est perfecta operatio intellectus, non dependet a rectitudine voluntatis.

3. PRAETEREA, quod ordinatur ad aliquid tanquam ad finem, non est necessarium adepto iam fine: sicut navis postquam pervenitur ad portum. Sed rectitudo voluntatis, quae est per virtutem, ordinatur ad beatitudinem tanquam ad finem. Ergo, adepta beatitudine, non est necessaria rectitudo voluntatis.

SED CONTRA est quod dicitur Mt 5,8: *Beati mundo corde, quoniam ipsi Deum videbunt*. Et Hb 12,14: *Pacem sequimini cum omnibus, et sanctimoniam, sine qua memo videbit Deum*.

quando alguém perseguindo um outro se diz que o prende quando o detém. Assim requer-se a compreensão para a bem-aventurança.

QUANTO AO 2º, deve-se dizer que assim como à vontade pertencem a esperança e o amor, porque é próprio dela amar e ordenar-se para a coisa não possuída; desse modo também à vontade pertencem a compreensão e o prazer, porque é próprio dela possuir algo e nela descansar.

QUANTO AO 3º, deve-se dizer que a compreensão não é uma operaçã distinta da visão, pois é certa relação com o fim já possuído. Assim também a mesma visão, ou a coisa vista enquanto está presente, é objeto da compreensão.

ARTIGO 4
Requer-se para a bem-aventurança a retidão da vontade?

QUANTO AO QUARTO, ASSIM SE PROCEDE: parece que **não** se requer a retidão da vontade para a bem-aventurança.

1. Com efeito, como foi dito, a bem-aventurança consiste na ação do intelecto. Ora, para a perfeita ação do intelecto não se requer a retidão da vontade, pela qual os homens se chamam puros. Diz Agostinho: "Não aprovo o que disse em uma oração: Deus quisestes que somente os puros conheçam a verdade. Pode-se responder também muitos não puros conhecem muitas verdades". Logo, não se requer a retidão da vontade para a bem-aventurança.

2. ALÉM DISSO, o que é anterior não depende do posterior. Ora, a ação do intelecto é anterior à ação da vontade. Logo, a bem-aventurança que é a perfeita ação do intelecto, não depende da retidão da vontade.

3. ADEMAIS, o que se ordena para uma coisa como para seu fim, uma vez alcançado o fim, não é mais necessário, assim como o navio depois que chegou ao porto. Ora, a retidão da vontade, que existe por virtude, ordena-se para a bem-aventurança como para o fim. Logo, alcançada a bem-aventurança, não mais é exigida a retidão da vontade.

EM SENTIDO CONTRÁRIO, diz o Evangelho de Mateus: "Bem-aventurado os puros de coração, porque verão a Deus", e a Carta aos Hebreus: "Tende a paz com todos e a santidade, sem a qual ninguém verá a Deus".

---

4 PARALL.: Infra, q. 5, a. 7; *Cont. Gent.* IV, 92; *Compend. Theol.*, c. 166.
1. Q. 3, a. 4.
2. C. 4, n. 2: ML 32, 589.

RESPONDEO dicendum quod rectitudo voluntatis requiritur ad beatitudinem et antecedenter et concomitanter. Antecedenter quidem, quia rectitudo voluntatis est per debitum ordinem ad finem ultimum. Finis autem comparatur ad id quod ordinatur ad finem, sicut forma ad materiam. Unde sicut materia non potest consequi formam, nisi sit debito modo disposita ad ipsam, ita nihil consequitur finem, nisi sit debito modo ordinatum ad ipsum. Et ideo nullus potest ad beatitudinem pervenire, nisi habeat rectitudinem voluntatis.

Concomitanter autem, quia, sicut dictum est[3], beatitudo ultima consistit in visione divinae essentiae, quae est ipsa essentia bonitatis. Et ita voluntas videntis Dei essentiam, ex necessitate amat quidquid amat, sub ordine ad Deum; sicut voluntas non videntis Dei essentiam, ex necessitate amat quidquid amat, sub communi ratione boni quam novit. Et hoc ipsum est quod facit voluntatem rectam. Unde manifestum est quod beatitudo non potest esse sine recta voluntate.

AD PRIMUM ergo dicendum quod Augustinus loquitur de cognitione veri quod non est ipsa essentia bonitatis.

AD SECUNDUM dicendum quod omnis actus voluntatis praeceditur ab aliquo actu intellectus: aliquis tamen actus voluntatis est prior quam aliquis actus intellectus. Voluntas enim tendit in finalem actum intellectus, qui est beatitudo. Et ideo recta inclinatio voluntatis praeexigitur ad beatitudinem, sicut rectus motus sagittae ad percussionem signi.

AD TERTIUM dicendum quod non omne quod ordinatur ad finem, cessat adveniente fine: sed id tantum quod se habet in ratione imperfectionis, ut motus. Unde instrumenta motus non sunt necessaria postquam pervenitur ad finem: sed debitus ordo ad finem est necessarius.

ARTICULUS 5
Utrum ad beatitudinem hominis requiratur corpus

AD QUINTUM SIC PROCEDITUR. Videtur quod ad beatitudinem requiratur corpus.

RESPONDO. A retidão da vontade é requerida para a bem-aventurança antecedente ou concomitantemente. Antecedentemente, porque a retidão da vontade existe pela ordenação concernente ao fim último. O fim se refere àquilo que se ordena a ele, como a forma à matéria[e]. E como a matéria não pode se unir à forma, se não estiver devidamente disposta para ela, também não pode conseguir um fim o que não estiver devidamente ordenado para ele. Logo, ninguém pode chegar à bem-aventurança, se não tem a retidão da vontade. Concomitantemente, porque, como foi dito, a última bem-aventurança consiste na visão da essência divina, que é a própria essência da bondade. Assim, a vontade de quem vê a essência de Deus necessariamente ama o que ama, ordenado para Deus. Assim como a vontade de quem não vê a essência de Deus, necessariamente ama tudo o que ama, sob a razão comum do bem que conhece[f]. E isso é o que faz a vontade reta. É claro, portanto, que a bem-aventurança não pode existir sem a vontade reta[g].

QUANTO AO 1º, portanto, deve-se dizer que Agostinho se refere ao conhecimento da verdade, que não é a mesma essência da bondade.

QUANTO AO 2º, deve-se dizer que todo ato da vontade é precedido por algum ato do intelecto. A vontade tende para o ato final do intelecto, que é a bem-aventurança. Por isso, a reta inclinação da vontade é preexigida para a bem-aventurança, como o movimento reto da seta o é para atingir o alvo.

QUANTO AO 3º, deve-se dizer que nem tudo que se ordena para o fim, cessa quando chegou ao fim, mas, somente o que se dá em razão da imperfeição, como o movimento. Por isso, as coisas utilizadas pelo movimento não são necessárias depois que se chegou ao fim, mas a devida ordenação para o fim é necessária.

ARTIGO 5
Requer-se para a bem-aventurança do homem o corpo?

QUANTO AO QUINTO, ASSIM SE PROCEDE: parece que para a bem-aventurança **requer-se** o corpo.

---

3. Q. 3, a. 8.
5 PARALL.: *Cont. Gent.* IV, 79, 91; *De Pot.*, q. 5, a. 10; *Compend. Theol.*, c. 151.

---

e. O fim e a forma coincidem, com efeito.
f. A visão direta do Bem em sua essência esgota de certo modo a capacidade de nossa vontade. Uma vez que só queremos por motivo de bem, a contemplação do Bem nos impedirá de querer outra coisa. Desse modo, os bem-aventurados não podem pecar.
g. A vontade reta se caracteriza pelo fato de que ela relaciona os diversos bens que lhe são oferecidos com o bem em geral. Para agir dessa forma, tem necessidade de liberdade. Tal liberdade será levada à perfeição quando o homem contemplar a essência divina.

1. Perfectio enim virtutis et gratiae praesupponit perfectionem naturae. Sed beatitudo est perfectio virtutis et gratiae. Anima autem sine corpore non habet perfectionem naturae: cum sit pars naturaliter humanae naturae, omnis autem pars est imperfecta a suo toto separata. Ergo anima sine corpore non potest esse beata.

2. PRAETEREA, beatitudo est operatio quaedam perfecta, ut supra[1] dictum est. Sed operatio perfecta sequitur esse perfectum: quia nihil operatur nisi secundum quod est ens in actu. Cum ergo anima non habeat esse perfectum quando est a corpore separata, sicut nec aliqua pars quando separata est a toto; videtur quod anima sine corpore non possit esse beata.

3. PRAETEREA, beatitudo est perfectio hominis. Sed anima sine corpore non est homo. Ergo beatitudo non potest esse in anima sine corpore.

4. PRAETEREA, secundum Philosophum, in VII *Ethic.*[2], *felicitatis operatio*, in qua consistit beatitudo, est *non impedita*. Sed operatio animae separatae est impedita: quia, ut dicit Augustinus XII *super Gen. Ad litt.*[3], *inest ei naturalis quidam appetitus corpus administrandi, quo appetitu retardatur quodammodo ne tota intentione pergat in illud summum caelum*, idest in visionem essentiae divinae. Ergo anima sine corpore non potest esse beata.

5. PRAETEREA, beatitudo est sufficiens bonum, quietat desiderium. Sed hoc non convenit animae separatae: quia adhuc appetit corporis unionem, ut Augustinus dicit[4]. Ergo anima separata a corpore non est beata.

6. PRAETEREA, homo in beatitudine est angelis aequalis. Sed anima sine corpore non aequatur angelis, ut Augustinus dicit[5]. Ergo non est beata.

SED CONTRA est quod dicitur Ap 14,13: *Beati mortui qui in Domino moriuntur.*

RESPONDEO dicendum quod duplex est beatitudo: una imperfecta, quae habetur in hac vita; et alia perfecta, quae in Dei visione consistit. Manifestum est autem quod ad beatitudinem huius vitae, de necessitate requiritur corpus. Est

1. Com efeito, a perfeição da virtude e da graça pressupõe a perfeição da natureza. Ora, a bem-aventurança é a perfeição da virtude e da graça. Mas, a alma sem o corpo não tem a perfeição da natureza, porque é naturalmente parte da natureza humana, e toda parte é imperfeita quando separada de seu todo. Logo, sem o corpo, a alma não pode ser bem-aventurada.

2. ALÉM DISSO, foi acima dito que a bem-aventurança é uma ação perfeita. Ora, a ação perfeita procede do ser perfeito, porque nenhuma coisa opera a não ser enquanto é ente em ato. Como, porém, a alma não tem o ser perfeito quando separada do corpo, assim como nenhuma parte quando separada do todo, parece que alma sem o corpo não pode ser bem-aventurada.

3. ADEMAIS, a bem-aventurança é a perfeição do homem. Ora, a alma sem o corpo não é homem. Logo, a bem-aventurança não pode existir na alma sem o corpo.

4. ADEMAIS, diz o Filósofo no livro VII da *Ética*: "A ação da felicidade (em que consiste a bem-aventurança) não é impedida". Ora, a ação da alma separada está impedida, como diz Agostinho: "É-lhe inerente certo desejo natural de governar o corpo, pelo qual é de certo modo impedida de caminhar com toda intenção para aquele sumo céu, isto é, para a visão da essência divina. Logo, a alma sem o corpo não pode ser bem-aventurada.

5. ADEMAIS, a bem-aventurança é um bem suficiente e aquieta o desejo. Ora, isto não cabe à alma separada, porque ela ainda deseja a união com o corpo, como diz Agostinho. Logo, a alma separada do corpo não é bem-aventurada.

6. ADEMAIS, o homem na bem-aventurança iguala-se aos anjos. Ora, a alma sem o corpo não se iguala aos anjos, segundo diz Agostinho. Logo, não é bem-aventurada.

EM SENTIDO CONTRÁRIO, diz o livro do Apocalipse: "Bem-aventurados os mortos que morrem no Senhor".

RESPONDO. Duas são as bem-aventuranças: a imperfeita, que se tem nesta vida, e a perfeita, que consiste na visão de Deus. É claro que para a bem-aventurança desta vida, requer-se o corpo. Esta bem-aventurança desta vida é ação do

---

1. Q. 3, a. 2, 5.
2. C. 14: 1153, b, 11.
3. C. 35: ML 34, 483.
4. Loc. cit.
5. Ibid.

enim beatitudo huius vitae operatio intellectus, vel speculativi vel practici. Operatio autem intellectus in hac vita non potest esse sine phantasmate, quod non est nisi in organo corporeo, ut in Primo[6] habitum est. Et sic beatitudo quae in hac vita haberi potest, dependet quodammodo ex corpore.

Sed circa beatitudinem perfectam, quae in Dei visione consistit, aliqui posuerunt quod non potest animae advenire sine corpore existenti; dicentes quod animae Sanctorum a corporibus separatae, ad illam beatitudinem non perveniunt usque ad diem Iudicii, quando corpora resument. — Quod quidem apparet esse falsum et auctoritate, et ratione. Auctoritate quidem, quia Apostolus dicit, 2Cor 5,6: *Quandiu sumus in corpore, peregrinamur a Domino*; et quae sit ratio peregrinationis ostendit, subdens [7]: *Per fidem enim ambulamus, et non per speciem*. Ex quo apparet quod quandiu aliquis ambulat per fidem et non per speciem, carens visione divinae essentiae, nondum est Deo praesens. Animae autem Sanctorum a corporibus separatae, sunt Deo praesentes: unde subditur [8]: *Audemus autem, et bonam voluntatem habemus peregrinari a corpore, et praesentes esse ad Dominum*. Unde manifestum est quod animae Sanctorum separatae a corporibus, ambulant per speciem, Dei essentiam videntes, in quo est vera beatitudo.

Hoc etiam per rationem apparet. Nam intellectus ad suam operationem non indiget corpore nisi propter phantasmata, in quibus veritatem intelligibilem contuetur, ut in Primo[7] dictum est. Manifestum est autem quod divina essentia per phantasmata videri non potest, ut in Primo[8] ostensum est. Unde, cum in visione divinae essentiae perfecta hominis beatitudo consistat, non dependet beatitudo perfecta hominis a corpore. Unde sine corpore potest anima esse beata.

Sed sciendum quod ad perfectionem alicuius rei dupliciter aliquid pertinet. Uno modo, ad consti-

intelecto especulativo ou do prático. A ação do intelecto desta vida depende das representações imaginárias, que não existem senão num órgão corpóreo, como foi estabelecido na I Parte. Assim sendo, a bem-aventurança que se possa ter nesta vida depende do corpo.

A respeito da bem-aventurança perfeita, que consiste na visão de Deus, alguns afirmaram que ela não pode existir na alma sem o corpo, dizendo que as almas dos santos separadas dos corpos não chegam à bem-aventurança perfeita até o dia do Juízo, quando reassumirão os corpos[h]. — Isso certamente parece ser falso por argumento de autoridade e de razão. Por autoridade porque o Apóstolo diz na segunda Carta aos Coríntios: "Enquanto estamos no corpo, estamos a caminho, longe do Senhor". A seguir mostra a razão desta caminhada: "Caminhamos pela fé, e não pela visão". Disto se conclui que enquanto alguém caminha pela fé e não pela visão, lhe faltando a visão da essência divina, ainda não está presente a Deus. Mas as almas dos santos, separadas dos corpos, estão presente a Deus, donde acrescentar: "Mas confiamos e temos o bom desejo de deixar os corpos e estar juntos do Senhor". Fica, pois, claro que as almas dos santos separadas dos corpos, caminham pela visão, vendo a essência de Deus, no que está a verdadeira bem-aventurança.

Por argumento da razão[i], isso também fica claro. O intelecto não necessita do corpo a não ser por causa das representações imaginárias, nas quais a verdade inteligível é vista, como foi dito na I Parte. Como aí também foi dito, é claro que a essência divina não pode ser vista pelas representações imaginárias. Logo, como a bem-aventurança do homem consiste na perfeita visão da essência divina, ela não depende do corpo e a alma sem o corpo pode ser bem-aventurada.

É ainda de se saber que uma coisa pertence à perfeição de outra de dois modos. Primeiro, para

---

6. Q. 84, a. 6, 7.
7. Q. 84, a. 7.
8. Q. 12, a. 3.

---

h. A opinião segundo a qual só poderá conhecer a bem-aventurança perfeita na ressurreição dos corpos manifestou-se desde cedo na reflexão cristã. Foi condenada em 29 de janeiro de 1336 pelo papa Benedito XII na constituição *Benedictus Deus*: mesmo antes da ressurreição da carne, quando não há mais nada a purificar nelas, as almas dos defuntos "viram e veem a essência divina com uma visão intuitiva e mesmo face a face, sem a mediação de nenhuma criatura que seja objeto de visão. A essência divina se manifesta a elas imediatamente, claramente e a descoberto e, mediante essa visão, elas gozam dessa essência. Por meio dessa visão e desse gozo as almas daqueles que já estão mortos são verdadeiramente bem-aventuradas e possuem a vida e o repouso eterno" (DS 1000-1001). Uma vez que, conforme o que explicou Sto. Tomás em sua questão 3, o objeto beatificante só é alcançado pelo espírito, é da união ao espírito que deriva toda bem-aventurança. O que não é espiritual não é absolutamente indispensável à bem-aventurança.

i. Seria preciso acrescentar: quando a razão se aplica aos dados da fé.

tuendam essentiam rei: sicut anima requiritur ad perfectionem hominis. Alio modo requiritur ad perfectionem rei quod pertinet ad bene esse eius: sicut pulchritudo corporis, et velocitas ingenii pertinet ad perfectionem hominis. Quamvis ergo corpus primo modo ad perfectionem beatitudinis humanae non pertineat, pertinet tamen secundo modo. Cum enim operatio dependeat ex natura rei, quanto anima perfectior erit in sua natura, tanto perfectius habebit suam propriam operationem, in qua felicitas consistit. Unde Augustinus, in XII *super Gen. ad litt.*[9], cum quaesivisset, *Utrum spiritibus defunctorum sine corporibus possit summa illa beatitudo praeberi*: respondet quod *non sic possunt videre incommutabilem substantiam, ut sancti angeli vident; sive alia latentiore causa, sive ideo quia est in eis naturalis quidam appetitus corpus administrandi*.

AD PRIMUM ergo dicendum quod beatitudo est perfectio animae ex parte intellectus, secundum quem anima transcendit corporis organa: non autem secundum quod est forma naturalis corporis. Et ideo illa naturae perfectio manet secundum quam ei beatitudo debetur, licet non maneat illa naturae perfectio secundum quam est corporis forma.

AD SECUNDUM dicendum quod anima aliter se habet ad esse quam aliae partes. Nam esse totius non est alicuius suarum partium: unde vel pars omnino desinit esse, destructo toto, sicut partes animalis destructo animali; vel, si remanent, habent aliud esse in actu, sicut pars lineae habet aliud esse quam tota linea. Sed animae humanae remanet esse compositi post corporis destructionem: et hoc ideo, quia idem est esse formae et materiae, et hoc est esse compositi. Anima autem subsistit in suo esse, ut in Primo[10] ostensum est. Unde relinquitur quod post separationem a corpore perfectum esse habeat, unde et perfectam operationem habere potest; licet non habeat perfectam naturam speciei.

constituir a essência da coisa, como a alma é requerida para a perfeição do homem. Segundo, requer-se para a perfeição da coisa, o que pertence a seu bom ser, como a beleza do corpo e a rapidez do engenho pertencem à perfeição do homem. Embora o corpo não pertença à perfeição da bem-aventurança pelo primeiro modo, pertence pelo segundo modo. Como a ação depende da natureza da coisa, quanto mais a alma é perfeita em sua natureza, tanto mais perfeita será a sua ação, na qual consiste na felicidade[j]. Donde escrever Agostinho, ao perguntar: "Se nos espíritos dos mortos, sem os corpos, se pode conceder a suprema bem-aventurança", responde que "assim não podem ver a substância imutável como a veem os santos anjos, seja porque eles conservam ainda um desejo natural de governar o corpo, seja por outra causa oculta".

QUANTO AO 1º, portanto, deve-se dizer que a bem-aventurança é a perfeição da alma da parte do intelecto, pelo qual a alma transcende os órgãos do corpo; não enquanto ela é a forma natural do corpo. Por isso, permanece aquela perfeição da natureza enquanto a bem-aventurança lhe é devida, mas não permanece aquela perfeição da natureza enquanto é a forma do corpo.

QUANTO AO 2º, deve-se dizer que a alma se refere ao existir de modo diferente das demais partes. Pois o existir do todo não é o de uma de suas partes. Por isso, ou a parte deixa totalmente de existir, destruído o todo, como acontece com as partes do animal, quando este é destruído; ou, se as partes permanecem, têm outro existir em ato, como a parte da linha, que tem outro existir que o da linha. Todavia, na alma humana o existir do composto permanece após a destruição do corpo, e isso porque é o mesmo existir da forma e o da matéria, e isso é o existir composto. A alma, com efeito, permanece em seu existir, como foi demonstrado na I Parte. Resta, pois, que após a separação do corpo tem o existir perfeito, e, consequentemente, pode também ter a ação perfeita, embora não tenha a perfeita natureza da espécie[k].

---

9. C. 35: ML 34, 483.
10. Q. 75, a. 2.

j. A Bíblia diz que o homem é um ser de carne. Nele, a alma e o corpo formam uma unidade substancial. Se a bem-aventurança como tal é inteiramente realizada pela apreensão espiritual do Bem supremo, uma apreensão pelo corpo não lhe acrescentaria nada. Não obstante, após a ressurreição dos corpos, a alma se encontrará em um estado mais perfeito: estará na medida de gozar mais completamente da bem-aventurança. O gozo será mais completo, mas não mais intenso, conforme indicará Sto. Tomás na solução 5.

k. Esta resposta completa de maneira importante a demonstração contida no corpo do artigo. A alma não constitui todo o homem quanto à integridade da natureza, mas é todo o homem quanto à subsistência: é ela que conserva o ser do composto. Ela o constituirá de novo por ocasião da ressurreição dos corpos.

AD TERTIUM dicendum quod beatitudo est hominis secundum intellectum: et ideo, remanente intellectu, potest inesse ei beatitudo. Sicut dentes Aethiopis possunt esse albi, etiam post evulsionem, secundum quos Aethiops dicitur albus.

AD QUARTUM dicendum quod dupliciter aliquid impeditur ab alio. Uno modo, per modum contrarietatis, sicut frigus impedit actionem caloris: et tale impedimentum operationis repugnat felicitati. Alio modo, per modum cuiusdam defectus, quia scilicet res impedita non habet quidquid ad omnimodam sui perfectionem requiritur: et tale impedimentum operationis non repugnat felicitati, sed omnimodae perfectioni ipsius. Et sic separatio a corpore dicitur animam retardare, ne tota intentione tendat in visionem divinae essentiae. Appetit enim anima sic frui Deo, quod etiam ipsa fruitio derivetur ad corpus per redundantiam, sicut est possibile. Et ideo quandiu ipsa fruitur Deo sine corpore, appetitus eius sic quiescit in eo quod habet, quod tamen adhuc ad participationem eius vellet suum corpus pertingere.

AD QUINTUM dicendum quod desiderium animae separatae totaliter quiescit ex parte appetibilis: quia scilicet habet id quod suo appetitui sufficit. Sed non totaliter requiescit ex parte appetentis: quia illud bonum non possidet secundum omnem modum quo possidere vellet. Et ideo, corpore resumpto, beatitudo crescit non intensive, sed extensive.

AD SEXTUM dicendum quod id quod ibidem dicitur, quod *spiritus defunctorum non sic vident Deum sicut angeli*, non est intelligendum secundum inaequalitatem quantitatis: quia etiam modo aliquo animae Beatorum sunt assumptae ad superiores ordines angelorum, clarius videntes Deum quam inferiores angeli. Sed intelligitur secundum inaequalitatem proportionis: quia angeli, etiam infimi, habent omnem perfectionem beatitudinis quam sunt habituri, non autem animae separatae Sanctorum.

QUANTO AO 3º, deve-se dizer que a bem-aventurança é própria do homem segundo o intelecto. Por isso, permanecendo o intelecto, ela pode nele subsistir. Assim também os dentes do Etíope pelos quais é chamado de branco, podem ser brancos, mesmo após a extração.

QUANTO AO 4º, deve-se dizer que uma coisa é impedida por outra de dois modos. De um modo, por contrariedade, como o frio impede a ação do calor, e tal impedimento à ação repugna à felicidade. De outro modo, por defeito, porque a coisa impedida não tem tudo o que é exigido para a sua total perfeição. Este impedimento à ação não repugna à felicidade, mas à sua total perfeição. E assim diz-se que a alma é retardada pela separação do corpo, para que com toda a sua intenção tenda para a visão da essência divina. Com efeito, a alma deseja gozar de Deus de tal modo que o gozo se estende ao corpo por redundância, enquanto possível. Por isso, enquanto ela goza de Deus sem o corpo, o seu apetite descansa naquilo que possui de tal modo que ela ainda quereria que o seu corpo alcançasse a participação nesse gozo.

QUANTO AO 5º, deve-se dizer que o desejo da alma separada totalmente repousa, considerando-se a coisa desejada, porque esta possui tudo que é suficiente ao apetite. Mas não tem repouso total, considerando-se a parte que deseja, porque não possui o seu bem tanto quanto o desejava possuir. Por isso, reassumindo o corpo, a bem-aventurança cresce, não em intenção, mas em extensão.

QUANTO AO 6º, deve-se dizer que aquilo que acima foi dito, isto é, "que o espírito dos defuntos não veem a Deus como os anjos", não deve ser entendido segundo desigualdade quantitativa, porque as almas dos santos, assumidas de algum modo para as ordens superiores dos anjos, mais claramente veem a Deus que os anjos inferiores. Mas isso se entende segundo analogia, porque os anjos, mesmo os ínfimos, possuem toda a perfeição da bem-aventurança de que são capazes, não porém, as almas separadas dos santos.

ARTICULUS 6
Utrum ad beatitudinem requiratur aliqua perfectio corporis

AD SEXTUM SIC PROCEDITUR. Videtur quod perfectio corporis non requiratur ad beatitudinem hominis perfectam.

ARTIGO 6
Requer-se para a bem-aventurança alguma perfeição do corpo?

QUANTO AO SEXTO, ASSIM SE PROCEDE: parece que a perfeição do corpo **não** é exigida para a bem-aventurança do homem.

---

6 PARALL.: Part. III, q. 15, a. 10; IV *Sent.*, dist. 49, q. 4, a. 5, q.la 2.

1. Perfectio enim corporis est quoddam corporale bonum. Sed supra[1] ostensum est quod beatitudo non consistit in corporalibus bonis. Ergo ad beatitudinem hominis non requiritur aliqua perfecta dispositio corporis.

2. PRAETEREA, beatitudo hominis consistit in visione divinae essentiae, ut ostensum est[2]. Sed ad hanc operationem nihil exhibet corpus, ut dictum est[3]. Ergo nulla dispositio corporis requiritur ad beatitudinem.

3. PRAETEREA, quanto intellectus est magis abstractus a corpore, tanto perfectius intelligit. Sed beatitudo consistit in perfectissima operatione intellectus. Ergo oportet omnibus modis animam esse abstractam a corpore. Nullo ergo modo requiritur aliqua dispositio corporis ad beatitudinem.

SED CONTRA, praemium virtutis est beatitudo: unde dicitur Io 13,17: *Beati eritis, si feceritis ea*. Sed Sanctis repromittitur pro praemio non solum visio Dei et delectatio, sed etiam corporis bona dispositio: dicitur enim Is 14: *Videbitis, et gaudebit cor vestrum, et ossa vestra quasi herba germinabunt*. Ergo bona dispositio corporis requiritur ad beatitudinem.

RESPONDEO dicendum quod, si loquamur de beatitudine hominis qualis in hac vita potest haberi, manifestum est quod ad eam ex necessitate requiritur bona dispositio corporis. Consistit enim haec beatitudo, secundum Philosophum[4], *in operatione virtutis perfectae*. Manifestum est autem quod per invaletudinem corporis, in omni operatione virtutis homo impediri potest. Sed si loquamur de beatitudine perfecta, sic quidam posuerunt quod non requiritur ad beatitudinem aliqua corporis dispositio: immo requiritur ad eam ut omnino anima sit a corpore separata. Unde Augustinus, XXII *de Civ. Dei*[5], introducit verba Porphyrii dicentis quod *ad hoc quod beata sit anima, omne corpus fugiendum est*. — Sed hoc est inconveniens. Cum enim naturale sit animae corpori uniri, non potest esse quod perfectio animae naturalem eius perfectionem excludat.

1. Com efeito, a perfeição do corpo é um bem corporal. Ora, acima foi demonstrado que a bem-aventurança não consiste em bens corporais. Logo, para a bem-aventurança do homem não se requer uma perfeita disposição do corpo.

2. ALÉM DISSO, como acima foi demonstrado, a bem-aventurança do homem consiste na visão da essência divina. Ora, também foi dito que para tal ação em nada concorre o corpo. Logo, nenhuma disposição do corpo é exigida para a bem-aventurança.

3. ADEMAIS, quanto mais o intelecto é abstraído do corpo, tanto mais perfeitamente conhece. Ora, a bem-aventurança consiste na mais perfeita ação do intelecto. Logo, é necessário que a alma esteja de todos os modos abstraída do corpo. Portanto, de maneira alguma se requer uma disposição do corpo para a bem-aventurança.

EM SENTIDO CONTRÁRIO, o prêmio da virtude é a bem-aventurança. Por isso, diz o Evangelho de João: "Sereis bem-aventurados se fizerdes essas coisas". Para os santos, porém, não é prometida somente a visão de Deus e o prazer, como também a boa disposição do corpo, como disse o livro de Isaías: "Vereis, e o vosso coração se alegrará, e vossos ossos germinarão como a erva". Logo, a boa disposição do corpo é exigida para a bem-aventurança.

RESPONDO. Se falamos da bem-aventurança do homem possível nesta vida, é claro que para ela é necessariamente exigida a boa disposição do corpo. Segundo o Filósofo, tal bem-aventurança consiste "na ação da virtude perfeita". É, pois, claro que o corpo não bem disposto pode impedir o homem em qualquer ação da virtude. Mas, se falamos da bem-aventurança perfeita, opinaram alguns que não se exige para a bem-aventurança disposição alguma do corpo, e ainda exige-se que ela deve estar totalmente separada do corpo. Nesse sentido Agostinho cita Porfírio: "Para que a alma seja bem-aventurada, deve todo corpo ser afastado". — Mas isso é descabido. Sendo natural que a alma se una ao corpo, não é possível que a perfeição da alma exclua a sua perfeição natural.

---

1. Q. 2.
2. Q. 3, a. 8.
3. A. praec.
4. *Eth*. I, 13: 1102, a, 5-6.
5. C. 26: ML 41, 794.

Et ideo dicendum est quod ad beatitudinem omnibus modis perfectam, requiritur perfecta dispositio corporis et antecedenter et consequenter. Antecedenter quidem, quia, ut Augustinus dicit XII *super Gen. ad litt.*[6], *si tale sit corpus, cuius sit difficilis et gravis administratio, sicut caro quae corrumpitur et aggravat animam, avertitur mens ab illa visione summi caeli.* Unde concludit quod, *cum hoc corpus iam non erit animale, sed spirituale, tunc angelis adaequabitur, et erit ei ad gloriam, quod sarcinae fuit.* — Consequenter vero, quia ex beatitudine animae fiet redundantia ad corpus, ut et ipsum sua perfectione potiatur. Unde Augustinus dicit, in Epist. *ad Dioscorum*[7]: *Tam potenti natura Deus fecit animam, ut ex eius plenissima beatitudine redundet in inferiorem naturam incorruptionis vigor.*

AD PRIMUM ergo dicendum quod in corporali bono non consistit beatitudo sicut in obiecto beatitudinis: sed corporale bonum potest facere ad aliquem beatitudinis decorem vel perfectionem.

AD SECUNDUM dicendum quod, etsi corpus nihil conferat ad illam operationem intellectus qua Dei essentia videtur, tamen posset ad hoc impedire. Et ideo requiritur perfectio corporis, ut non impediat elevationem mentis.

AD TERTIUM dicendum quod ad perfectam operationem intellectus requiritur quidem abstractio ab hoc corruptibili corpore, quod aggravat animam: non autem a corpore spirituali, quod erit totaliter spiritui subiectum, de quo in Tertia Parte huius operis dicetur[8].

ARTICULUS 7
Utrum ad beatitudinem requirantur aliqua exteriora bona

AD SEPTIMUM SIC PROCEDITUR. Videtur quod ad beatitudinem requirantur etiam exteriora bona.

1. Quod enim in praemium Sanctis promittitur, ad beatitudinem pertinet. Sed Sanctis repromittuntur exteriora bona, sicut cibus et potus, divitiae et regnum: dicitur enim Lc 22,30: *Ut edatis et bibatis super mensam meam in regno meo*; et Mt 6,20: *Thesaurizate vobis thesauros in caelo*;

Por isso se deve afirmar que para bem-aventurança perfeita de todos os modos é exigida a perfeita disposição do corpo, quer antecedente, quer consequente. Antecedente, porque como diz Agostinho: "Se tal é o corpo, cujo governo é difícil e penoso, como a carne, que se corrompe e perturba a alma, a mente se afasta da visão do último céu", e conclui: "Como este corpo não será animal, mas espiritual, então se identificará com os anjos, e lhe será de glória o que antes lhe foi de pesada carga". — Consequente, porque pela bem-aventurança da alma haverá redundância no corpo, de modo que este também consiga a sua perfeição. Donde Agostinho dizer: "Deus fez a alma com tão forte natureza, que de sua pleníssima bem-aventurança redundará para a natureza inferior o vigor da incorrupção".

QUANTO AO 1º, portanto, deve-se dizer que no bem do corpo não consiste a bem-aventurança como seu objeto. O bem do corpo, porém, pode dar a alguém a beleza e a perfeição da bem-aventurança.

QUANTO AO 2º, deve-se dizer que, embora o corpo nenhuma coisa confira à ação do intelecto, pela qual se vê a essência de Deus, pode impedi-la. E assim requer-se a perfeição do corpo para que não seja impedida a elevação da mente.

QUANTO AO 3º, deve-se dizer que para a perfeita ação do intelecto, é exigida alguma abstração deste corpo corruptível, o que perturba a alma. Não, porém, do corpo espiritual que estará totalmente submetido ao espírito, sobre isso se dirá na III Parte desta obra.

ARTIGO 7
Requerem-se alguns bens exteriores para a bem-aventurança?

QUANTO AO SÉTIMO, ASSIM SE PROCEDE: parece que para a bem-aventurança são exigidos alguns bens exteriores.

1. Com efeito, o que é prometido aos santos como prêmio pertence à bem-aventurança. Ora, aos santos são prometidos bens exteriores, como comida, bebida, riquezas, e o reino, pois se lê no Evangelho de Lucas: "Para comerdes e beberdes na minha mesa no meu reino", e também no Evangelho

---

6. C. 35: ML 34, 483-484.
7. Epist. 118, al. 56, c. 3, n. 14: ML 33, 439.
8. Cfr. *Suppl.* q. 82, sqq.

7 PARALL.: II-II, q. 186, a. 3, ad 4.

et Mt 25,34: *Venite, benedicti Patris mei, possidete regnun*. Ergo ad beatitudinem requiruntur exteriora bona.

2. Praeterea, secundum Boetium, in III *de Consol*.[1], beatitudo est *status omnium bonorum aggregatione perfectus*. Sed exteriora sunt aliqua hominis bona, licet minima, ut Augustinus dicit[2]. Ergo ipsa etiam requiruntur ad beatitudinem.

3. Praeterea, Dominus, Mt 5,12, dicit: *Merces vestra multa est in caelis*. Sed esse in caelis significat esse in loco. Ergo saltem locus exterior requiritur ad beatitudinem.

Sed contra est quod dicitur in Ps 72,25: *Quid enim mihi est in caelo? Et a te quid volui super terram?* Quasi dicat: "Nihil aliud volo nisi hoc quod sequitur [28], *Mihi adhaerere Deo bonum est*". Ergo nihil aliud exterius ad beatitudinem requiritur.

Respondeo dicendum quod ad beatitudinem imperfectam, qualis in hac vita potest haberi, requiruntur exteriora bona, non quasi de essentia beatitudinis existentia, sed quasi instrumentaliter deservientia beatitudini, quae consistit in operatione virtutis, ut dicitur in I *Ethic*.[3]. Indiget enim homo in hac vita necessariis corporis tam ad operationem virtutis contemplativae quam etiam ad operationem virtutis activae, ad quam etiam plura alia requiruntur, quibus exerceat opera activae virtutis.

Sed ad beatitudinem perfectam, quae in visione Dei consistit, nullo modo huiusmodi bona requiruntur. Cuius ratio est quia omnia huiusmodi bona exteriora vel requiruntur ad sustentationem animalis corporis; vel requiruntur ad aliquas operationes quas per animale corpus exercemus, quae humanae vitae conveniunt. Illa autem perfecta beatitudo quae in visione Dei consistit, vel erit in anima sine corpore; vel erit in anima corpori unita non iam animali, sed spirituali. Et ideo nullo modo huiusmodi exteriora bona requiruntur ad illam beatitudinem, cum ordinentur ad vitam animalem. — Et quia in hac vita magis accedit ad similitudinem illius perfectae beatitudinis felicitas contemplativa quam activa, utpote etiam Deo similior, ut ex dictis[4], patet; ideo minus indiget huiusmodi bonis corporis, ut dicitur in X *Ethic*.[5].

de Mateus: "Ajuntai tesouros no céu", ou "Vinde benditos do meu pai e possuí o reino". Logo, bens exteriores são exigidos para a bem-aventurança.

2. Além disso, diz Boécio: "A bem-aventurança é o estado da união perfeita de todos os bens". Ora, os bens exteriores são contados entre os bens do homem, embora mínimos, diz Agostinho. Logo, eles são exigidos para a bem-aventurança.

3. Ademais, diz o Senhor, no Evangelho de Mateus: "A vossa recompensa será grande no céu". Ora, estar no céu significa estar em um lugar. Logo, ao menos um lugar exterior é exigido para a bem-aventurança.

Em sentido contrário, se diz no Salmo 12: "Que é para mim estar no céu?" "E de ti o que quis na terra?" É como se dissesse: "Nenhuma outra coisa quero a não ser o que vem logo após: O meu bem é me unir a Deus". Logo, nada de exterior é exigido para a bem-aventurança.

Respondo. Para a bem-aventurança imperfeita, como a que pode haver nesta terra, os bens exteriores são exigidos, não como se fossem a essência da existência da bem-aventurança, mas como servindo instrumentalmente à bem-aventurança, que consiste na ação da virtude, como diz o livro I da *Ética*: O homem nesta vida precisa das coisas necessárias para o corpo, tanto para a ação das potências contemplativas, como para a ação das potências ativas, para as quais muitas outras coisas são exigidas pelas quais se exercem as obras da potência ativa.

Para a bem-aventurança perfeita, porém, que consiste na visão de Deus, esses bens de nenhum modo são exigidos. A razão disto está em que todos esses bens exteriores ou são exigidos para o sustento do corpo animal, ou para algumas ações que exercemos pelo corpo animal e que são necessárias para a vida humana. Mas, aquela bem-aventurança perfeita que consiste na visão de Deus, ou estará na alma separada do corpo, ou estará na alma unida ao corpo, não animal, mas espiritual. Por isso, de nenhum modo tais bens exteriores são exigidos para aquela bem-aventurança, pois se ordenam para a vida animal. — Ademais, porque nesta vida a felicidade da vida contemplativa mais se aproxima da semelhança daquela perfeita bem-aventurança, que a da vida ativa, até porque é mais semelhante a Deus, como se infere

---

1. Prosa 2: ML 63, 724 A.
2. *De lib. arb*. II, 19, n. 50: ML 32, 1268.
3. Cfr. loca cit. a. praec.
4. Q. 3, a. 5, ad 1.
5. C. 8: 1178, a, 23-b, 7.

AD PRIMUM ergo dicendum quod omnes illae corporales promissiones quae in sacra Scriptura continentur, sunt metaphorice intelligendae, secundum quod in Scripturis solent spiritualia per corporalia designari, *ut ex his quae novimus, ad desiderandum incognita consurgamus*, sicut Gregorius dicit in quadam Homilia⁶. Sicut per cibum et potum intelligitur delectatio beatitudinis; per divitias, sufficientia qua homini sufficiet Deus; per regnum, exaltatio hominis usque ad coniunctionem cum Deo.

AD SECUNDUM dicendum quod bona ista deservientia animali vitae, non competunt vitae spirituali in qua beatitudo perfecta consistit. Et tamen erit in illa beatitudine omnium bonorum congregatio, quia quidquid boni invenitur in istis, totum habebitur in summo fonte bonorum.

AD TERTIUM dicendum quod, secundum Augustinum in libro *de Serm. Dom. in Monte*⁷, merces Sanctorum non dicitur esse in corporeis caelis: sed per caelos intelligitur altitudo spiritualium bonorum. — Nihilominus tamen locus corporeus, scilicet caelum empyreum, aderit Beatis, non propter necessitatem beatitudinis, sed secundum quandam congruentiam et decorem.

QUANTO AO 1º, portanto, deve-se dizer que todas as promessas corporais contidas nas Escrituras devem ser entendidas metaforicamente, pois é costume das Escrituras designar as coisas espirituais pelas corporais: "Das coisas que conhecemos, elevemo-nos ao desejo das desconhecidas", diz Gregório. Assim como pela comida e pela bebida entendemos os prazeres da bem-aventurança; pela riqueza, as coisas suficientes com as quais Deus saciará o homem; pelo reino, a exaltação do homem até a união com Deus

QUANTO AO 2º, deve-se dizer que estes bens que servem à vida animal não pertencem à vida espiritual na qual consiste a bem-aventurança perfeita. Todavia, naquela bem-aventurança estarão reunidos todos os bens, já que neles o que se encontra de bem será possuído na fonte suprema de todos os bens.

QUANTO AO 3º, deve-se dizer que segundo Agostinho, a recompensa dos santos não se diz que está nos céus corpóreos, mas pelo termo céus entende-se a elevação dos bens espirituais. — Entretanto, um lugar corpóreo, ou seja, o céu empíreo, será o lugar dos bem-aventurados, não porque seja necessário à bem-aventurança, mas por uma certa conveniência e decoro¹.

ARTICULUS 8
Utrum ad beatitudinem requiratur societas amicorum

AD OCTAVUM SIC PROCEDITUR. Videtur quod amici sint necessarii ad beatitudinem.
1. Futura enim beatitudo in Scripturis frequenter nomine *gloriae* designatur. Sed gloria consistit in hoc quod bonum hominis ad notitiam multorum deducitur. Ergo ad beatitudinem requiritur societas amicorum.
2. PRAETEREA, Boetius¹ dicit quod *nullius boni sine consortio iucunda est possessio*. Sed ad beati-

ARTIGO 8
Requer-se companhia dos amigos para a bem-aventurança?ᵐ

QUANTO AO OITAVO, ASSIM SE PROCEDE: parece que os amigos **são** necessários para a bem-aventurança.
1. Com efeito, frequentes vezes a bem-aventurança é designada nas Escrituras pelo nome de *glória*. Ora, a glória consiste em que o bem do homem seja conhecido de muitos. Logo, a companhia dos amigos é exigida para a bem-aventurança.
2. ALÉM DISSO, afirma Boécio que "a posse de nenhum bem é alegre sem o convívio". Ora, para

---

6. Homil. 11 in Evang., n. 1: ML 76, 1114 D — 1115 A.
7. L. I, c. 5, n. 15: ML 34, 1237.

1. Apud L. A. SENECA, *ad Lucilium*.

l. Depois da ressurreição, os corpos devem reencontrar-se em um meio que lhes seja homogêneo. É esse meio que os antigos designavam pelo nome de "céu empíreo".

m. Se, de acordo com o ensinamento de Cristo, a caridade é ao mesmo tempo amor a Deus e amor ao próximo, pode-se perguntar que papel esse amor por outrem é invocado em nossa própria bem-aventurança.

tudinem requiritur delectatio. Ergo etiam requiritur societas amicorum.

3. PRAETEREA, caritas in beatitudine perficitur. Sed caritas se extendit ad dilectionem Dei et proximi. Ergo videtur quod ad beatitudinem requiratur societas amicorum.

SED CONTRA est quod dicitur Sap 7,11: *Venerunt mihi omnia bona pariter cum illa*, scilicet cum divina sapientia, quae consistit in contemplatione Dei. Et sic ad beatitudinem nihil aliud requiritur.

RESPONDEO dicendum quod, si loquamur de felicitate praesentis vitae, sicut Philosophus dicit in IX *Ethic*.[2], felix indiget amicis, non quidem propter utilitatem, cum sit sibi sufficiens; nec propter delectationem, quia habet in seipso delectationem perfectam in operatione virtutis; sed propter bonam operationem, ut scilicet eis benefaciat, et ut eos inspiciens benefacere delectetur, et ut etiam ab eis in benefaciendo adiuvetur. Indiget enim homo ad bene operandum auxilio amicorum, tam in operibus vitae activae, quam in operibus vitae contemplativae.

Sed si loquamur de perfecta beatitudine quae erit in patria, non requiritur societas amicorum de necessitate ad beatitudinem: quia homo habet totam plenitudinem suae perfectionis in Deo. Sed ad bene esse beatitudinis facit societas amicorum. Unde Augustinus dicit, VIII *super Gen. ad litt*.[3], quod *creatura spiritualis, ad hoc quod beata sit, non nisi intrinsecus adiuvatur aeternitate, veritate, caritate Creatoris. Extrinsecus vero, si adiuvari dicenda est, fortasse hoc solo adiuvatur, quod invicem vident, et de sua societate gaudent in Deo.*

AD PRIMUM ergo dicendum quod gloria quae est essentialis beatitudini, est quam habet homo non apud hominem, sed apud Deum.

AD SECUNDUM dicendum quod verbum illud intelligitur, quando in eo bono quod habetur, non est plena sufficientia. Quod in proposito dici non potest: quia omnis boni sufficientiam habet homo in Deo.

a bem-aventurança é exigida a alegria. Logo, para ela é necessária a companhia dos amigos.

3. ADEMAIS, a caridade aperfeiçoa-se na bem-aventurança. Ora, estende-se a caridade ao amor de Deus e do próximo. Logo, parece que a companhia dos amigos é exigida para a bem-aventurança.

EM SENTIDO CONTRÁRIO, lê-se no Livro da Sabedoria: "Juntamente com ela, vieram para mim todos os bens", referindo-se à sabedoria divina, que consiste na contemplação de Deus. Assim sendo, nada mais é exigido para a bem-aventurança.

RESPONDO. Se falamos da felicidade da vida presente, como diz o Filósofo no livro IX da *Ética*, o homem feliz necessita de amigos, não para sua utilidade, pois ele se basta a si; nem para seu prazer, porque possui em si o perfeito prazer na ação da virtude: mas, para bem agir, a saber, para lhes fazer o bem e para alegrar-se, ao vê-los fazendo o bem, e também para ser por eles auxiliado na prática do bem. Necessita ainda dos amigos para praticar o bem tanto nas obras da vida ativa, como nas da vida contemplativa.

Se falamos, porém, da bem-aventurança perfeita que haverá na pátria, a sociedade dos amigos não será necessária para a bem-aventurança, porque o homem possui toda a plenitude de sua perfeição em Deus[n]. Mas, a companhia dos amigos contribui para o bem estar da bem-aventurança. Por isso, escreve Agostinho: "A criatura espiritual para ser bem-aventurada, somente é ajudada intrinsecamente pela eternidade, pela verdade e pela caridade do Criador. Extrinsecamente, se se pode dizer que é ajudada, talvez seja ajudada pelo fato de que se veem uns aos outros e de que se alegram de sua companhia em Deus".

QUANTO AO 1º, portanto, deve-se dizer que a glória que é essencial à bem-aventurança é a que o homem possui não pelo convívio dos homens, mas pelo convívio de Deus.

QUANTO AO 2º, deve-se dizer que a expressão de Boécio deve ser entendida quando o que se possui naquele bem não é perfeitamente suficiente. Isso, porém, não se pode dizer neste caso, porque o homem tem em Deus suficientemente todos os bens.

---

2. C. 9: 1169, b, 8-13.
3. C. 25, n. 47: ML 34, 391.

n. Ao longo de todos esses artigos, Sto. Tomás retoma e desenvolve uma afirmação de capital importância: a bem-aventurança é a posse espiritual de Deus. Tal posse é absolutamente suficiente. Tudo o que poderia se acrescentar, seja por isso seja por aquilo, será tal que a sua ausência não afetará em nada a perfeição da bem-aventurança em si mesma, pois, caso contrário, haveria algo ao qual Deus não bastaria.

AD TERTIUM dicendum quod perfectio caritatis est essentialis beatitudini quantum ad dilectionem Dei, non autem quantum ad dilectionem proximi. Unde si esset una sola anima fruens Deo, beata esset, non habens proximum quem diligeret. Sed supposito proximo, sequitur dilectio eius ex perfecta dilectione Dei. Unde quasi concomitanter se habet amicitia ad beatitudinem perfectam.

QUANTO AO 3º, deve-se dizer que a perfeição da caridade é essencial para a bem-aventurança quanto ao amor de Deus, não, quanto ao amor do próximo, até porque se houvesse uma só alma se deleitando em Deus, ela seria bem-aventurada, não existindo para ela próximo algum para amar. Havendo, porém, o próximo, o amor dele, decorreria do perfeito amor de Deus. Por isso, por uma certa concomitância, a amizade refere-se à bem-aventurança perfeita°.

---

o. A caridade é essencialmente constituída pelo amor de Deus. Esse amor lhe bastaria de maneira absoluta se existisse só. Ela, porém, se estende por uma necessidade interior ao próximo, que participa ou é chamado a participar da bem-aventurança.

QUAESTIO V
DE ADEPTIONE BEATITUDINIS
in octo articulos divisa

Deinde considerandum est de ipsa adeptione beatitudinis.
Et circa hoc quaeruntur octo.
Primo: utrum homo possit consequi beatitudinem.
Secundo: utrum unus homo possit esse alio beatior.
Tertio: utrum aliquis possit esse in hac vita beatus.
Quarto: utrum beatitudo habita possit amitti.
Quinto: utrum, homo per sua naturalia possit acquirere beatitudinem.
Sexto: utrum homo consequatur beatitudinem per actionem alicuius superioris creaturae.
Septimo: utrum requirantur opera hominis aliqua ad hoc quod homo beatitudinem consequarur a Deo.
Octavo: utrum omnis homo appetat beatitudinem.

QUESTÃO 5
A AQUISIÇÃO DA BEM-AVENTURANÇA
em oito artigos

Em seguida, deve-se considerar a aquisição da bem-aventurança.
A respeito disso são oito as perguntas:
1. O homem pode conseguir a bem-aventurança?
2. Um homem pode ser mais bem-aventurado que o outro?
3. Alguém pode ser bem-aventurado nesta vida?
4. Pode-se perder a bem-aventurança adquirida?
5. O homem pode adquirir a bem-aventurança por seus dons naturais?
6. O homem pode conseguir a bem-aventurança pela ação de alguma criatura superior?
7. Requer-se alguma obra do homem para que consiga de Deus a bem-aventurança?
8. Todo homem deseja a bem-aventurança?

ARTICULUS 1
Utrum homo possit consequi beatitudinem

AD PRIMUM SIC PROCEDITUR. Videtur quod homo beatitudinem adipisci non possit.

ARTIGO 1
O homem pode conseguir a bem-aventurança?

QUANTO AO PRIMEIRO ARTIGO, ASSIM SE PROCEDE: parece que o homem **não** pode conseguir a bem-aventurança.

1. Sicut enim natura rationalis est supra sensibilem, ita natura intellectualis est supra rationalem; ut patet per Dionysium in libro *de Div. Nom.*, in multis locis[1]. Sed bruta animalia, quae habent naturam sensibilem tantum, non possunt pervenire ad finem rationalis naturae. Ergo nec homo, qui est rationalis naturae, potest pervenire ad finem intellectualis naturae, qui est beatitudo.

2. PRAETEREA, beatitudo vera consistit in visione Dei, qui est veritas pura. Sed homini est connaturale ut veritatem intueatur in rebus materialibus: unde *species intelligibiles in phantasmatibus intelligit*, ut dicitur in III *de Anima*[2]. Ergo non potest ad beatitudinem pervenire.

3. PRAETEREA, beatitudo consistit in adeptione summi boni. Sed aliquis non potest pervenire ad summum, nisi transcendat media. Cum igitur inter Deum et naturam humanam media sit natura angelica, quam homo transcendere non potest; videtur quod non possit beatitudinem adipisci.

SED CONTRA est quod dicitur in Ps 93,12: *Beatus homo quem tu erudieris, Domine.*

RESPONDEO dicendum quod beatitudo nominat adeptionem perfecti boni. Quicumque ergo est capax perfecti boni, potest ad beatitudinem pervenire. Quod autem homo perfecti boni sit capax, ex hoc apparet, quia et eius intellectus apprehendere potest universale et perfectum bonum, et eius voluntas appetere illud. Et ideo homo potest beatitudinem adipisci. — Apparet etiam idem ex hoc quod homo est capax visionis divinae essentiae, sicut in Primo[3] habitum est; in qua quidem visione perfectam hominis beatitudinem consistere diximus[4].

AD PRIMUM ergo dicendum quod aliter excedit natura rationalis sensitivam, et aliter intellectualis rationalem. Natura enim rationalis excedit sensitivam quantum ad cognitionis obiectum: quia sensus nullo modo potest cognoscere universale, cuius

1. Com efeito, assim como a natureza racional é superior à sensível, também a natureza intelectual é superior à racional, segundo Dionísio. Ora, os animais, que somente possuem natureza sensível, não podem atingir o fim da natureza racional. Logo, também o homem, que é de natureza racional, não pode atingir o fim da natureza intelectual, que é a bem-aventurança.

2. ALÉM DISSO, a verdadeira bem-aventurança consiste na visão de Deus, que é a verdade pura. Ora, é conatural ao homem ver a verdade nas coisas materiais, como diz o livro III da *Alma*: "Entende as espécies inteligíveis nas representações imaginárias". Logo, não pode chegar à bem-aventurança.

3. ADEMAIS, a bem-aventurança consiste na aquisição do sumo bem. Ora, alguém não pode chegar ao que é sumo sem passar pelo que é intermediário. Logo, como entre Deus e a natureza humana a natureza angélica é a intermediária, e essa, o homem não pode ultrapassar, vê-se que ele não pode conseguir a bem-aventurança.

EM SENTIDO CONTRÁRIO, lê-se no Salmo 93: "Bem-aventurado o homem que Tu ensinas, ó Senhor".

RESPONDO. Chama-se bem-aventurança a aquisição do perfeito bem. Por isso, quem seja capaz do sumo bem pode chegar à bem-aventurança. Vê-se que o homem é capaz do sumo bem, porque o seu intelecto pode apreender o bem perfeito e universal, e a sua vontade desejá-lo. Por isso, o homem pode conseguir a bem-aventurança[a]. — Vê-se isso, ainda, porque o homem é capaz da visão da essência divina, como foi tratado na I Parte, e nesta visão, dissemos, consiste a bem-aventurança perfeita do homem.

QUANTO AO 1º, portanto, deve-se dizer que de um modo a natureza racional é superior à sensitiva, e de outro a natureza intelectual, à racional. A natureza racional é superior à sensitiva quanto ao conhecimento do objeto, porque o sentido de

---

1. MG 3, 693 C — 696 A, 696 C; — c. 6: MG 3, 857 B; — c. 7: MG 3, 868 BC.
2. C. 7: 431, b, 2.
3. Q. 12, a. 1.
4. Supra q. 3, a. 8.

---

a. A resposta de Sto. Tomás faz apelo à noção de "potência obediencial". Designa a situação na qual uma potência ativa é bastante forte para conduzir um ser inferior a produzir um ato para o qual ele não possui potência passiva natural. É para ele a elevação a um plano superior ao qual sua natureza não o dispunha. Toda criatura se acha em potência obediencial em relação a Deus, que pode fazer dela tudo o que não repugna à natureza dessa criatura. Afirmar, conforme fazem diversos Padres, que o "homem é capaz de Deus", é reconhecer, explica Sto. Tomás, que nossa natureza se presta a uma ação de Deus, que o eleva a um conhecimento propriamente divino. É em virtude mesmo dessa "potência obediencial" que seremos capazes de ver Deus.

ratio est cognoscitiva. Sed intellectualis natura excedit rationalem quantum ad modum cognoscendi eandem intelligibilem veritatem: nam intellectualis natura statim apprehendit veritatem, ad quam rationalis natura per inquisitionem rationis pertingit, ut patet ex his quae in Primo[5] dicta sunt. Et ideo ad id quod intellectus apprehendit, ratio per quendam motum pertingit. Unde rationalis natura consequi potest beatitudinem, quae est perfectio intellectualis naturae: tamen alio modo quam angeli. Nam angeli consecuti sunt eam statim post principium suae conditionis: homines autem per tempus ad ipsam perveniunt. Sed natura sensitiva ad hunc finem nullo modo pertingere potest.

AD SECUNDUM dicendum quod homini, secundum statum praesentis vitae, est connaturalis modus cognoscendi veritatem intelligibilem per phantasmata. Sed post huius vitae statum, habet alium modum connaturalem, ut in Primo[6] dictum est.

AD TERTIUM dicendum quod homo non potest transcendere angelos gradu naturae, ut scilicet naturaliter sit eis superior. Potest tamen eos transcendere per operationem intellectus, dum intelligit aliquid super angelos esse, quod homines beatificat; quod cum perfecte consequetur, perfecte beatus erit.

nenhum modo pode conhecer o universal, cuja razão é cognoscitiva. Mas a natureza intelectual é superior à racional quanto ao modo de conhecer a mesma verdade inteligível, pois a natureza intelectual imediatamente apreende a verdade, à qual a natureza racional atinge pela inquirição, como está claro pelo que se disse na I Parte. Assim, aquilo que o intelecto apreende, a razão o alcança por certo movimento. Donde poder a natureza racional conseguir a bem-aventurança, que é a perfeição da natureza intelectual. Mas diferentemente dos anjos. Os anjos recebem a bem-aventurança imediatamente na sua criação; os homens, porém, a ela chegam através do tempo. A natureza sensitiva, porém, de nenhum modo pode atingir esse fim.

QUANTO AO 2º, deve-se dizer que no estado da vida presente, é conatural ao homem o modo de conhecer a verdade inteligível pelas representações imaginárias. Mas, depois do estado desta vida, terá outro modo conatural de conhecer, como foi dito na I Parte.

QUANTO AO 3º, deve-se dizer que o homem não pode, pelo grau de sua natureza, elevar-se acima dos anjos, de modo que lhes seja naturalmente superior. Pode, não obstante, superá-los pela ação do intelecto, ao conhecer algo que está acima dos anjos e que torna os homens bem-aventurados. Tendo conseguido isso perfeitamente, será perfeitamente bem-aventurado.

ARTICULUS 2
Utrum unus homo possit esse beatior altero

AD SECUNDUM SIC PROCEDITUR. Videtur quod unus homo alio non possit esse beatior.

1. Beatitudo enim est *praemium virtutis*, ut Philosophus dicit in I *Ethic*.[1] Sed pro operibus virtutum omnibus aequalis merces redditur: dicitur enim Mt 20,10, quod omnes qui operati sunt in vinea, *acceperunt singulos denarios*; quia, ut dicit Gregorius[2], *aequalem aeternae vitae retributionem sortiti sunt*. Ergo unus non erit alio beatior.

ARTIGO 2
Pode um homem ser mais bem-aventurado do que outro?

QUANTO AO SEGUNDO, ASSIM SE PROCEDE: parece que um homem **não** pode ser mais bem-aventurado do que outro.

1. Com efeito, diz o Filósofo "A bem-aventurança é o prêmio da virtude". Ora, a recompensa das obras das virtudes é igual para todos, como diz o Evangelho de Mateus que todos os que trabalharam na vinha receberam cada um um denário, porque, como diz Gregório: "Receberam a mesma retribuição da vida eterna". Logo, um não será mais bem-aventurado do que o outro.

---

5. Q. 58, a. 3; q. 79, a. 8.
6. Q. 84, a. 7; q. 89, a. 1.

PARALL.: IV *Sent*., dist. 49, q. 1, a. 4, q.la 2; in *Matth*., c. 20; in *Ioan*., c. 14, lect. 1; 1*Cor*., c. 3, lect. 2.
1. C. 10: 1099, b, 16-17.
2. *Homil*. 19 in Evang., n. 3: ML 76, 1156 B.

2. Praeterea, beatitudo est summum bonum. Sed summo non potest esse aliquid maius. Ergo beatitudine unius hominis non potest esse alia maior beatitudo.

3. Praeterea, beatitudo, cum sit *perfectum et sufficiens bonum*[3], desiderium hominis quietat. Sed non quietatur desiderium, si aliquod bonum deest quod suppleri possit. Si autem nihil deest quod suppleri possit, non poterit esse aliquid aliud maius bonum. Ergo vel homo non est beatus: vel, si est beatus, non potest alia maior beatitudo esse.

Sed contra est quod dicitur Io 14,2: *In domo Patris mei mansiones multae sunt*; per quas, ut Augustinus dicit[4], *diversae meritorum dignitates intelliguntur in vita aeterna*. Dignitas autem vitae aeternae, quae pro merito datur, est ipsa beatitudo. Ergo sunt diversi gradus beatitudinis, et non omnium est aequalis beatitudo.

Respondeo dicendum quod, sicut supra[5] dictum est, in ratione beatitudinis duo includuntur: scilicet ipse finis ultimus, qui est summum bonum; et adeptio vel fruitio ipsius boni. Quantum igitur ad ipsum bonum quod est beatitudinis obiectum et causa, non potest esse una beatitudo alia maior: quia non est nisi unum summum bonum, scilicet Deus, cuius fruitione homines sunt beati. — Sed quantum ad adeptionem huiusmodi boni vel fruitionem, potest aliquis alio esse beatior: quia quanto magis hoc bono fruitur, tanto beatior est. Contingit autem aliquem perfectius frui Deo quam alium, ex eo quod est melius dispositus vel ordinatus ad eius fruitionem. Et secundum hoc potest aliquis alio beatior esse.

Ad primum ergo dicendum quod unitas denarii significat unitatem beatitudinis ex parte obiecti. Sed diversitas mansionum significat diversitatem beatitudinis secundum diversum gradum fruitionis.

Ad secundum dicendum quod beatitudo dicitur esse summum bonum, inquantum est summi boni perfecta possessio sive fruitio.

Ad tertium dicendum quod nulli beato deest aliquod bonum desiderandum: cum habeat ipsum bonum infinitum, quod est *bonum omnis boni*, ut Augustinus dicit[6]. Sed dicitur aliquis alio beatior,

2. Além disso, a bem-aventurança é o sumo bem. Ora, não há nada maior que o que é sumo. Logo, não poderá haver outra bem-aventurança maior que a bem-aventurança de um homem.

3. Ademais, a bem-aventurança sendo um *bem perfeito e suficiente*, aquieta o desejo do homem. Ora, o desejo não estará aquietado se faltar algum bem que pudesse ser acrescentado. Se nada falta que possa ser acrescentado, não poderá haver um outro bem maior. Logo, ou o homem não é bem-aventurado, ou se o é, não haverá outra bem-aventurança maior.

Em sentido contrário, lê-se no Evangelho de João: "Na casa de meu Pai há muitas moradas", o que é interpretado por Agostinho: "Entendemos que há na vida eterna dignidades diferentes pelos méritos". Ora, a dignidade concedida pelos méritos na vida eterna é a própria bem-aventurança. Logo, há diversos graus de bem-aventurança e ela não é igual para todos.

Respondo. Como acima foi dito, na razão de bem-aventurança se incluem duas coisas: o próprio fim último, que é o sumo bem, e a posse ou gozo desse bem. Quanto ao bem que é objeto e a causa da bem-aventurança, não pode haver uma bem-aventurança maior que a outra. Isto porque não há senão um sumo bem, que é Deus, pelo gozo do qual os homens são bem-aventurados. — Mas quanto à posse ou ao gozo deste bem, pode alguém ser mais bem-aventurado do que outro, porque quanto mais se goza deste bem, tanto mais se é bem-aventurado. Acontece um gozar mais perfeitamente de Deus do que o outro, porque está melhor disposto ou mais ordenado para esse gozo. Assim, um poderá ser mais bem-aventurado do que o outro.

Quanto ao 1º, portanto, deve-se dizer que a unidade monetária significa a unidade da bem-aventurança quanto ao objeto. Mas, a diversidade das moradas significa a diversidade da bem-aventurança segundo a diversidade dos graus de gozo.

Quanto ao 2º, deve-se dizer que a bem-aventurança é dita sumo bem enquanto é a perfeita posse ou o gozo do sumo bem.

Quanto ao 3º, deve-se dizer que a nenhum bem-aventurado falta algum bem a ser desejado. Ele possui o bem infinito, que, no dizer de Agostinho, "É o bem de todo o bem". Diz-se

---

3. Cfr. Arist., *Ethic*. I, 5: 1097, a, 24-b, 21.
4. In *Ioann*. tract. 67: ML 35, 1812.
5. Q. 1, a. 8; q. 2, a. 7.
6. *Enarrat. in Ps*. 134, n. 4: ML 37, 1741.

ex diversa eiusdem boni participatione. Additio autem aliorum bonorum non auget beatitudinem: unde Augustinus dicit, in V *Confess.*[7]: *Qui te et alia novit, non propter illa beatior, sed propter te solum beatus.*

ARTICULUS 3
Utrum aliquis in hac vita possit esse beatus

AD TERTIUM SIC PROCEDITUR. Videtur quod beatitudo possit in hac vita haberi.
1. Dicitur enim in Ps 118,1: *Beati immaculati in via, qui ambulant in lege Domini.* Hoc autem in hac vita contingit. Ergo aliquis in hac vita potest esse beatus.
2. PRAETEREA, imperfecta participatio summi boni non adimit rationem beatitudinis: alioquin unus non esset alio beatior. Sed in hac vita homines possunt participare summum bonum, cognoscendo et amando Deum, licet imperfecte. Ergo homo in hac vita potest esse beatus.

3. PRAETEREA, quod a pluribus dicitur, non potest totaliter falsum esse: videtur enim esse naturale quod in pluribus est; natura autem non totaliter deficit. Sed plures ponunt beatitudinem in hac vita, ut patet per illud Ps 143,15: *Beatum dixerunt populum cui haec sunt*, scilicet praesentis vitae bona. Ergo aliquis in hac vita potest esse beatus.

SED CONTRA est quod dicitur Io 14,1: *Homo natus de muliere, brevi vivens tempore, repletur multis miseriis.* Sed beatitudo excludit miseriam. Ergo homo in hac vita non potest esse beatus.

RESPONDEO dicendum quod aliqualis beatitudinis participatio in hac vita haberi potest: perfecta autem et vera beatitudo non potest haberi in hac vita. Et hoc quidem considerari potest dupliciter. Primo quidem, ex ipsa communi beatitudinis ratione. Nam beatitudo, cum sit *perfectum et sufficiens bonum*, omne malum excludit, et omne desiderium implet. In hac autem vita non potest omne malum excludi. Multis enim malis praesens vita subiacet, quae vitari non possunt: et ignorantiae ex parte intellectus, et inordinatae affectioni ex parte appetitus, et multiplicibus poenalitatibus ex parte

que um é mais bem-aventurado que o outro pela diversidade da participação no mesmo bem. Por isso, a adição de outros bens não aumenta a bem-aventurança. Donde escrever Agostinho: "Quem te conheceu e as outras coisas, não por elas é mais bem-aventurado, mas somente por ti".

ARTIGO 3
Alguém pode nesta vida ser bem-aventurado?

QUANTO AO TERCEIRO, ASSIM SE PROCEDE: parece que se **pode** ter a bem-aventurança nesta vida.
1. Com efeito, diz o Salmo 110: "Felizes os imaculados no caminho, que andam na lei do Senhor". Ora, isso acontece nesta vida. Logo, alguém pode ser nesta vida bem-aventurado.
2. ALÉM DISSO, a imperfeita participação no sumo bem não afasta a razão de bem-aventurança, pois, caso contrário, um não seria mais bem-aventurado do que o outro. Ora, os homens nesta vida podem participar do sumo bem, conhecendo e amando Deus, embora imperfeitamente. Logo, o homem nesta vida pode ser bem-aventurado.

3. ADEMAIS, o que por muitos é dito, não pode ser totalmente falso. Parece, pois, que é natural o que está em muitos, pois a natureza não falha totalmente. Ora, muitos afirmam a bem-aventurança nesta vida, como se lê no Salmo 143: "Feliz o povo em que se encontram essas coisas", isto é, os bens da vida presente. Logo, alguém nesta vida pode ser bem-aventurado.

EM SENTIDO CONTRÁRIO, lê-se no Livro de Jó: "O homem nascido de mulher vive por pouco tempo, e está cheio de tantas misérias". Mas, a bem-aventurança exclui a miséria. Logo, o homem nesta vida não pode ser bem-aventurado.

RESPONDO. Alguma participação na bem-aventurança é possível nesta vida, mas a perfeita e verdadeira bem-aventurança é impossível tê-la nesta vida. De dois modos isso pode ser considerado. Primeiro, pela mesma razão comum de bem-aventurança. A bem-aventurança sendo, *o bem perfeito e suficiente*, exclui todo mal e satisfaz todo desejo. No entanto, esta vida está submetida a muitos males, que não podem ser evitados, como a ignorância por parte do intelecto, as desordenadas afeições por parte do apetite, muitos tormentos por parte do corpo, como Agostinho

---
7. C. 4: ML 32, 708.

3 PARALL.: IV *Sent.*, dist. 43, a. 1, q.la 1; dist. 49, q. 1, a. 1, q.la 4; *Cont. Gent.* III, 48; I *Ethic.*, lect. 10, 16.

corporis; ut Augustinus diligenter prosequitur XIX *de Civ. Dei*[1]. Similiter etiam desiderium boni in hac vita satiari non potest. Naturaliter enim homo desiderat permanentiam eius boni quod habet. Bona autem praesentis vitae transitoria sunt: cum et ipsa vita transeat, quam naturaliter desideramus, et eam perpetuo permanere vellemus, quia naturaliter homo refugit mortem. Unde impossibile est quod in hac vita vera beatitudo habeatur.

Secundo, si consideretur id in quo specialiter beatitudo consistit, scilicet visio divinae essentiae, quae non potest homini provenire in hac vita, ut in Primo[2] ostensum est. Ex quibus manifeste apparet quod non potest aliquis in hac vita veram et perfectam beatitudinem adipisci.

AD PRIMUM ergo dicendum quod beati dicuntur aliqui in hac vita, vel propter spem beatitudinis adipiscendae in futura vita, secundum illud Rm 8,24, *Spe salvi facti sumus*: vel propter aliquam participationem beatitudinis, secundum aliqualem summi boni fruitionem.

AD SECUNDUM dicendum quod participatio beatitudinis potest esse imperfecta dupliciter. Uno modo, ex parte ipsius obiecti beatitudinis, quod quidem secundum sui essentiam non videtur. Et talis imperfectio tollit rationem verae beatitudinis. Alio modo potest esse imperfecta ex parte ipsius participantis, qui quidem ad ipsum obiectum beatitudinis secundum seipsum attingit, scilicet Deum, sed imperfecte, per respectum ad modum quo Deus seipso fruitur. Et talis imperfectio non tollit veram rationem beatitudinis: quia, cum beatitudo sit operatio quaedam, ut supra[3] dictum est, vera ratio beatitudinis, consideratur ex obiecto, quod dat speciem actui, non autem ex subiecto.

AD TERTIUM dicendum quod homines reputant in hac vita esse aliquam beatitudinem, propter aliquam similitudinem verae beatitudinis. Et sic non ex toto in sua aestimatione deficiunt.

enumera diligentemente. Igualmente nesta vida o desejo do bem não pode ser saciado. Com efeito, naturalmente deseja o homem que permaneçam os bens que possui. Não obstante, os bens desta vida são transitórios, como ela mesma é passageira, embora naturalmente a desejemos e queiramos nela permanecer para sempre, até porque, por sua natureza, o homem foge da morte. Portanto, é impossível ter nesta vida a bem-aventurança perfeita.

Segundo, considerando-se aquilo em que a bem-aventurança especialmente consiste, ou seja, a visão da essência divina, que não pode o homem atingir nesta vida, como na I Parte[b] se demonstrou. Do exposto fica patente que alguém não pode nesta vida conseguir a verdadeira e perfeita bem-aventurança.

QUANTO AO 1º, portanto, deve-se dizer que alguns são ditos bem-aventurados nesta vida, ou por causa da esperança de alcançar a bem-aventurança na vida futura, segundo se lê na Carta aos Romanos: "Somos salvos pela esperança"; ou por causa de alguma participação na bem-aventurança por um certo gozo do sumo bem.

QUANTO AO 2º, deve-se dizer que a participação da bem-aventurança pode ser imperfeita de dois modos. Primeiro, quanto ao objeto da bem-aventurança o qual certamente não se vê em sua essência. Essa imperfeição anula a razão de verdadeira bem-aventurança. Segundo, quanto ao sujeito da participação, que atinge certamente o objeto da bem-aventurança em si mesmo, que é Deus, mas, imperfeitamente, em comparação com o modo como Deus frui de si mesmo. Esta imperfeição não anula a verdadeira razão de bem-aventurança, porque como a bem-aventurança é uma ação, como acima foi dito, a verdadeira razão de bem-aventurança deriva do objeto, que especifica o ato, não do sujeito.

QUANTO AO 3º, deve-se dizer que os homens julgam que nesta vida há alguma bem-aventurança, devido a uma certa semelhança com a verdadeira bem-aventurança. Assim sendo, não falham totalmente no que pensam.

---

1. Cc. 4-8: ML 41, 627-635.
2. Q. 12, a. 11.
3. Q. 3, a. 2.

b. Semelhante apreciação não vale para Cristo, explicará Sto. Tomás na III Parte. Para Cristo, a humanidade subsiste na pessoa do Verbo: ele possuía a visão da essência divina de maneira constante, ao mesmo tempo em que levava uma vida plenamente humana.

Articulus 4
Utrum beatitudo habita possit amitti

AD QUARTUM SIC PROCEDITUR. Videtur quod beatitudo possit amitti.
1. Beatitudo enim est perfectio quaedam. Sed omnis perfectio inest perfectibili secundum modum ipsius. Cum igitur homo secundum suam naturam sit mutabilis, videtur quod beatitudo mutabiliter ab homine participetur. Et ita videtur quod homo beatitudinem possit amittere.
2. PRAETEREA, beatitudo consistit in actione intellectus, qui subiacet voluntati. Sed voluntas se habet ad opposita. Ergo videtur quod possit desistere ab operatione qua homo beatificatur: et ita homo desinet esse beatus.

3. PRAETEREA, principio respondet finis. Sed beatitudo hominis habet principium: quia homo non semper fuit beatus. Ergo videtur quod habeat finem.

SED CONTRA est quod dicitur Mt 25,46 de iustis, quod *ibunt in vitam aeternam*; quae, ut dictum est[1], est beatitudo Sanctorum. Quod autem est aeternum, non deficit. Ergo beatitudo non potest amitti.

RESPONDEO dicendum quod, si loquamur de beatitudine imperfecta, qualis in hac vita potest haberi, sic potest amitti. Et hoc patet in felicitate contemplativa, quae amittitur vel per oblivionem, puta cum corrumpitur scientia ex aliqua aegritudine; vel etiam per aliquas occupationes, quibus totaliter abstrahitur aliquis a contemplatione. Patet etiam idem in felicitate activa: voluntas enim hominis transmutari potest, ut in vitium degeneret a virtute, in cuius actu principaliter consistit felicitas. Si autem virtus remaneat integra, exteriores transmutationes possunt quidem beatitudinem talem perturbare, inquantum impediunt multas operationes virtutum: non tamen possunt eam totaliter auferre, quia adhuc remanet operatio virtutis, dum ipsas adversitates homo laudabiliter sustinet. — Et quia beatitudo huius vitae amitti potest, quod videtur esse contra rationem beatitu-

Artigo 4
Pode-se perder a bem-aventurança adquirida?[c]

QUANTO AO QUARTO, ASSIM SE PROCEDE: parece que se **pode** perder a bem-aventurança.
1. Com efeito, a bem-aventurança é uma perfeição. Ora, toda perfeição existe no perfectível segundo o modo deste. Logo, sendo o homem por natureza mutável, parece participar da bem-aventurança de modo mutável. E assim, parece que o homem pode perder a bem-aventurança.
2. ALÉM DISSO, a bem-aventurança consiste na ação do intelecto que depende da vontade. Ora, a vontade refere-se a coisas opostas. Logo, parece que pode desistir da ação pela qual o homem é beatificado, e desse modo o homem deixa de ser bem-aventurado.
3. ADEMAIS, ao princípio corresponde o fim. Ora, a bem-aventurança do homem tem princípio, porque ele nem sempre foi bem-aventurado. Logo, parece que tem fim.

EM SENTIDO CONTRÁRIO, lê-se no Evangelho de Mateus, a respeito dos justos: "Irão para a vida eterna". Como foi acima dito, a vida eterna é a bem-aventurança dos santos. Ademais, o que é eterno não deixa de existir. Logo, não se pode perder a bem-aventurança.

RESPONDO. Se falamos da bem-aventurança imperfeita desta vida, ela pode deixar de existir. E isso fica claro na felicidade contemplativa, que se perde ou pelo esquecimento, por exemplo, quando a ciência é destruída por alguma doença, ou também por algum trabalho que faz alguém totalmente deixar a contemplação. Isso também fica claro na felicidade ativa, pois a vontade humana pode mudar-se indo da virtude para o vício, sendo que a felicidade consiste principalmente nos atos de virtude. Todavia, se a virtude permanece íntegra, as mudanças exteriores poderão perturbar a bem-aventurança, ao impedirem muitas operações das virtudes. Contudo, não podem anulá-la totalmente porque ainda permanecem ações virtuosas enquanto a pessoa enfrenta louvavelmente as adversidades. — Como a bem-aventurança desta vida pode ser perdida, embora isto pareça contra a razão de

---

4 PARALL.: Part. I, q. 64, a. 2; q. 94, a. 1; I *Sent.*, dist. 8, q. 3, a. 2; IV, dist. 49, q. 1, a. 1, q.la 4; *Cont. Gent.* III, 62; *Compend. Theol.*, part. 1, c. 166; part. 2, c. 9; in *Ioan.*, c. 10, lect. 5.

1. A. 2, arg. *sed contra*.

c. Comentadores de Sto. Tomás observaram que a verdadeira questão posta neste artigo dizia respeito mais à inamissibilidade da bem-aventurança do que a sua perpetuidade.

dinis; ideo Philosphus dicit, in I *Ethic.*², aliquos esse in hac vita beatos, non simpliciter, sed *sicut homines*, quorum natura mutationi subiecta est.

Si vero loquamur de beatitudine perfecta quae expectatur post hanc vitam, sciendum est quod Origenes posuit³, quorundam Platonicorum errorem sequens, quod post ultimam beatitudinem homo potest fieri miser.

Sed hoc manifeste apparet esse falsum dupliciter. Primo quidem, ex ipsa communi ratione beatitudinis. Cum enim ipsa beatitudo sit *perfectum bonum et sufficiens*, oportet quod desiderium hominis quietet, et omne malum excludat. Naturaliter autem homo desiderat retinere bonum quod habet, et quod eius retinendi securitatem obtineat: alioquin necesse est quod timore amittendi, vel dolore de certitudine amissionis, affligatur. Requiritur igitur ad veram beatitudinem quod homo certam habeat opinionem bonum quod habet, nunquam se amissurum. Quae quidem opinio si vera sit, consequens est quod beatitudinem nunquam amittet. Si autem falsa sit, hoc ipsum est quoddam malum, falsam opinionem habere: nam falsum est malum intellectus, sicut verum est bonum ipsius, ut dicitur in VI *Ethic.*⁴. Non igitur iam vere erit beatus, si aliquod malum ei inest.

Secundo idem apparet, si consideretur ratio beatitudinis in speciali. Ostensum est enim supra⁵ quod perfecta beatitudo hominis in visione divinae essentiae consistit. Est autem impossibile quod aliquis videns divinam essentiam, velit eam non videre. Quia omne bonum habitum quo quis carere vult, aut est insufficiens, et quaeritur aliquid sufficientius loco eius: aut habet aliquod incommodum annexum, propter quod in fastidium venit. Visio autem divinae essentiae replet animam omnibus bonis, cum coniungat fonti totius bonitatis: unde dicitur in Ps 16,15: *Satiabor cum apparuerit gloria tua*; et Sap 7,11 dicitur: *Venerunt mihi omnia bona pariter cum illa*, scilicet cum contemplatione sapientiae. Similiter etiam non habet aliquod incommodum adiunctum: quia de contemplatione sapientiae dicitur, Sap 8,16: *Non habet amaritudinem conversatio illius, nec taedium convictus eius*. Sic ergo patet quod propria voluntate beatus non potest beatitudinem deserere. — Similiter etiam non potest eam perdere, Deo subtrahente. Quia,

bem-aventurança, por isso diz o Filósofo, no livro I da *Ética*, que alguns são bem-aventurados nesta vida não de modo absoluto, mas *enquanto homens* cuja natureza está sujeita a mudanças.

Se, pelo contrário, falamos da perfeita bem-aventurança que se espera após esta vida, deve-se saber que Orígenes, seguindo alguns erros dos discípulos de Platão, afirmou que depois da última bem-aventurança o homem pode tornar-se mísero.

Mas, de modo claro isso é duplamente falso. Primeiro, pela noção comum de bem-aventurança. Sendo a bem-aventurança o *bem perfeito e suficiente*, é necessário que ela aquiete todo desejo humano, e exclua todo mal. Naturalmente, deseja o homem conservar o bem que possui, e adquirir a segurança de retê-lo. Em caso contrário, será afligido pelo temor de perdê-lo ou pela dor da certeza de sua perda. Por isso, para a verdadeira bem-aventurança é exigido que o homem tenha certeza de que o bem que possui, jamais o perderá. Se essa opinião é verdadeira, jamais perderá a bem-aventurança. Se é falsa, isso é um mal, ter uma opinião falsa. Ora, a falsidade é um mal do intelecto, como a verdade é seu bem, diz o livro VI da *Ética*. Logo, não será o homem verdadeiramente bem-aventurado, se algum mal nele existir.

Segundo, é falso, considerando-se a razão de bem-aventurança em especial. Foi acima demonstrado que a perfeita bem-aventurança do homem consiste na visão da essência divina. É impossível que alguém vendo a essência divina não a queira ver. Isso porque todo bem possuído que alguém queira perder, ou não lhe é suficiente e queira substituí-lo por um bem suficiente, ou lhe traga algum incômodo anexo que lhe causa enfado. Ora, a visão da essência divina preenche a alma de todos os bens, ao uni-la à fonte de toda bondade. Donde se ler no Salmo 16: "Estarei saciado quando aparecer a tua glória", e, no livro da Sabedoria: "Com ela vieram para mim todos os bens", isto é, com a contemplação da sabedoria. Igualmente, não haverá incômodo anexo algum, pois afirma o mesmo livro: "Não tem amargura a sua companhia, nem a sua intimidade tédio". Assim sendo, evidencia-se que o bem-aventurado não pode abandonar a bem-aventurança por vontade própria. — Também não a pode perder,

---

2. C. 11: 1101, a, 20-21.
3. *Peri Archon* l. I, c. 5: MG 11, 164 C; c. 6: MG 11, 167, nota 70.
4. C. 2: 1139, a, 27-31.
5. Q. 3, a. 8.

cum subtractio beatitudinis sit quaedam poena, non potest talis subtractio a Deo, iusto iudice, provenire, nisi pro aliqua culpa: in quam cadere non potest qui Dei essentiam videt, cum ad hanc visionem ex necessitate sequatur rectitudo voluntatis, ut supra[6] ostensum est. — Similiter etiam nec aliquod aliud agens potest eam subtrahere. Quia mens Deo coniuncta super omnia alia elevatur; et sic ab huiusmodi coniunctione nullum aliud agens potest ipsam excludere. Unde inconveniens videtur quod per quasdam alternationes temporum transeat homo de beatitudine ad miseriam, et e converso: quia huiusmodi temporales alternationes esse non possunt, nisi circa ea quae subiacent tempori et motui.

AD PRIMUM ergo dicendum quod beatitudo est perfectio consummata, quae omnem defectum excludit a beato. Et ideo absque mutabilitate advenit eam habenti, faciente hoc virtute divina, quae hominem sublevat in participationem aeternitatis transcendentis omnem mutationem.

AD SECUNDUM dicendum quod voluntas ad opposita se habet in his quae ad finem ordinantur: sed ad ultimum finem naturali necessitate ordinatur. Quod patet ex hoc, quod homo non potest non velle esse beatus.

AD TERTIUM dicendum quod beatitudo habet principium ex conditione participantis: sed caret fine, propter conditionem boni cuius participatio facit beatum. Unde ab alio est initium beatitudinis; et ab alio est quod caret fine.

por Deus lha ter tirado. Porque sendo a perda da bem-aventurança uma certa pena: ela não pode ser retirada por Deus, justo juiz, a não ser por alguma culpa. Ora, em culpa não poderá cair quem vê a Deus em sua essência, porque, como foi acima demonstrado, desta visão decorre necessariamente a retidão da vontade. — Também nem um outro agente poderá retirá-la. Porque a mente unida Deus eleva-se acima de todas as coisas, e desta união ninguém mais poderá excluí-la. Por isso, é inconveniente que pelas alterações desta vida, o homem passe da bem-aventurança para a miséria, e da miséria para a bem-aventurança: tais alterações temporais só podem existir com as coisas sujeitas ao tempo e ao movimento.

QUANTO AO 1º, portanto, deve-se dizer que a bem-aventurança é a perfeição consumada que exclui do bem-aventurado todo defeito. Por isso, inere ao que a possui, sem mudança, operando isso a virtude divina, que eleva o homem à participação da eternidade, que transcende toda mudança[d].

QUANTO AO 2º, deve-se dizer que a vontade se refere a coisas opostas nas coisas que se ordenam para o fim, mas para o último fim ela está ordenada por necessidade natural. O que fica claro pelo fato de que o homem não pode não querer ser bem-aventurado.

QUANTO AO 3º, deve-se dizer que a bem-aventurança tem o princípio segundo a condição de seu participante; mas carece de fim, devido à condição do bem, cuja participação o faz bem-aventurado. Por isso, o início da bem-aventurança vem de uma coisa; a carência de fim, de outra.

ARTICULUS 5
Utrum homo per sua naturalia possit acquirere beatitudinem

AD QUINTUM SIC PROCEDITUR. Videtur quod homo per sua naturalia possit beatitudinem consequi.

1. Natura enim non deficit in necessariis. Sed nihil est homini tam necessarium quam id per

ARTIGO 5
O homem pode por seus dons naturais adquirir a bem-aventurança?[e]

QUANTO AO QUINTO, ASSIM SE PROCEDE: parece que o homem **pode** conseguir a bem-aventurança por seus dons naturais.

1. Com efeito, a natureza não falha nas coisas necessárias. Ora, nada é tão necessário ao homem

---

6. Q. 4, a. 4.

5 PARALL.: Part. I, q. 12, a. 4; q. 62, a. 1; infra, q. 62, a. 1; III *Sent*., dist. 27, q. 2, a. 2; IV, dist. 49, q. 2, a. 6; *Cont. Gent*. III, 52, 147.

d. A duração segue o ser e deriva de sua constituição intrínseca. É em função da mutabilidade que se pode conceber a duração. Inversamente, a partir da imutabilidade poder-se-á compreender a eternidade. Na enunciação dos atributos divinos, Sto. Tomás havia apresentado um Deus imutável antes de concebê-lo eterno (questões 9 e 10 da I Parte). Do mesmo modo, é porque o ato beatificante é elevado à ordem das coisas imutáveis que ele se desenvolverá na eternidade.

e. Este artigo deve ser lido em continuidade direta com o artigo 8 da questão 3.

quod finem ultimum consequitur. Ergo hoc naturae humanae non deest. Potest igitur homo per sua naturalia beatitudinem consequi.

2. PRAETEREA, homo, cum sit nobilior irrationalibus creaturis, videtur esse sufficientior. Sed irrationales creaturae per sua naturalia possunt consequi suos fines. Ergo multo magis homo per sua naturalia potest beatitudinem consequi.

3. PRAETEREA, beatitudo est *operatio perfecta*, secundum Philosophum[1]. Eiusdem autem est incipere rem, et perficere ipsam. Cum igitur operatio imperfecta, quae est quasi principium in operationibus humanis, subdatur naturali hominis potestati, qua suorum actuum est dominus; videtur quod per naturalem potentiam possit pertingere ad operationem perfectam, quae est beatitudo.

SED CONTRA, homo est principium naturaliter actuum suorum per intellectum et voluntatem. Sed ultima beatitudo Sanctis praeparata, excedit intellectum hominis et voluntatem: dicit enim Apostolus, 1Cor 2,9: *Oculus non vidit, et auris non audivit, et in cor hominis non ascendit, quae praeparavit Deus diligentibus se*. Ergo homo per sua naturalia non potest beatitudinem consequi.

RESPONDEO dicendum quod beatitudo imperfecta quae in hac vita haberi potest, potest ab homine acquiri per sua naturalia, eo modo quo et virtus, in cuius operatione consistit: de quo infra[2] dicetur. Sed beatitudo hominis perfecta, sicut supra[3] dictum est, consistit in visione divinae essentiae. Videre autem Deum per essentiam est supra naturam non solum hominis, sed etiam omnis creaturae, ut in Primo[4] ostensum est. Naturalis enim cognitio cuiuslibet creaturae est secundum modum substantiae eius: sicut de Intelligentia dicitur in libro *de Causis*[5], quod *cognoscit ea quae sunt supra se, et ea quae sunt infra se, secundum modum substantiae suae*. Omnis autem cognitio quae est secundum modum substantiae creatae, deficit a visione divinae essentiae, quae in infinitum excedit omnem substantiam creatam. Unde nec homo, nec aliqua creatura, potest consequi beatitudinem ultimam per sua naturalia.

que aquilo pelo qual consegue o último fim. Assim sendo, isto não falta à natureza humana. Logo, o homem pode por seus dons naturais conseguir a bem-aventurança.

2. ALÉM DISSO, o homem por ser mais nobre que as criaturas irracionais, parece ser mais suficiente. Ora, as criaturas irracionais naturalmente podem conseguir os seus fins. Logo, muito mais pode o homem conseguir a bem-aventurança.

3. ADEMAIS, segundo o Filósofo, a bem-aventurança é "a ação perfeita". É própria dela começar uma coisa e terminá-la. Ora, como a ação imperfeita, que é como o princípio das ações humanas, está subordinada ao poder natural do homem, pelo qual ele tem o domínio de seus atos, parece que pela potência natural ele poderá atingir a ação perfeita, que é a bem-aventurança.

EM SENTIDO CONTRÁRIO, o homem é naturalmente o princípio de seus atos pelo intelecto e pela vontade. Mas, a última bem-aventurança preparada para os santos ultrapassa o intelecto e a vontade do homem, segundo o Apóstolo na primeira Carta aos Coríntios: "O olho não viu nem o ouvido ouviu, e não subiram ao coração do homem as coisas que Deus preparou para os que o amam". Logo, por seus dons naturais, não pode o homem conseguir a bem-aventurança.

RESPONDO. A bem-aventurança imperfeita, que nesta vida se pode ter, o homem pode adquiri-la por seus dons naturais, do mesmo modo que a virtude, em cuja ação ela consiste. Disto se tratará adiante. Mas a bem-aventurança perfeita do homem, como acima foi dito, consiste na visão da divina essência. Com efeito, ver a Deus em sua essência está acima não só da natureza humana, como também das demais criaturas, como se viu na I Parte. O conhecimento natural de qualquer criatura acontece segundo o modo de sua substância. É dito sobre a inteligência, no livro *Sobre as Causas*: "Que ela conhece o que está acima de si e o que está abaixo de si, segundo o modo de sua substância". Ora, todo conhecimento segundo o modo da substância criada é deficiente quanto à visão da essência divina que ultrapassa infinitamente toda substância criada. Donde nem o homem, nem qualquer criatura

---

1. Cfr. *Ethic*. VII, 14: 1153, b, 14-17.
2. Q. 63.
3. Q. 3, a. 8.
4. Q. 12, a. 4.
5. Prop. VIII.

AD PRIMUM ergo dicendum quod, sicut natura non deficit homini in necessariis, quamvis non dederit sibi arma et tegumenta sicut aliis animalibus quia dedit ei rationem et manus, quibus possit haec sibi conquirere; ita nec deficit homini in necessariis, quamvis non daret sibi aliquod principium: quo posset beatitudinem consequi; hoc enim erat impossibile. Sed dedit ei liberum arbitrium, quo possit converti ad Deum, qui eum faceret beatum. *Quae enim per amicos possumus, per nos aliqualiter possumus*, ut dicitur in III *Ethic*.⁶.

AD SECUNDUM dicendum quod nobilioris conditionis est natura quae potest consequi perfectum bonum, licet indigeat exteriori auxilio ad hoc consequendum, quam natura quae non potest consequi perfectum bonum, sed consequitur quoddam bonum imperfectum, licet ad consecutionem eius non indigeat exteriori auxilio, ut Philosophus dicit in II *de Caelo*⁷. Sicut melius est dispositus ad sanitatem qui potest consequi perfectam sanitatem, licet hoc sit per auxilium medicinae; quam qui solum potest consequi quandam imperfectam sanitatem, sine medicinae auxilio. Et ideo creatura rationalis, quae potest consequi perfectum beatitudinis bonum, indigens ad hoc divino auxilio, est perfectior quam creatura irrationalis, quae huiusmodi boni non est capax, sed quoddam imperfectum bonum consequitur virtute suae naturae.

AD TERTIUM dicendum quod, quando imperfectum et perfectum sunt eiusdem speciei, ab eadem virtute causari possunt. Non autem hoc est necesse, si sunt alterius speciei: non enim quidquid potest causare dispositionem materiae, potest ultimam perfectionem conferre. Imperfecta autem operatio, quae subiacet naturali hominis potestati, non est eiusdem speciei cum operatio-

poderão conseguir a última bem-aventurança por seus dons naturais[f].

QUANTO AO 1º, portanto, deve-se dizer que como a natureza não falha nas coisas necessárias ao homem, embora não lhe conceda vestes e armas como aos outros animais, deu-lhe a razão e as mãos, pelas quais pode conseguir essas coisas. Assim tampouco lhe falha nas coisas necessárias, embora não lhe conceda um princípio pelo qual pudesse conseguir a bem-aventurança, pois isso seria impossível. Deu-lhe, no entanto, o livre-arbítrio, pelo qual pode se converter para Deus, que o fará bem-aventurado. Como diz o livro III da *Ética*: "O que podemos pelos amigos, por nós de certo modo podemos".

QUANTO AO 2º, deve-se dizer que é de mais nobre condição a natureza que pode conseguir o bem perfeito, embora precise de auxílio exterior para tal, do que a natureza que não pode conseguir o bem perfeito, mas que consegue algum bem imperfeito, embora para tal não necessite de auxílio exterior, como afirma o Filósofo no livro II do *Céu*. Assim, está melhor disposto para a saúde aquele que pode conseguir a perfeita saúde, embora auxiliado pelos remédios, do que aquele que pode apenas conseguir uma saúde imperfeita, sem o auxílio de remédios. Por isso, a criatura racional, que pode conseguir o bem perfeito da bem-aventurança, necessitando para isso do auxílio divino, é mais perfeita que a criatura irracional, incapaz desse bem, mas que consegue algum bem imperfeito pelo poder de sua natureza[g].

QUANTO AO 3º, deve-se dizer que sendo da mesma espécie o perfeito e o imperfeito, poderão ser causados pela mesma potência. Isso, não será possível se são de espécies diferentes. Com efeito, nem tudo que pode causar a disposição da matéria, pode dar-lhe a última perfeição. A ação imperfeita que está sujeita ao poder natural do homem, não é da mesma espécie que aquela ação perfeita que

---

6. C. 5: 1112, b, 24-28.
7. C. 12: 292, a, 22-24.

f. É da maneira mais clara que Sto. Tomás reafirma a "gratuidade do sobrenatural". Ver Deus face a face está acima de toda criatura criada. A bem-aventurança é intrinsecamente sobrenatural: sua posse exige meios igualmente sobrenaturais, dos quais nenhuma criatura dispõe. Que ela seja apesar disso acessível ao homem resulta de uma pura graça, manifestação da liberalidade divina.

g. Mesmo que seja intrinsecamente sobrenatural, a bem-aventurança representa o verdadeiro fim do homem. Essa diferença entre o caráter sobrenatural e gracioso da bem-aventurança e a capacidade humana do homem evidencia a nobreza deste último: mediante sua inteligência (q. 3, a. 8) e seu livre-arbítrio (r. 1 do presente artigo), ele é "capaz de Deus". É melhor ser capaz da maior perfeição e recebê-la de outro — encontramo-nos também no interior de uma lógica da caridade —, do que atingir efetivamente por si mesmo uma perfeição bem menor. De um ponto de vista teológico, dir-se-á que esse fim sobrenatural é necessário ao homem; não é outra coisa que a salvação. Ao homem tal como ele é, o sobrenatural é necessário, porque sem ele tudo fica falho.

ne illa perfecta quae est hominis beatitudo: cum operationis species dependeat ex obiecto. Unde ratio non sequitur.

Articulus 6
Utrum homo consequatur beatitudinem per actionem alicuius superioris creaturae

Ad sextum sic proceditur. Videtur quod homo possit fieri beatus per actionem alicuius superioris creaturae, scilicet angeli.

1. Cum enim duplex ordo inveniatur in rebus, unus partium universi ad invicem, alius totius universi ad bonum quod est extra universum; primus ordo ordinatur ad secundum sicut ad finem, ut dicitur XII *Metaphys.*[1]; sicut ordo partium exercitus ad invicem est propter ordinem totius exercitus ad ducem. Sed ordo partium universi ad invicem attenditur secundum quod superiores creaturae agunt in inferiores, ut in Primo[2] dictum est: beatitudo autem consistit in ordine hominis ad bonum quod est extra universum, quod est Deus. Ergo per actionem superioris creaturae, scilicet angeli, in hominem, homo beatus efficitur.

2. Praeterea, quod est in potentia tale, potest reduci in actum per id quod est actu tale: sicut quod est potentia calidum, fit actu calidum per id quod est actu calidum. Sed homo est in potentia beatus. Ergo potest fieri actu beatus per angelum, qui est actu beatus.

3. Praeterea, beatitudo consistit in operatione intellectus, ut supra[3] dictum est. Sed angelus potest illuminare intellectum hominis, ut in Primo[4] habitum est. Ergo angelus potest facere hominem beatum.

Sed contra est quod dicitur in Ps 83,12: *Gratiam et gloriam dabit Dominus.*

Respondeo dicendum quod, cum omnis creatura naturae legibus sit subiecta, utpote habens limitatam virtutem et actionem; illud quod excedit naturam creatam, non potest fieri virtute alicuius creaturae. Et ideo si quid fieri oporteat quod sit supra naturam, hoc fit immediate a Deo; sicut

é a bem-aventurança do homem, porque a espécie da ação depende do objeto Por isso, o argumento não conclui.

Artigo 6
O homem consegue a bem-aventurança pela ação de uma criatura superior?

Quanto ao sexto, assim se procede: parece que o homem **pode** tornar-se bem-aventurado pela ação de uma criatura superior, isto é, do anjo.

1. Com efeito, duas são as ordens existentes nas coisas: uma, a de todas as partes do universo relacionadas entre si; outra, a de todo o universo referente ao bem que lhe é extrínseco. A primeira ordem ordena-se para a segunda, como para seu fim, segundo o livro XII da *Metafísica*. Por exemplo, a ordem das partes do exército entre si é devida à ordem de todo o exército ao chefe. Ora, a ordem das partes do universo entre si considera-se segundo as criaturas superiores atuam nas inferiores, como foi dito na I Parte. A bem-aventurança consiste na ordenação do homem para o bem que está fora do universo e que é Deus. Logo, pela atuação da criatura superior, isto é, do anjo no homem, o homem torna-se bem-aventurado.

2. Além disso, o que está em potência pode reduzir-se a ato pelo que está em tal ato; por exemplo, o que é quente em potência torna-se quente em ato, por aquilo que é quente em ato. Ora, o homem é bem-aventurado em potência. Logo, pode se tornar bem-aventurado em ato pelo anjo, que é bem-aventurado em ato.

3. Ademais, como foi dito, a bem-aventurança consiste na ação do intelecto. Ora, o anjo pode iluminar o intelecto humano, como foi dito na I Parte. Logo, o anjo pode fazer um homem bem-aventurado.

Em sentido contrário, lê-se no Salmo 83: "Deus dará a graça e a glória".

Respondo. Sendo que toda criatura está sujeita às leis naturais, porque tem potência e ação limitadas, o que excede a natureza criada não pode ser feito pelo poder da criatura. Por isso, se algo convém ser feito que esteja acima da natureza, é feito imediatamente por Deus; por exemplo, a

---

6
1. C. 10: 1075, a, 13-15.
2. Q. 19, a. 5, ad 2; q. 48, a. 1, ad 5; q. 109, a. 2.
3. Q. 3, a. 4.
4. Q. 111, a. 1.

suscitatio mortui, illuminatio caeci, et cetera huiusmodi. Ostensum est autem[5] quod beatitudo est quoddam bonum excedens naturam creatam. Unde impossibile est quod per actionem alicuius creaturae conferatur: sed homo beatus fit solo Deo agente, si loquamur de beatitudine perfecta.
— Si vero loquamur de beatitudine imperfecta, sic eadem ratio est de ipsa et de virtute, in cuius actu consistit.

AD PRIMUM ergo dicendum quod plerumque contingit in potentiis activis ordinatis, quod perducere ad ultimum finem pertinet ad supremam potentiam, inferiores vero potentiae coadiuvant ad consecutionem illius ultimi finis disponendo: sicut ad artem gubernativam, quae praeest navifactivae, pertinet usus navis, propter quem navis ipsa fit. Sic igitur et in ordine universi, homo quidem adiuvatur ab angelis ad consequendum ultimum finem, secundum aliqua praecedentia, quibus disponitur ad eius consecutionem: sed ipsum ultimum finem consequitur per ipsum primum agentem, qui est Deus.

AD SECUNDUM dicendum quod, quando aliqua forma actu existit in aliquo secundum esse perfectum et naturale, potest esse principium actionis in alterum; sicut calidum per calorem calefacit. Sed si forma existit in aliquo imperfecte, et non secundum esse naturale, non potest esse principium communicationis sui ad alterum: sicut intentio coloris quae est in pupilla, non potest facere album; neque etiam omnia quae sunt illuminata aut calefacta, possunt alia calefacere et illuminare; sic enim illuminatio at calefactio essent usque ad infinitum. Lumen autem gloriae, per quod Deus videtur, in Deo quidem est perfecte secundum esse naturale: in qualibet autem creatura est imperfecta, et secundum esse similitudinarium vel participatum. Unde nulla creatura beata potest communicare suam beatitudinem alteri.

AD TERTIUM dicendum quod angelus beatus illuminat intellectum hominis, vel etiam inferioris angeli, quantum ad aliquas rationes divinorum operum: non autem quantum ad visionem divinae essentiae, ut in Primo[6] dictum est. Ad eam enim videndam, omnes immediate illuminantur a Deo.

ressurreição de um morto, dar visão a um cego etc. Foi acima demonstrado que a bem-aventurança é um bem que excede a natureza criada. Logo, é impossível que ela seja concedida por alguma ação da criatura. Mas o homem só se torna bem-aventurado pela ação de Deus, se falamos da bem-aventurança perfeita. — Se, porém, falamos da bem-aventurança imperfeita, a razão é a mesma para ela e para a potência, em cujo ato ela consiste.

QUANTO AO 1º, portanto, deve-se dizer que acontece muitas vezes nas potências ativas ordenadas, que levar ao último fim cabe à potência suprema; as potências inferiores auxiliam, dispondo para a do último fim; por exemplo, o uso da nave, para o que a nave é feita, cabe à arte da navegação que preside à arte da construção naval. Do mesmo modo, na ordem do universo, o homem é auxiliado pelos anjos para conseguir o último fim, mediante algumas coisas preparatórias, que o dispõem para sua consecução. Mas, o próprio último fim é alcançado pela ação do primeiro agente, que é Deus.

QUANTO AO 2º, deve-se dizer que quando uma forma existe em ato em alguma coisa segundo o ser perfeito e natural, pode ser princípio de ação para outro, como o corpo quente aquece pelo calor. Mas, se a forma existe em outra coisa imperfeitamente e não segundo o ser natural, não pode ser princípio de comunicação de si a outra, como também a visão da cor que está na pupila não pode fazer uma coisa branca. Do mesmo modo, as coisas iluminadas ou aquecidas não podem aquecer ou iluminar outras, porque se o pudessem, a iluminação e o aquecimento se perpetuariam até o infinito. Mas a luz da glória, pela qual Deus é visto, está em Deus perfeitamente segundo o ser natural, e em todas as outras criaturas está imperfeitamente e por semelhança ou participado. Por isso, nenhuma criatura bem-aventurada pode comunicar a sua bem-aventurança a outra.

QUANTO AO 3º, deve-se dizer que o anjo bem-aventurado ilumina o intelecto do homem ou mesmo do anjo inferior quanto a algumas razões das obras divinas, mas não quanto à visão da divina essência, como foi dito na I Parte. Para vê-la, todos são iluminados imediatamente por Deus.

---

5. A. praec.
6. Q. 106, a. 1.

Articulus 7
Utrum requirantur aliqua opera bona ad hoc quod homo beatitudinem consequatur a Deo

AD SEPTIMUM SIC PROCEDITUR. Videtur quod non requirantur aliqua opera hominis ad hoc ut beatitudinem consequatur a Deo.

1. Deus enim, cum sit agens infinitae virtutis, non praeexigit in agendo materiam, aut dispositionem materiae, sed statim potest totum producere. Sed opera hominis, cum non requirantur ad beatitudinem eius sicut causa efficiens, ut dictum est[1], non possunt requiri ad eam nisi sicut dispositiones. Ergo Deus, qui dispositiones non praeexigit in agendo, beatitudinem sine praecedentibus operibus confert.

2. PRAETEREA, sicut Deus est auctor beatitudinis immediate, ita et naturam immediate instituit. Sed in prima institutione naturae, produxit creaturas nulla dispositione praecedente vel actione creaturae; sed statim fecit unumquodque perfectum in sua specie. Ergo videtur quod beatitudinem conferat homini sine aliquibus operationibus praecedentibus.

3. PRAETEREA, Apostolus dicit, Rm 4,6, beatitudinem hominis esse *cui Deus confert iustitiam sine operibus*. Non ergo requiruntur aliqua opera hominis ad beatitudinem consequendam.

SED CONTRA est quod dicitur Io 13,17: *Si haec scitis, beati eritis si feceritis ea*. Ergo per actionem ad beatitudinem pervenitur.

RESPONDEO dicendum quod rectitudo voluntatis, ut supra[2] dictum est, requiritur ad beatitudinem, cum nihil aliud sit quam debitus ordo voluntatis ad ultimum finem; quae ita exigitur ad consecutionem ultimi finis, sicut debita dispositio materiae ad consecutionem formae. Sed ex hoc non ostenditur quod aliqua operatio hominis debeat praecedere eius beatitudinem: posset enim Deus simul facere voluntatem recte tendentem in finem, et finem consequentem; sicut quandoque simul materiam disponit, et inducit formam. Sed ordo divinae sapientiae exigit ne hoc fiat: ut enim dicitur in II *de Caelo*[3], *eorum quae nata sunt habere bonum*

Artigo 7
Algumas boas obras são exigidas para que o homem consiga de Deus a bem-aventurança?

QUANTO AO SÉTIMO, ASSIM SE PROCEDE: parece que **não** são exigidas algumas obras do homem para que consiga de Deus a bem-aventurança.

1. Com efeito, Deus, sendo agente de poder infinito, não precisa de matéria para operar, nem de matéria disposta, pois pode produzir tudo imediatamente. Ora, as obras do homem, que não são exigidas para a bem-aventurança como causa eficiente, como acima foi dito, não podem ser exigidas para ela senão como disposições. Logo, Deus, que não precisa de disposições para operar, concede a bem-aventurança sem obras precedentes.

2. ALÉM DISSO, assim como Deus é o autor imediato da bem-aventurança, também imediatamente instituiu a natureza. Ora, na primeira criação da natureza produziu as criaturas sem nenhuma disposição preexistente ou ação da criatura, mas, fez todas as coisas perfeitas em suas espécies. Logo, parece que concede a bem-aventurança ao homem sem nenhuma ação precedente.

3. ADEMAIS, diz o Apóstolo ma Carta aos Romanos que a bem-aventurança do homem é aquela "A quem Deus confere a justiça sem as obras". Por isso, não é exigida obra alguma do homem para conseguir a bem-aventurança.

EM SENTIDO CONTRÁRIO, diz o Evangelho de João: "Se sabeis isso, sereis bem-aventurados se o fizerdes". Logo chega-se à bem-aventurança pela ação.

RESPONDO. Como acima foi dito, a bem-aventurança exige a retidão da vontade, pois não é outra coisa que a devida ordenação da vontade para o último fim, que é exigida para sua consecução, como a devida disposição da matéria, para receber a forma. Mas disto não se conclui que alguma ação do homem deve preceder a sua bem-aventurança. Com efeito, poderia Deus fazer que a vontade retamente tenda para o fim e o consiga, como, às vezes, simultaneamente dispõe a matéria e induz a forma. Mas a ordem da sabedoria divina exige que isto não se faça, conforme diz o livro do *Céu*: "Dos que são destinados a receber o bem

---

7 PARALL.: Part. I, q. 62, a. 4; *Compend. Theol.*, c. 172.

1. A. praec.
2. Q. 4, a. 4.
3. C. 12: 292, a, 22-24.

perfectum, aliquid habet ipsum sine motu, aliquid uno motu, aliquid pluribus. Habere autem perfectum bonum sine motu, convenit ei quod naturaliter habet illud. Habere autem beatitudinem naturaliter est solius Dei. Unde solius Dei proprium est quod ad beatitudinem non moveatur per aliquam operationem praecedentem. Cum autem beatitudo excedat omnem naturam creatam, nulla pura creatura convenienter beatitudinem consequitur absque motu operationis, per quam tendit in ipsam. Sed angelus, qui est superior ordine naturae quam homo, consecutus est eam, ex ordine divinae sapientiae, uno motu operationis meritoriae, ut in Primo[4] expositum est. Homines autem consequuntur ipsam multis motibus operationum, qui merita dicuntur. Unde etiam, secundum Philosophum[5], beatitudo est praemium virtuosarum operationum.

AD PRIMUM ergo dicendum quod operatio hominis non praeexigitur ad consecutionem beatitudinis propter insufficientiam divinae virtutis beatificantis: sed ut servetur ordo in rebus.

AD SECUNDUM dicendum quod primas creaturas statim Deus perfectas produxit, absque aliqua dispositione vel operatione creaturae praecedente, quia sic instituit prima individua specierum, ut per ea natura propagaretur ad posteros. Et similiter, quia per Christum, qui est Deus et homo, beatitudo erat ad alios derivanda, secundum illud Apostoli Hb 2,10, *qui multos filios in gloriam adduxerat*; statim a principio suae conceptionis, absque aliqua operatione meritoria praecedente, anima eius fuit beata. Sed hoc est singulare in ipso: nam pueris baptizatis subvenit meritum Christi ad beatitudinem consequendam, licet desint eis merita propria, eo quod per baptismum sunt Christi membra efecti.

AD TERTIUM dicendum quod Apostolus loquitur de beatitudine spei, quae habetur per gratiam iustificantem, quae quidem non datur propter opera praecedentia. Non enim habet rationem termini motus, ut beatitudo: sed magis est principium motus quo ad beatitudinem tenditur.

perfeito, algum o tem sem movimento, outro, com um e outro com muitos". Ter o perfeito dom sem movimento cabe àquele que naturalmente o tem. Ter a bem-aventurança por natureza pertence só a Deus. Portanto, é próprio somente de Deus não ser movido para a bem-aventurança por alguma ação precedente. Ora, excedendo a bem-aventurança toda natureza criada, nenhuma pura criatura consegue convenientemente a bem-aventurança sem movimento da ação, pela qual tende para ela. O anjo, porém, que pela ordem natural é superior ao homem, consegue-a, por ordenação da sabedoria divina, mediante um movimento de ação meritória, como se disse na I Parte. Os homens, todavia, conseguem-na, por muitos movimentos de ações, que são os méritos[h]. Donde também afirmar o Filósofo que a bem-aventurança é o prêmio das ações virtuosas.

QUANTO AO 1º, portanto, deve-se dizer que a ação do homem não é pré-requisito para conseguir a bem-aventurança, não devido à insuficiência do poder divino de beatificar, mas para que se observe a ordem das coisas.

QUANTO AO 2º, deve-se dizer que Deus criou as primeiras criaturas perfeitas, sem disposição alguma ou ação de criatura precedente, porque assim instituiu os primeiros indivíduos das espécies para que por elas a natureza se propagasse aos pósteros. Semelhantemente, porque por Cristo, que é Deus e homem, a bem-aventurança devia se estender a muitos, segundo escreve o Apóstolo na Carta aos Hebreus: "Ele levou muitos filhos para a glória". Desde o início de sua concepção, sem ação meritória precedente, a sua alma foi bem-aventurada. Mas isso foi só para ele, porque para as crianças batizadas vem o auxílio dos méritos de Cristo para conseguirem a bem-aventurança, embora careçam de merecimentos próprios, uma vez que pelo batismo tornam-se membros de Cristo.

QUANTO AO 3º, deve-se dizer que o Apóstolo refere-se à bem-aventurança da esperança que se recebe pela graça justificante. Esta não é concedida devido a obras precedentes, e não têm natureza de termo do movimento, como a bem-aventurança: é mais o princípio do movimento que tende para a bem-aventurança.

---

4. Q. 62, a. 5.
5. C. 10: 1099, b, 16-17.

h. Da parte de Deus, a bem-aventurança oferecida ao homem é pura graça, conforme acaba de ser explicado. Da parte do homem, ela somente pode ser atingida por meio de atos meritórios: tal é a ordem da sabedoria divina. Vê-se que a tradicional questão da justificação pela fé e/ou pelas obras encontra aqui uma resposta perfeitamente equilibrada. Ela poderia ser comparada com soluções extremas propostas por Pelágio ou Lutero.

ARTICULUS 8
Utrum omnis homo appetat beatitudinem

AD OCTAVUM SIC PROCEDITUR. Videtur quod non omnes appetant beatitudinem.

1. Nullus enim potest appetere quod ignorat: cum bonum apprehensum sit obiectum appetitus, ut dicitur in III *de Anima*[1]. Sed multi nesciunt quid sit beatitudo: quod, sicut Augustinus dicit in XIII *de Trin.*[2], patet ex hoc, quod *quidem posuerunt beatitudinem in voluptate corporis, quidam in virtute animi, quidam in aliis rebus*. Non ergo omnes beatitudinem appetunt.

2. PRAETEREA, essentia beatitudinis est visio essentiae divinae, ut dictum est[3]. Sed aliqui[4] opinantur hoc esse impossibile, quod Deus per essentiam ab homine videatur: unde hoc non appetunt. Ergo non omnes homines appetunt beatitudinem.

3. PRAETEREA, Augustinus dicit, in XIII *de Trin.*[5] quod *beatus est qui habet omnia quae vult, et nihil male vult*. Sed non omnes hoc volunt: quidam enim male aliqua volunt, et tamen volunt illa se velle. Non ergo omnes volunt beatitudinem.

SED CONTRA est quod Augustinus dicit, XIII *de Trin.*[6]: *Si minus dixisset, "Omnes beati esse vultis, miseri esse non vultis", dixisset aliquid quod nullus in sua non cognosceret voluntate*. Quilibet ergo vult esse beatus.

RESPONDEO dicendum quod beatitudo dupliciter potest considerari. Uno modo, secundum communem rationem beatitudinis. Et sic necesse est quod omnis homo beatitudinem velit. Ratio autem beatitudinis communis est ut sit bonum perfectum, sicut dictum est[7]. Cum autem bonum sit obiectum voluntatis, perfectum bonum est alicuius, quod totaliter eius voluntati satisfacit. Unde appetere beatitudinem nihil aliud est quam appetere ut voluntas satietur. Quod quilibet vult.

ARTIGO 8
Todo homem deseja a bem-aventurança?

QUANTO AO OITAVO, ASSIM SE PROCEDE: parece que **nem** todos desejam a bem-aventurança.

1. Com efeito, ninguém deseja aquilo que desconhece, diz o livro III da *Alma*, uma vez que o bem apreendido é o objeto do apetite. Ora, como diz Agostinho muitos desconhecem o que seja a bem-aventurança, porque muitos afirmaram a bem-aventurança no prazer do corpo, outros, na virtude da alma, outros, em muitas coisas. Logo, nem todos desejam a bem-aventurança.

2. ALÉM DISSO, a essência da bem-aventurança está na visão da essência divina, como foi dito. Ora, alguns opinaram ser impossível Deus ser visto pelo homem: donde não a desejarem. Logo, nem todos os homens desejam a bem-aventurança.

3. ADEMAIS, diz ainda Agostinho: "Bem-aventurado é quem possui todas as coisas que quer, e nada quer de mal". Ora, nem todos querem assim, porque uns querem mal algumas coisas, e, todavia, a querem para si. Logo, nem todos desejam a bem-aventurança.

EM SENTIDO CONTRÁRIO, afirma Agostinho: "Se ao menos dissesse: todos quereis ser felizes e ninguém quer ser desgraçado, teria dito algo que todos reconhecem em sua vontade[i]. Por isso, qualquer um quer ser bem-aventurado.

RESPONDO. A bem-aventurança pode ser considerada de dois modos. Primeiro, quanto à razão comum de bem-aventurança, segundo a qual é necessário que todos os homens a queiram. Como já foi dito, a razão comum de bem-aventurança está em que haja o bem perfeito. Ora, sendo o bem objeto da vontade, o perfeito bem de alguém é o que satisfaz totalmente a sua vontade. Donde desejar a bem-aventurança nada mais é do que desejar que a vontade esteja satisfeita, e isso todos desejam.

---

8 PARALL.: IV *Sent.*, dist. 49, q. 1, a. 3, q.la 1.

1. C. 10: 433, a, 14-26.
2. C. 4: ML 42, 1018. Cfr. *De civ. Dei* l. XVIII, c. 41, n. 2: ML 41, 601.
3. Q. 3, a. 8.
4. Ut Amalricus de Bena (de quo vide I, q. 3, a. 8, n. 7).
5. C. 5: ML 42, 1020. Cfr. *De beata vita* c. 2, n. 10: ML 32, 964; *Epist.* 130, al 121, *ad Probam*, c. 5, n. 11: ML 33, 498.
6. C. 3: 42, 1018.
7. A. 3, 4.

---

i. Este argumento é tomado de empréstimo ao De Trinitate (livro XIII, cap. 3): "... No teatro, um ator prometeu um dia, dizer aos espectadores, na próxima representação, aquilo em que pensavam e o que todos queriam. No dia marcado, ele bradou para uma plateia numerosa que esperava, silenciosa e em suspenso: 'Vós quereis comprar barato e vender caro'. Todos aplaudiram com entusiasmo, pois cada um acabava de reconhecer a sua consciência nessa afirmação...".

Alio modo possumus loqui de beatitudine secundum specialem rationem, quantum ad id in quo beatitudo consistit. Et sic non omnes cognoscunt beatitudinem: quia nesciunt cui rei communis ratio beatitudinis conveniat. Et per consequens, quantum ad hoc, non omnes eam volunt.

Unde patet responsio AD PRIMUM.

AD SECUNDUM dicendum quod, cum voluntas sequatur apprehensionem intellectus seu rationis, sicut contingit quod aliquid est idem secundum rem, quod tamen est diversum secundum rationis considerationem; ita contingit quod aliquid est idem secundum rem, et tamen uno modo appetitur, alio modo non appetitur. Beatitudo ergo potest considerari sub ratione finalis boni et perfecti, quae est communis ratio beatitudinis: et sic naturaliter et ex necessitate voluntas in illud tendit, ut dictum est[8]. Potest etiam considerari secundum alias speciales considerationes, vel ex parte ipsius operationis, vel ex parte potentiae operativae, vel ex parte obiecti: et sic non ex necessitate voluntas tendit in ipsam.

AD TERTIUM dicendum quod ista definitio beatitudinis quam quidam posuerunt, *Beatus est qui habet omnia quae vult*, vel, *cui omnia optata succedunt*, quodam modo intellecta, est bona et sufficiens; alio vero modo, est imperfecta. Si enim intelligatur simpliciter de omnibus quae vult homo naturali appetitu, sic verum est quod qui habet omnia quae vult, est beatus: nihil enim satiat naturalem hominis appetitum, nisi bonum perfectum, quod est beatitudo. Si vero intelligatur de his quae homo vult secundum apprehensionem rationis, sic habere quaedam quae homo vult, non pertinet ad beatitudinem, sed magis ad miseriam inquantum huiusmodi habita impediunt hominem ne habeat quaecumque naturaliter vult: sicut etiam ratio accipit ut vera interdum quae impediunt a cognitione veritatis. Et secundum hanc considerationem, Augustinus addidit ad perfectionem beatitudinis, quod *nihil mali velit*. Quamvis primum posset sufficere, si recte intelligeretur, scilicet quod *beatus est qui habet omnia quae vult*.

Segundo, podemos falar da bem-aventurança segundo uma razão especial, quanto àquilo em que consiste a bem-aventurança, mas desse modo nem todos a conhecem, porque não sabem a que atribuir a razão comum de bem-aventurança. Assim sendo, quanto a isso, nem todos a querem.

QUANTO AO 1º, portanto, fica clara a resposta.

QUANTO AO 2º, deve-se dizer que como a vontade segue a apreensão do intelecto ou da razão, acontece que uma coisa seja a mesma na realidade e no entanto seja diversa segundo a consideração da razão. Assim acontece que uma coisa seja a mesma na realidade e no entanto seja desejada de um modo e de outro modo não seja desejada. A bem-aventurança pode ser considerada segundo a razão de bem último e perfeito, que é a sua razão comum. Nesse caso, a vontade natural necessariamente para ela tende, como foi dito. Pode também ser considerada segundo especiais considerações, quer da parte da ação, quer da parte da potência operativa, quer da parte do objeto. Então, a vontade não tende necessariamente para ela.

QUANTO AO 3º, deve-se dizer que a definição de bem-aventurança afirmada por alguns: "Bem-aventurado é aquele que tem tudo o que deseja", ou, "Aquele ao qual acontece tudo o que deseja", entendida de certo modo é boa e suficiente, mas, de outro modo, é imperfeita. Se for entendida de modo absoluto, de todas as coisas que o homem deseja pelo apetite natural, é verdadeiro que aquele que tem tudo o que quer é bem-aventurado, pois nenhuma coisa satisfaz o apetite natural do homem, senão o bem perfeito, que é a bem-aventurança. Mas se é entendida segundo as coisas que o homem quer de acordo com a apreensão da razão, então ter algumas coisas que o homem quer, não pertence à bem-aventurança, mas, à pobreza uma vez que a posse dessas coisas o impede de ter o que naturalmente quer, como também a razão concebe algumas vezes como verdadeiras, coisas que a impedem de conhecer a verdade. Por isso, Agostinho acrescenta à perfeição da bem-aventurança que "nada queira de mal". Embora o primeiro possa ser suficiente, entendido retamente, isto é, que "bem-aventurado é o que tem tudo o que quer".

---

8. In c. huius et a. 4, ad 2.

OS ATOS HUMANOS: SUA NATUREZA, ESTRUTURA E DINAMISMO

Introdução e notas por Servais Pinckaers

INTRODUÇÃO

O homem é feito à imagem de Deus por seu livre-arbítrio, o qual lhe confere o domínio sobre seus atos, o poder de agir por si mesmo (Prólogo da II Parte). É à luz desse grande tema bíblico, que dá Deus como modelo ao homem, que convém ler o tratado dos atos humanos de Sto. Tomás. O homem unir-se-á a seu modelo divino na bem-aventurança prometida (estudada nas q. 1-5) pelos atos bons que ele realizará na imitação das obras de Deus, que são muito boas, de acordo com o relato do Gênesis e o ensinamento evangélico ("sereis perfeitos como é perfeito o vosso Pai celeste", Mt 5,48). Por filosófico que possa parecer, esse longo estudo do ato humano baseia-se, em Sto. Tomás, em um fundo bíblico e cristão que aflora continuamente.

O ato humano é uma realidade complexa e rica. O estudo que lhe consagra Sto. Tomás é extenso. Vai, na verdade, da q. 6 à q. 48, englobando o tratado das paixões, que estuda a colaboração da sensibilidade no agir voluntário. Assim constituído, consiste na análise mais minuciosa e mais completa jamais efetuada sobre o agir humano no plano moral. Ao abordá-lo, o leitor deverá sempre atentar para ter em mente o plano de conjunto do trabalho, indicado pelos prólogos, a fim de não se perder nos detalhes.

Eis o plano. O estudo do ato humano inscreve-se no âmbito da submissão à bem-aventurança em Deus, do apelo à visão amante de Deus, o que não apenas é pessoal mas eclesial, e que se dirige a todos os homens, interessando mesmo a todas as criaturas de acordo com sua capacidade. Desse modo, a participação na bem-aventurança de Deus se oferece ao homem como fim último, como objetivo supremo. A moral de Sto. Tomás, assim como a dos Padres e de Aristóteles, é uma moral da felicidade. Está em plena harmonia com as bem-aventuranças evangélicas.

É mediante nossos atos pessoais que nos encaminhamos para a bem-aventurança. Eles constituem uma realidade complexa, que convém analisar em suas diferentes partes, do mesmo modo que se estuda o corpo humano com seus múltiplos órgãos que contribuem para nossa ação no mundo.

É preciso distinguir primeiramente duas partes ou duas dimensões na ação concreta: uma parte voluntária, obra de nossa vontade livre, que forma o objeto do tratado dos atos humanos propriamente ditos, e uma parte sensível, que será estudada no tratado das paixões (q. 22-48). O ato propriamente voluntário será analisado de dois pontos de vista: em primeiro lugar, em sua natureza, com seus múltiplos componentes (q. 6-17); em segundo lugar, em sua diferenciação moral, como ato bom e ato mau (q. 18-21). Tais são as duas partes principais de nosso tratado.

A *Suma teológica* é comparável a uma catedral gótica, na qual cada detalhe tem seu lugar preciso no plano de conjunto. Da mesma forma, o tratado dos atos humanos não pode ser compreendido sem suas relações com as outras partes da *Suma*, as quais indicaremos brevemente.

Relação com a parte moral da Suma

O tratado dos atos humanos, junto com o estudo das faculdades humanas efetuado na I Parte (q. 77-89) a respeito da criação do homem por Deus, fornece a base antropológica de toda a moral. As análises do querer, da intenção, da livre escolha, do comando e de outras coisas aí encontradas são pressupostas e utilizadas em todos os outros tratados, como as virtudes, os pecados, as leis, e até no estudo da ação divina, como a providência, a graça, os dons do Espírito Santo.

A condição da moral é contudo peculiar, devido precisamente aos atos humanos. Como ciência, ela vê as coisas no nível das ideias, no universal, em abstrato; procede por meio de definições e análises. Dessa forma, ela irá decompor o agir humano para descobrir e expor os seus elementos e princípios, um pouco como se desmonta um mecanismo e se exibem as suas peças uma a uma. É o que será feito particularmente na *Prima Secundae* (I-II). Não obstante, a ação humana só existe no concreto, singular e pessoal, em que todas as engrenagens da ação se reúnem para produzi-la. A moral terá, portanto, o objetivo concreto de produzir a ação, o qual será tratado na *Secunda Secundae* (II-II), na qual Sto. Tomás se aproxima mais da ação singular mediante o estudo detalhado das virtudes, que formam o nosso juízo sobre nossos atos concretos. Assim, o ato humano determina a dupla dimensão, universal e singular, abstrata e concreta, na qual a moral é considerada.

Apesar desse objetivo concreto de sua moral, a exposição de Sto. Tomás sobre o ato humano,

pelo seu desejo de ser científico, terá necessariamente, uma predominância analítica, comparável a um curso de anatomia que estuda um a um os órgãos do corpo humano. O leitor deverá ficar então extremamente atento às indicações de Sto. Tomás sobre a maneira de recompor o organismo da ação, sobre a conexão entre os elementos estudados, para unir o agir concreto, que é o objetivo da moral, e a experiência que ele proporciona.

Relação com a parte dogmática concernente a Deus

O tratado dos atos humanos mantém profunda relação com a primeira Parte: o homem é à imagem de Deus precisamente devido ao domínio sobre seus atos. No entanto, essa imagem é nele formada pelo Deus criador, que deu a inteligência e o querer livre, e ela se aperfeiçoa pelo conhecimento e amor da Trindade divina, com auxílio da providência e da graça. Cada ato humano contém, no que ele tem de mais íntimo, um reflexo da luz e da bondade divinas, que o subordinam, pelo menos como um chamado, para a bem-aventurança em Deus.

Relação com a parte dogmática concernente a Cristo

Uma vez que o agir humano encontra em Deus o seu fim último, a questão da via para alcançar a união com Deus é de importância decisiva. Ora, segundo a revelação cristã, somente Cristo é, para nós, em sua pessoa, "a via de verdade pela qual podemos alcançar a bem-aventurança eterna por meio da ressurreição" (Prólogo da III Parte). O agir moral será marcado, portanto, pela relação com a pessoa de Cristo, no próprio plano do amor e de desejo que o inspiram. Tal relação se desenvolverá por intermédio dos instrumentos da graça de Cristo, a Escritura e os sacramentos, fornecidos às virtudes principais, a fé em Cristo, a esperança e a caridade.

Com todo seu rigor e penetração racional, o tratado dos atos humanos não é, portanto, um pedaço de pura filosofia aristotélica inserido em uma *Suma teológica*. É integrado de maneira vital a uma teologia que repousa sobre a harmonia dinâmica entre a razão e a fé, o pensamento e a ação. Da mesma forma, o cristão poderá servir-se das análises de Sto. Tomás para esclarecer sua própria experiência moral, como a dos mestres espirituais e místicos cristãos. Nelas, ele se descobrirá, de maneira indissociável, como homem e cristão ao mesmo tempo.

A dimensão teológica ou cristã do tratado dos atos humanos aparece também quando se estudam suas fontes. Aqui, se reencontram as principais correntes do pensamento filosófico antigo e da patrística latina e grega: Aristóteles, interpretado por S. Máximo, o Confessor, e S. João Damasceno, Cícero, Boécio, Sto. Agostinho evidentemente, e outros muitos, sem esquecer numerosas citações da Escritura, principalmente de Paulo. A despeito dessa multiplicidade de fontes combinadas, o tratado de Sto. Tomás não constitui de modo algum um mosaico, mas realmente uma obra-prima, que serviu de base e de ponto de referência a toda a teologia posterior e influenciou em muitos pontos o pensamento ocidental.

Lidamos, portanto, com uma obra clássica. Os que têm sede de novidades fáceis a acomodarão no mausoléu do passado, imaginando conhecê-la sem tê-la lido. Aqueles que se derem ao trabalho de estudá-la encontrarão um guia seguro e firme das profundidades da pessoa, onde se concebe e se forma a ação humana. Eles se surpreenderão com tudo o que se pode aprender na escola de um grande mestre, e com a atualidade que pode adquirir o seu pensamento quando se sabe escutá-lo com paciência e inteligência.

QUAESTIO VI
DE VOLUNTARIO ET INVOLUNTARIO
in octo articulos divisa

Quia igitur ad beatitudinem per actus aliquos necesse est pervenire, oportet consequenter de humanis actibus considerare, ut sciamus quibus actibus perveniatur ad beatitudinem, vel impediatur beatitudinis via. Sed quia operationes et actus circa singularia sunt, ideo omnis operativa scientia in particulari consideratione perficitur. Moralis igitur consideratio, quia est humanorum actuum, primo quidem tradenda est in universali; secundo vero, in particulari.

Circa universalem autem considerationem humanorum actuum, primo quidem considerandum occurrit de ipsis actibus humanis; secundo, de principiis eorum. Humanorum autem actuum quidam sunt hominis proprii; quidam autem sunt homini et aliis animalibus communes. Et quia beatitudo est proprium hominis bonum, propinquius se habent ad beatitudinem actus qui sunt proprie humani, quam actus qui sunt homini aliisque animalibus communes. Primo ergo considerandum est de actibus qui sunt proprii hominis; secundo, de actibus qui sunt homini aliisque animalibus communes, qui dicuntur animae passiones.

Circa primum duo consideranda occurrunt: primo, de conditione humanorum actuum; secundo, de distinctione eorum. Cum autem actus humani proprie dicantur qui sunt voluntarii, eo quod voluntas est rationalis appetitus, qui est proprius hominis; oportet considerare de actibus inquantum sunt voluntarii. Primo ergo considerandum est de voluntario et involuntario in communi; secundo, de actibus qui sunt voluntarii quasi ab ipsa voluntate eliciti, ut immediate ipsius voluntatis existentes; tertio, de actibus qui sunt voluntarii quasi a voluntate imperati, qui sunt ipsius voluntatis mediantibus aliis potentiis.

Et quia actus voluntarii habent quasdam circumstantias, secundum quas diiudicantur, primo considerandum est de voluntario et involuntario; et consequenter de circumstantiis ipsorum actuum in quibus voluntarium et involuntarium invenitur.

Circa primum quaeruntur octo.

QUESTÃO 6
O VOLUNTÁRIO E O INVOLUNTÁRIO[a]
em oito artigos

Porque é necessário chegar à bem-aventurança por alguns atos, é preciso consequentemente considerar os atos humanos, afim de que saibamos com que atos se chega à bem-aventurança ou quais impedem o caminho para ela. Ora, uma vez que as operações e os atos são a respeito de coisas singulares, por isso toda ciência operativa termina numa consideração particular. Portanto, porque a consideração moral é dos atos humanos, primeiramente deve ser tratada de modo universal e em seguida de modo particular.

A respeito da consideração universal dos atos humanos, primeiro, ocorre considerar os mesmos atos humanos; em seguida, os seus princípios. Alguns dos atos humanos são próprios do homem; outros são comuns ao homem e aos animais. E porque a bem-aventurança é um bem próprio do homem, são mais próximos da bem-aventurança os atos que são propriamente humanos do que os atos que são comuns ao homem e aos outros animais. Portanto, primeiro devem-se considerar os atos que são próprios do homem; em seguida os atos que são comuns ao homem e aos outros animais e se chamam paixões da alma.

A respeito do primeiro ocorrem duas considerações: 1. sobre a condição dos atos humanos; 2. sobre a distinção entre eles. Como os atos humanos propriamente ditos são os voluntários, uma vez que a vontade é o apetite racional que é próprio do homem, é preciso considerar os atos enquanto voluntários. Portanto, primeiro deve-se considerar o voluntário e o involuntário em comum. Segundo, os atos que são voluntários, produzidos pela mesma vontade, como existindo imediatamente na mesma vontade. Terceiro, os atos que são voluntários imperados pela vontade, que são da vontade mediante outras potências.

E porque os atos voluntários têm algumas circunstâncias pelas quais se distinguem, deve-se considerar primeiro o voluntário e o involuntário, e em seguida, as circunstâncias dos mesmos atos nos quais se encontra o voluntário e o involuntário.

A respeito do primeiro são oito as perguntas:

---

a. Lancemos desde logo um olhar de conjunto sobre a questão.
Ela se divide em duas partes. Em primeiro lugar, Sto. Tomás estuda a natureza do voluntário, perfeito no homem, imperfeito nos animais, e que pode existir mesmo que não se aja, como no caso da negligência. Em segundo lugar, ele estuda os defeitos do voluntário, do lado da vontade (violência, temor e concupiscência) e da inteligência (ignorância).

Primo: utrum in humanis actibus inveniatur voluntarium.
Secundo: utrum inveniatur in animalibus brutis.
Tertio: utrum voluntarium esse possit absque omni actu.
Quarto: utrum violentia voluntati possit inferri.
Quinto: utrum violentia causet involuntarium.
Sexto: utrum metus causet involuntarium.
Septimo: utrum concupiscentia involuntarium causet.
Octavo: utrum ignorantia.

1. O voluntário se encontra nos atos humanos?
2. Nos animais?
3. O voluntário pode existir sem nenhum ato?
4. A vontade pode sofrer violência?
5. A violência causa o involuntário?
6. O medo causa o involuntário?
7. A concupiscência causa o involuntário?
8. E a ignorância?

Articulus 1
Utrum in humanis actibus inveniatur voluntarium

AD PRIMUM SIC PROCEDITUR. Videtur quod in humanis actibus non inveniatur voluntarium.

1. Voluntarium enim est *cuius principium est in ipso*; ut patet per Gregorium Nyssenum[1], et Damascenum[2], et Aristotelem[3]. Sed principium humanorum actuum non est in ipso homine, sed est extra: nam appetitus hominis movetur ad agendum ab appetibili quod est extra, quod est sicut *movens non motum*, ut dicitur in III *de Anima*[4]. Ergo in humanis actibus non invenitur voluntarium.

2. PRAETEREA, Philosophus in VIII *Physic.*[5] probat quod non invenitur in animalibus aliquis motus novus, qui non praeveniatur ab alio motu exteriori. Sed omnes actus hominis sunt novi: nullus enim actus hominis aeternus est. Ergo principium omnium humanorum actuum est ab extra. Non igitur in eis invenitur voluntarium.

3. PRAETEREA, qui voluntarie agit, per se agere potest. Sed hoc homini non convenit: dicitur enim Io 15,5: *Sine me nihil potestis facere.* Ergo voluntarium in humanis actibus non invenitur.

SED CONTRA est quod dicit Damascenus, in II libro[6], quod *voluntarium est actus qui est operatio rationalis.* Tales autem sunt actus humani. Ergo in actibus humanis invenitur voluntarium.

Artigo 1
O voluntário se encontra nos atos humanos?

QUANTO AO PRIMEIRO ARTIGO, ASSIM SE PROCEDE: parece que nos atos humanos **não** se encontra o voluntário.

1. Com efeito, afirmam Gregório de Nissa, João Damasceno e Aristóteles que "Voluntário é o que tem princípio em si mesmo". Ora, o princípio dos atos humanos não está no homem, mas fora dele. Porque o apetite humano é movido para agir pelo objeto apetecido, que lhe é exterior, e isso é como um motor não movido", como diz o livro III da *Alma*. Logo, não se encontra o voluntário nos atos humanos.

2. ALÉM DISSO, prova o Filósofo no livro VIII da *Física*, que não se encontra nos animais um novo movimento que não seja precedido de um movimento exterior. Ora, todo ato humano é novo, porque nenhum é eterno. Logo, o princípio de todos os atos humanos é de fora. Por isso, não há neles o voluntário.

3. ADEMAIS, quem age voluntariamente pode agir por si mesmo. Ora tal não convém ao homem, segundo o Evangelho de João: "Sem mim nada podeis fazer". Logo, não se encontra o voluntário nos atos humanos.

EM SENTIDO CONTRÁRIO, diz o Damasceno: "Voluntário é o ato que é uma ação racional". Ora, estes são os atos humanos. Logo, nos atos humanos encontra-se o voluntário.

---

1   PARALL.: *De Verit.*, q. 23, a. 1.

1. NEMESIUM, *De natura hominis*, c. 32, al. 1. V, c. 3: MG 40, 728 B.
2. *De fide orth.*, l. II, c. 24: MG 94, 953 B.
3. *Eth.* III, 3: 1111, a, 22-23.
4. C. 10: 433, b, 11-12.
5. C. 2: 253, a, 7-21.
6. Loc. cit. supra.

RESPONDEO dicendum quod oportet in actibus humanis voluntarium esse. Ad cuius evidentiam, considerandum est quod quorundam actuum seu motuum principium est in agente, seu in eo quod movetur; quorundam autem motuum vel actuum principium est extra. Cum enim lapis movetur sursum, principium huius motionis est extra lapidem: sed cum movetur deorsum, principium huius motionis est in ipso lapide. Eorum autem quae a principio intrinseco moventur, quaedam movent seipsa, quaedam autem non. Cum enim omne agens seu motum agat seu moveatur propter finem, ut supra[7] habitum est; illa perfecte moventur a principio intrinseco, in quibus est aliquod intrinsecum principium non solum ut moveantur, sed ut moveantur in finem. Ad hoc autem quod fiat aliquid propter finem, requiritur cognitio finis aliqualis. Quodcumque igitur sic agit vel movetur a principio intrinseco, quod habet aliquam notitiam finis, habet in seipso principium sui actus non solum ut agat, sed etiam ut agat propter finem. Quod autem nullam notitiam finis habet, etsi in eo sit principium actionis vel motus; non tamen eius quod est agere vel moveri propter finem est principium in ipso, sed in alio, a quo ei imprimitur principium suae motionis in finem. Unde huiusmodi non dicuntur movere seipsa; sed ab aliis moveri. Quae vero habent notitiam finis, dicuntur seipsa movere: quia in eis est principium non solum ut agant, sed etiam ut agant propter finem. Et ideo, cum utrumque sit ab intrinseco principio, scilicet quod agunt, et quod propter finem agunt, horum motus et actus dicuntur voluntarii: hoc enim importat nomen voluntarii, quod motus et actus sit a propria inclinatione. Et inde est quod voluntarium dicitur esse, secundum definitionem Aristotelis et Gregorii Nysseni et Damasceni[8], non solum *cuius principium est intra*, sed cum additione *scientiae*. — Unde, cum homo maxime cognoscat finem sui operis et moveat seipsum, in eius actibus maxime voluntarium invenitur.

RESPONDO. É necessário haver o voluntário nos atos humanos. Para prová-lo deve-se considerar que de alguns atos, ou movimentos, o princípio está no agente, ou naquele que se move; de outros, o princípio está no exterior. Quando a pedra se move para o alto, o princípio deste movimento está fora da pedra. Mas, quando se move para baixo, o princípio desse movimento está na mesma pedra. Das coisas movidas por um princípio intrínseco, algumas movem-se a si mesmas, outras não. Como todo agente ou coisa movida age ou é movida por um fim, conforme foi acima estabelecido, movem-se perfeitamente por um princípio intrínseco aquelas coisas nas quais há um princípio intrínseco não só para mover-se, mas para que sejam movidas para o fim. Para que uma coisa seja feita por um fim, é necessário que tenha algum conhecimento do fim. Assim, o que age ou se move por um princípio intrínseco tem alguma noção do fim, tendo em si mesmo o princípio de seu ato não só para agir, como também para agir pelo fim. O que nenhuma notícia tem do fim, embora nele esteja o princípio da ação e do movimento, agir e mover-se para o fim não está nele, mas em outra coisa. É esta que lhe confere o princípio do movimento para o fim. Logo, tais coisas não podem ser ditas que movem a si mesmas, mas que são movidas por outros. Mas, os que têm notícia do fim, são ditos moverem a si mesmos, porque neles está não só o princípio da ação, como também da ação pelo fim. E como uma e outra coisa provêm de um princípio intrínseco para agirem e agirem pelo fim, os seus movimentos e atos dizem-se voluntários: o nome voluntário implica que o movimento e o ato venham da própria inclinação. Por isso, segundo a definição de Aristóteles, Gregório de Nissa e Damasceno, é voluntário não somente aquilo cujo princípio é intrínseco, mas com o acréscimo de "ciência". — Portanto, como o homem conhece ao máximo o fim de sua ação e move a si mesmo, é nos seus atos que o voluntário se manifesta ao máximo[b].

---

7. Q. 1, a. 2.
8. Locis cit. in 1 arg.

b. Sto. Tomás define o "voluntário" por dois aspectos: é voluntária a ação que contém em si o seu princípio dinâmico e o conhecimento de seu fim, que é ao mesmo tempo espontânea e inteligente. O ato voluntário procede assim de duas faculdades que são próprias do homem: a vontade, pela qual nós nos movemos a agir, e a inteligência, que nos torna capazes de dirigir nosso agir mediante o conhecimento do fim. Voltaremos a encontrar tal conjunção entre vontade e inteligência na livre escolha. Desse modo, o homem possui em si, em sua interioridade, os dois princípios essenciais de seus atos. Pode de maneira plena agir por si mesmo e ter o domínio sobre seus atos. Pode, portanto, assumir sua responsabilidade moral. Na linguagem de hoje, diríamos que o ato voluntário procede do homem na medida em que é uma pessoa inteligente e livre.

A menção do fim é um acréscimo de Sto. Tomás. Ele designa assim o conhecimento de toda a orientação ao fim que vai reger o agir humano em seu conjunto. Desse modo, o estudo do ato humano coordena-se ao tratado do fim último e da bem-aventurança.

AD PRIMUM ergo dicendum quod non omne principium est principium primum. Licet ergo de ratione voluntarii sit quod principium eius sit intra, non tamen est contra rationem voluntarii quod principium intrinsecum causetur vel moveatur ab exteriori principio: quia non est de ratione voluntarii quod principium intrinsecum sit principium primum. — Sed tamen sciendum quod contingit aliquod principium motus esse primum in genere, quod tamen non est primum simpliciter sicut in genere alterabilium primum alterans est corpus caeleste, quod tamen non est primum movens simpliciter, sed movetur motu locali a superiori movente. Sic igitur principium intrinsecum voluntarii actus, quod est vis cognoscitiva et appetitiva, est primum principium in genere appetitivi motus, quamvis moveatur ab aliquo exteriori secundum alias species motus.

AD SECUNDUM dicendum quod motus animalis novus praevenitur quidem ab aliquo exteriori motu quantum ad duo. Uno modo, inquantum per motum exteriorem praesentatur sensui animalis aliquod sensibile, quod apprehensum movet appetitum: sicut leo videns cervum per eius motum appropinquantem, incipit moveri ad ipsum. Alio modo, inquantum per exteriorem motum incipit aliqualiter immutari naturali immutatione corpus animalis, puta per frigus vel calorem; corpore autem immutato per motum exterioris corporis, immutatur etiam per accidens appetitus sensitivus, qui est virtus organi corporei; sicut cum ex aliqua alteratione corporis commovetur appetitus ad concupiscentiam alicuius rei. Sed hoc non est contra rationem voluntarii, ut dictum est[9] huiusmodi enim motiones ab exteriori principio sunt alterius generis.

AD TERTIUM dicendum quod Deus movet hominem ad agendum non solum sicut proponens sensui appetibile, vel sicut immutans corpus, sed etiam sicut movens ipsam voluntatem: quia omnis motus tam voluntatis quam naturae, ab eo

QUANTO AO 1º, portanto, deve-se dizer que nem todo princípio é primeiro princípio. Embora a razão de voluntário implique o seu princípio intrínseco, não vai contra a razão de voluntário que o princípio intrínseco seja causado ou movido por um princípio exterior: pois não é da razão do voluntário que o princípio intrínseco seja o primeiro princípio. — Acontece que algum princípio do movimento seja o primeiro em seu gênero, mas que não o seja de modo absoluto. Tal acontece no gênero das coisas sujeitas a alteração, para as quais o primeiro alterante é o corpo celeste, que, no entanto, não é o primeiro motor absoluto, mas é movido no movimento local por um motor superior. Assim sendo, o princípio intrínseco do ato voluntário, que é a potência cognitiva e apetitiva, é primeiro princípio no gênero do movimento apetitivo, embora seja movido por algo exterior segundo outras espécies de movimento.

QUANTO AO 2º, deve-se dizer que um novo movimento do animal é precedido por um movimento exterior de dois modos. Primeiro, quando pelo movimento exterior é apresentado ao sentido do animal algo sensível que apreendido move o apetite. Assim é que o leão, vendo o veado que dele se aproxima, começa a se mover para ele. Segundo, quando o corpo do animal, por um movimento exterior, começa de algum modo a ser mudado por uma mudança natural; por exemplo, pelo calor e pelo frio. O corpo mudado pelo movimento do corpo exterior, acidentalmente muda também o apetite sensitivo, que é uma potência de órgão corpóreo, assim como por uma alteração do corpo desperta o apetite para a concupiscência de alguma coisa. Isso, porém, não é contra a razão de voluntário, como foi dito, porque essas moções de princípios exteriores são de outro gênero.

QUANTO AO 3º, deve-se dizer que Deus move o homem para agir não somente propondo aos sentidos o objeto apetecível, ou mudando o corpo, como também movimentando a sua vontade, porque todo movimento, quer da vontade, quer da

---

9. Resp. ad 1.

No entanto, o termo "voluntário" é analógico. Pode aplicar-se também, mas de maneira imperfeita, aos animais, que só possuem o conhecimento material do fim que eles perseguem, e aos seres da natureza, como as plantas, na medida em que possuem certa espontaneidade em seus movimentos, embora não sejam dotados de conhecimento. Seguindo a física aristotélica, Sto. Tomás reconhece a existência de um movimento natural, voluntário, no fato de que ele provém do interior, mesmo nos seres inanimados, como na pedra, que segue a atração terrestre. Esse voluntário, que se poderia chamar de primário, é obra do autor da natureza, o qual age igualmente no homem, mas no âmbito de sua natureza espiritual. É por esse motivo que existe certa harmonia e similaridade entre esses graus do voluntário, apesar de suas diferenças. Aliás, são todos encontrados no homem, composto de corpo e de alma. Para Sto. Tomás, o natural e o voluntário não se contrapõem, mas se coordenam. Dessa forma, pode tomar emprestado ao mundo físico e sensível exemplos para falar a respeito das realidades humanas, ainda as espirituais.

procedit sicut a primo movente. Et sicut non est contra rationem naturae quod motus naturae sit a Deo sicut a primo movente, inquantum natura est quoddam instrumentum Dei moventis; ita non est contra rationem actus voluntarii quod sit a Deo, inquantum voluntas a Deo movetur. Est tamen communiter de ratione naturalis et voluntarii motus, quod sint a principio intrinseco.

natureza, dele procede, como do primeiro motor. E como não é contra a razão de natureza que o movimento natural proceda de Deus como do primeiro motor, enquanto a natureza é um instrumento de Deus que a move, assim também não é contra a razão do ato voluntário que proceda de Deus, enquanto a vontade é por ele movida. Entretanto, é comum à razão do movimento natural e voluntário que procedam de um princípio intrínseco[c].

Articulus 2
Utrum voluntarium inveniatur in animalibus brutis

Ad secundum sic proceditur. Videtur quod voluntarium non sit in brutis animalibus.

1. Voluntarium enim a voluntate dicitur. Voluntas autem, cum sit in ratione, ut dicitur in III de Anima[1], non potest esse in brutis animalibus. Ergo neque voluntarium in eis invenitur.

2. Praeterea secundum hoc quod actus humani sunt voluntarii, homo dicitur esse dominus suorum actuum. Sed bruta animalia non habent dominium sui actus: *non enim agunt, sed magis aguntur*, ut Damascenus dicit[2]. Ergo in brutis animalibus non est voluntarium.

3. Praeterea, Damascenus dicit[3] quod *actus voluntarios sequitur laus et vituperium*. Sed actibus brutorum animalium non debetur neque laus neque vituperium. Ergo in eis non est voluntarium.

Sed contra est quod dicit Philosophus, in III *Ethic*.[4], quod *pueri et bruta animalia communicant voluntario*. Et idem dicunt Damascenus[5] et Gregorius Nyssenus[6].

Respondeo dicendum quod, sicut dictum est[7], ad rationem voluntarii requiritur quod principium actus sit intra, cum aliqua cognitione finis. Est autem duplex cognitio finis: perfecta scilicet, et imperfecta. Perfecta quidem finis cognitio est

Artigo 2
Encontra-se o voluntário nos animais?

Quanto ao segundo, assim se procede: parece que **não** há o voluntário nos animais.

1. Com efeito, voluntário deriva de vontade. Ora, como a vontade está na razão, conforme o livro III da *Alma*, não pode haver nos animais. Logo, nem tampouco o voluntário.

2. Além disso, por serem os atos humanos voluntários, o homem é senhor de seus atos. Ora, os animais não têm domínio de seus atos, como diz Damasceno, "Os animais não agem, mas são movidos para tal". Logo, não há o voluntário nos animais.

3. Ademais, diz Damasceno: "Aos atos voluntários seguem o louvor ou o vitupério". Ora, aos atos dos animais não se devem nem o louvor, nem o vitupério. Logo, neles não há o voluntário.

Em sentido contrário, diz o Filósofo no livro III da *Ética*: "As crianças e os animais têm em comum o voluntário", e isto dizem Damasceno e Gregório de Nissa.

Respondo. Como foi dito, a razão de voluntário exige que o princípio do ato seja intrínseco com algum conhecimento do fim. O conhecimento do fim é duplo: perfeito e imperfeito. Perfeito, é o conhecimento do fim, quando não somente

---

2 Parall.: II *Sent*., dist. 25, a. 1, ad 6; *De Verit*., q. 23, a. 1; III *Ethic*., lect. 4.

1. C. 9: 432, b, 5.
2. *De fide orth*., l. II, c. 27: MG 94, 960 D.
3. *Ibid*. c. 24: MG 94, 953 A.
4. C. 4: 1111, b, 8-9.
5. Loco proxime cit.
6. Nemesius, *De nat. hom*., c. 32, al. 1. V, c. 3: MG 40, 729 A.
7. A. praec.

---

c. A noção de voluntário não exclui a intervenção de causas exteriores a nós na formação de nossos atos, por intermédio seja da sensibilidade, seja do conhecimento. Ao assumi-las, podemos fazer participar as realidades exteriores à construção de nossas ações. O caso de Deus, contudo, deve ser tomado à parte, como único. Somente Deus pode penetrar na interioridade do homem e agir sobre sua vontade, pois, como criador, lhe dá ser e agir. Porém, essa ação divina, longe de diminuir o caráter voluntário e livre de nossos atos, funda-o e tende a desenvolvê-lo. É por meio do senso natural da verdade e do bem que se exerce em nós a ação divina.

quando non solum apprehenditur res quae est finis, sed etiam cognoscitur ratio finis, et proportio eius quod ordinatur in finem ad ipsum. Et talis cognitio finis competit soli rationali naturae. Imperfecta autem cognitio finis est quae in sola finis apprehensione consistit, sine hoc quod cognoscatur ratio finis, et proportio actus ad finem. Et talis cognitio finis invenitur in brutis animalibus, per sensum et aestimationem naturalem.

Perfectam igitur cognitionem finis sequitur voluntarium secundum rationem perfectam: prout scilicet, apprehenso fine, aliquis potest, deliberans de fine et de his quae sunt ad finem, moveri in finem vel non moveri. Imperfectam autem cognitionem finis sequitur voluntarium secundum rationem imperfectam: prout scilicet apprehendens finem non deliberat, sed subito movetur in ipsum. Unde soli rationali naturae competit voluntarium secundum rationem perfectam: sed secundum rationem imperfectam, competit etiam brutis animalibus.

AD PRIMUM ergo dicendum quod voluntas nominat rationalem appetitum: et ideo non potest esse in his quae ratione carent. Voluntarium autem denominative dicitur a voluntate, et potest trahi ad ea in quibus est aliqua participatio voluntatis, secundum aliquam convenientiam ad voluntatem. Et hoc modo voluntarium attribuitur animalibus brutis: inquantum scilicet per cognitionem aliquam moventur in finem.

AD SECUNDUM dicendum quod ex hoc contingit quod homo est dominus sui actus, quod habet deliberationem de suis actibus: ex hoc enim quod ratio deliberans se habet ad opposita, voluntas in utrumque potest. Sed secundum hoc voluntarium non est in brutis animalibus, ut dictum est[8].

AD TERTIUM dicendum quod laus et vituperium consequuntur actum voluntarium secundum perfectam voluntarii rationem; qualis non invenitur in brutis.

se apreende a coisa que é fim, como também, se conhece a razão do fim e a proporção com o fim daquilo que se ordena para ele. Este conhecimento do fim pertence apenas à natureza racional. Imperfeito é o conhecimento do fim, quando ele consiste somente na apreensão do fim, sem conhecer a razão do fim e a proporção do ato para o fim. Este conhecimento do fim encontra-se nos animais, pelos sentidos e pelo instinto natural.

Ao perfeito conhecimento do fim segue o voluntário em sua razão perfeita, enquanto apreendido o fim, pode alguém, deliberando sobre este e sobre as coisas que levam a ele, ser ou não ser movida para o fim. Ao imperfeito conhecimento do fim, segue o voluntário em sua razão imperfeita, enquanto ao apreender o fim não delibera, mas é imediatamente movido para o fim. Daí que, só à natureza racional pertence o voluntário segundo a razão perfeita. Mas segundo a razão imperfeita, cabe também aos animais[d].

QUANTO AO 1º, portanto, deve-se dizer que a vontade denomina o apetite racional, e por isso não pode ser encontrada nos carentes de razão. Mas, como o voluntário deriva de vontade, pode ser atribuído àquilo que tem alguma participação da vontade. É desse modo que se atribui o voluntário aos animais, enquanto por algum conhecimento se movem para o fim.

QUANTO AO 2º, deve-se dizer que o homem é senhor de seus atos porque delibera sobre eles. Assim, a vontade pode se dirigir para um e outro fim, porque a razão ao deliberar escolhe entre fins opostos. Por isso, não se encontra nos animais tal voluntário, como foi dito.

QUANTO AO 3º, deve-se dizer que o louvor e o vitupério seguem-se ao ato voluntário segundo a perfeita razão de voluntário, o que não se encontra nos animais.

---

8. In corp.

d. O voluntário humano se diferencia do voluntário animal pela capacidade que o homem possui de deliberar, de refletir sobre a relação de seus atos com seu fim, como entre meio e fim, o que supõe uma apreensão intelectual da finalidade. Enquanto o animal só percebe o fim concreto, material, e o persegue sempre pelos meios que lhe ensinou a natureza, o homem pode encontrar múltiplos caminhos e inventar novos meios para alcançar seu fim. Ele é livre para construir suas ações. A essa superioridade na ordem da inteligência corresponde uma superioridade na ordem do apetite: haverá na vontade humana uma aspiração à verdade e ao bem, a Deus, enfim, que ultrapassa os desejos sensíveis.

Articulus 3
Utrum voluntarium possit esse absque omni actu

AD TERTIUM SIC PROCEDITUR. Videtur quod voluntarium non possit esse sine actu.
1. Voluntarium enim dicitur quod est a voluntate. Sed nihil potest esse a voluntate nisi per aliquem actum, ad minus ipsius voluntatis. Ergo voluntarium non potest esse sine actu.

2. PRAETEREA, sicut per actum voluntatis dicitur aliquis velle, ita cessante actu voluntatis dicitur non velle. Sed non velle involuntarium causat, quod opponitur voluntario. Ergo voluntarium non potest esse, actu voluntatis cessante.

3. PRAETEREA, de ratione voluntarii est cognitio, ut dictum est¹. Sed cognitio est per aliquem actum. Ergo voluntarium non potest esse absque aliquo actu.

SED CONTRA, illud cuius domini sumus, dicitur esse voluntarium. Sed nos domini sumus eius quod est agere et non agere, velle et non velle. Ergo sicut agere et velle est voluntarium, ita et non agere et non velle.

RESPONDEO dicendum quod voluntarium dicitur quod est a voluntate. Ab aliquo autem dicitur esse aliquid dupliciter. Uno modo, directe: quod scilicet procedit ab aliquo inquantum est agens, sicut calefactio a calore. Alio modo, indirecte, ex hoc ipso quod non agit: sicut submersio navis dicitur esse a gubernatore, inquantum desistit a gubernando. Sed sciendum quod non semper id quod sequitur ad defectum actionis, reducitur sicut in causam in agens, ex eo quod non agit: sed solum tunc cum potest et debet agere. Si enim gubernator non posset navem dirigere, vel non esset ei commissa gubernatio navis, non imputaretur ei navis submersio, quae per absentiam gubernatoris contingeret.

Quia igitur voluntas, volendo et agendo, potest impedire hoc quod est non velle et non agere, et aliquando debet; hoc quod est non velle et non agere, imputatur ei, quasi ab ipsa existens. Et sic voluntarium potest esse absque actu: quandoque quidem absque actu exteriori, cum actu interiori, sicut cum vult non agere; aliquando autem et absque actu interiori, sicut cum non vult.

Artigo 3
O voluntário pode ser sem ato?

QUANTO AO TERCEIRO, ASSIM SE PROCEDE: parece que o voluntário **não** pode existir sem ato.
1. Com efeito, chama-se voluntário o que procede da vontade. Ora, nenhuma coisa pode proceder da vontade senão por um ato, ao menos por um ato da vontade. Logo, o voluntário não pode existir sem ato.

2. ALÉM DISSO, diz-se que alguém quer algo por um ato da vontade, de modo que, cessando o ato não há mais querer. Ora, o não querer causa o involuntário, que se opõe ao voluntário. Logo, não pode existir o voluntário, cessando o ato da vontade.

3. ADEMAIS, o conhecimento é da razão do voluntário, como foi dito. Ora, o conhecimento se dá por um ato. Logo, o voluntário não pode existir sem algum ato.

EM SENTIDO CONTRÁRIO, chama-se voluntário aquilo de que temos domínio. Ora, temos domínio sobre agir ou não agir, querer ou não querer. Logo, como agir ou querer são voluntários, também o são não agir e não querer.

RESPONDO. Chama-se voluntário o que procede da vontade. Duplamente, uma coisa pode proceder de outra: Primeiro, diretamente, quando procede de outra enquanto é agente, como o aquecimento procede do calor. Segundo, indiretamente, quando procede de algo que não age, como se diz que o naufrágio da nave procede do comandante enquanto desistiu de conduzi-la. Deve-se saber que o que se segue à falta da ação nem sempre se atribui ao agente como causa, porque deixou de agir, mas somente quando podia e devia agir. Se o comandante não pudesse governar a nave ou não lhe fosse dada essa incumbência, não lhe seria imputado o naufrágio causado por sua ausência.

Por isso, porque a vontade, querendo e agindo, pode, e às vezes deve, impedir o não agir e o não querer, então, o não querer e o não agir lhe serão imputadas como se delas procedessem. Eis por que o voluntário pode existir sem ato: 'às vezes sem o ato exterior, mas com ato interior, quando quer não agir; às vezes, sem o ato interior, quando não quer^e.

---

3 PARALL.: Infra, q. 71, a. 5, ad 2; II *Sent.*, dist. 35, a. 3; *De Malo*, q. 2, a. 1, ad 2.
  1. A. 1, 2.

e. Este artigo responde a uma questão bastante discutida na época de Sto. Tomás, a do pecado de omissão. Estabelece a responsabilidade daquele que pode e deve agir quando negligencia, seja o agir, seja o estar atento ao momento de agir.

AD PRIMUM ergo dicendum quod voluntarium dicitur non solum quod procedit a voluntate directe, sicut ab agente; sed etiam quod est ab ea indirecte, sicut a non agente.

AD SECUNDUM dicendum quod *non velle* dicitur dupliciter. Uno modo, prout sumitur in vi unius dictionis, secundum quod est infinitivum huius verbi *nolo*. Unde sicut cum dico *Nolo legere*, sensus est, *Volo non legere*; ita hoc quod est *non velle legere*, significat *velle non legere*. Et sic non velle causat involuntarium. — Alio modo sumitur in vi orationis. Et tunc non affirmatur actus voluntatis. Et huiusmodi non velle non causat involuntarium.

AD TERTIUM dicendum quod eo modo requiritur ad voluntarium actus cognitionis, sicut et actus voluntatis; ut scilicet sit in potestate alicuius considerare et velle et agere. Et tunc sicut non velle et non agere, cum tempus fuerit, est voluntarium, ita etiam non considerare.

QUANTO AO 1º, portanto, deve-se dizer que se chama voluntário não somente o que procede diretamente da vontade, como de um agente, como também o que dela procede indiretamente, como de um não agente.

QUANTO AO 2º, deve-se dizer que de dois modos se entende o não querer. Primeiro, tomando-o como uma só expressão, enquanto é o infinitivo do verbo *não quero*. Assim, quando digo *não quero ler*, o sentido é *quero não ler*, e assim *não querer ler* significa *querer não ler*. E assim o não querer causa o voluntário. — Segundo, tomando-o como uma expressão. E então não afirma o ato de vontade. O não querer não causa o involuntário.

QUANTO AO 3º, deve-se dizer que são necessários para o voluntário o ato do conhecimento e o ato da vontade, de tal maneira que esteja no poder de alguém considerar, querer e agir. E assim, como não querer e não agir num determinado momento é voluntário, também o é não considerar.

ARTICULUS 4
Utrum violentia voluntati possit inferri

AD QUARTUM SIC PROCEDITUR. Videtur quod voluntati possit violentia inferri.

1. Unumquodque enim potest cogi a potentiori. Sed aliquid est humana voluntate potentius, scilicet Deus. Ergo saltem ab eo cogi potest.

2. PRAETEREA, omne passivum cogitur a suo activo, quando immutatur ab eo. Sed voluntas est vis passiva: est enim *movens motum*, ut dicitur in III *de Anima*[1]. Cum ergo aliquando moveatur a suo activo, videtur quod aliquando cogatur.

3. PRAETEREA, motus violentus est qui est contra naturam. Sed motus voluntatis aliquando est contra naturam; ut patet de motu voluntatis ad peccandum, qui est contra naturam, ut Damascenus dicit[2]. Ergo motus voluntatis potest esse coactus.

ARTIGO 4
Pode a vontade sofrer violência?[f]

QUANTO AO QUARTO, ASSIM SE PROCEDE: parece que a vontade **pode** sofrer violência.

1. Com efeito, cada um pode ser coagido por um mais poderoso. Ora, algo é mais poderoso que a vontade humana, a saber, Deus. Logo, ao menos por ele, ela pode ser coagida.

2. ALÉM DISSO, todo passivo é coagido pelo seu ativo, quando é por ele modificado. Ora, a vontade é uma potência passiva, pois é um movente movido, como diz o livro III da *Alma*. Logo, sendo, às vezes, movida por seu princípio ativo, parece que, às vezes, é coagida.

3. ADEMAIS, violento é o movimento contra a natureza. Ora, o movimento da vontade é, às vezes, contra a natureza, o que é evidenciado em seu movimento para o pecado, que é contra a natureza, como disse Damasceno. Logo, o movimento da vontade pode ser coagido.

---

4 PARALL.: Part. I, q. 82, a. 1; II *Sent.*, dist. 25, a. 2; IV, dist. 29, a. 1; *De Verit.*, q. 22, a. 5, 8.

1. C. 10: 433, b, 17-18.
2. *De fide orth.* l. IV, c. 20: MG 94, 1196 B.

Notemos aqui uma diferença entre o vocabulário de Sto. Tomás e o dos moralistas modernos. Para Sto. Tomás, é indiretamente voluntário o que procede de uma falta devido à omissão, como um acidente devido à negligência do piloto. Para os modernos, o voluntário indireto qualifica o efeito que é a consequência do que se quer positivamente, mas que é querido por si mesmo, como a esterilidade pode ser o efeito eventual de um medicamento necessário para recuperar a saúde.

f. Depois da definição do voluntário, Sto. Tomás passa ao estudo dos impedimentos que o contrariam e diminuem a responsabilidade moral. Distingue quatro deles: violência (aa. 4-5), paixão, temor e ignorância. Não se põe aqui a questão da existência da liberdade frente aos condicionamentos externos. Estudou a existência do livre-arbítrio na I Parte, q. 83, a. 1.

SED CONTRA est quod Augustinus dicit, in V *de Civ. Dei*³, quod si aliquod fit voluntate, non fit ex necessitate. Omne autem coactum fit ex necessitate. Ergo quod fit ex voluntate, non potest esse coactum. Ergo voluntas non potest cogi ad agendum.

RESPONDEO dicendum quod duplex est actus voluntatis: unus quidem qui est eius immediate, velut ab ipsa elicitus, scilicet velle; alius autem est actus voluntatis a voluntate imperatus, et mediante alia potentia exercitus, ut ambulare et loqui, qui a voluntate imperantur mediante potentia motiva. Quantum igitur ad actus a voluntate imperatos, voluntas violentiam pati potest, inquantum per violentiam exteriora membra impediri possunt ne imperium voluntatis exequantur. Sed quantum ad ipsum proprium actum voluntatis, non potest ei violentia inferri.

Et huius ratio est quia actus voluntatis nihil est aliud quam inclinatio quaedam procedens ab interiori principio cognoscente: sicut appetitus naturalis est quaedam inclinatio ab interiori principio et sine cognitione. Quod autem est coactum vel violentum, est ab exteriori principio. Unde contra rationem ipsius actus voluntatis est quod sit coactus vel violentus: sicut etiam est contra rationem naturalis inclinationis vel motus. Potest enim lapis per violentiam sursum ferri: sed quod iste motus violentus sit ex eius naturali inclinatione, esse non potest. Similiter etiam potest homo per violentiam trahi: sed quod hoc sit ex eius voluntate, repugnat rationi violentiae.

AD PRIMUM ergo dicendum quod Deus, qui est potentior quam voluntas humana, potest voluntatem humanam movere; secundum illud Pr 21,1: *Cor regis in manu Dei est, et quocumque voluerit, vertet illud*. Sed si hoc esset per violentiam, iam non esset cum actu voluntatis, nec ipsa voluntas moveretur, sed aliquid contra voluntatem.

EM SENTIDO CONTRÁRIO, diz Agostinho que se alguma coisa é feita pela vontade, não será feita por necessidade. Ora, tudo o que é coagido é feito por necessidade. Logo, o que é feito pela vontade não pode ser coagido. Consequentemente a vontade não pode ser coagida em sua ação.

RESPONDO. O ato da vontade é duplo: um, que lhe é imediato, como emanado dela, querer; outro, que é por ela imperado e exercido por outra potência, como andar, falar, que são imperados pela vontade, mas exercidos por uma potência motora. Quanto aos atos imperados pela vontade, ela pode sofrer violência, enquanto os membros exteriores podem ser impedidos de exercerem o império da vontade. Mas, quanto ao próprio ato da vontade, ela não pode sofrer violência alguma.

A razão disto está em que o ato da vontade nada mais é que certa inclinação procedente de princípio interior que conhece, como o apetite natural é uma certa inclinação de um princípio sem conhecimento. O que é coagido ou violentado vem de um princípio exterior. Por isso, é contra a razão do mesmo ato da vontade ser coagido ou violentado, como também é contra a razão da inclinação natural ou do movimento. Poderia, pois, a pedra ser jogada para cima sem violência, mas tal movimento violento não pode proceder de sua inclinação natural. Semelhantemente, poderá um homem ser empurrado pela violência, mas é contra a razão de violência que isto venha de sua vontade⁸.

QUANTO AO 1º, portanto, deve-se dizer que sendo Deus mais poderoso que a vontade humana, pode mover essa vontade, segundo se lê no livro dos Provérbios: "O coração do rei está nas mãos do Deus que o dirige para onde quer". Mas se isto fosse feito por violência, já não seria com o ato da vontade, nem ela se moveria, pois seria algo contrário a ela.

---

3. C. 10, n. 1: ML 41, 152.

Voltará a ela adiante, a propósito da escolha, na q. 13, a. 6. A violência se define assim: "Aquilo cujo princípio é exterior, sem nenhum auxílio daquele que a sofre" (ver a. 6, r. 1).

g. Observemos a distinção entre ato emitido (emanado, elícito) e ato imperado, a qual vai a surgir na sequência e reproduz, aproximadamente, aquela entre ato interior e ato exterior, que será utilizada para estabelecer a moralidade dos atos (qq. 19-20). Não se trata de atos completos e separados, mas de partes da uma concreta. Desse modo, pode-se distinguir a intenção de caminhar da própria caminhada. Todavia, concretamente, uma está na outra e a determina. É preciso distingui-las, contudo, para os fins de análise, e ocorre que a intenção seja impedida ou contrariada por uma causa externa que lhe faz violência. Põe-se então a questão da responsabilidade.

A resposta se baseia na independência de nossos atos "emitidos" ou "interiores", como querer, a intenção, a escolha, em relação a toda coerção externa. Alguém pode forçar-nos a caminhar, mas ninguém pode forçar-nos a querer, nem a amar.

AD SECUNDUM dicendum quod non semper est motus violentus, quando passivum immutatur a suo activo: sed quando hoc fit contra interiorem inclinationem passivi. Alioquin omnes alterationes et generationes simplicium corporum essent innaturales et violentae. Sunt autem naturales, propter naturalem aptitudinem interiorem materiae vel subiecti ad talem dispositionem. Et similiter quando voluntas movetur ab appetibili secundum propriam inclinationem, non est motus violentus, sed voluntarius.

AD TERTIUM dicendum quod id in quod voluntas tendit peccando, etsi sit malum et contra rationalem naturam secundum rei veritatem, apprehenditur tamen ut bonum et conveniens naturae, inquantum est conveniens homini secundum aliquam passionem sensus, vel secundum aliquem habitum corruptum.

QUANTO AO 2º, deve-se dizer que não há sempre violência quando o passivo é modificado por seu ativo, mas quando isto se faz contra a inclinação interior do passivo. Se assim não fosse, todas as alterações e gerações dos corpos simples seriam contra a natureza e violentas. São elas naturais por causa da aptidão natural e interior da matéria ou do sujeito para tal disposição. Semelhantemente, quando a vontade é movida pelo apetecível segundo a própria inclinação, não é o seu movimento violento, mas voluntário.

QUANTO AO 3º, deve-se dizer que aquilo para o qual a vontade tende pecando, embora seja verdadeiramente mau e contra a natureza racional, é, não obstante, apreendido como um bem e conveniente à natureza, enquanto é conveniente ao homem segundo alguma paixão dos sentidos ou segundo algum hábito depravado.

ARTICULUS 5
Utrum violentia causet involuntarium

AD QUINTUM SIC PROCEDITUR. Videtur quod violentia non causet involuntarium.

1. Voluntarium enim et involuntarium secundum voluntatem dicuntur. Sed voluntati violentia inferri non potest, ut ostensum est[1]. Ergo violentia involuntarium causare non potest.

2. PRAETEREA, id quod est involuntarium, est cum tristitia, ut Damascenus[2] et Philosophus[3] dicunt. Sed aliquando patitur aliquis violentiam, nec tamen inde tristatur. Ergo violentia non causat involuntarium.

3. PRAETEREA, id quod est a voluntate, non potest esse involuntarium. Sed aliqua violenta sunt a voluntate: sicut cum aliquis cum corpore gravi sursum ascendit; et sicut cum aliquis inflectit membra contra naturalem eorum flexibilitatem. Ergo violentia non causat involuntarium.

SED CONTRA est quod Philosophus[4] et Damascenus[5] dicunt, quod *aliquid est involuntarium per violentiam*.

ARTIGO 5
A violência causa o involuntário?[h]

QUANTO AO QUINTO, ASSIM SE PROCEDE: parece que a violência **não** causa o involuntário.

1. Com efeito, voluntário e involuntário referem-se à vontade. Ora, como se viu acima, não é possível à vontade sofrer violência. Logo, a violência não pode causar o involuntário.

2. ALÉM DISSO, dizem o Filósofo e Damasceno que o involuntário é acompanhado da tristeza. Ora, às vezes alguém sofre violência e nem por isso se entristece. Logo, a violência não causa o involuntário.

3. ADEMAIS, o que procede da vontade não pode ser involuntário. Ora, algumas ações violentas procedem da vontade, por exemplo, quando alguém sobe com seu corpo pesado, ou dobra os membros contra a natural flexibilidade dos mesmos. Logo, a violência não causa o involuntário.

EM SENTIDO CONTRÁRIO, o Filósofo e Damasceno dizem que "alguma coisa é involuntária pela violência".

---

5 PARALL.: Infra, q. 73, a. 6; III *Ethic.*, lect. 1.

1. A. praec.
2. *De fide orth.*, l. II, c. 24: MG 94, 953 B.
3. *Eth.* III, 3: 1111, a, 32.
4. *Eth.* III, 1: 1109, b, 35-1110, a, 1.
5. Loc. cit.

---

h. Notemos que o termo "involuntário" é mais expressivo aqui do que seu correspondente em nossa linguagem. Chamamos involuntária a ação feita sem intervenção da vontade, por inadvertência. Para Sto. Tomás, "involuntária" designa a ação que contraria a vontade; poder-se-ia traduzi-la por "contravoluntária".

RESPONDEO dicendum quod violentia directe opponitur voluntario, sicut etiam et naturali. Commune est enim voluntario et naturali quod utrumque sit a principio intrinseco: violentum autem est a principio extrinseco. Et propter hoc, sicut in rebus quae cognitione carent, violentia aliquid facit contra naturam; ita in rebus congoscentibus facit aliquid esse contra voluntatem. Quod autem est contra naturam, dicitur esse *innaturale*: et similiter quod est contra voluntatem, dicitur esse *involuntarium*. Unde violentia involuntarium causat.

AD PRIMUM ergo dicendum quod involuntarium voluntario opponitur. Dictum est autem supra[6] quod voluntarium dicitur non solum actus qui est immediate ipsius voluntatis, sed etiam actus a voluntate imperatus. Quantum igitur ad actum qui est immediate ipsius voluntatis, ut supra[7] dictum est, violentia voluntati inferri non potest: unde talem actum violentia involuntarium facere non potest. Sed quantum ad actum imperatum, voluntas potest pati violentiam. Et quantum ad hunc actum, violentia involuntarium facit.

AD SECUNDUM dicendum quod, sicut naturale dicitur quod est secundum inclinationem naturae, ita voluntarium dicitur quod est secundum inclinationem voluntatis. Dicitur autem aliquid naturale dupliciter. Uno modo, quia est a natura sicut a principio activo: sicut calefacere est naturale igni. Alio modo, secundum principium passivum, quia scilicet est in natura inclinatio ad recipiendum actionem a principio extrinseco: sicut motus caeli dicitur esse naturalis, propter aptitudinem naturalem caelestis corporis ad talem motum, licet movens sit voluntarium. Et similiter voluntarium potest aliquid dici dupliciter: uno modo, secundum actionem, puta cum aliquis vult aliquid agere; alio modo, secundum passionem, scilicet cum aliquis vult pati ab alio. Unde cum actio infertur ab aliquo exteriori, manente in eo qui patitur voluntate patiendi, non est simpliciter violentum: quia licet ille qui patitur non conferat agendo, confert tamen volendo pati. Unde non potest dici involuntarium.

AD TERTIUM dicendum quod, sicut Philosophus dicit in VIII *Physic*.[8], motus animalis quo interdum movetur animal contra naturalem inclinationem corporis, etsi non sit naturalis corpori, est tamen quodammodo naturalis animali, cui naturale est

RESPONDO. A violência se opõe diretamente ao voluntário, como também ao natural. É comum ao voluntário e ao natural procederem de princípio intrínseco; o violento, porém, procede de princípio extrínseco. Por isso, como no que carece de conhecimento a violência faz algumas coisas contra a natureza, também no que conhece produz algo contra a vontade. Com efeito, o que é contra a natureza diz-se *não natural*, como também o que é contra a vontade diz-se que é *involuntário*. Logo, a violência causa o involuntário.

QUANTO AO 1º, portanto, deve-se dizer que opõem-se involuntário e voluntário. Foi acima dito que chama-se voluntário não somente o ato que imediatamente procede da vontade, mas também o ato que é imperado pela vontade. Foi também dito que, quanto ao ato que procede imediatamente da vontade, é impossível que sofra violência; por isso a violência não pode fazer tal ato involuntário. Mas quanto ao ato imperado, a vontade pode sofrer violência; por isso, quanto a esse ato, a violência faz o involuntário.

QUANTO AO 2º, deve-se dizer que assim como natural é o que segue a inclinação da natureza, assim diz-se voluntário o que é segundo a inclinação da vontade. De dois modos diz-se uma coisa natural. De um modo, porque procede da natureza como de princípio ativo, como aquecer é natural ao fogo. De outro modo, segundo o princípio passivo, porque está na natureza a inclinação para receber a ação de princípio extrínseco, como o movimento do céu se diz que é natural, devido à aptidão natural do corpo celeste para tal movimento, embora o movente seja voluntário. Igualmente o voluntário pode ser dito de dois modos: De um modo, segundo a ação, ou seja, quando alguém quer fazer algo; de outro modo, segundo a passividade, ou seja, quando alguém quer sofrer algo de outro. Donde, quando a ação procede de algo exterior, permanecendo naquele que a sofre por seu consentimento, não acontece absolutamente violência. Neste caso, o que sofre a ação nada faz, mas somente quer sofrer a violência. Logo, tal não pode ser chamado involuntário.

QUANTO AO 3º, deve-se dizer que, como diz o Filósofo no livro VIII da *Física*, o movimento do animal, que às vezes vai contra a inclinação natural do corpo, embora não seja natural ao corpo, é de certo modo natural ao animal, pois lhe

---

6. A. praec.
7. Ibid.
8. C. 4: 254, b, 14-24.

quod secundum appetitum moveatur. Et ideo hoc non est violentum simpliciter, sed secundum quid. — Et similiter est dicendum cum aliquis inflectit membra contra naturalem dispositionem. Hoc enim est violentum secundum quid, scilicet quantum ad membrum particulare non tamen simpliciter, quantum ad ipsum hominem.

é natural que seja movido pelo apetite. Por isso, tal não é absolutamente violento, mas de certo modo. — O mesmo se diz quando alguém faz uma flexão corpórea contra a disposição natural. Isto será violento de certo modo, isto é, quanto ao membro particular que sofre a flexão, mas não absolutamente quanto ao mesmo homem.

Articulus 6
Utrum metus causet involuntarium simpliciter

AD SEXTUM SIC PROCEDITUR. Videtur quod metus causet involuntarium simpliciter.

1. Sicut enim violentia est respectu eius quod contrariatur praesentialiter voluntati, ita metus est respectu mali futuri quod repugnat voluntati. Sed violentia causat involuntarium simpliciter. Ergo et metus involuntarium simpliciter causat.

2. PRAETEREA, quod est secundum se tale, quolibet addito remanet tale: sicut quod secundum se est calidum, cuicumque coniungatur, nihilominus est calidum, ipso manente. Sed illud quod per metum agitur, secundum se est involuntarium. Ergo etiam adveniente metu est involuntarium.

3. PRAETEREA, quod sub conditione est tale, secundum quid est tale; quod autem absque conditione est tale, simpliciter est tale: sicut quod est necessarium ex conditione, est necessarium secundum quid; quod autem est necessarium absolute, est necessarium simpliciter. Sed id quod per metum agitur, est involuntarium absolute: non est autem voluntarium nisi sub conditione, scilicet ut vitetur malum quod timetur. Ergo id quod per metum agitur, est simpliciter involuntarium.

SED CONTRA est quod Gregorius Nyssenus[1] dicit, et etiam Philosophus[2], quod huiusmodi quae per metum aguntur, sunt *magis voluntaria quam involuntaria*.

RESPONDEO dicendum quod, sicut Philosophum dicit in III *Ethic.*[3], et idem dicit Gregorius Nyssenus in libro suo *de Homine*[4], huiusmodi quae per metum aguntur, *mixta sunt ex voluntario et involuntario*. Id enim quod per metum agitur, in se consideratum, non est voluntarium: sed fit

Artigo 6
O medo causa o involuntário de modo absoluto?

QUANTO AO SEXTO, ASSIM SE PROCEDE: parece que o medo **causa** o involuntário de modo absoluto.

1. Com efeito, assim como a violência refere-se àquilo que no momento contraria a vontade, também o medo refere-se a um mal futuro que se opõe à vontade. Ora, a violência causa o involuntário de modo absoluto. Logo, também o medo causa o involuntário de modo absoluto.

2. ALÉM DISSO, o que é tal por si, continuará tal, mesmo que se lhe acrescente outra coisa; por exemplo, o que é por si quente se permanecer como tal, será sempre quente embora se junte a qualquer coisa. Ora, o que se faz por medo é por si involuntário. Logo, mesmo que o medo lhe tenha sido acrescentado, será sempre involuntário.

3. ADEMAIS, o que é tal sob condição, é só tal relativamente; mas o que é tal sem condição, é absolutamente tal, assim o necessário condicionado o é relativamente, e o necessário sem condição o é absolutamente. Por isso, o que se faz por medo, é absolutamente involuntário; não é voluntário senão sob condição, isto é, para evitar o mal que teme. Logo, o que se faz por medo é absolutamente involuntário.

EM SENTIDO CONTRÁRIO, Gregório de Nissa e o Filósofo dizem que os atos feitos por medo são *mais voluntários do que involuntários*.

RESPONDO. Como o Filósofo diz no livro III da *Ética* e o mesmo diz Gregório de Nissa, os atos feitos por medo *são mixtos de voluntário e involuntário*. O que é feito por medo em si considerado não é voluntário: mas torna-se voluntário casualmente, a saber, para evitar um mal que se teme.

---

6 PARALL.: IV *Sent.*, dist. 29, q. 1, a. 1; *Quodlib.* V, q. 5, a. 3; *2Cor.*, c. 9, lect. 1; III *Ethic.*, lect. 1, 2.

1. NEMESIUS, *De nat. hom.*, c. 30, al. l. V, c. 1: MG 40, 721 AB.
2. *Eth.* III, 1: 1110, a, 11-19; b, 1-9.
3. Ibid.
4. NEMESIUS, loc. cit.

voluntarium in casu, scilicet ad vitandum malum quod timetur.

Sed si quis recte consideret, magis sunt huiusmodi voluntaria quam involuntaria: sunt enim voluntaria simpliciter, involuntaria autem secundum quid. Unumquodque enim simpliciter esse dicitur secundum quod est in actu: secundum autem quod est in sola apprehensione, non est simpliciter, sed secundum quid. Hoc autem quod per metum agitur, secundum hoc est in actu, secundum quod fit: cum enim actus in singularibus sint, singulare autem, inquantum huiusmodi, est hic et nunc; secundum hoc id quod fit est in actu, secundum quod est hic et nunc et sub aliis conditionibus individualibus. Sic autem hoc quod fit per metum, est voluntarium, inquantum scilicet est hic et nunc, prout scilicet in hoc casu est impedimentum maioris mali quod timebatur: sicut proiectio mercium in mare fit voluntarium tempore tempestatis, propter timorem periculi. Unde manifestum est quod simpliciter voluntarium est. Unde et competit ei ratio voluntarii: quia principium eius est intra. — Sed quod accipiatur id quod per metum fit, ut extra hunc casum existens, prout repugnat voluntati, hoc non est nisi secundum considerationem tantum. Et ideo est involuntarium secundum quid, idest prout consideratur extra hunc casum existens.

AD PRIMUM ergo dicendum quod ea quae aguntur per metum et per vim, non solum differunt secundum praesens et futurum, sed etiam secundum hoc, quod in eo quod agitur per vim, voluntas non consentit, sed omnino est contra motum voluntatis: sed id quod per metum agitur, fit voluntarium, ideo quia motus voluntatis fertur in id, licet non propter seipsum, sed propter aliud, scilicet ad repellendum malum quod timetur. Sufficit enim ad rationem voluntarii quod sit propter aliud voluntarium: voluntarium enim est non solum quod propter seipsum volumus ut finem, sed etiam quod propter aliud volumus ut propter finem. Pater ergo quod in eo quod per vim agitur, voluntas interior nihil agit: sed in eo quod per metum agitur, voluntas aliquid agit. Et ideo, ut Gregorius Nyssenuys dicit[5], ad excludendum ea

Mas, se alguém retamente considerar, eles são mais voluntários que involuntários, ou seja, voluntários absolutamente, involuntários relativamente. Uma coisa se diz absolutamente segundo está em ato; relativamente, segundo está apenas na apreensão. O que é feito por medo está em ato enquanto é feito; como os atos estão nas coisas singulares e o singular enquanto tal está neste lugar e neste momento, assim sendo, uma ação está em ato quando se realiza aqui e agora e ainda sob outras condições individuais. Desse modo, o que se faz por medo, é voluntário, enquanto neste lugar e neste momento, pois neste caso ela impede o maior mal que se temia. Assim, numa tempestade, joga-se a carga ao mar, voluntariamente devido ao medo do perigo. É evidente que se trata do voluntário de modo absoluto. Por isso, cabe-lhe a razão de voluntário, porque seu princípio é intrínseco. — Se, porém, se considera aquilo que se faz por medo, segundo um modo diferente do exemplo citado, enquanto se opõe à vontade, isso não é senão segundo certa consideração. Por isso é involuntário relativamente, a saber, enquanto se considera segundo um modo diferente do exemplo citado[i].

QUANTO AO 1º, portanto, deve-se dizer que o que se faz por medo ou violência diferenciam-se não só segundo o presente e o futuro, mas também, segundo o seguinte: no que se faz por violência, a vontade não consente, pois está totalmente contra o movimento da vontade. Mas o que é feito por medo torna-se voluntário porque o movimento da vontade tende a ele, não devido a ele, mas por outro motivo, isto é, para repelir o mal que se teme. Com efeito, é suficiente para a razão de voluntário que séja por outro voluntário, pois voluntário não é somente o que por si mesmo queremos como fim, mas também o que por outro queremos por um fim. É evidente que no que se faz por violência, a vontade interiormente nada faz, mas no que se faz por medo, a vontade alguma coisa faz. Por isso, Gregório de Nissa diz,

---

5. NEMESIUS, *De nat. hom.*, c. 30, al. 1. V, c. 1: MG 40, 720 B.

i. O temor põe um problema delicado de responsabilidade, pois a ação feita sob temor comporta uma mistura de voluntário e involuntário. Sto. Tomás decide aqui no mesmo sentido de Aristóteles: concretamente, o ato efetuado sob temor é voluntário, portanto, envolve responsabilidade. A qualidade do ato depende do juízo efetuado. Se o motivo do temor for suficiente, como no perigo de morte, pode haver justificativa para um ato que não poderia ser diferente, como jogar a carga de um navio ao mar. Não obstante, o temor diminui relativamente o caráter voluntário da ação efetuada, devido à intervenção que contraria o que causa a ação.

Sto. Tomás deixa de lado o caso no qual o temor, o medo, fosse tal que subtrairia o uso da razão. O ato evidentemente não seria mais voluntário nesse caso.

quae per metum aguntur, in definitione violenti non solum dicitur quod *violentum est cuius principium est extra*, sed additur, *nihil conferente vim passo*: quia ad id quod agitur per metum, voluntas timentis aliquid confert.

AD SECUNDUM dicendum quod ea quae absolute dicuntur, quolibet addito remanent talia, sicut calidum et album: sed ea quae relative dicuntur, variantur secundum comparationem ad diversa; quod enim est magnum comparatum huic, est parvum comparatum alteri. Voluntarium autem dicitur aliquid non solum propter seipsum, quasi absolute, sed etiam propter aliud, quasi relative. Et ideo nihil prohibet aliquid quod non esset voluntarium alteri comparatum fieri voluntarium per comparationem ad aliud.

AD TERTIUM dicendum quod illud quod per metum agitur, absque conditione est voluntarium, idest secundum quod actu agitur: sed involuntarium est sub conditione, idest si talis metus non immineret. Unde secundum illam rationem magis potest concludi oppositum.

ARTICULUS 7
Utrum concupiscentia causet involuntarium

AD SEPTIMUM SIC PROCEDITUR. Videtur quod concupiscentia causet involuntarium.
1. Sicut enim metus est quaedam passio, ita et concupiscentia. Sed metus causat quodammodo involuntarium. Ergo etiam concupiscentia.

2. PRAETEREA, sicut per timorem timidus agit contra id quod proponebat, ita incontinens propter concupiscentiam. Sed timor aliquo modo causat involuntarium. Ergo et concupiscentia.

3. PRAETEREA, ad voluntarium requiritur cognitio. Sed concupiscentia corrumpit cognitionem: dicit enim Philosophus, in VI *Ethic*.¹, quod *delectatio*, sive concupiscentia delectationis, *corrumpit aestimationem prudentiae*. Ergo concupiscentia causat involuntarium.

para excluir aquilo que é feito por medo, que na definição do violento não só se diz que: *violento é aquilo cujo princípio é extrínseco*, mas acrescenta: "em nada cooperando o paciente", porque para aquilo que se faz por medo a vontade do que tem medo coopera com alguma coisa.

QUANTO AO 2º, deve-se dizer que as coisas que são ditas absolutamente permanecem as mesmas embora recebam algum acréscimo, como quente e branco. Mas as que são ditas relativamente variam segundo se comparam com outras diferentes, pois o que é grande comparado a um termo, comparado a outro, é pequeno. Uma coisa se diz voluntária não só por si mesma, de modo absoluto, mas também por outra coisa, de modo relativo. Assim sendo, nada impede que algo que não é voluntário comparado a um termo, seja voluntário comparado a outro.

QUANTO AO 3º, deve-se dizer que o que se faz por medo, sem condição é voluntário, isto é, segundo se faz em ato. Mas, involuntário é sob condição, isto é, se tal medo não fosse iminente. Por conseguinte, segundo esse argumento, pode-se até concluir o oposto.

ARTIGO 7
A concupiscência causa o involuntário?[j]

QUANTO AO SÉTIMO, ASSIM SE PROCEDE: parece que a concupiscência **causa** o involuntário.
1. Com efeito, como o medo é paixão, também a concupiscência o é. Ora, o medo causa de certo modo o involuntário. Logo, também a concupiscência.

2. ALÉM DISSO, como pelo temor, o tímido age contra aquilo que decidira, também o incontinente, pela concupiscência. Ora, o temor causa de algum modo o involuntário. Logo, também a concupiscência.

3. ADEMAIS, o voluntário supõe conhecimento. Ora, a concupiscência corrompe o conhecimento, segundo o Filósofo no livro VI da *Ética*: "O prazer ou a concupiscência do prazer corrompem a ponderação da prudência". Logo, a concupiscência causa o involuntário.

---

7 PARALL.: III *Ethic.*, lect. 2, 4.
  1. C. 5: 1140, b, 11-16.

---

j. Nem o termo "cobiça" nem o termo "concupiscência" podem verter a palavra *concupiscentia* utilizada por Sto. Tomás, uma vez que ambos possuem um matiz pejorativo, herdado da linguagem de Agostinho. Para Sto. Tomás, a *concupiscentia* é o desejo sensível, moralmente indiferenciado, tal como será estudado entre as paixões (q. 30), depois do amor e do ódio, e antes do prazer.

SED CONTRA est quod Damascenus dicit[2]: *Involuntarium est misericordia vel indulgentia dignum, et cum tristitia agitur.* Sed neutrum horum competit ei quod per concupiscentiam agitur. Ergo concupiscentia non causat involuntarium.

RESPONDEO dicendum quod concupiscentia non causat involuntarium, sed magis facit aliquid voluntarium. Dicitur enim aliquid voluntarium ex eo quod voluntas in id fertur. Per concupiscentiam autem voluntas inclinatur ad volendum id quod concupiscitur. Et ideo concupiscentia magis facit ad hoc quod aliquid sit voluntarium, quam quod sit involuntarium.

AD PRIMUM ergo dicendum quod timor est de malo, concupiscentia autem respicit bonum. Malum autem secundum se contrariatur voluntati, sed bonum est voluntati consonum. Unde magis se habet timor ad causandum involuntarium quam concupiscentia.

AD SECUNDUM dicendum quod in eo qui per metum aliquid agit, manet repugnantia voluntatis ad id quod agitur, secundum quod in se consideratur. Sed in eo qui agit aliquid per concupiscentiam, sicut est incontinens, non manet prior voluntas, qua repudiabat illud quod concupiscitur, sed mutatur ad volendum id quod prius repudiabat. Et ideo quod per metum agitur, quodammodo est involuntarium: sed quod per concupiscentiam agitur, nullo modo. Nam incontinens concupiscentiae agit contra id quod prius proponebat, non autem contra id quod nunc vult: sed timidus agit contra id quod etiam nunc secundum se vult.

AD TERTIUM dicendum quod, si concupiscentia totaliter cognitionem auferret, sicut contingit in illis qui propter concupiscentiam fiunt amentes, sequeretur quod concupiscentia voluntarium tolleret. Nec tamen proprie esset ibi involuntarium: quia in his quae usum rationis non habent, neque voluntarium est neque involuntarium. Sed quandoque in his quae per concupiscentiam aguntur, non totaliter tollitur cognitio, quia non tollitur potestas

EM SENTIDO CONTRÁRIO, Damasceno afirma: "O ato involuntário é digno de misericórida e de indulgência, mas se faz com tristeza". Ora, nada disso atribui-se àquilo que se faz por concupiscência. Logo, a concupiscência não causa o involuntário.

RESPONDO. A concupiscência não causa o ato involuntário, mas contribui para que algo seja voluntário. Diz-se algo voluntário porque a vontade a ele se refere. Pela concupiscência, pois, a vontade se inclina para querer o que é desejado. Por isso, a concupiscência contribui mais para que algo seja voluntário do que involuntário[k].

QUANTO AO 1º, portanto, deve-se dizer que o temor tem por objeto o mal; a concupiscência, o bem. Ora, o mal por si é contrário à vontade, mas o bem lhe é conforme. Logo, o temor mais causa o involuntário que a concupiscência.

QUANTO AO 2º, deve-se dizer que naquele que age por medo, permanece a repugnância da vontade àquilo que é feito, considerado em si mesmo. Mas naquele que age pela concupiscência, como acontece nos incontinentes, a vontade primeira que repudiava o que era desejado não permanece, mas se muda para querer o que antes repudiava. Por isso, o que é feito por medo é de certo modo involuntário, mas o que é feito pela concupiscência, de modo algum. Ora, o incontinente de concupiscência age contra aquilo que antes propusera, não contra aquilo que no momento quer. O tímido, porém, age também contra aquilo que no momento em si mesmo quer.

QUANTO AO 3º, deve-se dizer que se a concupiscência afastasse completamente o conhecimento, como acontece nos que, devido à concupiscência, tornam-se inconscientes, seguir-se-ia que ela anularia todo voluntário. Ademais, propriamente não haveria nisso involuntário, porque nos destituídos do uso da razão não há nem voluntário nem involuntário. Contudo, às vezes, nos que agem com concupiscência, não é totalmente afastado o

---

2. *De fide orth*. l. II, c. 24: MG 94, 953 B.

k. A questão é a seguinte: o desejo sensível, entendido como dissemos na nota anterior, causa o involuntário, diminui o caráter voluntário de nossos atos?
  Em sua resposta, Sto. Tomás é claramente mais favorável à sensibilidade do que muitos autores modernos. Segundo ele, o desejo sensível, caminhando no mesmo sentido da vontade para certo bem, contribui para aumentar o caráter voluntário de nossas ações. Desse modo, a sensibilidade, formada pela virtude, poderá participar da ação boa.
  Não obstante, o desejo sensível pode surgir antes de qualquer deliberação e conduzir a vontade para o que cobiça, obscurecendo o juízo. Dessa maneira, o desejo sensível pode reduzir o caráter voluntário de uma ação. A paixão pode tornar-se tão forte a ponto de fazer perder a razão, como na ira. A relação entre vontade livre e apetite sensível será estudada adiante, na q. 10, a. 3.

cognoscendi; sed solum consideratio actualis in particulari agibili. Et tamen hoc ipsum est voluntarium, secundum quod voluntarium dicitur quod est in potestate voluntatis, ut non agere et non velle, similiter autem et non considerare: potest enim voluntas passioni resistere, ut infra[3] dicetur.

Articulus 8
Utrum ignorantia causet involuntarium

AD OCTAVUM SIC PROCEDITUR. Videtur quod ignorantia non causet involuntarium.
1. *Involuntarium* enim *veniam meretur*, ut Damascenus dicit[1]. Sed interdum quod per ignorantiam agitur, veniam non meretur; secundum illud 1Cor 14,38: *Si quis ignorat, ignorabitur.* Ergo ignorantia non causat involuntarium.

2. PRAETEREA, omne peccatum est cum ignorantia; secundum illud Pr 14,22: *Errant qui operantur malum.* Si igitur ignorantia involuntarium causet, sequeretur quod omne peccatum esset involuntarium. Quod est contra Augustinum dicentem[2] quod *omne peccatum est voluntarium.*

3. PRAETEREA, *involuntarium cum tristitia est*, ut Damascenus dicit[3]. Sed quaedam ignoranter aguntur, et sine tristitia: puta si aliquis occidit hostem quem quaerit occidere, putans occidere cervum. Ergo ignorantia non causat involuntarium.

SED CONTRA est quod Damascenus[4] et Philosophus[5] dicunt, quod *involuntarium quoddam est per ignorantiam.*

RESPONDEO dicendum, quod ignorantia habet causare involuntarium ea ratione qua privat cognitionem, quae praeexigitur ad voluntarium, ut supra[6] dictum est. Non tamen quaelibet ignorantia huiusmodi cognitionem privat. Et ideo sciendum quod ignorantia tripliciter se habet ad actum voluntatis: uno modo, concomitanter; alio modo, consequenter; tertio modo, antecedenter.
Concomitanter quidem, quando ignorantia est de eo quod agitur, tamen, etiam si sciretur,

Artigo 8
A ignorância causa o involuntário?

QUANTO AO OITAVO, ASSIM SE PROCEDE: parece que a ignorância **causa** o involuntário.
1. Com efeito, diz Damasceno que o involuntário merece perdão. Ora, muitas vezes o que se faz por ignorância não merece perdão, segundo a primeira Carta aos Coríntios: "Se alguém ignora, seja ignorado". Logo, a ignorância não causa o involuntário.

2. ALÉM DISSO, segundo o livro dos Provérbios: "Erram os que fazem o mal". Portanto, se a ignorância causa o involuntário, concluir-se-ia que todo pecado seria involuntário. Nega-o, não obstante, Agostinho, quando afirma que "todo pecado é voluntário".

3. ADEMAIS, diz Damasceno: "O involuntário vem acompanhado de tristeza". Ora, algumas coisas são feitas na ignorância e sem tristeza. Por exemplo: se alguém mata um inimigo que deseja matar, pensando que matou um veado. Logo, a ignorância não causa o involuntário.

EM SENTIDO CONTRÁRIO, dizem Damasceno e Aristóteles: "Há atos involuntários praticados por ignorância".

RESPONDO. A ignorância causa o involuntário, como foi dito, porque priva do conhecimento que é exigido para o voluntário. Mas nem toda ignorância priva de tal conhecimento. Deve-se notar que a ignorância afeta o ato da vontade de três maneiras: por concomitância, por consequência e por antecedência.

Por concomitância, quando a ignorância refere-se ao que é feito e ainda que fosse conhecido, seria

---

3. Q. 10, a. 3; q. 77, a. 7.

8 PARALL.: Infra, q. 76, a. 3; II *Sent.*, dist. 39, q. 1, a. 1, ad 4; dist. 43, a. 1, ad 3; *De Malo*, q. 3, a. 8; III *Ethic.*, lect. 1, 3.
1. *De fide orth.*, l. II, c. 24: MG 94, 953 B.
2. *De vera relig.*, c. 14, n. 27: ML 34, 133.
3. Loc. cit.
4. Ibid.
5. *Ethic.* III, 1: 1109, b, 35-1110, a, 1.
6. Art. 1.

nihilominus ageretur. Tunc enim ignorantia non inducit ad volendum ut hoc fiat, sed accidit simul esse aliquid factum et ignoratum: sicut, in exemplo posito[7], cum aliquis vellet quidem occidere hostem, sed ignorans occidit eum, putans occidere cervum. Et talis ignorantia non facit involuntarium, ut Philosophus dicit[8], quia non causat aliquid quod sit repugnans voluntati: sed facit non voluntarium, quia non potest esse actu volitum quod ignoratum est.

Consequenter autem se habet ignorantia ad voluntatem, inquantum ipsa ignorantia est voluntaria. Et hoc contingit dupliciter, secundum duos modos voluntarii supra[9] positos. Uno modo, quia actus voluntatis fertur in ignorantiam: sicut cum aliquis ignorare vult ut excusationem peccati habeat, vel ut non retrahatur a peccando, secundum illud Iob 21,14: *Scientiam viarum tuarum nolumus*. Et haec dicitur ignorantia affectata. — Alio modo dicitur ignorantia voluntaria eius quod quis potest scire et debet: sic enim non agere et non velle voluntarium dicitur, ut supra[10] dictum est. Hoc igitur modo dicitur ignorantia, sive cum aliquis actu non considerat quod considerare potest et debet, quae est ignorantia malae electionis, vel ex passione vel ex habitu proveniens: sive cum aliquis notitiam quam debet habere, non curat acquirere; et secundum hunc modum, ignorantia universalium iuris, quae quis scire tenetur, voluntaria dicitur, quasi per negligentiam proveniens. — Cum autem ipsa ignorantia sit voluntaria aliquo istorum modorum, non potest causare simpliciter involuntarium. Causat tamen secundum quid involuntarium, inquantum praecedit motum voluntatis ad aliquid agendum, qui non esset scientia praesente.

Antecedenter autem se habet ad voluntatem ignorantia, quando non est voluntaria, et tamen est causa volendi quod alias homo non vellet. Sicut cum homo ignorat aliquam circumstantiam actus quam non tenebatur scire, et ex hoc aliquid agit, quod non faceret si sciret: puta cum aliquis, diligentia adhibita, nesciens aliquem transire per viam proiicit sagittam, qua interficit transeuntem. Et talis ignorantia causat involuntarium simpliciter.

feito. Neste caso, a ignorância não induz a querer que aquilo seja feito, mas acontece ser algo feito e ignorado. Isto é ilustrado pelo exemplo acima daquele que desejava matar o inimigo, mas o mata sem saber, pensando matar o veado. Essa ignorância não produz o ato involuntário, como diz o Filósofo, porque não causa aquilo que repugna à vontade. Contudo, produz o ato não voluntário, porque não pode ser querido o que se ignora.

Por consequência, a ignorância afeta o ato da vontade, quando a ignorância é voluntária. Tal acontece segundo os dois modos de voluntário, dos quais já falamos. Primeiro, porque o ato da vontade leva à ignorância, como quando se quer ignorar para se livrar da acusação, ou não se afastar do pecado, segundo se lê no livro de Jó: "Não queremos conhecer os teus caminhos". Esta se chama de ignorância afetada. — Segundo, é a ignorância voluntária quanto àquilo que se deve e se pode saber, pois não agir nem querer neste caso é voluntário, como foi acima dito. Nesse caso há ignorância, ou por que não se considera realmente aquilo que se pode e se deve considerar, ignorância esta vinda de má eleição ou de paixão ou de algum hábito, ou de algum desconhecimento daquilo que se devia ter, mas que se descuidou de tê-lo; e é segundo este modo, a ignorância das leis universais, que todos devem conhecer, havendo então ignorância voluntária como proveniente da inteligência. — Como a ignorância é voluntária segundo alguns desses modos, não pode causar absolutamente o ato involuntário. Causa-o, no entanto, de certo modo, enquanto precede o movimento da vontade para fazer alguma coisa, o que não aconteceria havendo conhecimento atual.

Por antecedência, a ignorância se refere à vontade quando não é voluntária, e entretanto é causa de querer o que de outra maneira não se quereria. Por exemplo, quando o homem ignora alguma circunstância de um ato que não deveria saber, e por isso age, o que não faria se o soubesse. Assim, quando alguém, prestada a devida atenção, desconhecendo que um homem passava pelo caminho, lança sua flecha que irá matá-lo. Essa ignorância causa um ato absolutamente involuntário[l].

---

7. In arg. 3.
8. *Ethic*. III, 2: 1110, b, 18-24.
9. A. 3. Cfr. etiam q. 19, a. 6 c.
10. Art. 3.

---

l. Notemos com atenção que a ordem estabelecida por Sto. Tomás entre ignorância e ação é causal e não temporal, e que ela se estabelece também com respeito ao ato interior da vontade e não à ação exterior. A ignorância antecedente é a que *causa*

Et per hoc patet RESPONSIO AD OBIECTA. Nam prima ratio procedebat de ignorantia eorum quae quis tenetur scire. Secunda autem, de ignorantia electionis, quae quodammodo est voluntaria, ut dictum est[11]. Tertia vero, de ignorantia quae concomitanter se habet ad voluntatem.

QUANTO ÀS OBJEÇÕES, os argumentos acima respondem às objeções. A primeira objeção procedia da ignorância daquilo que se devia saber. A segunda, da ignorância da eleição, que é de certo modo voluntária, como foi dito. A terceira objeção, da ignorância que atinge a vontade concomitantemente.

---

11. In corp.

o ato da vontade: se quer porque se ignora. A ignorância consequente é a que *é causada* por um ato de vontade, positivo ou de omissão, que pode preceder o ato exterior por muito tempo, por isso, a ignorância grave de um médico ou de um sacerdote encontrará sua causa voluntária que os torna responsáveis, na falta de aplicação e seriedade em seus estudos. Quanto à ignorância concomitante que *acompanha* a ação sem a influenciar, Sto. Tomás a menciona como complemento, seguindo Aristóteles. O ato exterior é posterior a essas diferentes ignorâncias.

QUAESTIO VII
DE CIRCUMSTANTIIS HUMANORUM ACTUUM
in quatuor articulos divisa

Deinde considerandum est de circumstantiis humanorum actuum.
Et circa hoc quaeruntur quatuor.
Primo: quid sit circumstantia.
Secundo: utrum circumstantiae sint circa humanos actus attendendae a theologo.
Tertio: quot sunt circumstantiae.
Quarto: quae sunt in eis principaliores.

ARTICULUS 1
Utrum circumstantia sit accidens actus humani

AD PRIMUM SIC PROCEDITUR. Videtur quod circumstantia non sit accidens actus humani.

1. Dicit enim Tullius, in *Rhetoricis*[1], quod circumstantia est *per quam argumentationi auctoritatem* et *firmamentum adiungit oratio*. Sed oratio dat firmamentum argumentationi praecipue ab his quae sunt de substantia rei, ut definitio, genus, species, et alia huiusmodi; a quibus etiam Tullius oratorem argumentari docet[2]. Ergo circumstantia non est accidens humani actus.

QUESTÃO 7
AS CIRCUNSTÂNCIAS DOS ATOS HUMANOS[a]
em quatro artigos

Em seguida, devem-se considerar as circunstâncias dos atos humanos.
Sobre isso, são quatro as perguntas:
1. O que é circunstância?
2. Deve o teólogo prestar atenção às circunstâncias que dizem respeito aos atos humanos?
3. Quantas são as circunstâncias?
4. Quais são, entre elas, as principais?

ARTIGO 1
A circunstância é acidente do ato humano?

QUANTO AO PRIMEIRO ARTIGO, ASSIM SE PROCEDE: parece que a circunstância **não** é acidente do ato humano.

1. Com efeito, diz Cícero que a circunstância "Faz a argumentação adquirir autoridade e, a oratória, a firmeza". Ora, a oratória dá firmeza à argumentação mediante sobretudo aquelas coisas que pertencem à substância da coisa, como definição, gênero, espécie etc. Aliás, o próprio Cícero por elas ensina o orador a argumentar. Logo, a circunstância não é um acidente do ato humano.

---

1   PARALL.: Infra, q. 18, a. 3; IV *Sent.*, dist. 16, q. 3, a. 1, q.la 1.

1. *De Invent. Reth.* l. I, c. 24: ed. Friedrich, Lipsiae 1893, p. 140, l. 13 sqq.
2. *Topic.* c. 3: ed. Friedrich, Lipsiae 1893, p. 427-428.

a. Eis a ordem da questão: após ter definido o que é circunstância do ato humano, Sto. Tomás mostra em que perspectiva o teólogo entende as circunstâncias. Depois, estabelece a lista, e termina indicando quais são as principais circunstâncias para o moralista. A questão é importante porque estuda os elementos que deve considerar o teólogo para julgar sobre a qualidade moral dos atos humanos.

2. PRAETEREA, accidentis proprium est inesse. Quod autem circumstat, non inest, sed magis est extra. Ergo circumstantiae non sunt accidentia humanorum actuum.
3. PRAETEREA, accidentis non est accidens. Sed ipsi humani actus sunt quaedam accidentia. Non ergo circumstantiae sunt accidentia actuum.

SED CONTRA, particulares conditiones cuiuslibet rei singularis dicuntur accidentia individuantia ipsam. Sed Philosophus, in III *Ethic*.³, circumstantias nominat *particularia*, idest particulares singulorum actuum conditiones. Ergo circumstantiae sunt accidentia individualia humanorum actuum.

RESPONDEO dicendum quod, quia *nomina*, secundum Philosophum⁴, *sunt signa intellectuum*, necesse est quod secundum processum intellectivae cognitionis, sit etiam nominationis processus. Procedit autem nostra cognitio intellectualis a notioribus ad minus nota. Et ideo apud nos a notioribus nomina transferuntur ad significandum res minus notas. Et inde est quod, sicut dicitur in X *Metaphys*.⁵, *ab his quae sunt secundum locum, processit nomen distantiae ad omnia contraria*: et similiter nominibus pertinentibus ad motum localem, utimur ad significandum alios motus, eo quod corpora, quae loco circumscribuntur, sunt maxime nobis nota. Et inde est quod nomen *circumstantiae* ab his quae in loco sunt, derivatur ad actus humanos.
 Dicitur autem in localibus aliquid circumstare, quod est quidem extrinsecum a re, tamen attingit ipsam, vel appropinquat ei secundum locum. Et ideo quaecumque conditiones sunt extra substantiam actus, et tamen attingunt aliquo modo actum humanum, circumstantiae dicuntur. Quod autem est extra substantiam rei ad rem ipsam pertinens, accidens eius dicitur. Unde circumstantiae actuum humanorum accidentia eorum dicenda sunt.

2. ALÉM DISSO, é próprio do acidente ser inerente à coisa. O que é circunstante não é inerente, mas está fora. Logo, as circunstâncias não são acidentes dos atos humanos.
3. ADEMAIS, não há acidente de acidente. Ora os atos humanos são de certo modo acidentes. Logo, as circunstâncias não são acidentes dos atos humanos.

EM SENTIDO CONTRÁRIO, as condições particulares das coisas singulares são ditas acidentes que as individualizam. Mas, o Filósofo chama, no livro III da *Ética*, as circunstâncias de *particularidades*, isto é, particulares condições dos atos individuais. Logo, as circunstâncias são acidentes que individualizam os atos humanos.

RESPONDO. Os nomes, segundo o Filósofo, são "sinais das coisas inteligíveis', e, por isso, é necessário que ao processo do conhecimento intelectivo corresponda o processo de denominação. O nosso conhecimento intelectivo procede das coisas mais conhecidas para as menos conhecidas. Por isso, os nomes das coisas mais conhecidas passam a significar coisas menos conhecidas. Daí que seguindo o livro X da *Metafísica*: "Das coisas que estão em um lugar provém o nome de distância para as outras contrárias", e, semelhantemente, pelos nomes dados ao movimento local denominamos os outros movimentos, porque os corpos circunscritos em um lugar nos são muito conhecidos. Por isso, o nome de *circunstâncias* deriva das coisas que estão em um lugar para os atos humanos.
 Diz-se que uma coisa está circunscrita localmente por outra, quando esta lhe é extrínseca, mas a atinge, ou dela se aproxima localmente. Por isso, quaisquer condições que estejam fora da substância do ato, mas que de certo modo atingem o ato humano, são chamadas de circunstâncias. Ora, o que está fora da substância da coisa, mas a ela pertence é seu acidente. Logo, as circunstâncias dos atos humanos devem ser chamadas de acidentes delesᵇ.

---

3. C. 2: 1110, b, 33-1111, a, 1; — et c. 3: 1111, a, 23-24.
4. *Periherm*. c. 1: 16, a, 3-4.
5. C. 5: 1055, a, 19-21.

---

b. Sto. Tomás deve resolver um problema delicado: por um lado, suas fontes filosóficas, Aristóteles, Cícero e Boécio; lhe fornecem listas dos elementos da ação, sem distinção entre elementos essenciais e secundários, ou acidentais. Por outro lado, a tradição teológica havia conferido um sentido preciso ao termo circunstâncias. Empregado primeiramente no singular pelos filósofos, para designar a situação concreta de uma ação, o termo passou a designar, em teologia, uma bondade secundária ou acidental vindo ajuntar-se à bondade essencial ou genérica da ação. É o uso teológico que Sto. Tomás expõe, fundando-se na etimologia do termo 'circun-stância' (= 'o que está em torno'). Pois, para ele há uma correspondência entre os nomes e as ideias. Tal emprego vai tornar-se clássico, mas suscita dificuldades de interpretação concernentes ao papel de certas circunstâncias, especialmente de fim, no estabelecimento do juízo moral. A circunstância é, portanto, o elemento da ação que, sem ser essencial, caracteriza contudo sua qualidade moral, aumentando-a ou diminuindo-a.

AD PRIMUM ergo dicendum quod oratio quidem dat firmamentum argumentationi, primo ex substantia actus: secundario vero, ex his quae circumstant actum. Sicut primo accusabilis redditur aliquis ex hoc quod homicidium fecit: secundario vero, ex hoc quod dolo fecit, vel propter lucrum, vel in tempore aut loco sacro, aut aliquid aliud huiusmodi. Et ideo signanter dicit quod per circumstantiam *oratio argumentationi firmamentum adiungit*, quasi secundario.

AD SECUNDUM dicendum quod aliquid dicitur accidens alicuius dupliciter. Uno modo, quia inest ei: sicut album dicitur accidens Socratis. Alio modo quia est simul cum eo in eodem subiecto: sicut dicitur quod album accidit musico, inquantum conveniunt, et quodammodo se contingunt, in uno subiecto. Et per hunc modum dicuntur circumstantiae accidentia actuum.

AD TERTIUM dicendum quod, sicut dictum est[6], accidens dicitur accidenti accidere propter convenientiam in subiecto. Sed hoc contingit dupliciter. Uno modo, secundum quod duo accidentia comparantur ad unum subiectum absque aliquo ordine: sicut album et musicum ad Socratem. Alio modo, cum aliquo ordine: puta quia subiectum recipit unum accidens alio mediante, sicut corpus recipit colorem mediante superficie. Et sic unum accidens dicitur etiam alteri inesse: dicimus enim colorem esse in superficie. Utroque autem modo circumstantiae se habent ad actus. Nam aliquae circumstantiae ordinatae ad actum, pertinent ad agentem non mediante actu, puta locus et conditio personae: aliquae vero mediante ipso actu, sicut modus agendi.

ARTICULUS 2

Utrum circumstantiae humanorum actuum sint considerandae a theologo

AD SECUNDUM SIC PROCEDITUR. Videtur quod circumstantiae humanorum actuum non sint considerandae a theologo.
1. Non enim considerantur a theologo actus humani, nisi secundum quod sunt aliquales, idest boni vel mali. Sed circumstantiae non videntur posse facere actus aliquales: quia nihil qualificatur, formaliter loquendo, ab eo quod est extra ipsum,

QUANTO AO 1º, portanto, deve-se dizer que o discurso dá segurança à argumentação: primeiro, devido à substância do ato; depois devido às circunstâncias. Assim, alguém se torna acusado, primeiramente, por ter feito um homicídio. Depois, se foi feito com dolo, por lucro, ou em um templo ou lugar sagrado etc. Por isso, expressamente se afirma que as circunstâncias acrescentam firmeza à argumentação, mas de modo secundário.

QUANTO AO 2º, deve-se dizer que de dois modos algo é acidente de uma coisa. Primeiro, porque é inerente a ela, como branco é dito acidente de Sócrates. Segundo, porque está simultaneamente com ele no mesmo sujeito, por exemplo, diz que branco é acidente de músico, na medida em que coincidem e de algum modo se encontram em um só sujeito. Desse modo, as circunstâncias são ditas acidentes dos atos.

QUANTO AO 3º, deve-se dizer que um acidente é dito acidente de outro por coincidirem no mesmo sujeito, como foi dito. Isso acontece de dois modos. De um modo, enquanto dois acidentes se referem a um sujeito, sem relação alguma entre eles: como branco e músico no exemplo acima. De outro modo, com alguma relação, por exemplo, quando o sujeito recebe um acidente mediante o outro: assim o corpo recebe a cor mediante a superfície. Neste caso, se diz que um acidente é inerente ao outro, como dizemos que a cor está na superfície. Por esses dois modos as circunstâncias se referem ao ato. Com efeito, algumas circunstâncias ordenadas para o ato pertencem ao agente não mediante o ato, por exemplo, lugar e condição da pessoa; outras, mediante o ato, como o modo de agir.

ARTIGO 2

O teólogo deve considerar as circunstâncias dos atos humanos?

QUANTO AO SEGUNDO, ASSIM SE PROCEDE: parece que as circunstâncias dos atos humanos **não** devem ser consideradas pelo teólogo.
1. Com efeito, o teólogo não deve considerar os atos humanos a não ser que sejam qualificados, a saber, bons ou maus. Ora, não se vê como as circunstâncias possam qualificar os atos, porque, ao se falar formalmente, nenhuma coisa é qualificada

---

6. Resp. ad 2.

sed ab eo quod in ipso est. Ergo circumstantiae actuum non sunt a theologo considerandae.

2. PRAETEREA, circumstantiae sunt accidentia actuum. Sed *uni infinita accidunt*: et ideo, ut dicitur in VI *Metaphys.*[1], *nulla ars vel scientia est circa ens per accidens, nisi sola sophistica*. Ergo theologus non habet considerare circumstantias humanorum actuum.

3. PRAETEREA, circumstantiarum consideratio pertinet ad rhetorem. Rhetorica autem non est pars theologiae. Ergo consideratio circumstantiarum non pertinet ad theologum.

SED CONTRA, ignorantia circumstantiarum causat involuntarium, ut Damascenus[2] et Gregorius Nyssenus[3] dicunt. Sed involuntarium excusat a culpa, cuius consideratio pertinet ad theologum. Ergo et consideratio circumstantiarum ad theologum pertinet.

RESPONDEO dicendum quod circumstantiae pertinent ad considerationem theologi triplici ratione. Primo quidem, quia theologus considerat actus humanos secundum quod per eos homo ad beatitudinem ordinatur. Omne autem quod ordinatur ad finem, oportet esse proportionatum fini. Actus autem proportionantur fini secundum commensurationem quandam, quae fit per debitas circumstantias. Unde consideratio circumstantiarum ad theologum pertinet. — Secundo, quia theologus considerat actus humanos secundum quod in eis invenitur bonum et malum, et melius et peius: et hoc diversificatur secundum circumstantias, ut infra[4] patebit. — Tertio, quia theologus considerat actus humanos secundum quod sunt meritorii vel demeritorii, quod convenit actibus humanis; ad quod requiritur quod sint voluntarii. Actus autem humanus iudicatur voluntarius vel involuntarius, secundum cognitionem vel ignorantiam circumstantiarum, ut dictum est[5]. Et ideo consideratio circumstantiarum pertinet ad theologum.

AD PRIMUM ergo dicendum quod bonum ordinatum ad finem dicitur utile, quod importat

por aquilo que está fora dela, mas por aquilo que nela está. Logo, as circunstâncias dos atos não devem ser consideradas pelo teólogo.

2. ALÉM DISSO, as circunstâncias são acidentes dos atos. Ora, *os acidentes de uma coisa são infinitos*. Por isso, diz o livro VI da *Metafísica*: "Nenhuma arte ou ciência tem por objeto o ente acidental, a não ser a sofística". Logo, não pertence ao teólogo considerar as circunstâncias dos atos humanos.

3. ADEMAIS, a consideração das circunstâncias pertence ao orador. Ora, a oratória não é parte da teologia. Logo, a consideração das circunstâncias não pertence ao teólogo.

EM SENTIDO CONTRÁRIO, como dizem Damasceno e Gregório de Nissa, a ignorância das circunstâncias causa o involuntário. Mas o involuntário escusa da culpa, cuja consideração cabe ao teólogo. Logo, a consideração das circunstâncias pertence ao teólogo.

RESPONDO. Por três motivos as circunstâncias pertencem à consideração do teólogo. Primeiro, devido ao teólogo considerar os atos humanos porque por eles o homem se ordena para a bem-aventurança. Tudo aquilo que se ordena a um fim, deve ser proporcionado a este fim. Os atos são proporcionados ao fim segundo alguma medida determinada pelas devidas circunstâncias. Donde pertencer ao teólogo a consideração das circunstâncias. — Segundo, porque o teólogo considera os atos humanos enquanto neles se encontra o bem e o mal, o melhor e o pior, e essa diversidade se deve às circunstâncias, como adiante se verá. — Terceiro, porque o teólogo considera os atos humanos enquanto são meritórios ou demeritórios, o que cabe aos atos humanos e para isso se requer que sejam atos voluntários. Como foi dito, os atos humanos são voluntários ou involuntários de acordo com o conhecimento ou a ignorância das circunstâncias. Consequentemente pertence ao teólogo considerar as circunstâncias[c].

QUANTO AO 1º, portanto, deve-se dizer que o bem que é ordenado para um fim é chamado útil,

---

1. C. 2: 1026, b, 2-21 (cfr. 1185, 1189 sq.).
2. *De fide orth*. l. II, c. 24: MG 94, 953 CD.
3. NEMESIUS, *De nat. hom*. c. 31, al. l. V, c. 2: MG 40, 724 BC.
4. Q. 18, a. 10, 11; q. 73, a. 7.
5. In arg. *sed c*. — Cfr. q. 6, a. 8.

c. Os três "olhares" do teólogo sobre a ação humana coordenam-se entre si. O intento da bem-aventurança divina, como fim último, assume a qualidade moral do ato, que se torna meritório devido à caridade que o inspira e que o submete à visão de Deus. O ponto de vista do teólogo sobre o ato humano é diferente daquele do filósofo ou do advogado, como era Cícero. Uma circunstância importante para o orador em um debate pode ser destituída de interesse para o teólogo e vice-versa.

relationem quandam: unde Philosophus dicit, in I *Ethic*.⁶, quod *in ad aliquid bonum est utile*. In his autem quae ad aliquid dicuntur, denominatur aliquid non solum ab eo quod inest, sed etiam ab eo quod extrinsecus adiacet: ut patet in dextro et sinistro, aequali et inaequali, et similibus. Et ideo, cum bonitas actuum sit inquantum sunt utiles ad finem, nihil prohibet eos bonos vel malos dici secundum proportionem ad aliqua quae exterius adiacent.

AD SECUNDUM dicendum quod accidentia quae omnino per accidens se habent, relinquuntur ab omni arte, propter eorum incertitudinem et infinitatem. Sed talia accidentia non habent rationem circumstantiae: quia, ut dictum est⁷, sic circumstantiae sunt extra actum, quod tamen actum aliquo modo contingunt, ordinatae ad ipsum. Accidentia autem per se cadunt sub arte.

AD TERTIUM dicendum quod consideratio circumstantiarum pertinet ad moralem, et politicum, et ad rhetorem. Ad moralem quidem, prout secundum eas invenitur vel praetermittitur medium virtutis in humanis actibus et passionibus. Ad politicum autem et rhetorem, secundum quod ex circumstantiis actus redduntur laudabiles vel vituperabiles, excusabiles vel accusabiles. Diversimode tamen: nam quod rhetor persuadet, politicus diiudicat. Ad theologum autem, cui omnes aliae artes deserviunt, pertinent omnibus modis praedictis: nam ipse habet considerationem de actibus virtuosis et vitiosis, cum morali; et considerat actus secundum quod merentur poenam vel praemium, cum rhetore et politico.

e isto implica relação. Por isso, diz o Filósofo no livro I da *Ética*: "É útil o bem que está numa coisa de maneira relativa. Nas coisas que são ditas de maneira relativa algo é denominado, não só devido àquilo em que está, mas também devido àquilo que é extrínseco, como se evidencia em direito e esquerda, igual e desigual, ou em casos semelhantes. Por isso, como há bondade nos atos enquanto eles são úteis ao fim, nada impede serem ditos bons ou maus segundo a relação com algo adjacente exterior.

QUANTO AO 2º, deve-se dizer que os acidentes puramente acidentais são abandonados por todas artes devido à sua incerteza ou multiplicidade infinita. Mas tais acidentes não têm razão de circunstâncias, pois, embora as circunstâncias sejam exteriores ao ato, como se disse, o atingem de algum modo e se ordenam para ele. São os acidentes propriamente ditos os aceitos pela arte.

QUANTO AO 3º, deve-se dizer que a consideração das circunstâncias é objeto da moral, da política e da oratória. Da moral, enquanto nela se encontra ou é afastado o meio da virtude nos atos humanos e nas paixões. Da política e da oratória, enquanto pelas circunstâncias o ato torna-se louvável ou condenável, escusável ou acusável. Entretanto, de modos diversos, pois o que o orador persuade, o político julga. Ao teólogo, a quem todas as outras artes servem, pertence a consideração das circunstâncias de todos esses modos. Assim, com o moralista considera os atos virtuosos e viciosos, e com o orador e o político considera os atos enquanto merecem pena ou louvor ᵈ.

ARTICULUS 3
Utrum convenienter enumerentur circumstantiae in tertio *Ethicorum*

AD TERTIUM SIC PROCEDITUR. Videtur quod inconvenienter circumstantiae numerentur in III *Ethic*.¹.

ARTIGO 3
As circunstâncias estão convenientemente enumeradas no livro III da *Ética*?ᵉ

QUANTO AO TERCEIRO, ASSIM SE PROCEDE: parece que as circunstâncias **não** estão convenientemente enumeradas no livro III da *Ética*.

---

6. C. 4: 1096, a, 26.
7. A. praec.

PARALL.: IV *Sent*., dist. 16, q. 3, a. 1, q.la 2, 3; *De Malo*, q. 2, a. 6; III *Ethic*., lect. 3.
1. C. 2: 1111, a, 3-6.

---

d. Os elementos que compõem a situação concreta da ação, sobretudo se se consideram seus efeitos a um prazo mais ou menos longo, são infinitos; praticamente não se pode conhecê-los todos. A arte do moralista, como para toda a ciência, é discernir os elementos ou circunstâncias que lhe interessam, deixando os demais de lado. Por meio dessa redução aos elementos importantes, às circunstâncias propriamente ditas, as leis morais universais podem ser aplicadas aos casos concretos, como se faz também nas ciências, nas artes e nas técnicas.

e. Para estabelecer a lista das circunstâncias, Sto. Tomás dispõe de várias fontes: a lista de Aristóteles (Ética a Nicômaco, l. III) é retomada com modificações feitas por Nemésio em seu *De natura hominis* (c. 31), atribuído a Gregório de Nissa, e

1. Circumstantia enim actus dicitur quod exterius se habet ad actum. Huiusmodi autem sunt tempus et locus. Ergo solae duae sunt circumstantiae, scilicet *quando* et *ubi*.
2. PRAETEREA, ex circumstantiis accipitur quid bene vel male fiat. Sed hoc pertinet ad modum actus. Ergo omnes circumstantiae concluduntur sub una, quae est *modus agendi*.
3. PRAETEREA, circumstantiae non sunt de substantia actus. Sed ad substantiam actus pertinere videntur causae ipsius actus. Ergo nulla circumstantia debet sumi ex causa ipsius actus. Sic ergo neque *quis*, neque *propter quid*, neque *circa quid*, sunt circumstantiae: nam *quis* pertinet ad causam efficientem, *propter quid* ad finalem, *circa quid* ad materialem.

SED CONTRA est auctoritas Philosophi in III *Ethicorum*².

RESPONDEO dicendum quod Tullius, in sua *Rhetorica*³, assignat septem circumstantias, quae hoc versu continentur: *Quis, quid, ubi, quibus auxiliis, cur, quomodo, quando*. Considerandum est enim in actibus quis fecit, quibus auxiliis vel instrumentis fecerit, quid fecerit, ubi fecerit, cur fecerit, quomodo fecerit, et quando fecerit. Sed Aristoteles, in III *Ethic.*⁴, addit aliam, scilicet *circa quid*, quae a Tullio comprehenditur sub *quid*.

Et ratio huius annumerationis sic accipi potest. Nam circumstantia dicitur quod, extra substantiam actus existens, aliquo modo attingit ipsum. Contingit autem hoc fieri tripliciter: uno modo, inquantum attingit ipsum actum; alio modo, inquantum attingit causam actus; tertio modo, inquantum attingit effectum. Ipsum autem actum attingit, vel per modum mensurae, sicut *tempus* et *locus*; vel per modum qualitatis actus, sicut *modus agendi*. Ex parte autem effectus, ut cum consideratur *quid aliquis fecerit*. Ex parte vero causae actus, quantum ad causam finalem, accipitur *propter quid*; ex parte autem causae materialis, sive obiecti, accipitur *circa quid*; ex parte vero causae agentis principalis, accipitur *quis* egerit; ex parte vero causae agentis instrumentalis, accipitur *quibus auxiliis*.

AD PRIMUM ergo dicendum quod tempus et locus circumstant actum per modum mensurae:

1. Com efeito, diz-se circunstância de um ato o que se refere ao ato desde o exterior. Ora, tais são o tempo e o lugar. Logo, há apenas duas circunstâncias: *quando e onde?*
2. ALÉM DISSO, as circunstâncias determinam o que se faz de bem ou de mal. Ora, isto pertence ao modo de agir. Logo, todas as circunstâncias se reduzem a uma só, que é o *modo de agir*.
3. ADEMAIS, as circunstâncias não pertencem à substância do ato. Ora, à substância do ato pertencem suas causas. Logo, nenhuma circunstância procede da causa do ato. Assim, nem *quem, por quê, acerca de quê* serão circunstâncias, pois designam causalidade eficiente, final e material.

EM SENTIDO CONTRÁRIO, está a autoridade do Filósofo no livro III da *Ética*.

RESPONDO. Cícero apresenta sete circunstâncias enumeradas neste verso: "*Quem, o quê, onde, por quais auxílios, por quê, como, quando*". No ato deve-se considerar quem o faz, que auxílios ou que instrumentos usou, o que fez, onde fez, por que fez, de que modo fez, quando e como fez. Mas, Aristóteles acrescenta ainda no livro III da *Ética*: *Acerca de que fez*, que Cícero inclui em *o quê*.

Explica-se essa enumeração pelo seguinte. A circunstância significa aquilo que estando fora da substância, de certo modo a atinge. Isso acontece de três modos: primeiro, enquanto atinge o ato; segundo, enquanto atinge a causa do ato; terceiro, enquanto atinge o efeito. Atinge-se o próprio ato ou medindo-o pelo *tempo* e *lugar*; ou qualificando-o pelo *modo de agir*. Da parte do efeito, quando se considera *o que* alguém fez. Da parte da causa, relativamente à causa final ao se perguntar *por quê*; da parte da causa material, ou do objeto, quando se pergunta *acerca de quê*; da parte da causa eficiente, quando se pergunta *quem fez*; da parte da causa eficiente instrumental quando se pergunta *mediante quais auxílios*.

QUANTO AO 1º, portanto, deve-se dizer que tempo e lugar são circunstâncias do ato como

---

2. Loc. cit.
3. *De Invent. Rhet.* l. I, cc. 24-27.
4. C. 2: 1111, 1, 4.

---

por João Damasceno (*De Fide Orthodoxa*, 1. II, c. 24). Cícero fornece uma lista dos elementos de um caso que deve considerar o retor (*De Inventione Rhetoricae*, 1, I, c. 24-27). Boécio, por sua vez, enumera os sete elementos da situação concreta (*De differentiis topicis*, 1, IV). Sto. Tomás se esforça por fazer concordar tais listas e justifica sua interpretação.

sed alia circumstant actum inquantum attingunt ipsum quocumque alio modo, extra substantiam eius existentia.

AD SECUNDUM dicendum quod iste modus qui est bene vel male, non ponitur circumstantia, sed consequens ad omnes circumstantias. Sed specialis circumstantia ponitur modus qui pertinet ad qualitatem actus: puta quod aliquis ambulet velociter vel tarde, et quod aliquis percutit fortiter vel remisse, et sic de aliis.

AD TERTIUM dicendum quod illa conditio causae ex qua substantia actus dependet, non dicitur circumstantia; sed aliqua conditio adiuncta. Sicut in obiecto non dicitur circumstantia furti quod sit alienum, hoc enim pertinet ad substantiam furti; sed quod sit magnum vel parvum. Et similiter est de aliis circumstantiis quae accipiuntur ex parte aliarum causarum. Non enim finis qui dat speciem actus, est circumstantia; sed aliquis finis adiunctus. Sicut quod fortis fortiter agat propter bonum fortitudinis, non est circumstantia; sed si fortiter agat propter liberationem civitatis, vel populi Christiani, vel aliquid huiusmodi. Similiter etiam ex parte eius quod est *quid*: nam quod aliquis perfundens aliquem aqua, abluat ipsum, non est circumstantia ablutionis; sed quod abluendo infrigidet vel calefaciat, et sanet vel noceat, hoc est circumstantia.

medida; as demais são circunstâncias segundo o atingem de qualquer outro modo, existindo fora de sua substância.

QUANTO AO 2º, deve-se dizer que o modo, bem ou mal, não se inclui nas circunstâncias, mas é consequência de todas elas. Mas, afirma-se como especial circunstância, o modo que pertence à qualidade do ato, por exemplo: andar depressa ou devagar, bater fortemente ou levemente etc.

QUANTO AO 3º, deve-se dizer que a condição da causa de que depende a substância do ato, não se diz circunstância, mas condição anexa. Assim, no que toca ao objeto, não se diz circunstância do furto que seja alheio, por que isto pertence à substância do furto, mas, se foi grande ou pequeno. Igualmente acerca das outras circunstâncias que provêm de outras causas. Com efeito, o fim que especifica o ato não é circunstância, mas algo acrescido. Assim também acontece quando o forte age fortemente visando o bem da fortaleza, isto não é circunstância; mas, sim, se age fortemente pela libertação de sua pátria, ou do povo cristão. O mesmo se deve dizer da circunstância, *o que*, pois, derramar água sobre outro e o molhar não é circunstância, mas o é, se isso o refrigera ou aquece, o cura ou faz mal".

ARTICULUS 4

Utrum sint principales circumstantiae *propter quid*, et *ea in quibus est operatio*

AD QUARTUM SIC PROCEDITUR. Videtur quod non sint principales circumstantiae *propter quid*, et *ea in quibus est operatio*, ut dicitur in III *Ethic*.[1].

1. Ea enim in quibus est operatio, videntur esse locus et tempus: quae non videntur esse principalia inter circumstantias, cum sint maxime extrinseca ab actu. Ea ergo in quibus est operatio, non sunt principalissimae circumstantiarum.

2. PRAETEREA, finis est extrinsecus rei. Non ergo videtur esse principalissima circumstantiarum.

3. PRAETEREA, principalissimum in unoquoque est causa eius et forma ipsius. Sed causa ipsius actus est persona agens; forma autem actus est motus ipsius. Ergo istae duae circumstantiae videntur esse principalissimae.

ARTIGO 4

As circunstâncias *por quê* e *em que consta a ação* são as principais?

QUANTO AO QUARTO, ASSIM SE PROCEDE: parece que as circunstâncias por quê e em que consiste a ação **não** são as principais.

1. Com efeito, aquilo em que consiste a ação parece ser o lugar e o tempo, os quais não parecem ser os principais entre as circunstâncias, uma vez que são as circunstâncias mais extrínsecas ao ato. Logo, aquilo em que consiste a ação não é a circunstância mais principal.

2. ALÉM DISSO, o fim é extrínseco à coisa. Por isso, não parece ser a mais principal das circunstâncias.

3. ADEMAIS, nas coisas o que é mais principal é sua causa e sua forma. Ora, a causa do ato é a pessoa operante; e a forma do ato é o seu movimento. Logo, essas duas circunstâncias parecem ser as mais principais.

---

4 PARALL.: IV *Sent.*, dist. 16, q. 3, a. 2, q.la 2; III *Ethic.*, lect. 3.

1. C. 2: 1111, a, 18-19.

SED CONTRA est quod Gregorius Nyssenus[2] dicit, quod *principalissimae circumstantiae sunt cuius gratia agitur, et quid est quod agitur.*

RESPONDEO dicendum quod actus proprie dicuntur humani, sicut supra[3] dictum est, prout sunt voluntarii. Voluntatis autem motivum et obiectum est finis. Et ideo principalissima est omnium circumstantiarum illa quae attingit actum ex parte finis, scilicet "cuius gratia": secundaria vero, quae attingit ipsam substantiam actus, idest "quid fecit". Aliae vero circumstantiae sunt magis vel minus principales, secundum quod magis vel minus ad has appropinquant.

AD PRIMUM ergo dicendum quod per ea in quibus est operatio, Philosophus non intelligit tempus et locum, sed ea quae adiunguntur ipsi actui. Unde Gregorius Nyssenus, quasi exponens dictum Philosophi, loco eius quod Philosophus dixit, *in quibus est operatio*, dicit *quid agitur*.

AD SECUNDUM dicendum quod finis, etsi non sit de substantia actus, est tamen causa actus principalissima, inquantum movet ad agendum. Unde et maxime actus moralis speciem habet ex fine.

AD TERTIUM dicendum quod persona agens causa est actus secundum quod movetur a fine; et secundum hoc principaliter ordinatur ad actum. Aliae vero conditiones personae non ita principaliter ordinantur ad actum. — Modus etiam non est substantialis forma actus, hoc enim attenditur in actu secundum obiectum et terminum vel finem: sed est quasi quaedam qualitas accidentalis.

EM SENTIDO CONTRÁRIO, diz Gregório de Nissa: "As circunstâncias mais principais são para quê se age e o que é o que se faz".

RESPONDO. Como acima foi dito, os atos são propriamente humanos enquanto voluntários. O motivo e o objeto da vontade é o fim. Por isso, a mais principal das circunstâncias é aquela que atinge o ato quanto ao fim, isto é, para quê. A circunstância secundária é aquela que atinge a própria substância do ato, isto é, o que é feito. As demais circunstâncias são mais ou menos principais, enquanto mais ou menos se aproximam dessas duas[f].

QUANTO AO 1º, portanto, deve-se dizer que o Filósofo não entende tempo e lugar como aquilo em que consiste a operação, mas só o que é acrescido ao próprio ato. Por esse motivo, Gregório de Nissa explicando a frase do Filósofo, diz *o que se faz* em lugar de *em que consiste a ação*.

QUANTO AO 2º, deve-se dizer que o fim, embora não seja da substância do ato, é a causa mais principal do ato, enquanto move para a ação. Por conseguinte, o ato moral é especificado sobretudo pelo fim.

QUANTO AO 3º, deve-se dizer que a pessoa agente é de certo modo, causa enquanto é movida pelo fim; e, em virtude disso, ordena-se principalmente para o ato. As outras condições da pessoa não se ordenam assim principalmente para o ato. — O modo também não é forma substancial do ato, pois isso é considerado no ato segundo o objeto, o termo e o fim, mas é como uma qualidade acidental.

---

2. NEMESIUS, *De nat. hom.* c. 31, al. l. V, c. 2: MG 40, 728 A.
3. Q. 1, a. 1.

---

f. Apoiando-se em Aristóteles e no Pseudo-Gregório de Nissa, Sto. Tomás dá prioridade às circunstâncias que concernem à matéria do ato e a seu fim, na perspectiva do teólogo por ele exposta no a. 2. Retira assim a matéria e o fim do meio das outras circunstâncias.
   Nasce daí uma dificuldade de interpretação: a matéria e o fim da ação constituem, com efeito, para Sto. Tomás, elementos essenciais da ação. Conforme afirmará adiante, o fim é o objeto do ato interior e a matéria o objeto do ato exterior, constituindo juntos a ação completa em sua natureza moral.
   Convém distinguir, portanto, um fim e uma matéria que são essenciais, e outros que são circunstanciais, conforme o indica o artigo precedente, r. 3.
   Os moralistas modernos daí deduziram a ideia de que o fim buscado pelo sujeito seria mera circunstância da ação moral, um elemento relativamente secundário para o estabelecimento do juízo moral. Ora, basta ler Sto. Tomás para ver o quanto a finalidade é predominante em sua concepção da moral: chega a entrar na definição de voluntário, conforme vimos no a. 1. O homem, para ele, é o ser que persegue um fim.

QUAESTIO VIII
DE VOLUNTATE,
QUORUM SIT UT VOLITORUM
in tres articulos divisa

Deinde considerandum est de ipsis actibus voluntariis in speciali. Et primo, de actibus qui sunt immediate ipsius voluntatis, velut ab ipsa voluntate eliciti; secundo de actibus imperatis a voluntate.

Voluntas autem movetur et in finem, et in ea quae sunt ad finem. Primo igitur considerandum est de actibus voluntatis quibus movetur in finem; et deinde de actibus eius quibus movetur in ea quae sunt ad finem.

Actus autem voluntatis in finem videntur esse tres: scilicet velle, frui et intendere. Primo ergo consideremus de voluntate; secundo, de fruitione; tertio, de intentione.

Circa primum consideranda sunt tria: primo quidem, quorum voluntas sit; secundo, a quo moveatur; tertio, quomodo moveatur.

Circa primum quaeruntur tria.
Primo: utrum voluntas sit tantum boni.
Secundum: utrum sit tantum finis, an etiam eorum quae sunt ad finem.
Tertio: si est aliquo modo eorum quae sunt ad finem, utrum uno motu moveatur in finem et in ea quae sunt ad finem.

Articulus 1
Utrum voluntas sit tantum boni

AD PRIMUM SIC PROCEDITUR. Videtur quod voluntas non tantum sit boni.

1. Eadem enim est potentia oppositorum, sicut visus albi et nigri. Sed bonum et malum sunt opposita. Ergo voluntas non solum est boni, sed etiam mali.

QUESTÃO 8
A VONTADE
E SEU OBJETO[a]
em três artigos

Em seguida, devem-se considerar os atos voluntários em especial. Primeiro, os atos que provêm imediatamente da vontade, como produzidos pela mesma vontade. Segundo os atos imperados pela vontade.

A vontade, pois, se move tanto para o fim, como para aquilo que é para o fim. Primeiramente, portanto, devem-se considerar os atos da vontade pelos quais se move para o fim, e em seguida os atos pelos quais ela se move para aquilo que é para o fim.

Os atos da vontade para o fim parecem ser três: querer, gozar, tender.

A respeito do primeiro, devem ser consideradas três coisas: 1º o objeto da vontade; 2º o que se move; 3º como é movido.

A respeito do 1º, são três as perguntas:
1. A vontade é só do bem?
2. É só do fim ou também daquilo que é para o fim?
3. Se é de algum modo daquilo que é para o fim: com um só movimento se move para o fim e para aquilo que é para o fim?

Artigo 1
A vontade é somente do bem?

QUANTO AO PRIMEIRO ARTIGO, ASSIM SE PROCEDE: parece que a vontade **não** é somente do bem.

1. Com efeito, para as coisas opostas há uma só potência, como a visão para o branco e o preto. Ora, bem e mal são opostos. Logo, o objeto da vontade não é só o bem, como também o mal.

---

1 PARALL.: Part. I, q. 19, a. 9; IV *Sent.*, dist. 49, q. 1, a. 3, q.la 1; *De Verit.*, q. 22, a. 6.

---

a. Atente-se a este prólogo, que fornece o plano das numerosas análises que se seguirão. Observe-se que esse plano se estabelece de acordo com a finalidade, da qual lembramos a importância na conclusão da nota precedente.

Atos emitidos (elícitos, interiores) da vontade (q. 8-16)
— tendo por objeto o fim (q. 8-12):
  querer (q. 8-10), gozo (q. 11), intenção (q. 12).
— tendo por objeto o que conduz ao fim (q. 13-16):
  escolha (q. 13), deliberação (q. 14), consentimento (q. 15), uso (q. 16).
Atos imperados pela vontade: comando (q. 17).
As três questões consagradas ao querer sob três pontos de vista:
  1) O bem, o fim e o que se submete ao fim.
  2) Tudo o que contribui para mover a vontade.
  3) A maneira, necessária ou livre, pela qual é movida a vontade.

2. PRAETEREA, potentiae rationales se habent ad opposita prosequenda, secundum Philosophum[1]. Sed voluntas est potentia rationalis: est enim *in ratione*, ut dicitur in III *de Anima*[2]. Ergo voluntas se habet ad opposita. Non ergo tantum ad volendum bonum, sed etiam ad volendum malum.

3. PRAETEREA, bonum et ens convertuntur. Sed voluntas non solum est entium, sed etiam non entium: volumus enim quandoque non ambulare et non loqui. Volumus etiam interdum quaedam futura, quae non sunt entia in actu. Ergo voluntas non tantum est boni.

SED CONTRA est quod Dionysius dicit, 4 cap. *de Div. Nom.*, quod *malum est praeter voluntatem*[3], et quod *omnia bonum appetunt*[4].

RESPONDEO dicendum quod voluntas est appetitus quidam rationalis. Omnis autem appetitus non est nisi boni. Cuius ratio est quia appetitus nihil aliud est quam inclinatio appetentis in aliquid. Nihil autem inclinatur nisi in aliquid simile et conveniens. Cum igitur omnis res, inquantum est ens et, substantia, sit quoddam bonum, necesse est ut omnis inclinatio sit in bonum. Et inde est quod Philosophus dicit, in I *Ethic*.[5], quod bonum est *quod omnia appetunt*.

Sed considerandum est quod, cum omnis inclinatio consequatur aliquam formam, appetitus naturalis consequitur formam in natura existentem: appetitus autem sensitivus, vel etiam intellectivus seu rationalis, qui dicitur voluntas, sequitur formam apprehensam. Sicut igitur id in quod tendit appetitus naturalis, est bonum existens in re; ita id in quod tendit appetitus animalis vel voluntarius, est bonum apprehensum. Ad hoc igitur quod voluntas in aliquid tendat, non requiritur quod sit bonum in rei veritate, sed quod apprehendatur in ratione boni. Et propter hoc Philosophus dicit, in II *Physic*.[6], quod *finis est bonum, vel apparens bonum*.

2. ALÉM DISSO, as potências racionais buscam coisas opostas, conforme o Filósofo. Ora, a vontade é potência racional, pois está na razão, segundo diz o livro III da *Alma*. Logo, a vontade refere-se a coisas opostas. Por conseguinte, não quer só o bem, como também o mal.

3. ADEMAIS, bem e ente se convertem. Ora a vontade não é somente dos entes, mas também dos não-entes: sendo que às vezes queremos não andar e não falar. Queremos, ademais, coisas futuras que não são entes em ato. Logo, a vontade não é somente do bem.

EM SENTIDO CONTRÁRIO, diz Dionísio: "O mal está fora da vontade, e o bem todas as coisas o desejam".

RESPONDO. A vontade é um apetite racional. Todo apetite é somente do bem. A razão disto está em que o apetite nada mais é do que a inclinação daquele que deseja alguma coisa. Ora, nenhuma coisa se inclina senão para algo semelhante e conveniente a si. Sendo que toda coisa, enquanto é ente e substância, é algum bem, necessariamente toda inclinação dirige-se para o bem. Donde dizer o Filósofo no livro I da *Ética*: "O bem é aquilo que todas as coisas desejam".

Deve-se considerar que, como toda inclinação segue alguma forma, o apetite natural segue a forma existente na natureza. O apetite sensitivo e o apetite racional, ou intelectivo, que se chama vontade, seguem a forma apreendida. Assim como aquilo para o qual tende o apetite natural é o bem que existe na coisa, também aquilo para o qual tendem os apetites animal ou o voluntário é o bem apreendido. Logo, para que a vontade tenda para algo, não é necessário que seja o bem da coisa, mas que seja apreendido na razão de bem. Donde o Filósofo dizer no livro II da *Física*: "O fim é o bem ou o que tenha aparência de bem"[b].

---

1. *Met*. IX, 2: 1046, b, 4-7.
2. C. 9: 432, b, 5.
3. MG 3, 732 C.
4. MG 3, 708 A.
5. C. 1: 1094, a, 3.
6. C. 3: 195, a, 25-26.

---

b. A vontade humana, como todo apetite, e ainda melhor do que ele, é animada por uma espontaneidade profunda, natural, que a leva ao bem. O mal só pode ser querido se ele parecer bom por certo aspecto. A vontade é desejo do bem e identicamente desejo da felicidade.

O bem se define por seus efeitos: atração, amor, desejo que ele provoca. Assim, o amor e o desejo serão os primeiros atos da vontade.

O bem se dividirá como o amor. O bem propriamente dito é aquele que merece ser amado por si mesmo, com amor de amizade. Em um sentido derivado, será feita referência a um bem útil, amado por interesse, e a um bem agradável, buscado pelo prazer que proporciona (I Parte, q. 5, a. 6).

O bem comporta a ideia de qualidade, de perfeição, de plenitude. Causa por si atração, amor e felicidade.

AD PRIMUM ergo dicendum quod eadem potentia est oppositorum, sed non eodem modo se habet ad utrumque. Voluntas igitur se habet et ad bonum et ad malum: sed ad bonum, appetendo ipsum; ad malum vero, fugiendo illud. Ipse ergo actualis appetitus boni vocatur *voluntas*, secundum quod nominat actum voluntatis: sic enim nunc loquimur de voluntate. Fuga autem mali magis dicitur *noluntas*. Unde sicut voluntas est boni, ita noluntas est mali.

AD SECUNDUM dicendum quod potentia rationalis non se habet ad quaelibet opposita prosequenda, sed ad ea quae sub suo obiecto convenienti continentur: nam nulla potentia prosequitur nisi suum conveniens obiectum. Obiectum autem voluntatis est bonum. Unde ad illa opposita prosequenda se habet voluntas, quae sub bono comprehenduntur, sicut moveri et quiescere, loqui et tacere, et alia huiusmodi: in utrumque enim horum fertur voluntas sub ratione boni.

AD TERTIUM dicendum quod illud quod non est ens in rerum natura, accipitur ut ens in ratione: unde negationes et privationes dicuntur entia rationis. Per quem etiam modum futura, prout apprehenduntur, sunt entia. Inquantum igitur sunt huiusmodi entia, apprehenduntur sub ratione boni: et sic voluntas in ea tendit. Unde Philosophus dicit, in V *Ethic.*[7], quod *carere malo habet rationem boni*.

QUANTO AO 1º, portanto, deve-se dizer que a mesma potência pode se dirigir para coisas opostas, mas diversamente. A vontade, portanto, se refere ao bem e ao mal: ao bem desejando-o; ao mal, rejeitando-o. O apetite do bem atual chama-se *vontade*, enquanto denomina o ato da vontade. É neste sentido que tratamos aqui da vontade. A fuga, ou rejeição do mal antes se denomina *não querer*. Assim como a vontade é do bem, não querer é do mal[c].

QUANTO AO 2º, deve-se dizer que a potência racional não se refere a quaisquer coisas opostas, mas, àquelas convenientemente contidas no seu objeto, já que nenhuma potência se dirige senão para o seu objeto conveniente. Ora, o objeto da vontade é o bem. Donde a vontade se dirigir para os opostos que estão compreendidos sob o bem, como mover-se e repousar, falar e calar, e coisas semelhantes. A cada um desses opostos a vontade é levada sob a razão de bem.

QUANTO AO 3º, deve-se dizer que o que não é ente real, entende-se ente de razão, donde serem entes de razão as negações e as privações. Desse modo também as coisas futuras, enquanto são apreendidas, são entes. Enquanto entes, são apreendidas sob a razão de bem, e assim a vontade tende a elas. Donde o Filósofo dizer no livro V da *Ética*: "(nelas) a carência do mal tem a razão de bem".

ARTICULUS 2
Utrum voluntas sit tantum finis, an etiam eorum quae sunt ad finem

AD SECUNDUM SIC PROCEDITUR. Videtur quod voluntas non sit eorum quae sunt ad finem, sed tantum finis.

ARTIGO 2
A vontade é somente do fim ou também daquilo que é para o fim?

QUANTO AO SEGUNDO, ASSIM SE PROCEDE: parece que a vontade **não** é daquilo que é para o fim, mas somente do fim.

---

7. C. 2: 1129, b, 8-9.

PARALL.: I *Sent.*, dist. 45, a. 2, ad 1; II, dist. 24, q. 1, a. 3; *De Verit.*, q. 22, a. 13, ad 9.

Essas especificações são necessárias para devolver um pouco de sua força à noção de bem, empobrecida pelas morais da obrigação, que a reduzem ao que é conforme à lei.
A moral de Sto. Tomás se enraíza, portanto, na inclinação natural (de ordem espiritual) da vontade para o bem.
Deve-se precisar, contudo, qual é o bem próprio do homem. Dotado de inteligência, o homem é capaz de conhecer o bem e de caminhar em sua direção. O bem procurado pela vontade é, portanto, o bem como ele se apresenta à razão. Aqui poderá introduzir-se uma distância e uma oposição entre o bem real e o bem conhecido, que pode ser pura aparência. Esta será a origem do pecado, que se deverá tanto a um erro da razão quanto a uma falha da vontade influindo sobre a razão. O que não impede que a vontade queira tudo por motivo de bem, mesmo que seja aparente apenas.
A questão moral decisiva será conhecer e amar o verdadeiro bem, buscar a verdadeira bem-aventurança.
c. Sem sabê-lo, nesta resposta e nas seguintes Sto. Tomás rejeita de antemão uma concepção da vontade que se tornará dominante na época moderna, principalmente a partir do século XIV, com Occam e o nominalismo: a vontade ou a liberdade concebida como poder de escolher entre contrários, entre bem e mal. É a liberdade de indiferença, ao passo que, para Sto. Tomás, o livre-arbítrio, como a vontade, tende espontaneamente para aquilo que tem qualidade de bem.

1. Dicit enim Philosophus, in III *Ethic.*[1], quod *voluntas est finis, electio autem eorum quae sunt ad finem*.

2. Praeterea, *ad ea quae sunt diversa genere, diversae potentiae animae ordinantur*, ut dicitur in VI *Ethic.*[2]. Sed finis et ea quae sunt ad finem sunt in diverso genere boni: nam finis, qui est bonum honestum vel delectabile, est in genere qualitatis, vel actionis aut passionis; bonum autem quod dicitur utile, quod est ad finem, est *in ad aliquid*, ut dicitur in I *Ethic.*[3]. Ergo, si voluntas est finis, non erit eorum quae sunt ad finem.

3. Praeterea, habitus proportionantur potentis: cum sint earum perfectiones. Sed in habitibus qui dicuntur artes operativae, ad aliud pertinet finis, et ad aliud quod est ad finem: sicut ad gubernatorem pertinet usus navis, qui est finis eius; ad navifactivam vero constructio navis, quae est propter finem. Ergo, cum voluntas sit finis, non erit eorum quae sunt ad finem.

Sed contra est, quia in rebus naturalibus per eandem potentiam aliquid pertransit media, et pertingit ad terminum. Sed ea quae sunt ad finem, sunt quaedam media per quae pervenitur ad finem sicut ad terminum. Ergo, si voluntas est finis, ipsa etiam est eorum quae sunt ad finem.

Respondeo dicendum quod voluntas quandoque dicitur ipsa potentia qua volumus; quandoque autem ipse voluntatis actus. Si ergo loquamur de voluntate secundum quod nominat potentiam, sic se extendit et ad finem, et ad ea quae sunt ad finem. Ad ea enim se extendit unaquaeque potentia, in quibus inveniri potest quocumque modo ratio sui obiecti: sicut visus se extendit ad omnia quaecumque participant quocumque modo colorem. Ratio autem boni, quod est obiectum potentiae voluntatis, invenitur non solum in fine, sed etiam in his quae sunt ad finem.
Si autem loquamur de voluntate secundum quod nominat proprie actum, sic, proprie loquendo, est finis tantum. Omnis enim actus denominatus a potentia, nominat simplicem actum illius potentiae: sicut *intelligere* nominat simplicem actum intellectus. Simplex autem actus potentiae est in id quod est secundum se obiectum potentiae. Id autem quod est propter se bonum et volitum,

1. Com efeito, diz o Filósofo no livro III da *Ética*: "A vontade é do fim; a eleição, das coisas que são para o fim".

2. Além disso, diz o livro VI da *Ética*: "As diversas potências da alma se ordenam às coisas que são diversas segundo os seus gêneros". Ora, o fim e aquilo que é para o fim são de gêneros diversos do bem, pois o fim, que é o bem honesto ou deleitável, está no gênero da qualidade, ou da ação ou da paixão; o bem, dito útil, que é para o fim, está *no gênero da relação*, como se diz no livro I da *Ética*. Logo, se a vontade é do fim, não será daquilo que é para o fim.

3. Ademais, os *habitus* são proporcionados às potências, por serem suas perfeições. Ora, nos *habitus* que se chamam artes operativas, o fim pertence a uma coisa e a uma outra coisa aquilo que é para o fim, como ao piloto pertence o governo da nave que é o seu fim, e aos operários navais a construção da nave, que são meios para o fim. Logo, uma vez que a vontade é do fim, não será daquilo que é para o fim.

Em sentido contrário, nas coisas naturais, pela mesma potência é que uma coisa passa pelos intermediários para chegar ao termo. Mas, as coisas que são para o fim são intermediárias pelas quais chega-se ao fim como ao termo. Logo, se a vontade é do fim, ela é também daquilo que é para o fim.

Respondo. Às vezes, chama-se vontade, a potência pela qual queremos, às vezes o mesmo ato da vontade. Se, portanto, falamos da vontade enquanto potência, se estende tanto ao fim como àquilo que é para o fim. Uma potência se estende a tudo aquilo em que de algum modo se pode encontrar a razão de seu objeto, por exemplo: a visão se estende a todas as coisas que de algum modo participam da cor. Ora, a razão de bem, que é o objeto da potência da vontade, encontra-se não só no fim, bem como naquelas coisas que são para o fim.

Se, porém, falamos da vontade enquanto seu próprio ato, então, propriamente, ela é somente fim. Todo ato denominado pela potência designa o seu simples ato, como por exemplo, *intelecção* designa o simples ato do intelecto. O simples ato da potência está naquilo que por si mesmo é o objeto dela. Ora, o que é em si mesmo bom e querido é o fim. Donde a vontade ser do próprio fim.

---

1. C. 4: 1111, b, 26-27.
2. C. 2: 1139, a, 8-10.
3. C. 4: 1096, a, 26.

est finis. Unde voluntas proprie est ipsius finis. Ea vero quae sunt ad finem, non sunt bona vel volita propter seipsa, sed ex ordine ad finem. Unde voluntas in ea non fertur, nisi quatenus fertur in finem: unde hoc ipsum quod in eis vult, est finis. Sicut et intelligere proprie est eorum quae secundum se cognoscuntur, scilicet principiorum: eorum autem quae cognoscuntur per principia, non dicitur esse intelligentia, nisi inquantum in eis ipsa principia considerantur: *sic* enim *se habet finis in appetibilibus, sicut se habet principium in intelligibilibus*, ut dicitur in VII *Ethic.*[4].

AD PRIMUM ergo dicendum quod Philosophus loquitur de voluntate, secundum quod proprie nominat simplicem actum voluntatis: non autem secundum quod nominat potentiam.

AD SECUNDUM dicendum quod ad ea quae sunt diversa genere ex aequo se habentia, ordinantur diversae potentiae: sicut sonus et color sunt diversa genera sensibilium, ad quae ordinantur auditus et visus. Sed utile et honestum non ex aequo se habent, sed sicut quod est secundum se et secundum alterum. Huiusmodi autem semper referuntur ad eandem potentiam: sicut per potentiam visivam sentitur et color, et lux, per quam color videtur.

AD TERTIUM dicendum quod non quidquid diversificat habitum, diversificat potentiam: habitus enim sunt quaedam determinationes potentiarum ad aliquos speciales actus. Et tamen quaelibet ars operativa considerat et finem et id quod est ad finem. Nam ars gubernativa considerat quidem finem, ut quem operatur: id autem quod est ad finem, ut quod imperat. E contra vero navifactiva considerat id quod est ad finem, ut quod operatur: id vero quod est finis, ut ad quod ordinat id quod

Mas, as coisas que são para o fim não são boas e queridas por causa de si mesmas, mas enquanto ordenadas para o fim. Por isso, a vontade não se dirige para elas, a não ser enquanto se dirige para o fim. Consequentemente, o que a vontade nelas quer é o fim. Assim também o ato do intelecto tem por objeto próprio as coisas que por si mesmas são conhecidas, quais sejam os princípios. Mas o que é conhecido mediante os princípios não se diz intelecção, a não ser enquanto os princípios são nele considerados, porque, como diz o o livro VII da *Ética*: "O fim está para as coisas desejadas, como os princípios para as coisas inteligíveis[d].

QUANTO AO 1º, portanto, deve-se dizer que o Filósofo fala da vontade enquanto propriamente designa o simples ato da vontade, não, enquanto designa a potência.

QUANTO AO 2º, deve-se dizer que as coisas que são diversas segundo o gênero, referindo-se entre si de modo igual, ordenam-se a potências distintas. O som, por exemplo, e a cor estão em gêneros sensíveis diversos, aos quais se ordenam a audição e a visão. O útil e o honesto, porém, não se referem entre si de modo igual, mas como o que é por si e o que é por outro. Tais coisas referem-se sempre à mesma potência; por exemplo, a potência da visão sente tanto a cor como a luz, e por esta vê a cor.

QUANTO AO 3º, deve-se dizer que nem tudo o que diferencia o *habitus*, diferencia a potência: os *habitus* são determinações das potências para atos especiais. Todavia, toda arte prática considera ao mesmo tempo o fim e o que é para o fim. Assim, é que a arte náutica considera o fim como o que opera, e o que é para o fim como o que comanda. O contrário acontece na indústria naval, que considera o que é para o fim como o que opera, e o que é fim, como aquilo a que se ordena o que

---

4. C. 9: 1151, a, 16-17.

d. A relação entre nossa vontade e bem é complexa, e exige diversos atos. O bem se apresenta primeiramente a nós como um fim, desejado por si mesmo; tal será o objeto do querer. Mas, o que nos conduz ao fim, que é desejado em vista do fim, é também um bem; será o objeto da escolha (q. 13). É a coordenação entre esses dois graus e esses dois atos o que estuda Sto. Tomás nesses dois artigos. Como se vê, a finalidade é efetivamente essencial para ele na noção e na busca do bem.

Há aqui um problema de tradução bastante delicado, que só podemos apontar. Traduz-se em geral a expressão *ea quae sunt ad finem* (o que é ordenado ao fim) por "meio". Ora, essa expressão tem um sentido mais amplo do que o que entendemos comumente por meio. Em nossa concepção, marcada pela técnica moderna, meio é um instrumento do qual nos servimos para atingir o fim, e que abandonamos após sua utilização. No entanto, dizendo Cristo, que é em sua própria pessoa "a via da verdade pela qual podemos alcançar a bem-aventurança da vida imortal" (Prólogo da III Parte), é, nesse sentido, meio para nós? Tanto mais que só pode tornar-se via para o Pai para aqueles que creem nele e o amam em sua pessoa, por si mesmo. Contudo, como via, nos ordena ao fim que é a bem-aventurança. De modo similar, não podemos considerar os outros homens como meios para nós. Assim, quando os amamos por si mesmos, com verdadeira caridade, eles nos abrem a via para Deus, e podem acompanhar-nos nesse caminho. Dessa forma, juntos, nós nos ordenamos à bem-aventurança divina, mas bem além da consideração interessada e utilitária que evoca para nós o termo meio.

operatur. Et iterum in unaquaque arte operativa est aliquis finis proprius, et aliquid quod est ad finem, quod proprie ad illam artem pertinet.

Articulus 3
Utrum voluntas eodem actu moveatur in finem, et in id quod est ad finem

AD TERTIUM SIC PROCEDITUR. Videtur quod eodem actu voluntas feratur in finem, et in id quod est ad finem.

1. Quia secundum Philosophum[1], *ubi est unum propter alterum, ibi est unum tantum*. Sed voluntas non vult id quod est ad finem, nisi propter finem. Ergo eodem actu movetur in utrumque.

2. PRAETEREA, finis est ratio volendi ea quae sunt ad finem, sicut lumen est ratio visionis colorum. Sed eodem actu videtur lumen et color. Ergo idem est motus voluntatis quo vult finem, et ea quae sunt ad finem.

3. PRAETEREA, idem numero motus naturalis est qui per media tendit ad ultimum. Sed ea quae sunt ad finem, comparantur ad finem sicut media ad ultimum. Ergo idem motus voluntatis est quo voluntas fertur in finem, et in ea quae sunt ad finem.

SED CONTRA, actus diversificantur secundum obiecta. Sed diversae species boni sunt finis, et id quod est ad finem, quod dicitur utile. Ergo non eodem actu voluntas fertur in utrumque.

RESPONDEO dicendum quod, cum finis sit secundum se volitus, id autem quod est ad finem, inquantum huiusmodi, non sit volitum nisi propter finem; manifestum est quod voluntas potest ferri in finem, sine hoc quod feratur in ea quae sunt ad finem; sed in ea quae sunt ad finem, inquantum huiusmodi, non potest ferri, nisi feratur in ipsum finem. Sic ergo voluntas in ipsum finem dupliciter fertur: uno modo, absolute secundum se; alio modo, sicut in rationem volendi ea quae sunt ad finem. Manifestum est ergo quod unus et idem motus voluntatis est quo fertur in finem, secundum quod est ratio volendi ea quae sunt ad finem, et in ipsa quae sunt ad finem. Sed alius actus est quod fertur in ipsum finem absolute. Et quandoque praecedit tempore: sicut cum aliquis primo vult sanitatem, et postea, deliberans quo-

é operado. Desse modo, em toda arte prática há um fim próprio e as coisas que são para este fim, o que propriamente pertence a essa arte.

Artigo 3
Move-se a vontade pelo mesmo ato para o fim e para aquilo que é para o fim?

QUANTO AO TERCEIRO, ASSIM SE PROCEDE: parece que a vontade é **levada** pelo mesmo ato ao fim e àquilo que é para o fim.

1. Com efeito, segundo o Filósofo: "Onde há uma coisa por causa de outra, aí há uma só coisa". Ora, a vontade não quer o que é para o fim senão por causa do fim. Logo, pelo mesmo ato ela se move para os dois.

ALÉM DISSO, o fim é a razão de querer as coisas que são para o fim, como a luz é a razão da visão das cores. Ora, a luz e a cor são vistas por um só ato. Logo, o movimento é o mesmo da vontade pelo qual quer o fim e as coisas que são para o fim.

ADEMAIS, é um só e mesmo o movimento natural que pelos intermediários tende para o que é último. Ora, as coisas que são para o fim estão para o fim como as intermediárias para o que é último. Logo, pelo mesmo movimento da vontade, ela é levada ao fim e às coisas que são para o fim.

EM SENTIDO CONTRÁRIO, os atos se diversificam pelos objetos. Mas, distintas espécies de bens são o fim e aquilo que é para o fim, o que se diz útil. Logo, não é pelo mesmo ato que a vontade é levada a um e outro por um só ato.

RESPONDO. Sendo o fim querido por si mesmo, aquilo que é para o fim, enquanto tal, não é querido senão em vista do fim. É evidente que a vontade pode ser levada ao fim sem os intermediários. Mas, quanto aos que são para o fim enquanto tais, ela não será levada a eles a não ser que também seja levada ao fim. Assim sendo, a vontade é levada ao fim de dois modos: primeiro, absolutamente, por si mesma, e, de outro modo, segundo quer as coisas que são para o fim. É evidente, que por um mesmo e só movimento da vontade ela é levada ao fim na medida em que é a razão de querer as coisas que são para o fim, e àquilo que é para o fim. Mas outro é o ato segundo o qual é levada ao fim absolutamente. Às vezes, precede no tempo: por exemplo, quando alguém quer por primeiro a saúde, e, depois, pensando como será curado,

---

3 PARALL.: Infra, q. 12, a. 4; *De Verit.*, q. 22, a. 14.

1. *Topic.* III, 2: 117, a, 18-19.

modo possit sanari, vult conducere medicum ut sanetur. Sicut etiam et circa intellectum accidit: nam primo aliquis intelligit ipsa principia secundum se; postmodum autem intelligit ea in ipsis conclusionibus, secundum quod assentit conclusionibus propter principia.

AD PRIMUM ergo dicendum quod ratio illa procedit secundum quod voluntas fertur in finem, ut est ratio volendi ea quae sunt ad finem.

AD SECUNDUM dicendum quod quandocumque videtur color, eodem actu videtur lumen: potest tamen videri lumen sine hoc quod videatur color. Et similiter quandocumque quis vult ea quae sunt ad finem, vult eodem actu finem: non tamen e converso.

AD TERTIUM dicendum quod in executione operis, ea quae sunt ad finem se habent ut media, et finis ut terminus. Unde sicut motus naturalis interdum sistit in medio, et non pertingit ad terminum; ita quandoque operatur aliquis id quod est ad finem, et tamen non consequitur finem. Sed in volendo est e converso: nam voluntas per finem devenit ad volendum ea quae sunt ad finem; sicut et intellectus devenit in conclusiones per principia, quae *media* dicuntur. Unde intellectus aliquando intelligit medium, et ex eo non procedit ad conclusionem. Et similiter voluntas aliquando vult finem, et tamen non procedit ad volendum id quod est ad finem.

Ad illud vero quod IN CONTRARIUM OBIICITUR, patet solutio per ea quae supra[2] dicta sunt. Nam utile et honestum non sunt species boni ex aequo divisae, sed se habent sicut propter se et propter alterum. Unde actus voluntatis in unum potest ferri sine hoc quod feratur in alterum, sed non e converso.

---
2. A. praec., ad 2.

quer chamar o médico para curá-lo. Isso acontece também com o intelecto: primeiro a pessoa tem a intelecção dos princípios como tais; depois, conhece-os nas conclusões, enquanto aceita as conclusões por causa dos princípios.

QUANTO AO 1º, portanto, deve-se dizer que a primeira objeção procede na medida em que a vontade é levada ao fim, enquanto é a razão de querer aquilo que é para o fim.

QUANTO AO 2º, deve-se dizer que às vezes se vê a cor pelo mesmo ato que se vê a luz. Todavia, pode-se ver a luz sem se ver a cor. Assim também às vezes alguém ao querer as coisas que são para o fim, quer pelo mesmo ato o fim. Não se dá, porém, o contrário.

QUANTO AO 3º, deve-se dizer que na execução das obras, as coisas que são para o fim são intermediárias e o fim é o termo. Por isso, assim como o movimento natural às vezes para no meio e não chega ao termo, também às vezes alguém faz o que é para o fim, sem atingi-lo. Mas, no movimento da vontade acontece o contrário, porque é pelo fim que a vontade chega a querer as coisas que são para o fim. Também o intelecto chega às conclusões pelos princípios, que são ditos *meios*. Daí que o intelecto às vezes conhece o meio e por ele não chega à conclusão. Também a vontade às vezes quer o fim, entretanto não chega a querer aquilo que é para o fim.

Ao que SE OBJETA EM CONTRÁRIO, a resposta encontra-se no que acima foi dito. O útil e o honesto não são espécies do bem distintas uma da outra, mas se referem como o que é por si e o que é por outro. Daí que o ato da vontade pode ser levado a um e não ao outro, mas não vale o contrário.

QUAESTIO IX
DE MOTIVO VOLUNTATIS
in sex articulos divisa

Deinde considerandum est de motivo voluntatis.

Et circa hoc quaeruntur sex.

QUESTÃO 9
O QUE MOVE A VONTADE[a]
em seis artigos

Deve-se considerar em seguida o que move a vontade.

Sobre isso, são seis as perguntas:

---
a. Olhar de conjunto sobre a questão: examina os principais fatores que contribuem para o movimento voluntário e mostra como podem agir sobre a vontade. Existem três fatores interiores ao homem: intelecto, apetite sensitivo e vontade. Em seguida, depois de ter estudado a questão da moção proveniente do exterior, Sto. Tomás examina os casos da influência dos corpos celestes, e em seguida a moção de Deus sobre a vontade.

Primo: utrum voluntas moveatur ab intellectu.
Secundo: utrum moveatur ab appetitu sensitivo.
Tertio: utrum voluntas moveat seipsam.
Quarto: utrum moveatur ab aliquo exteriori principio.
Quinto: utrum moveatur a corpore caelesti.
Sexto: utrum voluntas moveatur a solo Deo, sicut ab exteriori principio.

1. A vontade é movida pelo intelecto?
2. É movida pelo apetite sensitivo?
3. Move-se a si mesma?
4. É movida por um princípio exterior?
5. Por um corpo celeste?
6. Como princípio exterior, somente Deus a move?

Articulus 1
Utrum voluntas moveatur ab intellectu

AD PRIMUM SIC PROCEDITUR. Videtur quod voluntas non moveatur ab intellectu.

1. Dicit enim Augustinus[1], super illud Ps 118,20, "Concupivit anima mea desiderare iustificationes tuas". *Praevolat intellectus, sequitur tardus aut nullus affectus: scimus bonum, nec delectat agere.* Hoc autem non esset, si voluntas ab intellectu moveretur: quia motus mobilis sequitur motionem moventis. Ergo intellectus non movet voluntatem.

2. PRAETEREA, intellectus se habet ad voluntatem ut demonstrans appetibile, sicut imaginatio demonstrat appetibile appetitui sensitivo. Sed imaginatio demonstrans appetibile non movet appetitum sensitivum: immo quandoque ita nos habemus ad ea quae imaginamur, sicut ad ea quae in pictura nobis ostenduntur, ex quibus non movemur, ut dicitur in libro de *Anima*[2]. Ergo neque etiam intellectus movet voluntatem.

3. PRAETEREA, idem respectu eiusdem non est movens et motum. Sed voluntas movet intellectum: intelligimus enim quando volumus. Ergo intellectus non movet voluntatem.

SED CONTRA est quod Philosophus dicit, in III de *Anima*[3], quod *appetibile intellectum est movens non motum, voluntas autem est movens motum.*

RESPONDEO dicendum quod intantum aliquid indiget moveri ab aliquo, inquantum est in potentia ad plura: oportet enim ut id quod est in potentia reducatur in actum per aliquid quod est actu; et hoc est movere. Dupliciter autem aliqua vis animae invenitur esse in potentia ad diversa: uno modo, quantum ad agere et non agere; alio modo, quantum ad agere hoc vel illud. Sicut visus quandoque

Artigo 1
A vontade é movida pelo intelecto?

QUANTO AO PRIMEIRO ARTIGO, ASSIM SE PROCEDE: parece que a vontade **não** é movida pelo intelecto.

1. Com efeito, comentando a frase do Salmo 118: "Minha alma desejou ardentemente as tuas decisões.", diz Agostinho: "Voa o intelecto, mas com retardo, ou mesmo sem algum afeto. Conhecemos o bem, mas não agrada praticá-lo". Ora, tal não aconteceria se a vontade fosse movida pelo intelecto, porque o movimento da coisa movida segue o impulso do movente. Logo, o intelecto não move a vontade.

2. ALÉM DISSO, o intelecto está para a vontade mostrando o que é apetecível, como a imaginação, para o apetite sensitivo. Ora, a imaginação mostrando o que é apetecível não move o apetite sensitivo; pelo contrário, às vezes estamos para o que imaginamos, como para as pinturas que nos são mostradas, pelas quais não somos movidos, como diz o livro da *Alma*. Logo, tampouco o intelecto move a vontade.

3. ADEMAIS, não se pode ser movente e movido relativamente à mesma coisa. Ora, a vontade move o intelecto, pois conhecemos quando queremos. Logo, o intelecto não move a vontade.

EM SENTIDO CONTRÁRIO, diz o Filósofo no livro III da *Alma*: "O apetecível quando conhecido é movente não movido, mas a vontade é movente movido.

RESPONDO. Uma coisa tanto necessita ser movida por outra, quanto está em potência para muitas outras. É preciso, pois, que o que está em potência seja reduzido a ato por algo em ato, e nisto consiste o movimento. Duplamente alguma potência da alma encontra-se em potência para muitas coisas: primeiro, quanto ao fazer ou não fazer; segundo, quanto ao fazer isso ou aquilo. Por

---

1 PARALL.: Part. I, q. 82, a. 4; *Cont. Gent.* III, 26; *De Verit.*, q. 22, a. 12; *De Malo*, q. 6.

1. *Enarr. in Ps.*, Ps. 118, serm. 8, n. 4: ML 37, 1522.
2. L. III, c. 3: 427, b, 21-24.
3. C. 10: 433, b, 10-21.

videt actu, et quandoque non videt; et quandoque videt album, et quandoque videt nigrum. Indiget igitur movente quantum ad duo: scilicet quantum ad exercitium vel usum actus; et quantum ad determinationem actus. Quorum primum est ex parte subiecti, quod quandoque invenitur agens, quandoque non agens: aliud autem est ex parte obiecti, secundum quod specificatur actus.

Motio autem ipsius subiecti est ex agente aliquo. Et cum omne agens agat propter finem, ut supra[4] ostensum est, principium huius motionis est ex fine. Et inde est quod ars ad quam pertinet finis, movet suo imperio artem ad quam pertinet id quod est ad finem: *sicut gubernatoria ars imperat navifactivae*, ut in II *Physic*.[5] dicitur. Bonum autem in communi, quod habet rationem finis, est obiectum voluntatis. Et ideo ex hac parte voluntas movet alias potentias animae ad suos actus: utimur enim aliis potentiis cum volumus. Nam fines et perfectiones omnium aliarum potentiarum comprehenduntur sub obiecto voluntatis, sicut quaedam particularia bona: semper autem ars vel potentia ad quam pertinet finis universalis, movet ad agendum artem vel potentiam ad quam pertinet finis particularis sub illo universali comprehensus; sicut dux exercitus, qui intendit bonum commune, scilicet ordinem totius exercitus, movet suo imperio aliquem ex tribunis, qui intendit ordinem unius aciei.

Sed obiectum movet, determinando actum, ad modum principii formalis, a quo in rebus naturalibus actio specificatur, sicut calefactio a calore. Primum autem principium formale est ens et verum universale, quod est obiectum intellectus. Et ideo isto modo motionis intellectus movet voluntatem, sicut praesentans ei obiectum suum.

exemplo, a vista, às vezes, vê em ato e, às vezes, não vê; às vezes, vê o branco, às vezes o preto. Necessita-se do movente para duas coisas: para o exercício ou uso do ato, e para se determinar o ato. A primeira é da parte do sujeito, que às vezes se encontra agindo; às vezes, não agindo, a segunda é da parte do objeto enquanto especifica o ato.

A moção do sujeito procede de algum agente. E como todo agente age em vista do fim, como acima foi mostrado, o princípio dessa moção procede do fim. Daí que a arte à qual pertence o fim move por seu império a arte à qual pertence o que é para o fim, como se diz no livro II da *Física*: "Como a arte de navegar comanda a arte de construir". O bem em geral que tem a razão de fim é o objeto da vontade. Assim sendo, sob este aspecto, a vontade move as outras potências da alma para os seus atos, pois usamos as outras potências quando queremos. Os fins e as perfeições de todas as outras potências estão compreendidas sob o objeto da vontade, como alguns bens particulares: sempre a arte ou a potência às quais pertence o fim universal, move a arte ou a potência às quais pertence o fim particular compreendido sob o universal. Por exemplo, o chefe do exército que busca o bem comum, isto é, a ordem de todo exército; move pelas suas ordens algum dos capitães que busca a ordenação de uma companhia.

O objeto, porém, move determinando o ato, à maneira do princípio formal, pelo qual é especificada a ação nas coisas naturais, como o aquecimento, pelo calor. Com efeito, o primeiro princípio formal é o ente e a verdade universal, que é o objeto do intelecto. E assim por este modo de moção, o intelecto move a vontade, apresentando-lhe seu objeto[b].

---

4. Q. 1, a. 2.
5. C. 2: 194, b, 5-7.

 b. Para Sto. Tomás, o intelecto, que apreende o verdadeiro, e a vontade, que tende para o bem, compõem juntos a ação humana, e agem um sobre o outro, cada um segundo sua especificidade, pois o bem é certa verdade a ser conhecida, e a verdade certo bem desejável. Para determinar a ação do intelecto sobre a vontade, Sto. Tomás distingue duas ordens na ação:
 1) fazer ou não fazer: é a ordem do exercício da ação, de sua produção, de seu surgimento. É o aspecto existencial da ação, que depende do sujeito. Nessa ordem, a vontade é soberana e move o intelecto a seu ato.
 2) fazer isto ou fazer aquilo: é a ordem da especificação, na qual a ação recebe sua forma e sua espécie da representação do objeto que atrai, um pouco como uma estátua recebe sua forma da ideia que inspira o escultor. É o ponto de vista da essência da ação, na qual o intelecto é primeiro e move a vontade, no sentido de que a conforma ao bem, à ideia motriz do bem que lhe representa.
 Notemos que a partir do nominalismo, operar-se-á uma separação entre vontade e intelecto na formação do ato humano. Na filosofia moderna, os sistemas que fazem depender a ação unicamente da vontade poderão ser chamados de voluntaristas ou existencialistas; aqueles que a submetem sobretudo ao intelecto serão chamados de essencialistas, idealistas, racionalistas e intelectualistas.
 A concepção de Sto. Tomás repousa sobre a colaboração harmônica entre intelecto e vontade, colaboração cujo segredo seria bom encontrarmos. Sem dúvida, concede certa prevalência ao intelecto e à razão, mas em um acordo natural, sempre mantido, com a vontade e sua ordem em direção ao bem.

AD PRIMUM ergo dicendum quod ex illa auctoritate non habetur quod intellectus non moveat: sed quod non moveat ex necessitate.

AD SECUNDUM dicendum quod, sicut imaginatio formae sine aestimatione convenientis vel nocivi, non movet appetitum sensitivum; ita nec apprehensio veri sine ratione boni et appetibilis. Unde intellectus speculativus non movet, sed intellectus practicus, ut dicitur in III *de Anima*[6].

AD TERTIUM dicendum quod voluntas movet intellectum quantum ad exercitium actus: quia et ipsum verum, quod est perfectio intellectus, continetur sub universali bono ut quoddam bonum particulare. Sed quantum ad determinationem actus, quae est ex parte obiecti, intellectus movet voluntatem: quia et ipsum bonum apprehenditur secundum quandam specialem rationem comprehensam sub universali ratione veri. Et sic patet quod non est idem movens et motum secundum idem.

ARTICULUS 2
Utrum voluntas moveatur ab appetitu sensitivo

AD SECUNDUM SIC PROCEDITUR. Videtur quod voluntas ab appetitu sensitivo moveri non possit.

1. *Movens enim et agens est praestantius patiente*, ut Augustinus dicit, XII *super Gen. ad litt.*[1]. Sed appetitus sensitivus est inferior voluntate, quae est appetitus intellectivus; sicut sensus est inferior intellectu. Ergo appetitus sensitivus non movet voluntatem.
2. PRAETEREA, nulla virtus particularis potest facere effectum universalem. Sed appetitus sensitivus est virtus particularis: consequitur enim particularem sensus apprehensionem. Ergo non potest causare motum voluntatis, qui est universalis, velut consequens apprehensionem universalem intellectus.
3. PRAETEREA, ut probatur in VIII *Physic.*[2], movens non movetur ab eo quod movet, ut sit motio reciproca. Sed voluntas movet appetitum sensitivum, inquantum appetitus sensitivus obedit rationi. Ergo appetitus sensitivus non movet voluntatem.

QUANTO AO 1º, portanto, deve-se dizer que pela autoridade citada, não se conclui que o intelecto não move, mas que não move por necessidade.

QUANTO AO 2º, deve-se dizer que assim como a imaginação de uma forma, sem a consideração de conveniência ou de nocividade, não move o apetite sensitivo, assim também não move a apreensão do verdadeiro sem a razão de bem e de apetência. Por isso, o intelecto especulativo não move, mas move o intelecto prático, como diz o livro III da *Alma*.

QUANTO AO 3º, deve-se dizer que a vontade move o intelecto quanto ao exercício do ato, porque também o verdadeiro que faz a perfeição do intelecto, está contido sob o bem universal como um bem particular. Mas, quanto à determinação do ato, que procede da parte do objeto, o intelecto move a vontade, porque o mesmo bem é apreendido segundo uma razão especial compreendida sob a razão universal de verdadeiro. Por isso, fica evidente que não é o mesmo o movente e o movido sob o mesmo aspecto.

ARTIGO 2
A vontade é movida pelo apetite sensitivo?

QUANTO AO SEGUNDO, ASSIM SE PROCEDE: parece que a vontade **não** pode ser movida pelo apetite sensitivo.

1. Com efeito, diz Agostinho: "O movente e o agente são superiores ao paciente". Ora, o apetite sensitivo é inferior à vontade, que é o apetite intelectivo, como também o sentido é inferior ao intelecto. Logo, o apetite sensitivo não move a vontade.
2. ALÉM DISSO, nenhuma potência particular pode produzir um efeito universal. Ora, o apetite sensitivo é uma potência particular, pois segue a apreensão particular do sentido. Logo, não pode causar o movimento da vontade, que é universal, como decorrente da apreensão universal do intelecto.
3. ADEMAIS, prova-se no livro III da *Física* que o movente não é movido por aquilo que move, pois haveria moção recíproca. Ora, a vontade move o apetite sensitivo, enquanto este obedece à razão. Logo, o apetite sensitivo não move a vontade.

---

6. C. 9: 432, b, 26-433, a, 1; c. 10: 433, a, 14-26.
PARALL.: Infra, q. 10, a. 3; q. 77, a. 1; *De Verit.*, q. 22, a. 9, ad 6.
1. C. 16, n. 33: ML 34, 467.
2. C. 5: 257, a, 33-b, 13.

SED CONTRA est quod dicitur Iac 1,14: *Unusquisque tentatur a concupiscentia sua abstractus et illectus*. Non autem abstraheretur quis a concupiscentia, nisi voluntas eius moveretur ab appetitu sensitivo, in quo est concupiscentia. Ergo appetitus sensitivus movet voluntatem.

RESPONDEO dicendum quod, sicut supra[3] dictum est, id quod apprehenditur sub ratione boni et convenientis, movet voluntatem per modum obiecti. Quod autem aliquid videatur bonum et conveniens, ex duobus contingit: scilicet ex conditione eius quod proponitur, et eius cui proponitur. Conveniens enim secundum relationem dicitur: unde ex utroque extremorum dependet. Et inde est quod gustus diversimode dispositus, non eodem modo accipit aliquid ut conveniens et ut non conveniens. Unde, ut Philosophus dicit in III *Ethic*.[4], *qualis unusquisque est, talis finis videtur ei*.

Manifestum est autem quod secundum passionem appetitus sensitivi, immutatur homo ad aliquam dispositionem. Unde secundum quod homo est in passione aliqua, videtur sibi aliquid conveniens, quod non videtur extra passionem existenti: sicut irato videtur bonum, quod non videtur quieto. Et per hunc modum, ex parte obiecti, appetitus sensitivus movet voluntatem.

AD PRIMUM ergo dicendum quod nihil prohibet id quod est simpliciter et secundum se praestantius, quoad aliquid esse debilius. Voluntas igitur simpliciter praestantior est quam appetitus sensitivus: sed quoad istum in quo passio dominatur, inquantum subiacet passioni, praeeminet appetitus sensitivus.

AD SECUNDUM dicendum quod actus et electiones hominum sunt circa singularia. Unde ex hoc ipso quod appetitus sensitivus est virtus particularis, habet magnam virtutem ad hoc quod per ipsum sic disponatur homo, ut ei aliquid videatur sic vel aliter, circa singularia.

AD TERTIUM dicendum quod, sicut Philosophus dicit in I *Polit*.[5], ratio, in qua est voluntas, movet

EM SENTIDO CONTRÁRIO, diz a Carta de Tiago: "Cada um é tentado por sua concupiscência que o atrai e seduz". Ninguém seria atraído por sua concupiscência, se sua vontade não fosse movida pelo apetite sensitivo, no qual está a concupiscência. Logo, o apetite sensitivo move a vontade.

RESPONDO. Como foi dito acima, o que é apreendido sob a razão de bem e conveniente, move a vontade como objeto. Que uma coisa seja vista como bem e conveniente, acontece por duas causas, a saber, pela condição do que se propõe e daquele a quem se propõe. O que é conveniente, com efeito, se diz segundo relação; por isso, depende de ambos os extremos. Daí que o gosto, segundo disposições diversas, não aceita do mesmo modo algo como conveniente e como não conveniente. Donde dizer o Filósofo no livro III da *Ética*: "Como cada um é, assim lhe parece o fim".

Ora, é evidente que segundo a paixão do apetite sensitivo, o homem se muda para uma disposição particular. Por isso, o homem que está sob uma paixão, verá como conveniente a si o que não veria sem a paixão: por exemplo, o que parece bom a um homem enraivecido, não parecerá ao tranquilo. E é dessa maneira que da parte do objeto o apetite sensitivo move a vontade[c].

QUANTO AO 1º, portanto, deve-se dizer que nada impede que aquilo que é absolutamente e em si mesmo superior, seja sob algum aspecto inferior. A vontade é absolutamente superior ao apetite sensitivo, mas quanto àquilo em que domina a paixão, enquanto está submetida à paixão, prevalece o apetite sensitivo.

QUANTO AO 2º, deve-se dizer que os atos e as escolhas dos homens têm por objeto o singular. Por isso, como o apetite sensitivo é uma potência particular, possui grande poder para dispor o homem a respeito das coisas particulares, de modo que algo lhe pareça de uma ou outra maneira.

QUANTO AO 3º, deve-se dizer que, como diz o Filósofo no livro I da *Política*, a razão na qual

---

3. A. praec.
4. C. 7: 1114, a, 32-b, 1.
5. C. 2: 1254, b, 5.

---

c. Os movimentos do apetite sensitivo, paixões, sentimentos, não podem causar diretamente o querer quanto a seu exercício; não podem fazer querer. Desse lado, a vontade continua soberana. Entretanto, o sentimento e a imaginação podem agir sobre nossa representação do bem, do lado da especificação, fazendo surgir como bom e desejável o objeto que os atrai, solicitando desse modo a vontade e o querer. Essa representação do bem sensível não é necessariamente contrária à razão, à verdade do bem. Dessa forma, pode estabelecer-se uma harmoniosa colaboração entre vontade e sensibilidade, por meio das virtudes morais. Não obstante, haverá conflitos com frequência, pois o domínio da vontade sobre a sensibilidade é limitado (ver r. 3). Então, a paixão busca perturbar o olhar da razão e conduzir a vontade à sua revelia.

suo imperio irascibilem et concupiscibilem, non quidem *despotico principatu*, sicut movetur servus a domino; sed *principatu regali seu politico*, sicut liberi homines reguntur a gubernante, qui tamen possunt contra movere. Unde et irascibilis et concupiscibilis possunt in contrarium movere ad voluntatem. Et sic nihil prohibet voluntatem aliquando ab eis moveri.

Articulus 3
Utrum voluntas moveat seipsam

Ad tertium sic proceditur. Videtur quod voluntas non moveat seipsam.

1. Omne enim movens, inquantum huiusmodi, est in actu: quod autem movetur, est in potentia, nam *motus est actus existentis in potentia, inquantum huiusmodi*[1]. Sed non est idem in potentia et in actu respectu eiusdem. Ergo nihil movet seipsum. Neque ergo voluntas seipsam movere potest.

2. Praeterea, mobile movetur ad praesentiam moventis. Sed voluntas semper sibi est praesens. Si ergo ipsa seipsam moveret, semper moveretur. Quod patet esse falsum.

3. Praeterea, voluntas movetur ab intellectu, ut dictum est[2]. Si igitur voluntas movet seipsam, sequitur quod idem simul moveatur a duobus motoribus immediate: quod videtur inconveniens. Non ergo voluntas movet seipsam.

Sed contra est quia voluntas domina est sui actus, et in ipsa est velle et non velle. Quod non esset, si non haberet in potestate movere seipsam ad volendum. Ergo ipsa movet seipsam.

Respondeo dicendum quod, sicut supra[3] dictum est, ad voluntatem pertinet movere alias potentias ex ratione finis, qui est voluntatis obiectum. Sed sicut dictum est[4], hoc modo se habet finis in appetibilibus, sicut principium in intelligibilibus. Manifestum est autem quod intellectus per hoc quod cognoscit principium, reducit seipsum de potentia in actum, quantum ad cognitionem conclusionum: et hoc modo movet seipsum. Et

Artigo 3
Move-se a vontade a si mesma?

Quanto ao terceiro, assim se procede: parece que a vontade **não** se move a si mesma.

1. Com efeito, todo movente, enquanto tal, está em ato; o que é movido está em potência, pois que o "movimento é ato do que existe em potência enquanto está potência". Ora, uma mesma coisa não está em potência e em ato sob o mesmo aspecto. Logo, nada se move a si mesmo, e nem a vontade pode mover a si mesma.

2. Além disso, o móvel é movido quando presente o movente. Ora, a vontade sempre está presente a si mesma. Logo, se ela se movesse a si mesma, estaria sempre se movendo a si mesma. Mas isto é falso.

3. Ademais, a vontade, como foi acima dito, é movida pelo intelecto. Ora, se ela se move a si mesma, segue-se que a mesma coisa é movida simultaneamente por dois motores, o que não é conveniente. Logo, a vontade não se move a si mesma.

Em sentido contrário, sendo a vontade senhora de seu ato, possui o querer e o não querer. Tal coisa seria impossível, se não tivesse sob seu poder mover-se a si mesma para o querer. Logo, a vontade move-se a si mesma.

Respondo. Como se disse anteriormente, pertence à vontade mover as outras potências em razão do fim, que é o objeto da vontade. Também acima foi dito que o fim está para as coisas apetecíveis como o princípio para as inteligíveis. Evidencia-se, pois, que o intelecto ao conhecer o princípio, se reduz de potência a ato, quanto ao conhecimento das conclusões, e desse modo, move-se a si mesmo. O mesmo se dá na vontade

---

3 Parall.: *De Malo*, q. 6.

1. Arist., *Phys.* III, 1: 201, a, 10-11.
2. Art. 1.
3. Art. 1.
4. Q. 8, a. 2.

similiter voluntas per hoc quod vult finem, movet seipsam ad volendum ea quae sunt ad finem.

AD PRIMUM ergo dicendum quod voluntas non secundum idem movet et movetur. Unde nec secundum idem est in actu et in potentia. Sed inquantum actu vult finem, reducit se de potentia in actum respectu eorum quae sunt ad finem, ut scilicet actu ea velit.

AD SECUNDUM dicendum quod potentia voluntatis semper actu est sibi praesens: sed actus voluntatis, quo vult finem aliquem, non semper est in ipsa voluntate. Per hunc autem movet seipsam. Unde non sequitur quod semper seipsam moveat.

AD TERTIUM dicendum quod non eodem modo voluntas movetur ab intellectu, et a seipsa. Sed ab intellectu quidem movetur secundum rationem obiecti: a seipsa vero, quantum ad exercitium actus, secundum rationem finis.

ARTICULUS 4
Utrum voluntas moveatur
ab aliquo exteriori principio

AD QUARTUM SIC PROCEDITUR. Videtur quod voluntas non moveatur ab aliquo exteriori.
1. Motus enim voluntatis est voluntarius. Sed de ratione voluntarii est quod sit a principio intrinseco, sicut et de ratione naturalis. Non ergo motus voluntatis est ab aliquo extrinseco.

2. PRAETEREA, voluntas violentiam pati non potest, ut supra[1] ostensum est. Sed violentum est *cuius principium est extra*[2]. Ergo voluntas non potest ab aliquo exteriori moveri.
3. PRAETEREA, quod sufficienter movetur ab uno motore, non indiget moveri ab alio. Sed voluntas sufficienter movet seipsam. Non ergo movetur ab aliquo exteriori.

ao querer o fim. Ela se move a si mesma para querer as coisas que são para o fim[d].

QUANTO AO 1º, deve-se dizer que a vontade não se move e é movida sob o mesmo aspecto, como também não é segundo o mesmo aspecto que está em ato e em potência. Enquanto ato, quer o fim, reduz-se de potência a ato relativamente às coisas que são para o fim, a saber, quer essas coisas em ato.

QUANTO AO 2º, deve-se dizer que enquanto potência, a vontade está sempre presente a si mesma, mas o ato pelo qual quer algum fim, nem sempre está nela presente. Sendo que é mediante este ato que ela se move a si mesma, não se pode concluir que sempre se move a si mesma.

QUANTO AO 3º, deve-se dizer que a vontade não se move a si mesma do mesmo modo como é movida pelo intelecto: pelo intelecto é movida mediante a razão do objeto; por si mesma, quanto ao exercício do ato, mediante a razão do fim.

ARTIGO 4
A vontade se move
por um princípio exterior?

QUANTO AO QUARTO, ASSIM SE PROCEDE: parece que a vontade **não** se move por algo exterior.
1. Com efeito, o movimento da vontade é voluntário. Ora, é da razão de voluntário proceder de um princípio extrínseco, como também o é da razão de natural. Logo, o movimento da vontade não procede de algo exterior.
2. ALÉM DISSO, como anteriormente foi demonstrado, a vontade não pode sofrer violência. Ora, "violento é aquilo cujo princípio é exterior". Logo, a vontade não pode ser movida por algo exterior.
3. ADEMAIS, o que é suficientemente movido por um motor, não necessita ser movido por outro. Ora, a vontade é suficiente para se mover. Logo, não será movida por algo exterior.

4   PARALL.: Part. I, q. 105, a. 4; q. 106, a. 2; q. 111, a. 2; infra, q. 80, a. 1; q. 109, a. 2, ad 1; *Cont. Gent.* III, 89; *De Verit.*, q. 22, a. 9; *De Malo*, q. 6; *Quodlib.* I, q. 4, a. 2.
1. Q. 6, a. 4.
2. ARIST., *Eth.* III, 1; 1110, b, 1-2.

d. A vontade se move a agir (e com ela todas as outras faculdades), não absolutamente, como se desse a si a própria existência, mas de maneira relativa. É o querer do fim, por exemplo, a saúde, que engendra em nós o querer dos meios para atingi-la, como a alimentação e o medicamento. Enfim, na fonte de todos os quereres, como uma espontaneidade primitiva, e presente em toda a parte nas profundezas da vontade, há o desejo da felicidade, a atração ao bem completo, estudado no tratado da bem-aventurança.
Observemos o paralelismo entre os movimentos do intelecto e os da vontade, que supõe a sua harmonia: como o intelecto passa dos princípios às conclusões pelo trabalho da razão, assim a vontade se move do querer do fim à escolha dos meios.
Inteiramente diferente é a vontade segundo o nominalismo: ela se move unicamente por si, em relação ao fim ou aos meios, indiferentemente.

SED CONTRA, voluntas movetur ab obiecto, ut dictum est³. Sed obiectum voluntatis potest esse aliqua exterior res sensui proposita. Ergo voluntas potest ab aliquo exteriori moveri.

RESPONDEO dicendum quod, secundum quod voluntas movetur ab obiecto, manifestum est quod moveri potest ab aliquo exteriori. Sed eo modo quo movetur quantum ad exercitium actus, adhuc necesse est ponere voluntatem ab aliquo principio exteriori moveri. Omne enim quod quandoque est agens in actu et quandoque in potentia, indiget moveri ab aliquo movente. Manifestum est autem quod voluntas incipit velle aliquid, cum hoc prius non vellet. Necesse est ergo quod ab aliquo moveatur ad volendum. Et quidem, sicut dictum est⁴, ipsa movet seipsam, inquantum per hoc quod vult finem, reducit seipsam ad volendum ea quae sunt ad finem. Hoc autem non potest facere nisi consilio mediante: cum enim aliquis vult sanari, incipit cogitare quomodo hoc consequi possit, et per talem cogitationem pervenit ad hoc quod potest sanari per medicum, et hoc vult. Sed quia non semper sanitatem actu voluit, necesse est quod inciperet velle sanari, aliquo movente. Et si quidem ipsa moveret seipsam ad volendum, oportuisset quod mediante consilio hoc ageret, ex aliqua voluntate praesupposita. Hoc autem non est procedere in infinitum. Unde necesse est ponere quod in primum motum voluntatis voluntas prodeat ex instinctu alicuius exterioris moventis, ut Aristoteles concludit in quodam capitulo *Ethicae Eudemicae*⁵.

AD PRIMUM ergo dicendum quod de ratione voluntarii est quod principium eius sit intra: sed non oportet quod hoc principium intrinsecum sit primum principium non motum ab alio. Unde motus voluntarius etsi habeat principium proximum intrinsecum, tamen principium primum

EM SENTIDO CONTRÁRIO, como foi dito anteriormente, a vontade é movida por seu objeto. Mas, o objeto da vontade pode ser uma coisa exterior proposta ao sentido. Logo, a vontade pode ser movida por algo exterior.

RESPONDO. Sendo que a vontade é movida pelo objeto, é evidente que pode ser movida por algo exterior. Mas, segundo o modo pelo qual é movida quanto ao exercício do ato, é necessário ainda afirmar que a vontade é movida por algum princípio exterior. Tudo aquilo que às vezes é agente em ato e às vezes em potência, necessita ser movido por algum movente. É evidente que a vontade começa querer alguma coisa quando antes não a queria. Logo, é necessário que seja movida por outro para querer. E como acima foi dito, ela se move a si mesma, quando ao querer o fim reduz-se a querer as coisas que são para o fim. Isso não pode fazer sem a mediação da deliberação, pois, quando alguém quer se curar, começa a pensar como conseguir essa cura, e assim pensando conclui que pode ser curado pelo médico e o quer. Mas como não quis sempre em ato a saúde, foi necessário que começasse a querer ser curado, pela moção de outro. Se porém ela se movesse por si mesma para querer, necessitaria que assim agisse mediante a deliberação, pressuposta outra vontade. E isso não é proceder ao infinito. Portanto, é necessário afirmar que para o primeiro movimento da vontade, ela parte do instinto de um movente exterior, como conclui Aristóteles^e em um capítulo da *Ética*.

QUANTO AO 1º, portanto, deve-se dizer que é da razão de voluntário que seu princípio seja intrínseco, mas não é necessário que este princípio intrínseco seja primeiro princípio não movido por outro. Por isso, o movimento voluntário, embora tenha o princípio próximo intrínseco, não obstante,

---

3. Art. 1.
4. Art. praec.
5. L. VII, c. 14: 1248, a, 24-32.

---

e. Temos aqui a primeira etapa de uma ascensão para a fonte primeira do movimento voluntário na ordem do exercício. Prosseguirá até o a. 6 e ao a. 1 da q. 10, para chegar a Deus, autor da natureza espiritual do homem.
   Observemos: a ascensão de deliberação em deliberação, que obriga a por na origem desse encadeamento das vontades um princípio externo ao homem, não se efetua de acordo com uma sucessão temporal que poderia não ter fim, mas segundo a ordem de causalidade: a vontade de um meio é causada pela vontade de certo fim, ele mesmo determinado por um fim superior, e assim por diante (como a vontade de recuperar a saúde depende da vontade de viver, e esta do desejo de felicidade).
   Esse encadeamento das vontades conduz-nos ao que Sto. Tomás chama, seguindo Aristóteles, de um instinto proveniente de um motor externo ao homem, que será identificado a Deus. O termo instinto não deve nos assustar aqui. Trata-se de instinto espiritual, como no exemplo do gênio, citado por Aristóteles. É o instinto do bem, constitutivo da vontade. Sto. Tomás fala também de instinto da razão em relação à verdade, e retoma o termo para definir os dons do Espírito Santo (q. 68).

est ab extra. Sicut et primum principium motus naturalis est ab extra, quod scilicet movet naturam.

AD SECUNDUM dicendum quod hoc non sufficit ad rationem violenti, quod principium sit extra; sed oportet addere quod *nil conferat vim patiens*. Quod non contingit, dum voluntas ab exteriori movetur: nam ipsa est quae vult, ab alio tamen mota. Esset autem motus iste violentus, si esset contrarius motui voluntatis. Quod in proposito esse non potest: quia sic idem vellet et non vellet.

AD TERTIUM dicendum quod voluntas quantum ad aliquid sufficienter se movet, et in suo ordine, scilicet sicut agens proximum: sed non potest seipsam movere quantum ad omnia, ut ostensum est[6]. Unde indiget moveri ab alio sicut a primo movente.

ARTICULUS 5
Utrum voluntas moveatur a corpore caelesti

AD QUINTUM SIC PROCEDITUR. Videtur quod voluntas humana a corpore caelesti moveatur.

1. Omnes enim motus varii et multiformes reducuntur, sicut in causam, in motum uniformem, qui est motus caeli, ut probatur VIII *Physic*.[1]. Sed motus humani sunt varii et multiformes, incipientes postquam prius non fuerant. Ergo reducuntur in motum caeli sicut in causam, qui est uniformis secundum naturam.

2. PRAETEREA, secundum Augustinum, in III *de Trin*.[2], *corpora inferiora moventur per corpora superiora*. Sed motus humani corporis, qui causantur a voluntate, non possent reduci in motum caeli sicut in causam, nisi etiam voluntas a caelo moveretur. Ergo caelum movet voluntatem humanam.

3. PRAETEREA, per observationem caelestium corporum astrologi quaedam vera praenuntiant de humanis actibus futuris, qui sunt a voluntate. Quod non esset, si corpora caelestia voluntatem hominis movere non possent. Movetur ergo voluntas humana a caelesti corpore.

o primeiro princípio é exterior, como também o primeiro princípio do movimento natural é exterior, aquele que move a natureza.

QUANTO AO 2º, deve-se dizer que não é suficiente para a razão de violência que seu princípio seja exterior, mas é necessário acrescentar que *o violentado não concorra para tal*. Mas isso não acontece quando a vontade é movida por algo exterior: pois é ela que quer, embora movida por outro. Haveria ato violento se contrariasse totalmente o movimento da vontade. Na suposição que consideramos, isso é impossível: seria querer e não querer a mesma coisa.

QUANTO AO 3º, deve-se dizer que a vontade suficientemente se move com respeito a algumas coisas e em sua ordem, isto é, como agente próximo. Não pode, porém, por si mesma mover-se com respeito a tudo, como foi demonstrado. Por isso necessita ser movida por outro, como por um primeiro movente.

ARTIGO 5
A vontade é movida por corpo celeste?

QUANTO AO QUINTO, ASSIM SE PROCEDE: parece que a vontade humana é movida por corpo celeste.

1. Com efeito, todos os movimentos variados e multiformes se reduzem como a sua causa, ao movimento uniforme, que é o movimento do céu, conforme prova o livro VIII da *Física*. Ora, os movimentos humanos são vários e multiformes, e começam sem terem anteriormente existido. Logo, se reduzem ao movimento do céu como a sua causa, pois este é por natureza uniforme.

2. ALÉM DISSO, segundo Agostinho: "Os corpos inferiores são movidos pelos corpos superiores". Ora, os movimentos do corpo humano, que são causados pela vontade, não podem ser reduzidos ao movimento do céu como a sua causa, a não ser que a vontade também fosse movida pelo céu. Logo, o céu move a vontade humana.

3. ADEMAIS, ao observarem os corpos celestes, os astrólogos prenunciam algumas verdades referentes ao futuro dos atos humanos, que são provenientes da vontade. Isso não aconteceria se os corpos celestes não pudessem mover a vontade humana. Logo, a vontade humana é movida pelos corpos celestes.

---

6. In corp.

5   PARALL.: Part. I, q. 115, a. 4; II-II, q. 95, a. 5; II *Sent*., dist. 15, q. 1, a. 3; *Cont. Gent*. III, 85, 87; *De Verit*., q. 5, a. 10; *De Malo*, q. 6; *Compend. Theol*., c. 127, 128; in *Matth*. c. 2; I *Periherm*., lect. 14; III *de Anima*, lect. 4; III *Ethic*., lect. 13.
    1. C. 9: 265, a, 13-27 — Cfr. IV, 14: 223, b, 12-23.
    2. C. 4, n. 9: ML 42, 873.

SED CONTRA est quod Damascenus dicit, in II libro³, quod *corpora caelestia non sunt causae nostrorum actuum*. Essent autem, si voluntas, quae est humanorum actuum principium, a corporibus caelestibus moveretur. Non ergo movetur voluntas a corporibus caelestibus.

RESPONDEO dicendum quod eo modo quo voluntas movetur ab exteriori obiecto, manifestum est quod voluntas potest moveri a corporibus caelestibus: inquantum scilicet corpora exteriora, quae sensui proposita movent voluntatem, et etiam ipsa organa potentiarum sensitivarum, subiacent motibus caelestium corporum.

Sed eo modo quo voluntas movetur, quantum ad exercitium actus, ab aliquo exteriori agente, adhuc quidam posuerunt corpora caelestia directe imprimere in voluntatem humanam. — Sed hoc est impossibile. *Voluntas* enim, ut dicitur in III *de Anima*⁴, *est in ratione*. Ratio autem est potentia animae non alligata organo corporali. Unde relinquitur quod voluntas sit potentia omnino immaterialis et incorporea. Manifestum est autem quod nullum corpus agere potest in rem incorpoream, sed potius e converso: eo quod res incorporeae et immateriales sunt formalioris et universalioris virtutis quam quaecumque res corporales. Unde impossibile est quod corpus caeleste imprimat directe in intellectum aut voluntatem. — Et propter hoc Aristoteles, in libro *de Anima*⁵, opinionem dicentium quod *talis est voluntas in hominibus, qualem in diem ducit Pater deorum virorumque*⁶ (scilicet Iupiter, per quem totum caelum intelligunt), attribuit eis qui ponebant intellectum non differre a sensu. Omnes enim vires sensitivae, cum sint actus organorum corporalium, per accidens moveri possunt a caelestibus corporibus, motis scilicet corporibus quorum sunt actus.

Sed quia dictum est⁷ quod appetitus intellectivus quodammodo movetur ab appetitu sensitivo, indirecte redundat motus caelestium corporum in voluntatem: inquantum scilicet per passiones appetitus sensitivi voluntatem moveri contingit.

EM SENTIDO CONTRÁRIO, diz Damasceno: "Os corpos celestes não são causa de nossas ações". Seriam, se a vontade que é o princípio dos atos humanos, fosse movida pelos corpos celestes. Portanto, a vontade não é por eles movida.

RESPONDO. Pelo modo segundo o qual a vontade é movida por um objeto exterior, é evidente que ela pode ser movida pelos corpos celestes: a saber, enquanto os corpos exteriores expostos aos sentidos movem a vontade, e também os órgãos das potências sensitivas, estão submetidos aos movimentos dos corpos celestes.

Pelo modo, porém, que a vontade é movida, quanto ao exercício do ato, por um agente exterior, alguns afirmaram que os corpos celestes diretamente influenciam a vontade humana. — Mas isto é impossível, pois como diz o livro III da *Alma*: "A vontade está na razão". Ora, a razão é uma potência da alma não ligada aos órgãos corpóreos. Disso se infere que a vontade é uma potência totalmente imaterial e incorpórea. Mas é evidente que nenhum corpo pode agir em uma coisa incorpórea, pois acontece justamente o contrário, porque as coisas incorpóreas e imateriais são dotadas de poder mais formal e universal do que qualquer corpo. Donde ser impossível que um corpo celeste influencie diretamente o intelecto e a vontade. — Devido a isso, Aristóteles no livro da *Alma*, atribui a opinião dos que dizem que "a vontade dos homens é tal qual determina diariamente o pai dos deuses e dos homens", (isto é, Júpiter, que significava todo o céu) aos que afirmavam que o intelecto não era diferente do sentido. Todas as potências sensitivas, sendo atos dos órgãos corpóreos, por acidente poderão ser movidas pelos corpos celestes, quando estes movem os corpos dos quais elas são atos.

Mas, como foi dito que o apetite intelectivo é de certo modo movido pelo apetite sensitivo, isso indiretamente implica o movimento dos corpos celestes na vontade, enquanto pelas paixões do apetite sensitivo a vontade costuma ser movida.ᶠ

---

3. *De fide orth.*, l. II, c. 7: MG 94, 893 AB.
4. C. 9: 432, b, 5.
5. L. III, c. 3: 427, a, 25-26.
6. HOMERUS, *Odyssea*, p. II, cantus XVIII, vv. 136 sq.
7. Art. 2.

f. A questão da influência dos astros sobre a vida humana foi longamente discutida, notadamente por Sto. Agostinho, e não perdeu sua atualidade: que se pense na voga dos horóscopos. A resposta de Sto. Tomás é matizada. Nem os astros nem qualquer outra força cósmica podem mover diretamente a nossa vontade. Pelo contrário, esta pode fazer-nos "reinar sobre os astros", de acordo com a fórmula de Ptolomeu, que tem para nós uma atualidade toda especial. Por outro lado, entretanto, reconhece a influência possível dos astros sobre nós por intermédio da natureza que nos cerca e de nossa sensibilidade.

AD PRIMUM ergo dicendum quod multiformes motus voluntatis humanae reducuntur in aliquam causam uniformem, quae tamen est intellectu et voluntate superior. Quod non potest dici de aliquo corpore, sed de aliqua superiori substantia immateriali. Unde non oportet quod motus voluntatis in motum caeli reducatur sicut in causam.

AD SECUNDUM dicendum quod motus corporales humani reducuntur in motum caelestis corporis sicut in causam, inquantum ipsa dispositio organorum congrua ad motum, est aliqualiter ex impressione caelestium corporum; et inquantum etiam appetitus sensitivus commovetur ex impressione caelestium corporum; et ulterius inquantum corpora exteriora moventur secundum motum caelestium corporum, ex quorum occursu voluntas incipit aliquid velle vel non velle, sicut adveniente frigore incipit aliquis velle facere ignem. Sed ista motio voluntatis est ex parte obiecti exterius praesentati: non ex parte interioris instinctus.

AD TERTIUM dicendum quod, sicut dictum est[8], appetitus sensitivus est actus organi corporalis. Unde nihil prohibet ex impressione corporum caelestium aliquos esse habiles ad irascendum vel concupiscendum, vel aliquam huiusmodi passionem, sicut et ex complexione naturali. Plures autem hominum sequuntur passiones, quibus soli sapientes resistunt. Et ideo ut in pluribus verificantur ea quae praenuntiantur de actibus hominum secundum considerationem caelestium corporum. Sed tamen, ut Ptolomaeus dicit in *Centiloquo*[9], *sapiens dominatur astris*: scilicet quia, resistens passionibus, impedit per voluntatem liberam, et nequaquam motui caelesti subiectam, huiusmodi corporum caelestium effectus.

Vel, ut Augustinus dicit II *super Gen. ad litt.*[10], *fatendum est, quando ab astrologis vera dicuntur, instinctu quodam occultissimo dici, quem nescientes humanae mentes patiuntur. Quod cum ad decipiendum homines fit, spirituum seductorum operatio est.*

QUANTO AO 1º, portanto, deve-se dizer que os multiformes movimentos da vontade humana reduzem-se a uma causa uniforme, superior ao intelelecto e à vontade. Mas isso não se pode dizer de um corpo, e sim de uma substância superior e imaterial. Portanto, não é preciso que o movimento da vontade seja reduzido ao movimento do céu como a sua causa.

QUANTO AO 2º, deve-se dizer que os movimentos corporais humanos reduzem-se ao movimento do corpo celeste como a sua causa, enquanto a disposição dos órgãos adequada ao movimento procede de certo modo da influência do corpo celeste; e enquanto também o apetite sensitivo é movido pela influência dos corpos celestes; e finalmente, enquanto os corpos exteriores são movidos segundo o movimento dos corpos celestes, por cuja ocorrência a vontade começa a querer ou a não querer algumas coisas, por exemplo, quando chega o frio alguém começa a querer acender o fogo. Mas esta moção da vontade procede do objeto exterior que se faz presente, não do instinto interior.

QUANTO AO 3º, deve-se dizer que, como já foi dito, o apetite sensitivo é ato de órgão corporal. Donde nada impedir que por influência dos corpos celestes alguns sejam dispostos à ira ou à concupiscência ou a alguma paixão semelhante, devido à índole natural. Muitos homens, com efeito, seguem as paixões, às quais somente os sábios resistem. Por isso, muitas vezes, realizam-se as previsões dos atos humanos conhecidos pela observação dos corpos celestes. Todavia, como disse Ptolomeu: "Os sábios dominam os astros," isto é, porque resistindo às paixões impedem pela vontade livre e não sujeita ao movimento dos corpos celestes os efeitos destes.

Ou, como Agostinho: "Quando os astrólogos dizem algo verdadeiro, o dizem em virtude de um ocultíssimo instinto que impressionam as mentes humanas sem sabê-lo. Mas, quando isso é feito para enganar os homens, é ação de espíritos sedutores".

---

8. In corp. Cfr. I, q. 84, a. 6, 7.
9. Prop. 5.
10. C. 17, n. 37: ML 34, 278.

Articulus 6
Utrum voluntas moveatur a Deo solo sicut ab exteriori principio

AD SEXTUM SIC PROCEDITUR. Videtur quod voluntas non a solo Deo moveatur sicut ab exteriori principio.

1. Inferius enim natum est moveri a suo superiori, sicut corpora inferiora a corporibus caelestibus. Sed voluntas hominis habet aliquid superius post Deum; scilicet angelum. Ergo voluntas hominis potest moveri, sicut ab exteriori principio, etiam ab angelo.

2. PRAETEREA, actus voluntatis sequitur actum intellectus. Sed intellectus hominis reducitur in suum actum non solum a Deo, sed etiam ab angelo per illuminationes, ut Dionysius dicit[1]. Ergo eadem ratione et voluntas.

3. PRAETEREA, Deus non est causa nisi bonorum; secundum illud Gn 1,31: *Vidit Deus cuncta quae fecerat, et erant valde bona*. Si ergo a solo Deo voluntas hominis moveretur, nunquam moveretur ad malum: cum tamen voluntas sit *qua peccatur et recte vivitur*, ut Augustinus dicit[2].

SED CONTRA est quod Apostolus dicit, Philp 2,13: *Deus est qui operatur in nobis velle et perficere*.

RESPONDEO dicendum quod motus voluntatis est ab intrinseco, sicut et motus naturalis. Quamvis autem rem naturalem possit aliquid movere quod non est causa naturae rei motae, tamen motum naturalem causare non potest nisi quod est aliqualiter causa naturae. Movetur enim lapis sursum ab homine, qui naturam lapidis non causat, sed hic motus non est lapidi naturalis: naturalis autem motus eius non causatur nisi ab eo quod causat naturam. Unde dicitur in VIII *Physic.*[3] quod generans movet secundum locum gravia et levia. Si ergo hominem, voluntatem habentem, contingit moveri ab aliquo qui non est causa eius: sed quod motus voluntarius eius sit ab aliquo principio extrinseco quod non est causa voluntatis, est impossibile.

Artigo 6
A vontade é movida só por Deus como princípio exterior?[g]

QUANTO AO SEXTO, ASSIM SE PROCEDE: parece que a vontade é movida **não** só por Deus como princípio exterior.

1. Com efeito, o inferior é por natureza movido por aquilo que lhe é superior, como os corpos inferiores pelos corpos celestes. Ora, a vontade humana tem algo superior a ela além de Deus, os anjos. Logo, a vontade humana pode ser movida, como por um princípio exterior, também pelo anjo.

2. ALÉM DISSO, o ato da vontade segue o ato do intelecto. Ora, o intelecto humano é reduzido a ato não somente por Deus, como também pelas iluminações angélicas, como diz Dionísio. Logo, pela mesma razão também a vontade.

3. ADEMAIS, Deus não é causa senão das coisas boas, segundo o livro do Gênesis: "Deus viu todas coisas que fizera e eram muito boas". Portanto, se a vontade do homem fosse movida só por Deus, jamais se moveria para o mal, não obstante ter Agostinho dito que "a vontade é por que se peca e se vive retamente".

EM SENTIDO CONTRÁRIO, diz o Apóstolo na Carta aos Filipenses: "É Deus que opera em nós o querer e o fazer".

RESPONDO. Como o movimento natural, o movimento da vontade procede do interior. Embora algo possa mover uma coisa natural sem ser a sua causa, somente pode causar um movimento natural o que é de alguma maneira causa da natureza. Assim, a pedra é movida para cima pelo homem, que não é causa da natureza da pedra, mas este movimento não é natural à pedra. O movimento natural da pedra, com efeito, não será causado senão por aquilo que causa a natureza. Por isso diz o livro VIII da *Física*: "Aquele que gera move localmente as coisas pesadas e as leves". Se, pois, o homem, dotado que é de vontade, pode ser movido por algo que não é a sua causa, é impossível que seu movimento voluntário proceda

---

6   PARALL.: Part. I, q. 105, a. 4; q. 106, a. 2; q. 111, a. 2; II *Sent.*, dist. 15, q. 1, a. 3; *Cont. Gent.*, III, 88, 89, 91, 92; *De Verit.*, q. 22, a. 8, 9; *De Malo*, q. 3, a. 3; q. 6.

1. *Cael. Hier.*, c. 4: MG 3, 180 B.
2. *Retract.* l. I, c. 9, n. 4: ML 32, 596.
3. C. 4: 255, b, 17-31.

g. Quando se trata da questão da ação divina no homem, os termos "exterior" e "interior" não comportam mais uma precisão perfeita. Deus é o que há de mais exterior ao homem, devido à sua transcendência. Mas, ao mesmo tempo, se torna mais interior a ele, quando age em sua vontade. Assim, Sto. Agostinho experimentava Deus como mais íntimo nele do que ele próprio, contudo mais elevado do que o ápice de seu espírito: *Intimius intimo meo et superius summo meo* (Conf. 1, III, VI, 11).

Voluntatis autem causa nihil aliud esse potest quam Deus. Et hoc patet dupliciter. Primo quidem ex hoc quod voluntas est potentia animae rationalis, quae a solo Deo causatur per creationem, ut in Primo[4] dictum est. — Secundo vero ex hoc patet, quod voluntas habet ordinem ad universale bonum. Unde nihil aliud potest esse voluntatis causa, nisi ipse Deus, qui est universale bonum. Omne autem aliud bonum per participationem dicitur, et est quoddam particulare bonum: particularis autem causa non dat inclinationem universalem. Unde nec materia prima, quae est in potentia ad omnes formas, potest causari ab aliquo particulari agente.

AD PRIMUM ergo dicendum quod angelus non sic est supra hominem, quod sit causa voluntatis eius; sicut corpora caelestia sunt causa formarum naturalium, ad quas consequuntur naturales motus corporum naturalium.

AD SECUNDUM dicendum quod intellectus hominis movetur ab angelo ex parte obiecti, quod sibi proponitur virtute angelici luminis ad cognoscendum. Et sic etiam voluntas ab exteriori creatura potest moveri, ut dictum est[5].

AD TERTIUM dicendum quod Deus movet voluntatem hominis, sicut universalis motor, ad universale obiectum voluntatis, quod est bonum. Et sine hac universali motione homo non potest aliquid velle. Sed homo per rationem determinat se ad volendum hoc vel illud, quod est vere bonum vel apparens honum. — Sed tamen interdum specialiter Deus movet aliquos ad aliquid determinate volendum, quod est bonum: sicut in his quos movet per gratiam, ut infra[6] dicetur.

de algum princípio extrínseco que não seja causa da vontade.

Outra não pode ser a causa da vontade senão Deus. Isso se evidencia de dois modos. Primeiro, porque a vontade é potência da alma racional que só por Deus é causada por criação, como se disse na I Parte. — Segundo, porque a vontade está ordenada ao bem universal. Daí que nenhuma outra coisa pode ser a causa da vontade, senão o próprio Deus que é o bem universal. Todos os outros bens são bens por participação e são bens particulares. Ora, a causa particular não produz uma inclinação universal. Por isso, nem a matéria-prima que está em potência para todas as formas, pode ser causada por um agente particular[h].

QUANTO AO 1º, portanto, deve-se dizer que o anjo não está de tal modo acima do homem que possa ser causa de sua vontade, como acontece com os corpos celestes que são causas das formas naturais, que seguem os movimentos naturais dos corpos.

QUANTO AO 2º, deve-se dizer que o intelecto humano é movido pelo anjo da parte do objeto que lhe é proposto para ser conhecido pelo poder da iluminação angélica. Assim a vontade pode ser movida por uma criatura exterior, como foi dito.

QUANTO AO 3º, deve-se dizer que Deus move a vontade humana, como motor universal, para o objeto universal da vontade que é o bem. Sem esta moção universal, o homem não pode querer alguma coisa. Mas o homem pela razão se determina para querer isso ou aquilo, que é o bem verdadeiro ou um bem aparente. — Às vezes, porém, Deus move alguns de modo especial a quererem algo particular, que é o bem: por exemplo, aos que move pela graça, como se dirá depois.

---

4. Q. 90, a. 2, 3.
5. Art. 4.
6. Q. 109, a. 2.

h. O ato voluntário procede de nossa interioridade pessoal. Somente Deus pode nos atingir nesse ponto e mover nossa vontade, pois ele é o criador de nossa natureza espiritual, e porque ele é o único a poder produzir em nós a atração natural pelo bem universal, sem limite, que está na fonte de nossa vontade. A sua ação não consiste apenas em um piparote inicial, no momento da criação, mas acompanha todas as nossas vontades. Desse modo a nossa vontade íntima escapa à influência de toda criatura, e de todo poder, seja angélico (r. 1 e 2), humano ou cósmico (a. 5). A inclinação natural ao bem, da qual Deus é em nós a causa primeira e direta, é o fundamento de nossa liberdade em relação a todos os seres. Por meio dessa espontaneidade espiritual, participamos da liberdade de Deus. Unicamente, como para tudo o que é profundo em nós, temos necessidade de uma lenta reflexão sobre nossas ações e vontades, a fim de adquirirmos um conhecimento distinto delas, uma consciência um pouco clara no interior do mistério das origens, que sempre subsistirá para nós.

QUAESTIO X
DE MODO QUO VOLUNTAS MOVETUR
in quatuor articulos divisa

Deinde considerandum est de modo quo voluntas movetur.
Et circa hoc quaeruntur quatuor.
Primo: utrum voluntas ad aliquid naturaliter moveatur.
Secundo: utrum de necessitate moveatur a suo obiecto.
Tertio: utrum de necessitate moveatur ab appetitu inferiori.
Quarto: utrum de necessitate moveatur ab exteriori motivo quod est Deus.

Articulus 1
Utrum voluntas ad aliquid naturaliter moveatur

AD PRIMUM SIC PROCEDITUR. Videtur quod voluntas non moveatur ad aliquid naturaliter.

1. Agens enim naturale dividitur contra agens voluntarium, ut patet in principio II *Physic*.[1]. Non ergo voluntas ad aliquid naturaliter movetur.

2. PRAETEREA, id quod est naturale, inest alicui semper, sicut igni esse calidum. Sed nullus motus inest voluntati semper. Ergo nullus motus est naturalis voluntati.

3. PRAETEREA, natura est determinata ad unum. Sed voluntas se habet ad opposita. Ergo voluntas nihil naturaliter vult.

SED CONTRA est quod motus voluntatis sequitur actum intellectus. Sed intellectus aliqua intelligit naturaliter. Ergo et voluntas aliqua vult naturaliter.

RESPONDEO dicendum quod, sicut Boetius dicit in libro *de Duabus Naturis*[2], et Philosophus in V *Metaph*.[3], natura dicitur multipliciter. Quandoque enim dicitur principium intrinsecum in rebus mobilibus. Et talis natura est vel materia, vel

QUESTÃO 10
O MODO DE MOVER-SE DA VONTADE[a]
em quatro artigos

Em seguida, deve-se considerar o modo pelo qual a vontade se move.
Sobre isso, são quatro as perguntas:
1. A vontade se move naturalmente para alguma coisa?
2. É movida necessariamente por seu objeto?
3. É movida necessariamente pelo apetite inferior?
4. É movida necessariamente por um movente exterior que é Deus?

Artigo 1
A vontade é movida naturalmente para alguma coisa?

QUANTO AO PRIMEIRO ARTIGO, ASSIM SE PROCEDE: parece que a vontade **não** se move naturalmente para alguma coisa.

1. Com efeito, o agente natural opõe-se ao agente voluntário, como fica claro no princípio do livro II da *Física*. Logo, a vontade não se move naturalmente para alguma coisa.

2. ALÉM DISSO, o que é natural está sempre na coisa; como ser quente no fogo. Ora, nenhum movimento está sempre na vontade. Logo, nenhum movimento é natural à vontade.

3. ADEMAIS, a natureza está determinada para uma só coisa. Ora, a vontade se refere a coisas opostas. Logo, a vontade nada quer naturalmente.

EM SENTIDO CONTRÁRIO, o movimento da vontade segue o ato do intelecto. Ora, o intelecto conhece algumas coisas naturalmente. Logo, a vontade quer também algumas coisas naturalmente.

RESPONDO. Como Boécio diz e o Filósofo, no livro V da *Metafísica*, natureza tem múltiplos sentidos. Às vezes, significa o princípio intrínseco nas coisas móveis, e neste sentido é ou matéria ou forma material, como fica claro no livro III

---

1 PARALL.: Part. I, q. 60, a. 1, 2; III *Sent*., dist. 27, q. 1, a. 2; *De Verit*. q. 22, a. 5; *De Malo*, q. 6; q. 16, a. 4, ad 5.

1. C. 1: 192, b, 8-20; c. 5: 196, b, 18-22.
2. C. 1: ML 64, 1341 B.
3. C. 4: 1014, b, 16-1015, a, 19.

a. Visão de conjunto sobre a questão: após ter estudado quais são os principais fatores que contribuem para o movimento voluntário, é preciso examinar de que maneira, impondo ou não necessidade, eles agem sobre a vontade. A primeira questão é saber se há uma inclinação natural na vontade. Pode-se passar em revista, em seguida, os principais fatores que influem sobre a vontade: o intelecto, que lhe apresenta seu objeto, o apetite sensível e, enfim, Deus.

forma materialis, ut patet ex II *Physic.*⁴. — Alio modo dicitur natura quaelibet substantia, vel etiam quodlibet ens. Et secundum hoc, illud dicitur esse naturale rei, quod convenit ei secundum suam substantiam. Et hoc est quod per se inest rei. In omnibus autem, ea quae non per se insunt, reducuntur in aliquid quod per se inest, sicut in principium. Et ideo necesse est quod, hoc modo accipiendo naturam, semper principium in his quae conveniunt rei, sit naturale. Et hoc manifeste apparet in intellectu: nam principia intellectualis cognitionis sunt naturaliter nota. Similiter etiam principium motuum voluntariorum oportet esse aliquid naturaliter volitum.

Hoc autem est bonum in communi, in quod voluntas naturaliter tendit, sicut etiam quaelibet potentia in suum obiectum: et etiam ipse finis ultimus, qui hoc modo se habet in appetibilibus, sicut prima principia demonstrationem in intelligibilibus: et universaliter omnia illa quae conveniunt volenti secundum suam naturam. Non enim per voluntatem appetimus solum ea quae pertinent ad potentiam voluntatis; sed etiam ea quae pertinent ad singulas potentias, et ad totum hominem. Unde naturaliter homo vult non solum obiectum voluntatis, sed etiam alia quae conveniunt aliis potentiis: ut cognitionem veri, quae convenit intellectui; et esse et vivere et alia huiusmodi, quae respiciunt consistentiam naturalem; quae omnia comprehenduntur sub obiecto voluntatis, sicut quadam particularia bona.

AD PRIMUM ergo dicendum quod voluntas dividitur contra naturam, sicut una causa contra aliam: quaedam enim fiunt naturaliter, et quaedam fiunt voluntarie. Est autem alius modus causandi proprius voluntati, quae est domina sui actus,

da *Física*. — De outro modo, significa qualquer substância ou ente. Neste sentido, é natural à coisa o que lhe convém segundo a sua substância. E isso é o que, por si, é inerente à coisa. Em todas as coisas, com efeito, o que não é por si inerente, reduz-se a algo que é por si inerente, como a seu princípio. Por isso, é necessário que na natureza assim concebida, o princípio daquilo que a ela convém seja sempre natural. Evidencia-se isso no intelecto, pois os princípios do conhecimento intelectual são naturalmente conhecidos. Assim também é necessário que o princípio do movimento voluntário seja algo naturalmente querido.

Este princípio é o bem em geral para o qual a vontade naturalmente se inclina, como qualquer potência para o seu objeto. Este princípio é também o fim último, que se mostra nas coisas desejadas, como os primeiros princípios das demonstrações nas coisas inteligíveis, e, universalmente, em todas as coisas que convêm ao que quer segundo a sua natureza. Ademais, pela vontade não desejamos somente o que pertence à potência da vontade, como também aquilo que pertence a cada uma das potências e ao homem todo. Consequentemente, o homem naturalmente não somente quer o objeto da vontade, mas também as coisas que convêm às outras potências, como o conhecimento da verdade que convém ao intelecto, como o ser e o viver, e outras coisas que se referem à constituição natural, tudo isso está compreendido no objeto da vontade, como bens particulares[b].

QUANTO AO 1º, portanto, deve-se dizer que a vontade se opõe à natureza como uma causa a outra, pois algumas coisas se fazem segundo a natureza, outras, segundo a vontade. Há um outro modo de causar próprio da vontade, que é

---

4. C. 1: 193, a, 28-31.

b. Na origem do movimento voluntário, Sto. Tomás situa uma inclinação natural ao bem universal, assim como existe uma inclinação natural para a verdade universal na origem do movimento do intelecto. Essa inclinação primeira engloba aquelas que conduzem as outras faculdades para seus objetos próprios. Assim, há no homem uma espécie de feixe de inclinações naturais ligadas pela inclinação ao bem. Elas formarão a lei natural, e serão estudadas adiante na q. 94, a. 2. Consistirão na inclinação ao bem, à vida e à conservação do ser, à geração, à verdade e à vida em sociedade.

Uma dificuldade de maior monta reside no sentido a dar ao termo "natureza". Originalmente, para Aristóteles, designa a geração, depois sua obra, a natureza comum ao pai e à criança; tem portanto sentido biológico. Todavia, no pensamento cristão, adquire um sentido bem mais amplo e pode designar a essência dinâmica de todo ser, aí incluindo seres espirituais e Deus. As inclinações naturais no homem e à verdade, por conseguinte, não são inferiores à razão e à vontade livre, como fragmentos de natureza cega e bruta nelas inseridos, mas lhes são superiores, como uma certa espontaneidade espiritual e uma luz que inspiram e iluminam todas as suas iniciativas. Desse modo, as inclinações naturais se encontram em harmonia profunda com a busca do bem na vontade livre, e com a busca da verdade pela razão.

Notemos que a concepção nominalista rejeitará as inclinações naturais, excluindo-as da liberdade, e provocará uma oposição radical entre natureza e liberdade, a qual se encontrará no pensamento moderno. Sto. Tomás percebeu a possibilidade dessa oposição, conforme testemunham as objeções.

praeter modum qui convenit naturae, quae est determinata ad unum. Sed quia voluntas in aliqua natura fundatur, necesse est quod motus proprius naturae, quantum ad aliquid, participetur in voluntate: sicut quod est prioris causae, participatur a posteriori. Est enim prius in unaquaque re ipsum esse, quod est per naturam, quam velle, quod est per voluntatem. Et inde est quod voluntas naturaliter aliquid vult.

AD SECUNDUM dicendum quod in rebus naturalibus id quod est naturale quasi consequens formam tantum, semper actu inest, sicut calidum igni. Quod autem est naturale sicut consequens materiam, non semper actu inest, sed quandoque secundum potentiam tantum. Nam forma est actus, materia vero potentia. Motus autem est *actus existentis in potentia*. Et ideo illa quae pertinent ad motum, vel quae consequuntur motum, in rebus naturalibus, non semper insunt: sicut ignis non semper movetur sursum, sed quando est extra locum suum. Et similiter non oportet quod voluntas, quae de potentia in actum reducitur dum aliquid vult, semper actu velit:sed solum quando est in aliqua dispositione determinata. Voluntas autem Dei, quae est actus purus, semper est in actu volendi.

AD TERTIUM dicendum quod naturae semper respondet unum, proportionatum tamen naturae. Naturae enim in genere, respondet aliquid unum in genere; et naturae in specie acceptae, respondet unum in specie; naturae autem individuatae respondet aliquid unum individuale. Cum igitur voluntas sit quaedam vis immaterialis, sicut et intellectus, respondet sibi naturaliter aliquod unum commune, scilicet bonum: sicut etiam intellectui aliquod unum commune, scilicet verum, vel ens, vel *quod quid est*. Sub bono autem communi multa particularia bona continentur, ad quorum nullum voluntas determinatur.

senhora de seus atos, além do modo que convém à natureza, que está determinada a uma só coisa. Entretanto, porque a vontade fundamenta-se em alguma natureza, é necessário que o movimento próprio da natureza, participe da vontade, assim como o que é da causa anterior é participado na posterior. O existir, por natureza, é anterior em cada coisa ao querer, que é por vontade. Por isso, a vontade quer algumas coisas naturalmente.

QUANTO AO 2º, deve-se dizer que nas coisas naturais o que é natural só como consequência da forma sempre está em ato, como o calor, no fogo. O que é natural como consequência da matéria não está sempre em ato, mas, às vezes, só em potência, porque a forma é ato e a matéria, potência. Ora, o movimento é *o ato do que existe em potência*. Por isso, aquilo que pertence ao movimento, ou que dele procede, nas coisas naturais nem sempre está presente, como o fogo nem sempre sobe quando está fora de seu lugar. Semelhantemente, não é necessário que a vontade, que é reduzida de potência a ato quando quer alguma coisa, sempre queira em ato, mas somente quando está em determinada disposição. A vontade de Deus, que é ato puro, está sempre em ato de querer.

QUANTO AO 3º, deve-se dizer que à natureza sempre corresponde uma só coisa, proporcionada à natureza. Por isso, à natureza em geral corresponde de uma só coisa em geral; e à natureza considerada em espécie corresponde uma só coisa específica, e à natureza individualizada corresponde uma só coisa indívidua. Sendo a vontade uma potência imaterial, como o intelecto, corresponde-lhe naturalmente uma só coisa comum, a saber, o bem; como ao intelecto uma só coisa comum, a saber, o verdadeiro, ou o ente, ou *o que é algo*. O bem comum contém muitos bens particulares, mas nenhum destes determina a vontade.

ARTICULUS 2
Utrum voluntas moveatur de necessitate a suo obiecto

AD SECUNDUM SIC PROCEDITUR. Videtur quod voluntas de necessitate moveatur a suo obiecto.

1. Obiectum enim voluntatis comparatur ad ipsam sicut motivum ad mobile, ut patet in III *de Anima*[1]. Sed motivum, si sit sufficiens, ex neces-

ARTIGO 2
A vontade é movida necessariamente por seu objeto?

QUANTO AO SEGUNDO, ASSIM SE PROCEDE: parece que a vontade é movida necessariamente por seu objeto.

1. Com efeito, o objeto da vontade está para ela como o que move para a coisa movida, como fica claro no livro III da *Alma*. Ora, o que move, se é

---

2   PARALL.: Part. I, q. 82, a. 1, 2; II *Sent*., dist. 25, a. 2; *De Verit*., q. 22, a. 6; *De Malo*, q. 6; I *Periherm*., lect. 14.
   1. C. 10: 433, b, 11-12.

sitate movet mobile. Ergo voluntas ex necessitate potest moveri a suo obiecto.

2. Praeterea, sicut voluntas est vis immaterialis, ita et intellectus: et utraque potentia ad obiectum universale ordinatur, ut dictum est[2]. Sed intellectus ex necessitate movetur a suo obiecto. Ergo et voluntas a suo.

3. Praeterea, omne quod quis vult, aut est finis, aut aliquid ordinatum ad finem. Sed finem aliquis ex necessitate vult, ut videtur: quia est sicut principium in speculativis, cui ex necessitate assentimus. Finis autem est ratio volendi ea quae sunt ad finem: et sic videtur quod etiam ea quae sunt ad finem, ex necessitate velimus. Voluntas ergo ex necessitate movetur a suo obiecto.

Sed contra est quod potentiae rationales, secundum Philosophum[3], sunt ad opposita. Sed voluntas est potentia rationalis: est enim *in ratione*, ut dicitur in III *de Anima*[4]. Ergo voluntas se habet ad opposita. Non ergo ex necessitate movetur ad alterum oppositorum.

Respondeo dicendum quod voluntas movetur dupliciter: uno modo, quantum ad exercitium actus; alio modo, quantum ad specificationem actus, quae est ex obiecto. Primo ergo modo, voluntas a nullo obiecto ex necessitate movetur: potest enim aliquis de quocumque obiecto non cogitare, et per consequens neque actu velle illud.

Sed quantum ad secundum motionis modum, voluntas ab aliquo obiecto ex necessitate movetur, ab aliquo autem non. In motu enim cuiuslibet potentiae a suo obiecto, consideranda est ratio per quam obiectum movet potentiam. Visibile enim movet visum sub ratione coloris actu visibilis. Unde si color proponatur visui, ex necessitate movet visum, nisi aliquis visum avertat: quod pertinet ad exercitium actus. Si autem proponeretur aliquid visui quod non omnibus modis esset color in actu, sed secundum aliquid esset tale, secundum autem aliquid non tale, non ex necessitate visus tale obiectum videret: posset enim intendere in ipsum ex ea parte qua non est coloratum in actu, et sic ipsum non videret. Sicut autem coloratum in actu est obiectum visus, ita bonum est obiectum voluntatis. Unde si proponatur aliquod obiectum voluntati quod sit universaliter bonum et secundum omnem considerationem, ex necessitate voluntas in illud

suficiente, necessariamente move a coisa movida. Logo, a vontade pode ser movida necessariamente por seu objeto.

2. Além disso, como a vontade é uma potência imaterial, também o intelecto. Como foi dito, as duas potências ordenam-se a um objeto universal. Ora, o intelecto é movido necessariamente por seu objeto. Logo, também a vontade pelo seu.

3. Ademais, tudo o que alguém quer, ou é o fim, ou algo que se ordena para o fim. Ora, parece que necessariamente se quer o fim, porque este está como o princípio nas coisas especulativas, ao qual necessariamente assentimos. Com efeito, o fim é a razão de se querer aquilo que é para o fim. Desse modo, parece que também as coisas que são para o fim necessariamente queremos. Logo, a vontade necessariamente é movida por seu objeto.

Em sentido contrário, segundo o Filósofo, as potências racionais referem-se a coisas opostas. Ora, a vontade é potência racional por estar na razão, diz o livro III da *Alma*. Logo, a vontade refere-se a coisas opostas. Por isso, não necessariamente se move para uma ou outra delas.

Respondo. De dois modos é movida a vontade: quanto ao exercício do ato e quanto à especificações do mesmo, que são pelo objeto. Pelo primeiro modo, a vontade não é movida necessariamente por objeto algum, porque pode alguém não pensar em objeto algum, e consequentemente não ter o ato de o querer.

Quanto ao segundo modo de moção, a vontade é necessariamente movida por um objeto, mas, por outro, não. No movimento de uma potência por seu objeto, deve-se considerar a razão pela qual ele a move. O objeto visível move a vista pela razão da cor visível em ato. Por isso, se a coisa é posta diante da vista, necessariamente a move, a não ser que se desvie a vista, o que pertence ao exercício do ato. Mas, se se propusesse algo à vista que não fosse de todos os modos cor em ato, mas segundo um aspecto o fosse, segundo outro não, a vista não veria necessariamente este objeto: poderia dirigir-se para a parte dele que não é colorida em ato, e não o veria. Ora, assim como um objeto colorido em ato é objeto da vista, também o bem é objeto da vontade. Por isso, se é proposto à vontade um objeto que seja universalmente bom e segundo todas as considerações, a vontade necessariamente tenderia para ele, se está

---

2. A. praec., ad 3.
3. *Met.* IX, 2: 1046, b, 4-7.
4. C. 9: 432, b, 5.

tendet, si aliquid velit: non enim poterit velle oppositum. Si autem proponatur sibi aliquod obiectum quod non secundum quamlibet considerationem sit bonum, non ex necessitate voluntas feretur in illud. — Et quia defectus cuiuscumque boni habet rationem non boni, ideo illud solum bonum quod est perfectum et cui nihil deficit, est tale bonum quod voluntas non potest non velle: quod est beatitudo. Alia autem quaelibet particularia bona, inquantum deficiunt ab aliquo bono, possunt accipi ut non bona: et secundum hanc considerationem, possunt repudiari vel approbari a voluntate, quae potest in idem ferri secundum diversas considerationes.

AD PRIMUM ergo dicendum quod sufficiens motivum alicuius potentiae non est nisi obiectum quod totaliter habet rationem motivi. Si autem in aliquo deficiat, non ex necessitate movebit, ut dictum est.

AD SECUNDUM dicendum quod intellectus ex necessitate movetur a tali obiecto quod est semper et ex necessitate verum: non autem ab eo quod potest esse verum et falsum, scilicet a contingenti: sicut et de bono dictum est[5].

AD TERTIUM dicendum quod finis ultimus ex necessitate movet voluntatem, quia est bonum perfectum. Et similiter illa quae ordinantur ad hunc finem, sine quibus finis haberi non potest, sicut esse et vivere et huiusmodi. Alia vero, sine quibus finis haberi potest, non ex necessitate vult qui vult finem: sicut conclusiones sine quibus principia possunt esse vera, non ex necessitate credit qui credit principia.

querendo algo, mas não poderia querer o oposto. Se, porém, ela propõe a si um objeto que não seja bom segundo todas as considerações, não tenderia necessariamente para ele. Ademais, como a falta de qualquer bem tem a razão de não-bem, por isso só aquele bem perfeito, ao qual nada falta, é o bem que a vontade não pode deixar de querer, e este bem é bem-aventurança. Qualquer outro bem particular, deficiente em algo do bem, pode ser tido como não-bem. Segundo essa consideração pode ser repudiado ou aprovado pela vontade, que é capaz de se dirigir para o mesmo objeto considerado sob diversos aspectos[c].

QUANTO AO 1º, portanto, deve-se dizer que o que move suficientemente uma potência é somente o objeto que totalmente tem a razão de ser o que move. Se, porém, é deficiente em algo, não a moverá necessariamente, como foi dito.

QUANTO AO 2º, deve-se dizer que o intelecto necessariamente é movido pelo objeto que é sempre e necessariamente verdadeiro, não por aquele que pode ser verdadeiro e falso, isto é, pelo que é contingente, como foi dito a respeito do bem.

QUANTO AO 3º, deve-se dizer que sendo o fim último o bem perfeito, necessariamente move a vontade. E, de modo semelhante, as coisas que se ordenam para este fim, sem as quais ele não será atingido, como ser, viver etc. As outras coisas sem as quais se pode atingir o fim não as quer necessariamente aquele que quer o fim. Assim também as conclusões, sem as quais os princípios poderão ser verdadeiros, necessariamente não são aceitas por quem aceita os princípios.

ARTICULUS 3
Utrum voluntas moveatur de necessitate ab inferiori appetitu

AD TERTIUM SIC PROCEDITUR. Videtur quod voluntas ex necessitate moveatur a passione appetitus inferioris.

ARTIGO 3
A vontade é movida necessariamente pelo apetite sensitivo?

QUANTO AO TERCEIRO, ASSIM SE PROCEDE: parece que a vontade é movida necesssariamente pela paixão do apetite inferior.

---

5. In corp.

3 PARALL.: Infra, q. 77, a. 7; *De Verit.*, q. 5, a. 10; q. 22, a. 9, ad 3, 6.

c. Este artigo é central para o problema da liberdade humana. A vontade não pode jamais ser determinada pelo lado do exercício do ato, do fazer ou não fazer, dependendo do sujeito. Tampouco pode ser determinada do lado da especificação do ato, do objeto que o intelecto lhe apresenta como bem, a não ser que este se apresente como o bem absoluto, como a própria bem-aventurança, ou ainda como efetivamente necessário para a bem-aventurança.

Como o exercício e a especificação compõem o ato voluntário completo, este não pode jamais ser determinado, e goza sempre da liberdade, concretamente, mesmo em face do bem absoluto que é Deus. Nenhum determinismo racional, filosófico ou científico pode coagir a vontade e retirar-lhe a liberdade.

O presente artigo retoma a longa análise sobre o livre arbítrio da q. 6 do De Malo.

Observemos que não estamos lidando com uma liberdade de indiferença, mas com uma liberdade à qual todo bem interessa, que permanece livre, contudo, porque todos os bens concretos que se apresentam a nós são limitados e, finalmente, porque o não-agir, a não-consideração do bem que se oferece podem ser experimentados como um bem.

1. Dicit enim Apostolus, Rm 7,15: *Non enim quod volo bonum, hoc ago; sed quod odi malum, illud facio*: quod dicitur propter concupiscentiam, quae est passio quaedam. Ergo voluntas ex necessitate movetur a passione.

2. PRAETEREA, sicut dicitur in III *Ethic.*[1], *qualis unusquisque est, talis finis videtur ei*. Sed non est in potestate voluntatis quod statim passionem abiiciat. Ergo non est in potestate voluntatis quod non velit illud ad quod passio se inclinat.

3. PRAETEREA, causa universalis non applicatur ad effectum particularem nisi mediante causa particulari: unde et ratio universalis non movet nisi mediante aestimatione particulari, ut dicitur in III *de Anima*[2]. Sed sicut se habet ratio universalis ad aestimationem particularem, ita se habet voluntas ad appetitum sensitivum. Ergo ad aliquod particulare volendum non movetur voluntas nisi mediante appetitu sensitivo. Ergo si appetitus sensitivus sit per aliquam passionem ad aliquid dispositus, voluntas non poterit in contrarium moveri.

SED CONTRA est quod dicitur Gn 4,7: *Subter te erit appetitus tuus, et tu dominaberis illius*. Non ergo voluntas hominis ex necessitate movetur ab appetitu inferiori.

RESPONDEO dicendum quod, sicut supra[3] dictum est, passio appetitus sensitivi movet voluntatem ex ea parte qua voluntas movetur ab obiecto: inquantum scilicet homo aliqualiter dispositus per passionem, iudicat aliquid esse conveniens et bonum, quod extra passionem existens non iudicaret. Huiusmodi autem immutatio hominis per passionem duobus modis contingit. Uno modo, sic quod totaliter ratio ligatur, ita quod homo usum rationis non habet: sicut contingit in his qui propter vehementem iram vel concupiscentiam furiosi vel amentes fiunt, sicut et propter aliquam aliam perturbationem corporalem; huiusmodi enim passiones non sine corporali transmutatione accidunt. Et de talibus eadem est ratio sicut et de animalibus brutis, quae ex necessitate sequuntur impetum passionis: in his enim non est aliquis rationis motus, et per consequens nec voluntatis.

Aliquando autem ratio non totaliter absorbetur a passione, sed remanet quantum ad aliquid iudicium rationis liberum. Et secundum hoc remanet aliquid de motu voluntatis. Inquantum ergo ratio manet libera et passioni non subiecta, intantum

1. Com efeito, lê-se na Carta aos Romanos: "Não faço o bem que quero, mas faço o mal que odeio", e isso se diz por causa da concupiscência que é uma paixão. Logo, a vontade é movida necessariamente pela paixão.

2. ALÉM DISSO, diz o livro III da *Ética*: "Conforme é cada um, assim lhe corresponde o fim". Ora, não está no poder da vontade que logo rejeite a paixão. Logo, não está no poder da vontade não querer aquilo para o qual a inclina a paixão.

3. ADEMAIS, uma causa universal não se aplica a um efeito particular a não ser mediante uma causa particular: por isso, também, a razão universal não move a não ser mediante um juízo particular, como diz o livro III da *Alma*. Ora, como está a razão universal para um juízo particular, está também a vontade para o apetite sensitivo. Logo, a vontade não é movida por algo particular a não ser mediante o apetite sensitivo. Portanto, se o apetite sensitivo está disposto por alguma paixão para algo, a vontade não poderá ser movida para o contrário.

EM SENTIDO CONTRÁRIO, diz o livro do Gênesis: "O teu apetite está submisso a ti, e tu o dominarás". Logo, a vontade do homem não é movida necessariamente pelo apetite inferior.

RESPONDO. Como acima foi dito, a paixão do apetite sensitivo move a vontade no que esta é movida pelo objeto, a saber, enquanto um homem, de certo modo disposto pela paixão, julga ser alguma coisa conveniente e boa, mas que fora daquela paixão não julgaria. Com efeito, de dois modos acontece tal mudança do homem pela paixão. Primeiro, quando a razão está totalmente ligada, a ponto de o homem não ter o seu uso. Isto acontece naqueles que, devido a uma fortíssima ira ou concupiscência, se tornam furiosos ou inconscientes, e também por causa de alguma perturbação corporal. Tal paixão não se dá sem transmutação corporal. Assemelham-se estes aos animais que necessariamente seguem o ímpeto das paixões. Neles não há movimento algum da razão e, consequentemente, nem da vontade.

Às vezes, porém, a razão não é totalmente dominada pela paixão, mas nela permanece algum juízo livre da razão. Nesse caso, permanece algum movimento da vontade. Por isso, enquanto a razão permanece livre e não submetida à paixão,

---

1. C. 7: 1114, a, 32-b, 1.
2. C. 11: 434, a, 16-21.
3. Q. 9, a. 2.

voluntatis motus qui manet, non ex necessitate tendit ad hoc ad quod passio inclinat. Et sic aut motus voluntatis non est in homine, sed sola passio dominatur: aut, si motus voluntatis sit, non ex necessitate sequitur passionem.

AD PRIMUM ergo dicendum quod, etsi voluntas non possit facere quin motus concupiscentiae insurgat, de quo Apostolus dicit Rm 7,15, *Quod odi malum, illud facio*, idest *concupisco*; tamen potest voluntas non velle concupiscere, aut concupiscentiae non consentire. Et sic non ex necessitate sequitur concupiscentiae motum.

AD SECUNDUM dicendum quod, cum in homine duae sint naturae, intellectualis scilicet et sensitiva, quandoque quidem est homo aliqualis uniformiter secundum totam animam: quia scilicet vel pars sensitiva totaliter subiicitur rationi, sicut contingit in virtuosis; vel e converso ratio totaliter absorbetur a passione, sicut accidit in amentibus. Sed aliquando, etsi ratio obnubiletur a passione, remanet tamen aliquid rationis liberum. Et secundum hoc potest aliquis vel totaliter passionem repellere; vel saltem se tenere ne passionem sequatur. In tali enim dispositione, quia homo secundum diversas partes animae diversimode disponitur, aliud ei videtur secundum rationem, et aliud secundum passionem.

AD TERTIUM dicendum quod voluntas non solum movetur a bono universali apprehenso per rationem, sed etiam a bono apprehenso per sensum. Et ideo potest moveri ad aliquod particulare bonum absque passione appetitus sensitivi. Multa enim volumus et operamur absque passione, per solam electionem: ut maxime patet in his in quibus ratio renititur passioni.

o movimento da vontade que permanece, não tende necessariamente para aquilo que a paixão a inclina. Assim sendo, ou não há no homem movimento da vontade, mas só o domínio da paixão; ou, se há movimento da vontade, ela não segue necessariamente a paixão.

QUANTO AO 1º, portanto, deve-se dizer que embora a vontade não possa impedir que surja o movimento da concupiscência, da qual fala o Apóstolo na Carta aos Romanos: "Faço o mal que odeio", isto é, sigo *a concupiscência*, não obstante, a vontade pode não querer a concupiscência, ou nela não consentir. Por isso, a vontade não segue necessariamente o movimento da concupiscência.

QUANTO AO 2º, deve-se dizer que como no homem há duas naturezas, a intelectual e a sensitiva, às vezes o homem é tal uniformemente segundo toda a alma. Dá-se isto, ou quando a sua parte sensitiva está totalmente sujeita à razão, como acontece nos virtuosos, ou, pelo contrário, quando a razão está dominada totalmente pela paixão, como acontece nos dementes. Outras vezes, embora a razão esteja obnubilada pela paixão, permanece livre alguma parte da razão, por isso pode alguém ou repelir totalmente a paixão, ou, ao menos, se abster e não a seguir. Nesta situação, porque o homem está disposto de modo diverso, segundo as distintas partes da alma, algo lhe parece segundo a razão e algo segundo a paixão[d].

QUANTO AO 3º, deve-se dizer que a vontade não somente é movida pelo bem universal apreendido pela razão, mas também pelo bem apreendido pelos sentidos. E por isso ela pode ser movida para um bem particular sem a paixão do apetite sensitivo. Muitas coisas queremos e fazemos sem paixão, só por escolha. Isso aparece sobretudo naquelas coisas nas quais a razão resiste à paixão.

ARTICULUS 4
Utrum voluntas moveatur de necessitate ab exteriori motivo quod est Deus

AD QUARTUM SIC PROCEDITUR. Videtur quod voluntas ex necessitate moveatur a Deo.
1. Omne enim agens cui resisti non potest, ex necessitate movet. Sed Deo, cum sit infinitae

ARTIGO 4
A vontade é movida necessariamente pelo princípio exterior que é Deus?

QUANTO AO QUARTO, ASSIM SE PROCEDE: parece que a vontade é movida necessariamente por Deus.
1. Com efeito, todo agente, ao qual não se pode resistir, move necessariamente. Ora, a Deus,

---

4 PARALL.: Part. I, q. 83, a. 1, ad 3; *De Verit.*, q. 24, a. 1, ad 3; *De Malo*, q. 6, ad 3.

---

d. Breve indicação do ideal moral: unificação do homem pelo domínio da vontade e da razão sobre a sensibilidade, por intermédio das virtudes. Longe de ser esmagada, a sensibilidade é apurada e fortalecida para colaborar na ação moral. No homem imperfeito, o poder da vontade é reduzido, a sensibilidade contraria com frequência a vontade, provoca julgamentos diferentes sobre o bem e causa a divisão interior. É o combate íntimo evocado por São Paulo (primeira objeção).

virtutis, resisti non potest: unde dicitur Rm 9,19: *Voluntati eius quis resistit?* Ergo Deus ex necessitate movet voluntatem.

2. PRAETEREA, voluntas ex necessitate movetur in illa quae naturaliter vult, ut dictum est[1]. Sed *hoc est unicuique rei naturale, quod Deus in ea operatur*, ut Augustinus dicit, XXVI *Contra Faustum*[2]. Ergo voluntas ex necessitate vult omne illud ad quod a Deo movetur.

3. PRAETEREA, possibile est quo posito non sequitur impossibile. Sequitur autem impossibile, si ponatur quod voluntas non velit hoc ad quod Deus eam movet: quia secundum hoc, operatio Dei esset inefficax. Non ergo est possibile voluntatem non velle hoc ad quod Deus eam movet. Ergo necesse est eam hoc velle.

SED CONTRA est quod dicitur Eccli 15,14: *Deus ab initio constituit hominem, et reliquit eum in manu consilii sui*. Non ergo ex necessitate movet voluntatem eius.

RESPONDEO dicendum quod, sicut Dionysius dicit, 4 cap. *de Div. Nom.*[3], *ad providentiam divinam non pertinet naturam rerum corrumpere, sed servare*. Unde omnia movet secundum eorum conditionem: ita quod ex causis necessariis per motionem divinam consequuntur effectus ex necessitate; ex causis autem contingentibus sequuntur effectus contingenter. Quia igitur voluntas est activum principium non determinatum ad unum, sed indifferenter se habens ad multa, sic Deus ipsam movet, quod non ex necessitate ad unum determinat, sed remanet motus eius contingens et non necessarius, nisi in his ad quae naturaliter movetur.

AD PRIMUM ergo dicendum quod voluntas divina non solum se extendit ut aliquid fiat per rem quam movet, sed ut etiam eo modo fiat quo congruit naturae ipsius. Et ideo magis repugnaret divinae motioni, si voluntas ex necessitate moveretur,

que é de infinito poder, não se pode resistir, por isso, diz a Carta aos Romanos: "Quem resistirá à sua vontade"? Logo, Deus move a vontade necessariamente.

2. ALÉM DISSO, como foi dito, a vontade é movida necessariamente por aquilo que quer naturalmente. Ora, diz Agostinho: "É próprio de cada ser natural que Deus nela opere". Logo, a vontade quer necessariamente tudo aquilo para o que Deus a move".

3. ADEMAIS, é possível aquilo que afirmado não implica o impossível. Ora, segue-se o impossível se for afirmado que a vontade não quer aquilo para o que Deus a move, porque nesse caso a ação de Deus seria ineficaz. Logo, não é possível que a vontade não queira aquilo para o que Deus a move. Logo, necessariamente ela o quer.

EM SENTIDO CONTRÁRIO, diz o livro do Eclesiástico: "Deus desde o início criou o homem, e deixou-o em mãos de seu conselho". Logo, não move necessariamente a vontade humana

RESPONDO. Diz Damasceno: "Não cabe à providência divina corromper a natureza, mas conservá-la". Por isso, move todas as coisas segundo as condições das mesmas, de modo que das causas necessárias por moção divina seguem-se os efeitos necessários, e, das causas contingentes, seguem-se efeitos de modo contingente. Como a vontade é princípio ativo não determinado para uma só coisa, mas indiferentemente se refere a muitas, Deus a move, não a determinando para uma só coisa, mas permanecendo o seu movimento contingente e não necessário, a não ser nas coisas para as quais é movida naturalmente[e].

QUANTO AO 1º, portanto, deve-se dizer que a vontade divina não somente se estende a que se faça algo pela coisa que move, mas que se faça segundo o que convém à natureza da mesma. Por isso, repugnaria mais à moção divina, se a vontade

---

1. A. 2, ad 3.
2. C. 3: ML 42, 480.
3. MG 3, 733 B.

e. Em algumas linhas, Sto. Tomás responde, no que concerne ao essencial, ao difícil problema das relações entre ação divina e liberdade humana. Apoiando-se sobre o princípio segundo o qual a ação da providência divina não corrompe, mas conserva, não destrói, antes aperfeiçoa a natureza dos seres criados, em especial dos seres espirituais (nos quais se pode ver a expressão da experiência cristã da ação divina), Sto. Tomás estabelece que a ação de Deus, longe de prejudicar a liberdade do homem mediante um determinismo exterior a ela, pelo contrário, funda-a e a desenvolve. Pode fazê-lo porque reconheceu, na origem do movimento voluntário livre, uma inclinação natural interior, que a conduz para o bem e que é uma obra direta de Deus nela. Logo, a ação voluntária será tanto de Deus como do homem, a partir de sua natureza espiritual, a qual é a obra primeira de Deus no homem.

Algo bem diferente irá ocorrer no que se refere às concepções que contrapõem natureza e liberdade. A questão torna-se insolúvel e coloca-se sempre sob a forma: ou a ação de Deus, ou a ação livre do homem, o que leva a tentativas de partilha sempre insatisfatórias.

quod suae naturae non competit; quam si moveretur libere, prout competit suae naturae.

AD SECUNDUM dicendum quod naturale est unicuique quod Deus operatur in ipso ut sit ei naturale: sic enim unicuique convenit aliquid, secundum quod Deus vult quod ei conveniat. Non autem vult quod quidquid operatur in rebus, sit eis naturale, puta quod mortui resurgant. Sed hoc vult unicuique esse naturale, quod potestati divinae subdatur.

AD TERTIUM dicendum quod, si Deus movet voluntatem ad aliquid, incompossibile est huic positioni quod voluntas ad illud non moveatur. Non tamen est impossibile simpliciter. Unde non sequitur quod voluntas a Deo ex necessitate moveatur.

fosse movida necessariamente, o que não convém à sua natureza, do que se fosse movida livremente, como compete à sua natureza[f].

QUANTO AO 2º, deve-se dizer que é natural a cada coisa o que nela Deus opera para que lhe seja natural. Assim, a cada coisa convém aquilo na medida em que Deus quer que lhe convenha. Não quer, porém, que tudo que se efetua nas coisas lhes seja natural, como, por exemplo, a ressurreição dos mortos. Mas quer que lhe seja natural tudo aquilo que está submetido ao poder divino.

QUANTO AO 3º, deve-se dizer que se Deus move a vontade para algo, é incompatível com esta afirmação que a vontade não se mova para aquilo. Não é, porém, impossível absolutamente. Todavia disso não se conclui que Deus mova necessariamente a vontade[g].

---

f. Longe de diminuir o caráter todo-poderoso divino, a ação livre que ele inspira o manifesta: Deus pode não apenas mover-nos a agir, mas ainda a agir livremente. Semelhante ação nos ultrapassa e permanece misteriosa para nós, pois a nossa ação própria permanece sempre no exterior da liberdade dos outros e da natureza dos seres que utilizamos. Nisso reside precisamente o mistério do caráter todo-poderoso de Deus.
g. A impossibilidade hipotética da objeção não tem como consequência a impossibilidade pura e simples que suprimiria a liberdade. O problema da relação entre vontade de Deus, providência e liberdade das causas segundas foi tratado na I Parte, q. 19, a. 8 e q. 22, a. 4.

QUAESTIO XI
DE FRUITIONE, QUAE EST ACTUS VOLUNTATIS
in quatuor articulos divisa

Deinde considerandum est de fruitione.
Et circa hoc quaeruntur quatuor.
Primo: utrum frui sit actus appetitivae potentiae.
Secundo: utrum soli rationali creaturae conveniat, an etiam animalibus brutis.
Tertio: utrum fruitio sit tantum ultimi finis.
Quarto: utrum sit solum finis habiti.

QUESTÃO 11
A FRUIÇÃO QUE É ATO DA VONTADE[a]
em quatro artigos

Em seguida, deve-se considerar a fruição.
Sobre isso, são quatro as perguntas:
1. Fruir é ato da potência apetitiva?
2. Convém só à criatura racional ou também aos animais irracionais?
3. Há fruição só do fim último?
4. Só do fim possuído?

---

a. Sto. Tomás retoma aqui o vocabulário agostiniano, que atribui um sentido bem mais forte e mais abrangente à *fruitio* do que o termo correspondente fruição, pelo qual tentamos traduzi-lo. A este, poder-se-ia facilmente associar "gozo", que, "gáudio" deriva do verbo latino *gaudere*. Sto. Agostinho definiu a bem-aventurança como *gaudium de veritate*, o gáudio, o gozo ou a alegria da verdade. O gozo, a fruição, consiste para ele, em "ligar-se amorosamente a uma realidade por si mesma". A partir dessa apreensão amorosa dos seres, ele distinguirá três categorias no universo que se apresenta a nós:
1. o que merece ser o termo de nossa "fruição", de nosso gozo, como causa da felicidade: no sentido pleno da palavra, só pode ser a Trindade;
2. o que devemos usar sem buscar semelhante fruição ou gozo: são as criaturas;
3. os seres capazes de usar ou de fruir: são os homens e os anjos.

Isso é o gozo-fruição, constitutivo da felicidade, que Sto. Tomás define como termo e realização do movimento voluntário.

Articulus 1
Utrum frui sit actus appetitivae potentiae

AD PRIMUM SIC PROCEDITUR. Videtur quod frui non sit solum appetitivae potentiae.

1. Frui enim nihil aliud esse videtur quam fructum capere. Sed fructum humanae vitae, qui est beatitudo capit intellectus, in cuius actu beatitudo consistit, ut supra[1] ostensum est. Ergo frui non est appetitivae potentiae, sed intellectus.

2. PRAETEREA, quaelibet potentia habet proprium finem, qui est eius perfectio: sicut visus finis est cognoscere visibile, auditus percipere sonos, et sic de aliis. Sed finis rei est fructus eius. Ergo frui est potentiae cuiuslibet, et non solum appetitivae.

3. PRAETEREA, fruitio delectationem quandam importat. Sed delectatio sensibilis pertinet ad sensum, qui delectatur in suo obiecto: et eadem ratione, delectatio intellectualis ad intellectum. Ergo fruitio pertinet ad apprehensivam potentiam, et non ad appetitivam.

SED CONTRA est quod Augustinus dicit, I *de Doctr. Christ.*[2], et in X *de Trin.*[3]: *Frui est amore inhaerere alicui rei propter seipsam.* Sed amor pertinet ad appetitivam potentiam. Ergo et frui est actus appetitivae potentiae.

RESPONDEO dicendum quod *fruitio* et *fructus* ad idem pertinere videntur, et unum ex altero derivari. Quid autem a quo, nihil ad propositum refert; nisi quod hoc probabile videtur, quod id quod magis est manifestum, prius etiam fuerit nominatum. Sunt autem nobis primo manifesta quae sunt sensibilia magis. Unde a sensibilibus fructibus nomen fruitionis derivatum videtur. — Fructus autem sensibilis est id quod ultimum ex arbore expectatur, et cum quadam suavitate percipitur. Unde fruitio pertinere videtur ad amorem vel delectationem quam aliquis habet de ultimo expectato, quod est finis. Finis autem et bonum est obiectum appetitivae potentiae. Unde manifestum est quod fruitio est actus appetitivae potentiae.

AD PRIMUM ergo dicendum quod nihil prohibet unum et idem, secundum diversas rationes,

Artigo 1
Fruir é ato da potência apetitiva?

QUANTO AO PRIMEIRO ARTIGO, ASSIM SE PROCEDE: parece que fruir **não** é só da potência apetitiva.

1. Com efeito, parece que fruir nada mais é que colher um fruto. Ora, o fruto da vida humana, que é a bem-aventurança, apreende-o o intelecto, em cujo ato existe a bem-aventurança, como acima foi demonstrado. Logo, fruir a bem-aventurança não é da potência apetitiva, mas do intelecto.

2. ALÉM DISSO, o fim próprio de cada potência é a sua perfeição, como o fim da vista é conhecer as coisas visíveis, do ouvido é perceber os sons, e assim nas demais. Ora, o fim de uma coisa é o seu fruto. Logo, fruir é próprio de qualquer potência, não somente da apetitiva.

3. ADEMAIS, a fruição implica algum prazer. Ora, o prazer sensível pertence aos sentidos, que se deleitam em seus objetos, e pela mesma razão, o prazer intelectual pertence ao intelecto. Logo, a fruição pertence à potência apreensiva, não à potência apetitiva.

EM SENTIDO CONTRÁRIO, diz Agostinho: "Fruir é ligar-se amorosamente a alguma coisa por si mesma". Ora, o amor pertence à potência apetitiva. Logo, fruir é ato da potência apetitiva[b].

RESPONDO. *Fruição* e *fruto* parecem pertencer à mesma coisa, e um derivar do outro. Não vem a propósito o que deriva do que, mas é provável que o mais manifesto fosse por primeiro nomeado. Ora, as coisas mais sensíveis são as que por primeiro nos são manifestas. Donde parecer que o nome fruição deriva dos frutos sensíveis — O fruto sensível é o que por último se espera da árvore e é recebido com certa suavidade. Por isso, parece que a fruição pertence ao amor ou prazer que se recebe da última coisa esperada, que é o fim. Ora, o fim e o bem são o objeto da potência apetitiva. Portanto, é claro que a fruição é ato da potência apetitiva.

QUANTO AO 1º, portanto, deve-se dizer que nada impede que uma mesma coisa pertença a

---

1 PARALL.: I *Sent.*, dist. 1, q. 1, a. 1.

1. Q. 3, a. 4.
2. C. 4, n. 4: ML 34, 20.
3. C. 10, n. 13; c. 11, n. 17: ML 42, 981, 982.

b. Análise original a partir do termo "fruto", caracterizada por dois traços: o fim da produção de uma árvore, e o sabor buscado. O "gozo" ou a fruição é desse modo o fruto do movimento voluntário e do amor que o inspira. Isso pode evocar o Evangelho, comparando o homem a uma árvore que se julga por seus frutos.

ad diversas potentias pertinere. Ipsa igitur visio Dei, inquantum est visio, est actus intellectus: inquantum autem est bonum et finis, est voluntatis obiectum. Et hoc modo est eius fruitio. Et sic hunc finem intellectus consequitur tanquam potentia agens: voluntas autem tanquam potentia movens ad finem, et fruens fine iam adepto.

AD SECUNDUM dicendum quod perfectio et finis cuiuslibet alterius potentiae, continetur sub obiecto appetitivae, sicut proprium sub communi, ut dictum est supra[4]. Unde perfectio et finis cuiuslibet potentiae, inquantum est quoddam bonum, pertinet ad appetitivam. Propter quod appetitiva potentia movet alias ad suos fines; et ipsa consequitur finem, quando quaelibet aliarum pertingit ad finem.

AD TERTIUM dicendum quod in delectatione duo sunt: scilicet perceptio convenientis, quae pertinet ad apprehensivam potentiam; et complacentia eius quod offertur ut conveniens. Et hoc pertinet ad appetitivam potentiam, in qua ratio delectationis completur.

diversas potências segundo diversas razões. Por isso, a visão de Deus, enquanto visão, é ato do intelecto; enquanto é bem e fim, é objeto da vontade. E nisto está a sua fruição. Desse modo, o intelecto consegue este fim como potência agente; e a vontade, como potência que move para o fim e frui do fim atingido.

QUANTO AO 2º, deve-se dizer que, como acima foi dito, a perfeição e o fim de qualquer outra potência estão contidos no objeto da potência apetitiva, como o que é próprio está sob o que é comum. Por isso, a perfeição e o fim de qualquer potência pertence à potência apetitiva, enquanto é um bem. Por isso, também, a potência apetitiva move as demais para os seus fins, e ela mesma alcança o fim quando alguma das outras atinge o fim.

QUANTO AO 3º, deve-se dizer que há duas coisas no prazer: a percepção do que é conveniente, o que é próprio da potência apetitiva, e a complacência no que apresenta como conveniente. Ora, isso pertence potência apetitiva, na qual se completa a razão de prazer.

ARTICULUS 2
Utrum frui conveniat tantum rationali creaturae, an etiam animalibus brutis

AD SECUNDUM SIC PROCEDITUR. Videtur quod frui solummodo sit hominum.
1. Dicit enim Augustinus, in I *de Doct. Christ.*[1], quod *nos homines sumus qui fruimur et utimur*. Non ergo alia animalia frui possunt.
2. PRAETEREA, frui est ultimi finis. Sed ad ultimum finem non possunt pertingere bruta animalia. Ergo eorum non est frui.
3. PRAETEREA, sicut appetitus sensitivus est sub intellectivo, ita appetitus naturalis est sub sensitivo. Si igitur frui pertinet ad appetitum sensitivum, videtur quod pari ratione possit ad naturalem pertinere. Quod patet esse falsum: quia eius non est delectari. Ergo appetitus sensitivi non est frui. Et ita non convenit brutis animalibus.

SED CONTRA est quod Augustinus dicit, in libro *Octoginta trium Quaest.*[2]: *Frui quidem cibo et qualibet corporali voluptate, non absurde existimantur et bestiae.*

ARTIGO 2
Fruir convém à criatura racional ou também aos animais irracionais?

QUANTO AO SEGUNDO, ASSIM SE PROCEDE: parece que fruir **seja próprio** só dos homens.
1. Com efeito, diz Agostinho: "Somos nós homens que fruímos e utilizamos as coisas". Logo, os outros animais não podem fruir.
2. ALÉM DISSO, a fruição é própria do último fim. Ora, os animais irracionais não podem atingir o último fim. Logo, não lhes pertence fruir.
3. ADEMAIS, assim como o apetite sensitivo subordina-se ao intelectivo, o apetite natural, ao sensitivo. Ora, se fruir é próprio do apetite sensitivo, parece que pela mesma razão pode pertencer ao natural. Mas isto é falso, porque não lhe pertence deleitar-se. Logo, não é próprio do apetite sensitivo fruir, não convindo por isso aos animais irracionais.

EM SENTIDO CONTRÁRIO, diz Agostinho: "Não é absurdo pensar que os animais fruem os alimentos e quaisquer deleites corporais".

---
4. Q. 9, a. 1.

PARALL.: I *Sent.*, dist. 1, q. 4, a. 1.

1. C. 22, n. 20: ML 34, 26.
2. Q. 30: ML 40, 19.

RESPONDEO dicendum quod, sicut ex praedictis[3] habetur, frui non est actus potentiae pervenientis ad finem sicut exequentis, sed potentiae imperantis executionem: dictum est enim quod est appetitivae potentiae. In rebus autem cognitione carentibus invenitur quidem potentia pertingens ad finem per modum exequentis, sicut qua grave tendit deorsum et leve sursum. Sed potentia ad quam pertineat finis per modum imperantis, non invenitur in eis; sed in aliqua superiori natura, quae sic movet totam naturam per imperium, sicut in habentibus cognitionem appetitus movet alias potentias ad suos actus. Unde manifestum est quod in his quae cognitione carent, quamvis pertingant ad finem, non invenitur fruitio finis; sed solum in his quae cognitionem habent.

Sed cognitio finis est duplex: perfecta, et imperfecta. Perfecta quidem, qua non solum cognoscitur id quod est finis et bonum, sed universalis ratio finis et boni: et talis cognitio est solius rationalis naturae. Imperfecta autem cognitio est qua cognoscitur particulariter finis et bonum: et talis cognitio est in brutis animalibus. Quorum etiam virtutes appetitivae non sunt imperantes libere; sed secundum naturalem instinctum ad ea quae apprehenduntur moventur. Unde rationali naturae convenit fruitio secundum rationem perfectam: brutis autem animalibus secundum rationem imperfectam: aliis autem creaturis nullo modo.

AD PRIMUM ergo dicendum quod Augustinus loquitur de fruitione perfecta.

AD SECUNDUM dicendum quod non oportet quod fruitio sit ultimi finis simpliciter: sed eius quod habetur ab unoquoque pro ultimo fine.

AD TERTIUM dicendum quod appetitus sensitivus consequitur aliquam cognitionem: non autem appetitus naturalis, praecipue prout est in his quae cognitione carent.

AD QUARTUM dicendum, quod Augustinus ibi loquitur de fruitione imperfecta. Quod ex ipso modo loquendi apparet: dicit enim quod *frui non adeo absurde existimantur et bestiae*, scilicet sicut uti absurdissime dicerentur.

RESPONDO. Segundo o que precedeu, fruir não é ato da potência que atinge o fim, mas, da potência que ordena a execução, pois, foi dito que é da potência apetitiva. Nas coisas desprovidas de conhecimento encontra-se potência que atinge o fim como executora, por exemplo, aquela pela qual uma coisa pesada tende para baixo, e, uma leve, para cima. Mas nelas não se encontra a potência à qual pertence o fim como ordenadora, mas encontra-se em uma natureza superior que move toda a natureza com ordens, como, nas que possuem conhecimento, o apetite move as outras potências para seus atos. Vê-se, pois, que nas desprovidas de conhecimento, embora atinjam o fim, não fruem o fim, mas somente as possuidoras de conhecimento.

Duplo é o conhecimento do fim: perfeito e imperfeito. Perfeito, quando não só se conhece o que é o fim e o bem, como também a razão universal do fim e do bem; esse conhecimento é próprio somente da natureza racional. O imperfeito conhecimento é aquele pelo qual se conhece de modo particular o fim e o bem. Esse conhecimento é próprio dos animais irracioanis. Desse modo, suas potências apetitivas não imperam livremente, mas se movem por um instinto natural para as coisas que apreendem. Consequentemente, convém a criatura racional a perfeita fruição do bem, aos brutos a imperfeita, e às outras criaturas de nenhum modo[c].

QUANTO AO 1º, portanto, deve-se dizer que Agostinho fala da fruição perfeita.

QUANTO AO 2º, deve-se dizer que não é necessário que a fruição seja do último fim absolutamente, mas daquilo que cada um tenha por último fim.

QUANTO AO 3º, deve-se dizer que o apetite sensitivo segue algum conhecimento; não o apetite natural, sobretudo nas coisas que carecem de conhecimento.

QUANTO AO 4º, deve-se dizer que Agostinho fala aí da fruição imperfeita, o que se evidencia do mesmo modo de falar, pois diz que "não é tão absurdo afirmar que os animais fruem", como seria absurdíssimo se se dissesse que eles utilizam.

---

3. Art. praec.

c. Sto. Tomás dá mais extensão ao termo "gozo" ou "fruição" do que Sto. Agostinho nas categorias acima evocadas (nota a), e na objeção 1. O termo é analógico, e pode aplicar-se, portanto, aos animais e ao prazer sensível, mas de maneira imperfeita. Pode-se ligar este artigo ao estudo do prazer, na q. 31.

Articulus 3
Utrum fruitio sit tantum ultimi finis

AD TERTIUM SIC PROCEDITUR. Videtur quod fruitio non sit tantum ultimi finis.

1. Dicit enim Apostolus, Philm 20: *Ita, frater, ego te fruar in Domino*. Sed manifestum est quod Paulus non posuerat ultimum suum finem in homine. Ergo frui non tantum est ultimi finis.

2. PRAETEREA, fructus est quo aliquis fruitur. Sed Apostolus dicit, Gl 5,22: *Fructus Spiritus est caritas, gaudium, pax*, et cetera huiusmodi; quae non habent rationem ultimi finis. Non ergo fruitio est tantum ultimi finis.

3. PRAETEREA, actus voluntatis supra seipsos reflectuntur: volo enim me velle, et amo me amare. Sed frui est actus voluntatis: *voluntas enim est per quam fruimur*, ut Augustinus dicit X *de Trin.*[1]. Ergo aliquis fruitur sua fruitione. Sed fruitio non est ultimus finis hominis, sed solum bonum increatum, quod est Deus. Non ergo fruitio est solum ultimi finis.

SED CONTRA est quod Augustinus dicit, X *de Trin.*[2]: *Non fruitur si quis id quod in facultatem voluntatis assumit..., propter aliud appetit*. Sed solum ultimus finis est qui non propter aliud appetitur. Ergo solius ultimi finis est fruitio.

RESPONDEO dicendum quod, sicut dictum est[3], ad rationem fructus duo pertinent: scilicet quod sit ultimum; et quod appetitum quietet quadam dulcedine vel delectatione. Ultimum autem est simpliciter, et secundum quid: simpliciter quidem, quod ad aliud non refertur; sed secundum quid, quod est aliquorum ultimum. Quod ergo est simpliciter ultimum, in quo aliquid delectatur sicut in ultimo fine, hoc proprie dicitur fructus: et eo proprie dicitur aliquis frui. — Quod autem in seipso non est delectabile, sed tantum appetitur in ordine ad aliud, sicut potio amara ad sanitatem; nullo modo fructus dici potest. — Quod autem in se habet quandam delectationem, ad quam quaedam praecedentia referuntur, potest quidem aliquo modo dici fructus: sed non proprie, et secundum completam rationem fructus, eo dicimur frui. Unde Augustinus, in X *de Trin.*[4], dicit quod *fruimur cognitis in quibus voluntas... delectata*

Artigo 3
Há fruição somente do fim último?

QUANTO AO TERCEIRO, ASSIM SE PROCEDE: parece que **não** há fruição somente do fim último.

1. Com efeito, diz o Apóstolo, na Carta aos Filipenses: "Sim, irmão, terei a fruição de ti no Senhor". Ora, é evidente que Paulo não pusera seu último fim em um homem. Logo, não se frui somente o último fim.

2. ALÉM DISSO, o fruto é o que se frui. Ora, o Apóstolo diz na Carta aos Gálatas: "O fruto do espírito é caridade, alegria, paz, e também as demais coisas que não têm a razão de fim último. Logo, a fruição não é só do fim último.

3. ADEMAIS, os atos da vontade refletem sobre si mesmo: quero querer, amo me amar. Ora, fruir é ato da vontade, pois é "pela vontade que fruímos", segundo Agostinho. Logo, alguém frui a sua fruição. Ora, a fruição não é o último fim do homem, mas só o bem incriado, que é Deus. Portanto, a fruição não é só do fim último.

EM SENTIDO CONTRÁRIO, diz Agostinho: "Não frui quem deseja por outra coisa o que tem na faculdade da vontade". Ora, o fim último é unicamente o que não se deseja por outra coisa. Logo, a fruição é somente do fim último.

RESPONDO. Duas coisas pertencem à razão de fruto: que é o último, e que aquieta o apetite por alguma doçura ou prazer. O último é absolutamente ou de certo modo. Absolutamente, quando não se refere a outro; de certo modo, o que é último de algumas coisas. O absolutamente último, no qual uma coisa se deleita como seu último fim, é propriamente dito fruto e também o que se frui. — Porém, o que não é em si mesmo deleitável, mas somente apetecido por causa de outra coisa, como o remédio amargo o é para a saúde, de modo algum pode ser chamado de fruto. — O que, ademais, tem em si um certo prazer, ao qual se referem algumas coisas prévias, pode ser dito fruto de certo modo; não dizemos, porém, que o fruimos propriamente e segundo a completa razão de fruto. Por isso, afirma Agostinho: "Temos a fruição das coisas conhecidas nas quais a vontade deleitada repousa". Não repousa absolutamente senão no

---

3 PARALL.: I *Sent.*, dist. 1, q. 2, a. 1; *Ad Philem.*, lect. 2.

1. C. 10, n. 13: ML 42, 981.
2. C. 11, n. 17: ML 42, 983.
3. Art. 1.
4. C. 10, n. 13: ML 42, 981.

conquiescit. Non autem quiescit simpliciter nisi in ultimo: quia quandiu aliquid expectatur, motus voluntatis remanet in suspenso, licet iam ad aliquid pervenerit. Sicut in motu locali, licet illud quod est medium in magnitudine, sit principium et finis; non tamen accipitur ut finis in actu, nisi quando in eo quiescitur.

AD PRIMUM ergo dicendum quod, sicut Augustinus dicit in I *de Doctr. Christ.*[5], "si dixisset *te fruar*, et non addidisset *in Domino*, videretur finem dilectionis in eo posuisse. Sed quia illud addidit, in Domino se posuisse finem, atque eo se frui significavit". Ut sic fratre se frui dixerit non tanquam termino, sed tanquam medio.

AD SECUNDUM dicendum quod fructus aliter comparatur ad arborem producentem, et aliter ad hominem fruentem. Ad arborem quidem producentem comparatur ut effectus ad causam: ad fruentem autem, sicut ultimum expectatum et delectans. Dicuntur igitur ea quae enumerat ibi Apostolus, fructus, quia sunt effectus quidam Spiritus Sancti in nobis, unde et *fructus Spiritus* dicuntur: non autem ita quod eis fruamur tanquam ultimo fine. — Vel aliter dicendum quod dicuntur fructus, secundum Ambrosium, *quia propter se petenda sunt*: non quidem ita quod ad beatitudinem non referantur; sed quia in seipsis habent unde nobis placere debeant.

AD TERTIUM dicendum quod, sicut supra[6] dictum est finis dicitur dupliciter: uno modo, ipsa res; alio modo, adeptio rei. Quae quidem non sunt duo fines, sed unus finis, in se consideratus, et alteri applicatus. Deus igitur est ultimus finis sicut res quae ultimo quaeritur: fruitio autem sicut adeptio huius ultimi finis. Sicut igitur non est alius finis Deus, et fruitio Dei; ita eadem ratio fruitionis est qua fruimur Deo, et qua fruimur divina fruitione. Et eadem ratio est de beatitudine creata, quae in fruitione consistit.

último, porque, enquanto espera algo, permanece o movimento da vontade em suspenso, embora já tenha atingido algo. Como no movimento local, embora o que é meio na extensão, seja princípio e fim, não se toma em ato como fim senão quando nele se aquieta[d].

QUANTO AO 1º, portanto, deve-se dizer que se Agostinho dissesse: "Tenho a fruição de ti, e não acrescentasse, "no Senhor", pareceria ter posto nele o fim do amor. Mas como acrescentou: no Senhor, deu a entender que havia posto seu fim no Senhor e que nele se deleitava. Desse modo disse que fruía o seu irmão não como fim, mas como meio.

QUANTO AO 2º, deve-se dizer que o fruto se refere de um modo à árvore que o produz e de outro ao homem que o fruiu. À árvore se refere como o efeito à causa; ao homem que frui, como a última coisa que se espera e deleita. Portanto, as coisas que aí enumera o Apóstolo, chamam-se frutos, porque são efeitos do Espírito Santo em nós e, por isso, se chamam *frutos do Espírito*, não por que os fruamos como o último fim. — Ou deve-se dizer, de outra forma, que se chamam frutos, segundo Ambrósio: "porque são pedidos por si mesmos", não como se fossem referidos à bem-aventurança, mas porque neles mesmos há o que nos deve agradar.

QUANTO AO 3º, deve-se dizer que, como acima foi dito, o fim se diz de dois modos: a própria coisa e a posse da coisa. Propriamente não constituem dois fins, mas um único fim, em si mesmo considerado ou aplicado a outro. Com efeito, Deus é o fim último, como aquilo que se busca em último lugar; a fruição é como a posse do fim último. Portanto, assim como não são fins distintos: Deus e a fruição de Deus, assim é a mesma a razão de fruição pela qual fruimos Deus e pela qual fruimos a fruição divina. E é a mesma razão a respeito da bem-aventurança criada, que consiste na fruição[e].

---

5. C. 33, n. 37: ML 34, 33.
6. Q. 1, a. 8; q. 2, a. 7.

d. O gozo-fruição será determinado pela finalidade implicada como o termo "fruto". Trata-se evidentemente da finalidade e do gozo espiritual no homem. Em sentido pleno, somente a bem-aventurança em Deus, fim último do homem, merece ser chamada de "gozo" e "fruto" da vida humana. Poder-se-á contudo falar de "fruto" a propósito do gozo de outros bens ordenados ao fim último, mas será em um sentido impróprio.

O artigo seguinte acrescentará que se pode falar de um gozo do fim último antes de tê-lo efetivamente atingido, mas essa alegria é imperfeita.

e. Especificação importante para nós. O fim, e portanto o gozo-fruição, assim como a felicidade, comporta duas dimensões reunidas: uma dimensão objetiva constituída pela realidade que se busca, que se ama por si mesma e da qual se goza, e uma dimensão subjetiva consistindo na obtenção ou posse dessa realidade. A primeira é principal e determina a outra; não se pode

ARTICULUS 4
Utrum fruitio sit solum finis habiti

AD QUARTUM SIC PROCEDITUR. Videtur quod fruitio non sit nisi finis habiti.
1. Dicit enim Augustinus, X *de Trin.*[1], quod *frui est cum gaudio uti, non adhuc spei, sed iam rei*. Sed quandiu non habetur, non est gaudium rei, sed spei. Ergo fruitio non est nisi finis habiti.

2. PRAETEREA, sicut dictum est[2], fruitio non est proprie nisi ultimi finis, quia solus ultimus finis quietat appetitum. Sed appetitus non quietatur nisi in fine iam habito. Ergo fruitio, proprie loquendo, non est nisi finis habiti.
3. PRAETEREA, frui est capere fructum. Sed non capitur fructus, nisi quando iam finis habetur. Ergo fruitio non est nisi finis habiti.

SED CONTRA, *frui est amore inhaerere alicui rei propter seipsam*, ut Augustinus dicit[3]. Sed hoc potest fieri etiam de re non habita. Ergo frui potest esse etiam finis non habiti.

RESPONDEO dicendum quod frui importat comparationem quandam voluntatis ad ultimum finem, secundum quod voluntas habet aliquid pro ultimo fine. Habetur autem finis dupliciter: uno modo, perfecte; et alio modo, imperfecte. Perfecte quidem, quando habetur non solum in intentione, sed etiam in re: imperfecte autem, quando habetur in intentione tantum. Est ergo perfecta fruitio finis iam habiti realiter. Sed imperfecta est etiam finis non habiti realiter, sed in intentione tantum.
AD PRIMUM ergo dicendum quod Augustinus loquitur de fruitione perfecta.
AD SECUNDUM dicendum quod quies voluntatis dupliciter impeditur: uno modo, ex parte obiecti, quia scilicet non est ultimus finis, sed ad aliud ordinatur; alio modo, ex parte appetentis finem qui nondum adipiscitur finem. Obiectum autem est quod dat speciem actui: sed ab agente dependet modus agendi, ut sit perfectus vel imperfectus, secundum conditionem agentis. Et ideo eius quod non est ultimus finis, fruitio est impropria,

ARTIGO 4
Há fruição somente do fim possuído?

QUANTO AO QUARTO, ASSIM SE PROCEDE: parece que **há** fruição somente do fim possuído.
1. Com efeito, diz Agostinho: "Fruir é usar a coisa com alegria, não só na esperança, mas na realidade". Ora, enquanto não se tem, não há gozo da coisa, mas da esperança. Logo, só há fruição do fim possuído.
2. ALÉM DISSO, como foi dito, não há propriamente fruição, a não ser do último fim, porque só ele aquieta o apetite. Ora, o apetite não se aquieta senão com o fim já possuído. Logo, falando propriamente, só há fruição do fim possuído.
3. ADEMAIS, fruir é colher o fruto. Ora, o fruto não se colhe senão quando se possui o fim. Logo, só há fruição do fim possuído.

EM SENTIDO CONTRÁRIO, fruir é "ligar-se amorosamente a alguma coisa por causa dela mesma", segundo Agostinho. Mas, isso pode acontecer também com a coisa não possuída. Logo, pode haver fruição também do fim não possuído.

RESPONDO. Fruir implica relação da vontade com o último fim, enquanto a vontade tem algum objeto como último fim. O fim considera-se de dois modos: perfeita ou imperfeitamente. Perfeitamente, quando se tem não só na intenção, como também na realidade. Imperfeitamente, quando se tem só na intenção. Portanto, a perfeita fruição do fim dá-se quando ele é realmente possuído. A imperfeita é a fruição do fim não possuído realmente, mas só na intenção.

QUANTO AO 1º, portanto, deve-se dizer que Agostinho fala da fruição perfeita.
QUANTO AO 2º, deve-se dizer que o repouso da vontade é impedido de dois modos: primeiro, da parte do objeto, quando este não é o último fim, mas se ordena para outra coisa; segundo, da parte de quem deseja o fim, mas que ainda não o alcançou. Ora, o objeto é aquilo que dá a espécie ao ato, mas que depende do agente no seu modo de agir, para que seja perfeito ou imperfeito, segundo a condição do mesmo agente. Donde ser imprópria

---

4
1. C. 11, n. 17: ML 42, 982.
2. Art. 3.
3. *De Doctr. Christ.* l. I, c. 4, n. 4: ML 34, 20.

---

separá-las. É amando a Deus por si mesmo que se recebe alegria e felicidade; não se pode amar a Deus para tirar dele nossa satisfação, pois então deixaria de ser fim último para nós, tornando-se simples meio.

O "gozo" (ou "fruição") de que fala Sto. Tomás é, portanto, fundamentalmente objetivo, ao passo que o termo nas línguas modernas assume, em geral, um sentido demasiado subjetivo e egocêntrico.

quasi deficiens a specie fruitionis. Finis autem ultimi non habiti, est fruitio propria quidem, sed imperfecta, propter imperfectum modum habendi ultimum finem.

AD TERTIUM dicendum quod finem accipere vel habere dicitur aliquis, non solum secundum rem, sed etiam secundum intentionem, ut dictum est⁴.

----
4. In corp.

a fruição daquilo que não é o último fim, deficiente que é na espécie da fruição. No entanto, há fruição própria, mas imperfeita do fim último não possuído, por causa do modo imperfeito com que é possuído.

QUANTO AO 3º, deve-se dizer que, como foi dito, alguém recebe ou possui o fim não só segundo a realidade, mas também segundo a intenção.

QUAESTIO XII
DE INTENTIONE
in quinque articulos divisa
Deinde considerandum est de intentione.
Et circa hoc quaeruntur quinque.
Primo: utrum intentio sit actus intellectus, vel voluntatis.
Secundo: utrum sit tantum finis ultimi.
Tertio: utrum aliquis possit simul duo intendere.
Quarto: utrum intentio finis sit idem actus cum voluntate eius quod est ad finem.
Quinto: utrum intentio conveniat brutis animalibus.

ARTICULUS 1
Utrum intentio sit actus intellectus, vel voluntatis

AD PRIMUM SIC PROCEDITUR. Videtur quod intentio sit actus intellectus, et non voluntatis.

1. Dicitur enim Mt 6,22: *Si oculus tuus fuerit simplex, totum corpus tuum lucidum erit*: ubi per

QUESTÃO 12
A INTENÇÃOª
em cinco artigos
Em seguida, deve-se considerar a intenção.
Sobre isso, são cinco as perguntas:
1. A intenção é ato do intelecto ou da vontade?
2. É só do último fim?
3. Alguém pode tender simultaneamente a duas coisas?
4. A intenção do fim é o mesmo ato que a volição daquilo que é para o fim?
5. A intenção convém aos animais irracionais?

ARTIGO 1
A intenção é ato do intelecto ou da vontade?

QUANTO AO PRIMEIRO ARTIGO, ASSIM SE PROCEDE: parece que a intenção é ato do intelecto e não da vontade.

1. Com efeito, diz o Evangelho de Mateus:" Se o teu olho for simples, o teu corpo será lu-

----
1 PARALL.: II *Sent.*, dist. 38, a. 3; *De Verit.*, q. 22, art. 13.

a. Visão de conjunto da questão: Sto. Tomás define primeiramente a intenção e seu objeto (a. 1-2), especifica qual é seu ato (a. 3-4) e se pergunta, por fim, se há intenção nos animais.
   Sto. Tomás recebe da tradição agostiniana uma concepção de intenção bastante complexa e mal especificada; ele terá o mérito de lhe dar uma definição que se tornará clássica.
   No vocabulário moderno, a intenção que é o fato de se propor um objetivo é geralmente contraposto seja aos esforços a se fazer para atingir esse objetivo (o inferno está pavimentado de boas intenções, diz o provérbio), seja ao resultado efetivo da ação (matar por descuido, sem ter a intenção), seja a uma vontade mais profunda e mais geral, que se chamará de meta, a intenção designando então o que se quer distintamente, expressamente.
   Para Sto. Tomás, tais contraposições são contrárias à natureza da intenção, como debilidades que a afetam. Conforme veremos, a intenção é uma vontade que faz a ação em uma meta ao mesmo tempo próxima e longínqua, precisa e vasta, indo até o fim último. A intenção tem, portanto, um sentido forte e dinâmico em nosso texto; envolve toda a potência da vontade para engendrar a ação; é a vontade em movimento em direção ao fim.

oculum significatur intentio, ut dicit Augustinus in libro *de Serm. Dom. in Monte*[1]. Sed oculus, cum sit instrumentum visus, significat apprehensivam potentiam. Ergo intentio non est actus appetitivae potentiae, sed apprehensivae.

2. PRAETEREA, ibidem Augustinus dicit quod intentio lumen vocatur a Domino, ubi dicit[2]: *Si lumen quod in te est, tenebrae sunt*, etc. Sed lumen ad cognitionem pertinet. Ergo et intentio.

3. PRAETEREA, intentio designat ordinationem quandam in finem. Sed ordinare est rationis. Ergo intentio non pertinet ad voluntatem, sed ad rationem.

4. PRAETEREA, actus voluntatis non est nisi vel finis, vel eorum quae sunt ad finem. Sed actus voluntatis respectu finis, vocatur voluntas seu fruitio: respectu autem eorum quae sunt ad finem, est electio: a quibus differt intentio. Ergo intentio non est actus voluntatis.

SED CONTRA est quod Augustinus dicit, in XI *de Trin.*[3], quod *voluntatis intentio copulat corpus visum visui, et similiter speciem in memoria existentem ad aciem animi interius cogitantis*. Est igitur intentio actus voluntatis.

RESPONDEO dicendum quod intentio, sicut ipsum nomen sonat, significat *in aliquid tendere*. In aliquid autem tendit et actio moventis, et motus mobilis. Sed hoc quod motus mobilis in aliquid tendit, ab actione moventis procedit. Unde intentio primo et principaliter pertinet ad id quod movet ad finem: unde dicimus architectorem, et omnem praecipientem, movere suo imperio alios ad id quod ipse intendit. Voluntas autem movet omnes alias vires animae ad finem, ut supra[4] habitum est. Unde manifestum est quod intentio proprie est actus voluntatis.

AD PRIMUM ergo dicendum quod intentio nominatur oculus metaphorice, non quia ad cognitionem pertineat; sed quia cognitionem praesupposit, per quam proponitur voluntati finis ad quem movet; sicut oculo praevidemus quo tendere corporaliter debeamus.

minoso", aí olho, segundo Agostinho, significa intenção. Ora, o olho, por ser instrumento da vista, significa uma potência apreensiva. Logo, a intenção não é ato de potência apetitiva, mas de potência apreensiva.

2. ALÉM DISSO, aí mesmo diz Agostinho que a intenção é chamada por Deus de luz, quando disse: "Se a luz que está em ti são trevas...". Ora, a luz pertence ao conhecimento. Logo, também a intenção.

3. ADEMAIS, a intenção designa uma ordenação para o fim. Ora, ordenar é próprio da razão. Logo, a intenção não pertence à vontade, mas à razão.

4. ADEMAIS, o ato da vontade não é senão para o fim, ou para as coisas que são para o fim. Ora, o ato da vontade referente ao fim chama-se vontade ou fruição; referente às coisas que são para o fim, eleição. De ambos diferencia-se a intenção. Logo, a intenção não é ato de vontade.

EM SENTIDO CONTRÁRIO, diz Agostinho: "A intenção da vontade une à vista o corpo que é visto, como também une a ideia que existe na memória à mais elevada cogitação do pensamento interior". Portanto, a intenção é ato da vontade.

RESPONDO. Intenção, pela própria significação do termo, quer dizer *tender para alguma coisa*. Tendem para alguma coisa a ação do movente e o movimento da coisa movida. Mas que o movimento do movido tenda para alguma coisa, isto procede da ação do movente. Donde, a intenção primeira e principal pertence àquilo que move para o fim. Por isso, dizemos que o arquiteto e todo dirigente movem por sua ordem os outros para aquilo que é sua intenção. Ora, a vontade move todas as outras potências da alma para o fim, como foi estabelecido acima. É manifesto, portanto, que a intenção é propriamente ato da vontade[b].

QUANTO AO 1º, portanto, deve-se dizer que a intenção é chamada metaforicamente de olho, não porque pertence ao conhecimento; mas porque pressupõe o conhecimento, pelo qual é proposto à vontade o fim para o qual ela se move, assim como prevemos pelo olho para onde devemos ir com o corpo.

---

1. L. II, c. 13, n. 45: ML 34, 1289.
2. Matth. 6, 23.
3. C. 4, n. 7; c. 8, n. 13; c. 9, n. 16: ML 42, 990, 994, 996.
4. Q. 9, a. 1.

---

b. O termo intenção possui dois sentidos em latim escolástico, e designa quer a intenção voluntária da qual falamos aqui, quer a noção que exprime a definição, como quando se fala de *intentio veri, boni*, o que é da alçada da inteligência (*De veritate*, q. 21, a. 5, sol. 5). Assim, será feita uma distinção, em filosofia, entre intencionalidade voluntária e intencionalidade da atenção, do espírito, que é uma meta da razão.

AD SECUNDUM dicendum quod intentio dicitur lumen, quia manifesta est intendenti. Unde et opera dicuntur tenebrae, quia homo scit quid intendit, sed nescit quid ex opere sequatur; sicut Augustinus ibidem exponit.

AD TERTIUM dicendum quod voluntas quidem non ordinat, sed tamen in aliquid tendit secundum ordinem rationis. Unde hoc nomen *intentio* nominat actum voluntatis, praesupposita ordinatione rationis ordinantis aliquid in finem.

AD QUARTUM dicendum quod intentio est actus voluntatis respectu finis. Sed voluntas respicit finem tripliciter. Uno modo, absolute: et sic dicitur *voluntas*, prout absolute volumus vel sanitatem, vel si quid aliud est huiusmodi. Alio modo consideratur finis secundum quod in eo quiescitur: et hoc modo *fruitio* respicit finem. Tertio modo consideratur finis secundum quod est terminus alicuius quod in ipsum ordinatur: et sic *intentio* respicit finem. Non enim solum ex hoc intendere dicimur sanitatem, quia volumus eam: sed quia volumus ad eam per aliquid aliud pervenire.

Quanto ao 2º, deve-se dizer que a intenção é dita luz, porque é evidente para quem intenciona. Por isso, as obras são chamadas de trevas, porque o homem conhece o que intenciona, mas desconhece os seus efeitos, como Agostinho expõe no lugar citado.

Quanto ao 3º, deve-se dizer que a vontade, não ordena, mas tende para alguma coisa segundo a ordenação da razão. Por isso, o nome *intenção* designa o ato da vontade, pressuposta a ordenação da razão, que ordena algo para o fim.

Quanto ao 4º, deve-se dizer que a intenção é ato da vontade relativamente ao fim. Mas a vontade de três modos refere-se ao fim. Primeiro, absolutamente, e por isso se chama *vontade*, enquanto absolutamente queremos a saúde, ou coisas semelhantes. Segundo, considera-se o fim enquanto nele se repousa, e nesse sentido a *fruição* visa o fim. Terceiro, considera-se o fim enquanto este é o termo de algo ordenado para ele, e assim a *intenção* visa o fim. Pois não temos a intenção de recuperar a saúde somente porque a queremos, mas também porque queremos chegar a ela mediante outra coisa[c].

ARTICULUS 2
Utrum intentio sit tantum ultimi finis

AD SECUNDUM SIC PROCEDITUR. Videtur quod intentio sit tantum ultimi finis.

1. Dicitur enim in libro *Sententiarum* Prosperi[1]: *Clamor ad Deum est intentio cordis*. Sed Deus est ultimus finis humani cordis. Ergo intentio semper respicit ultimum finem.

2. PRAETEREA, intentio respicit finem secundum quod est terminus, ut dictum est[2]. Sed terminus habet rationem ultimi. Ergo intentio semper respicit ultimum finem.

3. PRAETEREA, sicut intentio respicit finem, ita et fruitio. Sed fruitio semper est ultimi finis. Ergo et intentio.

SED CONTRA, ultimus finis humanarum voluntatum est unus, scilicet beatitudo, ut supra[3] dictum est. Si igitur intentio esset tantum ultimi finis,

ARTIGO 2
A intenção é só do último fim?

QUANTO AO SEGUNDO, ASSIM SE PROCEDE: parece que a intenção é só do último fim.

1. Com efeito, diz o Livro das Sentenças de Próspero: "O clamor para Deus é a intenção do coração". Ora, Deus é o último fim do coração. Logo, a intenção sempre visa o fim último.

2. ALÉM DISSO, segundo foi dito, a intenção visa o fim enquanto é termo. Ora, o termo tem razão de fim. Logo, a intenção sempre visa o fim último.

3. ADEMAIS, a intenção visa o fim, como também o visa a fruição. Ora, a fruição sempre é do fim último. Logo, também a intenção.

EM SENTIDO CONTRÁRIO, como foi dito acima, o fim da vontade humana é um só: a bem-aventurança. Se, portanto, a intenção fosse só do último

---

2

1 Sent. 100: ML 51, 441 A.
2. A. praec., ad 4.
3. Q. 1, a. 7.

c. Sto. Tomás expõe a ordem que ele segue para analisar o querer nessas três questões. Não é uma ordem genética ou cronológica, mas seguindo a natureza dos atos: o querer em si mesmo, o querer completo na fruição, o querer em movimento para o fim na intenção. Virão em seguida os quereres que concernem diretamente ao que é ordenado ao fim

non essent diversae hominum intentiones. Quod patet esse falsum.

RESPONDEO dicendum quod, sicut dictum est[4], intentio respicit finem secundum quod est terminus motus voluntatis. In motu autem potest accipi terminus dupliciter: uno modo, ipse terminus ultimus, in quo quiescitur, qui est terminus totius motus; alio modo, aliquod medium, quod est principium unius partis motus, et finis vel terminus alterius. Sicut in motu quo itur de A in C per B, C est terminus ultimus, B autem est terminus, sed non ultimus. Et utriusque potest esse intentio. Unde etsi semper sit finis, non tamen oportet quod semper sit ultimi finis.

AD PRIMUM ergo dicendum quod intentio cordis dicitur clamor ad Deum, non quod Deus sit obiectum intentionis semper, sed quia est intentionis cognitor. — Vel quia, cum oramus, intentionem nostram ad Deum dirigimus, quae quidem intentio vim clamoris habet.

AD SECUNDUM dicendum quod terminus habet rationem ultimi; sed non semper ultimi respectu totius, sed quandoque respectu alicuius partis.

AD TERTIUM dicendum quod fruitio importat quietem in fine, quod pertinet solum ad ultimum finem. Sed intentio importat motum in finem, non autem quietem. Unde non est similis ratio.

fim, não haveria as diversas intenções dos homens. O que evidentemente é falso.

RESPONDO. Como foi dito, a intenção visa o fim enquanto é o termo do movimento da vontade. Pode-se considerar no movimento duplo fim: de um modo, o termo último, no qual se aquieta, que é o termo de todo movimento; de outro modo, algum intermédio, que é o princípio de uma parte do movimento, e o fim ou termo da anterior. Assim, no movimento pelo qual se vai de A a C por B, C é o termo último; B é termo, mas não é o último. E a intenção pode referir-se a ambos. Por isso, embora seja sempre fim, nem sempre é necessário que seja o fim último[d].

QUANTO AO 1º, portanto, deve-se dizer que a intenção do coração é clamor para Deus, não que Deus seja sempre o objeto da intenção, mas porque a conhece. — Ou, porque, quando oramos, dirigimos a nossa intenção para Deus, intenção esta que tem a força de clamor.

QUANTO AO 2º, deve-se dizer que o termo tem razão de último, mas nem sempre o último do todo, mas, às vezes, é o último relativamente a uma parte.

QUANTO AO 3º, deve-se dizer que a fruição implica o repouso no fim, mas isto pertence só ao fim último. Mas, a intenção importa movimento para o fim, não o repouso. Consequentemente, não há semelhança no argumento.

ARTICULUS 3
Utrum aliquis possit simul duo intendere

AD TERTIUM SIC PROCEDITUR. Videtur quod non possit aliquis simul plura intendere.

ARTIGO 3
Alguém pode ter simultaneamente intenção de duas coisas?

QUANTO AO TERCEIRO, ASSIM SE PROCEDE: parece que alguém **não** pode ter simultaneamente intenção de muitas coisas.

---

4. A. praec., ad 4.

3 PARALL.: *De Verit.*, q. 13, a. 3.

d. Assim se completa a definição de intenção: ela é um ato da vontade incidindo sobre o seu fim, fim último, primeiramente, fim intermediário depois.
Nos moralistas modernos, a intenção designará o fim que se propõe explicitamente o sujeito no ato singular: querer dentro de tal ou tal intenção. Para Sto. Tomás, a intenção tem um alcance muito maior, e atinge, mediante o encadeamento dos fins, o fim último. Desse modo, a intencionalidade voluntária pode ligar internamente todos os atos que um homem faz e todos os fins que ele persegue, realizando progressivamente a unidade da vida moral.
Observemos que os fins intermediários, aos quais se refere Sto. Tomás como objetos da intenção, não são "meios", pois são queridos como o termo da atividade do homem em uma certa ordem. Dessa forma, o fim da indústria farmacêutica é a fabricação de medicamentos; tal fim será posteriormente subordinado a proporcionar saúde, mas isso será assunto da medicina.
Sto. Tomás abstrai aqui a matéria, a natureza das realidades às quais se aplica a intencionalidade. Essa matéria pode ser da ordem do útil, como no exemplo dado acima. Mas pode também superar essa ordem, como quando nossos atos incidem sobre realidades que exigem ser amadas por si mesmas, tais como as pessoas, outros, a família, a pátria, a Igreja, o bem comum em geral. Tais realidades, contudo, também se subordinam ao fim último divino como fins intermediários ou secundários, e não como meios, no sentido utilitário da palavra. A expressão, porém, empregada por Sto. Tomás, *ea quae sunt ad finem*, "o que é para o fim", é mais abrangente do que "meio", conforme assinalamos, e pode englobar todos os fins intermediários.

1. Dicit enim Augustinus, in libro *de Serm. Dom. in Monte*[1], quod non potest homo simul intendere Deum et commodum corporale. Ergo pari ratione, neque aliqua alia duo.

2. PRAETEREA, intentio nominat motum voluntatis ad terminum. Sed unius motus non possunt esse plures termini ex una parte. Ergo voluntas non potest simul multa intendere.

3. PRAETEREA, intentio praesupponit actum rationis sive intellectus. Sed *non contingit simul plura intelligere*, secundum Philosophum[2]. Ergo etiam neque contingit simul plura intendere.

SED CONTRA, ars imitatur naturam. Sed natura ex uno instrumento intendit duas utilitates: *sicut lingua ordinatur et ad gustum et ad locutionem*, ut dicitur in II *de Anima*[3]. Ergo, pari ratione ars vel ratio potest simul aliquid unum ad duos fines ordinare. Et ita potest aliquis simul plura intendere.

RESPONDEO dicendum quod aliqua duo possunt accipi dupliciter: vel ordinata ad invicem, vel ad invicem non ordinata. Et si quidem ad invicem fuerint ordinata, manifestum est ex praemissis quod homo potest simul multa intendere. Est enim intentio non solum finis ultimi, ut dictum est[4], sed etiam finis medii. Simul autem intendit aliquis et finem proximum, et ultimum; sicut confectionem medicinae, et sanitatem.

Si autem accipiantur duo ad invicem non ordinata, sic etiam simul homo potest plura intendere. Quod patet ex hoc, quod homo unum alteri praeeligit, quia melius est altero: inter alias autem conditiones quibus aliquid est melius altero, una est quod ad plura valet: unde potest aliquid praeeligi alteri, ex hoc quod ad plura valet. Et sic manifeste homo simul plura intendit.

1. Com efeito, diz Agostinho: "O homem não pode simultaneamente ter a intenção de Deus e das comodidades corporais. Portanto, pela mesma razão, nem de duas outras coisas.

2. ALÉM DISSO, intenção designa o movimento da vontade para o termo. Ora, um só movimento não pode ter muitos termos sob o mesmo aspecto. Logo, a vontade não pode ter intenção de muitas coisas ao mesmo tempo.

3. ADEMAIS, a intenção pressupõe o ato da razão ou do intelecto. Ora, segundo o Filósofo: "Não acontece que se conheçam muitas coisas ao mesmo tempo". Logo, não acontece ter intenção de muitas coisas ao mesmo tempo.

EM SENTIDO CONTRÁRIO, a arte imita a natureza. Mas, a natureza por um só instrumento busca duas utilidades; "como a língua que se ordena para o gosto e para o falar", diz o livro II da *Alma*. Logo, pela mesma razão, a arte e a razão podem simultâneas ordenar para dois fins uma só coisa. Assim sendo, alguém pode ter a intenção de muitas coisas simultaneamente.

RESPONDO. Duas coisas podem ser consideradas duplamente: ou como ordenadas entre si, ou como não ordenadas entre si. Se forem ordenadas entre si, é claro, pelo já expresso, que o homem pode ter a intenção simultaneamente de muitas coisas. Como foi dito, não há intenção somente do fim último, mas também dos meios para o fim. Pode-se ter intenção ao mesmo tempo do fim próximo e do fim último, como elaborar o remédio e a cura.

Considerando-se duas coisas não ordenadas entre si, também neste caso o homem pode simultaneamente ter a intenção de muitas coisas. Isto é claro porque o homem prefere uma coisa a outra, porque ela é melhor que a outra. Com efeito, entre as condições que tornam uma coisa melhor que a outra, uma é a adequação para vários fins, por isso, uma coisa pode ser escolhida de preferência à outra porque é adequada para vários fins. Assim sendo, o homem claramente tem simultaneamente a intenção de várias coisas[e].

---

1. L. II, c. 14, n. 47; c. 17, n. 56: ML 34, 1290, 1294.
2. *Topic*. II, 10: 114, b, 34-35.
3. C. 8: 420, b, 17-18.
4. Art. praec.

---

e. A intenção moral pode combinar muitas coisas de acordo com planos diversos que se ordenam em vista do fim a prosseguir. É por esse motivo que ela deverá trabalhar em estreita ligação com a razão, cuja obra obra própria é o ordenamento (ver a. 1, r. 3, e aqui, r. 2). Esse ordenamento pode ser descoberto na realidade ou inventado pela razão. Assim, a intenção poderá mesmo ser inovadora, construindo a ação como um arquiteto que, levando em conta os materiais que emprega e os modelos nos quais se inspira, pode edificar uma casa original e até um novo estilo. A finalidade do bem que rege a intenção não impõe, portanto, um ordenamento preestabelecido, no concreto, mas abre o mais vasto campo à liberdade de intenção na construção do agir humano. A colaboração entre a razão e a intenção voluntária irá concretizar-se na formação do juízo prático e da escolha.

AD PRIMUM ergo dicendum quod Augustinus intelligit hominem non posse simul Deum et commodum temporale intendere, sicut ultimos fines: quia, ut supra[5] ostensum est, non possunt esse plures fines ultimi unius hominis.

AD SECUNDUM dicendum quod unius motus possunt ex una parte esse plures termini, si unus ad alium ordinetur: sed duo termini ad invicem non ordinati, ex una parte, unius motus esse non possunt. Sed tamen considerandum est quod id quod non est unum secundum rem, potest accipi ut unum secundum rationem. Intentio autem est motus voluntatis in aliquid praeordinatum in ratione, sicut dictum est[6]. Et ideo ea quae sunt plura secundum rem, possunt accipi ut unus terminus intentionis, prout sunt unum secundum rationem: vel quia aliqua duo concurrunt ad integrandum aliquid unum, sicut ad sanitatem concurrunt calor et frigus commensurata; vel quia aliqua duo sub uno communi continentur, quod potest esse intentum. Puta acquisitio vini et vestis continetur sub lucro, sicut sub quodam communi: unde nihil prohibet quin ille qui intendit lucrum, simul haec duo intendat.

AD TERTIUM dicendum quod, sicut in Primo[7] dictum est, contingit simul plura intelligere, inquantum sunt aliquo modo unum.

QUANTO AO 1º, portanto, deve-se dizer que Agostinho entende que o homem não pode simultaneamente ter a intenção de Deus e de suas comodidades temporais, como sendo últimos fins, porque, como se demonstrou acima, não é possível haver muitos fins últimos para um só homem.

QUANTO AO 2º, deve-se dizer que haverá muitos termos para um só movimento, sobre o mesmo ponto de vista, se um deles está ordenado para o outro. Mas, dois termos não ordenados entre si, não podem sob o mesmo ponto de vista, ser de um só movimento. Todavia, deve-se considerar que aquilo que na realidade é múltiplo, pode ser considerado como uma só coisa, segundo a razão. Ora, a intenção, como foi dito, é um movimento da vontade para uma coisa, organizado previamente pela razão. Por conseguinte, o que é múltiplo na realidade pode ser tido como termo único da intenção, enquanto é uno segundo a razão, ou porque várias coisas concorrem para integrar uma unidade, como para a saúde concorrem proporcionalmente o calor e o frio, ou porque esses dois têm algo em comum, que pode ser objeto da intenção. Por exemplo, a aquisição do vinho e das vestes está contida na ideia de lucro, como em algo comum, por isso, nada impede que busque as duas coisas aquele que tem a intenção do lucro.

QUANTO AO 3º, deve-se dizer que, como foi dito na I Parte, acontece conhecer simultaneamente muitas coisas, quando são de alguma maneira uma unidade.

ARTICULUS 4

Utrum intentio finis sit idem actus cum voluntate eius quod est ad finem

AD QUARTUM SIC PROCEDITUR. Videtur quod non sit unus et idem motus intentio finis, et voluntas eius quod est ad finem.
1. Dicit enim Augustinus, in XI *de Trin.*[1], quod *voluntas videndi fenestram, finem habet fenestrae visionem; et altera est voluntas per fenestram videndi transeuntes*. Sed hoc pertinet ad intentionem, quod velim videre transeuntes per fenestram: hoc autem ad voluntatem eius quod est ad finem, quod velim videre fenestram. Ergo

ARTIGO 4

A intenção do fim é o mesmo ato que a volição do que é para o fim?

QUANTO AO QUARTO, ASSIM SE PROCEDE: parece que **não** seja um só e o mesmo o movimento da intenção do fim e a volição de que é para o fim.
1. Com efeito, diz Agostinho: "O desejo de se ver a janela tem por fim ver a janela; outra é a vontade de se ver pela janela os transeuntes". Ora, uma coisa é querer ver os transeuntes pela janela, e isso pertence à intenção; outra coisa é querer ver a janela, e isto pertence à volição do que é para o fim. Logo, um é o movimento da

---

5. Q. 1, a. 5.
6. A. 1, ad 3.
7. Q. 12, a. 10; q. 58, a. 2; q. 85, a. 4.
PARALL.: Supra, q. 8, a. 3; II *Sent.*, dist. 38, a. 4; *De Verit.*, q. 22, a. 14.
1. C. 6, n. 10: ML 42, 992.

alius est motus voluntatis intentio finis, et alius voluntas eius quod est ad finem.

2. PRAETEREA, actus distinguuntur secundum obiecta. Sed finis, et id quod est ad finem, sunt diversa obiecta. Ergo alius motus voluntatis est intentio finis, et voluntas eius quod est ad finem.

3. PRAETEREA, voluntas eius quod est ad finem, dicitur electio. Sed non est idem electio et intentio. Ergo non est idem motus intentio finis, cum voluntate eius quod est ad finem.

SED CONTRA, id quod est ad finem, se habet ad finem ut medium ad terminum. Sed idem motus est qui per medium transit ad terminum, in rebus naturalibus. Ergo et in rebus voluntariis idem motus est intentio finis, et voluntas eius quod est ad finem.

RESPONDEO dicendum quod motus voluntatis in finem et in id quod est ad finem, potest considerari dupliciter. Uno modo, secundum quod voluntas in utrumque fertur absolute et secundum se. Et sic sunt simpliciter duo motus voluntatis in utrumque. — Alio modo potest considerari secundum quod voluntas fertur in id quod est ad finem, propter finem. Et sic unus et idem subiecto motus voluntatis est tendens ad finem, et in id quod est ad finem. Cum enim dico, *Volo medicinam propter sanitatem*, non designo nisi unum motum voluntatis. Cuius ratio est quia finis ratio est volendi ea quae sunt ad finem. Idem autem actus cadit super obiectum, et super rationem obiecti: sicut eadem visio est coloris et luminis, ut supra[2] dictum est. Et est simile de intellectu: quia si absolute principium et conclusionem consideret, diversa est consideratio utriusque; in hoc autem quod conclusioni propter principia assentit, est unus actus intellectus tantum.

AD PRIMUM ergo dicendum quod Augustinus loquitur de visione fenestrae, et visione transeuntium per fenestram, secundum quod voluntas in utrumque absolute fertur.

AD SECUNDUM dicendum quod finis, inquantum est res quaedam, est aliud voluntatis obiectum quam id quod est ad finem. Sed inquantum est

vontade que é a intenção do fim e outro a vontade do que é para o fim.

2. ALÉM DISSO, os atos distinguem-se pelos objetos. Ora, são objetos diversos o fim e o que é para o fim. Logo, um é o movimento da vontade, que é a intenção do fim e outro, a vontade do que é para o fim.

3. ADEMAIS, a vontade do que é para o fim chama-se eleição. Ora, diferenciam-se eleição e intenção. Logo, não é o mesmo movimento a intenção do fim e a vontade do que é para o fim.

EM SENTIDO CONTRÁRIO, o que é para o fim está para o fim como o meio para o termo. Ora, nas coisas naturais, é pelo mesmo movimento que se vai ao termo pelo meio. Logo, nas coisas voluntárias um só movimento é a intenção do fim e a vontade do que é para o fim.

RESPONDO. Duplamente se pode considerar o movimento da vontade: para o fim e para o que é para o fim. Primeiro, enquanto a vontade se refere a ambos absolutamente e por si. E assim são absolutamente dois movimentos da vontade para os dois. — Segundo, pode-se considerar enquanto a vontade é levada para o que é para o fim, por causa do fim. Assim o movimento da vontade que tende para o fim e para o que é para o fim é um só e o mesmo quanto ao sujeito. Quando eu digo: *quero remédio por causa da saúde*, não designo senão um movimento da vontade. E a razão disso é que a razão do fim é querer as coisas que são para ele. O mesmo ato atinge o objeto e a razão do objeto, como também uma só é a visão da cor e da luz, como foi dito acima. Coisa semelhante acontece no intelecto, porque se considera absolutamente o princípio e a conclusão, diversa é a consideração de um e de outro, mas, ao assentir na conclusão por causa dos princípios, há um só ato do intelecto[f].

QUANTO AO 1º, portanto, deve-se dizer que Agostinho fala da visão da janela e da visão dos transeuntes pela janela, enquanto a vontade se dirige a cada uma de modo absoluto.

QUANTO AO 2º, deve-se dizer que o fim, enquanto é alguma coisa, é outro objeto da vontade do que aquilo que é para o fim. Mas, enquanto é

---

2. Q. 8, a. 3, ad 2.

---

f. O presente artigo estabelece a conexão entre intenção e escolha, cujo estudo se seguirá, como entre as duas faces do mesmo movimento voluntário. A intenção incide sobre o fim a prosseguir mediante certos "meios". A escolha incide diretamente sobre os "meios" para ordená-los ao fim (ver r. 3).

O estudo da intenção, que termina na análise da escolha, é evidentemente da mais alta importância para o estabelecimento da qualidade moral dos atos humanos. É bom notar que a conexão entre intenção e escolha é essencial para Sto. Tomás, de tal modo que não se pode estabelecer uma sem a outra.

ratio volendi id quod est ad finem, est unum et idem obiectum.

AD TERTIUM dicendum quod motus qui est unus subiecto, potest ratione differre secundum principium et finem, ut ascensio et descensio, sicut dicitur in III *Physic*.³. Sic igitur inquantum motus voluntatis fertur in id quod est ad finem, prout ordinatur ad finem, est electio. Motus autem voluntatis qui fertur in finem, secundum quod acquiritur per ea quae sunt ad finem, vocatur intentio. Cuius signum est quod intentio finis esse potest, etiam nondum determinatis his quae sunt ad finem, quorum est electio.

ARTICULUS 5
Utrum intentio conveniat brutis animalibus

AD QUINTUM SIC PROCEDITUR. Videtur quod bruta animalia intendant finem.

1. Natura enim in his quae cognitione carent, magis distat a rationali natura, quam natura sensitiva, quae est in animalibus brutis. Sed natura intendit finem etiam in his quae cognitione carent, ut probatur in II *Physic*.¹. Ergo multo magis bruta animalia intendunt finem.

2. PRAETEREA, sicut intentio est finis, ita et fruitio. Sed fruitio convenit brutis animalibus, ut dictum est². Ergo et intentio.

3. PRAETEREA, eius est intendere finem, cuius est agere propter finem: cum intendere nihil sit nisi in aliud tendere. Sed bruta animalia agunt propter finem: movetur enim animal vel ad cibum quaerendum, vel ad aliquid huiusmodi. Ergo bruta animalia intendunt finem.

SED CONTRA, intentio finis importat ordinationem alicuius in finem; quod est rationis. Cum igitur bruta animalia non habeant rationem, videtur quod non intendant finem.

RESPONDEO dicendum quod, sicut supra³ dictum est, intendere est in aliud tendere: quod quidem est et moventis, et moti. Secundum quidem igitur quod dicitur intendere finem id quod movetur ad finem ab alio, sic natura dicitur intendere finem,

ARTIGO 5
A intenção convém aos animais irracionais?

QUANTO AO QUINTO, ASSIM SE PROCEDE: parece que os animais irracionais **têm** intenção do fim.

1. Com efeito, a natureza nos que carecem de conhecimento está mais distante da natureza racional do que a natureza sensitiva dos animais irracionais. Ora, a natureza visa o fim também nos que carecem de conhecimento, como prova o livro II da *Física*. Logo, com maior razão os animais irracionais visam o fim.

2. ALÉM DISSO, como a intenção é do fim, também o é a fruição. Ora, a fruição convém aos animais irracionais. Logo, também a intenção.

3. ADEMAIS, ter intenção do fim é próprio do que age por causa do fim, uma vez que ter intenção nada mais é do que tender para algo. Ora, os animais irracionais agem por um fim, enquanto se movem buscando alimento e coisas semelhantes. Logo, os animais irracionais têm a intenção do fim.

EM SENTIDO CONTRÁRIO, a intenção do fim implica ordenação de algo para ele, o que é próprio da razão. Como os animais irracionais são desprovidos de razão, não têm intenção do fim.

RESPONDO. Como acima foi dito, ter intenção é tender para algo, o que é próprio do movente e do movido. Portanto, segundo se diz que o que é movido por outro para o fim tem intenção do fim, assim se diz que a natureza tem intenção do fim,

---

3. C. 3: 202, a, 18-21.

5 PARALL.: II *Sent*., dist. 38, a. 3.

1. C. 8: 199, a, 20-32; 33-b, 33.
2. Q. 11, a. 2.
3. Art. 1.

quasi mota ad suum finem a Deo, sicut sagitta a sagittante. Et hoc modo etiam bruta animalia intendunt finem, inquantum moventur instinctu naturali ad aliquid. — Alio modo intendere finem est moventis: prout scilicet ordinat motum alicuius, vel sui vel alterius, in finem. Quod est rationis tantum. Unde per hunc modum bruta non intendunt finem, quod est proprie et principaliter intendere, ut dictum est[4].

AD PRIMUM ergo dicendum quod ratio illa procedit secundum quod intendere est eius quod movetur ad finem.

AD SECUNDUM dicendum quod fruitio non importat ordinationem alicuius in aliquid, sicut intentio; sed absolutam quietem in fine.

AD TERTIUM dicendum quod bruta animalia moventur ad finem, non quasi considerantia quod per motum suum possunt consequi finem, quod est proprie intendentis: sed concupiscentia finem naturali instinctu, moventur ad finem quasi ab alio mota, sicut et cetera quae moventur naturaliter.

como movida por Deus para o fim, como a seta movida pelo sagitário. Assim, também os animais irracionais têm intenção do fim, enquanto são movidos pelo instinto natural para alguma coisa. — Outra maneira de ter intenção do fim é própria do movente, enquanto ordena o movimento de uma coisa, ou o seu ou de outrem, para o fim. Isso é próprio somente da razão. Portanto, desse modo, os animais irracionais não têm intenção do fim, e isso é própria e principalmente ter intenção[g].

QUANTO AO 1º, portanto, deve-se dizer que a objeção procede, enquanto ter intenção é próprio do que é movido para o fim.

QUANTO AO 2º, deve-se dizer que a fruição não implica a ordenação de uma coisa para outra, como a intenção, mas o repouso absoluto no fim.

QUANTO AO 3º, deve-se dizer que os animais irracionais são movidos para o fim sem considerarem que por seu movimento podem conseguir o fim, o que é próprio de quem tem intenção, mas pelo desejo do fim, por instinto natural se movem para o fim como movidos por outro, como as demais coisas movidas naturalmente.

---

4. Art. 1.

g. Resposta matizada. Pode-se reconhecer certa intencionalidade em ação na atividade dos animais, mas é instintiva. É a ação, neles, do autor da natureza. Apenas o homem, por meio de sua razão, possui uma intencionalidade propriamente dita, pois ele pode formar e transformar suas intenções.

QUAESTIO XIII
DE ELECTIONE, QUAE EST ACTUS VOLUNTATIS RESPECTU EORUM QUAE SUNT AD FINEM
in sex articulos divisa

Consequenter considerandum est de actibus voluntatis qui sunt in comparatione ad ea quae sunt ad finem. Et sunt tres: eligere, consentire, et uti. Electionem autem praecedit consilium. Primo ergo considerandum est de electione; secundo, de consilio; tertio, de consensu; quarto, de usu.

Circa electionem quaeruntur sex.

Primo: cuius potentiae sit actus, utrum voluntatis vel rationis.

QUESTÃO 13
A ELEIÇÃO DO QUE É PARA O FIM PELA VONTADE[a]
em seis artigos

Em consequência, devem-se considerar os atos da vontade que estão em relação com o que é para o fim. São três: eleger, consentir e executar. A deliberação precede a eleição. Portanto, primeiro deve-se considerar a eleição; segundo, a deliberação; terceiro, o consentimento; quarto, o uso.

A respeito da eleição são seis as perguntas:

1. De qual potência é ato, da vontade ou da razão?

---

a. Visão de conjunto: o estudo dos atos concernentes aos meios começa pelo principal, a eleição, prossegue pela deliberação e pelo consentimento que a preparam, e termina pelo uso ou execução, que a põe em prática. Notar que esses "atos" são, na verdade, partes da ação moral. Ainda que possam inscrever-se no tempo, não se encadeiam em uma sucessão temporal, mas em uma ordem estrutural. A intenção, por exemplo, está presente em cada um dos atos concernentes aos meios e a escolha é ativa em todo desenrolar da ação concreta.

As principais questões que dizem respeito à escolha são sua definição (a. 1), seu objeto preciso (a. 3) e seu caráter livre (a. 6).

Secundo: utrum electio conveniat brutis animalibus.
Tertio: utrum electio sit solum eorum quae sunt ad finem, vel etiam quandoque finis.
Quarto: utrum electio sit tantum eorum quae per nos aguntur.
Quinto: utrum electio sit solum possibilium.
Sexto: utrum homo ex necessitate eligat, vel libere.

2. Convém aos animais irracionais?
3. É só do que é para o fim ou também, às vezes, do fim?
4. E só do que é feito por nós?
5. É só das coisas possíveis?
6. O homem elege necessária ou livremente?

Articulus 1
Utrum electio sit actus voluntatis, vel rationis

AD PRIMUM SIC PROCEDITUR. Videtur quod electio non sit actus voluntatis, sed rationis.

1. Electio enim collationem quandam importat qua unum alteri praefertur. Sed conferre est rationis. Ergo electio est rationis.

2. PRAETEREA, eiusdem est syllogizare et concludere. Sed syllogizare in operabilibus est rationis. Cum igitur electio sit quasi conclusio in operabilibus, ut dicitur in VII *Ethic.*[1], videtur quod sit actus rationis.

3. PRAETEREA, ignorantia non pertinet ad voluntatem, sed ad vim cognitivam. Est autem quaedam *ignorantia electionis*, ut dicitur in III *Ethic.*[2]. Ergo videtur quod electio non pertineat ad voluntatem, sed ad rationem.

SED CONTRA est quod Philosophus dicit in III *Ethic.*[3], quod electio est *desiderium eorum quae sunt in nobis.* Desiderium autem est actus voluntatis. Ergo et electio.

RESPONDEO dicendum quod in nomine electionis importatur aliquid pertinens ad rationem sive intellectum, et aliquid pertinens ad voluntatem: dicit enim Philosophus, in VI *Ethic.*[4], quod electio est *appetitivus intellectus, vel appetitus intellectivus.* Quandocumque autem duo concurrunt ad aliquid unum constituendum unum eorum est ut formale respectu alterius. Unde Gregorius Nyssenus[5] dicit quod electio *neque est appetitus secundum seipsam, neque consilium solum, sed ex his aliquid compositum. Sicut enim dicimus animal ex anima et*

Artigo 1
A eleição é ato da vontade ou da razão?

QUANTO AO PRIMEIRO ARTIGO, ASSIM SE PROCEDE: parece que a eleição **não** é ato da vontade, mas da razão.

1. Com efeito, a eleição implica uma comparação segundo a qual um é preferido ao outro. Ora, comparar pertence à razão. Logo, a eleição é própria da razão.

2. ALÉM DISSO, é próprio do mesmo raciocinar e concluir. Ora, raciocinar por silogismo nas coisas práticas é da razão. Logo, sendo a eleição como uma conclusão nas coisas práticas, segundo o livro VII da *Ética*, vê-se que é ato da razão.

3. ADEMAIS, a ignorância não pertence à vontade, mas à potência cognoscitiva. Ora, segundo o livro III da *Ética*, há uma "ignorância da eleição". Logo, parece que a eleição não pertence à vontade, mas à razão.

EM SENTIDO CONTRÁRIO, diz o Filósofo no livro III da *Ética*: "A eleição é o desejo do que há em nós". Ora, desejar é ato da vontade. Logo, também a eleição.

RESPONDO. O termo eleição implica algo que pertence à razão, ou ao intelecto, e algo que pertence à vontade, pois, segundo o Filósofo no livro VI da *Ética*: "Eleição é o intelecto apetitivo, ou o apetite intelectivo". Quando duas coisas concorrem para constituir uma, uma delas é formal com relação à outra. Donde Gregório de Nissa afirmar: "A eleição não é apetite em si mesmo, nem somente deliberação, mas algo composto de ambos. Assim dizemos ser o animal composto de alma e corpo, mas não dizemos que é corpo em

---

1 PARALL.: Part. I, q. 83, a. 3; II *Sent.*, dist. 24, q. 1, a. 2; *De Verit.*, q. 22, a. 15; III *Ethic.*, lect. 6, 9; VI *Ethic.*, lect. 2.

1. C. 5: 1147, a, 24-b, 1.
2. C. 2: 1110, b, 31.
3. C. 5: 1113, a, 11.
4. C. 2: 1139, b, 4-5.
5. NEMESIUS, *de nat. hom.*, c. 33, al. l. V, c. 4: MG 40, 733 BC.

corpore compositum esse, neque vero corpus esse secundum seipsum, neque animam solam, sed utrumque; ita et electionem. Est autem considerandum in actibus animae, quod actus qui est essentialiter unius potentiae vel habitus, recipit formam et speciem a superiori potentia vel habitu, secundum quod ordinatur inferius a superiori: si enim aliquis actum fortitudinis exerceat propter Dei amorem, actus quidem ille materialiter est fortitudinis, formaliter vero caritatis. Manifestum est autem quod ratio quodammodo voluntatem praecedit, et ordinat actum eius: inquantum scilicet voluntas in suum obiectum tendit secundum ordinem rationis, eo quod vis apprehensiva appetitivae suum obiectum repraesentat. Sic igitur ille actus quo voluntas tendit in aliquid quod proponitur ut bonum, ex eo quod per rationem est ordinatum ad finem, materialiter quidem est voluntatis, formaliter autem rationis. In huiusmodi autem substantia actus materialiter se habet ad ordinem qui imponitur a superiori potentia. Et ideo electio substantialiter non est actus rationis, sed voluntatis: perficitur enim electio in motu quodam animae ad bonum quod eligitur. Unde manifeste actus est appetitivae potentiae.

AD PRIMUM ergo dicendum quod electio importat collationem quandam praecedentem: non quod essentialiter sit ipsa collatio.

AD SECUNDUM dicendum quod conclusio etiam syllogismi qui fit in operabilibus, ad rationem pertinet; et dicitur *sententia* vel *iudicium*, quam sequitur electio. Et ob hoc ipsa conclusio pertinere videtur ad electionem, tanquam ad consequens.

AD TERTIUM dicendum quod ignorantia dicitur esse electionis, non quod ipsa electio sit scientia: sed quia ignoratur quid sit eligendum.

si mesmo, nem só alma, mas as duas coisas; o mesmo se dá com a eleição". Deve-se considerar nos atos da alma, que o ato que é essencialmente de uma potência ou hábito recebe a forma e a especificação de potência ou de *habitus* superiores, uma vez que o inferior é ordenado pelo superior. Se algum ato da fortaleza é realizado pelo amor de Deus, ele é materialmente da fortaleza, mas formalmente, da caridade. É claro, pois, que a razão precede de algum modo a vontade e ordena o seu ato, uma vez que a vontade tende para seu objeto seguindo a ordem da razão, porque a potência apreensiva apresenta à apetitiva o seu objeto. Assim, o ato pelo qual a vontade tende para o que lhe é proposto como bem, visto que é ordenado para o fim pela razão, materialmente é da vontade, formalmente da razão. Em tal caso, a substância do ato refere-se materialmente à ordem que lhe é imposta pela potência superior. Donde a eleição substancialmente não ser ato da razão, mas da vontade, pois ela termina no movimento da alma para o bem que escolheu. Logo, é evidente que a eleição é ato da potência apetitiva[b].

QUANTO AO 1º, portanto, deve-se dizer que a eleição implica a comparação precedente, mas não que seja essencialmente essa comparação.

QUANTO AO 2º, deve-se dizer que a conclusão também do silogismo a que se chega nas coisas práticas, pertence à razão. É então chamada de *sentença* ou *juízo*, aos quais segue-se a eleição. Por isso, a conclusão parece pertencer à eleição, como consequência dela.

QUANTO AO 3º, deve-se dizer que a ignorância é dita da eleição, não porque a eleição seja ciência, mas porque se ignora o que se deve eleger.

ARTICULUS 2
Utrum electio conveniat brutis animalibus

AD SECUNDUM SIC PROCEDITUR. Videtur quod electio brutis animalibus conveniat.

ARTIGO 2
A eleição convém aos animais irracionais?

QUANTO AO SEGUNDO, ASSIM SE PROCEDE: parece que a eleição **convém** aos animais irracionais.

---

2 PARALL.: II *Sent.*, dist. 25, a. 1, ad 6, 7; V *Metaphys.*, lect. 16; III *Ethic.*, lect. 5.

---

b. A escolha é a chave do ato humano, mas também o nó de todas as dificuldades da análise do agir, tanto em teologia como em filosofia. Aristóteles vê nisso um desejo e um juízo tão intimamente ligados que prefere não atribuir a escolha seja ao apetite, seja à razão. Sto. Tomás corta o nó górdio: para ele, a escolha é substancialmente um ato da vontade, mas tão estreitamente associado ao juízo da razão que se unem como matéria e forma, como corpo e alma, de maneira vital. Ver a passagem paralela na I Parte, q. 83, a. 3.

A teologia posterior não manterá essa união vívida entre escolha e juízo prático. O intelectualismo fará da escolha mera consequência e execução do juízo. O voluntarismo atribuirá toda decisão à vontade. Sto. Tomás não dedica uma questão especial ao juízo prático, pois este está incluído nesta questão, conforme indica a resposta 2; e na seguinte, como a conclusão do conselho, ou deliberação.

1. Electio enim est *appetitus aliquorum propter finem*, ut dicitur in III *Ethic.*[1]. Sed bruta animalia appetunt aliquid propter finem: agunt enim propter finem, et ex appetitu. Ergo in brutis animalibus est electio.

2. PRAETEREA, ipsum nomen electionis significare videtur quod aliquid prae aliis accipiatur. Sed bruta animalia accipiunt aliquid prae aliis: sicut manifeste apparet quod ovis unam herbam comedit, et aliam refutat. Ergo in brutis animalibus est electio.

3. PRAETEREA, ut dicitur in VI *Ethic.*[2], ad *prudentiam pertinet quod aliquis bene eligat ea quae sunt ad finem*. Sed prudentia convenit brutis animalibus: unde dicitur in principio *Metaphys.*[3], quod *prudentia sunt sine disciplina, quaecumque sonos audire non potentia sunt, ut apes*. Et hoc etiam sensui manifestum videtur: apparent enim mirabiles sagacitates in operibus animalium, ut apum et aranearum et canum. Canis enim insequens cervum, si ad trivium venerit, odoratu quidem explorat an cervus per primam vel secundam viam transiverit: quod si invenerit non transisse, iam securus per tertiam viam incedit non explorando, quasi utens syllogismo divisivo, quo concludi posset cervum per illam viam incedere, ex quo non incedit per alias duas, cum non sint plures. Ergo videtur quod electio brutis animalibus conveniat.

SED CONTRA est quod Gregorius Nyssenus[4] dicit, quod *pueri et irrationalia voluntarie quidem faciunt, non tamen eligentia*. Ergo in brutis animalibus non est electio.

RESPONDEO dicendum quod, cum electio sit praeacceptio unius respectu alterius, necesse est quod electio sit respectu plurium quae eligi possunt. Et ideo in his quae sunt penitus determinata ad unum, electio locum non habet. Est autem differentia infer appetitum sensitivum et voluntatem, quia, ut ex praedictis[5] patet, appetitus sensitivus est determinatus ad unum aliquid particulare secundum ordinem naturae; voluntas autem est quidem, secundum naturae ordinem, determinata ad unum commune, quod est bonum, sed indeterminate se habet respectu particularium bonorum. Et ideo

1. Com efeito, eleição é "o desejo de algumas coisas por causa do fim", diz o livro III da *Ética*. Ora, os animais irracionais desejam coisas por causa do fim: agem por causa do fim e pelo apetite. Logo, há eleição nos animais irracionais.

2. ALÉM DISSO, o nome eleição parece significar que uma coisa é preferida a outras. Ora, os animais irracionais preferem umas coisas a outras, o que claramente se vê nas ovelhas que comem uma erva e recusam outra. Logo, há eleição nos animais irracionais.

3. ADEMAIS, diz o livro VI da *Ética*: "Pertence à prudência escolher bem o que é para o fim". Ora, a prudência convém aos animais irracionais, como diz o início do livro da *Metafísica*: "São prudentes, sem disciplina, os que não são capazes de ouvir os sons, como as abelhas". Isso é ainda evidente aos sentidos, pois se mostram com admirável sagacidade em suas obras, as abelhas, as aranhas e os cães. Os cães, com efeito, ao perseguirem os veados, quando se encontram diante de três caminhos; pelo olfato procuram sentir se o veado seguiu pelo primeiro ou segundo caminho. Percebendo que não passou por eles, vão seguros por este caminho sem usar do olfato, como se usassem de um silogismo divisivo com o qual pudessem concluir que o veado fugiu por este caminho, visto que não passou pelos dois outros, não havendo outros. Logo, parece que a eleição convém aos animais irracionais.

EM SENTIDO CONTRÁRIO, diz Gregório de Nissa: "As crianças e os animais agem voluntariamente, mas não elegem". Logo, nos animais irracionais não há eleição.

RESPONDO. Sendo a eleição a escolha de uma coisa anterior à outra, deve ela referir-se a muitas coisas que podem ser escolhidas. Assim, no que é determinado só para uma coisa, não há lugar para a eleição. Há diferença entre apetite sensitivo e vontade, segundo se conclui do que se disse, pois aquele está determinado para algo particular segundo a ordem natural, e a vontade para uma coisa comum, que é o bem, mas se refere de modo indeterminado aos bens particulares. Por isso, compete propriamente à vontade a eleição, não ao apetite sensitivo, que existe só

---

1. C. 4: 1111, b, 27; c. 5: 1113, a, 13-14.
2. C. 13: 1144, a, 6-11.
3. C. 1: 980, b, 22-24.
4. NEMESIUS, *De nat. hom.* c. 33, al. l. V, c. 4: MG 40, 732 A.
5. Q. 1, a. 2, ad 3.

proprie voluntatis est eligere: non autem appetitus sensitivi, qui solus est in brutis animalibus. Et propter hoc brutis animalibus electio non convenit.

AD PRIMUM ergo dicendum quod non omnis appetitus alicuius propter finem, vocatur electio: sed cum quadam discretione unius ab altero. Quae locum habere non potest, nisi ubi appetitus potest ferri ad plura.

AD SECUNDUM dicendum quod brutum animal accipit unum prae alio, quia appetitus eius est naturaliter determinatus ad ipsum. Unde statim quando per sensum vel per imaginationem repraesentatur sibi aliquid ad quod naturaliter inclinatur eius appetitus, absque electione in illud solum movetur. Sicut etiam absque electione ignis movetur sursum, et non deorsum.

AD TERTIUM dicendum quod, sicut dicitur in III *Physic.*[6], *motus est actus mobilis a movente*. Et ideo virtus moventis apparet in motu mobilis. Et propter hoc in omnibus quae moventur a ratione, apparet ordo rationis moventis, licet ipsa rationem non habeant: sic enim sagitta directe tendit ad signum ex motione sagittantis, ac si ipsa rationem haberet dirigentem. Et idem apparet in motibus horologiorum, et omnium ingeniorum humanorum, quae arte fiunt. Sicut autem comparantur artificialia ad artem humanam, ita comparantur omnia naturalia ad artem divinam. Et ideo ordo apparet in his quae moventur secundum naturam, sicut et in his quae moventur per rationem, ut dicitur in II *Physic.*[7]. Et ex hoc contingit quod in operibus brutorum animalium apparent quaedam sagacitates, inquantum habent inclinationem naturalem ad quosdam ordinatissimos processus, utpote a summa arte ordinatos. Et propter hoc etiam quaedam animalia dicuntur prudentia vel sagacia: non quod in eis sit aliqua ratio vel electio. Quod ex hoc apparet, quod omnia quae sunt unius naturae, similiter operantur.

nos animais. Por isso, a eleição não convém aos animais irracionais[c].

QUANTO AO 1º, portanto, deve-se dizer que nem todo apetite de algo por causa do fim chama-se eleição, senão quando discerne uma coisa de outra. Isso só será possível quando o apetite pode dirigir-se para muitas coisas.

QUANTO AO 2º, deve-se dizer que o animal irracional escolhe uma coisa à outra porque seu apetite está naturalmente determinado para ela. Logo que pelos sentidos ou pela imaginação lhe é apresentado aquilo para o qual seu apetite está naturalmente inclinado, só para isso é movido, sem eleição. Assim também sem eleição o fogo move-se para cima e não para baixo.

QUANTO AO 3º, deve-se dizer que como diz o livro III da *Física*: "Movimento é ato do movido causado pelo movente". Por isso, a força do movente aparece no movimento do movido. Por isso também, em todas as coisas movidas pela razão, embora não possuam razão, verifica-se a ordem da razão do movente. Assim, uma seta dirige-se diretamente ao alvo pela moção do sagitário, como se ela tivesse razão. Aparece isso, outrossim, no movimento dos relógios e de todos os artefatos feitos pelo homem. Assim como as coisas artificiais se referem à arte humana, assim todas as coisas naturais se referem à arte divina. Por isso, aparece a ordem nas coisas movidas pela natureza, como nas que são movidas pela razão, como diz o livro II da *Física*. Por isso, acontece nas operações dos animais irracionais algumas sagacidades, porque têm inclinação natural para agirem muito ordenadamente, como se fossem ordenados pela arte suprema. Por isso, também alguns animais dizem-se prudentes ou sagazes, não por que tenham alguma razão ou eleição. E isso se vê porque todos os que têm a mesma natureza, agem da mesma maneira.

ARTICULUS 3
Utrum electio sit solum eorum quae sunt ad finem, vel etiam quandoque ipsius finis

AD TERTIUM SIC PROCEDITUR. Videtur quod electio non sit tantum eorum quae sunt ad finem.

ARTIGO 3
A eleição é só do que é para o fim ou também, às vezes, do mesmo fim?

QUANTO AO TERCEIRO, ASSIM SE PROCEDE: parece que a eleição **não** é só do que é para o fim.

---

6. C. 3: 202, a, 13-14.
7. C. 5: 196, b, 18-22.

3   PARALL.: I *Sent.*, dist. 41, a. 1; II, dist. 25, a. 3, ad 2; *De Verit.*, q. 24, a. 1, ad 20; III *Ethic.*, lect. 5.

---

c. A escolha é própria do homem devido a sua inclinação ao bem universal, que o deixa indeterminado em relação a todos os bens particulares e limitados. É o lado negativo do movimento voluntário, mostrando o campo livre no qual se desenvolverá o poder que tem o homem de elaborar suas escolhas, e de construir sua ação. O apetite sensível não pode atingir esse nível, nem fazer escolhas propriamente ditas.

1. Dicit enim Philosophus, in VI *Ethic.*¹, quod *electionem rectam facit virtus: quaecumque autem illius gratia nata sunt fieri, non sunt virtutis, sed alterius potentiae*. Illud autem cuius gratia fit aliquid, est finis. Ergo electio est finis.

2. PRAETEREA, electio importat praeacceptionem unius respectu alterius. Sed sicut eorum quae sunt ad finem unum potest praeaccipi alteri, ita etiam et diversorum finium. Ergo electio potest esse finis, sicut et eorum quae sunt ad finem.

SED CONTRA est quod Philosophus dicit, in III *Ethic.*², quod *voluntas est finis, electio autem eorum quae sunt ad finem*.

RESPONDEO dicendum quod, sicut iam³ dictum est, electio consequitur sententiam vel iudicium, quod est sicut conclusio syllogismi operativi. Unde illud cadit sub electione, quod se habet ut conclusio in syllogismo operabilium. Finis autem in operabilibus se habet ut principium, et non ut conclusio, ut Philosophus dicit in II *Physic.*⁴. Unde finis, inquantum est huiusmodi, non cadit sub electione.

Sed sicut in speculativis nihil prohibet id quod est unius demonstrationis vel scientiae principium, esse conclusionem alterius demonstrationis vel scientiae; primum tamen principium indemonstrabile non potest esse conclusio alicuius demonstrationis vel scientiae; ita etiam contingit id quod est in una operatione ut finis, ordinari ad aliquid ut ad finem. Et hoc modo sub electione cadit. Sicut in operatione medici, sanitas se habet ut finis: unde hoc non cadit sub electione medici, sed hoc supponit tanquam principium. Sed sanitas corporis ordinatur ad bonum animae: unde apud eum qui habent curam de animae salute, potest sub electione cadere esse sanum vel esse infirmum; nam Apostolus dicit, 2Cor 12,10: *Cum enim infirmor, tunc potens sum*. Sed ultimus finis nullo modo sub electione cadit.

1. Com efeito, diz o Filósofo no livro VI da *Ética*: "A correta eleição é obra da virtude; porém as demais coisas feitas por causa dela não são obras da virtude, mas de outra potência". Ora, aquilo por cuja causa algo é feito é o fim. Logo, a eleição é do fim.

2. ALÉM DISSO, a eleição implica preferência de uma coisa à outra. Ora, dos que são para o fim, um pode ser preferido ao outro, bem como dos diversos fins. Logo, a eleição pode ser do fim, como também dos que são para o fim.

EM SENTIDO CONTRÁRIO, diz o Filósofo no livro III da *Ética*: "A vontade é do fim, a eleição das coisas que são para o fim".

RESPONDO. Já foi dito que a eleição segue à sentença ou ao juízo, pois ela é como a conclusão de um silogismo prático. Por isso, é objeto de eleição aquilo que se tem como a conclusão de um silogismo prático. Mas, o fim nas ações práticas se tem como um princípio, e não como a conclusão, como diz o Filósofo no livro II da *Física*ᵈ. Por isso, o fim enquanto fim, não é objeto de eleição.

Ora, assim como nas coisas especulativas nada impede que aquilo que é princípio de uma demonstração ou ciência, seja conclusão de outra demonstração ou ciência; mas o primeiro princípio indemonstrável não pode ser conclusão de alguma demonstração ou ciência. Assim também acontece que aquilo que está numa ação como fim seja ordenado para algo como para o fim. Desse modo é objeto de eleição. Por exemplo, no trabalho médico, a saúde se tem como fim, não sendo o objeto da eleição do médico, mas é suposta como princípio. Mas, a saúde do corpo se ordena ao bem da alma, e, por isso, naquele que tem cuidado da saúde da alma, pode ser objeto de eleição a cura ou a doença, pois afirma o Apóstolo na segunda Carta aos Coríntios: "Quando estou enfermo, é que estou forte". Mas, o fim último, de modo algum, é objeto de eleiçãoᵉ.

---

1. C. 13: 1144, a, 6-11.
2. C. 4: 1111, b, 26-27.
3. A. 1, ad 2.
4. C. 9: 200, a, 15-24.

---

d. Conforme seu costume, Sto. Tomás analisa aqui o movimento voluntário que é a escolha a partir do movimento da razão no juízo prático. Não se pode concluir, de modo algum, que o juízo prático se efetue em primeiro lugar, e que a escolha siga com uma simples consequência ou aplicação. Com efeito, o juízo prático e a escolha são concomitantes e correlatos: a escolha não pode existir sem o juízo que lhe apresenta o bem, tampouco o juízo prático pode existir sem a escolha voluntária, uma vez que ele incide sobre o que convém à vontade seguindo suas inclinações e disposições. Julga-se, de fato, seguindo suas disposições (ver q. 9, a. 2). O juízo prático é o juízo de conveniência, que depende simultaneamente do objeto ou do bem que se apresenta, e do sujeito, da pessoa que experimenta o bem e o escolhe segundo o que ele é (ver q. 14, a. 1, r. 1).

e. A escolha tem como objeto próprio os meios visando ao fim, ou melhor, tudo o que se subordina ao fim, o que pode incluir todos os fins, com exceção do fim último. A escolha é, portanto, o ato ordenador e construtor do agir humano de acordo com

AD PRIMUM ergo dicendum quod fines proprii virtutum ordinantur ad beatitudinem sicut ad ultimum finem. Et hoc modo potest esse eorum electio.

AD SECUNDUM dicendum quod, sicut supra[5] habitum est, ultimus finis est unus tantum. Unde ubicumque occurrunt plures fines, inter eos potest esse electio, secundum quod ordinantur ad ulteriorem finem.

ARTICULUS 4
Utrum electio sit tantum eorum quae per nos aguntur

AD QUARTUM SIC PROCEDITUR. Videtur quod electio non sit solum respectu humanorum actuum.

1. Electio enim est eorum quae sunt ad finem. Sed ea quae sunt ad finem non solum sunt actus, sed etiam organa, ut dicitur in II *Physic.*[1]. Ergo electiones non sunt tantum humanorum actuum.

2. PRAETEREA, actio a contemplatione distinguitur. Sed electio etiam in contemplatione locum habet; prout scilicet una opinio alteri praeeligitur. Ergo electio non est solum humanorum actuum.

3. PRAETEREA, eliguntur homines ad aliqua officia, vel saecularia vel ecclesiastica, ab his qui nihil erga eos agunt. Ergo electio non solum est humanorum actuum.

SED CONTRA est quod Philosophus dicit, in III *Ethic.*[2], quod *nullus eligit nisi ea quae existimat fieri per ipsum*.

RESPONDEO dicendum quod, sicut intentio est finis, ita electio est eorum quae sunt ad finem. Finis autem vel est actio, vel res aliqua. Et cum res aliqua fuerit finis, necesse est quod aliqua humana actio interveniat: vel inquantum homo facit rem illam quae est finis, sicut medicus facit sanitatem, quae est finis eius (unde et facere sanitatem dicitur finis medici); vel inquantum homo aliquo modo utitur vel fruitur re quae est finis, sicut avaro est finis pecunia, vel possessio pecuniae.

ARTIGO 4
A eleição é só daquilo que podemos fazer?

QUANTO AO QUARTO, ASSIM SE PROCEDE: parece que a eleição **não** é só relativa aos atos humanos.

1. Com efeito, a eleição é das coisas que são para o fim. Ora, o que é para o fim não são somente atos, como também órgãos, segundo diz o livro II da *Física*. Logo, as eleições não são dos atos humanos.

2. ADEMAIS, agir diferencia-se de contemplar. Ora, a eleição tem lugar também na contemplação, enquanto se escolhe uma opinião em vez de outra. Logo, a eleição não é só dos atos humanos.

3. ALÉM DISSO, os homens são eleitos para alguns ofícios, seculares ou eclesiásticos, por aqueles que nada fazem a respeito deles. Logo, a eleição não é somente dos atos humanos.

EM SENTIDO CONTRÁRIO, diz o Filósofo no livro III da *Ética*: "Ninguém elege senão aquilo que pensa fazer por si mesmo".

RESPONDO. Como a intenção é do fim, a eleição é das coisas que são para o fim. O fim é uma ação ou alguma coisa. Sendo o fim uma coisa, é necessário que intervenha uma ação humana, ou enquanto o homem faz aquilo que é fim, como o médico faz a saúde, que é o seu fim (donde dizer-se que curar é o fim do médico); ou enquanto de algum modo utiliza ou frui a coisa que é fim, como para o avaro o fim é o dinheiro e a sua posse. Do mesmo modo deve-se falar daquilo que

---

QUANTO AO 1º, portanto, deve-se dizer que os fins próprios das virtudes se ordenam para a bem-aventurança, como para o fim último. Desse modo, podem ser objeto de eleição.

QUANTO AO 2º, como acima foi estabelecido, há um só fim último. Logo, quando ocorrem muitos fins, poderá haver eleição entre eles, enquanto se ordenam a um fim ulterior.

---

5. Q. 1, a. 5.

1. C. 3: 194, b, 32-a, 3.
2. C. 4; 111, b, 25-26.

uma hierarquia de fins cada vez mais elevados e vastos, estendendo-se até o fim último. Este, sob a forma do bem universal, ou da bem-aventurança, não pode ser escolhido, pois nós o desejamos naturalmente, de acordo com uma espontaneidade espiritual radical.

Essa concepção da escolha é bastante diferente daquela que se faz comumente, como a escolha entre contrários. O principal da escolha não consiste nisso para Sto. Tomás, mas de modo bem mais positivo na construção progressiva da subordinação dos meios e fins ao fim último, à bem-aventurança.

Et eodem modo dicendum est de eo quod est ad finem. Quia necesse est ut id quod est ad finem, vel sit actio; vel res aliqua, interveniente aliqua actione, per quam facit id quod est ad finem, vel utitur eo. Et per hunc modum electio semper est humanorum actuum.

AD PRIMUM ergo dicendum quod organa ordinantur ad finem, inquantum homo utitur eis propter finem.

AD SECUNDUM dicendum quod in ipsa contemplatione est aliquis actus intellectus assentientis huic opinioni vel illi. Actio vero exterior est quae contra contemplationem dividitur.

AD TERTIUM dicendum quod homo qui eligit episcopum vel principem civitatis, eligit nominare ipsum in talem dignitatem. Alioquin, si nulla esset eius actio ad constitutionem episcopi vel principis, non competeret ei electio. Et similiter dicendum est quod quandocumque dicitur aliqua res praeeligi alteri, adiungitur ibi aliqua operatio eligentis.

é para o fim, seja uma ação ou uma coisa, em que interfira alguma ação, pela qual faz aquilo que é para o fim, ou que se utiliza dela. Assim sendo, a eleição é sempre dos atos humanos[f].

QUANTO AO 1º, portanto, deve-se dizer que os órgãos se ordenam para o fim, enquanto o homem os utiliza por causa do fim.

QUANTO AO 2º, deve-se dizer que na mesma contemplação há um ato do intelecto dando assentimento a esta ou àquela opinião. Mas, é a ação exterior que se distingue da contemplação

QUANTO AO 3º, deve-se dizer que o homem que escolhe o bispo ou o prefeito da cidade, escolhe designá-lo para tais dignidades. Mas, se não houvesse ação alguma para a instituição do bispo ou do prefeito, não lhe caberia a eleição. O mesmo se deve dizer, quando uma coisa é escolhida em vez da outra, se acrescenta aí a ação de quem elege.

ARTICULUS 5
Utrum electio sit solum possibilium

AD QUINTUM SIC PROCEDITUR. Videtur quod electio non sit solum possibilium.

1. Electio enim est actus voluntatis, ut dictum est[1]. Sed *voluntas est impossibilium*, ut dicitur in III *Ethic.*[2]. Ergo et electio.

2. PRAETEREA, electio est eorum quae per nos aguntur, sicut dictum est[3]. Nihil ergo refert, quantum ad electionem, utrum eligatur id quod est impossibile simpliciter, vel id quod est impossibile eligenti. Sed frequenter ea quae eligimus, perficere non possumus: et sic sunt impossibilia nobis. Ergo electio est impossibilium.

3. PRAETEREA, nihil homo tentat agere nisi eligendo. Sed beatus Benedictus dicit[4] quod, si praelatus aliquid impossibile praeceperit, tentandum est. Ergo electio potest esse impossibilium.

ARTIGO 5
A eleição é só das coisas possíveis?

QUANTO AO QUINTO, ASSIM SE PROCEDE: parece que a eleição **não** é só das coisas possíveis.

1. Com efeito, como foi dito, eleição é ato da vontade. Ora, "a vontade é de coisas impossíveis", diz o livro III da *Ética*. Logo, também, a eleição.

2. ALÉM DISSO, a eleição é do que nós fazemos, como foi dito. Portanto, nada importa, quanto à eleição, que se eleja o impossível absoluto, ou o impossível ao eleitor. Ora, frequentemente elegemos aquilo que não podemos executar, e isso se torna para nós impossível. Logo, a eleição é do que é impossível.

3. ADEMAIS, o homem nada procura fazer sem eleição. Ora, S. Bento diz que se o superior ordenar o impossível, deve-se procurar fazer. Logo, a eleição pode ser dos impossíveis.

---

5 PARALL.: III *Ethic.*, lect. 5.
1. Art. 1.
2. C. 4: 1111, b, 20-22.
3. Art. praec.
4. *Regula ad Monach.*, c. 68: ML 66, 917.

f. O objeto da escolha moral é propriamente uma ação, e não um instrumento exterior oferecido pela natureza ou fabricado pela técnica. Será uma pura ação, como no caso da ginástica, para manter a saúde, ou os atos bons, que formam a virtude. Poderá ser também a ação de utilizar judiciosamente os instrumentos e os auxílos que se apresentam a nós.
Por conseguinte, o juízo prático deverá levar em conta as forças de que dispomos pessoalmente para agir, e dependerá da consciência que temos do que se pode chamar de nossas disposições dinâmicas. É o que vai estabelecer o artigo 5, unindo a escolha a um juízo de possibilidade em relação a nós.

SED CONTRA est quod Philosophus dicit, in III *Ethic.*[5], quod *electio non est impossibilium.*

RESPONDEO dicendum quod, sicut dictum est[6], electiones nostrae referuntur semper ad nostras actiones. Ea autem quae per nos aguntur, sunt nobis possibilia. Unde necesse est dicere quod electio non sit nisi possibilium.

Similiter etiam ratio eligendi aliquid est ex hoc quod ducit ad finem. Per id autem quod est impossibile, non potest aliquis consequi finem. Cuius signum est quia, cum in consiliando perveniunt homines ad id quod est eis impossibile, discedunt, quasi non valentes ulterius procedere.

Apparet etiam hoc manifeste ex processu rationis praecedente. Sic enim se habet id quod est ad finem, de quo electio est, ad finem, sicut conclusio ad principium. Manifestum est autem quod conclusio impossibilis non sequitur ex principio possibili. Unde non potest esse quod finis sit possibilis, nisi id quod est ad finem fuerit possibile. Ad id autem quod est impossibile, nullus movetur. Unde nullus tenderet in finem, nisi per hoc quod apparet id quod est ad finem esse possibile. Unde id quod est impossibile sub electione non cadit.

AD PRIMUM ergo dicendum quod voluntas media est inter intellectum et exteriorem operationem: nam intellectus proponit voluntati suum obiectum, et ipsa voluntas causat exteriorem actionem. Sic igitur principium motus voluntatis consideratur ex parte intellectus, qui apprehendit aliquid ut bonum in universali: sed terminatio, seu perfectio actus voluntatis attenditur secundum ordinem ad operationem, per quam aliquis tendit ad consecutionem rei; nam motus voluntatis est ab anima ad rem. Et ideo perfectio actus voluntatis attenditur secundum hoc, quod est aliquid bonum alicui ad agendum. Hoc autem est possibile. Et ideo voluntas completa non est nisi de possibili, quod est bonum volenti. Sed voluntas incompleta est de impossibili: quae secundum quosdam *velleitas dicitur*, quia scilicet aliquis vellet illud, si esset possibile. Electio autem nominat actum voluntatis iam determinatum ad id quod est huic agendum. Et ideo nullo modo est nisi possibilii.

AD SECUNDUM dicendum quod, cum obiectum voluntatis sit bonum apprehensum, hoc modo iudicandum est de obiecto voluntatis, secundum quod cadit sub apprehensione. Et ideo sicut

EM SENTIDO CONTRÁRIO, diz o Filósofo: "A eleição não é de coisas impossíveis".

RESPONDO. Como foi dito, nossas eleições referem-se sempre às nossas ações. Ora, o que fazemos nos é possível. Donde ser necessário afirmar que a eleição é somente de coisas possíveis.

Assim, também, a razão de se escolher algo é que aquilo leva ao fim. Mas, por aquilo que é impossível, não pode alguém conseguir o fim. Sinal disso está em que quando os homens, se aconselhando, concluem que uma coisa é impossível, afastam-se como se não valesse a pena continuar.

Ademais, claramente se vê isso no processo precedente da razão. Assim, o que é para o fim, enquanto objeto da eleição, se refere ao fim, como a conclusão está para os princípios. Evidentemente, uma conclusão impossível não segue de um princípio possível. Donde, não haver fim possível a não ser que aquilo que é para o fim seja possível. Ora, para aquilo que é impossível ninguém se move. Por isso, ninguém tenderia para o fim se não percebesse que as coisas que são para o fim fossem possíveis. Consequentemente, o que é impossível não é objeto de eleição.

QUANTO AO 1º, portanto, deve-se dizer que a vontade é intermediária entre o intelecto e a ação exterior, pois o intelecto propõe à vontade o seu objeto, e esta causa a ação exterior. Assim sendo, o princípio do movimento da vontade está no intelecto, que apreende algo como bem universal. Mas o termo, ou a perfeição do movimento da vontade, considera-se em ordem à ação, pela qual alguém tende para conseguir a coisa, já que o movimento da vontade é da alma para as coisas. Por isso, a perfeição do ato da vontade se considera segundo isso: que seja algo bom para alguém fazê-lo. E isso é possível. Por isso também a vontade não é perfeita senão querendo o possível, que é o bem daquele que quer. A vontade, porém, é imperfeita querendo o impossível, chamada por alguns de *veleidade*, porque se deseja algo se fosse possível. A eleição, porém, é ato da vontade já determinado para o que se deve fazer. Donde ser somente relativa às coisas possíveis.

QUANTO AO 2º, deve-se dizer que sendo o objeto da vontade o bem apreendido, desse modo deve-se julgar o objeto da vontade, enquanto objeto da apreensão. Assim, como às vezes, a vontade quer

---

5. C. 4: 1111, b, 20-21.
6. Art. praec.

quandoque voluntas est alicuius quod apprehenditur ut bonum, et tamen non est vere bonum; ita quandoque est electio eius quod apprehenditur ut possibile eligenti, quod tamen non est ei possibile.

AD TERTIUM dicendum quod hoc ideo dicitur, quia an aliquid sit possibile, subditus non debet suo iudicio definire; sed in unoquoque, iudicio superioris stare.

ARTICULUS 6
Utrum homo ex necessitate eligat, vel libere

AD SEXTUM SIC PROCEDITUR. Videtur quod homo ex necessitate eligat.

1. Sic enim se habet finis ad eligibilia, ut principia ad ea quae ex principiis consequuntur, ut patet in VII *Ethic.*[1]. Sed ex principiis ex necessitate deducuntur conclusiones. Ergo ex fine de necessitate movetur aliquis ad eligendum.

2. PRAETEREA, sicut dictum est[2], electio consequitur iudicium rationis de agendis. Sed ratio ex necessitate iudicat de aliquibus, propter necessitatem praemissarum. Ergo videtur quod etiam electio ex necessitate sequatur.

3. PRAETEREA, si aliqua duo sunt penitus aequalia, non magis movetur homo ad unum quam ad aliud: sicut famelicus, si habet cibum aequaliter appetibilem in diversis partibus, et secundum aequalem distantiam, non magis movetur ad unum quam ad alterum, ut Plato dixit, assignans rationem quietis terrae in medio, sicut dicitur in II *de Caelo*[3]. Sed multo minus potest eligi quod accipitur ut minus, quam quod accipitur ut aequale. Ergo si proponantur duo vel plura, inter quae unum maius appareat, impossibile est aliquod aliorum eligere. Ergo ex necessitate eligitur illud quod eminentius apparet. Sed omnis electio est de omni eo quod videtur aliquo modo melius. Ergo omnis electio est ex necessitate.

SED CONTRA est quod electio est actus potentiae rationalis; quae se habet ad opposita, secundum Philosophum[4].

RESPONDEO dicendum quod homo non ex necessitate eligit. Et hoc ideo, quia quod possibile est non esse, non necesse est esse. Quod autem pos-

o que é apreendido como bem, sem ser verdadeiro bem, também às vezes há eleição do que é apreendido como possível ao que elege, mas que não lhe é possível.

QUANTO AO 3º, deve-se dizer que isso se afirma porque o súdito não deve definir com o seu juízo se uma coisa é possível, mas que em tudo deve ater-se ao juízo do superior.

ARTIGO 6
O homem elege necessária ou livremente?

QUANTO AO SEXTO, ASSIM SE PROCEDE: parece que o homem **elege** necessariamente.

1. Com efeito, o fim está para as coisas elegíveis, como os princípios para aquilo que lhes segue, diz claramente o livro VII da *Ética*. Ora, as conclusões são necessariamente deles deduzidas. Logo, a partir do fim move-se alguém necessariamente para a eleição.

2. ALÉM DISSO, como foi dito, a eleição segue o juízo da razão sobre o que se deve fazer. Ora, a razão julga necessariamente algumas coisas por causa da necessidade das premissas. Logo, parece que também a eleição se segue necessariamente.

3. ADEMAIS, se duas coisas são totalmente iguais, não mais se move o homem para uma do que para outra. Por exemplo, o faminto que tem o alimento igualmente desejado nas diversas partes e na mesma distância, não mais se dirigirá para um do que para outro. Confirma-o Platão ao dar a razão da imobilidade do centro da terra como diz o livro II do *Céu*. E muito menos pode ser eleito o que se tem por menos bom do que aquilo que se tem por igual. Portanto, propostos dois ou mais bens dos quais um aparece como o melhor, é impossível eleger algum dos outros. Assim, elege-se necessariamente o que aparece como mais excelente. Mas toda eleição é sobre aquilo que parece de alguma maneira como melhor. Logo, toda eleição é por necessidade.

EM SENTIDO CONTRÁRIO, segundo o Filósofo, a eleição é ato da potência racional, que se refere a coisas opostas.

RESPONDO. O homem não elege necessariamente, porque o que é possível não ser, não é necessário ser. Ora, a razão de que é possível eleger

---

6 PARALL.: Part. I, q. 83, a. 1; II *Sent.*, dist. 25, a. 2; *De Verit.*, q. 22, a. 6; q. 24, a. 1; *De Malo*, q. 6; I *Periherm.*, lect. 14.
   1. C. 9: 1151, a, 16-17.
   2. A. 1, ad 2.
   3. C. 13: 295, b, 32-34.
   4. *Met.*, IX, 2: 1046, b, 4-7.

sibile sit non eligere vel eligere, huius ratio ex duplici hominis potestate accipi potest. Potest enim homo velle et non velle, agere et non agere: potest etiam velle hoc aut illud, et agere hoc aut illud. Cuius ratio ex ipsa virtute rationis accipitur. Quidquid enim ratio potest apprehendere ut bonum, in hoc voluntas tendere potest. Potest autem ratio apprehendere ut bonum non solum hoc quod est velle aut agere; sed hoc etiam quod est non velle et non agere. Et rursum in omnibus particularibus bonis potest considerare rationem boni alicuius, et defectum alicuius boni, quod habet rationem mali: et secundum hoc, potest unumquodque huiusmodi bonorum apprehendere ut eligibile, vel fugibile. Solum autem perfectum bonum, quod est beatitudo, non potest ratio apprehendere sub ratione mali, aut alicuius defectus. Et ideo ex necessitate beatitudinem homo vult, nec potest velle non esse beatus, aut miser. Electio autem, cum non sit de fine, sed de his quae sunt ad finem, ut iam dictum est; non est perfecti boni, quod est beatitudo, sed aliorum particularium bonorum. Et ideo homo non ex necessitate, sed libere eligit.

AD PRIMUM ergo dicendum quod non semper ex principiis ex necessitate procedit conclusio, sed tunc solum quando principia non possunt esse vera si conclusio non sit vera. Et similiter non oportet quod semper ex fine insit homini necessitas ad eligendum ea quae sunt ad finem: quia non omne quod est ad finem, tale est ut sine eo finis haberi non possit; aut, si tale sit, non semper sub tali ratione consideratur.

AD SECUNDUM dicendum quod sententia sive iudicium rationis de rebus agendis est circa contingentia, quae a nobis fieri possunt: in quibus conclusiones non ex necessitate sequuntur ex principiis necessariis absoluta necessitate, sed necessariis solum ex conditione, ut, *Si currit, movetur*.

AD TERTIUM dicendum quod nihil prohibet, si aliqua duo aequalia proponantur secundum unam considerationem, quin circa alterum consideretur

ou não, pode-se compreender pelo duplo poder do homem: ele pode querer e não querer, fazer e não fazer, e também querer isso ou aquilo, e fazer isso ou fazer aquilo. E a razão disso está no poder próprio da razão. Tudo aquilo que a razão pode apreender como bem, para isso a vontade pode tender. Ademais, pode a razão apreender como bem não somente querer ou agir, como também não querer e não agir. Ainda, em todos os bens particulares pode considerar a razão de bem de um e a deficiência de algum bem que tem a razão de mal. Assim, pode apreender cada um desses bens como capaz de ser eleito ou rejeitado. Somente o bem perfeito, que é a bem-aventurança, não pode a razão apreender sob a razão de mal ou de alguma deficiência. Daí que o homem necessariamente quer a bem-aventurança, nem pode querer não ser bem-aventurado, ou querer ser desgraçado. Como a eleição não é do fim, mas do que é para o fim, como já foi dito, não é do bem perfeito, que é a bem-aventurança, mas, de outros bens imperfeitos. Por isso, o homem não elege necessariamente, mas livremente[g].

QUANTO AO 1º, portanto, deve-se dizer que nem sempre necessariamente a conclusão procede dos princípios, mas somente quando os princípios não podem ser verdadeiros se a conclusão não é verdadeira. Assim também, não é necessário que por causa do fim o homem tenha de necessariamente eleger o que é para o fim, porque nem tudo o que é para o fim é tal que sem ele não se possa ter o fim, ou se tal é, nem sempre se considere sob essa razão.

QUANTO AO 2º, deve-se dizer que a sentença ou o juízo da razão sobre o que se deve fazer é sobre coisas contingentes que podem ser feitas por nós. Neles as conclusões não procedem necessariamente de princípios necessários por necessidade absoluta, mas necessários somente por condição, como, "se corre, se move"[h].

QUANTO AO 3º, deve-se dizer que nada impede que se duas coisas iguais são propostas sob uma única consideração, se considere acerca de uma

---

g. Este artigo aplica à escolha a análise da liberdade do movimento voluntário efetuada na q. 10, especialmente no artigo 2. Ver também: na I Parte, q. 82, a. 2, e q. 83, a. 1 e 4; *De Malo*, q. 6. Não versando sobre a bem-aventurança desejada naturalmente, o ato da escolha é inteiramente livre no homem, quanto à especificação e ao exercício de seus atos. A escolha é assim o ato próprio do livre-arbítrio, que é um desdobrar da vontade visando a determinação dos bens concretos (ou dos meios), tendo em vista a bem-aventurança final, assim como a razão é o desdobrar da inteligência formando os conhecimentos precisos por meio do raciocínio (ver I Parte, q. 83, a. 4).

h. As duas objeções evocam o determinismo racional, que é a grande ameaça para a liberdade humana, sobretudo quando se reconhece uma participação da razão na formação da escolha. Foi por esse motivo que Sto. Tomás foi atacado em sua época como dando lugar a tal determinismo em sua concepção do livre-arbítrio. É precisamente para responder a essa grave censura que ele compôs a q. 6 do *De Malo*. A tentação de semelhante determinismo em nome da ciência é ainda bem atual.

aliqua conditio per quam emineat, et magis flectatur voluntas in ipsum quam in aliud.

condição pela qual ela sobressaia, e a vontade mais se incline para ela do que para a outra[i].

---

i. Ter-se-á reconhecido na objeção o raciocínio que deu nascimento mais tarde ao famoso argumento conhecido como o do asno de Buridan. A resposta de Sto. Tomás é fácil. Poder-se-ia formular assim retomando a comparação do asno: basta que o asno feche um olho para que um dos alimentos lhe pareça melhor e o atraia mais do que o outro. A resposta é mais difícil quando se concebe a liberdade como pura escolha entre contrários, à maneira do nominalismo da época de Buridan.

QUAESTIO XIV
DE CONSILIO, QUOD ELECTIONEM PRAECEDIT
in sex articulos divisa

Deinde considerandum est de consilio.
Et circa hoc quaeruntur sex.
Primo: utrum consilium sit inquisitio.
Secundo: utrum consilium sit de fine, vel solum de his quae sunt ad finem.
Tertio: utrum consilium sit solum de his quae a nobis aguntur.
Quarto: utrum consilium sit de omnibus quae a nobis aguntur.
Quinto: utrum consilium procedat ordine resolutorio.
Sexto: utrum consilium procedat in infinitum.

QUESTÃO 14
A DELIBERAÇÃO QUE PRECEDE A ELEIÇÃO [a]
em seis artigos

Em seguida, deve-se considerar a deliberação.
Sobre isso, são seis as perguntas:
1. A deliberação é uma investigação?
2. É só sobre o fim ou só sobre o que é para o fim?
3. E só sobre nossas ações.
4. É sobre todas as nossas ações?
5. Procede de modo resolutório?
6. Procede ao infinito?

ARTICULUS 1
Utrum consilium sit inquisitio

AD PRIMUM SIC PROCEDITUR. Videtur quod consilium non sit inquisitio.
1. Dicit enim Damascenus[1] quod *consilium est appetitus*. Sed ad appetitum non pertinet inquirere. Ergo consilium non est inquisitio.
2. PRAETEREA, inquirere intellectus discurrentis est; et sic Deo non convenit, cuius cognitio non est discursiva, ut in Primo[2] habitum est. Sed consilium Deo attribuitur: dicitur enim Eph 1,11, quod *operatur omnia secundum consilium voluntatis suae*. Ergo consilium non est inquisitio.

ARTIGO 1
A deliberação é uma investigação?

QUANTO AO PRIMEIRO ARTIGO, ASSIM SE PROCEDE: parece que a deliberação **não** é uma investigação.
1. Com efeito, diz Damasceno: "A deliberação é do apetite". Ora, não pertence ao apetite investigar. Logo, a deliberação não é uma investigação.
2. ALÉM DISSO, investigar é próprio do intelecto discursivo e, como tal, não convém a Deus, porque o seu conhecimento não é discursivo, como se estabeleceu na I Parte. Ora, a Carta aos Efésios atribui deliberação a Deus: "Opera todas as coisas segundo a deliberação de sua vontade". Logo, deliberação não é investigação.

1
1. *De fide orth.*, l. II, c. 22: MG 94, 945 AB.
2. Q. 14, a. 7.

---

a. Após ter definido a deliberação, Sto. Tomás estuda seu objeto, os meios (a. 1), e mais precisamente as ações que dependem de nós (a. 2-4). Enfim, examina a maneira de proceder da deliberação (a. 5-6).
O termo *consilium* pode traduzir-se seja por "conselho", o que evoca para nós uma assembleia deliberativa, ou um conselho que se dá, seja enfim por "deliberação". Este último parece designar mais claramente a busca que desemboca na escolha, no ato humano, e que está na base dos dois primeiros sentidos evocados no a. 1, obj. 2 e 3.

3. PRAETEREA, inquisitio est de rebus dubiis. Sed consilium datur de his quae sunt certa bona; secundum illud Apostoli, 1Cor 7,25: *De virginibus autem praeceptum Domini non habeo, consilium autem do*. Ergo consilium non est inquisitio.

SED CONTRA est quod Gregorius Nyssenus[3] dicit: *Omne quidem consilium quaestio est; non autem omnis quaestio consilium*.

RESPONDEO dicendum quod electio, sicut dictum est[4], consequitur iudicium rationis de rebus agendis. In rebus autem agendis multa incertitudo invenitur: quia actiones sunt circa singularia contingentia, quae propter sui variabilitatem incerta sunt. In rebus autem dubiis et incertis ratio non profert iudicium absque inquisitione praecedente. Et ideo necessaria est inquisitio rationis ante iudicium de eligendis: et haec inquisitio "consilium" vocatur. Propter quod Philosophus dicit, in III *Ethic*.[5], quod electio est *appetitus praeconsiliati*.

AD PRIMUM ergo dicendum quod, quando actus duarum potentiarum ad invicem ordinantur, in utroque est aliquid quod est alterius potentiae: et ideo uterque actus ab utraque potentia denominari potest. Manifestum est autem quod actus rationis dirigentis in his quae sunt ad finem, et actus voluntatis secundum regimen rationis in ea tendentis, ad se invicem ordinantur. Unde et in actu voluntatis, quae est electio, apparet aliquid rationis, scilicet ordo: et in consilio, quod est actus rationis, apparet aliquid voluntatis sicut materia, quia consilium est de his quae homo vult facere; et etiam sicut motivum, quia ex hoc quod homo vult finem, movetur ad consiliandum de his quae sunt ad finem. Et ideo sicut Philosophus dicit, in VI *Ethic*.[6], quod *electio est intellectus appetitivus*, ut ad electionem utrumque concurrere ostendat; ita Damascenus dicit[7] quod *consilium est appetitus inquisitivus*, ut consilium aliquo modo pertinere

2. ALÉM DISSO, investigam-se coisas dúbias. Ora, o conselho se dá a respeito de bens certos, segundo o mesmo Paulo na primeira Carta aos Coríntios: "Sobre as virgens eu não tenho mandamento do Senhor, mas dou um conselho". Logo, deliberação não é investigação.

EM SENTIDO CONTRÁRIO, afirma Gregório de Nissa: "Toda deliberação é uma questão. Mas nem toda questão é uma deliberação"[b].

RESPONDO. Como foi dito, a eleição segue o juízo da razão nas coisas práticas. Entretanto, nelas encontra-se muita incerteza, porque as ações referem-se aos singulares contingentes, os quais devido à sua variação são incertos. A razão não profere juízo sobre as coisas dúbias e incertas, sem prévia investigação. Por isso, é necessária a investigação da razão antes do julgamento do que se vai eleger. Esta investigação chama-se deliberação. Por isso diz o Filósofo, no livro III da *Ética*: "A eleição é apetite do previamente deliberado"[c].

QUANTO AO 1º, portanto, deve-se dizer que quando os atos de duas potências são ordenados entre si, em cada um há algo da outra potência, e, por isso, cada ato pode ser denominado por uma e outra potência. É evidente que o ato da razão que dirige nas coisas que são para o fim, e o ato da vontade que tende para elas sob a direção de razão, estão ordenados entre si. Eis por que na eleição, que é ato da vontade, aparece algo da razão, a saber: a ordem; e na deliberação, que é ato da razão, aparece algo da vontade como matéria, porque a deliberação refere-se às coisas que o homem quer fazer e também como aquilo que move, porque pelo fato de o homem querer o fim, ele se move para deliberar sobre as coisas que são para o fim. Donde dizer o Filósofo no livro VI da *Ética*: "A eleição é do intelecto apetitivo", para mostrar que para a eleição ambas as potências concorrem. Por isso, também diz Damasceno: "A deliberação é o

---

3. NEMESIUS, *De nat. hom*. c. 34, al. l. V, c. 5: MG 40, 736 B.
4. Q. 13, a. 1, ad 2; a. 3.
5. C. 4: 1112, a, 14-15 — Cfr. VI, 2: 1139, a, 23.
6. C. 2: 1139, b, 4.
7. Loc. cit.

---

b. Sto. Tomás explora nesta questão o longo estudo de Aristóteles sobre a deliberação no livro III da Ética a Nicômaco, comentado pelo Pseudo-Gregório de Nissa e João Damasceno. Aristóteles estabelece que não deliberamos sobre o que é eterno, necessário ou fortuito, mas sobre o que temos de fazer e o que podemos fazer de diversas maneiras, ou seja, sobre os meios, e não sobre os fins, de acordo com o que nos é possível. Desse modo, consegue-se apreender com maior acuidade a matéria da deliberação.

c. A contingência e a incerteza concernentes às ações não provêm somente das realidades externas, pessoas ou coisas, mas de sua relação de conveniência a nosso respeito, em relação a nossas inclinações, disposições e capacidades. A deliberação busca esse ajuste exato da realidade conosco, o que implica o bem a fazer. Só podemos chegar a tal coisa progressivamente. Não se poderá jamais obter no juízo prático a mesma certeza que no juízo especulativo ou científico.

ostendat et ad voluntatem, circa quam et ex qua fit inquisitio, et ad rationem inquirentem.

AD SECUNDUM dicendum quod ea quae dicuntur de Deo, accipienda sunt absque omni defectu qui invenitur in nobis: sicut in nobis scientia est conclusionem per discursum a causis in effectus; sed scientia dicta de Deo, significat certitudinem de omnibus effectibus in prima causa, absque omni discursu. Et similiter consilium attribuitur Deo quantum ad certitudinem sententiae vel iudicii, quae in nobis provenit ex inquisitione consilii. Sed huiusmodi inquisitio in Deo locum non habet: et ideo consilium secundum hoc Deo non attribuitur. Et secundum hoc Damascenus dicit[8] quod *Deus non consiliatur: ignorantis enim est consiliari*.

AD TERTIUM dicendum quod nihil prohibet aliqua esse certissima bona secundum sententiam sapientium et spiritualium virorum, quae tamen non sunt certa bona secundum sententiam plurium, vel carnalium hominum. Et ideo de talibus consilia dantur.

apetite que investiga", para mostrar que ela de certo modo cabe à vontade, que lhe dá a matéria e a causa da investigação, e à razão, que investiga.

QUANTO AO 2º, deve-se dizer que o que se diz de Deus, deve ser entendido sem todas as deficiências que se encontram em nós. Por exemplo, em nós a ciência é referida como conclusões formuladas por discursos que procedem das causas para os efeitos. Mas a ciência atribuída a Deus significa a certeza de todos os efeitos contidos na primeira causa sem discurso. Também a deliberação é atribuída a Deus, quanto à certeza da sentença ou do juízo, que em nós provêm da investigação da deliberação. Mas essa investigação não há em Deus, e, desse modo, não se pode atribuir deliberação a Deus. Donde dizer Damasceno: "Em Deus não há deliberação, pois deliberar é próprio do que ignora".

QUANTO AO 3º, deve-se dizer que nada impede que bens certíssimos, na opinião de homens sábios e espirituais, não sejam assim considerados pela opinião de muitos ou dos homens carnais. Por isso, se delibera a respeito dessas coisas.

ARTICULUS 2
Utrum consilium sit de fine, vel solum de his quae sunt ad finem

AD SECUNDUM SIC PROCEDITUR. Videtur quod consilium non solum sit de his quae sunt ad finem, sed etiam de fine.
1. Quaecumque enim dubitationem habent, de his potest inquiri. Sed circa operabilia humana contingit esse dubitationem de fine, et non solum de his quae sunt ad finem. Cum igitur inquisitio circa operabilia sit consilium, videtur quod consilium possit esse de fine.
2. PRAETEREA, materia consilii sunt operationes humanae. Sed quaedam operationes humanae sunt fines, ut dicitur in I *Ethic*.[1] Ergo consilium potest esse de fine.

SED CONTRA est quod Gregorius Nyssenus[2] dicit, quod *non de fine, sed de his quae sunt ad finem, est consilium*.

RESPONDEO dicendum quod finis in operabilibus habet rationem principii: eo quod rationes eorum

ARTIGO 2
A deliberação é somente sobre o fim, ou também sobre o que é para o fim?

QUANTO AO SEGUNDO, ASSIM SE PROCEDE: parece que a deliberação **não** é somente sobre o que é para o fim, mas também sobre o fim.
1. Com efeito, pode-se investigar sobre tudo o que admite dúvida. Ora, sobre as coisas humanas práticas acontece haver dúvidas sobre o fim, e não somente sobre o que é para o fim. Logo, como investigar as coisas práticas é deliberar, parece que a deliberação pode ser sobre o fim.
2. ALÉM DISSO, a matéria da deliberaçãoo são as ações humanas. Ora, algumas ações humanas são fins, diz o livro I da *Ética*. Logo, a deliberação pode ser sobre o fim.

EM SENTIDO CONTRÁRIO, Gregório de Nissa diz: "A deliberação trata não do fim, mas das coisas que são para o fim".

RESPONDO. Nas coisas práticas, o fim tem a razão de princípio, porque as razões das coisas que

---

8. Loc. cit.

PARALL.: III *Sent*., dist. 35, q. 2, a. 4, q.la 1; III *Ethic*., lect. 8.
1. C. 1: 1094, a, 3-5.
2. NEMESIUS, *De nat. hom.* c. 34, al. l. V, c. 5: MG 40, 740 A.

quae sunt ad finem, ex fine sumuntur. Principium autem non cadit sub quaestione, sed principia oportet supponere in omni inquisitione. Unde cum consilium sit quaestio, de fine non est consilium, sed solum de his quae sunt ad finem. — Tamen contingit id quod est finis respectu quorundam, ordinari ad alium finem: sicut etiam id quod est principium unius demonstrationis, est conclusio alterius. Et ideo id quod accipitur ut finis in una inquisitione, potest accipi ut ad finem in alia inquisitione. Et sic de eo erit consilium.

AD PRIMUM ergo dicendum quod id quod accipitur ut finis, est iam determinatum. Unde quandiu habetur ut dubium, non habetur ut finis. Et ideo si de eo consilium habetur, non erit consilium de fine, sed de eo quod est ad finem.

AD SECUNDUM dicendum quod de operationibus est consilium, inquantum ordinantur ad aliquem finem. Unde si aliqua operatio humana sit finis, de ea, inquantum huiusmodi, non est consilium.

são para o fim tomam-se do fim. Não se questiona o princípio, mas é necessário supor princípios em toda investigação. Sendo a deliberação uma questão, não há deliberação do fim, mas somente do que é para o fim. — Todavia acontece que o que é fim com respeito a algumas coisas pode estar ordenado para outro fim, como também o que é princípio de uma demonstração pode ser a conclusão de outra. E assim, aquilo que é aceito como fim de uma investigação, pode ser aceito como o que é para o fim em outra. E desse modo será objeto de deliberação[d].

QUANTO AO 1º, portanto, deve-se dizer que o que está aceito como fim, já está determinado. Por isso, enquanto é duvidoso não é tido como fim. Logo, se é objeto de deliberação, não será deliberação sobre o fim, mas sobre o que é para o fim.

QUANTO AO 2º, deve-se dizer que há deliberação a respeito das ações, enquanto elas se ordenam para algum fim. Logo, se alguma ação humana é fim, a respeito dela enquanto tal, não há deliberação.

ARTICULUS 3
Utrum consilium sit solum de his quae a nobis aguntur

AD TERTIUM SIC PROCEDITUR. Videtur quod consilium non sit solum de his quae aguntur a nobis.
1. Consilium enim collationem quandam importat. Sed collatio inter multos potest fieri etiam de rebus immobilibus, quae non fiunt a nobis, puta de naturis rerum. Ergo consilium non solum est de his quae aguntur a nobis.

2. PRAETEREA, homines interdum consilium quaerunt de his quae sunt lege statuta: unde et iurisconsulti dicuntur. Et tamen eorum qui quaerunt huiusmodi consilium, non est leges facere. Ergo consilium non solum est de his quae a nobis aguntur.
3. PRAETEREA, dicuntur etiam quidam consultationes facere de futuris eventibus; qui tamen non sunt in potestate nostra. Ergo consilium non solum est de his quae a nobis fiunt.

ARTIGO 3
A deliberação é somente sobre nossas ações?

QUANTO AO TERCEIRO, ASSIM SE PROCEDE: parece que a deliberação **não** é só sobre nossas ações.
1. Com efeito, a deliberação implica alguma comparação. Ora, a comparação entre muitas coisas pode se fazer também sobre coisas imóveis que não são feitas por nós, por exemplo, sobre a natureza das coisas. Logo, a deliberação não é só sobre nossas ações.

2. ALÉM DISSO, os homens, muitas vezes, procuram deliberar a respeito de coisas determinadas pela lei, por isso, são chamados de jurisconsultos. Entretanto, os que procuram tal deliberação não elaboram as leis. Logo, a deliberação não é só sobre nossas ações.
3. ADEMAIS, há também os que fazem consultas sobre acontecimentos futuros, que não estão em nosso poder. Logo, a deliberação não é só de nossas ações.

---

3 PARALL.: III *Ethic.*, lect. 7.

d. Por exemplo, delibera-se sobre a melhor medicação a seguir para recuperar a saúde, esta tomada como fim por uma vontade determinada. Pode-se questionar em seguida se se assumirão riscos para sua saúde e mesmo para sua vida em vista de um fim superior, como a salvação de seu país ou o cuidado de doentes contagiosos. Nesse caso, delibera-se sobre a saúde como sobre um meio, pesando os prós e os contras para sair da incerteza.

4. Praeterea, si consilium esset solum de his quae a nobis fiunt, nullus consiliaretur de his quae sunt per alium agenda. Sed hoc patet esse falsum. Ergo consilium non solum est de his quae a nobis fiunt.

Sed contra est quod Gregorius Nyssenus[1] dicit: *Consiliamur de his quae sunt in nobis, et per nos fieri possunt.*

Respondeo dicendum quod consilium proprie importat collationem inter plures habitam. Quod et ipsum nomen designat: dicitur enim consilium quasi *considium*, eo quod multi consident ad simul conferendum. Est autem considerandum quod in particularibus contingentibus, ad hoc quod aliquid certum cognoscatur, plures conditiones seu circumstantias considerare oportet, quas ab uno non facile est considerari, sed a pluribus certius percipiuntur, dum quod unus considerat, alii non occurrit: in necessariis autem et universalibus est absolutior et simplicior consideratio, ita quod magis ad huiusmodi considerationem unus per se sufficere potest. Et ideo inquisitio consilii proprie pertinet ad contingentia singularia. Cognitio autem veritatis in talibus non habet aliquid magnum, ut per se sit appetibilis, sicut cognitio universalium et necessariorum: sed appetitur secundum quod est utilis ad operationem, quia actiones sunt circa contingentia singularia. Et ideo dicendum est quod proprie consilium est circa ea quae aguntur a nobis.

Ad primum ergo dicendum quod consilium importat collationem non quamcumque, sed collationem de rebus agendis, ratione iam[2] dicta.

Ad secundum dicendum quod id quod est lege positum, quamvis non sit ex operatione quaerentis consilium, tamen est directivum eius ad operandum: quia ista est una ratio aliquid operandi, mandatum legis.

Ad tertium dicendum quod consilium non solum est de his quae aguntur, sed de his quae ordinantur ad operationes. Et propter hoc consulatio dicitur fieri de futuris eventibus, inquantum

4. Ademais, se a deliberação fosse só de nossas ações, ninguém deliberaria sobre as coisas feitas por outros. Ora, isso é claramente falso. Logo, a deliberação não é só de nossas ações.

Em sentido contrário, diz Gregório de Nissa: "Deliberamos sobre o que temos e podemos fazer".

Respondo. Propriamente a deliberação implica comparação feita entre muitas coisas, como o nome está a designar, pois *consilium* é como *considium*, porque muitos se sentam para conferir juntos alguma coisa. Deve-se ter em conta que nas coisas particulares contingentes para se conhecer algo certo é preciso considerar muitas circunstâncias ou condições, que um só homem não pode facilmente considerar, o que muitos com mais certeza percebem, pois o que um considera, ao outro pode não ocorrer. Mas, nas coisas universais e necessárias, tal consideração é mais absoluta e mais simples, de tal maneira que para tal consideração pode ser suficiente por si um só homem. Por isso, a investigação da deliberação pertence propriamente às coisas contingentes singulares. Nesse caso, o conhecimento da verdade não é tão importante para ser por si desejado, como o conhecimento das coisas universais e necessárias, pois ela é desejada enquanto útil para a ação, já que as ações são a respeito do que é contingente e singular. Daí se conclui que a deliberação propriamente tem por objeto as nossas ações[e].

Quanto ao 1º, portanto, deve-se dizer que segundo o que foi dito, a deliberação implica não qualquer comparação, mas comparação do que deve ser feito.

Quanto ao 2º, deve-se dizer que o que foi estabelecido por lei, embora não venha da ação de quem procura a deliberação, todavia é normativo para sua ação, porque esta é uma razão para se fazer algo, o mandato da lei.

Quanto ao 3º, deve-se dizer que a deliberação não é só das ações, mas também daquilo que se ordena para a ação. Por esse motivo diz-se que se consulta sobre os acontecimentos futuros,

---

1. Nemesius, *De nat. hom.*, c. 34, al. l. V, c. 5: MG 40, 737 A.
2. In corp.

e. O "conselho", no sentido de assembleia deliberativa ou de conselho a dar, reduz-se finalmente à deliberação sobre nossos atos. É útil acrescentar que se trata de nossos atos futuros, que estão ainda por fazer e são contigentes, ao passo que nossos atos passados não estão mais em questão, não exigem mais deliberação. Esta a diferença entre moral e história: esta última pesquisa o que foi feito, mas não delibera a respeito. Pode-se dizer, com Le Senne, que a deliberação moral é "proversiva", ao passo que a pesquisa histórica ou científica é "retroversiva".

homo per futuros eventus cognitos dirigitur ad aliquid faciendum vel vitandum.

AD QUARTUM dicendum quod de aliorum factis consilium quaerimus, inquantum sunt quodammodo unum nobiscum: vel per unionem affectus, sicut amicus sollicitus est de his quae ad amicum spectant, sicut de suis; vel per modum instrumenti, nam agens principale et instrumentale sunt quasi una causa, cum unum agat per alterum; et sic dominus consiliatur de his quae sunt agenda per servum.

enquanto o homem por esses acontecimentos já conhecidos se orienta para fazer alguma coisa, ou para evitá-la.

QUANTO AO 4º, deve-se dizer que procuramos deliberação das ações alheias enquanto de algum modo são uma coisa conosco, ou pela união do afeto, como o amigo que é solícito a respeito do que se passa com o amigo como se tratasse de si mesmo, ou à maneira de instrumento, porque o agente principal e o instrumento são como uma só causa, enquanto um age pelo outro. Assim, o senhor delibera sobre o que o servo deve fazer.

ARTICULUS 4
Utrum consilium sit de omnibus quae a nobis aguntur

AD QUARTUM SIC PROCEDITUR. Videtur quod consilium sit de omnibus quae sunt per nos agenda.
1. Electio enim est *appetitus praeconsiliati*, ut dictum est[1]. Sed electio est de omnibus quae per nos aguntur. Ergo et consilium.

2. PRAETEREA, consilium importat inquisitionem rationis. Sed in omnibus quae non per impetum passionis agimus, procedimus ex inquisitione rationis. Ergo de omnibus quae aguntur a nobis, est consilium.

3. PRAETEREA, Philosophus dicit, in III *Ethic.*[2], quod *si per plura aliquid fieri potest, consilio inquiritur per quod facillime et optime fiat; si autem per unum, qualiter per illud fiat.* Sed omne quod fit, fit per unum vel per multa. Ergo de omnibus quae fiunt a nobis, est consilium.

SED CONTRA est quod Gregorius Nyssenus[3] dicit, quod *de his quae secundum disciplinam vel artem sunt operibus, non est consilium.*

RESPONDEO dicendum quod consilium est inquisitio quaedam, ut dictum est[4]. De illis autem inquirere solemus, quae in dubium veniunt: unde et ratio inquisitiva, quae dicitur *argumentum*, est *rei dubiae faciens fidem*. Quod autem aliquid in operabilibus humanis non sit dubitabile, ex duobus contingit. Uno modo, quia per determinatas vias proceditur ad determinatos fines: sicut contingit in artibus quae habent certas vias operandi; sicut

ARTIGO 4
A deliberação é sobre todas as nossas ações?

QUANTO AO QUARTO, ASSIM SE PROCEDE: parece que a deliberação é sobre todas as nossas ações.
1. Com efeito, como foi dito: "A eleição é apetite previamente deliberado". Ora, a eleição é sobre todas as nossas ações. Logo, também, a deliberação.

2. ALÉM DISSO, a deliberação implica a investigação da razão. Ora, quando não agimos pelo ímpeto da paixão, procedemos pela investigação da razão. Logo, há deliberação sobre todas as nossas ações.

3. ADEMAIS, diz o Filósofo, no livro III da *Ética*: "Quando por muitos uma coisa pode ser feita, a deliberação investiga como será fácil e otimamente feita; quando feita por um só, de que modo será feita". Ora, tudo que é feito o é por um só ou por muitos. Logo, há deliberação para todas as nossas ações.

EM SENTIDO CONTRÁRIO, diz Gregório de Nissa: "Não há deliberação para as coisas relativas ao ensino e à arte".

RESPONDO. Como foi dito, a deliberação é uma investigação. Costumamos investigar quando há dúvida. Por isso, a razão que investiga, que se chama *argumento*, "é o que dá certeza a uma coisa duvidosa". Que alguma coisa nas ações humanas não seja duvidosa, acontece por dois motivos. Primeiro, porque por vias determinadas chega-se a fins determinados, como acontece nas artes que têm certos modos de operar; por exemplo, o escri-

---

4 PARALL.: III *Sent.*, dist. 35, q. 2, a. 4, q.la 1; III *Ethic.*, lect. 7.

1. Art. 1.
2. C. 5: 1112, b, 16-18.
3. NEMESIUS, *De nat. hom.* c. 34, al. l. V, c. 5: MG 40, 737 C.
4. Art. 1.

scriptor non consiliatur quomodo debeat trahere litteras, hoc enim determinatum est per artem. Alio modo, quia non multum refert utrum sic vel sic fiat: et ista sunt minima, quae parum adiuvant vel impediunt respectu finis consequendi; quod autem parum est, quasi nihil accipit ratio. Et ideo de duobus non consiliamur, quamvis ordinentur ad finem, ut Philosophus dicit[5]: scilicet de rebus parvis; et de his quae sunt determinata qualiter fieri debent, sicut est in operibus artium, *praeter quasdam coniecturales*, ut Gregorius Nyssenus[6] dicit, *ut puta medicinalis, negotiativa, et huiusmodi.*

AD PRIMUM ergo dicendum quod electio praesupponit consilium ratione iudicii vel sententiae. Unde quando iudicium vel sententia manifesta est absque inquisitione, non requiritur consilii inquisitio.

AD SECUNDUM dicendum quod ratio in rebus manifestis non inquirit, sed statim iudicat. Et ideo non oportet in omnibus quae ratione aguntur, esse inquisitionem consilii.

AD TERTIUM dicendum quod quando aliquid per unum potest fieri, sed diversis modis, potest dubitationem habere, sicut et quando fit per plura: et ideo opus est consilio. Sed quando determinatur non solum res, sed modus, tunc non est opus consilio.

tor não delibera sobre como unir as letras, porque isso está determinado pela arte. Segundo, porque não interessa muito fazer de um modo ou de outro, e isto é sem importância, pois pouco auxiliam ou impedem de conseguir o fim. O que é pouco por quase nada julga a razão. Donde não haver deliberação sobre duas coisas, embora ordenem-se para o fim, como diz o Filósofo: "Sobre as coisas insignificantes e sobre as que estão determinadas como devem ser feitas, como são as obras de arte, exceto algumas fundadas em conjeturas, como diz Gregório de Nissa, por exemplo, na medicina, no comércio e em outras semelhantes".

QUANTO AO 1º, portanto, deve-se dizer que a eleição pressupõe a deliberação, em razão do juízo ou da sentença. Mas, quando o juízo e a sentença tornam-se claros sem investigação, não se requer a investigação da deliberação.

QUANTO AO 2º, deve-se dizer que a razão não investiga nas coisas manifestas, pois as julga imediatamente. Por isso, não é necessário haver investigação da deliberação em todos os atos dirigidos pela razão.

QUANTO AO 3º, deve-se dizer que quando algo pode ser feito por um só, mas por modos diversos, podem surgir dúvidas, assim como quando é feito por muitos, por isso há então necessidade de deliberação. Quando, porém, está determinada não só a coisa como também o modo, neste caso não há necessidade de deliberação.

ARTICULUS 5

Utrum consilium
procedat ordine resolutorio

AD QUINTUM SIC PROCEDITUR. Videtur quod consilium non procedat modo resolutorio.

1. Consilium enim est de his quae a nobis aguntur. Sed operationes nostrae non procedunt modo resolutorio, sed magis modo compositivo, scilicet de simplicibus ad composita. Ergo consilium non semper procedit modo resolutorio.

2. PRAETEREA, consilium est inquisitio rationis. Sed ratio a prioribus incipit, et ad posteriora devenit, secundum convenientiorem ordinem. Cum igitur praeterita sint priora praesentibus, et praesentia priora futuris, in consiliando videtur esse

ARTIGO 5

A deliberação procede
de modo resolutório?

QUANTO AO QUINTO, ASSIM SE PROCEDE: parece que a deliberação **não** procede de modo resolutório.

1. Com efeito, a deliberação tem por objeto as nossas ações. Ora, as nossas ações não procedem de modo resolutório, mas de modo compositivo, a saber, indo das coisas simples para as compostas. Logo, a deliberação nem sempre se processa de modo resolutório.

2. ALÉM DISSO, a deliberação é investigação racional. Ora, a razão começa pelos primeiros para chegar ao posterior na ordem mais conveniente. Ora, sendo as coisas passadas, anteriores às presentes, e, as presentes, às futuras, parece que

---

5. *Eth.* III, 5: 1112, b, 9-11.
6. NEMESIUS, *De nat. hom.* c. 34, al. 1. V, c. 5: MG 40, 740 A. — Cfr. ARIST., loc. nunc cit.

5 PARALL.: III *Ethic.*, lect. 8.

procedendum a praesentibus et praeteritis in futura. Quod non pertinet ad ordinem resolutorium. Ergo in consiliis non servatur ordo resolutorius.

3. PRAETEREA, consilium non est nisi de his quae sunt nobis possibilia, ut dicitur in III *Ethic*.[1]. Sed an sit nobis aliquid possibile, perpenditur ex eo quod possumus facere, vel non possumus facere, ut perveniamus in illud. Ergo in inquisitione consilii a praesentibus incipere oportet.

SED CONTRA est quod Philosophus dicit, in III *Ethic*.[2], quod *ille qui consiliatur, videtur quaerere et resolvere*.

RESPONDEO dicendum quod in omni inquisitione oportet incipere ab aliquo principio. Quod quidem si, sicut est prius in cognitione, ita etiam sit prius in esse, non est processus resolutorius, sed magis compositivus: procedere enim a causis in effectus, est processus compositivus, nam causae sunt simpliciores effectibus. Si autem id quod est prius in cognitione, sit posterius in esse, est processus resolutorius: utpote cum de effectibus manifestis iudicamus, resolvendo in causas simplices. Principium autem in inquisitione consilii est finis, qui quidem est prior in intentione, posterior tamen in esse. Et secundum hoc, oportet quod inquisitio consilii sit resolutiva, incipiendo scilicet ab eo quod in futuro intenditur, quousque perveniatur ad id quod statim agendum est.

AD PRIMUM ergo dicendum quod consilium est quidem de operationibus. Sed ratio operationum accipitur ex fine: et ideo ordo ratiocinandi de operationibus, est contrarius ordini operandi.

AD SECUNDUM dicendum quod ratio incipit ab eo quod est prius secundum rationem: non autem semper ab eo quod est prius tempore.

AD TERTIUM dicendum quod de eo quod est agendum propter finem, non quaereremus scire an sit possibile, si non esset congruum fini. Et ideo prius oportet inquirere an conveniat ad ducendum in finem, quam consideretur an sit possibile.

na deliberação se deve proceder das presentes e passadas para as futuras. Mas, isso não pertence ao modo resolutório. Logo, na deliberação não se segue o modo resolutório.

3. ADEMAIS, como diz o livro III da *Ética*: "A deliberação tem por objeto o que nos é possível". Ora, para sabermos se algo nos é possível, verificamos partindo do que podemos ou não fazer para atingirmos esse algo possível. Logo, na investigação da deliberação é necessário partir do que é presente.

EM SENTIDO CONTRÁRIO, diz o Filósofo no livro III da *Ética*: "Quem delibera parece procurar e resolver".

RESPONDO. Toda investigação deve começar por algum princípio. Se este, porém, é primeiro no conhecimento, e também primeiro no existir, não haverá então processo resolutório, mas antes, um processo comparativo. Proceder das causas para os efeitos é um processo compositivo, porque as causas são mais simples que os efeitos. Se, porém, o que é primeiro no conhecimento, é posterior no existir, isto implica processo resolutório, porque julgamos dos efeitos conhecidos, reduzindo-os às causas simples. O princípio na investigação da deliberação é o fim, que é o primeiro na intenção, mas posterior no existir. Segundo essa consideração, é necessário que a investigação da deliberação seja resolutiva, começando por aquilo que se busca no futuro, até que se chegue ao que deve ser feito imediatamente.

QUANTO AO 1º, portanto, deve-se dizer que a deliberação é sobre as ações. Mas, a razão das ações toma-se do fim. Donde, a ordem do raciocínio a respeito das ações é contrária à ordem das ações.

QUANTO AO 2º, deve-se dizer que a razão começa por aquilo que é primeiro conforme a razão, mas nem sempre por aquilo que é primeiro no tempo.

QUANTO AO 3º, deve-se dizer que a respeito daquilo que se deve fazer por causa do fim, não procuraremos saber se é possível, se não fosse adequado ao fim. Por isso, é necessário primeiro investigar se é conveniente para levar ao fim, antes de se considerar se é possível.

ARTICULUS 6
Utrum consilium procedat in infinitum

AD SEXTUM SIC PROCEDITUR. Videtur quod inquisitio consilii procedat in infinitum.

ARTIGO 6
A deliberação procede ao infinito?

QUANTO AO SEXTO, ASSIM SE PROCEDE: parece que a investigação da deliberação **procede** ao infinito.

---

1. C. 5: 1112, a, 30-31; b, 24-28.
2. C. 5: 1112, b, 20.

PARALL.: III *Ethic.*, lect. 8.

1. Consilium enim est inquisitio de particularibus, in quibus est operatio. Sed singularia sunt infinita. Ergo inquisitio consilii est infinita.

2. PRAETEREA, sub inquisitione consilii cadit considerare non solum quid agendum sit, sed etiam quomodo impedimenta tollantur. Sed quaelibet humana actio potest impediri, et impedimentum tolli potest per aliquam rationem humanam. Ergo in infinitum remanet quaerere de impedimentis tollendis.

3. PRAETEREA, inquisitio scientiae demonstrativae non procedit in infinitum, quia est devenire in aliqua principia per se nota, quae omnimodam certitudinem habent. Sed talis certitudo non potest inveniri in singularibus contingentibus, quae sunt variabilia et incerta. Ergo inquisitio consilii procedit in infinitum.

SED CONTRA, *nullus movetur ad id ad quod impossibile est quod perveniat*, ut dicitur in I *de Caelo*[1]. Sed infinitum impossibile est transire. Si igitur inquisitio consilii sit infinita, nullus consiliari inciperet. Quod patet esse falsum.

RESPONDEO dicendum quod inquisitio consilii est finita in actu ex duplici parte: scilicet ex parte principii, et ex parte termini. Accipitur enim in inquisitione consilii duplex principium. Unum proprium, ex ipso genere operabilium: et hoc est finis, de quo non est consilium, sed supponitur in consilio ut principium, ut dictum est[2]. Aliud quasi ex alio genere assumptum: sicut et in scientiis demonstrativis una scientia supponit aliqua ab alia, de quibus non inquirit. Huiusmodi autem principia quae in inquisitione consilii supponuntur, sunt quaecumque sunt per sensum accepta, utpote quod hoc sit panis vel ferrum; et quaecumque sunt per aliquam scientiam speculativam vel practicam in universali cognita, sicut quod moechari est a Deo prohibitum, et quod homo non potest vivere nisi nutriatur nutrimento convenienti. Et de istis non inquirit consiliator. — Terminus autem inqui-

1. Com efeito, a deliberação é uma investigação de coisas particulares, entre as quais está a ação. Ora, as coisas particulares são infinitas. Logo, também as investigações da deliberação.

2. ALÉM DISSO, a investigação da deliberação tem como objeto não somente o que se deve fazer, como também como se devem afastar os impedimentos. Ora, qualquer ação humana pode ser impedida e o impedimento pode ser supresso por alguma razão humana. Logo, permanece infinito poder investigar como suprimir os impedimentos

3. ADEMAIS, a investigação da ciência demonstrativa não procede ao infinito, porque terá de chegar a alguns princípios evidentes por si mesmos, que possuem absoluta certeza. Ora, tal certeza não se pode encontrar nas coisas singulares contingentes, que são variáveis e incertas. Logo, a investigação da deliberação procede ao infinito.

EM SENTIDO CONTRÁRIO, diz o livro do *Céu*: "Nada se move para o que é impossível chegar". Ora, é impossível ultrapassar o infinito. Logo, se fosse infinita a investigação da deliberação, ninguém começaria a deliberar. E isso é evidentemente falso.

RESPONDO. É finita em ato a investigação da deliberação por duas partes: por parte do princípio e por parte do termo. Resulta ela de um duplo princípio. Um, que é próprio, proveniente do mesmo gênero das ações, que é o fim, sobre o qual não há deliberação, mas é suposto por ela como princípio, segundo foi dito. O outro, tomado de outro gênero; como nas ciências demonstrativas, uma supõe coisas de outra, sobre as quais não se faz investigação. Ora, tais princípios que são supostos nas investigações da deliberação, são todas as coisas aceitas pelos sentidos, por exemplo, que isso é pão ou ferro; e tudo o que é conhecido em geral pela ciência especulativa ou prática, por exemplo, que cometer adultério é proibido por Deus, e que o homem não pode viver sem se nutrir com os alimentos adequados. O que delibera não trata de tais coisas[f]. — O termo da investigação é aquilo

---

1. C. 7: 274, b, 17-18.
2. Art. 2.

---

f. Devido a seu procedimento analítico, que o faz entrar nos detalhes dos elementos que compõem a ação concreta, a deliberação poderá estender-se indefinidamente. Sto. Tomás indica os elementos limitadores que levam a deliberação até o juízo prático que a termina, e que dará início à ação: o querer do fim, esclarecido pela ciência moral concernente aos princípios ou preceitos, e o conhecimento sensível concernente à matéria da ação. A tentação do indefinido na deliberação, junto com a dúvida que dele provém, subsistirá na moral sobretudo quando se reduzir o papel da finalidade. Com efeito, os elementos ou circunstâncias da ação concreta podem parecer quase infinitos, notadamente se considerarmos as suas consequências. De onde a importância de distinguir, entre os elementos essenciais, os elementos secundários ou circunstanciais e, enfim, aqueles cuja contribuição é negligenciável para a ação e para o juízo moral.

sitionis est id quod statim est in potestate nostra ut faciamus. Sicut enim finis habet rationem principii, ita id quod agitur propter finem, habet rationem conclusionis. Unde id quod primo agendum occurrit, habet rationem ultimae conclusionis, ad quam inquisitio terminatur. — Nihil autem prohibet consilium potentia infinitum esse, secundum quod in infinitum possunt aliqua occurrere consilio inquirenda.

AD PRIMUM ergo dicendum quod singularia non sunt infinita actu, sed in potentia tantum.

AD SECUNDUM dicendum quod, licet humana actio possit impediri, non tamen semper habet impedimentum paratum. Et ideo non semper oportet consiliari de impedimento tollendo.

AD TERTIUM dicendum quod in singularibus contingentibus potest aliquid accipi certum, etsi non simpliciter, tamen ut nunc, prout assumitur in operatione. Socratem enim sedere non est necessarium: sed eum sedere, dum sedet, est necessarium. Et hoc per certitudinem accipi potest.

que imediatamente está em nosso poder realizar. Como, pois, o fim tem razão de princípio, também o que se faz por causa do fim, tem razão de conclusão. Donde aquilo que por primeiro aparece para ser feito tem razão de última conclusão, na qual termina a investigação. — Nada, pois, impede que a deliberação seja infinita em potência, na medida em que podem ocorrer ao infinito algumas coisas a serem investigadas pela deliberação.

QUANTO AO 1º, portanto, deve-se dizer que as coisas singulares não são infinitas em ato, mas só em potência.

QUANTO AO 2º, deve-se dizer que, embora a ação humana possa ser impedida, nem sempre tem diante de si um impedimento. Por isso, não se deve sempre deliberar sobre como afastar o impedimento.

QUANTO AO 3º, deve-se dizer que nas coisas singulares contingentes pode-se tomar algo como certo, mas não de modo absoluto, ao menos como é agora, conforme é assumido na ação. Por exemplo: não é necessário que Sócrates esteja sentado, mas quando está sentado é necessário que esteja sentado. E isso pode ser aceito com certeza.

QUAESTIO XV
DE CONSENSU, QUI EST ACTUS VOLUNTATIS IN COMPARATIONE AD EA QUAE SUNT AD FINEM

in quatuor articulos divisa

Deinde considerandum est de consensu.
Et circa hoc quaeruntur quatuor.
Primo: utrum consensus sit actus appetitivae, vel apprehensivae virtutis.
Secundo: utrum conveniat brutis animalibus.
Tertio: utrum sit de fine, vel de his quae sunt ad finem.
Quarto: utrum consensus in actum pertineat solum ad superiorem animae partem.

QUESTÃO 15
O CONSENTIMENTO, QUE É ATO DA VONTADE, COMPARADO COM AQUILO QUE É PARA O FIM[a]

em quatro artigos

Em seguida, deve-se considerar o consentimento.
Sobre isso, são quatro as perguntas:
1. O consentimento é ato da potência apetitiva ou apreensiva?
2. Convém aos animais irracionais?
3. Diz respeito ao fim ou àquilo que é para o fim?
4. O consentimento em ato pertence só à parte superior da alma?

---

a. Sto. Tomás introduz o "consentimento" agostiniano em sua análise do ato humano. Para explicar o pecado do homem contado no Gênesis, Sto. Agostinho distinguiu a sugestão pela serpente, o desejo sensível representado por Eva, e o consentimento da parte racional, o qual realiza propriamente o pecado em Adão.
Sto. Tomás discerne um consentimento voluntário em todo ato humano, bom ou mau, unido à deliberação.

Articulus 1
Utrum consensus sit actus appetitivae vel apprehensivae virtutis

AD PRIMUM SIC PROCEDITUR. Videtur quod consentire pertineat solum ad partem animae apprehensivam.
1. Augustinus enim, XII *de Trin.*[1], consensum attribuit superiori rationi. Sed ratio nominat apprehensivum virtutem. Ergo consentire pertinet ad apprehensivam virtutem.
2. PRAETEREA, consentire est *simul sentire*. Sed sentire est apprehensivae potentiae. Ergo et consentire.
3. PRAETEREA, sicut assentire dicit applicationem intellectus ad aliquid, ita et consentire. Sed assentire pertinet ad intellectum, qui est vis apprehensiva. Ergo et consentire ad vim apprehensivam pertinet.

SED CONTRA est quod Damascenus dicit, in II libro[2], quod *si aliquis iudicet, et non diligat, non est sententia*, idest consensus. Sed diligere ad appetitivam virtutem pertinet. Ergo et consensus.

RESPONDEO dicendum quod consentire importat applicationem sensus ad aliquid. Est autem proprium sensus quod cognoscitivus est rerum praesentium: vis enim imaginativa est apprehensiva similitudinum corporalium, etiam rebus absentibus quarum sunt similitudines; intellectus autem apprehensivus est universalium rationum, quas potest apprehendere indifferenter et praesentibus et absentibus singularibus. Et quia actus appetitivae virtutis est quaedam inclinatio ad rem ipsam, secundum quandam similitudinem ipsa applicatio appetitivae virtutis ad rem, secundum quod ei inhaeret, accipit nomen sensus, quasi experientiam quandam sumens de re cui inhaeret, inquantum complacet sibi in ea. Unde et Sap 1,1 dicitur: *Sentite de Domino in bonitate*. Et secundum hoc, consentire est actus appetitivae virtutis.

AD PRIMUM ergo dicendum quod, sicut dicitur in III *de Anima*[3], *voluntas in ratione est*. Unde cum

Artigo 1
O consentimento é ato da potência apetitiva ou da potência apreensiva?

QUANTO AO PRIMEIRO ARTIGO, ASSIM SE PROCEDE: parece que consentir **pertence** só à parte apreensiva da alma.
1. Com efeito, Agostinho atribui o consentimento à razão superior. Ora, razão é nome de uma potência apreensiva. Logo, consentir pertence a uma potência apreensiva.
2. ALÉM DISSO, consentir é *sentir juntamente*. Ora, sentir é da potência apreensiva. Logo, também consentir.
3. ADEMAIS, assentir significa, como também consentir, aplicar o intelecto a alguma coisa. Ora, assentir pertence ao intelecto, que é uma potência apreensiva. Logo, consentir pertence a uma faculdade apreensiva.

EM SENTIDO CONTRÁRIO, diz Damasceno: "Se alguém julga e não ama, não decide, isto é, não consente. Ora, amar é ato da potência apetitiva. Logo, também o consentimento[b].

RESPONDO. Consentir implica a aplicação do sentido a algum objeto. É próprio do sentido conhecer as coisas presentes. A imaginação é apreensiva das semelhanças corporais, embora estas estejam ausentes nas coisas das quais são semelhanças. Mas, o intelecto é apreensivo das razões universais, as quais pode apreender indiferentemente, quer as singulares estejam presentes ou ausentes. E porque o ato da potência apetitiva é uma inclinação para a própria coisa, por semelhança, a aplicação da potência apetitiva à coisa, enquanto a esta inere, recebe o nome de sentido, como se recebesse alguma experiência da coisa à qual inere, enquanto, satisfaz nela. Donde se ler no livro da Sabedoria: "Sentí o Senhor em bondade". Por isso, consentir é ato da potência apetitiva[c].

QUANTO AO 1º, portanto, deve-se dizer em conformidade com o livro III da *Alma*: "A vontade

---

1 PARALL.: Infra, q. 74, a. 7, ad 1.
1. C. 12, n. 17: ML 42, 1007.
2. *De fide orth.*, l. II, c. 22: MG 94, 945 AB.
3. C. 9: 432, b, 5.

b. Sto. Tomás opera aqui uma equivalência entre o consentimento agostiniano e a "sentença" de João Damasceno, que lhe fornece uma boa análise das partes do ato humano estudadas nestas questões.

c. A definição pela etimologia causa a Sto. Tomás uma dificuldade que ele contorna habilmente. Se os sentidos (daí a formação da palavra con-sentire) pertencem à ordem do conhecimento, eles estabelecem um contato direto e proporcionam uma experiência de seu objeto que convém às faculdades do apetite. Em nossa língua, poder-se-ia dizer que consentimento significa "sentir junto", "co-sentimento", que é de ordem afetiva e vai ao encontro da palavra latina *consentire*: estar de acordo.

Augustinus attribuit consensum rationi, accipit rationem secundum quod in ea includitur voluntas.

AD SECUNDUM dicendum, quod sentire proprie dictum ad apprehensivam potentiam pertinet: sed secundum similitudinem cuiusdam experientiae, pertinet ad appetitivam, ut dictum est[4].

AD TERTIUM dicendum quod assentire est quasi *ad aliud sentire*: et sic importat quandam distantiam ad id cui assentitur. Sed consentire est *simul sentire*: et sic importat quandam coniunctionem ad id cui consentitur. Et ideo voluntas, cuius est tendere ad ipsam rem, magis proprie dicitur consentire: intellectus autem, cuius operatio non est secundum motum ad rem, sed potius e converso, ut in Primo[5] dictum est, magis proprie dicitur assentire: quamvis unum pro alio poni soleat. — Potest etiam dici quod intellectus assentit, inquantum a voluntate movetur.

está na razão"; por isso, quando Agostinho atribui o consentimento à razão, toma razão enquanto nela está incluída a vontade.

QUANTO AO 2º, deve-se dizer que sentir, propriamente falando, pertence à potência apreensiva, mas por semelhança com experiência, pertence à apetitiva, como foi dito.

QUANTO AO 3º, deve-se dizer que assentir é como sentir outra coisa, e assim implica uma certa distância da coisa a que se assente. Mas, consentir é *sentir juntamente*, e implica uma certa união com aquilo a que se consente. Por isso, a vontade, à qual pertence tender para a coisa, mais propriamente se diz que consente. O intelecto, porém, cuja operação não é um movimento para a coisa, pelo contrário, mais propriamente se diz que assente, como foi dito na I Parte, embora se costume afirmar um pelo outro. — Pode-se também dizer que o intelecto assente enquanto é movido pela vontade.

ARTICULUS 2
Utrum consensus conveniat brutis animalibus

AD SECUNDUM SIC PROCEDITUR. Videtur quod consensus conveniat brutis animalibus.

1. Consensus enim importat determinationem appetitus ad unum. Sed appetitus brutorum animalium sunt determinati ad unum. Ergo consensus in brutis animalibus invenitur.

2. PRAETEREA, remoto priori, removetur posterius. Sed consensus praecedit operis executionem. Si ergo in brutis non esset consensus, non esset in eis operis executio. Quod patet esse falsum.

3. PRAETEREA, homines interdum consentire dicuntur in aliquid agendum ex aliqua passione, puta concupiscentia vel ira. Sed bruta animalia ex passione agunt. Ergo in eis est consensus.

SED CONTRA est quod Damascenus dicit[1] quod *post iudicium, homo disponit et amat quod ex consilio iudicatum est, quod vocatur sententia*, idest consensus. Sed consilium non est in brutis animalibus. Ergo nec consensus.

ARTIGO 2
O consentimento convém aos animais irracionais?

QUANTO AO SEGUNDO, ASSIM SE PROCEDE: parece que o consentimento **convém** aos animais irracionais.

1. Com efeito, o conhecimento implica determinação do apetite para um objeto. Ora, o apetite dos animais irracionais está determinado para um objeto. Logo, há consentimento nos animais irracionais.

2. ALÉM DISSO, afastado o que é anterior, afasta-se o posterior. Ora, o consentimento é anterior à execução da ação. Logo, se não houvesse consentimento nos animais irracionais, não realizariam as suas ações. Mas isso é falso.

3. ADEMAIS, diz-se que por paixão, por exemplo, concupiscência ou ira, às vezes, os homens consentem em fazer algo. Ora, os animais irracionais agem impelidos pelas paixões. Logo, neles há consentimento.

EM SENTIDO CONTRÁRIO, diz Damasceno: "Depois do juízo, o homem dispõe e ama aquilo que foi julgado na deliberação, que se chama sentença", isto é, consentimento. Ora, não há deliberação nos animais. Logo, nem consentimento.

---

4. In corp.
5. Q. 16, a. 1; q. 27, a. 4; q. 59, a. 2.

PARALL.: Infra, q. 16, a. 2.

1. *De fide orth.*, l. II, c. 22: MG 94, 945 AB.

RESPONDEO dicendum quod consensus, proprie loquendo, non est in brutis animalibus. Cuius ratio est quia consensus importat applicationem appetitivi motus ad aliquid agendum. Eius autem est applicare appetitivum motum ad aliquid agendum, in cuius potestate est appetitivus motus: sicut tangere lapidem convenit quidem baculo, sed applicare baculum ad tactum lapidis, est eius qui habet in potestate movere baculum. Bruta autem animalia non habent in sui potestate appetitivum motum, sed talis motus in eis est ex instinctu naturae. Unde brutum animal appetit quidem, sed non applicat appetitivum motum ad aliquid. Et propter hoc non proprie dicitur consentire: sed solum rationalis natura, quae habet in potestate sua appetitivum motum, et potest ipsum applicare vel non applicare ad hoc vel ad illud.

AD PRIMUM ergo dicendum quod in brutis animalibus invenitur determinatio appetitus ad aliquid passive tantum. Consensus vero importat determinationem appetitus non solum passivam, sed magis activam.

AD SECUNDUM dicendum quod, remoto priori, removetur posterius quod proprie ex eo tantum sequitur. Si autem aliquid ex pluribus sequi possit, non propter hoc posterius removetur, uno priorum remoto: sicut si induratio possit fieri et a calido et frigido (nam lateres indurantur ab igne, et aqua congelata induratur ex frigore), non oportet quod, remoto calore, removeatur induratio. Executio autem operis non solum sequitur ex consensu, sed etiam ex impetuoso appetitu, qualis est in brutis animalibus.

AD TERTIUM dicendum quod homines qui ex passione agunt, possunt passionem non sequi. Non autem bruta animalia. Unde non est similis ratio.

RESPONDO. Propriamente falando não há consentimento nos animais irracionais. E a razão disso é que o consentimento implica a aplicação do movimento apetitivo para fazer algo. Ora, aplicar o movimento apetitivo para fazer algo é próprio do que tem poder sobre o movimento apetitivo. Por exemplo, tocar uma pedra convém a um bastão, mas aplicar o bastão a tocar a pedra é próprio de quem tem o poder de mover o bastão. Os animais irracionais não têm poder sobre o movimento apetitivo, mas tal movimento existe neles pelo instinto da natureza. Assim, os animais irracionais têm apetite, mas não aplicam o movimento apetitivo para alguma coisa. Por este motivo, não se diz que propriamente consentem, porque isto pertence à natureza racional, que tem domínio sobre o movimento apetitivo, podendo ainda aplicá-lo ou não a isso ou àquilo.

QUANTO AO 1º, portanto, deve-se dizer que nos animais irracionais há determinação do apetite para alguma coisa apenas passivamente. Mas o consentimento implica determinação não somente passiva, mas determinação ativa.

QUANTO AO 2º, deve-se dizer que removido o anterior, remove-se o posterior, que propriamente procede dele. Se, porém, algo pode proceder de muitos, não por isso o posterior é removido, sendo removido um dos anteriores. Por exemplo: o endurecimento pode ser efetuado pelo frio ou pelo calor (pois os tijolos ficam duros pelo fogo, e a água congelada, pelo frio); por isso, não é necessário que retirado o calor desapareça o endurecimento. A realização da ação não somente procede do consentimento, como também de um apetite impetuoso, como existe nos animais irracionais.

QUANTO AO 3º, deve-se dizer que os homens que agem por paixão, podem não a seguir. Isso não acontece com os animais irracionais. Por isso não há semelhança.

ARTICULUS 3
Utrum consensus sit de fine vel de his quae sunt ad finem

AD TERTIUM SIC PROCEDITUR. Videtur quod consensus sit de fine.
1. Quia propter quod unumquodque, illud magis. Sed his quae sunt ad finem consentimus propter finem. Ergo fini consentimus magis.

ARTIGO 3
O consentimento é sobre o fim ou sobre o que é para o fim?

QUANTO AO TERCEIRO, ASSIM SE PROCEDE: parece que o consentimento é sobre o fim.
1. Com efeito, "O que convém a um efeito, muito mais convém à sua causa". Ora, consentimos no que é para o fim por causa do fim. Logo, consentimos mais no fim.

2. Praeterea, actio intemperati est finis eius, sicut et actio virtuosi est finis eius. Sed intemperatus consentit in proprium actum. Ergo consensus potest esse de fine.

3. Praeterea, appetitus eorum quae sunt ad finem, est electio, ut supra[1] dictum est. Si igitur consensus esset solum de his quae sunt ad finem, in nullo ab electione differte videretur. Quod patet esse falsum per Damascenum, qui dicit[2] quod *post dispositionem*, quam vocaverat sententiam, *fit electio*. Non ergo consensus est solum de his quae sunt ad finem.

Sed contra est quod Damascenus ibidem dicit, quod *sententias*, sive consensus, est *quando homo disponit et amat quod ex consilio iudicatum est*. Sed consilium non est nisi de his quae sunt ad finem. Ergo nec consensus.

Respondeo dicendum quod consensus nominat applicationem appetitivi motus ad aliquid praeexistens in potestate applicantis. In ordine autem agibilium, primo quidem oportet sumere apprehensionem finis; deinde appetitum finis; deinde consilium de his quae sunt ad finem; deinde appetitum eorum quae sunt ad finem. Appetitus autem in ultimum finem tendit naturaliter: unde et applicatio motus appetitivi in finem apprehensum, non habet rationem consensus, sed simplicis voluntatis. De his autem quae sunt post ultimum finem, inquantum sunt ad finem, sub consilio cadunt: et sic potest esse de eis consensus, inquantum motus appetitivus applicatur ad id quod ex consilio iudicatum est. Motus vero appetitivus in finem, non applicatur consilio: sed magis consilium ipsi, quia consilium praesupponit appetitum finis. Sed appetitus eorum quae sunt ad finem, praesupponit determinationem consilii. Et ideo applicatio appetitivi motus ad determinationem consilii, proprie est consensus. Unde, cum consilium non sit nisi de his quae sunt ad finem, consensus, proprie loquendo, non est nisi de his quae sunt ad finem.

Ad primum ergo dicendum quod, sicut conclusiones scimus per principia, horum tamen non est scientia, sed quod maius est, scilicet intellectus; ita consentimus his quae sunt ad finem propter

2. Além disso, a ação do depravado é seu fim, como a ação do virtuoso é seu fim. Ora, o depravado consente em seu próprio ato. Logo, o consentimento pode ser sobre o fim.

3. Ademais, como foi dito, o apetite das coisas que são para o fim é a eleição. Se, portanto, o consentimento fosse somente sobre as coisas que são para o fim, de nenhum modo se diferenciaria da eleição. Isso é falso, como afirma Damasceno: "Depois da disposição (a qual chamara de sentença) vem a eleição". Logo, o consentimento não é só sobre o que é para o fim.

Em sentido contrário, diz Damasceno: "Sentença ou consentimento, dá-se quando o homem dispõe e ama aquilo que pela deliberação foi julgado". Ora, a deliberação é só do que é para o fim. Logo, também o consentimento.

Respondo. O consentimento designa a aplicação do movimento apetitivo a alguma coisa já existente no poder de quem a aplica. Na ordem operativa, é necessário primeiro apreender o fim; em seguida, o apetite do fim; depois a deliberação das coisas que são para o fim; finalmente, o apetite das coisas que são para o fim. O apetite tende naturalmente para o último fim. Por isso, a aplicação do apetite ao afim apreendido não tem razão de consentimento, mas de uma simples vontade. O que vem depois, enquanto se refere ao fim, é objeto de deliberação, e assim pode haver sobre ele consentimento, enquanto o movimento apetitivo se aplica àquilo que pela deliberação foi julgado. O movimento apetitivo para o fim não se aplica à deliberação, senão a deliberação a ele, por que a deliberação supõe o apetite do fim. Mas, o apetite das coisas que são para o fim pressupõe determinação da deliberação. Por isso, a aplicação do movimento apetitivo à determinação da deliberação é propriamente o consentimento. Por conseguinte, como a deliberação é apenas sobre as coisas que são para o fim, o consentimento, propriamente falando, é somente sobre as coisas que são para o fim[d].

Quanto ao 1º, portanto, deve-se dizer que assim como conhecemos as conclusões pelos princípios, e destes não há ciência, senão algo maior, a saber, o intelecto, também consentimos

---

1. Q. 13, a. 1.
2. *De fide orth*., l. II, c. 22: MG 94, 945 AB.

d. Sente-se aqui a dificuldade experimentada por Sto. Tomás em introduzir o consentimento agostiniano em sua análise. Para Sto. Agostinho, o consentimento era propriamente uma escolha, assumindo a responsabilidade do pecado. Sto. Tomás reduz um pouco, por conseguinte, a natureza do consentimento, distinguindo-o da escolha e associando-o à deliberação. A distinção final entre o consentimento e a escolha é fina e um pouco sutil, mas busca explicar tão exatamente quanto possível os dados reais.

finem, cuius tamen non est consensus, sed quod maius est scilicet voluntas.

AD SECUNDUM dicendum quod intemperatus habet pro fine delectationem operis, propter quam consentit in opus, magis quam ipsam operationem.

AD TERTIUM dicendum quod electio addit supra consensum quandam relationem respectu eius cui aliquid praeeligitur: et ideo post consensum, adhuc remanet electio. Potest enim contingere quod per consilium inveniantur plura ducentia ad finem, quorum dum quodlibet placet, in quodlibet eorum consentitur: sed ex multis quae placent, praeaccipimus unum eligendo. Sed si inveniatur unum solum quod placeat, non differunt re consensus et electio, sed ratione tantum: ut consensus dicatur secundum quod placet ad agendum; electio autem, secundum quod praefertur his quae non placent.

nas coisas que são para o fim, por causa do fim, mas deste não há consentimento, senão algo maior: a vontade.

QUANTO AO 2º, deve-se dizer que o depravado tem por fim o prazer da ação, mais do que a mesma ação, e é por causa deste prazer que consente na ação.

QUANTO AO 3º, deve-se dizer que a eleição acrescenta ao consentimento uma relação com respeito àquilo para o que se escolheu previamente algo, e por isso, após o consentimento, ainda permanece a eleição. Mas, pode acontecer que pela deliberação encontrem-se muitas coisas que levam ao fim, e se qualquer uma delas agrada, nelas se consente. Todavia, entre as muitas coisas que agradam, escolhemos uma a ser eleita. Mas, se houver uma só que agrade, o consentimento e a eleição não se diferenciam por distinção real, mas, por distinção de razão. Assim, consentimento se diz enquanto agrada para agir; eleição, enquanto se prefere às coisas que não agradam.

ARTICULUS 4
Utrum consensus in actum pertineat solum ad superiorem animae partem

AD QUARTUM SIC PROCEDITUR. Videtur quod consensus ad agendum non semper pertineat ad superiorem rationem.
1. *Delectatio* enim *consequitur operationem, et perficit eam, sicut decor iuventutem*, sicut dicitur in X *Ethic*.[1]. Sed consensus in delectationem pertinet ad inferiorem rationem, ut dicit Augustinus in XII *de Trin*.[2]. Ergo consensus in actum non pertinet ad solam superiorem rationem.
2. PRAETEREA, actio in quam consentimus, dicitur esse voluntaria. Sed multarum potentiarum est producere actiones voluntarias. Ergo non sola superior ratio consentit in actum.
3. PRAETEREA, superior ratio *intendit aeternis inspiciendis ac consulendis*, ut Augustinus dicit in XII *de Trin*.[3]. Sed multoties homo consentit in actum non propter rationes aeternas, sed propter aliquas rationes temporales, vel etiam propter aliquas animae passiones. Non ergo consentire in actum pertinet ad solam superiorem rationem.

ARTIGO 4
O consentimento ao ato pertence só à parte superior da alma?

QUANTO AO QUARTO, ASSIM SE PROCEDE: parece que o consentimento para agir **não** pertence sempre à razão superior.
1. Com efeito, diz o livro X da *Ética*: "O prazer segue-se à ação e a aperfeiçoa, como a beleza, à juventude". Ora, segundo Agostinho: "Consentir no prazer pertence à razão inferior". Logo, consentimento ao ato não pertence só à razão superior.
2. ALÉM DISSO, a ação, na qual consentimos, diz-se voluntária. Ora, muitas potências produzem ações voluntárias. Logo, não é apenas a razão superior que consente no ato.
3. ADEMAIS, diz Agostinho que a razão "busca as coisas, para examiná-las e consultá-las". Ora, muitas vezes o homem consente no ato, não por razões eternas, mas por causa de algumas razões temporais, e mesmo por causa de algumas paixões da alma. Logo, não pertence só à razão superior consentir na ação.

---

4 PARALL.: Infra, q. 74, a. 7; II *Sent*., dist. 24, q. 3, a. 1; *De Verit*., q. 15, a. 3.

1. C. 4: 1174, b, 31-33.
2. C. 12, n. 17: ML 42, 1007.
3. C. 7, n. 12: ML 42, 1005.

SED CONTRA est quod Augustinus dicit, XII *de Trin*.[4]: *Non potest peccatum efficaciter perpetrandum mente decerni, nisi illa mentis intentio penes quam summa potestas est membra in opus movendi vel ab opere cohibendi, malae actioni cedat et serviat*.

RESPONDEO dicendum quod finalis sententia semper pertinet ad eum qui superior est, ad quem pertinet de aliis iudicare: quandiu enim iudicandum restat quod proponitur, nondum datur finalis sententia. Manifestum est autem quod superior ratio est quae habet de omnibus iudicare: quia de sensibilibus per rationem iudicamus; de his vero quae ad rationes humanas pertinent, iudicamus secundum rationes divinas, quae pertinent ad rationem superiorem. Et ideo quandiu incertum est an secundum rationes divinas resistatur vel non, nullum iudicium rationis habet rationem finalis sententiae. Finalis autem sententia de agendis est consensus in actum. Et ideo consensus in actum pertinet ad rationem superiorem: secundum tamen quod in ratione voluntas includitur, sicut supra[5] dictum est.

AD PRIMUM ergo dicendum quod consensus in delectationem operis pertinet ad superiorem rationem, sicut et consensus in opus: sed consensus in delectationem cogitationis, pertinet ad rationem inferiorem, sicut ad ipsam pertinet cogitare. Et tamen de hoc ipso quod est cogitare vel non cogitare, inquantum consideratur ut actio quaedam, habet iudicium superior ratio: et similiter de delectatione consequente. Sed inquantum accipitur ut ad actionem aliam ordinatum, sic pertinet ad inferiorem rationem. Quod enim ad aliud ordinatur, ad inferiorem artem vel potentiam pertinet quam finis ad quem ordinatur: unde ars quae est de fine, architectonica, seu principalis, vocatur.

AD SECUNDUM dicendum quod, quia actiones dicuntur voluntariae ex hoc quod eis consentimus, non oportet quod consensus sit cuiuslibet potentiae, sed voluntatis, a qua dicitur voluntarium; quae est in ratione, sicut dictum est[6].

EM SENTIDO CONTRÁRIO, diz Agostinho: "Eficazmente não pode a mente resolver a praticar o pecado, a não ser que aquela intenção da mente, que possui o poder soberano de mover os membros para a ação ou de impedi-los disso, submeta-se à má ação e a sirva".

RESPONDO. A sentença final cabe sempre ao que é superior, ao qual pertence julgar os outros; pois enquanto fica o que se propõe para julgar, não se dá a sentença final. É evidente que à razão superior compete julgar todas as coisas, até porque as coisas sensíveis julgamos por ela. As coisas pertinentes à razão humana, julgamos segundo as razões divinas, que pertencem à razão superior. Por isso, enquanto for incerto se algo deve ou não ser resistido segundo as razões divinas, nenhum juízo da razão tem a razão de sentença final. A sentença final sobre o que se deve fazer é o consentimento ao ato. Donde o consentimento ao ato pertencer à razão superior, enquanto nela se inclui a vontade, como foi dito acima[e].

QUANTO AO 1º, portanto, deve-se dizer que o consentimento no prazer da ação pertence à razão superior, como também o consentimento na ação. Mas, o consentimento no prazer do conhecimento, pertence à razão inferior, pois a esta pertence pensar. Entretanto, quanto a pensar ou não pensar, enquanto isso se considera uma ação, a razão superior tem o juízo, bem como quanto ao prazer que vem depois. Mas enquanto isso se entende como ordenado a outra ação, pertence à razão inferior, porque aquilo que se ordena para outra coisa pertence a uma arte ou potência inferior ao fim para o qual se ordena. Por isso, a arte que visa o fim, chama-se arquitetônica ou principal.

QUANTO AO 2º, deve-se dizer que as ações são ditas voluntárias, porque nelas consentimos. Por isso não é necessário que o consentimento seja de qualquer potência, mas da vontade, que denomina o que é voluntário, e ela está na razão, como foi dito.

---

4. C. 12, n. 17: ML 42, 1008.
5. A. 1, ad 1.
6. Ibid.

e. As categorias evocadas são agostinianas. No *De Trinitate*, citado por Sto. Tomás, Sto. Agostinho distingue três níveis de faculdade nas quais se desenvolve a ação pecadora. Em primeiro lugar, dois níveis extremos: no inferior, a alma sensível, ligada aos sentidos corporais, da qual procede o apetite carnal e que temos em comum com os animais; depois, a razão que se aplica à sabedoria e possui a inteligência das realidades espirituais, eternas, imutáveis: é a razão superior. Entre esses dois níveis se insere a razão que se aplica à ciência, ao raciocínio sobre os objetos percebidos pelos sentidos, para formar o saber da ação. O consentimento é o ato da razão superior, juíza suprema da ação seguindo os critérios de verdades espirituais e senhora soberana do agir humano.

AD TERTIUM dicendum quod ratio superior dicitur consentire, non solum quia secundum rationes aeternas semper moveat ad agendum; sed etiam quia secundum rationes aeternas non dissentit.

QUANTO AO 3º, deve-se dizer que a razão superior consente, não apenas porque segundo as razões eternas, sempre move para a ação, mas também porque segundo as razões eternas não dissente.

QUAESTIO XVI
DE USU, QUI EST ACTUS VOLUNTATIS IN COMPARATIONE AD EA QUAE SUNT AD FINEM

in quatuor articulos divisa
Deinde considerandum est de usu.
Et circa hoc quaeruntur quatuor.
Primo: utrum uti sit actus voluntatis.
Secundo: utrum conveniat brutis animalibus.
Tertio: utrum sit tantum eorum quae sunt ad finem, vel etiam finis.
Quarto: de ordine usus ad electionem.

QUESTÃO 16
O USO, QUE É ATO DA VONTADE, COMPARADO COM AS COISAS QUE SÃO PARA O FIM[a]

em quatro artigos
Em seguida, deve-se considerar o uso.
Sobre isso, são quatro as perguntas:
1. Usar é ato da vontade?
2. Convém aos animais irracionais?
3. É só das coisas que são para o fim ou também do fim?
4. Sobre a ordem do uso para a eleição.

ARTICULUS 1
Utrum uti sit actus voluntatis

AD PRIMUM SIC PROCEDITUR. Videtur quod uti non sit actus voluntatis.
1. Dicit enim Augustinus, in I *de Doctr. Christ.*[1], quod *uti est id quod in usum venerit, ad aliud obtinendum referre.* Sed referre aliquid ad aliud est rationis, cuius est conferre et ordinare. Ergo uti est actus rationis. Non ergo voluntatis.
2. PRAETEREA, Damascenus dicit[2] quod *homo impetum facit ad operationem, et dicitur impetus: deinde utitur, et dicitur usus.* Sed operatio pertinet ad potentiam executivam. Actus enim voluntatis non sequitur actum executivae potentiae, sed executio est ultimum. Ergo usus non est actus voluntatis.
3. PRAETEREA, Augustinus dicit, in libro *Octoginta trium Quaest.*[3]: *Omnia quae facta sunt,*

ARTIGO 1
O uso é ato da vontade?

QUANTO AO PRIMEIRO ARTIGO, ASSIM SE PROCEDE: parece que usar **não** é ato da vontade.
1. Com efeito, diz Agostinho: "Usar é referir uma coisa que usamos a algo que deve ser obtido". Ora, referir uma coisa a algo é próprio da razão à qual cabe ordenar e relacionar. Logo, usar é ato da razão e não da vontade.
2. ALÉM DISSO, diz Damasceno: "O homem põe o impulso numa ação, esta chama-se ímpeto; em seguida serve-se dela, e isso chama-se uso". Ora, a ação é da potência executiva, pois o ato da vontade não segue o ato da potência executiva, mas a execução é o último. Logo, o uso não é ato da vontade.
3. ADEMAIS, diz Agostinho: "Tudo que foi feito, o foi para o uso do homem, porque a razão que

---

1 PARALL.: I *Sent.*, dist. 1, q. 1, a. 2.

1. C. 4: ML 34, 20.
2. *De fide orth.*, l. II, c. 22: MG 94, 945 AB.
3. Q. 30: ML 40, 20.

---

a. A divisão é habitual: definição, adequação aos animais ou ao apetite sensível, objeto, fim ou meio, relação com a escolha. Sto. Tomás introduz novamente em sua análise uma noção agostiniana, o *usus* ou "uso", que responde de maneira direta ao fruir, ao gozo estudado na questão 11. Eis como Sto. Agostinho define tal ato: "Usar uma coisa é colocá-la em poder da vontade: gozar é usar com alegria, não mais a esperança, mas a própria coisa..." (De Trinitate XII, 11). O uso diz respeito às criaturas face a Deus.
Sto. Tomás relaciona esse uso ao termo similar que ele encontra em João Damasceno, e que designa a execução da ação sob a moção da vontade. Desse modo, o uso passa a significar o exercício da ação na vontade e nas faculdades que ela comanda.

in usum hominis facta sunt: quia omnibus utitur iudicando ratio quae hominibus data est. Sed iudicare de rebus a Deo creatis pertinet ad rationem speculativam; quae omnino separata videtur a voluntate, quae est principium humanorum actuum. Ergo uti non est actus voluntatis.

SED CONTRA est quod Augustinus dicit, in X de Trin.[4]: *Uti est assumere aliquid in facultatem voluntatis.*

RESPONDEO dicendum quod usus rei alicuius importat applicationem rei illius ad aliquam operationem: unde et operatio ad quam applicamus rem aliquam, dicitur usus eius; sicut equitare est usus equi, et percutere est usus baculi. Ad operationem autem applicamus et principia interiora agendi, scilicet ipsas potentias animae vel membra corporis, ut intellectum ad intelligendum, et oculum ad videndum; et etiam res exteriores, sicut baculum ad percutiendum. Sed manifestum est quod res exteriores non applicamus ad aliquam operationem nisi per principia intrinseca, quae sunt potentiae animae, aut habitus potentiarum, aut organa, quae sunt corporis membra. Ostensum est autem supra[5] quod voluntas est quae movet potentias animae ad suos actus; et hoc est applicare eas ad operationem. Unde manifestum est quod uti primo et principaliter est voluntatis, tanquam primi moventis; rationis autem tanquam dirigentis; sed aliarum potentiarum tanquam exequentium, quae comparantur ad voluntatem, a qua applicantur ad agendum, sicut instrumenta ad principale agens. Actio autem, proprie non attribuitur instrumento, sed principali agenti: sicut aedificatio aedificatori, non autem instrumentis. Unde manifestum est quod uti proprie est actus voluntatis.

AD PRIMUM ergo dicendum quod ratio quidem in aliud refert: sed voluntas tendit in id quod est in aliud relatum per rationem. Et secundum hoc dicitur quod uti est referre aliquid in alterum.

AD SECUNDUM dicendum quod Damascenus loquitur de usu, secundum quod pertinet ad executivas potentias.

AD TERTIUM dicendum quod etiam ipsa ratio speculativa applicatur ad opus intelligendi vel

lhe foi dada usa de todas as coisas julgando". Ora, julgar as coisas criadas por Deus, pertence à razão especulativa, que parece ser totalmente separada da vontade, que é o princípio dos atos humanos. Logo, usar não é ato da vontade.

EM SENTIDO CONTRÁRIO, diz Agostinho: "Usar é assumir algo pela potência da vontade".

RESPONDO. O uso de uma coisa implica sua aplicação a uma ação, e, essa ação, à qual aplicamos alguma coisa, é o seu uso, como cavalgar é usar o cavalo, e bater é o uso do bastão. A uma ação, aplicamos os princípios interiores da ação, como são as potências da alma ou os membros do corpo, como o intelecto, para conhecer, os olhos, para ver, e também coisas exteriores, como o bastão para bater. É evidente, no entanto, que as coisas exteriores não aplicamos a alguma ação, a não ser por princípios intrínsecos, como são as potências da alma, ou os *habitus* das potências, ou os órgãos que são os membros do corpo. Foi acima demonstrado, que é a vontade que move as potências da alma aos seus atos, e isso é aplicá-las à ação. Donde ser evidente, que usar, primeiro e principalmente, pertence à vontade, sendo ela o primeiro movente; à razão, como dirigente; às outras potências da alma, como executoras. Estas estão para vontade, pela qual são aplicadas à ação, como os instrumentos para o agente principal. A ação, porém, propriamente não se atribui ao instrumento, mas ao principal agente, como a construção ao construtor, não aos instrumentos. Donde ficar evidente que usar é propriamente ato da vontade[b].

QUANTO AO 1º, portanto, deve-se dizer que a razão refere uma coisa à outra; mas a vontade tende para aquilo que foi referido a outro pela razão. E sob este aspecto, se diz que usar é referir uma coisa à outra.

QUANTO AO 2º, deve-se dizer que Damasceno fala de uso, enquanto este pertence às potências executivas.

QUANTO AO 3º, deve-se dizer que a mesma razão especulativa é aplicada à intelecção e ao juízo,

---

4. C. 11, n. 17: ML 42, 982.
5. Q. 9, a. 1.

b. O uso, que para nós significa a utilização de um instrumento ou de um meio de ordem técnica, situa-se aqui em um nível mais interior e propriamente moral. Designa o ato da vontade, colocando-se em movimento junto com as outras faculdades para realizar uma escolha. Poder-se-ia comparar o uso ao esforço, mesmo que evoque em menor medida a ideia de uma resistência a vencer. Esforço voluntário, antes de mais nada, intelectual, físico em seguida, para produzir a ação. O uso acrescenta contudo a ideia de uma relação entre meio e fim.

iudicandi, a voluntate. Et ideo intellectus speculativus uti dicitur tanquam a voluntate motus, sicut aliae executivae potentiae.

Articulus 2
Utrum uti conveniat brutis animalibus

AD SECUNDUM SIC PROCEDITUR. Videtur quod uti conveniat brutis animalibus.
1. Frui enim est nobilius quam uti: quia, ut Augustinus dicit in X *de Trin.*[1], *utimur eis quae ad aliud referimus, quo fruendum est.* Sed frui convenit brutis animalibus, ut supra[2] dictum est. Ergo multo magis convenit eis uti.
2. PRAETEREA, applicare membra ad agendum est uti membris. Sed bruta animalia applicant membra ad aliquid agendum; sicut pedes ad ambulandum, cornua ad percutiendum. Ergo brutis animalibus convenit uti.

SED CONTRA est quod Augustinus dicit, in libro *Octoginta trium Quaest.*[3]: *Uti aliqua re non potest nisi animal quod rationis est particeps.*

RESPONDEO dicendum quod, sicut dictum est[4], uti est applicare aliquod principium actionis ad actionem: sicut consentire est applicare motum appetitivum ad aliquid appetendum, ut dictum est[5]. Applicare autem aliquid ad alterum non est nisi eius quod habet arbitrium super illud: quod non est nisi eius qui scit referre aliquid in alterum, quod ad rationem pertinet. Et ideo solum animal rationale et consentit, et utitur.

AD PRIMUM ergo dicendum quod frui importat absolutum motum appetitus in appetibile: sed uti importat motum appetitus ad aliquid in ordine ad alterum. Si ergo comparentur uti et frui quantum ad obiecta, sic frui est nobilius quam uti: quia id quod est absolute appetibile, est melius quam id quod est appetibile solum in ordine ad aliud. Sed si comparentur quantum ad vim apprehensivam praecedentem, maior nobilitas requiritur ex parte usus: quia ordinare aliquid in alterum est rationis; absolute autem aliquid apprehendere potest etiam sensus.

AD SECUNDUM dicendum quod animalia per sua membra aliquid agunt instinctu naturae: non per hoc quod cognoscant ordinem membrorum ad illas

pela vontade. Assim sendo, se diz que o intelecto especulativo usa, como movido pela vontade, como as outras potências executivas.

Artigo 2
Convém o uso aos animais irracionais?

QUANTO AO SEGUNDO, ASSIM SE PROCEDE: parece que usar **convém** aos animais irracionais.
1. Com efeito, fruir é mais nobre do que usar, porque, segundo Agostinho: "Usamos as coisas referindo-as ao que vamos fruir". Ora, como acima foi dito, fruir convém aos animais irracionais. Logo, muito mais lhes convém o usar.
2. ALÉM DISSO, aplicar os membros para a ação é usar os membros. Ora, os animais irracionais aplicam os membros para agir, como, por exemplo, as patas para andar, os chifres para ferir. Logo, aos animais irracionais convém o usar.

EM SENTIDO CONTRÁRIO, diz Agostinho: "Usar uma coisa só pode o animal que participa do uso da razão".

RESPONDO. Como foi dito, usar é aplicar um princípio da ação à ação, como consentir é aplicar o movimento apetitivo a algo apetecível. Aplicar uma coisa à outra só é de que tem arbítrio sobre a coisa, e isso é só daquele que sabe referir uma coisa à outra, e isso pertence à razão. Por isso, somente o animal racional consente e usa.

QUANTO AO 1º, portanto, deve-se dizer que fruir implica o movimento absoluto do apetite para o apetecível; mas o uso implica o movimento do apetite para algo ordenado a outro. Se se comparam, usar e fruir quanto aos objetos, fruir é mais nobre que usar; porque aquilo que é absolutamente apetecível é melhor do que é apetecível relativamente a outro. Se se comparam, porém, quanto à potência apreensiva precedente, o uso é mais nobre, porque ordenar uma coisa para outra é próprio da razão, mas apreender algo absolutamente podem também os sentidos.

QUANTO AO 2º, deve-se dizer que os animais, por seus membros, agem por instinto natural, não por que conhecem a ordenação dos membros para as

---
1. C. 10, n. 13: ML 42, 981.
2. Q. 11, a. 2.
3. Q. 30: ML 40, 19.
4. Art. praec.
5. Q. 15, a. 1, 2, 3.

operationes. Unde non dicuntur proprie applicare membra ad agendum, nec uti membris.

Articulus 3
Utrum usus possit esse etiam ultimi finis

AD TERTIUM SIC PROCEDITUR. Videtur quod usus possit esse etiam ultimi finis.

1. Dicit enim Augustinus, in X *de Trin.*[1]: *Omnis qui fruitur, utitur.* Sed ultimo fine fruitur aliquis. Ergo ultimo fine aliquis utitur.
2. PRAETEREA, *uti est assumere aliquid in facultatem voluntatis*, ut ibidem dicitur. Sed nihil magis assumitur a voluntate quam ultimus finis. Ergo usus potest esse ultimi finis.
3. PRAETEREA, Hilarius dicit, in II *de Trin.*[2], quod *aeternitas est in Patre, species in Imagine*, idest in Filio, *usus in Munere*, idest in Spiritu Sancto. Sed Spiritus Sanctus, cum sit Deus, est ultimus finis. Ergo ultimo fine contingit uti.

SED CONTRA est quod dicit Augustinus, in libro *Octoginta trium Quaest.*[3]: *Deo nullus recte utitur, sed fruitur.* Sed solus Deus est ultimus finis. Ergo ultimo fine non est utendum.

RESPONDEO dicendum quod uti, sicut dictum est[4], importat applicationem alicuius ad aliquid. Quod autem applicatur ad aliud, se habet in ratione eius quod est ad finem. Et ideo uti semper est eius quod est ad finem. Propter quod et ea quae sunt ad finem accommoda, *utilia* dicuntur; et ipsa, utilitas interdum usus nominatur.

Sed considerandum est quod ultimus finis dicitur dupliciter: uno modo, simpliciter; et alio modo, quoad aliquem. Cum enim finis, ut supra[5] dictum est, dicatur quandoque quidem res, quandoque autem adeptio rei vel possessio eius, sicut avaro finis est vel pecunia vel possessio pecuniae; manifestum est quod, simpliciter loquendo, ultimus

suas ações. Por isso, não se diz que propriamente aplicam os membros para a ação, nem que usam os membros.

Artigo 3
O uso pode ser também do último fim?

QUANTO AO TERCEIRO, ASSIM SE PROCEDE: parece que o uso **pode** ser também do último fim.

1. Com efeito, diz Agostinho: "Todo aquele que frui, usa". Ora, alguém frui o último fim. Logo, alguém usa o último fim.
2. ALÉM DISSO, como foi dito, "Usar é assumir algo pela potência da vontade". Ora, o que é sobretudo assumido pela vontade é o último fim. Logo, pode haver o uso do último fim.
3. ADEMAIS, diz Hilário: "A eternidade está no Pai, a espécie na Imagem, isto é, no Filho, e o uso no Dom, isto é, no Espírito Santo". Ora, o Espírito sendo Deus, é o último fim. Logo, acontece o último fim ser usado.

EM SENTIDO CONTRÁRIO, diz Agostinho: "Ninguém retamente usa Deus, mas o frui". Ora, somente Deus é o último fim. Logo, não se usa o último fim.

RESPONDO. Como foi dito, o uso implica a aplicação de uma coisa a outra. Aquilo que se aplica a outra coisa se tem na razão do que é para o fim. Logo, usar é sempre daquilo que é para o fim. Por isso, as coisas convenientes para o fim se dizem *úteis*, e, às vezes, a utilidade é chamada de uso[c].

Mas se deve atender que o fim último é dito de dois modos: absolutamente ou relativamente a outra coisa. Foi dito acima que o fim, às vezes, significa a coisa; às vezes, a aquisição da coisa ou sua posse. Por exemplo, para o avarento o fim é ou o dinheiro, ou a posse do dinheiro. É claro que falando de modo absoluto, o fim último é a

---

1. C. 11, n. 17: ML 42, 982.
2. Num. 1: ML 10, 51 A.
3. Q. 30: ML 40, 20.
4. Art. 1.
5. Q. 1, a. 8; q. 2, a. 7.

---

c. O uso, dizendo respeito aos meios, inclui-se na ordem do útil. Deve-se entendê-lo mais no plano da utilidade moral do que no sentido do utilitarismo e da técnica moderna. No plano moral, posso escolher um amigo e dizer que ele me é útil, sem fazer dele um simples meio ou uma espécie de instrumento que utilizo.

Com efeito, o meu amigo me é mais útil quando me ensina e me ajuda a ser generoso, desinteressado. A caridade é, de modo análogo, a virtude mais desinteressada e mais útil. O mesmo ocorre com toda verdadeira virtude.

Os termos "útil" e "uso" contêm, portanto, uma armadilha sutil, pois comportam para nós o perigo de redução da moral a uma visão utilitária, para não dizer utilitarista, que eliminaria as melhores e mais características qualidades morais.

finis est ipsa res: non enim possessio pecuniae est bona, nisi propter bonum pecuniae. Sed quoad hunc, adeptio pecuniae est finis ultimus: non enim quaereret pecuniam avarus, nisi ut haberet eam. Ergo, simpliciter loquendo et proprie, pecunia homo aliquis fruitur, quia in ea ultimum finem constituit: sed inquantum refert eam ad possessionem, dicitur uti ea.

AD PRIMUM ergo dicendum quod Augustinus loquitur de usu communiter, secundum quod importat ordinem finis ad ipsam finis fruitionem, quam aliquis quaerit de fine.

AD SECUNDUM dicendum quod finis assumitur in facultatem voluntatis, ut voluntas in illo quiescat. Unde ipsa requies in fine, quae fruitio est, dicitur hoc modo usus finis. Sed id quod est ad finem, assumitur in facultatem voluntatis non solum in ordine ad usum eius quod est ad finem, sed in ordine ad aliam rem, in qua voluntas quiescit.

AD TERTIUM dicendum quod usus accipitur in verbis Hilarii pro quiete in ultimo fine: eo modo quo aliquis, communiter loquendo, dicitur uti fine ad obtinendum ipsum, sicut dictum est[6]. Unde Augustinus, in VI *de Trin.*[7], dicit quod *illa dilectio, delectatio, felicitas vel beatitudo usus ab eo appellatur*.

própria coisa, pois a posse do dinheiro não é boa senão em virtude do bem do dinheiro. Mas para o sujeito, a posse do dinheiro é o fim último, pois o avarento não procuraria o dinheiro senão para o possuir. Logo, falando de modo absoluto, e propriamente, um homem frui o dinheiro porque nele constituiu seu fim último. Mas, se o refere à posse, se diz que o usa[d].

QUANTO AO 1º, portanto, deve-se dizer que Agostinho fala de uso em sentido comum, enquanto implica ordem do fim à fruição mesma do fim, é isso que se busca no fim.

QUANTO AO 2º, deve-se dizer que o fim é assumido pela potência da vontade, para que a vontade nele repouse. Donde, o repouso no fim, que é a fruição, significa dessa maneira o uso do fim. Mas o que é para o fim é assumido pela potência da vontade, não só em ordem ao uso do que é para o fim, mas em ordem a outra coisa na qual a vontade repousa.

QUANTO AO 3º, deve-se dizer que se toma uso, nas palavras de Hilário, por repouso no último fim; como se diz, em geral, que alguém usa o fim para obtê-lo. Por isso, Agostinho diz: "Aquela dileção, prazer, felicidade ou bem-aventurança é por ele chamada de uso".

ARTICULUS 4
Utrum usus praecedat electionem

AD QUARTUM SIC PROCEDITUR. Videtur quod usus praecedat electionem.
1. Post electionem enim nihil sequitur nisi executio. Sed usus, cum pertineat ad voluntatem praecedit executionem. Ergo praecedit etiam electionem.
2. PRAETEREA, absolutum est ante relatum. Ergo minus relatum est ante magis relatum. Sed electio importat duas relationes, unam eius quod eligitur ad finem, aliam vero ad id cui praeeligitur: usus autem importat solam relationem ad finem. Ergo usus est prior electione.

3. PRAETEREA, voluntas utitur aliis potentiis inquantum movet eas. Sed voluntas movet etiam

ARTIGO 4
O uso precede a eleição?

QUANTO AO QUARTO, ASSIM SE PROCEDE: parece que o uso **precede** a eleição.
1. Com efeito, após a eleição segue-se a execução. Ora, o uso, pertencendo à vontade, precede a execução. Logo, precede também a eleição.
2. ALÉM DISSO, o absoluto precede o relativo. Por isso, o menos relativo precede o mais relativo. Ora, a eleição implica duas relações: uma, daquilo que foi eleito para com o fim; outra, para com aquilo que foi anteriormente preferido; o uso, porém, implica relação só para com o fim. Logo, o uso precede a eleição.

3. ADEMAIS, a vontade usa as outras potências enquanto as move. Ora, a vontade, como foi dito,

---
6. In corp.
7. C. 10: ML 42, 932.

---
d. Esta segunda parte da resposta se destina a explicar o emprego abrangente do termo "uso", encontrado em Agostinho e Hilário: ver obj. 1 e 3.

seipsam, ut dictum est[1]. Ergo etiam utitur seipsa, applicando se ad agendum. Sed hoc facit cum consentit. Ergo in ipso consensu est usus. Sed consensus praecedit electionem, ut dictum est[2]. Ergo et usus.

SED CONTRA est quod Damascenus dicit[3], quod *voluntas post electionem impetum facit ad operationem, et postea utitur.* Ergo usus sequitur electionem.

RESPONDEO dicendum quod voluntas duplicem habitudinem habet ad volitum. Unam quidem, secundum quod volitum est quodammodo in volente, per quandam proportionem vel ordinem ad volitum. Unde et res quae naturaliter sunt proportionatae ad aliquem finem, dicuntur appetere illum naturaliter. — Sed sic habere finem, est imperfecte habere ipsum. Omne autem imperfectum tendit in perfectionem. Et ideo tam appetitus naturalis, quam voluntarius, tendit ut habeat ipsum finem realiter, quod est perfecte habere ipsum. Et haec est secunda habitudo voluntatis ad volitum.

Volitum autem non solum est finis, sed id quod est ad finem. Ultimum autem quod pertinet ad primam habitudinem voluntatis, respectu eius quod est ad finem, est electio: ibi enim completur proportio voluntatis, ut complete velit id quod est ad finem. Sed usus iam pertinet ad secundam habitudinem voluntatis, qua tendit ad consequendum rem volitam. Unde manifestum est quod usus sequitur electionem: si tamen accipiatur usus, secundum quod voluntas utitur executiva potentia movendo ipsam. Sed quia voluntas etiam quodammodo rationem movet, et utitur ea, potest intelligi usus eius quod est ad finem, secundum quod est in consideratione rationis referentis ipsum in finem. Et hoc modo usus praecedit electionem.

AD PRIMUM ergo dicendum quod ipsam executionem operis praecedit motio qua voluntas movet ad exequendum, sequitur autem electionem. Et sic, cum usus pertineat ad praedictam motionem voluntatis, medium est inter electionem et executionem.

move-se também a si mesma. Logo, usa a si mesma, quando se aplica para a ação. Ora, isso ela faz consentindo. Logo, neste consentimento há o uso. Ora, o consentimento precede a eleição, como foi dito. Logo, também o uso.

EM SENTIDO CONTRÁRIO, diz Damasceno: "A vontade, após a eleição, impele para a ação, e depois usa". Logo, o uso segue-se à eleição.

RESPONDO. A vontade tem dupla relação para com o que é. Uma, enquanto o que é querido está de algum modo no que quer por alguma proporção ou ordenação para com o que é querido. Por isso, se diz que as coisas que são proporcionadas a algum fim o desejam naturalmente. — Mas, ter o fim desse modo, é tê-lo imperfeitamente. Ora, todo fim imperfeito busca a perfeição. Por isso, tanto o apetite natural, como o voluntário, tendem para possuir realmente o fim, isto é, para possuí-lo perfeitamente. Esta é a segunda relação da vontade com o que é querido[e].

O que é querido não só é fim, mas aquilo que é para o fim. O último que pertence à primeira relação da vontade, com respeito ao que é para o fim, é a eleição. Está, então, completa a proporção da vontade para perfeitamente querer o que é para o fim. Mas o uso já pertence à segunda relação da vontade pela qual tende para conseguir a coisa querida. Assim se evidencia que o uso segue-se à eleição, se uso significar que a vontade usa a potência executiva, movendo-a. Mas, como também a vontade de algum modo move e usa a razão, pode-se entender o uso daquilo que é para o fim, enquanto está na consideração da razão que o refere ao fim. E desse modo o uso precede a eleição.

QUANTO AO 1º, portanto, deve-se dizer que a execução da obra é precedida pela moção da vontade para a executar, mas que se segue à eleição. Assim sendo, como o uso pertence à predita moção da vontade, ele está no meio entre a eleição e a execução.

---

1. Q. 9, a. 3.
2. Q. 15, a. 3, ad 3.
3. *De fide orth.*, l. II, c. 22: MG 94, 945 AB.

---

e. A questão é importante. Com a escolha termina o que se denominou de ordem da intenção. Com o uso voluntário começa a ordem da execução. Deve-se atentar, entretanto, para não separar esses atos e ordens, pois o uso voluntário é anterior à escolha, como sua matéria. A escolha comporta, com efeito, a decisão de fazer ou não fazer, ou seja, de usar ou não usar, de esforçar-se ou não. Ora, só se escolheu realmente fazer algo no momento em que se começa efetivamente a fazer, a agir, na medida do possível. A escolha e o uso voluntário (ou o esforço de agir) são desse modo simultâneos e implicam um o outro. O uso e a execução não são, portanto, mera aplicação material da decisão anterior, tomada em uma escolha da qual eles não teriam nenhuma participação, conforme se pensou com frequência.

AD SECUNDUM dicendum quod id quod est per essentiam suam relatum, posterius est absoluto: sed id cui attribuuntur relationes, non oportet quod sit posterius. Immo quanto causa est prior, tanto habet relationem ad plures effectus.

AD TERTIUM dicendum quod electio praecedit usum, si referantur ad idem. Nihil autem prohibet quod usus unius praecedat electionem alterius. Et quia actus voluntatis reflectuntur supra seipsos, in quolibet actu voluntatis potest accipi et consensus, et electio, et usus: ut si dicatur quod voluntas consentit se eligere, et consentit se consentire, et utitur se ad consentiendum et eligendum. Et semper isti actus ordinati ad id quod est prius, sunt priores.

QUANTO AO 2º, deve-se dizer que aquilo que é essencialmente relativo é posterior ao absoluto, mas aquilo a que se atribuem relações não é necessário que seja posterior. Até porque, quanto mais a causa é anterior, tanto mais terá relações para mais efeitos.

QUANTO AO 3º, deve-se dizer que a eleição precede o uso, se forem referidos à mesma coisa. Nada, porém, impede que o uso de uma preceda a eleição de outra. E porque os atos da vontade se refletem sobre si mesmos, em qualquer ato da vontade podem ser aceitos o consentimento, a eleição e o uso, como se dissesse que a vontade consente em eleger, consente em consentir, e se usa para consentir e eleger. E sempre esses atos ordenados para o que é anterior, são anteriores.

QUAESTIO XVII
DE ACTIBUS IMPERATIS A VOLUNTATE
in novem articulos divisa

Deinde considerandum est de actibus imperatis a voluntate.
Et circa hoc quaeruntur novem.
Primo: utrum imperare sit actus voluntatis, vel rationis.
Secundo: utrum imperare pertineat ad bruta animalia.
Tertio: de ordine imperii ad usum.
Quarto: utrum imperium et actus imperatus sint unus actus, vel diversi.
Quinto: utrum actus voluntatis imperetur.
Sexto: utrum actus rationis.
Septimo: utrum actus appetitus sensitivi.
Octavo: utrum actus animae vegetabilis.
Nono: utrum actus exteriorum membrorum.

QUESTÃO 17
OS ATOS IMPERADOS PELA VONTADE[a]
em nove artigos

Em seguida, devem-se considerar os atos imperados pela vontade.
Sobre isso, são nove as perguntas:
1. Imperar é ato da vontade ou da razão?
2. Pertence aos animais irracionais?
3. Sobre a ordem do império para com o uso.
4. O império e o ato imperado são um só ato, ou diversos?
5. O ato da vontade é imperado?
6. O ato da razão?
7. O ato do apetite sensitivo?
8. O ato da alma vegetativa?
9. O ato dos membros exteriores?

---

a. Os quatro primeiros artigos tratam do ato do comando; os seguintes, do poder que temos de comandar nossas faculdades. O *imperium*, que significa poder soberano, em latim clássico, torna-se aqui um ato, e é identificado ao *impulsus* ou "impulso" da análise do ato humano feita por S. João Damasceno.
Conservamos em nossa tradução o termo técnico "império", que designa um ato complexo de razão e vontade, tendo como equivalentes o "preceito" e a "ordenação". Esses três atos — império, preceito e ordenação — guardam o mesmo significado essencial de uma orientação livre e racional exercida pela vontade, comportando no entanto conotações próprias a cada um. Assim, o preceito se apresenta como o elemento primordial da virtude da prudência (II-II, q. 47, a. 8); a ordenação aparece na definição da lei (I-II, q. 90) e da oração (II-II, q. 83). O império tem uma acepção mais abrangente. O verbo *imperare* pode, assim, traduzir-se por "ordenar", que significa ao mesmo tempo um ato da razão que estabelece uma ordem, e da vontade que dá um impulso e faz agir. *Imperium* designa o poder que se possui sobre inferiores. Designa também as ordens que emanam desse poder, mas jamais o ato de exercer, de dar ordens. É todavia o sentido que lhe dá aqui Sto. Tomás. Pode-se traduzi-lo ainda por "comando". Essa palavra apresenta no entanto um inconveniente: implica com frequência a ideia de uma coerção externa, que não se encontra diretamente no termo de Sto. Tomás.

Articulus 1
Utrum imperare sit actus rationis, vel voluntatis

AD PRIMUM SIC PROCEDITUR. Videtur quod imperare non sit actus rationis, sed voluntatis.

1. Imperare enim est movere quoddam: dicit enim Avicenna quod quadruplex est movens, scilicet *perficiens, disponens, imperans* et *consilians*. Sed ad voluntatem pertinet movere omnes alias vires animae, ut dictum est supra[1]. Ergo imperare est actus voluntatis.
2. PRAETEREA, sicut imperari pertinet ad id quod est subiectum, ita imperare pertinere videtur ad id quod est maxime liberum. Sed radix libertatis est maxime in voluntate. Ergo voluntatis est imperare.
3. PRAETEREA, ad imperium statim sequitur actus. Sed ad actum rationis non statim sequitur actus: non enim qui iudicat aliquid esse faciendum, statim illud operatur. Ergo imperare non est actus rationis, sed voluntatis.

SED CONTRA est quod Gregorius Nyssenus[2] dicit, et etiam Philosophus[3], quod *appetitivum obedit rationi*. Ergo rationis est imperare.

RESPONDEO dicendum quod imperare est actus rationis, praesupposito tamen actu voluntatis. Ad cuius evidentiam, considerandum est quod, quia actus voluntatis et rationis supra se invicem possunt ferri, prout scilicet ratio ratiocinatur de volendo, et voluntas vult ratiocinari; contingit actum voluntatis praeveniri ab actu rationis, et e converso. Et quia virtus prioris actus remanet in actu sequenti, contingit quandoque quod est aliquis actus voluntatis, secundum quod manet virtute in ipso aliquid de actu rationis, ut dictum est de usu[4] et de electione[5]; et e converso aliquis est actus rationis, secundum quod virtute manet in ipso aliquid de actu voluntatis.
Imperare autem est quidem essentialiter actus rationis: imperans enim ordinat eum cui imperat, ad aliquid agendum, intimando vel denuntiando; sic autem ordinare per modum cuiusdam intimationis, est rationis. Sed ratio potest aliquid intimare vel denuntiare dupliciter. Uno modo,

Artigo 1
Imperar é ato da razão ou da vontade?

QUANTO AO PRIMEIRO ARTIGO, ASSIM SE PROCEDE: parece que imperar **não** é ato da razão, mas da vontade.

1. Com efeito, imperar é mover alguma coisa. Para Avicena, há quatro tipos de movente, a saber: "o que perfeiçoa, o que dispõe, o que impera e o que aconselha". Ora, como foi dito acima, pertence à vontade mover todas as potências da alma. Logo, imperar é ato da vontade.
2. ALÉM DISSO, como ser imperado pertence ao que está sujeito a algo, imperar parece ser próprio do que é sobretudo livre. Ora, a raiz da liberdade é sobretudo a vontade. Logo, é próprio da vontade imperar.
3. ADEMAIS, ao império segue-se imediatamente o ato. Ora, ao ato da razão não se segue imediatamente o ato, porque quem julga que se deve fazer uma coisa, não a faz imediatamente. Logo, imperar não é ato da razão, mas da vontade.

EM SENTIDO CONTRÁRIO, diz Gregório de Nissa e também, o Filósofo: "A potência apetitiva obedece à razão". Logo, imperar é próprio da razão.

RESPONDO. Imperar é ato da razão, pressuposto o ato da vontade. Para esclarecê-lo, deve-se considerar que devido a que o ato da vontade e da razão podem referir-se entre si, enquanto a razão reflete sobre o querer e a vontade quer refletir, acontece o ato da vontade ser posterior ao ato da razão e vice-versa. E, porque a virtude do ato anterior permanece no ato posterior, dá-se às vezes que há algum ato da vontade no qual permanece virtualmente algo do ato da razão, como foi dito ao tratarmos do uso e da eleição; e, pelo contrário, há algum ato da razão no qual permanece virtualmente algo do ato da vontade.

Imperar é, pois, essencialmente ato da razão, porque o que impera ordena o que é imperado para agir, intimando ou advertindo. Assim sendo, ordenar mediante intimação pertence à razão. Ela intima ou adverte de dois modos. Primeiro, absolutamente: é o que faz por um verbo no in-

---

1 PARALL.: II-II, q. 83, a. 1; IV *Sent.*, dist. 15, q. 4, a. 1, q.la 1, ad 3; *De Verit.*, q. 22, a. 12, ad 4; *Quodlib.* IX, q. 5, a. 2.

1. Q. 9, a. 1.
2. NEMESIUS, *De nat. hom.* c. 16, al. l. V, c. 8: MG 40, 672 B.
3. *Eth.* I, 13: 1102, b, 25-33.
4. Q. 16, a. 1.
5. Q. 13, a. 1.

absolute: quae quidem intimatio exprimitur per verbum indicativi modi; sicut si aliquis alicui dicat, *Hoc est tibi faciendum*. Aliquando autem ratio intimat aliquid alicui, movendo ipsum ad hoc: et talis intimatio exprimitur per verbum imperativi modi; puta cum alicui dicitur, *Fac hoc*. Primum autem movens in viribus animae ad exercitium actus, est voluntas, ut supra[6] dictum est. Cum ergo secundum movens non moveat nisi in virtute primi moventis, sequitur quod hoc ipsum quod ratio movet imperando, sit ei ex virtute voluntatis. Unde relinquitur quod imperare sit actus rationis, praesupposito actu voluntatis, in cuius virtute ratio movet per imperium ad exercitium actus.

AD PRIMUM ergo dicendum quod imperare non est movere quocumque modo, sed cum quadam intimatione denuntiativa ad alterum. Quod est rationis.

AD SECUNDUM dicendum quod radix libertatis est voluntas sicut subiectum: sed sicut causa, est ratio. Ex hoc enim voluntas libere potest ad diversa ferri, quia ratio potest habere diversas conceptiones boni. Et ideo philosophi definiunt liberum arbitrium quod est *liberum de ratione iudicium*, quasi ratio sit causa libertatis.

AD TERTIUM dicendum quod ratio illa concludit quod imperium non sit actus rationis absolute, sed cum quadam motione, ut dictum est[7].

dicativo, como se alguém dissesse a outro: *Isso deves fazer*. Outras vezes a razão intima algo a alguém, movendo-o para tal. E essa intimação a faz usando o verbo no imperativo, dizendo: Faz isso. O primeiro movente das potências da alma para o exercício do ato é a vontade, como acima foi dito. Como, porém, o segundo movente não move senão em virtude do primeiro movente, segue-se que aquilo que a razão move por império, procede da potência da vontade. Conclui-se, pois, que imperar é ato da razão, pressuposto o ato da vontade, em virtude do qual a razão move por império para o exercício do ato[b].

QUANTO AO 1º, portanto, deve-se dizer que imperar não é mover de qualquer modo, mas como uma intimação esclarecedora para o outro, e isto é próprio da razão.

QUANTO AO 2º, deve-se dizer que a raiz da liberdade é a vontade como sujeito, mas como causa é a razão. Por isso, a vontade pode livremente tender para diversos objetos, porque a razão pode ter concepções diversas do bem. Por esse motivo os filósofos definem o livre arbítrio como: "O livre juízo da razão"; como se a razão fosse a causa da liberdade[c].

QUANTO AO 3º, deve-se dizer que aquele argumento conclui que o império não é ato da razão absolutamente, mas com alguma moção, como foi dito.

ARTICULUS 2
Utrum imperare pertineat ad animalia bruta

AD SECUNDUM SIC PROCEDITUR. Videtur quod imperare conveniat brutis animalibus.

ARTIGO 2
Imperar pertence aos animais irracionais?

QUANTO AO SEGUNDO, ASSIM SE PROCEDE: parece que imperar **convém** aos animais irracionais.

---

6. Q. 9, a. 1.
7. In corp.

---

b. A definição de império ou imperar como um ato da razão contendo um impulso voluntário é muito importante, pois ela determina a definição de lei, de preceitos, de comandos como sendo obras da razão, em primeiro lugar, e não como obras da pura vontade do legislador, conforme se dirá mais tarde. O mesmo ocorre com o modo imperativo que é próprio do império.

Assim concebido, o império liga-se diretamente à virtude da prudência, que forma o juízo prático concreto e decisivo. O império procede, portanto, de uma sabedoria que subordina o homem ao bem assim como ao fim que lhe convém, bem de todo homem e bem de uma sociedade, que se denomina bem comum.

Por conseguinte, a obediência será, também um ato da razão e da vontade associados tendo em vista o bem comum.

Para nós, o termo "império", assim como o "imperativo", assumiu um matiz voluntarista, do qual temos dificuldade de nos desfazer.

c. A relação entre comando e liberdade é interessante. Para Sto. Tomás, a liberdade procede do intelecto e da vontade reunidos, como no império. Quando se definir a liberdade como o ato da pura vontade conceber-se-á necessariamente do mesmo modo o império, a lei e a obediência. O império irá tornar-se uma coerção que se impõe a si mesmo ou aos outros.

1. Quia secundum Avicennam[1], *virtus imperans motum est appetitiva, et virtus exequens motum est in musculis et in nervis*. Sed utraque virtus est in brutis animalibus. Ergo imperium invenitur in brutis animalibus.

2. Praeterea, de ratione servi est quod ei imperetur. Sed corpus comparatur ad animam sicut servus ad dominum, sicut dicit Philosophus in I *Polit.*[2]. Ergo corpori imperatur ab anima, etiam in brutis, quae sunt composita ex anima et corpore.

3. Praeterea, per imperium homo facit impetum ad opus. Sed *impetus in opus invenitur in brutis animalibus*, ut Damascenus dicit[3]. Ergo in brutis animalibus invenitur imperium.

Sed contra, imperium est actus rationis, ut dictum est. Sed in brutis non est ratio. Ergo neque imperium.

Respondeo dicendum quod imperare nihil aliud est quam ordinare aliquem ad aliquid agendum, cum quadam intimativa motione. Ordinare autem est proprius actus rationis. Unde impossibile est quod in brutis animalibus, in quibus non est ratio, sit aliquo modo imperium.

Ad primum ergo dicendum quod vis appetitiva dicitur imperare motum, inquantum movet rationem imperantem. Sed hoc est solum in hominibus. In brutis autem animalibus virtus appetitiva non est proprie imperativa, nisi imperativum sumatur large pro motivo.

Ad secundum dicendum quod in brutis animalibus corpus quidem habet unde obediat: sed anima non habet unde imperet, quia non habet unde ordinet. Et ideo non est ibi ratio imperantis et imperati; sed solum moventis et moti.

Ad tertium dicendum quod aliter invenitur impetus ad opus in brutis animalibus, et aliter in hominibus. Homines enim faciunt impetum ad opus per ordinationem rationis: unde habet in eis impetus rationem imperii. In brutis autem fit impetus ad opus per instinctum naturae: quia scilicet appetitus eorum statim apprehenso convenienti vel inconvenienti, naturaliter movetur ad prosecutionem vel fugam. Unde ordinantur ab alio ad agendum: non autem ipsa seipsa ordinant

1. Com efeito, diz Avicena: "A potência que impera o movimento, está no apetite; a potência que o executa, está nos músculos e nos nervos". Ora, essas duas potências encontram-se nos animais irracionais. Logo, o império encontra-se nos animais irracionais.

2. Além disso, da razão de servo é que se lhe impere. Ora, o corpo está para alma, como o servo para o senhor, segundo o Filósofo, no livro I da *Política*. Logo, o corpo é imperado pela alma, até nos animais irracionais, pois eles se compõem de corpo e alma.

3. Ademais, pelo império o homem dá o impulso para a ação. Ora, como diz Damasceno: "O impulso para a ação encontra-se também nos animais irracionais". Logo, os animais irracionais possuem o império.

Em sentido contrário, foi dito que o império é ato da razão. Ora, nos animais irracionais não existe a razão. Logo, nem império.

Respondo. Imperar nada mais é do que ordenar a alguém fazer uma coisa, com certa moção intimativa. Ora, ordenar é ato próprio da razão. Logo, é impossível que nos animais irracionais nos quais não há razão, haja de algum modo o império.

Quanto ao 1º, portanto, deve-se dizer que a potência apetitiva impera o movimento, enquanto move a razão que impera. Mas isto existe só nos homens. Nos animais irracionais a potência apetitiva propriamente não é imperativa, a não ser que se tome em sentido lato, por aquilo que move.

Quanto ao 2º, deve-se dizer que nos animais irracionais, o corpo tem donde obedecer, mas a alma não tem donde imperar, porque não há donde ordenar. Eis por que neles não há a razão de imperante e de imperado, mas somente de movente e de movido.

Quanto ao 3º, deve-se dizer que um é o impulso para a ação nos animais irracionais e outro nos homens. O impulso para ação nos homens procede da razão. Por isso, o seu impulso para ação tem a razão de império. Mas, nos animais irracionais, o impulso para a ação procede do instinto da natureza, pois o apetite deles logo que apreende o que lhes é conveniente ou inconveniente, pela sua natureza são movido para a perseguição ou para a fuga. Por isso, são ordenados por outro

---

1. *De anima*, p. I, c. 5.
2. C. 2: 1254, b, 4.
3. *De fide orth*. l. II, c. 22: MG 94, 945 BC.

ad actionem. Et ideo in eis est impetus, sed non imperium.

Articulus 3
Utrum usus praecedat imperium

AD TERTIUM SIC PROCEDITUR. Videtur quod usus praecedat imperium.
1. Imperium enim est actus rationis praesupponens actum voluntatis, ut supra[1] dictum est. Sed usus est actus voluntatis, ut supra[2] dictum est. Ergo usus praecedit imperium.
2. PRAETEREA, imperium est aliquid eorum quae ad finem ordinantur. Eorum autem quae sunt ad finem, est usus. Ergo videtur quod usus sit prius quam imperium.
3. PRAETEREA, omnis actus potentiae motae a voluntate, usus dicitur: quia voluntas utitur aliis potentiis, ut supra[3] dictum est. Sed imperium est actus rationis prout mota est a voluntate, sicut dictum est[4]. Ergo imperium est quidam usus. Commune autem est prius proprio. Ergo usus est prius quam imperium.

SED CONTRA est quod Damascenus dicit[5], quod impetus ad operationem praecedit usum. Sed impetus ad operationem fit per imperium. Ergo imperium praecedit usum.

RESPONDEO dicendum quod usus eius quod est ad finem, secundum quod est in ratione referente ipsum in finem, praecedit electionem, ut supra[6] dictum est. Unde multo magis praecedit imperium. — Sed usus eius quod est ad finem, secundum quod subditur potentiae executivae, sequitur imperium: eo quod usus utentis coniunctus est cum actu eius quo quis utitur; non enim utitur aliquis baculo, antequam aliquo modo per baculum operetur. Imperium autem non est simul cum actu eius cui imperatur: sed naturaliter prius est imperium quam imperio obediatur, et aliquando etiam est prius tempore. Unde manifestum est quod imperium est prius quam usus.

Artigo 3
O uso precede o império?

QUANTO AO TERCEIRO, ASSIM SE PROCEDE: parece que o uso **precede** o império.
1. Com efeito, como foi acima dito, o império é o ato da razão pressupondo o ato da vontade. Ora, também foi dito que o uso é ato da vontade. Logo, o uso precede o império.
2. ALÉM DISSO, o império é uma das coisas que se ordenam para o fim. Ora, o uso tem por objeto as coisas que são para o fim. Logo, parece que o uso é anterior ao império.
3. ADEMAIS, chama-se uso todo ato de uma potência movida pela vontade, porque, como foi dito acima, a vontade usa as outras potências. Ora, como também foi dito, o império é ato da razão enquanto movida pela vontade. Logo, o império é certo uso. Ora, o que é comum é anterior ao que é próprio. Logo, o uso é anterior ao império.

EM SENTIDO CONTRÁRIO, diz Damasceno "que o impulso para a ação precede o uso. Mas, o impulso para a ação procede do império. Logo, o império precede o uso.

RESPONDO. O uso do que é para o fim, enquanto está na razão que o refere ao fim, precede a eleição, como acima foi dito. Por onde, muito mais precederá o império. — Mas o uso daquilo que é para o fim, enquanto está sujeito a uma potência executiva, segue-se ao império. Isto porque o uso de quem usa está unido ao ato daquilo que alguém usa, assim ninguém usa um bastão sem que por ele tenha feito alguma percussão. O império, porém, não é simultâneo com o ato daquele que recebeu a ordem, mas naturalmente é anterior a que seja obedecido, e, às vezes, anterior no tempo. Logo, é evidente que o império é anterior ao uso[d].

3
1. Art. 1.
2. Q. 16, a. 1.
3. Ibid.
4. Art. 1.
5. *De fide orth*. l. II, c. 22: MG 94, 945 AB.
6. Q. 16, a. 4.

d. A análise é sutil e justa. As coisas são claras quando um homem dá uma ordem a um outro. O uso ou o pôr-se em ação daquele que obedece é posterior ao comando recebido. Quando se trata de uma ordem que a pessoa dá a si mesma, ocorre uma simultaneidade, conforme dissemos anteriormente, entre escolha, comando e uso, ou esforço voluntário. A sequência desses atos é estrutural, e não temporal, neste caso. Sem dúvida, ocorre que tais ordens interiores nem cheguem a ser executadas; porém, é precisamente o sinal de que a escolha não estava ainda realmente determinada, ou que não se dispunha de pleno domínio.

AD PRIMUM ergo dicendum quod non omnis actus voluntatis praecedit hunc actum rationis qui est imperium: sed aliquis praecedit, scilicet electio; et aliquis sequitur, scilicet usus. Quia post determinationem consilii, quae est iudicium rationis, voluntas eligit; et post electionem, ratio imperat ei per quod agendum est quod eligitur; et tunc demum voluntas alicuius incipit uti, exequendo imperium rationis; quandoque quidem voluntas alterius, cum aliquis imperat alteri; quandoque autem voluntas ipsius imperantis, cum aliquis imperat sibi ipsi.

AD SECUNDUM dicendum quod, sicut actus sunt praevii potentiis, ita obiecta actibus. Obiectum autem usus est id quod est ad finem. Ex hoc ergo quod ipsum imperium est ad finem, magis potest concludi quod imperium sit prius usu, quam quod sit posterius.

AD TERTIUM dicendum quod, sicut actus voluntatis utentis ratione ad imperandum, praecedit ipsum imperium; ita etiam potest dici quod est istum usum voluntatis praecedit aliquod imperium rationis: eo quod actus harum potentiarum supra seipsos invicem reflectuntur.

QUANTO AO 1º, portanto, deve-se dizer que nem todo ato da vontade precede este ato da razão que é o império: mas algo o precede, isto é, a eleição, e algo o segue, isto é, o uso. Depois da determinação da deliberação, que é um juízo da razão, a vontade efetua a eleição. A seguir, a razão impera ao que deve realizar aquilo que, finalmente, foi eleito, e a vontade de alguém começa a usar, executando o império da razão. Às vezes, é a vontade de outro, quando o império se dirige a outro, outras vezes, é a vontade do mesmo, quando o império recai sobre si mesmo.

QUANTO AO 2º, deve-se dizer que assim como os atos são anteriores às potências, também os objetos são anteriores aos atos. O objeto do uso é aquilo que é para o fim. Portanto, porque o império é para o fim, com maior razão se há de concluir que o império é anterior ao uso, e não, posterior.

QUANTO AO 3º, deve-se dizer que como o ato da vontade que usa a razão para o império, precede o mesmo império, assim também se pode dizer que este uso da vontade precede algum império da razão, porque os atos dessas duas potências repercutem uns nos outros.

ARTICULUS 4
Utrum imperium et actus imperatus sint actus unus, vel diversi

AD QUARTUM SIC PROCEDITUR. Videtur quod actus imperatus non sit unus actus cum ipso imperio.

1. Diversarum enim potentiarum diversi sunt actus. Sed alterius potentiae est actus imperatus, et alterius ipsum imperium: quia alia est potentia quae imperat, et alia cui imperatur. Ergo non est idem actus imperatus cum imperio.

2. PRAETEREA, quaecumque possunt ab invicem separari, sunt diversa: nihil enim separatur a seipso. Sed aliquando actus imperatus separatur ab imperio: praecedit enim quandoque imperium, et non sequitur actus imperatus. Ergo alius actus est imperium ab actu imperato.

2. PRAETEREA, quaecumque se habent secundum prius et posterius, sunt diversa. Sed imperium naturaliter praecedit actum imperatum. Ergo sunt diversa.

ARTIGO 4
O império e o ato imperado são um só ato, ou são diversos?

QUANTO AO QUARTO, ASSIM SE PROCEDE: parece que o ato imperado **não** é um só ato com o império.

1. Com efeito, a diversidade dos atos é conforme à diversidade das potências. Ora, de uma potência o ato é imperado; de outra, o império, porque uma é a potência que impera, outra a que é imperada. Logo, o ato imperado não se identifica com o império.

2. ALÉM DISSO, as coisas que podem ser separadas são diversificadas, porque nada se separa de si mesmo. Ora, às vezes o ato imperado separa-se do império, pois às vezes, precede o império e não segue o ato imperado. Logo, os dois atos são distintos.

3. ADEMAIS, as coisas que se referem entre si como anteriores e posteriores são diversas. Ora, o império precede naturalmente o imperado. Logo, são atos diversos.

---

4 PARALL.: Part. III, q. 19, a. 2; *De Unione Verbi*, art. 5.

SED CONTRA est quod Philosophus dicit[1], quod *ubi est unum propter alterum, ibi est unum tantum*. Sed actus imperatus non est nisi propter imperium. Ergo sunt unum.

RESPONDEO dicendum quod nihil prohibet aliqua esse secundum quid multa, et secundum quid unum. Quinimmo omnia multa sunt secundum aliquid unum, ut Dionysius dicit, ult. cap. *de Div. Nom.*[2]. Est tamen differentia attendenda in hoc, quod quaedam sunt simpliciter multa, et secundum quid unum: quaedam vero e converso. Unum autem hoc modo dicitur sicut et ens. Ens autem simpliciter est substantia: sed ens secundum quid est accidens, vel etiam ens rationis. Et ideo quaecumque sunt unum secundum substantiam, sunt unum simpliciter, et multa secundum quid. Sicut totum in genere substantiae, compositum ex suis partibus vel integralibus vel essentialibus, est unum simpliciter: nam totum est ens et substantia simpliciter, partes vero sunt entia et substantiae in toto. Quae vero sunt diversa secundum substantiam, et unum secundum accidens, sunt diversa simpliciter, et unum secundum quid: sicut multi homines sunt unus populus, et multi lapides sunt unus acervus; quae est unitas compositionis, aut ordinis. Similiter etiam multa individua, quae sunt unum genere vel specie, sunt simpliciter multa, et secundum quid unum: nam esse unum genere vel specie, est esse unum secundum rationem.

Sicut autem in genere rerum naturalium, aliquod totum componitur ex materia et forma, ut homo ex anima et corpore, qui est unum ens naturale, licet habeat multitudinem partium; ita etiam in actibus humanis, actus inferioris potentiae materialiter se habet ad actum superioris, inquantum inferior potentia agit in virtute superioris moventis ipsam: sic enim et actus moventis primi formaliter se habet ad actum instrumenti. Unde patet quod imperium et actus imperatus sunt unus actus humanus, sicut quoddam totum est unum, sed est secundum partes multa.

AD PRIMUM ergo dicendum quod, si essent potentiae diversae ad invicem non ordinatae, actus

EM SENTIDO CONTRÁRIO, diz o Filósofo: "Quando uma coisa é por causa de outra, há uma só coisa". Ora, o ato imperado existe só por causa do império". Logo, são um só ato.

RESPONDO. Nada impede que as coisas sejam sob um aspecto muitas e sob outro aspecto, uma só. Ademais, Dionísio afirma que todas as coisas múltiplas são sob certo aspecto uma só. Há, no entanto, alguma diferença atendendo-se que algumas são muitas de modo absoluto, e sob certo aspecto uma só; outras, ao contrário. Uno é tomado como ente. Ente de modo absoluto é a substância, mas ente sob certo aspecto é o acidente e também o ente de razão. Por isso, as coisas que são uma segundo a substância, são uma de modo absoluto e muitas sob certo aspecto. Assim, o todo no gênero da substância, composto de partes integrais ou essenciais, é um de modo absoluto, pois o todo é ente e substância de modo absoluto, mas as partes são entes e substâncias no todo. As coisas que são diversas segundo a substância e uma segundo os acidentes, são diversas absolutamente e uma sob certo aspecto. Por exemplo, muitos homens são um povo, e muitas pedras um acervo de pedras, que são unidades de composição ou de ordem. Semelhantemente, muitos indivíduos, que são um em gênero ou espécie, são muitos de modo absoluto e sob certo aspecto são um, pois ser um em gênero ou espécie é ser um segundo a razão.

Como no gênero das coisas naturais, um todo se compõe de matéria e forma, por exemplo o homem de alma e corpo, e é um ente natural, embora com multiplicidade de partes, assim também, nos atos humanos, o ato de uma potência inferior está materialmente para o ato da superior, enquanto a potência inferior age em virtude da superior que a move. Do mesmo modo, o ato do primeiro movente está formalmente para o ato do instrumento. Daí que o império e o ato imperado são um ato humano, como um todo é uno, mas múltiplo segundo as partes[e].

QUANTO AO 1º, portanto, deve-se dizer que se potências diversas não fossem entre si ordenadas,

---

1. *Topic*. III, 2: 117, a, 18-19.
2. C. 13: MG 3, 977 C.

---

e. Acréscimo bem importante. Os diferentes atos parciais que analisamos, a vontade e as outras faculdades que ela comanda, formam uma unidade não artificial, mas natural, um verdadeiro organismo de ação comparável ao corpo com seus membros, ou ao homem em sua unidade viva de alma e corpo, de personalidade, diríamos nós (ver a. 5, r. 2).

Isto significa que o comando da vontade penetra no interior das outras faculdades para dirigi-las e movê-las em direção ao bem do homem como um todo. O comando não é portanto um imperativo voluntário que oprimiria a inteligência ou a sensibilidade; é antes uma inspiração motora na qual se unem a sabedoria e o amor. Isto porque o ato primeiro da vontade para Sto. Tomás é o amor, e não uma certa pressão de si sobre si, como se tentou por vezes definir a vontade.

earum essent simpliciter diversi. Sed quando una potentia est movens alteram, tunc actus earum sunt quodammodo unus: nam *idem est actus moventis et moti*, ut dicitur in III *Physic.*³.

AD SECUNDUM dicendum quod ex hoc quod imperium et actus imperatus possunt ab invicem separari, habetur quod sunt multa partibus. Nam partes hominis possunt ab invicem separari, quae tamen sunt unum toto.

AD TERTIUM dicendum quod nihil prohibet in his quae sunt multa partibus et unum toto, unum esse prius alio. Sicut anima quodammodo est prius corpore, et cor est prius aliis membris.

os seus atos seriam absolutamente diversos. Mas, quando uma potência move a outra, seus atos são de certo modo um, pois: "O mesmo é o ato do movente e o do movido", segundo o livro III da *Física*.

QUANTO AO 2º, deve-se dizer que, porque o império e o ato imperado podem ser separados, tem-se que são muitos em partes. Também as partes do homem podem ser separadas entre si, porém constituem uma só coisa no todo.

QUANTO AO 3º, deve-se dizer que nada impede que nas coisas que são muitas em partes e uma só no todo, uma tenha prioridade quanto à outra. Como a alma tem prioridade relativamente ao corpo, e o coração, aos demais membros.

ARTICULUS 5
Utrum actus voluntatis imperetur

AD QUINTUM SIC PROCEDITUR. Videtur quod actus voluntatis non sit imperatus.

1. Dicit enim Augustinus, in VIII *Confess.*¹: *Imperat animus ut velit animus, nec tamen facit*. Velle autem est actus voluntatis. Ergo actus voluntatis non imperatur.

2. PRAETEREA, ei convenit imperari, cui convenit imperium intelligere. Sed voluntatis non est intelligere imperium: differt enim voluntas ab intellectu, cuius est intelligere. Ergo actus voluntatis non imperatur.

3. PRAETEREA, si aliquis actus voluntatis imperatur, pari ratione omnes imperantur. Sed si omnes actus voluntatis imperantur, necesse est in infinitum procedere: quia actus voluntatis praecedit actum imperantis rationis, ut dictum est²; qui voluntatis actus si iterum imperatur, illud iterum imperium praecedet alius rationis actus, et sic in infinitum. Hoc autem est inconveniens, quod procedatur in infinitum. Non ergo actus voluntatis imperatur.

SED CONTRA, omne quod est in potestate nostra, subiacet imperio nostro. Sed actus voluntatis sunt maxime in potestate nostra: nam omnes actus nostri intantum dicuntur in potestate nostra esse, inquantum voluntarii sunt. Ergo actus voluntatis imperantur a nobis.

RESPONDEO dicendum quod, sicut dictum est³, imperium nihil aliud est quam actus rationis ordi-

ARTIGO 5
O ato da vontade é imperado?

QUANTO AO QUINTO, ASSIM SE PROCEDE: parece que o ato da vontade **não** é imperado.

1. Com efeito, diz Agostinho: "O espírito impera a que o espírito queira, e entretanto não age". Ora, querer é ato da vontade. Logo, o ato da vontade não é imperado.

2. ALÉM DISSO, àquele convém ser imperado ao qual convém conhecer o império. Ora, não pertence à vontade conhecer o império, pois a vontade é diferente do intelecto, de quem é próprio conhecer. Logo, a vontade não é imperada.

3. ADEMAIS, se o ato da vontade é imperado, pelo mesmo motivo todos o são. Ora, se forem imperados todos os atos da vontade, proceder-se-á ao infinito, porque o ato da vontade precede o ato da razão que impera, como foi dito; se, pois, o ato da vontade for de novo imperado, de novo precederá o império a outro ato da razão, e assim ao infinito. Ora, proceder ao infinito não é conveniente. Logo, o ato da vontade não é imperado.

EM SENTIDO CONTRÁRIO, tudo que está sob nosso poder submete-se a nosso império. Ora, os atos da vontade estão sobretudo em nosso poder, porque todos os nossos atos estão sob nosso poder enquanto são voluntários. Logo, os atos da vontade são imperados por nós.

RESPONDO. O império, como foi dito, nada mais é do que o ato da razão ordenante com alguma

---

3. C. 3: 202, a, 17-21; b, 6-16.

5 PARALL.: I *Ethic.*, lect. 20.

1. C. 9, n. 21: ML 32, 758.
2. Art. 1.
3. Art. 1.

nantis, cum quadam motione, aliquid ad agendum. Manifestum est autem quod ratio potest ordinare de actu voluntatis: sicut enim potest iudicare quod bonum sit aliquid velle, ita potest ordinare imperando quod homo velit. Ex quo patet quod actus voluntatis potest esse imperatus.

AD PRIMUM ergo dicendum quod, sicut Augustinus ibidem dicit, animus, quando perfecte imperat sibi ut velit, tunc iam vult: sed quod aliquando imperet et non velit, hoc contingit ex hoc quod non perfecte imperat. Imperfectum autem imperium contingit ex hoc, quod ratio ex diversis partibus movetur ad imperandum vel non imperandum: unde fluctuat inter duo, et non perfecte imperat.

AD SECUNDUM dicendum quod, sicut in membris corporalibus quodlibet membrum operatur non sibi soli, sed toti corpori, ut oculus videt toti corpori; ita etiam est in potentia animae. Nam intellectus intelligit non solum sibi, sed omnibus potentiis; et voluntas vult non solum sibi, sed omnibus potentiis. Et ideo homo imperat sibi ipsi actum voluntatis, inquantum est intelligens et volens.

AD TERTIUM dicendum quod, cum imperium sit actus rationis, ille actus imperatur, qui rationi subditur. Primus autem voluntatis actus non est ex rationis ordinatione, sed ex instinctu naturae, aut superioris causae, ut supra[4] dictum est. Et ideo non oportet quod in infinitum procedatur.

ARTICULUS 6
Utrum actus rationis imperetur

AD SEXTUM SIC PROCEDITUR. Videtur quod actus rationis non possit esse imperatus.
1. Inconveniens enim videtur quod aliquid imperet sibi ipsi. Sed ratio est quae imperat, ut supra[1] dictum est. Ergo rationis actus non imperatur.

2. PRAETEREA, id quod est per essentiam, diversum est ab eo quod est per participationem. Sed

moção para se fazer alguma coisa. É evidente que a razão pode ordenar a respeito do ato da vontade. Como pode julgar se é bom querer alguma coisa, também pode ordenar, por império, o que o homem quer. De tudo isso se vê que o ato da vontade pode ser imperado[f].

QUANTO AO 1º, portanto, diz Agostinho: "O espírito quando perfeitamente impera a si mesmo o querer, já quer. Porém, quando impera e não quer, isso acontece porque não perfeitamente impera. O império imperfeito ocorre porque a razão é movida de diversas partes a imperar ou não. Nesse caso, flutua entre dois atos, e não impera perfeitamente.

QUANTO AO 2º, deve-se dizer que assim como nos membros do corpo, um membro não age sozinho, mas para todo o corpo; por exemplo, o olho vê para todo o corpo, assim também as demais potências da alma. Ademais, o intelecto conhece não só para si, mas para todas as potências, e isso acontece também na vontade, que quer para todo o corpo. Por isso, o homem, enquanto inteligente e tendo querer, impera o ato da vontade relativamente a si mesmo.

QUANTO AO 3º, deve-se dizer que sendo o império ato da razão, serão imperados os atos que estão submetidos à razão. Mas, como acima foi dito, o primeiro ato da vontade não procede da ordenação da razão, mas do instinto natural ou de causa superior. Evita-se, assim, o processo ao infinito.

ARTIGO 6
O ato da razão é imperado?

QUANTO AO SEXTO, ASSIM SE PROCEDE: parece que o ato da razão **não** pode ser imperado.
1. Com efeito, parece inconveniente que alguém impere a si mesmo. Ora, como foi dito acima, a razão é quem impera. Logo, o ato da razão não é imperado.

2. ALÉM DISSO, o que é por essência diferencia-se do que é por participação. Ora, a potência

---

4. Q. 9, a. 4.

6   PARALL.: *De Virt.*, q. 1, a. 7.
1. Art. 1.

---

f. Começa aqui o estudo do poder de que dispomos sobre nossas faculdades, e que se exerce por meio do império.
    Temos em primeiro lugar o poder sobre nossa vontade, a qual pode se mover em direção à escolha dos meios para querer o fim (q. 9, a. 3). Essa noção se realiza graças ao trabalho da razão que, no comando, dispõe dos meios em função do fim, ao mesmo tempo em que se aproveita do impulso que lhe advém da vontade do fim. É porque se tem fome que se busca, escolhe e impera tal ou tal alimento.
    Temos aqui uma colaboração íntima e necessária entre razão e vontade no âmago do movimento voluntário. É graças à luz da razão que a vontade tem poder sobre si mesma e se move de maneira inteligente rumo a seu fim.

potentia cuius actus imperatur a ratione, est ratio per participationem, ut dicitur in I *Ethic*.². Ergo illius potentiae actus non imperatur, quae est ratio per essentiam.

3. PRAETEREA, ille actus imperatur, qui est in potestate nostra. Sed cognoscere et iudicare verum, quod est actus rationis, non est semper in potestate nostra. Non ergo actus rationis potest esse imperatus.

SED CONTRA, id quod libero arbitrio agimus, nostro imperio agi potest. Sed actus rationis exercentur per liberum arbitrium: dicit enim Damascenus³ quod *liberto arbitrio homo exquirit, et scrutatur, et iudicat, et disponit*. Ergo actus rationis possunt esse imperati.

RESPONDEO dicendum quod, quia ratio supra seipsam reflectitur, sicut ordinat de actibus aliarum potentiarum, ita etiam potest ordinare de actu suo. Unde etiam actus suus potest esse imperatus. — Sed attendendum est quod actus rationis potest considerari dupliciter. Uno modo, quantum ad exercitium actus. Et sic actus rationis semper imperari potest: sicut cum indicitur alicui quod attendat, et ratione utatur.

Alio modo, quantum ad obiectum: respectu cuius, duo actus rationis attenduntur. Primo quidem, ut veritatem circa aliquid apprehendat. Et hoc non est in potestate nostra: hoc enim contingit per virtutem alicuius luminis, vel naturalis vel supernaturalis. Et ideo quantum ad hoc, actus rationis non est in potestate nostra, nec imperari potest. Alius autem actus rationis est, dum his quae apprehendit assentit. Si igitur fuerint talia apprehensa, quibus naturaliter intellectus assentiat, sicut prima principia, asensus talium vel dissensus non est in potestate nostra, sed in ordine naturae: et ideo, proprie loquendo, nec imperio subiacet. Sunt autem quaedam apprehensa, quae non adeo convincunt intellectum, quin possit assentire vel dissentire, vel saltem assensum vel dissensum suspendere, propter aliquam causam: et in talibus assensus ipse vel dissensus in potestate nostra est, et sub imperio cadit.

cujo ato é imperado pela razão, é razão por participação, como diz o livro I da *Ética*. Logo, a potência que é razão por essência não tem o seu ato imperado.

3. ADEMAIS, é imperado o ato que está sob nosso poder. Ora, conhecer e julgar a verdade, que são atos da razão, nem sempre estão em nosso poder. Logo, o ato da razão não pode ser imperado.

EM SENTIDO CONTRÁRIO, o que fazemos pelo livre-arbítrio pode ser feito por nosso império. Ora, o ato da razão é exercido pelo livre-arbítrio, pois diz o Damasceno: "Pelo livre arbítrio o homem investiga, sonda, julga e dispõe". Logo, o ato da razão pode ser imperado.

RESPONDO. Porque a razão reflete sobre si mesma, assim como ordena os atos de outras potências, também pode ordenar o seu ato. Logo, o ato da razão pode ser imperado. — No entanto, deve-se atender que o ato da razão pode ser considerado de dois modos. Primeiro, quanto ao exercício do ato. Nesse caso, o ato da razão pode ser sempre imperado, como quando se induz alguém que atenda e raciocine.

Segundo, quanto ao objeto: a esse respeito, consideram-se dois atos da razão. Primeiro, que apreenda a verdade de alguma coisa. E isso não está sob nosso poder, visto acontecer em virtude de alguma luz, ou natural ou sobrenatural. Quanto a isso, o ato da razão não está sob nosso poder e não pode ser imperado. Porém, outro será o ato da razão enquanto assente ao que apreende. Se forem apreendidas coisas tais a que o intelecto naturalmente assente, como são os primeiros princípios, o assentimento ou o dissentimento não estão sob nosso poder, mas são ordenados pela natureza. Por isso, propriamente falando, também não estão sujeitos ao império. Há, porém, algumas coisas que não convencem o intelecto quando apreendidas, de modo que não podemos a elas assentir ou delas dissentir, ou mesmo suspender o assentimento ou o dissentimento, por alguma causa. Nesses casos o assentimento e o dissentimento estão em nosso poder, e podem ser imperados^g.

---

2. C. 13: 1102, b, 25-1103, a, 10.
3. *De fide orth*., l. II, c. 22: MG 94, 945 BC.

   g. Artigo importante, que especifica exatamente o poder de que dispomos sobre nossa razão. Dependem de nós o exercício do intelecto, o esforço para estudar, buscar, e o assentimento a uma verdade que não é manifesta. Tal será o caso, em maior ou menor medida, no que se refere a nossos atos concretos, que são contingentes e complexos, como também no ato da fé, humana ou divina. O assentimento imperado não será uma obrigação da vontade, mas procederá de uma luz superior, percebida de maneira incoativa, mas segura, como é a sabedoria ou ciência do mestre para o discípulo.

AD PRIMUM ergo dicendum quod ratio hoc modo imperat sibi ipsi, sicut et voluntas movet seipsam, ut supra[4], dictum est: inquantum scilicet utraque potentia reflectitur supra suum actum, et ex uno in aliud tendit.

AD SECUNDUM dicendum quod, propter diversitatem obiectorum quae actui rationis subduntur, nihil prohibet rationem seipsam participare: sicut in cognitione conclusionum participatur cognitio principiorum.

AD TERTIUM patet responsio ex dictis[5].

ARTICULUS 7
Utrum actus appetitus sensitivi imperetur

AD SEPTIMUM SIC PROCEDITUR. Videtur quod actus sensitivi appetitus non sit imperatus.

1. Dicit enim Apostolus, Rm 7,15: *Non enim quod volo bonum, hoc ago*: et Glossa exponit quod homo vult non concupiscere, et tamen concupiscit. Sed concupiscere est actus appetitus sensitivi. Ergo actus appetitus sensitivi non subditur imperio nostro.

2. PRAETEREA, materia corporalis soli Deo obedit, quantum ad transmutationem formalem, ut in Primo[1] habitum est. Sed actus appetitus sensitivi habet quandam formalem transmutationem corporis, scilicet calorem vel frigus. Ergo actus appetitus sensitivi non subditur imperio humano.

3. PRAETEREA, proprium motivum appetitus sensitivi est apprehensum secundum sensum vel imaginationem. Sed non est in potestate nostra semper quod aliquid apprehendamus sensu vel imaginatione. Ergo actus appetitus sensitivi non subiacet imperio nostro.

SED CONTRA est quod Gregorius Nyssenus[2] dicit, quod *obediens rationi dividitur in duo, in desiderativum et irascitivum*, quae pertinent ad appetitum sensitivum. Ergo actus appetitus sensitivi subiacet imperio rationis.

RESPONDEO dicendum quod secundum hoc aliquis actus imperio nostro subiacet, prout est in potestate nostra, ut supra[3] dictum est. Et ideo ad intelligendum qualiter actus appetitus sensitivi

QUANTO AO 1º, portanto, deve-se dizer que a razão impera a si mesma como a vontade move a si mesma, como foi dito acima, e isto acontece quando ambas as potências refletem sobre os seus atos, movendo-se de um ao outro.

QUANTO AO 2º, deve-se dizer que devido à diversidade dos objetos submetidos ao ato da razão, nada impede que ela também participe de si mesma, como do conhecimento das conclusões participa o conhecimento dos princípios.

QUANTO AO 3º, está clara a resposta pelo que foi dito.

ARTIGO 7
O ato do apetite sensitivo é imperado?

QUANTO AO SÉTIMO, ASSIM SE PROCEDE: parece que o ato do apetite sensitivo **não** é imperado.

1. Com efeito, diz o Apóstolo na Carta aos Romanos: "Não faço o bem que quero", e a Glosa comenta que o homem não quer sentir a concupiscência, mas, no entanto, a sente. Ora, sentir a concupiscência é ato do apetite sensitivo. Logo, o ato do apetite sensitivo não se submete a nosso império.

2. ALÉM DISSO, a matéria corporal só obedece a Deus, quanto à transformação, como se estabeleceu na I Parte. Ora, o ato do apetite sensitivo comporta alguma transformação formal do corpo, como o calor e o frio. Logo, o ato do apetite sensitivo não está submetido ao império humano.

3. ADEMAIS, o que propriamente move o apetite sensitivo é apreendido pelos sentidos ou pela imaginação. Ora, nem sempre está sob nosso poder que apreendamos algo pelos sentidos ou pela imaginação. Logo, o ato do apetite sensitivo não está submetido a nosso império.

EM SENTIDO CONTRÁRIO, diz Gregório de Nissa: "O que obedece à razão se divide em dois: o apetecível e o irascível", ambos pertencem ao apetite sensitivo. Logo, o ato do apetite sensitivo está submetido ao império da razão.

RESPONDO. Como foi dito acima, um ato está sujeito a nosso império, enquanto está sob nosso poder. Por isso, para entender como o ato do apetite sensitivo se submete ao império da razão, é

---

4. Q. 9, a. 3.
5. In corp.

7 PARALL.: Part. I, q. 81, a. 3; infra, q. 56, a. 4, ad 3; q. 58, a. 2; *De Verit.*, q. 25, a. 4; *De Virtut.*, q. 1, art. 4.
1. Q. 65, a. 4; q. 91, a. 2; q. 110, a. 2.
2. NEMESIUS, *De nat. hom.* c. 16, al. l. IV, c. 8: MG 40, 672 B.
3. A. 5, in arg. *sed c*.

subdatur imperio rationis, oportet considerare qualiter sit in potestate nostra. Est autem sciendum quod appetitus sensitivus in hoc differt ab appetitu intellectivo, qui dicitur voluntas, quod appetitus sensitivus est virtus organi corporalis, non autem voluntas. Omnis autem actus virtutis utentis organo corporali, dependet non solum ex potentia animae, sed etiam ex corporalis organi dispositione: sicut visio ex potentia visiva, et qualitate oculi, per quam iuvatur vel impeditur. Unde et actus appetitus sensitivi non solum dependet ex vi appetitiva, sed etiam ex dispositione corporis.

Illud autem quod est ex parte potentiae animae, sequitur apprehensionem. Apprehensio autem imaginationis, cum sit particularis, regulatur ab apprehensione rationis, quae est universalis, sicut virtus activa particularis a virtute activa universali. Et ideo ex ista parte, actus appetitus sensitivi subiacet imperio rationis. — Qualitas autem et dispositio corporis non subiacet imperio rationis. Et ideo ex hac parte, impeditur quin motus sensitivi appetitus totaliter subdatur imperio rationis.

Contingit etiam quandoque quod motus appetitus sensitivi subito concitatur ad apprehensionem imaginationis vel sensus. Et tunc ille motus est praeter imperium rationis: quamvis potuisset impediri a ratione, si praevidisset. Unde Philosophus dicit, in I *Polit.*[4], quod ratio praeest irascibili et concupiscibili non *principatu despotico*, qui est domini ad servum; sed *principatu politico aut regali*, qui est ad liberos, qui non totaliter subduntur imperio.

AD PRIMUM ergo dicendum quod hoc quod homo vult non concupiscere, et tamen concupiscit, contingit ex dispositione corporis, per quam impeditur appetitus sensitivus ne totaliter sequatur imperium rationis. Unde et Apostolus ibidem subdit, [23]: *Video aliam legem in membris meis, repugnantem legi mentis meae.* — Hoc etiam contingit propter subitum motum concupiscentiae, ut dictum est[5].

necessário considerar como está em nosso poder. Deve-se saber que o apetite sensitivo nisso difere do apetite intelectivo, que é a vontade, porque é potência do órgão corporal, mas não a vontade. Todo ato de uma potência que usa um órgão corporal depende, não somente da potência da alma, mas também da disposição do órgão corporal. Por exemplo, a visão depende da potência da vista e da qualidade dos olhos, pela qual será ajudada ou impedida. Por isso, o ato do apetite sensitivo não só depende da potência apetitiva, mas também da disposição do corpo.

O que procede de uma potência da alma segue a apreensão. Mas, a apreensão da imaginação, que é particular, é regulada pela apreensão da razão, que é universal, como uma potência ativa particular é regulada pela potência ativa universal. Por isso, sob esse aspecto, o ato da potência apetitiva está submetido ao império da razão. — A qualidade e a disposição do corpo, porém, não se submetem ao império da razão, e por isso impedem que o movimento do apetite sensitivo se submeta totalmente ao império da razão.

Às vezes acontece que subitamente o movimento do apetite sensitivo se excita à apreensão da imaginação ou dos sentidos. Este movimento, está fora do império da razão, embora ela pudesse impedi-lo se o tivesse previsto. Donde dizer o Filósofo no livro I da *Política*, que a razão é superior ao irascível e ao concupiscível não por um *domínio despótico*, que é próprio do senhor em relação ao escravo, mas por um *domínio político e régio*, que é próprio dos homens livres, que não se submetem totalmente a domínio algum[h].

QUANTO AO 1º, portanto, deve-se dizer que o fato de que o homem não queira ter concupiscência, mas a tem, procede da disposição do corpo que impede o apetite sensitivo seguir totalmente o império da razão. Daí dizer o Apóstolo: "Vejo uma outra lei nos meus membros que contradiz a lei da minha mente". — Isto também acontece devido ao repentino movimento da concupiscência, como foi dito.

---

4. C. 2: 1254, b, 5.
5. In corp.

---

h. Este artigo lembra o estudo da sensibilidade efetuado na I Parte, q. 81, especialmente no a. 3, e corresponde aos artigos do presente tratado consagrados à sensibilidade e aos animais.
  A resposta é matizada. Só dispomos de um poder "político" ou "monárquico" sobre nossas faculdades sensíveis, pois elas podem resistir-nos ou arrastar-nos. O papel das virtudes de coragem e de temperança será precisamente assegurar de maneira progressiva o nosso domínio sobre a sensibilidade, por meio de uma espécie de educação interior. Sua ação não será uma coerção, mas uma formação que tornará a sensibilidade apta a contribuir de modo eficaz para a ação moral.
  Nesse delicado trabalho, a prudência, a quem cabe o império (ela é o cocheiro das virtudes, dizia Platão), desempenhará um papel principal.

AD SECUNDUM dicendum quod qualitas corporali dupliciter se habet ad actum appetitus sensitivi. Uno modo, ut praecedens: prout aliquis est aliqualiter dispositus secundum corpus, ad hanc vel illam passionem. Alio modo, ut consequens: sicut cum ex ira aliquis incalescit. Qualitas igitur praecedens non subiacet imperio rationis: quia vel est ex natura, vel ex aliqua praecedenti motione, quae non statim quiescere potest. Sed qualitas consequens sequitur imperium rationis: quia sequitur motum localem cordis, quod diversimode movetur secundum diversos actus sensitivi appetitus.

AD TERTIUM dicendum quod, quia ad apprehensionem sensus requiritur sensibile exterius, non est in potestate nostra apprehendere aliquid sensu, nisi sensibili praesente; cuius praesentia non semper est in potestate nostra. Tunc enim homo potest uti sensu cum voluerit, nisi sit impedimentum ex parte organi. — Apprehensio autem imaginationis subiacet ordinationi rationis, secundum modum virtutis vel debilitatis imaginativae potentiae. Quod enim homo non possit imaginari quae ratio considerat, contingit vel ex hoc quod non sunt imaginabilia, sicut incorporalia; vel propter debilitatem virtutis imaginativae, quae est ex aliqua indispositione organi.

ARTICULUS 8
Utrum actus animae vegetabilis imperetur

AD OCTAVUM SIC PROCEDITUR. Videtur quod actus vegetabilis animae imperio rationis subdantur.

1. Vires enim sensitivae nobiliores sunt viribus animae vegetabilis. Sed vires animae sensitivae subduntur imperio rationis. Ergo multo magis vires animae vegetabilis.

2. PRAETEREA, homo dicitur *minor mundus*[1], quia sic est anima in corpore, sicut Deus in mundo. Sed Deus sic est in mundo, quod omnia quae sunt in mundo, obediunt eius imperio. Ergo et omnia quae sunt in homine, obediunt imperio rationis, etiam vires vegetabilis animae.

3. PRAETEREA, laus et vituperium non contingit nisi in actibus qui subduntur imperio rationis.

QUANTO AO 2º, deve-se dizer que a qualidade corporal duplamente está para o ato do apetite sensitivo. Primeiro, precedendo-o, enquanto alguém está mais ou menos com o corpo disposto para esta ou para aquela paixão. Segundo, sucedendo-o, como quando a pessoa sente calor quando está irada. A qualidade precedente não se submete ao império da razão, porque ela ou vem da natureza ou de alguma moção anterior, que não pode logo arrefecer. Mas a qualidade consequente segue o império da razão, porque segue o movimento do coração, que se move diversamente conforme os diversos atos do apetite sensitivo.

QUANTO AO 3º, deve-se dizer que porque para a apreensão do sentido é necessário o objeto sensível externo, não está em nosso poder apreender algo pelos sentidos sem o sensível presente. Mas essa presença nem sempre está sob nosso poder. Então, o homem pode usar os sentidos quando quiser, a não ser que o órgão impeça. — A apreensão da imaginação, todavia, se submete à ordem da razão segundo a força ou fraqueza da potência imaginativa. Que o homem não possa imaginar o que a razão considera, isto acontece ou porque os objetos apresentados não são imagináveis, como os incorpóreos, ou pela debilidade da potência imaginativa, devido a uma indisposição orgânica.

ARTIGO 8
Os atos da alma vegetativa são imperados?

QUANTO AO OITAVO, ASSIM SE PROCEDE: parece que os atos da alma vegetativa **são** submetidos ao império da razão.

1. Com efeito, as potências sensitivas são mais nobres que as potências da alma vegetativa. Ora, as potências da alma sensitiva submetem-se ao império da razão. Logo, com maior razão as potências da alma vegetativa.

2. ALÉM DISSO, o homem é chamado de *mundo menor*, porque a alma está no corpo, como Deus no mundo. Ora, Deus está no mundo de tal modo que tudo o que há no mundo obedece ao seu império. Logo, também tudo aquilo que está no homem obedece ao império da razão, como também as potências da alma vegetativa.

3. ADEMAIS, o louvor e a condenação não acontecem senão nos atos submetidos ao império

---

8 PARALL.: II-II, q. 148, a. 1, ad 3; Part. III, q. 15, a. 2, ad 1; q. 19, a. 2; II *Sent.*, dist. 20, q. 1, a. 2, ad 3; *De Verit.*, q. 13, a. 4; *Quodlib.* IV, q. 11, art. 1.

1. ARIST., *Phys.* VIII, 2; 252, b, 26-27.

Sed in actibus nutritivae et generativae potentiae, contingit esse laudem et vituperium, et virtutem et vitium: sicut patet in gula et luxuria, et virtutibus oppositis. Ergo actus harum potentiarum subduntur imperio rationis.

SED CONTRA est quod Gregorius Nyssenus[2] dicit, quod *id quod non persuadetur a ratione, est nutritivum et generativum*.

RESPONDEO dicendum quod actuum quidam procedunt ex appetitu naturali, quidam autem ex appetitu animali vel intellectuali: omne enim agens aliquo modo appetit finem. Appetitus autem naturalis non consequitur aliquam apprehensionem, sicut sequitur appetitus animalis et intellectualis. Ratio autem imperat per modum apprehensivae virtutis. Et ideo actus illi qui procedunt ab appetitu intellectivo vel animali, possunt a ratione imperari: non autem actus illi qui procedunt ex appetitu naturali. Huiusmodi autem sunt actus vegetabilis animae: unde Gregorius Nyssenus[3] dicit quod *vocatur naturale quod generativum et nutritivum*. Et propter hoc, actus vegetabilis animae non subduntur imperio rationis.

AD PRIMUM ergo dicendum quod, quanto aliquis actus est immaterialior, tanto est nobilior, et magis subditus imperio rationis. Unde ex hoc ipso quod vires animae vegetabilis non obediunt rationi, apparet has vires infimas esse.

AD SECUNDUM dicendum quod similitudo attenditur quantum ad aliquid: quia scilicet, sicut Deus movet mundum, ita anima movet corpus. Non autem quantum ad omnia: non enim anima creavit corpus ex nihilo, sicut Deus mundum; propter quod totaliter subditur eius imperio.

AD TERTIUM dicendum quod virtus et vitium, laus et vituperium, non debentur ipsis actibus nutritivae vel generativae potentiae, qui sunt digestio et formatio corporis humani; sed actibus sensitivae partis ordinatis ad actus generativae vel nutritivae; puta in concupiscendo delectationem cibi et venereorum, et utendo, secundum quod oportet, vel non secundum quod oportet.

da razão. Ora, nos atos das potências de nutrição e geração acontece haver louvor e condenação, virtudes e vícios, como se vê na gula e na luxúria, bem como nas virtudes a elas opostas. Logo, os atos dessas potências se submetem ao império da razão.

EM SENTIDO CONTRÁRIO, diz Gregório de Nissa: "As potências nutritivas e generativas não são reguladas pela razão".

RESPONDO. Alguns atos procedem do apetite natural, outros, do apetite animal ou intelectual, pois todo agente de algum modo apetece o fim. Ora, o apetite natural não segue uma apreensão, como seguem os apetites animal e o intelectual. A razão impera como potência apreensiva. Por isso, os atos que procedem dos dois apetites podem ser imperados pela razão, não, porém, os atos que procedem do apetite natural. Tais atos são da alma vegetativa, e, por isso, diz Gregório de Nissa: "Chama-se natural o nutritivo e o generativo". Por essa razão, os atos da alma vegetativa não se submetem ao império da razão[i].

QUANTO AO 1º, portanto, deve-se dizer que o ato quanto mais imaterial, mais nobre será, e também mais submetido ao império da razão. Porque as potências da alma vegetativa não obedecem à razão, vê-se que essas potências são as mais baixas.

QUANTO AO 2º, deve-se dizer que a semelhança se considera quanto a algum aspecto: assim como Deus move o mundo, a alma move o corpo. Mas não quanto a tudo, pois a alma não criou o corpo do nada, como Deus, o mundo. Por essa razão, o mundo submete-se totalmente a seu império.

QUANTO AO 3º, deve-se dizer que a virtude e o vício, o louvor e a condenação não se atribuem aos atos das potências nutritivas e generativas, que são a digestão e a formação do corpo humano, mas aos atos da parte sensitiva ordenados aos atos da generativa ou nutritiva; por exemplo, desejar com a concupiscência o prazer do alimento e do venéreo, e usar ou não, segundo se deve.

---

2. NEMESIUS, *De nat. hom.* c. 22, al. l. IV, c. 15: MG 40, 692 B-693 A.
3. NEMESIUS, loc. cit.

i. No presente artigo, como no precedente, Sto. Tomás se limita ao que é útil para o teólogo no estabelecimento do valor moral dos atos. É claro que a psicologia pode trazer muitos esclarecimentos sobre nosso poder e nossa dependência no que concerne à sensibilidade e à vida vegetativa. Sobre esta, não dispomos de poder direto, mas podemos exercer uma ação indireta por intermédio da sensibilidade e do uso de nossos membros, que possuem vínculos naturais com ela. A medicina também pode intervir em nossas funções vegetativas, contudo elas escapam a nosso comando e a nossa responsabilidade: não são sujeito de mérito ou de pecado, de virtude ou de vício, mas sim de saúde ou de doença.

ARTICULUS 9
Utrum actus exteriorum membrorum imperentur

AD NONUM SIC PROCEDITUR. Videtur quod membra corporis non obediant rationi quantum ad actus suos.
1. Constat enim quod membra corporis magis distant a ratione quam vires animae vegetabilis. Sed vires animae vegetabilis non obediunt rationi, ut dictum est[1]. Ergo multo minus membra corporis.
2. PRAETEREA, cor est principium motus animalis. Sed motus cordis non subditur imperio rationis: dicit enim Gregorius Nyssenus[2] quod *pulsativum non est persuasibile ratione*. Ergo motus membrorum corporalium non subiacet imperio rationis.
3. PRAETEREA, Augustinus dicit, XIV *de Civ. Dei* [3], quod *motus membrorum genitalium aliquando importunus est, nullo poscente: aliquando autem destituit inhiantem, et cum in animo concupiscentia ferveat, friget in corpore*. Ergo motus membrorum non obediunt rationi.

SED CONTRA est quod Augustinus dicit, VIII *Confess.*[4]: *Imperat animus ut moveatur manus, et tanta est facilitas, ut vix a servitio discernatur imperium.*

RESPONDEO dicendum quod membra corporis sunt organa quaedam potentiarum animae. Unde eo modo quo potentiae animae se habent ad hoc quod obediant rationi, hoc modo se habent etiam corporis membra. Quia igitur vires sensitivae subduntur imperio rationis, non autem vires naturales; ideo omnes motus membrorum quae moventur a potentiis sensitivis, subduntur imperio rationis; motus autem membrorum qui consequuntur vires naturales, non subduntur imperio rationis.

AD PRIMUM ergo dicendum quod membra non movent seipsa, sed moventur per potentias animae;

ARTIGO 9
Os atos dos membros externos são imperados?

QUANTO AO NONO, ASSIM SE PROCEDE: parece que os membros do corpo **não** obedecem à razão quanto a seus atos.
1. Com efeito, os membros do corpo estão mais distanciados da razão do que as potências da alma vegetativa. Ora, as potências da alma vegetativa não obedecem à razão, como foi dito. Logo, muito menos os membros do corpo.
2. ALÉM DISSO, o coração é o princípio do movimento animal. Ora, os movimentos do coração não obedecem ao império da razão. Segundo Gregório de Nissa: "As pulsações não são reguladas pela razão". Logo, os movimento dos membros corporais não estão sujeitos ao império da razão.
3. ADEMAIS, diz Agostinho: "Os movimentos dos membros genitais quando não são solicitados, às vezes são inoportunos; outra vezes decepcionam os que desejam avidamente, pois quando a alma ferve de concupiscência, o corpo permanece frígido". Logo, os movimentos dos membros não obedecem à razão.

EM SENTIDO CONTRÁRIO, diz Agostinho: "Impera a alma para que a mão se mova, e com tanta facilidade que quase não se pode separar a ordem da execução".

RESPONDO. Os membros do corpo são membros das potências da alma. Por isso, assim como as potências da alma obedecem à razão, assim também os membros obedecem à razão. Uma vez que as potências sensitivas submetem-se ao império de razão, mas a ela não se submetem as potências naturais, por isso, todos os movimentos dos membros que são movidos pelas potências sensitivas estão submetidos ao império da razão. Os movimentos, porém, dos membros que seguem as potências naturais não estão submetidos ao império da razão[j].

QUANTO AO 1º, portanto, deve-se dizer que os membros não se movem a si mesmos, mas são

---

9 PARALL.: Part. I, q. 81, a. 3, ad 2; infra, q. 56, a. 4, ad 3; q. 58, a. 2; II *Sent.*, dist. 20, q. 1, a. 2, ad 3; *De Pot.*, q. 3, a. 15, ad 4.

1. Art. praec.
2. NEMESIUS, *De nat. hom.* c. 22, al. l. IV, c. 15: MG 40, 693 A.
3. C. 16: ML 41, 425.
4. C. 9, n. 21: ML 32, 758.

j. No estudo das faculdades da I Parte, Sto. Tomás escrevia: "A alma goza sobre o corpo de um poder que se denomina de despótico, pois os membros do corpo não podem resistir ao comando da alma, pois é imediatamente que são movidos, de acordo com o desejo da alma, as mãos, os pés e todo membro que é movido naturalmente pelo movimento da vontade" (q. 81, a. 3, r. 2).

quarum quaedam sunt rationi viciniores quam vires animae vegetabilis.

AD SECUNDUM dicendum quod in his quae ad intellectum et voluntatem pertinent, primum invenitur id quod est secundum naturam, ex quo alia derivantur: ut a cognitione principiorum naturaliter notorum, cognitio conclusionum; et a voluntate finis naturaliter desiderati, derivatur electio eorum quae sunt ad finem. Ita etiam in corporalibus motibus principium est secundum naturam. Principium autem corporalis motus est a motu cordis. Unde motus cordis est secundum naturam, et non secundum voluntatem: consequitur enim sicut per se accidens vitam, quae est ex unione animae et corporis. Sicut motus gravium et levium consequitur formam substantialem ipsorum: unde et a generante moveri dicuntur, secundum Philosophum in VIII *Physic*.[5] Et propter hoc motus iste *vitalis* dicitur. Unde Gregorius Nyssenus[6] dicit quod, sicut generativum et nutritivum non obedit rationi, ita nec pulsativum, quod est vitale. Pulsativum autem appellat motum cordis, qui manifestatur per venas pulsatiles.

AD TERTIUM dicendum quod, sicut Augustinus dicit in XIV *de Civ. Dei*[7], hoc quod motus genitalium membrorum rationi non obedit, est ex poena peccati: ut scilicet anima suae inobedientiae ad Deum in illo praecipue membro poenam inobedientiae patiatur, per quod peccatum originale ad posteros traducitur.

Sed quia per peccatum primi parentis, ut infra[8] dicetur, natura est sibi relicta, substracto supernaturali dono quod homini divinitus erat collatum; ideo consideranda est ratio naturalis quare motus huiusmodi membrorum specialiter rationi non obedit. Cuius causam assignat Aristoteles in libro *de Causis Motus Animalium*[9], *dicens involuntarios esse motus cordis et membri pudendi*, quia scilicet ex aliqua apprehensione huiusmodi membra commoventur, inquantum scilicet intellectus et phantasia repraesentat aliqua ex quibus consequuntur passiones animae, ad quas consequitur motus horum membrorum. Non tamen moventur secundum iussum rationis aut intellectus, quia scilicet ad motum horum membrorum requiritur aliqua alteratio naturalis, scilicet caliditatis et

movidos pelas potências da alma, e algumas destas estão mais próximas da razão do que as potências da alma vegetativa.

QUANTO AO 2º, deve-se dizer que nas coisas que pertencem ao intelecto e à vontade, primeiro se encontram as que pertencem naturalmente, das quais as outras derivam. Assim também, dos princípios naturalmente conhecidos originam-se as conclusões, e, dos fins naturalmente desejados pela vontade, derivam as eleições do que é para o fim. Também nos movimentos corporais o princípio é natural, que é o movimento do coração. O movimento do coração que é da natureza e não da vontade, acidentalmente segue a vida que procede da união da alma com o corpo. Assim, o movimento dos corpos pesados ou leves segue a forma substancial dos mesmos; por isso segundo o Filósofo, no livro VIII da *Física*, são movidos por quem os gerou. Por essa razão esse movimento se denomina vital. Donde afirmar Gregório de Nissa que como as potências generativas e nutritivas não obedecem à razão, tampouco o pulsativo, que é vital. Chama pulsativo o movimento do coração que se manifesta nas veias que pulsam.

QUANTO AO 3º, deve-se dizer que Agostinho diz que os movimentos dos órgãos genitais não obedecem à razão devido à pena do pecado, de modo que a alma sofre de sua desobediência principalmente no membro pelo qual o pecado original é transmitido aos pósteros.

Mas, porque pelo pecado de nossos primeiros pais, como se verá mais adiante, a natureza foi abandonada a si mesma, uma vez retirado o dom sobrenatural divinamente concedido ao homem, por isso deve ser considerada a razão natural porque os movimentos desses membros especialmente não obedecem à razão. A causa disso nos dá Aristóteles, no livro das *Causas do Movimento dos Animais*, ao dizer: "São involuntários os movimentos do coração e dos membros pudendos", porque esses membros se excitam por alguma apreensão, enquanto o intelecto e a fantasia mostram imagens das quais surgem as paixões da alma às quais seguem-se os movimentos desses membros. Não se movem, porém, por ordem da razão ou do intelecto, porque para

---

5. C. 4: 255, b, 17-31.
6. NEMESIUS, loc. cit. 2 a.
7. Cc. 17, 20: ML 41, 425, 428.
8. Q. 85, a. 1, ad 3.
9. Al. *De animal. motione* c. 11: 703, b, 6.

frigiditatis, quae quidem alteratio non subiacet imperio rationis. Specialiter autem hoc accidit in his duobus membris, quia utrumque istorum membrorum est quasi quoddam animal separatum, inquantum est principium vitae, principium autem est virtute totum. Cor enim principium est sensuum: et ex membro genitali virtus exit seminalis, quae est virtute totum animal. Et ideo habent proprios motus naturaliter: quia principia oportet esse naturalia, ut dictum est[10].

o movimento desses membros se requer alguma alteração natural de calor ou de frio, que não está sujeita ao império da razão. Especialmente tal acontece nesses dois membros porque ambos são como animais separados, enquanto são princípio de vida, e o princípio contém virtualmente o todo. O coração, pois, é o princípio dos sentidos; e dos membros genitais procede a potência seminal, que virtualmente é todo o animal. Por essa razão têm naturais os seus movimentos, porque os princípios devem ser naturais, como foi dito.

---

10. In resp. ad 2.

OS ATOS HUMANOS: SUA DIFERENCIAÇÃO MORAL, BOA OU MÁ

Introdução e notas por Servais Pinckaers

INTRODUÇÃO

Abordamos agora a segunda parte do tratado dos atos humanos. Depois de ter analisado o ato humano em todas as suas partes, iremos estudar o seu valor moral, ou seja, a sua distinção em atos bons e maus.

As fontes dessa parte são mais teológicas do que a precedente, pois o pensamento cristão penetrou mais profundamente no mistério do bem e do mal, à luz da Escritura, do que podiam fazê-lo os filósofos pagãos. A inserção teológica deste estudo, entretanto, é original, pois a tradição agostiniana, particularmente representada por Pedro Lombardo, expunha a distinção entre bem e mal no âmbito do relato do pecado original e a respeito do pecado atual. Lidamos, portanto, com uma criação teológica que se tornará clássica.

Ao nosso tratado corresponde, na primeira Parte, o estudo da distinção entre bem e mal na obra de Deus, na criação (q. 48-49), como também nos anjos (q. 62-64). Essa relação se funda sobre a imagem de Deus no homem, a qual o chama à semelhança divina em suas obras (Prólogo da I-II).

O leitor moderno poderá estranhar que Sto. Tomás trate aqui os atos bons e maus sem fazer intervir, diretamente, ou em uma medida muito pequena, as noções de lei, de consciência e de liberdade. Tal fato comporta duas explicações:

1. O nosso estudo é parte integrante da I-II, na qual é posto em relação com o tratado das leis (q. 90-108), e em referência com o estudo das faculdades do homem, particularmente do livre-arbítrio, efetuado na primeira Parte (q. 83). Quanto à consciência, Sto Tomás prefere o termo de razão prática, em ligação com a virtude da prudência. O estudo dos atos bons e maus se prolonga no estudo das virtudes (q. 50-60), e depois dos vícios e pecados (q. 61-89). Temos aqui, portanto, uma primeira parte, mas fundamental, do estudo da moralidade.

2. A segunda explicação é a seguinte: a concepção moral em Sto. Tomás é bem diferente daquela dos moralistas modernos. Para estes, a moral tem como centro a ideia da obrigação e do dever, e tem por elementos fundamentais a lei face à liberdade, à consciência e ao pecado. A moral de Sto. Tomás é dominada pela consideração da bem-aventurança, das virtudes e dos dons, da lei, cujo ápice é o Evangelho, e da graça. Não lidamos, por conseguinte, com uma moral da obrigação, mas com uma moral da atração do bem, conforme à razão, o que se coaduna com uma outra concepção da liberdade.

QUAESTIO XVIII
DE BONITATE ET MALITIA HUMANORUM ACTUUM IN GENERALI
in undecim articulos divisa

Post hoc considerandum est de bonitate et malitia humanorum actuum. Et primo, quomodo actio humana sit bona vel mala; secundo, de his quae consequuntur ad bonitatem vel malitiam humanorum actuum, puta meritum vel demeritum, peccatum et culpa.

Circa primum occurrit triplex consideratio: prima est de bonitate et malitia humanorum actuum in generali; secunda, de bonitate et malitia interiorum actuum; tertia, de bonitate et malitia exteriorum actuum.

Circa primum quaeruntur undecim.
Primo: utrum omnis actio sit bona, vel aliqua sit mala.
Secundo: utrum actio hominis habeat quod sit bona vel mala, ex obiecto.
Tertio: utrum hoc habeat ex circumstantia.
Quarto: utrum hoc habeat ex fine.
Quinto: utrum aliqua actio hominis sit bona vel mala in sua specie.
Sexto: utrum actus habeat speciem boni vel mali ex fine.
Septimo: utrum species quae est ex fine, contineatur sub especie quae est ex obiecto, sicut sub genere, aut e converso.
Octavo: utrum sit aliquis actus indifferens secundum suam speciem.
Nono: utrum aliquis actus sit indifferens secundum individuum.
Decimo: utrum aliqua circumstantia constituat actum moralem in specie boni vel mali.
Undecimo: utrum omnis circumstantia augens bonitatem vel malitiam, constituat actum moralem in specie boni vel mali.

QUESTÃO 18
A BONDADE E A MALÍCIA DOS ATOS HUMANOS EM GERAL[a]
em onze artigos[b]

Agora devem-se considerar a bondade e a malícia dos atos humanos. Primeiro, como a ação humana é boa ou má; segundo, as consequências da bondade ou da malícia dos atos humanos; por exemplo, mérito ou demérito, pecado e culpa.

A respeito do primeiro ocorre uma tríplice consideração: 1. sobre a bondade e a malícia dos atos humanos em geral; 2. sobre a bondade e a malícia dos atos interiores; 3. sobre a bondade e a malícia dos atos exteriores.

Sobre o primeiro, são onze as perguntas:
1. Toda ação é boa ou alguma é má?
2. A ação do homem é boa ou má pelo objeto?
3. Pela circunstância?
4. Pelo fim?
5. Alguma ação do homem é boa ou má em sua espécie?
6. O ato tem a espécie de bem ou de mal pelo fim?
7. A espécie que procede do fim está contida na espécie que procede do objeto, como em seu gênero, ou pelo contrário?
8. Algum ato é indiferente segundo sua espécie?
9. Segundo o indivíduo?
10. Alguma circunstância constitui o ato moral na espécie de bem ou de mal.
11. Toda circunstância que aumenta a bondade ou a malícia, constitui o ato moral na espécie de bem ou de mal?

---

a. Após ter estabelecido a distinção entre atos do bem e atos do mal, Sto. Tomás os examina em suas duas partes essenciais, que ele chama de ato interior e ato exterior, o que a tradição agostiniana chamava de intenção e obra. Novamente, não se trata de dois atos separados, mas de duas partes ou dimensões do ato moral.

Vem em seguida o estudo dos efeitos do ato moral: a retidão e o pecado, o louvor e a culpabilidade, o mérito e o demérito, qualidades e defeitos que anunciam toda a sequência do estudo moral.

b. Com seus 11 artigos, a questão 18 é, depois da questão 100, a mais longa da I-II. Retoma a maior parte dos problemas fundamentais concernentes à moralidade discutidos na época de Sto. Tomás. Pode-se dividir a questão em duas grandes partes: a primeira compreende os artigos de 1 a 4. Estuda-se aí a divisão entre atos bons e maus, com os elementos que para eles contribuem: objeto, circunstâncias, fim. A segunda parte estabelece o caráter específico ou essencial dessa distinção entre os atos humanos, e retoma desse ponto de vista o exame dos elementos presentes: fim, objeto e circunstâncias. Em ligação com o papel do objeto é debatido o problema especial dos atos indiferentes (a. 8-9).

Articulus 1
Utrum omnis humana actio sit bona, vel aliqua mala

AD PRIMUM SIC PROCEDITUR. Videtur quod omnis actio hominis sit bona, et nulla sit mala.
1. Dicit enim Dionysius, 4 cap. *de Div. Nom.*[1], quod malum non agit nisi virtute boni. Sed virtute boni non fit malum. Ergo nulla actio est mala.
2. PRAETEREA, nihil agit nisi secundum quod est actu. Non est autem aliquid malum secundum quod est actu, sed secundum quod potentia privatur actu: inquantum autem potentia perficitur per actum, est bonum, ut dicitur in IX *Metaphys.*[2]. Nihil ergo agit inquantum est malum, sed solum inquantum est bonum. Omnis ergo actio est bona, et nulla mala.
3. PRAETEREA, malum non potest esse causa nisi per accidens, ut patet per Dionysium, 4 cap. *de Div. Nom.*[3]. Sed omnis actionis est aliquis per se effectus. Nulla ergo actio est mala, sed omnis actio est bona.

SED CONTRA est quod Dominus dicit, Io 3,20: *Omnis qui male agit, odit lucem.* Est ergo aliqua actio hominis mala.

RESPONDEO dicendum quod de bono et malo in actionibus oportet loqui sicut de bono et malo in rebus: eo quod unaquaeque res talem actionem producit, qualis est ipsa. In rebus autem unumquodque tantum habet de bono, quantum habet de esse: bonum enim et ens convertuntur, ut in Primo[4] dictum est. Solus autem Deus habet totam plenitudinem sui esse secundum aliquid unum et simplex: unaquaeque vero res alia habet plenitudinem essendi sibi convenientem secundum diversa. Unde in aliquibus contingit quod quantum ad aliquid habent esse, et tamen eis aliquid deficit ad plenitudinem essendi eis debitam. Sicut ad plenitudinem esse humani requiritur quod sit quoddam compositum ex anima et corpore, habens omnes potentias et instrumenta cognitionis et motus: unde si aliquid horum deficiat alicui homini deficit ei aliquid de plenitudine sui esse. Quantum igitur habet de esse, tantum habet de bonitate: inquantum vero aliquid ei deficit de plenitudine essendi, intantum deficit a bonitate, et dicitur malum[5]: dicut homo caecus

Artigo 1
Toda ação humana é boa ou alguma é má?

QUANTO AO PRIMEIRO ARTIGO, ASSIM SE PROCEDE: parece que toda ação humana é boa e nenhuma é má.
1. Com efeito, diz Dionísio: "O mal não age senão em virtude do bem. "Ora, em virtude do bem não se faz o mal". Logo, nenhuma ação é má.
2. ALÉM DISSO, só age o que está em ato. Ora, uma coisa não é má enquanto está em ato, mas enquanto está em potência, privada de ato, pois segundo o livro IX da *Metafísica*: "Uma coisa é boa, na medida em que a potência se aperfeiçoa pelo ato". Logo, nenhuma coisa age enquanto má, mas, só enquanto é boa. Logo, toda ação é boa, e nenhuma é má.
3. ADEMAIS, o mal só pode ser causa acidental, como ensina Dionísio. Ora, toda ação tem por si um efeito. Logo, nenhuma ação é má e toda ação é boa.

EM SENTIDO CONTRÁRIO, diz o Senhor no Evangelho de João: "Aquele que faz o mal, odeia a luz. Logo, há alguma ação humana má.

RESPONDO. Deve-se falar do bem e do mal nas ações como do bem e do mal nas coisas, porque cada coisa age como é. Também cada coisa tem de bem quanto tem de ser, pois o bem e o ente se convertem, como foi dito na I Parte. Somente Deus possui toda a plenitude do seu ser segundo é uno e simples. Mas cada coisa possui a plenitude do ser que lhe convém segundo é diversa. Por isso acontece que algumas coisas possuem o ser quanto a algo, embora lhes falte algo para a devida plenitude do ser. Para a plenitude do homem é necessário que seja composto de alma e corpo, tendo todas as potências e instrumentos para o conhecimento e para os movimentos. Por isso, se algo disso falta a um homem, falta-lhe também algo da plenitude de seu ser. Assim, quanto tem de ser, tanto tem da bondade. Carecendo, porém, de algo da plenitude do ser, é deficiente na bondade, e se torna mau. Assim um cego tem a bondade enquanto ser vivo e a maldade enquanto carece da visão. Ora, se nada tivesse do ser e da bondade,

---

1 PARALL.: *De Malo*, q. 2, a. 4.

1. MG 3, 717 C.
2. C. 9: 1051, a, 4-19.
3. MG 3, 732 D-733 A.
4. Q. 5, a. 1, 3; q. 17, a. 4, ad 2.
5. *De Malo*, vide I, q. 48.

habet de bonitate quod vivit, et malum est ei quod caret visu. Si vero nihil haberet de entitate vel bonitate, neque malum neque bonum dici posset. Sed quia de ratione boni est ipsa plenitudo essendi, si quidem alicui aliquid defuerit de debita essendi plenitudine, non dicetur simpliciter bonum, sed secundum quid, inquantum est ens: poterit tamen dici simpliciter ens et secundum quid non ens, ut in Primo[6] dictum est.

Sic igitur dicendum est quod omnis actio, inquantum habet aliquid de esse, intantum habet de bonitate: inquantum vero deficit ei aliquid de plenitudine essendi quae debetur actioni humanae, intantum deficit a bonitate, et sic dicitur mala[7]: puta si deficiat ei vel determinata quantitas secundum rationem, vel debitus locus, vel aliquid huiusmodi.

AD PRIMUM ergo dicendum quod malum agit in virtute boni deficientis. Si enim nihil esset ibi de bono, neque esset ens, neque agere posset. Si autem non esset deficiens, non esset malum. Unde et actio causata est quoddam bonum deficiens, quod secundum quid est bonum, simpliciter autem malum.

AD SECUNDUM dicendum quod nihil prohibet aliquid esse secundum quid in actu, unde agere possit; et secundum aliud privari actu, unde causet deficientem actionem. Sicut homo caecus actu habet virtutem gressivam, per quam ambulare potest: sed inquantum caret visu, qui dirigit in ambulando, patitur defectum in ambulando, dum ambulat cespitando.

AD TERTIUM dicendum quod actio mala potest habere aliquem effectum per se, secundum id quod habet de bonitate et entitate. Sicut adulte-

nem bom nem mau poderia dizer-se. Mas porque é da razão do bem a plenitude do ser, se a alguém faltasse algo da devida plenitude do ser, não seria bom de modo absoluto, mas bom segundo certo aspecto, enquanto é ente. Não obstante, poderia ser dito ente absolutamente e não ente segundo certo aspecto, como se viu na I Parte.

Portanto, toda ação tanto tem algo do ser, quanto tem da bondade. Faltando-lhe, porém, algo da plenitude do ser devida à ação humana, igualmente lhe falta algo da bondade, e assim se diz má; por exemplo, se lhe falta ou uma medida determinada pela razão, ou o lugar devido, ou algo equivalente[c].

QUANTO AO 1º, portanto, deve-se dizer que o mal age em virtude de um bem deficiente. Se aí nada houvesse de bem, não haveria ente, nem poderia agir. Se não fosse deficiente, não haveria mal. Por isso, a ação causada é um bem deficiente, que segundo certo aspecto é bem, e mal de modo absoluto.

QUANTO AO 2º, deve-se dizer que nada impede que algo esteja segundo certo aspecto em ato, donde poder agir, e, segundo outro aspecto, esteja privado do ato, e cause uma ação deficiente. Assim é o que o cego possui em ato a potência de andar pela qual pode andar; mas enquanto carece da visão, que lhe dirige os passos, sofre de uma deficiência ao andar, andando cambaleante.

QUANTO AO 3º, deve-se dizer que a ação má pode ter por si algum efeito, pelo que tem de bondade e de entidade. Por exemplo, o adultério

---

6. Q. 5, a. 1, ad 1.
7. De malo morali vide I, q. 48, a. 1, ad 2; a. 5, 6.

c. Este artigo retoma o estudo da distinção entre bem e mal efetuado na I Parte na q. 48. Sto. Tomás situa o problema do bem e do mal moral em uma perspectiva metafísica que convém ao estudo das obras de Deus, entre as quais o homem, com seus atos, ocupa um lugar especial. Assim haviam feito os Padres da Igreja, entre outros, Sto. Agostinho, por exemplo em suas Confissões. Na época moderna, os moralistas separaram, se não opuseram, a ordem metafísica e a ordem moral, concentrando esta última na relação entre liberdade e lei. Para alcançar o pensamento de Sto. Tomás, que possui outras dimensões, basta ver que o homem é, no fundo, um "ser metafísico", no sentido de que é capaz, por seu intelecto e vontade, de conhecer todo ser, de querer e amar todo bem, de concentrar nele, de algum modo, todas as coisas, e de introduzir nesse microcosmo, e depois no macrocosmo, a verdade e a mentira (ver a citação de João no argumento em sentido contrário), o bem e o mal, a plenitude e o vazio ou, para retomar um título conhecido, o ser e o nada. Para Sto. Tomás, o ato moral tem uma dimensão que se pode chamar de metafísica, devido à correspondência entre as obras do homem e as obras de Deus.

Deve-se levar em conta também o fato de que o homem não é um ser qualquer, mas espiritual, o que lhe confere precisamente o poder de fazer o bem e o mal por si mesmo, e isto não apenas para si, mas para os outros e para o mundo. O problema moral será com certeza bem pessoal, mas estender-se-á bem além do individual.

Observemos, enfim, a riqueza de sentido do adjetivo "bom" no emprego que dele faz Sto. Tomás. Ele indica a perfeição e a plenitude, voltando, em suma, à linguagem do Gênesis, onde é dito que Deus declarou boas e muito boas as obras que efetuara. Em nossa linguagem moral, o termo anda bem empobrecido. Sendo avaliado segundo a obediência à lei, o ato bom designa simplesmente a ação lícita, conforme ao mínimo exigido pela lei. A bondade moral tornou-se desse modo estática, mas para Sto. Tomás ela é de natureza dinâmica, como meta da plenitude que convém ao homem, o que define o bem.

rium est causa generationis humanae, inquantum habet commixtionem maris et feminae, non autem inquantum caret ordine rationis.

Articulus 2
Utrum actio hominis habeat bonitatem vel malitiam ex obiecto

Ad secundum sic proceditur. Videtur quod actio non habeat bonitatem vel malitiam ex obiecto.

1. Obiectum enim actionis est res. *In rebus autem non est malum, sed in usu peccantium*, ut Augustinus dicit in libro III *de Doct. Christ.*[1]. Ergo actio humana non habet bonitatem vel malitiam ex obiecto.

2. Praeterea, obiectum comparatur ad actionem ut materia. Bonitas autem rei non est ex materia, sed magis ex forma, quae est actus. Ergo bonum et malum non est in actibus ex obiecto.

3. Praeterea, obiectum potentiae activae comparatur ad actionem sicut effectus ad causam. Sed bonitas causae non dependet ex effectu, sed magis e converso. Ergo actio humana non habet bonitatem vel malitiam ex obiecto.

Sed contra est quod dicitur Os 9,10: *Facti sunt abominabiles, sicut ea quae dilexerunt*. Fit autem homo Deo abominabilis propter malitiam suae operationis. Ergo malitia operationis est secundum obiecta mala quae homo diligit. Et eadem ratio est de bonitate actionis.

Respondeo dicendum quod, sicut dictum est[2], bonum et malum actionis, sicut et ceterarum rerum, attenditur ex plenitudine essendi vel defectu ipsius. Primum autem quod ad plenitudinem essendi pertinere videtur, est id quod dat rei speciem. Sicut autem res naturalis habet speciem ex sua forma, ita actio habet speciem ex obiecto; sicut et motus ex termino. Et ideo sicut prima bonitas rei naturalis attenditur ex sua forma, quae dat speciem ei, ita et prima bonitas actus moralis attenditur ex obiecto convenienti; unde et a quibusdam vocatur bonum ex genere; puta, uti re sua. Et sicut in rebus naturalibus primum malum est, si res generata non consequitur formam specificam, puta si non generatur homo, sed aliquid loco hominis; ita primum malum in actionibus moralibus est quod est ex obiecto, sicut accipere aliena. Et dicitur

é causa de geração humana, enquanto se une um macho a uma fêmea, não, porém, enquanto lhe falta a ordem da razão.

Artigo 2
O ato humano é bom ou mau pelo objeto?

Quanto ao segundo, assim se procede: parece que a ação **não** tem bondade ou malícia pelo objeto.

1. Com efeito, o objeto da ação é uma coisa. Ora, diz Agostinho "Não há mal nas coisas, mas no uso dos que pecam". Logo a ação humana não tem bondade ou malícia pelo objeto.

2. Além disso, o objeto refere-se à ação como matéria. Ora, a bondade da coisa não vem da matéria, mas antes da forma, que é ato. Logo, o bem e o mal não estão na ação pelo objeto.

3. Ademais, o objeto de potência ativa está para a ação como o efeito para a causa. Ora, a bondade da causa não depende do efeito, porém mais o contrário. Logo, a ação humana não tem bondade ou malícia pelo objeto.

Em sentido contrário, diz o profeta Oseias: "Tornaram-se abomináveis como as coisas que amaram". O homem se torna abominável para Deus por causa da malícia de suas ações. Logo, a malícia da ação provém do objeto mau que o homem ama. O mesmo vale para a bondade da ação.

Respondo. Como foi dito, o bem e o mal da ação como das demais coisas, considera-se pela plenitude ou pela deficiência do ser. O que por primeiro parece pertencer à plenitude do ser é o que dá espécie à coisa. Assim como a coisa material recebe a espécie de sua forma, assim também a ação recebe do objeto a espécie, como o movimento do termo. E assim como a primeira bondade da coisa material é considerado por sua forma, que lhe dá espécie, assim também a primeira bondade do ato moral é considerada pelo objeto conveniente; é por isso que alguns chamam bem genérico. Por exemplo: usar uma coisa própria. E como nas coisas materiais o primeiro mal está em uma coisa gerada não seguir a forma específica; por exemplo, se não for gerado um homem, mas algo em seu lugar, também o primeiro mal nas

---

2 Parall.: Infra, q. 19, a. 1; II *Sent.*, dist. 36, a. 5.
   1. C. 12: ML 34, 73.
   2. Art. praec.

malum ex genere, genere pro specie accepto, eo modo loquendi, quo dicimus *humanum genus* totam humanam speciem.

AD PRIMUM ergo dicendum quod, licet res exteriores sint in seipsis bonae, tamen non semper habent debitam proportionem ad hanc vel illam actionem. Et ideo inquantum considerantur ut obiecta talium actionum, non habent rationem boni.

AD SECUNDUM dicendum quod obiectum non est materia *ex qua*, sed materia *circa quam*: et habet quodammodo rationem formae, inquantum dat speciem.

AD TERTIUM dicendum quod non semper obiectum actionis humanae est obiectum activae potentiae. Nam appetitiva potentia est quodammodo passiva, inquantum movetur ab appetibili: et tamen est principium humanorum actuum. — Neque etiam potentiarum activarum obiecta semper habent rationem effectus, sed quando iam sunt transmutata: sicut alimentum transmutatum est effectus nutritivae potentiae, sed alimentum nondum transmutatum comparatur ad potentiam nutritivam sicut materia circa quam operatur. Ex hoc autem quod obiectum est aliquo modo effectus potentiae activae, sequitur quod sit terminus actionis eius, et per consequens quod det ei formam et speciem: motus enim habet speciem a terminis. — Et quamvis etiam bonitas actionis non causetur ex bonitate effectus, tamen ex hoc dicitur actio bona, quod bonum effectum inducere potest. Et ita ipsa proportio actionis ad effectum, est ratio bonitatis ipsius.

ações morais é o que procede do objeto, como tomar as coisas alheias. Chama-se isso mal genérico, tomando-se o gênero pela espécie, como quando dizemos que o *gênero humano* significa toda a espécie humana[d].

QUANTO AO 1º, portanto, deve-se dizer que embora as coisas exteriores sejam em si mesmas boas, nem sempre têm a devida proporção para esta ou para aquela ação. Por isso, essas ações se consideradas como objeto de tais ações, não têm razão de bem.

QUANTO AO 2º, deve-se dizer que o objeto não é matéria *da qual*, mas matéria *acerca da qual*, e tem, de certo modo, razão de forma enquanto dá a espécie.

QUANTO AO 3º, deve-se dizer que nem sempre o objeto da ação humana é objeto de potência ativa. Pois a potência apetitiva é de certo modo passiva, enquanto é movido pelo objeto apetecível, entretanto, é princípio de atos humanos. — Também nem sempre os objetos das potências ativas têm razão de efeito, senão quando já estão transformadas. Por exemplo, o alimento transformado é efeito da potência nutritiva, mas o alimento não transformado refere-se à potência nutritiva como a matéria acerca da qual esta potência opera. Porque o objeto é de algum modo efeito da potência ativa, segue-se que é termo de sua ação e por isso lhe dá forma e espécie, pois o movimento recebe do termo a espécie. — Embora a bondade da ação não seja causada pela bondade do efeito, por isso a ação é dita boa porque pode induzir um efeito bom. Essa proporção entre ação e efeito é a razão de sua bondade.

---

d. Convém precisar a significação do termo objeto. Esse substantivo não deriva do latim clássico, mas escolástico. Significa literalmente o que é colocado diante, quer diante de nosso corpo e de nossos sentidos, quer diante de nosso intelecto, de nossa vontade e de cada faculdade. O termo não comporta para Sto. Tomás a oposição moderna entre objeto e sujeito, entre coisa e pessoa. O objeto não é para ele somente uma coisa, mas pode perfeitamente ser uma pessoa, como quando falamos do objeto de nosso amor, de nosso ressentimento.
O objeto é propriamente o que o intelecto apreende, tomado em sua realidade, constituindo desse modo a objetividade, que é a base da verdade. Do mesmo modo, a consideração do objeto no ato humano dirá respeito diretamente à razão, ao passo que o ordenamento ao fim pertence principalmente à vontade. Essas duas considerações se compenetram e são correlatas, conforme mostrará a sequência.
O objeto de um ato pode ser uma realidade exterior existente, como um livro ou um campo pertencente a outro. Pode designar também o termo de uma ação que constitui uma nova obra, como a criança é objeto da geração, o produto acabado é objeto do trabalho industrial (ver. r. 3).
O sentido da objetividade, assim entendida, será uma dimensão essencial da moral de Sto. Tomás, aplicando-se ao querer em geral, ao desejo da felicidade, ao amor, à finalidade, ao agir como um todo.

Articulus 3
Utrum actio hominis sit bona vel mala ex circumstantia

AD TERTIUM SIC PROCEDITUR. Videtur quod actio non sit bona vel mala ex circumstantia.
1. Circumstantiae enim circumstant actum sicut extra ipsum existentes, ut dictum est[1]. Sed *bonum et malum sunt in ipsis rebus*, ut dicitur in VI *Metaphys*.[2]. Ergo actio non habet bonitatem vel malitiam ex circumstantia.
2. PRAETEREA, bonitas vel malitia actus maxime consideratur in doctrina morum. Sed circumstantiae, cum sint quaedam accidentia actuum, videntur esse praeter considerationem artis: quia *nulla ars considerat id quod est per accidens*, ut dicitur in VI *Metaphys*.[3]. Ergo bonitas vel malitia actionis non est ex circumstantis.
3. PRAETEREA, id quod convenit alicui secundum suam substantiam, non attribuitur ei per aliquod accidens. Sed bonum et malum convenit actioni secundum suam substantiam: quia actio ex suo genere potest esse bona vel mala, ut dictum est[4]. Ergo non convenit actioni ex circumstantia quod sit bona vel mala.

SED CONTRA est quod Philosophus dicit, in libro *Ethic*.[5], quod virtuosus operatur secundum quod oportet, et quando oportet, et secundum alias circumstantias. Ergo ex contrario vitiosus, secundum unumquodque vitium, operatur quando non oportet, ubi non oportet, et sic de aliis circumstantiis. Ergo actiones humanae secundum circumstantias sunt bonae vel malae.

RESPONDEO dicendum quod in rebus naturalibus non invenitur tota plenitudo perfectionis quae debetur rei, ex forma substantiali, quae dat speciem; sed multum superadditur ex supervenientibus accidentibus, sicut in homine ex figura, ex colore, et huiusmodi; quorum si aliquod desit ad decentem habitudinem, consequitur malum. Ita etiam est in actione. Nam plenitudo bonitatis eius non tota consistit in sua specie, sed aliquid additur ex his quae adveniunt tanquam accidentia quaedam. Et huiusmodi sunt circumstantiae debitae. Unde si aliquod desit quod requiratur ad debitas circumstantias erit actio mala.

Artigo 3
A ação humana é boa ou má pelas circunstâncias?

QUANTO AO TERCEIRO, ASSIM SE PROCEDE: parece que a ação **não** é boa ou má pela circunstância.
1. Com efeito, como foi dito, a circunstância está em torno do ato como existindo fora dele. Ora, o livro VI da *Metafísica* diz que "o bem e o mal estão nas coisas". Logo, a ação não tem bondade e malícia pelas circunstâncias.
2. ALÉM DISSO, a bondade e a malícia dos atos são sobretudo consideradas na moral. Ora, as circunstâncias, sendo acidentes do ato, parecem estar fora da consideração da arte, "por que nenhuma arte considera o que é acidental", como diz o livro VI da *Metafísica*. Logo, a bondade e a malícia das ações não são pelas circunstâncias.
3. ADEMAIS, o que convém a algo segundo a sua substância não lhe é atribuído acidentalmente. Ora, o bem e o mal convém à ação segundo sua substância, porque a ação por seu gênero pode ser boa ou má, como foi dito. Logo, não convém à ação ser boa ou má pelas circunstâncias.

EM SENTIDO CONTRÁRIO, diz o Filósofo no livro da *Ética* que o virtuoso age como convém, e quando convém, e segundo outras circunstâncias. Contrariamente, o viciado opera segundo cada vício quando não convém, onde não convém e assim em outras circunstâncias. Logo, é segundo as circunstâncias que as ações humanas são boas ou más.

RESPONDO. Não se encontra nas coisas naturais toda a plenitude de perfeição que lhes é devida pela forma substancial que dá a espécie, mas muito lhes é acrescentado pelos acidentes sobrevindos, como no homem, a figura, a cor etc. Se algo falta para uma compostura decente, procede do mal. O mesmo acontece na ação, pois a plenitude de sua bondade não está toda em sua espécie, mas algo lhe é acrescentado com o que sobrevém como acidente. Essas são, com efeito, as circunstâncias devidas. Por isso, se algo falta do que se exige, para as devidas circunstâncias, será má a ação[e].

---

3 PARALL.: II *Sent*., dist. 36, a. 5; *De Malo*, q. 2, a. 4, ad 5.
  1. Q. 7, a. 1.
  2. C. 4: 1027, b, 25-29.
  3. C. 2: 1026, b, 2-12.
  4. Art. praec.
  5. L. II, c. 2: 1104, b, 18-28.

---

e. Como ocorreu no exemplo da cegueira, no artigo 1, Sto. Tomás parte do que se passa nos seres da natureza para descrever os movimentos espirituais. Essa maneira de fazer baseia-se na ideia de que nosso conhecimento, assim como a

AD PRIMUM ergo dicendum quod circumstantiae sunt extra actionem, inquantum non sunt de essentia actionis: sunt tamen in ipsa actione velut quaedam accidentia eius. Sicut et accidentia quae sunt in substantiis naturalibus, sunt extra essentias earum.

AD SECUNDUM dicendum quod non omnia accidentia per accidens se habent ad sua subiecta, sed quaedam sunt per se accidentia; quae in unaquaque arte considerantur. Et per hunc modum considerantur circumstantiae actuum in doctrina morali.

AD TERTIUM dicendum quod, cum bonum convertatur cum ente, sicut ens dicitur secundum substantiam et secundum accidens, ita et bonum attribuitur alicui et secundum esse suum essentiale, et secundum esse accidentale, tam in rebus naturalibus, quam in actionibus moralibus.

QUANTO AO 1º, deve-se dizer que não sendo da essência da ação, as circunstâncias estão fora da ação, mas estão na ação como acidentes seus. Como os acidentes, que estão nas substâncias naturais, estão fora das essências delas.

QUANTO AO 2º, deve-se dizer que nem todos os acidentes referem-se acidentalmente a seus sujeitos, mas alguns são acidentes próprios, e estes são considerados em cada arte. É desse modo que se consideram as circunstâncias dos atos na moral.

QUANTO AO 3º, deve-se dizer que uma vez que o bem se converte com ente, como ente é considerado enquanto substância e enquanto acidente, também o bem é atribuído à alguma coisa segundo o seu ser essencial e segundo o ser acidental, nas ações materiais e também nas ações morais.

ARTICULUS 4
Utrum actio humana
sit bona vel mala ex fine

AD QUARTUM SIC PROCEDITUR. Videtur quod bonum et malum in actibus humanis non sint ex fine.

1. Dicit enim Dionysius, 4 cap. *de Div. Nom.*¹, quod *nihil respiciens ad malum operatur*. Si igitur ex fine derivaretur operatio bona vel mala, nulla actio esset mala. Quod patet esse falsum.

2. PRAETEREA, bonitas actus est aliquid in ipso existens. Finis autem est causa extrinseca. Non ergo secundum finem dicitur actio bona vel mala.

3. PRAETEREA, contingit aliquam bonam operationem ad malum finem ordinari, sicut cum aliquis dat eleemosynam propter inanem gloriam: et e converso aliquam malam operationem ordinari ad bonum finem, sicut cum quis furatur ut det pauperi. Non ergo est ex fine actio bona vel mala.

SED CONTRA est quod Boetius dicit, in *Topic.*², quod *cuius finis bonus est, ipsum quoque bonum est: et cuius finis malus est, ipsum quoque malum est.*

ARTIGO 4
A ação humana é boa ou má
pelo fim?

QUANTO AO QUARTO, ASSIM SE PROCEDE: parece que o bem e o mal nos atos humanos **não** são pelo fim.

1. Com efeito, diz Dionísio: "Nenhuma coisa age visando o mal". Por conseguinte, se a ação boa ou má derivasse do fim, nenhuma ação seria má. Isto é evidentemente falso.

2. ALÉM DISSO, a bondade do ato nele existe. Ora, o fim é causa extrínseca. Logo, a ação não se diz boa ou má pelo fim.

3. ADEMAIS, acontece uma ação boa ordenar-se para um fim mau, como a de quem faz esmola por vanglória. Contrariamente, pode uma ação má ordenar-se para um fim bom, como a daquele que rouba para dar ao pobre. Logo, a ação boa ou má não é pelo fim.

EM SENTIDO CONTRÁRIO, diz Boécio: "Aquele cujo fim é bom, será bom, aquele cujo fim é mal, será mau".

4 PARALL.: II *Sent.*, dist. 36, a. 5.
1. MG 3, 716 C, 732 B.
2. *De different. topic.*, l. II: ML 64, 1189 D.

linguagem, parte do sensível. É por esse motivo que os exemplos de Sto. Tomás são quase sempre tomados de empréstimo à ordem física. Porém, a passagem do sensível ao espiritual, do físico ao moral, não se opera sem pôr em jogo a analogia, sem levar em conta as profundas diferenças que se devem à natureza própria do homem e de seu espírito.

As circunstâncias foram definidas, na questão 7, com o auxílio de uma comparação espacial, como o que é exterior a um corpo, logo, a um ato, ao mesmo tempo em que o toca, o cerca. O seu papel moral é aqui determinado na mesma linha, mas em relação às categorias que convêm a todos os seres: substância e acidentes, elementos essenciais e secundários.

Uma vez que o bem implica perfeição e plenitude, um ato só será bom se possuir a qualidade que lhe convém, quanto a seu objeto e quanto a suas circunstâncias.

RESPONDEO dicendum quod eadem est dispositio rerum in bonitate, et in esse. Sicut enim quaedam quorum esse ex alio non dependet: et in his sufficit considerare ipsum eorum esse absolute. Quaedam vero sunt quorum esse dependet ab alio: unde oportet quod consideretur per considerationem ad causam a qua dependet. Sicut autem esse rei dependet ab agente et forma, ita bonitas rei dependet a fine. Unde in Personis divinis, quae non habent bonitatem dependentem ab alio, non consideratur aliqua ratio bonitatis ex fine. Actiones autem humanae, et alia quorum bonitas dependet ab alio, habent rationem bonitatis ex fine a quo dependent, praeter bonitatem absolutam quae in eis existit.

Sic igitur in actione humana bonitas quadruplex considerari potest. Una quidem secundum genus, prout scilicet est actio: quia quantum habet de actione et entitate, tantum habet de bonitate, ut dictum est[3]. Alia vero secundum speciem: quae accipitur secundum obiectum conveniens. Tertia secundum circumstantias, quasi secundum accidentia quaedam. Quarta autem secundum finem, quasi secundum habitudinem ad causam bonitatis.

AD PRIMUM ergo dicendum quod bonum ad quod aliquis respiciens operatur, non semper est verum bonum; sed quandoque verum bonum, et quandoque apparens. Et secundum hoc, ex fine sequitur actio mala.

AD SECUNDUM dicendum quod, quamvis finis sit causa extrinseca, tamen debita proportio ad finem et relatio in ipsum, inhaeret actioni.

AD TERTIUM dicendum quod nihil prohibet actioni habenti unam praedictarum bonitatum, deesse aliam. Et secundum hoc, contingit actionem quae est bona secundum speciem suam vel secundum circumstantias, ordinari ad finem malum, et e converso. Non tamen est actio bona simpliciter, nisi omnes bonitates concurrant: quia *quilibet singularis defectus causat malum, bonum autem causatur ex integra causa*, ut Dionysius dicit, 4 cap. *de Div. Nom.*[4].

RESPONDO. A disposição das coisas é a mesma, no bem e no ser. Algumas há cujo ser não depende de outra coisa; nestas, é suficiente considerar o ser absolutamente. Outras há cujo ser depende de outra coisa. É necessário considerá-las segundo a causa da qual dependem. Ademais, como o ser das coisas depende do agente e da forma, assim a bondade da coisa depende do fim. Por isso, nas pessoas divinas que não têm bondade dependente de outra coisa, não se considera alguma razão de bondade pelo fim. Mas as ações humanas e outras cuja bondade depende de outra coisa, têm a razão da bondade pelo fim do qual dependem, exceto a bondade absoluta que nelas existe[f].

Com efeito, considera-se a bondade na ação humana de quatro modos. Primeiro, segundo o gênero, enquanto é ação, porque tanto tem da ação e da entidade, quanto tem da bondade, como foi dito. Segundo, de acordo com a espécie, que se toma em conformidade com o objeto conveniente. Terceiro, segundo as circunstâncias, tidas como acidentes. Quarto, segundo o fim, conforme sua relação com a causa da bondade[g].

QUANTO AO 1º, portanto, deve-se dizer que o bem visado por alguém, nem sempre é verdadeiro bem, pois às vezes é verdadeiro, mas às vezes apenas bem aparente. Assim, procede do fim uma ação má.

QUANTO AO 2º, deve-se dizer que embora o fim seja uma causa extrínseca, a devida proporção com o fim e a relação para com ele são inherentes à ação.

QUANTO AO 3º, deve-se dizer que nada impede que a uma ação que tenha uma das quatro bondades citadas, lhe falte outra. Assim, acontece uma ação que é boa segundo sua espécie ou segundo as circunstâncias, ordenar-se para um fim mau, e vice-versa. Não há, porém, ação boa de modo absoluto se não concorrem todas as bondades, por que: "qualquer defeito singular causa o mal, e o bem é causado pela causa total", como diz Dionísio.

---

3. Art. 1.
4. MG 3, 729 C.

---

f. Dado que o homem é um ser criado e não tem por si a plenitude que lhe convém, a ação humana não terá somente uma bondade em si, mas ainda uma bondade relativa, ou seja, que lhe advém de outros seres, especialmente de Deus, aos quais ele se orientará como a fins, pelo amor e pelo desejo.
 Voltamos a encontrar a finalidade no centro da ação moral, como a dimensão própria do querer submetendo-se ao bem. Essa dimensão de finalidade irá conjugar-se com a objetividade estabelecida pela razão para formar a essência da qualidade moral, o verdadeiro bem.
 g. Sto. Tomás retoma uma nomenclatura clássica, mas transforma-a de uma maneira significativa, particularmente acrescentando a quarta bondade pelo fim, que ele separa das outras circunstâncias e considera como a causa da bondade moral. É, com efeito, pela finalidade que recebemos participação na bondade do que desejamos e amamos.

Articulus 5
Utrum aliqua actio humana sit bona vel mala in sua specie

AD QUINTUM SIC PROCEDITUR. Videtur quod actus morales non differant specie secundum bonum et malum.
1. Bonum enim et malum in actibus invenitur conformiter rebus, ut dictum est[1]. Sed in rebus bonum et malum non diversificant speciem: idem enim specie est homo bonus et malus. Ergo neque etiam bonum et malum in actibus diversificant speciem.
2. PRAETEREA, malum, cum sit privatio, est quoddam non ens. Sed non ens non potest esse differentia, secundum Philosophum, in III *Metaphys.*[2]. Cum ergo differentia constituat speciem, videtur quod aliquis actus, ex hoc quod est malus, non constituatur in aliqua specie. Et ita bonum et malum non diversificant speciem humanorum actuum.
3. PRAETEREA, diversorum actuum secundum speciem, diversi sunt effectus. Sed idem specie effectus potest consequi ex actu bono et malo: sicut homo generatur ex adulterio, et ex matrimoniali concubitu. Ergo actus bonus et malus non differunt specie.
4. PRAETEREA, bonum et malum dicitur in actibus quandoque secundum circumstantiam, ut dictum est[3]. Sed circumstantia, cum sit accidens, non dat speciem actui. Ergo actus humani non differunt specie propter bonitatem et malitiam.
SED CONTRA, secundum Philosophum, in II *Ethic.*[4], *similes habitus similes actus reddunt.* Sed habitus bonus et malus differunt specie, ut liberalitas et prodigalitas. Ergo et actus bonus et malus differunt specie.
RESPONDEO dicendum quod omnis actus speciem habet ex suo obiecto, sicut supra[5] dictum est. Unde oportet quod aliqua differentia obiecti faciat diversitatem speciei in actibus. Est autem considerandum quod aliqua differentia obiecti facit differentiam speciei in actibus, secundum quod referuntur ad unum principium activum, quod non facit differentiam in actibus, secundum quod referuntur ad aliud principium activum. Quia nihil

Artigo 5
A ação humana é boa ou má em sua espécie?

QUANTO AO QUINTO, ASSIM SE PROCEDE: parece que os atos morais **não** diferem em espécie enquanto bons e maus.
1. Com efeito, como foi dito, o bem e o mal se encontram nas ações do mesmo modo que nas coisas. Ora, nas coisas o bem e o mal não diversificam a espécie: é o mesmo, pela espécie, o homem bom e mau. Logo, o bem e o mal nos atos não diversificam a espécie.
2. ALÉM DISSO, o mal sendo privação, é um certo não ente. Ora, o não ente não pode constituir diferenças, segundo o Filósofo, no livro III da *Metafísica*. Como a diferença constitui a espécie, parece que o ato, por ser mau, não está em espécie alguma. Logo, o bem e o mal não diversificam a espécie dos atos humanos.
3. ADEMAIS, são diversos os efeitos de atos especificamente diversos. Ora, o efeito de uma mesma espécie pode resultar de ato bom ou mau, como o homem pode nascer de adultério ou de uma união matrimonial. Logo, o ato bom ou mau não diferem em espécie.
4. ADEMAIS, como foi dito, às vezes o ato diz-se bom ou mau segundo as circunstâncias. Ora, a circunstância, por ser acidente, não especifica o ato. Logo, os atos humanos não diferem em espécie por causa da bondade e da malícia.
EM SENTIDO CONTRÁRIO, diz o Filósofo, no livro II da *Ética*: "Hábitos semelhantes tornam os atos semelhantes." Ora, os hábitos bons e maus diferem em espécie, como a liberdade e a prodigalidade. Logo, os atos bons e maus diferem em espécie.
RESPONDO. Como foi dito acima, todo ato recebe do objeto a sua espécie. Por isso, é necessário que alguma diferença do objeto faça a diversidade de espécie nos atos. Deve-se, porém, considerar que uma diferença do objeto faz a diferença de espécie nos atos, na medida em que se referem a um princípio ativo, que não faz diferença nos atos, enquanto se referem a algum outro princípio ativo. Como nada que é acidental constitui a

---

5 PARALL.: Part. I, q. 48, a. 1, ad 2; II *Sent.*, dist. 40, a. 1; *Cont. Gent.* III, 9; *De Malo*, q. 2, a. 4; *De Virtut.*, q. 1, a. 2, ad 3.

1. Art. 1.
2. C. 3: 998, b, 17-28.
3. Art. 3.
4. C. 1: 1103, b, 21-22.
5. Art. 2.

quod est per accidens, constituit speciem, sed solum quod est per se: potest autem aliqua differentia obiecti esse per se in comparatione ad unum activum principium, et per accidens in comparatione ad aliud; sicut cognoscere colorem et sonum, per se differunt per comparationem ad sensum, non autem per comparationem ad intellectum.

In actibus autem humanis bonum et malum dicitur per comparationem ad rationem: quia, ut Dionysius dicit, 4 cap. *de Div. Nom.*[6], bonum hominis est *secundum rationem esse*, malum autem quod est *praeter rationem*. Unicuique enim rei est bonum quod convenit et secundum suam formam; et malum quod est ei praeter ordinem suae formae. Patet ergo quod differentia boni et mali circa obiectum considerata, comparatur per se ad rationem: scilicet secundum quod obiectum est ei conveniens vel non conveniens. Dicuntur autem aliqui actus humani, vel morales, secundum quod sunt a ratione. Unde manifestum est quod bonum et malum diversificant speciem in actibus moralibus: diferentiae enim per se diversificant speciem.

AD PRIMUM ergo dicendum quod etiam in rebus naturalibus bonum et malum, quod est secundum naturam et contra naturam, diversificant speciem naturae: corpus enim mortuum et corpus vivum non sunt eiusdem speciei. Et similiter bonum, inquantum est secundum rationem, et malum, inquantum est praeter rationem, diversificant speciem moris.

AD SECUNDUM dicendum quod malum importat privationem non absolutam, sed consequentem talem potentiam. Dicitur enim malus actus secundum suam speciem, non ex eo quod nullum habeat obiectum; sed quia habet obiectum non conveniens rationi, sicut tollere aliena. Unde inquantum obiectum est aliquid positive, potest constituere speciem mali actus.

AD TERTIUM dicendum quod actus coniugalis et adulterium, secundum quod comparantur ad rationem, differunt specie, et habent effectus specie differentes: quia unum eorum meretur laudem et praemium, aliud vituperium et poenam. Sed secundum quod comparantur ad potentiam

espécie, mas somente o que é por si, pode haver por si alguma diferença no objeto, comparada com um princípio ativo, e acidental em comparação com outra coisa. Assim, conhecer a cor e o som diferem por si comparados com os sentidos, mas não comparados com o intelecto.

Ora, nos atos humanos, o bem e o mal se dizem por comparação com a razão, porque, como diz Dionísio: "O bem do homem é estar conforme à razão, e mal o que está além da razão". Para cada coisa há o bem que lhe convém e segundo sua forma, e o mal que está para ele além da ordem de sua forma. Logo, fica claro que a diferença do bem e do mal considerada acerca do objeto, compara-se por si à razão, isto é, segundo o objeto lhe é ou não conveniente. Alguns atos dizem-se humanos ou morais, enquanto procedem da razão. Donde ser evidente que o bem e o mal diversificam a espécie[h] nos atos morais, pois as diferenças por si diversificam a espécie.

QUANTO AO 1º, portanto, deve-se dizer que mesmo nas coisas naturais o bem e o mal, enquanto são segundo a natureza ou contra a natureza, diversificam a espécie da natureza. Eis porque um corpo morto e um corpo vivo não são da mesma espécie. De modo semelhante, o bem enquanto é segundo a razão, e o mal enquanto é além da razão, diversificam a espécie do ato moral.

QUANTO AO 2º, deve-se dizer que o mal implica privação não absoluta, mas relativa a determinada potência. Um ato diz-se mau segundo a sua espécie, não porque não tenha objeto algum, mas por possuir um objeto não conveniente à razão, como tirar o alheio. Por isso, o objeto enquanto é algo positivamente pode constituir a espécie do ato mau.

QUANTO AO 3º, deve-se dizer que o ato conjugal e o adultério, enquanto comparados com a razão, diferem em espécie, e os seus efeitos são de espécies diferentes, pois um deles merece louvor e prêmio, o outro, condenação e pena. Mas, comparados com a potência generativa, não

---

6. MG 3, 733 A.

h. Os artigos 5 e 6 sustentam-se mutuamente e visam o mesmo problema. Sto. Tomás contrapõe-se aqui a seus antecessores e afirma que a diferença entre ato bom e mau é específica e essencial, como a diferença entre um homem vivo e um morto. O critério dessa diferença é a relação entre o ato e a razão que estabelece a verdade, a realidade, a objetividade do bem. Esse julgamento da razão não é especulativo, mas prático: submete a ação ao fim perseguido pela vontade, em ligação estreita com esta. É o ponto de vista da vontade e da finalidade, o qual será exposto no artigo 8. O bem e o mal, a vida, a doença e a morte no plano moral, entender-se-ão de acordo com a luz da razão iluminando os atos da vontade em sua relação com o bem, como seu fim.

generativam, non differunt specie. Et sic habent unum effectum secundum speciem.

AD QUARTUM dicendum quod circumstantia quandoque sumitur ut differentia essentialis obiecti, secundum quod ad rationem comparatur: et tunc potest dare speciem actui morali. Et hoc oportet esse, quandocumque circumstantia transmutat actum de bonitate in malitiam: non enim circumstantia faceret actum malum, nisi per hoc quod rationi repugnat.

diferem em espécie. E assim têm um só efeito segundo a espécie.

QUANTO AO 4º, deve-se dizer que a circunstância às vezes se toma como diferença essencial do objeto, enquanto comparada com a razão; desse modo pode especificar o ato moral. E isso é necessário todas as vezes que a circunstância transforma o ato bom em mau, mas a circunstância não faz o ato mau a não ser que contrarie a razão.

ARTICULUS 6
Utrum actus habeat speciem boni vel mali ex fine

AD SEXTUM SIC PROCEDITUR. Videtur quod bonum et malum quod est ex fine, non diversificent speciem in actibus.

1. Actus enim habent speciem ex obiecto. Sed finis est praeter rationem obiecti. Ergo bonum et malum quod est ex fine, non diversificant speciem actus.

2. PRAETEREA, id quod est per accidens, non constituit speciem, ut dictum est¹. Sed accidit alicui actui quod ordinetur ad aliquem finem; sicut quod aliquis det eleemosynam propter inanem gloriam. Ergo secundum bonum et malum quod est ex fine, non diversificantur actus secundum speciem.

3. PRAETEREA, diversi actus secundum speciem, ad unum finem ordinari possunt: sicut ad finem inanis gloriae ordinari possunt actus diversarum virtutum, et diversorum vitiorum. Non ergo bonum et malum quod accipitur secundum finem, diversificat speciem actuum.

SED CONTRA est quod supra² ostensum est, quod actus humani habent speciem a fine. Ergo bonum et malum quod accipitur secundum finem, diversificat speciem actuum.

RESPONDEO dicendum quod aliqui actus dicuntur humani, inquantum sunt voluntarii, sicut supra³ dictum est. In actu autem voluntario invenitur duplex actus, scilicet actus interior voluntatis, et actus exterior: et uterque horum actuum habet suum obiectum. Finis autem proprie est obiectum interioris actus voluntarii: id autem circa quod est actio exterior, est obiectum eius. Sicut igitur actus exterior accipit speciem ab obiecto circa quod est; ita actus interior voluntatis accipit speciem a fine, sicut a proprio obiecto.

ARTIGO 6
O ato tem a espécie de bem ou de mal pelo fim?

QUANTO AO SEXTO, ASSIM SE PROCEDE: parece que o bem e o mal que são pelo fim **não** diversificam a espécie nos atos.

1. Com efeito, o ato tem a espécie pelo objeto. Ora, o fim está além da razão do objeto. Logo, o bem e o mal que são pelo fim não diversificam a espécie do ato.

2. ALÉM DISSO, como foi dito, o que é acidental não constitui a espécie. Ora, é acidental a algum ato ordenar-se para um fim, como alguém que dá esmola por vanglória. Logo, segundo o bem e o mal que são pelo fim, os atos não se diversificam segundo a espécie.

3. ADEMAIS, atos diversificados segundo a espécie podem ser ordenados para um só fim. Por exemplo, para a vanglória podem ser ordenados atos de virtudes diversas e de vícios diversos. Logo, o bem e o mal tomados segundo o fim, não diversificam a espécie dos atos.

EM SENTIDO CONTRÁRIO, foi acima demonstrado que os atos humanos têm a espécie pelo fim. Logo, o bem e o mal tomados segundo o fim diversificam a espécie dos atos.

RESPONDO. Como acima foi dito, os atos dizem-se humanos enquanto são voluntários. No ato voluntário encontram-se dois atos: o ato interior da vontade e o ato exterior. Cada um desses dois atos tem seu objeto. O fim é propriamente o objeto do ato voluntário interior, e aquilo acerca do qual é a ação exterior, é o seu objeto. Assim, como o ato exterior recebe a espécie do objeto acerca do qual versa, o ato interior da vontade recebe a espécie pelo fim, que é seu objeto próprio.

---

6 PARALL.: II *Sent.*, dist. 40, a. 1.

1. Art. praec.
2. Q. 1, a. 3.
3. Ibid. a. 1.

Ita autem quod est ex parte voluntatis, se habet ut formale ad id quod est ex parte exterioris actus: quia voluntas utitur membris ad agendum, sicut instrumentis; neque actus exteriores habent rationem moralitatis, nisi inquantum sunt voluntarii. Et ideo actus humani species formaliter consideratur secundum finem, materialiter autem secundum obiectum exterioris actus. Unde Philosophus dicit, in V *Ethic.*[4], quod *ille qui furatur ut committat adulterium, est, per se loquendo, magis adulter quam fur.*

AD PRIMUM ergo dicendum quod etiam finis habet rationem obiecti, ut dictum est[5].

AD SECUNDUM dicendum quod ordinari ad talem finem, etsi accidat exteriori actui, non tamen accidit actui interiori voluntatis, qui comparatur ad exteriorem sicut formale ad materiale.

AD TERTIUM dicendum quod quando multi actus specie differentes ordinantur ad unum finem, est quidem diversitas speciei ex parte exteriorum actuum; sed unitas speciei ex parte actus interioris.

Assim também, o que é da parte da vontade está como formal para aquilo que é da parte do ato exterior, porque a vontade utiliza os membros para agir como seus instrumentos. Ademais, os atos exteriores não têm razão de moralidade, a não ser enquanto são voluntários. E assim, a espécie de um ato humano se considera formalmente segundo o fim, materialmente segundo o objeto do ato exterior. Donde dizer o Filósofo no livro V da *Ética*: "Aquele que rouba para cometer adultério, propriamente falando é mais adúltero do que ladrão."[i]

QUANTO AO 1º, portanto, deve-se dizer que o fim também tem razão de objeto, como foi dito.

QUANTO AO 2º, deve-se dizer que ser ordenado para tal fim, embora seja acidental para o ato exterior, não o é para o ato interior da vontade, que se compara ao exterior como o formal ao material.

QUANTO AO 3º, deve-se dizer que quando muitos atos especificamente diferentes ordenam-se para um só fim, há diversificação específica da parte dos atos exteriores, mas unidade específica da parte do ato interior.

ARTICULUS 7
Utrum species quae est ex fine, contineatur sub specie quae est ex obiecto, sicut sub genere, vel e converso

AD SEPTIMUM SIC PROCEDITUR. Videtur quod species bonitatis quae est ex fine, contineatur sub specie bonitatis quae est ex obiecto, sicut species sub genere: puta cum aliquis vult furari ut det eleemosynam.

1. Actus enim habet speciem ex obiecto, ut dictum est[1]. Sed impossibile est quod aliquid

ARTIGO 7
A espécie que é pelo fim está contida na espécie que é pelo objeto, como em seu gênero, ou ao contrário?

QUANTO AO SÉTIMO, ASSIM SE PROCEDE: parece que a espécie de bondade que é pelo fim **está** contida na espécie de bondade que é pelo objeto, como a espécie no gênero; por exemplo, quando alguém quer roubar para dar esmola.

1. Com efeito, como foi dito, o ato tem a espécie pelo objeto. Ora, é impossível que alguma

---
4. C. 4: 1130, a, 24-27.
5. In corp.; et q. 1, a. 1, 3.

1. Art. 2, 6.

---
i. Este artigo é da mais alta importância. Junto com o precedente, expõe o que se pode chamar de núcleo da moralidade segundo Sto. Tomás, ou seja, os elementos centrais que a razão moral apreende e ordena. Tudo repousa sobre a divisão entre ato interior e ato exterior que irá dividir a sequência do tratado e que se encontrará em toda a *Prima Secundae* (I-II). O ato interior é o ato da vontade, cujo termo, e portanto objeto próprio, é o fim. Já o ato exterior tem por objeto a matéria da ação exterior ao homem, como o bem de outrem. Lembremos que se trata das duas partes ou dimensões da ação concreta, e não de ações separadas, a primeira sendo interior à segunda.

Aqui, Sto. Tomás opera uma inversão de perspectivas com relação à tradição: encara o ato moral não mais a partir do ato exterior, como dar esmola, cometer adultério, seguindo os exemplos clássicos, mas a partir do ato interior, do movimento voluntário, que considera como a fonte da moralidade. Do mesmo modo, concede o primado ao ato interior sobre o ato exterior. Ele os reúne, contudo, como forma e matéria, como alma e corpo. Tal primado da interioridade voltará a encontrar-se na prioridade das virtudes sobre os mandamentos da lei evangélica sobre o decálogo.

Mais tarde, os moralistas da obrigação só considerarão o ato exterior que incorre na lei; negligenciarão a interioridade e remeterão o fim à ordem das circunstâncias.

Em conclusão, Sto. Tomás reconhece dois elementos essenciais da ação moral: o fim e a matéria sobre a qual ele incide.

contineatur in aliqua alia specie, quae sub propria specie non continetur: quia idem non potest esse in diversis speciebus non subalternis. Ergo species quae est ex fine, continetur sub specie quae est ex obiecto.

2. Praeterea, semper ultima differentia constituit speciem specialissimam. Sed differentia quae est ex fine, videtur esse posterior quam differentia quae est ex obiecto: quia finis habet rationem ultimi. Ergo species quae est ex fine, continetur sub specie quae est ex obiecto, sicut species specialissima.

3. Praeterea, quanto aliqua differentia est magis formalis, tanto magis est specialis: quia differentia comparatur ad genus ut forma ad materiam. Sed species quae est ex fine, est formalior ea quae est ex obiecto, ut dictum est[2]. Ergo species quae est ex fine, continetur sub specie quae est ex obiecto, sicut species specialissima sub genere subalterno.

Sed contra, cuiuslibet generis sunt determinatae differentiae. Sed actus eiusdem speciei ex parte obiecti, potest ad infinitos fines ordinari: puta furtum ad infinita bona vel mala. Ergo species quae est ex fine, non continetur sub specie quae est ex obiecto, sicut sub genere.

Respondeo dicendum quod obiectum exterioris actus dupliciter potest se habere ad finem voluntatis: uno modo, sicut per se ordinatum ad ipsum, sicut bene pugnare per se ordinatur ad victoriam; alio modo, per accidens, sicut accipere rem alienam per accidens ordinatur ad dandum eleemosynam. Oportet autem, ut Philosophus dicit in VII *Metaphys.*[3], quod differentiae dividentes aliquod genus, et constituentes speciem illius generis, per se dividant illud. Si autem per accidens, non recte procedit divisio: puta si quis dicat, *Animalium aliud rationale, aliud irrationale; et animalium irrationalium aliud alatum, aliud non alatum: alatum* enim et *non alatum* non sunt per se determinativa eius quod est *irrationale*. Oportet autem sic dividere: *Animalium aliud habens pedes, aliud non habens pedes; et habentium pedes, aliud habet duos, aliud quatuor, aliud multos*: haec enim per se determinant priorem differentiam.

Sic igitur quando obiectum non est per se ordinatum ad finem, differentia specifica quae est ex obiecto, non est per se determinativa eius quae est

coisa contida em alguma outra espécie, não esteja contida em sua própria espécie, porque a mesma coisa não pode estar em diversas espécies não subordinadas. Logo a espécie que é pelo fim, está contida na espécie que é pelo objeto.

2. Além disso, a última diferença sempre constitui uma espécie especialíssima. Ora, a diferença que é pelo fim parece ser posterior à diferença que é pelo objeto, porque o fim tem a razão de último. Logo, a espécie que é pelo fim está contida na espécie que é pelo objeto, como espécie especialíssima.

3. Ademais, tanto uma diferença é mais formal, quanto mais é especial, porque a diferença está para o gênero como a forma para a matéria. Ora, a espécie que é pelo fim é mais formal que a que é pelo objeto, como foi dito. Logo, a espécie que é pelo fim está contida na espécie que é pelo objeto, como a espécie especialíssima está em um gênero subalterno.

Em sentido contrário, para cada gênero há determinadas diferenças. Mas, o ato da mesma espécie da parte do objeto pode ser ordenado para infinitos fins; por exemplo, o furto para infinitos fins bons ou maus. Logo, a espécie que é pelo fim não está contida na espécie que é pelo objeto, como em seu gênero.

Respondo. O objeto do ato exterior pode estar para o fim da vontade de dois modos: Primeiro, como ordenado por si para ele; por exemplo, guerrear bem ordena-se por si para a vitória; segundo, acidentalmente, como tomar a coisa alheia, acidentalmente se ordena para dar esmola. Como diz o Filósofo no livro VII da *Metafísica*, as diferenças que dividem um gênero e que constituem a espécie desse gênero, dividem por si o gênero. Se, porém, acidentalmente, a divisão não procede retamente; por exemplo se alguém diz que "os animais se dividem em racionais e irracionais; os irracionais, em voadores e não voadores. Voadores e não voadores não são por si determinativos dos que são irracionais. Há, pois, necessidade de dividir assim: os animais se dividem nos que tem pés e nos que não tem pés, e os que têm pés se dividem em os que têm dois, três ou muitos pés. Estas são as divisões que por si determinam a diferença anterior.

Se, pois, o objeto não está por si ordenado para o fim, a diferença específica que é pelo objeto, não é por si determinativa do que é pelo fim, nem ao

---

2. Art. praec.
3. C. 12: 1038, a, 9-18.

ex fine, nec e converso. Unde una istarum specierum non est sub alia: sed tunc actus moralis est sub duabus speciebus quasi disparatis. Unde dicimus quod ille qui furatur ut moechetur, committit duas malitias in uno actu. — Si vero obiectum per se ordinetur ad finem, una dictarum differentiarum est per se determinativa alterius. Unde una istarum specierum continebitur sub altera.

Considerandum autem restat quae sub qua. Ad cuius evidentiam, primo considerandum est quod quanto aliqua differentia sumitur a forma magis particulari, tanto magis est specifica. Secundo, quod quanto agens est magis universale, tanto ex eo est forma magis universalis. Tertio, quod quanto aliquis finis est posterior, tanto respondet agenti universalior: sicut victoria, quae est ultimus finis exercitus, est finis intentus a summo duce; ordinatio autem huius aciei vel illius, est finis intentus ab aliquo inferiorum ducum. — Et ex istis sequitur quod differentia specifica quae est ex fine, est magis generalis; et differentia quae est ex obiecto per se ad talem finem ordinato, est specifica respectu eius. Voluntas enim, cuius proprium obiectum est finis, est universale motivum respectu omnium potentiarum animae, quarum propria obiecta sunt obiecta particularium actuum.

AD PRIMUM ergo dicendum quod secundum substantiam suam non potest aliquid esse in duabus speciebus, quarum una sub altera non ordinetur. Sed secundum ea quae rei adveniunt, potest aliquid sub diversis speciebus contineri. Sicut hoc pomum, secundum colorem, continetur sub hac specie, scilicet albi: et secundum odorem, sub specie bene redolentis. Et similiter actus qui secundum substantiam suam est in una specie naturae, secundum conditiones morales supervenientes, ad duas species referri potest, ut supra[4] dictum est.

AD SECUNDUM dicendum quod finis est postremum in executione; sed est primum in intentione rationis, secundum quam accipiuntur moralium actuum species.

AD TERTIUM dicendum quod differentia comparatur ad genus ut forma ad materiam, inquantum facit esse genus in actu. Sed etiam genus consideratur ut formalius specie, secundum quod est

contrário. Daí que uma dessas espécies não está contida na outra, mas o ato moral está em duas espécies quase opostas. Por isso, aquele que rouba para praticar adultério comete duas malícias num só ato. — Quando, porém, o objeto está ordenado por si para o fim, uma das diferenças referidas é por si determinativa da outra. Por isso, uma delas estará contida na outra.

Resta considerar qual diferença é contida na outra. Para esclarecê-lo, deve-se considerar, em primeiro lugar, que uma diferença é tanto mais específica, quanto mais particular é a forma assumida. Em segundo lugar, que quanto mais universal é o agente, mais universal é a forma que produz. Em terceiro lugar, que quanto mais remoto é um fim, mais corresponde ao agente mais universal; por exemplo, a vitória, que é o último fim do exército, é o fim desejado pelo comandante e a ordenação desta ou daquela batalha é o fim desejado por algum dos comandantes inferiores. — De tudo isso se infere que a diferença específica que é pelo fim é mais geral, e que a diferença que é pelo objeto ordenado por si para tal fim, é específica relativamente à primeira. A vontade, pois, cujo objeto próprio é o fim, é movente universal de todas as potências da alma, cujos objetos próprios são os objetos dos atos particulares[j].

QUANTO AO 1º, portanto, deve-se dizer que por sua substância uma coisa não pode estar em duas espécies, das quais uma não está subordinada à outra. Mas segundo aquilo que é acrescido à coisa, pode uma coisa estar contida em diversas espécies. Por exemplo, a maçã que pela cor está em uma espécie, a saber, da brancura, e, pelo odor, está na espécie das coisas perfumadas. Semelhantemente, o ato que por sua substância está em uma espécie natural, pelas condições morais adventícias pode referir-se a duas espécies, como foi dito acima.

QUANTO AO 2º, deve-se dizer que o fim é o último na execução, mas é o primeiro na intenção da razão, segundo a qual se consideram as espécies dos atos morais.

QUANTO AO 3º, deve-se dizer que a diferença está para o gênero como a forma para a matéria, enquanto faz que o gênero esteja em ato. Mas também o gênero é considerado mais formal que

---

4. Q. 1, a. 3, ad 3.

j. O presente artigo completa os dois anteriores, especificando as complexas relações entre os dois elementos essenciais da moralidade: o fim e a matéria ou objeto do ato exterior. Um se ordena ao outro como forma e matéria, mas de maneira analógica e flexível. A extensão e o caráter lógico da exposição se explicam pelas discussões da época, para as quais Sto. Tomás deve preparar e defender sua posição original que dá prioridade ao fim.

absolutius, et minus contractum. Unde et partes definitionis reducuntur ad genus causae formalis, ut dicitur in libro *Physic*.⁵. Et secundum hoc, genus est causa formalis speciei: et tanto erit formalius, quanto communius.

Articulus 8
Utrum aliquis actus sit indifferens secundum suam speciem

Ad octavum sic proceditur. Videtur quod non sit aliquis actus indifferens secundum suam speciem.
1. Malum enim est *privatio boni*, secundum Augustinum¹. Sed privatio et habitus sunt opposita immediata, secundum Philosophum². Ergo non sit aliquis actus qui secundum speciem suam sit indifferens, quasi medium existens inter bonum et malum.
2. Praeterea, actus humani habent speciem a fine vel obiecto, ut dictum est³. Sed omne obiectum, et omnis finis habet rationem boni vel mali. Ergo omnis actus humanus secundum suam speciem est bonus vel malus. Nullus ergo est indifferens secundum speciem.
3. Praeterea, sicut dictum est⁴, actus dicitur bonus, qui habet debitam perfectionem bonitatis; malus, cui aliquid de hoc deficit. Sed necesse est quod omnis actus vel habeat totam plenitudinem suae bonitatis, vel aliquid ei deficiat. Ergo necesse est quod omnis actus secundum speciem suam sit bonus vel malus, et nullus indifferens.
Sed contra est quod Augustinus dicit, in libro *de Serm. Dom. in Mont.*⁵, quod *sunt quaedam facta media, quae possunt bono vel malo animo fieri, de quibus est temerarium iudicare*. Sunt ergo aliqui actus secundum speciem suam indifferentes.
Respondeo dicendum quod, sicut dictum est⁶, actus omnis habet speciem ab obiecto; et actus humanus, qui dicitur moralis, habet speciem ab obiecto relato ad principium actuum humanorum, quod est ratio. Unde si obiectum actus includat aliquid quod conveniat ordini rationis, erit actus bonus secundum suam speciem, sicut dare eleemosynam indigenti. Si autem includat aliquid quod repugnet ordini rationis, erit malus actus secundum speciem,

a espécie, enquanto é mais absoluto e menos restrito. Por isso, as partes da definição reduzem-se ao gênero da causa formal, como diz o livro da *Física*. Assim, o gênero é causa formal da espécie, e tanto mais é formal, quanto mais comum.

Artigo 8
Algum ato é indiferente segundo sua espécie?

Quanto ao oitavo, assim se procede: parece que **nenhum** ato é indiferente segundo sua espécie.
1. Com efeito, segundo Agostinho, o mal é *a privação do bem*. Ora, privação e hábito são opostos imediatos, segundo o Filósofo. Logo, nenhum ato é indiferente segundo sua espécie, como sendo o meio entre o bem e o mal.
2. Além disso, como foi dito, os atos humanos têm a espécie pelo fim. Ora, todo objeto e todo fim tem razão de bem e de mal. Logo, todo ato humano segundo sua espécie é bom ou mau. Nenhum é indiferente segundo a espécie.

3. Ademais, como foi dito, diz-se bom o ato que tem a devida perfeição da bondade; mau, ao qual lhe falta algo disto. Ora, é necessário que todo ato ou tenha toda a plenitude de sua bondade, ou que algo lhe falte. Logo, é necessário que todo ato segundo sua espécie seja bom ou mau, mas nenhum indiferente.
Em sentido contrário, diz Agostinho: "Há ações intermediárias que podem ser feitas com ânimo bom ou mau, sobre as quais é temeroso julgar". Logo, há atos indiferentes segundo sua espécie.
Respondo. Como foi dito, todo ato tem a espécie pelo objeto, e o ato humano dito moral tem a espécie pelo objeto referido ao princípio dos atos humanos, que é a razão. Por isso, se o objeto do ato inclui algo conveniente à ordem da razão, será ato bom segundo sua espécie, como dar esmola ao pobre. Porém, se inclui algo que se opõe à ordem da razão, será ato mau segundo a espécie, como roubar, que é tomar do alheio. Acontece, porém,

---

5. L. II, c. 3: 194, b, 23-29.

8 Parall.: II *Sent.*, dist. 40, a. 5; *De Malo*, q. 2, art. 5.
1. *Enchir*. c. 11: ML 40, 236.
2. *Categ*. c. 10: 13, a, 3-17.
3. A. 6; q. 1, a. 3.
4. Art. 1.
5. L. II, c. 18, n. 59; ML 34, 1296.
6. Art. 2, 5.

sicut furari, quod est tollere aliena. Contingit autem quod obiectum actus non includit aliquid pertinens ad ordinem rationis, sicut levare festucam de terra, ire ad campum, et huiusmodi: et tales actus secundum speciem suam sunt indifferentes.

AD PRIMUM ergo dicendum quod duplex est privatio. Quaedam quae consistit in *privatum esse*: et haec nihil relinquit, sed totum aufert; ut caecitas totaliter aufert visum, et tenebrae lucem, et mors vitam. Et inter hanc privationem et habitum oppositum, non potest esse aliquod medium circa proprium susceptibile. — Est autem alia privatio quae consistit in *privari*: sicut aegritudo est privatio sanitatis, non quod tota sanitas sit sublata, sed quod est quasi quaedam via ad totalem ablationem sanitatis, quae fit per mortem. Et ideo talis privatio, cum aliquid relinquat, non semper est immediata cum opposito habitu. Et hoc modo malum est privatio boni, ut Simplicius dicit in *Commento super librum Praedic.*[7]: quia non totum bonum aufert, sed aliquid relinquit. Unde potest esse aliquod medium inter bonum et malum.

AD SECUNDUM dicendum quod omne obiectum vel finis habet aliquam bonitatem vel malitiam, saltem naturalem: non tamen semper importat bonitatem vel malitiam moralem, quae consideratur per comparationem ad rationem, ut dictum est[8]. Et de hac nunc agitur.

AD TERTIUM dicendum quod non quidquid habet actus, pertinet ad speciem eius. Unde etsi in ratione suae speciei non contineatur quidquid pertinet ad plenitudinem bonitatis ipsius, non propter hoc est ex specie sua malus, nec etiam bonus: sicut homo secundum suam speciem neque virtuosus, neque vitiosus est.

que o objeto do ato não inclui algo pertinente à ordem da razão, como levantar uma palha da terra, ir ao campo e coisas semelhantes: tais atos são indiferentes segundo sua espécie.

QUANTO AO 1º, portanto, deve-se dizer que há duas privações. Uma que consiste em *ser privado*, e esta nada deixa, mas tudo tira, como a cegueira que totalmente tira a visão, as trevas a luz, e a morte a vida. Entre esta privação e o hábito oposto, quanto ao que é próprio, não pode haver intermediário. — A outra que consiste em *privar-se*; por exemplo, a enfermidade é privação da saúde, não que seja tirada toda a saúde, mas é como uma via para sua total retirada, que se dá na morte. Assim esta privação, como deixa ainda algo, nem sempre é imediata com o hábito oposto. Desse modo, o mal é privação do bem, segundo Suplício: porque não retira todo bem, mas deixa algo dele. Logo, pode haver algum intermediário entre o bem e o mal.

QUANTO AO 2º, deve-se dizer que todo objeto ou fim tem alguma bondade ou malícia, ao menos natural: mas, nem sempre implica a bondade ou malícia moral, que se considera relativamente à razão, como foi dito. Desta é que tratamos aqui.

QUANTO AO 3º, deve-se dizer que nem toda coisa que tem ato pertence a sua espécie. Por isso, embora na razão de sua espécie não esteja contido tudo que pertence á plenitude de sua bondade, nem por isso é má ou boa em sua espécie; por exemplo, o homem segundo sua espécie não é virtuoso, nem viciado.

ARTICULUS 9
Utrum aliquis actus sit indifferens secundum individuum

AD NONUM SIC PROCEDITUR. Videtur quod aliquis actus secundum individuum sit indifferens.
1. Nulla enim species est quae sub se non contineat vel continere possit aliquod individuum. Sed aliquis actus est indifferens secundum suam speciem, ut dictum est[1]. Ergo aliquis actus individualis potest esse indifferens.

ARTIGO 9
Algum ato é indiferente segundo o indivíduo?

QUANTO AO NONO, ASSIM SE PROCEDE: parece que algum ato segundo o indivíduo é indiferente.
1. Com efeito, não há espécie que não contenha em si ou não possa conter algum indivíduo. Ora, há atos indiferentes, segundo sua espécie, como foi dito. Logo, algum ato individual pode ser indiferente.

---

7. C. 10.
8. In corp.

9 PARALL.: I *Sent.*, dist. 1, q. 3, ad 3; II, dist. 40, a. 5; IV, dist. 26, q. 1, a. 4; *De Malo*, q. 2, a. 5.
1. Art. praec.

2. PRAETEREA, ex individualibus actibus causantur habitus conformes ipsis, ut dicitur in II *Ethic*.². Sed aliquis habitus est indifferens. Dicit enim Philosophus, in IV *Ethic*.³, de quibusdam, sicut de placidis et prodigis, quod non sunt mali: et tamen constat quod non sunt boni, cum recedant a virtute: et sic sunt indifferentes secundum habitum. Ergo aliqui actus individuales sunt indifferentes.

3. PRAETEREA, bonum morale pertinet ad virtutem, malum autem morale pertinet ad vitium. Sed contingit quandoque quod homo actum qui ex specie sua est indifferens, non ordinat ad aliquem finem vel vitii vel virtutis. Ergo contingit aliquem actum individualem esse indifferentem.

SED CONTRA est quod Gregorius dicit in quadam Homilia⁴: *Otiosum verbum est quod utilitate rectitudinis, aut ratione iustae necessitatis aut piae utilitatis, caret*. Sed verbum otiosum est malum: quia *de eo reddent homines rationem in die iudicii*, ut dicitur Mt 12,36. Si autem non caret ratione iustae necessitatis aut piae utilitatis, est bonum. Ergo omne verbum aut est bonum aut malum. Pari ratione, et quilibet alius actus vel est bonus vel malus. Nullus ergo individualis actus est indifferens.

RESPONDEO dicendum quod contingit quandoque aliquem actum esse indifferentem secundum speciem, qui tamen est bonus vel malus in individuo consideratus. Et hoc ideo, quia actus moralis, sicut dictum est⁵, non solum habet bonitatem ex obiecto, a quo habet speciem; sed etiam ex circumstantiis, quae sunt quasi quaedam accidentia; sicut aliquid convenit individuo homini secundum accidentia individualia, quod non convenit homini secundum rationem speciei. Et oportet quod quilibet individualis actus habeat aliquam circumstantiam per quam trahatur ad bonum vel malum, ad minus ex parte intentionis finis. Cum enim rationis sit ordinare, actus a ratione deliberativa procedens, si

2. ALÉM DISSO, o livro II da *Ética* diz que pelos atos individuais são causados hábitos conforme a eles. Ora, há hábitos indiferentes, pois diz o Filósofo, no livro IV da *Ética*, de alguns, como os indolentes e pródigos, que não são maus, mas também não são bons, porque se afastam da virtude, são indiferentes segundo o hábito. Logo, alguns atos individuais são indiferentes.

3. ADEMAIS, o bem moral pertence à virtude, o mal moral, porém, pertence ao vício. Ora, às vezes acontece que o homem não ordena para um fim de vício ou de virtude o ato que por sua espécie é indiferente. Logo, acontece que algum ato individual é indiferente.

EM SENTIDO CONTRÁRIO, diz Gregório: "É ociosa a palavra que carece da utilidade da retidão ou da razão da necessidade justa ou da utilidade piedosa". Ora, a palavra ociosa é má, por que "dela os homens darão contas no dia do juízo", como diz o Evangelho de Mateus. Ao contrário, será boa, se não lhe falta a justa necessidade ou a pia utilidade. Logo, toda palavra ou é boa ou é má. Por motivo semelhante também qualquer ato ou é bom ou mau. Logo, nenhum ato individual é indiferente.

RESPONDO. Às vezes um ato é indiferenteᵏ segundo a espécie, o qual, entretanto, é bom ou mau considerado no indivíduo. Isso porque o ato moral, como foi dito, não só tem a bondade pelo objeto, do qual tem a espécie, mas também pelas circunstâncias, que são como acidentes. Por exemplo, algo convém a um homem individual mediante acidentes individuais, o que não convém ao homem segundo a razão de espécie. É preciso, pois, que qualquer ato individual tenha alguma circunstância pela qual é atraído para o bem ou para o mal, ao menos da parte da intenção do fim. Ora, como é próprio da razão ordenar, o ato que procede da razão deliberativa,

---

2. C. 1: 1103, b, 21-22.
3. C. 3: 1121, a, 16-21; 27-30.
4. *In Evang*., l. I, hom. 6: ML 76, 1098 D.
5. Art. 3.

k. O problema da existência de atos indiferentes, tratado nos artigos 8 e 9, foi objeto de vívida controvérsia no século XIII. Encontra-se uma exposição das diversas opiniões em O. Lottin, *Psychologie et morale aux XIIe et XIIIe siècles* [Psicologia e moral nos séculos XII e XIII], t. II, p. 469-489. Citemos simplesmente a opinião de S. Boaventura: ele admite que existem ações particulares indiferentes, como esses atos que fazemos sem relacioná-los com Deus, sem que haja negligência ou perversão de nossa parte, mas somente a fraqueza humana. Não se pode, com efeito, exigir uma relação atual de cada ação com Deus; isso seria demasiado severo.

A posição de Sto. Tomás centra-se melhor sobre os elementos do ato humano e é mais determinada pela importância da finalidade. Como a vontade se move sempre tendo em vista um fim, a ação concreta será de fato sempre moralmente determinada, seja por uma circunstância, seja, pelo menos, pelo fim buscado. A relação com Deus à qual se refere S. Boaventura situa-se no horizonte da finalidade.

non sit ad debitum finem ordinatus, ex hoc ipso repugnat rationi, et habet rationem mali. Si vero ordinetur ad debitum finem, convenit cum ordine rationis: unde habet rationem boni. Necesse est autem quod vel ordinetur, vel non ordinetur ad debitum finem. Unde necesse est omnem actum hominis a deliberativa ratione procedentem, in individuo consideratum, bonum esse vel malum.

Si autem non procedit a ratione deliberativa, sed ex quadam imaginatione, sicut cum aliquis fricat barbam, vel movet manum aut pedem; talis actus non est, proprie loquendo, moralis vel humanus; cum hoc habeat actus a ratione. Et sic erit indifferens, quasi extra genus moralium actuum existens.

AD PRIMUM ergo dicendum quod aliquem actum esse indifferentem secundum suam speciem, potest esse multipliciter. Uno modo, sic quod ex sua specie debeatur ei quod sit indifferens. Et sic procedit ratio. Sed tamen isto modo nullus actus ex sua specie est indifferens: non enim est aliquod obiectum humani actus, quod non possit ordinari vel ad bonum vel ad malum, per finem vel circumstantiam. — Alio modo potest dici indifferens ex sua specie, quia non habet ex sua specie quod sit bonus vel malus. Unde per aliquid aliud potest fieri bonus vel malus. Sicut homo non habet ex sua specie quod sit albus vel niger, nec tamen habet ex sua specie quod non sit albus aut niger: potest enim albedo vel nigredo supervenire homini aliunde quam a principiis speciei.

AD SECUNDUM dicendum quod Philosophus dicit illum esse malum proprie, qui est aliis hominibus nocivus. Et secundum hoc, dicit prodigum non esse malum, quia nulli alteri nocet nisi sibi ipsi. Et similiter de omnibus aliis qui non sunt proximis nocivi. Nos autem hic dicimus malum communiter omne quod est rationi rectae repugnans. Et secundum hoc, omnis individualis actus est bonus vel malus, ut dictum est.

AD TERTIUM dicendum quod omnis finis a ratione deliberativa intentus, pertinet ad bonum alicuius virtutis, vel ad malum alicuius vitii. Nam hoc ipsum quod aliquis agit ordinate ad sustentationem vel quietem sui corporis, ad bonum virtutis ordinatur in eo qui corpus suum ordinat ad bonum virtutis. Et idem patet in aliis.

se não está ordenado para o devido fim, por isso mesmo contraria a razão, e tem razão de mal. Se, porém, está ordenado para o devido fim convém à ordem da razão, e tem, por isso, razão de bem. É necessário, pois, que se ordene ou não ao devido fim. Portanto, é necessário que todo ato humano procedente da razão deliberativa, considerado no indivíduo, seja bom ou mau.

Se não procede da razão deliberativa, mas de alguma imaginação, como alguém que coça a barba, ou move as mãos ou os pés, tal ato propriamente não é moral ou humano, porque ser moral ou humano o ato tem pela razão. E assim o ato é indiferente existindo fora do gênero dos atos morais.

QUANTO AO 1º, portanto, deve-se dizer que um ato pode ser indiferente segundo sua espécie, de muitas maneiras. Primeiramente, a indiferença de um ato poderia ser devida por sua espécie. Nesse sentido procede a objeção. Entretanto, desse modo nenhum ato é indiferente por sua espécie, pois não há objeto algum do ato humano que não possa ser ordenado ou para o bem ou para o mal mediante o fim ou a circunstância. — Segundo, pode dizer-se indiferente por sua espécie, porque por sua espécie não tem porque seja bom ou mau. Portanto, pode fazer-se bom ou mau por algo distinto. Por exemplo, o homem não tem de sua espécie ser branco ou negro, mas também dela não tem não ser branco ou negro. Pode, pois, a brancura ou negritude sobrevir ao homem de outra coisa que não seja do princípio da espécie.

QUANTO AO 2º, deve-se dizer com o Filósofo que é mau propriamente o homem que é nocivo aos seus semelhantes. Nesse sentido, diz que o pródigo não é mau, porque ninguém prejudica a não ser a si mesmo. Igualmente, a respeito dos outros que não são nocivos ao próximo. Nós chamamos geralmente mal tudo o que contraria a razão reta. Nesse sentido, todo ato individual é bom ou mau, como foi dito.

QUANTO AO 3º, deve-se dizer que todo fim visado pela razão deliberativa pertence ao bem de alguma virtude, ou ao mal de algum vício. Assim, aquilo que alguém faz ordenadamente para o sustento ou para o repouso do corpo, se ordena para o bem da virtude naquele que ordena seu corpo para o bem da virtude. O mesmo se aplica às outras coisas.

Articulus 10
Utrum aliqua circumstantia constituat actum moralem in specie boni vel mali

AD DECIMUM SIC PROCEDITUR. Videtur quod circumstantia non possit constituere aliquam speciem boni vel mali actus.
1. Species enim actus est ex obiecto. Sed circumstantiae differunt ab obiecto. Ergo circumstantiae non dant speciem actus.
2. PRAETEREA, circumstantiae comparantur ad actum moralem sicut accidentia eius, ut dictum est[1]. Sed accidens non constituit speciem. Ergo circumstantia non constituit aliquam speciem boni vel mali.
3. PRAETEREA, unius rei non sunt plures species. Unius autem actus sunt plures circumstantiae. Ergo circumstantia non constituit actum moralem in aliqua specie boni vel mali.

SED CONTRA, locus est circumstantia quaedam. Sed locus constituit actum moralem in quadam specie mali: furari enim aliquid de loco sacro est sacrilegium. Ergo circumstantia constituit actum moralem in aliqua specie boni vel mali.

RESPONDEO dicendum quod, sicut species rerum naturalium constituuntur ex naturalibus formis, ita species moralium actuum constituuntur ex formis prout sunt a ratione conceptae, sicut ex supradictis[2] patet. Quia vero natura determinata est ad unum, nec potest esse processus naturae in infinitum, necesse est pervenire ad aliquam ultimam formam, ex qua sumatur differentia specifica, post quam alia differentia specifica esse non possit. Et inde est quod in rebus naturalibus, id quod est accidens alicui rei, non potest accipi ut differentia constituens speciem. Sed processus rationis non est determinatus ad aliquid unum: sed quolibet dato, potest ulterius procedere. Et ideo quod in uno actu accipitur ut circumstantia superaddita obiecto quod determinat speciem actus, potest iterum accipi a ratione ordinante ut principalis conditio obiecti determinantis speciem actus. Sicut tollere alienum habet speciem ex ratione alieni, ex hoc enim constituitur in specie furti: et si consideretur super hoc ratio loci vel temporis, se habebit in ratione circumstantiae. Sed quia ratio etiam de loco vel de tempore, et aliis huiusmodi,

Artigo 10
Uma circunstância constitui o ato moral na espécie de bem ou de mal?

QUANTO AO DÉCIMO, ASSIM SE PROCEDE: parece que a circunstância **não** pode constituir alguma espécie de ato bom ou mau.
1. Com efeito, a espécie do ato é pelo objeto. Ora, as circunstâncias diferem do objeto. Logo, as circunstâncias não dão a espécie do ato.
2. ALÉM DISSO, as circunstância estão para o ato moral como seus acidentes, segundo foi dito. Ora, o acidente não constitui a espécie. Logo, a circunstância não constitui alguma espécie de bem ou mal.
3. ADEMAIS, uma coisa não tem muitas espécies. Ora, um só ato tem muitas circunstâncias. Logo, a circunstância não constitui o ato moral na espécie de bem ou mal.

EM SENTIDO CONTRÁRIO, lugar é uma circunstância. Ora, o lugar constitui o ato moral em alguma espécie de mal; por exemplo, roubar algo de um lugar sagrado é sacrilégio. Logo, a circunstância constitui o ato moral em alguma espécie de bem ou mal.

RESPONDO. Assim como as espécies das coisas naturais são constituídas pelas formas naturais, também as espécies dos atos morais são constituídas pelas formas, enquanto concebidas pela razão como fica claro do que foi dito. Mas, porque a natureza está determinada para uma única coisa, e não é possível o processo da natureza ao infinito, é necessário chegar-se a uma última forma que dará a diferença específica, de modo que depois dela não possa existir outra diferença específica. Por isso, nas coisas materiais, o que é acidente, não pode ser assumido como diferença constitutiva de espécie. Entretanto, o processo da razão não está determinado para uma só coisa, pois, estabelecida uma coisa, pode ir além. Por isso, aquilo que em um ato é tomado como circunstância acrescida ao objeto, o que determina a espécie do ato, pode de novo ser tomado pela razão como principal condição do objeto que determina a espécie do ato. Por exemplo, tirar o alheio tem sua espécie da razão de alheio, e, por isso, se constitui na espécie de furto, mas se se considera ademais a razão de lugar ou tempo, estará na razão de circunstância. Mas,

---

10 PARALL.: Supra, a. 5, ad 4; infra, q. 73, a. 7; IV *Sent*., dist. 16, q. 3, a. 2, q.la 3; *De Malo*, q. 2, art. 6, 7.
1. Q. 7, a. 1.
2. Art. 5.

ordinare potest; contingit conditionem loci circa obiectum accipi ut contrariam ordini rationis; puta quod ratio ordinat non esse iniuriam faciendam loco sacro. Unde tollere aliquid alienum de loco sacro addit specialem repugnantiam ad ordinem rationis. Et ideo locus, qui prius considerabatur ut circumstantia, nunc consideratur ut principalis conditio obiecti rationi repugnans. Et per hunc modum, quandocumque aliqua circumstantia respicit specialem ordinem rationis vel "pro" vel "contra", oportet quod circumstantia det speciem actui morali vel bono vel malo.

AD PRIMUM ergo dicendum quod circumstantia secundum quod dat speciem actui, consideratur ut quaedam conditio obiecti, sicut dictum est[3], et quasi quaedam specifica differentia eius.

AD SECUNDUM dicendum quod circumstantia manens in ratione circumstantiae, cum habeat rationem accidentis, non dat speciem: sed inquantum mutatur in principalem conditionem obiecti, secundum hoc dat speciem.

AD TERTIUM dicendum quod non omnis circumstantia constituit actum moralem in aliqua specie boni vel mali: cum non quaelibet circumstantia importet aliquam consonantiam vel dissonantiam ad rationem. Unde non oportet, licet sint multae circumstantiae unius actus, quod unus actus sit in pluribus speciebus. Licet etiam non sit inconveniens quod unus actus moralis sit in pluribus speciebus moris etiam disparatis, ut dictum est.

porque a razão pode ordenar acerca do lugar ou do tempo etc., acontece que a condição de lugar acerca de um objeto seja entendida como contrária à ordem da razão. Por exemplo, a razão ordena que não se deve ultrajar um lugar sagrado. Por isso, tirar o alheio em lugar sagrado acrescenta uma especial contrariedade à ordem da razão. Eis porque, o lugar que antes fora considerado como circunstância, agora é considerado como a condição principal do objeto que contraria a razão. Por isso, sempre que uma circunstância se refere a uma especial ordem da razão "pró" ou "contra", necessariamente a circunstância dá a espécie ao ato moral, bom ou mau[1].

QUANTO AO 1º, portanto, deve-se dizer que a circunstância enquanto dá espécie ao ato, é considerada como uma certa condição do objeto, como foi dito, e uma certa diferença específica dele.

QUANTO AO 2º, deve-se dizer que a circunstância permanecendo na razão de circunstância, como tem razão de acidente, não dá a espécie, mas quando se muda para a principal condição do objeto, dá a espécie.

QUANTO AO 3º, deve-se dizer que nem toda circunstância constitui o ato moral em alguma espécie de bem ou mal, porque nem toda circunstância implica alguma concordância ou discordância com a razão. Por isso, não é necessário que um ato esteja em muitas espécies, sejam muitas suas circunstâncias. Igualmente, não é inconveniente que um ato moral esteja em muitas espécies morais, mesmo distintas, como foi dito.

ARTICULUS 11

Utrum omnis circumstantia augens bonitatem vel malitiam, constituat actum moralem in specie boni vel mali

AD UNDECIMUM SIC PROCEDITUR. Videtur quod omnis circumstantia pertinens ad bonitatem vel malitiam, det speciem actui.

ARTIGO 11

Toda circunstância que aumenta a bondade ou a malícia constitui o ato moral na espécie de bem ou mal?

QUANTO AO DÉCIMO PRIMEIRO, ASSIM SE PROCEDE: parece que toda circunstância que pertence à bondade ou à maldade **dá** espécie ao ato.

---

3. In corp.

11 PARALL.: Infra, q. 73, a. 7; IV *Sent.*, dist. 16, q. 3, a. 2, q.la 3; *De Malo*, q. 2, a. 7.

---

1. A explicação do fato de que uma circunstância, como o lugar, possa mudar a espécie moral de um ato, torná-lo bom ou mau, era discutida na época de Sto. Tomás. Este se acha mais à vontade para resolver o problema, devido à sua análise precisa dos elementos da ação humana. O objeto desta não é inteiramente constituído de antemão, como um ser natural, com substância e acidentes; depende da razão que constrói a ação e pode estabelecer conexões múltiplas com diferentes circunstâncias, das quais algumas podem assumir importância particular em relação à razão e tornar mau um ato que, em si, abstratamente, seria bom, ou ainda acrescentar uma nova espécie moral. Neste caso, os escolásticos posteriores dirão que a circunstância *transit in conditionem objeti*, adquire a condição de objeto do ato.

Não obstante, a circunstância, normalmente, não faz mais do que aumentar ou diminuir a qualidade moral dos atos.

1. Bonum enim et malum sunt differentiae specificae moralium actuum. Quod ergo facit differentiam in bonitate vel malitia moralis actus, facit differre secundum differentiam specificam, quod est differre secundum speciem. Sed id quod addit in bonitate vel malitia actus, facit differre secundum bonitatem et malitiam. Ergo facit differre secundum speciem. Ergo omnis circumstantia addens in bonitate vel malitia actus, constituit speciem.

2. Praeterea, aut circumstantia adveniens habet in se aliquam rationem bonitatis vel malitiae, aut non. Si non, non potest addere in bonitate vel malitia actus: quia quod non est bonum, non potest facere maius bonum; et quod non est malum, non potest facere maius malum. Si autem habet in se rationem bonitatis vel malitiae, ex hoc ipso habet quandam speciem boni vel mali. Ergo omnis circumstantia augens bonitatem vel malitiam, constituit novam speciem boni vel mali.

3. Praeterea, secundum Dionysium, 4 cap. de Div. Nom.[1], *malum causatur ex singularibus defectibus*. Quaelibet autem circumstantia aggravans malitiam, habet specialem defectum. Ergo quaelibet circumstantia addit novam speciem peccati. Et eadem ratione, quaelibet augens bonitatem, videtur addere novam speciem boni: sicut quaelibet unitas addita numero, facit novam speciem numeri; bonum enim consistit *in numero, pondere et mensura*.

Sed contra, magis et minus non diversificant speciem. Sed magis et minus est circumstantia addens in bonitate vel malitia. Ergo non omnis circumstantia addens in bonitate vel malitia, constituit actum moralem in specie boni vel mali.

Respondeo dicendum quod, sicut dictum est[2], circumstantia dat speciem boni vel mali actui morali, inquantum respicit specialem ordinem rationis. Contingit autem quandoque quod circumstantia non respicit ordinem rationis in bono vel malo, nisi praesupposita alia circumstantia, a qua actus moralis habet speciem boni vel mali. Sicut tollere aliquid in magna quantitate vel parva, non respicit ordinem rationis in bono vel malo, nisi praesupposita aliqua alia conditione, per quam actus habeat malitiam vel bonitatem: puta hoc quod est esse alienum, quod repugnat rationi. Unde tollere alienum in magna vel parva

1. Com efeito, o bem e o mal constituem as diferenças específicas dos atos morais. Portanto, o que faz a diferença na bondade ou malícia do ato moral, o faz diferir segundo uma diferença epecífica e isso é diferir segundo a espécie. Ora, o que acrescenta a bondade ou malícia do ato faz diferir segundo a bondade ou malícia. Logo, faz diferir segundo a espécie. Portanto, toda circunstância que acrescenta bondade ou malícia ao ato, constitui a espécie.

2. Além disso, a circunstância que sobrevém tem em si alguma razão de bondade ou de malícia, ou não. Se não, não pode acrescentar ao ato bondade ou malícia, por que o que não é bom, não pode fazer bem maior, e o que não é mau, não pode fazer mal maior. Se, pois, possuir em si a razão de bondade ou maldade, possui alguma espécie de bem ou de mal. Logo, toda circunstância que aumenta a bondade ou a malícia, constitui uma nova espécie de bem ou de mal.

3. Ademais, segundo Dionísio, "o mal é causado por deficiências singulares" Ora, toda circunstância que agrava a malícia possui uma deficiência especial. Logo, toda circunstância acrescenta uma nova espécie de pecado. Pela mesma razão, toda circunstância que aumenta a bondade, parece acrescentar uma nova espécie de bem, assim como toda unidade, acrescentada a um número, faz uma nova espécie de número. O bem, com efeito, consiste em *número, peso e medida*.

Em sentido contrário, mais e menos não diversificam a espécie. Ora, mais e menos são circunstâncias acrescidas à bondade e à malícia. Logo, nem toda circunstância que acrescenta mais ou menos à bondade e à malícia, constitui o ato moral na espécie de bem ou mal.

Respondo. Como foi dito, a circunstância dá a espécie de bom ou mau ao ato moral, enquanto se refere à ordem da razão. Acontece, às vezes, que a circunstância não se refere à ordem da razão quanto ao bem ou ao mal a não ser que seja pressuposta outra circunstância da qual o ato moral tem a espécie de bem ou de mal. Assim, tomar uma coisa em grande ou pequena quantidade não se refere à ordem da razão no bem ou no mal, a não ser que se pressuponha outra condição, pela qual o ato tenha malícia ou bondade; por exemplo, ser alheia, isso contraria a razão. Por isso, tirar o alheio em grande ou pequena quantidade não

---

1. MG 3, 729 C.
2. Art. praec.

quantitate, non diversificat speciem peccati. Tamen potest aggravare vel diminuere peccatum. Et similiter est in aliis malis vel bonis. Unde non omnis circumstantia addens in bonitate vel malitia, variat speciem moralis actus.

AD PRIMUM ergo dicendum quod in his quae intenduntur et remittuntur, differentia intensionis et remissionis non diversificat speciem: sicut quod differt in albedine secundum magis et minus, non differt, secundum speciem coloris. Et similiter quod facit diversitatem in bono vel malo secundum intensionem et remissionem, non facit differentiam moralis actus secundum speciem.

AD SECUNDUM dicendum quod circumstantia aggravans peccatum, vel augens bonitatem actus, quandoque non habet bonitatem vel malitiam secundum se, sed per ordinem ad aliam conditionem actus, ut dictum est[3]. Et ideo non dat novam speciem, sed auget bonitatem vel malitiam quae est ex alia conditione actus.

AD TERTIUM dicendum quod non quaelibet circumstantia inducit singularem defectum secundum seipsam, sed solum secundum ordinem ad aliquid aliud. Et similiter non semper addit novam perfectionem, nisi per comparationem ad aliquid aliud. Et pro tanto, licet augeat bonitatem vel malitiam, non semper variat speciem boni vel mali.

diversifica a espécie do pecado, mas pode agravá-lo ou diminuí-lo. O mesmo acontece em outros bens ou males. Logo, nem toda circunstância que aumenta ou diminui a bondade ou a malícia modifica a espécie moral do ato.

QUANTO AO 1º, portanto, deve-se dizer que nas coisas aumentadas ou diminuídas, a diferença do aumento ou diminuição não diversifica a espécie. Por exemplo, a cor branca mais clara ou mais escura não se diferencia segundo a espécie de cor. Igualmente, o que faz a diversidade no bem ou no mal, segundo o aumento ou a diminuição, não faz a diferença moral do ato segundo a espécie.

QUANTO AO 2º, deve-se dizer que a circunstância agravante do pecado, ou que aumenta a bondade do ato, às vezes, não tem bondade ou malícia em si mesma, mas em ordenação a outra condição do ato, como foi dito. Por isso não dá uma nova espécie, mas aumenta a bondade ou a malícia que procede de outra condição do ato.

QUANTO AO 3º, deve-se dizer que qualquer circunstância por si mesmo não induz deficiência singular, mas somente em ordem a outra coisa. Igualmente, nem sempre acrescenta nova perfeição a não ser em comparação com outra coisa. Portanto, embora aumente a bondade ou a malícia, nem sempre muda a espécie do bem ou mal.

---

3. In corp.

QUAESTIO XIX
DE BONITATE ET MALITIA ACTUS INTERIORIS VOLUNTATIS
in decem articulos divisa

Deinde considerandum est de bonitate actus interioris voluntatis.
Et circa hoc quaeruntur decem.
Primo: utrum bonitas voluntatis dependeat ex obiecto.
Secundo: utrum ex solo obiecto dependeat.

QUESTÃO 19
A BONDADE E A MALÍCIA DO ATO INTERIOR DA VONTADE[a]
em dez articos

Em seguida, deve-se considerar a bondade do ato interior da vontade.
Sobre isso, são dez as perguntas:
1. A bondade da vontade depende do objeto?
2. Somente do objeto?

---

a. Sto. Tomás retoma o estudo das duas partes constitutivas do ato moral. Começa pelo ato interior que emana diretamente da vontade, sob a forma da intenção e da escolha, e tende ao fim como a seu objeto próprio. É, portanto, do ponto de vista da vontade do fim que serão examinados os elementos da moralidade nesta questão.
A questão pode dividir-se da seguinte maneira:
1º O fator que determina a moralidade do ato interior (a. 1 e 2).
2º A relação entre o ato interior e os critérios da moralidade: a razão (a. 3), a lei eterna (a. 4), o problema particular da razão errônea (a. 5-6).
3º A parte da intenção na moralidade (a. 7-8).
4º As relações entre a nossa vontade e a vontade divina (a. 9-10).

Tertio: utrum dependeat ex ratione.
Quarto: utrum dependeat ex lege aeterna.
Quinto: utrum ratio errans obliget.
Sexto: utrum voluntas contra legem Dei sequens rationem errantem, sit mala.
Septimo: utrum bonitas voluntatis in his quae sunt ad finem, dependeat ex intentione finis.
Octavo: utrum quantitas bonitatis vel malitiae in voluntate, sequatur quantitatem boni vel mali in intentione.
Nono: utrum bonitas voluntatis dependeat ex conformitate ad voluntatem divinam.
Decimo: utrum necesse sit voluntatem humanam conformari divinae voluntati in volito, ad hoc quod sit bona.

3. Da razão?
4. Da lei externa?
5. A razão errônea obriga?
6. É má a vontade que seguindo a razão errônea é contrária à lei de Deus?
7. A bondade da vontade no que é para o fim depende da intenção do fim?
8. A medida da bondade ou malícia na vontade é consequência da medida do bem ou mal na intenção?
9. A bondade da vontade depende da conformidade com a vontade divina?
10. Para que a vontade humana seja boa é necessário que se conforme com a vontade divina no que quer?

ARTICULUS 1
Utrum bonitas
voluntatis dependeat ex obiecto

AD PRIMUM SIC PROCEDITUR. Videtur quod bonitas voluntatis non dependeat ex obiecto.

1. Voluntas enim non potest esse nisi boni: quia malum est *praeter voluntatem*, ut Dionysius dicit, 4 cap. *de Div. Nom.*¹. Si igitur bonitas voluntatis iudicaretur ex obiecto, sequeretur quod omnis voluntas esset bona, et nulla esset mala.
2. PRAETEREA, bonum per prius invenitur in fine: unde bonitas finis, inquantum huiusmodi, non dependet ab aliquo alio. Sed secundum Philosophum, in VI *Ethic.*², *bona actio est finis, licet factio nunquam sit finis*: ordinatur enim semper, sicut ad finem, ad aliquid factum. Ergo bonitas actus voluntatis non dependet ex aliquo obiecto.

3. PRAETEREA, unumquodque quale est, tale alterum facit. Sed obiectum voluntatis est bonum bonitate naturae. Non ergo potest praestare voluntati bonitatem moralem. Moralis ergo bonitas voluntatis non dependet ex obiecto.

SED CONTRA est quod Philosophus dicit, in V *Ethic.*³, quod iustitia est secundum quam aliqui volunt iusta: et eadem ratione, virtus est secundum quam aliqui volunt bona. Sed bona voluntas est quae est secundum virtutem. Ergo bonitas voluntatis est ex hoc quod aliquis vult bonum.

ARTIGO 1
A bondade da vontade
depende do objeto?

QUANTO AO PRIMEIRO ARTIGO, ASSIM SE PROCEDE: parece que a bondade da vontade **não** depende do objeto.

1. Com efeito, a vontade não pode ser senão do bem, porque o mal está "além da vontade", como diz Dionísio. Se, pois, a bondade da vontade fosse considerada pelo objeto, seguir-se-ia que toda vontade é boa e nenhuma má.
2. ALÉM DISSO, o bem encontra-se por primeiro no fim, por isso, a bondade do fim enquanto tal não depende de outra coisa. Ora, segundo o filósofo, no livro VI da *Ética*: "A boa ação é o fim, embora o modo de fazer nunca o seja", pois está sempre ordenada para algo feito a seu fim. Logo, a bondade do ato da vontade não depende de algum objeto.
3. ADEMAIS, como é cada coisa, assim faz a outra. Ora, o objeto da vontade é o bem por bondade natural. Por isso, não pode dar à vontade o bem moral. Logo, a bondade moral da vontade não depende do objeto.

EM SENTIDO CONTRÁRIO, diz o Filósofo, no livro V da *Ética*, que "a justiça é aquilo mediante o qual alguns querem o que é justo". Pela mesma razão, a virtude é aquilo mediante o qual alguns querem o que é bom. Ora, a vontade boa é a que é segundo a virtude. Logo, a bondade da vontade procede de que alguém queira o bem.

1
1. MG 3, 732 C.
2. C. 5: 1140, b, 6-7.
3. C. 1: 1129, a, 6-9.

RESPONDEO dicendum quod bonum et malum sunt per se differentiae actus voluntatis. Nam bonum et malum per se ad voluntatem pertinent; sicut verum et falsum ad rationem, cuius actus per se distinguitur differentia veri et falsi, prout dicimus opinionem esse veram vel falsam. Unde voluntas bona et mala sunt actus differentes secundum speciem. Differentia autem speciei in actibus est secundum obiecta, ut dictum est[4]. Et ideo bonum et malum in actibus voluntatis proprie attenditur secundum obiecta.

AD PRIMUM ergo dicendum quod voluntas non semper est veri boni, sed quandoque est apparentis boni, quod quidem habet aliquam rationem boni, non tamen simpliciter convenientis ad appetendum. Et propter hoc actus voluntatis non est bonus semper, sed aliquando malus.

AD SECUNDUM dicendum quod, quamvis aliquis actus possit esse ultimus finis hominis secundum aliquem modum, non tamen talis actus est actus voluntatis, ut supra[5] dictum est.

AD TERTIUM dicendum quod bonum per rationem repraesentatur voluntati ut obiectum; et inquantum cadit sub ordine rationis, pertinet ad genus moris, et causat bonitatem moralem in actu voluntatis. Ratio enim principium est humanorum et moralium actuum, ut supra[6] dictum est.

RESPONDO[b]. O bem e o mal são por si diferenças do ato da vontade. Pois, o bem e o mal por si pertencem à vontade, como o verdadeiro e o falso à razão, cujo ato se distingue pela diferença do verdadeiro e do falso; por isso dizemos que uma opinião é verdadeira ou falsa. Portanto, a vontade boa ou má são atos diferentes segundo a espécie. E a diferença de espécie nos atos é pelos objetos como foi dito. Por isso, o bem e o mal nos atos da vontade se consideram propriamente pelos objetos.

QUANTO AO 1º, portanto, deve-se dizer que nem sempre a vontade é de um bem verdadeiro; às vezes, é de um bem aparente, o qual certamente tem alguma razão de bem, mas que não é absolutamente conveniente para ser desejado. Por esse motivo, o ato da vontade não é sempre bom, mas às vezes mau.

QUANTO AO 2º, deve-se dizer que, embora um ato possa ser, de algum modo, o último fim do homem, tal ato não é ato de vontade, como acima foi dito.

QUANTO AO 3º, deve-se dizer que o bem é apresentado à vontade pela razão como objeto, e, enquanto está sob a ordem da razão, pertence ao gênero moral e causa bondade moral no ato da vontade. Como acima foi dito, a ação é o princípio dos atos humanos morais.

ARTICULUS 2
Utrum bonitas voluntatis dependeat ex solo obiecto

AD SECUNDUM SIC PROCEDITUR. Videtur quod bonitas voluntatis non dependeat solum ex obiecto.

1. Finis enim affinior est voluntati quam alteri potentiae. Sed actus aliarum potentiarum recipiunt

ARTIGO 2
A bondade da vontade depende só do objeto?

QUANTO AO SEGUNDO, ASSIM SE PROCEDE: parece que a bondade da vontade **não** depende só do objeto.

1. Com efeito, o fim tem mais conformidade com a vontade do que com outra potência. Ora,

---
4. Q. 18, a. 5.
5. Q. 1, a. 1, ad 2.
6. Q. 18, a. 5.

---
b. O que faz uma vontade boa ou má? É essencialmente o objeto da vontade, ou seja, o que ela quer como bem, o que poderá ser um bem verdadeiro ou um bem apenas aparente. O objeto deve ser entendido no sentido referido na q. 18, n. b. Para a vontade, ele se identifica ao bem e ao fim: pode perfeitamente designar uma pessoa. A qualidade moral da vontade depende da objetividade do querer, do fato de que ele incida ou não sobre um bem verdadeiro e real (r. 1). Isto supõe que a vontade seja capaz, pelo amor, que é seu primeiro ato, de abrir-se e dedicar-se ao bem por si mesmo (Deus, outrem etc.), e de a ele conformar-se, assim como o intelecto é capaz de conhecer o bem em si mesmo, em sua verdade. Temos aqui um testemunho, em uma análise técnica, da objetividade do pensamento cristão na concepção do bem, do amor, da finalidade e, por trás de tudo isso, da relação com Deus como objeto do amor, que se revela e se dá em sua verdade e em sua realidade.

O objeto evidentemente não se reduz aqui à matéria do ato exterior, contraposto ao fim perseguido pelo sujeito, conforme entenderá a casuística posterior.

bonitatem non solum ex obiecto, sed etiam ex fine, ut ex supradictis[1] patet. Ergo etiam actus voluntatis recipit bonitatem non solum ex obiecto, sed etiam ex fine.

2. PRAETEREA, bonitas actus non solum est ex obiecto, sed etiam ex circumstantiis, ut supra[2] dictum est. Sed secundum diversitatem circumstantiarum contingit esse diversitatem bonitatis et malitiae in actu voluntatis: puta quod aliquis velit quando debet, et ubi debet, et quantum debet, et quomodo debet, vel prout non debet. Ergo bonitas voluntatis non solum dependet ex obiecto, sed etiam ex circumstantiis.

3. PRAETEREA, ignorantia circumstantiarum excusat malitiam voluntatis, ut supra[3] habitum est. Sed hoc non esset, nisi bonitas et malitia voluntatis a circumstantiis dependeret. Ergo bonitas et malitia voluntatis dependet ex circumstantiis, et non a solo obiecto.

SED CONTRA, ex circumstantiis, inquantum huiusmodi, actus non habet speciem, ut supra[4] dictum est. Sed bonum et malum sunt specificae differentiae actus voluntatis, ut dictum est[5]. Ergo bonitas et malitia voluntatis non dependet ex circumstantiis, sed ex solo obiecto.

RESPONDEO dicendum quod in quolibet genere, quanto aliquid est prius, tanto est simplicius et in paucioribus consistens: sicut prima corpora sunt simplicia. Et ideo invenimus quod ea quae sunt prima in quolibet genere, sunt aliquo modo simplicia, et in uno consistunt. Principium autem bonitatis et malitiae humanorum actuum est ex actu voluntatis. Et ideo bonitas et malitia voluntatis secundum aliquid unum attenditur: aliorum vero actuum bonitas et malitia potest secundum diversa attendi.

Illud autem unum quod est principium in quolibet genere, non est per accidens, sed per se: quia omne quod est per accidens, reducitur ad id quod est per se, sicut ad principium. Et ideo bonitas voluntatis ex solo uno illo dependet, quod per se facit bonitatem in actu, scilicet ex obiecto: et non ex circumstantiis, quae sunt quaedam accidentia actus.

os atos das outras potências recebem a bondade não só do objeto, mas também do fim, como está claro pelo acima dito. Logo, também o ato da vontade recebe a bondade não só do objeto como também do fim

2. ALÉM DISSO, como acima foi dito, a bondade do ato não é só pelo objeto, mas também pelas circunstâncias. Ora, segundo a diversidade de circunstâncias acontece haver diversidade de bondade e de malícia no ato da vontade. Por exemplo, que alguém queira saber: quando deve, onde deve, quanto deve e como deve ou não deve. Logo, a bondade da vontade não depende só do objeto, como também das circunstâncias.

3. ADEMAIS, a ignorância das circunstâncias escusa a malícia da virtude, como acima foi estabelecido. Ora, tal não aconteceria se a bondade e a malícia da vontade não dependesse das circunstâncias. Logo, a bondade e a malícia da vontade dependem também das circunstâncias e não só do objeto.

EM SENTIDO CONTRÁRIO, das circunstâncias enquanto tais, os atos não têm a espécie, como acima foi dito. Ora, o bem e o mal são diferenças específicas do ato da vontade, como foi dito. Logo, a bondade e a malícia da vontade não dependem das circunstâncias, mas só do objeto.

RESPONDO. Em todo gênero, quanto mais uma coisa é primeira, tanto é mais simples e consiste em poucas coisas. Assim, os primeiros corpos são simples. Por isso, encontramos que o que é primeiro em qualquer gênero é de algum modo simples e consiste em uma só coisa. O princípio da bondade e da malícia dos atos humanos procede do ato da vontade. Por isso, a bondade e a malícia da vontade consideram-se por uma só coisa, mas dos outros atos podem ser consideradas por diversas coisas

A unidade que é princípio em cada gênero, não é acidental, mas por si, porque o que é acidental reduz-se ao que é por si como a seu princípio. Por isso, a bondade da vontade depende de uma só coisa que por si faz a bondade em ato, a saber, do objeto, e não das circunstâncias, que são acidentes do ato[c].

---

1. Q. 18, a. 4.
2. Ibid. a. 3.
3. Q. 6, a. 8.
4. Q. 18, a. 10, ad 2.
5. A. praec.

---

c. A vontade move, reúne e unifica os movimentos das outras faculdades. Tal unidade do querer em sua fonte se acha do lado de seu termo. A vontade tende finalmente a um objeto único, que se torna, como fim e como fim último, o princípio de unificação de todos os atos.

AD PRIMUM ergo dicendum quod finis est obiectum voluntatis, non autem aliarum virium. Unde quantum ad actum voluntatis, non differt bonitas quae est ex obiecto, a bonitate quae est ex fine, sicut in actibus aliarum virium: nisi forte per accidens, prout finis dependet ex fine, et voluntas ex voluntate.

AD SECUNDUM dicendum quod, supposito quod voluntas sit boni, nulla circumstantia potest eam facere malam. Quod ergo dicitur quod aliquis vult aliquod bonum quando non debet vel ubi non debet, potest intelligi dupliciter. Uno modo, ita quod ista circumstantia referatur ad volitum. Et sic voluntas non est boni: quia velle facere aliquid quando non debet fieri, non est velle bonum. Alio modo, ita quod referatur ad actum volendi. Et sic impossibile est quod aliquis velit bonum quando non debet, quia semper homo debet velle bonum: nisi forte per accidens, inquantum aliquis, volendo hoc bonum, impeditur ne tunc velit aliquod bonum debitum. Et tunc non incidit malum ex eo quod aliquis vult illud bonum; sed ex eo quod non vult aliud bonum. Et similiter dicendum est de aliis circumstantiis.

AD TERTIUM dicendum quod circumstantiarum ignorantia excusat malitiam voluntatis, secundum quod circumstantiae se tenent ex parte voliti: inquantum scilicet ignorat circumstantias actus quem vult.

QUANTO AO 1º, portanto, deve-se dizer que o fim é o objeto da vontade, não das outras potências. Por isso, quanto ao ato da vontade, não se diferencia a bondade que é pelo objeto, da bondade que é pelo fim, como nos atos das outras potências, a não ser acidentalmente, enquanto um fim depende de outro fim e uma vontade de outra vontade.

QUANTO AO 2º, deve-se dizer que suposto que haja a bondade do bem, nenhuma circunstância pode fazê-la má. Quando se diz que alguém quer um bem, quando não deve e onde não deve, isso pode ser entendido de duas maneiras: Primeiro, que essa circunstância se refere ao objeto querido. Desse modo, não há vontade do bem, porque querer fazer algo quando não se deve fazer, não é querer o bem. Segundo, que se refere ao ato de querer. Desse modo, é impossível que alguém queira o bem quando não deve, porque sempre o homem deve querer o bem, a não ser acidentalmente, quando alguém, querendo este bem, é impedido de querer o bem devido. Não haverá, então, mal pelo fato de querer aquele bem, mas pelo fato de não querer o outro bem. E o mesmo se deve dizer sobre as outras circunstâncias.

QUANTO AO 3º, deve-se dizer que a ignorância das circunstâncias escusa a malícia da vontade, enquanto as circunstâncias se referem ao objeto querido, a saber, enquanto desconhece as circunstância do ato que quer.

ARTICULUS 3
Utrum bonitas voluntatis dependeat ex ratione

AD TERTIUM SIC PROCEDITUR. Videtur quod bonitas voluntatis non dependeat a ratione.

1. Prius enim non dependet a posteriori. Sed bonum per prius pertinet ad voluntatem quam ad rationem, ut ex supradictis[1] patet. Ergo bonum voluntatis non dependet a ratione.

2. PRAETEREA, Philosophus dicit, in VI *Ethic.*[2], quod bonitas intellectus practici est *verum confor-*

ARTIGO 3
A bondade da vontade depende da razão?

QUANTO AO TERCEIRO, ASSIM SE PROCEDE: parece que a bondade da vontade **não** depende da razão.

1. Com efeito, o que é primeiro não depende do que é posterior. Ora, o bem por primeiro pertence à vontade que à razão, como está claro pelo acima dito. Logo, o bem da vontade não depende da razão.

2. ALÉM DISSO, diz o Filósofo no livro VI da *Ética*, que a bondade do intelecto prático é "ver-

---

3
1. Q. 9, a. 1.
2. C. 2: 1139, a, 29-31.

A qualidade da vontade será determinada, portanto, pelo que lhe é essencial e principal, seu objeto, em sua verdade de bem, e não pelos elementos acidentais e secundários que são as circunstâncias. Estas intervirão na escolha dos meios e nos atos exteriores ordenados ao fim. Logo, a vontade é boa de acordo com seu objeto, de acordo com o bem que ela quer, simplesmente.

A questão que dominará toda a moral será a do objeto e do bem supremo da vontade que possuem razão de fim último e de bem-aventurança plena para o homem. Tal questão repercute em cada uma de nossas vontades mediante o seu ordenamento ao bem de acordo com seu objeto.

me appetitui recto. Appetitus autem rectus est voluntas bona. Ergo bonitas rationis practicae magis dependet a bonitate voluntatis, quam e converso.

3. PRAETEREA, movens non dependet ab eo quod movetur, sed e converso. Voluntas autem movet rationem et alias vires, ut supra[3] dictum est. Ergo bonitas voluntatis non dependet a ratione.

SED CONTRA est quod Hilarius dicit, in X *de Trin.*[4]: *Immoderata est omnis susceptarum voluntatum pertinacia, ubi non rationi voluntas subiicitur*. Sed bonitas voluntatis consistit in hoc quod non sit immoderata. Ergo bonitas voluntatis dependet ex hoc quod sit subiecta rationi.

RESPONDEO dicendum quod, sicut dictum est[5], bonitas voluntatis proprie ex obiecto dependet. Obiectum autem voluntatis proponitur ei per rationem. Nam bonum intellectum est obiectum voluntatis proportionatum ei; bonum autem sensibile, vel imaginarium, non est proportionatum voluntati, sed appetitui sensitivo: quia voluntas potest tendere in bonum universale, quod ratio apprehendit; appetitus autem sensitivus non tendit nisi in bonum particulare, quod apprehendit vis sensitiva. Et ideo bonitas voluntatis dependet a ratione, eo modo quo dependet ab obiecto.

AD PRIMUM ergo dicendum quod bonum sub ratione boni, idest appetibilis, per prius pertinet ad voluntatem quam ad rationem. Sed tamen per prius pertinet ad rationem sub ratione veri, quam ad voluntatem sub ratione appetibilis: quia appetitus voluntatis non potest esse de bono, nisi prius a ratione apprehendatur.

AD SECUNDUM dicendum quod Philosophus ibi loquitur de intellectu practico, secundum quod est consiliativus et ratiocinativus eorum quae sunt ad finem: sic enim perficitur per prudentiam. In his autem quae sunt ad finem, rectitudo rationis consistit in conformitate ad appetitum finis debiti.

dadeiro em conformidade com o apetite reto". Ora, o apetite reto é a vontade boa. Logo, a bondade da razão prática depende mais da bondade da vontade, do que ao contrário.

3. ADEMAIS, o que move não depende do que é movido, mas ao contrário. Ora, a vontade move a razão e as outras potências, como se disse acima. Logo, a bondade da vontade não depende da razão

EM SENTIDO CONTRÁRIO, diz Hilário: "Quando a vontade não está submissa a razão é sem moderação toda pertinácia nas vontades assumidas." Mas a bondade da vontade consiste em não ser sem moderação. Logo, a bondade da vontade depende de ser submetida à razão.

RESPONDO. Como foi dito, propriamente a bondade da vontade depende propriamente do objeto. Ora, o objeto da vontade lhe é proposto pela razão. Pois o bem conhecido é o objeto da vontade que lhe é proporcionado. Mas o bem sensível ou imaginário não é proporcionado à vontade, mas ao apetite sensitivo, porque a vontade pode tender para o bem universal apreendido pela razão, mas o apetite sensitivo não tende senão para o bem particular apreendido pela potência sensitiva. Eis porque a bondade da vontade depende da razão, do mesmo modo que depende do objeto[d].

QUANTO AO 1º, portanto, deve-se dizer que o bem sob a razão de bem, isto é apetecível, por primeiro pertence à vontade que à razão. Ora, por primeiro pertence a razão sob a razão de verdadeiro, do que à vontade sob a razão de apetecível: porque o apetite da vontade não pode ser do bem a não ser que este tenha sido por primeiro apreendido pela razão.

QUANTO AO 2º, deve-se dizer que o Filósofo se refere ao intelecto prático, enquanto delibera e raciocina sobre as coisas que são para o fim. Ora, nessas coisas que são para o fim, a retidão da razão consiste na conformidade com o apetite do fim devido. Entretanto, este apetite do fim

---

3. Q. 9, a. 1.
4. Num. 1: ML 10, 344.
5. Art. 1, 2.

---

d. Nos artigos 3 e 4, Sto. Tomás examina as relações entre querer e dois grandes princípios reguladores de nosso agir: a razão, regra homogênea e imediata, ou imanente, e a lei divina, regra mediata e suprema, ou transcendente (a. 4, r. 1). Essas regras são coordenadas, pois a razão é uma participação na inteligência divina, expressa pela lei eterna. Voltaremos a encontrar tal coordenação no tratado das leis, no qual a lei natural surge como uma participação na lei eterna. A regulação dos atos pela razão se efetuará com base na lei natural, inscrita no coração do homem.

A íntima colaboração entre razão e vontade na formação do ato humano foi estudada acima, q. 9, a. 1 e q. 10, a. 2. Aplica-se aqui no cerne do ato interior (vontade, amor, desejo...). A razão é a luz interior sem a qual a vontade se perde e se corrompe. Pode-se pensar na parábola evangélica: "A lâmpada do corpo é o olho... Se a luz que está em ti é trevas, como não serão as trevas?" (Mt 6,22-23).

Sed tamen et ipse appetitus finis debiti praesupponit rectam apprehensionem de fine, quae est per rationem.

AD TERTIUM dicendum quod voluntas quodam modo movet rationem; et ratio alio modo movet voluntatem, ex parte scilicet obiecti, ut supra[6] dictum est.

devido pressupõe a apreensão reta do fim, que se faz pela razão.

QUANTO AO 3º, deve-se dizer que a vontade, de certo modo, move a razão. A razão, de outro modo, move a vontade, a saber, mediante o objeto, como acima foi dito.

ARTICULUS 4
Utrum bonitas voluntatis dependeat ex lege aeterna

ARTIGO 4
A bondade da vontade depende da lei eterna?

AD QUARTUM SIC PROCEDITUR. Videtur quod bonitas voluntatis humanae non dependeat a lege aeterna.
1. Unius enim una est regula et mensura. Sed regula humanae voluntatis, ex qua eius bonitas dependet, est ratio recta. Ergo non dependet bonitas voluntatis a lege aeterna.

2. PRAETEREA, *mensura est homogenea mensurato*, ut dicitur X *Metaphys*.[1]. Sed lex aeterna non est homogenea voluntati humanae. Ergo lex aeterna non potest esse mensura voluntatis humanae, ut ab ea bonitas eius dependeat.

3. PRAETEREA, mensura debet esse certissima. Sed lex aeterna est nobis ignota. Ergo non potest esse nostrae voluntatis mensura, ut ab ea bonitas voluntatis nostrae dependeat.

SED CONTRA est quod Augustinus dicit, XXII libro *Contra Faustum*[2], quod *peccatum est factum, dictum vel concupitum aliquid contra aeternam legem*. Sed malitia voluntatis est radix peccati. Ergo, cum malitia bonitati opponatur, bonitas voluntatis dependet a lege aeterna.

RESPONDEO dicendum quod in omnibus causis ordinatis, effectus plus dependet a causa prima quam a causa secunda: quia causa secunda non agit nisi in virtute primae causae. Quod autem ratio humana sit regula voluntatis humanae, ex qua eius bonitas mensuretur, habet ex lege aeterna, quae est ratio divina. Unde in Ps 4,6-7 dicitur: *Multi dicunt, Quis ostendit nobis bona? Signatum est super nos lumen vultus tui, Domine*: quasi diceret: "Lumen rationis quod in nobis est, intantum potest nobis ostendere bona, et nostram

QUANTO AO QUARTO, ASSIM SE PROCEDE: parece que a bondade da vontade humana **não** depende da lei eterna.
1. Com efeito, para uma só coisa há uma só regra e uma só medida. Ora, a regra da vontade humana da qual depende a sua bondade é a reta razão. Logo, a bondade da vontade não depende da lei eterna.

2. ALÉM DISSO, como diz o livro V da *Metafísica*: "A medida é do mesmo gênero que a coisa medida". Ora, a lei eterna não é do mesmo gênero que a vontade humana. Logo, a lei eterna não pode ser a medida da vontade humana, de modo que dela dependa a bondade da vontade.

3. ADEMAIS, a medida deve ser certíssima. Ora, a lei eterna nos é desconhecida. Logo, não pode ser a medida de nossa vontade, de modo que dela dependa a bondade de nossa vontade.

EM SENTIDO CONTRÁRIO, diz Agostinho: "O pecado é algo feito, dito ou desejado contra a lei eterna". Ora, a malícia da vontade é a raiz do pecado. Logo, como malícia e bondade são opostas, a bondade da vontade depende da lei eterna.

RESPONDO. Nas causas ordenadas, o efeito depende mais da causa primeira do que da causa segunda, porque a causa segunda não age senão em virtude da causa primeira. Que a razão humana seja a regra da vontade humana, pela qual sua bondade é medida, procede essa regra da lei eterna, que é a razão divina. Por isso, diz o Salmo 4: "Muitos dizem: Quem nos mostrará o bem? Senhor, a luz do teu rosto está impressa em nós: como se dissesse: "A luz da razão que está em nós, em tanto nos pode mostrar o bem e regular

---

6. Q. 9, a. 1.

1. C. 1: 1053, a, 24-30.
2. C. 27: ML 42, 418.

voluntatem regulare, inquantum est lumen vultus tui, idest a vultu tuo derivatum". Unde manifestum est quod multo magis dependet bonitas voluntatis humanae a lege aeterna, quam a ratione humana: et ubi deficit humana ratio, oportet ad legem aeternam recurrere.

AD PRIMUM ergo dicendum quod unius rei non sunt plures mensurae proximae: possunt tamen esse plures mensurae, quarum una sub alia ordinetur.

AD SECUNDUM dicendum quod mensura proxima est homogenea mensurato: non autem mensura remota.

AD TERTIUM dicendum quod, licet lex aeterna sit nobis ignota secundum quod est in mente divina; innotescit tamen nobis aliqualiter vel per rationem naturalem, quae ab ea derivatur ut propria eius imago; vel per aliqualem revelationem superadditam.

ARTICULUS 5
Utrum voluntas discordans
a ratione errante, sit mala

AD QUINTUM SIC PROCEDITUR. Videtur quod voluntas discordans a ratione errante, non sit mala.

1. Ratio enim est regula voluntatis humanae, inquantum derivatur a lege aeterna, ut dictum est[1]. Sed ratio errans non derivatur a lege aeterna. Ergo ratio errans non est regula voluntatis humanae. Non est ergo voluntas mala, si discordat a ratione errante.

2. PRAETEREA, secundum Augustinum[2], inferioris potestatis praeceptum non obligat, si contrarietur praecepto potestatis superioris: sicut si proconsul iubeat aliquid quod imperator prohibet. Sed ratio errans quandoque proponit aliquid quod est contra praeceptum superioris, scilicet Dei,

nossa vontade, enquanto é a luz de teu rosto, isto é, derivada de teu rosto". Por isso, é evidente que muito mais depende a bondade da vontade humana da lei eterna, do que da razão humana, e quando falha a razão humana, é necessário recorrer à lei eterna[e].

QUANTO AO 1º, portanto, deve-se dizer que de uma só coisa não há muitas medidas próximas, mas pode haver muitas medidas, sendo uma subordinada a outra.

QUANTO AO 2º, deve-se dizer que a medida próxima é do mesmo gênero que o medido; não a medida remota.

QUANTO AO 3º, deve-se dizer que embora a lei eterna nos seja desconhecida por estar na mente divina, se nos dá a conhecer ou pela razão natural, que dela deriva como imagem própria, ou por alguma revelação acrescida.

ARTIGO 5
A vontade que discorda
da razão errônea é má?

QUANTO AO QUINTO, ASSIM SE PROCEDE: parece que a vontade que discorda da razão errônea **não** é má.

1. Com efeito, a razão é a regra da vontade humana enquanto derivada da lei eterna, como foi dito. Ora, a razão errônea não deriva da lei eterna. Logo, a razão errônea não é regra da vontade humana. Não há, portanto, vontade má, se discorda da razão errônea.

2. ALÉM DISSO, segundo Agostinho, o preceito de um poder inferior não obriga, se contraria o preceito de um poder superior, como, por exemplo, se o procônsul ordena aquilo que o imperador proibiu. Ora, a razão errônea, às vezes, propõe algo contra a preceito do superior, isto é, de Deus,

---

5 PARALL.: II *Sent.*, dist. 39, q. 3, a. 3; *De Verit.*, q. 17, a. 4; *Quodlib.* III, q. 12, a. 2; VIII, q. 6, a. 3; IX, q. 7, a. 2; *Rom.*, c. 14, lect. 2; *Galat.*, c. 5, lect. 1.

1. Art. praec.
2. *Serm.* 62 *de Verbis Evang.*, al. *Serm.* VI *de Verbis Domini*, c. 8: ML 38, 421.

---

e. Observemos a harmonia estabelecida por Sto. Tomás entre a razão humana e a lei divina. Ela repousa sobre uma concepção dessa lei como obra da sabedoria de Deus, e não de sua pura vontade, o que a torna comunicável ao intelecto do homem. Tal harmonia, por um lado, será desenvolvida nas relações entre razão e lei natural (formando a sabedoria filosófica, da qual a Ética de Aristóteles é uma das grandes expressões), e por outro lado a fé na Revelação, resultando na Lei evangélica (fonte da sabedoria teológica).

A Revelação, que é uma participação especial na lei eterna completa, retifica e aperfeiçoa, se necessário, o trabalho da razão. Contudo, a razão é em nós uma participação tão autêntica na lei divina que nenhuma legislação pode contradizê-la propriamente. Essa consideração nos introduduz no problema crucial, estudado nos artigos 5 e 6: deve um homem obedecer à sua razão, quando ela está em erro e contradiz de fato a lei de Deus?

cuius est summa potestas. Ergo dictamen rationis errantis non obligat. Non est ergo voluntas mala, si discordet a ratione errante.

3. PRAETEREA, omnis voluntas mala reducitur ad aliquam speciem malitiae. Sed voluntas discordans a ratione errante, non potest reduci ad aliquam speciem malitiae: puta, si ratio errans errat in hoc, quod dicat esse fornicandum, voluntas eius qui fornicari non vult, ad nullam malitiam reduci potest. Ergo voluntas discordans a ratione errante, non est mala.

SED CONTRA, sicut in Primo³ dictum est, conscientia nihil aliud est quam applicatio scientiae ad aliquem actum. Scientia autem in ratione est. Voluntas ergo discordans a ratione errante, est contra conscientiam. Sed omnis talis voluntas est mala: dicitur enim Rm 14,23: *Omne quod non est ex fide, peccatum est*, idest omne quod est contra conscientiam. Ergo voluntas discordans a ratione errante, est mala.

RESPONDEO dicendum quod, cum conscientia sit quodammodo dictamen rationis (est enim quaedam applicatio scientiae ad actum, ut in Primo⁴ dictum est), idem est quaerere utrum voluntas discordans a ratione errante sit mala, quod quaerere utrum conscientia errans obliget. Circa quod, aliqui⁵ distinxerunt tria genera actuum: quidam enim sunt boni ex genere; quidam sunt indifferentes; quidam sunt mali ex genere. Dicunt ergo quod, si ratio vel conscientia dicat aliquid esse faciendum quod sit bonum ex suo genere, non est ibi error. Similiter, si dicat aliquid non esse faciendum quod est malum ex suo genere: eadem enim ratione praecipiuntur bona, qua prohibentur mala. Sed si ratio vel conscientia dicat alicui quod illa quae sunt secundum se mala, homo teneatur facere ex praecepto; vel quod illa quae sunt secundum se bona, sint prohibita; erit ratio vel conscientia errans. Et similiter si ratio vel conscientia dicat alicui quod id quod est secundum se indifferens, ut levare festucam de terra, sit prohibitum vel praeceptum, erit ratio vel conscientia errans. Dicunt ergo quod ratio vel conscientia errans circa indifferentia, sive praecipiendo sive prohibendo, obligat: ita quod voluntas discordans

que tem o poder supremo. Logo, o ditame da razão errônea não obriga. Não há, portanto, vontade má se discorda da razão errônea.

3. ADEMAIS, toda vontade má reduz-se a alguma espécie de malícia. Ora, a vontade discordante da razão errônea não pode ser reduzida a alguma espécie de malícia. Por exemplo, se a razão errônea erra ao dizer que se deve fornicar, a vontade daquele que não quer fornicar, não pode ser reduzida a malícia alguma. Logo, a vontade que discorda da razão errônea não é má.

EM SENTIDO CONTRÁRIO, como foi dito na I Parte, a consciência nada mais é do que a aplicação da ciência a um ato. Ora, a ciência está na razão. Logo, a vontade que discorda da razão errônea é contra a consciência. Mas, essa vontade é má, segundo a Carta aos Romanos: "Tudo que não procede da fé é pecado; ou seja, tudo o que é contra a consciência. Logo, a vontade discordante da razão errônea é má.

RESPONDO. Sendo a consciência um certo ditame da razão, pois, como foi dito na I Parte, é a aplicação da ciência a um ato, o mesmo será indagar se a vontade discordante da consciência errônea é má ou se a consciência errônea obrigaᶠ. A respeito desta questão alguns distinguiram três gêneros de atos: bons em seu gênero, indiferentes, e maus em seu gênero. Afirmam ainda que se a razão ou a consciência diz que algo que é bom em seu gênero deve ser feito, aí não há erro. Igualmente, se diz que algo que é mau em seu gênero, não deve ser feito, pois a mesma razão preceitua o bem e proíbe o mal. Se a razão ou a consciência, porém, diz a alguém que as coisas que são em si más, o homem deve fazê-las por preceito; ou que as coisas que são boas são proibidas, será a razão ou consciência errônea. Semelhantemente, se a razão ou a consciência diz a alguém que aquilo que é em si indiferente, como levantar a palha da terra, proibido ou ordenado, será a razão ou consciência errônea. Dizem, portanto, que a razão ou consciência errônea acerca das coisas indiferentes, preceituando ou proibindo, obriga; de modo que a vontade que discorda dessa razão errônea será má e pecadora. Mas, a razão ou a

---

3. Q. 79, a. 13.
4. Loc. cit. supra.
5. S. BONAVENTURA, II *Sent.*, dist. 39, a. 1, q. 3; ALEXANDER HALENS., *Summa Theol.*, II-II, n. 388.

---

f. Convém notar aqui a passagem de um vocabulário tradicional, ainda conservado por Sto. Tomás em suas obras anteriores a um vocabulário aristotélico. Sto. Tomás substitui o termo consciência pela expressão razão prática, a noção de obrigação é substituída pela distinção dos atos em bons e maus. Tais termos voltarão à tona mais tarde, e ocuparão o primeiro plano no vocabulário dos moralistas modernos, em uma sistematização da moral bem diferente daquela de Sto. Tomás.

a tali ratione errante, erit mala et peccatum. Sed ratio vel conscientia errans praecipiendo ea quae sunt per se mala, vel prohibendo ea quae sunt per se bona et necessaria ad salutem, non obligat: unde in talibus voluntas discordans a ratione vel conscientia errante, non est mala.

Sed hoc irrationabiliter dicitur. In indifferentibus enim, voluntas discordans a ratione vel conscientia errante, est mala aliquo modo propter obiectum, a quo bonitas vel malitia voluntatis dependet: non autem propter obiectum secundum sui naturam; sed secundum quod per accidens a ratione apprehenditur ut malum ad faciendum vel ad vitandum. Et quia obiectum voluntatis est id quod proponitur a ratione, ut dictum est[6], ex quo aliquid proponitur a ratione ut malum, voluntas, dum in illud fertur, accipit rationem mali. Hoc autem contingit non solum in indifferentibus, sed etiam in per se bonis vel malis. Non solum enim id quod est indifferens, potest accipere rationem boni vel mali per accidens; sed etiam id quod est bonum, potest accipere rationem mali, vel illud quod est malum, rationem boni, propter apprehensionem rationis. Puta, abstinere a fornicatione bonum quoddam est: tamen in hoc bonum non fertur voluntas, nisi secundum quod a ratione proponitur. Si ergo proponatur ut malum a ratione errante, feretur in hoc sub ratione mali. Unde voluntas erit mala, quia vult malum: non quidem id quod est malum per se, sed id quod est malum per accidens, propter apprehensionem rationis. Et similiter credere in Christum est per se bonum, et necessarium ad salutem: sed voluntas non fertur in hoc, nisi secundum quod a ratione proponitur. Unde si a ratione proponatur ut malum, voluntas feretur in hoc ut malum: non quia sit malum secundum se, sed quia est malum per accidens ex apprehensione rationis. Et ideo Philosophus dicit, in VII *Ethic.*[7], quod, *per se loquendo, incontinens est qui non sequitur rationem rectam: per accidens autem, qui non sequitur etiam rationem falsam.* Unde dicendum est simpliciter quod omnis voluntas discordans a ratione, sive recta sive errante, semper est mala.

consciência errônea preceituando coisas em si más, ou proibindo aquelas que são em si boas e necessárias para a salvação, não obriga; e a vontade que discorda da razão e consciência errônea em tais coisas, não é má[g].

Mas isto é irracional. Nas coisas indiferentes, a vontade que discorda da razão ou da consciência errônea é má, de algum modo, por causa do objeto, de cuja bondade ou malícia a vontade depende. Não, porém, por causa do objeto segundo sua natureza, mas enquanto acidentalmente é apreendido pela razão como mau para aceitá-lo ou evitá-lo. E porque o objeto da vontade é aquilo que é proposto pela razão, como foi dito, se foi proposto pela razão como mau, a vontade aceitando-o, tem a razão de mal. Isto acontece não somente nas coisas indiferentes, mas nas boas ou más por si. Não somente o que é indiferente pode ter acidentalmente razão de bem ou de mal, como também o que é bom pode ter a razão de mal, ou o que é mau, razão de bem, por causa da apreensão da razão. Por exemplo, abster-se da fornicação é um certo bem, mas este bem a vontade não aceita, a não ser que seja proposto pela razão. Se, portanto, foi proposto como mal pela razão errônea, será levada a isso sob a razão de mal. Daí que a vontade será má por querer o mal, não o que é mau por si, mas o que é mau acidentalmente, por causa da apreensão da razão. Semelhantemente, crer em Cristo é um bem por si e necessário para a salvação. Mas a vontade não é levada a esta verdade se não lhe for proposta pela razão. Portanto, se a razão a propuser como mal, a vontade a aceitará como mal, não porque seja um mal em si, mas porque é mal acidentalmente pela apreensão da razão. Por isso, diz o Filósofo no livro VII da *Ética*: "Propriamente falando, incontinente é aquele que não segue a reta razão; acidentalmente, aquele que não segue também a razão falsa". Portanto, deve-se dizer, de modo absoluto, que toda vontade que discorda da razão, seja reta, ou errônea, é sempre má[h].

---

6. Art. 3.
7. C. 10: 1151, a, 29-b, 4.

g. A opinião aqui exposta é por alto a dos teólogos franciscanos. Para estes, a lei divina, prolongada na lei natural, é a única fonte da obrigação moral; já a consciência não é mais do que um agente de transmissão da lei. Se a consciência se contrapõe de fato à lei divina ela perde todo poder, e não se pode a ela obedecer sem incorrer em falta.

h. Devido à análise do papel do intelecto no movimento voluntário, do lado de seu objeto, Sto. Tomás pode conceder à razão uma participação ativa na função legisladora que deriva da lei eterna. Atingir a razão é necessariamente, para ele, atingir a lei divina. É por isso que não podemos jamais agir contra nossa razão ou contra nossa consciência.

AD PRIMUM ergo dicendum quod iudicium rationis errantis licet non derivetur a Deo, tamen ratio errans iudicium suum proponit ut verum, et per consequens ut a Deo derivatum, a quo est omnis veritas.

AD SECUNDUM dicendum quod verbum Augustini habet locum, quando cognoscitur quod inferior potestas praecipit aliquid contra praeceptum superioris potestatis. Sed si aliquis crederet quod praeceptum proconsulis esset praeceptum imperatoris, contemnendo praeceptum proconsulis, contemneret praeceptum imperatoris. Et similiter si aliquis homo cognosceret quod ratio humana dictaret aliquid contra praeceptum Dei, non teneretur rationem sequi: sed tunc ratio non totaliter esset errans. Sed quando ratio errans proponit aliquid ut praeceptum Dei, tunc idem est contemnere dictamen rationis, et Dei praeceptum.

AD TERTIUM dicendum quod ratio, quando apprehendit aliquid ut malum, semper apprehendit illud sub aliqua ratione mali: puta quia contrariatur divino praecepto, vel quia est scandalum, vel propter aliquid huiusmodi. Et tunc ad talem speciem malitiae reducitur talis mala voluntas.

QUANTO AO 1º, portanto, deve-se dizer que o juízo da razão errônea, embora não proceda de Deus, não obstante, a razão errônea propõe o seu juízo como verdadeiro, e consequentemente como derivado de Deus, de quem procede toda verdade.

QUANTO AO 2º, deve-se dizer que a palavra de Agostinho tem lugar quando se sabe que o poder do inferior preceitua algo contra o preceito do poder superior. Mas, se alguém pensasse que o preceito do procônsul fosse preceito do imperador, desprezando o preceito do procônsul, desprezaria o preceito do imperador. Assim também, se algum homem soubesse que a razão humana ordena algo contra o preceito divino, não está obrigado a seguir a razão. Neste caso, a razão não seria totalmente errônea. Mas, quando a razão errônea propõe algo como preceituado por Deus, então, será a mesma coisa desprezar o ditame da razão e o preceito de Deus.

QUANTO AO 3º, deve-se dizer que a razão quando apreende algo como mau, sempre o apreende sob alguma razão de mal; por exemplo, ou porque contraria o preceito divino, ou porque é escândalo, ou por razões semelhantes. Assim, a essa espécie de malícia reduz-se a má vontade.

ARTICULUS 6
Utrum voluntas concordans rationi erranti, sit bona

AD SEXTUM SIC PROCEDITUR. Videtur quod voluntas concordans rationi erranti, sit bona.

1. Sicut enim voluntas discordans a ratione, tendit in id quod ratio iudicat malum; ita voluntas concordans rationi, tendit in id quod ratio iudicat bonum. Sed voluntas discordans a ratione, etiam errante, est mala. Ergo voluntas concordans rationi, etiam erranti, est bona.

2. PRAETEREA, voluntas concordans praecepto Dei et legi aeternae, semper est bona. Sed lex aeterna et praeceptum Dei proponitur nobis per apprehensionem rationis, etiam errantis. Ergo voluntas concordans etiam rationi erranti, est bona.

3. PRAETEREA, voluntas discordans a ratione errante, est mala. Si ergo voluntas concordans rationi erranti sit etiam mala, videtur quod omnis voluntas habentis rationem errantem, sit mala. Et sic talis homo erit perplexus, et ex necessitate

ARTIGO 6
A vontade que concorda com a razão errônea é boa?

QUANTO AO SEXTO, ASSIM SE PROCEDE: parece que a vontade que concorda com a razão errônea é boa.

1. Com efeito, como a vontade que discorda da razão tende para aquilo que a razão julga mau; a vontade que com ela concorda tende para aquilo que a razão julga bom. Ora, a vontade que discorda da razão, mesmo errônea, é má. Logo, a vontade que concorda com a razão, mesmo errônea, é boa.

2. ALÉM DISSO, a vontade que concorda com o preceito de Deus e com a lei eterna é sempre boa. Ora, a lei eterna e o preceito de Deus são-nos propostos pela apreensão da razão, mesmo errônea. Logo, a vontade que concorda com a razão mesmo errônea é boa.

3. ADEMAIS, a vontade que discorda da razão errônea é má. Ora, se a vontade que concorda com a razão errônea é também má, parece que toda vontade de quem possui a razão errônea é também má. Assim, tal homem ficaria perplexo e pecaria

6 PARALL.: *De Verit.*, q. 17, a. 3, ad 4; *Quodlib.* III, q. 12, a. 2, ad 2; VIII, q. 6, a. 3, 5; IX, q. 7, a. 2.

peccabit: quod est inconveniens. Ergo voluntas concordans rationi erranti, est bona.

SED CONTRA, voluntas occidentium Apostolos erat mala. Sed tamen concordabat rationi erranti ipsorum, secundum illud Io 16,2: *Venit hora, ut omnis qui interficit vos, arbitretur obsequium se praestare Deo*. Ergo voluntas concordans rationi erranti, potest esse mala.

RESPONDEO dicendum quod, sicut praemissa quaestio eadem est cum quaestione qua quaeritur utrum conscientia erronea liget; ita ista quaestio eadem est cum illa qua quaeritur utrum conscientia erronea excuset. Haec autem quaestio dependet ab eo quod supra de ignorantia dictum est. Dictum est enim supra[1] quod ignorantia quandoque causat involuntarium, quandoque autem non. Et quia bonum et malum morale consistit in actu inquantum est voluntarius, ut ex praemissis[2] patet; manifestum est quod illa ignorantia quae causat involuntarium, tollit rationem boni et mali moralis; non autem illa quae involuntarium non causat. Dictum est etiam supra[3] quod ignorantia quae est aliquo modo volita, sive directe sive indirecte, non causat involuntarium. Et dico ignorantiam directe voluntariam, in quam actus voluntatis fertur: indirecte autem, propter negligentiam, ex eo quod aliquis non vult illud scire quod scire tenetur, ut supra[4] dictum est.

Si igitur ratio vel conscientia erret errore voluntario, vel directe, vel propter negligentiam, quia est error circa id quod quis scire tenetur; tunc talis error rationis vel conscientiae non excusat quin voluntas concordans rationi vel conscientiae sic erranti, sit mala. Si autem sit error qui causet involuntarium, proveniens ex ignorantia alicuius circumstantiae absque omni negligentia; tunc talis error rationis vel conscientiae excusat, ut voluntas concordans rationi erranti non sit mala. Puta, si ratio errans dicat quod homo teneatur ad uxorem alterius accedere, voluntas concordans huic rationi erranti est mala: eo quod error iste provenit ex ignorantia legis Dei, quam scire tenetur. Si autem ratio erret in hoc, quod credat aliquam mulierem submissam, esse suam uxorem, et, ea petente debitum,velit eam cognoscere; excusatur voluntas eius, ut non sit mala: quia error iste ex

necessariamente, o que não é conveniente. Logo, a vontade que concorda com a razão errônea é boa.

EM SENTIDO CONTRÁRIO, a vontade dos que mataram os Apóstolos era má. No entanto, concordava com a razão errônea dos mesmos, pois, segundo João: "Virá a hora em que todos os que vos matarem, pensarão estar prestando um obséquio a Deus. Logo, a vontade que concorda com a ação errônea pode ser má.

RESPONDO. Como a questão anterior é igual à questão que pergunta se a consciência errônea obriga; a presente questão é também igual àquela que pergunta se a consciência errônea desculpa. Esta questão depende do que acima foi dito sobre a ignorância. Foi então dito que a ignorância, às vezes, causa o ato involuntário, às vezes não. E como o bem e o mal moral estão no ato voluntário enquanto voluntário, como está claro pelo que foi dito, é claro que aquela ignorância que causa o ato involuntário exclui a razão de bem ou de mal moral; não porém, aquela que não causa o ato involuntário. Foi dito também acima que a ignorância que de algum modo é querida, direta ou indiretamente, não causa o ato involuntário. Chamo a ignorância diretamente voluntária a que se dirige ao ato da vontade, e indiretamente voluntária, por negligência, por alguém não querer saber o que deve saber, como foi dito acima.

Se, pois, a razão ou a consciência erram por erro voluntário, ou diretamente ou por negligência, por que é erro sobre aquilo que se deve saber, então tal erro da razão ou da consciência não desculpa a vontade que concorda com a razão ou com a consciência assim errônea, de ser má. Se, porém, é um erro que causa o involuntário, proveniente da ignorância de alguma circunstância sem nenhuma negligência, então tal erro da razão ou da consciência desculpa, de modo que vontade que concorda com a razão errônea não é má. Por exemplo, se a razão errônea diz que um homem deve unir-se à mulher de outro, a vontade que concorda com esta razão errônea, é má, por que tal erro provém da ignorância da lei de Deus, que ele deveria conhecer. Mas, se a razão erra ao crer que uma mulher escondida é sua esposa e pedindo ela o débito queira conhecê-la, desculpa-se sua

---

1. Q. 6, a. 8.
2. Art. 2.
3. Q. 6, a. 8.
4. Ibid.

ignorantia circumstantiae provenit, quae excusat, et involuntarium causat.

AD PRIMUM ergo dicendum quod, sicut Dionysius dicit in 4 cap. *de Div. Nom.*[5], *bonum causatur ex integra causa, malum autem ex singularibus defectibus*. Et ideo ad hoc quod dicatur malum id in quod fertur voluntas, sufficit sive quod secundum suam naturam sit malum, sive quod apprehendatur ut malum. Sed ad hoc quod sit bonum, requiritur quod utroque modo sit bonum.

AD SECUNDUM dicendum quod lex aeterna errare non potest, sed ratio humana potest errare. Et ideo voluntas concordans rationi humanae non semper est recta, nec semper est concordans legi aeternae.

AD TERTIUM dicendum quod, sicut in syllogisticis, uno inconvenienti dato, necesse est alia sequi; ita in moralibus, uno inconvenienti posito, ex necessitate alia sequuntur. Sicut, supposito quod aliquis quaerat inanem gloriam, sive propter inanem gloriam faciat quod facere tenetur, sive dimittat, peccabit. Nec tamen est perplexus: quia potest intentionem malam dimittere. Et similiter, supposito errore rationis vel conscientiae qui procedit ex ignorantia non excusante, necesse est quod sequatur malum in voluntate. Nec tamen est homo perplexus: quia potest ab errore recedere, cum ignorantia sit vincibilis et voluntaria.

vontade de modo que não seja má. Porque o erro resultou de ignorância da circunstância, o que desculpa e causa o ato involuntário[i].

QUANTO AO 1º, portanto, deve-se dizer que segundo Dionísio: "O bem é causado pela causa total, e o mal por uma deficiência particular". Por isso, para ser dito mau o objeto da vontade, será suficiente que seja mau ou por sua natureza, ou que seja aprendido como mau. Mas, para que seja bom, é preciso que o seja pelos dois modos.

QUANTO AO 2º, deve-se dizer que a lei eterna não pode errar, mas a ação humana pode errar. Por isso, a vontade que concorda com a razão humana nem sempre é reta, nem sempre concorda com a lei eterna.

QUANTO AO 3º, deve-se dizer que como na argumentação silogística, dado um não conveniente, necessariamente seguem-se outros, assim também na moral, afirmando um não conveniente, necessariamente seguem-se outros. Assim, supondo-se que alguém queira a vanglória, se por causa dela faz o que é de sua obrigação, ou deixa de fazer, pecará. Mas não ficará perplexo, porque pode deixar a intenção má. Igualmente, suposto um erro da razão ou da consciência que procede de uma ignorância que não desculpa, é necessário que se siga o mal na vontade. Este homem também não ficará perplexo, por que pode abandonar o erro, sendo sua ignorância vencível e voluntária.

ARTICULUS 7
Utrum voluntatis bonitas in his quae sunt ad finem, dependeat ex intentione finis

AD SEPTIMUM SIC PROCEDITUR. Videtur quod bonitas voluntatis non dependeat ex intentione finis.

1. Dictum est enim supra[1] quod bonitas voluntatis dependet ex solo obiecto. Sed in his quae sunt ad finem, aliud est obiectum voluntatis, et aliud finis intentus. Ergo in talibus bonitas voluntatis non dependet ab intentione finis.

ARTIGO 7
A bondade da vontade no que é para o fim depende da intenção do fim?

QUANTO AO SÉTIMO, ASSIM SE PROCEDE: parece que a bondade da vontade **não** depende da intenção do fim.

1. Com efeito, foi dito acima que a bondade da vontade depende só do objeto. Ora, das coisas que são para o fim, um é o objeto da vontade e outro, do fim intencionado. Logo, nessas coisas a bondade da vontade não depende da intenção do fim.

---

5. MG 3, 729 C.

7 PARALL.: II *Sent.*, dist. 38, a. 4, 5; dist. 40, a. 1, *Expos. litt.*
1. Art. 2.

i. Eis o segundo aspecto da posição de Sto. Tomás: aquele que segue a razão errônea possui uma vontade boa? A resposta negativa de Sto. Tomás se funda na perfeição implicada pelo bem (r. 1), e nas exigências da verdade e da objetividade no bem. Ela deve ser compreendida em uma perspectiva dinâmica: a vontade não pode ser verdadeiramente boa se não conduz constantemente a razão ou a consciência a buscar sempre progredir no conhecimento do bem e da lei divina.

2. PRAETEREA, velle servare mandatum Dei, pertinet ad voluntatem bonam. Sed hoc potest referri ad malum finem, scilicet ad finem inanis gloriae, vel cupiditatis, dum aliquis vult obedire Deo propter temporalia consequenda. Ergo bonitas voluntatis non dependet ab intentione finis.

3. PRAETEREA, bonum et malum, sicut diversificant voluntatem, ita diversificant finem. Sed malitia voluntatis non dependet a malitia finis intenti: qui enim vult furari ut det eleemosynam, voluntatem malam habet, licet intendat finem bonum. Ergo etiam bonitas voluntatis non dependet a bonitate finis intenti.

SED CONTRA est quod Augustinus dicit, IX *Confess.*[2], quod intentio remuneratur a Deo. Sed ex eo aliquid remuneratur a Deo, quia est bonum. Ergo bonitas voluntatis ex intentione finis dependet.

RESPONDEO dicendum quod intentio dupliciter se potest habere ad voluntatem: uno modo, ut praecedens; alio modo, ut concomitans. Praecedit quidem causaliter intentio voluntatem, quando aliquid volumus propter intentionem alicuius finis. Et tunc ordo ad finem consideratur ut ratio quaedam bonitatis ipsius voliti, puta cum aliquis vult ieiunare propter Deum: habet enim ieiunium rationem boni ex hoc ipso quod fit propter Deum. Unde, cum bonitas voluntatis dependeat a bonitate voliti, ut supra[3] dictum est, necesse est quod dependeat ex intentione finis.

Consequitur autem intentio voluntatem, quando accedit voluntati praeexistenti: puta si aliquis velit aliquid facere, et postea referat illud in Deum. Et tunc primae voluntatis bonitas non dependet ex intentione sequenti, nisi quatenus reiteratur actus voluntatis cum sequenti intentione.

AD PRIMUM ergo dicendum quod, quando intentio est causa volendi, ordo ad finem accipitur ut quaedam ratio bonitatis in obiecto, ut dictum est[4].

AD SECUNDUM dicendum quod voluntas non potest dici bona, si sit intentio mala causa volendi.

2. ALÉM DISSO, querer guardar os mandamentos de Deus é próprio da boa vontade. Ora, pode-se referir a um fim mau, a saber, ao fim da vanglória, da avareza, quando alguém quer obedecer a Deus para conseguir coisas temporais. Logo, a bondade da vontade não depende da intenção do fim.

3. ADEMAIS, o bem e o mal como diversificam a vontade, assim diversificam o fim. Ora, a malícia da vontade não depende da malícia do fim intencionado. Assim, o que quer roubar para dar esmola tem vontade má, embora intencione um fim bom. Logo, a bondade da vontade não depende do fim intencionado.

EM SENTIDO CONTRÁRIO, diz Agostinho que "a intenção será premiada por Deus. Ora, Deus premia algo por ser bom. Logo, a bondade da vontade depende da intenção do fim.

RESPONDO. De dois modos, a intenção pode referir-se à vontade. Primeiro, como antecedente; segundo, como concomitante. A intenção antecede a vontade como causa, quando queremos algo por causa da intenção do fim. Nesse caso, a ordenação para o fim considera-se como razão da bondade do que se quis; por exemplo, se alguém deseja jejuar por causa de Deus. Então, o jejum tem razão de bem por ser feito por causa de Deus. Por isso, por que a bondade da vontade depende da bondade do objeto que se quis, como acima foi dito, é necessário que dependa da intenção do fim.

A intenção é concomitante com a vontade quando se acrescenta a uma vontade preexistente anterior, por exemplo, se alguém quer fazer alguma coisa e depois a refere a Deus. Nesse caso, a bondade da primeira vontade não depende da intenção seguinte, a não ser que se repita o ato da vontade com a intenção seguinte[j].

QUANTO AO 1º, portanto, deve-se dizer que quando a intenção é a causa do querer, a ordem para o fim é tomada como uma razão de bondade no objeto, como foi dito.

QUANTO AO 2º, deve-se dizer que não se pode dizer boa a vontade, se a intenção má é a causa

---

2. Cfr. l. XIII, c. 26: ML 32, 863.
3. Art. 1, 2.
4. In corp. Cfr. a. 2, ad 1.

---

j. Os artigos 7 e 8 estudam mais precisamente o papel da intenção na moralidade dos atos. Este problema foi particularmente debatido a propósito de Abelardo, que afirmava que somente a intenção confere qualidade moral a nossos atos, e de modo algum a obra realizada (cf. P. Lombardo, Sentenças, II, D. 38 e 40).

Apoiando-se em suas análises precedentes, Sto. Tomás expõe qual é a influência da intenção sobre a vontade de um ato efetuado visando a um fim. Ela é evidentemente determinante se a intenção é causa dessa vontade, o fim sendo o objeto da intenção. O que supõe que a intenção possui um alcance objetivo.

A face complementar do problema da intenção será estudada adiante, com a contribuição do ato exterior para a moralidade.

Qui enim vult dare eleemosynam propter inanem gloriam consequendam, vult id quod de se est bonum, sub ratione mali: et ideo, prout est volitum ab ipso, est malum. Unde voluntas eius est mala.
— Sed si intentio sit consequens, tunc voluntas potuit esse bona: et per intentionem sequentem non depravatur ille actus voluntatis qui praecessit, sed actus voluntatis qui iteratur.

AD TERTIUM dicendum quod, sicut iam[5] dictum est, *malum contingit ex singularibus defectibus, bonum vero ex tota et integra causa*. Unde sive voluntas sit eius quod est secundum se malum, etiam sub ratione boni; sive sit boni sub ratione mali; semper voluntas erit mala. Sed ad hoc quod sit voluntas bona, requiritur quod sit boni sub ratione boni; idest quod velit bonum, et propter bonum.

do querer. Quem deseja dar a esmola por causa da vanglória, quer o que em si é bom, sob a razão de mal. Por isso, conforme quer é mal. Daí que a vontade dele é má. — Mas, se a intenção é consequente, a vontade pode ter sido boa, e pela intenção seguinte não é desvirtuado o ato da vontade precedente, mas o ato que será repetido.

QUANTO AO 3º, deve-se dizer que, como já foi dito, "o mal procede de deficiência particular, o bem, de uma causa completa e inteira". Por isso, se a vontade tem por objeto o que é em si mau, embora sob a razão de bem, ou o que é bom sob a razão de mal, a vontade será sempre má. Mas, para que a vontade seja boa é necessário que tenha por objeto o bem sob a razão de bem, isto é, que queira o bem e por causa do bem.

ARTICULUS 8

Utrum quantitas bonitatis vel malitiae in voluntate, sequatur quantitatem boni vel mali in intentione[1]

AD OCTAVUM SIC PROCEDITUR. Videtur quod quantitas bonitatis in voluntate, dependeat ex quantitate bonitatis in intentione.
1. Quia super illud Mt 12,35, *Bonus homo de thesauro bono cordis sui profert bona*, dicit Glossa[2]: *Tantum boni quis facit, quantum intendit*. Sed intentio non solum dat bonitatem actui exteriori, sed etiam voluntati, ut dictum est[3]. Ergo tantum aliquis habet bonam voluntatem, quantum intendit.

2. PRAETEREA, augmentata causa, augmentatur effectus. Sed intentionis bonitas est causa bonae voluntatis. Ergo quantum quis intendit de bono, tantum voluntas est bona.

3. PRAETEREA, in malis quantum aliquis intendit, tantum peccat: si enim aliquis proiiciens lapidem, intenderet facere homicidium, reus esset homicidii. Ergo, pari ratione, in bonis tantum est bona voluntas, quantum aliquis bonum intendit.

SED CONTRA, potest esse intentio bona, et voluntas mala. Ergo, pari ratione, potest esse intentio magis bona, et voluntas minus bona.

ARTIGO 8

A medida da bondade e da malícia na vontade é consequência da medida do bem ou do mal na intenção?

QUANTO AO OITAVO, ASSIM SE PROCEDE: parece que a medida da bondade na vontade **depende** da medida da bondade na intenção.
1. Com efeito, diz o Evangelho de Mateus: "O homem bom tira coisas boas do tesouro bom de seu coração", e a Glosa comenta: "Tanto de bem alguém faz, quanto intenciona" Ora, como foi dito, a intenção não só dá bondade ao ato exterior, mas também à vontade. Logo, tanto alguém tem de boa vontade, quanto intenciona.

2. ALÉM DISSO, aumentada a causa, aumenta o efeito. Ora, a bondade da intenção é causa da boa vontade. Logo, quanto alguém intenciona de bem, tanto boa será a vontade.

3. ADEMAIS, nas coisas más, quanto alguém intenciona, tanto peca, pois, se alguém lança uma pedra intencionando fazer um homicídio, será réu de homicídio. Logo, pela mesma razão, nas coisas boas tanta é a boa vontade, quanto é o bem intencionado por alguém.

EM SENTIDO CONTRÁRIO, pode a intenção ser boa, e má a vontade. Logo, pela mesma razão, pode a intenção ser melhor e a vontade pior.

---

5. A. praec. ad 1. — Cfr. loc. ibi cit.

8
1. Voluntas hic sumitur ut in praec. art.
2. Interl.
3. Art. praec.

RESPONDEO dicendum quod circa actum et intentionem finis, duplex quantitas potest considerari: una ex parte obiecti, quia vult maius bonum, vel agit; alia ex intensione actus, quia intense, vult vel agit, quod est maius ex parte agentis. Si igitur loquamur de quantitate utriusque quantum ad obiectum, manifestum est quod quantitas actus non sequitur quantitatem intentionis. Quod quidem ex parte actus exterioris, contingere potest dupliciter. Uno modo, quia obiectum quod ordinatur ad finem intentum, non est proportionatum fini illi: sicut si quis daret decem libras, non posset consequi suam intentionem, si intenderet emere rem valentem centum libras. Alio modo, propter impedimenta quae supervenire possunt circa exteriorem actum, quae non est in potestate nostra removere: puta, aliquis intendit ire usque Romam, et occurrunt ei impedimenta, quod non potest hoc facere. — Sed ex parte interioris actus voluntatis, non est nisi uno modo: quia interiores actus voluntatis sunt in potestate nostra, non autem exteriores actus. Sed voluntas potest velle aliquod obiectum non proportionatum fini intento: et sic voluntas quae fertur in illud obiectum absolute consideratum, non est tantum bona, quantum est intentio. Sed quia etiam ipsa intentio quodammodo pertinet ad actum voluntatis, inquantum scilicet est ratio eius; propter hoc redundat quantitas bonae intentionis in voluntatem, inquantum scilicet voluntas vult aliquod bonum magnum ut finem, licet illud per quod vult consequi tantum bonum, non sit dignum illo bono.

Si vero consideretur quantitas intentionis et actus secundum intensionem utriusque, sic intensio intentionis redundat in actum interiorem et exteriorem voluntatis: quia ipsa intentio quodammodo se habet formaliter ad utrumque, ut ex supra[4] dictis patet. Licet materialiter, intentione existente intensa, possit esse actus interior vel exterior non ita intensus, materialiter loquendo: puta cum aliquis non ita intense vult medicinam sumere, sicut vult sanitatem. Tamen hoc ipsum quod est intense intendere sanitatem, redundat formaliter in hoc quod est intense velle medicinam.

Sed tamen hoc est considerandum, quod intensio actus interioris vel exterioris potest referri ad intentionem ut obiectum: puta cum aliquis intendit intense velle, vel aliquid intense operari. Et tamen non propter hoc intense vult vel operatur: quia quantitatem boni intenti non sequitur bonitas actus interioris vel exterioris, ut dictum est[5]. Et inde est

RESPONDO. Sobre o ato e a intenção do fim, duas medidas podem ser consideradas; uma, da parte do objeto, enquanto quer um bem maior ou faz, outro da intensidade do ato, enquanto intensamente quer ou faz; isso é maior da parte do agente. Se falamos da medida de ambos quanto ao objeto é evidente que a medida do ato não segue a medida da intenção. Quanto ao ato exterior, isso pode acontecer de dois modos. Primeiro, enquanto o objeto que se ordena ao fim intencionado não é proporcionado a este fim. Assim, se alguém desses dez libras, não poderia realizar sua intenção, se pretendesse comprar uma coisa que valesse cem libras. Segundo, por causa dos impedimentos que podem sobrevir ao ato exterior, cuja remoção não depende de nós. Por exemplo, se alguém pretendesse ir a Roma e lhe ocorrem impedimentos que impossibilitam fazer isso. Mas da parte do ato interior da vontade, só há um modo, porque esses atos estão sob o nosso poder, e não os atos exteriores. Mas, a vontade pode querer um objeto não proporcionado ao fim pretendido. Assim, a vontade que quer aquele objeto, considerado absolutamente, não é tão boa quanto a intenção. Entretanto, a intenção também, de certo modo, pertence ao ato da vontade, a saber, enquanto é a razão dela, por isso, a medida da boa intenção redunda na vontade, enquanto a vontade quer um grande bem como fim, embora o meio pelo qual quer conseguir tão grande bem não seja digno deste bem.

Se se considera, porém, a medida da intenção e do ato, segundo a intensidade de ambos, a intensidade da intenção redunda no ato interior e exterior da vontade, porque a intenção, de certo modo, refere-se formalmente a ambos, como está claro pelo que foi dito. Ainda que materialmente, quando existe uma intenção intensa, possa haver um ato interior, ou exterior não tão intenso, por exemplo, quando alguém não quer tomar o remédio tão intensamente como quer a saúde. Assim, a mesma intensidade da intenção da saúde redunda formalmente no querer intensamente o remédio.

Deve-se, porém, no entanto, considerar que a intensidade do ato interior ou exterior pode-se referir à intenção como objeto; por exemplo, alguém que tem a intenção de querer ou fazer algo intensamente. Entretanto, não por causa disso quer ou age intensamente, porque à medida do bem intencionado não se segue a bondade do ato

---

4. Q. 12, a. 4; q. 18, a. 6.
5. In isto art.

quod non quantum aliquis intendit mereri, meretur: quia quantitas meriti consistit in intensione actus, ut infra[6] dicetur.

AD PRIMUM ergo dicendum quod Glossa illa loquitur quantum ad reputationem Dei, qui praecipue considerat intentionem finis. Unde alia Glossa[7] dicit ibidem quod *thesaurus cordis intentio est, ex qua Deus iudicat opera*. Bonitas enim intentionis, ut dictum est[8], redundat quodammodo in bonitatem voluntatis, quae facit etiam exteriorem actum meritorium apud Deum.

AD SECUNDUM dicendum quod bonitas intentionis non est tota causa bonae voluntatis. Unde ratio non sequitur.

AD TERTIUM dicendum quod sola malitia intentionis sufficit ad malitiam voluntatis: et ideo etiam quantum mala est intentio, tantum mala est voluntas. Sed non est eadem ratio de bonitate, ut dictum est[9].

ARTICULUS 9
Utrum bonitas voluntatis dependeat ex conformitate ad voluntatem divinam

AD NONUM SIC PROCEDITUR. Videtur quod bonitas voluntatis humanae non dependeat ex conformitate voluntati divinae.

1. Impossibile est enim voluntatem hominis conformari voluntati divinae: ut patet per id quod dicitur Is 55,9: *Sicut exaltantur caeli a terra, ita exaltatae sunt viae meae a viis vestris, et cogitationes meae a cogitationibus vestris*. Si ergo ad bonitatem voluntatis requireretur conformitas ad divinam voluntatem, sequeretur quod impossibile esset hominis voluntatem esse bonam. Quod est inconveniens.

2. PRAETEREA, sicut voluntas nostra derivatur a voluntate divina, ita scientia nostra derivatur a scientia divina. Sed non requiritur ad scientiam nostram quod sit conformis scientiae divinae: multa enim Deus scit quae nos ignoramus. Ergo non requiritur quod voluntas nostra sit conformis voluntati divinae.

3. PRAETEREA, voluntas est actionis principium. Sed actio nostra non potest conformari actioni divinae. Ergo nec voluntas voluntati.

interior ou exterior, como foi dito. Por isso, não é tanto quanto alguém deseja merecer, que merece, porque a medida do merecimento consiste na intensidade do ato, como adiante se verá.

QUANTO AO 1º, portanto, deve-se dizer que a Glosa refere-se à reputação de Deus, que considera principalmente a intenção do fim. Por isso, outra Glosa diz que a "intenção pela qual Deus julga as obras é o tesouro do coração". A bondade da intenção, como foi dito, redunda de certo modo, na bondade da vontade, que também torna o ato exterior meritório junto de Deus.

QUANTO AO 2º, deve-se dizer que a bondade da intenção não é a causa total da boa vontade. Logo, o argumento não procede.

QUANTO AO 3º, deve-se dizer que só a malícia da intenção é suficiente para a malícia da vontade. Por isso quanto má é a intenção, tanto má é a vontade. Mas, não vale o mesmo argumento a respeito da bondade, como foi dito.

ARTIGO 9
A bondade da vontade depende da conformidade com a vontade divina?

QUANTO AO NONO, ASSIM SE PROCEDE: parece que a bondade da vontade humana **não** depende da conformidade com a vontade divina.

1. Com efeito, é impossível que a vontade humana seja conforme com a vontade divina, pois segundo o livro de Isaías: "Assim como os céus se elevam acima da terra, elevam-se os meus caminhos sobre os vossos e meus pensamentos sobre os vossos". Se, pois, fosse requerida para a bondade da vontade a conformidade com a vontade divina, seria impossível que a vontade do homem fosse boa. O que não é conveniente.

2. ALÉM DISSO, como nossa vontade procede da vontade divina, nossa ciência procede da ciência divina. Ora, não se requer para nossa ciência que seja conforme com a ciência divina, pois Deus sabe o que ignoramos. Logo, não se requer que nossa vontade seja conforme com a vontade divina.

3. ADEMAIS, a vontade é princípio da ação. Ora, nossa ação não pode conformar-se com a ação divina. Logo, nem a nossa vontade com a de Deus.

---

6. Cfr. q. 20, a. 4; q. 114, a. 4.
7. *Glossa ord*. super Matth. 12, 35: ML 114, 127 D.
8. In corp.
9. In resp. ad 2. Cfr. a. praec., ad 3.

PARALL.: I *Sent*., dist. 48, a. 1; *De Verit*., q. 23, art. 7.

SED CONTRA est quod dicitur Mt 26,39: *Non sicut ego volo, sed sicut tu vis*: quod dicit quia *rectum vult esse hominem, et ad Deum dirigi*, ut Augustinus exponit in *Enchirid.*[1]. Rectitudo autem voluntatis est bonitas eius. Ergo bonitas voluntatis dependet ex conformitate ad voluntatem divinam.

RESPONDEO dicendum quod, sicut dictum est[2], bonitas voluntatis dependet ex intentione finis. Finis autem ultimus voluntatis humanae est summum bonum, quod est Deus, ut supra[3] dictum est. Requiritur ergo ad bonitatem humanae voluntatis, quod ordinetur ad summum bonum, quod est Deus.

Hoc autem bonum primo quidem et per se comparatur ad voluntatem divinam ut obiectum proprium eius. Illud autem quod est primum in quolibet genere, est mensura et ratio omnium quae sunt illius generis. Unumquodque autem rectum et bonum est, inquantum attingit ad propriam mensuram. Ergo ad hoc quod voluntas hominis sit bona, requiritur quod conformetur voluntati divinae.

AD PRIMUM ergo dicendum quod voluntas hominis non potest conformari voluntati divinae per aequiparantiam, sed per imitationem. Et similiter conformatur scientia hominis scientiae divinae, inquantum cognoscit verum. Et actio hominis actioni divinae, inquantum est agenti conveniens. Et hoc per imitationem, non autem per aequiparantiam.

Unde patet solutio AD SECUNDUM, et AD TERTIUM argumentum.

EM SENTIDO CONTRÁRIO, diz o Evangelho de Mateus: "Não como eu quero, mas como tu queres", texto este assim explicado por Agostinho: "(...) quer ser um homem reto e dirigir-se a Deus." Ora, a retidão da vontade é sua bondade. Logo, a bondade da vontade depende da conformidade com a vontade divina.

RESPONDO. Acima foi dito que a bondade da vontade depende da intenção do fim. Ora, o fim último da vontade humana é o sumo bem, que é Deus, como se disse anteriormente. É, pois necessário para a bondade da vontade que se ordene para o sumo bem, que é Deus.

Este bem, primeiramente e por si, está para a vontade divina como seu objeto próprio. Ora, aquilo que é primeiro em qualquer gênero é a medida e a razão de tudo que é desse gênero. Ademais, cada coisa é reta e boa enquanto atinge sua própria medida. Logo, para que a vontade humana seja boa, requer-se que se conforme com a vontade divina.

QUANTO AO 1º, portanto, deve-se dizer que a vontade humana não pode conformar-se com a vontade divina por equiparação, mas por imitação. Assim também a ciência humana conforma-se com a ciência divina enquanto conhece o verdadeiro, e a ação humana com a ação divina, enquanto é conveniente para o agente. E isso, por imitação e não por equiparação.

QUANTO AO 2º E AO 3º, está clara a solução.

ARTICULUS 10

Utrum necessarium sit voluntatem humanam conformari voluntati divinae in volito, ad hoc quod sit bona

AD DECIMUM SIC PROCEDITUR. Videtur quod voluntas hominis non debeat semper conformari divinae voluntati in volito.

1. Non enim possumus velle quod ignoramus: bonum enim apprehensum est obiectum voluntatis. Sed quid Deus velit, ignoramus in plurimis. Ergo non potest humana voluntas divinae voluntati conformari in volito.

2. PRAETEREA, Deus vult damnare aliquem, quem praescit in mortali peccato moriturum.

ARTIGO 10

Para que a vontade humana seja boa é necessário que ela esteja em conformidade com a vontade divina no que quer?

QUANTO AO DÉCIMO, ASSIM SE PROCEDE: parece que a vontade humana **não** deve sempre se conformar com a vontade divina no que quer.

1. Com efeito, não podemos querer o que desconhecemos, porque o bem apreendido é o objeto da vontade. Ora, desconhecemos muitas coisas do que Deus quer. Logo, a vontade humana não pode se conformar com a vontade divina no que quer.

2. ALÉM DISSO, Deus quer condenar a quem ele prevê que há de morrer em pecado mortal. Se o

---

1. Cfr. *Enarr. in Psalm.*, ps. 32, enarr. 2, serm. 1, n. 2: ML 36, 278.
2. Art. 7.
3. Q. 1, a. 8; q. 3, a. 1.

10 PARALL.: I *Sent.*, dist. 48, a. 2, 3, 4; *De Verit.*, q. 23, a. 8.

Si ergo homo teneretur conformare voluntatem suam divinae voluntati in volito, sequeretur quod homo teneretur velle suam damnationem. Quod est inconveniens.

3. Praeterea, nullus tenetur velle aliquid quod est contra pietatem. Sed si homo vellet illud quod Deus vult, hoc esset quandoque contra pietatem: puta, cum Deus vult mori patrem alicuius, si filius hoc idem vellet, contra pietatem esset. Ergo non tenetur homo conformare voluntatem suam voluntati divinae in volito.

Sed contra est quia super illud Ps 32,1, *Rectos decet collaudatio*, dicit Glossa[1]: *Rectum cor habet qui vult quod Deus vult*. Sed quilibet tenetur habere rectum cor. Ergo quilibet tenetur velle quod Deus vult.

2. Praeterea, forma voluntatis est ex obiecto sicut et cuiuslibet actus. Si ergo tenetur homo conformare voluntatem suam voluntati divinae, sequitur quod teneatur conformare in volito.

3. Praeterea, repugnantia voluntatum consistit in hoc, quod homines diversa volunt. Sed quicumque habet voluntatem repugnantem divinae voluntati, habet malam voluntatem. Ergo quicumque non conformat voluntatem suam voluntati divinae in volito, habet malam voluntatem.

Respondeo dicendum quod, sicut ex praedictis[2] patet, voluntas fertur in suum obiectum secundum quod a ratione proponitur. Contingit autem aliquid a ratione considerari diversimode, ita quod sub una ratione est bonum, et secundum aliam rationem non bonum. Et ideo voluntas alicuius, si velit illud esse, secundum quod habet rationem boni, est bona: et voluntas alterius, si velit illud idem non esse, secundum quod habet rationem mali, erit voluntas etiam bona. Sicut iudex habet bonam voluntatem, dum vult occisionem latronis, quia iusta est: voluntas autem alterius, puta uxoris vel filii, qui vult non occidi ipsum, inquantum est secundum naturam mala occisio, est etiam bona.

Cum autem voluntas sequatur apprehensionem rationis vel intellectus, secundum quod ratio boni apprehensi fuerit communior, secundum hoc et voluntas fertur in bonum communius. Sicut patet in exemplo proposito: nam iudex habet curam boni communis, quod est iustitia, et ideo vult occisionem latronis, quae habet rationem boni secundum relationem ad statum communem; uxor autem latronis considerare habet bonum privatum

homem, portanto, deve conformar sua vontade com a vontade divina, o homem deveria querer a sua condenação. O que não é conveniente.

3. Ademais, ninguém deve querer o que seja contra a piedade. Ora, se o homem quisesse o que Deus quer, às vezes, isso seria contra a piedade. Por exemplo, querendo Deus que o pai de alguém morra, se o filho também o quisera, estaria contra a piedade. Logo, o homem não pode conformar sua vontade com a vontade divina no que quer.

Em sentido contrário, 1. diz o Salmo 32: "O louvor convém aos homens retos". A Glosa comenta: "Tem coração reto quem quer o que Deus quer". Logo, cada um deve querer o que Deus quer.

2. A forma da vontade é pelo objeto, como também a de qualquer ato. Ora, se o homem deve conformar a sua vontade com a vontade divina, segue-se que deve também conformar o que quer.

3. A oposição das vontades consiste em que os homens querem coisas diferentes. Ora, quem tem a vontade que se opõe à vontade divina, tem vontade má. Logo, quem não conforma a sua vontade com a vontade divina no que quer, tem vontade má.

Respondo. Como está claro pelo já exposto, a vontade tende para o seu objeto, segundo este lhe é proposto pela razão. Acontece que uma coisa pode ser considerada pela razão de modos diversos, de modo que sob uma razão é boa e segundo outra razão não é boa. Por isso, a vontade de alguém, se quer que algo exista enquanto tem a razão de bem, é boa; por isso, a vontade de outro que quer que o mesmo não exista, enquanto tem a razão de mal, é boa também. Por exemplo, um juiz tem a vontade boa quando quer a morte do ladrão, porque é justa. Mas, é boa também a vontade da esposa ou do filho que não querem essa condenação, enquanto esta condenação é má segundo a natureza.

Como a vontade segue a apreensão da razão ou do intelecto, na medida em que a razão de bem apreendido for mais comum, nesta mesma medida a vontade se dirigirá para um bem mais comum. Está claro isso no exemplo citado, pois o juiz tem o cuidado do bem comum, isto é, da justiça, e por isso quer a morte do ladrão, o que tem razão de bem, relativamente à ordem social. A esposa do ladrão, porém, deve considerar o

---

1. *Glossa* Lombardi: ML 191, 325.
2. Art. 3, 5.

familiae, et secundum hoc vult maritum latronem non occidi. — Bonum autem totius universi est id quod est apprehensum a Deo, qui est universi factor et gubernator: unde quidquid vult, vult sub ratione boni communis, quod est sua bonitas, quae est bonum totius universi. Apprehensio autem creaturae, secundum suam naturam, est alicuius boni particularis proportionati suae naturae. Contingit autem aliquid esse bonum secundum rationem particularem, quod non est bonum secundum rationem universalem, aut e converso, ut dictum est. Et ideo contingit quod aliqua voluntas est bona volens aliquid secundum rationem particularem consideratum, quod tamen Deus non vult secundum rationem universalem, et e converso. Et inde est etiam quod possunt diversae voluntates diversorum hominum circa opposita esse bonae, prout sub diversis rationibus particularibus volunt hoc esse vel non esse.

Non est autem recta voluntas alicuius hominis volentis aliquod bonum particulare, nisi referat illud in bonum commune sicut in finem: cum etiam naturalis appetitus cuiuslibet partis ordinetur in bonum commune totius. Ex fine autem sumitur quasi formalis ratio volendi illud quod ad finem ordinatur. Unde ad hoc quod aliquis recta voluntate velit aliquod particulare bonum, oportet quod illud particulare bonum sit volitum materialiter, bonum autem commune divinum sit volitum formaliter. Voluntas igitur humana tenetur conformari divinae voluntati in volito formaliter, tenetur enim velle bonum divinum et commune: sed non materialiter, ratione iam dicta[3]. — Sed tamen quantum ad utrumque, aliquo modo voluntas humana conformatur voluntati divinae. Quia secundum quod conformatur voluntati divinae in communi ratione voliti, conformatur ei in fine ultimo. Secundum autem quod non conformatur ei in volito materialiter, conformatur ei secundum rationem causae efficientis: quia hanc propriam inclinationem consequentem naturam, vel apprehensionem particularem huius rei, habet res a Deo sicut a causa effectiva. Unde consuevit dici quod conformatur, quantum ad hoc, voluntas hominis voluntati divinae, quia vult hoc quod Deus vult eum velle.

Est et alius modus conformitatis secundum rationem causae formalis, ut scilicet homo velit aliquid ex caritate, sicut Deus vult. Et ista etiam conformitas reducitur ad conformitatem formalem

bem particular da família, e por isso quer que o marido ladrão não seja morto. — O bem de todo o universo é o que Deus apreende, o criador e governante do universo. Por isso, tudo que Deus quer, o quer sob a razão do bem comum, que é a sua bondade, a qual é o bem de todo o universo. Mas, a apreensão da criatura, segundo sua natureza, é de um bem particular proporcionado à sua natureza. Acontece que uma coisa seja boa segundo a razão particular, e não boa segundo a razão universal, ou, ao contrário, como foi dito. Por isso, acontece que a vontade é boa querendo uma coisa considerada particular, que Deus não quer segundo a razão universal, e ao contrário. Por isso, também, poderão as vontades de diferentes homens a respeito de coisas opostas serem boas, enquanto querem por diversas razões particulares que isso exista ou não exista.

Não é reta a vontade de um homem que queira um bem particular, a não ser que o refira a um bem comum como a um fim. Pois, o apetite natural de uma parte se ordena ao bem comum do todo. Ora, a razão formal de se querer aquilo que se ordena ao fim, procede do fim. Por isso, para que alguém, pela reta vontade, queira um bem particular, é necessário que este bem particular seja materialmente querido, e que o bem comum divino seja querido formalmente. Consequentemente a vontade humana deve se conformar formalmente com a vontade divina no que quer, pois deve querer o bem divino e comum, mas não materialmente, pela razão já dada. — Todavia, quanto a ambos, a vontade humana de um certo modo, se conforma com a vontade divina. Porque, na medida em que se conforma com a vontade divina na razão comum do que é querido, conforma-se com ela no fim último. Mas, na medida em que não se conforma no que é querido materialmente, conforma-se segundo a razão de causa eficiente. Isso porque a própria inclinação que segue a natureza, como a apreensão particular da coisa, procede de Deus, como causa eficiente. Por isso, é costume dizer que, quanto a isso a vontade humana se conforma com a vontade divina porque quer o que Deus quer que ela queira.

Há outro modo de conformidade segundo a razão de causa formal, isto é, que o homem queira algo por caridade, como Deus quer. Também esta conformidade se reduz à conformidade formal,

---

3. Cfr. q. 39, a. 2, ad 3.

quae attenditur ex ordine ad ultimum finem, quod est proprium obiectum caritatis.

AD PRIMUM ergo dicendum quod volitum divinum, secundum rationem communem, quale sit, scire possumus. Scimus enim quod Deus quidquid vult, vult sub ratione boni. Et ideo quicumque vult aliquid sub quacumque ratione boni, habet voluntatem conformem voluntati divinae, quantum ad rationem voliti. Sed in particulari nescimus quid Deus velit. Et quantum ad hoc, non tenemur conformare voluntatem nostram divinae voluntati. — In statu tamen gloriae, omnes videbunt in singulis quae volent, ordinem eorum ad id quod Deus circa hoc vult. Et ideo non solum formaliter, sed materialiter in omnibus suam voluntatem Deo conformabunt.

AD SECUNDUM dicendum quod Deus non vult damnationem alicuius sub ratione damnationis, nec mortem alicuius inquantum est mors, quia ipse *vult omnes homines salvos fieri*[4]: sed vult ista sub ratione iustitiae. Unde sufficit circa talia quod homo velit iustitiam Dei, et ordinem naturae servari.

Unde patet solutio AD TERTIUM.

AD PRIMUM vero quod in contrarium obiiciebatur, dicendum quod magis vult quod Deus vult, qui conformat voluntatem suam voluntati divinae quantum ad rationem voliti, quam qui conformat quantum ad ipsam rem volitam: quia voluntas principalius fertur in finem, quam in id quod est ad finem.

AD SECUNDUM dicendum quod species et forma actus magis attenditur secundum rationem obiecti, quam secundum id quod est materiale in obiecto.

AD TERTIUM dicendum quod non est repugnantia voluntatum, quando aliqui diversa volunt non secundum eandem rationem. Sed si sub una ratione esset aliquid ab uno volitum, quod alius nollet, hoc induceret repugnantiam voluntatum. Quod tamen non est in proposito.

que se considera em ordem ao fim último, que é o objeto próprio da caridade[k].

QUANTO AO 1º, portanto, deve-se dizer que podemos saber o que é que Deus quer, segundo a razão comum. Sabemos que Deus o que quer, o quer sob a razão de bem. Por isso quem quer alguma coisa sob qualquer razão de bem possui a vontade em conformidade com a vontade divina, quanto à razão do que quer. Mas, em particular, desconhecemos o que Deus quer. Sob este aspecto, não somos obrigados a conformar nossa com a vontade divina. — No estado de glória, porém, todos verão, em cada coisa que queiram, a ordem delas para o que Deus quer a respeito de cada uma. Por isso, em todas as coisas a vontade humana estará em conformidade com a vontade divina, não só formalmente, mas também materialmente.

QUANTO AO 2º, deve-se dizer que Deus não quer a condenação de alguém sob a razão de condenação, nem a morte de alguém enquanto é morte, por que "Ele quer salvar todos os homens'". Mas, quer isso sob a razão de justiça. Por isso, com respeito a tais coisas é suficiente que o homem queira a justiça de Deus e que se guarde a ordem da natureza.

QUANTO AO 3º, é clara a resposta pelo já exposto.

RESPOSTA ÀS DIFICULDADES PROPOSTAS EM SENTIDO CONTRÁRIO. QUANTO AO 1º, deve-se dizer que quer mais o que Deus quer, aquele que conforma sua vontade com a vontade divina quanto à razão do que quer, do que o que a conforma quanto à coisa mesma querida. Porque a vontade se dirige mais principalmente ao fim, do que ao que é para o fim.

QUANTO AO 2º, deve-se dizer que a espécie e forma do ato consideram-se mais segundo a razão do objeto do que segundo o que nele é material.

QUANTO AO 3º, deve-se dizer que não há oposição de vontades, quando alguns querem coisas diversas não segundo a mesma razão. Mas, se sob a mesma razão um quisesse coisas que o outro não quisesse, isso induziria oposição das vontades. Mas, não é isso o que se propõe.

---

4. I *Tim.* 2, 4. — Cfr. I, q. 19, a. 6, ad 1.

k. Estes dois artigos constituem uma pequena obra-prima sobre um problema muito debatido e de grande importância, uma vez que concerne ao ideal moral proposto pelo Evangelho: a conformidade com a vontade divina.
  O principal não é, segundo Sto. Tomás, a conformidade material, mas a conformidade moral, que consiste em querer todas as coisas segundo o bom prazer de Deus, como nosso fim último e soberano, o que se realiza sobretudo pela caridade. Isso deverá aplicar-se à prece, na qual todo pedido deverá conformar-se com o Pai Nosso: Que tua vontade seja feita.
  A vontade divina não deve ser compreendida como a fonte da obrigação legal, com a coerção que ela comporta, mas como o próprio objeto da caridade. Como a amizade realiza uma conformidade de vontade entre os amigos, livre e profunda, de modo similar a caridade nos leva a conformar cada vez mais a nossa vontade com a de Deus, em uma plena liberdade espiritual, a despeito de nossos limites e imperfeições. Essa será precisamente a obra do Espírito Santo.

QUAESTIO XX
DE BONITATE ET MALITIA EXTERIORUM ACTUUM HUMANORUM
in sex articulos divisa

Deinde considerandum est de bonitate et malitia quantum ad exteriores actus.

Et circa hoc quaeruntur sex.

Primo: utrum bonitas et malitia per prius sit in actu voluntatis, vel in actu exteriori.

Secundo: utrum tota bonitas vel malitia actus exterioris dependeat ex bonitate voluntatis.

Tertio: utrum sit eadem bonitas et malitia interioris et exterioris actus.

Quarto: utrum actus exterior aliquid addat de bonitate vel malitia supra actum interiorem.

Quinto: utrum eventus sequens aliquid addat de bonitate vel malitia ad actum exteriorem.

Sexto: utrum idem actus exterior possit esse bonus et malus.

Articulus 1
Utrum bonitas vel malitia per prius sit in actu voluntatis, vel in actu exteriori

Ad primum sic proceditur. Videtur quod bonum et malum per prius consistat in actu exteriori quam in actu voluntatis.

1. Voluntas enim habet bonitatem ex obiecto, ut supra[1] dictum est. Sed actus exterior est obiectum interioris actus voluntatis: dicimur enim velle furtum, vel velle dare elleemosynam. Ergo malum et bonum per prius est in actu exteriori, quam in actu voluntatis.

2. Praeterea, bonum per prius convenit fini: quia ea quae sunt ad finem, habent rationem boni ex ordine ad finem. Actus autem voluntatis non potest esse finis, ut supra[2] dictum est: actus alicuius alterius potentiae potest esse finis. Ergo per prius consistit bonum in actu potentiae alterius, quam in actu voluntatis.

3. Praeterea, actus voluntatis formaliter se habet ad actum exteriorem, ut supra[3] dictum est.

QUESTÃO 20
A BONDADE E A MALÍCIA DOS ATOS HUMANOS EXTERIORES[a]
em seis artigos

Em seguida, deve-se considerar a bondade e malícia dos atos exteriores.

Sobre isso, são seis as perguntas:

1. A bondade e a malícia estão por primeiro no ato da vontade ou no ato exterior?
2. Toda bondade ou malícia do ato exterior depende da bondade da vontade?
3. A bondade e a malícia do ato interior é a mesma que a do ato exterior?
4. O ato exterior acrescenta algo de bondade ou de malícia ao ato interior?
5. Um acontecimento subsequente acrescenta algo de bondade ou de malícia ao ato exterior?
6. O mesmo ato exterior pode ser bom e mau?

Artigo 1
A bondade ou a malícia da vontade está por primeiro no ato da vontade ou no ato exterior?

Quanto ao primeiro artigo, assim se procede: parece que o bem e o mal por primeiro **está** no ato exterior do que no ato da vontade.

1. Com efeito, como acima foi dito, a vontade tem a bondade pelo objeto. Ora, o ato exterior é o objeto do ato interior da vontade, pois, dizemos querer o furto, ou, querer dar esmola. Logo, o mal e o bem estão por primeiro no ato exterior do que no ato da vontade.

2. Além disso, o bem por primeiro convém ao fim, porque as coisas que são para o fim, têm a razão de bem pela ordem para o fim. Ora, o ato de vontade não pode ser fim, como acima foi dito, porém, o ato de outra potência pode ser fim. Logo, por primeiro o bem está no ato de outra potência, do que no ato da vontade.

3. Ademais, o ato de vontade está formalmente para o ato exterior, como foi dito acima. Ora, o

---

1 Parall.: *De Malo*, q. 2, a. 3.

1. Q. 19, a. 1, 2.
2. Q. 1, a. 1, ad 2.
3. Q. 18, a. 6.

---

a. Os três primeiros artigos são complementares: após ter estabelecido a contribuição própria do ato exterior à moralidade, Sto. Tomás examina suas relações com o ato interior (a. 2 e 3). Depois, como complemento, estuda a contribuição do ato e de seus efeitos (a. 4 e 5), e por fim, a questão de uma dupla moralidade eventual (a. 6).

Sed id quod est formale, est posterius: nam forma advenit materiae. Ergo per prius est bonum et malum in actu exteriori quam in actu voluntatis.

SED CONTRA est quod Augustinus dicit, in libro *Retract.*[4], quod *voluntas est qua peccatur, et recte vivitur*. Ergo bonum et malum morale per prius consistit in voluntate.

RESPONDEO dicendum quod aliqui actus exteriores possunt dici boni vel mali dupliciter. Uno modo, secundum genus suum, et secundum circumstantias in ipsis consideratas: sicut dare eleemosynam, servatis debitis circumstantiis, dicitur esse bonum. Alio modo dicitur aliquid esse bonum vel malum ex ordine ad finem: sicut dare eleemosynam propter inanem gloriam, dicitur esse malum. Cum autem finis sit proprium obiectum voluntatis, manifestum est quod ista ratio boni vel mali quam habet actus exterior ex ordine ad finem, per prius invenitur in actu voluntatis, et ex eo derivatur ad actum exteriorem. Bonitas autem vel malitia quam habet actus exterior secundum se, propter debitam materiam et debitas circumstantias, non derivatur a voluntate, sed magis a ratione. Unde si consideretur bonitas exterioris actus secundum quod est in ordinatione et apprehensione rationis, prior est quam bonitas actus voluntatis: sed si consideretur secundum quod est in executione operis, sequitur bonitatem voluntatis, quae est principium eius.

AD PRIMUM ergo dicendum quod actus exterior est obiectum voluntatis, inquantum proponitur voluntati a ratione ut quoddam bonum apprehensum et ordinatum per rationem: et sic est prius quam bonum actus voluntatis. Inquantum vero consistit in executione operis, est effectus voluntatis, et sequitur voluntatem.

AD SECUNDUM dicendum quod finis est prior in intentione, sed est posterior in executione.

AD TERTIUM dicendum quod forma, secundum quod est recepta in materia, est posterior in via

que é formal é posterior, pois a forma é acrescida à matéria. Logo, o bem e o mal estão por primeiro no ato exterior do que no ato da vontade.

EM SENTIDO CONTRÁRIO, diz Agostinho "É pela vontade que se peca, e que se vive retamente. Logo, o bem e o mal moral estão por primeiro na vontade[b].

RESPONDO. De dois modos podem os atos exteriores ser ditos bons ou maus. Primeiro, segundo o seu gênero e segundo as circunstâncias neles consideradas; por exemplo, dar esmola, observadas as devidas circunstâncias diz-se que é bom. Segundo, pela ordem ao fim; por exemplo, dar esmola por causa da vanglória, diz-se que é mal. Como o fim é o objeto próprio da vontade, é claro que essa razão de bem ou de mal que tem o ato exterior por ordem ao fim, encontra-se por primeiro no ato da vontade e dele procede para o ato exterior. Mas a bondade ou a malícia que tem o ato exterior, considerado em si mesmo, por causa de sua matéria e de suas circunstâncias, não procede da vontade, mas antes da razão. Por isso, se se considera a bondade do ato exterior enquanto está na ordenação e apreensão da razão é anterior à bondade do ato da vontade, mas se se considera enquanto está na execução da obra, segue a bondade da vontade, que é seu princípio.

QUANTO AO 1º, portanto, deve-se dizer que o ato exterior é objeto da vontade enquanto é a ela proposto pela razão, como um bem apreendido e ordenado pela razão, e assim é anterior ao bem do ato de vontade. Mas enquanto consiste na execução da obra, é efeito da vontade e posterior à vontade.

QUANTO AO 2º, deve-se dizer que o fim é primeiro na intenção, mas último na execução.

QUANTO AO 3º, deve-se dizer que a forma, enquanto recebida na matéria, é posterior à matéria

---

4. L. I, c. 9, n. 4: ML 32, 596.

b. Esta questão nos apresenta uma notável resolução de um problema difícil, ainda hoje discutido pelos moralistas: a contribuição da intenção e do ato que se efetua, e suas relações para o estabelecimento da moralidade.
    A questão foi lançada por Abelardo. Sustentava, apoiando-se em textos de Sto. Agostinho, que os atos são indiferentes em si mesmos e se tornam bons ou maus unicamente pela intenção. P. Lombardo, em suas Sentenças (II, D. 40), busca um equilíbrio e transmite uma posição de compromisso aos teólogos do século XIII: todas as obras são julgadas boas ou más de acordo com sua intenção ou sua causa voluntária, a não ser aquelas que são más por si mesmas, conforme diz Sto. Agostinho em seu tratado sobre a mentira, tomando por exemplo a própria mentira.
    A casuística moderna concentrará o juízo moral sobre o ato de acordo com seu objeto e circunstâncias. Considerará o fim daquele que age como uma mera circunstância, a despeito de sua importância.
    Atualmente, muitos moralistas procuram restituir à intenção e à finalidade uma função principal no estabelecimento da moralidade. São tentados, porém, a negar a existência de ações más em si mesmas, quaisquer que sejam a intenção e as circunstâncias.

generationis quam materia, licet sit prior natura: sed secundum quod est in causa agente, est omnibus modis prior. Voluntas autem comparatur ad actum exteriorem sicut causa efficiens. Unde bonitas actus voluntatis est forma exterioris actus, sicut in causa agente existens.

Articulus 2
Utrum tota bonitas et malitia exterioris actus dependeat ex bonitate voluntatis

AD SECUNDUM SIC PROCEDITUR. Videtur quod tota bonitas et malitia actus exterioris dependeat ex voluntate.
1. Dicitur enim Mt 7,18: *Non potest arbor bona malos fructus facere, nec arbor mala facere fructus bonos.* Per arborem autem intelligitur voluntas, et per fructum opus, secundum Glossam[1]. Ergo non potest esse quod voluntas interior sit bona, et actus exterior sit malus; aut e converso.
2. PRAETEREA, Augustinus dicit, in libro *Retract.*[2], quod non nisi voluntate peccatur. Si ergo non sit peccatum in voluntate, non erit peccatum in exteriori actu. Et ita tota bonitas vel malitia exterioris actus ex voluntate dependet.
3. PRAETEREA, bonum et malum de quo nunc loquimur, sunt differentiae moralis actus. Differentiae autem per se dividunt genus, secundum Philosophum, in VII *Metaphys.*[3]. Cum igitur actus sit moralis ex eo quod est voluntarius, videtur quod bonum et malum accipitur in actu solum ex parte voluntatis.

SED CONTRA est quod Augustinus dicit, in libro *Contra Mendacium*[4], quod *quaedam sunt quae nullo quasi bono fine, aut bona voluntate, possunt bene fieri.*

RESPONDEO dicendum quod, sicut iam[5] dictum est, in actu exteriori potest considerari duplex bonitas vel malitia: una secundum debitam materiam et circumstantias; alia secundum ordinem ad finem. Et illa quidem quae est secundum ordinem ad finem, tota dependet ex voluntate. Illa autem quae est ex debita materia vel circumstantiis, dependet ex ratione: et ex hac dependet bonitas voluntatis, secundum quod in ipsam fertur.

no processo da geração, embora seja primeira por natureza. Mas segundo está na causa eficiente, é de todos os modos anterior. A vontade está para o ato exterior como causa eficiente. Por isso, a bondade do ato da vontade é forma do ato exterior, enquanto existente na causa eficiente.

Artigo 2
Toda bondade e malícia do ato exterior depende da bondade da vontade?

QUANTO AO SEGUNDO, ASSIM SE PROCEDE: parece que toda bondade é malícia do ato exterior **depende** da vontade.
1. Com efeito, diz o Evangelho de Mateus: "Não pode uma árvore boa produzir frutos maus, nem a má árvore produzir frutos bons". Ora, segundo a Glosa, a árvore designa a vontade, e os frutos as obras. Logo, a vontade interior não pode ser boa e o ato exterior ser mau, ou vice-versa.
2. ALÉM DISSO, diz Agostinho: "Não se peca senão pela vontade" Portanto, se não houver pecado na vontade, não haverá pecado no ato exterior. E assim toda bondade ou malícia do ato exterior dependem do ato da vontade.
3. ADEMAIS, o bem e o mal, dos quais aqui tratamos, são diferenças do ato moral. Ora, as diferenças por si dividem o gênero, segundo o Filósofo no livro VII da *Metafísica*. Logo, como o ato é moral porque é voluntário, parece que o bem e o mal se entendem no ato unicamente da parte da vontade.

EM SENTIDO CONTRÁRIO, diz Agostinho: "Há coisas que nem a bondade do fim nem a da vontade pode tornar boas".

RESPONDO. Como já foi dito, pode-se considerar no ato exterior dupla bondade ou malícia: uma, segundo a devida matéria e circunstâncias. Outra, segundo a ordenação para o fim. E a que é segundo a ordenação para o fim, toda depende da vontade. E aquela que é segundo a devida matéria ou circunstâncias, depende da razão. E desta depende a bondade da vontade, enquanto tende para ela.

---

2 PARALL.: II *Sent.*, dist. 40, a. 2.

1. Ordin. ex AUGUST., *Contra Iulian.* l. I, c. 8, n. 38: ML 44, 667.
2. L. I, c. 9, n. 4: ML 32, 596.
3. C. 12: 1038, a, 9-18.
4. C. 7, n. 18: ML 40, 528.
5. Art. praec.

Est autem considerandum quod, sicut supra[6] dictum est, ad hoc quod aliquid sit malum, sufficit unus singularis defectus: ad hoc autem quod sit simpliciter bonum, non sufficit unum singulare bonum, sed requiritur integritas bonitatis. Si igitur voluntas sit bona et ex obiecto proprio, et ex fine, consequens est actum exteriorem esse bonum. Sed non sufficit ad hoc quod actus exterior sit bonus, bonitas voluntatis quae est ex intentione finis: sed si voluntas sit mala sive ex intentione finis, sive ex actu volito, consequens est actum exteriorem esse malum.

Ad primum ergo dicendum quod voluntas bona, prout significatur per arborem bonam, est accipienda secundum quod habet bonitatem ex actu volito, et ex fine intento.

Ad secundum dicendum quod non solum aliquis voluntate peccat, quando vult malum finem, sed etiam quando vult malum actum.

Ad tertium dicendum quod voluntarium dicitur non solum actus interior voluntatis, sed etiam actus exteriores, prout a voluntate procedunt et ratione. Et ideo circa utrosque actus potest esse differentia boni et mali.

Deve-se ainda considerar, como foi dito acima, que para que uma coisa seja má é suficiente uma só deficiência; mas para que seja absolutamente boa, um só bem particular não será suficiente, pois se requer a integridade da bondade. Se, pois, a vontade é boa e pelo objeto próprio e pelo fim, consequentemente o ato exterior será bom. Mas não basta para que o ato exterior seja bom, a bondade da vontade que procede da intenção do fim. Porém, se a vontade é má quer pela intenção do fim ou pelo ato querido, consequentemente o ato exterior será mau.

Quanto ao 1º, portanto, deve-se dizer que a vontade boa, significada pela árvore boa, deve ser entendida enquanto tem a bondade pelo ato querido e pelo fim pretendido.

Quanto ao 2º, deve-se dizer que não só se peca pela vontade quando se quer um fim mau, mas também quando se quer um ato mau.

Quanto ao 3º, deve-se dizer que é voluntário não só o ato interior da vontade, mas também os atos exteriores, enquanto procedem da vontade e da razão. Por isso, relativamente a ambos, pode haver diferença de bondade e de malícia.

Articulus 3
Utrum bonitas et malitia sit eadem exterioris et interioris actus

Ad tertium sic proceditur. Videtur quod non eadem sit bonitas vel malitia actus interioris voluntatis, et exterioris actus.

1. Actus enim interioris principium est vis animae interior apprehensiva vel appetitiva: actus autem exterioris principium est potentia exequens motum. Ubi autem sunt diversa principia actionis, ibi sunt diversi actus. Actus autem est subiectum bonitatis vel malitiae. Non potest autem esse idem accidens in diversis subiectis. Ergo non potest esse eadem bonitas interioris et exterioris actus.

2. Praeterea, *virtus est quae bonum facit habentem, et opus eius bonum reddit*, ut dicitur in II *Ethic.*[1]. Sed alia est virtus intellectualis in potentia imperante, et alia virtus moralis in potentia imperata, ut patet ex I *Ethic.*[2]. Ergo alia est bonitas actus interioris, qui est potentiae imperantis: et alia est bonitas actus exterioris, qui est potentiae imperatae.

Artigo 3
Uma só é a bondade e a malícia do ato exterior e do ato interior da vontade?

Quanto ao terceiro, assim se procede: parece que **não** é a mesma a bondade ou a malícia do ato interior da vontade e do ato exterior.

1. Com efeito, o princípio do ato interior é a potência interior da alma apreensiva e apetitiva; do ato exterior, o princípio é a potência que produz o movimento. Ora, onde há diversos princípios de ação, aí há diversos atos. O ato é o sujeito da bondade e da malícia. Ademais, não pode um só acidente estar em diversos sujeitos. Logo, não pode ser a mesma a bondade do ato interior e a do ato exterior.

2. Além disso, diz o livro II da *Ética*: "É a virtude que faz bom o que possui a bondade, e torna boas as suas obras". Ora, uma é a virtude intelectual na potência imperante, e outra a virtude moral na potência imperada, como está claro no livro I da *Ética*: "Logo, uma é a bondade do ato interior, que é da potência imperante, outra é a do ato exterior, que é da potência imperada.

---

6. Q. 19, a. 6, ad 1.

1. C. 5: 1106, a, 15-17.
2. C. 13: 1103, a, 3-18.

3. Praeterea, causa et effectus idem esse non possunt: nihil enim est causa sui ipsius. Sed bonitas actus interioris est causa bonitatis actus exterioris, aut e converso, ut dictum est[3]. Ergo non potest esse eadem bonitas utriusque.

Sed contra est quod supra[4] ostensum est quod actus voluntatis se habet ut formale ad actum exteriorem. Ex formali autem et materiali fit unum. Ergo est una bonitas actus interioris et exterioris.

Respondeo dicendum quod, sicut supra[5] dictum est, actus interior voluntatis et actus exterior, prout considerantur in genere moris, sunt unus actus. Contingit autem quandoque actum qui est unus subiecto, habere plures rationes bonitatis vel malitiae; et quandoque unam tantum. Sic ergo dicendum quod quandoque est eadem bonitas vel malitia interioris et exterioris actus; quandoque alia et alia. Sicut enim iam dictum est[6], praedictae duae bonitates vel malitiae, scilicet interioris et exterioris actus, ad invicem ordinantur. Contingit autem in his quae ad aliud ordinantur, quod aliquid est bonum ex hoc solum quod ad aliud ordinatur: sicut potio amara ex hoc solo est bona, quod est sanativa. Unde non est alia bonitas sanitatis et potionis, sed una et eadem. Quandoque vero illud quod ad aliud ordinatur, habet in se aliquam rationem boni, etiam praeter ordinem ad aliud bonum: sicut medicina saporosa habet rationem boni delectabilis, praeter hoc quod est sanativa.

Sic ergo dicendum quod, quando actus exterior est bonus vel malus solum ex ordine ad finem, tunc est omnino eadem bonitas vel malitia actus voluntatis, qui per se respicit finem, et actus exterioris, qui respicit finem mediante actu voluntatis. Quando autem actus exterior habet bonitatem vel malitiam secundum se, scilicet secundum materiam vel circumstantias, tunc bonitas exterioris actus est una, et bonitas voluntatis quae est ex fine, est alia: ita tamem quod et bonitas finis ex voluntate redundat in actum exteriorem, et bonitas materiae et circumstantiarum redundat in actum voluntatis, sicut iam[7] dictum est.

3. Ademais, a causa e o efeito não podem ser a mesma coisa, porque nenhuma coisa é a causa de si mesma. Ora, a bondade do ato interior é causa da bondade do ato exterior, ou vice-versa, como foi dito. Logo, não pode ser a mesma bondade do ato interior e a do ato exterior.

Em sentido contrário, foi acima demonstrado que o ato da vontade está para o ato exterior como forma. Ora, a forma e a matéria fazem uma só coisa. Logo, é uma só a bondade do ato interior e do ato exterior da vontade.

Respondo. Foi acima dito que o ato interior da vontade e o ato exterior, considerados no gênero moral, constituem um só ato. Acontece, às vezes, que o ato que é um pelo sujeito tenha muitas razões de bondade e de malícia; às vezes, uma só. Assim, às vezes, uma só é a bondade e a malícia do ato interior e do ato exterior; às vezes são distintas. Como também foi dito acima, as duas citadas bondades e malícias, isto é, as do ato interior e as do exterior, ordenam-se entre si. Acontece, porém, que nas coisas que se ordenam para outra, uma seja boa só porque se ordena para outra. Por exemplo, o remédio amargo só é bom porque cura. Logo, não se diversificam a bondade da cura e a do remédio, mas é uma só e mesma bondade. Às vezes, porém, aquilo que se ordena para outro, tem em si mesmo alguma razão de bem, fora da ordenação para outro bem; por exemplo, o remédio saboroso tem razão de bem deleitável, além de ser curativo.

Logo, quando o ato exterior é bom ou mau somente por causa da ordenação para o fim, então é totalmente uma só a bondade ou a malícia do ato da vontade, que por si se ordena para o fim, e do ato exterior, que tende para o fim mediante o ato da vontade. Mas, quando o ato exterior tem bondade ou malícia por si mesmo, a saber, segundo a matéria ou as circunstâncias, neste caso a bondade do ato exterior é uma, e a bondade da vontade que é pelo fim é outra. Assim, a bondade do fim que procede da vontade redunda no ato exterior, e a bondade da matéria e das circunstâncias redundam no ato da vontade, como foi dito[c].

3. Art. 1, 2.
4. Q. 18, a. 6.
5. Q. 17, a. 4.
6. Art. 1, 2.
7. A. 1, 2.

c. As respostas desses três artigos, que completarão os dois seguintes, são resultado da pesquisa de Sto. Tomás (compare-se com II Sentenças D. 40). Começou acentuando o querer e a finalidade como fontes da ação moral. No entanto, progressivamente percebendo melhor, determinou a contribuição própria do ato exterior, assim como suas relações com o ato interior.

AD PRIMUM ergo dicendum quod ratio illa probat quod actus interior et exterior sunt diversi secundum genus naturae. Sed tamen ex eis sic diversis constituitur unum in genere moris, ut supra[8] dictum est.

AD SECUNDUM dicendum quod, sicut dicitur in VI *Ethic.*[9], virtutes morales ordinantur ad ipsos actus virtutum, qui sunt quasi fines; prudentia autem, quae est in ratione, ad ea quae sunt ad finem. Et propter hoc requiruntur diversae virtutes. Sed ratio recta de ipso fine virtutum non habet aliam bonitatem quam bonitatem virtutis, secundum quod bonitas rationis participatur in qualibet virtute.

AD TERTIUM dicendum quod, quando aliquid ex uno derivatur in alterum sicut ex causa agente univoca, tunc aliud est quod est in utroque: sicut cum calidum calefacit, alius numero est calor calefacientis, et calor calefacti, licet idem specie. Sed quando aliquid derivatur ab uno in alterum secundum analogiam vel proportionem, tunc est tantum unum numero: sicut a sano quod est in corpore animalis, derivatur sanum ad medicinam et urinam; nec alia sanitas est medicinae et urinae, quam sanitas animalis, quam medicina facit, et urina significat. Et hoc modo a bonitate voluntatis derivatur bonitas actus exterioris, et e converso, scilicet secundum ordinem unius ad alterum.

QUANTO AO 1º, portanto, deve-se dizer que o argumento prova que o ato interior e o ato exterior diversificam-se pelo gênero natural. No entanto, assim considerados, se unificam no gênero moral, como foi dito.

QUANTO AO 2º, deve-se dizer que, segundo o livro VI da *Ética*, as virtudes morais se ordenam para os atos das virtudes, que são como seus fins; a prudência que está na razão, para as coisas que se ordenam para o fim. Por isso, há necessidade de diversas virtudes. Mas a razão reta, cujo objeto é o fim das virtudes, não tem outra bondade que a bondade da virtude, porque a bondade da razão é participada em todas as virtudes.

QUANTO AO 3º, deve-se dizer que quando uma coisa provém de uma para outra, como de sua causa eficiente unívoca, então nas duas há coisas distintas, por exemplo, quando o calor esquenta, é numericamente distinto o calor do que esquenta e o calor do esquentado, embora seja o mesmo pela espécie. Mas quando uma coisa deriva de uma para outra segundo analogia ou proporção, haverá apenas unidade numérica. Por exemplo, do termo *são*, que se aplica ao corpo animal, procede o termo *são* para o remédio e a urina, e nem é outra a saúde atribuída ao remédio e à urina que a saúde do animal, que o remédio produz e a urina significa. Desse modo também da bondade da vontade procede a bondade do ato exterior, e vice-versa, a saber, segundo a ordenação de uma coisa para outra.

ARTICULUS 4
Utrum actus exterior aliquid addat de bonitate et malitia supra actum interiorem

AD QUARTUM SIC PROCEDITUR. Videtur quod exterior actus non addat in bonitate vel malitia supra actum interiorem.
1. Dicit enim Chrysostomus, *super Math.*[1]: "Voluntas est quae aut remuneratur pro bono, aut condemnatur pro malo". Opera autem testimonia

ARTIGO 4
O ato exterior acrescenta bondade ou malícia ao ato interior?

QUANTO AO QUARTO, ASSIM SE PROCEDE: parece que o ato exterior **não** acrescenta bondade ou malícia ao ato interior.
1. Com efeito, diz Crisóstomo: "A vontade ou é remunerada pelo bem, ou condenada pelo mal". Ora, as obras são testemunhas da vontade. Logo,

---

8. Q. 17, a. 4.
9. C. 12: 1144, a, 6-11.

4 PARALL.: Infr. q. 24, a. 3 c; II-II, q. 76, a. 4, ad 2; II *Sent.*, dist. 40, a. 3; *De Malo*, q. 2, a. 2, ad 8.

1. Homil. 19: MG 57, 274.

Embora tivesse antes colocado entre ambos um vínculo meramente acidental, aqui ele estabelece de maneira muito mais firme a unidade dessas duas partes da ação moral: a qualidade moral própria de uma se comunica à outra. Para que um ato seja bom, não basta que a intenção ou o ato em si mesmo seja bom, é preciso que um e outro sejam tais, pois ambos são partes integrantes da ação tal como se efetua concretamente.
    Sto. Tomás retoma o que havia de justo na opção de Abelardo a favor da intenção voluntária, mas corrige sua posição mostrando qual é a contribuição própria e irredutível do ato exterior à moralidade, e como se articula com o querer.

sunt voluntatis. Non ergo quaerit Deus opera propter se, ut sciat quomodo iudicet; sed propter alios, ut omnes intelligant quia iustus est Deus. Sed malum vel bonum magis est aestimandum secundum iudicium Dei, quam secundum iudicium hominum. Ergo actus exterior nihil addit ad bonitatem vel malitiam super actum interiorem.

2. Praeterea, una et eadem est bonitas interioris et exterioris actus, ut dictum est[2]. Sed augmentum fit per additionem unius ad alterum. Ergo actus exterior non addit in bonitate vel malitia super actum interiorem.

3. Praeterea, tota bonitas creaturae nihil addit supra bonitatem divinam, quia tota derivatur a bonitate divina. Sed bonitas actus exterioris quandoque tota derivatur ex bonitate actus interioris, quandoque autem e converso, ut dictum est[3]. Non ergo unum eorum addit in bonitate vel malitia super alterum.

Sed contra, omne agens intendit consequi bonum et vitare malum. Si ergo per actum exteriorem nihil additur de bonitate vel malitia, frustra qui habet bonam voluntatem vel malam, facit opus bonum, aut desistit a malo opere. Quod est inconveniens.

Respondeo dicendum quod, si loquamur de bonitate exterioris actus quam habet ex voluntate finis, tunc actus exterior nihil addit ad bonitatem, nisi contingat ipsam voluntatem secundum se fieri meliorem in bonis, vel peiorem in malis. Quod quidem videtur posse contingere tripliciter. Uno modo, secundum numerum. Puta, cum aliquis vult aliquid facere bono fine vel malo, et tunc quidem non facit, postmodum autem vult et facit; duplicatur actus voluntatis, et sic fit duplex bonum vel duplex malum. — Alio modo, quantum ad extensionem. Puta, cum aliquis vult facere aliquid bono fine vel malo et propter aliquod impedimentum desistit; alius autem continuat motum voluntatis quousque opere perficiat; manifestum est quod huiusmodi voluntas est diuturnior in bono vel malo, et secundum hoc est peior vel melior. — Tertio, secundum intensionem. Sunt enim quidam actus exteriores qui, inquantum sunt delectabiles vel poenosi, nati sunt intendere voluntatem vel remittere. Constat autem quod quanto voluntas intensius tendit in bonum vel malum, tanto est melior vel peior.

Si autem loquamur de bonitate actus exterioris quam habet secundum materiam et debitas circumstantias, sic comparatur ad voluntatem ut

Deus não busca as obras em si mesmas para saber como julgá-las, mas por causa dos outros, para que todos saibam que Deus é justo. Ora, o mal e o bem devem ser mais considerados segundo o juízo de Deus do que segundo o juízo dos homens. Logo, o ato exterior nada acrescenta à bondade ou à malícia do ato interior.

2. Além disso, uma só e a mesma é a bondade do ato interior e do ato exterior, como foi dito. Ora, acréscimo se faz pela adição de um ao outro. Logo, o ato exterior não acrescenta bondade ou malícia ao ato interior.

3. Ademais, toda bondade da criatura nada acrescenta à bondade divina, porque toda procede da bondade divina. Ora, a bondade do ato exterior às vezes procede totalmente da bondade do ato interior, às vezes vice-versa, como foi dito. Logo, nenhum deles acrescenta bondade ou malícia ao outro.

Em sentido contrário, todo agente tem a intenção de conseguir o bem e evitar o mal. Ora, se pelo ato exterior nada se acrescenta de bondade ou de malícia, em vão o que tem boa vontade ou má faz uma ação boa ou desiste de uma ação má. O que não é conveniente.

Respondo. Se falamos da bondade do ato exterior o qual a tem pela vontade do fim, então este ato nada acrescenta à bondade, a não ser que a mesma vontade, enquanto tal, se torne melhor fazendo o bem, ou pior, fazendo o mal. Pode isto acontecer de três modos. Primeiro, segundo o número. Por exemplo: querendo alguém fazer algo com finalidade boa ou má e não o faz, mas depois, quer e o faz, o ato da vontade se duplica, havendo assim duplo bem e duplo mal. — Segundo, segundo a extensão. Por exemplo: quando alguém quer fazer alguma coisa com finalidade boa ou má, mas por causa de algum impedimento desiste e um outro continua o movimento da vontade até que a obra termine; é evidente que esta vontade persevera mais no bem ou no mal, e assim será melhor ou pior. — Terceiro, segundo a intensidade. Há atos exteriores que enquanto são deleitáveis ou penosos, por sua natureza intensificam ou enfraquecem a vontade. Consta, com efeito, que quanto mais intensamente a vontade tende para o bem ou para o mal, tanto será melhor ou pior.

Se falamos da bondade do ato exterior o qual a tem pela matéria e pelas devidas circunstâncias, então ele está para a vontade como termo e fim.

---

2. Art. praec.
3. Art. 1, 2.

terminus et finis. Et hoc modo addit ad bonitatem vel malitiam voluntatis: quia omnis inclinatio vel motus perficitur in hoc quod consequitur finem, vel attingit terminum. Unde non est perfecta voluntas, nisi sit talis quae, opportunitate data, operetur. Si vero possibilitas desit, voluntate existente perfecta, ut operaretur si posset; defectus perfectionis quae est ex actu exteriori, est simpliciter involuntarium. Involuntarium autem, sicut non meretur poenam vel praemium in operando bonum aut malum, ita non tollit aliquid de praemio vel de poena, si homo involuntarie simpliciter deficiat ad faciendum bonum vel malum.

AD PRIMUM ergo dicendum quod Chrysostomus loquitur, quando voluntas hominis est consummata, et non cessatur ab actu nisi propter impotentiam faciendi.

AD SECUNDUM dicendum quod ratio illa procedit de bonitate actus exterioris quam habet a voluntate finis. Sed bonitas actus exterioris quam habet ex materia et circumstantiis, est alia a bonitate voluntatis quae est ex fine: non autem alia a bonitate voluntatis quam habet ex ipso actu volito, sed comparatur ad ipsam ut ratio et causa eius, sicut supra[4] dictum est.

Et per hoc etiam patet solutio AD TERTIUM.

Deste modo, ele acrescenta bondade ou malícia à vontade, porque toda tendência ou movimento completam-se ao conseguirem o fim, ou ao atingirem o termo. Por isso não é perfeita a vontade, a não ser que seja tal que, dada a oportunidade, opere. Se não houver oportunidade para a vontade perfeita, que se pudesse agiria, a deficiência de sua perfeição que vem do ato exterior é absolutamente involuntária. O ato involuntário, como não merece pena ou prêmio ao fazer o bem ou o mal, assim também não exclui o prêmio ou a pena, se o homem involuntariamente deixa de fazer o bem ou o mal[d].

QUANTO AO 1º, portanto, deve-se dizer que Crisóstomo refere-se à vontade humana quando foi consumada e que não cessa de agir a não ser pela impotência de fazer.

QUANTO AO 2º, deve-se dizer que o argumento procede da bondade do ato exterior, o qual a tem pela vontade do fim. Ora, a bondade do ato exterior, o qual a tem pela matéria e pelas circunstâncias, é distinta da bondade da vontade que é pelo fim, mas não é distinta da bondade da vontade, a qual a tem pelo mesmo ato querido, mas se refere à mesma como sua razão e causa, como acima foi dito.

QUANTO AO 3º, deve-se dizer que do exposto, fica clara a solução para a terceira objeção.

ARTICULUS 5

Utrum eventus sequens aliquid addat de bonitate vel malitia ad exteriorem actum

AD QUINTUM SIC PROCEDITUR. Videtur quod eventus sequens addat ad bonitatem vel malitiam actus.

1. Effectus enim virtute praeexistit in causa. Sed eventus consequuntur actus sicut effectus causas. Ergo virtute praeexistunt in actibus. Sed unumquodque secundum suam virtutem iudicatur bonum vel malum: nam *virtus est quae bonum facit habentem*, ut dicitur in II *Ethic.*[1]. Ergo eventus addunt ad bonitatem vel malitiam actus.

ARTIGO 5

O acontecimento subsequente acrescenta bondade ou malícia ao ato exterior?

QUANTO AO QUINTO, ASSIM SE PROCEDE: parece que o acontecimento subsequente **acrescenta** bondade ou malícia do ato.

1. Certamente, o efeito preexiste virtualmente na causa. Ora, o que acontece depois segue-se ao ato, como o efeito às causas. Logo, cada coisa é julgada boa ou má segundo sua virtude, porque "é a virtude que faz bom a quem a possui", diz o livro II da *Ética*. Logo, os acontecimentos posteriores acrescentam bondade ou malícia ao ato.

---

4. Art. 1, 2.

5 PARALL.: Infra, q. 73, a. 8; *De Malo*, q. 1, a. 3, ad 15; q. 3, a. 10, ad 5.

1. C. 5: 1106, a, 16.

---

d. Trata-se da realização da ação. Sto. Tomás é realista: o querer só é verdadeiro se tende para sua realização, e esta repercute, por sua vez, sobre o próprio querer. O querer está aberto para o que quer, e por ele se realiza. Poder-se-ia acrescentar que somente a realização do ato proporciona a experiência, que reage sobre a vontade (para formar progressivamente nela essas disposições que são as virtudes e os vícios) e sobre a inteligência (proporcionando uma nova compreensão, que se denominará de conhecimento por conaturalidade).

2. Praeterea, bona quae faciunt auditores, sunt effectus quidam consequentes ex praedicatione doctoris. Sed huiusmodi bona redundant ad meritum praedicatoris: ut patet per id quod dicitur Philp 4,1: *Fratres mei carissimi et desideratissimi, gaudium meum et corona mea*. Ergo eventus sequens addit ad bonitatem vel malitiam actus.

3. Praeterea, poena non additur nisi crescente culpa: unde dicitur Dt 25,2: *Pro mensura peccati, erit et plagarum modus*. Sed ex eventu sequente additur ad poenam: dicitur enim Ex 21,3: *Quod si bos fuerit cornupeta ab heri et nudius tertius, et contestati sunt dominum eius, nec recluserit eum, occideritque virum aut mulierem; et bos lapidibus obruetur, et dominum eius occident*. Non autem occideretur, si bos non occidisset hominem, etiam non reclusus. Ergo eventus sequens addit ad bonitatem vel malitiam actus.

4. Praeterea, si aliquis ingerat causam mortis percutiendo vel sententiam dando, et mors non sequatur, non contrahitur irregularitas. Contraheretur autem si mors sequeretur. Ergo eventus sequens addit ad bonitatem vel malitiam actus.

Sed contra, eventus sequens non facit actum malum qui erat bonus, nec bonum qui erat malus. Puta si aliquis det eleemosynam pauperi, qua ille abutatur ad peccatum, nihil deperit ei qui eleemosynam fecit: et similiter si aliquis patienter ferat iniuriam sibi factam, non propter hoc excusatur ille qui fecit. Ergo eventus sequens non addit ad bonitatem vel malitiam actus.

Respondeo dicendum quod eventus sequens aut est praecogitatus, aut non. Si est praecogitatus, manifestum est quod addit ad bonitatem vel malitiam. Cum enim aliquis cogitans quod ex opere suo multa mala possunt sequi, nec propter hoc dimittit, ex hoc apparet voluntas eius esse magis inordinata.

Si autem eventus sequens non sit praecogitatus, tunc distinguendum est. Quia si per se sequitur ex tali actu, et ut in pluribus, secundum hoc eventus sequens addit ad bonitatem vel malitiam actus: manifestum est enim meliorem actum esse ex suo genere, ex quo possunt plura bona sequi; et peiorem, ex quo nata sunt plura mala sequi. — Si vero per accidens, et ut in paucioribus, tunc eventus sequens non addit ad bonitatem vel ad malitiam actus: non enim datur iudicium de re aliqua secundum illud quod est per accidens, sed solum secundum illud quod est per se.

2. Além disso, as coisa boas feitas pelos ouvintes são efeitos resultantes da pregação dos mestres. Ora, essas coisas boas redundam em mérito para o pregador, segundo diz a Carta aos Filipenses: "Irmãos meus caríssimos e muito desejados, minha alegria e minha coroa". Logo, o acontecimento subsequente acrescenta bondade ou malícia ao ato.

3. Ademais, a pena não é aumentada se não for acrescida a culpa. Por isso, o Deuteronômio diz: "A medida do pecado será o modo dos açoites". Ora, o que acontece depois se acrescenta à pena, segundo o Êxodo: "Se o boi investia desde muitos dias, e, advertido disso o dono não o prendeu, e matasse um homem ou uma mulher, o boi será apedrejado e seu dono, morto". Entretanto, o dono não seria morto se o boi não tivesse matado um homem, embora não tenha sido preso. Logo, o acontecimento subsequente acrescenta bondade ou malícia ao ato.

4. Ademais, se alguém, ferindo ou dando uma sentença, gera a causa da morte, e esta não se segue, não contrai irregularidade. Contrairia, porém, se seguisse a morte. Logo, o acontecimento subsequente acrescenta bondade ou malícia ao ato.

Em sentido contrário, o acontecimento subsequente não faz mau o ato que era bom, nem bom o que era mau. Por exemplo: se alguém dá esmola a um pobre, e este dela usa para pecar, nada perde aquele que deu a esmola. Assim também se alguém pacientemente suporta a injúria a si feita, nem por isso fica excusado aquele que injuriou. Portanto, o acontecimento subsequente nada acrescenta à bondade ou à malícia do ato.

Respondo. O acontecimento subsequente ou é previsto ou não. Se foi previsto, evidentemente aumenta ou diminui a bondade ou a malícia do ato, pois pensando alguém que muitos males podem vir de seu ato, e, por isso não desiste, fica claro que sua vontade é ainda mais desordenada.

Se o acontecimento subsequente não foi previsto, é necessário distinguir. Se é subsequente ao ato, por si e na maioria dos casos, então o acontecimento subsequente acrescenta bondade ou malícia ao ato. É evidente, pois, que é melhor o ato em seu gênero do qual podem seguir muitos bens, e pior, aquele do qual naturalmente seguem muitos males. — Se acidentalmente e em poucos casos, então o acontecimento subsequente nada acrescenta à bondade ou à malícia do ato, pois não se julga uma coisa segundo o que é acidental, mas segundo o que é por si^e.

---

e. A consideração das consequências do ato moral é um complemento aos olhos de Sto. Tomás. Assume talvez mais importância para nós, hoje, que estamos melhor informados e atentos às consequências psicológicas, sociológicas e políticas

AD PRIMUM ergo dicendum quod virtus causae existimatur secundum effectus per se: non autem secundum effectus per accidens.

AD SECUNDUM dicendum quod bona quae auditores faciunt, consequuntur ex praedicatione doctoris sicut effectus per se. Unde redundant ad praemium praedicatoris: et praecipue quando sunt praeintenta.

AD TERTIUM dicendum quod eventus ille pro quo illi poena infligenda mandatur, et per se sequitur ex tali causa, et iterum ponitur ut praecogitatus. Et ideo imputatur ad poenam.

AD QUARTUM dicendum quod ratio illa procederet, si irregularitas sequeretur culpam. Non autem sequitur culpam, sed factum, propter aliquam defectum sacramenti.

ARTICULUS 6
Utrum idem actus exterior possit esse bonus et malus

AD SEXTUM SIC PROCEDITUR. Videtur quod unus actus possit esse bonus et malus.

1. *Motus* enim *est unus qui est continuus*, ut dicitur in V *Physic.*[1]. Sed unus motus continuus potest esse bonus et malus: puta si aliquis, continue ad ecclesiam vadens, primo quidem intendat inanem gloriam, postea intendat Deo servire. Ergo unus actus potest esse bonus et malus.

2. PRAETEREA, secundum Philosophum, in III *Physic.*[2], actio et passio sunt unus actus. Sed potest esse passio bona, sicut Christi; et actio mala, sicut Iudaeorum. Ergo unus actus potest esse bonus et malus.

3. PRAETEREA, cum servus sit quasi instrumentum domini, actio servi est actio domini, sicut actio instrumenti est actio artificis. Sed potest contingere quod actio servi procedat ex bona voluntate domini, et sic sit bona: et ex mala voluntate servi, et sic sit mala. Ergo idem actus potest esse bonus et malus.

SED CONTRA, contraria non possunt esse in eodem. Sed bonum et malum sunt contraria. Ergo unus actus non potest esse bonus et malus.

QUANTO AO 1º, portanto, deve-se dizer que a virtude de uma causa considera-se segundo o efeito por si, e não segundo o efeito acidental.

QUANTO AO 2º, deve-se dizer que o bem que os ouvintes fazem, provém da pregação do mestre como um efeito por si. Por isso, redunda em prêmio para o pregador e sobretudo quando é previsto.

QUANTO AO 3º, deve-se dizer que o acontecimento pelo qual se lhe manda infligir a pena, não só resulta por si de tal causa, mas ainda afirma-se como previsto. Por isso, é imputado à pena.

QUANTO AO 4º, deve-se dizer que o argumento procederia se a irregularidade seguisse à culpa. Ela não segue à culpa, mas ao fato, por algum impedimento do sacramento.

ARTIGO 6
O mesmo ato exterior pode ser bom ou mau?

QUANTO AO SEXTO, ASSIM SE PROCEDE: parece que um só ato **pode** ser bom e mau.

1. Com efeito, "O movimento contínuo é uno", diz o livro V da *Física*. Ora, só um movimento contínuo pode ser bom e mau. Por exemplo, se alguém que vai continuamente à igreja, visa primeiro a vanglória, e depois servir a Deus. Logo, um só ato pode ser bom e mau.

2. ALÉM DISSO, segundo o Filósofo, no livro III da *Física*, a ação e a paixão são um só ato. Ora, pode ser boa a paixão, como a de Cristo, e má a ação, como a dos judeus. Logo, um ato pode ser bom e mau.

3. ADEMAIS, sendo o escravo instrumento do senhor, a ação do escravo é ação do senhor, como a ação do instrumento é ação do artífice. Ora, pode acontecer que a ação do escravo proceda da boa vontade do senhor, e assim ela é boa; mas se procede da má vontade do escravo é má. Logo, o mesmo ato pode ser bom e mau.

EM SENTIDO CONTRÁRIO, coisas contrárias não podem estar na mesma coisa. Ora, o bem e o mal são contrários. Logo, um só ato não pode ser bom e mau.

---

6 PARALL.: II *Sent.*, dist. 40, a. 4.

1. C. 4: 228, a, 20-22.
2. C. 3: 202, a, 17-18.

de nossas ações. Certos moralistas chegarão a ponto de julgar os atos por estimativa de seus efeitos mais ou menos favoráveis e a um prazo mais ou menos longo. Sua perspectiva é com frequência de tipo mais técnico e utilitário do que propriamente moral.

RESPONDEO dicendum quod nihil prohibet aliquid esse unum, secundum quod est in uno genere; et esse multiplex, secundum quod refertur ad aliud genus. Sicut superficies continua est una, secundum quod consideratur in genere quantitatis: tamen est multiplex, secundum quod refertur ad genus coloris, si partim sit alba, et partim nigra. Et secundum hoc, nihil prohibet aliquem actum esse unum secundum quod refertur ad genus naturae, qui tamen non est unus secundum quod refertur ad genus moris, sicut et e converso, ut dictum est³. Ambulatio enim continua est unus actus secundum genus naturae: potest tamen contingere quod sint plures secundum genus moris, si mutetur ambulantis voluntas, quae est principium actuum moralium. — Si ergo accipiatur unus actus prout est in genere moris, impossibile est quod sit bonus et malus bonitate et malitia morali. Si tamen sit unus unitate naturae, et non unitate moris, potest esse bonus et malus.

AD PRIMUM ergo dicendum quod ille motus continuus qui procedit ex diversa intentione, licet sit unus unitate naturae, non est tamen unus unitate moris.

AD SECUNDUM dicendum quod actio et passio pertinent ad genus moris, inquantum habent rationem voluntarii. Et ideo secundum quod diversa voluntate dicuntur voluntaria, secundum hoc sunt duo moraliter, et potest ex una parte inesse bonum, et ex alia malum.

AD TERTIUM dicendum quod actus servi, inquantum procedit ex voluntate servi, non est actus domini: sed solum inquantum procedit ex mandato domini. Unde sic non facit ipsum malum mala voluntas servi.

RESPONDO. Nada impede que uma coisa seja uma só, estando em um só gênero; e múltipla segundo se refere a outro gênero. Assim é que a superfície contínua é una, enquanto considerada no gênero da quantidade, e múltipla enquanto referida ao gênero da cor, se em parte é branca e em parte é preta. Assim, nada impede que um ato seja uno se referido ao gênero da natureza, e não seja uno se referido ao gênero moral, e vice-versa, como foi dito. O andar contínuo é um ato segundo o gênero da natureza, mas pode acontecer que seja múltiplo segundo o gênero moral, se a vontade do andante mudar, pois ela é o princípio do ato moral. — Portanto, se se toma um ato enquanto está no gênero moral, é impossível que ele seja bom e mau pela bondade e malícia morais. Contudo, se é uno por unidade da natureza e não por unidade moral, pode ser bom e mauᶠ.

QUANTO AO 1º, portanto, deve-se dizer que o movimento contínuo que procede de intenções diferentes, embora seja uno por unidade de natureza, não o é por unidade moral.

QUANTO AO 2º, deve-se dizer que a ação e a paixão pertencem ao gênero moral, enquanto têm razão de voluntários. Por isso, enquanto resultam de vontades diferentes que as faz voluntárias, constituem dois atos moralmente distintos e pode estar nelas por uma parte o bem e por outra o mal.

QUANTO AO 3º, deve-se dizer que o ato do escravo, enquanto procede de sua vontade, não é ato do senhor, mas só enquanto procede da ordem do senhor. Por isso, a vontade má do escravo não torna mau o senhor.

---

3. A. 3, ad 1; q. 18, a. 7, ad 1.

f. Ainda aqui Sto. Tomás aperfeiçoa sua posição (cf. II, Sentenças, D. 40, a. 2), adotando estritamente a perspectiva moral sobre a ação. Desse ponto de vista, uma mesma ação não pode ser formalmente ao mesmo tempo boa e má. O exemplo citado na objeção 2 remete novamente a Abelardo. Este afirmava que uma mesma ação, entregar Cristo, podia ser ao mesmo tempo boa e má segundo a intenção: boa no Pai e em Cristo, má em Judas e nos judeus.

QUAESTIO XXI
DE HIS QUAE CONSEQUUNTUR ACTUS HUMANOS RATIONE BONITATIS ET MALITIAE

in quatuor articulos divisa

Deinde considerandum est de his quae consequuntur actus humanos ratione bonitatis vel malitiae.

Et circa hoc quaeruntur quatuor.

Primo: utrum actus humanus, inquantum est bonus vel malus, habeat rationem rectitudinis vel peccati.

Secundo: utrum habeat rationem laudabilis vel culpabilis.

Tertio: utrum habeat rationem meriti vel demeriti.

Quarto: utrum habeat rationem meriti vel demeriti apud Deum.

Articulus 1
Utrum actus humanus, inquantum est bonus vel malus, habeat rationem rectitudinis vel peccati

Ad primum sic proceditur. Videtur quod actus humanus, inquantum est bonus vel malus, non habeat rationem rectitudinis vel peccati.

1. *Peccata* enim *sunt monstra in natura*, ut dicitur in II *Physic.*[1]. Monstra autem non sunt actus, sed sunt quaedam res generatae praeter ordinem naturae. Ea autem quae sunt secundum artem et rationem, imitantur ea quae sunt secundum naturam, ut ibidem[2] dicitur. Ergo actus ex hoc quod est inordinatus et malus, non habet rationem peccati.

2. Praeterea, peccatum, ut dicitur in II *Physic.*[3], accidit in natura et arte, cum non pervenitur ad finem intentum a natura vel arte. Sed bonitas vel malitia actus humani maxime consistit in intentione finis, et eius prosecutione. Ergo videtur quod malitia actus non inducat rationem peccati.

QUESTÃO 21
AS CONSEQUÊNCIAS DOS ATOS HUMANOS EM RAZÃO DA BONDADE E MALÍCIA[a]

em quatro artigos

Em seguida, devem-se considerar as consequências dos atos humanos em razão da bondade ou malícia.

Sobre isso, são quatro as perguntas:

1. O ato humano, enquanto bom ou mau, tem razão de retidão ou de pecado?

2. De louvável ou de culpável?

3. De mérito ou de demérito?

4. De mérito ou de demérito diante de Deus?

Artigo 1
O ato humano, enquanto bom ou mau, tem razão de retidão ou de pecado?

Quanto ao primeiro artigo, assim se procede: parece que o ato humano enquanto bom ou mau **não** tem razão de retidão ou de pecado.

1. Com efeito, diz o livro II da *Física*: "Os pecados são como monstros na natureza". Ora, os monstros não são atos, mas coisas geradas fora da ordem natural. As coisas que são segundo a arte e a razão imitam as que são segundo a ordem natural, como aí mesmo se diz. Logo, os atos por serem desordenados e maus não têm razão de pecado.

2. Além disso, diz o o livro II da *Física* que o pecado acontece na natureza e na arte quando não se atinge o fim intencionado por ambas. Ora, a bondade ou a malícia do ato humano consiste sobretudo na intenção do fim e em sua realização. Logo, parece que a malícia do ato não implica razão de pecado.

1
1. C. 8: 199, b, 3-4.
2. C. 8: 199, a, 15-20.
3. C. 8: 199, a, 33-b, 4.

a. Esta questão é uma adição própria de Sto. Tomás. Destina-se a estabelecer o vínculo entre o tratado da moralidade dos atos humanos e os tratados das virtudes e pecados, depois da graça com o mérito. Sto. Tomás mostra como se pode passar das noções de bem e de mal às da retidão e de pecado, de louvor e de culpabilidade, de mérito e de demérito, que são usadas em toda parte para qualificar moralmente as ações humanas.

3. PRAETEREA, si malitia actus induceret rationem peccati, sequeretur quod ubicumque esset malum, ibi esset peccatum. Hoc autem est falsum: nam poena, licet habeat rationem mali, non tamen habet rationem peccati. Non ergo ex hoc quod aliquis actus est malus, habet rationem peccati.

SED CONTRA, bonitas actus humani, ut supra[4] ostensum est, principaliter dependet a lege aeterna: et per consequens malitia eius in hoc consistit, quod discordat a lege aeterna. Sed hoc facit rationem peccati: dicit enim Augustinus, XXII *Contra Faustum*[5], quod *peccatum est dictum, vel factum, vel concupitum aliquid contra legem aeternam*. Ergo actus humanus ex hoc quod est malus, habet rationem peccati.

RESPONDEO dicendum quod malum in plus est quam peccatum, sicut et bonum in plus est quam rectum. Quaelibet enim privatio boni in quocumque constituit rationem mali: sed peccatum proprie consistit in actu qui agitur propter finem aliquem, cum non habet debitum ordinem ad finem illum. Debitus autem ordo ad finem secundum aliquam regulam mensuratur. Quae quidem regula in his quae secundum naturam agunt, est ipsa virtus naturae, quae inclinat in talem finem. Quando ergo actus procedit a virtute naturali secundum naturalem inclinationem in finem, tunc servatur rectitudo in actu: quia medium non exit ab extremis, scilicet actus ab ordine activi principii ad finem. Quando autem a rectitudine tali actus aliquis recedit, tunc incidit ratio peccati.

In his vero quae aguntur per voluntatem, regula proxima est ratio humana; regula autem suprema est lex aeterna. Quando ergo actus hominis procedit in finem secundum ordinem rationis et legis aeternae, tunc actus est rectus: quando autem ab hac rectitudine obliquatur, tunc dicitur esse peccatum. Manifestum est autem ex praemissis[6] quod omnis actus voluntarius est malus per hoc quod recedit ab ordine rationis et legis aeternae: et omnis actus bonus concordat rationi et legi aeternae. Unde sequitur quod actus humanus ex hoc quod est bonus vel malus, habeat rationem rectitudinis vel peccati.

3. ADEMAIS, se a malícia do ato implicasse razão de pecado, resultaria que onde houvesse mal, haveria pecado. Ora, isso é falso: pois a pena, embora tenha razão de mal, não tem razão de pecado. Logo, não é porque um ato seja mau, que ele tem razão de pecado.

EM SENTIDO CONTRÁRIO, como acima foi demonstrado, a bondade do ato humano depende principalmente da lei eterna, e, consequentemente, a sua malícia consiste em discordar da lei eterna. E isso faz a razão de pecado, segundo Agostinho: "Pecado é a palavra, ação ou desejo contra a lei eterna". Logo, o ato humano sendo mau tem razão de pecado.

RESPONDO. O mal é pior que o pecado, como o bem é melhor que a retidão. Toda privação de bem constitui a razão de mal. Ora, o pecado consiste propriamente no ato que se realiza por causa de algum fim, mas que não tem a devida ordenação para este fim. A devida ordenação para o fim é medida segundo alguma regra. Tal regra, para os que agem segundo a natureza, é a própria virtude natural que inclina para esse fim. Por isso, quando o ato procede da potência natural segundo a natural inclinação para o fim, há retidão no ato, porque o meio não sai dos extremos, isto é, o ato da ordenação do princípio ativo para o fim. Quando um ato se afasta dessa retidão, incide a razão de pecado.

Para os que agem pela vontade, a regra próxima é a razão humana e a regra suprema, a lei eterna. Logo, quando o ato humano se ordena para o fim segundo a ordenação da razão e da lei eterna, será reto; quando porém, se desvia dessa retidão, se diz que há pecado. Dessas premissas evidentemente se conclui que todo ato voluntário é mau porque se afasta da ordenação da razão e da lei eterna e que todo ato bom concorda com razão e a lei eterna. Daí se segue que o ato humano pelo fato de ser bom ou mau, tem a razão de retidão ou de pecado[b].

---

4. Q. 19, a. 4.
5. C. 27: ML 42, 418.
6. Q. 19, a. 3, 4.

---

b. O cristianismo transformou profundamente a concepção do pecado e fez dele um ato contrário à lei de Deus expressa na revelação. Para os gregos, o "pecado" é antes uma falta, uma ação que não é correta. Sto. Tomás retoma a noção grega: o pecado é o contrário da retidão. Ele a eleva, confere-lhe uma dimensão moral e religiosa conforme à concepção bíblica e cristã. A passagem é assegurada pelo ordenamento ao fim, em especial ao fim último verdadeiro, de acordo com a razão. Essa ordem serve ao mesmo tempo para definir a obra da lei divina e a natureza da retidão moral, depois o desvio é o pecado. Este não é concebido em uma perspectiva legalista, que contrapõe o permitido e o proibido, mas em uma perspectiva finalista e dinâmica: é um defeito no movimento da vontade em direção ao fim último verdadeiro.

AD PRIMUM ergo dicendum quod monstra dicuntur esse peccata, inquantum producta sunt ex peccato in actu naturae existente.

AD SECUNDUM dicendum quod duplex est finis: scilicet ultimus, et propinquus. In peccato autem naturae, deficit quidem actus a fine ultimo, qui est perfectio generati; non tamen deficit a quocumque fine proximo; operatur enim natura aliquid formando. Similiter in peccato voluntatis, semper est defectus ab ultimo fine intento, quia nullus actus voluntarius malus est ordinabilis ad beatitudinem, quae est ultimus finis: licet non deficiat ab aliquo fine proximo, quem voluntas intendit et consequitur. Unde etiam cum ipsa intentio huius finis ordinetur ad finem ultimum, in ipsa intentione huiusmodi finis potest inveniri ratio rectitudinis et peccati.

AD TERTIUM dicendum quod unumquodque ordinatur ad finem per actum suum: et ideo ratio peccati, quae consistit in deviatione ab ordine ad finem, proprie consistit in actu. Sed poena respicit personam peccantem, ut in Primo[7] dictum est.

QUANTO AO 1º, portanto, deve-se dizer que os monstros são chamados pecados porque provêm de um pecado que está no ato da natureza.

QUANTO AO 2º, deve-se dizer que há dois fins: o último e o próximo. No pecado da natureza falta ao ato o fim último que constitui a perfeição do que é gerado; não lhe falta, porém, o fim próximo, pois a natureza age formando algo. Assim também no pecado da vontade há sempre uma deficiência relativa ao fim último intencionado, porque nenhum ato voluntário mau é ordenável para a bem-aventurança, que é o fim último, embora não lhe falte o fim próximo, para o qual a vontade se ordena e o consegue. Por isso, como a intenção deste fim se ordena para o fim último, na própria intenção deste fim pode-se encontrar a razão de retidão e de pecado.

QUANTO AO 3º, deve-se dizer que por seu ato cada coisa se ordena para o fim; por isso, a razão de pecado, que consiste no afastamento da ordenação para o fim, está propriamente no ato. Mas a pena refere-se à pessoa que peca, como foi dito na I Parte.

ARTICULUS 2
Utrum actus humanus, inquantum est bonus vel malus, habeat rationem laudabilis vel culpabilis

AD SECUNDUM SIC PROCEDITUR. Videtur quod actus humanus, ex hoc quod est bonus vel malus, non habeat rationem laudabilis vel culpabilis.

1. *Peccatum* enim *contingit etiam in his quae aguntur a natura*, ut dicitur in II *Physic*.[1]. Sed tamen ea quae sunt naturalia, non sunt laudabilia nec culpabilia, ut dicitur in III *Ethic*.[2]. Ergo actus humanus, ex hoc quod est malus vel peccatum, non habet rationem culpae: et per consequens nec ex hoc quod est bonus, habet rationem laudabilis.

2. PRAETEREA, sicut contingit peccatum in actibus moralibus, ita et in actibus artis: quia, ut dicitur in II *Physic*.[3], *peccat grammaticus non recte scribens, et medicus non recte dans potionem*. Sed

ARTIGO 2
O ato humano, enquanto bom ou mau, tem razão de louvável ou culpável?

QUANTO AO SEGUNDO, ASSIM SE PROCEDE: parece que o ato humano, por ser bom ou mau **não** tem razão de louvável ou culpável.

1. Com efeito, diz o livro II da *Física*: que "O pecado também acontece nas coisas que a natureza faz". Ora, as coisas naturais não são louváveis nem culpáveis, diz o livro III da *Ética*. Logo, o ato humano, por ser mau ou pecado não tem razão de culpa, e, consequentemente, nem por ser bom tem razão de louvável.

2. ALÉM DISSO, como há pecado nos atos morais, há também nos atos da arte, porque, como diz o livro II da *Física*: "Peca o gramático que não escreve bem, e peca o médico que não aplica bem

---

7. Q. 48, a. 5, ad 4; a. 6, ad 3.

1. C. 8: 199, a, 33-b, 1.
2. C. 7: 1114, a, 21-31.
3. C. 8: 199, a, 33-35.

O termo pecado conserva em Sto. Tomás um sentido mais amplo do que para nós. De acordo com o vocabulário aristotélico, pode designar tanto uma falta na ordem da natureza, quanto no ordem moral. Também é mais extenso em sua acepção do que o termo culpabilidade (ver a. 2).

non culpatur artifex ex hoc quod aliquod malum facit: quia ad industriam artificis pertinet quod possit et bonum opus facere et malum, cum voluerit. Ergo videtur quod etiam actus moralis, ex hoc quod est malus, non habeat rationem culpabilis.

3. PRAETEREA, Dionysius dicit, in 4 cap. *de Div. Nom.*[4], quod malum est *infirmum et impotens*. Sed infirmitas vel impotentia vel tollit vel diminuit rationem culpae. Non ergo actus humanus est culpabilis ex hoc quod est malus.

SED CONTRA est quod Philosophus dicit[5], quod *laudabilia sunt virtutum opera; vituperabilia autem, vel culpabilia, opera contraria*. Sed actus boni sunt actus virtutis, quia *virtus est quae bonum facit habentem, et opus eius bonum reddit*, ut dicitur in II *Ethic.*[6]: unde actus oppositi sunt actus mali. Ergo actus humanus ex hoc quod est bonus vel malus, habet rationem laudabilis vel culpabilis.

RESPONDEO dicendum quod, sicut malum est in plus quam peccatum, ita peccatum est in plus quam culpa. Ex hoc enim dicitur aliquis actus culpabilis vel laudabilis, quod imputatur agenti: nihil enim est aliud laudari vel culpari, quam imputari alicui malitiam vel bonitatem sui actus. Tunc autem actus imputatur agenti, quando est in potestate ipsius, ita quod habeat dominium sui actus. Hoc autem est in omnibus actibus voluntatis: quia per voluntatem homo dominium sui actus habet, ut ex supradictis[7] patet. Unde relinquitur quod bonum vel malum in solis actibus voluntariis constituit rationem laudis vel culpae; in quibus idem est malum, peccatum et culpa.

AD PRIMUM ergo dicendum quod actus naturales non sunt in potestate naturalis agentis: cum natura sit determinata ad unum. Et ideo, licet in actibus naturalibus sit peccatum, non tamen est ibi culpa.

AD SECUNDUM dicendum quod ratio aliter se habet in artificialibus, et aliter in moralibus. In artificialibus enim ratio ordinatur ad finem particularem, quod est aliquid per rationem excogitatum. In moralibus autem ordinatur ad finem communem totius humanae vitae. Finis autem particularis ordinatur ad finem communem. Cum

o remédio". Ora, o artífice não é culpado porque faz algo mau, porque é próprio da profissão do artífice poder fazer uma obra boa ou má, quando queira. Logo, parece que também o ato moral, por ser mau, não tem razão de culpável.

3. ADEMAIS, diz Dionísio: "Que o mal é fraco e impotente". Ora, a fraqueza ou a impotência excluem ou diminuem a razão de culpa. Logo, o ato humano não é culpável, por ser mau.

EM SENTIDO CONTRÁRIO, diz o Filósofo: "São louváveis as obras das virtudes, condenáveis e culpáveis as obras contrárias". Ora, os atos bons são atos das virtudes, porque é "a virtude que faz bom o que a tem e torna boa sua obra" diz o livro II da *Ética*, por isso os atos opostos são atos maus. Logo, o ato humano por ser bom ou mau tem a razão de louvável ou de culpável.

RESPONDO. Como é pior o mal que o pecado, também o pecado é pior que a culpa, Por isso, um ato se diz culpável ou louvável porque se imputa ao que o faz. Outra coisa não é ser louvado ou culpado, do que ser imputado de bondade ou malícia em seus atos. Assim, um ato é imputado ao que faz quando está sob seu poder, de modo que o domine. Isso é próprio de todo ato da vontade, porque é pela vontade que o homem tem domínio sobre seus atos, como está claro pelo já exposto. Portanto, resulta que o bem ou o mal são razão de louvor ou de culpa somente nos atos voluntários[c]; consequentemente, há um só mal no pecado e na culpa, e nestes se identificam o mal, o pecado e a culpa.

QUANTO AO 1º, portanto, deve-se dizer que os atos naturais não estão no poder do agente natural, porque a natureza está determinada a uma só coisa. Por isso, embora exista pecado nos atos naturais, não há neles culpa.

QUANTO AO 2º, deve-se dizer que a razão se tem diferentemente nas coisas artificiais e nas morais. Nas artificiais, se ordena para um fim particular que é algo pensado por ela mesma. Nas coisas morais, ordena-se para o fim comum de toda vida humana. Ora, o fim particular ordena-se para o fim universal. Sendo o pecado um afastamento

---
4. MG 3, 732 CD.
5. *De Virt. et Vitiis* c. 1: 1249, a, 28-30; cfr. *Eth*. I, 12: 1101, b, 14-18; b, 32-1102, a, 1.
6. C. 5: 1106, a, 16.
7. Q. 1, a. 1, 2.

---
c. As categorias do louvor e da censura são clássicas para caracterizar a qualidade moral dos atos entre os gregos. Sto. Tomás identifica a censura e a culpabilidade, pois efetivamente o louvor e a censura supõem a responsabilidade. Obtemos desse modo a noção mais precisa na ordem do mal moral, e ao mesmo tempo uma convergência entre os termos mal, pecado e culpabilidade, que para nós praticamente se tornaram sinônimos.

ergo peccatum sit per deviationem ab ordine ad finem, ut dictum est[8], in actu artis contingit dupliciter esse peccatum. Uno modo, per deviationem a fine particulari intento ab artifice: et hoc peccatum erit proprium arti; puta si artifex, intendens facere bonum opus, faciat malum, vel intendens facere malum, faciat bonum. Alio modo, per deviationem a fine communi humanae vitae: et hoc modo dicetur peccare, si intendat facere malum opus, et faciat, per quod alius decipiatur. Sed hoc peccatum non est proprium artificis inquantum artifex, sed inquantum homo est. Unde ex primo peccato culpatur artifex inquantum artifex: sed ex secundo culpatur homo inquantum homo. — Sed in moralibus, ubi attenditur ordo rationis ad finem communem humanae vitae, semper peccatum et malum attenditur per deviationem ab ordine rationis ad finem communem humanae vitae. Et ideo culpatur ex tali peccato homo et inquantum est homo, et inquantum est moralis. Unde Philosophus dicit, in VI *Ethic.*[9], quod *in arte volens peccans est eligibilior; circa prudentiam autem minus, sicut et in virtutibus moralibus*, quarum prudentia est directiva.

AD TERTIUM dicendum quod illa infirmitas quae est in malis voluntariis, subiacet potestati hominis. Et ideo nec tollit nec diminuit rationem culpae.

da ordenação para o fim, como foi dito, no ato da arte haverá pecado de dois modos. Primeiro, pelo afastamento de um fim particular intencionado pelo artífice, sendo este um pecado próprio da arte. Por exemplo: se o artífice intencionando fazer uma obra boa, a faz má ou intencionando fazê-la má, a faz boa. Segundo, pelo afastamento do fim comum da vida humana, e assim se peca intencionando fazer uma obra má que engane a alguém e a faz. Este pecado, porém, não é próprio do artífice enquanto artífice, mas enquanto homem. Por isso, do primeiro pecado o artífice é culpado enquanto artífice, mas do segundo, o homem é culpado enquanto homem, — Na moral em que se considera a ordenação da razão para o fim comum da vida humana, sempre pecado e mal são considerados pelo afastamento da ordem da razão do fim comum da vida humana. Por isso, é culpado deste pecado o homem enquanto homem e enquanto moral. Donde dizer o Filósofo no livro VI da *Ética*: "Na arte prevalece o que quer pecar; mas não na prudência, como também nas virtudes morais", que são dirigidas pela prudência.

QUANTO AO 3º, deve-se dizer que a fraqueza que está nos males voluntários está sujeita ao poder do homem. Por isso, não exclui nem diminui a razão de culpa

ARTICULUS 3
Utrum actus humanus, inquantum est bonus vel malus, habeat rationem meriti vel demeriti

AD TERTIUM SIC PROCEDITUR. Videtur quod actus humanus non habeat rationem meriti et demeriti, propter suam bonitatem vel malitiam.

1. Meritum enim et demeritum dicitur per ordinem ad retributionem, quae locum solum habet in his quae ad alterum sunt. Sed non omnes actus humani boni vel mali sunt ad alterum, sed quidam sunt ad seipsum. Ergo non omnis actus humanus bonus vel malus habet rationem meriti vel demeriti.

2. PRAETEREA, nullus meretur poenam vel praemium ex hoc quod disponit ut vult de eo cuius est dominus: sicut si homo destruat rem suam, non punitur, sicut si destrueret rem alterius. Sed homo

ARTIGO 3
O ato humano, enquanto bom ou mau, tem razão de mérito ou de demérito?

QUANTO AO TERCEIRO, ASSIM SE PROCEDE: parece que o ato humano **não** tem razão de mérito ou demérito por sua bondade ou malícia.

1. Com efeito, o mérito e o demérito ordenam-se à retribuição, que só tem lugar no que é para o outro. Ora, nem todos atos humanos bons ou maus são para os outros, pois alguns são para si mesmos. Logo, nem todos os atos humanos bons ou maus têm razão de mérito ou de demérito.

2. ALÉM DISSO, não merece pena ou prêmio quem dispõe como quer daquilo que é seu; por exemplo, se alguém destrói os seus bens não é punido como se destruísse o que é dos outros.

---
8. Art. 1.
9. C. 5: 1140, b, 23-24.

est dominus suorum actuum. Ergo ex hoc quod bene vel male disponit de suo actu, non meretur poenam vel praemium.

3. PRAETEREA, ex hoc quod aliquis sibi ipsi acquirit bonum, non meretur ut ei bene fiat ab alio: et eadem ratio est de malis. Sed ipse actus bonus est quoddam bonum et perfectio agentis: actus autem inordinatus est quoddam malum ipsius. Non ergo ex hoc quod homo facit malum actum vel bonum, meretur vel demeretur.

SED CONTRA est quod dicitur Is 3,10-11: *Dicite iusto quoniam bene: quoniam fructum adinventionum suarum comedet. Vae impio in malum: retributio enim manuum eius fiet ei.*

RESPONDEO dicendum quod meritum et demeritum dicuntur in ordine ad retributionem quae fit secundum iustitiam. Retributio autem secundum iustitiam fit alicui ex eo quod agit in profectum vel nocumentum alterius. Est autem considerandum quod unusquisque in aliqua societate vivens, est aliquo modo pars et membrum totius societatis. Quicumque ergo agit aliquid in bonum vel malum alicuius in societate existentis, hoc redundat in totam societatem: sicut qui laedit manum, per consequens laedit hominem. Cum ergo aliquis agit in bonum vel malum alterius singularis personae, cadit ibi dupliciter ratio meriti vel demeriti. Uno modo, secundum quod debetur ei retributio a singulari persona quam iuvat vel offendit. Alio modo, secundum quod debetur ei retributio a toto collegio. — Quando vero aliquis ordinat actum suum directe in bonum vel malum totius collegii, debetur ei retributio primo quidem et principaliter a toto collegio: secundario vero, ab omnibus collegii partibus. — Cum vero aliquis agit quod in bonum proprium vel malum vergit, etiam debetur ei retributio, inquantum etiam hoc vergit in commune secundum quod ipse est pars collegii: licet non debeatur ei retributio inquantum est bonum vel malum singularis personae, quae est eadem agenti, nisi forte a seipso secundum quandam similitudinem, prout est iustitia hominis ad seipsum. Sic igitur patet quod actus bonus vel malus habet rationem laudabilis vel culpabilis, secundum quod est in potestate voluntatis; rationem vero rectitudinis et peccati, secundum ordinem ad

Ora, o homem é senhor de seus atos. Logo, não merece pena ou prêmio por dispor bem ou mal de seus atos.

3. ADEMAIS, adquirir alguém um bem para si mesmo, não merece que outro o recompense, e a mesma razão vale, se fizer o mal para si mesmo. Ora, o mesmo ato bom é um bem e perfeição do que age; e o ato desordenado, é um mal dele mesmo. Logo, não é pelo fato de fazer um ato mau ou bom, que o homem merece nem desmerece.

EM SENTIDO CONTRÁRIO, diz Isaías: "Bendizei o justo, porque ele se nutrirá dos frutos de suas obras; maldizei o ímpio, porque será retribuído pelo que suas mãos fizerem".

RESPONDO. Mérito e demérito se dizem de acordo com a retribuição que é feita segundo a justiça. A retribuição segundo a justiça é feita a quem agiu para o proveito ou para o prejuízo de outrem. É de se considerar que quem vive em sociedade é parte e membro de toda sociedade. Por isso, quem faz o bem ou o mal para alguém dessa sociedade, isso recai sobre toda a sociedade; por exemplo, aquele que fere a mão, consequentemente fere o homem. Portanto, se alguém faz o mal ou o bem para uma outra pessoa singular, lhe corresponde de dois modos a razão de mérito ou de demérito. Primeiro, enquanto lhe é devida a retribuição da pessoa singular que ajudou ou ofendeu. Segundo, enquanto lhe é devida a retribuição de todo grupo. — Quando alguém ordena diretamente seu ato para o bem ou mal de todo grupo, lhe é devida a retribuição primeiro e principalmente de todo grupo; em segundo lugar, de todas partes do grupo. — Quando alguém age para seu próprio bem ou mal, também lhe é devida a retribuição enquanto isso reverte para comunidade, porque é parte do grupo, embora não lhe seja devida retribuição enquanto é um bem ou mal da pessoa singular que é a mesma que age, a não ser talvez a si mesma, por uma certa semelhança, enquanto existe a justiça do homem para consigo. Conclui-se, pois, que o ato bom ou mau, tem razão de louvável ou de culpável, segundo está sob o poder da vontade; razão de retidão e de pecado, segundo se ordena para o fim; razão de mérito ou de demérito, segundo a retribuição de justiça para o outro[d].

---

d. Os artigos 3 e 4 são evidentemente complementares: mérito em relação com os homens e em relação com Deus. O primeiro põe as bases naturais de toda a doutrina do mérito. Ela repousa sobre a inclinação natural do homem para viver em sociedade, que vai desenvolver-se na virtude da justiça e na amizade, tais como as expõe, por exemplo, a Ética a Nicômaco de Aristóteles. O homem não é um solitário, é naturalmente um membro da sociedade. De igual modo, todos os atos que ele realiza, mesmo para um objetivo individual, repercutem na sociedade e se tornam, como tais, meritórios ou demeritórios.

Em uma concepção nominalista, na qual o homem se apresenta como um indivíduo contraposto aos outros indivíduos e à sociedade em uma relação de forças, o mérito se torna uma reivindicação do indivíduo em nome da justiça, que dificilmente é

finem; rationem vero meriti et demeriti, secundum retributionem iustitiae ad alterum.

AD PRIMUM ergo dicendum quod quandoque actus hominis boni vel mali, etsi non ordinantur ad bonum vel malum alterius singularis personae, tamen ordinantur ad bonum vel ad malum alterius quod est ipsa communitas.

AD SECUNDUM dicendum quod homo, qui habet dominium sui actus, ipse etiam, inquantum est alterius, scilicet communitatis, cuius est pars, meretur aliquid vel demeretur, inquantum actus suos bene vel male disponit: sicut etiam si alia sua, de quibus communitati servire debet, bene vel male dispenset.

AD TERTIUM dicendum quod hoc ipsum bonum vel malum quod aliquis sibi facit per suum actum, redundat in communitatem, ut dictum est[1].

QUANTO AO 1º, portanto, deve-se dizer que, às vezes, o ato de um homem bom ou mau, embora não se ordene para o bem ou para o mal de outra pessoa singular, ordena-se para o bem ou mal de outro que é a mesma comunidade.

QUANTO AO 2º, deve-se dizer que o homem que tem o domínio de seu ato, enquanto é parte de uma comunidade, merece ou desmerece enquanto dispõe bem ou mal de seus atos, como também se administra bem ou mal outros bens seus com os quais deve servir à comunidade.

QUANTO AO 3º, deve-se dizer que quem faz o bem ou mal por seu ato para si, isso também redunda na comunidade, como foi dito.

ARTICULUS 4
Utrum actus humanus, inquantum est bonus vel malus, habeat rationem meriti vel demeriti apud Deum

AD QUARTUM SIC PROCEDITUR. Videtur quod actus hominis bonus vel malus non habeat rationem meriti vel demeriti per comparationem ad Deum.

1. Quia, ut dictum est[1], meritum et demeritum importat ordinem ad recompensationem profectus vel damni ad alterum illati. Sed actus hominis bonus vel malus non cedit in aliquem profectum vel damnum ipsius Dei: dicitur enim Iob 35,6-7: *Si peccaveris quid ei nocebis? Porro si iuste egeris, quid donabis ei?* Ergo actus hominis bonus vel malus non habet rationem meriti vel demeriti apud Deum.

2. PRAETEREA, instrumentum nihil meretur vel demeretur apud eum qui utitur instrumento: quia tota actio instrumenti est utentis ipso. Sed homo in agendo est instrumentum divinae virtutis principaliter ipsum moventis: unde dicitur Is 10,15: *Numquid gloriabitur securis contra eum qui secat in ea? Aut exaltabitur serra contra eum a quo trahitur?* ubi manifeste hominem agentem comparat instrumento. Ergo homo, bene agendo vel male, nihil meretur vel demeretur apud Deum.

3. PRAETEREA, actus humanus habet rationem meriti vel demeriti, inquantum ordinatur ad al-

ARTIGO 4
O ato humano, enquanto bom ou mau, tem razão de mérito ou demérito diante de Deus?

QUANTO AO QUARTO, ASSIM SE PROCEDE: parece que o ato humano bom ou mau não tem razão de mérito ou demérito em relação com Deus.

1. Com efeito, como foi dito, o mérito e o demérito implicam recompensa pelo proveito ou prejuízo causados a outro. Ora, atos humanos bons ou maus não trazem proveito ou prejuízo para Deus. Diz o livro de Jó: "Se tu pecas, que mal lhe fazes ? Se fazes o que é justo o que lhe dás?". Logo, o ato humano bom ou mau não tem razão de mérito ou de demérito diante de Deus.

2. ALÉM DISSO, o instrumento não merece nem desmerece quem o utiliza, porque toda ação do instrumento é daquele que o usa. Ora, o homem ao agir é instrumento do poder divino que o move como causa primeira. A propósito, diz o livro de Isaías: "Gloriar-se-á o machado contra quem corta com ele ou se exaltará a serra contra quem a maneja?". Aí se compara claramente o homem que age com o instrumento. Logo, o homem agindo bem ou mal, nada merece nem desmerece diante de Deus.

3. ADEMAIS, o ato humano tem razão de mérito ou de demérito enquanto se ordena para outro.

---
1. In corp.

PARALL.: Infra, q. 114, a. 1.

1. Art. praec.

---

admissível, sobretudo em relação com Deus. A consideração do mérito é tomada então no movimento egocêntrico do indivíduo; opõe-se à generosidade e ao desinteresse característicos da amizade e da caridade.

terum. Sed non omnes actus humani ordinantur ad Deum. Ergo non omnes actus boni vel mali habent rationem meriti vel demeriti apud Deum.

SED CONTRA est quod dicitur *Eccle*. Ult., [14]: *Cuncta quae fiunt adducet Deus in iudicium, sive bonum sit sive malum*. Sed iudicium importat retributionem, respectu cuius meritum et demeritum dicitur. Ergo omnis actus hominis bonus vel malus habet rationem meriti vel demeriti apud Deum.

RESPONDEO dicendum quod, sicut dictum est[2], actus alicuius hominis habet rationem meriti vel demeriti, secundum quod ordinatur ad alterum, vel ratione eius, vel ratione communitatis. Utroque autem modo actus nostri boni vel mali habent rationem meriti vel demeriti apud Deum. Ratione quidem ipsius, inquantum est ultimus hominis finis: est autem debitum ut ad finem ultimum omnes actus referantur, ut supra[3] habitum est. Unde qui facit actum malum non referibilem in Deum, non servat honorem Dei, qui ultimo fini debetur. — Ex parte vero totius communitatis universi, quia in qualibet communitate ille qui regit communitatem, praecipue habet curam boni communis: unde ad eum pertinet retribuere pro his quae bene vel male fiunt in communitate. Est autem Deus gubernator et rector totius universi, sicut in Primo[4] habitum est: et specialiter rationalium creaturarum. Unde manifestum est quod actus humani habent rationem meriti vel demeriti per comparationem ad ipsum: alioquin sequeretur quod Deus non haberet curam de actibus humanis.

AD PRIMUM ergo dicendum quod per actum hominis Deo secundum se nihil potest accrescere vel deperire: sed tamen homo, quantum in se est, aliquid subtrahit Deo, vel ei exhibet, cum servat vel non servat ordinem quem Deus instituit.

AD SECUNDUM dicendum quod homo sic movetur a Deo ut instrumentum, quod tamen non excluditur quin moveat seipsum per liberum arbitrium, ut ex supradictis[5] patet. Et ideo per suum actum meretur vel demeretur apud Deum.

Ora, nem todo ato humano se ordena para Deus. Logo, nem todos os atos bons ou maus têm razão de mérito ou de demérito diante de Deus.

EM SENTIDO CONTRÁRIO, diz o livro do Eclesiastes: "Tudo o que se faz, quer de bem ou de mal, é julgado por Deus". Ora, o juízo implica retribuição, a respeito da qual se fala de mérito e de demérito. Logo, todo ato humano bom ou mau tem razão de mérito ou de demérito diante de Deus.

RESPONDO. Como foi dito, o ato de um homem tem razão de mérito ou de demérito, segundo se ordena para o outro, por causa dele ou da comunidade. Por isso, de um e outro modo nossos atos, bons ou maus, têm razão de mérito ou de demérito diante de Deus. Em razão do próprio Deus, enquanto é o fim último do homem, pois, como acima foi estabelecido, é um dever ordenar todos os atos para Deus como fim último. Por isso, quem pratica um ato mau que não pode ser referido a Deus, não observa a honra de Deus, que se deve ao fim último. — Da parte de toda comunidade universal, porque em toda comunidade quem a dirige tem o cuidado principal do bem comum. Por isso, a ele cabe retribuir o que se faz de bem ou de mal na comunidade. Ora, Deus governa e rege todo o universo, como foi estabelecido na I Parte, especialmente as criaturas racionais. Por isso, é claro que os atos humanos têm razão de mérito ou de demérito em relação com Deus. Se não fosse assim, seguir-se-ia que Deus não tem o cuidado dos atos humanos[e].

QUANTO AO 1º, portanto, deve-se dizer que o ato humano nada pode acrescentar ou diminuir a Deus em si mesmo, mas o homem, quanto depende de si, ao observar ou não a ordem que Deus estabeleceu, algo subtrai de Deus ou lhe dá.

QUANTO AO 2º, deve-se dizer que o homem é movido por Deus como instrumento, mas isso não exclui que aja também por seu livre-arbítrio, como se viu. Logo, por seu ato merece ou desmerece junto de Deus.

---

2. Art. praec.
3. Q. 19, a. 10.
4. Q. 103, a. 5.
5. Q. 9, a. 6, ad 3.

---

e. O artigo não faz intervir ainda o mérito sobrenatural, que depende da graça. Considera Deus como o fim último do homem, e como aquele que governa a sociedade de criaturas mediante sua providência. Assim, todo ato humano adquire mérito ou demérito diante de Deus, conforme à afirmação fundamental da fé que Deus recompensa o bem e pune o mal (ver I-II, q. 1, a. 7).
 Essa relação de mérito a respeito de Deus é mais estreita do que em relação com a sociedade civil ou o estado, como nota a r. 3. Atinge todos os nossos atos.
 Esse primeiro estudo do mérito prepara diretamente o do mérito sobrenatural no tratado da graça (q. 114), pois a graça se insere na natureza feita à imagem de Deus e a aperfeiçoa.

Ad tertium dicendum quod homo non ordinatur ad communitatem politicam secundum se totum, et secundum omnia sua: et ideo non oportet quod quilibet actus eius sit meritorius vel demeritorius per ordinem ad communitatem politicam. Sed totum quod homo est, et quod potest et habet, ordinandum est ad Deum: et ideo omnis actus hominis bonus vel malus habet rationem meriti vel demeriti apud Deum, quantum est ex ipsa ratione actus.

Quanto ao 3º, deve-se dizer que o homem não está ordenado para a sociedade política com todo seu ser e com todas suas coisas. Por isso, não é necessário que qualquer ato seu seja meritório ou demeritório enquanto ordenado à sociedade política. Mas, tudo o que ele é, pode e tem, deve ser ordenado para Deus. Por isso, todo ato humano, bom ou mau, tem razão de mérito ou de demérito diante de Deus, segundo a própria razão do ato.

AS PAIXÕES DA ALMA

Introdução e notas por Albert Plé

INTRODUÇÃO

A especificidade do agir humano, Sto. Tomás acaba de estabelecê-lo, mede-se pela autonomia da pessoa, por sua capacidade de decidir por si mesma sobre seus amores inteligentes. O homem, porém, não é somente inteligência, é também animal. Por "racional" que possa ser, o homem tem em comum com os animais tudo o que habita e age em seu corpo. A realidade humana é assim.

Sto. Tomás é radicalmente estranho à dicotomia entre alma e corpo que falseia a antropologia do mundo ocidental, do platonismo ao maniqueísmo e ao cartesianismo. Ele encontrou em Aristóteles uma concepção do homem que lhe convém. Ela parece esclarecer a antropologia bíblica ao mesmo tempo que a realidade humana, tal como pôde conhecê-la.

Convém notar que, nesta II Parte da Suma, Sto. Tomás assume o papel do moralista, de um moralista que concede todo o lugar à animalidade humana, a ela consagrando desde o início de sua moral vinte e sete questões para o estudo das paixões.

Ele estuda as paixões com auxílio das fontes de informação que lhe são acessíveis, em meados do século XIII. Além de sua experiência (discretamente apresentada aqui ou ali), apoia-se na Bíblia, na tradição dos Padres da Igreja, e sobretudo em Aristóteles, o médico filósofo, de acordo com as obras que podia conhecer e que lhe dera a conhecer o seu mestre Alberto Magno. Esses textos são principalmente os tratados *Da Alma*, *Da Geração* e *Da Corrupção*, a *Retórica* e mesmo a *Física*, já que, para Aristóteles, o estudo do homem faz parte da Física.

É verdade que essas obras de Aristóteles estão superadas, o que provoca algumas dificuldades a quem hoje lê Sto.Tomás. Maiores explicações serão dadas, quando surgir a ocasião, nas notas deste tratado das paixões. Resta que essas vinte e sete questões valem a pena de ser lidas, mesmo que fosse apenas pelas múltiplas aplicações do hilemorfismo de Aristóteles que se veem nelas. Deve-se entender por essa palavra uma concepção do homem visto como um "composto" de uma alma e de um corpo em sua unidade fundamental, dada no nascimento e objeto de conquista por toda a vida. Para Aristóteles, a alma (*psiqué*) é o princípio de tudo o que vive: vegetais, animais e homens. "Por vida entendemos o fato de se alimentar, de crescer e de envelhecer" (*Da Alma*, II, 1, 412-14). No homem, a alma, capaz de inteligência racional, está presente em sua animalidade corporal. As paixões são aquelas da alma que são sofridas e vividas no "composto humano", no qual produzem o que Sto. Tomás chama de "transmutações corporais". Estas são a "quase-matéria" dos movimentos do apetite sensível, que é sua "quase-forma". Por "forma" deve-se entender o que dá sua essência, sua especificidade e que atualiza o que está em potência (I, q., 20, a. 1, r. 2).

Hoje diríamos que não existe paixão sem um conjunto de fenômenos químicos e neurológicos. Os seus papéis são a tal ponto constitutivos que se pode, via medicamentos, provocar um estado passional, ou reduzi-lo, no homem e no animal. Um só exemplo entre muitos: o animal, contrariamente ao homem, só é capaz de atividades sexuais durante curtos períodos (o cio), desencadeados por uma produção hormonal (testosterona). Porém, essa produção hormonal pode ser desencadeada, fora da estação do cio, pelo mero estímulo da imitação.

Isso faz que se dê uma grande importância aos estímulos do ambiente na vida passional dos homens que se acha modulada por seu meio familiar e sociocultural, o que é bem assinalado por Sto. Tomás (ver I, q. 81, a. 2, Resp.).

Ao longo dessas questões sobre as paixões da alma, Sto. Tomás não deixa de colocar em prática o princípio de sua antropologia hilemórfica. Ele pode desse modo ajudar o leitor contemporâneo a se liberar da dicotomia cartesiana, segundo a qual corpo e alma são duas realidades heterogêneas, o corpo sendo apenas uma máquina ligada à alma por "uma certa glande bem pequena" situada no cérebro. Tal concepção conduz Descartes[a] a distinguir entre paixões da alma e do corpo, ao passo que, para Sto. Tomás, as paixões são todas da alma, uma vez que essa última é o princípio de toda vida vegetativa e animal.

A dicotomia entre alma e corpo faz parte da mentalidade ocidental. Encontramo-la em tudo o que exprimiu e difundiu a filosofia idealista e a moral dela derivada. Assim, Spinoza só reconhece "afecções" no corpo, a alma sendo a sede

---

a. Descartes, Traité des passions, I parte, art. 31.

das ideias. Ele conclui que "uma afecção que é uma paixão deixa de ser uma paixão assim que formamos dela uma ideia clara e distinta".

Pelo contrário, a concepção hilemorfista de Sto. Tomás coloca as bases de uma psicologia inteiramente disposta a enriquecer-se com a contribuição das ciências humanas no que concerne às paixões. Que seja suficiente enumerar aqui o que nos ensinam a psicologia humana e animal, a neurofisiologia, a endocrinologia, a medicina psicosomática, a psiquiatria, a psicologia experimental, as psicologias do comportamento, a psicanálise, sem esquecer a etnologia, a sóciopsicologia, a história, entre outras.

QUESTÃO 22
O SUJEITO DAS PAIXÕES DA ALMA
em três artigos

Após ter tratado dos atos humanos, devemos tratar das paixões da alma: primeiramente, em geral; em seguida, em particular. O estudo geral pode se dividir em quatro partes: 1ª) seu sujeito, 2ª) diferença entre as paixões; 3ª) comparação entre elas; 4ª) malícia e bondade das mesmas.

Sobre a primeira, são quatro as perguntas:
1. Existe alguma paixão na alma?
2. Encontra-se mais na parte apetitiva do que na parte apreensiva?
3. Mais no apetite sensitivo do que no intelectivo, chamado vontade?

Artigo 1
Existe alguma paixão na alma?

Quanto ao primeiro artigo, assim se procede: parece que **não** existe alguma paixão na alma.

1. Com efeito, receber passivamente é próprio da matéria. Ora, a alma não é composta de matéria e forma, como foi exposto na I Parte. Logo, não existe nenhuma paixão na alma.

2. Ademais, paixão é movimento, como diz o livro III da *Física*. Ora, a alma não é movida, como prova o livro I da *Alma*. Logo, não há paixão na alma.

3. Além disso, a paixão é o caminho para a corrupção, porque "toda paixão aumenta em detrimento da substância", como se diz no livro dos *Tópicos*. Ora, a alma é incorruptível. Logo, nenhuma paixão existe na alma.

Em sentido contrário, diz o Apóstolo na Carta aos Romanos: "Quando estávamos na carne, as paixões pecaminosas, servindo-se da lei, agiam em nossos membros". Ora, os pecados residem propriamente na alma. Logo, também as paixões, chamadas "pecados", existem na alma.

Respondo. A palavra *paixão* tem três acepções[a]. Primeiro, em sentido geral, para significar que todo receber implica em padecer, ainda que nada

---

1 Parall.: III *Sent.*, dist. 15, q. 2, a. 1, q.la 2; *De Verit.*, q. 26, a. 1, 2.

1. Q. 75, a. 5.
2. C. 3: 202, a, 25.
3. C. 3: 406, a, 12 sqq.
4. L. VI, c. 6: 145, a, 3-4.

---

a. Sto. Tomás começa definindo o seu vocabulário, tal como o recebe de Aristóteles. Dá à palavra "paixão" um sentido que não coincide com o nosso uso contemporâneo. Designa como paixão tudo o que um sujeito recebe do que lhe é exterior, o que

re: sicut si dicatur aerem pati, quando illuminatur. Hoc autem magis proprie est perfici, quam pati. — Alio modo dicitur pati proprie, quando aliquid recipitur cum alterius abiectione. Sed hoc contingit dupliciter. Quandoque enim abiicitur id quod non est conveniens rei: sicut cum corpus animalis sanatur, dicitur pati, quia recipit sanitatem, aegritudine abiecta. — Alio modo, quando e converso contingit: sicut aegrotare dicitur pati, quia recipitur infirmitas, sanitate abiecta. Et hic est propriisimus modus passionis. Nam pati dicitur ex eo quod aliquid trahitur ad agentem: quod autem recedit ab eo quod est sibi conveniens, maxime videtur ad aliud trahi. Et similiter in I *de Generat.*[5] dicitur quod, quando ex ignobiliori generatur nobilius, est generatio simpliciter, et corruptio secundum quid: e converso autem, quando ex nobiliori ignobilius generatur.

Et his tribus modis contingit esse in anima passionem. Nam secundum receptionem tantum, dicitur quod *sentire et intelligere est quoddam pati*. Passio autem cum abiectione non est nisi secundum transmutationem corporalem: unde passio proprie dicta non potest competere animae nisi per accidens, inquantum scilicet compositum patitur. Sed et in hoc est diversitas: nam quando huiusmodi transmutatio fit in deterius, magis proprie habet rationem passionis, quam quando fit in melius. Unde tristitia magis proprie est passio quam laetitia.

se exclua da coisa, como se disséssemos que o ar padece quando recebe a luz. Isto é mais propriamente ser aperfeiçoado do que padecer. — Em segundo lugar, padecer em sentido próprio significa receber algo com exclusão de alguma coisa, o que se dá de dois modos. Algumas vezes é excluído o que não convém à coisa, como, quando o corpo de um animal é curado, se diz que padece, porque recebe a saúde, sendo a doença eliminada. — Em terceiro lugar, ocorre o contrário, e assim estar doente é padecer, porque se recebe a doença, com perda da saúde. E este é o modo mais apropriado da paixão. Pois se diz padecer enquanto uma coisa é atraída por aquilo que a produz, e o que é afastado daquilo que lhe é conveniente parece ser o que mais é atraído para o outro. E do mesmo modo se diz no livro I da *Geração*. que, quando daquilo que é menos nobre se gera algo mais nobre, há geração em sentido absoluto e corrupção em sentido relativo. E, vice-versa, quando do mais nobre é gerado algo menos nobre.

Ocorre, pois, que a paixão está presente na alma nos três sentidos. De fato, segundo a mera recepção se diz que *sentir e compreender é de certo modo padecer*. Mas a paixão acompanhada de exclusão só pode existir por transmutação corporal. Daí que a paixão propriamente dita não possa convir à alma senão acidentalmente[b], quer dizer, enquanto o composto humano sofre. Mas também aqui há diversidade, porque quando tal transmutação se realiza para o pior, tem muito mais razão de paixão do que quando se realiza para o melhor. Por isso, a tristeza é mais propriamente paixão do que a alegria.

---

5. C. 3: 318, b, 2-7.

---

sobrevém e o modifica: sentir, compreender e, no plano da afetividade, tudo o que o sujeito recebe do exterior faz com que ele sofra uma mudança em função da atração que o objeto exerce sobre ele, quer o aceite ou recuse. Tal concepção da paixão caminha no sentido que a Psicanálise atribui ao afeto: "um objeto de fascinação hipnótica para o Eu" (A. GREEN, "L'affect" [O Afeto], na Revue française de psychanalyse, set. 1970, p. 1057).

b. A paixão só concerne à alma por acidente, na medida em que é "ato do corpo", a atuação e a especificidade do "composto". Este composto é o homem como um todo, sujeito de atos humanos (e portanto da moral). Para Sto. Tomás, a natureza humana só existe individualizada. A moral não se funda numa ideia universal e imutável da natureza humana, da qual se deduzem leis (como é a prática dos moralistas há vários séculos). Sto. Tomás pensa que "é somente nos seres compostos de matéria e de forma que se encontra uma diferença entre o indivíduo singular e sua natureza. A razão disso é que o singular é individualizado por uma matéria distinta que não é compreendida na essência e na natureza específicas. Na designação de Sócrates está incluída tal matéria, que não entra na definição da natureza humana. Toda pessoa que subsiste na natureza humana é constituída, portanto, por uma matéria distinta" (IV *Contra Gentiles*, 40, no 7). É por intermédio de seu corpo e nele que a alma humana encontra o fundamento de sua individuação e, logo, a singularidade e incomunicabilidade que fazem do homem uma pessoa (ver *De Spiritualibus creaturis*, a. 9, Resp.). Sto. Tomás fará numerosas aplicações morais desse princípio, que ele enuncia da seguinte forma: "O que convém a tal homem de acordo com a compleição determinada do corpo é natural nele segundo sua natureza individual" (IV *Contra Gentiles*, 10, no 6). As paixões humanas são vividas diferentemente em cada homem, que se acha desse modo mais ou menos disposto à prática de tal virtude intelectual ou moral. Sto. Tomás assinala outras causas para as disposições, favoráveis ou não à prática das virtudes. Às já citadas aqui (disposições corporais, usos e costumes), acrescenta a perspicácia de julgamento, e mesmo a variabilidade dos dons da graça de Deus (I-II, q. 66, a. 1, Resp.).

AD PRIMUM igitur dicendum quod pati, secundum quod est cum abiectione et transmutatione, proprium est materiae: unde non invenitur nisi in compositis ex materia et forma. Sed pati prout importat receptionem solam, non est necessarium quod sit materiae, sed potest esse cuiuscumque existentis in potentia. Anima autem, etsi non sit composita ex materia et forma, habet tamen aliquid potentialitatis, secundum quam convenit sibi recipere et pati, secundum quod intelligere pati est, ut dicitur in III *de Anima*[6].

AD SECUNDUM dicendum quod pati et moveri, etsi non conveniat animae per se, convenit tamen ei per accidens, ut in I *de Anima*[7] dicitur.

AD TERTIUM dicendum quod ratio illa procedit de passione quae est cum transmutatione ad deterius. Et huiusmodi passio animae convenire non potest nisi per accidens: per se autem convenit composito, quod est corruptibile.

ARTICULUS 2
Utrum passio magis sit in parte appetitiva quam in apprehensiva

AD SECUNDUM SIC PROCEDITUR. Videtur quod passio magis sit in parte animae apprehensiva quam in parte appetitiva.

1. Quod enim est primum in quolibet genere videtur esse maximum eorum quae sunt in genere illo, et causa aliorum, ut dicitur in II *Metaphys.*[1]. Sed passio prius invenitur in parte apprehensiva quam in parte appetitiva: non enim patitur pars appetitiva, nisi passione praecedente in parte apprehensiva. Ergo passio est magis in parte apprehensiva quam in parte appetitiva.

2. PRAETEREA, quod est magis activum, videtur esse minus passivum: actio enim passioni opponitur. Sed pars appetitiva est magis activa quam pars apprehensiva. Ergo videtur quod in parte apprehensiva magis sit passio.

3. PRAETEREA, sicut appetitus sensitivus est virtus in organo corporali, ita et vis apprehensiva sensitiva. Sed passio animae fit, proprie loquendo, secundum transmutationem corporalem. Ergo non magis est passio in parte appetitiva sensitiva quam in apprehensiva sensitiva.

QUANTO AO 1º, portanto, deve-se dizer que a paixão que comporta exclusão e transmutação é própria da matéria. Daí não encontrar-se senão nos compostos de matéria e forma. Mas a paixão enquanto implica mera recepção, não é necessariamente própria da matéria, mas pode dar-se em qualquer coisa existente em potência. E a alma, ainda que não seja composta de matéria e forma, tem, não obstante, algo de potencialidade, segundo a qual lhe convém receber e padecer no sentido em que entender é padecer, como se diz no livro III da *Alma*.

QUANTO AO 2º, deve-se dizer que embora padecer e ser movido não convenham por si à alma, convém-lhe, contudo, acidentalmente, como se diz no livro I da *Alma*.

QUANTO AO 3º, deve-se dizer que a razão aduzida procede no que diz respeito à paixão com transmutação para o pior. Tal paixão não pode convir à alma, a não ser acidentalmente, pois por si convém ao composto, que é corruptível.

ARTIGO 2
Encontra-se a paixão mais na parte apetitiva do que na apreensiva?

QUANTO AO SEGUNDO, ASSIM SE PROCEDE: parece que a paixão se **encontra** mais na parte apreensiva do que na apreensiva.

1. Com efeito, o que é primeiro em cada gênero parece ser o máximo de quanto está nesse gênero e sua causa, como diz o livro II da *Metafísica*. Ora, a paixão antes se encontra na parte apreensiva do que na apetitiva, porque a parte apetitiva não padece a não ser que preceda a paixão na parte apreensiva. Logo, a paixão se encontra mais na parte apreensiva do que na apetitiva.

2. ALÉM DISSO, o que é mais ativo parece ser menos passivo, pois a ação se opõe à paixão. Ora, a parte apetitiva é mais ativa do que a apreensiva. Logo, parece que a paixão se encontra mais na parte apreensiva.

3. ADEMAIS, assim como o apetite sensitivo é potência de órgão corporal, também o é a potência apreensiva sensitiva. Ora, a paixão da alma implica propriamente falando uma transmutação corporal. Logo, a paixão não está mais na parte apetitiva sensitiva do que na apreensiva sensitiva.

---

6. C. 4: 429, b, 25.
7. C. 3: 406, b, 5-11.

PARALL.: III *Sent.*, dist. 15, q. 2, a. 1, q.la 2; *De Verit.*, q. 26, a. 3; *De Div. Nom.*, c. 2, lect. 4; II *Ethic.*, lect. 5.

1. C. 1: 993, b, 24-25.

SED CONTRA est quod Augustinus dicit, in IX *de Civ. Dei*[2], quod *motus animi, quos Graeci pathe, nostri autem quidam, sicut Cicero, perturbationes, quidam affectiones vel affectus, quidam vero, sicut in Graeco habetur, expressius passiones vocant.* Ex quo patet quod passiones animae sunt idem quod affectiones. Sed affectiones manifeste pertinent ad partem appetitivam, et non ad apprehensivam. Ergo et passiones magis sunt in appetitiva quam in apprehensiva.

RESPONDEO dicendum quod, sicut iam[3] dictum est, in nomine passionis importatur quod patiens trahatur ad id quod est agentis. Magis autem trahitur anima ad rem per vim appetitivam quam per vim apprehensivam. Nam per vim appetitivam anima habet ordinem ad ipsas res, prout in seipsis sunt: unde Philosophus dicit, in VI *Metaphys.*[4], quod *bonum et malum*, quae sunt obiecta appetitivae potentiae, *sunt in ipsis rebus.* Vis autem apprehensiva non trahitur ad rem, secundum quod in seipsa est; sed cognoscit eam secundum intentionem rei, quam in se habet vel recipit secundum proprium modum. Unde et ibidem dicitur quod *verum et falsum*, quae ad cognitionem pertinent, *non sunt in rebus, sed in mente.* Unde patet quod ratio passionis magis invenitur in parte appetitiva quam in parte apprehensiva.

AD PRIMUM ergo dicendum quod e contrario se habet in his quae pertinent ad perfectionem, et in his quae pertinent ad defectum. Nam in his quae ad perfectionem pertinent, attenditur intensio per accessum ad unum primum principium, cui quanto est aliquid propinquius, tanto est magis intensum: sicut intensio lucidi attenditur per accessum ad aliquid summe lucidum, cui quanto aliquid magis appropinquat, tanto est magis lucidum. Sed in his quae ad defectum pertinent, attenditur intensio non per accessum ad aliquod summum, sed per recessum a perfecto: quia in hoc ratio privationis et defectus consistit. Et ideo quanto minus recedit a primo, tanto est minus intensum: et propter hoc, in principio semper invenitur parvus defectus, qui postea procedendo magis multiplicatur. Passio autem ad defectum pertinet: quia est alicuius

2. C. 4, n. 1: ML 41, 258.
3. Art. praec.
4. C. 4: 1027, b, 25-29.

EM SENTIDO CONTRÁRIO, diz Agostinho, que "o movimento da alma que os gregos chamam de *pathe*, alguns dos nossos, como Cícero, o denomina perturbações, outros o chamam de afeições ou afetos, e outros ainda, como em grego e mais expressivamente, paixões". Daí se conclui claramente que as paixões da alma são o mesmo que afeições[c]. E como estas pertencem manifestamente à parte apetitiva e não à apreensiva, conclui-se que as paixões residem mais na parte apetitiva do que na apreensiva.

RESPONDO. A palavra paixão, já o dissemos, implica que o paciente é atraído para aquilo que é próprio do agente. Ora, a alma é atraída para a coisa, mais pela potência apetitiva do que pela apreensiva. Pois por meio daquela põe-se em relação com as coisas tais como são. E por isso diz o Filósofo, no livro VI da *Metafísica*, que o "bem e o mal", objetos da potência apetitiva, "estão nas coisas". Ao contrário, a potência apreensiva não é atraída para as coisas em si mesmas, mas as conhece por sua intenção, que detém em si ou que recebe, segundo seu modo próprio. Por isso, no mesmo lugar se diz que "o verdadeiro e o falso", que pertencem ao conhecimento, "não estão nas coisas, mas na mente". Daí se vê claramente que a razão da paixão se encontra mais na parte apetitiva do que na apreensiva[d].

QUANTO AO 1º, portanto, deve-se dizer que a intensidade se comporta de modo contrário nas coisas que pertencem à perfeição ou à deficiência. No que pertence à perfeição, a intensidade se define pela proximidade com um primeiro e único princípio, de maneira que quanto mais próxima a ele se encontra, tanto mais intensa é. Por exemplo, considera-se a intensidade de um corpo luminoso pela proximidade ao que é sumamente luminoso, de maneira que quanto mais se aproxima dele uma coisa, tanto mais luminosa é. Mas, no que pertence à deficiência, considera-se a intensidade não pela aproximação do que é sumamente intenso, mas pelo afastamento do que é perfeito, porque é nisto que consiste a razão de privação e de deficiência. Portanto, quanto menos se afasta do que é primeiro, tanto menos intenso é: assim

---

c. Por paixão, Sto. Tomás entende tudo o que chamamos de afetividade, carências e desejos, e que ele distingue (para uni-las) da percepção sensível e da inteligência.

d. O que distingue o conhecimento e o apetite é que, pelo primeiro, o homem se faz uma ideia, uma representação da realidade, ao passo que pelo segundo tende para a realidade que o atrai.

secundum quod est in potentia. Unde in his quae appropinquant primo perfecto, scilicet Deo, invenitur parum de ratione potentiae et passionis: in aliis autem consequenter, plus. Et sic etiam in priori vi animae, scilicet apprehensiva, invenitur minus de ratione passionis.

AD SECUNDUM dicendum quod vis appetitiva dicitur esse magis activa, quia est magis principium exterioris actus. Et hoc habet ex hoc ipso ex quo habet quod sit magis passiva, scilicet ex hoc quod habet ordinem ad rem ut est in seipsa: per actionem enim exteriorem pervenimus ad consequendas res.

AD TERTIUM dicendum quod, sicut in Primo[5] dictum est, dupliciter organum animae potest transmutari. Uno modo, transmutatione spirituali, secundum quod recipit intentionem rei. Et hoc per se invenitur in actu apprehensivae virtutis sensitivae: sicut oculus immutatur a visibili, non ita quod coloretur, sed ita quod recipiat intentionem coloris. Est autem alia naturalis transmutatio organi, prout organum transmutatur quantum ad suam naturalem dispositionem: puta quod calefit aut infrigidatur, vel alio simili modo transmutatur. Et huiusmodi transmutatio per accidens se habet ad actum apprehensivae virtutis sensitivae: puta cum oculus fatigatur ex forti intuitu, vel dissolvitur ex vehementia visibilis. Sed ad actum appetitus sensitivi per se ordinatur huiusmodi transmutatio: unde in definitione motuum appetitivae partis, materialiter ponitur aliqua naturalis transmutatio organi; sicut dicitur quod *ira est accensio sanguinis circa cor*. Unde patet quod ratio passionis magis invenitur in actu sensitivae virtutis appetitivae, quam in actu sensitivae virtutis apprehensivae, licet utraque sit actus organi corporalis.

se explica que no princípio sempre se encontra uma pequena deficiência, que depois, aumenta quanto mais progride. Ora, a paixão pertence à deficiência, pois é própria de algo enquanto está em potência. Logo, os que se aproximam da perfeição primeira, isto é, de Deus, pouco têm de potencialidade[e] e de paixão; e o contrário se dá, consequentemente, com os que dele mais se afastam. E assim também na potência da alma, que tem prioridade, a saber, a apreensiva, existe menos daquilo que constitui a razão da paixão.

QUANTO AO 2º, deve-se dizer que a potência apetitiva é considerada mais ativa porque é sobretudo princípio do ato exterior. E isso precisamente pela mesma razão que a torna mais passiva, a saber, sua referência às coisas tais como são em si mesmas: pelas ações exteriores, de fato, chegamos a alcançá-las.

QUANTO AO 3º, deve-se dizer que como foi dito na I Parte, um órgão da alma pode ser sujeito de transmutação de dois modo: 1º por transmutação espiritual, enquanto o órgão recebe a intenção da coisa. É o que ocorre por si no ato da potência apreensiva sensitiva: por exemplo, o olho é modificado pelo objeto visível, no sentido de receber a intenção da cor, não por ficar colorido; 2º há uma outra transmutação, natural do órgão, que é então modificado em suas disposições naturais: por exemplo, ele esquenta ou esfria, ou se modifica de alguma maneira semelhante. Essa transmutação é acidental com relação ao ato da potência apreensiva sensitiva: por exemplo, quando o olho cansa pela intensidade do olhar ou se inutiliza por uma luz muito forte. Mas, ao ato do apetite sensitivo, esta última transmutação ordena-se por si. Eis porque na definição dos movimentos da parte apetitiva entra, a título material, uma certa modificação natural do órgão. Assim se diz que a "ira faz ferver o sangue na região do coração". É, pois, evidente que a razão de paixão se verifica melhor no ato da potência sensitiva apetitiva do que no da potência sensitiva apreensiva, se bem que um e outro sejam atos de um órgão corporal.

---

5. Q. 78, a. 3.

e. Para compreender a presente passagem, é preciso fazer referência à metafísica aristotélica do ato e da potência. Por esta última palavra deve entender-se uma potencialidade, uma capacidade latente que busca desenvolver-se exercendo-se. Ela sofre de uma carência que busca preencher. Tal carência, jamais preenchida de maneira total e durável, é uma realidade bem conhecida de Aristóteles a Freud.

Articulus 3
Utrum passio sit magis in appetitu sensitivo quam intellectivo, qui dicitur voluntas

AD TERTIUM SIC PROCEDITUR. Videtur quod passio non magis sit in appetitu sensitivo quam in appetitu intellectivo.
1. Dicit enim Dionysius, 2 cap. *de Div. Nom.*[1], quod Hierotheus *ex quadam est doctus diviniore inspiratione, non solum discens, sed etiam patiens divina.* Sed passio divinorum non potest pertinere ad appetitum sensitivum, cuius obiectum est bonum sensibile. Ergo passio est in appetitu intellectivo, sicut et in sensitivo.
2. PRAETEREA, quanto activum est potentius, tanto passio est fortior. Sed obiectum appetitus intellectivi, quod est bonum universale, est potentius activum quam obiectum appetitus sensitivi, quod est bonum particulare. Ergo ratio passionis magis invenitur in appetitu intellectivo quam in appetitu sensitivo.
3. PRAETEREA, gaudium et amor passiones quaedam esse dicuntur. Sed haec inveniuntur in appetitu intellectivo, et non solum in sensitivo: alioquin non attribuerentur in Scripturis Deo et angelis. Ergo passiones non magis sunt in appetitu sensitivo quam in intellectivo.

SED CONTRA est quod dicit Damascenus, in II libro[2], describens animales passiones: *Passio est motus appetitivae virtutis sensibilis in imaginatione boni vel mali. Et aliter: Passio est motus irrationalis animae per suspicionem boni vel mali.*

RESPONDEO dicendum quod, sicut iam[3] dictum est, passio proprie invenitur ubi est transmutatio corporalis. Quae quidem invenitur in actibus

Artigo 3
A paixão reside mais no apetite sensitivo do que no intelectivo, chamado vontade?[f]

QUANTO AO TERCEIRO, ASSIM SE PROCEDE: parece que a paixão **não** reside mais no apetite sensitivo do que no intelectivo.
1. Com efeito, diz Dionísio, que Hieroteu, "ensinado por uma diviníssima inspiração, não só aprendeu as cousas divinas, como teve a paixão delas". Ora, a paixão do divino não pode pertencer ao apetite sensitivo, cujo objeto é o bem sensível. Logo, a paixão reside no apetite intelectivo tanto como no sensitivo.
2. ADEMAIS, quanto mais poderoso for o princípio ativo, tanto mais forte será a paixão. Ora, o objeto do apetite intelectivo, que é o bem universal, é mais poderosamente ativo que o do apetite sensitivo, que é o bem particular. Logo, a razão de paixão reside mais no apetite intelectivo do que no sensitivo.
3. ALÉM DISSO, a alegria e o amor são considerados paixões. Ora, eles se encontram no apetite intelectivo e não só no sensitivo; do contrário, a Escritura não os atribuiria a Deus e aos anjos. Logo, as paixões não residem mais no apetite sensitivo que no intelectivo.

EM SENTIDO CONTRÁRIO, diz Damasceno, descrevendo as paixões animais: "A paixão é um movimento da potência apetitiva[g] sensível provocado pela imaginação do bem ou do mal. Além disso, a paixão é um movimento da alma irracional provocado pela ideia do bem e do mal.

RESPONDO. Como já foi dito, existe propriamente paixão onde há transmutação do corpo; e esta se encontra nos atos do apetite sensível, não só espi-

---

3 PARALL.: Part. I, q. 20, a. 1, ad 1; III *Sent.*, dist. 15, q. 2, a. 1, q.la 2; IV, dist. 49, q. 3, a. 1, q.la 2, ad 1; *De Verit.*, q. 26, a. 3; II *Ethic.*, lect. 5.

1. MG 3, 648 B.
2. *De fide orth.* l. II, c. 22: MG 94, 940 D-941 A; cfr. NEMESIUM, *De nat. hom.* c. 16: MG 40, 673 B.
3. Art. 1.

---

f. Este artigo supõe adquirida uma distinção estabelecida anteriormente (I, q. 80), entre apetite sensível e apetite intelectual (a vontade). Distinção infelizmente ignorada há séculos, sob a influência do voluntarismo, para o qual querer é impor-se um esforço penoso, forçar-se. Para os antigos, querer é amar as realidades conhecidas pela inteligência. A inteligência é rica de afetividade. O que o racionalismo não vê, deixando a afetividade humana restrita à vida emocional e sensível. Pode-se ver nisso um fato cultural do Ocidente, que não dispõe mais nem mesmo de uma palavra para exprimir o amor inteligente. Aristóteles concede um amplo lugar ao que ele chama de "intelecto desejante", ou "desejo refletido", garantindo que "esse princípio complexo é o homem" (Ética a Nicômaco, VI, 2, 1139 b 4).

g. Afirmar que a paixão é movimento significa, para Aristóteles e para João Damasceno, que é passagem da potência ao ato, que é passividade e atividade. Não se trata portanto de um deslocamento no espaço, como o leitor contemporâneo compreende espontaneamente tal expressão.

appetitus sensitivi; et non solum spiritualis, sicut est in apprehensione sensitiva, sed etiam naturalis. In actu autem appetitus intellectivi non requiritur aliqua transmutatio corporalis: quia huiusmodi appetitus non est virtus alicuius organi. Unde patet quod ratio passionis magis proprie invenitur in actu appetitus sensitivi quam intellectivi; ut etiam patet per definitiones Damasceni inductas[4].

AD PRIMUM ergo dicendum quod *passio divinorum* ibi dicitur affectio ad divina, et conniunctio ad ipsa per amorem: quod tamen fit sine transmutatione corporali.

AD SECUNDUM dicendum quod magnitudo passionis non solum dependet ex virtute agentis, sed etiam ex passibilitate patientis: quia quae sunt bene passibilia, multum patiuntur etiam a parvis activis. Licet ergo obiectum appetitus intellectivi sit magis activum quam obiectum appetitus sensitivi, tamen appetitus sensitivus est magis passivus.

AD TERTIUM dicendum quod amor et gaudium et alia huiusmodi, cum attribuuntur Deo vel angelis, aut hominibus secundum appetitum intellectivum, significant simplicem actum voluntatis cum similitudine effectus, absque passione. Unde dicit Augustinus, IX *de Civ. Dei*[5]: *Sancti angeli et sine ira puniunt et sine miseriae compassione subveniunt. Et tamen, istarum nomina passionum, consuetudine locutionis humanae, etiam in eos usurpantur, propter quandam operum similitudinem, non propter affectionum infirmitatem.*

ritual[h], como na apreensão sensitiva, mas também natural. O ato do apetite intelectivo, ao contrário, não requer nenhuma transmutação corporal, porque esse apetite não é potência de nenhum órgão. Daí ficar claro, que a razão de paixão reside mais propriamente no ato do apetite sensitivo do que no do intelectivo; e isso também se vê claramente nas definições aduzidas de Damasceno.

QUANTO AO 1º, portanto, deve-se dizer que na passagem citada, "paixão do divino" significa afeto pelas coisas divinas e união com elas pelo amor, o que, na verdade, se realiza sem transmutação corporal.

QUANTO AO 2º, deve-se dizer que a magnitude da paixão depende não só do poder do agente mas também da passibilidade do paciente; pois os que são facilmente passíveis, padecem muito mesmo do que é pouco ativo. Embora, portanto, o objeto do apetite intelectivo seja mais ativo que o do sensitivo, este é mais passivo.

QUANTO AO 3º, deve-se dizer que o amor, a alegria e sentimentos semelhantes, quando se atribuem a Deus, aos anjos ou aos homens, como pertencentes ao apetite intelectivo, significam um ato simples da vontade com semelhança de efeito, sem paixão. Por isso, diz Agostinho: "Os santos anjos punem sem ira e socorrem sem se perturbarem pela compaixão da miséria. E contudo as denominações de tais paixões lhes são aplicadas pelo uso ordinário da linguagem humana, para exprimirem uma certa semelhança de ação e não a fraqueza dos afetos".

---

4. In arg. *sed c*.
5. C. 5: ML 41, 261.

---

h. A percepção sensível possui alguma coisa de espiritual, na medida em que é conhecimento, abertura para a realidade exterior, mas sem que o sujeito seja alterado pelo objeto conhecido. O mesmo não ocorrre com o apetite sensível, que não se exerce sem "mutação corporal".

QUAESTIO XXIII
DE DIFFERENTIA PASSIONUM AD INVICEM
in quatuor articulos divisa

Deinde considerandum est de passionum differentia ad invicem.
Et circa hoc quaeruntur quatuor.
Primo: utrum passiones quae sunt in concupiscibili, sint diversae ab his quae sunt in irascibili.

QUESTÃO 23
DIFERENÇA DAS PAIXÕES ENTRE SI
em quatro artigos

Deve-se agora examinar a diferença das paixões entre si.
Sobre isso, são quatro as perguntas:
1. As paixões do concupiscível e do irascível são diferentes?

Secundo: utrum contrarietas passionum irascibili sit secundum contrarietatem boni et mali.
Tertio: utrum sit aliqua passio non habens contrarium.
Quarto: utrum sint aliquae passiones differentes specie, in eadem potentia, non contrariae ad invicem.

Articulus 1
Utrum passiones quae sunt in concupiscibili, sint diversae ab his quae sunt in irascibili

AD PRIMUM SIC PROCEDITUR. Videtur quod passiones eaedem sint in irascibili et in concupiscibili.

1. Dicit enim Philosophus, in II *Ethic.*[1], quod passiones animae sunt *quas sequitur gaudium et tristitia.* Sed gaudium et tristitia sunt in concupiscibili. Ergo omnes passiones sunt in concupiscibili. Non ergo sunt aliae in irascibili, et aliae in concupiscibili.

2. PRAETEREA, Mt 13,33, super illud, *Simile est regnum caelorum fermento* etc., dicit Glossa Hieronymi[2]: *In ratione possideamus prudentiam, in irascibili odium vitiorum, in concupiscibili desiderium virtutum.* Sed odium est in concupiscibili, sicut et amor, cui contrariatur, ut dicitur in II *Topic.*[3]. Ergo eadem passio est in concupiscibili et irascibili.

3. PRAETEREA, passiones et actus differunt specie secundum obiecta. Sed passionum irascibilis et concupiscibilis eadem obiecta sunt, scilicet bonum et malum. Ergo eaedem sunt passiones irascibilis et concupiscibilis.

SED CONTRA, diversarum potentiarum actus sunt specie diversi, sicut videre et audire. Sed irascibilis et concupiscibilis sunt duae potentiae dividentes appetitum sensitivum, ut in Primo[4] dictum est. Ergo, cum passiones sint motus appetitus

2. A contrariedade que existe entre as paixões do irascível é uma contrariedade segundo o bem e o mal?
3. Existe uma paixão que não tem seu contrário?
4. Pode haver na mesma potência paixões de espécie diferente que não sejam contrárias entre si?

Artigo 1
As paixões do concupiscível e do irascível são diferentes?

QUANTO AO PRIMEIRO ARTIGO, ASSIM SE PROCEDE: parece que as paixões do concupiscível e do irascível **são** as mesmas.

1. Com efeito, diz o Filósofo no livro II da *Ética*, que as paixões da alma "são seguidas de alegria e de tristeza". Ora, a alegria e a tristeza estão no concupiscível. Logo, todas paixões estão no concupiscível. Portanto, as paixões do irascível não são diferentes das do concupiscível.

2. ALÉM DISSO, a Glosa de Jerônimo sobre o versículo do Evangelho de Mateus que diz ser o "Reino dos céus semelhante ao fermento", afirma que devemos "ter prudência na razão; no irascível o ódio aos vícios; no concupiscível o desejo das virtudes". Ora, o ódio está no concupiscível, assim como o amor, que lhe é contrário, conforme diz o livro II dos *Tópicos*. Logo, uma mesma paixão se encontra no concupiscível e no irascível.

3. ADEMAIS, as paixões e os atos diferem especificamente em razão de seu objeto. Ora, os objetos das paixões do irascível e do concupiscível são os mesmos, a saber, o bem e o mal. Logo, as paixões do irascível e do concupiscível são também as mesmas.

EM SENTIDO CONTRÁRIO, os atos de potências diversas, como ver e ouvir, não são da mesma espécie. Ora, o irascível e o concupiscível são duas potências que dividem entre si o apetite sensitivo, como foi dito na I Parte[a]. Consequentemente,

---

1 PARALL.: *De Verit.*, q. 26, a. 4.

1. C. 4: 1105, b, 23.
2. *Glossa ord.* in Matth. 13: ML 114, 133 B. — Cfr. HIERONYMUM, *In Matth.* l. II, super 13, 33: ML 26, 91 C.
3. C. 7: 113, b, 1-3.
4. Q. 81, a. 2.

a. A diferenciação das paixões é feita com base na de seus objetos. Trata-se de um princípio geral utilizado por Aristóteles, segundo o qual o que está em potência tende ao ato que o atualiza, e esse ato é especificado por seu objeto. Em consequência, Sto. Tomás distingue duas potências da afetividade sensível. Uma que se chama, segundo a tradição, o concupiscível, e a

sensitivi, ut supra⁵ dictum est, passiones quae sunt in irascibili, erunt aliae secundum speciem a passionibus quae sunt in concupiscibili.

RESPONDEO dicendum quod passiones quae sunt in irascibili et in concupiscibili, differunt specie. Cum enim diversae potentiae habeant diversa obiecta, ut in Primo⁶ dictum est, necesse est quod passiones diversarum potentiarum ad diversa obiecta referantur. Unde multo magis passiones diversarum potentiarum specie differunt: maior enim differentia obiecti requiritur ad diversificandam speciem potentiarum, quam ad diversificandam speciem passionum vel actuum. Sicut enim in naturalibus diversitas generis consequitur diversitatem potentiae materiae, diversitas autem speciei diversitatem formae in eadem materia; ita in actibus animae, actus ad diversas potentias pertinentes, sunt non solum specie, sed etiam genere diversi; actus autem vel passiones respicientes diversa obiecta specialia comprehensa sub uno communi obiecto unius potentiae, differunt sicut species illius generis.

Ad cognoscendum ergo quae passiones sint in irascibili, et quae in concupiscibili, oportet assumere obiectum utriusque potentiae. Dictum est autem in Primo⁷ quod obiectum potentiae concupiscibilis est bonum vel malum sensibile simpliciter acceptum, quod est delectabile vel dolorosum. Sed quia necesse est quod interdum anima difficultatem vel pugnam patiatur in adipiscendo aliquod huiusmodi bonum, vel fugiendo aliquod huiusmodi malum, inquantum hoc est quodammodo elevatum supra facilem potestatem animalis; ideo ipsum bonum vel malum, secundum quod habet rationem ardui vel difficilis, est obiectum irascibilis. Quaecumque ergo passiones respiciunt absolute bonum vel malum, pertinent ad concupiscibilem; ut gaudium, tristitia, amor, odium, et similia. Quaecumque vero passiones respiciunt bonum vel malum sub ratione ardui, prout est aliquid adipiscibile vel fugibile cum aliqua difficultate, pertinent ad irascibilem; ut audacia, timor, spes, et huiusmodi.

sendo as paixões movimentos do apetite sensitivo, como acima foi dito, aquelas que estão no irascível vão diferir, de modo específico, daquelas que estão no concupiscível.

RESPONDO. As paixões do irascível e do concupiscível diferem em espécie. De fato, tendo potências diversas objetos diversos, como foi dito na I Parte, as paixões de potências diversas hão de se referir necessariamente a objetos diferentes. Com muito mais razão, as paixões de potências diversas hão de diferir entre si especificamente. É preciso, de fato, para diversificar as espécies das potências uma maior diferença de objeto do que para diversificar as espécies de paixões ou atos. Pois, assim como nas coisas naturais, as diversidades genéricas resultam das diversidades da potência da matéria, e a diversidade específica, das diversidades da forma na matéria existente, assim também os atos da alma pertencentes a potências diversas são diversos, não só específica mas também genericamente. Os atos, porém, ou as paixões referentes a objetos diversos especiais compreendidos no objeto comum de uma mesma potência diferem como espécies desse gênero.

Para saber, pois, quais são as paixões do irascível e as do concupiscível, é preciso considerar o objeto destas duas potências. Ora, já foi dito na I Parte que o objeto da potência concupiscível é o bem e o mal sensíveis, considerados em si mesmos, sendo aquele deleitável e este, doloroso. Mas, como por vezes a alma tem que padecer dificuldade ou luta para alcançar um bem ou fugir de um mal de tal natureza, por estar um e outro acima do fácil alcance do animal, por isso o bem e o mal que tiverem a razão de árduos ou de difíceis constituem o objeto do irascível. Logo, todas as paixões que visam o bem ou o mal, absolutamente considerados, como a alegria, a tristeza, o amor, o ódio e semelhantes, pertencem ao concupiscível. Todas as paixões, como a audácia, o temor, a esperança e semelhantes, que visam o bem ou o mal sob a razão de árduos, enquanto difíceis de algum modo de serem alcançados ou evitados, pertencem ao irascível[b].

---

5. Q. 22, a. 3.
6. Q. 77, a. 3.
7. Q. 81, a. 2.

outra, o irascível. As psicologias experimentais se esforçam por distinguir as espécies de paixões não por seus atos, mas pelos fenômenos físio-psicológicos que se podem observar nos sujeitos apaixonados. Essa perspectiva pode facilmente enriquecer a distinção efetuada segundo os objetos.

b. O concupiscível tem por objeto o que atrai, o que causa inveja e que parece bom, mas também o que repugna, o que parece ruim. O irascível só se manifesta quando o desejo se depara com uma dificuldade ou obstáculo. A primeira é a via da facilidade:

AD PRIMUM ergo dicendum quod, sicut in Primo[8] dictum est, ad hoc vis irascibilis data est animalibus, ut tollantur impedimenta quibus concupiscibilis in suum obiectum tendere prohibetur, vel propter difficultatem boni adipiscendi, vel propter difficultatem mali superandi. Et ideo passiones irascibilis omnes terminantur ad passiones concupiscibilis. Et secundum hoc, etiam passiones quae sunt in irascibili, consequitur gaudium et tristitia, quae sunt in concupiscibili.

AD SECUNDUM dicendum quod odium vitiorum attribuit Hieronymus irascibili, non propter rationem odii, quae proprie competit concupiscibili; sed propter impugnationem, quae pertinet ad irascibilem.

AD TERTIUM dicendum quod bonum inquantum est delectabile, movet concupiscibilem. Sed si bonum habeat quandam difficultatem ad adipiscendum, ex hoc ipso habet aliquid repugnans concupiscibili. Et ideo necessarium fuit eam aliam potentiam quae in id tenderet. Et eadem ratio est de malis. Et haec potentia est irascibilis. Unde ex consequenti passiones concupiscibilis et irascibilis specie differunt.

QUANTO AO 1º, portanto, deve-se dizer que, como foi dito na I Parte, a potência irascível foi dada aos animais para vencerem os obstáculos que impeçam o concupiscível de tender para seu objeto, quer por dificuldade do bem ser atingido ou do mal ser vencido. Eis porque todas as paixões do irascível terminam nas do concupiscível. E por isso mesmo também às paixões do irascível seguem-se a alegria e a tristeza que estão no concupiscível.

QUANTO AO 2º, deve-se dizer que Jerônimo atribui o ódio dos vícios ao irascível, não por causa da razão de ódio, que pertence propriamente ao concupiscível, mas por causa da agressividade, que pertence ao irascível.

QUANTO AO 3º, deve-se dizer que o bem, enquanto agradável, move o concupiscível. Mas, se o bem a ser atingido apresenta alguma dificuldade, por isso tem algo que se opõe ao concupiscível. Era preciso que houvesse uma outra potência que tenda para esse fim. A mesma razão vale para o mal. Essa potência é o irascível. Donde se segue que as paixões do concupiscível e do irascível diferem em espécie.

ARTICULUS 2

Utrum contrarietas passionum irascibilis sit secundum contrarietatem boni et mali

AD SECUNDUM SIC PROCEDITUR. Videtur quod contrarietas passionum irascibilis non sit nisi secundum contrarietatem boni et mali.

1. Passiones enim irascibilis ordinantur ad passiones concupiscibilis, ut dictum est[1]. Sed passiones concupiscibilis non contrariantur nisi secundum contrarietatem boni et mali; sicut amor et odium, gaudium et tristitia. Ergo nec passiones irascibilis.

2. PRAETEREA, passiones differunt secundum obiecta; sicut et motus secundum terminos. Sed contrarietas non est in motibus nisi secundum

ARTIGO 2

A contrariedade entre as paixões do irascível é uma contrariedade segundo o bem e o mal?[c]

QUANTO AO SEGUNDO, ASSIM SE PROCEDE: parece que a contrariedade entre as paixões do irascível **não** é uma contrariedade segundo o bem e o mal.

1. Com efeito, as paixões do irascível estão ordenadas às paixões do concupiscível, como foi dito. Ora, estas não são contrárias umas à outras senão segundo a contrariedade do bem e do mal. Logo, nem as paixões do irascível.

2. ALÉM DISSO, as paixões diferem segundo seus objetos, como os movimentos segundo seus termos. Ora, não há contrariedade nos movimentos

---

8. Ibid.

2 PARALL.: III *Sent.*, dist. 26, q. 1, a. 3; *De Verit.*, q. 26, a. 4.

1. A. praec., ad 1.

---

só resta caminhar no sentido do desejo; ela flui sozinha. O irascível, pelo contrário, deve avaliar o obstáculo, buscar a estratégia correta para vencê-lo, o que requer uma intervenção da inteligência ou, pelo menos, de um cálculo que Sto. Tomás atribui à razão cogitativa ou particular, ou seja, à inteligência presente na vida sensível do homem (ver I, q. 78, a. 4). Daí provém que o irascível seja mais próximo da razão do que o concupiscível, como se verá especialmente a respeito da ira (I-II, q. 46, a. 4). Resta que o irascível tem sua raiz no concupiscível e trabalha para satisfazê-lo.

c. Os artigos desta questão podem parecer de pouco interesse. Servem, no entanto, para precisar o gênero de paixões do concupiscível e do irascível e a classificação das paixões em onze espécies diferentes.

contrarietatem terminorum, ut patet in V *Physic.*[2]. Ergo neque in passionibus est contrarietas nisi secundum contrarietatem obiectorum. Obiectum autem appetitus est bonum vel malum. Ergo in nulla potentia appetitiva potest esse contrarietas passionum nisi secundum contrarietatem boni et mali.

3. Praeterea, *omnis passio animae attenditur secundum accessum et recessum*, ut Avicenna dicit, in *Sexto de Naturalibus*[3]. Sed accessus causatur ex ratione boni, recessus autem ex ratione mali: quia sicut *bonum est quod omnia appetunt*, ut dicitur in I *Ethic.*[4], ita malum est quod omnia fugiunt. Ergo contrarietas in passionibus animae non potest esse nisi secundum bonum et malum.

Sed contra, timor et audacia sunt contraria, ut patet in III *Ethic.*[5]. Sed timor et audacia non differunt secundum bonum et malum: quia utrumque est respectu aliquorum malorum. Ergo non omnis contrarietas passionum irascibilis est secundum contrarietatem boni et mali.

Respondeo dicendum quod passio quidam motus est, ut dicitur in III *Physic.*[6]. Unde oportet contrarietatem passionum accipere secundum contrarietatem motuum vel mutationum. Est autem duplex contrarietas in mutationibus vel motibus, ut dicitur in V *Physic.*[7]. Una quidem secundum accessum et recessum ab eodem termino: quae quidem contrarietas est proprie mutationum, idest generationis, quae est mutatio ad esse, et corruptionis, quae est mutatio ab esse. Alia autem secundum contrarietatem terminorum, quae proprie est contrarietas motuum: sicut dealbatio, quae est motus a nigro in album, opponitur denigrationi, quae est motus ab albo in nigrum.

Sic igitur in passionibus animae duplex contrarietas invenitur: una quidem secundum contrarietatem obiectorum, scilicet boni et mali; alia vero secundum accessum et recessum ab eodem termino. In passionibus quidem concupiscibilis invenitur prima contrarietas tantum, quae scilicet est secundum obiecta: in passionibus autem irascibilis invenitur utraque. Cuius ratio est quia obiectum concupiscibilis, ut supra[8] dictum est, est

senão segundo a contrariedade dos termos, como diz o livro V da *Física*. Logo, nas paixões só há contrariedade dos objetos. Mas, o objeto do apetite é o bem ou o mal. Portanto, em nenhuma potência apetitiva pode existir contrariedade entre as paixões, senão segundo a contrariedade do bem e do mal.

3. Ademais, toda paixão da alma, diz Avicena, se define por aproximação ou afastamento. Ora a aproximação é causada pela razão de bem, e o afastamento, pela razão de mal, porque "o bem é o que todos desejam", diz o livro I da *Ética*, e o mal, aquilo do qual todos fogem. Logo, a contrariedade nas paixões da alma, só pode existir segundo o bem e o mal.

Em sentido contrário, o temor e a audácia são contrários, como vemos no livro III da *Ética*. Ora, essas paixões não diferem segundo o bem e o mal, ambas dizem respeito a certos males. Logo, nem toda contrariedade das paixões do irascível é segundo a contrariedade do bem e do mal.

Respondo. Como está dito no livro III da *Física*, a paixão consiste num certo movimento. A contrariedade nas paixões deverá, portanto, ser compreendida segundo a dos movimentos ou das mudanças. Ora, há nestas últimas duas espécies de contrariedade, como diz o livro V da *Física*. A primeira, por aproximação ou afastamento de um mesmo termo. Esta contrariedade é própria das mudanças, isto é, da geração, que é mudança para o ser, e da corrupção, que é mudança a partir do ser. A segunda, segundo a contrariedade dos termos é propriamente a contrariedade dos movimentos, como o clarear, movimento do preto ao branco, se opõe ao escurecer, que é o movimento do branco ao preto.

Assim, pois, nas paixões da alma encontramos uma dupla contrariedade: uma, segundo a contrariedade dos objetos, isto é do bem e do mal; a outra, segundo a aproximação ou o afastamento, com relação a um mesmo termo. Nas paixões do concupiscível só se encontra a primeira espécie de contrariedade: a que é segundo os objetos. Nas paixões do irascível encontramos ambas. A razão é que o objeto do concupiscível, como acima foi

---

2. C. 3: 229, a, 30-b, 2.
3. Al. *de Anima*, part. II, c. 3.
4. C. 1: 1094, a, 3; — cfr. *Eth*. X, 2: 1172, b, 14.
5. C. 10: 1116, a, 3.
6. C. 3: 202, a, 25.
7. C. 5: 229, a, 20.
8. Art. praec.

bonum vel malum sensibile absolute. Bonum autem, inquantum bonum, non potest esse terminus ut a quo, sed solum ut ad quem: quia nihil refugit bonum inquantum bonum, sed omnia appetunt ipsum. Similiter nihil appetit malum inquantum huiusmodi, sed omnia fugiunt ipsum: et propter hoc, malum non habet rationem termini ad quem, sed solum termini a quo. Sic igitur omnis passio concupiscibilis respectu boni, est ut in ipsum, sicut amor, desiderium et gaudium: omnis vero passio eius respectu mali, est ut ab ipso, sicut odium, fuga seu abominatio, et tristitia. Unde in passionibus concupiscibilis non potest esse contrarietas secundum accessum et recessum ab eodem obiecto.

Sed obiectum irascibilis est sensibile bonum vel malum, non quidem absolute, sed sub ratione difficultatis vel arduitatis, ut supra[9] dictum est. Bonum autem arduum sive difficile habet rationem ut in ipsum tendatur, inquantum est bonum, quod pertinet ad passionem spei; et ut ab ipso recedatur, inquantum est arduum vel difficile, quod pertinet ad passionem desperationis. Similiter malum arduum habet rationem ut vitetur, inquantum est malum, et hoc pertinet ad passionem timoris: habet etiam rationem ut in ipsum tendatur, sicut in quoddam arduum, per quod scilicet aliquid evadit subiectionem mali, et sic tendit in ipsum audacia. Invenitur ergo in passionibus irascibilis contrarietas secundum contrarietatem boni et mali, sicut inter spem et timorem: et iterum secundum accessum et recessum ab eodem termino, sicut inter audaciam et timorem.

Et per hoc patet responsio AD OBIECTA.

dito, é o bem ou o mal sensível tomado absolutamente. Ora, o bem, enquanto bem, não é um termo do qual poderíamos nos afastar, um termo *a quo*, mas apenas *ad quem*, para o qual nos dirigimos, porque nada foge do bem, enquanto bem, tudo, ao contrário, o deseja. De modo semelhante, nada deseja o mal enquanto mal, mas dele tudo foge. Essa é a razão pela qual o mal não tem razão de termo do qual nos aproximamos (*ad quem*), mas apenas do qual nos afastamos (*a quo*). Consequentemente, toda paixão do concupiscível que visa o bem tende para ele, como o amor, o desejo e a alegria. Toda paixão do mesmo concupiscível que visa o mal afasta-se dele, como o ódio, a fuga ou aversão e a tristeza. Não pode haver contrariedade nas paixões do concupiscível, segundo a aproximação ou o afastamento com relação a um mesmo objeto.

Mas o objeto do irascível é o bem ou o mal sensível, não tomado de modo absoluto, mas sob a razão de difícil ou árduo, como acima foi dito. O bem árduo ou difícil tem razão para que para ele se tenda, enquanto é um bem que pertence à paixão da esperança, e para que dele se afaste, enquanto é árduo ou difícil, o que pertence à paixão do desespero. Do mesmo modo, o mal árduo, tem razão para que seja evitado, enquanto é mal, e isso pertence à paixão do temor. Mas tem também razão para que para ele se tenda, como a alguma coisa árdua que permite escapar ao domínio do mal, e é assim que a audácia tende para ele. Nas paixões do irascível encontra-se, pois, a contrariedade segundo a contrariedade do bem e do mal, como entre a esperança e o temor, e uma outra contrariedade, segundo a aproximação ou o afastamento do mesmo termo, como entre a audácia e o temor.

Do que foi dito ficam claras AS RESPOSTAS ÀS OBJEÇÕES.

ARTICULUS 3
Utrum sit aliqua passio animae non habens contrarium

AD TERTIUM SIC PROCEDITUR. Videtur quod omnis passio animae habeat aliquid contrarium.

ARTIGO 3
Existe paixão da alma que não tenha o seu contrário?[d]

QUANTO AO TERCEIRO, ASSIM SE PROCEDE: parece que toda paixão da alma **tem** algum contrário.

---

9. Ibid.

3 PARALL.: Infra, q. 46, a. 1, ad 2; III *Sent.*, dist. 26, q. 1, a. 3; *De Verit.*, q. 26, a. 4.

d. É neste artigo que Sto. Tomás se detém no número onze na classificação de suas paixões: três pares para o concupiscível e, para o irascível, dois pares, e uma quinta paixão, pois a ira não possui contrário. De fato, conforme veremos, pode-se distinguir em cada uma dessas onze paixões subdivisões: quatro espécies de tristeza, e assim por diante. O que se deve observar aqui é o princípio fundamental da antropologia e da moral de Sto. Tomás: o bem, o que é bom, atrai a afetividade, tão inteligente quanto sensível. O objeto age sobre o sujeito, despertando nele inclinação, pendor, capacidade de atingi-lo e de satisfazer-se.

1. Omnis enim passio animae vel est in irascibili vel in concupiscibili, sicut supra[1] dictum est. Sed utraeque passiones habent contrarietatem suo modo. Ergo omnis passio animae habet contrarium.

2. PRAETEREA, omnis passio animae habet vel bonum vel malum pro obiecto, quae sunt obiecta universaliter appetitivae partis. Sed passioni cuius obiectum est bonum, opponitur passio cuius obiectum est malum. Ergo omnis passio habet contrarium.

3. PRAETEREA, omnis passio animae est secundum accessum vel secundum recessum, ut dictum est[2]. Sed cuilibet accessui contrariatur recessus, et e converso. Ergo omnis passio animae habet contrarium.

SED CONTRA, ira est quaedam passio animae. Sed nulla passio ponitur contraria irae, ut patet in IV Ethic.[3]. Ergo non omnis passio habet contrarium.

RESPONDEO dicendum quod singulare est in passione irae, quod non potest habere contrarium, neque secundum accessum et recessum, neque secundum contrarietatem boni et mali. Causatur enim ira ex malo difficili iam iniacente. Ad cuius praesentiam, necesse est quod aut appetitus succumbat, et sic non exit terminos tristitiae, quae est passio concupiscibilis: aut habet motum ad invadendum malum laesivum, quod pertinet ad iram. Motum autem ad fugiendum habere non potest: quia iam malum ponitur praesens vel praeteritum. Et sic motui irae non contrariatur aliqua passio secundum contrarietatem accessus et recessus.

Similiter etiam nec secundum contrarietatem boni et mali. Quia malo iam iniacenti opponitur bonum iam adeptum: quod iam non potest habere rationem ardui vel difficilis. Nec post adeptionem boni remanet alius motus, nisi quietatio appetitus in bono adepto: quae pertinet ad gaudium, quod est passio concupiscibilis.

Unde motus irae non potest habere aliquem motum animae contrarium, sed solummodo opponitur et cessatio a motu: sicut Philosophus dicit, in sua Rhetorica[4], quod *mitescere opponitur ei quod est irasci*, quod non est oppositum contrarie, sed negative vel privative.

Et per hoc patet responsio AD OBIECTA.

1. Com efeito, toda paixão ou está no irascível ou no concupiscível, como já se disse. Ora, as paixões de ambos têm contrariedade, a seu modo. Logo, toda paixão da alma tem o seu contrário.

2. ADEMAIS, toda paixão da alma tem por objeto o bem ou o mal, que constituem os objetos universais da parte apetitiva. Ora, à paixão cujo objeto é o bem opõe-se a que tem o mal como objeto. Logo, toda paixão tem o seu contrário.

3. ALÉM DISSO, toda paixão da alma é segundo aproximação ou afastamento, como já se disse. Ora, toda aproximação é contrária ao afastamento e vice-versa. Logo, toda paixão da alma tem o seu contrário.

EM SENTIDO CONTRÁRIO, a ira é uma paixão da alma e a ela nenhuma paixão se lhe opõe, como se vê no livro VI da *Ética*. Logo, nem toda paixão da alma tem o seu contrário.

RESPONDO. O singular da paixão da ira é que não pode ter o seu contrário, nem por aproximação e afastamento, nem pela contrariedade do bem e do mal, pois é causada por um mal difícil já presente. Ora, a essa presença ou o apetite sucumbirá necessariamente, e então a ira não sai dos limites da tristeza, que é paixão do concupiscível; ou se move para atacar o mal lesivo, o que pertence à ira. Por outro lado, não pode ter um movimento de afastamento, porque o mal já é presente ou passado. Desse modo, o movimento da ira não é contrariado por nenhuma paixão, segundo a aproximação ou o afastamento.

Semelhantemente, o mesmo ocorre quanto à contrariedade entre o bem e o mal. Pois ao mal presente opõe-se o bem já alcançado, que não pode ter a razão de árduo ou difícil. Nem após a aquisição do bem permanece outro movimento, a não ser o repouso do apetite no bem adquirido, o que pertence à alegria, que é paixão do concupiscível.

Logo, o movimento da ira não pode ter nenhum outro movimento da alma contrário, a não ser somente a cessação do movimento; e por isso diz o Filósofo em sua Retórica que *ser pacífico se opõe a ser irado*, o que não é oposição por contrariedade, mas por negação ou privação.

Do que foi dito ficam claras AS RESPOSTAS ÀS OBJEÇÕES.

---

1. Art. 1.
2. Art. praec.
3. C. 11: 1125, b, 26-29.
4. L. II, c. 3: 1380, a, 5-6.

Sto. Tomás chega a falar de "conaturalidade": o objeto amado communica alguma coisa de sua natureza ao sujeito que ama. Há uma assimilação, similitude. "O amante está no amado" (I-II, q. 28, a. 2, Resp.).

Articulus 4

Utrum sint aliquae passiones differentes specie, in eadem potentia, non contrariae ad invicem

AD QUARTUM SIC PROCEDITUR. Videtur quod non possint in aliqua potentia esse passiones specie differentes, et non contrariae ad invicem.
1. Passiones enim animae differunt secundum obiecta. Obiecta autem passionum animae sunt bonum et malum, secundum quorum differentiam passiones habent contrarietatem. Ergo nullae passiones eiusdem potentiae, non habentes contrarietatem ad invicem, differunt specie.
2. PRAETEREA, differentia speciei est differentia secundum formam. Sed omnis differentia secundum formam, est secundum aliquam contrarietatem, ut dicitur in X *Metaphys.*[1]. Ergo passiones eiusdem potentiae quae non sunt contrariae, non differunt specie.
3. PRAETEREA, cum omnis passio animae consistat in accessu vel recessu ad bonum vel ad malum, necesse videtur quod omnis differentia passionum animae sit vel secundum differentiam boni et mali; vel secundum differentiam accessus et recessus; vel secundum maiorem vel minorem accessum aut recessum. Sed primae duae differentiae inducunt contrarietatem in passionibus animae, ut dictum est[2]. Tertia autem differentia non diversificat speciem: quia sic essent infinitae species passionum animae. Ergo non potest esse quod passiones eiusdem potentiae animae differant specie, et non sint contrariae.

SED CONTRA, amor et gaudium differunt specie, et sunt in concupiscibili. Nec tamen contrariantur ad invicem: quin potius unum est causa alterius. Ergo sunt aliquae passiones eiusdem potentiae quae differunt specie, nec sunt contrariae.

RESPONDEO dicendum quod passiones differunt secundum activa, quae sunt obiecta passionum animae. Differentia autem activorum potest attendi dupliciter: uno modo, secundum speciem vel naturam ipsorum activorum, sicut ignis differt ab aqua; alio modo, secundum diversam virtutem activam. Diversitas autem activi vel motivi quantum ad virtutem movendi, potest accipi in passionibus animae secundum similitudinem agentium natu-

Artigo 4

Uma mesma potência pode ter paixões especificamente diferentes e não contrárias entre si?

QUANTO AO QUARTO, ASSIM SE PROCEDE: parece que uma mesma potência **não** pode ter paixões especificamente diferentes e não contrárias entre si.
1. Com efeito, as paixões da alma diferem por seus objetos. Ora, estes são o bem e o mal, por cujas diferenças as paixões são contrárias. Logo, paixões da mesma potência, sem contrariedade mútua, não diferem entre si especificamente.
2. ADEMAIS, a diferença específica é uma diferença formal. Ora, toda diferença formal implica alguma contrariedade, como diz o livro X da *Metafísica*. Logo, paixões da mesma potência, não contrárias, não diferem especificamente.
3. ALÉM DISSO, como toda paixão da alma consiste numa aproximação ou afastamento do bem ou do mal, resulta necessariamente que toda diferença entre as paixões se fundamenta ou na diferença entre o bem e o mal, ou em sua aproximação ou afastamento, ou na maior ou menor aproximação ou afastamento. Ora, as duas primeiras diferenças produzem contrariedade entre as paixões como já se disse; ao passo que a terceira não diversifica a espécie, porque então seriam infinitas as espécies de paixões. Logo, uma mesma potência da alma não pode ter paixões especificamente diferentes e que não sejam contrárias.

EM SENTIDO CONTRÁRIO, o amor e a alegria diferem especificamente e pertencem ao concupiscível. Contudo, não são contrários entre si, antes, aquele é causa desta. Logo, há paixões de uma mesma potência que diferem especificamente sem entretanto serem contrárias.

RESPONDO. As paixões se distinguem por seus princípios ativos, que são os objetos das paixões da alma. Ora, a diferença de princípios ativos pode ser considerada de duas maneiras: primeiro, especificamente e conforme a natureza dos mesmos princípios ativos, assim como o fogo difere da água; segundo, conforme o diverso poder do princípio ativo. Ora, a diversidade do princípio ativo ou motor, quanto ao poder de mover, pode ser

---

4 PARALL.: III *Sent.*, dist. 26, q. 1, a. 3; *De Verit.*, q. 26, a. 4; II *Ethic.*, lect. 5.
1. C. 8: 1058, a, 7-10.
2. Art. 2.

ralium. Omne enim movens trahit quodammodo ad se patiens, vel a se repellit. Trahendo quidem ad se, tria facit in ipso. Nam primo quidem, dat ei inclinationem vel aptitudinem ut in ipsum tendat: sicut cum corpus leve, quod est sursum, dat levitatem corpori generato, per quam habet inclinationem vel aptitudinem ad hoc quod sit sursum. Secundo, si corpus generatum est extra locum proprium, dat ei moveri ad locum. Tertio, dat ei quiescere, in locum cum pervenerit: quia ex eadem causa aliquid quiescit in loco, per quam movebatur ad locum. Et similiter intelligendum est de causa repulsionis.

In motibus autem appetitivae partis, bonum habet quasi virtutem attractivam, malum autem virtutem repulsivam. Bonum ergo primo quidem in potentia appetitiva causat quandam inclinationem, seu aptitudinem, seu connaturalitatem ad bonum: quod pertinet ad passionem *amoris*. Cui per contrarium respondet *odium*, ex parte mali. — Secundo, si bonum sit nondum habitum, dat ei motum ad assequendum bonum amatum: et hoc pertinet ad passionem *desiderii* vel *concupiscentiae*. Et ex opposito, ex parte mali, est *fuga* vel *abominatio*. — Tertio, cum adeptum fuerit bonum, dat appetitus quietationem quandam in ipso bono adepto: et hoc pertineri ad *delectationem* vel *gaudium*. Cui opponitur ex parte mali, *dolor* vel *tristitia*.

In passionibus autem irascibilis, praesupponitur quidem aptitudo vel inclinatio ad prosequendum bonum vel fugiendum malum, ex concupiscibili, quae absolute respicit bonum vel malum. Et respectu boni nondum adepti, est *spes* et *desperatio*. Respectu autem mali nondum iniacentis, est *timor* et *audacia*. Respectu autem boni adepti, non est aliqua passio in irascibili: quia iam non habet rationem ardui, ut supra dictum est. Sed ex malo iam iniacenti, sequitur passio *irae*.

Sic igitur patet quod in concupiscibili sunt tres coniugationes passionum: scilicet amor et odium, desiderium et fuga, gaudium et tristitia. Similiter in irascibili sunt tres: scilicet spes et desperatio, timor et audacia, et ira, cui nulla passio opponitur.

Sicut ergo omnes passiones specie differentes undecim, sex quidem in concupiscibili, et quinque

considerada, nas paixões da alma, por semelhança com os agentes naturais. Assim, todo o que move atrai de certo modo para si o paciente, ou de si o repele. No primeiro caso, produz no paciente três efeitos. Primeiro, dá-lhe a inclinação ou aptidão de tender para si; assim, quando um corpo leve e situado no alto dá leveza ao corpo que gera, pela qual este tem inclinação ou aptidão para estar no alto. Segundo, se o corpo gerado está fora de seu lugar próprio, dá-lhe o movimento para o seu lugar. Terceiro, dá-lhe o repouso no lugar alcançado, pois pela mesma causa um corpo move-se para um lugar e nele repousa. E o mesmo se deve entender quando se trata da causa de uma repulsão.

Ora, nos movimentos da parte apetitiva o bem tem um certo poder atrativo, e o mal, repulsivo. Desse modo, o bem causa, primeiramente, na potência apetitiva uma certa inclinação ou aptidão ou conaturalidade para o bem, e isto pertence à paixão do *amor*, ao qual por contrariedade, corresponde o *ódio*, por parte do mal. — Em segundo lugar, o bem ainda não possuído, lhe dá o movimento para conseguir o bem amado, o que pertence à paixão do *desejo* ou da *concupiscência*, e por contrariedade e quanto ao mal, está a *fuga* ou a *aversão*. — Terceiro, obtido o bem, dá-lhe um certo repouso no bem possuído, o que pertence ao *prazer* ou *alegria*, a que se opõe, do lado do mal, a *dor* ou a *tristeza*.

As paixões do irascível, porém, já pressupõem, a aptidão ou inclinação a buscar o bem ou a evitar o mal, próprias do concupiscível, que visa o bem e o mal absolutamente. Assim, em relação ao bem ainda não possuído, está a *esperança* e o *desespero*; em relação ao mal não presente, o *temor* e a *audácia*. Com respeito, porém, ao bem possuído, não há no irascível nenhuma paixão, porque, não existe nesse caso a razão de árduo, como já foi dito; mas do mal já presente resulta a paixão da *ira*.

Daí fica claro que há três pares de paixões no concupiscível: amor e ódio, desejo e aversão, alegria e tristeza. Semelhantemente, há três no irascível: esperança e desespero, temor e audácia, e a ira, à qual nenhuma paixão se opõe.

Logo, são onze ao todo as paixões especificamente diferentes: seis do concupiscível e cinco

in irascibili; sub quibus omnes animae passiones continentur.

Et per hoc patet responsio AD OBIECTA.

do irascível. E estas abrangem todas as paixões da alma[e].

Do que foi dito ficam claras AS RESPOSTAS ÀS OBJEÇÕES.

---

e. Um pequeno quadro pode ilustrar essa classificação das paixões:
O concupiscível
o objeto bom me convém: é o amor
me atrai: é o desejo
eu o tenho: é o prazer ou a alegria
o objeto mau não me convém: é o ódio
ele me rejeita: é a aversão
eu o sofro: é a tristeza.
O irascível
o objeto bom é difícil, mas
possível de atingir: é a esperança
impossível de atingir: é o desespero
o objeto mau é ameaçador;
é possível evitá-lo: é a audácia
é impossível evitá-lo: é o temor
ele está ali, contra mim: é a ira.

QUAESTIO XXIV
DE BONO ET MALO IN ANIMAE PASSIONIBUS
in quatuor articulos divisa

Deinde considerandum est de bono et malo circa passiones animae.

Et circa hoc quaeruntur quatuor.

Primo: utrum bonum et malum morale possit in passionibus animae inveniri.

Secundo: utrum omnis passio animae sit mala moraliter.

Tertio: utrum omnis passio addat, vel diminuat, ad bonitatem vel malitiam actus.

Quarto: utrum aliqua passio sit bona vel mala ex sua specie.

ARTICULUS 1
Utrum bonum et malum morale possit in passionibus animae inveniri

AD PRIMUM SIC PROCEDITUR. Videtur quod nulla passio animae sit bona vel mala moraliter.

QUESTÃO 24
O BEM E O MAL NAS PAIXÕES DA ALMA[a]
em quatro artigos

Em seguida, deve-se considerar o bem e o mal nas paixões da alma.

Sobre esta questão, são quatro as perguntas:

1. Pode haver bem e mal moral nas paixões da alma?
2. Todas as paixões da alma são moralmente más?
3. Toda paixão aumenta ou diminui a bondade ou a malícia do ato?
4. Alguma paixão é boa ou má por sua espécie?

ARTIGO 1
Pode haver bem e mal moral nas paixões da alma?

QUANTO AO PRIMEIRO ARTIGO, ASSIM SE PROCEDE: parece que **nenhuma** paixão da alma é boa ou má moralmente.

---

1 PARALL.: II *Sent.*, dist. 36, a. 2; *De Malo*, q. 10, a. 1, ad 1; q. 12, a. 2, ad 1; a. 3.

a. Após ter localizado a sede das paixões, ter estabelecido a sua nomenclatura, o moralista pode exercer seu julgamento. Cumpre lembrar que, para fazê-lo, ele não se refere à lei escrita do Decálogo, mas à relação entre uma paixão e o que ele chama de ato humano, isto é, à inteligência racional e ao amor inteligente, ou, para retomar a expressão de Aristóteles, ao desejo refletido (ver nota 6 da questão 22). Trata-se do jogo combinado entre razão e vontade. Sob a influência do racionalismo e do voluntarismo, as palavras razão e vontade foram assumindo em nosso mundo ocidental uma outra significação do que aquela que tinham entre os antigos, por isso, nessas notas, nós nos referiremos ao desejo-refletido, a fim de sermos melhor compreendidos.

1. Bonum enim et malum morale est proprium hominis: *mores* enim *proprie dicuntur humani*, ut Ambrosius dicit, *super Lucam*[1]. Sed passiones non sunt propriae hominum, sed sunt etiam aliis animalibus communes. Ergo nulla passio animae est bona vel mala moraliter.

2. PRAETEREA, bonum vel malum hominis est *secundum rationem esse*, vel *praeter rationem esse*, ut Dionysius dicit, 4 cap. *de Div. Nom.*[2]. Sed passiones animae non sunt in ratione, sed in appetitu sensitivo, ut supra[3] dictum est. Ergo non pertinent ad bonum vel malum hominis, quod est bonum morale.

3. PRAETEREA, Philosophus dicit, in II *Ethic.*[4], quod *passionibus neque laudamur neque vituperamur*. Sed secundum bona et mala moralia, laudamur et vituperamur. Ergo passiones non sunt bonae vel malae moraliter.

SED CONTRA est quod Augustinus dicit, in XIV *de Civ. Dei*[5], de passionibus animae loquens: *Mala sunt ista, si malus est amor; bona, si bonus.*

RESPONDEO dicendum quod passiones animae dupliciter possunt considerari: uno modo, secundum se; alio modo, secundum quod subiacent imperio rationis et voluntatis. Si igitur secundum se considerentur, prout scilicet sunt motus quidam irrationalis appetitus, sic non est in eis bonum vel malum morale, quod dependet a ratione, ut supra[6] dictum est. Si autem considerentur secundum quod subiacent imperio rationis et voluntatis, sic est in eis bonum et malum morale. Propinquior enim est appetitus sensitivus ipsi rationi et voluntati, quam membra exteriora; quorum tamen motus et actus sunt boni vel mali moraliter, secundum quod sunt voluntarii. Unde multo magis et ipsae passiones,

1. Com efeito, o bem e o mal moral são próprios do homem, pois *os costumes se referem propriamente ao humano* como Ambrósio diz. Ora, as paixões não são próprias dos homens, mas são comuns também a outros animais. Logo, nenhuma paixão da alma é moralmente boa ou má.

2. ADEMAIS, o bem ou o mal do homem consiste em *ser conforme ou contrário à razão* como diz Dionísio. Ora, as paixões da alma não estão na razão, mas no apetite sensitivo, como se disse acima. Logo, não pertencem ao bem ou mal do homem, isto é, ao bem moral.

3. ALÉM DISSO, o Filósofo diz no livro II da *Ética*, que *não somos louvados nem reprovados pelas paixões*. Ora, pelos bens e males morais somos louvados ou reprovados. Logo, as paixões não são boas nem más moralmente.

EM SENTIDO CONTRÁRIO, diz Agostinho, falando das paixões da alma: "Elas são más se o amor é mau; boas, se é bom".

RESPONDO. As paixões da alma podem ser consideradas de duas maneiras: primeiro, em si mesmas[b]; segundo, enquanto dependem do império da razão e da vontade[c]. Se, pois, as paixões forem consideradas em si mesmas, ou seja, enquanto movimentos do apetite irracional, desse modo não há nelas bem ou mal moral, o que depende da razão, conforme foi dito antes. Mas, se forem consideradas enquanto dependem do império da razão e da vontade, então, nelas há bem e mal moral, pois o apetite sensitivo está mais próximo da razão e da vontade do que os membros exteriores cujos movimentos e atos são bons ou maus moralmente na medida em que são voluntários[d]. Por conseguin-

---

1. In Prol., n. 7: ML 15, 1532 B.
2. MG 3, 733 A.
3. Q. 22, a. 3.
4. C. 3: 1105, b, 31-1106, a, 2.
5. C. 7, n. 2: ML 41, 410.
6. Q. 18, a. 5.

---

b. Se visarmos as paixões em sua realidade físico-psicológica, convém situá-las na ordem do pré-moral; só assumem uma qualidade moral na medida em que o "desejo refletido" pode e deve intervir.

c. A intervenção do desejo-refletido deve ser bem compreendida. Sto. Tomás a denomina *imperium*. Deve-se entender por isso não um mandamento, uma ordem, no sentido em que o interpretaria a mentalidade voluntarista e legalista da moral do dever. Esse desejo-refletido é o apanágio do animal humano, que lhe permite exercer uma autoridade suprema para harmonizar todas suas capacidades humanas, e particularmente suas paixões. Ele exerce essa preeminência mais à maneira de um maestro ou chefe de orquestra do que de um policial. Quando Sto. Tomás trata da influência da caridade sobre as outras capacidades humanas, refere-se à atração (De Caritate 3, Sol. e r. 18), ou ainda ao apelo, ao convite, à persuasão. A influência do amor de caridade se exerce na forma de um treinamento dinâmico, para chegar a um ponto em que as paixões sejam atraídas em si mesmas por um bem que as supera. De qualquer modo, é por meio dessa influência do desejo-refletido que as paixões "participam da razão" (r. 2). Por complexo que seja o homem, ele é uno, e é desse modo que ele constrói sua unidade. A influência do desejo-refletido só se torna contrária quando a sua persuasão fracassa junto às paixões renitentes.

d. Essa hierarquização das paixões é uma das leis da natureza. Sto. Tomas deve tal perspectiva à tradição de Aristóteles e do Pseudo-Dionísio, segundo a qual as partes de um todo são naturalmente hierarquizadas e finalizadas pelo que é "mais nobre" (ver I, q. 50, a. 5, Resp.; q. 65, a. 2, Resp. etc.).

secundum quod sunt voluntariae, possunt dici bonae vel malae moraliter. Dicuntur autem voluntariae vel ex eo quod a voluntate imperantur, vel ex eo quod a voluntate non prohibentur.

AD PRIMUM ergo dicendum quod istae passiones secundum se consideratae, sunt communes hominibus et aliis animalibus: sed secundum quod a ratione imperantur, sunt propriae hominum.

AD SECUNDUM dicendum quod etiam inferiores vires appetitivae dicuntur rationales, secundum quod *participant aliqualiter rationem*, ut dicitur in I *Ethic*.[7].

AD TERTIUM dicendum quod Philosophus dicit quod non laudamur aut vituperamur secundum passiones absolute consideratas: sed non removet quin possint fieri laudabiles vel vituperabiles secundum quod a ratione ordinantur. Unde subdit: *Non enim laudatur aut vituperatur qui timet aut irascitur, sed qui aliqualiter*, idest secundum rationem vel praeter rationem.

te, com muito maior razão, também as paixões, enquanto voluntárias, podem ser chamadas de boas ou más moralmente. Ora, consideram-se voluntárias ou por serem governadas pela vontade, ou por não serem proibidas por ela.

QUANTO AO 1º, portanto, deve-se dizer que as paixões consideradas em si mesmas são comuns aos homens e aos animais, mas enquanto governadas pela razão, são próprias do homem.

QUANTO AO 2º, deve-se dizer que também as potências apetitivas inferiores são chamadas racionais na medida em que "participam de algum modo da razão", conforme se diz no livro I da *Ética*.

QUANTO AO 3º, deve-se dizer que o Filósofo diz que não somos louvados ou reprovados pelas paixões consideradas absolutamente, mas, não descarta que possam chegar a ser louváveis ou reprováveis enquanto ordenadas pela razão. E por isso acrescenta: "Pois não é louvado nem reprovado o que teme ou se ira, mas o que o faz de certo modo", ou seja, conforme a razão ou contra ela.

ARTICULUS 2
Utrum omnis passio animae sit mala moraliter

AD SECUNDUM SIC PROCEDITUR. Videtur quod omnes passiones animae sint malae moraliter.

1. Dicit enim Augustinus, IX *de Civ. Dei*[1], quod *passiones animae quidam vocant morbos vel perturbationes animae*. Sed omnis morbus vel perturbatio animae est aliquid malum moraliter. Ergo omnis passio animae moraliter mala est.

2. PRAETEREA, Damascenus dicit[2] quod *operatio quidem qui secundum naturam motus est, passio vero qui praeter naturam*. Sed quod est praeter naturam in motibus animae, habet rationem peccati

ARTIGO 2
Toda paixão da alma é moralmente má?

QUANTO AO SEGUNDO, ASSIM SE PROCEDE: parece que todas as paixões da alma **são** moralmente más.

1. Com efeito, diz Agostinho que "as paixões da alma são chamadas por alguns de doenças ou perturbações da alma". Ora, toda doença ou perturbação da alma é um mal moral. Logo, toda paixão da alma é moralmente má.

2. ADEMAIS, diz Damasceno que "a ação é um movimento conforme à natureza, enquanto a paixão é um movimento contrário à mesma". Ora, o que é contrário à natureza nos movimentos da

---

7. C. 13: 1102, b, 13-14.

PARALL.: Infra, q. 59, a. 2; *De Malo*, q. 12, a. 1.

1. C. 4, n. 1: ML 41, 258. Cfr. L. XIV, cc. 5, 9: ML 41, 408, 415.
2. *De fide orth*., l. II, c. 22: MG 94, 941 A.

Os nossos conhecimentos atuais apenas especificam essa lei natural. Aquela que se observa na vida das plantas: "cada grande progresso (na evolução) se paga pela instauração de uma hierarquia de uma ordem superior, impondo sua lei às organizações de uma ordem inferior" (Jean Marie PELT, Les Plantes, amours et civilisations végétales [As Plantas, amores e civilizações vegetais], Fayard, 1981, p. 254).

Encontra-se a mesma lei em neurologia: "Tal é a teleologia implícita na hierarquia das funções nervosas que a ideia de integração faz dela um plano, uma lógica, as funções inferiores ou instrumentais 'controladas' por esse *highest level* [nível mais alto] subordinando-se a ela, como as palavras à sintaxe, os meios ao fim".

A metapsicologia freudiana encontra essa mesma lei. Para Freud, o que ele chama de "domínio das pulsões" se exerce de acordo com o princípio: "Onde havia o isto [id], deve intervir o Eu" (Nouvelles conférences sur la psychanalyse, Gallimard, 1936, p. 111). "Não temos outros meios de dominar os nossos instintos a não ser a nossa inteligência" (L'Avenir d'une ilusion, PUF, 1971, p. 68).

et mali moralis: unde ipse alibi³ dicit quod diabolus *versus est ex eo quod est secundum naturam, in id quod est praeter naturam*. Ergo huiusmodi passiones sunt malae moraliter.

3. PRAETEREA, omne quod inducit ad peccatum, habet rationem mali. Sed huiusmodi passiones inducunt ad peccatum: unde Rm 7,5 dicuntur *passiones peccatorum*. Ergo videtur quod sint malae moraliter.

SED CONTRA est quod Augustinus dicit, in XIV *de Civ. Dei*⁴, quod *rectus amor omnes istas affectiones rectas habet. Metuunt enim peccare, cupiunt perseverare, dolent in peccatis, gaudent in operibus bonis*.

RESPONDEO dicendum quod circa hanc quaestionem diversa fuit sententia Stoicorum et Peripateticorum: nam Stoici dixerunt omnes passiones esse malas; Peripatetici vero dixerunt passiones moderatas esse bonas. Quae quidem differentia, licet magna videatur secundum vocem, tamen secundum rem vel nulla est, vel parva, si quis utrorumque intentiones consideret. Stoici enim non discernebant inter sensum et intellectum; et per consequens nec inter intellectivum appetitum et sensitivum. Unde non discernebant passiones animae a motibus voluntatis secundum hoc quod passiones animae sunt in appetitu sensitivo, simplices autem motus voluntatis sunt in intellectivo; sed omnem rationabilem motum appetitivae partis vocabant voluntatem, passionem autem dicebant motum progredientem extra limites rationis. Et ideo, eorum sententiam sequens, Tullius, in III libro *de Tusculanis Quaestionibus*⁵, omnes passiones vocat *animae morbos*. Ex quo argumentatur quod *qui morbosi sunt, sani non sunt; et qui sani non sunt, insipientes sunt*. Unde et insipientes *insanos* dicimus.

Peripatetici vero omnes motus appetitus sensitivi passiones vocant. Unde eas bonas aestimant, cum sunt a ratione moderatae; malas autem, cum sunt praeter moderationem rationis. Ex quo patet quod Tullius, in eodem libro⁶, Peripateticorum

alma, tem a razão de pecado e de mal moral. Por isso diz em outro lugar que "o diabo caiu de um estado conforme à natureza a outro contrário à natureza". Logo, tais paixões são moralmente más.

3. ALÉM DISSO, tudo o que induz ao pecado tem razão de mal. Ora, tais são as paixões, por isso chamadas na Carta aos Romanos: "paixões dos pecadores". Logo, parece que são moralmente más.

EM SENTIDO CONTRÁRIO, diz Agostinho que "o amor reto tem retas todas as afeições. De fato, temem pecar, desejam perseverar, doem-se dos pecados, alegram-se com boas obras".

RESPONDO. Sobre esta questão os estoico e os peripatéticos tinham opiniões diferentes. Os primeiros diziam que todas as paixões eram másᵉ. Os outros defendiam que as paixões moderadas eram boas. Essa diferença, ainda que pareça grande na expressão, é, contudo, nula ou insignificante na realidade, se consideramos a intenção de uns e de outros. De fato, os estoicos não discerniam entre o sentido e o intelecto; e, por consequência, tampouco entre o apetite intelectivo e o sensitivo. Por isso, não discerniam as paixões da alma dos movimentos da vontade, enquanto as paixões da alma estão no apetite sensitivo, e os simples movimentos da vontade no intelectivo. Por isso, denominavam vontade qualquer movimento racional da parte apetitiva, e paixão, o movimento que extravazava os limites da razão. Por causa disso, Túlio, seguindo-lhes a opinião, chama "doenças da alma" a todas as paixões, concluindo-se daí "que os doentes não tem saúde e os que não tem saúde são insipientes". Daí que chamamos os *insanos* de *insipientes*.

Os peripatéticos, ao contrário, denominam paixões a todos movimentos do apetite sensitivo. Por isso julgam as paixões boas, quando reguladas pela razão, e más quando não governadas por ela. Por aí se vê que Túlio, no mesmo livro, rejeita de

---
3. L. II, c. 4: MG 94, 976 A.
4. C. 9, n. 1: ML 41, 413.
5. C. 4: ed. Müller, Lipsiae 1889, p. 358, l. 36-359, l. 3.
6. C. 10; ibid., p. 364, ll. 25-29.

---
e. Discípulo de Aristóteles, Sto. Tomás recusa categoricamente a antropologia estoica, que não distingue os sentidos da inteligência, nem os dois apetites que os dinamizam. Em virtude disto, liberta-se de uma boa parte da tradição dos Padres da Igreja, pois bem se sabe o quanto alguns deles dependiam do estoicismo da época. Desde a Renascença, as filosofias e as mentalidades ocidentais desconhecem a distinção entre os dois "apetites", o sensível e o intelectual, sem dúvida também sob a influência do estoicismo, o que não facilitou as pesquisas no campo da Psicologia e da Moral. Para Sto. Tomás, as paixões não são "uma doença da alma". Só o são quando escapam à influência do desejo-refletido. Vê-se o quanto essa posição orienta, em sua origem, a moral que dela deriva.

sententiam, qui approbabant mediocritatem passionum, inconvenienter improbat, dicens quod *omne malum, etiam mediocre, vitandum est: nam sicut corpus, etiamsi mediocriter aegrum est, sanum non est; sic ista mediocritas morborum vel passionum animae, sana non est*. Non enim passiones dicuntur morbi vel perturbationes animae, nisi cum carent moderatione rationis.

Unde patet responsio AD PRIMUM.

AD SECUNDUM dicendum quod in omni passione animae additur aliquid, vel diminuitur a naturali motu cordis, inquantum cor intensius vel remissius movetur, secundum systolen aut diastolen: et secundum hoc habet passionis rationem. Non tamen oportet quod passio semper declinet ab ordine naturalis rationis.

AD TERTIUM dicendum quod passiones animae, inquantum sunt praeter ordinem rationis, inclinant ad peccatum: inquantum autem sunt ordinatae a ratione, pertinent ad virtutem.

modo inconveniente a opinião dos peripatéticos, que admitiam a moderação nas paixões, dizendo que "devemos evitar todo mal, até mesmo o moderado; pois, assim como não está são o corpo que está moderadamente doente, do mesmo modo não é sã essa moderação das doenças ou paixões da alma"[f]. Ora, as paixões não são consideradas doenças ou perturbações da alma senão quando carecem da moderação da razão.

QUANTO AO 1º, portanto, deve-se dizer que desse modo fica clara a resposta.

QUANTO AO 2º, deve-se dizer que em toda paixão da alma se aumenta ou diminui algo pelo movimento natural do coração, na medida em que o coração se move mais ou menos intensamente segundo a sístole ou a diástole, e por isso tem razão de paixão. Entretanto, não é preciso que a paixão se desvie sempre da ordem natural da razão.

QUANTO AO 3º, deve-se dizer que as paixões da alma, enquanto contrárias à ordem da razão, inclinam para o pecado. Mas, enquanto estão ordenadas pela razão, pertencem à virtude[g].

ARTICULUS 3
Utrum passio addat, vel diminuat, ad bonitatem vel malitiam actus

AD TERTIUM SIC PROCEDITUR. Videtur quod passio quaecumque semper diminuat de bonitate actus moralis.

1. Omne enim quod impedit iudicium rationis, ex quo dependet bonitas actus moralis, diminuit per consequens bonitatem actus moralis. Sed omnis passio impedit iudicium rationis: dicit enim Sallustius, in *Catilinario*[1]: *Omnes homines qui de rebus dubiis consultant, ab odio, ira, amicitia atque misericordia vacuos esse decet*. Ergo omnis passio diminuit bonitatem moralis actus.

2. PRAETEREA, actus hominis, quanto est Deo similior, tanto est melior: unde dicit Apostolus, Eph 5,1: *Estote imitatores Dei, sicut filii carissimi*. Sed *Deus et sancti angeli sine ira puniunt, sine*

ARTIGO 3
A paixão aumenta ou diminui a bondade ou a malícia do ato?

QUANTO AO TERCEIRO, ASSIM SE PROCEDE: parece que toda paixão sempre **diminui** a bondade do ato moral.

1. Com efeito, tudo o que impede o juízo da razão, do qual depende a bondade do ato moral, diminui consequentemente a bondade do ato moral. Ora, toda paixão impede o juízo da razão, pois diz Salústio: "É conveniente que todos os homens que deliberam sobre assuntos duvidosos estejam livres de ódio, ira, amizade e misericórdia". Logo, toda paixão diminui a bondade do ato moral.

2. ADEMAIS, quanto mais o ato humano se assemelha a Deus, tanto é melhor. Por isso diz a Carta aos Efésios: "*Sêde imitadores de Deus como filhos muito amados*. Ora, Deus e os santos

---

3 PARALL.: *De Verit*., q. 26, a. 7; *De Malo*, q. 3, a. 11; q. 12, a. 1.

1. C. 51: ed. Ahlberg, Lipsiae 1919, p. 37, ll. 1-3.

f. Cícero comete aqui um contra-senso sobre o grande princípio de Aristóteles do "meio termo", que não é "mediocridade", mas ápice do desejo-refletido entre dois pendores humanos e portanto moralmente maus, entre duas insuficiências que conduzem a dois extremos opostos. É assim, por exemplo, que Sto. Tomás procederá sistematicamente em seu tratado das virtudes, cada um deles sendo contraposto a dois vícios contrários, cada um sendo o efeito de uma insuficiência da influência do desejo-refletido: a virtude da temperança se contrapõe a dois vícios contrários, a intemperança e a insensibilidade. Esta última (ignorada pelos moralistas) sendo considerada como um vício, na medida em que a recusa da sensibilidade é deliberada (ver II-II, q. 142, a. 1).

g. As paixões, por si mesmas, não são pecaminosas. Podem no máximo inclinar para o pecado (I, q. 81). Por outro lado, na medida em que participam da influência da razão, tornam-se a sede das virtudes morais.

miseriae compassione subveniunt ut Augustinus dicit, in IX *de Civ. Dei*². Ergo est melius huiusmodi opera bona agere sine passione animae, quam cum passione.

3. PRAETEREA, sicut malum morale attenditur per ordinem ad rationem, ita et bonum morale. Sed malum moralem diminuitur per passionem: minus enim peccat qui peccat ex passione, quam qui peccat ex industria. Ergo maius bonum operatur qui operatur bonum sine passione, quam qui operatur cum passione.

SED CONTRA est quod Augustinus dicit, IX *de Civ. Dei*³, quod passio misericordiae *rationi deservit, quando ita praebetur misericordia, ut iustitia conservetur, sive cum indigenti tribuitur, sive cum ignoscitur poenitenti*. Sed nihil quod deservit rationi, diminuit bonum morale. Ergo passio animae non diminuit bonum moris.

RESPONDEO dicendum quod Stoici, sicut ponebant omnem passionem animae esse malum, ita ponebant consequenter omnem passionem animae diminuere actus bonitatem: omne enim bonum ex permixtione mali vel totaliter tollitur, vel fit minus bonum. Et hoc quidem verum est, si dicamus passiones animae solum inordinatos motus sensitivi appetitus, prout sunt perturbationes seu aegritudines. Sed si passiones simpliciter nominemus omnes motus appetitus sensitivi, sic ad perfectionem humani boni pertinet quod etiam ipsae passiones sint moderatae per rationem. Cum enim bonum hominis consistat in ratione sicut in radice, tanto istud bonum erit perfectius, quanto ad plura quae homini conveniunt, derivari potest. Unde nullus dubitat quin ad perfectionem moralis boni pertineat quod actus exteriorum membrorum per rationis regulam dirigantur. Unde, cum appetitus sensitivus possit obedire rationi, ut supra⁴ dictum est, ad perfectionem moralis sive humani boni pertinet quod etiam ipsae passiones animae sint regulatae per rationem.

Sicut igitur melius est quod homo et velit bonum, et faciat exteriori actu; ita etiam ad perfectionem boni moralis pertinet quod homo ad bonum moveatur non solum secundum voluntatem, sed etiam secundum appetitum sensitivum; secundum

anjos punem sem ira, socorrem sem compaixão de nossa miséria, como diz Agostinho. Logo, é melhor praticar tais obras sem paixão da alma do que com paixão.

3. ALÉM DISSO, tanto o mal moral como o bem moral se consideram ordenados para a razão. Ora, a paixão diminui o mal moral, pois peca menos o que peca por paixão do que o que peca de propósito. Logo, quem faz o bem sem paixão pratica um bem maior do que quem o faz com ela.

EM SENTIDO CONTRÁRIO, diz Agostinho, que a paixão da misericórdia "serve à razão quando se faz a misericórdia de tal maneira que se conserva a justiça, quer socorrendo o indigente, quer perdoando ao penitente". Ora, nada que sirva à razão diminui o bem moral. Logo, a paixão da alma não diminui o bem moral.

RESPONDO. Assim como os estoicos afirmavam que toda paixão da alma era má, também afirmavam, por consequência, que toda paixão da alma diminui a bondade do ato, pois todo bem, por estar mesclado com o mal, ou desaparece inteiramente ou se faz menos bem. E isso é verdade, certamente, se chamamos paixões da alma apenas os movimentos desordenados do apetite sensitivo, enquanto são perturbações ou doenças. Mas, se denominamos paixões em absoluto todos os movimentos do apetite sensitivo, então, a perfeição do bem humano requer sejam elas moderadas pela razão^h. Posto que a razão é como a raiz do bem do homem, tanto mais perfeito será esse bem, quanto possa estender-se a mais coisas convenientes ao homem. Por isso ninguém duvida que, para a perfeição do bem moral, os atos dos membros exteriores sejam regulados pela razão. Daí que, como o apetite sensitivo pode obedecer à razão, como se disse anteriormente, pertence à perfeição do bem moral ou humano que também as paixões da alma sejam reguladas pela razão.

Portanto, assim como é melhor que o homem não apenas queira o bem, mas o realize por um ato exterior, de igual modo pertence à perfeição do bem moral que o homem se mova para o bem não apenas conforme à vontade, mas segundo o

---
2. C. 5: ML 41, 261.
3. C. 5: ML 41, 261.
4. Q. 17, a. 7.

---
h. Assim, as paixões, na medida em que são reguladas e animadas pelo desejo-refletido, são necessárias à "perfeição do bem humano". Tal perfeição é de ordem ontológica. Perfazer (em latim, *perficere*) é conduzir a termo, terminar, realizar plenamente. O mundo das paixões inclui-se na realização do homem. Vê-se como essa posição de princípio opõe-se não somente ao estoicismo, mas ao jansenismo, ao puritanismo, para não falar do budismo.

illud quod in Ps 83,3 dicitur: *Cor meum et caro mea exultaverunt in Deum vivum*, ut *cor* accipiamus pro appetitu intellectivo, *carnem* autem pro appetitu sensitivo.

AD PRIMUM ergo dicendum quod passiones animae dupliciter se possunt habere ad iudicium rationis. Uno modo, antecedenter. Et sic, cum obnubilent iudicium rationis, ex quo dependet bonitas moralis actus, diminuunt actus bonitatem: laudabilius enim est quod ex iudicio rationis aliquis faciat opus caritatis, quam ex sola passione misericordiae. — Alio modo se habent consequenter. Et hoc dupliciter. Uno modo, per modum redundantiae: quia scilicet, cum superior pars animae intense movetur in aliquid, sequitur motum eius etiam pars inferior. Et sic passio existens consequenter in appetitu sensitivo, est signum intensionis voluntatis. Et sic indicat bonitatem moralem maiorem. — Alio modo, per modum electionis: quando scilicet homo ex iudicio rationis eligit affici aliqua passione, ut promptius operetur, cooperante appetitu sensitivo. Et sic passio animae addit ad bonitatem actionis.

AD SECUNDUM dicendum quod in Deo et in angelis non est appetitus sensitivus, neque etiam membra corporea: et ideo bonum in eis non attenditur secudum ordinationem passionum aut corporeorum actuum, sicut in nobis.

AD TERTIUM dicendum quod passio tendens in malum, praecedens iudicium rationis, diminuit peccatum: sed consequens aliquo praedictorum modorum, auget ipsum, vel significat augmentum eius.

ARTICULUS 4
Utrum aliqua passio sit bona vel mala ex sua specie

AD QUARTUM SIC PROCEDITUR. Videtur quod nulla passio animae, secundum speciem suam, sit bona vel mala moraliter.

apetite sensitivo, como se diz no Salmo 83: "Meu coração e minha carne rejubilam no Deus vivo", de modo que entendamos por "coração" o apetite intelectivo, e por "carne" o apetite sensitivo.

QUANTO AO 1º, portanto, deve-se dizer que as paixões da alma podem se referir ao juízo da razão de duas maneiras[i]. Uma, de modo antecedente. E nesse caso, quando ofuscam o juízo da razão, do qual depende a bondade do ato moral, diminuem a bondade do ato; pois é mais louvável praticar uma obra de caridade pelo juízo da razão do que apenas pela paixão da misericórdia. — A outra maneira, consequentemente. E isso de dois modos. Primeiramente, a modo de redundância, pois quando a parte superior da alma se move intensamente para algo, a parte inferior segue-lhe também o movimento. Desse modo a paixão que existe consequentemente no apetite sensitivo é sinal da intensidade da vontade e indica maior bondade moral. — Segundo, por modo de eleição quando o homem pelo juízo da razão elege ser afetado por uma paixão para agir mais prontamente com a cooperação do apetite sensitivo. Assim, a paixão da alma aumenta a bondade da ação.

QUANTO AO 2º, deve-se dizer que em Deus e nos anjos não há apetite sensitivo, nem membros corpóreos, e, portanto, o bem neles não se considera segundo a ordenação das paixões ou dos atos corpóreos, como em nós.

QUANTO AO 3º, deve-se dizer que a paixão que tende para o mal precedendo o juízo da razão, diminui o pecado; porém, se lhe for consequente de algum dos modos mencionados, antes o aumenta ou é sinal de seu aumento[j].

ARTIGO 4
Alguma paixão é boa ou má por sua espécie?

QUANTO AO QUARTO, ASSIM SE PROCEDE: parece que nenhuma paixão da alma é boa ou má por sua espécie.

---

4 PARALL.: II-II, q. 158, a. 1; IV *Sent.*, dist. 15, q. 2, a. 1, q.la 1, ad 4; dist. 50, q. 2, a: 4, q.la 3, ad 3; *De Malo*, q. 10, a. 1.

i. A paixão acrescenta a bondade ao ato humano, com a única condição de que o desejo-refletido exerça sua influência, deixando-se comover quando a paixão surge em primeiro lugar, ou iluminando a paixão. O que pode produzir-se, por uma espécie de repercussão (de redundância = *reduntantia*, no texto) É o que a psicologia contemporânea chama de lei da economia de energia psíquica: um ato intenso tende a drenar para ele a totalidade da energia do sujeito. Essa lei psicológica é conhecida pelo moralista. Assim, Sto. Tomás assinala que a alegria de um ato do desejo-refletido repercute na paixão que a desperta (I-II, q. 59, a. 5 e r.l. Ver também I-II, q. 77, a. 1, Sol.).

j. Observe-se a aplicação desse princípio geral que reza que a qualificação moral de um ato se mede pela qualidade do desejo-refletido, e não, fundamentalmente, pela lei.

1. Bonum enim et malum morale attenditur secundum rationem. Sed passiones sunt in appetitu sensitivo: et ita id quod est secundum rationem, accidit eis. Cum ergo nihil quod est per accidens, pertineat ad speciem rei; videtur quod nulla passio secundum suam speciem sit bona vel mala.
2. PRAETEREA, actus et passiones habent speciem ex obiecto. Si ergo aliqua passio secundum suam speciem esset bona vel mala, oporteret quod passiones quarum obiectum est bonum, bonae essent secundum suam speciem, ut amor, desiderium et gaudium; et passiones quarum obiectum est malum essent malae secundum suam speciem, ut odium, timor et tristitia. Sed hoc patet esse falsum. Non ergo aliqua passio est bona vel mala ex sua specie.
3. PRAETEREA, nulla species passionum est quae non inveniatur in aliis animalibus. Sed bonum morale non invenitur nisi in homine. Ergo nulla passio animae bona est vel mala ex sua specie.

SED CONTRA est quod Augustinus dicit, IX *de Civ. Dei*[1], quod *misericordia pertinet ad virtutem*. Philosophus etiam dicit, in II *Ethic.*[2], quod verecundia est passio laudabilis. Ergo aliquae passiones sunt bonae vel malae secundum suam speciem.

RESPONDEO dicendum quod sicut de actibus dictum est[3], ita et de passionibus dicendum videtur, quod scilicet species actus vel passionis dupliciter considerari potest. Uno modo, secundum quod est in genere naturae: et sic bonum vel malum morale non pertinet ad speciem actus vel passionis. Alio modo, secundum quod pertinent ad genus moris, prout scilicet participant aliquid de voluntario et de iudicio rationis. Et hoc modo bonum et malum morale possunt pertinere ad speciem passionis, secundum quod accipitur ut obiectum passionis aliquid de se conveniens rationi, vel dissonum a ratione: sicut patet de verecundia, quae est timor turpis; et de invidia, quae est tristitia de bono alterius. Sic enim pertinent ad speciem exterioris actus.

AD PRIMUM ergo dicendum quod ratio illa procedit de passionibus secundum quod pertinet ad speciem naturae, prout scilicet appetitus sensitivus in se consideratur. Secundum vero quod appetitus sensitivus obedit rationi, iam bonum et malum

1. Com efeito, o bem e o mal moral se consideram segundo a razão. Ora, as paixões estão no apetite sensitivo; e, desse modo, a conformidade com a razão lhes é acidental. Logo, como nada acidental pertence à espécie de uma coisa, parece que nenhuma paixão é boa ou má por sua espécie.
2. ADEMAIS, os atos e as paixões têm sua espécie pelo objeto. Se, pois, alguma paixão fosse boa ou má segundo sua espécie, as paixões, cujo objeto é o bem, deveriam ser boas segundo sua espécie, como o amor, o desejo e a alegria; e as paixões, cujo objeto é o mal, deveriam ser más segundo sua espécie, como o ódio, o temor e a tristeza. Ora, isso é evidentemente falso. Logo, nenhuma paixão é boa ou má por sua espécie.

3. ALÉM DISSO, não há nenhuma espécie de paixão que não se encontre nos outros animais. Ora, o bem moral só se encontra no homem. Logo, nenhuma paixão da alma é boa ou má por sua espécie.

EM SENTIDO CONTRÁRIO, diz Agostinho que "a misericórdia pertence à virtude". E o Filósofo também afirma no livro II da *Ética*, que "a vergonha é uma paixão louvável". Logo, algumas paixões são boas ou más por sua espécie.

RESPONDO. O que se disse sobre os atos parece que se deve dizer também das paixões, a saber, que a espécie do ato ou da paixão pode ser considerada de dois modos[k]: Um, enquanto está no gênero da natureza, e então o bem ou o mal moral não pertencem à espécie do ato ou da paixão. Um segundo modo, enquanto pertencem ao gênero da moralidade, na medida em que participam do voluntário e do juízo da razão. Desse último modo, o bem e o mal moral podem pertencer à espécie de paixão, entendendo-se como objeto da paixão algo conveniente à razão ou dela dissonante, como ocorre com a vergonha, que é o temor da torpeza e com a inveja, tristeza causada pelo bem de outrem. Pertencem, então, à espécie do ato exterior.

QUANTO AO 1º, portanto, deve-se dizer que o argumento procede para as paixões, enquanto pertencem à espécie de natureza, isto é, enquanto se considera o apetite sensitivo em si mesmo. Mas, enquanto o apetite sensitivo obedece à razão, o

---

1. C. 5: ML 41, 260.
2. C. 7: 1108, a, 32-35.
3. Q. 1, a. 3, ad 3; q. 18, a. 5, 6; q. 20, a. 1.

k. Nenhuma paixão considerada em sua realidade físico-psicológica possui significação moral. É um dom da natureza e da natureza individual de cada homem, que se acha assim mais ou menos, e diversamente, apaixonado. É próprio do homem ter o poder de intervir pela ação reguladora e inspiradora do desejo-refletido.

rationis non est in passionibus eius per accidens, sed per se.

AD SECUNDUM dicendum quod passiones quae in bonum tendunt, si sit verum bonum, sunt bonae: et similiter quae a vero malo recedunt. E converso vero passiones quae sunt per recessum a bono, et per accessum ad malum, sunt malae.

AD TERTIUM dicendum quod in brutis animalibus appetitus sensitivus non obedit rationi. Et tamen inquantum ducitur quadam aestimativa naturali, quae subiicitur rationi superiori, scilicet divinae, est in eis quaedam similitudo moralis boni, quantum ad animae passiones.

bem e o mal da razão não está nas paixões desse apetite de modo acidental, mas por si.

QUANTO AO 2º, deve-se dizer que as paixões que tendem para o bem são boas se esse bem fôr verdadeiro, e igualmente as que se afastam de um mal verdadeiro. Ao contrário, as paixões que consistem em afastar-se do bem ou tender para o mal são más.

QUANTO AO 3º, deve-se dizer que nos animais irracionais o apetite sensitivo não obedece à razão. Na medida em que, porém, é dirigido por uma certa estimativa natural, sujeita à razão superior, isto é, divina, há neles uma certa semelhança do bem moral, quanto às paixões da alma[1].

---

1. Não cabe falar de moral para os animais, pois eles não são capazes de desejo-refletido. Contudo, a inteligência do criador lhes concedeu uma "estimativa" (ver I, q. 78, a. 4, Sol.) que lhes permite perceber algo mais além de suas meras percepções sensoriais, o que Sto. Tomás chama de "intenções", desígnios que não ocorrem sem certa dose de inteligência, quando não também algum sentimento de falta. Um animal doméstico, como o cachorro, "sente" que ele agiu bem ou mal segundo as intenções de seu dono; ele se sente culpado ou digno de recompensa. Há aí uma "analogia", uma semelhança com a moralidade.

QUAESTIO XXV
DE ORDINE PASSIONUM AD INVICEM
in quatuor articulos divisa

Deinde considerandum est de ordine passionum ad invicem.
Et circa hoc quaeruntur quatuor.
Primo: de ordine passionum irascibilis ad passiones concupiscibilis.
Secundo: de ordine passionum concupiscibilis ad invicem.
Tertio: de ordine passionum irascibilis ad invicem.
Quarto: de quatuor principalibus passionibus.

ARTICULUS 1
Utrum passiones irascibilis sint priores passionibus concupiscibilis, vel e converso

AD PRIMUM SIC PROCEDITUR. Videtur quod passiones irascibilis sint priores passionibus concupiscibilis.
1. Ordo enim passionum est secundum ordinem obiectorum. Sed obiectum irascibilis est bonum arduum, quod videtur esse supremum inter alia bona. Ergo passiones irascibilis videntur praeesse passionibus concupiscibilis.

QUESTÃO 25
A ORDEM DAS PAIXÕES ENTRE SI
em quatro artigos

Em seguida deve-se considerar a ordem das paixões entre si.
E sobre esta questão, são quatro as perguntas:
1. Sobre a ordem entre as paixões do irascível e do concupiscível;
2. Sobre a ordem das paixões do concupiscível entre si;
3. Sobre a ordem das paixões do irascível entre si;
4. Sobre as quatro paixões principais.

ARTIGO 1
As paixões do irascível têm prioridade sobre as paixões do concupiscível ou vice-versa?

QUANTO AO PRIMEIRO ARTIGO, ASSIM SE PROCEDE: parece que as paixões do irascível **têm** prioridade sobre as paixões do concupiscível.
1. Com efeito, a ordem das paixões é segundo a ordem dos objetos. Ora, o objeto do irascível é o bem árduo que, parece, é o supremo entre os outros bens. Logo, as paixões do irascível parecem ter prioridade sobre as do concupiscível.

---

1 PARALL.: III *Sent.*, dist. 26, q. 1, a. 3; q. 2, a. 3, q.la 2; *De Verit.*, q. 25, a. 2.

2. PRAETEREA, movens est prius moto. Sed irascibilis comparatur ad concupiscibilem sicut movens ad motum: ad hoc enim datur animalibus, ut tollantur impedimenta quibus concupiscibilis prohibetur frui suo obiecto, ut supra[1] dictum est; *removens* autem *prohibens habet rationem moventis*, ut dicitur in VIII *Physic*.[2]. Ergo passiones irascibilis sunt priores passionibus concupiscibilis.

3. PRAETEREA, gaudium et tristitia sunt passiones concupiscibilis. Sed gaudium et tristitia consequuntur ad passiones irascibilis: dicit enim Philosophus, in IV *Ethic*.[3], quod *punitio quietat impetum irae, delectationem loco tristitiae faciens*. Ergo passiones concupiscibilis sunt posteriores passionibus irascibilis.

SED CONTRA, passiones concupiscibilis respiciunt bonum absolutum: passiones autem irascibilis respiciunt bonum contractum, scilicet arduum. Cum igitur bonum simpliciter sit prius quam bonum contractum, videtur quod passiones concupiscibilis sint priores passionibus irascibilis.

RESPONDEO dicendum quod passiones concupiscibilis ad plura se habent quam passiones irascibilis. Nam in passionibus concupiscibilis invenitur aliquid pertinens ad motum, sicut desiderium; et aliquid pertinens ad quietem, sicut gaudium et tristitia. Sed in passionibus irascibilis non invenitur aliquid pertinens ad quietem, sed solum pertinens ad motum. Cuius ratio est quia id in quo iam quiescitur, non habet rationem difficilis seu ardui, quod est obiectum irascibilis.

Quies autem, cum sit finis motus, est prior in intentione, sed posterior in executione. Si ergo comparentur passiones irascibilis ad passiones concupiscibilis quae significant quietem in bono; manifeste passiones irascibilis praecedunt, ordine executionis, huiusmodi passiones concupiscibilis: sicut spes praecedit gaudium, unde et causat ipsum, secundum illud Apostoli, Rm 12,12, *Spe gaudentes*. Sed passio concupiscibilis importans quietem in malo, scilicet tristitia, media est inter duas passiones irascibilis. Sequitur enim timorem: cum enim occurrerit malum quod timebatur, cau-

2. ADEMAIS, o que move é anterior ao que é movido. Ora, o irascível está para o concupiscível como o que move para o que é movido, pois isso foi dado aos animais para vencerem os obstáculos que se opõem a que o concupiscível goze de seu objeto, conforme já se disse; ou, como se diz no livro VIII da *Física, o que remove um obstáculo tem a razão de motor*. Logo, as paixões do irascível têm prioridade sobre as paixões do concupiscível.

3. ALÉM DISSO, a alegria e a tristeza são paixões do concupiscível. Ora, seguem as paixões do irascível, pois, diz o Filósofo no livro IV da *Ética*, que *a punição acalma o ímpeto da ira, produzindo prazer em lugar da tristeza*. Logo, as paixões do concupiscível são posteriores às do irascível.

EM SENTIDO CONTRÁRIO, as paixões do concupiscível visam o bem absoluto; as do irascível porém, o bem restrito, isto é, o árduo. Ora, como o bem absoluto tem prioridade sobre o restrito, parece que as paixões do concupiscível têm prioridade sobre as paixões do irascível.

RESPONDO[a]. As paixões do concupiscível se referem a mais coisas que as paixões do irascível, pois há nelas algo relativo ao movimento, como o desejo, e algo relativo ao repouso, como a alegria e a tristeza; ao passo que as paixões do irascível nada têm de relativo ao repouso, mas só ao movimento. E a razão é que, aquilo em que se repousa não tem razão de difícil ou de árduo, que é o objeto do irascível.

O repouso, sendo o fim do movimento, é primeiro na intenção, mas último na execução. Se pois comparamos as paixões do irascível com as paixões do concupiscível, que supõem o repouso no bem, manifestamente aquelas precedem a estas, na ordem da execução; assim, a esperança precede à alegria e por isso a causa, segundo diz o Apóstolo na Carta aos Romanos: "Na esperança, alegres". A paixão concupiscível, porém, que implica o repouso no mal, a saber, a tristeza, é média entre duas paixões do irascível pois, sendo causada pelo ocorrer do mal que era temido, resulta do

---

1. Q. 23, a. 1, ad 1. Cfr. I, q. 81, a. 2.
2. C. 4: 255, b, 24-26.
3. C. 11: 1126, a, 21-26.

---

a. Essas relações das paixões são estudadas segundo o que as caracteriza em função de observações empíricas. Não se trata de um conhecimento baseado em um estudo físico-psicológico. O presente artigo visa estabelecer que a concupiscência é a origem de todas as paixões e o seu termo, pois ela vai desde o amor até a satisfação. As paixões do irascível só nascem quando as da concupiscência se chocam com o impecilho; elas desembocam nas paixões da concupiscência, quer triunfem do obstáculo (a alegria), quer fracassem (a tristeza).

satur tristitia. Praecedit autem motum irae: quia cum ex tristitia praecedente aliquis insurgit in vindictam, hoc pertinet ad motum irae. Et quia rependere vicem malis, apprehenditur ut bonum; cum iratus hoc consecutus fuerit, gaudet. Et sic manifestum est quod omnis passio irascibilis terminatur ad passionem concupiscibilis pertinentem ad quietem, scilicet vel ad gaudium vel ad tristitiam.

Sed si comparentur passiones irascibilis ad passiones concupiscibilis quae important motum, sic manifeste passiones concupiscibilis sunt priores: eo quod passiones irascibilis addunt supra passiones concupiscibilis; sicut et obiectum irascibilis addit supra obiectum concupiscibilis arduitatem sive difficultatem. Spes enim supra desiderium addit quendam conatum, et quandam elevationem animi ad consequendum bonum arduum. Et similiter timor addit supra fugam seu abominationem, quandam depressionem animi, propter difficultatem mali.

Sic ergo passiones irascibilis mediae sunt inter passiones concupiscibilis quae important motum in bonum vel in malum; et inter passiones concupiscibilis quae important quietem in bono vel in malo. Et sic patet quod passiones irascibilis et principium habent a passionibus concupiscibilis, et in passiones concupiscibilis terminantur.

AD PRIMUM ergo dicendum quod illa ratio procederet, si de ratione obiecti concupiscibilis esset aliquid oppositum arduo, sicut de ratione obiecti irascibilis est quod sit arduum. Sed quia obiectum concupiscibilis est bonum absolute, prius naturaliter est quam obiectum irascibilis, sicut commune proprio.

AD SECUNDUM dicendum quod removens prohibens non est movens per se, sed per accidens. Nunc autem loquimur de ordine passionum per se. — Et praeterea irascibilis removet prohibens quidem concupiscibilis in suo obiecto. Unde ex hoc non sequitur nisi quod passiones irascibilis praecedunt passiones concupiscibilis ad quietem pertinentes.

De quibus etiam TERTIA RATIO procedit.

temor; mas precede o movimento da ira, porque quando, por causa da tristeza anterior, surge em alguém o desejo de vingança, isso pertence ao movimento da ira. E como vingar-se dos males é apreendido como um bem, o irado se alegra após havê-lo conseguido. Portanto, é evidente que toda paixão do irascível termina numa paixão do concupiscível que pertence ao repouso, a saber, à alegria ou à tristeza.

Se, porém, comparamos as paixões do irascível com as do concupiscível que implicam movimento, estas são manifestamente primeiras, porque as paixões do irascível acrescentam algo às paixões do concupiscível, assim como o objeto do irascível acrescenta arduidade ou dificuldade ao objeto do concupiscível. Assim, a esperança acrescenta ao desejo um certo esforço e uma certa elevação de ânimo para conseguir o bem árduo. De modo semelhante, o temor acrescenta à fuga ou abominação uma certa depressão de ânimo por causa da dificuldade do mal.

Assim, as paixões do irascível são médias entre as paixões do concupiscível que implicam movimento para o bem ou para o mal, e entre as paixões do concupiscível que implicam repouso no bem ou no mal. Logo, é claro que as paixões do irascível têm princípio e fim nas paixões do concupiscível.

QUANTO AO 1º, portanto, deve-se dizer que o argumento procederia se da razão do objeto do concupiscível houvesse algo de oposto ao árduo, como é da razão do objeto do irascível ser árduo. Ora, como o objeto do concupiscível é o bem absoluto, este é naturalmente primeiro que o do irascível, como o que é comum precede o que é próprio.

QUANTO AO 2º, deve-se dizer que o que remove o obstáculo não é motor por si mesmo, mas acidentalmente. Agora falamos da ordem das paixões por si. — E além disso, o irascível remove o obstáculo do concupiscível em seu objeto. Daí resultar que as paixões do irascível precedem as do concupiscível, que se referem ao repouso.

QUANTO AO 3º, deve-se dizer que é a respeito disso que trata também a TERCEIRA OBJEÇÃO.

ARTICULUS 2
Utrum amor sit prima passionum concupiscibilis

AD SECUNDUM SIC PROCEDITUR. Videtur quod amor non sit prima passionum concupiscibilis.

ARTIGO 2
O amor é a primeira das paixões do concupiscível?

QUANTO AO SEGUNDO, ASSIM SE PROCEDE: parece que o amor **não** é a primeira das paixões do concupiscível.

---

2 PARALL.: Part. I, q. 20, a. 1; infra, q. 27, a. 4; III *Sent.*, dist. 27, q. 1, a. 3; *Cont. Gent.* IV, 19; *De Verit.*, q. 26, a. 4; *De Virtut.*, q. 4, a. 3; *De Div. Nom.*, c. 4, lect. 9.

1. Vis enim concupiscibilis a concupiscentia denominatur, quae est eadem passio cum desiderio. Sed *denominatio fit a potiori*, ut dicitur in II *de Anima*[1]. Ergo concupiscentia est potior amore.

2. P*raeterea*, amor unionem quandam importat: est enim *vis unitiva et concretiva*, ut Dionysius dicit, in 4 cap. *de Div. Nom.*[2]. Sed concupiscentia vel desiderium est motus ad unionem rei concupitae vel desideratae. Ergo concupiscentia est prior amore.

3. P*raeterea*, causa est prior effectu. Sed delectatio est quandoque causa amoris: quidam enim propter delectationem amant, ut dicitur in VIII *Ethic.*[3]. Ergo delectatio est prior amore. Non ergo prima inter passiones concupiscibilis est amor.

S*ed* c*ontra* est quod Augustinus dicit, in XIV *de Civ. Dei*[4], quod omnes passiones ex amore causantur: *amor* enim *inhians habere quod amatur, cupiditas est; id autem habens, eoque fruens, laetitia est*. Amor ergo est prima passionum concupiscibilis.

R*espondeo* dicendum quod obiectum concupiscibilis sunt bonum et malum. Naturaliter autem est prius bonum malo: eo quod malum est privatio boni. Unde et omnes passiones quarum obiectum est bonum, naturaliter sunt priores passionibus quarum obiectum est malum, unaquaeque scilicet sua opposita: quia enim bonum quaeritur, ideo refutatur oppositum malum.

Bonum autem habet rationem finis: qui quidem est prior in intentione, sed est posterior in consecutione. Potest ergo ordo passionum concupiscibilis attendi vel secundum intentionem, vel secundum consecutionem. Secundum quidem consecutionem, illud est prius quod primo fit in eo quod tendit ad finem. Manifestum est autem quod omne quod tendit ad finem aliquem, primo quidem

1. Com efeito, a denominação da potência concupiscível deriva de concupiscência, paixão idêntica ao desejo. Ora, *a denominação é dada pelo que é mais importante*, como se diz no livro II da *Alma*. Logo, a concupiscência é mais importante que o amor.

2. A*demais*, o amor implica certa união, pois é *uma força unitiva e consistente*, como diz Dionísio. Ora, a concupiscência ou desejo é um movimento para a união com a coisa cobiçada ou desejada. Logo, a concupiscência é anterior ao amor.

3. A*lém* d*isso*, a causa é anterior ao efeito. Ora, o prazer é às vezes causa do amor, pois certos amam por prazer, como diz o livro VIII da *Ética*. Logo, é anterior ao amor, que não é a primeira entre as paixões do concupiscível.

E*m* s*entido* c*ontrário*, diz Agostinho que todas as paixões são causadas pelo amor, pois "o amor desejando ardentemente possuir o seu objeto, é desejo; quando porém já o possui e o goza é alegria". Logo, o amor é a primeira das paixões do concupiscível.

R*espondo*. O objeto do concupiscível é o bem e o mal. Ora, segundo a ordem natural das coisas, o bem precede o mal, uma vez que o mal é privação do bem. Logo, todas as paixões cujo objeto é o bem são naturalmente anteriores àquelas cujo objeto é o mal, tendo cada uma a sua paixão oposta, pois, buscando-se o bem, por isso mesmo se elimina o mal oposto.

Ora, o bem tem razão de fim[b], o qual é primeiro na intenção e último, na execução. Logo, a ordem das paixões do concupiscível pode ser considerada segundo a intenção ou segundo a execução. Segundo a execução, é anterior o que tem lugar primeiramente naquilo que tende para o fim. Ora, é claro que tudo o que tende para um fim há de ter, primeiro, aptidão ou proporção para esse fim, pois,

---

1. C. 4: 416, b, 23-25.
2. MG 3, 713 B.
3. C. 2: 1155, b, 21-25.
4. C. 7, n. 2: ML 41, 410.

---

b. "O bem tem razão de fim". Para Sto. Tomás (e Aristóteles) o bem é o objeto do apetite, e este tende para o que deseja. Como se vê, essa antropologia é deliberadamente finalista. Sabe-se que o princípio de finalidade foi desde o século XIX colocado no ostracismo da mentalidade científica e racionalista, não sem alguns motivos, dado o uso demasiado ingênuo e oportunista que dele se fez.

Freud precisou de muita coragem para afirmar o papel da finalidade no mundo das pulsões e da vida psíquica, e isso desde 1900, data da publicação de seu *A interpretação dos sonhos* (particularmente em seu capítulo 3: "O sonho é uma realização do desejo". O mundo científico contemporâneo descobre a realidade do que ele chama de "teleologia", para evitar a palavra finalidade, muito comprometida. As concepções mecanicistas e organicistas da medicina são cada vez menos sustentáveis, e a finalidade volta a encontrar crédito, particularmente em Psiquiatria. O mesmo ocorre no campo da psicopedagogia desde Piaget, da botânica, para não falar da moral.

habet aptitudinem seu proportionem ad finem, nihil enim tendit in finem non proportionatum; secundo, movetur ad finem; tertio, quiescit in fine post eius consecutionem. Ipsa autem aptitudo sive proportio appetitus ad bonum est amor, qui nihil aliud est quam complacentia boni; motus autem ad bonum est desiderium vel concupiscentia; quies autem in bono est gaudium vel delectatio. Et ideo secundum hunc ordinem, amor praecedit desiderium, et desiderium praecedit delectationem. — Sed secundum ordinem intentionis, est e converso: nam delectatio intenta causat desiderium et amorem. Delectatio enim est fruitio boni, quae quodammodo est finis sicut et ipsum bonum, ut supra[5] dictum est.

AD PRIMUM ergo dicendum quod hoc modo nominatur aliquid, secundum quod nobis innotescit: *voces enim sunt signa intellectuum*, secundum Philosophum[6]. Nos autem, ut plurimum, per effectum cognoscimus causam. Effectus autem amoris, quando quidem habetur ipsum amatum, est delectatio: quando vero non habetur, est desiderium vel concupiscentia. Ut autem Augustinus dicit, in X *de Trin.*[7], *amor magis sentitur, cum eum prodit indigentia*. Unde inter omnes passiones concupiscibilis, magis sensibilis est concupiscentia. Et propter hoc, ab ea denominatur potentia.

AD SECUNDUM dicendum quod duplex est unio amati ad amantem. Una quidem realis secundum scilicet coniunctionem ad rem ipsam. Et talis unio pertinet ad gaudium vel delectationem, quae sequitur desiderium. — Alia autem est unio affectiva, quae est secundum aptitudinem vel proportionem: prout scilicet ex hoc quod aliquid habet aptitudinem ad alterum et inclinationem, iam participat aliquid eius. Et sic amor unionem importat. Quae quidem unio praecedit motum desiderii.

AD TERTIUM dicendum quod delectatio causat amorem, secundum quod est prior in intentione.

nada tende para um fim não proporcionado. Em segundo lugar, é movido para o fim. Em terceiro lugar, repousa no fim depois de alcançado. Ora, a aptidão ou proporção do apetite ao bem[c] é o amor, que não é mais do que a complacência no bem, enquanto o movimento para o bem é o desejo ou concupiscência; e, por fim, o repouso no bem é a alegria ou prazer. Portanto, segundo esta ordem de execução, o amor precede o desejo e este, o deleite. — Mas, segundo a ordem da intenção, ocorre o contrário, porque o prazer intencionado causa o desejo e o amor. O prazer, de fato, é o gozo do bem que, como o bem, é de certo modo fim, conforme já se disse.

QUANTO AO 1º, portanto, deve-se dizer que as coisas são denominadas segundo nós as conhecemos, pois, "as palavras são sinais das ideias", segundo o Filósofo. Ora, comumente conhecemos a causa pelo efeito. Portanto, o efeito do amor, quando o objeto amado já é possuído, é prazer; quando, porém, ainda não é possuído, é desejo ou concupiscência. Pois, como diz Agostinho, "sente-se mais o amor quando é produzido pela carência". Logo, entre todas as paixões do concupiscível, a concupiscência é a mais sensível, e por isso dela recebe a potência sua denominação.

QUANTO AO 2º, deve-se dizer que há dois modos de união entre a coisa amada e o amante. Uma real, que consiste na união com a coisa mesma. E tal união pertence à alegria ou ao prazer, resultante do desejo. — Outra é a união afetiva, por aptidão ou proporção. Na medida em que um ser tem aptidão relativamente a outro e inclinação para ele desde já participa dele de algum modo. E assim, o amor implica a união, a qual precede o movimento do desejo.

QUANTO AO 3º, deve-se dizer que o prazer causa o amor, enquanto é anterior na intenção.

---

5. Q. 11, a. 3, ad 3.
6. *Perihermen.* I, 1: 16, a, 3-4.
7. C. 12: ML 42, 984.

c. Só tende para um fim o ser vivo: ele carrega em si uma "aptidão" ou "proporção" para esse fim. Sto. Tomás falará também de "consonância" (q. 29, a. 1, Sol.) e de "conveniência" (q. 29, a. 5, Sol.), e mesmo de "conaturalidade" (q. 26, a. 1, Sol.). O que um ser vivo tem de próprio, mas que possui somente em potência, está inscrito em sua natureza sob a forma de inclinação específica. A obtenção desse fim desemboca em seu prazer (II-II, q. 179, a. 1, resp.). Sto. Tomás irá apoiar-se com frequência nessa noção de complacência, para situar aí o fundamento do amor (q. 26, a. 2, Sol.) e da moral.

Articulus 3
Utrum spes sit prima inter passiones irascibilis

AD TERTIUM SIC PROCEDITUR. Videtur quod spes non sit prima inter passiones irascibilis.

1. Vis enim irascibilis ab ira denominatur. Cum ergo *denominatio fiat a potiori*, videtur quod ira sit potior et prior quam spes.

2. PRAETEREA, arduum est obiectum irascibilis. Sed magis videtur esse arduum quod aliquis conetur superare malum contrarium quod imminet ut futurum, quod pertinet ad audaciam; vel quod iniacet iam ut praesens, quod pertinet ad iram; quam quod conetur acquirere simpliciter aliquod bonum. Et similiter magis videtur esse arduum quod conetur vincere malum praesens, quam malum futurum. Ergo ira videtur esse potior passio quam audacia, et audacia quam spes. Et sic spes non videtur esse prior.

3. PRAETEREA, prius occurrit, in motu ad finem, recessus a termino, quam accessus ad terminum. Sed timor et desperatio important recessum ab aliquo: audacia autem et spes important ad aliquid. Ergo timor et desperatio praecedunt spem et audaciam.

SED CONTRA, quanto aliquid est propinquius primo, tanto est prius. Sed spes est propinquior amori, qui est prima passionum. Ergo spes est prior inter omnes passiones irascibilis.

RESPONDEO dicendum quod, sicut iam[1] dictum est, omnes passiones irascibilis important motum in aliquid. Motus autem ad aliquid in irascibili potest causari ex duobus: uno modo, ex sola aptitudine seu proportione ad finem, quae pertinet ad amorem vel odium; alio modo, ex praesentia ipsius boni vel mali, quae pertinet ad tristitiam vel gaudium. Et quidem ex praesentia boni non causatur aliqua passio in irascibili, ut dictum est[2]: sed ex praesentia mali causatur passio irae.

Quia igitur in via generationis seu consecutionis, proportio vel aptitudo ad finem praecedit

Artigo 3
A esperança é a primeira entre as paixões do irascível?

QUANTO AO TERCEIRO, ASSIM SE PROCEDE: parece que a esperança **não** é a primeira entre as paixões do irascível.

1. Com efeito, a potência irascível recebe o nome da ira. Ora, como *a denominação é dada pelo que é mais importante,* parece que a ira é mais importante que a esperança e anterior a ela.

2. ADEMAIS, o árduo é objeto do irascível. Ora, parece ser mais árduo tentar superar o mal contrário que ameaça como futuro, o que pertence à audácia; ou o mal que se experimenta como já presente, o que pertence à ira, que tentar adquirir, absolutamente falando, qualquer bem. De modo semelhante, parece mais árduo tentar vencer o mal presente que o mal futuro. Logo, a ira parece ser uma paixão mais importante que a audácia e esta, que a esperança. Portanto, a esperança não parece ser a anterior.

3. ALÉM DO MAIS, no movimento para o fim, primeiro ocorre o afastamento do termo inicial que a aproximação do termo final. Ora, o temor e o desespero implicam afastamento de um ponto, ao passo que a audácia e a esperança implicam aproximação. Logo, o temor e o desespero precedem a esperança e a audácia.

EM SENTIDO CONTRÁRIO, quanto mais uma coisa está mais próxima do que é primeiro, tanto mais é anterior. Ora, a esperança está mais próxima do amor, que é a primeira das paixões. Logo, a esperança é anterior a todas as paixões do irascível.

RESPONDO. Como já se disse, todas as paixões do irascível implicam movimento para alguma coisa. Ora, este movimento no irascível pode ser causado de duas maneiras: ou só pela aptidão ou proporção relativamente ao fim, o que pertence ao amor e ao ódio; ou pela presença do bem ou do mal, o que pertence à tristeza ou à alegria. Ao passo que a presença do bem não causa nenhuma paixão no irascível, como já foi dito, mas a presença do mal causa a paixão da ira.

Como na ordem da geração[d] ou da consecução, a proporção ou a aptidão relativamente

---

1. Art. 1.
2. Q. 23, a. 3, 4.

d. Assim, o percurso evolutivo e o dinamismo das paixões funda-se sobre o amor e sobre sua presença ativa nas outras paixões.

consecutionem finis; inde est quod ira, inter omnes passiones irascibilis, est ultima, ordine generationis. Inter alias autem passiones irascibilis, quae important motum consequentem amorem vel odium boni vel mali, oportet quod passiones quarum obiectum est bonum, scilicet spes et desperatio, sint naturaliter priores passionibus quarum obiectum est malum, scilicet audacia et timore. Ita tamen quod spes est prior desperatione: quia spes est motus in bonum secundum rationem boni quod de sua ratione est attractivum, et ideo est motus in bonum per se; desperatio autem est recessus a bono, qui non competit bono secundum quod est bonum, sed secundum aliquid aliud, unde est quasi per accidens. Et eadem ratione, timor, cum sit recessus a malo, est prior quam audacia. — Quod autem spes et desperatio sint naturaliter priores quam timor et audacia, ex hoc manifestum est, quod, sicut appetitus boni est ratio quare vitetur malum, ita etiam spes et desperatio sunt ratio timoris et audaciae: nam audacia consequitur spem victoriae, et timor consequitur desperationem vincendi. Ira autem consequitur audaciam: nullus enim irascitur vindictam appetens, nisi audeat vindicare, secundum quod Avicenna dicit, in *Sexto de Naturalibus*[3].

Sic ergo patet quod spes est prima inter omnes passiones irascibilis. — Et si ordinem omnium passionum secundum viam generationis, scire velimus, primo occurrunt amor et odium; secundo, desiderium et fuga; tertio, spes et desperatio; quarto, timor et audacia; quinto, ira; sexto et ultimo, gaudium et tristitia, quae consequuntur ad omnes passiones, ut dicitur in II *Ethic*.[4]. Ita tamen quod amor est prior odio, et desiderium fuga, et spes desperatione, et timor audacia, et gaudium quam tristitia, ut ex praedictis colligi potest.

AD PRIMUM ergo dicendum quod, quia ira causatur ex aliis passionibus sicut effectus a causis praecedentibus, ideo ab ea, tanquam a manifestiori, denominatur potentia.

AD SECUNDUM dicendum quod arduum non est ratio accedendi vel appetendi, sed potius bonum. Et ideo spes, quae directius respicit bonum, est prior: quamvis audacia aliquando sit in magis arduum, vel etiam ira.

AD TERTIUM dicendum quod appetitus primo et per se movetur in bonum, sicut in proprium

ao fim precede a sua consecução, a ira é, entre todas as paixões do irascível, a última na ordem da geração. Entre as outras paixões do irascível, que implicam o movimento consequente ao amor ou ao ódio do bem e do mal, as paixões cujo objeto é o bem, como a esperança e o desespero, são naturalmente anteriores às paixões cujo objeto é o mal, como a audácia e o temor. Isso, porém, de tal modo que a esperança é anterior ao desespero, pois, a esperança é um movimento para o bem segundo a razão de bem, que, por sua razão, é atrativo. O desespero, por seu lado, é um afastamento do bem, o qual não corresponde ao bem enquanto tal, mas por alguma outra coisa, portanto acidentalmente. Pela mesma razão, o temor, implicando afastamento do mal, precede a audácia. — Mas, que a esperança e o desespero sejam naturalmente anteriores ao temor e à audácia é evidente, porque, assim como o desejo do bem é a razão de se evitar o mal, assim também a esperança e o desespero são a razão do temor e da audácia, pois a audácia segue-se à esperança da vitória e o temor, ao desespero de vencer. A ira, por outro lado, segue-se à audácia, pois ninguém que deseja vingar-se se encoleriza sem ousar vingar-se, conforme diz Avicena.

Assim, pois, fica claro que a esperança é a primeira entre as paixões do irascível. — E, se queremos conhecer a ordem de todas paixões, segundo a geração, primeiramente ocorrem o amor e o ódio; depois, o desejo e a fuga; terceiro, a esperança e o desespero; quarto, o temor e a audácia; quinto, a ira; sexto e último, a alegria e a tristeza, que se seguem a todas paixões, como se diz no livro II da *Ética*. E de como o amor é anterior ao ódio; o desejo, à fuga; a esperança, ao desespero; o temor, à audácia; a alegria, à tristeza, pode-se se deduzir do que foi dito.

QUANTO AO 1º, portanto, deve-se dizer que sendo a ira cusada por outras paixões como um efeito pelas causas que o precedem, a potência recebe sua denominação da ira por ser ela mais notória.

QUANTO AO 2º, deve-se dizer que não é o árduo, mas o bem, a razão da aproximação ou do desejo. Por isso, a esperança, que visa o bem mais diretamente, é anterior, embora a audácia ou mesmo a ira, às vezes, visem o que é mais árduo.

QUANTO AO 3º, deve-se dizer que o apetite, primeiramente e por si, move-se para o bem

---

3. Al. *de Anima*, part. IV, c. 6.
4. C. 4: 1105, b, 23.

obiectum; et ex hoc causatur quod recedat a malo. Proportionatur enim motus appetitivae partis, non quidem motui naturali, sed intentioni naturae; quae per prius intendit finem quam remotionem contrarii, quae non quaeritur nisi propter adeptionem finis.

Articulus 4
Utrum istae sint quatuor principales passiones, gaudium, tristitia, spes et timor

AD QUARTUM SIC PROCEDITUR. Videtur quod non sint istae quatuor principales passiones, gaudium et tristitia, spes et timor.
1. Augustinus enim, in XIV *de Civ. Dei*[1], non ponit spem, sed cupiditatem loco eius.
2. PRAETEREA, in passionibus animae est duplex ordo: scilicet intentionis, et consecutionis seu generationis. Aut ergo principales passiones accipiuntur secundum ordinem intentionis: et sic tantum gaudium et tristitia, quae sunt finalem, erunt principales passiones. Aut secundum ordinem consecutionis seu generationis: et sic amor erit principalis passio. Nullo ergo modo debent dici quatuor principales passiones istae quatuor, gaudium et tristitia, spes et timor.
3. PRAETEREA, sicut audacia causatur ex spe, ita timor ex desperatione. Aut ergo spes et desperatio debent poni principales passiones, tanquam causae: aut spes et audacia, tanquam sibi ipsis affines.

SED CONTRA est illud quod Boetius, in libro *de Consol.*[2], enumerans quatuor principales passiones, dicit: *Gaudia pelle, Pelle timorem, Spemque fugato, Nec dolor adsit.*

RESPONDEO dicendum quod hae quatuor passiones communiter principales esse dicuntur. Quarum duae, scilicet gaudium et tristitia, principales dicuntur, quia sunt completivae et finales simpliciter respectu omnium passionum: unde ad omnes passiones consequuntur, ut dicitur in II *Ethic.*[3]. Timor autem et spes sunt principales, non quidem quasi completivae simpliciter, sed

Artigo 4
As principais paixões são as quatro seguintes: a alegria e a tristeza, a esperança e o temor?

QUANTO AO QUARTO, ASSIM SE PROCEDE: parece que a alegria e a tristeza, a esperança e o temor **não** são as quatro principais paixões.
1. Com efeito, Agostinho, em vez da esperança, afirma a cupidez.
2. ADEMAIS, há duas ordens nas paixões da alma: a da intenção e a da execução ou da geração. Ora, ou as paixões principais se consideram segundo a ordem da intenção, e nesse caso só a alegria e a tristeza, que são finais, são as principais; ou segundo a ordem da execução ou da geração, e então será o amor a principal. Logo, de nenhuma maneira se podem considerar como principais, as quatro paixões seguintes: a alegria e a tristeza, a esperança e o temor.
3. ALÉM DISSO, a audácia é causada pela esperança, assim como o temor, pelo desespero. Logo, devem ser consideradas a esperança e o desespero como paixões principais, na qualidade de causas; ou a esperança e a audácia por terem afinidade entre si.

EM SENTIDO CONTRÁRIO, Boécio enumera as quatro principais paixões: *repele as alegrias, repele o temor, foge da esperança e nem a dor esteja presente.*

RESPONDO. Estas quatro paixões são comumente consideradas como principais[e]. As duas primeiras, a alegria e a tristeza, porque nelas se completam e terminam de modo absoluto todas as paixões, e por isso são consecutivas a todas elas, como se diz no livro II da *Ética*. O temor e a esperança são principais não como completivas de modo absoluto, mas porque são completivas no gênero

---

4 PARALL.: Infra, q. 84, a. 4, ad 2; II-II, q. 141, a. 7, ad 3; III *Sent.*, dist. 26, q. 1, a. 4; *De Verit.*, q. 26, a. 5.
1. C. 3, n. 2; c. 7, n. 2: ML 41, 406, 410.
2. L. I, metr. 7: ML 63, 657A-658A.
3. C. 4: 1105, b, 23.

---

e. Sto. Tomás se conforma aqui à tradição, justificando-a: principais, gerais, essas quatro paixões o são pelo fato de que as outras encontram nelas seus termos e suas realizações.

quia sunt completivae in genere motus appetitivi ad aliquid: nam respectu boni, incipit motus in amore, et procedit in desiderium, et terminatur in spe; respectu vero mali, incipit in odio, et procedit ad fugam, et terminatur in timore. — Et ideo solet harum quatuor passionum numerus accipi secundum differentiam praesentis et futuri: motus enim respicit futurum, sed quies est in aliquo praesenti. De bono igitur praesenti est gaudium; de malo praesenti est tristitia; de bono vero futuro est spes; de malo futuro est timor.

Omnes autem aliae passiones, quae sunt de bono vel de malo praesenti vel futuro, ad has completive reducuntur. Unde etiam a quibusdam dicuntur principales hae praedictae quatuor passiones, quia sunt generales. Quod quidem verum est, si spes et timor designant motum appetitus communiter tendentem in aliquid appetendum vel fugiendum.

AD PRIMUM ergo dicendum quod Augustinus ponit desiderium vel cupiditatem loco spei, inquantum ad idem pertinere videntur, scilicet ad bonum futurum.

AD SECUNDUM dicendum quod passiones istae dicuntur principales, secundum ordinem intentionis et complementi. Et quamvis timor et spes non sint ultimae passiones simpliciter, tamen sunt ultimae in genere passionum tendentium in aliud quasi in futurum. Nec potest esse instantia nisi de ira. Quae tamen non potest poni principalis passio, quia est quidam effectus audaciae, quae non potest esse passio principalis, ut infra[4] dicetur.

AD TERTIUM dicendum quod desperatio importat recessum a bono, quod est quasi per accidens: et audacia importat accessum ad malum, quod etiam est per accidens. Et ideo hae passiones non possunt esse principales: quia quod est per accidens, non potest dici principale. Et sic etiam nec ira potest dici passio principalis, quae consequitur audaciam.

---

4. In resp. ad 3; et q. 45, a. 2, ad 3.

do movimento apetitivo de alguma coisa, pois, relativamente ao bem, o movimento começa no amor, continua no desejo e termina na esperança; e em relação ao mal, começa no ódio, continua na fuga e termina no temor. Por causa disso, o número dessas quatro paixões costuma ser considerado segundo a diferença entre o presente e o futuro, pois o movimento se refere ao futuro e o repouso, ao presente. Ora, o bem presente é objeto da alegria, o mal presente, da tristeza; o bem futuro, da esperança e o mal futuro, do temor.

E as demais paixões referentes ao bem ou ao mal presente ou futuro reduzem-se a estas como complemento delas. Por isso alguns também consideram principais as paixões em questão, por serem gerais. Isso é verdade, se a esperança e o temor designa o movimento do apetite tendente comumente para algo desejável ou que deve ser evitado.

QUANTO AO 1º, portanto, deve-se dizer que Agostinho afirma o desejo ou a cupidez em lugar da esperança, enquanto parecem referir-se ao mesmo, isto é, ao bem futuro.

QUANTO AO 2º, deve-se dizer que as paixões em questão chamam-se principais, segundo a ordem da intenção e da complementação. E embora o temor e a esperança não sejam as últimas paixões, absolutamente falando, elas o são, contudo, no gênero das paixões que tendem para algo enquanto futuro. Nem pode haver dificuldade, a não ser sobre a ira; mas esta não se pode afirmar como principal, porque é um efeito da audácia, que não pode ser paixão principal, como a seguir se dirá.

QUANTO AO 3º, deve-se dizer que o desespero implica afastamento do bem, mas por acidente. E a audácia implica aproximar-se, também acidental, do mal. Logo, estas paixões não podem ser principais; pois, o que é acidental não pode ser considerado principal. Do mesmo modo, a ira não pode ser considerada principal, porque segue-se à coragem.

QUAESTIO XXVI
DE PASSIONIBUS ANIMAE IN SPECIALI. ET PRIMO, DE AMORE
in quatuor articulos divisa

Consequenter considerandum est de passionibus animae in speciali. Et primo, de passionibus concupiscibilis; secundo, de passionibus irascibilis.

QUESTÃO 26
O AMOR

em quatro artigos

Começamos, agora, a tratar das paixões da alma em especial, primeiramente das paixões do concupiscível, e depois, daquelas do irascível.

Prima consideratio erit tripartita: nam primo considerabimus de amore et odio; secundo, de concupiscentia et fuga; tertio, de delectatione et tristitia.

Circa amorem consideranda sunt tria: primo, de ipso amore; secundo, de causa amoris; tertio, de effectibus eius.

Circa primum quaeruntur quatuor.
Primo: utrum amor sit in concupiscibili.
Secundo: utrum amor sit passio.
Tertio: utrum amor sit idem quod dilectio.
Quarto: utrum amor convenienter dividatur in amorem amicitiae et amorem concupiscentiae.

A primeira consideração terá três partes. Primeiramente, trataremos do amor e do ódio. Em segundo lugar, da concupiscência e da fuga. Em terceiro lugar, do prazer e da tristeza.

Acerca do amor devem ser consideradas três coisas: primeira, o amor em si mesmo; segunda, a causa do amor; terceira, os efeitos do amor.

Sobre a primeira questão, são quatro as perguntas:
1. O amor está no concupiscível?
2. O amor é uma paixão?
3. O amor é o mesmo que dileção?
4. O amor se divide convenientemente em amor de amizade e amor de concupiscência?

Articulus 1
Utrum amor sit in concupiscibili

AD PRIMUM SIC PROCEDITUR. Videtur quod amor non sit in concupiscibili.

1. Dicitur enim Sap 8,2: *Hanc*, scilicet sapientiam, *amavi et exquisivi a iuventute mea.* Sed concupiscibilis, cum sit pars appetitus sensitivi, non potest tendere in sapientiam, quae non comprehenditur sensu. Ergo amor non est in concupiscibili.

2. PRAETEREA, amor videtur esse idem cuilibet passioni: dicit enim Augustinus, in XIV *de Civ. Dei*[1]: *Amor inhians habere quod amatur, cupiditas est; id autem habens, eoque fruens, laetitia; fugiens quod ei adversatur, timor est; idque si acciderit sentiens, tristitia est.* Sed non omnis passio est in concupiscibili; sed timor, etiam hic enumeratus, est in irascibili. Ergo non est simpliciter dicendum quod amor sit in concupiscibili.

3. PRAETEREA, Dionysius, in 4 cap. *de Div. Nom.*[2], ponit quendam amorem *naturalem.* Sed amor naturalis magis videtur pertinere ad vires naturales, quae sunt animae vegetabilis. Ergo amor non simpliciter est in concupiscibili.

SED CONTRA est quod Philosophus dicit, in II *Topic.*[3], quod *amor est in concupiscibili.*

RESPONDEO dicendum quod amor est aliquid ad appetitum pertinens: cum utriusque obiectum sit bonum. Unde secundum differentiam appetitus, est differentia amoris. Est enim quidam appetitus non consequens apprehensionem ipsius appetentis, sed

Artigo 1
O amor está no concupiscível?

QUANTO AO PRIMEIRO ARTIGO, ASSIM SE PROCEDE: parece que o amor **não** está no concupiscível.

1. Com efeito, diz o livro da Sabedoria: "Amei a esta, isto é a sabedoria, e a busquei desde minha juventude". Ora, o concupiscível, sendo parte do apetite sensitivo, não pode tender para a sabedoria, a qual não se alcança pelo sentido. Logo, o amor não está no concupiscível.

2. ADEMAIS, parece que o amor se identifica com as outras paixões, pois diz Agostinho: "O amor, que deseja ardentemente possuir o objeto amado, é concupiscência; mas o que a possui e goza, é alegria; o que foge do que lhe é contrário, é temor, e o que sente o mal sucedido, é tristeza". Ora, nem toda paixão está no concupiscível, mas o temor, enumerado acima, está no irascível. Logo, não se pode dizer, de modo absoluto, que o amor está no concupiscível.

3. ALÉM DISSO, Dionísio admite um certo amor natural. Ora, este mais parece pertencer às potências naturais, próprias da alma vegetativa. Logo, o amor não está, absolutamente, no concupiscível.

EM SENTIDO CONTRÁRIO, diz o Filósofo, no livro II dos *Tópicos*, que o amor "está ao concupiscível".

RESPONDO. O amor é algo próprio do apetite, pois ambos tem o bem por objeto. Daí que segundo seja a diferença do apetite, tal é a diferença do amor[a]. Ora, há um apetite não consequente à apreensão do que apetece, mas à de outrem, e

---

1 PARALL.: III *Sent.*, dist. 26, q. 2, a. 1; dist. 27, q. 1, a. 2.

1. C. 7, n. 2: ML 41, 410.
2. MG 3, 713 B.
3. C. 7: 113, b, 2.

---

a. Trata-se de um artigo essencial para a compreensão da antropologia de Sto. Tomás e, portanto, de sua concepção da moral. Ele distingue três tipos de apetites humanos.

alterius: et huiusmodi dicitur *appetitus naturalis*. Res enim naturales appetunt quod eis convenit secundum suam naturam, non per apprehensionem propriam, sed per apprehensionem instituentis naturam, ut in I libro[4] dictum est. — Alius autem est appetitus consequens apprehensionem ipsius appetentis, sed ex necessitate, non ex iudicio libero. Et talis est *appetitus sensitivus* in brutis: qui tamen in hominibus aliquid libertatis participat, inquantum obedit rationi. — Alius autem est appetitus consequens apprehensionem appetentis secundum liberum iudicium. Et talis est appetitus rationalis sive intellectivus, qui dicitur *voluntas*.

In unoquoque autem horum appetituum, amor dicitur illud quod est principium motus tendentis in finem amatum. In appetitu autem naturali, principium huiusmodi motus est connaturalitas appetentis ad id in quod tendit, quae dici potest amor naturalis: sicut ipsa connaturalitas corporis gravis ad locum medium est per gravitatem, et potest dici amor naturalis. Et similiter coaptatio appetitus sensitivi, vel voluntatis, ad aliquod bonum, idest ipsa complacentia boni, dicitur amor sensitivus, vel intellectus seu rationalis. Amor igitur sensitivus est in appetitu sensitivo, sicut amor intellectivus in appetitu intellectivo. Et pertinet ad concupiscibilem: quia dicitur per respectum ad bonum absolute, non per respectum ad arduum, quod est obiectum irascibilis.

AD PRIMUM ergo dicendum quod auctoritas illa loquitur de amore intellectivo vel rationali.

AD SECUNDUM dicendum quod amor dicitur esse timor, gaudium, cupiditas et tristitia, non quidem essentialiter, sed causaliter.

AD TERTIUM dicendum quod amor naturalis non solum est in viribus animae vegetative, sed in omnibus potentiis animae, et etiam in omnibus partibus corporis, et universaliter in omnibus rebus: quia, ut Dionysius dicit, 4 cap. *de Div. Nom.*[5]: *Omnibus est pulchrum et bonum amabile*;

este se chama *apetite natural*. As coisas naturais desejam o que lhes convém por natureza, não por apreensão própria, mas pela apreensão do autor da natureza, como se disse na I Parte. — Há, além disso, outro apetite consequente à apreensão do que apetece, mas por necessidade e não por um juízo livre, e tal é o *apetite sensitivo* dos animais irracionais, que nos homens participa de alguma liberdade, enquanto obedece à razão. — Enfim, há outro apetite consequente à apreensão do que apetece, por um juízo livre, e tal é o apetite racional ou intelectivo, e este se chama *vontade*.

Ora, em qualquer destes apetites, chama-se amor o princípio do movimento que tende para o fim amado. No apetite natural, o princípio deste movimento é a conaturalidade do que apetece com o objeto para o qual tende, e pode ser chamado amor natural, como a mesma conaturalidade de um corpo pesado em relação ao seu centro se dá pela gravidade, e pode ser chamado amor natural. Do mesmo modo a mútua adequação do apetite sensitivo ou da vontade a um bem, isto é a complacência no bem se chama amor sensitivo, ou intelectivo ou racional. Logo, o amor sensitivo está no apetite sensitivo, como o amor intelectivo no apetite intelectivo. E pertence ao concupiscível porque se refere ao bem absolutamente, não sob o aspecto de árduo, que é objeto do irascível.

QUANTO AO 1º, portanto, deve-se dizer que a autoridade citada se refere ao amor intelectivo ou racional

QUANTO AO 2º, deve-se dizer que o amor é temor, alegria, cupidez e tristeza não de maneira essencial, mas casualmente.

QUANTO AO 3º, deve-se dizer que o amor natural não está apenas nas potências da alma vegetativa, mas em todas as potências da alma e também em todas as partes do corpo, e, universalmente em todas as coisas, porque, como diz Dionísio: "o belo e o bem são amáveis a todos", posto que

---

4. Q. 6, a. 1, ad 2; q. 103, a. 1, ad 1, 3.
5. MG 3, 708 A.

Há o apetite que ele denomina "natural" (a sede, a fome etc.), hoje falaríamos de necessidades, que é inscrito pelo criador na natureza de cada ser. Esse apetite lhe é conatural.
Há em seguida o apetite "sensível", que é despertado pela percepção dos sentidos. É o dos animais e do homem.
Há enfim o apetite da inteligência, aquele do desejo-refletido de Aristóteles, que procede "segundo um juízo livre". É a vontade no sentido antigo da palavra.
Os apetites naturais escapam à influência da razão; não podem portanto sediar as virtudes (II-II, q. 148, a. 1, r. 3). Pelo contrário, o apetite sensível no homem é feito para obedecer ao apetite racional, e participa desse modo, à sua maneira, da livre escolha. Em sua concepção unitária do homem, Sto. Tomás afirma que o apetite "natural" é ativo nos dois outros apetites mais especificamente humanos (ver r. 3 deste artigo).

cum unaquaeque res habeat connaturalitatem ad id quod est sibi conveniens secundum suam naturam.

Articulus 2
Utrum amor sit passio

AD SECUNDUM SIC PROCEDITUR. Videtur quod amor non sit passio.
1. Nulla enim virtus passio est. Sed omnis amor est virtus quaedam, ut dicit Dionysius, 4 cap. *de Div. Nom.*[1]. Ergo amor non est passio.
2. PRAETEREA, amor est unio quaedam vel nexus, secundum Augustinum, in libro *de Trin.*[2]. Sed unio vel nexus non est passio, sed magis relatio. Ergo amor non est passio.
3. PRAETEREA, Damascenus dicit, in II libro[3], quod passio est *motus quidam*. Amor autem non importat motum appetitus, qui est desiderium; sed principium huiusmodi motus. Ergo amor non est passio.

SED CONTRA est quod Philosophus dicit, in VIII *Ethic.*[4], quod *amor est passio*.

RESPONDEO dicendum quod passio est effectus agentis in patiente. Agens autem naturale duplicem effectum inducit in patiens: nam primo quidem dat formam, secundo autem dat motum consequentem formam; sicut generans dat corpori gravitatem, et motum consequentem ipsam. Et ipsa gravitas, quae est principium motus ad locum connaturalem propter gravitatem, potest quodammodo dici amor naturalis. Sic etiam ipsum appetibile dat appetitui, primo quidem, quandam coaptationem ad ipsum, quae est complacentia appetibilis; ex qua sequitur motus ad appetibile. Nam *appetitivus motus circulo agitur*, ut dicitur in III *de Anima*[5]: appetibile enim movet appetitum, faciens se quodammodo in eius intentione; et appetitus tendit in appetibile realiter consequendum, ut sit ibi finis motus, ubi fuit principium. Prima ergo immutatio appetitus ab appetibili vocatur amor, qui nihil est aliud quam complacentia appetibilis; et ex hac complacentia sequitur motus in appetibile, qui est desiderium; et ultimo quies, quae est gaudium. Sic

Artigo 2
O amor é paixão?

QUANTO AO SEGUNDO, ASSIM SE PROCEDE: parece que o amor **não** é paixão.
1. Com efeito, nenhuma virtude é paixão. Ora, todo amor é virtude, de algum modo, como diz Dionísio. Logo, o amor não é paixão.
2. ADEMAIS, o amor é certa união ou vínculo, segundo Agostinho. Ora, a união ou vínculo são mais uma relação do que uma paixão. Logo, o amor não é paixão.
3. ALÉM DISSO, Damasceno diz que a paixão é "um certo movimento". Ora, o amor não implica em movimento do apetite, que é o desejo, mas no princípio deste movimento. Logo, o amor não é paixão.

EM SENTIDO CONTRÁRIO, diz o Filósofo, no livro VIII da *Ética*, que "o amor é paixão".

RESPONDO. A paixão é um efeito do agente no paciente[b]. Ora, o agente natural produz um duplo efeito no paciente: primeiramente, dá-lhe uma forma; em seguida, dá o movimento consequente à forma. Assim, a geração dá ao corpo a gravidade e o movimento que se lhe segue. A mesma gravidade, que é o princípio do movimento para o seu lugar conatural em razão da gravidade, também pode chamar-se de certo modo amor natural. Da mesma maneira o objeto apetecível dá ao apetite, primeiro, uma certa adaptação para com ele, que é uma certa complacência no objeto, e esta é a complacência apetecível, da qual resulta o movimento para objeto apetecível. Ora, "o movimento apetitivo age circularmente", como se diz no livro III da *Alma*, o objeto apetecível move o apetite, introduzindo-se, de certo modo, em sua intenção, e o apetite tende a conseguir realmente o objeto apetecível, de modo que o fim do movimento coincida com o princípio do mesmo. A primeira mudança do apetite pelo objeto apetecível se

---

1. MG 3, 713 B.
2. L. VIII, c. 10: ML 42, 960.
3. *De fide orth.*, l. II, c. 22: MG 94, 940 D.
4. C. 7: 1157, b, 28-29.
5. C. 10: 433, b, 22-27.

---

b. Notar o sentido e o lugar que se atribuem ao amor visto como "complacência". Esta é despertada, modulada e fixada pela ação que exerce sobre o sujeito a realidade desejada. O amor é, por conseguinte, uma paixão no sentido definido no início deste tratado: uma passividade. O amor-complacência caminha do desejo para a posse.

ergo, cum amor consistat in quadam immutatione appetitus ab appetibili, manifestum est quod amor est passio: proprie quidem, secundum quod est in concupiscibili; communiter autem, et extenso nomine, secundum quod est in voluntate.

AD PRIMUM ergo dicendum quod, quia virtus significat principium motus vel actionis, ideo amor, inquantum est principium appetitivi motus, a Dionysio vocatur virtus.

AD SECUNDUM dicendum quod unio pertinet ad amorem, inquantum per complacentiam appetitus amans se habet ad id quod amat, sicut ad seipsum, vel ad aliquid sui. Et sic patet quod amor non est ipsa relatio unionis, sed unio est consequens amorem. Unde et Dionysius dicit[6] quod amor est *virtus unitiva*: et Philosophus dicit, in II *Polit.*[7], quod unio est opus amoris.

AD TERTIUM dicendum quod amor, etsi non nominet motum appetitus tendentem in appetibile, nominat tamen motum appetitus quo immutatur ab appetibili, ut ei appetibile complaceat.

chama amor, que não é senão a complacência no objeto apetecível, da qual resulta o movimento para esse objeto, que é o desejo; e por último, o repouso, que é a alegria. Assim, pois, consistindo o amor numa mudança do apetite pelo objeto apetecível, é evidente que o amor seja uma paixão: em sentido próprio, enquanto está no concupiscível; em sentido geral e lato enquanto está na vontade.

QUANTO AO 1º, portanto, deve-se dizer que a virtude significa o princípio do movimento ou ação, por isso Dionísio chama virtude o amor, enquanto princípio do movimento apetitivo.

QUANTO AO 2º, deve-se dizer que a união pertence ao amor enquanto que, pela complacência do apetite, o que ama se refere àquilo que ama como a si mesmo ou algo de si. Daí ficar claro que o amor não é a relação da união, mas a união é consequência do amor. Por isso diz Dionísio que o amor é uma "virtude unitiva" e o Filósofo afirma no livro II da *Política*, que a união é obra do amor.

QUANTO AO 3º, deve-se dizer que o amor embora não designe o movimento do apetite tendente para o objeto apetecível, designa o movimento do apetite em virtude do qual é mudado pelo objeto apetecível, de modo que este lhe compraza.

ARTICULUS 3
Utrum amor sit idem quod dilectio

AD TERTIUM SIC PROCEDITUR. Videtur quod amor sit idem quod dilectio.
1. Dionysius enim, 4 cap. *de Div. Nom.*[1], dicit quod hoc modo se habent amor et dilectio, *sicut quatuor et bis duo, rectilineum et habens rectas lineas*. Sed ista significant idem. Ergo amor et dilectio significant idem.
2. PRAETEREA, appetitivi motus secundum obiecta differunt. Sed idem est obiectum dilectionis et amoris. Ergo sunt idem.
3. PRAETEREA, si dilectio et amor in aliquo differunt, maxime in hoc differre videntur, quod *dilectio sit in bono accipienda, amor autem in malo, ut quidam dixerunt*, secundum quod Augustinus narrat, in XIV *de Civ. Dei*[2]. Sed hoc modo non differunt: quia, ut ibidem Augustinus dicit, in sacris Scripturis utrumque accipitur in bono et in

ARTIGO 3
Amor é o mesmo que dileção?

QUANTO AO TERCEIRO, ASSIM SE PROCEDE: parece que amor é o mesmo que dileção.
1. Com efeito, diz Dionísio que o amor está para a dileção "como quatro está para duas vezes dois, e o retilíneo para o que tem linhas retas". Ora, estas expressões significam a mesma coisa. Logo, amor e dileção significam a mesma coisa.
2. ADEMAIS, os movimento apetitivos diferem segundo os objetos. Ora, o objeto da dileção e do amor é o mesmo. Logo, são a mesma coisa.
3. ALÉM DISSO, se dileção e amor diferem em algo, parecem diferir sobretudo em que "a dileção deve ser tomada no bom sentido e o amor no mau" segundo disseram alguns conforme refere Agostinho. Ora, de tal modo não diferem, como diz Agostinho na mesma citação, porque ambos termos são empregados pela Sagrada Escritura

---

6. *De Div. Nom.* c. 4: MG 3, 709 C, 713 B.
7. C. 1: 1262, b, 10.

3 PARALL.: I *Sent.*, dist. 10, *Expos. Litt.*; III, dist. 27, q. 2, a. 1; *De Div. Nom.*, c. 4, lect. 9.
1. MG 3, 708 C.
2. C. 7, n. 2: ML 41, 410.

malo. Ergo amor et dilectio non differunt; sicut ipse Augustinus ibidem concludit quod *non est aliud amorem dicere, et aliud dilectionem dicere.*

SED CONTRA est quod Dionysius dicit, 4 cap. *de Div. Nom.*³, quod *quibusdam Sanctorum visum est divinius esse nomen amoris quam nomen dilectionis.*

RESPONDEO dicendum quod quatuor nomina inveniuntur ad idem quodammodo pertinentia: scilicet amor, dilectio, caritas et amicitia. Differunt tamen in hoc, quod *amicitia*, secundum Philosophum in VIII *Ethic.*⁴, *est quasi habitus; amor* autem et *dilectio* significantur per modum actus vel passionis; *caritas* autem utroque modo accipi potest.

Differenter tamen significatur actus per ista tria. Nam *amor* communius est inter ea: omnis enim dilectio vel caritas est amor, sed non e converso. Addit enim *dilectio* supra amorem, electionem praecedentem, ut ipsum nomen sonat. Unde dilectio non est in concupiscibili, sed in voluntate tantum, et est in sola rationali natura. *Caritas* autem addit supra amorem, perfectionem quandam amoris, inquantum id quod amatur magni pretii aestimatur, ut ipsum nomen designat.

AD PRIMUM ergo dicendum quod Dionysius loquitur de amore et dilectione, secundum quod sunt in appetitu intellectivo: sic enim amor idem est quod dilectio.

AD SECUNDUM dicendum quod obiectum amoris est communius quam obiectum dilectionis: quia ad plura se extendit amor quam dilectio, sicut dictum est⁵.

AD TERTIUM dicendum quod non differunt amor et dilectio secundum differentiam boni et mali, sed sicut dictum est⁶. In parte tamen intellectiva idem est amor et dilectio. Et sic loquitur ibi Augustinus de amore: unde parum post subdit quod *recta voluntas est bonus amor, et perversa voluntas est malus amor.* Quia tamen amor, qui est passio concupiscibilis, plurimos inclinat ad malum, inde habuerunt occasionem qui praedictam differentiam assignaverunt.

no bom e no mau sentido. Logo, amor e dileção não diferem, como conclui o próprio Agostinho, dizendo que "não é uma coisa dizer amor e outra diferente dizer dileção".

EM SENTIDO CONTRÁRIO, diz Dionísio, que "alguns santos consideram mais divino o nome de amor que o de dileção".

RESPONDO. Há quatro palavras que, de certo modo, se referem à mesma coisa: amor, dileção, caridade e amizadeᶜ. Diferem, contudo, em que a *amizade*, segundo o Filósofo no livro VIII da *Ética*, é "quase um hábito"; enquanto que *amor* e *dileção* se fazem compreender a modo de ato ou paixão, ao passo que *caridade* pode ser entedida de ambos os modos.

Essas três palavras exprimem o ato, de diversas maneiras. Assim, o mais geral deles é o *amor*, pois toda dileção ou caridade é amor, mas não inversamente. A *dileção* acrescenta ao amor uma eleição precedente, como a própria palavra indica. Por isso, a dileção não está no concupiscível, mas somente na vontade, e apenas na natureza racional. A *caridade*, por sua vez, acrescenta ao amor uma certa perfeição, na medida em que se tem grande apreço por aquilo que se ama, como a própria palavra o indica.

QUANTO AO 1º, portanto, deve-se dizer que Dionísio fala do amor e da dileção enquanto estão no apetite intelectivo, e nesse caso se identificam.

QUANTO AO 2º, deve-se dizer que o objeto do amor é mais geral que o objeto da dileção, porque o amor se estende a mais coisas que a dileção, como foi dito.

QUANTO AO 3º, deve-se dizer que amor e dileção não diferem pela diferença do bem e do mal, conforme foi dito. Contudo, na parte intelectiva amor e dileção são a mesma coisa. Nesse sentido fala Agostinho na passagem citada, acrescentando logo depois: "a vontade reta é o amor bom, e a vontade perversa é o amor mau". Como, porém, o amor, que é uma paixão do concupiscível, inclina muitos ao mal, por isso alguns introduziram a mencionada diferença.

---

3. MG 3, 709 A.
4. C. 7: 1157, b, 28-29.
5. In corp.
6. Ibid.

---

c. Sto. Tomás tem a preocupação de definir os termos que ele irá utilizar. Referir-se-á de maneira constante à concepção da amizade segundo Aristóteles (ver livro VIII da Ética a Nicômaco). Note-se que dileção é a forma de amor mais qualificada, pois é precedida por uma escolha.

AD QUARTUM dicendum quod ideo aliqui posuerunt, etiam in ipsa voluntate, nomen amoris esse divinius nomine dilectionis, quia amor importat quandam passionem, praecipue secundum quod est in appetitu sensitivo; dilectio autem praesupponit iudicium rationis. Magis autem homo in Deum tendere potest per amorem, passive quodammodo ab ipso Deo attractus, quam ad hoc eum propria ratio ducere possit, quod pertinet ad rationem dilectionis, ut dictum est[7]. Et propter hoc, divinius est amor quam dilectio.

Quanto ao 4º, deve-se dizer que alguns afirmaram que, mesmo na própria vontade, a palavra amor é mais divina que dileção, porque amor implica uma certa paixão, principalmente enquanto está no apetite sensitivo; ao passo que a dileção pressupõe o juízo da razão. Mais pode o homem tender para Deus pelo amor, atraído passivamente de certo modo por Ele, do que ser levado pela própria razão, o que pertence à razão de dileção, como foi dito. Por isso, o amor é mais divino que a dileção.

Articulus 4
Utrum amor convenienter dividatur in amorem amicitiae et amorem concupiscentiae

AD QUARTUM SIC PROCEDITUR. Videtur quod amor inconvenienter dividatur in amorem amicitiae et concupiscentiae.

1. *Amor* enim *est passio, amicitia vero est habitus*, ut dicit Philosophus, in VIII *Ethic*.[1]. Sed habitus non potest esse pars divisiva passionis. Ergo amor non convenienter dividitur per amorem concupiscentiae et amorem amicitiae.

2. PRAETEREA, nihil dividitur per id quod ei connumeratur: non enim *homo* connumeratur *animali*. Sed concupiscentia connumeratur amori, sicut alia passio ab amore. Ergo amor non potest dividi per concupiscentiam.

3. PRAETEREA, secundum Philosophum, in VIII *Ethic*.[2], triplex est amicitia, *utilis, delectabilis* et *honesta*. Sed amicitia utilis et delectabilis habet concupiscentiam. Ergo concupiscentia non debet dividi contra amicitiam.

SED CONTRA, quaedam dicimur amare quia ea concupiscimus: sicut *dicitur aliquis amare vinum propter dulce quod in eo concupiscit*, ut dicitur in II *Topic*.[3]. Sed ad vinum, et ad huiusmodi, non habemus amicitiam, ut dicitur in VIII *Ethic*.[4]. Ergo alius est amor concupiscentiae, et alius est amor amicitiae.

Artigo 4
O amor se divide convenientemente em amor de amizade e amor de concupiscência?

QUANTO AO QUARTO, ASSIM SE PROCEDE: parece que o amor **não** se divide convenientemente em amor de amizade e amor de concupiscência.

1. Com efeito, "o amor é paixão, e a amizade é hábito" conforme diz o Filósofo no livro VIII da *Ética*. Ora, o hábito não pode ser parte em que se divide a paixão. Logo, não é conveniente dividir o amor em amor de amizade e amor de concupiscência.

2. ADEMAIS, o que faz número com uma coisa não divide esta coisa: *homem* não faz número com *animal*. Ora, a concupiscência faz número com o amor, como uma paixão distinta do amor. Logo o amor não pode ser dividido pela concupiscência.

3. ALÉM DISSO, segundo o Filósofo, no livro VIII da *Ética*, há três espécies de amizade: "útil, deleitável e honesta". Ora, as amizades útil e deleitável incluem a concupiscência. Logo, a concupiscência não deve se dividir por oposição à amizade.

EM SENTIDO CONTRÁRIO, dizemos que amamos certas coisas porque as desejamos, assim como "se diz que alguém ama o vinho porque deseja a sua doçura", segundo o livro II dos *Tópicos*. Ora, não temos amizade pelo vinho e coisas semelhantes conforme nos diz o livro VIII da *Ética*. Logo, uma coisa é o amor de concupiscência e outra o amor de amizade.

---

7. In corp.

4 PARALL.: Part. I, q. 60, a. 3; II-II, q. 23, a. 1; II *Sent*., dist. 3, part. 2, q. 3; III, dist. 29, a. 3; IV, dist. 49, q. 1, a. 2, q.la 1, ad 3; *De Virt*., q. 4, a. 3; *De Div. Nom*., c. 4, lect. 9, 10.

1. C. 7: 1157, b, 28-29.
2. C. 3: 1156, a, 7-10. — Cfr. c. 2: 1155, b, 27-1156, a, 5.
3. C. 3: 111, a, 3-4.
4. C. 2: 1155, b, 29-31.

RESPONDEO dicendum quod, sicut Philosophus dicit in II *Rhetoric.*[5], *amare est velle alicui bonum*. Sic ergo motus amoris in duo tendit: scilicet in bonum quod quis vult alicui, vel sibi vel alii; et in illud cui vult bonum. Ad illud ergo bonum quod quis vult alteri, habetur amor concupiscentiae: ad illud autem cui aliquis vult bonum, habetur amor amicitiae.

Haec autem divisio est secundum prius et posterius. Nam id quod amatur amore amicitiae, simpliciter et per se amatur: quod autem amatur amore concupiscentiae, non simpliciter et secundum se amatur, sed amatur alteri. Sicut enim ens simpliciter est quod habet esse, ens autem secundum quid quod est in alio; ita bonum, quod convertitur cum ente, simpliciter quidem est quod ipsum habet bonitatem; quod autem est bonum alterius, est bonum secundum quid. Et per consequens amor quo amatur aliquid ut ei sit bonum, est amor simpliciter: amor autem quo amatur aliquid ut sit bonum alterius, est amor secundum quid.

AD PRIMUM ergo dicendum quod amor non dividitur per amicitiam et concupiscentiam, sed per amorem amicitiae et concupiscentiae. Nam ille proprie dicitur amicus, cui aliquod bonum volumus: illud autem dicimur concupiscere, quod volumus nobis.

Et per hoc patet solutio AD SECUNDUM.

AD TERTIUM dicendum quod in amicitia utilis et delectabilis, vult quidem aliquis aliquod bonum amico: et quantum ad hoc salvatur ibi ratio amicitiae. Sed quia illud bonum refert ulterius ad suam delectationem vel utilitatem, inde est quod amicitia utilis et delectabilis, inquantum trahitur ad amorem concupiscentiae, deficit a ratione verae amicitiae.

RESPONDO. Como afirma o Filósofo, no livro II da *Retórica*, "amar é querer bem a alguém"[d]. Assim, pois, o movimento do amor tende para duas coisas, a saber, para o bem que se quer para alguém, para si ou para outro, e para aquele para o qual quer o bem. Ora, para o bem que se quer para outrem se tem amor de concupiscência, e para aquele para o qual quer o bem, amor de amizade.

Esta divisão, porém, é por anterioridade e posterioridade, pois o que se ama por amor de amizade, ama-se de modo absoluto e por si: o que, porém, se ama por amor de concupiscência, não se ama de modo absoluto e por si, mas se ama para outrem. Ora, como é ente absolutamente o que tem o ser; e ente relativo é o que existe em outro; assim o bem conversível com o ente é o que de modo absoluto tem a bondade, ao passo que o bem de outrem é um bem relativo. Por consequência, o amor pelo qual se ama algo para que tenha um bem é amor absoluto, enquanto que o amor pelo qual se ama algo para que seja o bem de outro, é amor relativo.

QUANTO AO 1º, portanto, deve-se dizer que o amor não se divide em amizade e concupiscência, mas em amor de amizade e de concupiscência, pois diz-se propriamente amigo aquele para quem queremos algum bem, e dizemos desejar com concupiscência o que queremos para nós.

QUANTO AO 2º, deve-se dizer que a resposta fica clara pelo que foi exposto.

QUANTO AO 3º, deve-se dizer que na amizade útil e deleitável, se quer algum bem ao amigo, e nisso se salva a razão de amizade. Mas porque ele refere, posteriormente, esse bem a seu prazer ou utilidade, a amizade útil e deleitável, enquanto está ordenada ao amor de concupiscência perde a razão de verdadeira amizade.

---

5. C. 4: 1380, b, 35-36.

d. "Amar é querer bem a alguém". Há no amor, portanto, uma vivência relacional entre dois "objetos": aquele que ama e o que é amado, ao mesmo tempo que o bem desejado para ele; amizade para ele e cobiça do bem que se quer para ele. No plano da amizade, esse bem é amado por sua beleza. Nisso, Sto. Tomás se mostra discípulo de Aristóteles e da mentalidade grega (que se exprime pelo *kalokagathos*), para a qual a bondade moral é amada por sua beleza, e não por sua utilidade ou pelo prazer que dela se pode seguir. (ver Ética a Nicômaco, XX, 2, 1174, a. 1-7 e IX 8 1169, a. 18-20). Por seu lado, os psicólogos conhecem a distinção entre amor "possessivo" e amor "oblativo". Freud estudou "o desenvolvimento que caminha do amor narcísico ao amor objeto" (Pour introduire au narcissime [Para introduzir ao narcisismo], "La vie sexuelle" [A vida sexual], PUF, 1969, p. 195). Ele se refere também ao "Eu-prazer-purificado que coloca acima de todas as outras a característica do prazer" (Les pulsions et leurs destins [As pulsões e seus destinos], em "Métapsychologie" [Metapsicologia], Gallimard, 1952, p. 57). Alude à qualidade dos prazeres, por exemplo, o daqueles experimentados pela busca da verdade, que ele declara "mais delicados e mais elevados" que os outros, ainda que sua intensidade seja pequena (ver Malaise dans la civilisation [Mal-Estar na Civilização], PUF, 1971, p. 25).

As psicologias contemporâneas e a psicanálise podem enriquecer com suas observações e suas análises as noções de amizade e de concupiscência que estão na base da antropologia e da ética de Aristóteles e Sto. Tomás.

QUAESTIO XXVII
DE CAUSA AMORIS
in quatuor articulos divisa
Deinde considerandum est de causa amoris.
Et circa hoc quaeruntur quatuor.
Primo: utrum bonum sit sola causa amoris.
Secundo: utrum cognitio sit causa amoris.
Tertio: utrum similitudo.
Quarto: utrum aliqua alia animae passionum.

Articulus 1
Utrum bonum sit sola causa amoris

AD PRIMUM SIC PROCEDITUR. Videtur quod non solum bonum sit causa amoris.
1. Bonum enim non est causa amoris, nisi quia amatur. Sed contingit etiam malum amari, secundum illud Ps 10,6: *Qui diligit iniquitatem, odit animam suam*: alioquin omnis amor esset bonus. Ergo non solum bonum est causa amoris.
2. PRAETEREA, Philosophus dicit, in II *Rhetoric.*[1], quod *eos qui mala sua dicunt, amamus*. Ergo videtur quod malum sit causa amoris.
3. PRAETEREA, Dionysius dicit, 4 cap. *de Div. Nom.*[2], quod non solum *bonum*, sed etiam *pulchrum est omnibus amabile*.

SED CONTRA est quod Augustinus dicit, VIII *de Trin.*[3]: *Non amatur certe nisi bonum*. Solum igitur bonum est causa amoris.

RESPONDEO dicendum quod, sicut supra[4] dictum est, amor ad appetitivam potentiam pertinet, quae est vis passiva. Unde obiectum eius comparatur ad ipsam sicut causa motus vel actus ipsius. Oportet igitur ut illud sit proprie causa amoris quod est amoris obiectum. Amoris autem proprium obiectum est bonum: quia, ut dictum est[5], amor importat quandam connaturalitatem vel complacentiam amantis ad amatum; unicuique autem est bonum id quod est sibi connaturale et proportionatum. Unde relinquitur quod bonum sit propria causa amoris.

QUESTÃO 27
A CAUSA DO AMOR
em quatro artigos
Em seguida, devemos tratar da causa do amor.
Sobre esta questão, são quatro as perguntas:
1. O bem é a causa única do amor?
2. O conhecimento é causa do amor?
3. A semelhança é causa do amor?
4. Alguma outra paixão da alma é causa do amor?

Artigo 1
O bem é a causa única do amor?

QUANTO AO PRIMEIRO ARTIGO, ASSIM SE PROCEDE: parece que o bem **não** é a causa única do amor.
1. Com efeito, o bem não é causa do amor senão porque é amado. Ora, ocorre que também se ama o mal, segundo o Salmo 6: "O que ama a iniquidade aborrece sua alma", do contrário todo amor seria bom. Logo, não só o bem é causa do amor.
2. ADEMAIS, o Filósofo diz, no livro II da *Retórica*, que "amamos os que confessam os seus próprios males". Logo, parece que o mal é causa do amor.
3. ALÉM DISSO, Dionísio diz que não "só o bem, mas o belo é amável a todos".

EM SENTIDO CONTRÁRIO, Agostinho diz que "certamente só se ama o bem". Portanto, só o bem é causa do amor.

RESPONDO. Como foi dito acima, o amor pertence à potência apetitiva que é uma força passiva[a]. Por isso seu objeto se refere a ela como à causa de seu movimento ou ato. É preciso, pois, que aquilo que é objeto do amor seja propriamente a sua causa. Ora, o bem é o objeto próprio do amor, porque, como foi dito, o amor implica certa conaturalidade ou complacência do amante com o amado, e para cada um é bom o que lhe é conatural e proporcionado. Por conseguinte, o bem é a causa própria do amor.

---

1   PARALL.: Infra, q. 29, a. 1.

1. C. 4: 1381, b, 29-30.
2. MG 3, 708 A.
3. C. 3: ML 42, 249.
4. Q. 26, a. 1.
5. Ibid., a. 1, 2.

---

a. Note-se a expressão "força passiva", que define a afetividade. É considerar esta última como uma força, um dinamismo, mas que só vive recebendo algo de fora. Essa força é passiva em seu despertar e em sua realização devido à ação que exerce sobre ela o seu objeto (ob-jeto: o que é posto diante). Esse objeto é o bem, considerado como tal pelo sujeito (ver r. 1), na medida em que este objeto encontra no sujeito alguma conaturalidade e complacência.

AD PRIMUM ergo dicendum quod malum nunquam amatur nisi sub ratione boni, scilicet inquantum est secundum quid bonum, et apprehenditur ut simpliciter bonum. Et sic aliquis amor est malus, inquantum tendit in id quod non est simpliciter verum bonum. Et per hunc modum homo diligit iniquitatem, inquantum per iniquitatem adipiscitur aliquod bonum, puta delectationem vel pecuniam vel aliquid huiusmodi.

AD SECUNDUM dicendum quod illi qui mala sua dicunt, non propter mala amantur, sed propter hoc quod dicunt mala: hoc enim quod est dicere mala sua, habet rationem boni, inquantum excludit fictionem seu simulationem.

AD TERTIUM dicendum quod pulchrum est idem bono, sola ratione differens. Cum enim bonum sit *quod omnia appetunt*, de ratione boni est quod in eo quietetur appetitus: sed ad rationem pulchri pertinet quod in eius aspectu seu cognitione quietetur appetitus. Unde et illi sensus praecipue respiciunt pulchrum, qui maxime cognoscitivi sunt, scilicet visus et auditus rationi deservientes: dicimus enim pulchra visibilia et pulchros sonos. In sensibilibus autem aliorum sensuum, non utimur nomine pulchritudinis: non enim dicimus pulchros sapores aut odores. Et sic patet quod pulchrum addit supra bonum, quendam ordinem ad vim cognoscitivam: ita quod bonum dicatur id quod simpliciter complacet appetitui; pulchrum autem dicatur id cuius ipsa apprehensio placet.

QUANTO AO 1º, portanto, deve-se dizer que o mal nunca é amado senão sob a razão de bem, isto é, enquanto é um bem relativo apreendido como um bem absoluto. Assim é mau o amor que não tende para o que é absolutamente o verdadeiro bem. É desta maneira que o homem ama a iniquidade, enquanto que por ela alcança um certo bem, como o prazer, o dinheiro ou coisa semelhante.

QUANTO AO 2º, deve-se dizer que aqueles que confessam seus males não são amados por causa dos próprios males, mas pelo fato de os confessarem, pois confessar os próprios males tem razão de bem, porque exclui a mentira ou a simulação[b].

QUANTO AO 3º, deve-se dizer que o belo é idêntico ao bem[c] mas possui uma diferença de razão. De fato, sendo o bem *o que todos desejam*, é de sua razão acalmar o apetite. Ao passo que é da razão do belo acalmar o apetite com sua vista ou conhecimento. Por isso referem-se principalmente ao belo os sentidos mais cognoscitivos, a saber, a vista e o ouvido, que servem à razão. Assim, dizemos, belas vistas e belos sons. Ao contrário, com respeito aos sensíveis dos outros sentidos não usamos a palavra beleza, pois não dizemos belos sabores, nem belos odores. Fica claro, pois, que o belo acrescenta ao bem uma certa ordem à potência cognoscitiva, de modo que o bem se chama o que agrada de modo absoluto ao apetite, e belo aquilo cuja apreensão agrada.

ARTICULUS 2
Utrum cognitio sit causa amoris

AD SECUNDUM SIC PROCEDITUR. Videtur quod cognitio non sit causa amoris.

1. Quod enim aliquid quaeratur, hoc contingit ex amore. Sed aliqua quaeruntur quae nesciuntur, sicut scientiae: cum enim in his *idem sit eas habere quod eas nosse*, ut Augustinus dicit in libro Octoginta trium Quaest.[1], si cognoscerentur, haberentur, et non quaererentur. Ergo cognitio non est causa amoris.

ARTIGO 2
O conhecimento é causa do amor?

QUANTO AO SEGUNDO, ASSIM SE PROCEDE: parece que o conhecimento **não** é causa do amor.

1. Com efeito, o fato de se buscar algo provém do amor. Ora, buscamos coisas que não conhecemos, como as ciências, e como neste caso *é o mesmo possuí-las e conhecê-las*, segundo diz Agostinho, se as conhecêssemos, as possuiríamos e não as buscaríamos. Logo, o conhecimento não é causa do amor.

---

2 PARALL.: II-II, q. 26, a. 2, ad 1; I *Sent.*, dist. 15, q. 4, a. 1, ad 3.
   1. Q. 35, n. 1: ML 40, 24.

   b. Afirmação que merece reflexão: é bom expressar o mal que há em si na medida em que é bom libertar-se de seus comportamentos habituais, nos quais contamos para nós mentiras (*fictiones*, no texto de Sto. Tomás), nos quais fazemos de conta (*simulationes*), nos quais nos embalamos em ilusões sobre nós mesmos. Essa exigência de verdade não deixa de ter alguma relação com a do tratamento psicanalítico.
   c. Essa identidade ontológica entre belo e bem (e verdadeiro) entra na linha da tradição grega e cristã. Observe-se a diferença entre essas duas noções: o bem desperta o desejo de posse e o belo apenas o da visão ou da audição. O belo é aquilo no qual a visão, a audição ou a percepção são fontes de prazer (ver I, q. 5, a. 4, r. 1). É aí que reside o fundamento da estética de Sto. Tomás e também de sua moral.

2. PRAETEREA, eiusdem rationis videtur esse quod aliquid incognitum ametur, et quod aliquid ametur plus quam cognoscatur. Sed aliqua amantur plus quam cognoscantur: sicut Deus, qui in hac vita potest per seipsum amari, non autem per seipsum cognosci. Ergo cognitio non est causa amoris.

3. PRAETEREA, si cognitio esset causa amoris, non posset inveniri amor ubi non est cognitio. Sed in omnibus rebus invenitur amor, ut dicit Dionysius in 4 cap. *de Div. Nom.*[2]: nom autem in omnibus invenitur cognitio. Ergo cognitio non est causa amoris.

SED CONTRA est quod Augustinus probat, in X *de Trin.*[3], quod *nullus potest amare aliquid incognitum*.

RESPONDEO dicendum quod, sicut dictum est[4], bonum est causa amoris per modum obiecti. Bonum autem non est obiectum appetitus, nisi prout est apprehensum. Et ideo amor requirit aliquam apprehensionem boni quod amatur. Et propter hoc Philosophus dicit, IX *Ethic.*[5], quod visio corporalis est principium amoris sensitivi. Et similiter contemplatio spiritualis pulchritudinis vel bonitatis, est principium amoris spiritualis. Sic igitur cognitio est causa amoris, ea ratione qua et bonum, quod non potest amari nisi cognitum.

AD PRIMUM ergo dicendum quod ille qui quaerit scientiam, non omnino ignorat eam: sed secundum aliquid eam praecognoscit, vel in universali, vel in aliquo eius effectu, vel per hoc quod audit eam laudari, ut Augustinus dicit, X *de Trin.*[6]. Sic autem eam cognoscere non est eam habere; sed cognoscere eam perfecte.

AD SECUNDUM dicendum quod aliquid requiritur ad perfectionem cognitionis, quod non requiritur ad perfectionem amoris. Cognitio enim ad rationem pertinet, cuius est distinguere inter ea quae secundum rem sunt coniuncta, et componere quodammodo ea quae sunt diversa, unum alteri comparando. Et ideo ad perfectionem cognitionis requiritur quod homo cognoscat singillatim quidquid est in re, sicut partes et virtutes et proprietates. Sed amor est in vi appetitiva, quae respicit rem secundum quod in se est. Unde ad perfectionem amoris sufficit quod res prout in se

2. ADEMAIS, parece haver a mesma razão para que se ame algo desconhecido e para que algo seja mais amado que conhecido. Ora, algumas coisas são mais amadas do que conhecidas, como Deus, que nesta vida pode ser amado em si mesmo, mas não conhecido em si mesmo. Logo, o conhecimento não é causa do amor.

3. ALÉM DISSO, se o conhecimento fosse causa do amor, este não se encontraria onde não houvesse conhecimento. Ora, o amor se encontra em todas as coisas, como diz Dionísio, mas não em todas se encontra conhecimento. Logo, este não é causa do amor.

EM SENTIDO CONTRÁRIO, está o que prova Agostinho: que "ninguém pode amar algo desconhecido".

RESPONDO. O bem é causa do amor como objeto, como já foi dito. Ora, o bem não é objeto do apetite senão quando apreendido. Logo, o amor requer uma apreensão do bem que se ama. Por isso, diz o Filósofo, no livro X da *Ética*, que a visão corporal é o princípio do amor sensitivo. De modo semelhante, a contemplação espiritual da beleza ou da bondade é o princípio do amor espiritual. Desse modo, o conhecimento é causa do amor pela mesma razão pela qual o é o bem, que não pode ser amado se não for conhecido.

QUANTO AO 1º, portanto, deve-se dizer que quem busca a ciência não a desconhece totalmente, mas de certo modo já tem dela algum conhecimento, quer de modo geral ou por algum de seus efeitos, ou por ouvir alguém que a enaltece, como diz Agostinho. Daí que possuí-la não é conhecê-la desse modo, mas sim de modo perfeito.

QUANTO AO 2º, deve-se dizer que para a perfeição do conhecimento se requer algo que não se requer para a perfeição do amor. De fato, o conhecimento pertence à razão, da qual é próprio distinguir o que está unido na realidade e juntar de certo modo o que é diverso, comparando uma coisa com outra. Por isso, para a perfeição do conhecimento se requer que o homem conheça em particular tudo o que há na coisa, como as partes, as potências e as propriedades. Mas o amor está na potência apetitiva, que visa a coisa como é em si[d]. Daí que para a perfeição do amor baste que

---

2. MG 3, 708 A.
3. C. 1, n. 1: ML 42, 971.
4. Art. praec.
5. C. 5: 1167, a, 3-10; c. 12: 1171, b, 29-32.
6. Loc. cit.: ML 42, 974.

d. Só se pode conhecer uma realidade fazendo uma ideia da mesma, e cada um segundo sua maneira de perceber e de pensar, que é simultaneamente pessoal e cultural. Deve-se evitar, contudo, tomar sua ideia pela realidade, da qual ela é apenas

apprehenditur, ametur. Ob hoc ergo contingit quod aliquid plus amatur quam cognoscatur: quia potest perfecte amari, etiam si non perfecte cognoscatur. Sicut maxime patet in scientiis, quas aliqui amant propter aliquam summariam cognitionem quam de eis habent: puta quod sciunt rhetoricam esse scientiam per quam homo potest persuadere, et hoc in rhetorica amant. Et similiter est dicendum circa amorem Dei.

AD TERTIUM dicendum quod etiam amor naturalis, qui est in omnibus rebus, causatur ex aliqua cognitione, non quidem in ipsis rebus naturalibus existente, sed in eo qui naturam instituit, ut supra[7] dictum est.

se ame a coisa segundo se apreende em si mesma. Por essa razão sucede que uma coisa é mais amada do que conhecida, porque pode ser amada perfeitamente, se bem que não seja perfeitamente conhecida. Como fica claro, sobretudo nas ciências, que alguns amam por um certo conhecimento geral que têm delas. Por exemplo, sabendo que a retórica é uma ciência pela qual o homem pode persuadir, amam nela essa qualidade. Algo semelhante se deve dizer sobre o amor de Deus.

QUANTO AO 3º, deve-se dizer que também o amor natural, existente em todas as coisas, é causado por algum conhecimento não existente nas coisas naturais, mas no autor da natureza, como acima foi dito.

ARTICULUS 3
Utrum similitudo sit causa amoris

AD TERTIUM SIC PROCEDITUR. Videtur quod similitudo non sit causa amoris.
1. Idem enim non est causa contrariorum. Sed similitudo est causa odii dicitur enim Pr 13,10, quod *inter superbos semper sunt iurgia*; et Philosophus dicit, in VIII *Ethic.*[1], quod *figuli corrixantur ad invicem*. Ergo similitudo non est causa amoris.
2. PRAETEREA, Augustinus dicit, in IV *Confess.*[2], quod *aliquis amat in alio quod esse non vellet: sicut homo amat histrionem, qui non vellet esse histrio.* Hoc autem non contingeret, si similitudo esset propria causa amoris: sic enim homo amaret in altero quod ipse haberet, vel vellet habere. Ergo similitudo non est causa amoris.
3. PRAETEREA, quilibet homo amat id quo indiget, etiam si illud non habeat: sicut infirmus amat sanitatem, et pauper amat divitias. Sed inquantum indiget et caret eis, habet dissimilitudinem ad ipsa. Ergo non solum similitudo, sed etiam dissimilitudo est causa amoris.
4. PRAETEREA, Philosophus dicit, in II *Rhetoric.*[3], quod *beneficos in pecunias et salutem*

ARTIGO 3
A semelhança é causa do amor?

QUANTO AO TERCEIRO, ASSIM SE PROCEDE: parece que a semelhança **não** é causa do amor.
1. Com efeito, uma mesma coisa não é causa dos contrários. Ora, a semelhança é causa do ódio, pois diz o livro dos *Provérbios* que, "entre os soberbos, sempre há contendas", e o Filósofo diz, no livro VIII da *Ética*, que "os oleiros brigam entre si". Logo, a semelhança não é causa do amor.
2. ADEMAIS, diz Agostinho que "alguém ama no outro o que não quisera ser, como o homem que ama um histrião sem querer sê-lo". Ora, isto não sucederia se a semelhança fosse causa própria do amor, já que nesse caso o homem amaria em outrem o que ele mesmo teria, ou quisesse ter. Logo, a semelhança não é causa do amor.
3. ALÉM DISSO, cada homem ama o de que necessita, apesar de não o ter, como o doente ama a saúde e o pobre as riquezas. Ora, enquanto necessita e carece delas, há nele dessemelhança para com as mesmas. Logo, não somente a semelhança, mas também a dessemelhança, é causa do amor.
4. ADEMAIS, ainda o Filósofo diz, no livro II da *Retórica*, que "amamos os que nos benefi-

---

7. Q. 26, a. 1.

3 PARALL.: III *Sent.*, dist. 27, q. 1, a. 1, ad 3; *De Hebdom.*, lect. 1; in *Ioan.*, c. 15, lect. 4; VIII *Ethic.*, lect. 1.

1. C. 2: 1155, a, 35-b, 1.
2. C. 14: ML 32, 702.
3. C. 4: 1381, a, 20-21; b, 24-26.

---

uma representação que requer ser superada. É o que faz o amor que, ele sim é "realista": é atraído e tende para a realidade tal como é. O amor de um bem pode ser considerado perfeito, ou seja, completo, mesmo que o conhecimento que se tenha do mesmo não seja perfeito. O teólogo não deixa de aplicar essa verdade, que se verifica em todos os amores humanos, conjugais, paternos, filiais e amicais, ao amor de Deus.

amamus: et similiter eos qui circa mortuos servant amicitiam, omnes diligunt. Non autem omnes sunt tales. Ergo similitudo non est causa amoris.

SED CONTRA est quod dicitur Eccli 13,19: *Omne animal diligit simile sibi.*

RESPONDEO dicendum quod similitudo, proprie loquendo, est causa amoris. Sed considerandum est quod similitudo inter aliqua potest attendi dupliciter. Uno modo, ex hoc quod utrumque habet idem in actu: sicut duo habentes albedinem, dicuntur similes. Alio modo, ex hoc quod unum habet in potentia et in quadam inclinatione, illud quod aliud habet in actu: sicut si dicamus quod corpus grave existens extra suum locum, habet similitudinem cum corpore gravi in suo loco existenti. Vel etiam secundum quod potentia habet similitudinem ad actum ipsum: nam in ipsa potentia quodammodo est actus.

Primus ergo similitudinis modus causat amorem amicitiae, seu benevolentiae. Ex hoc enim quod aliqui duo sunt similes, quasi habentes unam formam, sunt quodammodo unum in forma illa: sicut duo homines sunt unum in specie humanitatis, et duo albi in albedine. Et ideo affectus unius tendit in alterum, sicut in unum sibi; et vult ei bonum sicut et sibi. — Sed secundus modus similitudinis causat amorem concupiscentiae, vel amicitiam utilis seu delectabilis. Quia unicuique existenti in potentia, inquantum huiusmodi, inest appetitus sui actus: et in eius consecutione delectatur, si sit sentiens et cognoscens.

Dictum est autem supra[4] quod in amore concupiscentiae amans proprie amat seipsum, cum vult illud bonum quod concupiscit. Magis autem unusquisque seipsum amat quam alium: quia sibi unus est in substantia, alteri vero in similitudine alicuius formae. Et ideo si ex eo quod est sibi similis in participatione formae, impediatur ipsemet a consecutione boni quod amat; efficitur ei odiosus, non inquantum est similis, sed inquantum est proprii boni impeditivus. Et propter hoc *figuli corrixantur ad invicem,* quia se invicem impediunt

ciam com dinheiro e saúde; e, do mesmo modo, todos amam os que guardam amizade para com os mortos". Ora, nem todos agem assim. Logo, a semelhança não é causa do amor.

EM SENTIDO CONTRÁRIO, diz o Eclesiástico: "Todo animal ama seu semelhante".

RESPONDO. A semelhança propriamente dita é causa do amor[e]. Devemos, contudo, considerar que a semelhança entre várias coisas pode ser considerada sob dois pontos de vista. Primeiro, porque uma e outra coisa têm o mesmo em ato; por exemplo, se diz que são semelhantes duas coisas brancas. Segundo, porque uma tem algo em potência e por certa inclinação o que outro tem em ato; por exemplo, se dizemos que um corpo pesado existente fora de seu lugar tem semelhança com um corpo pesado que está em seu lugar. Ou ainda, porque a potência tem semelhança com o ato mesmo, visto que na mesma potência está de certo modo o ato.

O primeiro modo de semelhança, portanto, causa o amor de amizade ou de benevolência, pois pelo fato de que duas pessoas são semelhantes, tendo a mesma forma, são por elas de certo modo, unificadas. Desse modo dois homens são um na espécie de humanidade e dois brancos na brancura. Daí que o afeto de um tende para o outro como uma só coisa consigo e lhe quer o bem como a si mesmo. — O segundo modo de semelhança causa o amor de concupiscência ou a amizade do útil ou deleitável. Isso porque tudo o que existe em potência, enquanto tal, tem o apetite de seu ato, e se possui sentido e conhecimento se deleita em sua consecução.

Foi dito acima, que no amor de concupiscência o amante propriamente se ama a si mesmo, quando quer o bem que deseja. Pois bem, cada qual se ama a si mesmo mais do que a outro, porque para si é uno na substância, ao passo que para o outro é uno na semelhança de alguma forma. Daí que, se, porque é semelhante a si na participação da forma, é impedido de conseguir o bem que ama, torna-se para ele odioso, não enquanto semelhante, mas enquanto impeditivo de seu próprio bem. Por essa razão *os oleiros brigam entre si,*

---

4. Q. 26, a. 4.

e. Traduz-se por semelhança o latim *similitudo,* que significa também relação, analogia. Tal semelhança, com efeito, deve ser compreendida de maneira analógica. Duas analogias são distinguidas aqui. A da amizade, ou "bem-querer", que se baseia sobre uma similaridade partilhada: "o que tu és, eu o sou também". Partilhamos o que temos em comum de "bom-e-belo". A outra analogia é aquela que se vive no desejo, da amizade útil ou agradável: "Desejo para mim o que não possuo, mas que tu possuis". O sujeito quer o bem para si.

in proprio lucro: et *inter superbos sunt iurgia*, quia se invicem impediunt in propria excellentia, quam concupiscunt.
Et per hoc patet responsio AD PRIMUM.

AD SECUNDUM dicendum quod in hoc etiam quod aliquis in altero amat quod in se non amat, invenitur ratio similitudinis secundum proportionalitatem: nam sicut se habet alius ad hoc quod in eo amatur, ita ipse se habet ad hoc quod in se amat. Puta si bonus cantor bonum amet scriptorem, attenditur ibi similitudo proportionis, secundum quod uterque habet quod convenit ei secundum suam artem.

AD TERTIUM dicendum quod ille qui amat hoc quo indiget, habet similitudinem ad id quod amat, sicut quod est potentia ad actum, ut dictum est[5].

AD QUARTUM dicendum quod secundum eandem similitudinem potentiae ad actum, ille qui non est liberalis, amat eum qui est liberalis, inquantum expectat ab eo aliquid quod desiderat. Et eadem ratio est de perseverante in amicitia ad eum qui non perseverat. Utrobique enim videtur esse amicitia propter utilitatem. — Vel dicendum quod, licet non omnes homines habeant huiusmodi virtutes secundum habitum completum, habent tamen ea secundum quaedam seminalia rationis, secundum quae, qui non habet virtutem, diligit virtuosum, tanquam suae naturali rationi conformem.

ARTICULUS 4
Utrum aliqua alia passionum animae sit causa amoris

AD QUARTUM SIC PROCEDITUR. Videtur quod aliqua alia passio possit esse causa amoris.

1. Dicit enim Philosophus, in VIII *Ethic.*[1], quod aliqui amantur propter delectationem. Sed delectatio est passio quaedam. Ergo aliqua alia passio est causa amoris.
2. PRAETEREA, desiderium quaedam passio est. Sed aliquos amamus propter desiderium alicuius quod ab eis expectamus: sicut apparet in omni amicitia quae est propter utilitatem. Ergo aliqua alia passio est causa amoris.

pois um impede o lucro do outro. *Há contendas entre os soberbos*, porque cada um é obstáculo à superioridade que deseja.

QUANTO AO 1º, fica clara a resposta pelo que foi exposto.

QUANTO AO 2º, deve-se dizer que no fato de alguém amar em outrem o que não ama em si, se encontra a razão de semelhança segundo proporcionalidade. Pois, a mesma proporção existente entre alguém e aquilo que os outros amam nele, há entre ele e o que em si mesmo ama. Por exemplo, se um bom cantor ama um bom escritor, considera-se que aí há semelhança de proporção na medida em que cada um tem o que lhe convém conforme sua arte.

QUANTO AO 3º, deve-se dizer que quem ama o de que necessita tem semelhança com o que ama, assim como o que está em potência para o ato, como foi dito.

QUANTO AO 4º, deve-se dizer que segundo a mesma semelhança da potência com o ato, quem não é liberal ama aquele que é, por esperar deste último algo que deseja. E a mesma razão explica quem persevera na amizade em relação com quem não persevera, pois em um e outro caso a amizade parece existir por ser útil. — Ou então, se deve dizer que embora nem todos os homens tenham essas virtudes enquanto hábito completo, eles as têm enquanto sementes da razão, pelas quais quem não tem a virtude ama o virtuoso, como sendo conforme à sua razão natural.

ARTIGO 4
Alguma outra paixão da alma é causa do amor?

QUANTO AO QUARTO, ASSIM SE PROCEDE: parece que alguma paixão da alma **pode ser** causa do amor.

1. Com efeito, diz o Filósofo, no livro VIII da *Ética*, que alguns são amados por causa do prazer. Ora, o prazer é uma paixão. Logo, alguma outra paixão é causa do amor.
2. ADEMAIS, o desejo é uma paixão. Ora, amamos alguns pelo desejo de algo que esperamos deles, como aparece em toda amizade que é por ser útil. Logo, alguma outra paixão é causa do amor.

---
5. In corp.

1. C. 3: 1156, a, 12.

3. PRAETEREA, Augustinus dicit, in X *de Trin.*[2]: *Cuius rei adipiscendae spem quisque non gerit, aut tepide amat, aut omnino non amat, quamvis quam pulchra sit videat.* Ergo spes etiam est causa amoris.

SED CONTRA est quod omnes alia affectiones animi ex amore causantur, ut Augustinus dicit, XIV *de Civ. Dei*[3].

RESPONDEO dicendum quod nulla alia passio animae est quae non praesupponat aliquem amorem. Cuius ratio est quia omnis alia passio animae vel importat motum ad aliquid, vel quietem in aliquo. Omnis autem motus in aliquid, vel quies in aliquo, ex aliqua connaturalitate vel coaptatione procedit: quae pertinet ad rationem amoris. Unde impossibile est quod aliqua alia passio animae sit causa universaliter omnis amoris. — Contingit tamen aliquam aliam passionem esse causam amoris alicuius: sicut etiam unum bonum est causa alterius.

AD PRIMUM ergo dicendum quod, cum aliquis amat aliquid propter delectationem, amor quidem ille causatur ex delectatione: sed delectatio illa iterum causatur ex alio amore praecedente; nullus enim delectatur nisi in re aliquo modo amata.

AD SECUNDUM dicendum quod desiderium rei alicuius semper praesupponit amorem illius rei. Sed desiderium alicuius rei potest esse causa ut res alia ametur: sicut qui desiderat pecuniam, amat propter hoc eum a quo pecuniam recipit.

AD TERTIUM dicendum quod spes causat vel auget amorem, et ratione delectationis, quia delectationem causat: et etiam ratione desiderii, quia spes desiderium fortificat, non enim ita intense desideramus quae non speramus. Sed tamen et ipsa spes est alicuius boni amati.

3. ALÉM DISSO, diz Agostinho: "Quem não nutre esperança de alcançar alguma coisa, ou ama fracamente, ou não ama de modo nenhum, embora reconheça quão bela seja". Logo, a esperança é também causa do amor.

EM SENTIDO CONTRÁRIO, todos as outras afeições do espírito são causadas pelo amor, como diz Agostinho.

RESPONDO. Não existe nenhuma outra paixão da alma que não pressuponha algum amor. A razão disto é que qualquer outra paixão da alma implica ou movimento ou descanso em relação a alguma coisa. Ora, todo movimento ou repouso procede de certa conaturalidade ou adequação, que pertence à razão do amor. Por isso, é impossível que alguma outra paixão da alma seja de modo universal, causa de todo amor. — Ocorre, porém, que alguma outra paixão seja causa de um amor, assim como um bem é causa de outro.

QUANTO AO 1º, portanto, deve-se dizer que quando alguém ama algo por prazer, tal amor é causado pelo prazer. Mas este prazer é, por sua vez, causado por outro amor precedente, pois ninguém se deleita senão em uma coisa, de algum modo, amada.

QUANTO AO 2º, deve-se dizer que o desejo de uma coisa pressupõe sempre o amor desta coisa. Mas, o desejo de uma coisa pode ser causa de se amar uma outra; por exemplo, o que deseja dinheiro ama por este motivo aquele de quem o recebe.

QUANTO AO 3º, deve-se dizer que a esperança causa ou aumenta o amor, não apenas pela razão do prazer, porque causa deleite, mas também pela razão do desejo, porque a esperança fortalece o desejo, pois não desejamos tão intensamente as coisas que não esperamos. Entretanto, a mesma esperança é de um bem amado.

---

2. C. 1: ML 42, 973.
3. C. 7, n. 2: ML 41, 410.

QUAESTIO XXVIII
DE EFFECTIBUS AMORIS
in sex articulos divisa

Deinde considerandum est de effectibus amoris. Et circa hoc quaeruntur sex.
Primo: utrum unio sit effectus amoris.
Secundo: utrum mutua inhaesio.
Tertio: utrum extasis sit effectus amoris.
Quarto: utrum zelus.

QUESTÃO 28
OS EFEITOS DO AMOR
em seis artigos

Devemos tratar agora dos efeitos do amor. Sobre esta questão, são seis as perguntas:
1. A união é efeito do amor?
2. A mútua união?
3. O êxtase?
4. O ciúme?

Quinto: utrum amor sit passio laesiva amantis.
Sexto: utrum amor sit causa omnium quae amans agit.

Articulus 1
Utrum unio sit effectus amoris

Ad primum sic proceditur. Videtur quod unio non sit effectus amoris.
1. Absentia enim unioni repugnat. Sed amor compatitur secum absentiam: dicit enim Apostolus, *ad Gl 4,18: Bonum aemulamini in bono semper* (loquens de seipso, ut Glossa[1] dicit), *et non tantum cum praesens sum apud vos.* Ergo unio non est effectus amoris.
2. Praeterea, omnis unio aut est per essentiam, sicut forma unitur materiae, et accidens subiecto, et pars toti vel alteri parti ad constitutionem totius: aut est per similitudinem vel generis, vel speciei, vel accidentis. Sed amor non causat unionem essentiae: alioquin nunquam haberetur amor ad ea quae sunt per essentiam divisa. Unionem autem quae est per similitudinem, amor non causat, sed magis ab ea causatur, ut dictum est[2]. Ergo unio non est effectus amoris.
3. Praeterea, sensus in actu fit sensibile in actu, et intellectus in actu fit intellectum in actu. Non autem amans in actu fit amatum in actu. Ergo unio magis est effectus cognitionis quam amoris.

Sed contra est quod dicit Dionysius, 4 cap. *de Div. Nom.*[3], quod amor quilibet est *virtus unitiva*.

Respondeo dicendum quod duplex est unio amantis ad amatum. Una quidem secundum rem: puta cum amatum praesentialiter adest amanti. — Alia vero secundum affectum. Quae quidem unio consideranda est ex apprehensione praecedente: nam motus appetitivus sequitur apprehensionem. Cum autem sit duplex amor, scilicet concupiscentiae et amicitiae, uterque procedit ex quadam apprehensione unitatis amati ad amantem. Cum enim aliquis amat aliquid quasi concupiscens illud, apprehendit illud quasi pertinens ad suum bene esse. Similiter cum aliquis amat aliquem amore amicitiae, vult ei bonum sicut et sibi vult bonum: unde apprehendit eum ut alterum se, inquantum scilicet vult ei bonum sicut et sibi ipsi. Et inde est

Artigo 1
A união é efeito do amor?

Quanto ao primeiro artigo, assim se procede: parece que a união **não** é efeito do amor.
1. Com efeito, a ausência se opõe à união. Ora, o amor é compatível com a ausência, como diz o Apóstolo na Carta aos Gálatas: "Procurai o bem sempre no bem, (referindo-se a si mesmo, segundo a Glosa), e não somente quando estou presente entre vós. Logo, a união não é efeito do amor.
2. Além disso, toda união, ou é essencial, como a forma se une à matéria e o acidente ao sujeito, e a parte ao todo ou a outra parte para constituir o todo; ou é, por semelhança genérica, específica ou acidental. Ora, o amor não causa a união de essência, do contrário nunca haveria amor por coisas divididas essencialmente. Tampouco causa a união baseada na semelhança, antes, é por ela causado, como foi dito. Logo, a união não é efeito do amor.
3. Ademais, o sentido em ato se torna o sensível em ato, e o intelecto em ato se torna o objeto inteligido em ato. Ora, o amante em ato não se torna o amado em ato. Logo, a união é mais efeito do conhecimento do que do amor.

Em sentido contrário, diz Dionísio que todo amor é "virtude unitiva".

Respondo. A união entre amante e amado se dá de duas maneiras. Uma real, por exemplo, quando o amado está presencialmente junto ao amante. — Uma outra, segundo o afeto. E esta deve ser considerada pela apreensão que a precede, pois o movimento apetitivo segue-se à apreensão. Ora, sendo o amor de duas espécies, de concupiscência e de amizade, ambos procedem de certa apreensão de unidade entre o amado e o amante. De fato, quando alguém ama algo com amor de concupiscência, o apreende como necessário a seu bem-estar. Do mesmo modo, quem ama alguém por amor de amizade quer-lhe o bem que quer para si mesmo, e por isso o apreende como outro eu, isto é, enquanto quer o bem para ele como para si

---

1 Parall.: Part. I, q. 20, a. 1, ad 3; supra q. 25, a. 2, ad 2; III *Sent.*, dist. 27, q. 1, a. 1; *De Div. Nom.*, c. 4, lect. 12.

1. Interl.; Lombardi: ML, 192, 145-A.
2. Q. 27, a. 3.
3. MG 3, 709 C, 713 B.

quod amicus dicitur esse *alter ipse*: et Augustinus dicit, in IV *Confess.*⁴: *Bene quidam dixit de amico suo, dimidium animae suae*.

Primam ergo unionem amor facit effective: quia movet ad desiderandum et quaerendum praesentiam amati, quasi sibi convenientis et ad se pertinentis. Secundam autem unionem facit formaliter: quia ipse amor est talis unio vel nexus. Unde Augustinus dicit, in VIII *de Trin*.⁵, quod amor est quasi *vita quaedam duo aliqua copulans, vel copulare appetens, amantem scilicet et quod amatur*. Quod enim dicit *copulans*, refertur ad unionem affectus, sine qua non est amor: quod vero dicit *copulare intendens*, pertinet ad unionem realem.

AD PRIMUM ergo dicendum quod obiectio illa procedit de unione reali. Quam quidem requirit delectatio sicut causam: desiderium vero est in reali absentia amati: amor vero et in absentia et in praesentia.

AD SECUNDUM dicendum quod unio tripliciter se habet ad amorem. Quaedam enim unio est causa amoris. Et haec quidem est unio substantialis, quantum ad amorem quo quis amat seipsum: quantum vero ad amorem quo quis amat alia, est unio similitudinis, ut dictum est⁶. — Quaedam vero unio est essentialiter ipse amor. Et haec est unio secundum coaptationem affectus. Quae quidem assimilatur unioni substantiali, inquantum amans se habet ad amatum, in amore quidem amicitiae, ut ad seipsum; in amore autem concupiscentiae, ut ad aliquid sui. — Quaedam vero unio est effectus amoris. Et haec est unio realis, quam amans quaerit de re amata. Et haec quidem unio est secundum convenientiam amoris: ut enim Philosophus refert, II *Politic*.⁷, *Aristophanes dixit quod amantes desiderarent ex ambobus fieri unum*: sed quia *ex hoc accideret aut ambos aut alterum corrumpi*, quaerunt unionem quae convenit et decet; ut scilicet simul conversentur, et simul colloquantur, et in aliis huiusmodi coniungantur.

AD TERTIUM dicendum quod cognitio perficitur per hoc quod cognitum unitur cognoscenti secundum suam similitudinem. Sed amor facit quod ipsa res quae amatur, amanti aliquo modo uniatur, ut

mesmo. Por isso se diz que o amigo é um *outro eu*. Agostinho diz: "Bem disse alguém de seu amigo que era a metade de sua alma".

Logo, o amor faz a primeira união efetivamente, porque move a desejar e buscar a presença do amado, como algo que lhe convém e lhe pertence. Mas, a segunda união a faz formalmenteᵃ, porque o amor em si mesmo consiste nessa união ou vínculo. Por isso, Agostinho diz que o amor é quase "um laço que une ou tende a unir duas coisas, o amante e o amado", referindo-se o *une* à união do afeto, sem a qual não há amor; e *tende a unir*, à união real.

QUANTO AO 1º, portanto, deve-se dizer que a objeção procede da união real, a esta o prazer requer como causa, mas o desejo se dá na ausência real do amado e o amor tanto em sua ausência como em sua presença.

QUANTO AO 2º, deve-se dizer que a união se refere ao amor de três maneiras. Uma união é causa do amor. E esta é união substancial quanto ao amor pelo qual alguém ama a si mesmo. É, porém, união de semelhança quanto ao amor pelo qual alguém ama as outras coisas, segundo foi dito. — Outra união é essencialmente o próprio amor. E esta é união segundo a mútua adaptação do afeto, e se assemelha à união substancial, enquanto o amante, no amor de amizade, se ordena ao amado como a si mesmo, e no amor de concupiscência, como a algo seu. — Outra união é efeito do amor. E esta é união real, que o amante busca na coisa amada. Esta união se funda na conveniência do amor, pois, como refere o Filósofo, no livro II da *Política*, Aristófanes disse que "os amantes desejariam fazer-se uma só coisa de ambos", mas, como isso resultaria "na destruição de ambos e de cada um deles", buscam a união que é conveniente e própria, ou seja, que juntos vivam, conversem e estejam unidos em outras coisas semelhantes.

QUANTO AO 3º, deve-se dizer que o conhecimento é perfeito pelo fato de o que é conhecido unir-se ao que conhece segundo sua semelhança. O amor, porém, faz com que a mesma coisa que

---

4. C. 6: ML 32, 698.
5. C. 10: ML 42, 960.
6. Q. 27, a. 3.
7. C. 1: 1262, b, 11-16.

---

a. O amor produz a união na forma de uma causa eficiente: é o que ela faz, a sua eficácia. E a causa formal dessa união: é sua natureza, o que ela tem de específico.

dictum est[8]. Unde amor est magis unitivus quam cognitio.

ARTICULUS 2
Utrum mutua inhaesio sit effectus amoris

AD SECUNDUM SIC PROCEDITUR. Videtur quod amor non causet mutuam inhaesionem, ut scilicet amans sit in amato, et e converso.
1. Quod enim est in altero, continetur in eo. Sed non potest idem esse continens et contentium. Ergo per amorem non potest causari mutua inhaesio, ut amatum sit in amante et e converso.

2. PRAETEREA, nihil potest penetrare in interiora alicuius integri, nisi per aliquam divisionem. Sed dividere quae sunt secundum rem coniuncta, non pertinet ad appetitum, in quo est amor, sed ad rationem. Ergo mutua inhaesio non est effectus amoris.

3. PRAETEREA, si per amorem amans est in amato et e converso, sequetur quod hoc modo amatum uniatur amanti, sicut amans amato. Sed ipsa unio est amor, ut dictum est[1]. Ergo sequitur quod semper amans ametur ab amato: quod patet esse falsum. Non ergo mutua inhaesio est effectus amoris.

SED CONTRA est quod dicitur 1Io 4,16: *Qui manet in caritate, in Deo manet, et Deus in eo.* Caritas autem est amor Dei. Ergo, eadem ratione, quilibet amor facit amatum esse in amante, et e converso.

RESPONDEO dicendum quod iste effectus mutuae inhaesionis potest intelligi et quantum ad vim apprehensivam, et quantum ad vim appetitivam.
Nam quantum ad vim apprehensivam amatum dicitur esse in amante, inquantum amatum immoratur in apprehensione amantis; secundum illud Philp 1,7, *eo quod habeam vos in corde*. — Amans vero dicitur esse in amato secundum apprehensionem inquantum amans non est contentus superficiali apprehensione amati, sed nititur singula quae ad amatum pertinent intrinsecus disquirere, et sic ad interiora eius ingreditur. Sicut de Spiritu

ARTIGO 2
A mútua inerência é efeito do amor?

QUANTO AO SEGUNDO, ASSIM SE PROCEDE: parece que a mútua inerência **não** é efeito do amor.

1. Com efeito, o que está no outro, está contido nele. Ora, o mesmo não pode ser continente e conteúdo. Logo, a mútua inerência não pode ser causada pelo amor, de modo que o amado esteja no amante e vice-versa.

2. ADEMAIS, nada pode penetrar no interior de alguma coisa inteira a não ser mediante uma divisão. Ora, dividir as coisas que estão unidas na realidade não pertence ao apetite, no qual está o amor, mas à razão. Logo, a mútua inerência não é efeito do amor.

3. ALÉM DISSO, se pelo amor o amante está no amado e vice-versa, conclui-se que o amado se une ao amante do mesmo modo que o amante ao amado. Ora, a união mesma é o amor, como foi dito. Logo, se conclui que sempre o amante é amado pelo amado, o que evidentemente é falso. Logo, a mútua inerência não é efeito do amor.

EM SENTIDO CONTRÁRIO, diz a primeira Carta de João: "Quem permanece na caridade, permanece em Deus, e Deus nele". Ora, a caridade é amor de Deus. Logo, pela mesma razão, todo amor faz com que o amado esteja no amante e vice-versa.

RESPONDO. O efeito da mútua inerência, pode ser entendido com respeito à potência apreensiva e à apetitiva.
Com respeito à potência apreensiva, diz-se que o amado está no amante, enquanto o amante mora na apreensão daquele, conforme diz a Carta aos Filipenses: "Visto que vos tenho no coração". — Diz-se que o amante está no amado segundo a apreensão, enquanto não se contenta com uma apreensão superficial do amado, mas antes, se esforça por escrutar interiormente cada uma das coisas que pertencem ao amado, e assim penetra

---

8. In c et ad 2.

1. Art. praec.

---

b. O sujeito cognoscente faz para si uma ideia da realidade, de acordo com o que ele é (a sua maneira de conhecer): ele a atrai a si. O sujeito que ama se deixa assimilar à realidade tal como é. O conhecimento é "idealista", o amor é "realista". Disso provém o fato de que seja mais "intuitivo" que o conhecimento especulativo. Isto será desenvolvido no artigo que se segue.

Sancto, qui est amor Dei, dicitur, 1Cor 2,10, quod *scrutatur etiam profunda Dei*.

Sed secundum ad vim appetitivam, amatum dicitur esse in amante, prout est per quandam complacentiam in eius affectu: ut vel delectetur in eo, aut in bonis eius, apud praesentiam; vel in absentia, per desiderium tendat in ipsum amatum per amorem concupiscentiae; vel in bona quae vult amato, per amorem amicitiae; non quidem ex aliqua extrinseca causa, sicut cum aliquis desiderat aliquid propter alterum, vel cum aliquis vult bonum alteri propter aliquid aliud; sed propter complacentiam amati interius radicatam. Unde et amor dicitur *intimus*; et dicuntur *viscera caritatis*. — E converso autem amans est in amato aliter quidem per amorem concupiscentiae, aliter per amorem amicitiae. Amor namque concupiscentiae non requiescit in quacumque extrinseca aut superficiali adeptione vel fruitione amati: sed quaerit amatum perfecte habere, quasi ad intima illius perveniens. In amore vero amicitiae, amans est in amato, inquantum reputat bona vel mala amici sicut sua, et voluntatem amici sicut suam, ut quasi ipse in suo amico videatur bona vel mala pati, et affici. Et propter hoc, proprium est amicorum *eadem velle, et in eodem tristari et gaudere*, secundum Philosophum, in IX *Ethic*.[2] et in II *Rhetoric*.[3] Ut sic, inquantum quae sunt amici aestimat sua, amans videatur esse in amato, quasi idem factus amato. Inquantum autem e converso vult et agit propter amicum sicut propter seipsum, quasi reputans amicum idem sibi, sic amatum est in amante.

Potest autem et tertio modo mutua inhaesio intelligi in amore amicitiae, secundum viam redamationis: inquantum mutuo se amant amici, et sibi invicem bona volunt et operantur.

AD PRIMUM ergo dicendum quod amatum continetur in amante, inquantum est impressum in affectu eius per quandam complacentiam. E

em sua intimidade. Nesse sentido, do Espírito Santo, que é o amor de Deus, diz a primeira Carta aos Coríntios que "sonda até as profundezas de Deus".

Com respeito à potência apetitiva, diz-se que o amado está no amante na medida em que está em seu afeto mediante certa complacência, de modo que em sua presença ou se deleita nele, ou em seus bens; ou, em sua ausência, tenda para ele pelo desejo do amor de concupiscência, ou para os bens que quer para o amado com amor de amizade; e não por alguma causa extrínseca[c], por exemplo, quando se deseja uma coisa por causa de outra, ou como quando se quer um bem para outro por alguma outra coisa, mas pela complacência no amado enraizada no interior. Daí que também o amor se chame *íntimo* e se fale de *entranhas de caridade*. — Ao contrário, o amante está no amado, de um modo, pelo amor de concupiscência, de outro, pelo amor de amizade. Pois, o amor de concupiscência não repousa em qualquer extrínseca ou superficial posse ou fruição do amado, mas busca possuí-lo perfeitamente, penetrando, por assim dizê-lo, até seu interior. Mas no amor de amizade, o amante está no amado, enquanto considera os bens ou males do amigo como seus e a vontade do amigo como sua, de modo que parece como se ele mesmo recebesse os bens e os males e fosse afetado no amigo. E por isso, segundo o Filósofo no livro IX da *Ética* e no II da *Retórica*, é próprio dos amigos "quererem as mesmas coisas e entristecerem-se ou alegrarem-se com elas". De modo que, enquanto considera seu o que é do amigo, o amante parece estar no amado como identificado com ele. E, ao contrário, enquanto quer e age pelo amigo como por si mesmo, considerando o amigo como uma mesma coisa consigo, então o amado está no amante.

De um terceiro modo, a mútua inerência pode ser entendida no amor de amizade, segundo a via da reciprocidade de amor, pela qual os amigos se amam mutuamente e querem e realizam o bem um para o outro.

QUANTO AO 1º, portanto, deve-se dizer que o amado está contido no amante, enquanto está impresso em seu afeto por uma certa complacência.

---

2. C. 3: 1165, b, 27-31.
3. C. 4: 1381, a, 3-6.

---

c. O amor de desejo ou de concupiscência busca enriquecer-se com o objeto amado, possuindo-o; é egocêntrico. O amor de amizade identifica-se à pessoa amada: sua alegria é partilhar a do outro. No primeiro caso, o motivo do amor é-lhe extrínseco, no sentido de que tal bem é desejado em razão de um outro; não o é por si mesmo. Trata-se de amizade útil ou agradável. Na amizade, pelo contrário, o outro é amado por si mesmo: está-se no nível do "belo e bom".

converso vero amans continetur in amato, inquantum amans sequitur aliquo modo illud quod est intimum amati. Nihil enim prohibet diverso modo esse aliquid continens et contentum: sicut genus continetur in specie et e converso.

AD SECUNDUM dicendum quod rationis apprehensio praecedit affectum amoris. Et ideo, sicut ratio disquirit, ita affectus amoris subintrat in amatum, ut ex dictis[4] patet.

AD TERTIUM dicendum quod illa ratio procedit de tertio modo mutuae inhaesionis, qui non invenitur in quolibet amore.

ARTICULUS 3
Utrum extasis sit effectus amoris

AD TERTIUM SIC PROCEDITUR. Videtur quod extasis non sit effectus amoris.
1. Extasis enim quandam alternationem importare videtur. Sed amor non semper facit alternationem: sunt enim amantes interdum sui compotes. Ergo amor non facit extasim.
2. PRAETEREA, amans desiderat amatum sibi uniri. Magis ergo amatum trahit ad se, quam etiam pergat in amatum, extra se exiens.
3. PRAETEREA, amor unit amatum amanti, sicut dictum est[1]. Si ergo amans extra se tendit, ut in amatum pergat, sequitur quod semper plus diligat amatum quam seipsum. Quod patet esse falsum. Non ergo extasis est effectus amoris.
SED CONTRA est quod Dionysius dicit, 4 cap. *de Div. Nom.*[2], quod *divinus amor extasim facit*: et quod *ipse Deus propter amorem est extasim passus*. Cum ergo quilibet amor sit quaedam similitudo participata divini amoris, ut ibidem[3] dicitur, videtur quod quilibet amor causet extasim.
RESPONDEO dicendum quod extasim pati aliquis dicitur, cum extra se ponitur. Quod quidem contingit et secundum vim apprehensivam, et secundum vim appetitivam. Secundum quidem vim apprehensivam aliquis dicitur extra se poni,

E, ao contrário, o amante está contido no amado, enquanto o amante se une de algum modo ao que é íntimo do amado. Nada impede que algo seja continente e conteúdo de modo diverso, como o gênero está contido na espécie e vice-versa.

QUANTO AO 2º, deve-se dizer que a apreensão da razão precede o afeto do amor. E, portanto, assim como a razão inquire, assim o afeto do amor penetra no que é amado, como está claro pelo que foi dito.

QUANTO AO 3º, deve-se dizer que o argumento procede a respeito do terceiro modo da mútua inerência, o qual não se encontra em todo amor.

ARTIGO 3
O êxtase é efeito do amor?

QUANTO AO TERCEIRO, ASSIM SE PROCEDE: parece que o êxtase **não** é efeito do amor.
1. Com efeito, o êxtase parece implicar certa alienação. Ora, o amor nem sempre produz alienação, pois os amantes são, às vezes, donos de si. Logo, o amor não produz êxtase.
2. ADEMAIS, o amante deseja que o amado se una a si. Portanto, mais o atrai para si do que tende para ele, saindo fora de si.
3. ALÉM DISSO, o amor une o amado ao amante como foi dito. Se, pois, o amante tende para fora de si em direção do amado, segue-se que sempre ama mais o amado do que a si mesmo. Isso é evidentemente falso. Logo, o êxtase não é efeito do amor.
EM SENTIDO CONTRÁRIO, diz Dionísio que "o amor divino produz o êxtase", e que "o próprio Deus, por causa do amor, sofreu êxtase". Logo, sendo todo amor uma semelhança participada do amor divino, como se diz na mesma citação, parece que qualquer amor causa êxtase.
RESPONDO. Diz-se que alguém sofre êxtase quando se põe fora de si[d]. Isso acontece segundo a potência apreensiva, e segundo a potência apetitiva. Segundo a potência apreensiva, diz-se que alguém se põe fora de si, quando se põe fora

---

4. In corp.

3 PARALL.: II-II, q. 175, a. 2; III *Sent.*, dist. 27, q. 1, a. 1, ad 4; II *Cor.*, c. 12, lect. 1; *De Div. Nom.*, c. 4, lect. 10.

1. Art. 1.
2. MG 3, 712 A.
3. L. cit.

---

d. Há diversas maneiras de estar "fora de si" (sentido etimológico do êxtase). Aquelas que nos interessam aqui são as que o amor produz. Uma é a maneira do desejo que, afinal de contas, é uma espécie de alienação do sujeito. Outro, o êxtase do conhecimento alto e elevado, que transcende os sentidos e a razão. Outra, o êxtase do amor de amizade, que vive para a felicidade do outro.

quando ponitur extra cognitionem sibi propriam: vel quia ad superiorem sublimatur, sicut homo, dum elevatur ad comprehendenda aliqua quae sunt supra sensum et rationem, dicitur extasim pati, inquantum ponitur extra connaturalem apprehensionem rationis et sensus; vel quia ad inferiora deprimitur; puta, cum aliquis in furiam vel amentiam cadit, dicitur extasim passus. — Secundum appetitivam vero partem dicitur aliquis extasim pati, quando appetitus alicuius in alterum fertur, exiens quodammodo extra seipsum.

Primam quidem extasim facit amor dispositive, inquantum scilicet facit meditari de amato, ut dictum est[4]: intensa autem meditatio unius abstrahit ab aliis. — Sed secundum extasim facit amor directe: simpliciter quidem amor amicitiae; amor autem concupiscentiae non simpliciter, sed secundum quid. Nam in amore concupiscentiae, quodammodo fertur amans extra seipsum: inquantum scilicet, non contentus gaudere de bono quod habet, quaerit frui aliquo extra se. Sed quia illud extrinsecum bonum quaerit sibi habere, non exit simpliciter extra se, sed talis affectio in fine infra ipsum concluditur. Sed in amore amicitiae, affectus alicuius simpliciter exit extra se: quia vult amico bonum, et operatur, quasi gerens curam et providentiam ipsius, propter ipsum amicum.

AD PRIMUM ergo dicendum quod illa ratio procedit de prima extasi.

AD SECUNDUM dicendum quod illa ratio procedit de amore concupiscentiae, qui non facit simpliciter extasim, ut dictum est[5].

AD TERTIUM dicendum quod ille qui amat, intantum extra se exit, inquantum vult bona amici et operatur. Non tamen vult bona amici magis quam sua. Unde non sequitur quod alterum plus quam se diligat.

do conhecimento que lhe é próprio, ou porque se eleva a um conhecimento superior, assim, se diz que um homem está em êxtase quando se eleva na compreensão de algumas coisas que ultrapassam o sentido e a razão, enquanto se põe fora da apreensão conatural da razão e do sentido; ou porque se rebaixa a coisas inferiores, por exemplo, quando alguém fica furioso ou demente, se diz que sofreu um êxtase. — Segundo a parte apetitiva se diz que alguém sofre êxtase quando seu apetite tende para o outro, saindo de certo modo fora de si mesmo.

O amor produz o primeiro êxtase por modo de disposição, isto é, enquanto faz meditar sobre o amado, como foi dito, e a meditação intensa de uma coisa afasta a mente das outras. — O segundo êxtase, o amor o produz diretamente: de maneira absoluta o amor de amizade, e não de modo absoluto, mas sob certo aspecto, o amor de concupiscência. Pois, no amor de concupiscência o amante é levado de algum modo para fora de si, a saber, enquanto não contente de gozar o bem que possui, busca a fruição de algo fora de si. Mas, porque procura ter este bem exterior para si, não sai absolutamente para fora de si, mas tal afeição ao fim termina em si mesmo. No amor de amizade, porém, a afeição de um sai absolutamente para fora dele, porque quer o bem para o amigo e trabalha por ele como se estivesse encarregado de prover às suas necessidades.

QUANTO AO 1º, portanto, deve-se dizer que o argumento procede do primeiro êxtase.

QUANTO AO 2º, deve-se dizer que o argumento procede com respeito ao amor de concupiscência, que não produz o êxtase de modo absoluto, como foi dito.

QUANTO AO 3º, deve-se dizer que quem ama sai para fora de si mesmo na medida em que quer o bem do amigo e o faz. Entretanto, não quer o bem do amigo mais do que os seus próprios. Por isso não se segue que ame o outro mais do que a si mesmo.

ARTICULUS 4
Utrum zelus sit effectus amoris

AD QUARTUM SIC PROCEDITUR. Videtur quod zelus non sit effectus amoris.

1. Zelus enim est contentionis principium: unde dicitur 1Cor 3,3: *Cum sit inter vos zelus et*

ARTIGO 4
O ciúme é efeito do amor?

QUANTO AO QUARTO, ASSIM SE PROCEDE: parece que o ciúme **não** é efeito do amor.

1. Com efeito, o ciúme é princípio de conflitos, pelo que diz a primeira Carta aos Coríntios:

---

4. Art. praec.
5. In corp.

PARALL.: in *Ioan.*, c. 2, lect. 2; I *Cor.*, c. 14, lect. 1; II, c. 11, lect. 1.

contentio, etc. Sed contentio repugnat amori. Ergo zelus non est effectus amoris.

2. Praeterea, obiectum amoris est bonum, quod est communicativum sui. Sed zelus repugnat communicationi: ad zelum enim pertinere videtur quod aliquis non patiatur consortium in amato; sicut viri dicuntur zelare uxores, quas nolunt habere communes cum ceteris. Ergo zelus non est effectus amoris.

3. Praeterea, zelus non est sine odio, sicut nec sine amore: dicitur enim in Ps 72,3: *Zelavi super iniquos*. Non ergo debet dici magis effectus amoris quam odii.

Sed contra est quod Dionysius dicit, 4 cap. *de Div. Nom.*[1], quod *Deus appelatur Zelotes propter multum amorem quem habet ad existentia*.

Respondeo dicendum quod zelus, quocumque modo sumatur, ex intensione amoris provenit. Manifestum est enim quod quanto aliqua virtus intensius tendit in aliquid, fortius etiam repellit omne contrarium vel repugnans. Cum igitur amor sit *quidam motus in amatum*, ut Augustinus dicit in libro *Octoginta trium Quaest.*[2], intensus amor quaerit excludere omne quod sibi repugnat.

Aliter tamen hoc contingit in amore concupiscentiae, et aliter in amore amicitiae. Nam in amore concupiscentiae, qui intense aliquid concupiscit, movetur contra omne illud quod repugnat consecutioni vel fruitioni quietae eius quod amatur. Et hoc modo viri dicuntur zelare uxores, ne per consortium aliorum impediatur singularitas quam in uxore quaerunt. Similiter etiam qui quaerunt excellentiam, moventur contra eos qui excellere videntur, quasi impedientes excellentiam eorum. Et iste est zelus invidiae, de quo dicitur in Ps 36,1: *Noli aemulari in malignatibus, neque zelaveris facientes iniquitatem*.

Amor autem amicitiae quaerit bonum amici: unde quando est intensus, facit hominem moveri contra omne illud quod repugnat bono amici. Et secundum hoc, aliquis dicitur zelare pro amico, quando, si qua dicuntur vel fiunt contra bonum amici, homo repellere studet. Et per hunc etiam modum aliquis dicitur zelare pro Deo, quando ea quae sunt contra honorem vel voluntatem Dei, repellere secundum posse conatur; secundum illud 3Reg 19,14, *Zelo zelatus sum pro Domino*

"Já que há entre vós ciúme e conflitos etc". Ora, conflito é contrário ao amor. Logo, o ciúme não é efeito do amor.

2. Ademais, o objeto do amor é o bem que é comunicativo de si mesmo. Ora, o ciúme é contrário à comunicação, pois parece ser próprio do ciúme que alguém não sofra a participação no que é amado, como se diz dos maridos que têm ciúme de suas esposas, por não quererem tê-las em comum com outros. Logo, o ciúme não é efeito do amor.

3. Além disso, não há ciúme sem ódio, como tampouco sem amor, pois, diz o Salmo 72: "Tinha ciúme dos iníquos". Logo, não deve ser considerado efeito mais do amor que do ódio.

Em sentido contrário, diz Dionísio que "Deus é chamado ciumento por causa do muito amor que tem pelo que existe".

Respondo. O ciúme, qualquer que seja o sentido, provém da intensidade do amor. Ora, é evidente que quanto mais intensamente uma potência tende para algo, mais fortemente repele o que lhe é contrário e incompatível. Assim, pois, sendo o amor "um movimento para o amado", como diz Agostinho, o amor intenso procura excluir tudo o que lhe é contrário.

Isso ocorre de maneira diferente no amor de concupiscência e no amor de amizade. No amor de concupiscência, o que deseja alguma coisa intensamente se move contra tudo o que é contrário à consecução ou fruição tranquila do que é amado. Desse modo diz-se que os maridos tem ciúme de suas esposas, para que a exclusividade que buscam ter delas não seja impedida pela participação de outros. Do mesmo modo também, os que buscam a excelência se movem contra os que são considerados excelentes, como se estes impedissem a excelência deles. E este é o ciúme da inveja, da qual se diz no Salmo 36: "Não tenhas inveja dos maus, nem ciúme dos criminosos".

O amor de amizade busca o bem do amigo; por isso, quando é intenso leva o homem a mover-se contra tudo o que é contrário ao bem do amigo. E nesse sentido diz-se que alguém tem ciúmes de seu amigo, quando procura rechaçar tudo o que se diz ou faz contra o bem do amigo. E desse modo também se diz que alguém tem ciúme da glória de Deus quando procura repelir segundo suas possibilidades o que é contra a honra ou a vontade de Deus, segundo o que diz o livro dos

---

1. MG 3, 712 B.
2. Q. 35: ML 40, 23.

exercituum. Et Io 2,17, super illud, "Zelus domus tuae comedit me", dicit Glossa[3] quod *bono zelo comeditur, qui quaelibet prava quae viderit, corrigere satagit; si nequit, tolerat et gemit*.

AD PRIMUM ergo dicendum quod Apostolus ibi loquitur de zelo invidiae; qui quidem est causa contentionis, non contra rem amatam, sed pro re amata contra impedimenta ipsius.

AD SECUNDUM dicendum quod bonum amatur inquantum est communicabile amanti. Unde omne illud quod perfectionem huius communicationis impedit, efficitur odiosum. Et sic ex amore boni zelus causatur. — Ex defectu autem bonitatis contingit quod quaedam parva bona non possunt integre simul possideri a multis. Et ex amore talium causatur zelus invidiae. Non autem proprie ex his quae integre possunt a multis possideri: nullus enim invidet alteri de cognitione veritatis, quae a multis integre cognosci potest; sed forte de excellentia circa cognitionem huius.

AD TERTIUM dicendum quod hoc ipsum quod aliquis odio habet ea quae repugnant amato, ex amore procedit. Unde zelus proprie ponitur effectus amoris magis quam odii.

ARTICULUS 5
Utrum amor sit passio laesiva amantis

AD QUINTUM SIC PROCEDITUR. Videtur quod amor sit passio laesiva.
1. Languor enim significat laesionem quandam languentis. Sed amor causat languorem: dicitur enim Ct 2,5: *Fulcite me floribus, stipate me malis, quia amore langueo*. Ergo amor est passio laesiva.

2. PRAETEREA, liquefactio est quaedam resolutio. Sed amor est liquefactivus: dicitur enim Ct

Reis: "Eu me consumo de ciúme pelo Senhor dos exércitos"; e sobre o que diz o Evangelho de João: "O zelo de tua casa me devorará", diz a Glosa que "é devorado pelo bom zelo que se esforça em corrigir qualquer mal que vê; e, se não o pode, tolera-o gemendo".

QUANTO AO 1º, portanto, deve-se dizer que o Apóstolo fala aqui do ciúme da inveja, que é, em verdade, causa de conflito, não contra a coisa amada, mas a favor dela e contra o que lhe serve de obstáculo

QUANTO AO 2º, deve-se dizer que o bem é amado enquanto comunicável ao amante. Por isso, tudo o que impede a perfeição dessa comunicação torna-se odioso. Assim, o ciúme é causado pelo amor do bem. — Acontece, porém, que por deficiência de bondade certos bens pequenos não podem ser possuídos integralmente por muitos simultaneamente. E o amor de tais bens causa o ciúme da inveja. Não propriamente os bens que integralmente podem ser possuídos por muitos. Assim, ninguém inveja outrem pelo conhecimento da verdade, que por muitos pode ser conhecida integralmente[e], a não ser, talvez, pela excelência de tal conhecimento.

QUANTO AO 3º, deve-se dizer que o fato de alguém ter ódio ao que é contrário ao amado procede do amor. Daí que o ciúme, propriamente falando, é afirmado como efeito, mais do amor que do ódio.

ARTIGO 5
O amor é paixão que fere o amante?

QUANTO AO QUINTO, ASSIM SE PROCEDE: parece que o amor é uma paixão que fere.
1. Com efeito, o desfalecimento significa certa ferida de quem desfalece. Ora, o amor causa desfalecimento, pois diz o livro dos Cânticos: "Confortai-me com flores, reforçai-me com maçãs, porque desfaleço de amor. Logo, o amor é uma paixão que fere.
2. ALÉM DISSO, derreter-se é dissolver-se. Ora, o amor causa derretimento, pois diz o livro dos

---

3. Glossa ordin.: ML 114, 365 B.
5 PARALL.: III *Sent*., dist. 27, q. 1, a. 1, ad 4.

e. Note-se essa aplicação das diferenças entre concupiscência (desejo) e amizade. No regime da concupiscência, os bens desejados somente podem ser possuídos por um, de onde surgem as invejas e conflitos. Na amizade, pelo contrário, pode haver partilha, cada um podendo adquirir totalmente o mesmo bem. Progredir do desejo à amizade é "passar da consumação do outro à comunhão... Quando a consumação pode tornar-se o signo da comunhão surge o homem" (Denis VASSE, Le Temps du désir [O Tempo do Desejo], Le Seuil, 1969, p. 64).

5,6: *Anima mea liquefacta est, ut dilectus meus locutus est*. Ergo amor est resolutivus. Est ergo corruptivus et laesivus.

3. PRAETEREA, fervor designat quendam excessum in caliditate, qui quidem excessus corruptivus est. Sed fervor causatur ex amore: Dionysius enim, 7 cap. *Cael. Hier.*[1], inter ceteras proprietates ad amorem Seraphim pertinentes, ponit *calidum* et *acutum* et *superfervens*. Et Ct 8,6, dicitur de amore quod *lampades eius* sunt *lampades ignis atque flammarum*. Ergo amor est passio laesiva et corruptiva.

SED CONTRA est quod dicit Dionysius, 4 cap. *de Div. Nom.*[2], quod *singula seipsa amant contentive*, idest conservative. Ergo amor non est passio laesiva, sed magis conservativa et perfectiva.

RESPONDEO dicendum quod, sicut supra[3] dictum est, amor significat coaptationem quandam appetitivae virtutis ad aliquod bonum. Nihil autem quod coaptatur ad aliquid quod est sibi conveniens, ex hoc ipso laeditur: sed magis, si sit possibile, proficit et melioratur. Quod vero coaptatur ad aliquid quod non est sibi conveniens, ex hoc ipso laeditur et deterioratur. Amor ergo boni convenientis est perfectivus et meliorativus amantis: amor autem boni quod non est conveniens amanti, est laesivus et deteriorativus amantis. Unde maxime homo perficitur et melioratur per amorem Dei: laeditur autem et deterioratur per amorem peccati, secundum illud Os 9,10: *Facti sunt abominabiles, sicut ea quae dilexerunt*.

Et hoc quidem dictum sit de amore, quantum ad id quod est formale in ipso, quod est scilicet ex parte appetitus. Quantum vero ad id quod est materiale in passione amoris, quod est immutatio aliqua corporalis, accidit quod amor sit laesivus propter excessum immutationis: sicut accidit in sensu, et in omni actu virtutis animae qui exercetur per aliquam immutationem organi corporalis.

Ad ea vero quae in contrarium OBIICIUNTUR, dicendum quod amori attribui possunt quatuor effectus proximi: scilicet liquefactio, fruitio, languor et fervor. Inter quae primum est *liquefactio*, quae opponitur congelationi. Ea enim quae sunt congelata, in seipsis constricta sunt, ut non possint de facili subintrationem alterius pati. Ad amorem

Cânticos: "Minha alma se derreteu assim que meu amado falou". Logo, o amor causa derretimento, e por isso corrompe e fere.

3. ALÉM DISSO, o fervor denota certo excesso de calor, e esse excesso corrompe. Ora, o fervor é causado pelo amor, pois Dionísio, entre as demais propriedades pertencentes ao amor dos serafins, afirma "o ardente, o agudo e o grande fervor". E no livro dos Cânticos se diz do amor que "suas tochas são tochas de fogo e de chamas". Logo, o amor é uma paixão que fere e corrompe.

EM SENTIDO CONTRÁRIO, diz Dionísio que "cada um se ama a si mesmo intensamente", isto é, procurando conservar-se. Logo, o amor não é uma paixão que fere, mas antes, conserva e aperfeiçoa.

RESPONDO. Como acima foi dito, o amor significa certa adequação da potência apetitiva a um bem. Mas nada que se adequa a uma coisa que lhe convém, sofre lesão por isso, mas se for possível, sai mais aperfeiçoado e melhorado. Ao contrário, quem se adequa a algo que não lhe convém fica ferido e pior. Ora, o amor do bem conveniente aperfeiçoa e melhora o amante, e o amor do bem que não convém ao amante fere-o e torna-o pior[f]. Daí que o homem se aperfeiçoe e melhore principalmente pelo amor de Deus, e se fira e se degrada pelo amor do pecado, conforme o livro de Oseias: "Tornaram-se abominação como as coisas que amaram".

Mas isso que acaba de ser dito refere-se ao que há de formal no amor, a saber, da parte do apetite. Quanto ao que é material na paixão do amor, que é alguma mudança corporal, acontece que o amor fere por excesso de mudança; por exemplo, no sentido e em todo ato de uma potência da alma que se exerce mediante alguma alteração do órgão corporal.

RESPOSTAS ÀS OBJEÇÕES. Ao amor se podem atribuir quatro efeitos próximos: derretimento, fruição, desfalecimento e fervor. O primeiro é o *derretimento* oposto à congelação. O que está congelado, é em si mesmo compacto, de modo que não pode ser facilmente penetrado por outra coisa. O amor, porém, dá ao apetite a adequação

---

1. MG 3, 205 BC.
2. MG 3, 708 A.
3. Q. 26, a. 1, 2; q. 27, a. 1.

f. As consequências de tal posição interessam à moral. O amor do bem que "convém" à natureza autêntica de um sujeito é o fato de sua realização. Só fere e degrada um sujeito o amor que não lhe convém realmente. Isto é válido para todo amor, mas, no homem, o que nele é psicossomático pode sofrer ferimentos, tanto na percepção sensorial quanto na afetividade.

autem pertinet quod appetitus coaptetur ad quandam receptionem boni amati, prout amatum est in amante, sicut iam supra[4] dictum est. Unde cordis congelatio vel duritia est dispositio repugnans amori. Sed liquefactio importat quandam mollificationem cordis, qua exhibet se cor habile ut amatum in ipsum subintret. — Si ergo amatum fuerit praesens et habitum, causatur delectatio sive *fruitio*. Si autem fuerit absens, consequuntur duae passiones: scilicet tristitia de absentia, quae significatur per *languorem* (unde et Tullius, in III *de Tusculanis Quaest*.[5], maxime tristitiam *aegritudinem* nominat; et intensum desiderium de consecutione amati, quod significatur per *fervorem*. — Et isti quidem sunt effectus amoris formaliter accepti, secundum habitudinem appetitivae virtutis ad obiectum. Sed in passione amoris, consequuntur aliqui effectus his proportionati, secundum immutationem organi.

para receber o bem amado, na medida em que este está no amante, como já foi dito. Daí que o congelamento ou a dureza de coração seja uma disposição que se opõe ao amor. Ao contrário, o derretimento implica certo amolecimento pelo qual o coração se torna apto a receber o amado. — Quando, pois, o amado está presente e é possuído se produz a fruição ou o prazer. Mas, se estiver ausente, seguem-se duas paixões, a saber: a tristeza, pela ausência, que é significada pelo termo *desfalecimento* (por isso Túlio chama a tristeza especialmente de *doença*); e o desejo intenso de possuir o amado, significado por *fervor*. E estes são, de fato, os efeitos do amor considerado formalmente, conforme a relação entre a potência apetitiva e seu objeto. Mas, na paixão do amor se seguem alguns efeitos proporcionados a estes, segundo a mudança do órgão.

Articulus 6
Utrum amor sit causa omnium quae amans agit

Ad sextum sic proceditur. Videtur quod amans non agat omnia ex amore.
1. Amor enim quaedam passio est, ut supra[1] dictum est. Sed non omnia quae agit homo, agit ex passione: sed quaedam agit ex electione, et quaedam ex ignorantia, ut dicitur in V *Ethic*.[2]. Ergo non omnia quae homo agit, agit ex amore.
2. Praeterea, appetitus est principium motus et actionis in omnibus animalibus, ut patet in III *de Anima*[3]. Si igitur omnia quae quis agit, agit ex amore, aliae passiones appetitivae partis erunt superfluae.
3. Praeterea, nihil causatur simul a contrariis causis. Sed quaedam fiunt ex odio. Non ergo omnia sunt ex amore.
Sed contra est quod Dionysius dicit, 4 cap. *de Div. Nom.*[4], quod *propter amorem boni omnia agunt quaecumque agunt*.
Respondeo dicendum quod omne agens agit propter finem aliquem, ut supra[5] dictum est. Finis

Artigo 6
O amor é causa de tudo o que o amante faz?

Quanto ao sexto, assim se procede: parece que o amante **não** faz tudo por amor.
1. Com efeito, o amor é uma paixão, como acima se disse. Ora, nem tudo o que o homem faz, o faz por paixão. Algumas coisas ele as faz por eleição, outras por ignorância, como se diz no livro III da *Ética*. Logo, nem tudo o que o homem faz, faz por amor.
2. Ademais, o apetite é princípio de movimento e de ação em todos os animais, como está claro no livro III da *Ética*. Se, pois, tudo o que alguém faz, faz por amor, as demais paixões da parte apetitiva são supérfluas.
3. Além disso, nada é causado simultaneamente por causas contrárias. Ora, algumas coisas se fazem por ódio. Logo, nem tudo é causado pelo amor.
Em sentido contrário, diz Dionísio que "tudo o que é feito, é feito por amor do bem".
Respondo. Quem age o faz por algum fim, como acima foi dito. Ora, o fim é para cada um

---

4. Art. 2.
5. C. 11: ed. Müller, Lipsiae 1889, p. 365, l. 27.

6 Parall.: III *Sent*., dist. 27, q. 1, a. 1.

1. Q. 26, a. 2.
2. C. 10: 1135, b, 21-25; 1136, a, 6-9.
3. C. 10: 433, a, 21-26.
4. MG 3, 708 A.
5. Q. 1, a. 2.

autem est bonum desideratum et amatum unicuique. Unde manifestum est quod omne agens, quodcumque sit, agit quamcumque actionem ex aliquo amore.

AD PRIMUM ergo dicendum quod obiectio illa procedit de amore qui est passio in appetitu sensitivo existens. Nos autem loquimur nunc de amore communiter accepto, prout comprehendit sub se amorem intellectualem, rationalem, animalem, naturalem: sic enim Dionysius loquitur de amore in 4 cap. *de Div. Nom.*[6].

AD SECUNDUM dicendum quod ex amore, sicut iam[7] dictum est, causantur et desiderium et tristitia et delectatio, et per consequens omnes aliae passiones. Unde omnis actio quae procedit ex quacumque passione, procedit etiam ex amore, sicut ex prima causa. Unde non superfluunt aliae passiones, quae sunt causae proximae.

AD TERTIUM dicendum quod odium etiam ex amore causatur, sicut infra[8] dicetur.

o bem desejado e amado. Logo, é evidente que todo agente, quem quer que seja, age por amor[g].

QUANTO AO 1º, portanto, deve-se dizer que esta objeção procede do amor como paixão existente no apetite sensitivo. Mas agora falamos do amor em geral, enquanto compreende em si o amor intelectual, racional, animal e natural. Desse modo Dionísio fala do amor.

QUANTO AO 2º, deve-se dizer que, como foi dito acima, o desejo, a tristeza, o prazer e, por consequência, todas as outras paixões são causadas pelo amor. Logo, toda ação procedente de qualquer paixão, procede também do amor como da causa primeira. Portanto, não são supérfluas as outras paixões, que são as causas próximas.

QUANTO AO 3º, deve-se dizer que o ódio também é causado pelo amor, como se dirá mais adiante.

6. MG 3, 713 AB.
7. A. praec. in resp. ad ob.; q. 27, a. 4.
8. Q. sq., a. 2.

g. Afirmação fundamental: tudo o que age só age porque ama, Sto. Tomás já o disse a respeito de Deus (I, q. 20). Ele a retomará com frequência a respeito do amor humano, sobretudo a respeito da "nova lei", a do Espírito Santo (I-II, q. 108, a. 1).

QUAESTIO XXIX
DE ODIO
in sex articulos divisa
Deinde considerandum est de odio.
Et circa hoc quaeruntur sex.
Primo: utrum causa et obiectum odii sit malum.
Secundo: utrum odium causetur ex amore.
Tertio: utrum odium sit fortius quam amor.
Quarto: utrum aliquis possit habere odio seipsum.
Quinto: utrum aliquis possit habere odio veritatem.
Sexto: utrum aliquid possit haberi odio in universali.

QUESTÃO 29
O ÓDIO[a]
em seis artigos
A seguir devemos considerar o ódio.
E sobre esta questão, são seis as perguntas:
1. O mal é causa e objeto do ódio?
2. O ódio é causado pelo amor?
3. O ódio é mais forte que o amor?
4. Alguém pode odiar a si mesmo?
5. Alguém pode odiar a verdade?
6. Pode-se ter ódio a alguma coisa em geral?

ARTICULUS 1
Utrum causa et obiectum odii sit malum

AD PRIMUM SIC PROCEDITUR. Videtur quod obiectum et causa odii non sit malum.

ARTIGO 1
O mal é causa e objeto do ódio?

QUANTO AO PRIMEIRO ARTIGO, ASSIM SE PROCEDE: parece que o mal **não** é causa e objeto do ódio.

1 PARALL.: Infra, q. 46, a. 2.

a. Por ódio (em latim, *odium*), deve-se entender toda espécie de rejeição, repugnância, inimizade ou aversão.

1. Omne enim quod est, inquantum huiusmodi bonum est. Si igitur obiectum odii sit malum, sequitur quod nulla res odio habeatur, sed solum defectus alicuius rei. Quod patet esse falsum.

2. PRAETEREA, odire malum est laudabile: unde in laudem quorundam dicitur 2Mac 3,1, quod *leges optime* custodiebantur, *propter Oniae pontificis pietatem, et animos odio habentes mala*. Si igitur nihil oditur nisi malum, sequitur quod omne odium sit laudabile. Quod patet esse falsum.

3. PRAETEREA, idem non est simul bonum et malum. Sed idem diversis est odibile et amabile. Ergo odium non solum est mali, sed etiam boni.

SED CONTRA, odium contrariatur amori. Sed obiectum amoris est bonum, ut supra[1] dictum est. Ergo obiectum odii est malum.

RESPONDEO dicendum quod, cum appetitus naturalis derivetur ab aliqua apprehensione, licet non coniuncta; eadem ratio videtur esse de inclinatione appetitus naturalis, et appetitus animalis, qui sequitur apprehensionem coniunctam, sicut supra[2] dictum est. In appetitu autem naturali hoc manifeste apparet, quod sicut unumquodque habet naturalem consonantiam vel aptitudinem ad id quod sibi convenit, quae est amor naturalis; ita ad id quod est ei repugnans et corruptivum, habet dissonantiam naturalem, quae et odium naturale. Sic igitur et in appetitu animali, seu in intellectivo, amor est consonantia quaedam appetitus ad id quod apprehenditur ut conveniens: odium vero est dissonantia quaedam appetitus ad id quod apprehenditur ut repugnans et nocivum. Sicut autem omne conveniens, inquantum huiusmodi, habet rationem boni; ita omne repugnans, inquantum huiusmodi, habet rationem mali. Et ideo, sicut bonum est obiectum amoris, ita malum est obiectum odii.

AD PRIMUM ergo dicendum quod ens, inquantum ens, non habet rationem repugnantis, sed magis convenientis: quia omnia conveniunt in ente. Sed ens inquantum est hoc ens determinatum, habet rationem repugnantis ad aliquod ens determinatum. Et secundum hoc, unum ens est odibile alteri, et est malum, etsi non in se, tamen per comparationem ad alterum.

AD SECUNDUM dicendum quod, sicut aliquid apprehenditur ut bonum, quod non est vere bonum; ita aliquid apprehenditur ut malum, quod non est

1. Com efeito, tudo o que é, enquanto tal, é bom. Se o mal é objeto do ódio, conclui-se que nada pode ser odiado, mas somente a deficiência de alguma coisa, o que é evidentemente falso.

2. ADEMAIS, odiar o mal é louvável. Por isso, diz o livro II dos Macabeus: "As leis se observavam muito bem pela piedade do pontífice Onías e pelos ânimos que odiavam a maldade". Se, pois, só se odeia o mal, conclui-se que todo ódio é louvável, o que é evidentemente falso.

3. ALÉM DISSO, uma mesma coisa não é simultaneamente boa e má. Ora, uma mesma coisa é amável para uns e odiosa para outros. Logo, o ódio não é só do mal, mas também do bem.

EM SENTIDO CONTRÁRIO, o ódio é contrário ao amor. Mas, o objeto do amor é o bem, como acima foi dito. Logo, o objeto do ódio é o mal.

RESPONDO. Uma vez que o apetite natural deriva de uma apreensão, embora não lhe seja unida, a mesma razão parece existir com respeito à inclinação do apetite natural e do apetite animal consequente a uma apreensão que lhe seja unida, como se disse acima. Ora, no apetite natural aparece claramente que, assim como cada um tem consonância ou aptidão natural ao que lhe é conveniente, e isso é o amor natural, assim também ao que é contrário e nocivo tem dissonância natural e isso é o ódio natural. De igual modo também no apetite animal ou no intelectivo, o amor é uma certa consonância do apetite com o que se apreende como conveniente, e o ódio é uma dissonância do apetite com o que se apreende como contrário ou nocivo. Mas, como tudo que é conveniente, enquanto tal, tem razão de bem, do mesmo modo, tudo que é repugnante, enquanto tal, tem natureza de mal. Portanto, assim como o bem é objeto do amor, do mesmo modo o mal é objeto do ódio.

QUANTO AO 1º, portanto, deve-se dizer que o ente, enquanto ente, não tem razão de contrariedade, mas de conveniência, porque todas as coisas convêm no ente. Mas o ente, enquanto é este ente determinado, tem razão de contrariedade a um outro ente determinado. Segundo este ponto de vista, um ente é odioso a outro, e desse modo é um mal, ainda que não em si, mas relativamente a outro.

QUANTO AO 2º, deve-se dizer que assim como algo se apreende como bem, e realmente não o é, o mesmo ocorre com o mal. Por isso, acontece

---

1. Q. 26, a. 1; q. 27, a. 1.
2. Q. 26, a. 1.

vere malum. Unde contingit quandoque nec odium mali, nec amorem boni esse bonum.

AD TERTIUM dicendum quod contingit idem esse amabile et odibile diversis, secundum appetitum quidem naturalem, ex hoc quod unum et idem est conveniens uni secundum suam naturam, et repugnans alteri: sicut calor convenit igni, et repugnat aquae. Secundum appetitum vero animalem, ex hoc quod unum et idem apprehenditur ab uno sub ratione boni, et ab alio sub ratione mali.

algumas vezes que nem o ódio do mal nem o amor do bem são um bem.

QUANTO AO 3º, deve-se dizer que acontece que uma messma coisa seja amável para uns e odiosa para outros, quanto ao apetite natural, porque uma mesma coisa é conveniente a um segundo sua natureza, e contrária a outro; por exemplo, o calor convém ao fogo e é contrário à água. Também quanto ao apetite animal, porque uma e mesma coisa é apreendida por um sob a razão de bem, por outro é apreendida sob a razão de mal.

ARTICULUS 2
Utrum odium causetur ex amore

AD SECUNDUM SIC PROCEDITUR. Videtur quod amor non sit causa odii.

1. *Ea* enim *quae ex opposito dividuntur, naturaliter sunt simul*, ut dicitur in *Praedicamentis*[1]. Sed amor et odium, cum sint contraria, ex opposito dividuntur. Ergo naturaliter sunt simul. Non ergo amor est causa odii.

2. PRAETEREA, unum contrariorum non est causa alterius. Sed amor et odium sunt contraria. Ergo amor non est causa odii.

3. PRAETEREA, posterius non est causa prioris. Sed odium est prius amore, ut videtur: nam odium importat recessum a malo, amor vero accessum ad bonum. Ergo amor non est causa odii.

SED CONTRA est quod dicit Augustinus, XIV *de Civ. Dei*[2], quod omnes affectiones causantur ex amore. Ergo et odium, cum sit quaedam affectio animae, causatur ex amore.

RESPONDEO dicendum quod, sicut dictum est[3], amor consistit in quadam convenientia amantis ad amatum, odium vero consistit in quadam repugnantia vel dissonantia. Oportet autem in quolibet prius considerare quid ei conveniat, quam quid ei repugnet: per hoc enim aliquid est repugnans alteri, quia est corruptivum vel impeditivum eius quod est conveniens. Unde necesse est quod amor sit prior odio; et quod nihil odio habeatur, nisi per hoc quod contrariatur convenienti quod amatur. Et secundum hoc, omne odium ex amore causatur.

AD PRIMUM ergo dicendum quod in his quae ex opposito dividuntur, quaedam inveniuntur quae sunt naturaliter simul et secundum rem, et secun-

ARTIGO 2
O ódio é causado pelo amor?

QUANTO AO SEGUNDO, ASSIM SE PROCEDE: parece que o ódio **não** é causado pelo amor.

1. Com efeito, *as coisas que se dividem por oposição são naturalmente simultâneas*, como se diz no livro dos *Predicamentos*. Ora, o amor e o ódio, sendo contrários, se dividem por oposição. Logo, são naturalmente simultâneos, e por conseguinte, o amor não é causa do ódio.

2. ALÉM DISSO, um dos contrários não é causa do outro. Ora, o amor e o ódio são contrários. Logo, o amor não é causa do ódio.

3. ADEMAIS, o posterior não é causa do anterior. Ora, parece que o ódio é anterior ao amor, pois o ódio implica afastamento do mal e o amor aproximação do bem. Logo, o amor não é causa do ódio.

EM SENTIDO CONTRÁRIO, diz Agostinho que todas as afeições são causadas pelo amor. Sendo, pois, o ódio uma afeição da alma, é causado pelo amor.

RESPONDO. Como foi dito acima, o amor consiste em certa conveniência entre o amante e o amado, enquanto que o ódio consiste em certa contrariedade ou dissonância. Ora, em cada coisa, é preciso considerar antes o que lhe convém do que o que lhe é contrário, pois o motivo de uma coisa ser contrária a outra é porque corrompe ou impede o que lhe é conveniente. Logo, é necessário que o amor seja anterior ao ódio, e que só se odeie o que é contrário ao bem conveniente que se ama. Nesse sentido, todo ódio é causado pelo amor.

QUANTO AO 1º, portanto, deve-se dizer que nas coisas que se dividem por oposição se encontram algumas que são naturalmente simultâneas tanto na

---

2 PARALL.: *Cont. Gent.* IV, 19.

1. C. 10: 14, b, 33-34.
2. C. 7, n. 2: ML 41, 410.
3. Art. praec.

dum rationem: sicut duae species animalis, vel duae species coloris. Quaedam vero sunt simul secundum rationem, sed unum realiter est prius altero et causa eius: sicut patet in speciebus numerorum, figurarum et motuum. Quaedam vero non sunt simul nec secundum rem, nec secundum rationem, sicut substantia et accidens: nam substantia realiter est causa accidentis; et ens secundum rationem prius attribuitur substantiae quam accidenti, quia accidenti non attribuitur nisi inquantum est in substantia. — Amor autem et odium naturaliter quidem sunt simul secundum rationem, sed non realiter. Unde nihil prohibet amorem esse causam odii.

AD SECUNDUM dicendum quod amor et odium sunt contraria, quando accipiuntur circa idem. Sed quando sunt de contrariis, non sunt contraria, sed se invicem consequentia: eiusdem enim rationis est quod ametur aliquid, et odiatur eius contrarium. Et sic amor unius rei est causa quod eius contrarium odiatur.

AD TERTIUM dicendum quod in executione prius est recedere ab uno termino, quam accedere ad alterum terminum. Sed in intentione est e converso: propter hoc enim receditur ab uno termino, ut accedatur ad alterum. Motus autem appetitivus magis pertinet ad intentionem quam ad executionem. Et ideo amor est prior odio: cum utrumque sit motus appetitivus.

ordem real, como na ordem da razão; por exemplo, duas espécies de animais ou duas espécies de cor. Há outras coisas que são simultâneas na ordem da razão, mas uma é realmente anterior à outra e sua causa, como se vê claramente nas espécies de números, figuras e movimentos. E há outras coisas que não são simultâneas nem na ordem real nem na da razão, como a substância e o acidente, pois a substância é realmente causa do acidente, e o ente segundo a razão é atribuído primeiro à substância e depois ao acidente, porque a este não se atribui senão enquanto está na substância. — O amor e o ódio são naturalmente simultâneos na ordem da razão, mas não na real. Por isso, nada impede que o amor seja causa do ódio.

QUANTO AO 2º, deve-se dizer que o amor e o ódio são contrários quando se referem a uma mesma coisa. Mas quando se referem a coisas contrárias, não são contrários, mas um é consequência do outro, pois pela mesma razão se ama algo e se odeia o seu contrário. E assim, o amor de uma coisa é causa de se odiar o seu contrário.

QUANTO AO 3º, deve-se dizer que na ordem da execução, primeiro é afastar-se de um termo e, depois, aproximar-se de outro. O inverso ocorre na ordem da intenção, pois afastamo-nos de um para aproximarmo-nos de outro. Ora, o movimento apetitivo pertence mais à intenção do que à execução[b]. Logo, o amor é anterior ao ódio, sendo ambos movimentos apetitivos.

ARTICULUS 3
Utrum odium sit fortius quam amor

AD TERTIUM SIC PROCEDITUR. Videtur quod odium sit fortius amore.

1. Dicit enim Augustinus, in libro *Octoginta trium Quaest.*[1]: *Nemo est qui non magis dolorem fugiat, quam appetat voluptatem*. Sed fugere dolorem pertinet ad odium: appetitus autem voluptatis pertinet ad amorem. Ergo odium est fortius amore.

2. PRAETEREA, debilius vincitur a fortiori. Sed amor vincitur ab odio: quando scilicet amor convertitur in odium. Ergo odium est fortius amore.

3. PRAETEREA, affectio animae per effectum manifestatur. Sed fortius insistit homo ad repellendum

ARTIGO 3
O ódio é mais forte que o amor?

QUANTO AO TERCEIRO, ASSIM SE PROCEDE: parece que o ódio é mais forte que o amor.

1. Com efeito, diz Agostinho: "Não há ninguém que não fuja da dor mais do que deseja o prazer". Ora, fugir da dor pertence ao ódio, ao passo que o desejo do prazer pertence ao amor. Logo, o ódio é mais forte do que o amor.

2. ADEMAIS, o mais forte vence o mais fraco. Ora, quando o amor se converte em ódio, é por este vencido. Logo, o ódio é mais forte do que o amor.

3. ALÉM DISSO, a afeição da alma se manifesta por seus efeitos. Ora, o homem insiste mais em

---

3
1. Q. 36, n. 1: ML 40, 25.

b. Os movimentos (isto é, as passagens da potencialidade à atuação) são da ordem da intenção (*in-tendere*: aquilo para o qual se tende). A intencionalidade, cara a certos filósofos contemporâneos, não está presente e significante somente no mundo do pensamento, mas também no da afetividade e de suas motivações.

odiosum, quam ad prosequendum amatum: sicut etiam bestiae abstinent a delectabilibus propter verbera, ut Augustinus introducit in libro *Octoginta trium Quaest.*[2]. Ergo odium est fortius amore.

SED CONTRA, bonum est fortius quam malum: quia *malum non agit nisi virtute boni*, ut Dionysius dicit, cap. 4 *de Div. Nom.*[3]. Sed odium et amor differunt secundum differentiam boni et mali. Ergo amor est fortior odio.

RESPONDEO dicendum quod impossibile est effectum sua causa esse fortiorem. Omne autem odium procedit ex aliquo amore sicut ex causa, ut supra[4] dictum est. Unde impossibile est quod odium sit fortius amore simpliciter.

Sed oportet ulterius quod amor, simpliciter loquendo, sit odio fortior. Fortius enim movetur aliquid in finem, quam in ea quae sunt ad finem. Recessus autem a malo ordinatur ad consecutionem boni, sicut ad finem. Unde, simpliciter loquendo, fortior est motus animae in bonum quam in malum.

Sed tamen aliquando videtur odium fortius amore, propter duo. Primo quidem, quia odium est magis sensibile quam amor. Cum enim sensus perceptio sit in quadam immutatione, ex quo aliquid iam immutatum est, non ita sentitur sicut quando est in ipso immutari. Unde calor febris hecticae, quamvis sit maior, non tamen ita sentitur sicut calor tertianae: quia calor hecticae iam versus est quasi in habitum et naturam. Propter hoc etiam, amor magis sentitur in absentia amati: sicut Augustinus dicit, in X *de Trin.*[5], quod *amor non ita sentitur, cum non prodit eum indigentia*. Et propter hoc etiam, repugnantia eius quod oditur, sensibilius percipitur quam convenientia eius quod amatur. — Secundo, quia non comparatur odium ad amorem sibi correspondentem. Secundum enim diversitatem bonorum, est diversitas amorum in magnitudine et parvitate, quibus proportionantur opposita odia. Unde odium quod correspondet maiori amori, magis movet quam minor amor.

Et per hoc patet responsio AD PRIMUM. Nam amor voluptatis est minor quam amor conserva-

repelir o odioso do que em buscar o que se ama, como também os animais se abstêm das coisas prazerosas por temor ao açoite, segundo Agostinho. Logo, o ódio é mais forte do que o amor.

EM SENTIDO CONTRÁRIO, o bem é mais forte que o mal, porque "o mal não age senão em virtude do bem", diz Dionísio. Ora, o ódio e o amor diferem pela diferença entre o bem e o mal. Logo, o amor é mais forte do que o ódio.

RESPONDO. É impossível que o efeito seja mais forte do que sua causa. Ora, todo ódio procede de algum amor como da causa, como foi dito acima. Logo, é impossível que o ódio seja de modo absoluto mais forte do que o amor[c].

Mas é necessário, além disso, que o amor, absolutamente falando, seja mais forte do que o ódio. De fato, uma coisa se move mais fortemente para o fim do que para o que é para o fim. Ora, o afastamento do mal se ordena à consecução do bem, como a um fim. Por isso, absolutamente falando, é mais forte o movimento da alma para o bem do que para o mal.

Não obstante, às vezes, o ódio parece mais forte do que o amor por duas razões. Primeiro, porque o ódio é mais sensível do que o amor. Uma vez que a percepção do sentido está numa mudança, esta é sentida quando se opera a mudança e não quando a mudança já está consumada. Daí que o calor da febre comum, embora maior, não é sentido tão intensamente como o calor da terçã, porque já se transformou num quase hábito de natureza. Por isso é que também o amor é mais sentido na ausência do amado, como diz Agostinho: "O amor não é tão sentido quando a indigência não o faz conhecer". Por isso, também se percebe mais sensivelmente a contrariedade do que é odiado do que a conveniência do que é amado. — Em segundo lugar, porque não se compara o ódio ao amor que lhe corresponde. Segundo a diversidade dos bens é a diversidade dos amores em sua maior ou menor intensidade e a esses amores são proporcionados os ódios opostos. Disso se deduz que o ódio que corresponde a um amor maior, mova mais do que o amor menor.

QUANTO AO 1º, portanto, deve-se dizer que a resposta resulta evidente do dito anteriormente,

---
2. Ibid.
3. MG 3, 717 C.
4. Art. praec.
5. C. 12: ML 42, 984.

---

c. Essas diversas ligações entre o amor e o ódio não são apenas deduções de ordem filosófica. São fruto de observações empíricas extraídas da tradição e do próprio autor. Pode-se apreciar sua sutileza, e o lugar concedido à sensibilidade.

tionis sui ipsius, cui respondet fuga doloris. Et ideo magis fugitur dolor, quam ametur voluptas.

AD SECUNDUM dicendum quod odium nunquam vinceret amorem, nisi propter maiorem amorem cui odium correspondet. Sicut homo magis diligit se quam amicum: et propter hoc quod diligit se, habet odio etiam amicum, si sibi contrarietur.

AD TERTIUM dicendum quod ideo intensius aliquid operatur ad repellendum odiosa, quia odium est magis sensibile.

ARTICULUS 4
Utrum aliquis possit habere odio seipsum

AD QUARTUM SIC PROCEDITUR. Videtur quod aliquis possit seipsum odio habere.
1. Dicitur enim in Ps 10,6: *Qui diligit iniquitatem, odit animam suam*. Sed multi diligunt iniquitatem. Ergo multi odiunt seipsos.
2. PRAETEREA, illum odimus, cui volumus et operamur malum. Sed quandoque aliquis vult et operatur sibi ipsi malum: puta qui interimunt seipsos. Ergo aliqui seipsos habent odio.
3. PRAETEREA, Boetius dicit, in II *de Consol.*[1], quod *avaritia facit homines odiosos*: ex quo potest accipi quod omnis homo odit avarum. Sed aliqui sunt avari. Ergo illi odiunt seipsos.

SED CONTRA est quod Apostolus dicit, Eph 5,29, quod *nemo unquam carnem suam odio habuit*.

RESPONDEO dicendum quod impossibile est quod aliquis, per se loquendo, odiat seipsum. Naturaliter enim unumquodque appetit bonum, nec potest aliquis aliquid sibi appetere nisi sub ratione boni: nam *malum est praeter voluntatem*, ut Dionysius dicit, 4 cap. *de Div. Nom.*[2]. Amare autem aliquem est velle ei bonum, ut supra[3] dictum est. Unde necesse est quod aliquis amet seipsum; et impossibile est quod aliquis odiat seipsum, per se loquendo.
Per accidens tamen contingit quod aliquis seipsum odio habeat. Et hoc dupliciter. Uno modo, ex parte boni quod sibi aliquis vult. Accidit enim

pois o amor do prazer é menor do que o amor da própria conservação[d], ao qual corresponde a fuga da dor. Por isso, se foge mais da dor do que se ama o prazer.

QUANTO AO 2º, deve-se dizer que o ódio jamais venceria o amor a não ser por causa de um amor maior ao qual o ódio corresponde. Dessa maneira, assim como o homem mais ama a si mesmo do que a seu amigo, e porque ama a si mesmo, pode odiar até mesmo o amigo se este o contraria.

QUANTO AO 3º, deve-se dizer que por ser o ódio mais sensível é que se age mais intensamente para repelir o que é odioso.

ARTIGO 4
Alguém pode odiar a si mesmo?

QUANTO AO QUARTO, ASSIM SE PROCEDE: parece que alguém **pode** odiar a si mesmo.
1. Com efeito, diz o Salmo 10: "Quem ama a iniquidade odeia sua alma". Ora, muitos amam a iniquidade. Logo, muitos odeiam a si mesmos.
2. ADEMAIS, odiamos a quem queremos e fazemos o mal. Ora, algumas vezes alguém quer e faz o mal para si; por exemplo, os que se suicidam. Logo, alguns odeiam a si mesmos.
3. Diz Boécio que "a avareza torna os homens odiosos". Pode-se concluir daí que todo homem odeia o avarento. Ora, alguns homens são avarentos. Logo, eles odeiam a si mesmos.

EM SENTIDO CONTRÁRIO, diz o Apóstolo na Carta aos Efésios: "Ninguém jamais odeia sua própria carne".

RESPONDO. É impossível que alguém absolutamente falando, odeie a si mesmo. De fato, cada um deseja naturalmente o bem, e ninguém pode desejar algo para si senão sob a razão de bem, pois "o mal é contrário à vontade", como diz Dionísio. Ora, amar alguém é querer-lhe bem, como foi dito acima. Por conseguinte, é necessário que se ame a si mesmo, sendo impossível, absolutamente falando, que alguém odeie a si mesmo.
Acontece, contudo, que acidentalmente, alguém odeie a si mesmo. Isso, de duas maneiras. Primeiro, quanto ao bem que alguém quer para

---

4 PARALL.: II-II, q. 25, a. 7; II *Sent.*, dist. 42, q. 2, a. 2, q.la 2, ad 2; III, dist. 27, *Exposit. litt.*; in *Psalm.* 10; *Ephes.*, c. 5, lect. 9.

1. Prosa 5: ML 63, 690 A.
2. MG 3, 732.
3. Q. 26, a. 4.

d. O "instinto de conservação" parece o mais fundamental de todos. Para cada ser, a sua vida é o que mais ama (ver I-II, q. 35, a. 6, r. 1). Freud o discute em "Além do Princípio do Prazer".

quandoque illud quod appetitur ut secundum quid bonum, esse simpliciter malum: et secundum hoc, aliquis per accidens vult sibi malum, quod est odire. — Alio modo, ex parte sui ipsius, cui vult bonum. Unumquodque enim maxime est id quod est principalius in ipso: unde civitas dicitur facere quod rex facit, quasi rex sit tota civitas. Manifestum est ergo quod homo maxime est mens hominis. Contingit autem quod aliqui aestimant se esse maxime illud quod sunt secundum naturam corporalem et sensitivam. Unde amant se secundum id quod aestimant se esse, sed odiunt id quod vere sunt, dum volunt contraria rationi. — Et utroque modo, ille qui diligit iniquitatem, odit non solum animam suam, sed etiam seipsum.

Et per hoc patet responsio AD PRIMUM.

AD SECUNDUM dicendum quod nullus sibi vult et facit malum, nisi inquantum apprehendit illud sub ratione boni. Nam et illi qui interimunt seipsos, hoc ipsum quod est mori, apprehendunt sub ratione boni, inquantum est terminativum alicuius miseriae vel doloris.
AD TERTIUM dicendum quod avarus odit aliquod accidens suum, non tamen propter hoc odit seipsum: sicut aeger odit suam aegritudinem, ex hoc ipso quod se amat. — Vel dicendum quod avaritia odiosos facit aliis, non autem sibi ipsi. Quinimmo causatur ex inordinato sui amore, secundum quem de bonis temporalibus plus sibi aliquis vult quam debeat.

si. Acontece, às vezes, que o que se deseja é relativamente bom, mas absolutamente mau, e desse modo, acidentalmente, alguém quer para si um mal, que é odiar a si mesmo. — Segundo, quanto a si mesmo, a quem quer o bem. Pois cada um é sobretudo o que tem de mais principal. Por isso se diz que a cidade faz o que faz o rei, como se ele fosse toda a cidade. Ora, é evidente que o homem é principalmente sua mente. Mas ocorre que alguns julgam ser principalmente o que são segundo a natureza corporal e sensitiva. Por isso, se amam segundo o que julgam ser, mas se odeiam naquilo que realmente são, na medida em que desejam coisas contrárias à razão. — De ambos os modos, quem ama a iniquidade, odeia não apenas sua alma, mas também a si mesmo[e].

QUANTO AO 1º, portanto, deve-se dizer que a resposta é evidente pelo que foi exposto.

QUANTO AO 2º, deve-se dizer que ninguém quer nem faz o mal a si mesmo senão enquanto apreende esse mal sob a razão de bem. Assim, os suicidas apreendem a própria morte sob a razão de bem, enquanto põem fim a alguma miséria ou dor.

QUANTO AO 3º, deve-se dizer que o avarento odeia um acidente seu, mas nem por isso odeia a si mesmo, assim como o doente odeia sua doença pela mesma razão que ama a si mesmo. — Ou deve-se dizer que a avareza torna odioso aos demais, mas não a si mesma; ou melhor, é causada pelo amor desordenado de si mesmo, segundo o qual o avarento quer para si os bens temporais mais do que lhe é devido.

ARTICULUS 5
Utrum aliquis possit odio habere veritatem

AD QUINTUM SIC PROCEDITUR. Videtur quod aliquis non possit habere odio veritatem.
1. Bonum enim et ens et verum convertuntur. Sed aliquis non potest habere odio bonitatem. Ergo nec veritatem.
2. PRAETEREA, *omnes homines naturaliter scire desiderant*, ut dicitur in principio Metaphys.[1]. Sed

ARTIGO 5
Alguém pode odiar a verdade?[f]

QUANTO AO QUINTO, ASSIM SE PROCEDE: parece que alguém **não** pode odiar a verdade.
1. Com efeito, bem, ente e verdade são convertíveis entre si. Ora, ninguém pode odiar a bondade. Logo, nem a verdade.
2. "Todos os homens naturalmente desejam conhecer", como se diz no começo do livro da *Me-*

5
1. C. 1: 980, a, 21.

e. Pode-se odiar a si mesmo, querer-se mal sem sabê-lo. Seja porque se deseja um bem falso ou ilusório, seja que só se ame em si a sua natureza corporal e sensível, recusando o que é em nós o espírito. Enganar-se é amar-se mal, fazer-se o mal, como é o caso daqueles que se suicidam (ver r. 2).

f. Como se pode odiar a verdade, pergunta-se nosso autor, ele que consagrara sua vida a amá-la? Ele é forçado a constatar que isso acontece, quer se deseje que o que é verdade não seja, quer a verdade mostre ser falso um bem desejado, quer ainda que se tema que um outro descubra em nós algum erro e algum pecado.

scientia non est nisi verorum. Ergo veritas naturaliter desideratur et amatur. Sed quod naturaliter inest, semper inest. Nullus ergo potest habere odio veritatem.

3. PRAETEREA, Philosophus dicit, in II *Rhetoric.*[2], quod *homines amant non fictos*. Sed non nisi propter veritatem. Ergo homo naturaliter amat veritatem. Non potest ergo eam odio habere.

SED CONTRA est quod Apostolus dicit, Gl 4,16: *Factus sum vobis inimicus, verum dicens vobis.*

RESPONDEO dicendum quod bonum et verum et ens sunt idem secundum rem, sed differunt ratione. Bonum enim habet rationem appetibilis, non autem ens vel verum: quia bonum est *quod omnia appetunt*. Et ideo bonum, sub ratione boni, non potest odio haberi, nec in universali nec in particulari. — Ens autem et verum in universali quidem odio haberi non possunt: quia dissonantia est causa odii, et convenientia causa amoris; ens autem et verum sunt communia omnibus. Sed in particulari nihil prohibet quoddam ens et quoddam verum odio haberi, inquantum habet rationem contrarii et repugnantis: contrarietas enim et repugnantia non adversatur rationi entis et veri, sicut adversatur rationi boni.

Contingit autem verum aliquod particulare tripliciter repugnare vel contrariari bono amato. Uno modo, secundum quod veritas est causaliter et originaliter in ipsis rebus. Et sic homo quandoque odit aliquam veritatem, dum vellet non esse verum quod est verum. — Alio modo, secundum quod veritas est in cognitione ipsius hominis, quae impedit ipsum a prosecutione amati. Sicut si aliquid vellent non cognoscere veritatem fidei, ut libere peccarent: ex quorum persona dicitur Io 21,14: *Scientiam viarum tuarum nolumus.* — Tertio modo habetur odio veritas particularis, tanquam repugnans, prout est in intellectu alterius. Puta, cum aliquis vult latere in peccato, odit quod aliquis veritatem circa peccatum suum cognoscat. Et secundum hoc dicit Augustinus, in X *Confess.*[3], quod homines *amant veritatem lucentem, oderunt eam redarguentem.*

Et per hoc patet responsio AD PRIMUM.

AD SECUNDUM dicendum quod cognoscere veritatem secundum se est amabile: propter quod

tafísica. Ora, só há ciência das coisas verdadeiras. Logo, a verdade é desejada e amada naturalmente. Ora, o que existe naturalmente numa coisa, existe sempre. Portanto, ninguém pode odiar a verdade.

3. ALÉM DISSO, o Filósofo diz no livro II da *Retórica*, que, "os homens amam os que não são fingidos". Ora, isso não é senão por causa da verdade. Logo, o homem ama naturalmente a verdade, e portanto, não pode odiá-la.

EM SENTIDO CONTRÁRIO, diz o Apóstolo na Carta aos Gálatas: "Fiz-me vosso inimigo porque vos disse a verdade".

RESPONDO. O bem, a verdade e o ente são o mesmo realmente, mas diferem segundo a razão. Assim, o bem tem a razão de desejável, mas não o ente e a verdade, pois o bem é *o que todos desejam*. Por isso o bem, sob a razão de bem, não pode ser odiado nem em geral, nem particularmente. — O ente e a verdade não podem ser odiados universalmente porque a dissonância é causa do ódio e a conveniência é causa do amor; e o ente e a verdade são comuns a todas as coisas. Mas, em particular, nada impede que algum ente e alguma verdade sejam odiados enquanto têm razão de contrário e repugnante, pois a contrariedade e a repugnância não se opõem à razão de ente e de verdade, como se opõem à razão de bondade.

Por outro lado, uma verdade particular pode repugnar ou ser contrária ao bem amado de três maneiras. Primeiro, enquanto a verdade está causal e originariamente nas próprias coisas. Deste modo o homem odeia, às vezes, uma verdade desejando que não fosse verdadeiro o que é verdadeiro. — Segundo, enquanto a verdade está no conhecimento do homem, a qual o impede de ir em busca do amado. Por exemplo, os que querem não conhecer a verdade da fé para pecar livremente, dos quais diz o Evangelho de João: "Não queremos o conhecimento de teus caminhos". — Terceiro, tem-se ódio à verdade particular, como contrária, enquanto está no entendimento do outro. Por exemplo, quando alguém quer permanecer oculto no pecado, odeia que alguém conheça a verdade acerca de seu pecado. E segundo isso nos diz Agostinho que os homens "amam a verdade quando os ilumina, e a odeiam quando os acusa".

QUANTO AO 1º, portanto, deve-se dizer que a resposta é evidente pelo que foi exposto.

QUANTO AO 2º, deve-se dizer que conhecer a verdade é amável em si mesmo, e por isso diz

---

2. C. 4: 1381, b, 28-29.
3. C. 23, n. 34: ML 32, 794.

dicit Augustinus[4] quod *amant eam lucentem*. Sed per accidens cognitio veritatis potest esse odibilis, inquantum impedit ab aliquo desiderato.

AD TERTIUM dicendum quod ex hoc procedit quod non ficti amantur, quod homo amat secundum se cognoscere veritatem, quam homines non ficti manifestant.

ARTICULUS 6
Utrum aliquid possit haberi odio in universali

AD SEXTUM SIC PROCEDITUR. Videtur quod odium non possit esse alicuius in universali.

1. Odium enim est passio appetitus sensitivi, qui movetur ex sensibili apprehensione. Sed sensus non potest apprehendere universale. Ergo odium non potest esse alicuius in universali.

2. PRAETEREA, odium causatur ex aliqua dissonantia; quae communitati repugnat. Sed communitas est de ratione universalis. Ergo odium non potest esse alicuius in universali.

3. PRAETEREA, obiectum odii est malum. *Malum autem est in rebus, et non in mente*, ut dicitur in VI *Metaphys.*[1]. Cum ergo universale sit solum in mente, quae abstrahit universale a particulari, videtur quod odium non possit esse alicuius universalis.

SED CONTRA est quod Philosophus dicit, in II *Rhetoric.*[2], quod *ira semper fit inter singularia, odium autem etiam ad genera: furem enim odit et calumniatorem unusquisque*.

RESPONDEO dicendum quod de universali dupliciter contingit loqui: uno modo, secundum quod subest intentioni universalitatis; alio autem modo, de natura cui talis intentio attribuitur: alia est enim consideratio hominis universalis, et alia hominis in eo quod homo. Si igitur universale accipiatur primo modo, sic nulla potentia sensitivae partis, neque apprehensiva neque appetitiva, ferri potest in universale: quia universale fit per abstractionem a materia individuali, in qua radicatur omnis virtus sensitiva.

ARTIGO 6
Pode-se ter ódio a alguma coisa em geral?

QUANTO AO SEXTO, ASSIM SE PROCEDE: parece que **não** se pode ter ódio de alguma coisa em geral.

1. Com efeito, o ódio é paixão do apetite sensitivo que se move pela apreensão sensível. Ora, o sentido não pode apreender o universal. Logo, não pode haver ódio a nenhuma coisa em geral.

2. ADEMAIS, o ódio é causado por alguma dissonância que é contrária à comunidade. Ora, a comunidade é da razão de universal. Logo, não pode haver ódio a nenhuma coisa em geral.

3. ALÉM DISSO, o objeto do ódio é o mal. Ora, "o mal está nas coisas e não na mente", como diz o livro VI da *Metafísica*. Logo, como o universal só existe na mente que o abstrai do particular, parece não poder haver ódio a algo universal.

EM SENTIDO CONTRÁRIO, está o que diz o Filósofo no livro II da *Retórica*, que "a ira sempre se refere ao singular e o ódio, ao genérico; assim, todos odiamos o ladrão e o caluniador".

RESPONDO. Pode-se falar do universal de dois modos. Primeiro, enquanto está sob a intenção de universalidade. Segundo, sobre a natureza à qual essa noção é atribuída. Uma coisa é a consideração universal de homem, e outra a do homem no que é homem[g]. Ora, no primeiro modo, nenhuma potência da parte sensitiva, seja a apreensiva, seja a apetitiva pode alcançar o universal, porque este só se obtém por abstração da matéria individual, onde está radicada toda a potência sensitiva.

---

4. Loc. cit.

6 PARALL.: Infra, q. 46, a. 7, ad 3.

1. C. 4: 1027, b, 25-29.
2. C. 4: 1382, a, 4-7.

g. Essas duas maneiras de compreender o "universal" ligam-se à epistemologia de Sto. Tomás. Uma é a ideia abstrata da realidade que se pode fazer a respeito do homem; outra é a natureza enquanto comum a todos os homens. No primeiro caso, o universal é da ordem do pensamento filosófico. No segundo, trata-se da generalidade de que são capazes o conhecimento e o desejo sensíveis. Daí resultam dois tipos de ódio.

Potest tamen aliqua potentia sensitiva, et apprehensiva et appetitiva, ferri in aliquid universaliter. Sicut dicimus quod obiectum visus est color secundum genus, non quia visus cognoscat colorem universalem; sed quia quod color sit cognoscibilis a visu, non convenit colori inquantum est hic color, sed inquantum est color simpliciter. Sic ergo odium etiam sensitivae partis, potest respicere aliquid in universali: quia ex natura communi aliquid adversatur animali, et non solum ex eo quod est particularis, sicut lupus ovi. Unde ovis odit lupum generaliter. — Sed ira semper causatur ex aliquo particulari: quia ex aliquo actu laedentis; actus autem particularium sunt. Et propter hoc Philosophus dicit[3] quod *ira semper est ad aliquid singulare; odium vero potest esse ad aliquid in genere.*
Sed odium secundum quod est in parte intellectiva, cum consequatur apprehensionem universalem intellectus, potest utroque modo esse respectu universalis.

AD PRIMUM ergo dicendum quod sensus non apprehendit universale prout est universale: apprehendit tamen aliquid cui per abstractionem accidit universalitas.

AD SECUNDUM dicendum quod id quod commune est omnibus, non potest esse ratio odii. Sed nihil prohibet aliquid esse commune multis, quod tamen dissonat ab aliis, et sic est eis odiosum.

AD TERTIUM dicendum quod illa obiectio procedit de universali secundum quod substat intentioni universalitatis: sic enim non cadit sub apprehensione vel appetitu sensitivo.

---
3. Vide arg. *sed c.*

Não obstante, uma potência sensitiva, tanto apreensiva como apetitiva, pode atingir algo universalmente. Assim, dizemos que o objeto da vista é a cor enquanto gênero, não porque a vista conheça a cor universal, mas porque a cognoscibilidade da cor pela vista não convém só à cor enquanto é esta cor, mas enquanto é cor em absoluto. Assim, também o ódio da parte sensitiva pode visar algo em geral; pois, ao animal pode se opor uma coisa por sua natureza comum e não somente pela particular, como o lobo se opõe à ovelha e por isso esta o odeia em geral. — Mas a ira é sempre causada por algo particular, porque por algum ato do que fere. Os atos são dos particulares. Por isso diz o Filósofo: *a ira sempre se refere a algo particular, e o ódio, porém, pode se referir a algo em geral.*
Mas o ódio, enquanto existe na parte intelectiva, consecutivo à apreensão universal do intelecto, pode ser de um e outro modo, em relação ao universal.

QUANTO AO 1º, portanto, deve-se dizer que o sentido não apreende o universal enquanto universal, mas apreende algo a que por abstração junta-se a universalidade.

QUANTO AO 2º, deve-se dizer que o que é comum a todos não pode ser razão do ódio. Mas nada impede que o que é comum a muitos seja contrário a alguns, e portanto odioso.

QUANTO AO 3º, deve-se dizer que a objeção procede do universal enquanto está sob a intenção de universalidade, pois desse modo não cai sob a apreensão nem sob o apetite sensitivo.

QUAESTIO XXX
DE CONCUPISCENTIA
in quatuor articulos divisa
Deinde considerandum est de concupiscentia. Et circa hoc quaeruntur quatuor.
Primo: utrum concupiscentia sit in appetitu sensitivo tantum.
Secundo: utrum concupiscentia sit passio specialis.
Tertio: utrum sint aliquae concupiscentiae naturales, et aliquae non naturales.
Quarto: utrum concupiscentia sit infinita.

QUESTÃO 30
A CONCUPISCÊNCIA
em quatro artigos
Agora vamos tratar da concupiscência.
A propósito, são quatro as perguntas:
1. A concupiscência está só no apetite sensível?
2. É uma paixão especial?
3. Algumas concupiscências são naturais e outras, não naturais?
4. A concupiscência é infinita?

ARTICULUS 1
Utrum concupiscentia sit tantum in appetitu sensitivo

AD PRIMUM SIC PROCEDITUR. Videtur quod concupiscentia non solum sit in appetitu sensitivo.

1. Est enim quaedam concupiscentia sapientiae, ut dicitur Sap 6,21: *Concupiscentia sapientiae deducit ad regnum perpetuum*. Sed appetitus sensitivus non potest ferri in sapientiam. Ergo concupiscentia non est in solo appetitu sensitivo.
2. PRAETEREA, desiderium mandatorum Dei non est in appetitu sensitivo: immo Apostolus dicit, Rm 7,18: *Non habitat in me, hoc est in carne mea, bonum*. Sed desiderium mandatorum Dei sub concupiscentia cadit: secundum illud Ps 118,20: *Concupivit anima mea desiderare iustificationes tuas*. Ergo concupiscentia non est solum in appetitu sensitivo.
3. PRAETEREA, cuilibet potentiae est concupiscibile proprium bonum. Ergo concupiscentia est in qualibet potentia animae, et non solum in appetitu sensitivo.

SED CONTRA est quod Damascenus[1] dicit, quod *irrationale obediens et persuasibile rationi, dividitur in concupiscentiam et iram. Haec autem est irrationalis pars animae, passiva et appetitiva*. Ergo concupiscentia est in appetitu sensitivo.

RESPONDEO dicendum quod, sicut Philosophus dicit in I *Rhetoric*.[2], *concupiscentia est appetitus delectabilis*. Est autem duplex delectatio, ut infra[3] dicetur: una quae est in bono intelligibili, quod est bonum rationis; alia quae est in bono secundum sensum. Prima quidem delectatio videtur esse animae tantum. Secunda autem est animae et corporis: quia sensus est virtus in organo corporeo; unde et bonum secundum sensum est bonum totius coniuncti. Talis autem delectationis appetitus videtur esse concupiscentia, quae simul pertineat et ad animam et ad corpus: ut ipsum nomen *concupiscentiae* sonat. Unde concupiscentia, proprie loquendo, est in appetitu sensitivo; et in vi concupiscibili, quae ab ea denominatur.

ARTIGO 1
A concupiscência está só no apetite sensitivo?

QUANTO AO PRIMEIRO ARTIGO, ASSIM SE PROCEDE: parece que a concupiscência **não** está só no apetite sensitivo.

1. Com efeito, diz o livro da Sabedoria: "A concupiscência da sabedoria conduz ao reino eterno". Ora, o apetite sensitivo não pode ter por objeto, a sabedoria. Logo, a concupiscência não está só no apetite sensitivo.
2. ALÉM DISSO, o desejo dos mandamentos de Deus não está no apetite sensitivo. O Apóstolo diz na Carta aos Romanos: "O bem não habita em mim, isto é em minha carne". Ora, o desejo dos mandamentos de Deus não deixa de ser uma concupiscência, segundo a palavra do Salmo 118: "Minha alma cobiçou desejar tuas justificações". Logo, a concupiscência não está só no apetite sensitivo.
3. ADEMAIS, qualquer potência tem o próprio bem concupiscível. Portanto, a concupiscência está em qualquer potência da alma, e não só no apetite sensitivo.

EM SENTIDO CONTRÁRIO, Damasceno diz: "O irracional que obedece à razão e se deixa persuadir por ela, se divide em concupiscência e ira. Ora, esta é a parte irracional da alma, passiva e apetitiva". Portanto, a concupiscência está no apetite sensitivo.

RESPONDO. Como diz o Filósofo, no livro I da *Retórica*, "concupiscência é apetite do que agrada". Mas há dois tipos de prazeres[a], como veremos adiante. Um está no bem inteligível, que é o bem da razão; o outro, no bem da ordem sensível. Parece que o primeiro prazer só pertence à alma. Mas o outro, pertence à alma e ao corpo, porque o sentido é potência de um órgão corpóreo; por isso o bem sensível é o bem de todo o composto. Parece, pois, que a concupiscência é o desejo de um tal prazer, que pertence ao mesmo tempo à alma e ao corpo, como indica a palavra mesma '*concupiscência*'. Por conseguinte, no sentido próprio, a concupiscência está no apetite sensitivo, e na potência concupiscível, que dela tira seu nome.

1

1. *De fide orth*. l. II, c. 12: MG 94, 928 C.
2. C. 11: 1370, a, 17-18.
3. Q. 31, a. 3, 4.

---

a. Há duas espécies de desejo, e portanto de prazeres, as do "desejo-refletido" (da vontade) e as do animal humano. Somente estas últimas são da ordem da paixão, tais como nosso autor as define.

AD PRIMUM ergo dicendum quod appetitus sapientiae, vel aliorum spiritualium bonorum, interdum concupiscentia nominatur, vel propter similitudinem quandam: vel propter intensionem appetitus superioris partis, ex quo fit redundantia in inferiorem appetitum, ut simul etiam ipse inferior appetitus suo modo tendat in spirituale bonum consequens appetitum superiorem, et etiam ipsum corpus spiritualibus deserviat; sicut in Ps 83,3 dicitur: *Cor meum et caro mea exultaverunt in Deum vivum.*

AD SECUNDUM dicendum quod desiderium magis pertinere potest, proprie loquendo, non solum ad inferiorem appetitum, sed etiam ad superiorem. Non enim importat aliquam consociationem in cupiendo, sicut concupiscentia; sed simplicem motum in rem desideratam.

AD TERTIUM dicendum quod unicuique potentiae animae competit appetere proprium bonum appetitu naturali, qui non sequitur apprehensionem. Sed appetere bonum appetitu animali, qui sequitur apprehensionem, pertinet solum ad vim appetitivam. Appetere autem aliquid sub ratione boni delectabilis secundum sensum, quod proprie est concupiscere, pertinet ad vim concupiscibilem.

Quanto ao 1º, portanto, deve-se dizer que o apetite da sabedoria, ou dos outros bens espirituais, chama-se às vezes concupiscência, seja por causa de uma certa semelhança, seja por causa da intensidade do apetite superior que redunda sobre o inferior, enquanto também este tende, a seu modo, para o bem espiritual, seguindo o apetite superior; e o corpo se põe a serviço dos bens espirituais[b], como está escrito no Salmo 84: "Meu coração e minha carne exultaram no Deus vivo".

QUANTO AO 2º, deve-se dizer que o desejo, propriamente falando, pertence não só ao apetite inferior, mas também ao superior. Pois não implica, como a concupiscência, uma certa complexidade no desejar[c], mas um movimento simples em direção à coisa desejada.

QUANTO AO 3º, deve-se dizer que compete a cada uma das potências da alma desejar seu bem próprio com um desejo natural, não consecutivo a uma apreensão. Desejar, porém, o bem com um desejo animal consecutivo a um conhecimento, pertence só à potência apetitiva. Mas, desejar uma coisa sob a razão de bem deleitável segundo o sentido, isso é propriamente concupiscência, pertence à potência concupiscível.

ARTICULUS 2
Utrum concupiscentia sit passio specialis

AD SECUNDUM SIC PROCEDITUR. Videtur quod concupiscentia non sit passio specialis potentiae concupiscibilis.

1. Passiones enim distinguuntur secundum obiecta. Sed obiectum concupiscibilis est delectabile secundum sensum; quod etiam est obiectum concupiscentiae, secundum Philosophum, in I *Rhetoric.*[1]. Ergo concupiscentia non est passio specialis concupiscibili.

2. PRAETEREA, Augustinus dicit, in libro *Octoginta trium Quaest.*[2], quod *cupiditas est amor*

ARTIGO 2
A concupiscência é uma paixão especial?

QUANTO AO SEGUNDO, ASSIM SE PROCEDE: parece que a concupiscência **não** é uma paixão especial da potência concupiscível.

1. Com efeito, as paixões se distinguem segundo seus objetos. Ora, o objeto do concupiscível é o deleitável de ordem sensível, que é também, conforme o Filósofo, no livro I da *Retórica*, o objeto da concupiscência. Logo, a concupiscência não é uma paixão especial no concupiscível.

2. ALÉM DISSO, Agostinho escreve: "A cupidez é o amor das coisas que passam"; e assim, ela não se

---

2 PARALL.: Supra, q. 23, a. 4; III *Sent.*, dist. 26, q. 1, a. 3.

1. C. 11: 1370, a, 16-17.
2. Q. 33: ML 40, 23.

---

b. Observação importante, consequência do hilemorfismo. O homem é uno e complexo, corpo e alma. Devido à sua natureza, só pode realizar-se mediante as interações de todas as instâncias que traz em si, da mais animal à mais espiritual, e vice-versa. Em termos contemporâneos, poderíamos falar de interações entre o somático, o psiquismo consciente e inconsciente, o meio sociocultural e a inteligência. A ação do superior, mestre da harmonização, sobre o inferior se exerce pela influência do desejo-refletido. Ao que convém acrescentar o que Sto. Tomás chama de *redundantia*, uma captação da energia inferior pela superior (ver I-II, q. 77, a. 1, Sol.).

c. Essa complexidade é a do composto humano.

rerum transeuntium: et sic ab amore non distinguitur. Omnes autem passiones speciales ab invicem distinguuntur. Ergo concupiscentia non est passio specialis in concupiscibili.

3. PRAETEREA, cuilibet passioni concupiscibilis opponitur aliqua passio specialis in concupiscibili, ut supra³ dictum est. Sed concupiscentiae non opponitur aliqua passio specialis in concupiscibili. Dicit enim Damascenus⁴ quod *expectatum bonum concupiscentiam constituit, praesens vero laetitiam: similiter expectatum malum timorem, praesens vero tristitiam*: ex quo videtur quod, sicut tristitia contrariatur laetitiae, ita timor contrariatur concupiscentiae. Timor autem non est in concupiscibili, sed in irascibili. Non ergo concupiscentia est specialis passio in concupiscibili.

SED CONTRA est quod concupiscentia causatur ab amore, et tendit in delectationem, quae sunt passiones concupiscibilis. Et sic distinguitur ab aliis passionibus concupiscibilis, tanquam passio specialis.

RESPONDEO dicendum quod, sicut dictum est⁵, bonum delectabile secundum sensum est communiter obiectum concupiscibilis. Unde secundum eius differentias, diversae passiones concupiscibilis distinguuntur. Diversitas autem obiecti potest attendi vel secundum naturam ipsius obiecti, vel secundum diversitatem in virtute agendi. Diversitas quidem obiecti activi quae est secundum rei naturam, facit materialem differentiam passionum. Sed diversitas quae est secundum virtutem activam, facit formalem differentiam passionum, secundum quam passiones specie differunt.

Est autem alia ratio virtutis motivae ipsius finis vel boni, secundum quod est realiter praesens, et secundum quod est absens: nam secundum quod est praesens, facit in seipso quiescere; secundum autem quod est absens, facit ad seipsum moveri. Unde ipsum delectabile secundum sensum, inquantum appetitum sibi adaptat quodammodo et conformat, causat amorem; inquantum vero absens attrahit ad seipsum, causat concupiscentiam; inquantum vero praesens quietat in seipso, causat delectationem. Sic ergo concupiscentia est passio differens specie et ab amore et a delectatione. —

distingue do amor. Ora, todas as paixões especiais se distinguem entre si. Logo, a concupiscência não é uma paixão especial no concupiscível.

3. ADEMAIS, a cada paixão do concupiscível se opõe alguma paixão especial no concupiscível, como se disse acima. Ora, à concupiscência não se opõe alguma paixão especial no concupiscível. Com efeito, diz Damasceno: "O bem esperado constitui a concupiscência; o bem presente, a alegria; igualmente, o mal que se aguarda, o temor, e o mal presente, a tristeza". Parece, segundo isso, que o temor se opõe à concupiscência como a tristeza à alegria. Ora, o temor não está no concupiscível, mas no irascível. Logo, a concupiscência não é uma paixão especial do concupiscível.

EM SENTIDO CONTRÁRIO, a concupiscência é causada pelo amor e tende para o prazer, que são paixões do concupiscível. E assim se distingue das outras paixões do concupiscível, como uma paixão especial.

RESPONDO. Como foi dito, o bem deleitável para o sentido é o objeto comum do concupiscível. Segue-se daí que conforme as diferenças desse objeto se distinguem as diversas paixões do concupiscível. Ora, a diversidade do objeto pode-se considerar, ou segundo a natureza do próprio objeto, ou segundo a diversidade no poder de agir. A diversidade do objeto ativo, segundo a natureza da coisa, faz a diferença material entre as paixões. Mas a diversidade segundo o poder de agir, faz diferença formal entre as paixões, segundo a qual as paixões diferem especificamente.

Há uma outra razão da potência motora do próprio fim ou do bem, segundo esteja realmente presente, ou esteja ausente; pois quando está presente, faz que nele se repouse; mas quando está ausente, faz que se mova em direção a ele. Assim, o objeto deleitável da ordem sensível, na medida em que adapta e conforma o apetite a si mesmo, cause o amor; na medida em que está ausente, atrai a si, e causa a concupiscênciaᵈ; e na medida em que está presente, faz que nele repouse e causa o deleite. Assim, a concupiscência é uma paixão especificamente diferente do amor

---

3. Q. 23, a. 4.
4. *De fide orth*. l. II, c. 12: MG 94, 929 B.
5. A. praec.; q. 23, a. 1.

---

d. O objeto amado age sobre o sujeito despertando nele uma complacência que atrai para si aquele que ele "apaixona". O amor é isto. A concupiscência(desejo) se define pela ausência do objeto amado.

Sed concupiscere hoc delectabile vel illud, facit concupiscentias diversas numero.

AD PRIMUM ergo dicendum quod bonum delectabile non est absolute obiectum concupiscentiae, sed sub ratione absentis: sicut et sensibile sub ratione praeteriti, est obiectum memoriae. Huiusmodi enim particulares conditiones diversificant speciem passionum, vel etiam potentiarum sensitivae partis, quae respicit particularia.

AD SECUNDUM dicendum quod illa praedicatio est per causam, non per essentiam: non enim cupiditas est per se amor, sed amoris effectus. — Vel aliter dicendum, quod Augustinus accipit cupiditatem large pro quolibet motu appetitus qui potest esse respectu boni futuri. Unde comprehendit sub se et amorem et spem.

AD TERTIUM dicendum quod passio quae directe opponitur concupiscentiae, innominata est: quae ita se habet ad malum, sicut concupiscentia ad bonum. Sed quia est mali absentis sicut et timor, quandoque loco eius ponitur timor: sicut et quandoque cupiditas loco spei. Quod enim est parvum bonum vel malum, quasi non reputatur: et ideo pro omni motu appetitus in bonum vel in malum futurum, ponitur spes et timor, quae respiciunt bonum vel malum arduum.

e do deleitável. — Mas desejar este ou aquele objeto deleitável faz que as concupiscências sejam numericamente distintas.

QUANTO AO 1º, portanto, deve-se dizer que o bem deleitável não é, de modo absoluto, objeto da concupiscência, mas só enquanto está ausente; assim como o sensível, enquanto passado, é objeto da memória. Com efeito, tais condições particulares diversificam a espécie das paixões, e também a espécie das potências da parte sensível, que diz respeito a objetos particulares.

QUANTO AO 2º, deve-se dizer que essa predicação se faz pela causa, não pela essência: a cupidez, de fato, por si não é amor, mas efeito do amor. — Pode-se dizer que Agostinho toma o termo cupidez no sentido amplo, para designar qualquer movimento do apetite que se refira a um bem futuro. Assim cupidez abrange o amor e a esperança.

QUANTO AO 3º, deve-se dizer que a paixão que se opõe diretamente à concupiscência ficou sem nome[e]: é aquela que está para o mal, como a concupiscência para o bem. Mas, por ter como objeto o mal ausente, como o temor, algumas vezes se designa como temor; assim como se fala cupidez em vez de esperança. O que é um bem pequeno ou um mal pequeno, quase não se leva em conta: por isso, todo movimento do apetite em relação com o bem ou com o mal futuro se chama esperança ou temor, que dizem respeito ao bem ou ao mal árduo.

ARTICULUS 3

Utrum sint aliquae concupiscentiae naturales, et aliquae non naturales

AD TERTIUM SIC PROCEDITUR. Videtur quod concupiscentiarum non sint quaedam naturales, et quaedam non naturales.
1. Concupiscentia enim pertinet ad appetitum animalem, ut dictum est[1]. Sed appetitus naturalis dividitur contra animalem. Ergo nulla concupiscentia est naturalis.
2. PRAETEREA, diversitas materialis non facit diversitatem secundum speciem, sed solum secundum numerum: quae quidem diversitas sub

ARTIGO 3

Algumas concupiscências são naturais e outras não o são?

QUANTO AO TERCEIRO, ASSIM SE PROCEDE: parece que entre as concupiscências **não** há algumas naturais e outras não naturais.
1. Com efeito, a concupiscência pertence ao apetite animal, como se disse. Ora, o apetite natural se opõe ao animal. Logo, nenhuma concupiscência é natural.
2. ALÉM DISSO, a diversidade material não faz a diversidade segundo a espécie, mas apenas numérica: a qual escapa à consideração arte. Ora, se

3 PARALL.: Infra, q. 41, a. 3; q. 77, a. 5.
   1. A. 1, ad 3.

e. Se a paixão que se opõe ao desejo não havia recebido nome no século XIII, recebeu depois no campo da psicopatologia, que se refere à inapetência, anorexia mental etc. Pode-se ligar essa paixão à famosa "acédia" da tradição monástica: uma espécie de tristeza, de *taedium vitae* que se contrapõe à alegria do amor de caridade (ver II-II, q. 35, a. 1).

arte non cadit. Sed si quae sint concupiscentiae naturales et non naturales, non differunt nisi secundum diversa concupiscibilia: quod facit materialem differentiam, et secundum numerum tantum. Non ergo dividendae sunt concupiscentiae per naturales et non naturales.

3. PRAETEREA, ratio contra naturam dividitur, ut patet in II *Physic*.[2]. Si igitur in homine est aliqua concupiscentia non naturalis, oportet quod sit rationalis. Sed hoc esse non potest: quia concupiscentia cum sit passio quaedam, pertinet ad appetitum sensitivum, non autem ad voluntatem, quae est appetitus rationis. Non ergo sunt concupiscentiae aliquae non naturales.

SED CONTRA est quod Philosophus, in III *Ethic*.[3] et in I *Rhetoric*.[4], ponit quasdam concupiscentias naturales, et quasdam non naturales.

RESPONDEO dicendum quod, sicut dictum est[5], concupiscentia est appetitus boni delectabilis. Dupliciter autem aliquid est delectabile. Uno modo, quia est conveniens naturae animalis: sicut cibus, potus, et alia huiusmodi. Et huiusmodi concupiscentia delectabilis dicitur naturalis. — Alio modo aliquid est delectabile, quia est conveniens animali secundum apprehensionem: sicut cum aliquis apprehendit aliquid ut bonum et conveniens, et per consequens delectatur in ipso. Et huiusmodi delectabilis concupiscentia dicitur non naturalis, et solet magis dici "cupiditas".

Primae ergo concupiscentiae naturales, communes sunt et hominibus et aliis animalibus: quia utrisque est aliquid conveniens et delectabile secundum naturam. Et in his etiam omnes homines conveniunt: unde et Philosophus, in III *Ethic*.[6], vocat eas *communes* et *necessarias*. — Sed secundae concupiscentiae sunt propriae hominum, quorum proprium est excogitare aliquid ut bonum et conveniens, praeter id quod natura requirit. Unde et in I *Rhetoric*.[7], Philosophus dicit primas concupiscentias esse *irrationales*, secundas vero *cum ratione*. Et quia diversi diversimode ratiocinantur, ideo etiam secundae dicuntur, in

há concupiscências naturais e não naturais, elas só diferem segundo seus objetos diversos; o que faz uma diversidade somente material e numérica. Logo, não se deve distinguir as concupiscências entre naturais e não naturais.

3. ADEMAIS, a razão se opõe à natureza, como está claro no livro II da *Física*. Se há, pois, no homem uma concupiscência não natural, ela tem de ser racional. Ora, isso é impossível, pois a concupiscência, sendo paixão, pertence ao apetite sensitivo, e não à vontade, que é apetite racional. Logo, não há concupiscências não naturais.

EM SENTIDO CONTRÁRIO, o Filósofo, no livro III da *Ética* e no I da *Retórica*, afirma que há concupiscências naturais e outras, não naturais.

RESPONDO. A concupiscência, como foi dito, é apetite do bem deleitável. Ora, uma coisa pode ser deleitável de dois modos. Primeiro, por ser conveniente à natureza animal: como o alimento, a bebida etc. Essa concupiscência deleitável se chama natural. — Segundo, por ser conveniente ao animal segundo a apreensão: como quando alguém apreende uma coisa como boa e conveniente, e em consequência, se deleita nela. A concupiscência de tal objeto, se chama não natural, e costuma antes dizer-se "cupidez".

Assim, as primeiras concupiscências naturais, são comuns aos homens e aos animais; para uns e para outros há algo conveniente e deleitável segundo a natureza. E nessas coisas, todos os homens estão de acordo. Por isso o Filósofo, no livro III da *Ética*, chama essas concupiscências *comuns e necessárias*. — Mas as outras concupiscências são próprias do homem, a quem pertence pensar algo como bom e conveniente, além do que a natureza requer. E assim o Filósofo, no livro I da *Retórica*, diz que as primeiras concupiscências são *irracionais*, e as segundas, acompanhadas *de razão*[f]. E porque nem todos raciocinam do mesmo

---

2. C. 5: 196, b, 22; c. 6: 198, a, 3-4.
3. C. 13: 1118, b, 8-9.
4. C. 11: 1370, a, 20-27.
5. Art. 1.
6. C. 13: 1118, b, 8-9.
7. Loc. cit.: 1370, a, 18-19.

---

f. Voltamos a encontrar aqui a distinção entre as necessidades comuns e necessárias a todos os seres vivos, incluindo o homem, e aquelas que são especificamente humanas. As primeiras são "naturais", e as outras são "acompanhadas de razão", "próprias e acrescentadas" às necessidades naturais (ver Ética a Nicômaco, III, 7). É de se notar que as necessidades naturais, na medida em que o sujeito tem um conhecimento sensível delas, tornam-se objetos de desejo (ver r. 1).

III *Ethic.*[8], *propriae et appositae*, scilicet supra naturales.

AD PRIMUM ergo dicendum quod illud idem quod appetitur appetitu naturali, potest appeti appetitu animali cum fuerit apprehensum. Et secundum hoc cibi et potus et huiusmodi, quae appetuntur naturaliter, potest esse concupiscentia naturalis.

AD SECUNDUM dicendum quod diversitas concupiscentiarum naturalium a non naturalibus, non est materialis tantum; sed etiam quodammodo formalis, inquantum procedit ex diversitate obiecti activi. Obiectum autem appetitus est bonum apprehensum. Unde ad diversitatem activi pertinet diversitas apprehensionis: prout scilicet apprehenditur aliquid ut conveniens absoluta apprehensione, ex qua causantur concupiscentiae naturales, quas Philosophus in *Rhetoric.*[9] vocat *irrationales*; et prout apprehenditur aliquid cum deliberatione, ex quo causantur concupiscentiae non naturales, quae propter hoc in *Rhetoric.*[10] dicuntur *cum ratione*.

AD TERTIUM dicendum quod in homine non solum est ratio universalis, quae pertinet ad partem intellectivam; sed etiam ratio particularis, quae pertinet ad partem sensitivam, ut in primo libro[11] dictum est. Et secundum hoc, etiam concupiscentia quae est cum ratione, potest ad appetitum sensitivum pertinere. — Et praeterea appetitus sensitivus potest etiam a ratione universali moveri, mediante imaginatione particulari.

ARTICULUS 4
Utrum concupiscentia sit infinita

AD QUARTUM SIC PROCEDITUR. Videtur quod concupiscentia non sit infinita.
1. Obiectum enim concupiscentiae est bonum; quod habet rationem finis. Qui autem ponit infinitum, excludit finem, ut dicitur in II *Metaphys.*[1]. Concupiscentia ergo non potest esse infinita.
2. PRAETEREA, concupiscentia est boni convenientis: cum procedat ex amore. Sed infinitum, cum sit improportionatum, non potest esse conveniens. Ergo concupiscentia non potest esse infinita.

8. Loc. cit.: 1118, b, 9.
9. Loc. cit.: 1370, a, 19.
10. Ibid.: 1370, a, 25.
11. Q. 78, a. 4; q. 81, a. 3.

1. C. 2: 994, b, 10-12.

modo, essas últimas são chamadas por Aristóteles, no livro III da *Ética*, *próprias e acrescentadas*, a saber, sobre as naturais.

QUANTO AO 1º, portanto, deve-se dizer que o que é objeto do apetite natural pode tornar-se objeto do apetite animal, quando apreendido. E assim o alimento, a bebida etc., que se desejam por inclinação da natureza, podem ser objeto da concupiscência animal.

QUANTO AO 2º, deve-se dizer que a diversidade entre concupiscências naturais e não naturais não é só material, mas é, de certa maneira, também formal, enquanto procede da diversidade do objeto que move o apetite. Ora, o objeto do apetite é o bem apreendido; assim, a diversidade da percepção faz parte da diversidade do objeto ativo: uma coisa é, então, percebida como conveniente por uma apreensão absoluta, donde procedem as concupiscências naturais que o Filósofo no livro da *Retórica*, chama *irracionais*, ou então é percebida com deliberação, donde procedem as concupiscências não naturais, que, por isso no livro da *Retórica* são chamadas *acompanhadas de razão*.

QUANTO AO 3º, deve-se dizer que no homem não há só a razão universal, que pertence à parte intelectiva, mas também a razão particular que pertence à parte sensitiva, como foi dito na I Parte. Por isso, a concupiscência acompanhada de razão pode pertencer ao apetite sensitivo. — Além do mais, o apetite sensitivo pode ser movido igualmente pela razão universal, mediante a imaginação particular.

ARTIGO 4
A concupiscência é infinita?

QUANTO AO QUARTO, ASSIM SE PROCEDE: parece que a concupiscência **não** é infinita.
1. Com efeito, objeto da concupiscência é o bem, que tem razão de fim. Ora, quem afirma o infinito, exclui o fim, diz o livro II da *Metafísica*. Logo, a concupiscência não pode ser infinita.
2. ALÉM DISSO, a concupiscência é de um bem conveniente, pois procede do amor. Ora, o infinito, não tendo proporção, não pode ser conveniente. Logo, a concupiscência não pode ser infinita.

3. PRAETEREA, infinita non est transire: et sic in eis non est pervenire ad ultimum. Sed concupiscenti fit delectatio per hoc quod attingit ad ultimum. Ergo si concupiscentia esset infinita, sequeretur quod nunquam fieret delectatio.

SED CONTRA est quod Philosophus dicit, in I *Polit.*[2], quod, *in infinitum concupiscentia existente* homines infinita *desiderant.*

RESPONDEO dicendum quod, sicut dictum est[3], duplex et concupiscentia: una naturalis, et alia non naturalis. Naturalis quidem igitur concupiscentia non potest esse infinita in actu. Est enim eius quod natura requirit: natura vero semper intendit in aliquid finitum et certum. Unde nunquam homo concupiscit infinitum cibum, vel infinitum potum. — Sed sicut in natura contingit esse infinitum in potentia per successionem, ita huiusmodi concupiscentiam contingit infinitam esse per successionem; ut scilicet, post adeptum cibum iterum alia vice desideret cibum, vel quodcumque aliud quod natura requirit: quia huiusmodi corporalia bona, cum adveniunt, non perpetuo manent, sed deficiunt: Unde dixit Dominus Samaritanae, Io 4,13: *Qui biberit ex hac aqua, sitiet iterum.*

Sed concupiscentia non naturalis omnino est infinita. Sequitur enim rationem, ut dictum est[4]: rationi autem competit in infinitum procedere. Unde qui concupiscit divitias, potest eas concupiscere, non ad aliquem certum terminum, sed simpliciter se divitem esse, quantumcumque potest.

Potest et alia ratio assignari, secundum Philosophum in I *Polit.*[5], quare quaedam concupiscentia sit finita, et quaedam infinita. Semper enim concupiscentia finis est infinita: finis enim per se concupiscitur, ut sanitas; unde maior sanitas magis concupiscitur, et sic in infinitum; sicut, si album per se disgregat, magis album magis disgregat. Concupiscentia vero eius quod est ad finem, non est infinita, sed secundum illam mensuram appetitur qua convenit fini. Unde qui finem ponunt in divitiis, habent concupiscentiam divitiarum in infinitum: qui autem divitias appetunt propter necessitatem vitae, concupiscunt divitias finitas, sufficientes ad necessitatem vitae, Philosophus

3. ADEMAIS, o infinito não pode ser atravessado: nele nunca se chega a um termo. Ora, a concupiscência atinge o prazer ao alcançar seu ponto terminal. Logo, se a concupiscência fosse infinita nunca se tornaria prazer.

EM SENTIDO CONTRÁRIO, diz o Filósofo, no livro I da *Política*, que "sendo a concupiscência de infinitas coisas, os homens as desejam".

RESPONDO. Como foi dito, há duas concupiscências: uma, natural e outra, não natural. A concupiscência natural não pode ser infinita em ato, porque se refere ao que a natureza requer; ora, a natureza sempre visa o que é finito e certo. Assim, nunca o homem deseja um alimento infinito, ou uma bebida infinita. — Mas, assim como na natureza se encontra o infinito em potência por sucessão, assim também acontece que essa concupiscência seja infinita por sucessão: a saber, depois de ter conseguido alimento, se queira de novo, ou qualquer outra coisa que a natureza requer; porque esses bens corporais quando nos advêm, não permanecem para sempre, mas desaparecem. Assim, disse o Senhor à Samaritana, no Evangelho de João: "Quem beber dessa água terá ainda sede".

Quanto à concupiscência não natural, esta é absolutamente infinita[g]. Com efeito, ela procede da razão, como foi dito, e cabe à razão proceder ao infinito. Assim, o que cobiça as riquezas pode cobiçá-las não até um certo limite, mas para ser absolutamente rico, tão rico quanto puder.

Pode-se, conforme o Filósofo, no livro I da *Política*, indicar outra razão pela qual há alguma concupiscência finita, e alguma, infinita. A concupiscência do fim é sempre infinita; pois o fim, a saúde, por exemplo, é desejado por si mesmo; o que faz que uma saúde melhor é mais cobiçada, e assim até o infinito; igualmente, se o branco separa, o mais branco separa muito mais. Ao contrário, a concupiscência do que é para o fim, não é infinita, mas se deseja na medida em que isso convém ao fim. Assim, os que põem seu fim na riqueza, cobiçam-na até o infinito, mas os que a desejam para suprir às necessidades da vida, só desejam riquezas limitadas, suficientes para

---

2. C. 3: 1258, a, 1-2.
3. Art. praec.
4. Art. praec.
5. C. 3: 1257, b, 25-30.

---

g. "O desejo é absolutamente infinito". Essa verdade é tão tradicional quanto nova. Já Aristóteles, com efeito, pensava que "a natureza do desejo é ser sem limite, e a maioria dos homens só vivem para satisfazê-lo" (Política, 1267, b 3-5). Freud voltou a dar atualidade a essa verdade, para a qual abre perspicazes perspectivas (ver A. Plé, Par devoir ou par plaisir? [Por dever ou por prazer?], Cerf, 1980, p. 175-182).

dicit ibidem⁶. Et eadem est ratio de concupiscentia quarumcumque aliarum rerum.

AD PRIMUM ergo dicendum quod omne quod concupiscitur, accipitur ut quoddam finitum: vel quia est finitum secundum rem, prout semel concupiscitur in actu; vel quia est finitum secundum quod cadit sub apprehensione. Non enim potest sub ratione infiniti apprehendi: quia *infinitum est, cuius quantitatem accipientibus, semper est aliquid extra sumere*, ut dicitur in III *Physic.*⁷.

AD SECUNDUM dicendum quod ratio quodammodo est virtutis infinitae, inquantum potest in infinitum aliquid considerare, ut apparet in additione numerorum et linearum. Unde infinitum aliquo modo sumptum, est proportionatum rationi. Nam et universale, quod ratio apprehendit, est quodammodo infinitum, inquantum in potentia continet infinita singularia.

AD TERTIUM dicendum quod ad hoc quod aliquis delectetur, non requiritur quod omnia consequatur quae concupiscit: sed in quolibet concupito quod consequitur, delectatur.

6. C. 3: 1257, b, 30-34.
7. C. 6: 207, a, 7-8.

as necessidades da vida, como diz o Filósofo no mesmo lugar. E a mesma razão vale para a concupiscência de tudo o mais.

QUANTO AO 1º, portanto, deve-se dizer que tudo o que é desejado se considera como algo finito; ou por ser finito na realidade, enquanto constitui o objeto de um só ato, ou por ser finito enquanto cai sob a apreensão. Pois não pode ser apreendido sob a razão de infinito, porque, diz o livro III da *Física*: "infinito é aquilo do qual, por mais quantidade que se tome dele, sempre é possível tomar ainda outras mais".

QUANTO AO 2º, deve-se dizer que de certo modo a razão é de um poder infinito, enquanto pode considerar qualquer coisa até o infinito, como se vê na adição dos números e das linhas. Por isso o infinito, tomado de certa maneira, é proporcionado à razão. Porque o universal, objeto da razão, é de certo modo infinito, enquanto em potência contém infinitas coisas singulares.

QUANTO AO 3º, deve-se dizer que para que alguém se deleite, não é preciso que obtenha tudo o que deseja: pois se deleita ao conseguir qualquer coisa desejada.

QUAESTIO XXXI
DE DELECTATIONE SECUNDUM SE
in octo articulos divisa

Deinde considerandum est de delectatione et tristitia. Circa delectationem vero consideranda sunt quatuor: primo, de ipsa delectatione secundum se; secundo, de causis delectationis; tertio, de effectibus eius; quarto, de bonitate et malitia ipsius.

Circa primum quaeruntur octo.
Primo: utrum delectatio sit passio.
Secundo: utrum sit in tempore.
Tertio: utrum differat a gaudio.
Quarto: utrum sit in appetitu intellectivo.
Quinto: de comparatione delectationum superioris appetitus, ad delectationem inferioris.
Sexto: de comparatione delectationum sensitivarum ad invicem.
Septimo: utrum sit aliqua delectatio non naturalis.
Octavo: utrum delectatio possit esse contraria delectationi.

QUESTÃO 31
O DELEITE OU PRAZER EM SI MESMO
em oito artigos

Passamos agora ao estudo do deleite ou prazer e da tristeza. A propósito do prazer examinaremos quatro pontos: 1, o prazer em si mesmo; 2, as causas do prazer; 3, seus efeitos; 4, sua bondade e sua malícia.

A respeito do primeiro, são oito as perguntas:
1. O prazer é uma paixão?
2. Está no tempo?
3. Difere da alegria?
4. Está no apetite intelectual?
5. Sobre a comparação entre os prazeres do apetite superior e os do inferior.
6. Sobre a comparação entre os prazeres sensíveis.
7. Há prazer que não seja natural?
8. Um prazer pode ser contrário a outro?

ARTICULUS 1
Utrum delectatio sit passio

AD PRIMUM SIC PROCEDITUR. Videtur quod delectatio non sit passio.

1. Damascenus enim, in II libro[1], distinguit operationem a passione, dicens quod *operatio est motus qui est secundum naturam, passio vero est motus contra naturam*. Sed delectatio est operatio, ut Philosophus dicit, in VII[2] et X[3] *Ethic*. Ergo delectatio non est passio.
2. PRAETEREA, *pati est moveri*, dicitur in III *Physic*.[4]. Sed delectatio non consistit in moveri, sed in motum esse: causatur enim delectatio ex bono iam adepto. Ergo delectatio non est passio.
3. PRAETEREA, delectatio consistit in quadam perfectione delectati: *perficit* enim *operationem*, ut dicitur in X *Ethic*.[5]. Sed perfici non est pati vel alterari, ut dicitur in VII *Physic*.[6] et in II *de Anima*[7]. Ergo delectatio non est passio.

SED CONTRA est quod Augustinus, in IX[8] et XIV[9] *de Civ. Dei*, ponit delectationem, sive gaudium vel laetitiam, inter alias passiones animae.

RESPONDEO dicendum quod motus appetitus sensitivi proprie passio nominatur, sicut supra[10] dictum est. Affectio autem quaecumque ex apprehensione sensitiva procedens, est motus appetitus sensitivi. Hoc autem necesse est competere delectationi. Nam, sicut Philosophus dicit in I *Rhetoric*.[11], *delectatio est quidam motus animae, et constitutio simul tota et sensibilis in naturam existentem*.

ARTIGO 1
O prazer é paixão?

QUANTO AO PRIMEIRO ARTIGO, ASSIM SE PROCEDE: parece que o prazer **não** é paixão.

1. Com efeito, Damasceno distingue ação e paixão, quando diz: "A ação é um movimento segundo a natureza; a paixão um movimento contra a natureza". Ora, o prazer é ação, segundo o Filósofo, nos livros VII e X da *Ética*. Logo, o prazer não é paixão.
2. ALÉM DISSO, "padecer é ser movido", diz o livro III da *Física*. Ora, o prazer não consiste em ser movido, mas em tê-lo sido; com efeito, sua causa é o bem já adquirido. Logo, não é paixão.
3. ADEMAIS, o prazer consiste em uma certa perfeição de quem se deleita. O prazer "perfaz a ação" diz o livro X da *Ética*. Ora a perfeição nem é paixão nem alteração, como se diz nos livros VII da *Física* e no II da *Alma*. Logo, o prazer não é paixão.

EM SENTIDO CONTRÁRIO, Agostinho classifica o prazer, ou seja, o gozo ou a alegria, entre outras paixões da alma.

RESPONDO. O movimento do apetite sensitivo se chama propriamente paixão, como acima foi dito. E toda afeição que procede de uma apreensão sensível é movimento do apetite sensitivo. Ora, isso se aplica necessariamente ao prazer. O Filósofo o define, no livro I da *Retórica*, como "um movimento da alma e o retorno, ao mesmo tempo total e sensível, à natureza existente"[a].

---

1 PARALL.: Infra, q. 35, a. 1; IV *Sent*., dist. 49, q. 3, a. 1, q.la 1.

1. *De fide orth*. l. II, c. 22: MG 94, 941 A.
2. C. 13: 1153, a, 10-17; c. 14: 1153, b, 12-13.
3. C. 5: 1175, b, 33-36.
4. C. 3: 202, a, 25.
5. C. 4: 1174, b, 23; 31-32.
6. C. 3: 246, b, 2-3.
7. C. 5: 417, b, 2-5.
8. C. 5: ML 41, 260.
9. C. 8: ML 41, 411.
10. Q. 22, a. 3.
11. C. 11: 1369, b, 33-35.

---

a. Tomando emprestado à Retórica de Aristóteles essa definição do prazer, Sto. Tomás só pôde utilizar o texto latino que tinha à sua disposição. O texto grego e as traduções modernas nos propõem uma definição menos obscura do prazer: "Um movimento da alma de uma espécie determinada e um retorno total e sensível ao estado anterior" (Retórica I, 13, 1369 b 33). Esse retorno (*constitutio*, no latim conhecido por Sto. Tomás) deve ser compreendido como uma restauração (*katastasis*) do estado anterior abalado pelo desejo, e que o prazer leva a reencontrar.

Com outras perspectivas e em outros termos, Freud retoma essa concepção de Aristóteles. Ele escreve, por exemplo: "Uma pulsão não seria mais do que a expressão de uma tendência inerente a todo organismo vivo, e que o leva a reproduzir-se, a restabelecer um estado anterior ao qual ele havia sido obrigado a renunciar sob influência de forças pertubadoras externas, a expressão de uma espécie de elasticidade orgânica, ou, se se preferir, de inércia da vida orgânica" (Au-delà du principe de plaisir, op. cit., p. 46).

Ad cuius intellectum, considerandum est quod, sicut contingit in rebus naturalibus aliqua consequi suas perfectiones naturales, ita hoc contingit in animalibus. Et quamvis moveri ad perfectionem non sit totum simul, tamen consequi naturalem perfectionem est totum simul. Haec autem est differentia inter animalia et alias res naturales, quod aliae res naturales, quando constituuntur in id quod convenit eis secundum naturam, hoc non sentiunt: sed animalia hoc sentiunt. Et ex isto sensu causatur quidam motus animae in appetitu sensitivo: et iste motus est delectatio. Per hoc ergo quod dicitur quod delectatio est *motus animae*, ponitur in genere. Per hoc autem quod dicitur *constitutio in existentem naturam*, idest in id quod existit in natura rei, ponitur causa delectationis, scilicet praesentia connaturalis boni. Per hoc autem quod dicitur *simul tota*, ostendit quod constitutio non debet accipi prout est in constitui, sed prout est in constitutum esse, quasi in termino motus: non enim delectatio est generatio, ut Plato posuit[12], sed magis consistit in factum esse, ut dicitur in VII *Ethic*.[13]. Per hoc autem quod dicitur *sensibilis*, excluduntur perfectiones rerum insensibilium, in quibus non est delectatio. — Sic ergo patet quod, cum delectatio sit motus in appetitu animali consequens apprehensionem sensus, delectatio est passio animae.

AD PRIMUM ergo dicendum quod operatio connaturalis non impedita, est perfectio secunda, ut habetur in II *de Anima*[14]. Et ideo, quando constituitur res in propria operatione connaturali et non impedita, sequitur delectatio, quae consistit in perfectum esse, ut dictum est[15]. Sic ergo cum dicitur quod delectatio est operatio, non est praedicatio per essentiam, sed per causam.

AD SECUNDUM dicendum quod in animali duplex motus considerari potest: unus secundum intentionem finis, qui pertinet ad appetitum, alius secundum executionem, qui pertinet ad exteriorem operationem. Licet ergo in eo qui iam consecutus est bonum in quo delectatur, cesset motus executionis, quo tenditur ad finem; non tamen cessat motus appetitivae partis, quae, sicut prius desiderabat non habitum, ita postea delectatur in habito. Licet enim delectatio sit quies quaedam appetitus, considerata praesentia boni delectantis, quod appetitui satisfacit; tamen adhuc remanet

Para compreender essa definição, há que considerar que, como acontece nas coisas da natureza, algumas atingem sua perfeição natural; o que se dá com os animais. Embora mover-se para a perfeição não seja um todo simultâneo, contudo, conseguir a perfeição natural é um todo simultâneo. Porém há esta diferença entre os animais e as outras coisas da natureza: estas, quando estão constituídas no que lhes convém conforme sua natureza, não o sentem; enquanto os animais, sentem. Desse sentimento surge um certo movimento da alma no apetite sensitivo, e esse movimento é o prazer. Dizer que o prazer é "um movimento da alma" é indicar seu gênero. Dizer que é um "retorno à natureza existente", isto é, no que existe segundo a realidade das coisas, é designar a causa do prazer: a saber, a presença do bem conatural. Dizer que é "ao mesmo tempo total", mostra-se que esse retorno não deve ser entendido como em processo de constituição, mas como algo já constituído, e como no termo de seu movimento. Pois o prazer não é geração, como Platão afirmou, mas consiste em algo já realizado, segundo o livro VII da *Ética*. Enfim, quando se diz "sensível", excluem-se as perfeições das coisas insensíveis, nas quais não há prazer. — Assim, pois, está claro que, por ser o prazer um movimento no apetite animal consecutivo à apreensão sensível, o prazer é uma paixão da alma.

QUANTO AO 1º, portanto, deve-se dizer que a ação conatural não impedida é uma perfeição segunda, como diz o livro II da *Ética*. Por isso quando uma coisa está constituída em sua própria ação conatural e não impedida, segue-se o prazer, que consiste no ser perfeito, como foi dito acima. Portanto, quando se diz que o prazer é ação, não se indica a essência dessa ação, mas sua causa.

QUANTO AO 2º, deve-se dizer que dois movimentos podem ser considerados no animal: um, segundo a intenção do fim, e pertence ao apetite; o outro, segundo a execução, e pertence à ação exterior. Embora em quem já conseguiu o bem, no qual se deleita, cesse o movimento da execução pelo qual se tende para o fim, não cessa o movimento da parte apetitiva, a qual antes desejava o que não tinha, agora se deleita com o que conseguiu ter. Ainda que o prazer seja uma espécie de repouso do apetite, dada a presença do bem deleitante que satisfaz o apetite, permanece

---

12. In *Philebo* c. 32: ed. Hermann, Lipsiae 1886, p. 116 C.
13. C. 13: 1153, a, 13-17.
14. C. 1: 412, a, 10-11.
15. In corp.

immutatio appetitus ab appetibili, ratione cuius delectatio motus quidam est.

AD TERTIUM dicendum quod, quamvis nomen passionis magis proprie conveniat passionibus corruptivis et in malum tendentibus, sicut sunt aegritudines corporales, et tristitia et timor in anima; tamen etiam in bonum ordinantur aliquae passiones, ut supra[16] dictum est. Et secundum hoc delectatio dicitur passio.

ainda a modificação do apetite pelo apetecível; razão pela qual o prazer é um certo movimento[b].

QUANTO AO 3º, deve-se dizer que embora o nome de paixão se aplique com mais propriedades às paixões que corrompem e que tendem para o mal, como as doenças do corpo, a tristeza e o temor na alma, há algumas paixões que estão ordenadas para o bem, como acima foi dito. É neste sentido que o prazer se chama paixão.

ARTICULUS 2
Utrum delectatio sit in tempore

AD SECUNDUM SIC PROCEDITUR. Videtur quod delectatio sit in tempore.

1. *Delectatio* enim *est motus quidam*, ut in I *Rhetoric.*[1] Philosophus dicit. Sed motus omnis est in tempore. Ergo delectatio est in tempore.

2. PRAETEREA, diuturnum, vel morosum, dicitur aliquid secundum tempus. Sed aliquae delectationes dicuntur morosae. Ergo delectatio est in tempore.

3. PRAETEREA, passiones animae sunt unius generis. Sed aliquae passiones animae sunt in tempore. Ergo et delectatio.

SED CONTRA est quod Philosophus dicit, in X *Ethic.*[2], quod *secundum nullum tempus accipiet quis delectationem.*

RESPONDEO dicendum quod aliquid contingit esse in tempore dupliciter: uno modo, secundum se; alio modo, per aliud, et quasi per accidens. Quia enim tempus est numerus successivorum, illa secundum se dicuntur esse in tempore, de quorum ratione est successio, vel aliquid ad successionem pertinens: sicut motus, quies, locutio, et alia huiusmodi. Secundum aliud vero, et non per se, dicuntur esse in tempore illa de quorum ratione non est aliqua successio, sed tamen alicui successivo subiacent. Sicut esse hominem de sui ratione non habet successionem, non enim est motus, sed terminus motus vel mutationis, scilicet generationis ipsius: sed quia humanum esse subiacet causis transmutabilibus, secundum hoc esse hominem est in tempore.

ARTIGO 2
O prazer está no tempo?

QUANTO AO SEGUNDO, ASSIM SE PROCEDE: parece que o prazer **está** no tempo.

1. Com efeito, "O prazer é um certo movimento", diz o Filósofo, no livro I da *Retórica*. Ora, todo movimento está no tempo. Logo, o prazer está no tempo.

2. ALÉM DISSO, diz-se que algo é duradouro ou moroso segundo o tempo. Ora, alguns prazeres se chamam morosos. Logo, o prazer está no tempo.

3. ADEMAIS, as paixões da alma são do mesmo gênero. Ora, algumas delas estão no tempo. Logo, o prazer também.

EM SENTIDO CONTRÁRIO, o Filósofo, no livro X da *Ética*, diz: "Ninguém indicará qualquer duração ao prazer".

RESPONDO. Uma coisa pode estar no tempo de duas maneiras: por si mesma, ou por outra coisa, e como que acidentalmente. Por ser o tempo o número do que é sucessivo, diz-se que estão no tempo por si aquelas coisas em cuja razão está a sucessão, ou algo que implique a sucessão, como o movimento, o repouso, a fala etc. Diz-se que estão no tempo não por si, mas por outro motivo, as coisas em cuja razão não está a sucessão, mas que estão subordinadas a algo que é sucessivo. Por exemplo: ser homem não implica de si, em sua razão, a sucessão, porque não é um movimento, mas o termo de um movimento ou mudança, que é a geração desse homem. Como, porém, ser humano está sujeito a causas que o fazem mudar, sob este aspecto ser homem está no tempo.

---

16. Q. 23, a. 1, 4.

2 PARALL.: IV *Sent.*, dist. 49, q. 3, a. 1, q.la 3; *De Verit.*, q. 8, a. 14, ad 2.
1. C. 11: 1369, b, 33.
2. C. 3: 1174, a, 17-19.

---

b. Satisfeito, já que goza do bem desejado, o apetite assim mesmo continua a desejar mais, ou outra coisa, mesmo que fosse em função da mudança que a atração e a satisfação do objeto provocaram nele. Nesse sentido, o prazer é movimento, uma ação que encontrou no prazer "estabilidade e vigor" (Sto. Tomás, IV Sent. D. 49, q. 3, a. 1).

Sic igitur dicendum est quod delectatio secundum se quidem non est in tempore: est enim delectatio in bono iam adepto, quod est quasi terminus motus. Sed si illud bonum adeptum transmutationi subiacet, erit delectatio per accidens in tempore. Si autem sit omnino intransmutabile, delectatio non erit in tempore nec per se, nec per accidens.

AD PRIMUM ergo dicendum quod, sicut dicitur in III *de Anima*³, motus dupliciter dicitur. Uno modo, qui est *actus imperfecti*, scilicet *existentis in potentia, inquantum huiusmodi*: et talis motus est successivus, et in tempore. Alius autem motus est *actus perfecti*, idest *existentis in actu*; sicut intelligere, sentire et velle et huiusmodi, et etiam delectari. Et huiusmodi motus non est successivus, nec per se in tempore.

AD SECUNDUM dicendum quod delectatio dicitur diuturna vel morosa, secundum quod per accidens est in tempore.

AD TERTIUM dicendum quod aliae passiones non habent pro obiecto bonum adeptum, sicut delectatio. Unde plus habent de ratione motus imperfecti, quam delectatio. Et per consequens magis delectationi convenit non esse in tempore.

Deve-se, pois, dizer que o prazer, por si, não está no tempo^c, pois o prazer se dá no bem já adquirido, que é como o termo do movimento. Mas, se esse bem obtido for sujeito a mudança, o prazer acidentalmente estará no tempo. Assim, se o bem for absolutamente imutável, o prazer não estará no tempo, nem por si, nem acidentalmente.

QUANTO AO 1º, portanto, deve-se dizer que segundo o livro III da *Alma*, o movimento se toma em duas acepções. Primeira, como "ato do que é imperfeito", isto é, "do que existe em potência, enquanto tal": um tal movimento é sucessivo e no tempo. O outro movimento que é "ato do perfeito", ou seja, do "existente em ato", por exemplo, conhecer, sentir, querer etc. e também deleitar-se. Tal movimento não é sucessivo, nem, por si no tempo.

QUANTO AO 2º, deve-se dizer que o prazer é duradouro ou moroso na medida em que acidentalmente está no tempo.

QUANTO AO 3º, deve-se dizer que as outras paixões não têm por objeto o bem possuído, como o prazer. Assim elas têm, mais do que o prazer, a razão de movimento imperfeito, e por conseguinte convém mais ao prazer não estar no tempo.

ARTICULUS 3
Utrum delectatio differat a gaudio

AD TERTIUM SIC PROCEDITUR. Videtur quod gaudium sit omnino idem quod delectatio.
1. Passiones enim animae differunt secundum obiecta. Sed idem est obiectum gaudii et delectationis, scilicet bonum adeptum. Ergo gaudium est omnino idem quod delectatio.
2. PRAETEREA, unus motus non terminatur ad duos terminos. Sed idem est motus qui terminatur ad gaudium et delectationem, scilicet concupiscentia. Ergo delectatio et gaudium sunt omnino idem.
3. PRAETEREA, si gaudium est aliud a delectatione, videtur quod, pari ratione, et laetitia et exultatio et iucunditas significent aliquid aliud a

ARTIGO 3
O prazer difere da alegria?

QUANTO AO TERCEIRO, ASSIM SE PROCEDE: parece que a alegria é o mesmo que prazer.
1. Com efeito, as paixões da alma diferem por seu objeto. Ora, é o mesmo o objeto da alegria e o do prazer, a saber, o bem possuído. Logo, a alegria é exatamente o mesmo que o prazer.
2. ALÉM DISSO, um mesmo movimento não termina em dois termos. Ora, o mesmo movimento termina na alegria e no prazer, a saber, a concupiscência. Logo, prazer e alegria são a mesma coisa.
3. ADEMAIS, se alegria é distinta do prazer, parece que, pela mesma razão, o júbilo, a exultação, o bom humor significam outra coisa que o prazer; e

---

3. C. 7: 431, a, 6-7.

3 PARALL.: Infra, q. 35, a. 2; III *Sent.*, dist. 26, q. 1, a. 3; dist. 27, q. 1, a. 2, ad 3; IV, dist. 49, q. 3, a. 1, q.la 4; *Cont. Gent.* I, 90; *De Verit.*, q. 26, a. 4, ad 5.

c. "Por si, o prazer não está no tempo." Platão pensava que o enamorado está possuído por um deus, um *daimon* (Fedro 255 b): o prazer o coloca fora do tempo dos mortais, participa da imortalidade dos deuses. Verdade de todos os tempos. Nietzsche forneceu uma curiosa confirmação disso, escrevendo que "o prazer quer a si mesmo, quer a eternidade" (Ainsi parlait Zarathoustra, p. 459). O tema foi retomado em nossos dias por Georges Bataille, que vê no erotismo algo de sagrado, de divino, "pois é o instante no qual o homem escapa ao pavor da morte e sai de seus limites" (L'Érotisme, éd. de Minuit, 1957, p. 38 e passim). É o motivo pelo qual ele sustenta que sua obra está mais próxima da teologia.

delectatione: et sic erunt omnes diversae passiones. Quod videtur esse falsum. Non ergo gaudium differt a delectatione.

SED CONTRA est quod in brutis animalibus non dicimus gaudium. Sed in eis dicimus delectationem. Non ergo est idem gaudium et delectatio.

RESPONDEO dicendum quod gaudium, ut Avicenna dicit in libro suo *de Anima*[1], est quaedam species delectationis. Est enim considerandum quod, sicut sunt quaedam concupiscentiae naturales, quaedam autem non naturales, sed consequuntur rationem, ut supra[2] dictum est; ita etiam delectationum quaedam sunt naturales, et quaedam non naturales, quae sunt cum ratione. Vel, sicut Damascenus[3] et Gregorius Nyssenus[4] dicunt, *quaedam sunt corporales, quaedam animales*: quod in idem redit. Delectamur enim et in his quae naturaliter concupiscimus, ea adipiscentes; et in his quae concupiscimus secundum rationem. Sed nomen gaudii non habet locum nisi in delectatione quae consequitur rationem: unde gaudium non attribuimus brutis animalibus, sed solum nomen delectationis. — Omne autem quod concupiscimus secundum naturam, possumus etiam cum delectatione rationis concupiscere: sed non e converso. Unde de omnibus de quibus est delectatio, potest etiam esse gaudium in habentibus rationem. Quamvis non semper de omnibus sit gaudium: quandoque enim aliquis sentit aliquam delectationem secundum corpus, de qua tamen non gaudet secundum rationem. Et secundum hoc, patet quod delectatio est in plus quam gaudium.

AD PRIMUM ergo dicendum quod, cum obiectum appetitus animalis sit bonum apprehensum, diversitas apprehensionis pertinet quodammodo ad diversitatem obiecti. Et sic delectationes animales, quae dicuntur etiam gaudia, distinguuntur a delectationibus corporalibus, quae dicuntur solum delectationes: sicut et de concupiscentiis supra[5] dictum est.

AD SECUNDUM dicendum quod similis differentia invenitur etiam in concupiscentiis: ita quod delectatio respondeat concupiscentiae, et gaudium

assim seriam todos paixões diversas. O que parece falso. Logo, a alegria não difere do prazer.

EM SENTIDO CONTRÁRIO, não falamos de alegria a propósito dos animais irracionais. Mas lhes atribuímos o prazer. Então, alegria e prazer não são o mesmo.

RESPONDO. A alegria, diz Avicena, é uma certa espécie de prazer[d]. Deve-se, pois, considerar que assim como há concupiscências naturais e outras não naturais, as quais acompanham a razão, como acima foi dito, assim também há prazeres naturais e não naturais, acompanhados da razão. Ou então, como dizem Damasceno e Gregório de Nissa "há prazeres do corpo e prazeres da alma". O que vem a dar no mesmo. Com efeito, temos prazer tanto nas coisas que desejamos naturalmente, quando as obtemos, e nas que desejamos segundo a razão. Mas a palavra alegria só se emprega para prazeres consecutivos à razão: assim, não atribuímos alegria aos animais irracionais, mas apenas o prazer.
— Tudo o que desejamos segundo a natureza, podemos também desejá-lo com o prazer da razão; mas o contrário não é verdadeiro. Assim, tudo o que é objeto de prazer pode também ser objeto de alegria para os que são dotados de razão. Embora nem sempre haja alegria a respeito de tudo: pois, às vezes, alguém sente certo prazer segundo o corpo, sem que se alegre segundo a razão. Por isso é claro que o prazer tem mais amplitude que a alegria.

QUANTO AO 1º, portanto, deve-se dizer que o objeto do apetite animal é o bem apreendido, a diversidade da apreensão pertence, de certa maneira, à diversidade do objeto. E assim os prazeres da alma, que também se chamam alegrias, distinguem-se dos prazeres corporais, que se chamam somente prazeres, como se disse antes, a propósito das concupiscências.

QUANTO AO 2º, deve-se dizer que uma diferença semelhante se encontra também nas concupiscências: como o prazer corresponde à concupiscên-

---
1. Part. IV, c. 5.
2. Q. 30, a. 3.
3. *De fide orth.* l. II, c. 13: MG 94, 929 B.
4. NEMESIUS, *De nat. hom.* c. 18, al. l. IV, c. 10: ML 40, 677 B.
5. Q. 30, a. 3, ad 2.

---
d. Neste artigo, Sto. Tomás se empenha em precisar o seu vocabulário: prazer e alegria se situam em suas especificidades e suas conexões. O prazer pode tornar-se alegria nos seres dotados de razão, mas pode existir prazer sem alegria. Na resposta 3, são especificados os sentidos das palavras alegria, exultação e bom humor.

respondeat desiderio, quod magis videtur pertinere ad concupiscentiam animalem. Et sic secundum differentiam motus, est etiam differentia quietis.

AD TERTIUM dicendum quod alia nomina ad delectationem pertinentia, sunt imposita ab effectibus delectationis: nam *laetitia* imponitur a dilatatione cordis, ac si diceretur *latitia; exultatio* vero dicitur ab exterioribus signis delectationis interioris, quae apparent exterius, inquantum scilicet interius gaudium prosilit ad exteriora; *iucunditas* vero dicitur a quibusdam specialibus laetitiae signis vel effectibus. Et tamen omnia ista nomina videntur pertinere ad gaudium: non enim utimur eis nisi in naturis rationalibus.

cia, a alegria corresponde ao desejo, que parece aplicar-se mais à concupiscência que acompanha razão. E assim, conforme a diferença do movimento, há a diferença do repouso.

QUANTO AO 3º, deve-se dizer que os outros nomes que pertencem ao prazer, foram impostos por seus efeitos: *alegria* (laetitia) pela dilatação (latitia) do coração. *Exultação*, pelos sinais exteriores do prazer interior, que aparecem exteriormente, enquanto a alegria salta para o exterior. *Bom humor*, por certos sinais ou efeitos especiais da alegria. Contudo, todos esses nomes parecem pertencer à alegria, pois só os utilizamos a respeito das naturezas racionais.

ARTICULUS 4
Utrum delectatio sit in appetitu intellectivo

AD QUARTUM SIC PROCEDITUR. Videtur quod delectatio non sit in appetitu intellectivo.
1. Dicit enim Philosophus, in I *Rhetoric.*[1], quod *delectatio est motus quidam sensibilis.* Sed motus sensibilis non est in parte intellectiva. Ergo delectatio non est in parte intellectiva.
2. PRAETEREA, delectatio est passio quaedam. Sed omnis passio est in appetitu sensitivo. Ergo delectatio non est nisi in appetitu sensitivo.
3. PRAETEREA, delectatio est communis nobis et brutis. Ergo non est nisi in parte quae nobis et brutis communis est.
SED CONTRA est quod in Ps 36,4 dicitur: *Delectare in Domino.* Sed ad Deum non potest extendi appetitus sensitivus, sed solum intellectivus. Ergo delectatio potest esse in appetitu intellectivo.

RESPONDEO dicendum quod, sicut dictum est[2], delectatio quaedam sequitur apprehensionem rationis. Ad apprehensionem autem rationis, non solum commovetur appetitus sensitivus, per applicationem ad aliquid particulare; sed etiam appetitus intellectivus, qui dicitur voluntas. Et secundum hoc, in appetitu intellectivo, sive in voluntate, est delectatio quae dicitur gaudium, non autem delectatio corporalis.
Hoc tamen interest inter delectationem utriusque appetitus, quod delectatio appetitus sensibilis est cum aliqua transmutatione corporali: delectatio

ARTIGO 4
O prazer está no apetite intelectual?

QUANTO AO QUARTO, ASSIM SE PROCEDE: parece que o prazer **não** está no apetite intelectual.
1. Com efeito, o Filósofo diz, no livro I da *Retórica*: "O prazer é um movimento sensível". Ora, o movimento sensível não está na parte intelectual. Logo, o prazer não está na parte intelectual.
2. ALÉM DISSO, o prazer é paixão, e toda paixão está no apetite sensitivo. Logo, o prazer está só no apetite sensitivo.
3. ADEMAIS, o prazer é comum aos homens e aos animais irracionais. Portanto, está apenas na parte que nos é comum com eles.
EM SENTIDO CONTRÁRIO, diz-se no Salmo 37: "Deleita-te no Senhor". Ora, o apetite sensitivo não pode estender-se até Deus, mas só o apetite intelectual. Logo, o prazer pode estar no apetite intelectual.

RESPONDO. Como foi dito, há um prazer consecutivo à apreensão da razão. A apreensão da razão não afeta só o apetite sensitivo, aplicando-se a um objeto particular, mas também o apetite intelectual, que se chama vontade. Assim, há no apetite intelectual, ou seja, na vontade, um prazer que se chama alegria; mas não há nele prazer corporal.

Há, contudo, esta diferença entre o prazer dos dois apetites: o prazer do apetite sensitivo é acompanhado de modificação corporal, enquanto

---

4 PARALL.: Infra, q. 35, a. 1; I *Sent.*, dist. 45, a. 1; IV, dist. 49, q. 3, a. 1, q.la 1, 2.
1. C. 11: 1369, b, 33-34.
2. Art. praec.

autem appetitus intellectivi nihil aliud est quam simplex motus voluntatis. Et secundum hoc Augustinus dicit, in XIV *de Civ. Dei*[3], quod *cupiditas et laetitia non est aliud quam voluntas in eorum consensione quae volumus*.

AD PRIMUM ergo dicendum quod in illa definitione Philosophi, *sensibile* ponitur communiter pro quacumque apprehensione. Dicit enim Philosophus in X *Ethic*.[4], quod *secundum omnem sensum est delectatio; similiter autem et secundum intellectum et speculationem*. — Vel potest dici quod ipse definit delectationem appetitus sensitivi.

AD SECUNDUM dicendum quod delectatio habet rationem passionis, proprie loquendo, inquantum est cum aliqua transmutatione corporali. Et sic non est in appetitu intellectivo, sed secundum simplicem motum: sic enim etiam est in Deo et in angelis. Unde dicit Philosophus, in VII *Ethic*.[5], quod *Deus una simplici operatione gaudet*. Et Dionysius dicit, in fine *Cael. Hier*.[6], quod *angeli non sunt susceptibiles nostrae passibilis delectationis, sed congaudent Deo secundum incorruptionis laetitiam*.

AD TERTIUM dicendum quod in nobis non solum est delectatio in qua communicamus cum brutis, sed etiam in qua communicamus cum angelis. Unde ibidem[7] Dionysius dicit quod *sancti homines multoties fiunt in participatione delectationem angelicarum*. Et ita in nobis est delectatio non solum in appetitu sensitivo, in quo communicamus cum brutis; sed etiam in appetitu intellectivo, in quo communicamus cum angelis.

ARTICULUS 5

Utrum delectationes corporales et sensibiles sint maiores delectationibus spiritualibus et intelligibilibus

AD QUINTUM SIC PROCEDITUR. Videtur quod delectationes corporales et sensibiles sint maiores delectationibus spiritualibus intelligibilibus.

1. Omnes enim aliquam delectationem sequuntur, secundum Philosophum, in X *Ethic*.[1].

o prazer do apetite intelectual nada é senão um simples movimento da vontade. Nesse sentido Agostinho escreve: "a cupidez e a alegria não são outra coisa que a vontade quando consente no que queremos".

QUANTO AO 1º, portanto, deve-se dizer que nessa definição do Filósofo a palavra "sensível" designa a apreensão em geral. Pois o mesmo Filósofo diz no livro X da *Ética*: "Há prazer segundo cada um dos sentidos, e igualmente, segundo o intelecto e a especulação". — Pode-se também dizer que ele está definindo o prazer do apetite sensitivo.

QUANTO AO 2º, deve-se dizer que o prazer tem, propriamente falando, razão de paixão, enquanto comporta alguma mudança corporal. Não é assim que está no apetite intelectual, mas como simples movimento: e desse modo existe até mesmo em Deus e nos anjos. Por isso escreve o Filósofo, no livro VI da *Ética*, que "Deus se alegra em uma única ação simples". E Dionísio. "Os anjos não são capazes de nossos prazeres sensíveis, mas se alegram com Deus com uma alegria incorruptível".

QUANTO AO 3º, deve-se dizer que em nós, não há só o prazer que temos em comum com os animais irracionais, mas também o que nos é comum com os anjos. Por isso Dionísio diz que "os homens santos participam muitas vezes das alegrias angélicas". Desse modo há prazer em nós não só no apetite sensitivo, comum com os animais irracionais, mas também no apetite intelectual, comum com os anjos[e].

ARTIGO 5

Os prazeres corporais e sensíveis são maiores do que os prazeres espirituais e inteligíveis?

QUANTO AO QUINTO, ASSIM SE PROCEDE: parece que os prazeres corporais e sensíveis **são** maiores que os prazeres espirituais e inteligíveis.

1. Com efeito, "todos procuram algum prazer", diz o Filósofo no livro X da *Ética*. Ora, a maioria

---

3. C. 6: ML 41, 409.
4. C. 4: 1174, b, 20-23.
5. C. 15: 1154, b, 26-28.
6. C. 15: MG 3, 340 A.
7. C. 15: MG 3, 340 A.

5 PARALL.: IV *Sent*., dist. 49, q. 3, a. 5, q.la 1; in *Psalm*. 8; I *Ethic*., lect. 13; XII *Metaphysic*., lect. 8.
1. C. 2: 1172, b, 10-20; c. 4: 1175, a, 10-18.

e. Ao afirmar que o homem pode conhecer alegrias à maneira dos anjos, Sto. Tomás pretende reservar um lugar à capacidade humana de um amor "espiritual", ou seja, ao qual o organismo corporal não contribui.

Sed plures sequuntur delectationes sensibiles, quam delectationes spirituales intelligibiles. Ergo delectationes corporales sunt maiores.

2. Praeterea, magnitudo causae ex effectu cognoscitur. Sed delectationes corporales habent fortiores effectus: *transmutant enim corpus, et quibusdam insanias faciunt*, ut dicitur in VII *Ethic*.[2]. Ergo delectationes corporales sunt fortiores.

3. Praeterea, delectationes corporales oportet temperare et refraenare, propter earum vehementiam. Sed delectationes spirituales non oportet refraenare. Ergo delectationes corporales sunt maiores.

Sed contra est quod dicitur in Ps 118,103: *Quam dulcia faucibus meis eloquia tua, super mel ori meo*. Et Philosophus dicit, in X *Ethic*.[3], quod *maxima delectatio est quae est secundum operationem sapientiae*.

Respondeo dicendum quod, sicut iam[4] dictum est, delectatio provenit ex coniunctione convenientis quae sentitur vel cognoscitur. In operibus autem animae, praecipue sensitivae et intellectivae, est hoc considerandum, quod, cum non transeant in materiam exteriorem, sunt actus vel perfectiones operantis, scilicet intelligere, sentire, velle, et huiusmodi: nam actiones quae transeunt in exteriorem materiam, magis sunt actiones et perfectiones materiae transmutatae; motus enim est *actus mobilis a movente*. Sic igitur praedictae actiones animae sensitivae et intellectivae, et ipsae sunt quoddam bonum operantis, et sunt etiam cognitae per sensum vel intellectum. Unde etiam ex ipsis consurgit delectatio, et non solum ex eorum obiectis.

Si igitur comparentur delectationes intelligibiles delectationibus sensibilibus, secundum quod delectamur in ipsis actionibus, puta in cognitione sensus et in cognitione intellectus; non est dubium quod multo sunt maiores delectationes intelligibiles quam sensibiles. Multo enim magis delectatur homo de hoc quod cognoscit aliquid intelligendo, quam de hoc quod cognoscit aliquid sentiendo. Quia intellectualis cognitio et perfectior est: et etiam magis cognoscitur, quia intellectus magis reflectitur supra actum suum quam sensus. Est etiam cognitio intellectiva magis dilecta: nullus enim est qui non magis vellet carere visu corporali quam visu intellectuali, eo modo quo bestiae vel stulti carent, sicut Augustinus dicit, in libro *de Civ. Dei*[5].

busca prazeres sensíveis mais do que prazeres espirituais inteligíveis. Logo, os prazeres corporais são maiores.

2. Além disso, a grandeza da causa se conhece pelo efeito. Ora, os prazeres corporais produzem efeitos mais fortes: "Transtornam o corpo e, em alguns, produzem loucuras" diz o livro VII da *Ética*.

3. Ademais, é preciso moderar e refrear os prazeres corporais por causa de sua veemência. Ora, não é preciso refrear os prazeres espirituais. Logo, os prazeres corporais são maiores.

Em sentido contrário, diz-se no Salmo 118: "Como tuas palavras são doces ao meu paladar, mais doces que o mel para minha boca!" E o Filósofo, no livro X da *Ética*, diz: "O maior prazer é o que acompanha a ação da sabedoria".

Respondo. Como foi dito, o prazer tem por causa a união com o bem conveniente, união sentida ou conhecida. Nas ações da alma, sobretudo da alma sensitiva e intelectiva, deve-se considerar que por não passarem para uma matéria exterior, essas operações são atos e perfeições daquele que age: a saber, conhecer, sentir, querer etc. As ações que passam para uma matéria exterior são antes atos e perfeições da matéria transformada: pois o movimento é *do móvel pelo movente*. Assim, essas ações acima mencionadas da alma sensitiva e intelectiva, são um certo bem do que age, e são também conhecidas pelo sentido ou pelo intelecto. Assim também o prazer nasce delas, e não só de seus objetos.

Portanto, se os prazeres espirituais inteligíveis forem comparados aos prazeres sensíveis segundo o prazer que temos nas ações, por exemplo, no conhecimento dos sentidos ou do intelecto, não há dúvida que os prazeres inteligíveis são muito maiores que os sensíveis. O homem, com efeito, se deleita muito mais com o que conhece pelo intelecto, do que com o que conhece pelos sentidos, porque o conhecimento intelectual é mais perfeito; e por ele se conhece melhor, pois o intelecto reflete mais sobre seu ato do que os sentidos. Também o conhecimento intelectual é mais amado: como diz Agostinho, não há ninguém que não prefira ser privado da visão corporal do que da visão intelectual, do modo que os animais irracionais e os insensatos são privados.

---

2. C. 5: 1147, a, 16-18.
3. C. 7: 1177, a, 23-27.
4. Art. 1.
5. *De Trin*. l. XIV, c. 14, n. 19: ML 42, 1051.

Sed si comparentur delectationes intelligibiles spirituales delectationibus sensibilibus corporalibus, sic, secundum se et simpliciter loquendo, delectationes spirituales sunt maiores. Et hoc apparet secundum tria quae requiruntur ad delectationem: scilicet bonum coniunctum, et id cui coniungitur, et ipsa coniunctio. Nam ipsum bonum spirituale et est maius quam corporale bonum; et est magis dilectum. Cuius signum est quod homines etiam a maximis corporalibus voluptatibus abstinent, ut non perdant honorem, qui est bonum intelligibile. — Similiter etiam ipsa pars intellectiva est multo nobilior, et magis cognoscitiva, quam pars sensitiva. — Coniunctio etiam utriusque est magis intima, et magis perfecta, et magis firma. Intimior quidem est, quia sensus sistit circa exteriora accidentia rei: intellectus vero penetrat usque ad rei essentiam; obiectum enim intellectus est *quod quid est*. Perfectior autem est, quia coniunctioni sensibilis ad sensum adiungitur motus, qui est actus imperfectus: unde et delectationes sensibiles non sunt totae simul, sed in eis aliquid pertransit, et aliquid expectatur consummandum, ut patet in delectatione ciborum et venereorum. Sed intelligibilia sunt absque motu: unde delectationes tales sunt totae simul. Est etiam firmior: quia delectabilia corporalia sunt corruptibilia, et cito deficiunt; bona vero spiritualia sunt incorruptibilia.

Sed quoad nos, delectationes corporales sunt magis vehementes, propter tria. Primo, quia sensibilia sunt magis nota, quoad nos, quam intelligibilia. — Secundo etiam, quia delectationes sensibiles, cum sint passiones sensitivi appetitus, sunt cum aliqua transmutatione corporali. Quod non contingit in delectationibus spiritualibus, nisi per quandam redundantiam a superiori appetitu in inferiorem. — Tertio, quia delectationes corporales appetuntur ut medicinae quaedam contra corporales defectus vel molestias, ex quibus tristitiae quaedam consequuntur. Unde delectationes corporales, tristitiis huiusmodi supervenientes, magis

Mas, se se comparam os prazeres inteligíveis espirituais com os prazeres sensíveis corporais, então, em si mesmos e absolutamente falando, os prazeres espirituais são maiores. Isto se verifica ao considerar os três requisitos para que haja prazer[f], a saber, um bem com o qual se estabelece a união; aquilo a que se une; e a união mesma. Com efeito, o bem espiritual não só é maior que o bem corporal, mas também é mais amado. Sinal disso é que os homens se abstêm até dos maiores prazeres corporais para não perderem a honra, que é um bem inteligível. — Igualmente, a parte intelectiva é muito mais nobre, e mais capaz de conhecer, que a parte sensitiva. — Quanto à união dos dois ela é mais íntima, mais perfeita e mais firme. É mais íntima, porque o sentido fica nos acidentes exteriores da coisa, enquanto o intelecto penetra até a sua essência, pois o objeto do intelecto é *o que a coisa é*. É mais perfeita, porque a união do sensível e do sentido é acompanhada de movimento, que é ato imperfeito; por isso os prazeres sensíveis não são sentidos de uma vez só: neles há algo que passa e algo que aguarda ser consumado, como se evidencia nos prazeres da mesa e do sexo. Ao contrário, as coisas inteligíveis são sem movimento, de forma que os prazeres dessa espécie são plenos e simultâneos. Também é mais firme, porque sem movimento as coisas deleitáveis corporais são corruptíveis e desaparecem rapidamente; os bens espirituais, porém, são incorruptíveis.

Em relação a nós, os prazeres corporais são mais veementes, por três motivos. 1º, porque as coisas sensíveis nos são mais conhecidas que a inteligíveis. — 2º, porque os prazeres sensíveis, por serem paixões do apetite sensitivo, são com alguma mudança corporal. Isso não ocorre nos prazeres espirituais, a não ser por redundância do apetite superior no inferior. — 3º, porque os prazeres corporais são desejados como se fossem um remédio para as deficiências e moléstias do corpo que produzem algumas tristezas. Por isso os prazeres físicos, sobrevindo a essas tristezas, são sentidos mais, e por isso mais aceitos, que os

---

f. As alegrias do espírito são maiores do que as da sensibilidade, as quais são mais "veementes". Como, também a esse respeito, não se pode deixar de citar Freud que, referindo-se à "soma suficientemente elevada de prazer encontrada no labor intelectual e na atividade do espírito", escreve: "Satisfações dessa ordem, aquela por exemplo que o artista encontra na criação, ou experimenta ao dar corpo às imagens de sua fantasia, ou aquelas que o pensador descobre na solução de um problema ou em descobrir a verdade, possuem uma qualidade particular que poderíamos com certeza caracterizar de maneira metapsicológica. De momento, limitemo-nos a afirmar em termos imagéticos que elas nos parecem mais delicadas e mais elevadas. No entanto, em relação com aquela que assegura o alívio dos desejos pulsionais grosseiros e primários, sua intensidade é menor; não perturbam o nosso organismo físico" (Malaise dans la civilisation, op. cit., p. 24-25). Freud não especificou as características desses prazeres "mais delicados e mais elevados". Sto. Tomás fez uma tentativa no presente artigo, de acordo com os meios de que dispunha.

sentiuntur, et per consequens magis acceptantur, quam delectationes spirituales quae non habent tristitias contrarias, ut infra[6] dicetur.

AD PRIMUM ergo dicendum quod ideo plures sequuntur delectationes corporales, quia bona sensibilia sunt magis et pluribus nota. Et etiam quia homines indigent delectationibus ut medicinis contra multiplices dolores et tristitias: et cum plures hominum non possint attingere ad delectationes spirituales, quae sunt propriae virtuosorum, consequens et quod declinent ad corporales.

AD SECUNDUM dicendum quod transmutatio corporis magis contingit ex delectationibus corporalibus, inquantum sunt passiones appetitus sensitivi.

AD TERTIUM dicendum quod delectationes corporales sunt secundum partem sensitivam, quae regulatur ratione: et ideo indigent temperari et refraenari per rationem. Sed delectationes spirituales sunt secundum mentem, quae est ipsa regula: unde sunt secundum seipsas sobriae et moderatae.

prazeres espirituais, que não têm tristezas contrárias, como abaixo se dirá.

QUANTO AO 1º, portanto, deve-se dizer que a maioria dos homens procura os prazeres do corpo porque os bens sensíveis são mais conhecidos e por mais gente. E também porque os homens têm necessidade de prazeres como remédios contra as numerosas dores e tristezas. A maioria dos homens, não podendo alcançar os prazeres espirituais, que são próprios dos virtuosos, resulta que se voltem para os prazeres do corpo[g].

QUANTO AO 2º, deve-se dizer que a mudança do corpo provém mais dos prazeres corporais, enquanto são paixões do apetite sensitivo.

QUANTO AO 3º, deve-se dizer que os prazeres corporais pertencem à parte sensitiva da alma, que é regulada pela razão; por isso precisam ser moderados e freados pela razão. Mas os prazeres espirituais pertencem ao espírito, que é a própria regra, e por isso são, por si mesmos, sóbrios e moderados.

ARTICULUS 6
Utrum delectationes tactus sint maiores delectationibus quae sunt secundum alios sensus

AD SEXTUM SIC PROCEDITUR. Videtur quod delectationes quae sunt secundum tactum, non sint maiores delectationibus quae sunt secundum alios sensus.
1. Illa enim delectatio videtur esse maxima, qua exclusa, omne gaudium cessat. Sed talis est delectatio quae est secundum visum: dicitur enim *Tobiae* 5,12: *Quale gaudium erit mihi, qui in tenebris sedeo, et lumen caeli non video*? Ergo delectatio quae est per visum, est maxima inter sensibiles delectationes.
2. PRAETEREA, *unicuique fit delectabile illud quod amat*, ut Philosophus dicit, in I *Rhetoric*.[1]. Sed *inter alios sensus maxime diligitur visus*. Ergo delectatio quae est secundum visum, est maxima.

ARTIGO 6
Os prazeres do tato são maiores que os prazeres dos outros sentidos?

QUANTO AO SEXTO, ASSIM SE PROCEDE: parece que os prazeres do tato **não** são maiores que os prazeres dos outros sentidos.
1. Com efeito, parece ser o maior prazer aquele em cuja ausência cessa toda a alegria. Ora, tal é o prazer que é pela vista, pois está escrito no livro de Tobias: "Que alegria poderia ter eu, que vivo sentado nas trevas e não vejo a luz do céu?". Logo, o prazer que é pela vista, é o maior entre os prazeres sensíveis.
2. ALÉM DISSO, "Cada um acha agradável o que ama" diz o Filósofo no livro I da *Retórica*. Ora, o sentido da vista é o mais amado de todos. Logo, o prazer que é pela vista é o maior.

---

6. Q. 35, a. 5.

6 PARALL.: II-II, q. 141, a. 4; IV *Sent.*, dist. 49, q. 3, a. 5, q.la 2; *De Malo*, q. 14, a. 4, ad 1.

1. C. 11: 1370, b, 19-20. Cfr. *Ethic.* I, 9: 1099, a, 8.

g. Observação importante para o moralista e o educador. Como despertar e esclarecer, na criança e em todo adulto, o gosto pelas alegrias do espírito, em primeiro lugar por suas qualidades humanizantes, mas também para evitar a degradação encontrada apenas nos prazeres sensíveis? Antiga preocupação, já apontada pelos filósofos gregos. "É preciso também, desde a infância, ter sido levado, como diz Platão, a encontrar alegria e sofrimento onde convém, É esta a verdadeira educação" (Aristóteles, Ética a Nicômaco, II, 3, 1104 b 9-12). Sto. Tomás fornece a respeito dessa passagem belas reflexões em seu comentário de Aristóteles.

3. PRAETEREA, principium amicitiae delectabilis maxime est visio. Sed causa talis amicitiae est delectatio. Ergo secundum visum videtur esse maxime delectatio.

SED CONTRA est quod Philosophus dicit, in III *Ethic*.[2], quod maximae delectationes sunt secundum tactum.

RESPONDEO dicendum quod, sicut iam[3] dictum est, unumquodque, inquantum amatur, efficitur delectabile. Sensus autem, ut dicitur in principio *Metaphys*.[4], propter duo diliguntur: scilicet propter cognitionem, et propter utilitatem. Unde et utroque modo contingit esse delectationem secundum sensum. Sed quia apprehendere ipsam cognitionem tanquam bonum quoddam, proprium est hominis; ideo primae delectationes sensuum, quae scilicet sunt secundum cognitionem, sunt propriae hominum: delectationes autem sensuum inquantum diliguntur propter utilitatem, sunt communes omnibus animalibus.

Si igitur loquamur de delectatione sensus quae est ratione cognitionis, manifestum est quod secundum visum est maior delectatio quam secundum aliquem alium sensum. — Si autem loquamur de delectatione sensus quae est ratione utilitatis, sic maxima delectatio est secundum tactum. Utilitas enim sensibilium attenditur secundum ordinem ad conservationem naturae animalis. Ad hanc autem utilitatem propinquius se habent sensibilia tactus: est enim tactus cognoscitivus eorum ex quibus consistit animal, scilicet calidi et frigidi, et huiusmodi. Unde secundum hoc, delectationes quae sunt secundum tactum, sunt maiores, quasi fini propinquiores. Et propter hoc etiam, alia animalia, quae non habent delectationem secundum sensum nisi ratione utilitatis, non delectantur secundum alios sensus, nisi in ordine ad sensibilia tactus: *neque enim odoribus leporum canes gaudent, sed cibatione; neque leo voce bovis, sed comestione*, ut dicitur in III *Ethic*.[5]

3. ADEMAIS, o princípio da amizade prazeirosa é sobretudo a vista. Ora, tal amizade tem por causa o prazer. Logo, o maior prazer parece ser pela vista.

EM SENTIDO CONTRÁRIO, o Filósofo no livro III da *Ética*, que os maiores prazeres são pelo tato.

RESPONDO. Como foi dito, as coisas, enquanto são amadas, se tornam deleitáveis. Ora, os sentidos, como se diz no começo do livro da *Metafísica*, são amados por duas razões: pelo conhecimento e pela utilidade. Por isso há dois modos de ter prazer pelos sentidos. Mas, porque apreender o conhecimento como um certo bem, é próprio do homem, por isso os primeiros prazeres dos sentidos, a saber, os que são pelo conhecimento, são próprios do homem; os outros, os prazeres dos sentidos enquanto são amados por sua utilidade, são comuns a todos os animais.

Portanto, se falamos do prazer do sentido que é pela razão de conhecimento, é claro que o prazer consecutivo à visão é maior que o prazer que segue algum outro sentido. — Se falamos do prazer do sentido que é pela razão de utilidade, então o maior prazer vem do tato[h]. Com efeito, a utilidade das coisas sensíveis se mede segundo se ordenam para a conservação da natureza animal. Ora, os objetos sensíveis ao tato são os que se têm mais próximos de tal utilidade, porque o tato percebe aquilo de que o animal consiste, a saber, o quente e o frio etc. De acordo com isso os prazeres que são pelo tato são maiores, estando mais perto do fim. É por isso que os outros animais, que não têm prazer pelo sentido, senão por razão de utilidade, não experimentam prazer pelos outros sentidos, a não ser em ordem às coisas sensíveis ao tato: "Os cães não têm prazer em cheirar as lebres, mas em comê-las; nem o leão gosta de ouvir a voz do boi, mas só de devorá-lo", como se diz no livro III da *Ética*.

---

2. C. 13: 1118, a, 33-b, 1.
3. Q. 25, a. 2, ad 1; q. 27, a. 4, ad 1.
4. L. I, c. 1: 980, a, 21-24.
5. C. 13: 1118, a, 18-23.

---

h. A distinção efetuada por Aristóteles entre o aspecto cognitivo e o aspecto utilitário dos sentidos é aqui finamente explorada por Sto. Tomás. Explica-se desse modo que os prazeres do tato (isto é, essencialmente, a alimentação e a sexualidade) são mais veementes e mais fortes do que os outros. São os prazeres do tato que constituem a "matéria" da virtude de temperança (II-II, q. 141, a. 4), prazeres que parecem os mais perturbados e resistentes à influência do desejo-refletido depois do pecado original (II-II, q. 153, a. 2, r. 2). Sto. Tomás, seguindo seu mestre Alberto Magno, pensava (sem prova...) que, antes da queda, esses prazeres teriam sido maiores (I, q. 98, a. 7, Sol. e r. 3). Ao afirmar que os prazeres primeiros da criança são os do tato (prazeres sexuais, pensa), Freud também aí retomava, sem saber, as posições de Sto. Tomás (ver *Trois essais sur la théorie de la sexualité*, Gallimard, 1962, p. 148 e passim) [Ed. brasileira Rio de Janeiro, Imago, 1973, p. 79 e passim (N.T.)].

Cum igitur delectatio tactus sit maxima ratione utilitatis, delectatio autem visus ratione cognitionis; si quis utramque comparare velit, inveniet simpliciter delectationem tactus esse maiorem delectatione visus, secundum quod sistit infra limites sensibilis delectationis. Quia manifestum est quod id quod est naturale in unoquoque, est potentissimum. Huiusmodi autem delectationes tactus sunt ad quas ordinantur concupiscentiae naturales, sicut cibi, et venerea, et huiusmodi. — Sed si consideremus delectationes visus, secundum quod visus deservit intellectui; sic delectationes visus erunt potiores, et ratione qua et intelligibiles delectationes sunt potiores sensibilibus.

AD PRIMUM ergo dicendum quod gaudium, sicut supra[6] dictum est, significat animalem delectationem: et haec maxime pertinet ad visum. Sed delectatio naturalis maxime pertinet ad tactum.

AD SECUNDUM dicendum quod visus maxime diligitur *propter cognitionem, eo quod multas rerum differentias nobis ostendit*, ut ibidem[7] dicitur.

AD TERTIUM dicendum quod alio modo delectatio est causa amoris carnalis, et alio modo visio. Nam delectatio, et maxime quae est secundum tactum, est causa amicitiae delectabilis per modum finis: visio autem est causa sicut unde est principium motus, inquantum per visum amabilis imprimitur species rei, quae allicit ad amandum et ad concupiscendum eius delectationem.

Como o prazer do tato é o maior por razão de utilidade, e o da vista o maior por razão de conhecimento, se se quer comparar os dois, verifica-se que o prazer do tato é maior absolutamente que o prazer da vista, enquanto fica nos limites do prazer sensível. Pois, é claro que o natural em qualquer coisa é o mais poderoso. Com efeito, a esses prazeres do tato estão orientadas as concupiscências naturais, por exemplo, do alimento, do sexo etc. — Mas, se consideramos os prazeres da vista enquanto a vista está a serviço do intelecto, então os prazeres da vista são de maior importância, pela razão de que os prazeres inteligíveis são mais importante que os prazeres sensíveis.

QUANTO AO 1º, portanto, deve-se dizer que a alegria, como foi dito acima, designa o prazer da alma; e este pertence sobretudo à vista. O prazer natural, porém, pertence sobretudo ao tato.

QUANTO AO 2º, deve-se dizer que se a vista é tanto amada, é "por causa do conhecimento, porque nos mostra numerosas diferenças das coisas", como se diz no mesmo lugar.

QUANTO AO 3º, deve-se dizer que é de maneira diversa que o prazer e a vista causam o amor carnal. Com efeito, o prazer, e sobretudo o que é pelo tato, é causa da amizade prazerosa à maneira de um fim; mas a vista é causa como de onde procede o princípio do movimento, enquanto pela visão do objeto amável se imprime sua imagem que leva a amar e a desejar seu prazer.

ARTICULUS 7
Utrum aliqua delectatio sit non naturalis

AD SEPTIMUM SIC PROCEDITUR. Videtur quod nulla delectatio sit innaturalis.

1. Delectatio enim in affectibus animae proportionatur quieti in corporibus. Sed appetitus corporis naturalis non quiescit nisi in loco connaturali. Ergo nec quies appetitus animalis, quae est delectatio, potest esse nisi in aliquo connaturali. Nulla ergo delectatio est non naturalis.

2. PRAETEREA, illud quod est contra naturam, est violentum. Sed *omne violentum est contristans*, ut dicitur in V *Metaphys.*[1]. Ergo nihil quod est contra naturam, potest esse delectabile.

ARTIGO 7
Algum prazer não é natural?

QUANTO AO SÉTIMO, ASSIM SE PROCEDE: parece que **não** há prazer que não seja natural.

1. Com efeito, o prazer, nas afeições da alma, corresponde ao repouso do corpo. Ora, o apetite do corpo natural só encontra repouso em seu lugar conatural. Logo, o repouso do apetite animal, que é o prazer, só pode encontrar-se em algum lugar que lhe seja conatural. Logo, não há prazer que não seja natural.

2. ALÉM DISSO, o que é contra a natureza é violento. Ora, "tudo que é violento entristece", diz o livro V da *Metafísica*. Logo, nada que seja contra a natureza pode ser deleitável.

---

6. Art. 3.
7. *Met.*, l. cit. in arg.: 980, a, 26-27.

1. C. 5: 1015, a, 28.

3. PRAETEREA, constitui in propriam naturam, cum sentitur, causat delectationem; ut patet ex definitione Philosophi supra[2] posita. Sed constitui in naturam, unicuique est naturale: quia motus naturalis est qui est ad terminum naturalem. Ergo omnis delectatio est naturalis.

SED CONTRA est quod Philosophus dicit, in VII *Ethic.*[3], quod quaedam delectationes sunt *aegritudinales et contra naturam*.

RESPONDEO dicendum quod naturale dicitur quod est secundum naturam, ut dicitur in II *Physic.*[4]. Natura autem in homine dupliciter sumi potest. Uno modo, prout intellectus et ratio est potissime hominis natura, quia secundum eam homo in specie constituitur. Et secundum hoc, naturales delectationes hominum dici possunt quae sunt in eo quod convenit homini secundum rationem: sicut delectari in contemplatione veritatis, et in actibus virtutum, est naturale homini. — Alio modo potest sumi natura in homine secundum quod condividitur rationi: id scilicet quod est commune homini et aliis, praecipue quod rationi non obedit. Et secundum hoc, ea quae pertinent ad conservationem corporis, vel secundum individuum, ut cibus, potus, lectus, et huiusmodi, vel secundum speciem, sicut venereorum usus, dicuntur homini delectabilia naturaliter.

Secundum utrasque autem delectationes, contingit aliquas esse innaturales, simpliciter loquendo, sed connaturales secundum quid. Contingit enim in aliquo individuo corrumpi aliquod principiorum naturalium speciei; et sic id quod est contra naturam speciei, fieri per accidens naturale huic individuo; sicut huic aquae calefactae est naturale quod calefaciat. Ita igitur contingit quod id quod est contra naturam hominis, vel quantum ad rationem, vel quantum ad corporis conservationem, fiat huic homini connaturale, propter aliquam corruptionem naturae in eo existentem. Quae quidem corruptio potest esse vel ex parte corporis, sive ex aegritudine, sicut febricitantibus dulcia videntur amara et e converso; sive propter

3. ADEMAIS, estar constituído em sua própria natureza, quando isso é sentido, causa prazer, segundo a definição do Filósofo, citada acima. Ora, estar constituído em sua natureza é natural para qualquer um, pois o movimento natural é o que tende para o termo natural. Logo, todo prazer é natural.

EM SENTIDO CONTRÁRIO, diz o Filósofo no livro VII da *Ética*, que certos prazeres são "doentios e contra a natureza".

RESPONDO. Diz o livro II da *Física*, que se chama natural o que é segundo a natureza. A natureza, no homem, pode entender-se de duas maneiras. A primeira, enquanto o intelecto e a razão são, por excelência, a natureza do homem, pois é por ela que o homem é constituído em espécie. Deste ponto de vista, podem-se chamar prazeres naturais do homem os que se encontram no que convém ao homem segundo a razão. Assim é natural ao homem deleitar-se na contemplação da verdade e na prática da virtude. — A segunda, enquanto se opõe à razão: neste caso, designa o que é comum ao homem e a outros seres, sobretudo o que não obedece a razão. Desse ponto de vista, o que pertence à conservação do corpo, ou diz respeito ao indivíduo, como o alimento, a bebida, o sono etc; ou à espécie, como os atos sexuais, tudo isso se diz que são coisas deleitáveis ao homem naturalmente.

Ora bem, tanto num tipo de prazer como no outro, há alguns que não são naturais, falando de modo absoluto, mas são conaturais sob certo aspecto[i]. Acontece que em algum indivíduo se corrompa um princípio natural da espécie; e assim, o que é contra a natureza da espécie, torna-se acidentalmente natural para este indivíduo; como é natural a esta água aquecida esquentar. Assim pode acontecer que o que é contra a natureza do homem, seja quanto à razão, seja quanto à conservação do corpo, se torne conatural para um certo homem, em razão de alguma corrupção da natureza que nele existe. Essa corrupção pode vir do corpo, ou pela doença, por exemplo, a febre faz achar doce o que é amargo, e vice-versa; ou por

---

2. A. 1. — *Rhet*. I, 11: 1369, b, 33.
3. C. 6: 1148, b, 18-10; 27-31; c. 7: 1149, b, 29-30.
4. C. 1: 192, b, 35-36; 193, a, 32-33.

---

i. Para Sto. Tomás, a ideia filosófica da natureza humana é uma abstração. Só existem na realidade naturezas "singulares" e variáveis segundo "as compleições particulares do corpo, os costumes etc.". Resulta que certas disposições de um indivíduo lhe são conaturais, ainda que não estejam plenamente de acordo com a ideia abstrata da natureza humana. E Sto. Tomás enumera aqui algumas dessas "anomalias": compleição infeliz do corpo e costumes étnicos. É a esses últimos que ele associa a homossexualidade, como era bem o caso no mundo greco-romano. Pode-se, em nossos dias, buscar uma outra causa da homossexualidade na compleição corporal e sobretudo psíquica.

malam complexionem, sicut aliqui delectantur in comestione terrae vel carbonum, vel aliquorum huiusmodi: vel etiam ex parte animae, sicut propter consuetudinem aliqui delectantur in comedendo homines, vel in coitu bestiarum aut masculorum, aut aliorum huiusmodi, quae non sunt secundum naturam humanam.

Et per hoc patet responsio AD OBIECTA.

ARTICULUS 8
Utrum delectatio possit esse delectationi contraria

AD OCTAVUM SIC PROCEDITUR. Videtur quod delectationi non sit delectatio contraria.

1. Passiones enim animae speciem et contrarietatem recipiunt secundum obiecta. Obiectum autem delectationis est bonum. Cum igitur bonum non sit contrarium bono, sed *bonum malo contrarietur, et malum malo*, ut dicitur in *Praedicamentis*[1]; videtur quod delectatio non sit contraria delectationi.

2. PRAETEREA, uni unum est contrarium, ut probatur in X *Metaphys.*[2]. Sed delectationi contraria est tristitia. Non ergo delectationi contraria est delectatio.

3. PRAETEREA, si delectationi contraria est delectatio hoc non est nisi propter contrarietatem eorum in quibus aliquis delectatur. Sed haec differentia est materialis: contrarietas autem est differentia secundum formam, ut dicitur in X *Metaphys.*[3]. Ergo contrarietas non est delectationis ad delectationem.

SED CONTRA, ea quae se impediunt, in eodem genere existentia, secundum Philosophum[4], sunt contraria. Sed quaedam delectationes se invicem impediunt ut dicitur in X *Ethic.*[5]. Ergo aliquae delectationes sunt contrariae.

RESPONDEO dicendum quod delectatio in affectionibus animae, sicut dictum est[6], proportionatur quieti in corporibus naturalibus. Dicuntur autem duae quietes esse contrariae, quae sunt in contrariis terminis; sicut *quies quae est sursum, ei quae est deorsum*, ut dicitur V *Physic.*[7]. Unde et

causa de uma má compleição do corpo: por exemplo, alguns têm prazer em comer terra, carvão etc; ou também da parte da alma, como naqueles que por costume, têm prazer em ser canibal, em fazer sexo com animais ou ter relações homossexuais, e outras coisas parecidas que não são segundo a natureza humana.

Pelo que foi dito fica clara a resposta ÀS OBJEÇÕES.

ARTIGO 8
O prazer pode ser contrário ao prazer?

QUANTO AO OITAVO, ASSIM SE PROCEDE: parece que **não** há prazer contrário ao prazer.

1. Com efeito, as paixões da alma recebem a espécie e a contrariedade por seus objetos. Ora, o objeto do prazer é o bem. Logo, como o bem não é contrário ao bem, mas, segundo o livro das *Categorias*, "o bem é contrário ao mal, e o mal, ao mal", parece que o prazer não é contrário ao prazer.

2. ALÉM DISSO, para uma coisa só há um contrário, demonstra-se no livro X da *Metafísica*. Ora, o contrário do prazer é a tristeza. Logo, o prazer não é contrário ao prazer.

3. ADEMAIS, se o prazer é contrário ao prazer, só pode ser por causa da contrariedade das coisas nas quais alguém se deleita. Ora, tal diferença é material, enquanto a contrariedade é uma diferença formal, como se diz no livro X da *Metafísica*. Logo, não há contrariedade entre um prazer e outro.

EM SENTIDO CONTRÁRIO, segundo o Filósofo, as coisas que se impedem, quando existem no mesmo gênero, são contrárias. Ora, há certos prazeres que se impedem uns aos outros, como se diz no livro X da *Ética*. Logo, alguns prazeres são contrários.

RESPONDO. Como foi dito, o prazer, nas afeições da alma, corresponde ao descanso nos corpos naturais. Ora, dois repousos se dizem contrários se têm por objeto termos contrários: como o repouso que está no alto se opõe ao que está em baixo, como se diz no livro V da *Física*. Assim

---

8
1. C. 11: 13, b, 36.
2. C. 4: 1055, a, 19-21; c. 5: 1055, b, 30.
3. C. 4: 1055, a. 3-10.
4. *Phys.* VIII, 8: 262, a, 11-12; *Met.* X, 4: 1055, a, 27.
5. C. 5: 1175, b, 1-16.
6. Q. 23, a. 4.
7. C. 6: 230, b, 11.

contingit in affectibus animae duas delectationes esse contrarias.

AD PRIMUM ergo dicendum quod verbum illud Philosophi est intelligendum secundum quod bonum et malum accipitur in virtutibus et vitiis: nam inveniuntur duo contraria vitia, non autem invenitur virtus contraria virtuti. In aliis autem nil prohibet duo bona esse ad invicem contraria: sicut calidum et frigidum, quorum unum est bonum igni, alterum aquae. Et per hunc modum delectatio potest esse delectationi contraria. Sed hoc in bono virtutis esse non potest: quia bonum virtutis non accipitur nisi per convenientiam ad aliquid unum, scilicet rationem.

AD SECUNDUM dicendum quod delectatio se habet in affectibus animae, sicut quies naturalis in corporibus: est enim in aliquo convenienti et quasi connaturali. Tristitia autem se habet sicut quies violenta: tristabile enim repugnat appetitui animali, sicut locus quietis violentae appetitui naturali. Quieti autem naturali opponitur et quies violenta eiusdem corporis, et quies naturalis alterius, ut dicitur in V *Physic.*[8]. Unde delectationi opponitur et delectatio et tristitia.

AD TERTIUM dicendum quod ea in quibus delectamur, cum sint obiecta delectationis, non solum faciunt differentiam materialem, sed etiam formalem, si sit diversa ratio delectabilitatis. Diversa enim ratio obiecti diversificat speciem actus vel passionis, ut ex supradictis[9] patet.

---

8. C. 6: 230, b, 18-19; 231, a, 13-17.
9. Q. 23, a. 1, 4; q. 30, a. 2.

acontece, nas afeições da alma, que dois prazeres sejam contrários.

QUANTO AO 1º, portanto, deve-se dizer que esta palavra do Filósofo deve entender-se quanto ao bem e ao mal nas virtudes e nos vícios, porque se encontram dois vícios contrários, mas não uma virtude contrária a outra virtude. Em outras coisas, nada impede que dois bens sejam contrários entre si, como o quente e o frio: um é bom para o fogo, o outro para a água. E desse modo um prazer pode ser contrário a outro prazer. Mas isso não pode ser entre os bens da virtude, porque o bem da virtude só têm sentido em sua conformidade com algo uno, a saber, com a razão.

QUANTO AO 2º, deve-se dizer que o prazer é nas afeições da alma, como o descanso natural nos corpos, pois está em algo conveniente e por assim dizer, conatural. A tristeza é como um descanso forçado, pois o que entristece é contrário ao apetite animal como o lugar de repouso forçado ao apetite natural. Ora, ao repouso natural se opõem tanto o repouso forçado do mesmo corpo, como o repouso natural de um outro corpo, diz-se no livro V da *Física*. Assim ao prazer se opõem o prazer e a tristeza.

QUANTO AO 3º, deve-se dizer que aquelas coisas em que nos deleitamos, por serem objetos de prazer, fazem não só a diferença material, mas também a diferença formal, se é diversa a razão de deleitabilidade. Como ressalta do que foi dito acima, a diversa razão do objeto diversifica a espécie do ato ou da paixão.

QUAESTIO XXXII
DE CAUSA DELECTATIONIS
in octo articulos divisa

Deinde considerandum est de causis delectationis.

Et circa hoc quaeruntur octo.
Primo: utrum operatio sit causa propria delectationis.
Secundo: utrum motus sit causa delectationis.
Tertio: utrum spes et memoria.
Quarto: utrum tristitia.
Quinto: utrum actiones aliorum sint nobis delectationis causa.

A QUESTÃO 32
A CAUSA DO PRAZER
em oito artigos

Em seguida, deve-se considerar as causas do prazer.

Sobre isso, são oito as perguntas:
1. A ação é causa própria do prazer?
2. O movimento é causa do prazer?
3. A esperança e a memória?
4. A tristeza?
5. As ações dos outros são para nós causa de prazer?

Sexto: utrum benefacere alteri sit causa delectationis.
Septimo: utrum similitudo sit causa delectationis.
Octavo: utrum admiratio sit causa delectationis.

6. Fazer bem ao outro é causa de prazer?
7. A semelhança é causa de prazer?
8. A admiração?

Articulus 1
Utrum operatio sit causa propria delectationis

AD PRIMUM SIC PROCEDITUR. Videtur quod operatio non sit propria et prima causa delectationis.

1. Ut enim Philosophus dicit, in I *Rhetoric.*[1], *delectari consistit in hoc quod sensus aliquid patiatur*: requiritur enim ad delectationem cognitio, sicut dictum est[2]. Sed per prius sunt cognoscibilia obiecta operationum quam ipsae operationes. Ergo operatio non est propria causa delectationis.
2. PRAETEREA, delectatio potissime consistit in fine adepto: hoc enim est quod praecipue concupiscitur. Sed non semper operatio est finis, sed quandoque ipsum operatum. Non ergo operatio est propria et per se causa delectationis.
3. PRAETEREA, otium et requies dicuntur per cessationem operationis. Haec autem sunt delectabilia, ut dicitur in I *Rhetoric.*[3]. Non ergo operatio est propria causa delectationis.

SED CONTRA est quod Philosophus dicit, VII[4] et X *Ethic.*[5], quod *delectatio est operatio connaturalis non impedita*.

RESPONDEO dicendum quod, sicut supra[6] dictum est, ad delectationem duo requiruntur: scilicet consecutio boni convenientis, et cognitio huiusmodi adeptionis. Utrumque autem horum in quadam operatione consistit: nam actualis cognitio operatio quaedam est; similiter bonum conveniens adipiscimur aliqua operatione. Ipsa etiam operatio propria est quoddam bonum conveniens. Unde oportet quod omnis delectatio aliquam operationem consequatur.

Artigo 1
A ação é causa própria do prazer?

QUANTO AO PRIMEIRO ARTIGO, ASSIM SE PROCEDE: parece que a ação **não é** a causa própria e primeira do prazer.

1. Com efeito, segundo o Filósofo no livro I da *Retórica*, "o prazer consiste em que o sentido padece alguma coisa", e como foi dito, não há prazer sem conhecimento. Ora, os objetos das ações são conhecidos antes que as ações mesmas. Logo, a ação não é a causa própria do prazer.
2. ALÉM DISSO, o prazer consiste sobretudo na posse do fim: é isso que se deseja principalmente. Ora, nem sempre a ação é o fim; às vezes o fim é a obra efetuada. Logo, a ação não é a causa própria e por si do prazer.
3. ADEMAIS, o lazer e o repouso implicam que a ação cesse. Ora, essas coisas são coisas deleitáveis, como se diz no livro I da *Retórica*. Logo, a ação não é a causa própria do prazer.

EM SENTIDO CONTRÁRIO, o Filósofo diz nos livros VII e X da *Ética*: "O prazer é a ação conatural não impedida."

RESPONDO. Acima foi dito que duas coisas se requerem para o prazer: a consecução do bem conveniente e o conhecimento dessa obtenção. Ora, essas duas coisas consistem em uma certa ação; pois o conhecimento em ato é uma ação, e igualmente, por uma ação alcançamos o bem conveniente. Além disso, a ação apropriada é, ela mesma, um certo bem conveniente. É preciso, pois, que todo o prazer provenha de uma ação[a].

---

1 PARALL.: IV *Sent.*, dist. 49, q. 3, a. 2.

1. C. 11: 1370, a, 27-28.
2. Q. 31, a. 1.
3. C. 11: 1370, a, 14.
4. C. 13: 1153, a, 14-17; c. 14: 1153, b, 9-13.
5. C. 4: 1174, b, 20-24.
6. Q. 31, a. 1.

---

a. Tem-se prazer em agir: é viver. "Vida e prazer formam um par indissolúvel", escreve Aristóteles em uma passagem que é preciso citar inteira: "Se todos os seres desejam o prazer, não se pode pensar que é porque todos aspiram a viver? Ora, a vida é uma atividade e cada ser exerce sua atividade sobre objetos e com as faculdades que ele mais aprecia: assim, o músico com a audição sobre as melodias, o intelectual com o pensamento sobre objetos de contemplação, e assim por diante. Ora, o prazer aperfeiçoa as atividades e, logo, a vida que todos desejam. É normal, portanto, que todos aspirem ao prazer, pois o

AD PRIMUM ergo dicendum quod ipsa obiecta operationum non sunt delectabilia, nisi inquantum coniunguntur nobis: vel per cognitionem solam, sicut cum delectamur in consideratione vel inspectione aliquorum; vel quocumque alio modo simul cum cognitione, sicut cum aliquis delectatur in hoc quod cognocit se habere quodcumque bonum, puta divitias vel honorem vel aliquid huiusmodi; quae quidem non essent delectabilia, nisi inquantum apprehenduntur ut habita. Ut enim Philosophus dicit, in II *Polit.*[7], *magnam delectationem habet putare aliquid sibi proprium; quae procedit ex naturali amore alicuius ad seipsum.* Habere autem huiusmodi nihil est aliud quam uti eis, vel posse uti. Et hoc est per aliquam operationem. Unde manifestum est quod omnis delectatio in operationem reducitur sicut in causam.

AD SECUNDUM dicendum quod etiam in illis in quibus operationes non sunt fines, sed operata, ipsa operata sunt delectabilia inquantum sunt habita vel facta. Quod refertur ad aliquem usum vel operationem.

AD TERTIUM dicendum quod operationes sunt delectabiles, inquantum sunt proportionatae et connaturales operanti. Cum autem virtus humana sit finita, secundum aliquam mensuram operatio est sibi proportionata. Unde si excedat illam mensuram, iam non erit sibi proportionata, nec delectabilis, sed magis laboriosa et attaediens. Et secundum hoc, otium et ludus et alia quae ad requiem pertinent, delectabilia sunt, inquantum auferunt tristitiam quae est ex labore.

QUANTO AO 1º, portanto, deve-se dizer que os objetos das ações só são deleitáveis na medida em que estão unidos a nós: ou pelo conhecimento somente, como quando nos deleitamos em considerar ou observar certas coisas; ou de outra maneira, juntamente com o conhecimento, como quando alguém se deleita ao saber que possui um certo bem, por exemplo, riquezas ou honra etc. Esses bens não seriam deleitáveis a não ser enquanto são apreendido como possuídos. Segundo o Filósofo, no livro II da *Política*, "Há grande prazer em pensar que uma coisa nos pertence: esse prazer procede do amor natural de cada um por si mesmo". Mas ter essas coisas é o mesmo que usá-las, ou poder usá-las. E isso se faz por alguma ação. Daí se torna evidente que todo o prazer se reduz a uma ação, como à sua causa.

QUANTO AO 2º, deve-se dizer que mesmo nas coisas em que as ações não são fins, mas as obras feitas, essas obras são deleitáveis enquanto possuídas ou feitas; o que se refere a algum uso ou ação.

QUANTO AO 3º, deve-se dizer que as ações são deleitáveis na medida em que são proporcionadas e conaturais àquele que age. Ora, como as forças humanas são limitadas, a ação é proporcionada dentro de certa medida. Por isso, se ultrapassa essa medida, já não é proporcionada nem deleitável, mas penosa e cheia de tédio. Assim, o lazer e o jogo e tudo o que tem a ver com o repouso, são deleitáveis enquanto afastam a tristeza que provém do trabalho.

ARTICULUS 2
Utrum motus sit causa delectationis

AD SECUNDUM SIC PROCEDITUR. Videtur quod motus non sit causa delectationis.

1. Quia, sicut supra[1] dictum est, bonum praesentialiter adeptum est causa delectationis: unde Philosophus, in VII *Ethic.*[2], dicit quod delectatio non comparatur generationi, sed operationi rei iam existentis. Id autem quod movetur ad aliquid,

ARTIGO 2
O movimento é causa de prazer?

QUANTO AO SEGUNDO, ASSIM SE PROCEDE: parece que o movimento **não** é causa de prazer.

1. Porque, como acima foi dito, a causa do prazer é o bem presentemente possuído. Por isso, o Filósofo diz, no livro VIII da *Ética*, que o prazer não se compara à geração, mas à ação de uma coisa já existente. Ora, o que se move em direção

---

7. C. 5: 1263, a, 40-b, 1.
PARALL.: IV *Sent.*, dist. 49, q. 3, a. 2, ad 3.
1. Q. 31, a. 1.
2. C. 13: 1153, a, 12-17.

prazer aperfeiçoa, para cada um a sua vida, que lhes é preciosa. Porém, se atribuímos preço à vida, é devido ao prazer que ela proporciona ou, se atribuímos preço ao prazer, é devido à vida que ele incrementa? É uma questão que podemos por ora deixar de lado: vida e prazer, formam, como se vê agora, um par uno e indissolúvel, pois, sem atividade, não há prazer, e o prazer aperfeiçoa a atividade" (Ética a Nicômaco, X 4 e 5, 1175 a 10-20).

nondum habet illud; sed quodammodo est in via generationis respectu illius, secundum quod omni motui adiungitur generatio et corruptio, ut dicitur in VIII *Physic.*³. Ergo motus non est causa delectationis.

2. PRAETEREA, motus praecipue laborem et lassitudinem inducit in operibus. Sed operationes, ex hoc quod sunt laboriosae et lassantes, non sunt delectabiles, sed magis afflictivae. Ergo motus non est causa delectationis.

3. PRAETEREA, motus importat innovationem quandam, quae opponitur consuetudini. Sed *ea quae sunt consueta, sunt nobis delectabilia*, ut Philosophus dicit, in I *Rhetoric.*⁴. Ergo motus non est causa delectationis.

SED CONTRA est quod Augustinus dicit, in VIII *Confess.*⁵: *Quid est hoc, Domine Deus meus, cum tu aeternum tibi tu ipse sis gaudium; et quaedam de te circa te semper gaudeant; quod haec rerum pars alterno defectu et profectu, offensionibus et conciliationibus gaudet?* Ex quo accipitur quod homines gaudent et delectantur in quibusdam alternationibus. Et sic motus videtur esse causa delectationis.

RESPONDEO dicendum quod ad delectationem tria requiruntur: scilicet duo quorum est coniunctio delectabilis; et tertium, quod est cognitio huius coniunctionis. Et secundum haec tria motus efficitur delectabilis, ut Philosophus dicit, in VII *Ethic.*⁶ et in I *Rhetoric.*⁷. Nam ex parte nostra qui delectamur, transmutatio efficitur nobis delectabilis propter hoc, quod natura nostra transmutabilis est; et propter hoc, quod est nobis conveniens nunc, non erit nobis conveniens postea; sicut calefieri ad ignem est conveniens homini in hieme, non autem in aestate. — Ex parte vero boni delectantis quod nobis coniungitur, fit etiam transmutatio delectabilis. Quia actio continuata alicuius agentis auget effectum: sicut quanto aliquis diutius appropinquat igni, magis calefit et desiccatur. Naturalis autem habitudo in quadam mensura consistit. Et ideo quando continuata praesentia delectabilis supere-

a outra coisa, ainda não a tem, mas se encontra, por assim dizer, em vias de geração em relação a ela; uma vez que todo movimento tem consigo geração e corrupção, como se diz no livro VIII da *Física*. Logo, o movimento não é causa de prazer.

2. ALÉM DISSO, o movimento introduz principalmente pena e cansaço na ação. Ora, as ações, porque são penosas e cansativas, não são deleitáveis, mas aflitivas. Logo, o movimento não é causa de prazer.

3. ADEMAIS, o movimento implica certa inovação, que se opõe ao costume. Ora, "o que é habitual é para nós deleitável", diz o Filósofo, no livro I da *Retórica*. Logo, o movimento não é causa do prazer.

EM SENTIDO CONTRÁRIO, Agostinho diz: "Que significa isso, Senhor meu Deus? Tu és para Ti mesmo alegria eterna, e em redor de Ti algumas criaturas se alegram sem cessar por tua causa. Por que esta parte de tuas criaturas, que está aqui, encontra sua alegria numa alternância de queda e de progresso, de ofensas e reconciliações?" Donde se entende que os homens têm alegria e prazer em certas alternâncias. E assim, o movimento parece ser causa de prazer.

RESPONDO. Três coisas se requerem para o prazer, a saber, duas das quais são a união prazerosa; e o terceiro elemento, o conhecimento desta união. O movimento, segundo esses três requisitos, torna-se deleitável, como diz o Filósofo no livro VII da *Ética* e no I da *Retórica*. Pois da nossa parte, para nós que nos deleitamos, a mudança se torna deleitável pelo fato de nossa natureza ser mutável^b: por isso o que para nós é conveniente agora, não será conveniente depois; como o aquecer-se ao fogo é conveniente ao homem no inverno, mas não no verão. — Mas, da parte do bem que deleita e que nos está unido, a mudança nos agrada também, porque a ação prolongada de algum agente aumenta o efeito; assim, quanto mais tempo alguém se aproxima do fogo, mais se aquece e resseca. Ora, a condição natural consiste em uma justa medida. Por isso, se a presença prolongada

---
3. C. 3: 254, a, 10-14.
4. C. 11: 1370, a, 3-6; 1371, a, 24.
5. C. 3, n. 8: ML 32, 752.
6. C. 14: 1154, b, 28.
7. C. 11: 1371, a, 25-26.

---
b. Por movimento, como se sabe, deve-se entender não o deslocamento no espaço, mas a passagem da potência ao ato. O homem só se dá conta de sua realização, de seu acabamento, de sua "perfeição" no tempo, e segundo sua natureza individual. Ele conhece desse modo alternâncias e modificações (*transmutationes*, escreve Sto. Tomás) de sua natureza. Para natureza mutável, prazer mutável. Não é aí, entretanto, que reside a perfeição do prazer (r. 1).

xcedit mensuram naturalis habitudinis, efficitur remotio eius delectabilis. — Ex parte vero ipsius cognitionis, quia homo desiderat cognoscere aliquod totum et perfectum. Cum ergo aliqua non poterunt apprehendi tota simul, delectat in his transmutatio, ut unum transeat et alterum succedat, et sic totum sentiatur. Unde Augustinus dicit, in IV *Confess.*[8]: *Non vis utique stare syllabam, sed transvolare, ut aliae veniant, et totum audias. Ita semper omnia ex quibus unum aliquid constat, et non sunt omnia simul, plus delectant omnia quam singula, si possint sentiri omnia.*

Si ergo sit aliqua res cuius natura sit intransmutabilis; et non possit in ea fieri excessus naturalis habitudinis per continuationem delectabilis; et quae possit totum suum delectabile simul intueri: non erit ei transmutatio delectabilis. Et quanto aliquae delectationes plus ad hoc accedunt, tanto plus continuari possunt.

AD PRIMUM ergo dicendum quod id quod movetur, etsi nondum habeat perfecte id ad quod movetur, incipit tamen iam aliquid habere eius ad quod movetur: et secundum hoc, ipse motus habet aliquid delectationis. Deficit tamen a delectationis perfectione: nam perfectiores delectationes sunt in rebus immobilibus. — Motus etiam efficitur delectabilis, inquantum per ipsum fit aliquid conveniens quod prius conveniens non erat, vel desinit esse, ut supra[9] dictum est.

AD SECUNDUM dicendum quod motus laborem et lassitudinem inducit, secundum quod transcendit habitudinem naturalem[10]. Sic autem motus non est delectabilis, sed secundum quod removentur contraria habitudinis naturalis.

AD TERTIUM dicendum quod id quod est consuetum, efficitur delectabile, inquantum efficitur naturale: nam consuetudo est quasi altera natura. Motus autem est delectabilis, non quidem quo receditur a consuetudine, sed magis secundum quod per ipsum impeditur corruptio naturalis habitudinis, quae posset provenire ex assiduitate alicuius operationis. Et sic ex eadem causa connaturalitatis efficitur consuetudo delectabilis, et motus.

do objeto deleitável ultrapassa a medida dessa condição, causa prazer vê-la terminar. — Enfim, da parte do conhecimento, porque o homem deseja conhecer algo inteiro e perfeito. Portanto, se algumas coisas não puderam ser apreendidas todas de uma só vez, é agradável haver nelas uma mudança para que de uma se passe a outra, e assim o todo seja conhecido. É o que nota Agostinho: "Não queres certamente que a sílaba pare, mas que ela vá embora e outras tomem seu lugar, até que ouças toda a palavra. É sempre assim com as coisas que constituem uma só e que não existem todas ao mesmo tempo: o conjunto deleita mais que as partes, quando é possível sentir todas".

Assim, se houver uma coisa cuja natureza não esteja sujeita à mudança e cuja condição natural não possa experimentar excesso pela presença prolongada do deleitável, e que, além disso possa ver, todo de uma vez, o objeto de seu prazer, para uma tal coisa a mudança não seria deleitável. E quanto alguns prazeres mais se aproximam disso, tanto mais se podem prolongar.

QUANTO AO 1º, portanto, deve-se dizer que o que se move, embora não tenha perfeitamente aquilo para o qual se move, já começa a ter algo daquilo para o qual se move; sob este aspecto, o próprio movimento tem em si algo de prazer. Mas não alcança a perfeição do prazer: porque os prazeres mais perfeitos estão nas realidades imutáveis. — O movimento torna-se agradável, também, enquanto por ele, algo que não era conveniente, se faz conveniente, ou deixa de sê-lo, como acima foi dito.

QUANTO AO 2º, deve-se dizer que o movimento produz pena e cansaço quando ultrapassa a condição natural. Então, não é mais agradável; só é agradável na medida em que remove o que contraria a condição.

QUANTO AO 3º, deve-se dizer que o que é habitual torna-se deleitável na medida em que se torna natural, já que o costume é uma segunda natureza. O movimento é deleitável, não porque se afasta do costume, mas porque impede a corrupção da condição natural, que pode ocorrer da continuidade de uma mesma ação. E assim, pelo mesmo motivo de conaturalidade, tanto o costume quanto o movimento se tornam deleitáveis.

---

8. C. 11: ML 32, 700.
9. In corp.

Articulus 3
Utrum spes et memoria sint causae delectationis

AD TERTIUM SIC PROCEDITUR. Videtur quod memoria et spes non sint causae delectationis.

1. Delectatio enim est de bono praesenti, ut Damascenus dicit[1]. Sed memoria et spes sunt de absenti: est enim memoria praeteritorum, spes vero futurorum. Ergo memoria et spes non sunt causa delectationis.

2. PRAETEREA, idem non est causa contrariorum. Sed spes est causa afflictionis: dicitur enim Pr 13,12: *Spes quae differtur, affligit animam*. Ergo spes non est causa delectationis.

3. PRAETEREA, sicut spes convenit cum delectatione in eo quod est de bono, ita etiam concupiscentia et amor. Non ergo magis debet assignari spes causa delectationis, quam concupiscentia vel amor.

SED CONTRA est quod dicitur Rm 12,12: *Spe gaudentes* et in Ps 76,4: *Memor fui Dei, et delectatus sum*.

RESPONDEO dicendum quod delectatio causatur ex praesentia boni convenientis, secundum quod sentitur, vel qualitercumque percipitur. Est autem aliquid praesens nobis dupliciter: uno modo, secundum cognitionem, prout scilicet cognitum est in cognoscente secundum suam similitudinem; alio modo, secundum rem, prout scilicet unum alteri realiter coniungitur, vel actu vel potentia, secundum quemcumque coniunctionis modum. Et quia maior est coniunctio secundum rem quam secundum similitudinem, quae est coniunctio cognitionis; itemque maior est coniunctio rei in actu quam in potentia: ideo maxima est delectatio quae fit per sensum, qui requirit paesentiam rei sensibilis. Secundum autem gradum tenet delectatio spei, in qua non solum est delectabilis coniunctio secundum apprehensionem, sed etiam secundum facultatem vel potestatem adipiscendi bonum quod delectat. Tertium autem gradum tenet delectatio memoriae, quae habet solam coniunctionem apprehensionis.

AD PRIMUM ergo dicendum quod spes et memoria sunt quidem eorum quae sunt simpliciter absentia, quae tamen secundum quid sunt praesen-

Artigo 3
A esperança e a memória são causa do prazer?

QUANTO AO TERCEIRO, ASSIM SE PROCEDE: parece que a memória e a esperança **não** são causas de esperança.

1. Com efeito, segundo Damasceno, o prazer nasce do bem presente. Ora, a memória e a esperança se referem ao que está ausente: a memória, ao passado; a esperança, ao futuro. Logo, a memória e a esperança não são causas de prazer.

2. ALÉM DISSO, uma mesma coisa não pode ser causa de efeitos contrários. Ora, a esperança é causa de aflição, segundo o livro dos Provérbios: "A esperança adiada aflige a alma". Logo, a esperança não é causa de prazer.

3. ADEMAIS, se a esperança coincide com prazer, enquanto se refere ao bem, o mesmo sucede com a concupiscência e o amor. Logo, não se deve designar a esperança como causa do prazer, mais que a concupiscência e o amor.

EM SENTIDO CONTRÁRIO, está escrito na Carta aos Romanos: "Tende a alegria na esperança". E no Salmo: "Lembrei-me de Deus e me alegrei'.

RESPONDO. O prazer é causado pela presença do bem conveniente, conforme seja sentido ou percebido de qualquer modo. Ora, uma coisa se nos é presente de duas maneiras: 1, pelo conhecimento, enquanto o conhecido está no cognoscente segundo sua semelhança; 2, pela coisa em si, enquanto uma coisa se une realmente a outra, em ato ou em potência, seja qual for a maneira de união. E como é maior a união segundo a coisa em si do que segundo a semelhança, que é a união do conhecimento, e também porque é maior a união da coisa em ato do que em potência, segue-se que o prazer maior é o que vem pelos sentidos porque requer a presença da coisa sensível. No segundo grau está o prazer da esperança, no qual a união prazeirosa não se efetua apenas pela apreensão, mas também pela potência ou capacidade de atingir o bem que deleita. No terceiro grau está o prazer da memória, o qual tem apenas a união da apreensão.

QUANTO AO 1º, portanto, deve-se dizer que a esperança e a memória são, na verdade, relativas ao que está absolutamente ausente, embora pre-

---

3 PARALL.: III *Sent*., dist. 26, q. 1, a. 1, ad 3; XII *Metaphys*., lect. 8.

1. *De fide orth*., l. II, c. 12: MG 94, 929 B.

tia: scilicet vel secundum apprehensionem solam; vel secundum apprehensionem et facultatem, ad minus aestimatam.

AD SECUNDUM dicendum quod nihil prohibet idem, secundum diversa, esse causam contrariorum. Sic igitur spes, inquantum habet praesentem aestimationem boni futuri, delectationem causat: inquantum autem caret praesentia eius, causat afflictionem.

AD TERTIUM dicendum quod etiam amor et concupiscentia delectationem causant. Omne enim amatum fit delectabile amanti: eo quod amor est quaedam unio vel connaturalitas amantis ad amatum. Similiter etiam omne concupitum est delectabile concupiscenti: cum concupiscentia sit praecipue appetitus delectationis. Sed tamen spes, inquantum importat quandam certitudinem realis praesentiae boni delectantis, quam non importat nec amor nec concupiscentia, magis ponitur causa delectationis quam illa. Et similiter magis quam memoria, quae est de eo quod iam transiit.

sente sob certo aspecto: a saber, ou apenas pela apreensão, ou também, pela apreensão e potência ao menos conforme se acredita.

QUANTO AO 2º, deve-se dizer que nada impede que uma mesma coisa, sob diversos aspectos, cause efeitos contrários. Assim pois a esperança, enquanto tem presente o valor do bem futuro, causa alegria; mas enquanto está privada da presença deste bem, causa tristeza.

QUANTO AO 3º, deve-se dizer que o amor e a concupiscência causam prazer. Tudo o que é amado é deleitável para o amante, já que o amor é uma certa união ou conaturalidade do amante com o amado. Igualmente, todo objeto de desejo é deleitável para quem o deseja, pois a concupiscência é sobretudo apetite de prazer[c]. A esperança, porém, enquanto implica alguma certeza da presença real do bem que deleita, certeza que o amor e a concupiscência não implicam, diz-se causa de prazer mais do que eles. E também mais que a memória voltada para o que já passou.

ARTICULUS 4
Utrum tristitia sit causa delectationis

AD QUARTUM SIC PROCEDITUR. Videtur quod tristitia non sit causa delectationis.
1. Contrarium enim non est causa contrarii. Sed tristitia contrariatur delectationi. Ergo non est causa delectationis.
2. PRAETEREA, contrariorum contrarii sunt effectus. Sed delectabilia memorata sunt causa delectationis. Ergo tristia memorata sunt causa doloris, et non delectationis.
3. PRAETEREA, sicut se habet tristitia ad delectationem, ita odium ad amorem. Sed odium non est causa amoris, sed magis e converso, ut supra[1] dictum est. Ergo tristitia non est causa delectationis.

SED CONTRA est quod in Ps 41,4 dicitur: *Fuerunt mihi lacrimae meae panes die ac nocte*. Per panem autem refectio delectationis intelligitur. Ergo lacrimae, quae ex tristitia oriuntur, possunt esse delectabiles.

ARTIGO 4
A tristeza é causa de prazer?[d]

QUANTO AO QUARTO, ASSIM SE PROCEDE: parece que a tristeza **não** é causa de prazer.
1. Com efeito, o contrário não é causa do contrário. Ora, a tristeza é contrária ao prazer. Logo, não é causa do prazer.
2. ALÉM DISSO, os efeitos dos contrários são também contrários. Ora, a memória das coisas agradáveis causa prazer. Logo, a memória das coisas tristes é causa de dor e não de prazer.
3. ADEMAIS, a tristeza está para o prazer assim como o ódio está para o amor. Ora, o ódio não é causa do amor; pelo contrário, como já foi dito. Logo, a tristeza não é causa do prazer.

EM SENTIDO CONTRÁRIO, diz-se no Salmo 42: "Minhas lágrimas foram meu alimento noite e dia". Por alimento deve-se entender o reconforto do prazer. Portanto, as lágrimas, que nascem da tristeza, podem ser deleitáveis.

4
1. Q. 29, a. 2.

---
c. A menos que não seja "supermotivado" pela influência do desejo-refletido, o desejo sensível só busca o seu prazer, como se observa nos animais e nas crianças (ver I-II, q. 4, a. 2, r. 2). Conforme se verá em diversas ocasiões, a humanização do animal humano se efetua por essa superação, pela integração do "narcisismo primário" em direção ao "narcisismo secundário" (ver Freud, Para introduzir ao narcisismo, em "A Vida Sexual").

d. Questão paradoxal, mas judiciosamente colocada por Sto. Tomás, que sabe por experiência que podem coexistir no homem sentimentos logicamente contraditórios. Volta-se a encontrar esse fato na questão 35, artigo 5.

RESPONDEO dicendum quod tristitia potest dupliciter considerari: uno modo, secundum quod est in actu; alio modo, secundum quod est in memoria. Et utroque modo tristitia potest esse delectationis causa. Tristitia siquidem in actu existens est causa delectationis, inquantum facit memoriam rei dilectae, de cuius absentia aliquis tristatur: et tamen de sola eius apprehensione delectatur. — Memoria autem tristitiae fit causa delectationis, propter subsequentem evasionem. Nam carere malo accipitur in ratione boni: unde secundum quod homo apprehendit se evasisse ab aliquibus tristibus et dolorosis, accrescit ei gaudii materia: secundum quod Augustinus dicit, XXII *de Civ. Dei*[2], quod *saepe laeti tristium meminimus, et sani dolorum sine dolore, et inde amplius laeti et grati sumus*. Et in VIII *Confess.*[3] dicit quod *quanto maius fuit periculum in proelio, tanto maius erit gaudium in triumpho*.

AD PRIMUM ergo dicendum quod contrarium quandoque per accidens est causa contrarii: sicut *frigidum quandoque calefacit*, ut dicitur in VIII *Physic.*[4]. Et similiter tristitia per accidens est delectationis causa, inquantum fit per eam apprehensio alicuius delectabilis.

AD SECUNDUM dicendum quod tristia memorata, inquantum sunt tristia et delectabilibus contraria, non causant delectationem: sed inquantum ab eis homo liberatur. Et similiter memoria delectabilium, ex eo quod sunt amissa, potest causare tristitiam.

AD TERTIUM dicendum quod odium etiam per accidens potest esse causa amoris: prout scilicet aliqui diligunt se, inquantum conveniunt in odio unius et eiusdem.

RESPONDO. A tristeza pode considerar-se de dois modos: segundo existe em ato, ou segundo existe na memória. E de ambos os modos, a tristeza pode ser causa de prazer. Com efeito, a tristeza existente em ato é causa de prazer enquanto faz lembrar a coisa amada, cuja ausência entristece; e contudo com sua só evocação se deleita. — Quanto à memória da tristeza, ela é também causa de prazer pela liberação subsequente, porque carecer de um mal entende-se como um bem: assim, saber que se liberou de coisas tristes e dolorosas aumenta no homem os motivos de alegria, conforme diz Agostinho: "Muitas vezes, na alegria recordamos as coisas tristes, e na saúde, as coisas dolorosas, mas sem sofrer dor, e com isso ficamos mais felizes e gratificados. E em outro lugar, "quanto maior foi o perigo no combate, tanto maior será a alegria na vitória".

QUANTO AO 1º, portanto, deve-se dizer que um contrário, acidentalmente, pode ser causa de seu contrário: "assim o frio às vezes produz calor", diz o livro VIII da *Física*. Igualmente, a tristeza acidentalmente é causa de prazer, enquanto por ela se apreende algo deleitável.

QUANTO AO 2º, deve-se dizer que a memória de coisas tristes não causam prazer enquanto tristes e contrárias às coisas deleitáveis, mas enquanto o homem delas se livra. Igualmente, a memória de coisas deleitáveis pode causar tristeza, porque se perderam.

QUANTO AO 3º, deve-se dizer que o ódio também pode acidentalmente ser causa do amor: há pessoas que se amam pelo fato de coincidirem no ódio de uma só e mesma coisa.

ARTICULUS 5

Utrum actiones aliorum sint nobis causa delectationis

AD QUINTUM SIC PROCEDITUR. Videtur quod actiones aliorum non sint nobis delectationis causa.

1. Causa enim delectationis est proprium bonum coniunctum. Sed aliorum operationes non sunt nobis coniunctae. Ergo non sunt nobis causa delectationis.

ARTIGO 5

As ações dos outros são para nós causa de prazer?

QUANTO AO QUINTO, ASSIM SE PROCEDE: parece que as ações dos outros **são** para nós causa de prazer.

1. Com efeito, a causa do prazer é a conjunção com seu próprio bem. Ora, as ações dos outros não estão unidas a nós. Logo, não são para nós causa de prazer.

---

2. Cfr. GREGORIUM M., *Moral.*, l. IV, c. 36, al. 31; in vet. 42, n. 72: ML 75, 678 BC.
3. C. 3: ML 32, 752.
4. C. 1: 251, a, 31-32.

2. Praeterea, operatio est proprium bonum operantis. Si igitur operationes aliorum sint nobis causa delectationis, pari ratione omnia alia bona aliorum erunt nobis delectationis causa. Quod patet esse falsum.

3. Praeterea, operatio est delectabilis, inquantum procedit ex habitu nobis innato: unde dicitur in II *Ethic.*[1], quod *signum generati habitus oportet accipere fientem in opere delectationem.* Sed operationes aliorum non procedunt ex habitibus qui in nobis sunt, sed interdum ex habitibus qui sunt in operantibus. Non ergo operationes aliorum sunt nobis delectabiles, sed ipsis operantibus.

Sed contra est quod dicitur in secunda Canonica Io 4: *Gavisus sum valde, quoniam inveni de filiis tuis ambulantes in veritate.*

Respondeo dicendum quod, sicut iam[2] dictum est, ad delectationem duo requiruntur: scilicet consecutio proprii boni, et cognitio proprii boni consecuti. Tripliciter ergo operatio alterius potest esse delectationis causa. Uno modo, inquantum per operationem alicuius consequimur aliquod bonum. Et secundum hoc, operationes illorum qui nobis aliquod bonum faciunt, sunt nobis delectabiles: quia bene pati ab alio est delectabile. — Alio modo, secundum quod per operationes aliorum efficitur nobis aliqua cognitio vel aestimatio proprii boni. Et propter hoc homines delectantur in hoc quod laudantur vel honorantur ab aliis: quia scilicet per hoc accipiunt aestimationem in seipsis aliquod bonum esse. Et quia ista aestimatio fortius generatur ex testimonio bonorum et sapientum, ideo in horum laudibus et honoribus homines magis delectantur. Et quia adulator est apparens laudator, propter hoc etiam adulationes quibusdam sunt delectabiles. Et quia amor est alicuius boni, et admiratio est alicuius magni, idcirco amari ab aliis, et in admiratione haberi, est delectabile; inquantum per hoc fit homini aestimatio propriae bonitatis vel magnitudinis, in quibus aliquis delectatur. — Tertio modo, inquantum ipsae operationes aliorum, si sint bonae, aestimantur ut bonum proprium, propter vim amoris, qui facit aestimare amicum quasi eundem sibi. Et propter odium, quod facit aestimare bonum alterius esse sibi

2. Além disso, a ação é o bem próprio do que age. Então, se as ações dos outros são causa de prazer para nós, pela mesma razão, todos os bens dos outros serão para nós causa de prazer. O que evidentemente é falso.

3. Ademais, a ação é deleitável enquanto procede de um costume que nos é inato. Com efeito, diz o livro II da *Ética*: "Deve-se tomar como sinal de que um costume se gerou, o prazer que acompanha a ação". Ora, as ações dos outros não procedem de nossos costumes pessoais, mas às vezes de costumes que estão nos que agem. Logo, é para eles e não para nós que as ações dos outros são deleitáveis.

Em sentido contrário, João escreve: "Alegrei-me muito ao encontrar que teus filhos caminham na verdade".

Respondo. Como já foi dito, há dois requisitos para o prazer: a consecução do próprio bem e o conhecimento do próprio bem conseguido. E há três maneiras como a ação do outro pode ser causa de prazer. 1. Enquanto conseguimos algum bem pela ação de alguém. Desse ponto de vista, as ações dos que nos fazem algum bem nos dão prazer, pois ser tratado bem por outro, é deleitável. — 2. Enquanto pelas ações de outros se produz em nós algum conhecimento ou apreciação do próprio bem. Por isso há homens que se deleitam em ser louvados ou honrados pelos outros, porque assim apreciam que há neles algum bem. E como essa apreciação é fortalecida pelo testemunho de pessoas boas e sábias, é nos louvores e honras delas que os homens mais se deleitam. E porque o adulador é na aparência um louvador, por isso mesmo as adulações são deleitáveis a certas pessoas. E porque o amor tem por objeto algum bem, e a admiração algo grande, ser amado e admirado pelo outros é deleitável, porque assim o homem aprecia sua própria bondade ou grandeza, nas quais se deleita[e]. — 3. Enquanto as ações dos outros, quando são boas, são apreciadas como nosso próprio bem, pela força do amor, que faz apreciar um amigo como um outro eu. E o ódio, que nos faz apreciar o bem do outro como contrário a nós mesmos, faz que a má ação do inimigo nos seja agradável. Por isso diz a primeira Carta

---

1. C. 2: 1104, b, 3-9.
2. A. 1; q. 31, a. 1.

---

e. Observação judiciosa sobre a necessidade dos homens de se sentirem "reconhecidos" por seu justo (?) valor. Eles esperam encontrar assim a resposta tranquilizadora à dúvida que os rói sobre o seu próprio valor. Encontra nisso a "jubilação do jogo do espelho" (Jacques LACAN). O moralista analisará de maneira mais minuciosa esse desejo da "vanglória" (ver II-II, q. 132).

contrarium, efficitur mala operatio inimici delectabilis. Unde dicitur 1Cor 13,6, quod caritas *non gaudet super iniquitate, congaudet autem veritati*.

AD PRIMUM ergo dicendum quod operatio alterius potest esse mihi coniuncta vel per effectum, sicut in primo modo; vel per apprehensionem, sicut in secundo modo; vel per affectionem, sicut in tertio modo.

AD SECUNDUM dicendum quod ratio illa procedit quantum ad tertium modum, non autem quantum ad duos primos.

AD TERTIUM dicendum quod operationes aliorum etsi non procedant ex habitibus qui in me sunt, causant tamen in me aliquid delectabile; vel faciunt mihi aestimationem sive apprehensionem proprii habitus; vel procedunt ex habitu illius qui est unum mecum per amorem.

aos Coríntios que a caridade "não se alegra com a iniquidade, mas se alegra com a verdade".

QUANTO AO 1º, portanto, deve-se dizer que a ação do outro pode estar unida a mim ou pelo efeito, como na primeira maneira; ou pelo conhecimento, como na segunda; ou pela afeição, como na terceira.

QUANTO AO 2º, deve-se dizer que o argumento procede quanto à terceira maneira e não quanto às duas primeiras.

QUANTO AO 3º, deve-se dizer que as ações dos outros, embora não procedam de costumes que estão em mim, causam em mim algo deleitável; seja que me façam apreciar ou reconhecer meu próprio costume, seja que procedam do costume de alguém que é um só comigo pelo amor.

ARTICULUS 6
Utrum benefacere alteri sit causa delectationis

AD SEXTUM SIC PROCEDITUR. Videtur quod benefacere alteri non sit delectationis causa.

1. Delectatio enim causatur ex consecutione proprii boni, sicut supra[1] dictum est. Sed benefacere non pertinet ad consecutionem proprii boni, sed magis ad emissionem. Ergo magis videtur esse causa tristitiae quam delectationis.

2. PRAETEREA, Philosophus dicit, in IV *Ethic*.[2], quod *illiberalitas connaturaliter est hominibus quam prodigalitas*. Sed ad prodigalitatem pertinet benefacere aliis: ad illiberalitatem autem pertinet desistere a benefaciendo. Cum ergo operatio connaturalis sit delectabilis unicuique, ut dicitur in VII[3] et X *Ethic*.[4], videtur quod benefacere aliis non sit causa delectationis.

3. PRAETEREA, contrarii effectus ex contrariis causis procedunt. Sed quaedam quae pertinent ad malefacere, sunt naturaliter homini delectabilia: sicut vincere, redarguere vel increpare alios, et etiam punire, quantum ad iratos, ut dicit Philosophus in I *Rhetoric*.[5]. Ergo benefacere magis est causa trititiae quam delectationis.

ARTIGO 6
Fazer o bem a outro é causa de prazer?

QUANTO AO SEXTO, ASSIM SE PROCEDE: parece que fazer o bem a outro **não** é causa de prazer.

1. Com efeito, o prazer é causado pela consecução de nosso próprio bem, como foi dito acima. Ora, fazer o bem ao outro não pertence à consecução de seu próprio bem; é, antes dissipá-lo. Logo, mais parece ser causa de tristeza, do que de prazer.

2. ALÉM DISSO, o Filósofo, no livro IV da *Ética*, escreve: "A falta de liberalidade é mais natural ao homem do que a prodigalidade". Ora, à prodigalidade pertence fazer o bem aos outros, enquanto à falta de liberalidade pertence desistir de fazê-lo. Logo, como a ação conatural é deleitável para cada um, como se diz nos livros VII e X da *Ética*, parece que fazer o bem aos outros não é causa de prazer.

3. ADEMAIS, efeitos contrários procedem de causas contrárias. Ora, algumas coisas que pertencem ao fazer o mal são deleitáveis à natureza humana, como vencer, refutar, censurar os outros, ou mesmo punir quando se está em cólera, segundo o Filósofo no livro I da *Retórica*. Logo, fazer o bem aos outros é antes causa de tristeza do que de prazer.

6
1. A. 1, 5; q. 31, a. 1.
2. C. 3: 1121, b, 14-16.
3. C. 15: 1154, b, 20.
4. C. 4: 1174, b, 20-23.
5. C. 11: 1370, b, 10-12; 30-32; 1371, b, 29-30.

SED CONTRA est quod Philosophus dicit, in II *Polit.*⁶, quod *largiri et auxiliari amicis aut extraneis, est delectabilissimum.*

RESPONDEO dicendum quod hoc ipsum quod est benefacere alteri, potest tripliciter esse delectationis causa. Uno modo, per comparationem ad effectum, quod est bonum in altero constitutum. Et secundum hoc, inquantum bonum alterius reputamus quasi nostrum bonum, propter unionem amoris, delectamur in bono quod per nos fit aliis, praecipue amicis, sicut in bono proprio. — Alio modo, per comparationem ad finem: sicut cum aliquis, per hoc quod alteri benefacit, sperat consequi aliquod bonum sibi ipsi, vel a Deo vel ab homine. Spes autem delectationis est causa. — Tertio modo, per comparationem ad principium. Et sic hoc quod est benefacere alteri, potest esse delectabile per comparationem ad triplex principium. Quorum unum est facultas benefaciendi: et secundum hoc, benefacere alteri fit delectabile, inquantum per hoc fit homini quaedam imaginatio abundantis boni in seipso existentis, ex quo possit aliis communicare. Et ideo homines delectantur in filiis et in propriis operibus, sicut quibus communicant proprium bonum. Aliud principium est habitus inclinans, secundum quem benefacere fit alicui connaturale. Unde liberales delectabiliter dant aliis. Tertium principium est motivum, puta cum aliquis movetur ab aliquo quem diligit, ad benefaciendum alicui: omnia enim quae facimus vel patimur propter amicum, delectabilia sunt, quia amor praecipua causa delectationis est.

AD PRIMUM ergo dicendum quod emissio, inquantum est indicativa proprii boni, est delectabilis. Sed inquantum evacuat proprium bonum, potest esse contristans; sicut quando est immoderata.

AD SECUNDUM dicendum quod prodigalitas habet immoderatam emissionem, quae repugnat naturae. Et ideo prodigalitas dicitur esse contra naturam.

AD TERTIUM dicendum quod vincere, redarguere et punire, non est delectabile inquantum est in malum alterius, sed inquantum pertinet ad proprium bonum, quod plus homo amat quam odiat malum alterius. Vincere enim est delectabile naturaliter, inquantum per hoc homini fit aestimatio propriae excellentiae. Et propter hoc, omnes ludi in quibus

EM SENTIDO CONTRÁRIO, o Filósofo, no livro II da *Política*, afirma: "Fazer liberalidades e socorrer amigos ou estranhos, é o que há de mais agradável".

RESPONDO. Fazer o bem aos outros pode ser causa de prazer, de três maneiras: 1. Em relação com o efeito, que é o bem produzido no outro. Desse ponto de vista, como consideramos como nosso bem o bem do outro devido à união do amor, deleitamo-nos no bem que fazemos aos outros, sobretudo aos amigos, como em nosso próprio bem. — 2. Em relação com o fim: assim, quando alguém, porque fez bem ao outro, espera obter para si mesmo algum bem, ou de Deus ou de um homem. Com efeito, a esperança é causa de prazer. — 3. Em relação com o princípio. Assim, fazer o bem ao outro pode ser deleitável em relação com três princípios. O primeiro, é a capacidade de fazer o bem: assim, fazer o bem torna-se deleitável porque o homem então imagina ser muito dotado de bens, já que pode comunicá-los aos outros. É, por isso, que os homens se comprazem em seus filhos e em suas obras próprias, como em coisas a que comunicam seu próprio bem. O segundo princípio é o costume que inclina a fazer o bem, e segundo esse costume, fazer o bem se torna conatural. Assim as pessoas liberais dão aos outros com prazer. O terceiro princípio é o que move a agir: por exemplo, quando alguém é movido por alguém a quem ama, a fazer bem a outro; pois tudo o que fazemos ou sofremos por um amigo nos é deleitável, porque o amor é a causa principal do prazer.

QUANTO AO 1º, portanto, deve-se dizer que a dissipação, enquanto mostra os próprios bens, é deleitável. Mas, na medida em que diminui os bens que possuímos, pode dar tristeza, como no caso de ir além da medida.

QUANTO AO 2º, deve-se dizer que a prodigalidade é uma dissipação imoderada, o que repugna à natureza. Por isso, se diz que a prodigalidade é contra a natureza.

QUANTO AO 3º, deve-se dizer que vencer, repreender e punir não são algo deleitável, enquanto visam o mal do outro, mas enquanto contribuem ao próprio bem que cada um mais ama do que odeia o mal do outro. Com efeito, vencer é deleitável naturalmente, enquanto por isso o homem aprecia a própria excelência[f]. Por este

---

6. C. 2: 1263, b, 5-6.

f. Inútil assinalar a fineza psicológica deste artigo, no qual são mencionados os prazeres de vencer, de refutar e de punir, e o de dominar. Acredita-se desse modo provar aos outros (e a si mesmo) sua superioridade, sua própria excelência, mesmo que, para tanto, seja necessário encolerizar-se.

est concertatio, et in quibus potest esse victoria, sunt maxime delectabiles: et universaliter omnes concertationes, secundum quod habent spem victoriae. — Redarguere autem et increpare potest esse dupliciter delectationis causa. Uno modo, inquantum facit homini imaginationem propriae sapientiae et excellentiae: increpare enim et corripere est sapientum et maiorum. Alio modo, secundum quod aliquis, increpando et reprehendendo, alteri benefacit: quod est delectabile, ut dictum est[7]. — Irato autem est delectabile punire, inquantum videtur removere apparentem minorationem, quae videtur esse ex praecedenti laesione. Cum enim aliquis est ab aliquo laesus, videtur per hoc ab illo minoratus esse: et ideo appetit ab hac minoratione liberari per retributionem laesionis. — Et sic patet quod benefacere alteri per se potest esse delectabile: sed malefacere alteri non est delectabile, nisi inquantum videtur pertinere ad proprium bonum.

motivo, todos os jogos em que há competição e possibilidade de vencer, são mais deleitáveis; e de modo geral, todas as competições por implicarem a esperança de vitória. Refutar e censurar podem ser causa de prazer de dois modos. Primeiro, por dar ao homem a impressão de sua sabedoria e excelência: pois censurar e corrigir é próprio dos sábios e dos superiores. Segundo, porque quem censura e repreende, faz bem ao outro; o que é deleitável, como foi dito. — Enfim, quem está irado tem gosto em punir, pois com isso parece apagar a aparente inferioridade, que parece ter pela ofensa sofrida. Com efeito, quando alguém foi ofendido por outro, parece ter sido humilhado por ele, e assim deseja livrar-se dessa humilhação devolvendo-lhe a ofensa. — Vê-se, pois, que fazer o bem ao outro pode ser deleitável, por si; enquanto fazer-lhe mal só é deleitável quando parece contribuir para o próprio bem.

Articulus 7
Utrum similitudo sit causa delectationis

Ad septimum sic proceditur. Videtur quod similitudo non sit causa delectationis.

1. Principari enim et praeesse quandam dissimilitudinem importat. Sed *principari et praeesse naturaliter est delectabile*, ut dicitur in I *Rhetoric*.[1]. Ergo dissimilitudo magis est causa delectationis quam similitudo.

2. Praeterea, nihil magis est dissimile delectationi quam tristitia. Sed illi qui patiuntur tristitias, maxime sequuntur delectationes, ut dicitur in VII *Ethic*.[2]. Ergo dissimilitudo est magis causa delectationis quam similitudo.

3. Praeterea, illi qui sunt repleti aliquibus delectabilibus, non delectantur in eis, sed magis fastidiunt ea: sicut patet in repletione ciborum. Non ergo similitudo est delectationis causa.

Sed contra est quod similitudo est causa amoris, ut dictum est supra[3]. Amor autem est causa delectationis. Ergo similitudo est causa delectationis.

Respondeo dicendum quod similitudo est quaedam unitas: unde id quod est simile, inquantum est

Artigo 7
A semelhança é causa de prazer?

Quanto ao sétimo, assim se procede: parece que a semelhança **não** é causa de prazer.

1. Com efeito, comandar e presidir implicam certa dessemelhança. Ora "comandar e presidir são naturalmente deleitáveis", diz o livro I da *Retórica*. Logo a dessemelhança é mais causa de prazer que a semelhança.

2. Além disso, nada mais dessemelhante do prazer que a tristeza. Ora, os que sofrem tristezas são mais levados a buscar prazer, como diz o livro VII da *Ética*. Logo, a dessemelhança é mais causa de prazer que a semelhança.

3. Ademais, os que estão cheios de coisas deleitáveis, não se deleitam nelas, pelo contrário, sentem fastio delas; como se vê nos que estão cheios de comida. Logo, a semelhança não é causa de prazer.

Em sentido contrário, foi dito acima que semelhança é causa de amor. E o amor é causa de prazer. Logo, a semelhança é causa de prazer.

Respondo. A semelhança é uma certa unidade; por isso o que é semelhante, enquanto é um, é de-

---

7. In corp.

1. C. 11: 1371, b, 26.
2. C. 15: 1154, a, 27-31; b, 11-15.
3. Q. 27, a. 3.

unum, est delectabile, sicut et amabile, ut supra⁴ dictum est. Et si quidem id quod est simile, proprium bonum non corrumpat, sed augeat, est simpliciter delectabile: puta homo homini, et iuvenis iuveni. — Si vero sit corruptivum proprii boni, sic per accidens efficitur fastidiosum vel contristans: non quidem inquantum est simile et unum, sed inquantum corrumpit id quod est magis unum.

Quod autem aliquid simile corrumpat proprium bonum, contingit dupliciter. Uno modo, quia corrumpit mensuram proprii boni per quendam excessum: bonum enim, praecipue corporale, ut sanitas, in quadam commensuratione consistit. Et propter hoc, superabundantes cibi, vel quaelibet delectationes corporales, fastidiuntur. — Alio modo, per directam contrarietatem ad proprium bonum: sicut figuli abominantur alios figulos, non inquantum sunt figuli, sed inquantum per eos amittunt excellentiam propriam, sive proprium lucrum, quae appetunt sicut proprium bonum.

AD PRIMUM ergo dicendum quod, cum sit quaedam communicatio principantis ad subiectum, est ibi quaedam similitudo. Tamen secundum quandam excellentiam, eo quod principari et praeesse pertinent ad excellentiam proprii boni: sapientum enim et meliorum est principari et praeesse. Unde per hoc fit homini propriae bonitatis imaginatio. — Vel quia per hoc quod homo principatur et praeest, aliis benefacit: quod est delectabile.

AD SECUNDUM dicendum quod id in quo delectatur tristatus, etsi non sit simile tristitiae, est tamen simile homini contristato. Quia tristitia contrariantur proprio bono eius qui tristatur. Et ideo appetitur delectatio ab his qui in tristitia sunt, ut conferens ad proprium bonum, inquantum est medicativa contrarii. Et ista est causa quare delectationes corporales, quibus sunt contrariae quaedam tristitiae, magis appetuntur, quam delectationes intellectuales, quae non habent contrarietatem tristitiae, ut infra⁵ dicetur. Exinde etiam est quod omnia animalia naturaliter appetunt delectationem: quia semper animal laborat per sensum et motum. Et propter hoc etiam iuvenes maxime delectationes appetunt; propter multas transmutationes in eis existentes, dum sunt in statu augmenti. Et etiam melancholici vehementer

leitável, como é amável; isso foi dito acima. E se o que é semelhante não destrói o bem próprio, mas o aumenta, é absolutamente deleitável; por exemplo, o homem para o homem, o jovem para o jovem. — Se, porém, o semelhante é nocivo ao próprio bem, torna-se acidentalmente causa de aborrecimento ou de tristeza, não enquanto é semelhante e um, mas enquanto destrói o que é mais uno.

Acontece de duas maneiras que algo semelhante destrua o próprio bem. Primeiro, porque destrói, por excesso, a medida do próprio bem; com efeito, o bem, sobretudo o bem corporal, como a saúde, consiste em uma certa medida. Por isso o exagero de alimento ou de qualquer outro prazer corporal causa o fastio. — Segundo, porque é diretamente contrário ao próprio bem, como os oleiros detestam os outros oleiros, não por serem oleiros, mas porque os fazem perder a superioridade ou o próprio lucro, que desejam como seu próprio bem.

QUANTO AO 1º, portanto, deve-se dizer que entre o chefe e o súbito há algo em comum, portanto, uma certa semelhança. Contudo, segundo uma certa superioridade, porque comandar e presidir pertencem à superioridade do próprio bem: é próprio dos sábios e dos melhores, comandar e presidir. E isso faz o homem ter uma imagem de sua própria bondade. — Ou, então, porque o homem, pelo fato de comandar e presidir, faz o bem aos outros, o que é deleitável.

QUANTO AO 2º, deve-se dizer que aquilo em que se deleita o que está triste, embora não seja semelhante à tristeza, é semelhante ao homem triste. Pois as tristezas contrariam o bem próprio do que está triste. Por isso é que o prazer é desejado pelos que estão na tristeza, como algo que contribui ao próprio bem, enquanto é remédio para o seu contrário. Esta é a causa pela qual os prazeres corporais, a que se opõem certas tristezas, são mais desejados do que os prazeres intelectuais, que não comportam tristezas contrárias, como se dirá adiante. Isto explica porque todos os animais desejam naturalmente o prazer, porque o animal age sempre pelo sentido e o movimento. Também é por isso que os jovens desejam extremamente o prazer, pelas múltiplas mudanças que neles se operam enquanto estão em fase de crescimento⁸.

---
4. Ibid.
5. Q. 35, a. 5.

---
g. Alusão sem dúvida à seguinte observação de Aristóteles: "Na juventude, o crescimento provoca uma espécie de embriaguez, e a juventude é a idade do prazer" (Ética a Nicômaco, VII, 14, 1154 b 5). Tal observação o levará a escrever que "o nome de

appetunt delectationes, ad expellendam tristitiam: quia *corpus eorum quasi pravo humore corroditur*, ut dicitur in VII *Ethic.*⁶.

AD TERTIUM dicendum quod bona corporalia in quadam mensura consistunt: et ideo superexcessus quadam mensura consistunt: et ideo superexcessus similium corrumpit proprium bonum. Et propter hoc efficitur fastidiosum et contristans inquantum contrariatur bono proprio hominis.

Igualmente os melancólicos desejam ardentemente os prazeres para expelir a tristeza, porque "seu corpo está como roído por um humor maligno", diz-se no livro VIII da *Ética*.

QUANTO AO 3º, deve-se dizer que os bens corporais consistem em uma certa medida, de modo que o maior excesso de coisas semelhantes corrompe o próprio bem. E por isso se torna aborrecido e entristecedor, enquanto contrário ao bem próprio do homem.

ARTICULUS 8
Utrum admiratio sit causa delectationis

AD OCTAVUM SIC PROCEDITUR. Videtur quod admiratio non sit causa delectationis.
1. Admirari enim est ignorantis naturae, ut Damascenus dicit¹. Sed ignorantia non est delectabilis, sed magis scientia. Ergo admiratio non est causa delectationis.
2. PRAETEREA, admiratio est principium sapientiae, quasi via ad inquirendum veritatem, ut dicitur in principio *Metaphys.*². Sed *delectabilius est contemplari iam cognita, quam inquirere ignota*, ut Philosophus dicit in X *Ethic*.³: cum hoc habeat difficultatem et impedimentum, illud autem non habeat; delectatio autem causatur ex operatione non impedita, ut dicitur in VII *Ethic*.⁴. Ergo admiratio non est causa delectationis, sed magis delectationem impedit.
3. PRAETEREA, unusquisque in consuetis delectatur: unde operationes habituum per consuetudinem acquisitorum, sunt delectabiles. Sed consueta non sunt admirabilia, ut dicit Augustinus, *super Ioan*.⁵. Ergo admiratio contrariatur causae delectationis.
SED CONTRA est quod Philosophus dicit, in I *Rhetoric*.⁶, quod admiratio est delectationis causa.
RESPONDEO dicendum quod adipisci desiderata est delectabile, ut supra⁷ dictum est. Et ideo quanto alicuius rei amatae magis crescit desiderium, tanto

ARTIGO 8
A admiração é causa do prazer?

QUANTO AO OITAVO, ASSIM SE PROCEDE: parece que a admiração **não** é causa de prazer.
1. Com efeito, o fato de admirar-se é de uma natureza ignorante, diz Damasceno. Ora, a ignorância não é deleitável, e sim, a ciência. Logo, a admiração não é causa de prazer.
2. ALÉM DISSO, a admiração é princípio da sabedoria, é como o caminho que leva a investigar a verdade, segundo o livro da *Metafísica*. Ora, "há mais prazer em contemplar as coisas já conhecidas do que em pesquisar o que se ignora", diz também o Filósofo no livro X da *Ética*. Porque a pesquisa tem dificuldades e obstáculos, ausentes da contemplação. E segundo o livro VII da *Ética*, o prazer nasce da ação não impedida. Logo, a admiração não é causa do prazer, antes o impede.
3. ADEMAIS, cada um se deleita nas coisas costumeiras, por isso as ações que procedem de hábitos adquiridos pelo costume, são deleitáveis. Ora, o que é costumeiro não é admirável, diz Agostinho. Logo, a admiração é contrária à causa do prazer.
EM SENTIDO CONTRÁRIO, diz o Filósofo, no livro I da *Retórica*, que a admiração é causa de prazer.
RESPOSTA. Tomar posse do que se deseja é deleitável, como acima foi dito. Por isso, quanto mais aumenta o desejo de uma coisa amada, tanto mais

---

6. C. 15: 1154, b, 7-9; 11-15.

8
1. Cfr. *De fide orth*., l. II, c. 15: MG 94, 932 D.
2. C. 2: 982, b, 12-14.
3. C. 7: 1177, a, 26-27.
4. C. 13: 1153, a, 14-17; c. 14: 1153, b, 11-13.
5. Tract. 24, n. 1: ML 35, 1593.
6. C. 11: 1371, a, 31-32; b, 4-5.
7. Q. 23, a. 4; q. 31, a. 1, ad 2.

---

intemperança se aplica por metáfora às faltas cometidas pelas crianças. É que a indisciplina dos costumes e a indisciplina das crianças se assemelham por certos aspectos", op. cit., III, 5, 1119 a 34). Sto. Tomás analisará os fundamentos dessa observação quando tratar da intemperança (II-II, q. 142, a. 2).

magis per adeptionem crescit delectatio. Et etiam in ipso augmento desiderii fit augmentum delectationis, secundum quod fit etiam spes rei amatae; sicut supra[8] dictum est quod ipsum desiderium ex spe est delectabile. — Est autem admiratio desiderium quoddam sciendi, quod in homine contingit ex hoc quod videt effectum et ignorat causam: vel ex hoc quod causa talis effectus excedit cognitionem aut facultatem ipsius. Et ideo admiratio est causa delectationis inquantum habet adiunctam spem consequendi cognitionem eius quod scire desiderat. — Et propter hoc omnia mirabilia sunt delectabilia, sicut quae sunt rara: et omnes repraesentationes rerum, etiam quae in se non sunt delectabiles; gaudet enim anima in collatione unius ad alterum, quia conferre unum alteri est proprius et connaturalis actus rationis, ut Philosophus dicit in sua *Poetica*[9]. Et propter hoc etiam *liberari a magnis periculis magis est delectabile, quia est admirabile*, ut dicitur in I *Rhetoric.*[10].

AD PRIMUM ergo dicendum quod admiratio non est delectabilis inquantum habet ignorantiam: sed inquantum habet desiderium addiscendi causam; et inquantum admirans aliquid novum addiscit, scilicet talem esse quem non aestimabat.

AD SECUNDUM dicendum quod delectatio duo habet: scilicet quietem in bono, et huiusmodi quietis perceptionem. Quantum igitur ad primum, cum sit perfectius contemplari veritatem cognitam quam inquirere ignotam, contemplationes rerum scitarum, per se loquendo, sunt magis delectabiles quam inquisitiones rerum ignotarum. Tamen per accidens, quantum ad secundum, contingit quod inquisitiones sunt quandoque delectabiliores, secundum quod ex maiori desiderio procedunt: desiderium autem maius excitatur ex perceptione ignorantiae. Unde maxime homo delectatur in his quae de novo invenit aut addiscit.

AD TERTIUM dicendum quod ea quae sunt consueta, sunt delectabilia ad operandum, inquantum sunt quasi connaturalia. Sed tamen ea quae sunt rara, possunt esse delectabilia, vel ratione cognitionis, quia desideratur eorum scientia, inquantum sunt mira; vel ratione operationis, quia *ex desiderio magis inclinatur mens ad hoc quod intense in novitate operetur*, ut dicitur in X *Ethic.*[11]; perfectior enim operatio causat perfectiorem delectationem.

cresce o prazer pela posse. Também no aumento do desejo, dá-se o aumento do prazer, porque o desejo se acompanha da esperança da coisa amada, e como acima foi dito, o próprio desejo é deleitável, por causa da esperança. — A admiração é um certo desejo de saber[h], que surge no homem porque vê o efeito e ignora a causa; ou porque a causa de certo efeito excede o conhecimento ou a potência de conhecer. A admiração é, por isso, causa de prazer enquanto tem unida a ela a esperança de conseguir o conhecimento daquilo que deseja saber. — Por isso, todas as coisas admiráveis são deleitáveis, como as coisas raras; e também todas representações, mesmo de coisas não deleitáveis: pois a alma se alegra em comparar uma coisa com a outra, já que fazer essa comparação entre as coisas é ato próprio e conatural da razão, diz o Filósofo em seu livro da *Poética*. É por isso que também "livrar-se de grandes perigos é mais deleitável, porque é admirável".

QUANTO AO 1º, portanto, deve-se dizer que a admiração não é deleitável enquanto tem ignorância, mas enquanto tem o desejo de conhecer a causa; e enquanto admirando aprende algo de novo, a saber que é tal como não julgava.

QUANTO AO 2º, deve-se dizer que o prazer tem dois elementos: o repouso no bem e a percepção deste repouso. Quanto ao primeiro, como é mais perfeito contemplar a verdade conhecida do que pesquisar a desconhecida, a contemplação do que se sabe é, por si, mais deleitável do que a pesquisa de coisas desconhecidas. Quanto ao segundo, também acidentalmente acontece que a pesquisa seja mais deleitável, porque procede de um desejo maior: pois o desejo se excita mais pela percepção da ignorância. Assim, o homem se deleita sobretudo, quando descobre ou aprende algo novo.

QUANTO AO 3º, deve-se dizer que se tem prazer em fazer as coisas costumeiras porque nos são, por assim dizer, conaturais. Também as coisas que são raras podem ser deleitáveis, ou em razão do conhecimento, por se desejar a ciência delas, enquanto admiráveis; ou em razão da ação, porque "a mente é mais inclinada pelo desejo a agir mais intensamente sobre coisas novas", diz o livro X da *Ética*. A ação mais perfeita causa o prazer mais perfeito.

---

8. Cfr. a. 3, ad 3.
9. C. 4: 1448, b, 9-12. Cfr. *Rhet.* I, 11: 1371, b, 9-10.
10. C. 11: 1371, b, 10-12.
11. C. 4: 1175, a, 6-10.

---

h. O moralista julgará esse desejo do saber quando tratar das características do estudioso e do curioso (II-II, q. 166 e 167).

QUAESTIO XXXIII
DE EFFECTIBUS DELECTATIONIS
in quatuor articulos divisa

Deinde considerandum est de effectibus delectationis.
Et circa hoc quaeruntur quatuor.
Primo: utrum delectationis sit dilatare.
Secundo: utrum delectatio causet sui sitim, vel desiderium.
Tertio: utrum delectatio impediat usum rationis.
Quarto: utrum delectatio perficiat operationem.

Articulus 1
Utrum delectationis sit dilatare

Ad primum sic proceditur. Videtur quod dilatatio non sit effectus delectationis.
1. Dilatatio enim videtur ad amorem magis pertinere: secundum quod dicit Apostolus, 2Cor 6,11: *Cor nostrum dilatatum est.* Unde et de praecepto caritatis in Ps 118,96 dicitur: *Latum mandatum tuum nimis.* Sed delectatio est alia passio ab amore. Ergo dilatatio non est effectus delectationis.
2. Praeterea, ex hoc quod aliquid dilatatur, efficitur capacius ad recipiendum. Sed receptio pertinet ad desiderium, quod est rei nondum habitae. Ergo dilatatio magis videtur pertinere ad desiderium quam ad delectationem.
3. Praeterea, constrictio dilatationi opponitur. Sed constrictio videtur ad delectationem pertinere: nam illud constringimus quod firmiter volumus retinere; et talis est affectio appetitus circa rem delectantem. Ergo dilatatio ad delectationem non pertinet.

Sed contra est quod, ad expressionem gaudii, dicitur Is 60,5: *Videbis, et afflues, et mirabitur et dilatabitur cor tuum.* — Ipsa etiam delectatio ex dilatatione nomen accepit ut *laetitia* nominetur sicut supra[1] dictum est.

Respondeo dicendum quod latitudo est quaedam dimensio magnitudinis corporalis: unde in affectionibus animae non nisi secundum metaphoram dicitur. Dilatatio autem dicitur quasi motus ad latitudinem. Et competit delectationi secundum duo quae ad delectationem requiruntur. Quorum unum est ex parte apprehensivae virtutis, quae

QUESTÃO 33
OS EFEITOS DO PRAZER
em quatro artigos

Em seguida, deve-se tratar dos efeitos do prazer.
Sobre isso, são quatro as perguntas:
1. O prazer causa dilatação?
2. Causa sede ou desejo de si?
3. Impede o exercício da razão?
4. Aperfeiçoa a ação?

Artigo 1
O prazer causa dilatação?

Quanto ao primeiro artigo, assim se procede: parece que a dilatação **não** é efeito do prazer.
1. Com efeito, a dilatação parece pertencer mais ao amor, segundo diz o Apóstolo, na segunda Carta aos Coríntios: "Nosso coração se dilatou". Também o Salmo 119 diz a propósito do preceito da caridade: "Teu mandamento é muito largo". Ora, prazer é paixão distinta do amor. Logo, a dilatação não é efeito do prazer.
2. Além disso, quando se dilata uma coisa se torna mais capaz de receber. Ora, receber pertence ao desejo, que é de algo não possuído. Logo, a dilatação parece pertencer mais ao desejo do que ao prazer.
3. Ademais, a contração se opõe à dilatação. Ora, a contração parece pertencer ao prazer, já que contraímos o que queremos segurar com firmeza; e tal é a disposição do desejo sobre seu objeto de prazer. Logo, a dilatação não pertence ao prazer.

Em sentido contrário, está escrito no livro de Isaías, como expressão de alegria: "Tu verás e terás a abundância: teu coração se admirará e se dilatará". — Além disso, o prazer recebe de dilatação um de seus nomes, o de *laetitia* (alegria), como acima foi dito.

Respondo. A largura é uma das dimensões da grandeza corporal, e assim só se aplica a afeições da alma por metáfora. Ora, a dilatação é como um movimento para a largura, e convém ao prazer, segundo os dois elementos que o prazer requer. O primeiro é da parte da potência apreensiva, que apreende a união de algum bem conveniente.

---
1. Q. 31, a. 3, ad 3.

apprehendit coniunctionem alicuius boni convenientis. Ex hac autem apprehensione apprehendit se homo perfectionem quandam adeptum, quae est spiritualis magnitudo: et secundum hoc, animus hominis dicitur per delectationem magnificari, seu dilatari. — Aliud autem est ex parte appetitivae virtutis, quae assentit rei delectabili, et in ea, quiescit, quodammodo se praebens ei ad eam interius capiendam. Et sic dilatatur affectus hominis per delectationem, quasi se tradens ad continendum interius rem delectantem.

AD PRIMUM ergo dicendum quod nihil prohibet in his quae dicuntur metaphorice, idem diversis attribui secundum diversas similitudines. Et secundum hoc, dilatatio pertinet ad amorem ratione cuiusdam extensionis, inquantum affectus amantis ad alios extenditur, ut curet non solum quae sua sunt, sed quae aliorum. Ad delectationem vero pertinet dilatatio, inquantum aliquid in seipso ampliatur, ut quasi capacius reddatur.

AD SECUNDUM dicendum quod desiderium habet quidem aliquam ampliationem ex imaginatione rei desideratae: sed multo magis ex praesentia rei iam delectantis. Quia magis praebet se animus rei iam delectanti, quam rei non habitae desideratae: cum delectatio sit finis desiderii.

AD TERTIUM dicendum quod ille qui delectatur, constringit quidem rem delectantem, dum ei fortiter inhaeret: sed cor suum ampliat, ut perfecte delectabili fruatur.

Por essa apreensão, o homem fica sabendo que alcançou uma certa perfeição, que é a grandeza espiritual: nesse sentido diz-se que o espírito do homem se engrandeceu ou dilatou pelo prazer. — O outro elemento é da parte da potência apetitiva que dá seu assentimento à coisa deleitável, e nela repousa, como que oferecendo-se a ela para captá-la interiormente. Assim a afetividade do homem é dilatada pelo prazer, como se entregando para conter dentro de si o objeto do prazer[a].

QUANTO AO 1º, portanto, deve-se dizer que quando se fala metaforicamente, nada impede atribuir a diversas coisas a mesma qualidade segundo semelhanças diversas. Assim, a dilatação se atribui ao amor em razão de certa expansão, enquanto o afeto do amante se estende a outros, cuidando não só do que é próprio, mas também do que é dos outros. E ao prazer, a dilatação pertence, enquanto algo se amplia em si mesmo, e de certo modo aumenta sua capacidade.

QUANTO AO 2º, deve-se dizer que, de fato, o desejo implica uma certa ampliação quando se imagina a coisa desejada; e muito mais ainda pela presença daquilo que causa o prazer. Pois o espírito mais se entrega à coisa que lhe está causando prazer, do que à coisa desejada ainda não possuída, já que o prazer é o fim do desejo.

QUANTO AO 3º, deve-se dizer que quem se deleita, contrai certamente o que lhe causa prazer, enquanto está presente fortemente a ele; mas seu coração se alarga para gozar plenamente do objeto de prazer.

ARTICULUS 2
Utrum delectatio causet sui sitim, vel desiderium

AD SECUNDUM SIC PROCEDITUR. Videtur quod delectatio non causet desiderium sui ipsius.
1. Omnis enim motus cessat, cum pervenerit ad quietem. Sed delectatio est quasi quaedam quies motus desiderii, ut supra[1] dictum est. Cessat ergo motus desiderii, cum ad delectationem pervenerit. Non ergo delectatio causat desiderium.

ARTIGO 2
O prazer causa a sede ou o desejo de si mesmo?

QUANTO AO SEGUNDO, ASSIM SE PROCEDE: parece que o prazer **não** causa o desejo de si mesmo.
1. Com efeito, todo movimento cessa quando chega ao repouso. Ora, o prazer é como um repouso do movimento do desejo, como foi dito acima. Logo, o movimento do desejo cessa quando chegou ao prazer. Logo, o prazer não causa o desejo.

---

2 PARALL.: IV *Sent.*, dist. 49, q. 3, a. 2, ad 3; in *Ioan.*, c. 4, lect. 2.
  1. Q. 23, a. 4; q. 25, a. 2.

a. O efeito do prazer é um alargamento, uma dilatação, uma expansão do conhecimento e da afetividade. Quando esta última "se entrega" à realidade amada, ela encontra nesse abandono a sua realização, e portanto o seu prazer. O apetite é ampliado (r. 1), mesmo que seja para melhor desfrutar desse objeto de seu amor (r. 2).

2. PRAETEREA, oppositum non est causa sui oppositi. Sed delectatio quodammodo desiderio opponitur, ex parte obiecti: nam desiderium est boni non habiti, delectatio vero boni iam habiti. Ergo delectatio non causat desiderium sui ipsius.

3. PRAETEREA, fastidium desiderio repugnat. Sed delectatio plerumque causat fastidium. Non ergo facit sui desiderium.

SED CONTRA est quod Dominus dicit, Io 4,13: *Qui biberit ex hac aqua, sitiet iterum*: per aquam autem significatur, secundum Augustinum[2] delectatio corporalis.

RESPONDEO dicendum quod delectatio dupliciter potest considerari: uno modo, secundum quod est in actu; alio modo, secundum quod est in memoria. — Item sitis, vel desiderium, potest dupliciter accipi: uno modo, proprie, secundum quod importat appetitum rei non habitae; alio modo, communiter, secundum quod importat exclusionem fastidii.

Secundum quidem igitur quod est in actu, delectatio non causat sitim vel desiderium sui ipsius, per se loquendo, sed solum per accidens: si tamen sitis vel desiderium dicatur rei non habitae appetitus: nam delectatio est affectio appetitus circa rem praesentem. — Sed contingit rem praesentem non perfecte haberi. Et hoc potest esse vel ex parte rei habitae, vel ex parte habentis. Ex parte quidem rei habitae, eo quod res habita non est tota simul: unde successive recipitur, et dum aliquis delectatur in eo quod habet, desiderat potiri eo quod restat; sicut qui audit primam partem versus, et in hoc delectatur, desiderat alteram partem versus audire, ut Augustinus dicit, IV *Confess*.[3] Et hoc modo omnes fere delectationes corporales faciunt sui ipsarum sitim, quousque consummentur, eo quod tales delectationes consequuntur aliquem motum: sicut patet in delectationibus ciborum. — Ex parte autem ipsius habentis, sicut cum aliquis aliquam rem in se perfectam existentem, non statim perfecte habet, sed paulatim acquirit. Sicut in mundo isto, percipientes aliquid imperfecte de divina cognitione, delectamur; et ipsa delectatio excitat sitim vel desiderium perfectae cognitionis; secundum quod potest intelligi quod habetur Eccli 24,29: *Qui bibunt me, adhuc sitient*.

Si vero per sitim vel desiderium intelligatur sola intensio affectus tollens fastidium, sic delectationes spirituales maxime faciunt sitim vel deside-

2. ALÉM DISSO, o que é oposto não é causa de seu oposto. Ora, o prazer, de certo modo, se opõe ao desejo, da parte do objeto: pois, o desejo é do bem que não se tem, e o prazer, do bem que já se tem. Logo, o prazer não causa o desejo de si mesmo.

3. ADEMAIS, o fastio é contrário ao desejo. Ora, o prazer produz geralmente o fastio. Logo, não produz o desejo de si mesmo.

EM SENTIDO CONTRÁRIO, diz o Senhor no Evangelho de João: "Quem beber desta água terá sede de novo". Ora, a água, segundo Agostinho, significa o prazer corporal.

RESPONDO. O prazer pode considerar-se de duas maneiras: primeira, enquanto está em ato; segunda, enquanto está na memória. — Também a sede, ou desejo, pode ter dois sentidos: o sentido próprio, enquanto implica o apetite do que não se possui; e no sentido comum, enquanto implica a exclusão do fastio.

Enquanto está em ato, o prazer não causa sede ou desejo de si mesmo, por si, mas só acidentalmente, se por sede ou desejo se entende o apetite da coisa não possuída, pois o prazer é uma afeição do apetite relativa a uma coisa presente. — Mas acontece que a coisa presente não seja possuída perfeitamente: isso, pode ser ou da parte da coisa possuída, ou da parte de quem a possui. A coisa possuída pode não estar presente toda de uma vez; e assim é recebida sucessivamente e enquanto a pessoa se deleita com o que já tem, deseja apoderar-se do que falta: como quem ouve a primeira parte de um verso e se deleita nela, deseja ouvir a outra parte, segundo Agostinho. É assim que quase todos os prazeres do corpo causam sede deles mesmos, até se esgotarem, porque tais prazeres seguem algum movimento, como se vê nos prazeres da mesa. — Da parte de quem possui, por exemplo, aquele que adquire pouco a pouco, e não logo de uma vez perfeitamente, uma coisa que existe em toda sua perfeição. Assim como neste mundo nos deleitamos ao perceber algo, imperfeitamente, do conhecimento divino; e este mesmo prazer suscita a sede ou desejo de um conhecimento perfeito, segundo o sentido que se pode dar ao que está no livro do Eclesiástico: "Quem me bebe terá ainda sede".

No entanto, se por sede ou desejo se entende apenas a intensidade de uma afeição que exclui o fastio, então os prazeres espirituais causam, no

---

2. *In Ioan.*, tract. 15: ML 32, 1515.
3. C. 11: ML 32, 700.

rium sui ipsarum. Delectationes enim corporales, quia augmentatae, vel etiam continuatae, faciunt superexcrescentiam naturalis habitudinis, efficiuntur fastidiosae; ut patet in delectatione ciborum. Et propter hoc, quando aliquis iam pervenit ad perfectum in delectationibus corporalibus, fastidit eas, et quandoque appetit aliquas alias. — Sed delectationes spirituales non superexcrescunt naturalem habitudinem, sed perficiunt naturam. Unde cum pervenitur ad consummationem in ipsis, tunc sunt magis delectabiles: nisi forte per accidens, inquantum operationi contemplativae adiunguntur aliquae operationes virtutum corporalium, quae per assiduitatem operandi lassantur. Et per hunc etiam modum potest intelligi quod dicitur Eccli 24,29: *Qui bibit me, adhuc sitiet*. Quia etiam de angelis, qui perfecte Deum cognoscunt, et delectantur in ipso, dicitur 1Pe 1,12, quod *desiderant in eum conspicere*.

Si vero consideretur delectatio prout est in memoria et non in actu, sic per se nata est causare sui ipsius sitim et desiderium: quando scilicet homo redit ad illam dispositionem in qua erat sibi delectabile quod praeteriit. Si vero immutatus sit ab illa dispositione, memoria delectationis non causat in eo delectationem, sed fastidium: sicut pleno existenti memoria cibi.

AD PRIMUM ergo dicendum quod, quando delectatio est perfecta, tunc habet omnimodam quietem, et cessat motus desiderii tendentis in non habitum. Sed quando imperfecte habetur, tunc non omnino cessat motus desiderii tendentis in non habitum.

AD SECUNDUM dicendum quod id quod imperfecte habetur, secundum quid habetur, et secundum quid non habetur. Et ideo simul de eo potest esse et desiderium et delectatio.

AD TERTIUM dicendum quod delectationes alio modo causant fastidium, et alio modo desiderium, ut dictum est⁴.

ARTICULUS 3
Utrum delectatio impediat usum rationis

AD TERTIUM SIC PROCEDITUR. Videtur quod delectatio non impediat usum rationis.

mais alto grau, a sede ou o desejo deles mesmos. Com efeito, os prazeres corporais por seu aumento ou prolongação, ultrapassam o limite da condição natural, e se tornam fastidiosos, como fica claro no prazer da comida. Assim, quando se chega ao que é perfeito nos prazeres corporais, vem o fastio, e às vezes se passa a desejar outras coisas. — Os prazeres espirituais não ultrapassam a condição natural; ao contrário, aperfeiçoam a natureza. Quando se chega ao máximo desses prazeres, mais deleitáveis se tornam; a não ser acidentalmente, enquanto à ação contemplativa se unem algumas ações de faculdades corporais, que se cansam ao prolongar-se a ação. Pode-se entender deste modo o texto citado: "Quem me bebe terá ainda sede". Porque, mesmo a respeito dos anjos, que têm de Deus um conhecimento perfeito e se deleitam-se nele, está dito, na primeira Carta de Pedro, que eles "desejam ardentemente contemplá-lo".

Se se considera o prazer tal como está na memória e não em ato, o prazer é por si de natureza a causar a sede ou o desejo de si mesmo, a saber, quando o homem retorna à disposição na qual lhe era deleitável o que passou. Se mudou dessa disposição, a memória do prazer não causa mais prazer, e sim, fastio, como a memória da comida para um homem que está plenamente saciado[b].

QUANTO AO 1º, portanto, deve-se dizer que quando o prazer é perfeito, tem-se o repouso total, e o movimento do desejo, tendendo para o que não possuía, cessa. Mas quando o prazer é imperfeito, o movimento do desejo tendendo para o que não possuía, não cessa de todo.

QUANTO AO 2º, deve-se dizer que o que é possuído imperfeitamente, em parte é possuído, em parte, não. Por isso, pode-se ao mesmo tempo, ter dele desejo e prazer.

QUANTO AO 3º, deve-se dizer que os prazeres de um modo causam fastio, e de outro modo, desejo, como foi dito.

ARTIGO 3
O prazer impede o uso da razão?

QUANTO AO TERCEIRO, ASSIM SE PROCEDE: parece que o prazer **não** impede o uso da razão.

---

4. In corp.

3 PARALL.: Supra, q. 4, a. 1, ad 3; infra, q. 34, a. 1, ad 1; II-II, q. 15, a. 3; q. 53, a. 6; IV *Sent*., dist. 49, q. 3, a. 5, q.la 1, ad 4.

b. Finas observações sobre a saciedade e a sede. A fadiga corporal, cerebral, diríamos hoje, ligada à atividade da inteligência não é esquecida. Trata-se de uma aplicação do hilemorfismo. Encontrar-se-ão várias outras, em particular no artigo seguinte: unidade da alma, quaisquer que sejam suas atividades mais diversas (r. 2) e necessidade no exercício da razão, do bom uso da imaginação e das outras potências sensíveis.

1. Quies enim maxime confert ad debitum rationis usum: unde dicitur in VII *Physic*.¹, quod *in sedendo et quiescendo fit anima sciens et prudens*; et Sap 8,16: *Intrans in domum meam, conquiescam cum illa*, scilicet sapientia. Sed delectatio est quaedam quies. Ergo non impedit, sed magis iuvat rationis usum.

2. PRAETEREA, ea quae non sunt in eodem, etiam si sint contraria, non se impediunt. Sed delectatio est in parte appetitiva, usus autem rationis in parte apprehensiva. Ergo delectatio non impedit rationis usum.

3. PRAETEREA, quod impeditur ab alio, videtur quodammodo transmutari ab ipso. Sed usus apprehensivae virtutis magis movet delectationem, quam a delectatione moveatur: est enim causa delectationis. Ergo delectatio non impedit usum rationis.

SED CONTRA est quod Philosophus dicit, in VI *Ethic.*², quod *delectatio corrumpit existimationem prudentiae*.

RESPONDEO dicendum quod, sicut dicitur in X *Ethic.*³, delectationes propriae adaugent operationes, extraneae vero impediunt. Est ergo quaedam delectatio quae habetur de ipso actu rationis: sicut cum aliquis delectatur in contemplando vel ratiocinando. Et talis delectatio non impedit usum rationis, sed ipsum adiuvat: quia illud attentius operamur in quo delectamur; attentio autem adiuvat operationem.

Sed delectationes corporales impediunt usum rationis triplici ratione. Primo quidem, ratione distractionis. Quia, sicut iam dictum est, ad ea in quibus delectamur, multum attendimus: cum autem attentio fortiter inhaeserit alicui rei, debilitatur circa alias res, vel totaliter ab eis revocatur. Et secundum hoc, si delectatio corporalis fuerit magna, vel totaliter impediet usum rationis, ad se intentionem animi attrahendo; vel multum impediet. — Secundo, ratione contrarietatis. Quaedam enim delectationes, maxime superexcedentes, sunt contra ordinem rationis. Et per hunc modum Philosophus dicit, in VI *Ethic.*⁴, quod *delectationes corporales corrumpunt existimationem prudentiae, non autem existimationem speculativam*, cui non contrariantur, *puta quod triangulus habet tres angulos aequales duobus rectis*. Secundum autem primum modum, utramque impedit. — Tertio

1. Com efeito, o repouso contribui ao máximo para o uso da razão, segundo o livro VII da *Física*, "assentar-se e repousar tornam a alma sábia e prudente, e o livro da Sabedoria: "Entrando em minha casa repousarei junto dela" . Ora, o prazer é um certo repouso. Logo, não impede, mas antes facilita o uso da razão.

2. ALÉM DISSO, as coisas que não estão no mesmo sujeito, embora contrárias, não se impedem. Ora, o prazer está na parte apetitiva e o uso da razão na parte apreensiva. Logo, o prazer não impede o uso da razão.

3. ADEMAIS, o que é impedido por outra coisa, parece de certo modo ser mudado por ela. Ora, o uso da potência apreensiva antes move o prazer do que é movida por ele, pois é causa de prazer. Logo, o prazer não impede o uso da razão.

EM SENTIDO CONTRÁRIO, o Filósofo escreve no livro VI da *Ética* "O prazer corrompe o juízo da prudência".

RESPONDO. Como se diz no livro X da *Ética*: "Os prazeres próprios aumentam as ações, os estranhos, porém, impedem. "Ora, há um prazer que se tem do ato da razão, por exemplo, quando alguém se deleita ao contemplar ou raciocinar. Tal prazer não impede o uso da razão; ao contrário o facilita, porque fazemos com mais atenção aquilo em que nos deleitamos, e a atenção facilita a ação.

Os prazeres corporais impedem o uso da razão de três modos: 1. porque distraem. Com efeito, como já foi dito, somos muitos atentos àquilo em que nos deleitamos. Ora, quando a atenção se fixa fortemente em algo, fica enfraquecida para tudo o mais, ou então se afasta totalmente de tudo. Assim, se o prazer corporal for grande, ou impedirá totalmente o uso da razão, atraindo para si a intenção do espírito, ou muito impedirá. — 2. Porque contrariam. Certos prazeres, de excessiva intensidade, são contra a ordem da razão. Nesse sentido, diz o Filósofo, no livro VI da *Ética*, que "os prazeres do corpo corrompem o juízo da prudência, mas não o juízo especulativo" (ao qual não são contrários); "por exemplo, que o triângulo tem três ângulos iguais a dois retos". Mas do primeiro modo, o prazer excessivo impede os dois tipos de juízos. — 3. Por uma certa ligação:

---

1. C. 3: 247, b, 10.
2. C. 5: 1140, b, 12-21.
3. C. 5: 1175, b, 13-16.
4. C. 5: 1140, b, 12-21.

modo, secundum quandam ligationem: inquantum scilicet ad delectationem corporalem sequitur quaedam transmutatio corporalis, maior etiam quam in aliis passionibus, quanto vehementius afficitur appetitus ad rem praesentem quam ad rem absentem. Huiusmodi autem corporales perturbationes impediunt usum rationis: sicut patet in vinolentis, qui habent usum rationis ligatum vel impeditum.

Ad primum ergo dicendum quod delectatio corporalis habet quidem quietem appetitus in delectabili: quae quies interdum contrariatur rationi; sed ex parte corporis, semper habet transmutationem. Et quantum ad utrumque, impedit rationis usum.

Ad secundum dicendum quod vis appetitiva et apprehensiva sunt quidem diversae partes, sed unius animae. Et ideo cum intentio animae vehementer applicatur ad actum unius, impeditur ab actu contrario alterius.

Ad tertium dicendum quod usus rationis requirit debitum usum imaginationis et aliarum virium sensitivarum, quae utuntur organo corporali. Et ideo ex transmutatione corporali usus rationis impeditur, impedito actu virtutis imaginativae et aliarum sensitivarum.

Articulus 4
Utrum delectatio perficiat operationem

Ad quartum sic proceditur. Videtur quod delectatio non perficiat operationem.
1. Omnis enim humana operatio ab usu rationis dependet. Sed delectatio impedit usum rationis, ut dictum est[1]. Ergo delectatio non perficit, sed debilitat operationem humanam.
2. Praeterea, nihil est perfectivum sui ipsius, vel suae causae. Sed delectatio est operatio, ut dicitur in VII et X *Ethic.*[2]: quod oportet ut intelligatur vel essentialiter, vel causaliter. Ergo delectatio non perficit operationem.
3. Praeterea, si delectatio perficit operationem, aut perficit ipsam sicut finis, aut sicut forma, aut sicut agens. Sed non sicut finis: quia operationes non quaeruntur propter delectationem, sed magis e converso, ut supra[3] dictum est. Nec iterum per modum efficientis: quia magis operatio est causa efficiens delectationis. Nec iterum sicut forma:

isto é, o prazer corporal acarreta alguma mudança corporal, maior até que nas outras paixões, uma vez que o apetite é afetado com maior veemência pela coisa presente do que pela ausente. Essas perturbações do corpo impedem o uso da razão, como se vê nos bêbados que têm o uso da razão ligado ou impedido.

Quanto ao 1º, portanto, deve-se dizer que o prazer corporal certamente implica o repouso do apetite no deleitável, mas a razão, às vezes, é contrária a esse repouso, mas do lado do corpo também há sempre mudança. Pelos dois motivos impede o uso da razão.

Quanto ao 2º, deve-se dizer que as potências apetitiva e apreensiva são partes diversas da alma, mas de uma mesma alma. Por isso quando a intenção da alma se aplica com veemência ao ato de uma, fica impedida pelo ato contrário da outra.

Quanto ao 3º, deve-se dizer que o uso da razão exige o uso devido da imaginação e de outras potências sensíveis que utilizam um órgão corporal. Portanto, o uso da razão é impedido pela mudança do corpo, uma vez impedido o ato da imaginação e das potências sensitivas.

Artigo 4
O prazer aperfeiçoa a ação?

Quanto ao quarto, assim se procede: parece que o prazer **não** aperfeiçoa a ação.
1. Com efeito, toda ação humana depende do uso da razão. Ora, o prazer impede o uso da razão, como foi dito. Logo, o prazer não aperfeiçoa, mas enfraquece a ação humana.
2. Além disso, nada aperfeiçoa a si mesmo, nem aperfeiçoa sua própria causa. Ora, segundo os livros VIII e X da *Ética*, o prazer é ação, o que deve ser entendido ou de modo essencial ou casual. Logo, o prazer não aperfeiçoa a ação.
3. Ademais, se o prazer aperfeiçoa a ação, a aperfeiçoa ou como fim, ou como forma, ou como agente. Ora, não como fim: pois não se buscam as ações pelo prazer, mas antes o contrário, como acima foi dito. Nem como causa eficiente: porque é a ação que é causa eficiente do prazer. Nem como forma, porque, segundo o Filósofo, no

---

4 Parall.: IV *Sent.*, dist. 49, q. 3, a. 3, q.la 3, ad 3; X *Ethic.*, lect. 6, 7.

1. Art. praec.
2. Cfr. supra q. 31, a. 1, 1 a.
3. Q. 4, a. 2.

non enim *perficit delectatio operationem ut habitus quidam*, secundum Philosophum, in X *Ethic*.[4]. Delectatio ergo non perficit operationem.

SED CONTRA est quod dicitur ibidem[5], quod *delectatio operationem perficit*.

RESPONDEO dicendum quod delectatio dupliciter operationem perficit. Uno modo, per modum finis: non quidem secundum quod finis dicitur id propter quod aliquid est; sed secundum quod omne bonum completive superveniens, potest dici finis. Et secundum hoc dicit Philosophus, in X *Ethic*.[6], quod *delectatio perficit operationem sicut quidam superveniens finis*: inquantum scilicet super hoc bonum quod est operatio, supervenit aliud bonum quod est delectatio, quae importat quietationem appetitus in bono praesupposito. — Secundo modo, ex parte causae agentis. Non quidem directe: quia Philosophus dicit, in X *Ethic*.[7], quod *perficit delectatio operationem, non sicut medicus sanum, sed sicut sanitas*. Indirecte autem: inquantum scilicet agens, quia delectatur in sua actione, vehementius attendit ad ipsam, et diligentius eam operatur. Et secundum hoc dicitur in X *Ethic*.[8], quod *delectationes adaugent proprias operationes, et impediunt extraneas*.

AD PRIMUM ergo dicendum quod non omnis delectatio impedit actum rationis, sed delectatio corporalis; quae non consequitur actum rationis, sed actum concupiscibilis, qui per delectationem augetur. Delectatio autem quae consequitur actum rationis, fortificat rationis usum.

AD SECUNDUM dicendum quod, sicut dicitur in II *Physic*.[9], contingit quod duo sibi invicem sunt causa, ita quod unum sit causa efficiens, et aliud causa finalis alterius. Et per hunc modum, operatio causat delectationem sicut causa efficiens;

livro X da *Ética*, "o prazer não aperfeiçoa a ação como uma espécie de hábito". Logo, o prazer não aperfeiçoa a ação.

EM SENTIDO CONTRÁRIO, o Filósofo diz no mesmo lugar: "O prazer aperfeiçoa a ação".

RESPONDO. O prazer aperfeiçoa a ação de dois modos. 1. Por modo de fim. Não, enquanto o fim é aquilo pelo qual algo existe, mas enquanto todo bem que sobrevém de modo completivo, pode chamar-se fim. É assim que entende o Filósofo, no livro X da *Ética*, neste texto: "O prazer aperfeiçoa a ação como um fim que se lhe acrescenta". Isto é: enquanto a este bem que é a ação, sobrevém outro bem que é o prazer, que implica o repouso do apetite no bem pressuposto. — 2. Por modo de causa eficiente[c]. Não diretamente, pois o Filósofo diz no livro X da *Ética*, que "o prazer aperfeiçoa a ação, não como o médico, mas como a saúde faz o homem são"[d]. Indiretamente, enquanto o agente, porque se deleita em sua ação, presta-lhe mais atenção, e a realiza com mais diligência. Nesse sentido diz o livro X da *Ética*, "Os prazeres aumentam as ações próprias e inibem as estranhas".

QUANTO AO 1º, portanto, deve-se dizer que nem todo prazer impede o ato da razão, mas o prazer corporal, que não se segue ao ato da razão, mas ao ato do concupiscível que é reforçado pelo prazer. O prazer consecutivo ao ato da razão, fortalece o uso da razão.

QUANTO AO 2º, deve-se dizer que como se diz no livro II da *Física*, acontece que duas coisas podem ser reciprocamente causas, de modo que uma será causa eficiente, a outra, causa final da primeira. Desse modo, a ação causa prazer enquanto causa

---

4. C. 4: 1174, b, 31-33.
5. Cfr. notam praec.
6. C. 4: 1174, b, 31-33.
7. C. 4: 1174, b, 24-26.
8. C. 5: 1175, a, 36-b, 1.
9. C. 3: 195, a, 8-9.

---

c. É a realidade amada e desejada que age como fim terminal e absoluto, e não o prazer desejado por si mesmo. O que não impede este último de possuir uma ação finalizante, já que ele é um bem. Entretanto, não é mais do que um fim que se superpõe à união com a realidade amada que, ela sim, é o fim terminal. A relação interna entre essas duas finalidades, que formam uma só, já foi especificada (I-II, q. 2, a. 6, sol. 1). Como não lembrar aqui a famosa imagem de Aristóteles, afirmando que o prazer termina a atividade "como uma espécie de fim que vem sobrepor-se por acréscimo, como a beleza vem adicionar-se à força da idade" (op. cit., X, 4, 1174 b 32-33).

d. Eis o que escreve exatamente Aristóteles: "A saúde e o médico não são na mesma acepção as causas de um homem ser sadio" (op. cit., X 4, 1174 b 25). Se o prazer aperfeiçoa a ação, é que ela decorre da mesma, como o fato de ser sadio decorre de uma boa saúde. O prazer é a saúde do agir. Esse efeito "sobreposto" trazido pelo prazer à ação provém do fato de que ele incita o sujeito a agir com mais intensidade e zelo. Apoiando-se sobre essa questão 33, o teólogo moralista pode colocar o fundamento da moral sobre a busca do prazer posto em seu lugar. Pode igualmente refutar a acusação de hedonismo formulada por Kant (ver A. Plé, Par devoir ou par plaisir?, Cerf, 1980).

delectatio autem perficit operationem per modum finis, ut dictum est[10].
AD TERTIUM patet responsio ex dictis.

eficiente, e o prazer aperfeiçoa a ação à maneira de fim, como foi dito.
QUANTO AO 3º, deve-se dizer que está clara a resposta pelo que já foi dito.

10. In corp.

QUAESTIO XXXIV
DE BONITATE ET MALITIA DELECTATIONUM
in quatuor articulos divisa
Deinde considerandum est de bonitate et malitia delectationum.
Et circa hoc quaeruntur quatuor.
Primo: utrum omnis delectatio sit mala.
Secundo: dato quod non, utrum omnis delectatio sit bona.
Tertio: utrum aliqua delectatio sit optimum.
Quarto: utrum delectatio sit mensura vel regula secundum quam iudicetur bonum vel malum in moralibus.

QUESTÃO 34
BONDADE E MALÍCIA DOS PRAZERES[a]
em quatro artigos
Em seguida, deve-se considerar a bondade e a malícia dos prazeres.
Sobre isso, são quatro as perguntas:
1. Todo prazer é mau?
2. Admitido que não, todo prazer é bom?
3. Algum prazer é o melhor?
4. O prazer é a medida ou a regra para julgar o bem e o mal moral?

ARTICULUS 1
Utrum omnis delectatio sit mala

AD PRIMUM SIC PROCEDITUR. Videtur quod omnis delectatio sit mala.
1. Illud enim quod corrumpit prudentiam, et impedit rationis usum, videtur esse secundum se malum: quia bonum hominis est *secundum rationem esse*, ut Dionysius dicit, in 4 cap. *de Div. Nom.*[1]. Sed delectatio corrumpit prudentiam, et impedit rationis usum: et tanto magis, quanto delectationes sunt maiores. Unde *in delectationibus venereis*, quae sunt maximae, *impossibile est aliquid intelligere*, ut dicitur in VII *Ethic.*[2]. Et Hieronymus etiam dicit, *super Matth.*[3], quod *illo tempore quo coniugales actus geruntur, praesentia*

ARTIGO 1
Todo prazer é mau?

QUANTO AO PRIMEIRO ARTIGO, ASSIM SE PROCEDE: parece que todo prazer é mau.
1. Com efeito, o que destrói a prudência e impede o uso da razão parece ser mal em si, porque o bem do homem consiste "em ser segundo a razão", como diz Dionísio. Ora, o prazer corrompe a prudência, impede o uso da razão; e tanto mais quanto maiores são os prazeres. Assim que "no prazer sexual" que é o maior de todos, "é impossível conhecer algo", diz o livro VII da *Ética*. E Jerônimo escreve também que "no momento do ato conjugal não se dá a presença do Espírito Santo, mesmo que se trate de um profeta que

1 PARALL.: IV *Sent.*, dist. 49, q. 3, a. 4, q.la 1; VII *Ethic.*, lect. 11, 12; X, lect. 1, 3, 4, 8.

1. MG 3, 733 A.
2. C. 12: 1152, b, 16-18.
3. Cfr. ORIGENEM, *Homil. VI in Num.*: MG 12, 610 C.

a. É notável que nosso moralista tenha estudado longamente a vivência do prazer antes de chegar a sua apreciação moral. Esse método realista é característico de Sto. Tomás, preocupado em conhecer bem as paixões e costumes humanos antes de moralizar. Encontramo-nos no polo oposto do método idealista que reina no Ocidente há vários séculos, e que consiste em partir de uma ideia filosófica da natureza humana (universal e imutável) para deduzir, mediante um método geométrico, como Spinoza, leis morais, também elas universais e imutáveis.

Sancti Spiritus non dabitur, etiam si propheta esse videatur qui officio generationis obsequitur. Ergo delectatio est secundum se malum. Ergo omnis delectatio mala.

2. PRAETEREA, illud quod fugit virtuosus, et prosequitur deficiens a virtute, videtur esse secundum se malum, et fugiendum: quia, ut dicitur in X *Ethic.*[4], *virtuosus est, quasi mensura et regula humanorum actuum*; et Apostolus dicit, 1Cor 2,15: *Spiritualis iudicat omnia.* Sed pueri et bestiae, in quibus non est virtus, prosequuntur delectationes: fugit autem eas temperatus. Ergo delectationes secundum se sunt malae, et fugiendae.

3. PRAETEREA, *virtus et ars sunt circa difficile et bonum*, ut dicitur in II *Ethic.*[5]. Sed nulla ars ordinata est ad delectationem. Ergo delectatio non est aliquid bonum.

SED CONTRA est quod in Ps 36,4, dicitur: *Delectare in Domino.* Cum igitur ad nihil mali auctoritas divina inducat, videtur quod non omnis delectatio sit mala.

RESPONDEO dicendum quod, sicut dicitur in X *Ethic.*[6], aliqui posuerunt omnes delectationes esse malas. Cuius ratio videtur fuisse, quia intentionem suam referebant ad solas delectationes sensibiles et corporales, quae sunt magis manifestae: nam et in ceteris intelligibilia sensibilibus antiqui philosophi non distinguebant, nec intellectum a sensu, ut dicitur in libro *de Anima*[7]. Delectationes autem corporales arbitrabantur dicendum omnes esse malas, ut sic homines, qui ad delectationes immoderatas sunt proni, a delectationibus se retrahentes, ad medium virtutis perveniant. — Sed haec existimatio non fuit conveniens. Cum enim nullus possit vivere sine aliqua sensibili et corporali delectatione, si illi qui docent omnes delectationes esse malas, deprehendantur aliquas delectationes suscipere; magis homines ad delectationes erunt proclives exemplo operum, verborum doctrina praetermissa. In operationibus enim et passionibus humanis, in quibus experientia plurimum valet, magis movent exempla quam verba.

cumpre seu dever de procriar". Portanto, o prazer é mau em si; logo todo prazer é mau.

2. ALÉM DISSO, o que o homem virtuoso evita, e o homem sem virtude procura, parece ser mau em si e que deve ser evitado, pois segundo o livro X da *Ética*, "o homem virtuoso é como a medida e a regra dos atos humanos" e o Apóstolo diz na primeira Carta aos Coríntios: "O homem espiritual julga tudo". Ora, as crianças e os animais irracionais, nos quais não há virtude, buscam os prazeres, enquanto o moderado os rejeita. Logo, os prazeres são maus em si e devem ser evitados.

3. ADEMAIS, "A virtude e a arte se referem ao que é difícil e bom", diz-se no livro II da *Ética*. Ora, arte alguma é ordenada ao prazer. Logo, o prazer não é algo bom.

EM SENTIDO CONTRÁRIO, está dito no Salmo 37: "Deleita-te no Senhor". Como a autoridade divina não induz a nenhum mal, parece que nem todo prazer é mau.

RESPONDO. Como diz o livro X da *Ética*, alguns afirmaram que todos os prazeres eram maus. A razão disso parece ser que tinham em mente apenas os prazeres sensíveis e corporais que são mais manifestos; pois os antigos filósofos, nos demais inteligíveis sensíveis, não distinguiam o intelecto dos sentidos, como diz o livro da *Alma*. Ora, eles julgavam que todos os prazeres corporais deviam ser declarados maus, para que os homens, que são inclinados a prazeres imoderados, afastando-se dos prazeres, chegassem ao justo meio da virtude. — Mas essa apreciação não era conveniente. Como ninguém pode viver sem algum prazer sensível e corporal[b], se aqueles que ensinavam que todos prazeres são maus, fossem flagrados desfrutando de algum prazer, os homens seriam levados mais ainda ao prazer pelo exemplo de seu comportamento, deixando de lado a doutrina de suas palavras. Com efeito, quando se trata de ações e paixões humanas, em que a experiência vale mais que tudo, os exemplos movem mais que as palavras.

---

4. C. 5: 176, a, 17-24.
5. C. 3: 1105, a, 9-13.
6. C. 1: 1172, a, 28; c. 2: 1172, b, 9 sqq.
7. L. III, c. 3: 427, a, 21-26.

b. Fiel a seu método, que é o de Aristóteles, Sto. Tomás constata por experiência que "ninguém pode viver sem algum prazer sensível e corporal". O que fundamenta sua rejeição da pretensão dos estoicos à insensibilidade. Voltará a tratar disso em seu estudo desse vício oposto à virtude da temperança (II-II, q. 142, a. 1). O presente artigo é um resumo de Aristóteles (op. cit., X 1, 1172 a 28; b 8), o qual observara: "se há alguém que não se agrade de nada e não ache nenhuma coisa mais atraente do que outra qualquer, esse alguém deve ser algo muito diferente de um homem" (III, 11, 1119 a 8).

Dicendum est ergo aliquas delectationes esse bonas, et aliquas esse malas. Est enim delectatio quies appetitivae virtutis in aliquo bono amato, et consequens aliquam operationem. Unde huius ratio duplex accipi potest. Una quidem ex parte boni in quo aliquis quiescens delectatur. Bonum enim et malum in moralibus dicitur secundum quod convenit rationi vel discordat ab ea, ut supra[8] dictum est: sicut in rebus naturalibus aliquid dicitur naturale ex eo quod naturae convenit, innaturale vero ex eo quod est a natura discordans. Sicut igitur in naturalibus est quaedam quies naturalis, quae scilicet est in eo quod convenit naturae, ut cum grave quiescit deorsum; et quaedam innaturalis, quae est in eo quod repugnat naturae, sicut cum grave quiescit sursum: ita et in moralibus est quaedam delectatio bona, secundum quod appetitus superior aut inferior requiescit in eo quod convenit rationi; et quaedam mala, ex eo quod quiescit in eo quod a ratione discordat, et a lege Dei.

Alia ratio accipi potest ex parte operationum, quarum quaedam sunt bonae, et quaedam malae. Operationibus autem magis sunt affines delectationes, quae sunt eis coniunctae, quam concupiscentiae, quae tempore eas praecedunt. Unde, cum concupiscentiae bonarum operationum sint bonae, malarum vero malae; multo magis delectationes bonarum operationum sunt bonae, malarum vero malae.

AD PRIMUM ergo dicendum quod, sicut supra[9] dictum est, delectationes quae sunt de actu rationis, non impediunt rationem, neque corrumpunt prudentiam; sed delectationes extraneae, cuiusmodi sunt delectationes corporales. Quae quidem rationis usum impediunt, sicut supra[10] dictum est, et per contrarietatem appetitus, qui quiescit in eo quod repugnat rationi, et ex hoc habet delectatio quod sit moraliter mala: vel secundum quandam ligationem rationis, sicut in concubitu coniugali delectatio, quamvis sit in eo quod convenit rationi, tamen impedit rationis usum, propter corporalem transmutationem adiunctam. Sed ex hoc conse-

Há que dizer que alguns prazeres são bons, e outros, maus. Pois o prazer é o repouso da potência apetitiva em um bem amado, e é consecutivo a uma ação. Podem-se dar duas razões para essa asserção. 1. Da parte do bem em que se repousa no prazer. Do ponto de vista moral, o bem e o mal se determinam conforme a concordância ou discordância com a razão[c], como acima se disse. Assim é no mundo da natureza, no qual uma coisa se chama natural por ser conforme à natureza, e não natural o que não é conforme com a natureza. Há, pois, nas coisas da natureza um repouso natural que convém à natureza, como quando um corpo pesado encontra seu repouso em baixo. E um repouso não natural, que repugna à natureza, como um corpo pesado repousando no alto. Do mesmo modo, nas coisas morais há um prazer que é bom, pelo fato de que o apetite superior ou inferior repousa no que convém à razão; e um prazer mau, pelo fato de repousar no que está em desacordo com a razão, e com a lei de Deus.

2. Da parte das ações; algumas delas são boas, outras são más. Ora os prazeres têm mais afinidades com as ações[d], que estão em conjunção com eles, do que com o desejo, que os precede no tempo. Por isso, já que os desejos das boas ações são bons, e os desejos das más ações são maus, com mais razão ainda os prazeres das boas ações são bons, e os das más ações, maus.

QUANTO AO 1º, portanto, deve-se dizer que, como acima foi dito, os prazeres que são do ato da razão, não impedem a razão, nem corrompem a prudência, como fazem os prazeres estranhos tais como os corporais. Esses de fato, impedem o uso da razão, como acima foi dito, pela contrariedade do apetite que repousa no que repugna à razão, se tem o prazer que é moralmente mau. Ou por um empecilho da razão, por exemplo, o prazer do ato conjugal, embora se dê em algo que está conforme à razão, impede o exercício dela, por causa da mudança corporal que o acompanha[e]. Mas, nem por isso segue-se uma malícia moral,

---

8. Q. 18, a. 5.
9. Q. 33, a. 3.
10. Ibid.

---

c. Nova lembrança do princípio que funda a avaliação moral do bem na conformidade entre o prazer e a razão do homem capaz de descobrir as leis de sua natureza..

d. O segundo critério da moralidade do prazer se apoia no "par uno e inseparável" do agir e do prazer (ver acima, nota 1, questão 32, artigo 1).

e. Não é certo que, em nossa cultura, o coito impeça toda atividade da inteligência, como pensava Aristóteles. De qualquer modo, note-se que a razão pode considerar razoável e bom baixar um pouco sua tensão.

quitur malitiam moralem, sicut nec somnus quo ligatur usus rationis, moraliter est malus, si sit secundum rationem receptus: nam et ipsa ratio hoc habet, ut quandoque rationis usus intercipiatur.
— Dicimus tamen quod huiusmodi ligamentum rationis ex delectatione in actu coniugali, etsi non habeat malitiam moralem, quia non est peccatum mortale nec veniale; provenit tamen ex quadam morali malitia, scilicet ex peccato primi parentis: nam hoc in statu innocentiae non erat, ut patet ex his quae in Primo[11] dicta sunt.

AD SECUNDUM dicendum quod temperatus non fugit omnes delectationes, sed immoderatas, et rationi non convenientes. Quod autem pueri et bestiae delectationes prosequantur, non ostendit eas universaliter esse malas: quia in eis est naturalis appetitus a Deo, qui movetur in id quod est eis conveniens.

AD TERTIUM dicendum quod non omnis boni est ars, sed exteriorum factibilium, ut infra[12] dicetur. Circa operationes autem et passiones quae sunt in nobis, magis est prudentia et virtus quam ars. Et tamen aliqua ars est factiva delectationis; scilicet *pulmentaria et pigmentaria*, ut dicitur in VII *Ethic.*[13].

ARTICULUS 2
Utrum omnis delectatio sit bona

AD SECUNDUM SIC PROCEDITUR. Videtur quod omnis delectatio sit bona.
1. Sicut enim in Primo[1] dictum est, bonum in tria dividitur, scilicet honestum, utile et delectabile. Sed honestum omne est bonum; et similiter omne utile. Ergo et omnis delectatio est bona.
2. PRAETEREA, illud est per se bonum, quod non quaeritur propter aliud, ut dicitur in I *Ethic.*[2]. Sed delectatio non quaeritur propter aliud: ridiculum enim videtur ab aliquo quaerere quare vult delectari. Ergo delectatio est per se bonum. Sed quod per

como no sono, que impede o exercício da razão, e não é moralmente mau, se for tomado de acordo com a razão: pois a própria razão tem como próprio que o seu uso seja interrompido de vez em quando. — Dizemos, porém, que esse empecilho da razão pelo prazer no ato conjugal, embora não possua malícia moral, pois nem é pecado mortal nem venial, provém, contudo, de certa malícia moral, a saber, do pecado do primeiro pai: pois isso não existia no estado de inocência, como está claro pelo que foi dito na I Parte.

QUANTO AO 2º, deve-se dizer que o homem moderado não evita todos os prazeres[f], mas só os imoderados e que não convêm à razão. O fato de que as crianças e os animais irracionais procuram os prazeres, não prova que sejam estes universalmente maus, porque há neles um apetite natural que vem de Deus e os dirige para o que lhes convém.

QUANTO AO 3º, deve-se dizer que a arte não se refere a todos os bens[g], mas às obras exteriores, como adiante se dirá. Quanto às ações e paixões que estão em nós, têm mais a ver com a prudência e a virtude do que com a arte. Existe, porém, alguma arte que produz prazer, a saber, a do cozinheiro e a do perfumista, como diz o livro VII da *Ética*.

ARTIGO 2
Todo prazer é bom?

QUANTO AO SEGUNDO, ASSIM SE PROCEDE: parece que todo o prazer é bom.
1. Com efeito, na I Parte foi dito que o bem se divide em honesto, útil e deleitável. Ora, todo bem honesto é moralmente bom, como também todo bem útil. Logo, todo prazer é bom.
2. ALÉM DISSO, é bom por si, aquilo que não é procurado por causa de uma outra coisa, diz o livro I da *Ética*. Ora, o prazer não é procurado por causa de outra coisa: parece ridículo perguntar a alguém por que ele quer ter prazer. Portanto, o

---

11. Q. 98, a. 2.
12. Q. 57, a. 3.
13. C. 13: 1153, a, 26-27.

2 PARALL.: IV *Sent.*, dist. 49, q. 3, a. 4, q.la 1; VII *Ethic.*, lect. 11; X, lect. 4, 8.

1. Q. 5, a. 6.
2. C. 4; 1096, b, 14.

f. Seguindo Aristóteles (op. cit, III 12, 119 b 16-18), Sto. Tomás afirma que não é próprio do moderado suprimir em si todo desejo, mas "desejar como convém, o que convém e quando convém" (ver II-II, q. 141, a. 6, r. 2). O homem moderado "busca" tais prazeres (comentário de Sto. Tomás sobre a Ética VII, lição 12).

g. A arte, para os antigos, não se limita ao que chamamos de Belas-Artes. A palavra designa a técnica de toda espécie de fabricação.

se praedicatur de aliquo, universaliter praedicatur de eo. Ergo omnis delectatio est bona.

3. PRAETEREA, id quod ab omnibus desideratur, videtur esse per se bonum: nam *bonum est quod omnia appetunt*, ut dicitur in I *Ethic.*³. Sed omnes appetunt aliquam delectationem, etiam pueri et bestiae. Ergo delectatio est secundum se bonum. Omnis ergo delectatio est bona.

SED CONTRA est quod dicitur Pr 2,14: *Qui laetantur cum malefecerint, et exultant in rebus pessimis*.

RESPONDEO dicendum quod, sicut aliqui Stoicorum posuerunt omnes delectationes esse malas, ita Epicurei posuerunt delectationem secundum se esse bonum, et per consequens delectationes omnes esse bonas. Qui ex hoc decepti esse videntur, quod non distinguebant inter id quod est bonum simpliciter, et id quod est bonum quoad hunc. Simpliciter quidem bonum est quod secundum se bonum est. Contingit autem quod non est secundum se bonum, esse huic bonum, dupliciter. Uno modo, quia est ei conveniens secundum dispositionem in qua nunc est, quae tamen non est naturalis: sicut leproso bonum est quandoque comedere aliqua venenosa, quae non sunt simpliciter convenientia complexioni humanae. Alio modo, quia id quod non est conveniens, aestimatur ut conveniens. Et quia delectatio est quies appetitus in bono, si sit bonum simpliciter illud in quo quiescit appetitus, erit simpliciter delectatio, et simpliciter bona. Si autem non sit bonum simpliciter, sed quoad hunc, tunc nec delectatio est simpliciter, sed huic: nec simpliciter est bona, sed bona secundum quid, vel apparens bona.

AD PRIMUM ergo dicendum quod honestum et utile dicuntur secundum rationem: et ideo nihil est honestum vel utile, quod non sit bonum. Delectabile autem dicitur secundum appetitum, qui quandoque in illud tendit quod non est conveniens rationi. Et ideo non omne delectabile est bonum bonitate morali, quae attenditur secundum rationem.

prazer é bom por si. Ora, o que se atribui por si a uma coisa, se lhe atribui universalmente. Logo, todo prazer é bom.

3. ADEMAIS, parece que o que é desejado por todos é bom por si, porque "bem é o que todos desejam" diz o livro I da *Ética*. Ora todos desejam algum prazer, até as crianças e os animais irracionais. Logo, todo prazer é bom.

EM SENTIDO CONTRÁRIO, o livro dos Provérbios falam dos que "se alegram em fazer o mal, e exultam nas perversidades".

RESPONDO. Alguns estoicos afirmaram que todos os prazeres eram maus; igualmente, os epicuristas[h] afirmaram que o prazer era bom por si, e que, por conseguinte, todos os prazeres eram bons. Parece que a causa de seu engano foi não ter distinguido entre o que é absolutamente bom e o que é bom em relação a algo determinado[j]. De fato, é bom absolutamente, o que é bom em si. Acontece que uma coisa que não é boa em si, seja boa para algo determinado, e isso de dois modos. Primeiro, porque essa coisa lhe convém pela disposição em que se encontra no momento, a qual, entretanto, não é natural; por exemplo, para um leproso é bom comer alguma vez coisas venenosas, que não convêm absolutamente à compleição humana. Segundo, porque se julga conveniente algo que não convém. E porque o prazer é o descanso do apetite no bem, se aquilo em que o apetite repousa for bom absolutamente, haverá prazer absolutamente e será bom absolutamente. Ao contrário, se não for bom absolutamente, mas relativamente a algo determinado, então não haverá prazer absolutamente, mas prazer relativamente a algo determinado; e não será bom absolutamente, mas bom sob certo aspecto, ou apenas na aparência.

QUANTO AO 1º, portanto, deve-se dizer que o honesto[j] e o útil dizem-se assim em referência à razão; por isso nada é útil ou honesto que não seja bom. O deleitável se diz em relação ao apetite, que às vezes tende para o que não convém à razão. Por esse motivo nem todo deleitável é bom, de bondade moral, que se considera segundo a razão.

---

3. C. 1: 1094, a, 3.

h. Sto. Tomás só pôde conhecer Epicuro de maneira bem incompleta e deformada pelas calúnias difundidas pelos estoicos, — mais ou menos retomadas pela tradição cristã. Epicuro tinha sobre o prazer uma posição bem diferente (ver Maurice SOLOVINE, Épicure, doctrines et maximes, Hermann, 1965).
 i. "Tal é cada um, tal lhe parece fim" (op. cit., III, 5, 1114 b 31), e portanto, tal e cada um e tais são os seus desejos e prazeres.
 j. Conformando-se à tradição, Sto. Tomás denomina "honesto" o que os gregos denominavam o bem amado por si mesmo, por sua verdade, sua bondade e beleza.

AD SECUNDUM dicendum quod ideo delectatio non quaeritur propter aliud, quia est quies in fine. Finem autem contingit esse bonum et malum: quamvis nunquam sit finis nisi secundum quod est bonum quoad hunc. Ita etiam est de delectatione.

AD TERTIUM dicendum quod hoc modo omnia appetunt delectationem, sicut et bonum: cum delectatio sit quies appetitus in bono. Sed sicut contingit non omne bonum quod appetitur, esse per se et vere bonum; ita non omnis delectatio est per se et vere bona.

QUANTO AO 2º, deve-se dizer que o prazer não se busca por outra coisa, porque é repouso no fim. Ora, o fim pode ser bom ou mau, embora nunca seja fim senão enquanto é um bem relativamente a algo determinado. O mesmo se dá com o prazer.

QUANTO AO 3º, deve-se dizer que todos desejam o prazer, como desejam o bem, já que o prazer é o repouso do apetite no bem. Ora, sucede que nem todo bem que se deseja é bem por si e verdadeiro; assim também nem todo prazer é bom por si e verdadeiro.

ARTICULUS 3
Utrum aliqua delectatio sit optimum

AD TERTIUM SIC PROCEDITUR. Videtur quod nulla delectatio sit optimum.

1. Nulla enim generatio est optimum: nam generatio non potest esse ultimus finis. Sed delectatio consequitur generationem: nam ex eo quod aliquid constituitur in suam naturam, delectatur, ut supra[1] dictum est. Ergo nulla delectatio potest esse optimum.

2. PRAETEREA, illud quod est optimum, nullo addito potest fieri melius. Sed delectatio aliquo addito fit melior: est enim melior delectatio cum virtute quam sine virtute. Ergo delectatio non est optimum.

3. PRAETEREA, id quod est optimum, est universaliter bonum, sicut per se bonum existens: nam quod est per se, est prius et potius eo quod est per accidens. Sed delectatio non est universaliter bonum, ut dictum est[2]. Ergo delectatio non est optimum.

SED CONTRA beatitudo est optimum: cum sit finis humanae vitae. Sed beatitudo non est sine delectatione: dicitur enim in Ps 15,10: *Adimplebis me laetitia cum vultu tuo; delectationes in dextera tua usque in finem.*

RESPONDEO dicendum quod Plato non posuit omnes delectationes esse malas, sicut Stoici; neque omnes esse bonas, sicut Epicurei; sed quasdam esse bonas, et quasdam esse malas; ita tamen quod nulla sit summum bonum, vel optimum. Sed quantum ex eius rationibus datur intelligi, in duobus deficit. In uno quidem quia, cum videret delectationes sensibiles et corporales in quodam motu et generatione consistere, sicut patet in repletione ciborum et huiusmodi; aestimavit omnes

ARTIGO 3
Algum prazer é o melhor?

QUANTO AO TERCEIRO, ASSIM SE PROCEDE: parece que nenhum prazer **é** o melhor.

1. Com efeito, nenhuma geração é o melhor de tudo, pois a geração não pode ser fim último. Ora, o prazer segue-se à geração, pois se tem prazer em ser constituído segundo sua natureza, como acima foi dito. Logo nenhum prazer pode ser o melhor.

2. ALÉM DISSO, o que é ótimo, não pode ser melhorado por algum acréscimo. Ora, o prazer torna-se melhor com algum acréscimo, pois o prazer é melhor com a virtude do que sem ela. Logo, o prazer não é o melhor.

3. ADEMAIS, o que é ótimo, é universalmente bom, como o bem existindo por si: pois o que é por si é anterior e superior ao que existe por acidente. Ora, o prazer não é universalmente bom, como foi dito. Logo, não é o melhor.

EM SENTIDO CONTRÁRIO, a bem-aventurança é o melhor, por ser o bem da vida humana. Mas, a bem-aventurança é inseparável do prazer, pois se diz no Salmo 16: "Teu rosto me cumulará de alegria; prazeres em tua direita até ao fim".

RESPONDO. Platão não afirmou que todos prazeres eram maus, como os estoicos; nem que todos era bons, como os epicuristas, mas que havia prazeres bons e prazeres maus, de modo que nenhum era o sumo bem, ou o melhor. Quanto se podem entender seus argumentos, ele falhou em duas coisas. Primeiro, ao observar que os prazeres sensíveis e corporais consistem num certo movimento ou geração, como se vê no saciar-se de comida e coisas semelhantes, Platão julgou

---

3 PARALL.: IV *Sent.*, dist. 49, q. 3, a. 4, q.la 3; VII *Ethic.*, lect. 11 sqq.; X, lect. 2.
1. Q. 31, a. 1.
2. Art. praec.

delectationes consequi generationem et motum. Unde, cum generatio et motus sint actus imperfecti, sequeretur quod delectatio non haberet rationem ultimae perfectionis. — Sed hoc manifeste apparet falsum in delectationibus intellectualibus. Aliquis enim non solum delectatur in generatione scientiae, puta cum addiscit aut miratur, sicut supra[3] dictum est; sed etiam in contemplando secundum scientiam iam acquisitam.

Alio vero modo, quia dicebat optimum illud quod est simpliciter summum bonum, quod scilicet est ipsum bonum quasi abstractum et non participatum, sicut ipse Deus est summum bonum. Nos autem loquimur de optimo in rebus humanis. Optimum autem in unaquaque re est ultimus finis. Finis autem, ut supra[4] dictum est, dupliciter dicitur: scilicet ipsa res, et usus rei; sicut finis avari est vel pecunia, vel possessio pecuniae. Et secundum hoc, ultimus finis hominis dici potest vel ipse Deus, qui est summum bonum simpliciter; vel fruitio ipsius, quae importat delectationem quandam in ultimo fine. Et per hunc modum aliqua delectatio hominis potest dici optimum inter bona humana.

AD PRIMUM ergo dicendum quod non omnis delectatio consequitur generationem; sed aliquae delectationes consequuntur operationes perfectas, ut dictum est[5]. Et ideo nihil prohibet aliquam delectationem esse optimum, etsi non omnis sit talis.

AD SECUNDUM dicendum quod ratio illa procedit de optimo simpliciter, per cuius participationem omnia sunt bona: unde ex nullius additione fit melius. Sed in aliis bonis universaliter verum est quod quodlibet bonum ex additione alterius fit melius. — Quamvis posset dici quod delectatio non est aliquid extraneum ab operatione virtutis, sed concomitans ipsam, ut in I *Ethic.*[6] dicitur.

AD TERTIUM dicendum quod delectatio non habet quod sit optimum ex hoc quod est delectatio, sed ex hoc quod est perfecta quies in optimo. Unde non oportet quod omnis delectatio sit optima, aut etiam bona. Sicut aliqua scientia est optima, non tamen omnis.

que todos prazeres estavam ligados à geração e ao movimento. Assim, por serem geração e movimento atos do imperfeito, consequentemente o prazer não teria a razão de última perfeição. — Mas isso se evidencia como falso nos prazeres intelectuais. Porque alguém não se deleita somente na geração da ciência, por exemplo, quando se aprende ou se admira, como se disse acima; mas também, na contemplação, segundo a ciência que já se adquiriu.

Além disso, Platão chamava de ótimo o que era absolutamente o sumo bem, quer dizer, o bem abstraído, por assim dizer, e não participado, como o próprio Deus é o sumo bem. Nós, porém, falamos de ótimo nas coisas humanas. Para todas as coisas, o melhor é o fim último. Como acima foi dito, fim se diz de duas maneiras: a saber, a própria coisa, e o seu uso: assim, o fim do avarento ou é o dinheiro, ou a posse do dinheiro. Nesse sentido, pode chamar-se fim último do homem ou o próprio Deus, que é o sumo bem absolutamente, ou a fruição de Deus, que implica um certo prazer no fim último. Dessa maneira, um certo prazer do homem pode ser chamado de ótimo entre todos os bens humanos.

QUANTO AO 1º, portanto, deve-se dizer que nem todo prazer segue-se à geração, mas alguns prazeres seguem-se às operações perfeitas, como foi dito. Por isso nada impede que algum prazer seja o melhor, embora nem todo prazer o seja.

QUANTO AO 2º, deve-se dizer que o argumento procede do ótimo absoluto, por cuja participação tudo é bom, de modo que nenhum acréscimo pode torná-lo melhor. Mas no que toca aos outros bens, é universalmente verdadeiro que qualquer bem se torna melhor pela adição de outro. — Poder-se-ia também responder que o prazer não é algo estranho ao ato da virtude, mas concomitante, como se diz no livro I da *Ética*.

QUANTO AO 3º, deve-se dizer que o prazer não é ótimo pelo fato de ser prazer, mas porque é o perfeito repouso no ótimo. Não é preciso que todo prazer seja ótimo, ou mesmo bom. Assim como alguma ciência é ótima, mas não qualquer ciência.

---

3. Q. 32, a. 8, ad 2.
4. Q. 1, a. 8; q. 2, a. 7.
5. In corp.
6. C. 9: 1098, b, 25-26.

ARTICULUS 4
Utrum delectatio sit mensura vel regula secundum quam iudicetur bonum vel malum in moralibus

AD TERTIUM SIC PROCEDITUR. Videtur quod delectatio non sit mensura vel regula boni et mali moralis.

1. *Omnia* enim *mensurantur primo sui generis*, ut dicitur in X *Metaphys*.¹. Sed delectatio non est primum in genere moralium, sed praecedunt ipsam amor et desiderium. Non ergo est regula bonitatis et malitiae in moralibus.

2. PRAETEREA, mensuram et regulam oportet esse uniformem: et ideo motus qui est maxime uniformis, est mensura et regula omnium motuum, ut dicitur in X *Metaphys*.². Sed delectatio est varia et multiformis: cum quaedam earum sint bonae, et quaedam malae. Ergo delectatio non est mensura et regula moralium.

3. PRAETEREA, certius iudicium sumitur de effectu per causam, quam e converso. Sed bonitas vel malitia operationis est causa bonitatis vel malitiae delectationis: quia *bonae delectationis sunt quae consequuntur bonas operationes, malae autem quae malas*, ut dicitur in X *Ethic*.³. Ergo delectationes non sunt regula et mensura bonitatis et malitiae in moralibus.

SED CONTRA est quod Augustinus dicit, super illud Ps 7,10, "Scrutans corda et renes Deus": *Finis curae et cogitationis est delectatio ad quam quis nititur pervenire*. Et Philosophus dicit, in VII *Ethic*.⁴, quod *delectatio est finis architecton*, idest principalis, *ad quem respicientes, unumquodque hoc quidem malum, hoc autem bonum simpliciter dicimus*.

RESPONDEO dicendum quod bonitas vel malitia moralis principaliter in voluntate consistit, ut supra⁵ dictum est. Utrum autem voluntas sit bona vel mala, praecipue ex fine cognoscitur. Id autem habetur pro fine, in quo voluntas quiescit. Quies autem voluntatis, et cuiuslibet appetitus, in bono, est delectatio. Et ideo secundum delectationem voluntatis humanae, praecipue iudicatur homo

ARTIGO 4
O prazer é a medida ou a regra para julgar o bem ou o mal moral?

QUANTO AO QUARTO, ASSIM SE PROCEDE: parece que o prazer **não** é a medida ou regra do bem e do mal.

1. Com efeito, segundo o livro X da *Metafísica*: "Todas coisas são medidas pelo que é primeiro em seu gênero". Ora, o prazer não é o primeiro no gênero das coisas morais, porque o amor e o desejo o precedem. Logo, não é regra da bondade e da malícia nas coisas morais.

2. ALÉM DISSO, a medida e a regra devem ser uniformes. Assim, o movimento mais uniforme é medida e regra de todos movimentos, segundo o livro X da *Metafísica*. Ora, o prazer é variado e multiforme, já que alguns prazeres são bons, e outros, maus. Logo, o prazer não é medida ou regra das coisas morais.

3. ADEMAIS, o juízo que se faz do efeito pela causa é mais certo que o contrário. Ora, a bondade ou malícia da ação causa a bondade ou malícia do prazer. Com efeito, diz-se no livro da *Ética*. "Os prazeres bons são os que se seguem às ações boas, e os maus, às ações más. Logo, os prazeres não são a regra e a medida da bondade e da malícia nas coisas morais.

EM SENTIDO CONTRÁRIO, ao comentar o Salmo 8: "Deus perscruta rins e corações", Agostinho escreve: "O fim dos cuidados e dos pensamentos é o prazer ao qual o homem se esforça de chegar". E o Filósofo diz no livro VII da *Ética*: "O prazer é o fim arquitetônico", isto é, principal, "segundo o qual julgamos tudo e dizemos que uma coisa é má e que outra é boa, de modo absoluto".

RESPONDO. A bondade e a malícia morais consistem principalmente na vontade, como acima foi dito. Ora, que a vontade seja boa ou má, é pelo fim principalmente que se conhece. Tem-se como fim aquilo em que a vontade repousa. Ora o descanso da vontade, e de qualquer apetite, no bem é o prazer. E por isso, segundo o prazer da vontade do homem, ele é julgado bom ou mau:

---

4 PARALL.: IV *Sent*., dist. 49, q. 3, a. 4, q.la 3, ad 1.
 1. C. 1: 1052, b, 18-22.
 2. C. 1: 1053, a, 8-12.
 3. C. 5: 1175, b, 24-28.
 4. C. 12: 1152, b, 2-3.
 5. Q. 20, a. 1.

bonus vel malus: est enim bonus et virtuosus qui gaudet in operibus virtutum; malus autem qui in operibus malis.

Delectationes autem appetitus sensitivi non sunt regula bonitatis vel malitiae moralis: nam cibus communiter delectabilis est secundum appetitum sensitivum, bonis et malis. Sed voluntas bonorum delectatur in eis secundum convenientiam rationis, quam non curat voluntas malorum.

AD PRIMUM ergo dicendum quod amor et desiderium sunt priora delectatione in via generationis. Sed delectatio est prior secundum rationem finis: qui in operabilibus habet rationem principii, a quo maxime sumitur iudicium, sicut a regula vel mensura.

AD SECUNDUM dicendum quod omnis delectatio in hoc est uniformis, quod est quies in aliquo bono: et secundum hoc potest esse regula vel mensura. Nam ille bonus est cuius voluntas quiescit in vero bono; malus autem, cuius voluntas quiescit in malo.

AD TERTIUM dicendum quod, cum delectatio perficiat operationem per modum finis, ut supra[6] dictum est; non potest esse operatio perfecte bona, nisi etiam adsit delectatio in bono: nam bonitas rei dependet ex fine. Et sic quodammodo bonitas delectationis est causa bonitatis in operatione.

pois quem é bom e virtuoso se alegra nas obras da virtude, e o mau nas obras más.

Os prazeres do apetite sensitivo não são a regra da bondade e da malícia moral; por exemplo, o alimento é igualmente agradável, segundo o apetite sensitivo, aos bons e aos maus. Mas a vontade dos bons se deleita nas coisas segundo convêm à razão, de que não cuida a vontade dos maus.

QUANTO AO 1º, portanto, deve-se dizer que o amor e o desejo precedem o prazer na ordem da geração. Mas, o prazer é primeiro conforme a razão de fim, que nas coisas práticas, tem razão de princípio, do qual sobretudo se infere o juízo, como de uma regra ou medida.

QUANTO AO 2º, deve-se dizer que todo prazer é uniforme por ser repouso em algum bem; e por isso pode ser regra ou medida. Pois é bom aquele cuja vontade repousa no verdadeiro bem, e é mau aquele cuja vontade repousa no mal.

QUANTO AO 3º, deve-se dizer que como o prazer aperfeiçoa a ação à maneira de fim, como foi dito, a ação não pode ser perfeitamente boa se não há também prazer no bem, pois a bondade de uma coisa depende do fim. E assim, de certo modo, a bondade do prazer é causa da bondade na ação[k].

---

6. Q. 33, a. 4.

k. O prazer de bem agir é o melhor critério do ato moralmente bom. Não poderíamos insistir demais sobre essa verdade fundamental no campo moral, educacional e pastoral: o homem virtuoso tem prazer em agir bem, o que Aristóteles afirma com frequência (op. cit., X, 5, 1176 a 30 etc.). Pode-se concluir essa questão sobre a moral do prazer afirmando que a bondade de um ato moral sendo avaliada principalmente pela qualidade do desejo-refletido do fim que é amado, o prazer desse ato se liga a ela, em sua finalidade e em sua realização. A bondade moral do prazer é causa, de certo modo, da bondade moral da ação. Esta não seria plenamente boa, faltaria algo, se o prazer não o acompanhasse. "Não pode haver ato perfeito sem prazer" (comentário de Sto. Tomás sobre a Ética X, lição 6).

QUAESTIO XXXV
DE DOLORE, SEU TRISTITIA SECUNDUM SE
in octo articulos divisa

Deinde considerandum est de dolore et tristitia. Et circa hoc, primo considerandum est de tristitia, seu dolore, secundum se; secundo, de causis eius; tertio, de effectibus ipsius; quarto, de remediis eius; quinto, de bonitate vel malitia eius.

QUESTÃO 35
A DOR OU TRISTEZA EM SI MESMA[a]
em oito artigos

Trataremos agora da dor ou tristeza. A propósito, estudaremos: 1. A tristeza ou a dor em si mesma; 2. suas causas; 3. seus efeitos; 4. seus remédios; 5. sua bondade ou sua malícia.

---

a. Iniciam-se cinco questões (em vinte e cinco artigos) sobre a tristeza e a dor, que completam as quatro questões (em vinte e quatro artigos) sobre o prazer. Sto. Tomás prossegue sua busca de informações sobre a vida afetiva sensível. Não tendo Aristóteles

Circa primum quaeruntur octo.
Primo: utrum dolor sit passio animae.
Secundo: utrum tristitia sit idem quod dolor.
Tertio: utrum tristitia, seu dolor, sit contraria delectationi.
Quarto: utrum omnis tristitia omni delectationi contrarietur.
Quinto: utrum delectationi contemplationis sit aliqua tristitia contraria.
Sexto: utrum magis fugienda sit tristitia, quam delectatio appetenda.
Septimo: utrum dolor exterior sit maior quam dolor interior.
Octavo: de speciebus tristitiae.

Sobre o primeiro, são oito as perguntas:
1. A dor é uma paixão da alma?
2. A tristeza é o mesmo que a dor?
3. A tristeza ou dor é contrária ao prazer?
4. Toda tristeza é contrária a todo prazer?
5. Há uma tristeza contrária ao prazer da contemplação?
6. Há que evitar mais a tristeza do que desejar o prazer?
7. A dor exterior é maior que a dor interior?
8. Sobre as espécies de tristeza.

Articulus 1
Utrum dolor sit passio animae

Ad primum sic proceditur. Videtur quod dolor non sit passio animae.
1. Nulla enim passio animae est in corpore. Sed dolor potest esse in corpore: dicit enim Augustinus, in libro *de Vera Relig.*[1], quod *dolor qui dicitur corporis, est corruptio repentina salutis eius rei, quam, male utendo, anima corruptioni obnoxiavit.* Ergo dolor non est passio animae.
2. Praeterea, omnis passio animae pertinet ad vim appetitivam. Sed dolor non pertinet ad vim appetitivam, sed magis ad apprehensivam: dicit enim Augustinus, in libro *de Natura Boni*[2], quod *dolorem in corpore facit sensus resistens corpori potentiori.* Ergo dolor non est passio animae.
3. Praeterea, omnis passio animae pertinet ad appetitum animalem. Sed dolor non pertinet ad appetitum animalem, sed magis ad appetitum naturalem: dicit enim Augustinus, VIII *super Gen. ad litt.*[3]: *Nisi aliquod bonum remansisset in natura, nullius boni amissi esset dolor in poena.* Ergo dolor non est passio animae.

Sed contra est quod Augustinus, XIV *de Civ. Dei*[4], ponit dolorem inter passiones animae,

Artigo 1
A dor é paixão da alma?

Quanto ao primeiro artigo, assim se procede: parece que a dor **não** é paixão da alma.
1. Com efeito, nenhuma paixão da alma está no corpo. Ora, a dor pode estar no corpo, pois, segundo Agostinho: "A dor que se atribui ao corpo é o desaparecimento súbito da saúde desse corpo, que a alma, usando mal, expôs à corrupção". Logo, a dor não é paixão da alma.
2. Além disso, toda paixão da alma pertence à potência apetitiva. Ora, a dor não pertence à potência apetitiva, mas antes à apreensiva, pois diz Agostinho: "O sentido, resistindo a um corpo mais forte, produz a dor no corpo".
3. Ademais, toda paixão da alma pertence ao apetite animal. Ora, a dor não pertence ao apetite animal, mas antes ao apetite natural: pois Agostinho escreve: "Se nenhum bem tivesse ficado na natureza, não haveria dor como pena pelo bem perdido". Logo, a dor não é paixão da alma.

Em sentido contrário, Agostinho põe a dor entre as paixões da alma, citando o verso de

---

1 Parall.: Part. III, q. 84, a. 9, ad 2.

1. C. 12, n. 23: ML 34, 132.
2. C. 20: ML 42, 557.
3. C. 14, n. 31: ML 34, 385.
4. C. 8: ML 41, 412.

---

discorrido sobre a tristeza, Sto. Tomás se informa junto à tradição cristã, completada por sua experiência. Não podia fazer melhor do que isso no século XIII, e o leitor contemporâneo poderá utilmente enriquecer seus conhecimentos pesquisando nas ciências (neuropsiquiatria, psicologia experimental, psicanálise etc.). O leitor ficará certamente desconcertado e desinteressado pelo uso que faz Sto. Tomás da metafísica e da lógica de Aristóteles (então recentemente descobertas), e dos reenvios às categorias de gênero e de espécie, de contrariedade formal etc.

inducens illud Virgilli⁵: *Hinc metuunt, cupiunt, gaudentque dolentque*.

RESPONDEO dicendum quod, sicut ad delectationem duo requiruntur, scilicet coniunctio boni, et perceptio huiusmodi coniunctionis; ita etiam ad dolorem duo requiruntur: scilicet coniunctio alicuius mali (quod ea ratione est malum, quia privat aliquod bonum); et perceptio huiusmodi coniunctionis. Quidquid autem coniungitur, si non habeat, respectu eius cui coniungitur, rationem boni vel mali, non potest causare delectationem vel dolorem. Ex quo patet quod aliquid sub ratione boni vel mali, est obiectum delectationis et doloris. Bonum autem et malum, inquantum huiusmodi, sunt obiecta appetitus. Unde patet quod delectatio et dolor ad appetitum pertinent.

Omnis autem motus appetitivus, seu inclinatio consequens apprehensionem, pertinet ad appetitum intellectivum vel sensitivum: nam inclinatio appetitus naturalis non consequitur apprehensionem ipsius appetentis, sed alterius, ut in Primo⁶ dictum est. Cum igitur delectatio et dolor praesupponant in eodem subiecto sensum vel apprehensionem aliquam, manifestum est quod dolor, sicut et delectatio, est in appetitu intellectivo vel sensitivo.

Omnis autem motus appetitus sensitivi dicitur passio, ut supra⁷ dictum est: et praecipue illi qui in defectum sonant. Unde dolor, secundum quod est in appetitu sensitivo, propriissime dicitur passio animae: sicut molestiae corporales proprie passiones corporis dicuntur. Unde et Augustinus, XIV *de Civ. Dei*⁸, dolorem specialiter *aegritudinem* nominat.

AD PRIMUM ergo dicendum quod dolor dicitur esse corporis quia causa doloris est in corpore: puta cum patimur aliquod nocivum corpori. Sed motus doloris semper est in anima: nam *corpus non potest dolere nisi dolente anima*, ut Augustinus dicit⁹.

AD SECUNDUM dicendum quod dolor dicitur esse sensus, non quia sit actus sensitivae virtutis: sed quia requiritur ad dolorem corporalem, sicut ad delectationem.

AD TERTIUM dicendum quod dolor de amissione boni demonstrat bonitatem naturae, non quia dolor

Virgílio "Por isso temem, desejam, alegram-se e sofrem".

RESPONDO. Como para o prazer duas coisas se requerem: a união com o bem e a percepção dessa união, assim também há dois requisitos para a dor: a união com um certo mal (que é mal porque priva de um certo bem) e a percepção dessa união. Tudo o que se une, se não tiver, em relação com o que lhe está unido, a razão de bem ou de mal, não pode causar prazer ou dor. Vê-se pois que é sob a razão de bem ou de mal que algo é objeto de prazer ou de dor. O bem e o mal, enquanto tal, são objeto do apetite. É evidente, portanto, que prazer e dor pertencem ao apetite.

Todo movimento do apetite, ou inclinação consecutiva à apreensão, pertence ao apetite intelectual ou sensitivo, pois a inclinação do apetite natural não se segue à percepção daquele mesmo que apetece, mas a de um outro, como foi dito na I Parte. Como o prazer e a dor pressupõem no mesmo sujeito alguma sensação ou apreensão, é claro que a dor, como o prazer, está no apetite intelectual ou no sensitivo.

Ora, todo movimento do apetite sensitivo se chama paixão, como acima se disse, sobretudo aqueles que manifestam deficiência. Por isso a dor, enquanto está no apetite sensitivo, chama-se com toda propriedade paixão da alma. Do mesmo modo que as moléstias corporais propriamente se chamam paixões do corpo. Por isso, Agostinho chama a dor especialmente de *doença*.

QUANTO AO 1º, portanto, deve-se dizer que fala-se em dor do corpo porque a causa da dor está no corpo; por exemplo, quando sofremos de alguma coisa nociva ao corpo. Mas, o movimento da dor está sempre na alma, pois "o corpo não pode sofrer se a alma não sofre", diz Agostinho.

QUANTO AO 2º, deve-se dizer que a dor é do sentido, não porque seja ato da potência sensitiva, mas porque a sensação é requerida para a dor corporal, como para o prazerᵇ.

QUANTO AO 3º, deve-se dizer que a dor por um bem perdido demonstra a bondade da natureza,

---

5. *Aeneid*. l. VI, v. 733: ed. Ianell, Lipsiae 1920, p. 231.
6. Q. 6, a. 1, ad 2; q. 103, a. 1, 3.
7. Cfr. q. 22, a. 1, 3; — I, q. 20, a. 1, ad 1.
8. C. 7: ML 41, 411.
9. *Enarr. in Psalm*., super Ps. 87, 4: ML 37, 1110.

b. Os trabalhos da psicologia experimental sobre o sentido cutâneo, tátil e térmico apenas confirmam essa aplicação do hilemorfismo; as percepções e sensações de dor e de prazer se ligam.

sit actus naturalis appetitus: sed quia natura aliquid appetit ut bonum, quod cum removeri sentitur, sequitur doloris passio in appetitu sensitivo.

não porque a dor seja ato do apetite natural, mas porque a natureza deseja algo como um bem, e quando sente que isso lhe é retirado, segue-se a paixão da dor no apetite sensitivo.

ARTICULUS 2
Utrum tristitia sit idem quod dolor

AD SECUNDUM SIC PROCEDITUR. Videtur quod tristitia non sit dolor.
1. Dicit enim Augustinus, XIV *de Civ. Dei*[1], quod *dolor in corporibus dicitur*. Tristitia autem dicitur magis in anima. Ergo tristitia non est dolor.
2. PRAETEREA, dolor non est nisi de praesenti malo. Sed tristitia potest esse de praeterito et de futuro: sicut poenitentia est tristitia de praeterito, et anxietas de futuro. Ergo tristitia omnino a dolore differt.
3. PRAETEREA, dolor non videtur consequi nisi sensum tactus. Sed tristitia potest consequi ex omnibus sensibus. Ergo tristitia non est dolor, sed se habet in pluribus.

SED CONTRA est quod Apostolus dicit, Rm 9,2: *Tristitia est mihi magna, et continuus dolor cordi meo*, pro eodem utens tristitia et dolore.

RESPONDEO dicendum quod delectatio et dolor ex duplici apprehensione causari possunt: scilicet ex apprehensione exterioris sensus: et ex apprehensione interiori sive intellectus sive imaginationis. Interior autem apprehensio ad plura se extendit quam exterior: eo quod quaecumque cadunt sub exteriori apprehensione, cadunt sub interiori, sed non e converso. Sola igitur illa delectatio quae ex interiori apprehensione causatur, gaudium nominatur, ut supra[2] dictum est. Et similiter ille solus dolor qui ex apprehensione interiori causatur, nominatur tristitia. Et sicut illa delectatio quae ex exteriori apprehensione causatur, delectatio quidem nominatur, non autem gaudium; ita ille dolor qui ex exteriori apprehensione causatur, nominatur quidem dolor, non autem tristitia. Sic igitur tristitia est quaedam species doloris, sicut gaudium delectationis.

AD PRIMUM ergo dicendum quod Augustinus loquitur ibi quantum ad usum vocabuli: quia *dolor* magis usitatur in corporalibus doloribus, qui sunt magis noti, quam in doloribus spiritualibus.

ARTIGO 2
Tristeza é o mesmo que dor?

QUANTO AO SEGUNDO, ASSIM SE PROCEDE: parece que tristeza **não** é o mesmo que dor.
1. Com efeito, dor se refere a coisas corporais, segundo Agostinho. Ora, a tristeza se refere antes à alma. Logo, tristeza não é dor.
2. ALÉM DISSO, só se tem dor por um mal presente. Ora, a tristeza pode ser do presente e do futuro: como o arrependimento é tristeza relativa ao passado, e a ansiedade, relativa ao futuro. Logo, tristeza é completamente diferente de dor.
3. ADEMAIS, a dor não parece ser consecutiva senão do sentido do tato. Ora, a tristeza pode ser consecutiva de todos os sentidos. Logo, tristeza não é dor, mas se refere a muitos.

EM SENTIDO CONTRÁRIO, o Apóstolo diz na Carta aos Romanos: "Tenho grande tristeza e uma dor constante em meu coração" usando tristeza e dor no mesmo sentido.

RESPONDO. Prazer e dor podem ser causados por dois conhecimentos, a saber, ou pela apreensão dos sentidos exteriores, ou pela apreensão interior do intelecto ou da imaginação. A apreensão interior tem mais extensão que a exterior: porque o que cai sob a apreensão exterior, cai sob a interior, mas não o contrário. Portanto, só o prazer causado por uma apreensão interior se chama alegria, como foi dito. Igualmente, só a dor causada por apreensão interior se chama tristeza. E como o prazer causado pela apreensão exterior se chama prazer e não alegria, assim a dor causada por apreensão exterior se chama dor e não tristeza. Tristeza é uma espécie de dor, como alegria uma espécie de prazer.

QUANTO AO 1º, portanto, deve-se dizer que neste lugar Agostinho fala segundo o vocabulário usual, porque a palavra dor se usa mais para dores corporais, que são mais percebidas, do que para as dores espirituais.

---

2 PARALL.: Part. III, q. 15, a. 6; III *Sent.*, dist. 15, q. 2, a. 3, q.la 1, 2; *De Verit.*, q. 26, a. 3, ad 9; a. 4, ad 4.
   1. C. 7: ML 41, 411.
   2. Q. 31, a. 3.

AD SECUNDUM dicendum quod sensus exterior non percipit nisi praesens: vis autem cognitiva interior potest percipere praesens, praeteritum et futurum. Et ideo tristitia potest esse de praesenti, praeterito et futuro: dolor autem corporalis, qui sequitur apprehensionem sensus exterioris, non potest esse nisi de praesenti.

AD TERTIUM dicendum quod sensibilia tactus sunt dolorosa, non solum inquantum sunt improportionata virtuti apprehensivae, sed etiam inquantum contrariantur naturae. Aliorum vero sensuum sensibilia possunt quidem esse improportionata virtuti apprehensivae, non tamen contrariantur naturae, nisi in ordine ad sensibilia tactus. Unde solus homo, qui est animal perfectum in cognitione, delectatur in sensibilibus aliorum sensuum secundum se ipsa: alia vero animalia non delectantur in eis nisi secundum quod referuntur ad sensibilia tactus, ut dicitur in III *Ethic*.[3]. Et ideo de sensibilibus aliorum sensuum non dicitur esse dolor, secundum quod contrariatur delectationi naturali: sed magis tristitia, quae contrariatur gaudio animali. — Sic igitur si dolor accipiatur pro corporali dolore, quod usitatius est, dolor ex opposito dividitur contra tristitiam, secundum distinctionem apprehensionis interioris et exterioris; licet, quantum ad obiecta, delectatio ad plura se extendat quam dolor corporalis. Si vero dolor accipiatur communiter, sic dolor est genus tristitiae, ut dictum est[4].

QUANTO AO 2º, deve-se dizer que o sentido exterior só percebe o presente, mas a potência cognitiva interior pode perceber o presente, o passado e o futuro. Por isso, a tristeza pode ser quanto ao presente, ao passado e ao futuro, mas a dor corporal, consecutiva à apreensão do sentido exterior, só pode ser quanto ao presente.

QUANTO AO 3º, deve-se dizer que os objetos do tacto são dolorosos não só quando desproporcionados à potência apreensiva, mas também quando contrários à natureza. Os objetos dos outros sentidos podem certamente ser desproporcionados à potência apreensiva, mas não são contrários à natureza, a não ser enquanto implicam as coisas sensíveis ao tato. Por isso somente o homem, que é animal perfeito quanto ao conhecimento, é o único que experimenta prazer nos objetos dos outros sentidos em si mesmos; quando os outros animais só se deleitam neles na medida em que se referem aos objetos do tato, como diz o livro III da *Ética*. Assim, a propósito dos objetos dos outros sentidos não se diz haver dor, enquanto contraria o prazer natural, mas antes tristeza, que contraria a alegria animal. — Se ao falar de dor, se entende a dor corporal, como acontece comumente, a dor se opõe à tristeza, segundo a distinção entre apreensão interior e apreensão exterior, embora, quanto ao objeto, o prazer tenha uma maior abrangência que a dor corporal. Mas, se se toma dor em sentido geral, então dor é o gênero da tristeza, como foi dito.

ARTICULUS 3
Utrum tristitia, seu dolor, sit contraria delectationi

AD TERTIUM SIC PROCEDITUR. Videtur quod dolor delectationi non contrarietur.

1. Unum enim contrariorum non est causa alterius. Sed tristitia potest esse causa delectationis: dicitur enim Mt 5,5: *Beati qui lugent, quoniam ipsi consolabuntur*. Ergo non sunt contraria.

2. PRAETEREA, unum contrariorum non denominat aliud. Sed in quibusdam ipse dolor vel tristitia est delectabilis: sicut Augustinus dicit, in III *Confess*.[1], quod dolor in spectaculis delectat.

ARTIGO 3
A tristeza ou dor é contrária ao prazer?

QUANTO AO TERCEIRO, ASSIM SE PROCEDE: parece que dor **não** é contrária ao prazer.

1. Com efeito, um dos contrários não pode ser causa do outro. Ora, a tristeza pode ser causa do prazer, segundo o Evangelho de Mateus: "Bem-aventurados os que choram, porque serão consolados". Logo, não são contrários.

2. ALÉM DISSO, um dos contrários não dá nome ao outro. Ora, em certos casos a mesma dor ou tristeza é deleitável, como diz Agostinho, que a dor, nos espetáculos, deleita, e que "o pranto é

---

3. C. 13: 1118, a, 16-23; 26-32.
4. In corp.

PARALL.: Supra, q. 31, a. 8, ad 2; Part. III, q. 84, a. 9, ad 2; IV *Sent*., dist. 49, q. 3, a. 3, q.la 1.

1. C. 2: ML 32, 683.

Et IV *Confess.*², dicit quod *fletus amara res est, et tamen quandoque delectat.* Ergo dolor non contrariatur delectationi.

3. PRAETEREA, unum contrariorum non est materia alterius: quia contraria simul esse non possunt. Sed dolor potest esse materia delectationis: dicit enim Augustinus, in libro *de Poenitentia*³: *Semper poenitens doleat, et de dolore gaudeat.* Et Philosophus dicit, in IX *Ethic.*⁴, quod e converso *malus dolet de eo quod delectatus est.* Ergo delectatio et dolor non sunt contraria.

SED CONTRA est quod Augustinus dicit, XIV *de Civ. Dei*⁵, quod *laetitia est voluntas in eorum consensione quae volumus: tristitia autem est voluntas in dissensione ab his quae nolumus.* Sed consentire et dissentire sunt contraria. Ergo laetitia et tristitia sunt contraria.

RESPONDEO dicendum quod, sicut Philosophus dicit X *Metaphys.*⁶, contrarietas est differentia secundum formam. Forma autem, seu species, passionis et motus sumitur ex obiecto vel termino. Unde, cum obiecta delectationis et tristitiae, seu doloris, sint contraria, scilicet bonum praesens et malum praesens: sequitur quod dolor et delectatio sint contraria.

AD PRIMUM ergo dicendum quod nihil prohibet unum contrariorum esse causam alterius per accidens. Sic autem tristitia potest esse causa delectationis. Uno quidem modo, inquantum tristitia de absentia alicuius rei, vel de praesentia contrarii, vehementius quaerit id in quo delectetur: sicut sitiens vehementius quaerit delectationem potus, ut remedium contra tristitiam quam patitur. Alio modo, inquantum ex magno desiderio delectationis alicuius, non recusat aliquis tristitias perferre, ud ad illam delectationem perveniat. Et utroque modo luctus praesens ad consolationem futurae vitae perducit. Quia ex hoc ipso quod homo luget pro peccatis, vel pro dilatione gloriae, meretur consolationem aeternam. Similiter etiam meretur eam aliquis ex hoc quod, ad ipsam consequendam, non refugit labores et angustias propter ipsam sustinere.

AD SECUNDUM dicendum quod dolor ipse potest esse delectabilis per accidens: inquantum scilicet habet adiunctam admirationem, ut in spectaculis; vel inquantum facit recordationem rei amatae, et facit percipere amorem eius, de cuius absentia

amargo, mas algumas vezes deleita". Logo, a dor não é contrária ao prazer.

3. ADEMAIS, um dos contrários não é matéria do outro, porque os contrários não podem existir simultaneamente. Ora, a dor pode ser matéria do prazer, como diz Agostinho: "Que o penitente esteja sempre na dor, que se alegre na dor". E o Filósofo diz, no livro IX da *Ética*, que ao contrário, "o homem mau se entristece por ter tido prazer". Portanto, prazer e dor não são contrários.

EM SENTIDO CONTRÁRIO, Agostinho diz: "A alegria é a vontade consentindo com o que queremos, a tristeza, é a vontade dissentindo com o que não queremos". Ora, consentir e dissentir são contrários. Logo, a alegria e tristeza são contrários.

RESPONDO. "A contrariedade, diz o Filósofo, no livro X da *Metafísica*, é uma diferença segundo a forma". Ora, a forma ou espécie da paixão e do movimento é determinada pelo objeto ou pelo termo. Assim, por serem contrários os objetos do prazer e da tristeza ou dor, isto é, o bem presente ou o mal presente, conclui-se que a dor e o prazer são contrários.

QUANTO AO 1º, portanto, deve-se dizer que nada impede que um dos contrários seja causa do outro por acidente. Assim a tristeza pode causar o prazer. Primeiro, enquanto a tristeza pela ausência de alguma coisa ou pela presença de seu contrário, procura com mais empenho algo que dê prazer, como o que tem sêde procura com mais empenho o prazer da bebida, como remédio à tristeza que sente. Segundo, enquanto pelo grande desejo de um prazer, alguém não recusa suportar a tristeza para alcançar aquele prazer. E dos dois modos o luto presente conduz à consolação da vida futura. Pelo mesmo fato de chorar pelos pecados ou pela demora da glória celeste, o homem merece a consolação eterna. Também alguém a merece quando para conseguí-la não receia passar por sofrimentos e angústias.

QUANTO AO 2º, deve-se dizer que a própria dor pode ser deleitável, acidentalmente, quando acompanhada de admiração, como nos espetáculos; ou quando faz lembrar o ser amado e faz sentir o amor daquele de cuja ausência sofre. Por isso,

---

2. C. 5: ML 32, 697.
3. Inter supposititia Aug., c. 13: ML 40, 1124.
4. C. 4: 1166, b, 23-26.
5. C. 6: ML 41, 409.
6. C. 4: 1055, a, 3-10.

doletur. Unde, cum amor sit delectabilis, et dolor et omnia quae ex amore consequuntur, inquantum in eis sentitur amor, sunt delectabilia. Et propter hoc etiam dolores in spetaculis possunt esse delectabiles: inquantum in eis sentitur aliquis amor conceptus ad illos qui in spectaculis commemorantur.

AD TERTIUM dicendum quod voluntas et ratio supra suos actus reflectuntur, inquantum ipsi actus voluntatis et rationis accipiuntur sub ratione boni vel mali. Et hoc modo tristitia potest esse materia delectationis, vel e converso, non per se, sed per accidens: inquantum scilicet utrumque accipitur in ratione boni vel mali.

como o amor dá prazer, a dor e tudo o que procede do amor, é deleitável enquanto faz sentir o amor[c]. Também por isso, as dores nos espetáculos podem ser deleitáveis enquanto neles se sente um amor imaginário pelos personagens ali representados.

QUANTO AO 3º, deve-se dizer que a vontade e a razão refletem sobre seus atos enquanto os próprios atos da vontade e da razão são considerados sob a razão de bem e de mal. Desse modo, a tristeza pode ser matéria do prazer, ou o prazer, da tristeza: não por si, mas por acidente, enquanto cada um deles é considerado sob a razão de bem ou de mal.

ARTICULUS 4
Utrum omnis tristitia
omni delectationi contrarietur

AD QUARTUM SIC PROCEDITUR. Videtur quod omnis tristitia omni delectationi contrarietur.
1. Sicut enim albedo et nigredo sunt contrariae species coloris, ita delectatio et tristitia sunt contrariae species animae passionum. Sed albedo et nigredo universaliter sibi opponuntur. Ergo etiam delectatio et tristitia.
2. PRAETEREA, medicinae per contraria fiunt. Sed quaelibet delectatio est medicina contra quamlibet tristitiam, ut patet per Philosophum, in VII *Ethic*.[1]. Ergo quaelibet delectatio cuilibet tristitiae contrariatur.
3. PRAETEREA, contraria sunt quae se invicem impediunt. Sed quaelibet tristitia impedit quamlibet delectationem: ut patet per illud quod dicitur X *Ethic*.[2]. Ergo quaelibet tristitia cuilibet delectationi contrariatur.

SED CONTRA, contrariorum non est eadem causa. Sed ab eodem habitu procedit quod aliquis gaudeat de uno, et tristetur de opposito: ex caritate enim contingit *gaudere cum gaudentibus*, et *fiere cum flentibus*, ut dicitur Rm 12,15. Ergo non omnis tristitia omni delectationi contrariatur.

RESPONDEO dicendum quod, sicut dicitur in X *Metaphys*.[3], contrarietas est differentia secundum formam. Forma autem est et generalis, et specialis.

ARTIGO 4
Toda tristeza é contrária
a todo prazer?

QUANTO AO QUARTO, ASSIM SE PROCEDE: parece que toda tristeza é contrária a todo prazer.
1. Com efeito, assim como branco e preto são espécies contrárias de cor, prazer e tristeza são espécies contrárias de paixões da alma. Ora, branco e preto se opõem universalmente. Logo, também prazer e tristeza.
2. ALÉM DISSO, os remédios utilizam os contrários. Ora, todo prazer é remédio contra qualquer tristeza, como o Filósofo deixa claro no livro VII da *Ética*. Logo, todo prazer é contrário a toda tristeza.
3. ADEMAIS, os contrários são os que se impedem mutuamente. Ora, toda tristeza impede todo prazer, como está claro pelo que se diz no livro X da *Ética*. Logo, a tristeza é contrária a todo prazer.

EM SENTIDO CONTRÁRIO, os contrários não têm a mesma causa. Ora, um hábito é causa de que alguém se alegre de uma coisa e se entristeça de seu contrário: assim, por caridade ocorre "alegrar-se com os que se alegram e chorar com os que choram" como diz a Carta aos Romanos. Portanto, nem toda tristeza é contrária a toda alegria.

RESPONDO. Como está no livro da *Metafísica*, contrariedade é diferença segundo a forma. A forma ou é geral ou é especial. Assim, acontece que

---

4 PARALL.: Part. III, q. 46, a. 8, ad 2; q. 84, a. 9, ad 2; IV *Sent.*, dist. 14, q. 1, a. 4, q.la 2.
  1. C. 15: 1154, b, 13-15.
  2. C. 5: 1175, b, 16-24.
  3. C. 4: 1055, a, 3-10.

---

c. O jogo complexo de prazer e dor é melhor conhecido hoje. Pode ser patológico, como no masoquismo.

Unde contingit esse aliqua contraria secundum formam generis, sicut virtus et vitium; et secundum formam speciei, sicut iustitia et iniustitia.

Est autem considerandum quod quaedam specificantur secundum formas absolutas, sicut substantiae et qualitates: quaedam vero specificantur per comparationem ad aliquid extra, sicut passiones et motus recipiunt speciem ex terminis sive ex obiectis. In his ergo quorum species considerantur secundum formas absolutas, contingit quidem species quae continentur sub contrariis generibus, non esse contrarias secundum rationem speciei: non tamen contingit quod habeant aliquam affinitatem vel convenientiam ad invicem. Intemperantia enim et iustitia, quae sunt in contrariis generibus, virtute scilicet et vitio, non contrariantur ad invicem secundum rationem propriae speciei: nec tamen habent aliquam affinitatem vel convenientiam ad invicem. — Sed in illis quorum species sumuntur secundum habitudinem ad aliquid extrinsecum, contingit quod species contrariorum generum non solum non sunt contrariae ad invicem, sed etiam habent quandam convenientiam et affinitatem ad invicem: eo quod eodem modo se habere ad contraria, contrarietatem inducit, sicut accedere ad album et accedere ad nigrum habent rationem contrarietatis; sed contrario modo se habere ad contraria, habet rationem similitudinis, sicut recedere ab albo et accedere ad nigrum. Et hoc maxime apparet in contradictione, quae est principium oppositionis: nam in affirmatione et negatione eiusdem consistit oppositio, sicut *album* et *non album*; in affirmatione autem unius oppositorum et negatione alterius, attenditur convenientia et similitudo, ut si dicam *nigrum* et *non album*.

Tristitia autem et delectatio, cum sint passiones, specificantur ex obiectis. Et quidem secundum genus suum, contrarietatem habent: nam unum pertinet ad prosecutionem, aliud vero ad fugam, quae *se habent in appetitu sicut affirmatio et negatio in ratione*, ut dicitur in VI *Ethic*.[4]. Et ideo tristitia et delectatio quae sunt de eodem, habent oppositionem ad invicem secundum speciem. Tristitia vero et delectatio de diversis, si quidem illa diversa non sint opposita, sed disparata, non habent oppositionem ad invicem secundum rationem speciei, sed sunt etiam disparatae: sicut tristari de morte amici, et delectari in contemplatione. Si vero illa diversa sint contraria, tunc delectatio et tristitia non solum non habent contrarietatem

certas coisas são contrárias segundo a forma do gênero, como a virtude e o vício; outras, segundo a forma da espécie, como a justiça e a injustiça.

Há de considerar-se que há coisas que se especificam segundo formas absolutas, como as substâncias e as qualidades; outras, pela comparação com algo exterior, como as paixões e os movimentos, que recebem sua especificação dos termos ou dos objetos. Portanto, nas coisas cujas espécies são consideradas segundo as formas absolutas, sucede que as espécies, que estão contidas sob gêneros contrários, não sejam contrárias em sua razão específica; mas nem por isso têm alguma afinidade ou conveniência entre si. Pois a intemperança e a justiça, que estão em gêneros contrários, a saber, da virtude e do vício, não são contrárias entre si em razão da própria espécie, e contudo não tem nenhuma afinidade ou conveniência uma com a outra. — Mas, nas coisas cujas espécies são determinadas em relação a algo exterior, sucede que as espécies de gêneros contrários não só não são contrárias mutuamente, mas até mesmo têm uma certa afinidade ou conveniência. Com efeito, referir-se do mesmo modo aos contrários, induz à contrariedade, como aceder ao branco e aceder ao preto têm razão de contrariedade; mas referir-se de modo contrário aos contrários, tem razão de semelhança, como afastar-se do branco e aceder ao preto. Isso aparece sobretudo na contradição, que é o princípio da oposição; pois a oposição consiste na afirmação e negação de uma mesma coisa, por exemplo: *branco* e *não branco*; mas na afirmação de um dos opostos e na negação do outro, verifica-se uma aproximação e semelhança, como ao dizer *preto* e *não branco*.

Ora, a tristeza e o prazer, sendo paixões, são especificados por seus objetos. Na verdade, quanto ao seu gênero, são contrários: prazer tem a ver com a busca, e tristeza, com fuga, e "estão no apetite como afirmação e negação na razão", diz o livro VI da *Ética*. Por isso, a tristeza e o prazer referidos ao mesmo objeto são opostos mutuamente segundo a espécie. Ao contrário, a tristeza e o prazer referidos a objetos diversos não são opostos, mas díspares: não têm oposição mútua segundo a razão de espécie, mas são díspares: assim, a tristeza da morte de um amigo e a alegria da contemplação. Se estes objetos são contrários, o prazer e a tristeza não somente não são contrários segundo a razão de espécie, mas possuem também

---

4. C. 2: 1139, a, 21-22.

secundum rationem speciei, sed etiam habent convenientiam et affinitatem: sicut gaudere de bono, et tristari de malo.

AD PRIMUM ergo dicendum quod albedo et nigredo non habent speciem ex habitudine ad aliquid exterius, sicut delectatio et tristitia. Unde non est eadem ratio.

AD SECUNDUM dicendum quod genus sumitur ex materia, ut patet in VIII *Metaphys*.[5] In accidentibus autem loco materiae est subiectum. Dictum est autem quod delectatio et tristitia contrariantur secundum genus. Et ideo in qualibet tristitia est contraria dispositio subiecti dispositioni quae est in qualibet delectatione: nam in qualibet delectatione appetitus se habet ut acceptans id quod habet; in qualibet autem tristitia se habet ut fugiens. Et ideo ex parte subiecti quaelibet delectatio est medicina contra quamlibet tristitiam, et quaelibet tristitia est impeditiva cuiuslibet delectationis: praecipue tamen quando delectatio tristitiae contrariatur etiam secundum speciem.

Unde patet solutio AD TERTIUM. — Vel aliter dicendum quod, etsi non omnis tristitia contrarietur omni delectationi secundum speciem, tamen quantum ad effectum contrariantur: nam ex uno confortatur natura animalis, ex alio vero quodammodo molestatur.

certa conveniênca e afinidade, como a alegria por um bem e a tristeza por um mal[d].

QUANTO AO 1º, portanto, deve-se dizer que o branco e o preto não são especificados por algo exterior como o prazer e a tristeza. Logo, o argumento não é o mesmo.

QUANTO AO 2º, deve-se dizer que o gênero é tomado da matéria, como está claro no livro VIII da *Metafísica*. Nos acidentes, o sujeito ocupa o lugar da matéria. Foi dito que prazer e tristeza se opõem segundo o gênero. Por isso, em toda tristeza há no sujeito uma disposição contrária à que há no prazer[e]. Assim, em todo prazer o apetite está como o que acolhe o que tem, e em toda tristeza como o que se afasta. Assim, da parte do sujeito, qualquer prazer é remédio contra qualquer tristeza: como também qualquer tristeza impede qualquer prazer; muito particularmente quando o prazer se opõe à tristeza, segundo a espécie.

QUANTO AO 3º, deve-se dizer que está clara a resposta pelo exposto. — Ou, então, de outra maneira: embora, segundo a espécie, nem toda tristeza seja contrária a todo prazer, é contrária segundo o efeito: pois o prazer conforta e a tristeza maltrata a natureza animal

ARTICULUS 5
Utrum delectationi contemplationis sit aliqua tristitia contraria

AD QUINTUM SIC PROCEDITUR. Videtur quod delectationi contemplationis sit aliqua tristitia contraria.

1. Dicit enim Apostolus, 2Cor 7,10: *Quae secundum Deum est tristitia, poenitentiam in salutem stabilem operatur*. Sed respicere ad Deum pertinet ad superiorem rationem, cuius est contemplationi vacare, secundum Augustinum, in XII *de Trin*.[1] Ergo delectationi contemplationis opponitur tristitia.

ARTIGO 5
Alguma tristeza é contrária ao prazer da contemplação?

QUANTO AO QUINTO, ASSIM SE PROCEDE: parece que alguma tristeza é contrária ao prazer da contemplação.

1. Com efeito, o Apóstolo, na segunda Carta aos Coríntios, diz: "A tristeza segundo Deus produz um arrependimento constante para a salvação". Ora, voltar-se para Deus pertence à razão superior, e é próprio dessa razão dar-se à contemplação, segundo Agostinho. Logo, a tristeza se opõe à contemplação.

---

5. C. 2: 1043, a, 5-7; 19-21.

5 PARALL.: Part. III, q. 46, a. 7, ad 4; III *Sent*., dist. 15, q. 2, a. 3, q.la 2, ad 3; dist. 26, q. 1, a. 5, ad 5; IV, dist. 49, q. 3, a. 3, q.la 2; *De Verit*., q. 26, a. 3, ad 6; a. 9, ad 8; *Compend. Theol.*, c. 165.

1. Cc. 3, 4: ML 42, 999, 1000.

d. Nisso se vê que Sto. Tomás não se deixa encerrar na lógica formal que opõe contraditoriamente prazer e dor. Alegrar-se com o bem e entristecer-se com o mal, isto se produz em conjunto, encontram-se (*conveniunt*, escreve Sto. Tomás).

e. Observação judiciosa para o moralista assim como para o psicólogo: o prazer reconforta a natureza de um ser, e a dor a sobrecarrega. Aristóteles observa que "perseguição e fuga são, no desejo, o que são no pensamento afirmação e negação" (op. cit., VI, 2, 1139 a 21). Ver aqui r. 3.

2. PRAETEREA, contrariorum contrarii sunt effectus. Si ergo unum contrariorum contemplatum est causa delectationis, aliud erit causa tristitiae. Et sic delectationi contemplationis erit tristitia contraria.

3. PRAETEREA, sicut obiectum delectationis est bonum, ita obiectum tristitiae est malum. Sed contemplatio potest habere mali rationem: dicit enim Philosophus, in XII *Metaphys*.[2], quod *quaedam inconveniens est meditari*. Ergo contemplationis delectationi potest esse contraria tristitia.

4. PRAETEREA, operatio quaelibet, secundum quod non est impedita, est causa delectationis, ut dicitur in VII[3] et X *Ethic*.[4]. Sed operatio contemplationis potest multipliciter impediri, vel ut totaliter non sit, vel ut cum difficultate sit. Ergo in contemplatione potest esse tristitia delectationi contraria.

5. PRAETEREA, carnis afflictio est causa tristitiae. Sed sicut dicitur *Eccle*. ult., 12, *frequens meditatio carnis est afflictio*. Ergo contemplatio habet tristitiam delectationi contrariam.

SED CONTRA est quod dicitur *Sap* 8,16: *Non habet amaritudinem conversatio illius* scilicet sapientiae, *nec taedium convictus eius; sed laetitiam et gaudium*. Conversatio autem et convictus sapientiae est per contemplationem. Ergo nulla tristitia est quae sit contraria delectationi contemplationis.

RESPONDEO dicendum quod delectatio contemplationis potest intelligi dupliciter. Uno modo, ita quod contemplatio sit delectationis causa, et non obiectum. Et tunc delectatio non est de ipsa contemplatione, sed de re contemplata. Contingit autem contemplari aliquid nocivum et contristans, sicut et aliquid conveniens et delectans. Unde si sic delectatio contemplationis accipiatur, nihil prohibet delectationi contemplationis esse tristitiam contrariam.

Alio modo potest dici delectatio contemplationis, quia contemplatio est eius obiectum et causa: puta cum aliquis delectatur de hoc ipso quod contemplatur. Et sic, ut dicit Gregorius Nyssenus[5], *ei delectationi quae est secundum contemplationem, non opponitur aliqua tristitia*. Et hoc idem Philosophus dicit, in I *Topic*.[6] et in X *Ethic*.[7]. Sed hoc

2. ALÉM DISSO, os efeitos dos contrários são contrários. Se, pois, um dos contrários contemplado é causa de prazer, o outro é causa de tristeza. Assim, haverá tristeza contrária ao prazer da contemplação.

3. ADEMAIS, o objeto do prazer é o bem, e o da tristeza é o mal. Ora, a contemplação pode ter a razão de mal; diz o Filósofo, no livro XII da *Metafísica*: "Há coisas em que é melhor não pensar". Logo, pode haver tristeza contrária ao prazer da contemplação.

4. ADEMAIS, qualquer ação que não é impedida é causa de prazer, como se diz nos livros VII e X da *Ética*. Ora, a ação da contemplação pode ser impedida de muitos modos; ou totalmente, ou muito dificultada. Logo, na contemplação pode haver tristeza contrária ao prazer.

5. ADEMAIS, a aflição da carne é causa de tristeza. Ora, como está escrito no livro do Eclesiastes: "A meditação frequente é aflição para a carne". Logo, a contemplação tem tristeza contrária ao prazer.

EM SENTIDO CONTRÁRIO, diz o livro da Sabedoria: "Não tem amargura sua conversação, isto é, da sabedoria, nem tédio sua convivência, e sim alegria e júbilo". Ora, a conversação e a convivência da sabedoria dá-se pela contemplação. Logo, não há tristeza alguma que seja contrária da contemplação.

RESPONDO. O prazer da contemplação pode entender-se em dois sentidos. Primeiro, em que a contemplação é a causa e não o objeto do prazer. Assim, não se tem prazer da própria contemplação, e sim, da coisa contemplada. Acontece que se contemple algo que prejudica ou entristece, ou então algo que é conveniente e dá prazer. Tomando nesse sentido o prazer da contemplação nada impede que haja uma tristeza contrária ao prazer da contemplação.

Segundo, em que a contemplação é objeto e causa de prazer: por exemplo, quando alguém se deleita com o fato de contemplar. Assim, diz Gregório de Nissa. "Nenhuma tristeza se opõe ao prazer que nos vem da contemplação"; e o Filósofo, nos livros I dos *Tópicos* e no X da *Ética*, afirma o mesmo. Mas, propriamente falando, isto

---

2. C. 9: 1074, b, 32-33.
3. Cc. 13, 14: 1153, a, 14-17; b, 11-13.
4. C. 4: 1174, b, 20-23.
5. NEMESIUS, *De nat. hom*., c. 18, al. l. IV, c. 10: MG 40, 680 A.
6. C. 13: 106, a, 38.
7. C. 2: 1173, b, 16-20.

est intelligendum, per se loquendo. Cuius ratio est, quia tristitia per se contrariatur delectationi quae est de contrario obiecto: sicut delectationi quae est de calore, contrariatur tristitia quae est de frigore. Obiecto autem contemplationis nihil est contrarium: contrariorum enim rationes, secundum quod sunt apprehensae, non sunt contrariae, sed unum contrarium est ratio cognoscendi aliud. Unde delectationi quae est in contemplando, non potest, per se loquendo, esse aliqua tristitia contraria. — Sed nec etiam habet tristitiam annexam, sicut corporales delectationes, quae sunt ut medicinae quaedam contra aliquas molestias: sicut aliquis delectatur in potu ex hoc quod anxiatur siti, quando autem iam tota sitis est repulsa, etiam cessat delectatio potus. Delectatio enim contemplationis non causatur ex hoc quod excluditur aliqua molestia, sed ex hoc quod est secundum seipsam delectabilis: non est enim generatio, sed operatio quaedam perfecta, ut dictum est[8].

Per accidens autem admiscetur tristitia delectationi apprehensionis. Et hoc dupliciter: uno modo, ex parte organi; alio modo, ex impedimento apprehensionis. Ex parte quidem organi, admiscetur tristitia vel dolor apprehensioni, directe quidem in viribus apprehensivis sensitivae partis, quae habent organum corporale: vel ex sensibili, quod est contrarium debitae complexioni organi, sicut gustus rei amarae et olfactus rei foetidae; vel ex continuitate sensibilis convenientis, quod per assiduitatem facit superexcrescentiam naturalis habitus, ut supra[9] dictum est, et sic redditur apprehensio sensibilis quae prius erat delectabilis, taediosa. — Sed haec duo directe in contemplatione mentis locum non habent: quia mens non habet organum corporale. Unde dictum est in auctoritate inducta, quod non habet contemplatio mentis *nec amaritudinem nec taedium*. Sed quia mens humana utitur in contemplando viribus apprehensivis sensitivis, in quarum actibus accidit lassitudo; ideo indirecte admiscetur aliqua afflictio vel dolor contemplationi.

Sed neutro modo tristitia contemplationi per accidens adiuncta, contrariatur delectationi eius. Nam tristitia quae est de impedimento contemplationis, non contrariatur delectationi contemplationis, sed magis habet affinitatem et convenientiam cum ipsa, ut ex supradictis[10] patet. Tristitia vero

deve ser entendido. E a razão é que a tristeza, por si, é contrária ao prazer que tem objeto contrário, como a tristeza produzida pelo frio é contrária ao prazer causado pelo calor. Mas, nada é contrário ao objeto da contemplação, porquanto as razões dos contrários, enquanto apreendidas, não são contrárias, pois um contrário é a razão de conhecer o outro. Por conseguinte, propriamente falando, não pode haver tristeza contrária ao prazer da contemplação. — Também esse prazer não tem tristeza adjunta, como os prazeres do corpo, que são como remédios para certas moléstias. É assim que se tem prazer em beber, quando se sofre de sede, mas quando toda a sede foi saciada, cessa esse prazer. Com efeito, o prazer da contemplação não tem por causa a exclusão de alguma moléstia, mas o fato de ser a contemplação deleitável em si mesma: não é uma geração, mas uma ação perfeita, como já se disse.

Acidentalmente, pode a tristeza misturar-se com o prazer da apreensão, e de dois modos: por parte do órgão, ou por parte dos obstáculos à apreensão. 1. *Por parte do órgão*: a tristeza ou a dor se mistura à apreensão diretamente nas potências apreensivas da parte sensitiva, que têm um órgão corporal: seja porque o objeto dos sentidos é contrário à devida compleição do órgão, como o gosto de uma coisa amarga, ou o olfato de coisa fétida; ou então pela presença prolongada de um objeto sensível conveniente, que por sua assiduidade ultrapassa o limite da condição natural, como acima foi dito, e termina por tornar tediosa a apreensão que antes era deleitável. — Estes dois casos não têm lugar diretamente na contemplação do espírito, pois o espírito não tem órgão corporal. Por isso no texto da Sabedoria, se diz que a contemplação do espírito *não tem amargura, nem tédio*. Mas, como o espírito humano, para contemplar, utiliza potências apreensivas em cujos atos acontece a fadiga, indiretamente se mistura com a contemplação alguma aflição ou dor.

De nenhum desses dois modos, a tristeza adjunta à contemplação acidentalmente, é contrária ao prazer dela. 2. *Por parte dos obstáculos*: a tristeza provinda de obstáculos à contemplação não é contrária ao prazer da contemplação, mas está, antes, em afinidade e em conveniência com ele, como

---

8. Q. 31, a. 1.
9. Q. 33, a. 2.
10. Art. praec.

vel afflictio quae est de lassitudine corporali, non ad idem genus refertur: unde est penitus disparata. Et sic manifestum est quod delectationi quae est de ipsa contemplatione, nulla tristitia contrariatur; nec adiungitur ei aliqua tristitia nisi per accidens.

AD PRIMUM ergo dicendum quod illa tristitia quae est secundum Deum, non est de ipsa contemplatione mentis, sed est de aliquo quod mens contemplatur: scilicet de peccato, quod mens considerat ut contrarium dilectioni divinae.

AD SECUNDUM dicendum quod ea quae sunt contraria in rerum natura, secundum quod sunt in mente, non habent contrarietatem. Non enim rationes contrariorum sunt contrariae: sed magis unum contrarium est ratio cognoscendi aliud. Propter quod est una scientia contrariorum.

AD TERTIUM dicendum quod contemplatio, secundum se, nunquam habet rationem mali, cum contemplatio nihil aliud sit quam consideratio veri, quod est bonum intellectus: sed per accidens tantum, inquantum scilicet contemplatio vilioris impedit contemplationem melioris; vel ex parte rei contemplatae, ad quam inordinate appetitus afficitur.

AD QUARTUM dicendum quod tristitia quae est de impedimento contemplationis, non contrariatur delectationi contemplationis, sed est ei affinis, ut dictum est[11].

AD QUINTUM dicendum quod afflictio carnis per accidens et indirecte se habet ad contemplationem mentis, ut dictum est[12].

está claro pelo já dito. Quanto à tristeza ou aflição produzida pela fadiga corporal, não pertence ao mesmo gênero: é pois totalmente díspar. Assim é claro que nenhuma tristeza é contrária ao prazer da própria contemplação e que nenhuma tristeza lhe é acrescida, a não ser por acidente.

QUANTO AO 1º, portanto, deve-se dizer que essa tristeza segundo Deus não se refere à contemplação do espírito, mas a algo que o espírito contempla: a saber, o pecado, que o espírito considera contrário ao amor divino.

QUANTO AO 2º, deve-se dizer que as coisas contrárias na natureza, enquanto estão no espírito, não são contrárias. As razões dos contrários não são contrárias: mas antes um contrário é a razão de conhecer o outro. Por esse motivo há uma única ciência dos contrários.

QUANTO AO 3º, deve-se dizer que a contemplação nunca tem razão de mal, em si mesma, pois a contemplação não é outra coisa que a consideração da verdade, que é o bem do intelecto: pode ser má acidentalmente, enquanto, por exemplo, a contemplação de algo medíocre impede a de algo melhor; ou do lado da coisa contemplada, à qual o apetite se liga de maneira desordenada.

QUANTO AO 4º, deve-se dizer que a tristeza que vem de obstáculos à contemplação não é contrária ao prazer de contemplar, mas tem afinidade com ele, como foi dito.

QUANTO AO 5º, deve-se dizer que a aflição da carne tem uma relação acidental e indireta com a contemplação do espírito, como foi dito.

ARTICULUS 6
Utrum magis sit fugienda tristitia, quam delectatio appetenda

AD SEXTUM SIC PROCEDITUR. Videtur quod magis sit fugienda tristitia, quam delectatio appetenda.

1. Dicit enim Augustinus, in libro *Octoginta trium Quaest.*[1]: *est qui non magis dolorem fugiat, quam appetat voluptatem*. Illud autem in quo communiter *Nemo* omnia consentiunt, videtur esse naturale. Ergo naturale est et conveniens quod plus tristitia fugiatur, quam delectatio appetatur.

ARTIGO 6
Deve-se evitar mais a tristeza do que desejar o prazer?

QUANTO AO SEXTO, ASSIM SE PROCEDE: parece que se **deve** evitar mais a tristeza do que desejar o prazer.

1. Com efeito, diz Agostinho. "Há quem evite mais a dor do que deseje o prazer". Ora, uma coisa em que ordinariamente todos estão de acordo, parece ser natural. Logo, é natural e conveniente que se evite mais a tristeza do que se deseje o prazer.

---

11. In corp.
12. Ibid.

6 PARALL.: II-II, q. 138, a. 1; III *Sent.*, dist. 27, q. 1, a. 3, ad 3; IV, dist. 49, q. 3, a. 3, q.la 3.
1. Q. 36: ML 40, 25.

2. PRAETEREA, actio contrarii facit ad velocitatem et intensionem motus: *aqua* enim *calida citius et fortius congelatur*, ut dicit Philosophus, in libro *Meteor*.[2]. Sed fuga tristitiae est ex contrarietate contristantis: appetitus autem delectationis non est ex aliqua contrarietate, sed magis procedit ex convenientia delectantis. Ergo maior est fuga tristitiae quam appetitus delectationis.

3. PRAETEREA, quanto aliquis secundum rationem fortiori passioni repugnat, tanto laudabilior est et virtuosior: quia *virtus est circa difficile et bonum*, ut dicitur in II *Ethic*.[3]. Sed fortis, qui resistit motui quo fugitur dolor, est virtuosior quam temperatus, qui resistit motui quo appetitur delectatio: dicit enim Philosophus, in II *Rhetoric*.[4], quod *fortes et iusti maxime honorantur*. Ergo vehementior est motus quo fugitur tristitia, quam motus quo appetitur delectatio.

SED CONTRA, bonum est fortius quam malum: ut patet per Dionysium, 4 cap. *de div. Nom*.[5]. Sed delectatio est appetibilis propter bonum, quod est eius obiectum: fuga autem tristitiae est propter malum. Ergo fortior est appetitus delectationis quam fuga tristitiae.

RESPONDEO dicendum quod, per se loquendo, appetitus delectationis est fortior quam fuga tristitiae. Cuius ratio est, quia causa delectationis est bonum conveniens: causa autem doloris sive tristitiae est aliquod malum repugnans. Contingit autem aliquod bonum esse conveniens absque omni dissonantia: non autem potest esse aliquod malum totaliter, absque omni convenientia, repugnans. Unde delectatio potest esse integra et perfecta: tristitia autem est semper secundum partem. Unde naturaliter maior est appetitus delectationis quam fuga tristitiae. — Alia vero ratio est, quia bonum, quod est obiectum delectationis, propter seipsum appetitur: malum autem, quod est obiectum tristitiae, est fugiendum inquantum est privatio boni. Quod autem est per se, potius est illo quod est per aliud. — Cuius etiam signum apparet in motibus naturalibus. Nam omnis motus naturalis intensior est in fine, cum appropinquat ad terminum suae naturae convenientem, quam in principio, cum re-

2. ALÉM DISSO, a ação do contrário contribui para a velocidade e intensidade do movimento: pois "a água quente congela mais rapidamente e mais fortemente" diz o Filósofo no livro dos *Meteorológicos*. Ora, a fuga da tristeza provém da contrariedade do objeto que contrista, enquanto o apetite do prazer não provém de nenhuma contrariedade, mas antes procede da conveniência com o objeto que deleita. Logo, maior é a fuga da tristeza que o apetite do prazer.

3. ADEMAIS, quanto mais alguém resiste, de acordo com a razão, a uma paixão mais forte, tanto é mais louvável e virtuoso, pois "a virtude se exerce no que é difícil e bom" diz-se no livro II da *Ética*. Ora, o homem forte, que resiste ao movimento pelo qual se evita a dor, é mais virtuoso do que o moderado que resiste ao movimento pelo qual se deseja o prazer; com efeito, diz o Filósofo no livro II da *Retórica*, que "os fortes e os justos são os mais honrados". Logo, o movimento pelo qual se evita a tristeza é mais veemente do que o movimento pelo qual se deseja o prazer.

EM SENTIDO CONTRÁRIO, o bem é mais forte que o mal, como mostra Dionísio. Ora, o prazer é desejável por causa do bem, que é seu objeto. enquanto a fuga da tristeza é por causa de um mal. Portanto, é mais forte o apetite do prazer, que a fuga da tristeza.

RESPONDO. Falando propriamente, o apetite do prazer é mais forte que a fuga da tristeza. E a razão disso está em que a causa do prazer é o bem que convém; a causa da dor ou tristeza é algum mal que repugna. Sucede que pode haver um bem conveniente, sem dissonância alguma; o que não pode haver é algum mal totalmente repugnante, sem qualquer consonância. Por isso, o prazer pode ser completo e perfeito; mas a tristeza é sempre parcial. Assim, naturalmente é maior o desejo do prazer que a fuga da tristeza. — Outra razão é que o bem, objeto do prazer, é desejado por si mesmo; enquanto o mal, objeto da tristeza, deve ser evitado enquanto é privação do bem. O que é por si, prevalece sobre o que é por um outro. — Há um sinal disso nos movimentos naturais. Com efeito, todo movimento natural é mais intenso no fim, ao aproximar-se do termo conveniente à sua natureza, do que no começo, quando se afasta do termo que não convém à sua natureza; como

2. L. I, c. 12: 348, b, 36-349, a, 1.
3. C. 2: 1105, a, 9-13.
4. C. 4: 1381, a, 21-22.
5. MG 3, 720 A.

cedit a termino suae naturae non convenienti: quasi natura magis tendat in id quod est sibi conveniens, quam fugiat id quod est sibi repugnans. Unde et inclinatio appetitivae virtutis, per se loquendo, vehementius tendit in delectationem quam fugiat tristitiam.

Sed per accidens contingit quod tristitiam aliquis magis fugit, quam delectationem appetat. Et hoc tripliciter. Primo quidem, ex parte apprehensionis. Quia, ut Augustinus dicit, X de Trin.⁶, *amor magis sentitur, cum eum prodit indigentia*. Ex indigentia autem amati procedit tristitia, quae est ex amissione alicuius boni amati, vel ex incursu alicuius mali contrarii. Delectatio autem non habet indigentiam boni amati, sed quiescit in eo iam adepto. Cum igitur amor sit causa delectationis et tristitiae, tanto magis fugitur tristitia, quanto magis sentitur amor ex eo quod contrariatur amori. — Secundo, ex parte causae contristantis, vel dolorem inferentis, quae repugnat bono magis amato quam sit bonum illud in quo delectamur. Magis enim amamus consistentiam corporis naturalem, quam delectationem cibi. Et ideo timore doloris qui provenit ex flagellis vel aliis huiusmodi, quae contrariantur bonae consistentiae corporis, dimittimus delectationem ciborum vel aliorum huiusmodi. — Tertio, ex parte effectus: inquantum scilicet tristitia impedit non unam tantum delectationem, sed omnes.

AD PRIMUM ergo dicendum quod illud quod Augustinus dicit, quod *dolor magis fugitur quam voluptas appetatur*, est verum per accidens, et non per se. Et hoc patet ex eo quod subdit: *Quandoquidem videmus etiam immanissimas bestias a maximis voluptatibus absterreri dolorum metu*, qui contrariatur vitae, quae maxime amatur.

AD SECUNDUM dicendum quod aliter est in motu qui est ab interiori: et aliter in motu qui est ab exteriori. Motus enim qui est ab interiori, magis tendit in id quod est conveniens, quam recedat a contrario: sicut supra⁷ dictum est de motu naturali. Sed motus qui est ab extrinseco, intenditur ex ipsa contrarietate: quia unumquodque suo modo nititur

se a natureza mais tendesse ao que lhe é conveniente, do que evitasse o que lhe repugna. Por isso, a inclinação da potência apetitiva, falando propriamente, tende com mais veemência para o prazer do que evita a tristeza.

Acontece por acidente que se evite a tristeza mais do que se deseja o prazer. E isso, por três razões: 1. Da parte do conhecimento. Agostinho faz notar que "se sente mais o amor quando a privação faz conhecê-lo". Ora, a tristeza nasce da privação do que se ama, quer se tenha perdido um bem amado, quer se sofra a agressão de algum mal contrário. O prazer não sofre a privação do bem amado, mas descansa nele já alcançado. Como o amor é causa de prazer e de tristeza, se evita tanto mais a tristeza quanto o amor mais se sente, por ser ela contrária ao amor. — 2. Da parte da causa que produz a tristeza ou inflige a dor, que repugna a um bem mais amado do que aquele em que nos deleitamos. Mais amamos o equilíbrio natural do corpo do que o prazer do alimento. Assim, por medo da dor produzida pelos flagelos ou coisas parecidas, que são contrárias ao bom equilíbrio do corpo, abandonamos os prazeres da mesa e semelhantes. — 3. Da parte do efeito: enquanto a tristeza impede não só um prazer, mas todosᶠ.

QUANTO AO 1º, portanto, deve-se dizer que o que diz Agostinho: "Evita-se a dor mais do que se deseja o prazer" é verdadeiro por acidente, não por si. Isso fica claro pelo que segue: "Vemos, às vezes, os animais irracionais, mesmo os mais ferozes, abster-se dos maiores prazeres por medo da dor", que é contrária à vida, amada acima de tudo.

QUANTO AO 2º, deve-se dizer que é, de um modo, o movimento que vem do interior; e de outro modo, o que vem do exterior. O primeiro tende mais para o que convém, do que se afasta do que é contrário, como acima foi dito, a propósito do movimento natural. Mas, o movimento que procede de fora se intensifica diante da mesma

---

6. C. 12: ML 42, 984.
7. In corp.

---

f. Ocorre que uma grande tristeza acarreta a perda de toda espécie de desejo e de prazer, pela perda do "prazer de viver", ao passo que "a vida é amada acima de tudo" (r. 1). Pode tratar-se então do que se chama de um estado depressivo. Freud analisou esse estado, em particular a respeito do luto. "A melancolia, do ponto de vista psíquico, assinala-se por uma depressão profunda e dolorosa, pela cessação de todo interesse pelo mundo exterior, pela perda da faculdade de amar, pela inibição de toda produção e por um sentimento de diminuição de si, diminuição que se traduz por censuras a si próprio, injúrias dirigidas a si mesmo, e poder chegar até a expectativa delirante do castigo" (Deuil et mélancholie [Luto e Melancolia, em Métapsychologie, Gallimard, 1952, p. 191).

ad resistendum contrario, sicut ad conservationem sui ipsius. Unde motus violentus intenditur in principio, et remittitur in fine. — Motus autem appetitivae partis est ab intrinseco: cum sit ab anima ad res. Et ideo, per se loquendo, magis appetitur delectatio quam fugiatur tristitia. Sed motus sensitivae partis est ab exteriori, quasi a rebus ad animam. Unde magis sentitur quod est magis contrarium. Et sic etiam per accidens, inquantum sensus requiritur ad delectationem et tristitiam, magis fugitur tristitia quam delectatio appetatur.

AD TERTIUM dicendum quod fortis non laudatur ex eo quod secundum rationem non vincitur a dolore vel tristitia quacumque, sed ea quae consitit in periculis mortis. Quae quidem tristitia magis fugitur quam appetatur delectatio ciborum vel venereorum, circa quam est temperantia: sicut vita magis amatur quam cibus vel coitus. Sed temperatus magis laudatur ex hoc quod non prosequitur delectationes tactus, quam ex hoc quod non fugit tristitias contrarias: ut patet in III *Ethic.*[8]

contrariedade, porque cada um se esforça por resistir a seu modo ao seu contrário, assim como para sua própria conservação. Por isso o movimento violento é mais intenso no começo e se atenua no fim. — Mas o movimento da parte apetitiva procede do interior, pois procede da alma para as coisas. Por isso, falando propriamente, deseja-se o prazer mais do que se evita a tristeza. Mas o movimento da parte sensitiva procede do exterior, pois procede das coisas para a alma. Por isso, mais se sente o que é mais contrário. E assim, também por acidente, enquanto se requer o sentido para o prazer e a tristeza, mais se evita a tristeza do que se deseja o prazer.

QUANTO AO 3º, deve-se dizer que não se louva o homem forte pelo fato de que segundo a razão é vencido por uma dor ou tristeza qualquer, e sim por aquela que consiste no perigo de morte. Essa é a tristeza, que mais se evita do que se desejam os prazeres da mesa ou do sexo, a respeito das quais há a temperança; assim a vida é mais amada que o alimento e o sexo. Louva-se mais o homem moderado por não procurar os prazeres do tato, do que as tristezas contrárias, como se diz no livro III da *Ética*.

ARTICULUS 7
Utrum dolor exterior sit maior quam interior

AD SEPTIMUM SIC PROCEDITUR. Videtur quod dolor exterior sit maior quam dolor cordis interior.

1. Dolor enim exterior causatur ex causa repugnante bonae consistentiae corporis, in quo est vita: dolor autem interior causatur ex aliqua imaginatione mali. Cum ergo vita magis ametur quam imaginatum bonum, videtur, secundum praedicta[1], quod dolor exterior sit maior quam dolor interior.

2. PRAETEREA, res magis movet quam rei similitudo. Sed dolor exterior provenit ex reali coniunctione alicuius contrarii: dolor autem interior ex similitudine contrarii apprehensa. Ergo maior est dolor exterior quam dolor interior.

3. PRAETEREA, causa ex effectu cognoscitur. Sed dolor exterior habet fortiores effectus: facilius enim homo moritur propter dolores exteriores quam propter dolorem interiorem. Ergo exterior

ARTIGO 7
A dor exterior é maior que a interior?

QUANTO AO SÉTIMO, ASSIM SE PROCEDE: parece que a dor exterior é maior que a interior.

1. Com efeito, a dor exterior é causada por algo repugnante ao bom equilíbrio do corpo, no qual a vida reside, enquanto a dor interior é causada por alguma imaginação do mal. Portanto, como se ama a vida mais que o bem imaginado, parece, segundo o que foi dito, que a dor exterior seja maior que a interior.

2. ALÉM DISSO, a realidade move mais que sua imagem. Ora, a dor exterior provém da união real com seu contrário, enquanto a dor interior provém da semelhança apreendida do contrário. Logo, a dor exterior é maior que a dor interior.

3. ADEMAIS, a causa se conhece pelo efeito. Ora, a dor exterior tem efeitos mais fortes, porque o homem morre mais facilmente por causa de dores exteriores, do que por causa da dor interior.

---

8. C. 13: 1118, b, 28-33.

7 PARALL.: Infra, q. 37, a. 1, ad 3.

1. Art. praec.

dolor est maior, et magis fugitur, quam dolor interior.

Sed contra est quod dicitur Eccli 25,13: *Omnis plaga tristitia cordis est, et omnis malitia nequitia mulieris*. Ergo, sicut nequitia mulieris alias nequitias superat, ut ubi intenditur; ita tristitia cordis omnem plagam exteriorem excedit.

Respondeo dicendum quod dolor interior et exterior in uno conveniunt, et in duobus differunt. Conveniunt quidem in hoc, quod uterque est motus appetitivae virtutis, ut supra[2] dictum est. Differunt autem secundum illa duo quae ad tristitiam et delectationem requiruntur: scilicet secundum causam, quae est bonum vel malum coniunctum; et secundum apprehensionem. Causa enim doloris exterioris est malum coniunctum quod repugnat corpori: causa autem interioris doloris est malum coniunctum quod repugnat appetitui. Dolor etiam exterior sequitur apprehensionem sensus, et specialiter tactus: dolor autem interior sequitur apprehensionem interiorem, imaginationis scilicet vel etiam rationis.

Si ergo comparatur causa interioris doloris ad causam exterioris, una per se pertinet ad appetitum, cuius est uterque dolor: alia vero per aliud. Nam dolor interior est ex hoc quod aliquid repugnat ipsi appetitui: exterior autem dolor, ex hoc quod repugnat appetitui quia repugnat corpori. Semper autem quod est per se, prius est eo quod est per aliud. Unde ex parte ista, dolor interior praeeminet dolori exteriori. — Similiter etiam ex parte apprehensionis. Nam apprehensio rationis et imaginationis altior est quam apprehensio sensus tactus. — Unde simpliciter et per se loquendo, dolor interior potior est quam dolor exterior. Cuius signum est, quod etiam dolores exteriores aliquis voluntarie suscipit, ut evitet interiorem dolorem. Et inquantum non repugnat dolor exterior interiori appetitui, fit quodammodo delectabilis et iucundus interiori gaudio.

Quandoque tamen dolor exterior est cum interiori dolore: et tunc dolor augetur. Non solum enim interior dolor est maior quam exterior, sed etiam universalior. Quidquid enim est repugnans corpori, potest esse repugnans interiori appetitui; et quidquid apprehenditur sensu, potest apprehendi imaginatione et ratione; sed non convertitur. Et ideo signanter in auctoritate adducta dicitur, *Om-*

Logo, a dor exterior é maior, e mais se evita que a dor interior.

Em sentido contrário, está escrito no livro do Eclesiástico: "A pior ferida é a tristeza do coração, e a pior maldade é a perversidade da mulher". Portanto, como a maldade da mulher supera as outras maldades, como neste texto se entende, assim também a tristeza do coração excede toda ferida exterior.

Respondo. A dor interior e a exterior em um ponto coincidem, e em dois divergem. Coincidem em que ambas são movimentos da potência apetitiva, como acima foi dito. Divergem quanto às duas condições requeridas para a tristeza e para o prazer: pela causa, que é o bem ou o mal unido; e pela apreensão. Com efeito, a causa da dor exterior é a união com o mal que repugna ao corpo e a causa da dor interior é a união com o mal que repugna ao apetite. Além disso, a dor exterior segue-se à apreensão dos sentidos, em especial, do tato; a dor interior segue-se à apreensão interior, a da imaginação, ou mesmo, da razão.

Se pois se compara a causa da dor interior e a da exterior, uma pertence por si ao apetite, de que ambas são dor; e a outra, por um outro. A dor interior se produz pelo fato de que alguma coisa repugna ao apetite; e a dor exterior, pelo fato de que algo repugna ao apetite porque repugna ao corpo. Ora o que é por si é sempre anterior ao que é por um outro. Assim, por esta parte, a dor interior supera a dor exterior. — O mesmo sucede da parte da apreensão: pois a apreensão da imaginação e da razão é mais profunda que a apreensão do sentido do tato. — Por conseguinte, falando absoluta e propriamente, a dor interior é mais forte do que a dor exterior. Sinal disso é que se aceitam de bom grado as dores exteriores para evitar a dor interior. E na medida em que a dor exterior não repugna ao apetite interior, ela se torna de algum modo deleitável e agradável pela alegria interior.

Às vezes, porém, a dor exterior é acompanhada de dor interior: então a dor aumenta. Porque não só a dor interior é maior que a exterior, mas é também mais universal. Tudo o que repugna ao corpo, pode ser repugnante ao apetite interior, e tudo o que se apreende pelo sentido, pode apreender-se pela imaginação e a razão; mas não o contrário. Por isso se diz expressamente no

---

2. Art. 1.

nis plaga tristitia cordis est: quia etiam dolores exteriorum plagarum sub interiori cordis tristitia comprehenduntur.

AD PRIMUM ergo dicendum quod dolor interior potest etiam esse de his quae contrariantur vitae. Et sic comparatio doloris interioris ad exteriorem non est accipienda secundum diversa mala quae sunt causa doloris: sed secundum diversam comparationem huius causae doloris ad appetitum.

AD SECUNDUM dicendum quod tristitia interior non procedit ex similitudine rei apprehensa, sicut ex causa: non enim homo tristatur interius de ipsa similitudine apprehensa, sed de re cuius est similitudo. Quae quidem res tanto perfectius apprehenditur per aliquam similitudinem, quanto similitudo est magis immaterialis et abstracta. Et ideo dolor interior, per se loquendo, est maior, tanquam de maiori malo existens; propter hoc quod interiori apprehensione magis cognoscitur malum.

AD TERTIUM dicendum quod immutationes corporales magis causantur ex dolore exteriori, tum quia causa doloris exterioris est corrumpens coniunctum corporaliter, quod exigit apprehensio tactus. Tum etiam quia sensus exterior est magis corporalis quam sensus interior, sicut et appetitus sensitivus quam intellectivus. Et propter hoc, ut supra[3] dictum est, ex motu appetitus sensitivi magis corpus immutatur. Et similiter ex dolore exteriori, magis quam ex dolore interiori.

ARTICULUS 8
Utrum sint tantum quatuor species tristitiae

AD OCTAVUM SIC PROCEDITUR. Videtur quod Damascenus[1] inconvenienter quatuor tristitiae species assignet, quae sunt *acedia, achthos* (vel *anxietas* secundum Gregorium Nyssenum[2], *misericordia* et *invidia*.
1. Tristitia enim delectationi opponitur. Sed delectationis non assignantur aliquae species. Ergo nec tristitiae species debent assignari.

2. PRAETEREA, *poenitentia* est quaedam species tristitiae. Similiter etiam *nemesis* et *zelus*, ut dicit Philosophus, II *Rhetoric*.[3]. Quae quidem sub his

texto bíblico citado: "A pior ferida é a ferida do coração", porque as dores das feridas exteriores são abrangidas pela tristeza interior do coração.

QUANTO AO 1º, portanto, deve-se dizer que a dor interior pode ser também do que é contrário à vida. E assim, a comparação da dor interior e da exterior não deve ser feita segundo os diversos males que são causa da dor, mas segundo a diversa comparação dessa causa da dor com o apetite.

QUANTO AO 2º, deve-se dizer que a tristeza interior não procede da semelhança da coisa apreendida, como de uma causa: pois ninguém se entristece interiormente por causa da semelhança apreendida, e sim por causa da coisa da qual é a semelhança. Uma coisa é apreendida com tanto maior perfeição por uma semelhança, quanto essa for mais imaterial e abstrata. Por conseguinte, a dor interior, falando propriamente, é maior, como procedente de um mal maior, uma vez que o mal é melhor conhecido pela apreensão interior.

QUANTO AO 3º, deve-se dizer que as mudanças corporais são produzidas mais pela dor exterior, seja porque a causa da dor exterior é algo que corrompe unido ao corpo, o que exige a apreensão do tato; seja porque o sentido exterior é mais corporal que o sentido interior, como o apetite sensitivo é mais que o intelectivo. Por isso, como acima foi dito, o corpo é modificado mais pelo movimento do apetite sensitivo; e também mais pela dor exterior do que pela interior.

ARTIGO 8
Há somente quatro espécies de tristeza?

QUANTO AO OITAVO, ASSIM SE PROCEDE: parece que Damasceno consignou, de modo não conveniente, quatro espécies de tristeza, a saber: acédia, acabrunhamento, (ou ansiedade, segundo Gregório de Nissa), misericórdia e inveja.
1. Com efeito, a tristeza se opõe ao prazer. Ora, não se consignam algumas espécies do prazer. Logo, não há por que consignar espécies da tristeza.

2. ALÉM DISSO, o arrependimento é uma espécie de tristeza. Igualmente, a *indignação* e o *ciúme*, como diz o Filósofo, no livro II da *Retórica*. Ora,

---

3. Q. 22, a. 3; q. 31, a. 5.

8   PARALL.: Infra, q. 41, a. 4, ad 1; III *Sent.*, dist. 26, q. 1, a. 3; *De Verit.*, q. 26, a. 4, ad 6.

1. *De fide orth.* l. II, c. 14: MG 94, 932 B.
2. NEMESIUS, *De nat. hom.* c. 19, al. IV, c. 12: MG 40, 688 A.
3. Cc. 9, 11: 1386, b, 9-10; 1388, a, 30.

speciebus non comprehenduntur. Ergo insufficiens est eius praedicta divisio.

3. Praeterea, omnis divisio debet esse per opposita. Sed praedicta non habent oppositionem ad invicem. Nam secundum Gregorium[4] *acedia est tristitia vocem amputans; anxietas vero est tristitia aggravans; invidia vero est tristitia in alienis bonis; misericordia autem est tristitia in alienis malis.* Contingit autem aliquem tristari et de alienis malis et de alienis bonis et simul cum hoc interius aggravari, et exterius vocem amittere. Ergo praedicta divisio non est conveniens.

Sed contra est auctoritas utriusque, scilicet Gregorii Nysseni et Damasceni[5].

Respondeo dicendum quod ad rationem speciei pertinet quod se habeat ex additione ad genus. Sed generi potest aliquid addi dupliciter. Uno modo, quod per se ad ipsum pertinet, et virtute continetur in ipso: sicut *rationale* additur *animali*. Et talis additio facit veras species alicuius generis: ut per Philosophum patet, in VII[6] et VIII *Metaphys.*[7]. — Aliquid vero additur generi quasi aliquid extraneum a ratione ipsius: sicut si *album animali* addatur, vel aliquid huiusmodi. Et talis additio non facit veras species generis, secundum quod communiter loquimur de genere et speciebus. Interdum tamen dicitur aliquid esse species alicuius generis propter hoc quod habet aliquid extraneum ad quod applicatur generis ratio: sicut carbo et flamma dicuntur esse species ignis, propter applicationem naturae ignis ad materiam alienam. Et simili modo loquendi dicuntur astrologia et perspectiva species mathematicae, inquantum principia mathematica applicantur ad materiam naturalem.

Et hoc modo loquendi assignantur hic species tristitiae, per applicationem rationis tristitiae ad aliquid extraneum. Quod quidem extraneum accipi potest vel ex parte causae, obiecti; vel ex parte effectus. Proprium enim obiectum tristitiae est *proprium malum.* Unde extraneum obiectum tristitiae accipi potest vel secundum alterum tantum, quia scilicet est malum, sed non proprium: et sic est *misericordia,* quae est tristitia de alieno malo, inquantum tamen aestimatur ut proprium. Vel quantum ad utrumque, quia neque est de proprio, neque de malo, sed de bono alieno, inquantum tamen bonum alienum aestimatur ut proprium

eles não estão compreendidos entre essas espécies. Logo, tal divisão é insuficiente.

3. Ademais, toda divisão se faz por termos opostos. Ora, as espécies citadas não são opostas uma à outra. Com efeito, segundo Gregório, "a acédia é uma tristeza que corta a voz; a ansiedade, uma tristeza que pesa; a inveja, uma tristeza do bem alheio; a misericórdia, uma tristeza do mal de outrem". Sucede que alguém se entristeça dos males alheios e dos bens alheios, e ao mesmo tempo interiormente isso lhe pese e exteriormente perca a voz. Logo, tal divisão não é conveniente.

Em sentido contrário, está a autoridade dos dois, Gregório de Nissa e Damasceno.

Respondo. Pertence à razão de espécie que se obtenha por adição ao gênero. Ao gênero pode-se acrescentar algo de dois modos: 1. O que, por si lhe pertence, e nele está contido virtualmente. Por exemplo, *racional* acrescenta-se a *animal.* Uma tal adição constitui as verdadeiras espécies de um gênero, como se vê nos livros VII e VIII da *Metafísica.* — 2. O que é como algo estranho à sua razão. Por exemplo, se *branco* se acrescenta a *animal,* ou algo semelhante. Tal adição não forma verdadeiras espécies do gênero, no sentido em que comumente se fala de gêneros e espécies. Às vezes, porém, uma coisa se chama espécie de um gênero, por ter algo estranho a que se aplica a razão de gênero. Por exemplo, o carvão e a chama são chamados espécies de fogo pela aplicação da natureza do fogo a uma matéria estranha. E por um modo semelhante de falar diz-se que a astronomia e a perspectiva são espécies da matemática, enquanto os princípios da matemática se aplicam a uma matéria natural.

É segundo esse modo de falar que aqui são consignadas as espécies da tristeza, por aplicação da razão de tristeza a algo estranho. Uma coisa considerada estranha ou pelo lado da causa, ou do objeto, ou pelo lado do efeito. O objeto próprio da tristeza é o *mal próprio.* De forma que o objeto estranho da tristeza pode ser tomado segundo um desses dois termos apenas, a saber, é um mal, mas não próprio; assim temos a *misericórdia,* que é a tristeza pelo mal de um outro, considerado, porém, como mal próprio. Ou então, segundo os dois termos, porque não se refere ao mal próprio, nem ao mal, e sim ao bem do outro, considerado,

---

4. Nemesium, l. cit.: MG 40, 688 A.
5. Cfr. arg. 1.
6. C. 12: 1038, a, 5-9.
7. Cc. 2, 3: 1043, a, 5-7; b, 28-32.

malum: et sic est *invidia*. — Proprius autem effectus tristitiae consistit in quadam *fuga appetitus*. Unde extraneum circa effectum tristitiae, potest accipi quantum ad alterum tantum, quia scilicet tollitur fuga: et sic est *anxietas* quae sic aggravat animum, ut non appareat aliquod refugium: unde alio nomine dicitur *angustia*. Si vero intantum procedat talis aggravatio, ut etiam exteriora membra immobilitet ab opere, quod pertinet ad *acediam*; sic erit extraneum quantum ad utrumque, quia nec est fuga, nec est in appetitu. Ideo autem specialiter acedia dicitur vocem amputare, quia vox inter omnes exteriores motus magis exprimit interiorem conceptum et affectum, non solum in hominibus, sed etiam in aliis animalibus, ut dicitur in I *Polit.*[8]

AD PRIMUM ergo dicendum quod delectatio causatur ex bono, quod uno modo dicitur. Et ideo delectationis non assignantur tot species sicut tristitiae, quae causatur ex malo, quod *multifariam contingit*, ut dicit Dionysius, 4 cap. *de Div. Nom.*[9]

AD SECUNDUM dicendum quod *poenitentia* est de malo proprio, quod per se est obiectum tristitiae. Unde non pertinet ad has species. — *Zelus* vero et *nemesis* sub invidia continentur, ut infra[10] patebit.

AD TERTIUM dicendum quod divisio ista non sumitur secundum oppositiones specierum: sed secundum diversitatem extraneorum ad quae trahitur ratio tristitiae, ut dictum est[11].

8. C. 1: 1253, a, 10-12.
9. MG 3, 729 C.
10. II-II, q. 36, a. 2.
11. In corp.

porém, como mal próprio: e assim, temos a *inveja*. — O efeito próprio da tristeza consiste numa certa *fuga do apetite*. Por isso, o estranho em relação com o efeito da tristeza pode ser tomado quanto a um dos termos somente, a saber, que se exclui a fuga; e assim é a *ansiedade* que pesa sobre o espírito a tal ponto que ela não vê para onde fugir: daí o outro nome que tem: angústia. Se tal peso aumenta a ponto de mobilizar para a ação também os membros exteriores, isso pertence à *acédia*, em que o estranho está presente nos dois termos, pois nem é fuga, nem está no apetite. Por isso a acédia se diz que suprime a voz, porque a voz, mais que todos os movimentos exteriores, exprime o pensamento e os sentimentos não só nos homens, mas também nos animais, como se diz no livro I da *Política*.

QUANTO AO 1º, portanto, deve-se dizer que o prazer é causado pelo bem, que se diz de um só modo. Por isso, não se consignam tantas espécies de prazer como de tristeza que é causada pelo mal, que "acontece de muitas maneiras", segundo Dionísio.

QUANTO AO 2º, deve-se dizer que o *arrependimento* diz respeito ao mal próprio, que por si é objeto da tristeza. Por isso, não pertence àquelas espécies. — Quanto ao *ciúme* e a *indignação* [nemesis], estão compreendidas sob a inveja, como adiante se verá.

QUANTO AO 3º, deve-se dizer que essa divisão não se toma segundo a oposição das espécies, mas segundo a diversidade de estranhos aos quais se aplica a razão de tristeza, como foi dito.

QUAESTIO XXXVI
DE CAUSIS TRISTITIAE SEU DOLORIS
in quatuor articulos divisa
Deinde considerandum est de causis tristitiae.

Et circa hoc quaeruntur quatuor.
Primo: utrum causa doloris sit bonum amissum, vel magis malum coniunctum.
Secundo: utrum concupiscentia sit causa doloris.

QUESTÃO 36
AS CAUSAS DA TRISTEZA OU DOR
em quatro artigos
Em seguida, devem-se considerar as causas da tristeza.
Sobre isso, são quatro as perguntas:
1. A causa da dor é o bem perdido, ou antes o mal unido?
2. A concupiscência é causa da dor?

Tertio: utrum appetitus unitatis sit causa doloris.
Quarto: utrum potestas cui resisti non potest, sit causa doloris.

Articulus 1
Utrum causa doloris sit bonum amissum, vel malum coniunctum

AD PRIMUM SIC PROCEDITUR. Videtur quod bonum amissum sit magis causa doloris quam malum coniunctum.

1. Dicit enim Augustinus, in libro *de Octo Quaestionibus Dulcitii*[1], dolorem esse de amissione bonorum temporalium. Eadem ergo ratione, quilibet dolor ex amissione alicuius boni contingit.

2. PRAETEREA, supra[2] dictum est quod dolor qui delectationi contrariatur, est de eodem de quo est delectatio. Sed delectatio est de bono, sicut supra[3] dictum est. Ergo dolor est principaliter de amissione boni.

3. PRAETEREA, secundum Augustinum, XIV *de Civ. Dei*[4], amor est causa tristitiae, sicut et aliarum affectionum animae. Sed obiectum amoris est bonum. Ergo dolor vel tristitia magis respicit bonum amissum quam malum coniunctum.

SED CONTRA est quod Damascenus dicit, in II libro[5], quod *expectatum malum timorem constituit, praesens vero tristitiam.*

RESPONDEO dicendum quod, si hoc modo se haberent privationes in apprehensione animae, sicut se habent in ipsis rebus, ista quaestio nullius momenti esse videretur. Malum enim, ut in Primo libro[6] habitum est, est privatio boni: privatio autem, in rerum natura, nihil est aliud quam carentia oppositi habitus: secundum hoc ergo, idem esset tristari de bono amisso, et de malo habito. — Sed tristitia est motus appetitus apprehensionem sequentis. In apprehensione autem ipsa privatio habet rationem cuiusdam entis: unde dicitur *ens rationis*. Et sic malum, cum sit privatio, se habet per modum contrarii. Et ideo, quantum ad motum appetitivum, differt utrum respiciat principalius malum coniunctum, vel bonum amissum.

3. O desejo da unidade é causa da dor?
4. O poder a que não se pode resistir é causa da dor?

Artigo 1
A causa da dor é o bem perdido, ou o mal presente?

QUANTO AO PRIMEIRO ARTIGO, ASSIM SE PROCEDE: parece que o bem perdido é mais causa de dor do que o mal presente.

1. Com efeito, Agostinho diz que a dor vem da perda dos bens temporais. Então, pela mesma razão, a dor acontece pela perda de algum bem.

2. ALÉM DISSO, foi dito acima que a dor, que é contrária ao prazer, tem o mesmo objeto que o prazer. Ora, o prazer tem por objeto o bem, como também foi dito. Logo, a dor vem sobretudo da perda de um bem.

3. ADEMAIS, segundo Agostinho, o amor é causa de tristeza, como das outras afeições da alma. Ora, o objeto do amor é o bem. Logo, a dor ou a tristeza se refere mais ao bem perdido que ao mal presente.

EM SENTIDO CONTRÁRIO, Damasceno diz que "o mal que se aguarda provoca o temor e o mal presente, a tristeza".

RESPONDO. Se as privações estivessem na apreensão da alma do mesmo modo que nas coisas, essa questão pareceria sem nenhuma importância. Como se estabeleceu na I Parte, o mal é a privação do bem. Ora, na natureza das coisas, a privação nada mais é que a falta do oposto possuído, e assim, seria o mesmo entristecer-se do bem perdido ou do mal presente. — Mas a tristeza é um movimento do apetite sensitivo, que acompanha uma apreensão. Na apreensão, a própria privação tem a razão de um ente, daí chamar-se *ente de razão*. Assim o mal, sendo uma privação, se comporta como um contrário. Por isso, quanto ao movimento do apetite, é diferente se diz respeito sobretudo ao mal presente, ou à perda do bem.

1
1. Q. 1: ML 40, 153.
2. Q. 35, a. 4.
3. Q. 23, a. 4; q. 31, a. 1; q. 35, a. 3.
4. C. 7, n. 2: ML 41, 410.
5. *De fide orth.* l. II, c. 12: MG 94, 929 B.
6. Q. 14, a. 10; q. 48, a. 3.

Et quia motus appetitus animalis hoc modo se habet in operibus animae, sicut motus naturalis in rebus naturalibus; ex consideratione naturalium motuum veritas accipi potest. Si enim accipiamus in motibus naturalibus accessum et recessum, accessus per se respicit id quod est conveniens naturae; recessus autem per se respicit id quod est contrarium; sicut grave per se recedit a loco superiori, accedit autem naturaliter ad locum inferiorem. Sed si accipiamus causam utriusque motus, scilicet gravitatem, ipsa gravitas per prius inclinat ad locum deorsum, quam retrahat a loco sursum, a quo recedit ut deorsum tendat.

Sic igitur, cum tristitia in motibus appetitivis se habeat per modum fugae vel recessus, delectatio autem per modum prosecutionis vel accessus; sicut delectatio per prius respicit bonum adeptum, quasi proprium obiectum, ita tristitia respicit malum coniunctum. Sed causa delectationis et tristitiae, scilicet amor, per prius respicit bonum quam malum. Sic ergo eo modo quo obiectum est causa passionis, magis proprie est causa tristitiae vel doloris malum coniunctum, quam bonum amissum.

AD PRIMUM ergo dicendum quod ipsa amissio boni apprehenditur sub ratione mali: sicut et amissio mali apprehenditur sub ratione boni. Et ideo Augustinus dicit dolorem provenire ex amissione temporalium bonorum.

AD SECUNDUM dicendum quod delectatio et dolor ei contrarius respiciunt idem, sed sub contraria ratione: nam si delectatio est de praesentia alicuius, tristitia est de absentia eiusdem. In uno autem contrariorum includitur privatio alterius, ut patet in X *Metaphys.*[7]. Et inde est quod tristitia quae est de contrario, est quodammodo de eodem sub contraria ratione.

AD TERTIUM dicendum quod, quando ex una causa proveniunt multi motus, non oportet quod omnes principalius respiciant illud quod principalius respicit causa, sed primus tantum. Unusquisque autem aliorum principalius respicit illud quod est ei conveniens secundum propriam rationem.

E como o movimento do apetite animal se comporta, nas operações da alma, como o movimento natural nas coisas naturais, a verdade pode surgir da observação desses movimentos. Se tomamos nos movimentos naturais a aproximação e o afastamento, a aproximação por si diz respeito ao que convém à natureza, e o afastamento por si, ao que lhe é contrário: assim como o corpo pesado por si se afasta de um lugar elevado e se aproxima naturalmente de um lugar mais baixo. Se tomamos a causa dos dois movimentos, isto é, a gravidade, a gravidade antes inclina para um lugar abaixo do que afasta de um lugar acima, do qual se distancia para tender para baixo.

Como a tristeza nos movimentos apetitivos se tem a modo de fuga ou afastamento, o prazer se tem a modo de busca e aproximação; e como o prazer prioritariamente visa o bem obtido como seu próprio objeto, assim a tristeza visa o mal presente. Mas a causa do prazer e da tristeza, a saber, o amor, visa o bem antes que o mal. Assim, pois, como o objeto é causa da paixão, o mal presente é mais propriamente causa da tristeza e da dor do que o bem perdido.

QUANTO AO 1º, portanto, deve-se dizer que a própria perda do bem se apreende sob a razão de mal, como a perda do mal se apreende sob a razão de bem. É por isso que Agostinho diz que a dor vem da perda de bens temporais.

QUANTO AO 2º, deve-se dizer que o prazer e a dor que lhe é contrária visam o mesmo objeto, mas sob razão contrária; pois o prazer implica a presença de algo, e a tristeza, sua ausência. Ora, em um dos contrários inclui-se a privação do outro, como se vê no livro X da *Metafísica*. Daí que a tristeza, que se refere a um contrário, de certo modo versa sobre o mesmo sob razão contrária.

QUANTO AO 3º, deve-se dizer que quando da mesma causa provêm muitos movimentos, não se requer que todos visem principalmente o que é prioritário para a causa, mas só o primeiro. Cada um dos outros visa principalmente o que lhe convém segundo sua própria razão.

ARTICULUS 2
Utrum concupiscentia sit causa doloris

AD SECUNDUM SIC PROCEDITUR. Videtur quod concupiscentia non sit causa doloris seu tristitiae.

ARTIGO 2
A concupiscência é causa de dor?

QUANTO AO SEGUNDO, ASSIM SE PROCEDE: parece que a concupiscência **não** é causa de dor ou de tristeza.

---

7. C. 4: 1055, b, 18.

1. Tristitia enim per se respicit malum, ut dictum est[1]. Concupiscentia autem est motus quidam appetitus in bonum. Motus autem qui est in unum contrarium, non est causa motus qui respicit aliud contrarium. Ergo concupiscentia non est causa doloris.

2. PRAETEREA, dolor, secundum Damascenus[2], est de praesenti, concupiscentia autem est de futuro. Ergo concupiscentia non est causa doloris.

3. PRAETEREA, id quod est per se delectabile, non est causa doloris. Sed concupiscentia est secundum seipsam delectabilis, ut Philosophus dicit, in I *Rhetoric*.[3]. Ergo concupiscentia non est causa doloris seu tristitiae.

SED CONTRA est quod Augustinus dicit, in *Enchirid*.[4]: *Subintrantibus ignorantia agendarum rerum, et concupiscentia noxiarum, comites subinferuntur error et dolor*. Sed ignorantia est causa erroris. Ergo concupiscentia est causa doloris.

RESPONDEO dicendum quod tristitia est motus quidam appetitus animalis. Motus autem appetitivus habet, sicut dictum est[5], similitudinem appetitus naturalis. Cuius duplex causa assignari potest: una per modum finis; alia sicut unde est principium motus. Sicut descensionis corporis gravis causa sicut finis, est locus deorsum: principium autem motus est inclinatio naturalis, quae est ex gravitate.

Causa autem motus appetitivi per modum finis, est eius obiectum. Et sic supra[6] dictum est quod causa doloris seu tristitiae est malum coniunctum.
— Causa autem sicut unde est principium talis motus, est interior inclinatio appetitus. Qui quidem per prius inclinatur ad bonum; et ex consequenti ad repudiandum malum contrarium. Et ideo huiusmodi motus appetitivi primum principium est amor, qui est prima inclinatio appetitus ad bonum consequendum: secundum autem principium est odium, quod est inclinatio prima appetitus ad malum fugiendum. Sed quia concupiscentia vel cupiditas est primus effectus amoris, quo maxime delectamur, ut supra[7] dictum est; ideo frequenter Augustinus cupiditatem vel concupiscentiam pro amore ponit, ut etiam

1. Com efeito, a tristeza refere-se por si ao mal, como foi dito. Ora, a concupiscência é um certo movimento do apetite para o bem. E o movimento em direção a um contrário não é causa do movimento que visa o outro contrário. Logo, a concupiscência não é causa de dor.

2. Além disso, segundo Damasceno, a dor tem por objeto algo presente e a concupiscência algo futuro. Logo, a concupiscência não é causa de dor.

3. ADEMAIS, o que é deleitável por si não é causa de dor. Ora, a concupiscência é em si mesma deleitável. Logo, a concupiscência não é causa de dor ou de tristeza.

EM SENTIDO CONTRÁRIO, Agostinho diz: "Quando se introduzem a ignorância do que deve ser feito e a concupiscência do que é pernicioso, o erro e a dor se introduzem como companheiros". Ora, a ignorância é causa de erro. Logo, a concupiscência é causa de dor.

RESPONDO. A tristeza é um movimento do apetite animal. Ora, o movimento desse apetite parece com o do apetite natural, como foi dito. Podem-se indicar para isso duas causas: uma, por modo de fim; outra, por modo de princípio do movimento. Assim, a causa da queda de um corpo pesado, como fim, é o lugar inferior; o princípio do movimento é a inclinação natural produzida pela gravidade.

Com efeito, a causa do movimento do apetite, por modo de fim, é seu objeto. Como foi dito acima, a causa da dor ou tristeza é o mal presente.
— A causa, porém, por modo de princípio de tal movimento é a inclinação interior do apetite. Este, na verdade, primeiro inclina-se para o bem, e por consequência, para repudiar o mal contrário. Por isso, o primeiro princípio desse movimento é o amor, que á a primeira inclinação do apetite a ir em busca do bem; o segundo princípio é o ódio, que é a primeira inclinação do apetite a fugir do mal. Mas, porque a concupiscência ou desejo é o primeiro efeito do amor, como acima foi dito, por isso Agostinho fala frequentemente de cupidez ou concupiscência em lugar de amor, como também

---

1. Art. praec.
2. *De fide orth*. l. II, c. 12: MG 94, 929 B.
3. C. 11: 1370, b, 15.
4. C. 24: ML 40, 244.
5. Art. praec.
6. Art. praec.
7. Q. 32, a. 6.

supra[8] dictum est. Et hoc modo concupiscentiam dicit esse universalem causam doloris.
Sed ipsa concupiscentia, secundum propriam rationem considerata, est interdum causa doloris. Omne enim quod impedit motum ne perveniat ad terminum, est contrarium motui. Illud autem quod est contrarium motui appetitus, est contristans. Et sic per consequens concupiscentia fit causa tristitiae, inquantum de retardatione boni concupiti, vel totali ablatione, tristamur. Universalis autem causa doloris esse non potest: quia magis dolemus de subtractione bonorum praesentium, in quibus iam delectamur, quam futurorum, quae concupiscimus.

AD PRIMUM ergo dicendum quod inclinatio appetitus ad bonum consequendum, est causa inclinationis appetitus ad malum fugiendum, sicut dictum est[9]. Et ex hoc contingit quod motus appetitivi qui respiciunt bonum, ponuntur causa motuum appetitus qui respiciunt malum.
AD SECUNDUM dicendum quod illud quod concupiscitur, etsi realiter sit futurum, est tamen quodammodo praesens, inquantum speratur. — Vel potest dici quod, licet ipsum bonum concupitum sit futurum, tamen impedimentum praesentialiter apponitur, quod dolorem causat.
AD TERTIUM dicendum quod concupiscentia est delectabilis, quandiu manet spes adipiscendi quod concupiscitur. Sed, subtracta spe per impedimentum appositum, concupiscentia dolorem causat.

ARTICULUS 3
Utrum appetitus unitatis sit causa doloris

AD TERTIUM SIC PROCEDITUR. Videtur quod appetitus unitatis non sit causa doloris.
1. Dicit enim Philosophus, in X *Ethic.*[1], quod *haec opinio*, quae posuit repletionem esse causam delectationis, et incisionem causam tristitiae, *videtur esse facta ex delectationibus et tristitiis quae sunt circa cibum.* Sed non omnis delectatio vel tristitia est huiusmodi. Ergo appetitus unitatis non est causa universalis doloris: cum repletio ad unitatem pertineat, incisio vero multitudinem inducat.

foi dito. Nesse sentido é que ele diz que a concupiscência é causa universal da dor.
Mas a concupiscência, considerada segundo sua razão própria, é às vezes causa de dor. Tudo o que impede um movimento de chegar a seu termo é contrário a esse movimento; e o que é contrário ao movimento do apetite, produz tristeza. Por conseguinte, a concupiscência se torna causa de tristeza enquanto ficamos tristes porque o bem desejado tarda a vir, ou é totalmente eliminado. Mas não pode a concupiscência ser a causa universal da dor porque sofremos mais pela perda dos bens presentes, nos quais já nos deleitamos, do que pela perda dos bens futuros, que desejamos.

QUANTO AO 1º, portanto, deve-se dizer que a inclinação do apetite para conseguir o bem é causa de sua inclinação para evitar o mal, como foi dito. Por isso sucede que os movimentos do apetite que visam o bem são afirmados como causa dos movimentos do apetite que visam o mal.
QUANTO AO 2º, deve-se dizer que o que desejamos, embora realmente seja futuro, de certo modo é presente, enquanto objeto da esperança. — Pode-se também, dizer: embora o bem desejado seja um bem futuro, interpõe-se um obstáculo presente que causa a dor.
QUANTO AO 3º, deve-se dizer que a concupiscência é deleitável enquanto permanece a esperança de conseguir o que se deseja. Mas quando a esperança é abolida por um obstáculo que sobrevém, a concupiscência causa dor.

ARTIGO 3
O desejo de unidade é causa de dor?

QUANTO AO TERCEIRO, ASSIM SE PROCEDE: parece que o desejo de unidade **não** é causa de dor.
1. Com efeito, segundo o Filósofo no livro X da *Ética*, *essa opinião* de que a plenitude é causa do prazer, e a separação, causa de tristeza, "parece referir-se a prazeres e tristezas que têm a ver com a alimentação". Ora, nem todo prazer e nem toda tristeza são desse tipo. Logo, o apetite de unidade não é causa universal de dor, já que a plenitude pertence à unidade, e a separação leva à multiplicidade.

---

8. Q. 30, a. 2, ad 2.
9. In corp.

1. C. 2: 1173, b, 12-13.

2. Praeterea, quaelibet separatio unitati opponitur. Si ergo dolor causaretur ex appetitu unitatis, nulla separatio esset delectabilis. Quod patet esse falsum in separatione omnium superfluorum.

3. Praeterea, eadem ratione appetimus coniunctionem boni, et remotionem mali. Sed sicut coniunctio pertinet ad unitatem, cum sit unio quaedam; ita separatio est contrarium unitati. Ergo appetitus unitatis non magis debet poni causa doloris quam appetitus separationis.

Sed contra est quod Augustinus dicit, in III de Libero Arbitrio[2], quod *ex dolore quem bestiae sentiunt, satis apparet in regendis animandisque suis corporibus, quam sint animae appetentes unitatis. Quid enim est aliud dolor, nisi quidam sensus divisionis vel corruptionis impatiens?*

Respondeo dicendum quod eo modo quo concupiscentia vel cupiditas boni est causa doloris, etiam appetitus unitatis, vel amor, causa doloris ponendus est. Bonum enim uniuscuiusque rei in quadam unitate consistit, prout scilicet unaquaeque res habet in se unita illa ex quibus consistit eius perfectio: unde et Platonici posuerunt unum esse principium, sicut et bonum. Unde naturaliter unumquodque appetit unitatem, sicut et bonitatem. Et propter hoc, sicut amor vel appetitus boni est causa doloris, ita etiam amor vel appetitus unitatis.

Ad primum ergo dicendum quod non omnis unio perficit rationem boni, sed solum illa a qua dependet esse perfectum rei. Et propter hoc etiam, non cuiuslibet appetitus unitatis est causa doloris vel tristitiae, ut quidam opinabantur. Quorum opinionem ibi Philosophus excludit per hoc, quod quaedam repletiones non sunt delectabiles: sicut repleti cibis non delectantur in ciborum sumptione. Talis enim repletio, sive unio, magis repugnaret ad perfectum esse, quam ipsum constitueret. Unde dolor non causatur ex appetitu cuiuslibet unitatis, sed eius in qua consistit perfectio naturae.

Ad secundum dicendum quod separatio potest esse delectabilis, vel inquantum removetur illud quod est contrarium perfectioni rei: vel inquantum separatio habet aliquam unionem adiunctam, puta sensibilis ad sensum.

2. Além disso, toda separação se opõe à unidade. Se a dor fosse causada pelo apetite de unidade, nenhuma separação seria deleitável. O que é falso no caso de separação de todos os supérfluos.

3. Ademais, pela mesma razão desejamos a união com o bem e a remoção do mal. Ora, assim como a união tem a ver com a unidade, pois é uma certa união, assim a separação é contrária à unidade. Logo, o desejo de unidade não deve ser tido como a causa de dor, e nem tampouco o desejo de separação.

Em sentido contrário, Agostinho escreve: "Pela dor que os animais irracionais sentem, aparece bem como as almas são desejosas de unidade na maneira de conduzir e animar seus corpos. Pois que é a dor senão um certo sentimento que não suporta a divisão nem a corrupção"?

Respondo. Do mesmo modo que a concupiscência ou cupidez do bem é causa de dor, também o desejo de unidade, ou o amor, deve ser afirmado como causa da dor. Com efeito, o bem de toda coisa consiste numa certa unidade, uma vez que cada coisa tem em si unidos os elementos de sua perfeição: é assim que os platônicos afirmavam que o uno era princípio, como o bem. Por isso, tudo naturalmente deseja a unidade, como deseja a bondade[a]. Por essa razão, o amor ou o desejo de unidade é causa de dor, como o amor ou desejo de bem.

Quanto ao 1º, portanto, deve-se dizer que nem toda união preenche a razão de bem, mas só aquela de que depende o existir perfeito da coisa. Pelo mesmo motivo, nem todo desejo de unidade é causa de dor ou tristeza, como alguns opinavam. Opinião que o Filósofo refuta no texto citado, ao dizer que há plenitudes que não são deleitáveis: assim os que estão cheios de comida já não têm prazer em comer. Tal plenitude ou união mais repugnaria ao perfeito existir, do que o constituiria. Assim, a dor não é causada pelo desejo de qualquer unidade, e sim da unidade em que consiste a perfeição da natureza.

Quanto ao 2º, deve-se dizer que a separação pode ser deleitável enquanto remove o que é contrário à perfeição da coisa; ou enquanto a separação é acompanhada de uma certa união, por exemplo, a do sensível com o sentido.

---

2. C. 23, n. 69: ML 32, 1305.

a. Velho adágio da filosofia grega: todo ser só é bom, belo e verdadeiro se for uno, qualquer que seja a complexidade de sua unidade.

AD TERTIUM dicendum quod separatio nocivorum et corrumpentium appetitur, inquantum tollunt debitam unitatem. Unde appetitus huiusmodi separationis non est prima causa doloris, sed magis appetitus unitatis.

QUANTO AO 3º, deve-se dizer que se deseja a separação dos que prejudicam ou corrompem, enquanto eles suprimem a devida unidade. Por isso, o desejo dessa separação não é a primeira causa de dor, pois esta é antes o desejo de unidade.

ARTICULUS 4
Utrum potestas cui non potest resisti, sit causa doloris

AD QUARTUM SIC PROCEDITUR. Videtur quod potestas maior non debeat poni causa doloris.

1. Quod enim est in potestate agentis, nondum est praesens, sed futurum. Dolor autem est de malo praesenti. Ergo potestas maior non est causa doloris.
2. PRAETEREA, nocumentum illatum est causa doloris. Sed nocumentum potest inferri etiam a potestate minore. Ergo potestas maior non debet poni causa doloris.
3. PRAETEREA, causae appetitivorum motuum sunt interiores inclinationes animae. Potestas autem maior est aliquid exterius. Ergo non debet poni causa doloris.

SED CONTRA est quod Augustinus dicit, in libro de Natura Boni[1]: *In animo dolorem facit voluntas resistens potestati maiori; in corpore dolorem facit sensus resistens corpori potentiori.*

RESPONDEO dicendum quod, sicut supra[2] dictum est, malum coniunctum est causa doloris vel tristitiae per modum obiecti. Id ergo quod est causa coniunctionis mali, debet poni causa doloris vel tristitiae. Manifestum est autem hoc esse contra inclinationem appetitus, ut malo praesentialiter inhaereat. Quod autem est contra inclinationem alicuius, nunquam advenit et nisi per actionem alicuius fortioris. Et ideo potestas maior ponitur esse causa doloris ab Augustino[3].

Sed sciendum est quod, si potestas fortior intantum invalescat quod mutet contrariam inclinationem in inclinationem propriam, iam non erit aliqua repugnantia vel violentia: sicut quando agens fortius, corrumpendo corpus grave, aufert ei inclinationem qua tendit deorsum; et tunc ferri sursum non est ei violentum, sed naturale. Sic igitur si aliqua potestas maior intantum invalescat

ARTIGO 4
O poder a que não se pode resistir é causa de dor?

QUANTO AO QUARTO, ASSIM SE PROCEDE: parece que um poder maior **não** deve ser tido como causa de dor.

1. Com efeito, o que está no poder do agente, ainda não é presente, mas futuro. Ora, a dor é de um mal presente. Logo, o poder maior não é causa de dor.
2. ALÉM DISSO, a causa da dor é o dano feito. Ora, o dano pode ser feito também por um poder inferior. Logo, não se deve afirmar que o poder superior é causa da dor.
3. ADEMAIS, as causas do movimento do apetite são as inclinações interiores da alma. Ora, um poder superior é algo externo. Logo, não deve ser afirmado como causa da dor.

EM SENTIDO CONTRÁRIO, Agostinho diz: "No espírito, a dor é produzida pela vontade que resiste a um poder superior; no corpo, pelo sentido que resiste a um corpo mais poderoso".

RESPONDO. Como acima foi dito, o mal presente é causa de dor ou tristeza à maneira de objeto. O que é causa de união com o mal deve ser afirmado como causa da dor ou tristeza. É claramente contrário à inclinação do apetite unir-se com o mal presente. Mas, o que é contra a inclinação de algo, só acontece pela ação de outro mais forte. Por isso, Agostinho afirma que um poder mais forte é causa de dor.

É preciso saber que se o poder mais forte de tal modo se fortalece que muda a inclinação contrária em inclinação própria, não haverá mais oposição nem violência: o que sucede quando um agente mais forte, transformando um corpo pesado, lhe tira a inclinação com que tendia para baixo; e assim, ser levado para cima não lhe é mais violento, mas natural. Se portanto, alguma

---

1. C. 20: ML 42, 557.
2. Art. 1.
3. Loc. cit.

quod auferat inclinationem voluntatis vel appetitus sensitivi, ex ea non sequitur dolor vel tristitia: sed tunc solum sequitur, quando remanet inclinatio appetitus in contrarium. Et inde est quod Augustinus dicit[4] quod voluntas *resistens potestati fortiori*, causat dolorem: si enim non resisteret, sed cederet consentiendo, non sequeretur dolor, sed delectatio.

AD PRIMUM ergo dicendum quod maior potestas dolorem causat, non secundum quod est agens in potentia, sed secundum quod est agens actu: dum scilicet facit coniunctionem mali corruptivi.

AD SECUNDUM dicendum quod nihil prohibet aliquam potestatem quae non est maior simpliciter, esse maiorem quantum ad aliquid. Et secundum hoc, aliquod nocumentum inferre potest. Si autem nullo modo maior esset, nullo modo posset nocere. Unde non posset causam doloris inferre.

AD TERTIUM dicendum quod exteriora agentia possunt esse causa motuum appetitivorum, inquantum causant praesentiam obiecti. Et hoc modo potestas maior ponitur causa doloris.

potência superior se fortalece a ponto de tirar a inclinação da vontade ou do apetite sensitivo, daí não se segue dor ou tristeza: isso só ocorre quando persiste a inclinação contrária do apetite. Por isso diz Agostinho que a vontade "que resiste a um poder superior é causa de dor". Com efeito, se não resistisse, mas cedesse consentindo, não haveria dor, mas prazer.

QUANTO AO 1º, portanto, deve-se dizer que um poder superior é causa de dor, não enquanto é agente em potência, mas enquanto é agente em ato, isto é, quando faz a união com o mal corruptor.

QUANTO AO 2º, deve-se dizer que nada impede que um poder, que não é superior de modo absoluto, seja maior sob algum aspecto. E como tal, pode fazer algum dano. Se de nenhum modo fosse superior, de nenhum modo seria nocivo. E, por conseguinte, não poderia ser causa de dor.

QUANTO AO 3º, deve-se dizer que os agentes exteriores podem ser causa dos movimentos apetitivos na medida em que causam a presença do objeto. E desse modo o poder superior se afirma como causa da dor.

---

4. Loc. cit.

QUAESTIO XXXVII
DE EFFECTIBUS DOLORIS VEL TRISTITIAE
in quatuor articulos divisa

Deinde considerandum est de effectibus doloris vel tristitiae.
Et circa hoc quaeruntur quatuor.
Primo: utrum dolor auferat facultatem addiscendi.
Secundo: utrum aggravatio animi sit effectus tristitiae vel doloris.
Tertio: utrum tristitia vel dolor debilitet omnem operationem.
Quarto: utrum tristitia noceat corpori magis quam aliae passiones animae.

ARTICULUS 1
Utrum dolor auferat facultatem addiscendi

AD PRIMUM SIC PROCEDITUR. Videtur quod dolor non auferat facultatem addiscendi.

QUESTÃO 37
OS EFEITOS DA DOR OU TRISTEZA
em quatro artigos

Em seguida, devem-se considerar os efeitos da dor ou tristeza.
A propósito, são quatro as perguntas:
1. A dor suprime a faculdade de aprender?
2. O acabrunhamento do espírito é efeito da tristeza ou dor?
3. A tristeza ou dor enfraquece toda ação?
4. A tristeza prejudica o corpo mais que as outras paixões da alma?

ARTIGO 1
A dor suprime a faculdade de aprender?

QUANTO AO PRIMEIRO ARTIGO, ASSIM SE PROCEDE: parece que a dor **não** suprime a faculdade de aprender.

1. Dicitur enim Is 26,9: *Cum feceris iudicia tua in terra, iustitiam discent* omnes *habitatores orbis.* Et infra [16]: *In tribulatione murmuris doctrina tua eis.* Sed ex iudiciis Dei, et tribulatione, sequitur dolor seu tristitia in cordibus hominum. Ergo dolor vel tristitia non tollit, sed magis auget facultatem addiscendi.

2. PRAETEREA, Is 28,9, dicitur: *Quem docebit scientiam? Et quem intelligere faciet auditum? Ablactatos a lacte, avulsos ab uberibus* idest a delectationibus. Sed dolor et tristitia maxime tollunt delectationes: impedit enim tristitia omnem delectationem, ut dicitur in VII *Ethic.*[1]; et Eccli 11,29 dicitur quod *malitia* unius *horae oblivionem facit luxuriae maximae.* Ergo dolor non tollit, sed magis praebet facultatem addiscendi.

3. PRAETEREA, tristitia interior praeeminet dolori exteriori, ut supra[2] dictum est. Sed simul cum tristitia potest homo addiscere. Ergo multo magis simul cum dolore corporali.

SED CONTRA est quod Augustinus dicit, in I *Soliloq.*[3]: *Quanquam acerrimo dolore dentium his diebus torquerer, non quidem sinebar animo volvere nisi ea quae iam forte didiceram. A discendo autem penitus impediebar, ad quod mihi tota intentione animi opus erat.*

RESPONDEO dicendum quod, quia omnes potentiae animae in una essentia animae radicantur, necesse est quod, quando intentio animae vehementer trahitur ad operationem unius potentiae, retrahatur ab operatione alterius: unius enim animae non potest esse nisi una intentio. Et propter hoc, si aliquid ad se trahat totam intentionem animae, vel magnam partem ipsius, non compatitur secum aliquid aliud quod magnam attentionem requirat.

Manifestum est autem quod dolor sensibilibus maxime trahit ad se intentionem animae: quia naturaliter unumquodque tota intentione tendit ad repellendum contrarium, sicut etiam in rebus naturalibus apparet. Similiter etiam manifestum est quod ad addiscendum aliquid de novo, requiritur studium et conatus cum magna intentione: ut patet per illud quod dicitur Pr 2,4-5: *Si quaesieris sapientiam quasi pecuniam, et sicut thesauros effoderis eam, tunc intelliges disciplinam.* Et ideo si

---
1. C. 14: 1154, a, 18-21.
2. Q. 35, a. 7.
3. C. 12, n. 21: ML 32, 880.

1. Com efeito, está escrito no livro de Isaías: "Quando deres teus julgamentos sobre a terra, todos os habitantes do mundo aprenderão a justiça". E adiante: "Na tribulação em que gemem, tu os instruístes". Ora, os juízos de Deus e as tribulações produzem dor ou tristeza no coração dos homens. Logo, a dor não suprime, mas aumenta a faculdade de aprender.

2. ALÉM DISSO, o livro de Isaías diz ainda: "A quem a ciência será ensinada? A quem se fará compreender a lição? A crianças apenas desmamadas, apenas separadas do seio", quer dizer, dos prazeres. Ora, é sobretudo a dor ou tristeza que suprimem os prazeres: pois a tristeza impede todo prazer, diz o livro VII da *Ética*. E no livro do Eclesiástico se diz que "uma hora de maldade faz esquecer as maiores luxúrias". Logo, a dor não suprime a faculdade de aprender, mas antes a outorga.

3. ADEMAIS, a tristeza interior supera a dor exterior, como acima foi dito. Ora, o homem que está na tristeza pode aprender. Logo, muito mais o que está na dor corporal.

EM SENTIDO CONTRÁRIO, Agostinho diz: "Embora eu estivesse torturado nesses dias com uma fortíssima dor de dentes, não podia refletir senão nas coisas que já tinha aprendido. Mas era absolutamente incapaz de aprender coisas novas, pois para isso precisaria dispor de toda atenção de meu espírito".

RESPONDO. Como todas as potências da alma estão enraizadas numa só essência da alma, é necessário que quando a atenção da alma é levada veementemente para a ação de uma potência, se retraia da ação da outra, pois uma alma só pode ter uma atenção. Por isso, se alguma coisa atrair para si toda a atenção da alma, ou grande parte dela, não tolera que haja, junto com ela, outra coisa que requeira grande atenção.

É evidente que a dor sensível leva para si fortemente a atenção da alma; porque naturalmente cada um tende com toda a intenção a repelir o contrário, o que já se vê nas coisas da natureza. Também é evidente que para aprender algo novo se exige estudo e esforço com grande atenção, como se vê no texto do livro dos Provérbios: "Se tu buscares a sabedoria como se busca o dinheiro, e se tu a escavares como se escavam tesouros, então conhecerás a ciência". Por isso, se a dor

sit dolor intensus, impeditur homo ne tunc aliquid addiscere possit. Et tantum potest intendi, quod nec etiam, instante dolore, potest homo aliquid considerare etiam quod prius scivit. — In hoc tamen attenditur diversitas secundum diversitatem amoris quem homo habet ad addiscendum vel considerandum: qui quanto maior fuerit, magis retinet intentionem animi, ne omnino feratur ad dolorem.

AD PRIMUM ergo dicendum quod tristitia moderata, quae excludit evagationem animi, potest conferre ad disciplinam suscipiendam: et praecipue eorum per quae homo sperat se posse a tristitia liberari. Et hoc modo *in tribulatione murmuris* homines doctrinam Dei magis recipiunt.

AD SECUNDUM dicendum quod tam delectatio quam dolor, inquantum ad se trahunt animae intentionem, impediunt considerationem rationis: unde in VII *Ethic.*[4] dicitur quod *impossibile est in ipsa delectatione venereorum, aliquid intelligere*. Sed tamen dolor magis trahit ad se intentionem animae quam delectatio: sicut etiam videmus in rebus naturalibus, quod actio corporis naturalis magis intenditur in contrarium; sicut aqua calefacta magis patitur a frigido, ut fortius congeletur. Si ergo dolor seu tristitia fuerit moderata, per accidens potest conferre ad addiscendum, inquantum aufert superabundantiam delectationum. Sed per se impedit: et si intendatur, totaliter aufert.

AD TERTIUM dicendum quod dolor exterior accidit ex laesione corporali, et ita magis habet transmutationem corporalem adiunctam quam dolor interior: qui tamen est maior secundum illud quod est formale in dolore, quod est ex parte animae. Et ideo dolor corporalis magis impedit contemplationem, quae requirit omnimodam quietem, quam dolor interior. Et tamen etiam dolor interior, si multum intendatur, ita trahit intentionem, ut non possit homo de novo aliquid addiscere. Unde et Gregorius propter tristitiam intermisit Ezechielis expositionem[5].

ARTICULUS 2
Utrum aggravatio animi sit effectus tristitiae vel doloris

AD SECUNDUM SIC PROCEDITUR. Videtur quod aggravatio animi non sit effectus tristitiae.

for intensa, o homem é impedido de poder aprender. E a dor pode intensificar-se a ponto de não permitir, enquanto dura, que o homem pense em coisas que aprendera antes. — No entanto, nisso há diversidade, segundo a diversidade do amor que o homem tem pelo estudo e consideração. Quanto maior este amor, mais retém a atenção do espírito para que não se deixe entregar à dor.

QUANTO AO 1º, portanto, deve-se dizer que uma tristeza moderada, que impeça a dispersão do espírito, pode ajudar a receber o ensinamento sobretudo sobre assuntos pelos quais o homem espera poder livrar-se da tristeza. É assim que "na tribulação em que gemem" os homens acolhem mais a doutrina de Deus.

QUANTO AO 2º, deve-se dizer que tanto o prazer como a dor, enquanto atraem para si a atenção da alma, impedem o exercício da razão. Por isso é que se diz no livro da *Ética*: "É impossível conhecer alguma coisa durante o prazer sexual". Contudo, a dor atrai mais a atenção da alma que o prazer: vê-se assim nas coisas naturais que a ação do corpo natural é mais intensa sobre o seu contrário: a água aquecida é mais afetada pelo frio e congela mais rapidamente. Se a dor ou tristeza é moderada, pode acidentalmente ajudar a aprender, enquanto retira o excesso de prazeres. Mas por si, impede o estudo, e se for intensa, suprime de todo.

QUANTO AO 3º, deve-se dizer que a dor exterior provém de uma lesão corporal, e assim é mais acompanhada de mudança corporal adjunta que a dor interior. Esta, contudo, é maior, segundo o que é formal na dor, e isso é da parte da alma. Por isso, a dor corporal impede mais a contemplação, que exige um repouso completo, do que a dor interior. Porém, a dor interior, se for muito intensa, atrai de tal modo a atenção que pode impedir que se aprenda algo de novo. Daí que Gregório, por causa da tristeza, interrompeu sua exposição sobre Ezequiel.

ARTIGO 2
O acabrunhamento do espírito é efeito da tristeza ou da dor?

QUANTO AO SEGUNDO, ASSIM SE PROCEDE: parece que o acabrunhamento da alma **não** é efeito da tristeza.

---
4. C. 12: 1152, b, 16-18.
5. *In Ezechiel.*, l. II, hom. 10 (al. 22): ML 76, n. 1072.

1. Dicit enim Apostolus, 2Cor 7,11: *Ecce hoc ipsum, contristari vos secundum Deum, quantam in vobis operatur sollicitudinem: sed defensionem, sed indignationem*, etc. Sed sollicitudo et indignatio ad quandam erectionem animi pertinent, quae aggravationi opponitur. Non ergo aggravatio est effectus tristitiae.

2. PRAETEREA, tristitia delectationi opponitur. Sed effectus delectationis est dilatatio: cui non opponitur aggravatio, sed constrictio. Ergo effectus tristitiae non debet poni aggravatio.

3. PRAETEREA, ad tristitiam pertinet absorbere: ut patet per illud quod Apostolus dicit, 2Cor 2,7: *Ne forte abundantiori tristitia absorbeatur qui est eiusmodi*. Sed quod aggravatur, non absorbetur: quinimmo sub aliquo ponderoso deprimitur; quod autem absorbetur, intra absorbens includitur. Ergo aggravatio non debet poni effectus tristitiae.

SED CONTRA est quod Gregorius Nyssenus[1] et Damascenus[2] ponunt *tristitiam aggravantem*.

RESPONDEO dicendum quod effectus passionum animae quandoque metaphorice nominantur, secundum similitudinem sensibilium corporum: eo quod motus appetitus animalis sunt similes inclinationibus appetitus naturalis. Et per hunc modum fervor attribuitur amori, dilatatio delectationi, et aggravatio tristitiae. Dicitur enim homo aggravari, ex eo quod aliquo pondere impeditur a proprio motu. Manifestum est autem ex praedictis quod tristitia contingit ex aliquo malo praesenti. Quod quidem, ex hoc ipso quod repugnat motui voluntatis, aggravat animum, inquantum impedit ipsum ne fruatur eo quod vult. Et si quidem non sit tanta vis mali contristantis ut auferat spem evadendi, licet animus aggravetur quantum ad hoc, quod in praesenti non potitur eo quod vult; remanet tamen motus ad repellendum nocivum contristans. Si vero superexcrescat vis mali intantum ut spem evasionis excludat, tunc simpliciter impeditur etiam interior motus animi angustiati, ut neque hac neque illac divertere valeat. Et quandoque etiam impeditur exterior motus corporis, ita quod remaneat homo stupidus in seipso.

AD PRIMUM ergo dicendum quod illa erectio animi provenit ex tristitia quae est secundum Deum, propter spem adiunctam de remissione peccati.

1. Com efeito, o Apóstolo diz na segunda Carta aos Coríntios: "Eis o que em vós causa entristecer-vos segundo Deus: quanta solicitude! que desculpas! que indignações" etc. Ora, a solicitude e a indignação implicam um certo sobressalto do espírito, que se opõe ao acabrunhamento. Logo, o acabrunhamento não é efeito da tristeza.

2. ALÉM DISSO, a tristeza se opõe ao prazer. Ora, a dilatação é efeito do prazer, à qual se opõe não o acabrunhamento, mas a contração. Logo, o acabrunhamento não deve ser afirmado como efeito da tristeza.

3. ADEMAIS, pertence à tristeza absorver, como fica claro pelo texto do Apóstolo, na segunda Carta aos Coríntios: "Afim de que tal homem não seja absorvido por uma tristeza ainda maior". Ora, o que está acabrunhado, não é absorvido, pelo contrário, está esmagado sob um peso. O que é absorvido fica incluído no que o absorve. Logo, o acabrunhamento não deve ser afirmado como efeito da tristeza.

EM SENTIDO CONTRÁRIO, Gregório de Nissa e Damasceno falam de "uma tristeza que acabrunha".

RESPONDO. Os efeitos das paixões da alma são às vezes designados por metáforas, segundo a semelhança com os corpos sensíveis, porque os movimentos do apetite animal são semelhantes às inclinações do apetite natural. Assim, o fervor se atribui ao amor, a dilatação ao prazer, o acabrunhamento à tristeza. Com efeito, o homem está acabrunhado quando um peso impede seu movimento próprio. Pelo que foi dito, torna-se claro que a tristeza ocorre por algum mal presente. Isso, pelo fato de repugnar ao movimento da vontade, acabrunha o espírito enquanto o impede de gozar o que ele quer. Se a força do mal que entristece não chega ao ponto de suprimir a esperança de escapar, embora o ânimo fique acabrunhado por não poder no presente gozar o que deseja, permanece o movimento para repelir o mal que o entristece. Mas, se a força do mal crescer de tal modo que exclua a esperança de evasão, então o movimento interior do espírito angustiado é absolutamente impedido, e já não tem força para se voltar para um lado ou para um outro. Às vezes, até o movimento exterior do corpo é impedido, de modo que o homem fica paralisado no estupor.

QUANTO AO 1º, portanto, deve-se dizer que esse sobressalto da alma provém da tristeza que é segundo Deus, pois ela traz consigo a esperança da remissão do pecado.

---

1. NEMESIUS, *De nat. hom.*, c. 19, al. l. IV, c. 12: MG 40, 688 A.
2. *De fide orth.* l. II, c. 14: MG 94, 932 B.

AD SECUNDUM dicendum quod, quantum ad motum appetitivum pertinet, ad idem refertur constrictio et aggravatio. Ex hoc enim quod aggravatur animus, ut ad exteriora libere progredi non possit, ad seipsum retrahitur, quasi in seipso constrictus.

AD TERTIUM dicendum quod tristitia absorbere hominem dicitur, quando sic totaliter vis contristantis mali afficit animam, ut omnem spem evasionis excludat. Et sic etiam eodem modo aggravat et absorbet. Quaedam enim se consequuntur in his quae metaphorice dicuntur, quae sibi repugnare videntur, si secundum proprietatem accipiantur.

ARTICULUS 3
Utrum tristitia vel dolor debilitet omnem operationem

AD TERTIUM SIC PROCEDITUR. Videtur quod tristitia non impediat omnem operationem.

1. Sollicitudo enim ex tristitia causatur, ut patet per auctoritatem Apostoli inductam[1]. Sed sollicitudo adiuvat ad bene operandum: unde Apostolus dicit, 2Ti 2,15: *Sollicite cura teipsum exhibere operarium inconfusibilem*. Ergo tristitia non impedit operationem, sed magis adiuvat ad bene operandum.

2. PRAETEREA, tristitia causat in multis concupiscentiam, ut dicitur in VII *Ethic*.[2]. Sed concupiscentia facit ad intensionem operationis. Ergo et tristitia.

3. PRAETEREA, sicut quaedam operationes propriae sunt gaudentium, ita etiam quaedam operationes his qui tristantur, sicut lugere. Sed unumquodque augetur ex sibi convenienti. Ergo aliquae operationes non impediuntur, sed meliorantur propter tristitiam.

SED CONTRA est quod Philosophus dicit, in X *Ethic*.[3], quod *delectatio perficit operationem*, sed e contrario *tristitia impedit*.

RESPONDEO dicendum quod, sicut iam[4] dictum est, tristitia quandoque non ita aggravat vel absorbet animum, ut omnem motum interiorem et

ARTIGO 3
A tristeza ou a dor enfraquece toda ação?

QUANTO AO 2º, deve-se dizer que no que toca o movimento apetitivo, contração e acabrunhamento referem-se ao mesmo. Pelo fato de estar o ânimo acabrunhado, de modo a não poder avançar livremente para fora, ele se retira para dentro, como se estivesse contraído em si mesmo[a].

QUANTO AO 3º, deve-se dizer que a tristeza absorve o homem quando a força do mal, que entristece, totalmente afeta a alma, de modo a excluir toda esperança de evasão. E assim acabrunha e absorve do mesmo modo. Certas coisas podem se seguir mutuamente, quando se fala metaforicamente, e serem incompatíveis se tomadas em sentido próprio.

QUANTO AO TERCEIRO, ASSIM SE PROCEDE: parece que a tristeza **não** impede toda ação.

1. Com efeito, a solicitude é causada pela tristeza, segundo o texto do Apóstolo citado no artigo anterior. Ora, a solicitude ajuda a bem agir, por isso diz o mesmo Apóstolo na segunda Carta a Timóteo: "Esforça-te por te apresentar como um operário irrepreensível". Logo, a tristeza não impede a ação, mas ajuda a bem agir.

2. ALÉM DISSO, a tristeza causa em muitos a concupiscência, como está dito no livro da *Ética*. Ora, a concupiscência contribui para a intensidade da ação. Logo, também a tristeza.

3. ADEMAIS, como algumas ações são próprias dos que se alegram, outras são próprias dos que se entristecem; assim o chorar. Ora, toda coisa aumenta com o que lhe convém. Logo, algumas ações não são impedidas, mas melhoradas pela tristeza.

EM SENTIDO CONTRÁRIO, diz o Filósofo no livro X da *Ética*: "O prazer completa a ação" e inversamente, "a tristeza a impede".

RESPONDO. Já foi dito que a tristeza, por vezes, não acabrunha nem absorve o ânimo a ponto de excluir qualquer movimento interior ou exterior;

3
1. A. praec., 1 a.
2. C. 15: 1154, b, 11-15.
3. C. 4: 1174, b, 23-26.
4. Art. praec.

a. Freud observava que nos estados de melancolia "a libido liberada não se deslocou para um outro objeto, mas retirou-se no eu" (Deuil et melancholie, op. cit., p. 202).

exteriorem excludat; sed aliqui motus quandoque ex ipsa tristitia causantur. Sic ergo operatio ad tristitiam dupliciter potest comparari. Uno modo, sicut ad id de quo est tristitia. Et sic tristitia quamlibet operationem impedit: nunquam enim illud quod cum tristitia facimus, ita bene facimus sicut illud quod facimus cum delectatione, vel sine tristitia. Cuius ratio est, quia voluntas est causa operationis humanae: unde quando operatio est de qua aliquis contristatur, necesse est quod actio debilitetur.

Alio modo comparatur operatio ad tristitiam sicut ad principium et causam. Et sic necesse est quod operatio talis ex tristitia augeatur: sicut quanto aliquis magis tristatur de re aliqua, tanto magis conatur ad expellendam tristitiam, dummodo remaneat spes expellendi: alioquin nullus motus vel operatio ex tristitia causaretur.

Et per hoc patet responsio AD OBIECTA.

mas que movimentos são produzidos pela própria tristeza. Assim, a ação pode se comparar à tristeza de dois modos: Primeiro, como ao objeto da tristeza: então, a tristeza impede qualquer ação, porque nunca fazemos tão bem o que fazemos com tristeza, como o que fazemos com prazer, ou sem tristeza. A razão disso é que a vontade é causa da ação humana, e assim se a ação versa sobre algo que entristece, é necessário que a ação se enfraqueça.

Segundo, como a seu princípio ou causa. Nesse caso, é necessário que tal ação se intensifique pela tristeza, porque quanto mais uma coisa entristece, mais esforço se faz para repelir a tristeza, contanto que haja esperança de conseguí-lo, pois de outra maneira nenhum movimento ou ação seria causado pela tristeza.

Pelo que foi dito, fica clara a resposta ÀS OBJEÇÕES.

ARTICULUS 4
Utrum tristitia magis noceat corpori quam aliae animae passiones

AD QUARTUM SIC PROCEDITUR. Videtur quod tristitia non inferat maxime corpori nocumentum.

1. Tristitia enim habet esse spirituale in anima. Sed ea quae habent tantum esse spirituale, non causant transmutationem corporalem: sicut patet de intentionibus colorum quae sunt in aere, a quibus nullum corpus coloratur. Ergo tristitia non facit aliquod corporale nocumentum.

2. PRAETEREA, si facit aliquod corporale nocumentum, hoc non est nisi inquantum habet corporalem transmutationem adiunctam. Sed corporalis transmutatio invenitur in omnibus animae passionibus, ut supra[1] dictum est. Ergo non magis tristitia quam aliae animae passiones, corpori nocet.

3. PRAETEREA, Philosophus dicit, in VII *Ethic*.[2], quod *irae et concupiscentiae quibusdam insanias faciunt*: quod videtur esse maximum nocumentum, cum ratio sit excellentissimum eorum quae sunt in homine. Desperatio etiam videtur esse magis nociva quam tristitia: cum sit causa tristitiae. Ergo tristitia non magis nocet corpori quam aliae animae passiones.

SED CONTRA est quod dicitur Pr 17,22: *Animus gaudens aetatem floridam facit: spiritus tristis*

ARTIGO 4
A tristeza prejudica mais o corpo que as outras paixões da alma?

QUANTO AO QUARTO, ASSIM SE PROCEDE: parece que a tristeza **não** inflige maior dano ao corpo.

1. Com efeito, a tristeza existe espiritualmente na alma. Ora, o que só existe espiritualmente não causa mudança corporal, como se vê pelas espécies intencionais das cores que existem no ar, sem colorir corpo algum. Logo, a tristeza não faz dano algum ao corpo.

2. ALÉM DISSO, se faz algum dano ao corpo, é somente enquanto é acompanhada por alguma mudança corporal. Ora, tal mudança acontece em todas as paixões da alma, como se disse antes. Logo, a tristeza não prejudica o corpo mais que as outras paixões da alma.

3. ADEMAIS, o Filósofo escreve no livro VII da *Ética*: "As iras e as concupiscências enlouquecem a alguns": o que parece ser o maior dano, pois a razão é o que há de mais excelente no homem. O desespero, também, parece ser mais nocivo que a tristeza, pois é causa da tristeza. Logo, a tristeza não prejudica mais o corpo que as outras paixões da alma.

EM SENTIDO CONTRÁRIO, está no livro dos Provérbios: "O espírito alegre torna a idade florida;

---

4 PARALL.: Infra, q. 41, a. 1.

1. Q. 22, a. 1, 3.
2. C. 5: 1147, a, 15-18.

exsiccat ossa. Et Pr 25,20: *Sicut tinea vestimento, et vermis ligno, ita tristitia viri nocet cordi*. Et Eccli 38,19: *A tristitia festinat mors*.

RESPONDEO dicendum quod tristitia, inter omnes animae passiones, magis corpori nocet. Cuius ratio est, quia tristitia repugnat humanae vitae quantum ad speciem sui motus; et non solum quantum ad mensuram seu quantitatem, sicut aliae animae passiones. Consistit enim humana vita in quadam motione, quae a corde in cetera membra diffunditur: quae quidem motio convenit naturae humanae secundum aliquam determinatam mensuram. Si ergo ista motio procedat ultra mensuram debitam, repugnabit humanae vitae secundum quantitatis mensuram; non autem secundum similitudinem speciei. Si autem impediatur processus huius motionis, repugnabit vitae secundum suam speciem.

Est autem attendendum in omnibus animae passionibus, quod transmutatio corporalis, quae est in eis materialis, est conformis et proportionata motui appetitus, qui est formalis: sicut in omnibus materia proportionatur formae. Illae ergo animae passiones quae important motum appetitus ad prosequendum aliquid, non repugnant vitali motioni secundum speciem, sed possunt repugnare secundum quantitatem: ut amor, gaudium, desiderium, et huiusmodi. Et ideo ista secundum speciem suam iuvant naturam corporis, sed propter excessum possunt nocere. — Passiones autem quae important motum appetitus cum fuga vel retractione quadam, repugnant vitali motioni non solum secundum quantitatem, sed etiam secundum speciem motus, et ideo simpliciter nocent: sicut timor et desperatio, et prae omnibus tristitia, quae aggravat animum ex malo praesenti, cuius est fortior impressio quam futuri.

AD PRIMUM ergo dicendum quod, quia anima naturaliter movet corpus, spiritualis motus animae naturaliter est causa transmutationis corporalis. Nec est simile de spiritualibus intentionibus, quae non habent naturaliter ordinem movendi alia corpora, quae non sunt nata moveri ab anima.

AD SECUNDUM dicendum quod aliae passiones habent transmutationem corporalem conformem, secundum suam speciem, motioni vitali: sed tristitia contrariam, ut supra[3] dictum est.

o espírito entristecido seca os ossos". E ainda: "Como a traça estraga a roupa e o verme a madeira, assim a tristeza faz mal ao coração do homem". E enfim diz o livro do Eclesiástico: "A tristeza faz apressar a morte".

RESPONDO. A tristeza, entre todas as paixões da alma, é a mais nociva ao corpo. O motivo é que a tristeza repugna à vida humana quanto à espécie de seu movimento, e não só pela medida ou quantidade, como as outras paixões da alma. A vida humana consiste em certa moção que se difunde do coração para os outros membros; essa moção convém à natureza humana segundo uma medida determinada. Portanto, se essa moção for além da medida devida repugnará à vida humana segundo a medida da quantidade; não porém segundo a semelhança da espécie. Mas se o processo dessa moção for impedido, repugnará à vida segundo sua espécie.

Deve-se notar que, em todas as paixões da alma, a mudança corporal, que é nelas o material, é conforme e proporcionado ao movimento do apetite, que é o formal; como em tudo, a matéria é proporcionada à forma. Assim, aquelas paixões da alma que implicam movimento do apetite para obter algo, não repugnam à moção vital segundo a espécie, mas podem repugnar segundo a quantidade: como o amor, a alegria, o desejo etc. Por isso, essas paixões, segundo sua espécie, ajudam a natureza do corpo, mas por excesso podem prejudicar. — Quanto às paixões que implicam um movimento do apetite para a fuga ou a retração, elas repugnam à moção vital, não apenas segundo a quantidade, mas também segundo a espécie do movimento, e assim são nocivas absolutamente: como o temor e o desespero, e mais que tudo a tristeza, que acabrunha o espírito em razão do mal presente, que causa mais forte impressão que o mal futuro.

QUANTO AO 1º, portanto, deve-se dizer que, porque a alma naturalmente move o corpo, o movimento espiritual da alma causa naturalmente mudança no corpo. Nada de semelhante nas intenções espirituais, que não são por natureza ordenadas a mover outros corpos, os quais não são aptos a serem movidos pela alma.

QUANTO AO 2º, deve-se dizer que as outras paixões induzem uma mudança corporal conforme, segundo sua espécie, à moção vital; mas, a tristeza induz uma mudança contrária, como se disse.

---

3. In corp.

AD TERTIUM dicendum quod ex leviori causa impeditur usus rationis, quam corrumpatur vita: cum videamus multas aegritudines usum rationis tollere, quae nondum adimunt vitam. Et tamen timor et ira maxime nocumentum corporale afferunt ex permixtione tristitiae, propter absentiam eius quod cupitur. Ipsa etiam tristitia quandoque rationem aufert: sicut patet in his qui propter dolorem in melancholiam vel in maniam incidunt.

QUANTO AO 3º, deve-se dizer que basta uma causa mais leve para impedir o uso da razão do que para corromper a vida: vemos que muitas doenças suprimem o uso da razão, sem tirar a vida. Entretanto, o temor e a ira causam um dano corporal sobretudo quando se mistura com a tristeza por causa da ausência do que se deseja. Aliás, a tristeza, às vezes, faz perder o uso da razão, como se vê nos que, por causa da dor, caem na melancolia ou na loucura.

QUAESTIO XXXVIII
DE REMEDIS TRISTITIAE SEU DOLORIS
in quinque articulos divisa

Deinde considerandum est de remediis doloris seu tristitiae.
Et circa hoc quaeruntur quinque.
Primo: utrum dolor vel tristitia mitigetur per quamlibet delectationem.
Secundo: utrum mitigetur per fletum.
Tertio: utrum per compassionem amicorum.
Quarto: utrum per contemplationem veritatis.
Quinto: utrum per somnum et balnea.

QUESTÃO 38
OS REMÉDIOS DA TRISTEZA OU DA DOR
em cinco artigos

Em seguida, devem-se considerar os remédios da dor e da tristeza.
Sobre isso, são cinco as perguntas:
1. A dor ou tristeza é aliviada por qualquer prazer?
2. É aliviada pelas lágrimas?
3. Pela compaixão dos amigos?
3. Pela contemplação da verdade?
4. Pelo sono e pelos banhos?

ARTICULUS 1
Utrum dolor vel tristitia mitigetur per quamlibet delectationem

AD PRIMUM SIC PROCEDITUR. Videtur quod non quaelibet delectatio mitiget quemlibet dolorem seu tristitiam.
1. Non enim delectatio tristitiam mitigat, nisi inquantum ei contrariatur: *medicinae* enim *fiunt per contraria*, ut dicitur in II *Ethic.*[1]. Sed non quaelibet delectatio contrariatur cuilibet tristitiae, ut supra[2] dictum est. Ergo non quaelibet delectatio mitigat quamlibet tristitiam.
2. Praeterea, illud quod causat tristitiam, non mitigat tristitiam. Sed aliquae delectationes causant tristitiam: quia, ut dicitur in IX *Ethic.*[3], *malus tristatur quoniam delectatus est.* Non ergo omnis delectatio mitigat tristitiam.

ARTIGO 1
A dor ou tristeza é aliviada por qualquer prazer?

QUANTO AO PRIMEIRO ARTIGO, ASSIM SE PROCEDE: parece que **nem** todo prazer alivia qualquer dor ou tristeza.
1. Com efeito, o prazer alivia a tristeza somente enquanto lhe é contrário; pois como diz o livro II da *Ética*: "Os remédios agem pelos contrários". Ora, nem todo prazer é contrário a qualquer tristeza, como acima foi dito. Logo, nem todo prazer alivia qualquer tristeza.
2. ALÉM DISSO, o que causa tristeza não alivia a tristeza. Ora, alguns prazeres causam tristeza, segundo o livro IX da *Ética*: "O mau se entristece porque se deleitou". Logo, nem todo prazer alivia a tristeza.

---

1 PARALL.: Supra, q. 35, a. 4, ad 2; infra, a. 5; Part. III, q. 46, a. 8, ad 2; II *Cor.*, c. 7, lect. 2.

1. C. 2: 1104, b, 17-18.
2. Q. 35, a. 4.
3. C. 4: 1166, b, 23-26.

3. PRAETEREA, Augustinus dicit, in IV *Confess.*⁴, quod ipse fugit de patria, in qua conversari solitus erat cum amico suo iam mortuo: *minus enim quaerebant eum oculi eius, ubi videre non solebant*. Ex quo accipi potest quod illa in quibus nobis amici mortui vel absentes communicaverunt, efficiuntur nobis, de eorum morte vel absentia dolentibus, onerosa. Sed maxime communicaverunt nobis in delectationibus. Ergo ipsae delectationes efficiuntur nobis dolentibus onerosae. Non ergo quaelibet delectatio mitigat quamlibet tristitiam.

SED CONTRA est quod Philosophus dicit, in VII *Ethic.*⁵, quod *expellit delectatio tristitiam, et quae contraria, et quae contingens, si sit fortis*.

RESPONDEO dicendum quod, sicut ex praedictis⁶ patet, delectatio est quaedam quies appetitus in bono convenienti; tristitia autem est ex eo quod repugnat appetitui. Unde sic se habet delectatio ad tristitiam in motibus appetitivis, sicut se habet in corporibus quies ad fatigationem, quae accidit ex aliqua transmutatione innaturali: nam et ipsa tristitia fatigationem quandam, seu aegritudinem appetitivae virtutis importat. Sicut igitur quaelibet quies corporis remedium affert contra quamlibet fatigationem, ex quacumque causa innaturali provenientem; ita quaelibet delectatio remedium affert ad mitigandam quamlibet tristitiam, ex quocumque procedat.

AD PRIMUM ergo dicendum quod, licet non omnis delectatio contrarietur omni tristitiae secundum speciem, contrariatur tamen secundum genus, ut supra⁷ dictum est. Et ideo ex parte dispositionis subiecti, quaelibet tristitia per quamlibet delectationem mitigari potest.

AD SECUNDUM dicendum quod delectationes malorum non causant tristitiam in praesenti, sed in futuro: inquantum scilicet mali poenitent de malis de quibus laetitiam habuerunt. Et huic tristitiae subvenitur per contrarias delectationes.

AD TERTIUM dicendum quod, quando sunt duae causae ad contrarios motus inclinantes, utraque

3. ADEMAIS, diz Agostinho que deixou sua pátria, onde costumava conviver com seu amigo, agora falecido, "porque seus olhos o procuravam menos, ali onde não tinham o costume de vê-lo". Donde se pode deduzir que aquelas coisas nas quais nossos amigos, mortos ou ausentes, conviveram conosco, se nos tornam penosos agora que lamentamos sua morte ou sua ausência. Foi sobretudo no prazer que conviveram conosco. Logo, os prazeres se tornam penosos quando estamos aflitos. Portanto, nem todo prazer alivia qualquer tristeza.

EM SENTIDO CONTRÁRIO, diz o Filósofo no livro VII da *Ética*: "O prazer, se é forte, expulsa a tristeza, não só a que lhe é contrária, mas qualquer outra".

RESPONDO. Como ficou claro do que foi dito, o prazer é um certo repouso do apetite no bem que lhe convém; e a tristeza deriva do que repugna ao apetite. Assim, o prazer está para a tristeza, nos movimentos apetitivos, como nos corpos o repouso está para a fadiga, que provém de alguma mudança não natural, pois a própria tristeza implica uma certa fadiga ou doença da potência apetitiva. Então, como qualquer repouso do corpo traz remédio a qualquer fadiga, provinda de qualquer causa não natural, assim também todo prazer é remédio[a] que alivia qualquer tristeza, seja qual for sua origem.

QUANTO AO 1º, portanto, deve-se dizer que embora todo prazer não seja contrário a toda a tristeza segundo a espécie, é contrário segundo o gênero, como foi dito: E por isso, da parte da disposição do sujeito, qualquer tristeza pode ser aliviada por qualquer prazer.

QUANTO AO 2º, deve-se dizer que os prazeres dos maus não causam tristeza no presente, mas no futuro: isto é, quando os maus se arrependem dos males em que tiveram alegria. Essa tristeza se alivia por prazeres contrários.

QUANTO AO 3º, deve-se dizer que quando duas causas inclinam a movimentos contrários, ambas

---
4. C. 7: ML 32, 698.
5. C. 15: 1154, b, 13-15.
6. Q. 23, a. 4; q. 31, a. 1, ad 2.
7. Q. 35, a. 4.

a. Baseando-se nessa verdade da observação, Sto. Tomás faz dessa aptidão humana de se proporcionar prazer e de proporcioná-lo aos outros uma virtude. Justifica tal virtude afirmando que "assim como a fadiga do corpo desaparece por meio do repouso do corpo, do mesmo modo é preciso que a fadiga da alma desapareça pelo repouso da alma. O repouso da alma é o prazer" (II-II, q. 168, a. 2, Resp.). Aristóteles chamava essa virtude de "*eutrapelia*" (op. cit, II, 7, 1108 a 23-25). Ver em Sto. Tomás, II-II, 168, 2.

alteram impedit: et tamen illa finaliter vincit, quae fortior est et diuturnior. In eo autem qui tristatur de his in quibus simul cum amico mortuo vel absente delectari consuevit, duae causae in contrarium moventes inveniuntur. Nam mors vel absentia amici recogitata, inclinat ad dolorem: bonum autem praesens inclinat ad delectationem. Unde utrumque per alterum minuitur. Sed tamen, quia fortius movet sensus praesentis quam memoria praeteriti, et amor sui ipsius quam amor alterius diuturnius manet; inde est quod finaliter delectatio tristitiam expellit. Unde post pauca subdit ibidem Augustinus[8] quod *pristinis generibus delectationum cedebat dolor eius*.

se impedem mutuamente: vence aquela que é mais forte e mais duradoura. Quanto a quem se entristece com o que lhe costumava dar prazer na companhia do amigo agora morto ou ausente, aí se encontram duas causas que movem em sentido contrário. Pois o pensamento da morte ou da ausência do amigo inclina à dor; ao contrário, o bem presente inclina ao prazer. Assim cada uma das causas é diminuída pela outra. No entanto, porque o sentimento do presente é mais forte que a memória do passado, e o amor de si permanece mais duradouro que o amor do outro[b], daí que, finalmente, o prazer expulsa a tristeza. Por isso, Agostinho acrescenta pouco depois: "Sua dor cedia ao mesmo gênero de prazeres de outrora".

ARTICULUS 2
Utrum dolor vel tristitia mitigetur per fletum

AD SECUNDUM SIC PROCEDITUR. Videtur quod fletus non mitiget tristitiam.
1. Nullus enim effectus diminuit suam causam. Sed fletus, vel gemitus, est effectus tristitiae. Ergo non minuit tristitiam.
2. PRAETEREA, sicut fletus vel gemitus est effectus tristitiae, ita risus est effectus laetitiae. Sed risus non minuit laetitiam. Ergo fletus non mitigat tristitiam.
3. PRAETEREA, in fletu repraesentatur nobis malum contristans. Sed imaginatio rei contristantis auget tristitiam: sicut imaginatio rei delectantis auget laetitiam. Ergo videtur quod fletus non mitiget tristitiam.

SED CONTRA est quod Augustinus dicit, in IV *Confess.*[1], quod quando dolebat de morte amici, *in solis gemitibus et lacrimis erat ei aliquantula requies*.
RESPONDEO dicendum quod lacrimae et gemitus naturaliter mitigant tristitiam. Et hoc duplici ratione. Primo quidem, quia omne nocivum interius clausum magis affligit, quia magis multiplicatur

ARTIGO 2
A dor ou tristeza é aliviada pelas lágrimas?

QUANTO AO SEGUNDO, ASSIM SE PROCEDE: parece que a dor ou tristeza **não** é aliviada pelas lágrimas.
1. Com efeito, nenhum efeito diminui sua causa. Ora, as lágrimas ou os gemidos, são efeitos da tristeza. Logo, não a aliviam.
2. ALÉM DISSO, como lágrimas e gemidos são efeitos da tristeza, o riso é efeito da alegria. Ora, o riso não diminui a alegria. Logo, as lágrimas não aliviam a tristeza.
3. ADEMAIS, nas lágrimas se representa para nós o mal que nos entristece. Ora, a imaginação do mal que entristece, aumenta a tristeza, como a imaginação de uma coisa agradável aumenta a alegria. Logo, as lágrimas não aliviam a tristeza.

EM SENTIDO CONTRÁRIO, Agostinho diz que quando se desolava da morte do amigo "só encontrava um pouco de repouso nos gemidos e nas lágrimas".
RESPONDO. As lágrimas e os gemidos aliviam naturalmente a tristeza. E por dois motivos: 1. Porque o que é nocivo, quando fechado no interior, é mais aflitivo, porque a intenção da alma

---

8. Loc. cit., c. 8: ML 32, 698.

1. C. 7: ML 32, 698.

b. O amor de si é o fundamento e modelo dos outros amores, especialmente no que Aristóteles chama de amizade, pois o outro é amado como a si mesmo (ver I-II, q. 2, a. 8, sol. 2; Aristóteles, op. cit, IX, 4, 1166 a 34 etc.). Esse amor de si, pensa o teólogo, no estado de natureza, antes da falta original, abria-se ao amor do criador, cada criatura inteligente sabendo-se parte de um todo, de todo o universo e participante no Bem (ver II-II, q. 26, a. 4, Resp.). Depois da "corrupção" da natureza, amando a si mesmo na desordem e na desarmonia, o homem se dispersa e se desagrega em sua afetividade. É por isso que os pecados e os vícios têm um efeito de "des-conexão", ao contrário das virtudes, cuja "conexão" realiza a integração do sujeito (ver I-II, q. 73, a. 1, Sol. e r. 1; q. 109, a. 3, Sol.).

intentio animae circa ipsum: sed quando ad exteriora diffunditur, tunc animae intentio ad exteriora quodammodo disgregatur, et sic interior dolor minuitur. Et propter hoc, quando homines qui sunt in tristitiis, exterius suam tristitiam manifestant vel fletu aut gemitu, vel etiam verbo, mitigatur tristitia. — Secundo, quia semper operatio conveniens homini secundum dispositionem in qua est, sibi est delectabilis. Fletus autem et gemitus sunt quaedam operationes convenientes tristato vel dolenti. Et ideo efficiuntur ei delectabiles. Cum igitur omnis delectatio aliqualiter mitiget tristitiam vel dolorem, ut dictum est[2], sequitur quod per planctum et gemitum tristitia mitigetur.

AD PRIMUM ergo dicendum quod ipsa habitudo causae ad effectum contrariatur habitudini contristantis ad contristatum: nam omnis effectus est conveniens suae causae, et per consequens est ei delectabilis; contristans autem contrariatur contristato. Et ideo effectus tristitiae habet contrariam habitudinem ad contristatum, quam contristans ad ipsum. Et propter hoc, mitigatur tristitia per effectum tristitiae, ratione contrarietatis praedictae.

AD SECUNDUM dicendum quod habitudo effectus ad causam est similis habitudini delectantis ad delectatum: quia utrobique convenientia invenitur. Omne autem simile auget suum simile. Et ideo per risum et alios effectus laetitiae augetur laetitia: nisi forte per accidens, propter excessum.

AD TERTIUM dicendum quod imaginatio rei contristantis, quantum est de se, nata est augere tristitiam: sed ex hoc ipso quod homo imaginatur quod facit illud quod convenit sibi secundum talem statum, consurgit inde quaedam delectatio. Et eadem ratione, si alicui subrepat risus in statu in quo videtur sibi esse lugendum, ex hoc ipso dolet, tanquam faciat id quod non convenit, ut Tullius dicit, in III *de Tuscul. Quaestionibus*[3].

nele se concentra mais; ao contrário, quando se difunde para fora, a intenção da alma de algum modo se dispersa, e assim diminui a dor interior. Assim, quando os homens que estão na tristeza a manifestam externamente por choro ou gemido, ou mesmo por palavras, a tristeza fica mitigada. — 2. Porque a ação que convém ao homem segundo sua disposição do momento é sempre agradável[c]. O choro e os gemidos são ações que convêm aos que estão tristes ou doentes. Por isso, se tornam deleitáveis para eles. Como todo o prazer alivia a tristeza ou dor de certo modo, como foi dito, segue-se que pelo choro e pelos gemidos se alivia a tristeza.

QUANTO AO 1º, portanto, deve-se dizer que a relação de causa e efeito é contrária à relação do que entristece com o que fica entristecido, já que todo efeito é conveniente à sua causa, e por isso lhe é deleitável. Mas o que causa tristeza é contrário ao que a sofre. Por isso, a relação do efeito da tristeza com o que a sofre é contrária à relação do que entristece com o que fica entristecido. Isso faz que a tristeza seja aliviada pelo efeito da tristeza, em razão da oposição de contrariedade acima vista.

QUANTO AO 2º, deve-se dizer que a relação do efeito com a causa é semelhante à do deleitante com deleitado: nos dois casos se encontra conveniência. Todo semelhante aumenta seu semelhante. Por isso, os risos e os outros efeitos da alegria aumentam, salvo acidentalmente, quando há exagero.

QUANTO AO 3º, deve-se dizer que imaginar o que causa tristeza, por si aumenta naturalmente a tristeza: mas pelo fato de que o homem imagina que faz o que lhe convém numa tal situação, surge daí certo prazer. Pela mesma razão, se alguém tem um acesso de riso quando lhe parece que devia chorar, isso lhe dá pena, como se fizesse algo inconveniente, diz Cicero.

ARTICULUS 3
Utrum dolor et tristitia mitigentur per compassionem amicorum

AD TERTIUM SIC PROCEDITUR. Videtur quod dolor amici compatientis non mitiget tristitiam.

ARTIGO 3
A tristeza ou dor é aliviada pela compaixão dos amigos?

QUANTO AO TERCEIRO, ASSIM SE PROCEDE: parece que a dor do amigo **não** alivia a tristeza.

---

2. Art. praec.
3. C. 27: ed. Müller, Lipsiae 1889, p. 381, ll. 25-28.

3 PARALL.: in *Iob.*, c. 2, lect. 2; c. 16, lect. 1; *Rom.*, c. 12, lect. 3; IX *Ethic.*, lect. 13.

---

c. Aquele que, na dor, se dispõe a gemer e chorar satisfaz, ao fazê-lo, uma necessidade de sua natureza. Sente um alívio que lhe é agradável.

1. Contrariorum enim contrarii sunt effectus. Sed sicut Augustinus dicit, VIII *Confess*.[1]: *Quando cum multis gaudetur, in singulis uberius est gaudium: quia fervere faciunt se, et inflammantur ex alterutro*. Ergo, pari ratione, quando multi simul tristantur, videtur quod sit maior tristitia.

2. PRAETEREA, hoc requirit amicitia, ut amoris vicem quis rependat, ut Augustinus dicit, IV *Confess*.[2]. Sed amicus condolens dolet de dolore amici dolentis. Ergo ipse dolor amici condolentis est causa amico prius dolenti de proprio malo, alterius doloris. Et sic, duplicato dolore, videtur tristitia crescere.

3. PRAETEREA, omne malum amici est contristans, sicut et malum proprium: nam *amicus est alter ipse*. Sed dolor est quoddam malum. Ergo dolor amici condolentis auget tristitiam amico cui condoletur.

SED CONTRA est quod Philosophus dicit, in IX *Ethic*.[3], quod in tristitiis amicus condolens consolatur.

RESPONDEO dicendum quod naturaliter amicus condolens in tristitiis est consolativus. Cuius duplicem rationem tangit Philosophus in IX *Ethic*.[4]. Quarum prima est quia, cum ad tristitiam pertineat aggravare, habet rationem cuiusdam oneris, a quo aliquis aggravatus alleviari conatur. Cum ergo aliquis videt de sua tristitia alios contristatos, fit ei quasi quaedam imaginatio quod illud onus alii cum ipso ferant, quasi conantes ad ipsum ab onere alleviandum, et ideo levius fert tristitiae onus: sicut etiam in portandis oneribus corporalibus contingit. — Secunda ratio, et melior, est quia per hoc quod amici contristantur ei, percipit se ab eis amari; quod est delectabile, ut supra[5] dictum est. Unde, cum omnis delectatio mitiget tristitiam, sicut supra[6] dictum est, sequitur quod amicus condolens tristitiam mitiget.

AD PRIMUM ergo dicendum quod in utroque amicitia manifestatur, scilicet et quod congaudet gaudenti, et quod condolet dolenti. Et ideo utrumque ratione causae redditur delectabile.

1. Com efeito, os contrários têm efeitos contrários. Ora, diz Agostinho: "Quando a pessoa se alegra com muitas coisas, a alegria de cada uma é mais abundante, porque faz ferver e inflamar-se por uma e outra". Logo, pela mesma razão, quando muitos se entristecem ao mesmo tempo, parece que é maior a tristeza.

2. ALÉM DISSO, Agostinho diz que a amizade exige reciprocidade de amor. Ora, o amigo compassivo sofre com a dor do amigo sofredor. Logo, a mesma dor do amigo compassivo é causa de uma nova tristeza para quem já sofria com seu próprio mal. E assim, duplicada a dor, a tristeza parece crescer.

3. ADEMAIS, todo mal de um amigo entristece como um mal próprio, porque *o amigo é um outro eu*. Ora, a dor é um mal. Logo, a dor do amigo compassivo aumenta a tristeza do amigo do qual tem compaixão.

EM SENTIDO CONTRÁRIO, o Filósofo diz no livro IX da *Ética*: "Um amigo compassivo é uma consolação na tristeza".

RESPONDO. É natural que um amigo compassivo seja uma consolação nas tristezas. Por duas razões que o Filósofo aduz no livro IX da *Ética*. A primeira é que, como é próprio da tristeza acabrunhar e isso tem razão de um certo peso, do qual o que está acabrunhado procura aliviar-se. Quando alguém vê os outros contristados pela tristeza que sente, imagina que aquele peso esteja sendo dividido com outros, que se esforçam para aliviá-lo dele; e assim suporta melhor o peso da tristeza: o que acontece como os carregadores de pesos materiais.
— A segunda razão, a melhor, é que pelo fato de os amigos se entristecerem com ele, percebe que ele é amado por eles, o que é deleitável, como se disse. Portanto, já que todo prazer alivia a tristeza, como também se disse acima, segue-se que o amigo compassivo alivia a tristeza.

QUANTO AO 1º, portanto, deve-se dizer que a amizade se manifesta nos dois casos: quando se alegra com quem se alegra, e quando se compadece com quem padece. Por isso, os dois dão prazer, por razão de causa.

---

1. C. 4: ML 32, 752.
2. C. 9: ML 32, 699.
3. C. 11: 1171, a, 29-30.
4. C. 11: 1171, a, 28-34.
5. Q. 32, a. 5.
6. Art. 1.

AD SECUNDUM dicendum quod ipse dolor amici secundum se contristaret. Sed consideratio causae eius, quae est amor, magis delectat.

Et per hoc patet responsio AD TERTIUM.

ARTICULUS 4
Utrum per contemplationem veritatis, dolor et tristitia mitigentur

AD QUARTUM SIC PROCEDITUR. Videtur quod contemplatio veritatis non mitiget dolorem.
1. Dicitur enim Eccle 1,18: *Qui addit scientiam, addit et dolorem.* Sed scientia ad contemplationem veritatis pertinet. Non ergo contemplatio veritatis mitigat dolorem.

2. PRAETEREA, contemplatio veritatis ad intellectum speculativum pertinet. Sed *intellectus speculativus non movet*, ut dicitur in III *de Anima*[1]. Cum igitur gaudium et dolor sint quidam motus animi, videtur quod contemplatio veritatis nihil faciat ad mitigationem doloris.
3. PRAETEREA, remedium aegritudinis apponendum est ubi est aegritudo. Sed contemplatio veritatis est in intellectu. Non ergo mitigat dolorem corporalem, qui est in sensu.

SED CONTRA est quod Augustinus dicit, in I *Soliloq.*[2]: *Videbatur mihi, si se ille mentibus nostris veritatis fulgor aperiret, aut non me sensurum fuisse illum dolorem, aut certe pro nihilo toleraturum.*

RESPONDEO dicendum quod, sicut supra[3] dictum est, in contemplatione veritatis maxima delectatio consistit. Omnis autem delectatio dolorem mitigat, ut supra[4] dictum est. Et ideo contemplatio veritatis mitigat tristitiam vel dolorem: et tanto magis, quanto perfectius aliquis est amator sapientiae. Et ideo homines ex contemplatione divina et futurae beatitudinis, in tribulationibus gaudent; secundum illud Iac 1,2: *Omne gaudium existimate, fratres mei, cum in tentationes varias incideritis.* Et quod est amplius, etiam inter corporis cruciatus huiusmodi gaudium invenitur: sicut Tiburtius martyr, cum nudatis plantis super ardentes prunas

QUANTO AO 2º, deve-se dizer que a dor do amigo, em si mesma entristeceria; mas, a consideração da causa dessa compaixão, que é o amor, traz mais prazer.

QUANTO AO 3º, deve-se dizer que está clara a resposta pelo que foi dito.

ARTIGO 4
A dor e a tristeza são aliviadas pela contemplação da verdade?

QUANTO AO QUARTO, ASSIM SE PROCEDE: parece que a contemplação da verdade **não** alivia a dor.
1. Com efeito, diz o livro do Eclesiastes: "Quem aumenta a ciência, aumenta também a dor". Ora, a ciência pertence à contemplação da verdade. Logo, a contemplação da verdade não alivia a dor.
2. ALÉM DISSO, a contemplação da verdade pertence ao intelecto especulativo. Ora, "o intelecto especulativo não move", como se diz no livro III da *Alma*. Como a alegria e a dor são movimentos do espírito, parece que a contemplação da verdade nada faça para aliviar a dor.
3. ADEMAIS, o remédio da doença deve aplicar-se onde a doença está. Ora, a contemplação da verdade está no intelecto. Logo, não alivia a dor corporal, que está no sentido.

EM SENTIDO CONTRÁRIO, Agostinho diz: "Parecia-me que se esta luz fulgurante da verdade se tivesse manifestado às nossas mentes, eu não teria sentido aquela dor, ou certamente teria suportado como se nada fosse".

RESPONDO. Na contemplação da verdade consiste o sumo prazer, como acima foi dito. Ora, todo prazer alivia a dor, como também foi dito. Portanto, a contemplação da verdade alivia a tristeza ou a dor, e tanto mais quanto mais perfeitamente se ama a sabedoria. Por isso, os homens, pela contemplação de Deus e da bem-aventurança futura, alegram-se nas tribulações, segundo a Carta de Tiago: "Considerai alegria, meus irmãos, quando cairdes nas mais variadas tribulações". E o que é mais, até mesmo entre as torturas do corpo se encontra tal alegria, assim como o mártir Tibúrcio, andando com os pés nus sobre carvões ardentes

---

4
1. C. 11: 432, b, 27-433, a, 1; 13-23.
2. C. 12, n. 21: ML 32, 880-881.
3. Q. 3, a. 5.
4. Art. 1.

incederet, dixit: *Videtur mihi quod super roseos flores incedam, in nomine Iesu Christi.*

AD PRIMUM ergo dicendum quod *qui addit scientiam, addit dolorem*, vel propter difficultatem et defectum inveniendae veritatis: vel propter hoc, quod per scientiam homo cognoscit multa quae voluntati contrariantur. Et sic ex parte rerum cognitarum, scientia dolorem causat: ex parte autem contemplationis veritatis, delectationem.

AD SECUNDUM dicendum quod intellectus speculativus non movet animum ex parte rei speculatae: movet tamen animum ex parte ipsius speculationis, quae est quoddam bonum hominis, et naturaliter delectabilis.

AD TERTIUM dicendum quod in viribus animae fit redundantia a superiori ad inferius. Et secundum hoc, delectatio contemplationis, quae est in superiori parte, redundat ad mitigandum etiam dolorem qui est in sensu.

dizia: "Parece-me andar sobre rosas, em nome de Jesus Cristo".

QUANTO AO 1º, portanto, deve-se dizer que *quem aumenta a ciência aumenta a dor*, ou pela dificuldade ou fracasso no encontro da verdade; ou porque pela ciência o homem conhece muitas coisas contrárias à vontade[d]. Assim, da parte das coisas conhecidas, a ciência causa dor; e da parte da contemplação da verdade, causa prazer.

QUANTO AO 2º, deve-se dizer que o intelecto especulativo não move o espírito da parte do objeto da especulação, mas o move da parte da especulação mesma, que é um bem do homem e naturalmente deleitável.

QUANTO AO 3º, deve-se dizer que nas potências da alma há redundância da superior para a inferior. Por isso, o prazer de contemplar, que está na parte superior, redunda na parte sensível para aliviar a dor que nela existe.

ARTICULUS 5
Utrum dolor et tristitia mitigentur per somnum et balnea

AD QUINTUM SIC PROCEDITUR. Videtur quod somnus et balneum non mitigent tristitiam.

1. Tristitia enim in anima consistit. Sed somnus et balneum ad corpus pertinent. Non ergo aliquid faciunt ad mitigationem tristitiae.

2. PRAETEREA, idem effectus non videtur causari ex contrariis causis. Sed huiusmodi, cum sint corporalia, repugnant contemplationi veritatis, quae est causa mitigationis tristitiae, ut dictum est[1]. Non ergo per huiusmodi tristitia mitigatur.

3. PRAETEREA, tristitia et dolor, secundum quod pertinent ad corpus, in quadam transmutatione cordis consistunt. Sed huiusmodi remedia magis videntur pertinere ad exteriores sensus et membra, quam ad interiorem cordis dispositionem. Non ergo per huiusmodi tristitia mitigatur.

SED CONTRA est quod Augustinus dicit, IX *Confess*.[2]: *Audieram balnei nomen inde dictum, quod anxietatem pellat ex animo.* Et infra: *Dor-*

ARTIGO 5
A dor e a tristeza são aliviadas pelo sono e pelos banhos?

QUANTO AO QUINTO, ASSIM SE PROCEDE: parece que o sono e o banho **não** aliviam a tristeza.

1. Com efeito, a tristeza se localiza na alma. Ora, o sono e o banho pertencem ao corpo. Logo, nada podem fazer para aliviar a tristeza.

2. ALÉM DISSO, o mesmo efeito não parece ser causado por causas contrárias. Ora, o sono e o banho, sendo corporais, repugnam à contemplação da verdade, que é causa do alívio da tristeza, como foi dito. Logo, por eles a tristeza não é aliviada.

3. ADEMAIS, a tristeza e a dor, enquanto pertencem ao corpo, consistem em certa mudança do coração. Ora, tais remédios parece que mais pertencem aos sentidos exteriores e aos membros, do que à disposição interior do coração. Logo, a tristeza não é aliviada por eles.

EM SENTIDO CONTRÁRIO, Agostinho diz: "Eu ouvira dizer que a palavra banho vem de que expulsa a ansiedade da alma". E mais adiante: "Dormi e

---

5
1. Art. praec.
2. C. 12, n. 32: ML 32, 777.

---

d. Há verdades às quais se foge. Não se quer conhecê-las porque elas derrubariam falsas certezas e o que alguns chamam de conforto intelectual. Como deixar de citar a declaração de Jesus Cristo a Nicodemos: "Aquele que age segundo a verdade vem à luz para que suas obras sejam manifestadas" (Jo 3,21). Esse amor exigente da verdade, tão caro a Sto. Tomás, é aquele dos pesquisadores e eruditos. Freud tem, a respeito, belas declarações (ver L'Avenir d'une illusion [O Futuro de uma Ilusão], PUF, 1971, p. 70-77.

mivi, et evigilavi, et non parva ex parte mitigatum inveni dolorem meum. Et inducit quod in hymno Ambrosii[3] dicitur, quod *quies artus solutos reddit laboris usui, mentesque fessas allevat, luctusque solvit anxios.*

RESPONDEO dicendum quod, sicut supra[4] dictum est, tristitia secundum suam speciem repugnat vitali motioni corporis. Et ideo illa quae reformant naturam corporalem in debitum statum vitalis motionis, repugnant tristitiae, et ipsam mitigant. — Per hoc etiam quod huiusmodi remediis reducitur natura ad debitum statum, causatur ex his delectatio: hoc enim est quod delectationem facit, ut supra[5] dictum est. Unde, cum omnis delectatio tristitiam mitiget, per huiusmodi remedia corporalia tristitia mitigatur.

AD PRIMUM ergo dicendum quod ipsa debita corporis dispositio, inquantum sentitur, delectationem causat, et per consequens tristitiam mitigat.

AD SECUNDUM dicendum quod delectationum una aliam impedit, ut supra[6] dictum est: et tamen omnis delectatio tristitiam mitigat. Unde non est inconveniens quod ex causis se invicem impedientibus tristitia mitigetur.

AD TERTIUM dicendum quod omnis bona dispositio corporis redundat quodammodo ad cor, sicut ad principium et finem corporalium motionum, ut dicitur in libro *de Causa Motus Animalium*[7].

acordei e me encontrei que boa parte de minha dor estava aliviada". E cita também os versos de um hino ambrosiano: "O repouso restitui ao trabalho os membros fatigados, alivia as mentes cansadas, e dissolve as angústias".

RESPONDO. A tristeza, como se disse, se opõe, segundo sua espécie, à moção vital do corpo. Por conseguinte, as coisas, que reconduzem a natureza corporal ao devido estado da moção vital, repugnam à tristeza e a alivia. — Pelo fato de tais remédios reconduzirem a natureza ao devido estado, causam o prazer: é isso que provoca o prazer, como acima foi dito. Portanto, uma vez que todo prazer alivia a tristeza, por esses remédios corporais a tristeza é também aliviada.

QUANTO AO 1º, portanto, deve-se dizer que a devida disposição do corpo, enquanto é sentida, causa prazer e consequentemente alivia a tristeza.

QUANTO AO 2º, deve-se dizer que um prazer impede o outro, como acima se disse, entretanto todo prazer alivia a tristeza. Por isso, não é inconveniente dizer que a tristeza se alivia por causas que se impedem umas às outras.

QUANTO AO 3º, deve-se dizer que toda boa disposição do corpo redunda de certo modo no coração, como princípio e fim das moções corporais, como se diz no livro: *Da causa do movimento dos animais*.

---

3. *Deus Creator omnium*: ML 16, 1410.
4. Q. 37, a. 4.
5. Q. 31, a. 1.
6. Q. 31, a. 8.
7. Al. *De animalium motione*, c. 11: 703, b, 23-24.

QUAESTIO XXXIX
DE BONITATE ET MALITIA TRISTITIAE SEU DOLORIS
in quatuor articulos divisa

Deinde considerandum est de bonitate et malitia doloris vel tristitiae.
Et circa hoc quaeruntur quatuor.
Primo: utrum omnis tristitia sit malum.
Secundo: utrum possit esse bonum honestum.

QUESTÃO 39
A BONDADE E A MALÍCIA DA TRISTEZA OU DA DOR[a]
em quatro artigos

Em seguida, deve-se considerar a bondade e a malícia da dor ou da tristeza.
Sobre isso, são quatro as perguntas:
1. Toda a tristeza é um mal?
2. Ela pode ser um bem honesto?

---

a. Como fez em relação com o prazer, Sto. Tomás se põe a questão da avaliação moral da tristeza e da dor. Só o faz após ter estudado na vivência humana, suas causas, efeitos e remédios. Só temos que felicitar-nos por esse método "científico", demasiado negligenciado pelos moralistas.

Tertio: utrum possit esse bonum utile.
Quarto: utrum dolor corporis sit summum malum.

ARTICULUS 1
Utrum omnis tristitia sit mala

AD PRIMUM SIC PROCEDITUR. Videtur quod omnis tristitia sit mala.
1. Dicit enim Gregorius Nyssenus[1]: *Omnis tristitia malum est, sui ipsius natura.* Sed quod naturaliter est malum, semper et ubique est malum. Ergo omnis tristitia est mala.
2. PRAETEREA, illud quod omnes fugiunt, etiam virtuosi, est malum. Sed tristitiam omnes fugiunt, etiam virtuosi: quia, ut dicitur in VII *Ethic.*[2], *etsi prudens non intendat delectari, tamen intendit non tristari.* Ergo tristitia est malum.

3. PRAETEREA, sicut malum corporale est obiectum et causa doloris corporalis, ita malum spirituale est obiectum et causa tristitiae spiritualis. Sed omnis dolor corporalis est malum corporis. Ergo omnis tristitia spiritualis est malum animae.

SED CONTRA, tristitia de malo contrariatur delectationi de malo. Sed delectatio de malo est mala: unde in detestationem quorundam dicitur Pr 2,14, quod *laetantur cum malefecerint.* Ergo tristitia de malo est bona.

RESPONDEO dicendum quod aliquid esse bonum vel malum, potest dici dupliciter. Uno modo, simpliciter et secundum se. Et sic omnis tristitia est quoddam malum: hoc enim ipsum quod est appetitum hominis anxiari de malo praesenti, rationem mali habet; impeditur enim per hoc quies appetitus in bono.
Alio modo dicitur aliquid bonum vel malum, ex suppositione alterius: sicut verecundia dicitur esse bonum, ex suppositione alicuius turpis commissi, ut dicitur in IV *Ethic.*[3]. Sic igitur, supposito aliquo contristabili vel doloroso, ad bonitatem pertinet quod aliquis de malo praesenti tristetur vel doleat. Quod enim non tristaretur vel non doleret, non posset esse nisi quia vel non sentiret, vel quia non reputaret sibi repugnans: et utrumque istorum est malum manifeste. Et ideo ad bonitatem pertinet ut, supposita praesentia mali, sequatur tristitia

3. Pode ser um bem útil?
4. A dor corporal pode ser o pior dos males?

ARTIGO 1
Toda tristeza é má?

QUANTO AO PRIMEIRO ARTIGO, ASSIM SE PROCEDE: parece que toda tristeza é má.
1. Com efeito, Gregório de Nissa escreve: "Toda tristeza é um mal por sua própria natureza". Ora, o que é mal por natureza é mal sempre e em toda a parte. Logo toda tristeza é má.
2. ALÉM DISSO, o que todos os homens evitam, mesmo os virtuosos, é um mal. Ora, todos evitam a tristeza, até os virtuosos, como se diz no livro VII da *Ética*: "Embora o homem prudente não procure o prazer, trata de evitar a tristeza". Logo, a tristeza é um mal.
3. ADEMAIS, o mal corporal é objeto e causa de dor corporal; assim, do mesmo modo, o mal espiritual é objeto e causa da tristeza espiritual. Ora, toda dor corporal é mal do corpo. Logo, toda dor espiritual é mal da alma.

EM SENTIDO CONTRÁRIO, a tristeza do mal é contrária ao prazer do mal. Ora, o prazer do mal é mau: por isso essa repreensão do livro dos Provérbios: "Eles se alegram ao fazer o mal". Portanto, a tristeza do mal é boa.

RESPONDO. Que uma coisa seja boa ou má, pode entender-se de duas maneiras. 1. Absolutamente e em si. Nesse sentido, toda tristeza é um mal. O fato mesmo de que o apetite do homem se angustia por um mal presente, tem razão de mal, porque isso impede o repouso do apetite no bem.

2. Suposta uma condição. Assim, a vergonha é um bem, supondo que se tenha cometido algo feio, como se diz no livro IV da *Ética*. Portanto, na suposição de algo triste ou doloroso, pertence à bondade que alguém se entristeça ou doa do mal presente. Se não se entristecesse ou não doesse, só poderia ser ou porque não o sentisse, ou então porque não o julgasse contrário a si: cada um desses casos é evidentemente um mal. Portanto, pertence à bondade que, suposta a presença do mal, siga-se a tristeza ou dor. É isso que diz

---

1 PARALL.: III *Sent.*, dist. 15, q. 2, a. 2, q.la 1, ad 3; IV, dist. 49, q. 3, a. 4, q.la 2.

1. NEMESIUS, *De nat. hom.*, c. 19, al. l. IV, c. 12: MG 40, 688 A.
2. C. 12: 1152, b, 15-16.
3. C. 15: 1128, b, 30-31.

vel dolor. Et hoc est quod Augustinus dicit, VIII *super Gen. ad litt.*[4]: *Adhuc est bonum quod dolet amissum bonum: nam nisi aliquod bonum remansisset in natura, nullius boni amissi dolor esset in poena.* — Sed quia sermones morales sunt in singularibus, quorum sunt operationes, illud quod est ex suppositione bonum, debet bonum iudicari: sicut quod est ex suppositione voluntarium, iudicatur voluntarium, ut dicitur in III *Ethic.*[5], et supra[6] habitum est.

AD PRIMUM ergo dicendum quod Gregorius Nyssenus loquitur de tristitia ex parte mali tristantis: non autem ex parte sentientis et repudiantis malum. — Et ex hac etiam parte omnes fugiunt tristitiam, inquantum fugiunt malum: sed sensum et refutationem mali non fugiunt. — Et sic etiam dicendum est de dolore corporali: nam sensus et recusatio mali corporalis attestatur naturae bonae.

Unde patet responsio AD SECUNDUM et TERTIUM.

ARTICULUS 2
Utrum tristitia possit esse bonum honestum

AD SECUNDUM SIC PROCEDITUR. Videtur quod tristitia non habeat rationem boni honesti.

1. Quod enim ad inferos deducit, contrariatur honesto. Sed sicut dicit Augustinus, XII *super Gen. ad litt.*[1], *Iacob hoc timuisse videtur, ne nimia tristitia sic perturbaretur, ut non ad requiem beatorum iret, sed ad inferos peccatorum.* Ergo tristitia non habet rationem boni honesti.

2. PRAETEREA, bonum honestum habet rationem laudabilis et meritorii. Sed tristitia diminuit rationem laudis et meriti: dicit enim Apostolus, 2Cor 9,7: *Unusquisque prout destinavit in corde suo, non ex tristitia aut ex necessitate.* Ergo tristitia non est bonum honestum.

3. PRAETEREA, sicut Augustinus dicit, XIV de *Civ. Dei*[2], *tristitia est de his quae, nobis nolentibus, accidunt.* Sed non velle ea quae praesentialiter

Agostinho: "É ainda um bem sofrer a perda de um bem; porque se não tivesse ficado algum bem na natureza, de nenhum bem perdido haveria dor na pena". — Mas, como os discursos morais versam sobre os singulares, dos quais são as ações[b], o que é por suposição bom, deve ser julgado bom; como o que é por suposição voluntário, julga-se voluntário, como se diz no livro III da *Ética*, e acima foi estabelecido.

QUANTO AO 1º, portanto, deve-se dizer que Gregório de Nissa fala da tristeza da parte do mal que entristece; mas não da parte do que sente e rejeita o mal. — Desta parte, também, todos fogem da tristeza enquanto fogem do mal; mas não fogem da percepção do mal e de sua rejeição. — O mesmo se diga da dor corporal, porque a percepção e a recusa do mal corporal atestam a bondade da natureza.

QUANTO AO 2º E 3º, deve-se dizer que pelo que foi dito fica clara a resposta.

ARTIGO 2
A tristeza pode ser um bem honesto?

QUANTO AO SEGUNDO, ASSIM SE PROCEDE: parece que a tristeza **não** tem razão de bem honesto.

1. Com efeito, o que leva ao inferno é contrário ao que é honesto. Ora, diz Agostinho, "Parece que Jacó teve medo de ser de tal modo perturbado por excessiva tristeza, que não chegasse a ir para o repouso dos bem-aventurados, mas para o inferno dos pecadores". Logo, a tristeza não tem razão de bem honesto.

2. ALÉM DISSO, o bem honesto tem a razão de louvável e meritório. Ora, a tristeza diminui a razão de louvor é de mérito. Diz o Apóstolo na segunda Carta aos Coríntios: "Que cada um dê como decidiu em seu coração, não por tristeza ou obrigação". Logo, a tristeza não é um bem honesto.

3. ADEMAIS, segundo Agostinho, "A tristeza tem por objeto as coisas que nos acontecem contra nossa vontade". Não querer o que se realiza pre-

---

4. C. 14, n. 31: ML 34, 385.
5. C. 1: 1110, a, 18-19.
6. Q. 6, a. 6.

PARALL.: Infra, q. 59, a. 3; Part. III, q. 15, a. 6, ad 2, 3; q. 46, a. 6, ad 2.

1. C. 33: ML 34, 482.
2. C. 15: ML 41, 424; cfr. etiam c. 6: ML 41, 409.

b. Essa declaração de princípio merece ser enfatizada. A natureza humana só existe no singular e cada ação humana é singular. É por isso que a moral é uma "ciência prática" e não especulativa.

fiunt, est habere voluntatem repugnantem ordinationi divinae, cuius providentiae subiacent omnia quae aguntur. Ergo, cum conformitas humanae voluntatis ad divinam pertineat ad rectitudinem voluntatis, ut supra[3] dictum est; videtur quod tristitia contrarietur rectitudini voluntatis. Et sic non habet rationem honesti.

SED CONTRA, omne quod meretur praemium vitae aeternae, habet rationem honesti. Sed tristitia est huiusmodi: ut patet per id quod dicitur Mt 5,5: *Beati qui lugent, quoniam ipsi consolabuntur.* Ergo tristitia est bonum honestum.

RESPONDEO dicendum quod, secundum illam rationem qua tristitia est bonum, potest esse bonum honestum. Dictum est enim[4] quod tristitia est bonum secundum cognitionem et recusationem mali. Quae quidem duo in dolore corporali, attestantur bonitati naturae, ex qua provenit quod sensus sentit, et natura refugit laesivum, quod causat dolorem. In interiori vero tristitia, cognitio mali quandoque quidem est per rectum iudicium rationis; et recusatio mali est per voluntatem bene dispositam detestantem malum. Omne autem bonum honestum ex his duobus procedit, scilicet ex rectitudine rationis et voluntatis. Unde manifestum est quod tristitia potest habere rationem boni honesti.

AD PRIMUM ergo dicendum quod omnes passiones animae regulari debent secundum regulam rationis, quae est radix boni honesti. Quam transcendit immoderata tristitia, de qua loquitur Augustinus. Et ideo recedit a ratione boni honesti.

AD SECUNDUM dicendum, sicut tristitia de malo procedit ex voluntate et ratione recta, quae detestatur malum; ita tristitia de bono procedit ex ratione et voluntate perversa, quae detestatur bonum. Et ideo talis tristitia impedit laudem vel meritum boni honesti: sicut cum quis facit cum tristitia eleemosynam.

AD TERTIUM dicendum quod aliqua praesentialiter eveniunt, quae non fiunt Deo volente, sed Deo permittente, sicut peccata. Unde voluntas repugnans peccato existenti vel in se vel in alio, non discordat a voluntate Dei. — Mala vero poenalia praesentialiter contingunt, etiam Deo volente. Non

sentemente, é ter a vontade contrária à ordenação divina, a cuja providência estão sujeitas todas as coisas que se fazem. Portanto, como pertence à retidão da vontade, como acima se disse, que haja conformidade da vontade humana com a vontade divina, parece que a tristeza é contrária à retidão da vontade. E assim não tem razão de honesto.

EM SENTIDO CONTRÁRIO, tudo o que merece a recompensa da vida eterna tem razão de honesto. Assim é a tristeza, como está claro no Evangelho de Mateus: "Bem-aventurados os que choram, porque serão consolados". Logo, a tristeza é um bem honesto.

RESPONDO. Segundo a razão pela qual a tristeza é um bem, pode ser um bem honesto[c]. Foi dito que a tristeza é um bem enquanto conhecimento e rejeição do mal. Estas duas coisas, na dor corporal, atestam a bondade da natureza, donde provém que o sentido sente e a natureza evita o que faz mal, que causa dor. Na tristeza interior, o conhecimento do mal às vezes se dá por um juízo reto da razão; e a recusa do mal pela vontade bem disposta que detesta o mal. Todo bem honesto procede desses dois principios: da retidão da razão e da vontade. Por isso é claro que a tristeza pode ter razão de bem honesto.

QUANTO AO 1º, portanto, deve-se dizer que todas paixões da alma devem ser regidas segundo a regra da razão, que é a raiz do bem honesto. A tristeza imoderada, de que fala Agostinho, transgride essa regra: por isso se afasta da razão de bem honesto.

QUANTO AO 2º, deve-se dizer que assim como a tristeza pelo mal procede de uma vontade e de uma razão reta, que detestam o mal, assim a tristeza pelo bem procede de uma razão e vontade perversa, que detestam o bem. Por isso, tal tristeza impede o louvor e o mérito do bem honesto, por exemplo, quando alguém dá esmola com tristeza[d].

QUANTO AO 3º, deve-se dizer que há coisas que acontecem presentemente, que não são pela vontade de Deus, mas pela permissão de Deus, como os pecados. Portanto, a vontade que é contrária ao pecado existente em si e nos outros, não discorda da vontade de Deus. — Quanto aos males

---

3. Q. 19, a. 9.
4. Art. praec.

c. Lembremos que o bem "honesto" é aquele que é amado por si mesmo, por sua beleza e bondade (ver r. 1).
d. Aplicação de um princípio constante: o critério mais decisivo da prática de uma virtude é o prazer que nela encontramos. S. Paulo não nega que deseja que aquele que exerce a misericórdia fique radiante de alegria (Rm 12,8).

tamen exigitur ad rectitudinem voluntatis, quod ea secundum se homo velit: sed solum quod non contranitatur ordini divinae iustitiae, ut supra[5] dictum est.

Articulus 3
Utrum tristitia possit esse bonum utile

AD TERTIUM SIC PROCEDITUR. Videtur quod tristitia non possit esse bonum utile.

1. Dicitur enim Eccli 30,25: *Multos occidit tristitia, et non est utilitas in illa.*

2. PRAETEREA, electio est de eo quod est utile ad finem aliquem. Sed tristitia non est eligibilis: quinimmo *idem sine tristitia, quam cum tristitia, est magis eligendum*, ut dicitur in III *Topic.*[1]. Ergo tristitia non est bonum utile.

3. PRAETEREA, *omnis res est propter suam operationem*, ut dicitur in II *de Coelo*[2]. Sed *tristitia impedit operationem*, ut dicitur in X *Ethic.*[3]. Ergo tristitia non habet rationem boni utilis.

SED CONTRA, sapiens non quaerit nisi utilia. Sed sicut dicitur Eccle 7,5, *cor sapientum ubi tristitia, et cor stultorum ubi laetitia.* Ergo tristitia est utilis.

RESPONDEO dicendum quod ex malo praesenti insurgit duplex appetitivus motus. Unus quidem est quo appetitus contrariatur malo praesenti. Et ex ista parte tristitia non habet utilitatem: quia id quod est praesens, non potest non esse praesens. Secundus motus consurgit in appetitu ad fugiendum vel repellendum malum contristans. Et quantum ad hoc, tristitia habet utilitatem, si sit de aliquo quod est fugiendum. Est enim aliquid fugiendum dupliciter. Uno modo, propter seipsum, ex contrarietate quam habet ad bonum; sicut peccatum. Et ideo tristitia de peccato utilis est ad hoc quod homo fugiat peccatum: sicut Apostolus dicit, 2Cor 7,9: *Gaudeo, non quia contristati estis, sed quia contristati estis ad poenitentiam.* — Alio modo est aliquid fugiendum, non quia sit secun-

de pena que presentemente ocorrem, também são pela vontade de Deus. Mas, não se exige, para a retidão da vontade, que se queiram essas coisas em si mesmas[e]; mas só enquanto não são contrárias à ordem da justiça divina, como acima se disse.

Artigo 3
A tristeza pode ser um bem útil?

QUANTO AO TERCEIRO, ASSIM SE PROCEDE: parece que a tristeza **não** pode ser um bem útil.

1. Com efeito, está escrito no livro do Eclesiástico: "A tristeza mata muita gente, e nela não há utilidade".

2. ALÉM DISSO, elege-se o que é útil para um fim. Ora, a tristeza não é algo que se elege; pelo contrário, "é preferível escolher uma coisa que não cause tristeza do que outra que a cause" como se diz no livro III dos *Tópicos.* Logo, a tristeza não é um bem útil.

3. ADEMAIS, "Toda coisa existe por causa de sua ação" diz o livro II do *Céu*; e também o livro X da *Ética*: "A tristeza impede a ação", Logo, a tristeza não tem razão de útil.

EM SENTIDO CONTRÁRIO, o sábio só busca as coisas úteis. Ora, diz o livro do Eclesiastes: "O coração dos sábios está onde há tristeza, e o coração dos estultos, onde há alegria". Portanto, a tristeza é útil.

RESPONDO. Do mal presente surge um duplo movimento do apetite. Por um deles, o apetite se opõe ao mal presente; desta parte, a tristeza não tem utilidade, porque o que está presente não pode não estar presente.

O outro movimento surge no apetite para evitar ou repelir o mal que entristece. Quanto a isso, a tristeza tem utilidade, se a tristeza é por causa de um mal a evitar. Uma coisa deve ser evitada por dois motivos: ou por ela mesma, pela oposição que implica com o bem, como o pecado. Assim, a tristeza do pecado é útil para o homem fugir do pecado, segundo diz o Apóstolo na segunda Carta aos Coríntios: "Alegro-me não de que vocês estejam tristes, mas de que vossa tristeza vos levou à penitência". — Outro motivo de fugir de

---

5. Q. 19, a. 10.

3 PARALL.: Part. III, q. 46, a. 6, ad 2.

1. C. 2: 117, b, 30-32.
2. C. 3: 286, a, 8-9.
3. C. 5: 1175, b, 17-24.

---

e. Não se pode acusar Sto. Tomás de dolorismo.

dum se malum, sed quia est occasio mali; dum vel homo nimis inhaeret ei per amorem, vel etiam ex hoc praecipitatur in aliquod malum, sicut patet in bonis temporalibus. Et secundum hoc, tristitia de bonis temporalibus potest esse utilis: sicut dicitur Eccle 7,3: *Melius est ire ad domum luctus quam ad domum convivii: in illa enim finis cunctorum admonetur hominum.*

Ideo autem tristitia in omni fugiendo est utilis, quia germinatur fugiendi causa. Nam ipsum malum secundum se fugiendum est: ipsam autem tristitiam secundum se omnes fugiunt, sicut etiam bonum omnes appetunt, et delectationem de bono. Sicut ergo delectatio de bono facit ut bonum avidius quaeratur, ita tristitia de malo facit ut malum vehementius fugiatur.

AD PRIMUM ergo dicendum quod auctoritas illa intelligitur de immoderata tristitia, quae animum absorbet. Huiusmodi enim tristitia immobilibat animum, et impedit fugam mali, ut supra[4] dictum est.

AD SECUNDUM dicendum quod, sicut quodlibet eligibile fit minus eligibile propter tristitiam, ita quodlibet fugiendum redditur magis fugiendum propter tristitiam. Et quantum ad hoc, tristitia est utilis.

AD TERTIUM dicendum quod tristitia de operatione aliqua, impedit operationem: sed tristitia de cessatione operationis, facit avidius operari.

alguma coisa é porque, embora não seja má em si, é ocasião do mal: ou porque pelo amor se está apegado demais a ela, ou porque dali se pode cair em algum mal, como sucede com os bens temporais. Nesse sentido, a tristeza, que tem por objeto os bens temporais, pode ser útil, como se diz no livro do Eclesiastes: "Melhor ir à casa de luto do que à casa de festim, porque na primeira a gente se admoesta quanto ao fim de todo o homem".

A tristeza é, assim, útil em tudo o que se deve evitar, porque deste modo se duplica a causa da fuga. Com efeito, o mal, enquanto tal, deve ser evitado; e a tristeza, enquanto tal, todos evitam, como também todos desejam o bem e o prazer do bem. Como, pois, o prazer do bem faz que o bem seja buscado com mais avidez, assim a tristeza, que vem do mal, faz que se fuja dele com mais veemência.

QUANTO AO 1º, portanto, deve-se dizer que esse texto se refere à tristeza imoderada, que absorve o espírito. Essa tristeza imobiliza o espírito e impede evitar o mal, como acima se disse.

QUANTO AO 2º, deve-se dizer que como todo objeto de escolha torna-se menos elegível por causa da tristeza, assim tudo o que deve ser evitado, deve ser ainda mais evitado por causa da tristeza. E quanto a isso, a tristeza é útil.

QUANTO AO 3º, deve-se dizer que a tristeza de uma ação impede a ação; mas a tristeza por cessar uma ação faz agir com mais ardor.

ARTICULUS 4
Utrum dolor corporis sit summum malum

AD QUARTUM SIC PROCEDITUR. Videtur quod tristitia sit summum malum.

1. *Optimo* enim *opponitur pessimum*, ut dicitur in VIII *Ethic.*[1]. Sed quaedam delectatio est optimum, quae scilicet pertinet ad felicitatem. Ergo aliqua tristitia est summum malum.

2. PRAETEREA, beatitudo est summum bonum hominis: quia est ultimus hominis finis. Sed beatitudo consistit in hoc quod homo *habeat quidquid velit, et nihil mali velit*, ut supra[2] dictum est. Ergo summum bonum hominis est impletio voluntatis ipsius. Sed tristitia consistit in hoc quod accidit aliquid contra voluntatem; ut patet per Augusti-

ARTIGO 4
A dor corporal pode ser o pior dos males?

QUANTO AO QUARTO, ASSIM SE PROCEDE: parece que a dor corporal **pode** ser o pior dos males.

1. Com efeito, ao melhor se opõe o pior, segundo o livro VIII da *Ética*. Ora, o prazer maior de todos é o da felicidade. Logo, alguma tristeza é o pior dos males.

2. ALÉM DISSO, a bem-aventurança é o sumo bem do homem, porque é seu fim último. Ora, a bem-aventurança consiste em que o homem "tenha o que quer e nada queira de mal", como acima foi dito. Portanto, o sumo bem do homem é o cumprimento de sua vontade. Mas, a tristeza consiste em que algo acontece contra sua vontade,

---

4. Q. 37, a. 2.

1. C. 12: 1160, b, 9-12.
2. Q. 3, a. 4, 5 a; q. 5, a. 8, 3 a.

num, XIV *de Civ. Dei*³. Ergo tristitia est summum malum hominis.

3. PRAETEREA, Augustinus sic argumentatur in *Soliloq*.⁴: *Ex duabus partibus compositi sumus, ex anima scilicet et corpore, quarum pars deterior corpus est. Summum autem bonum est melioris partis optimum: summum autem malum, pessimum deterioris. Est autem optimum in animo sapientia: in corpore pessimum dolor. Summum igitur bonum hominis est sapere: summum malum dolere.*

SED CONTRA, culpa est magis malum quam poena, ut in Primo⁵ habitum est. Sed tristitia seu dolor pertinet ad poenam peccati; sicut frui rebus mutabilibus est malum culpae. Dicit enim Augustinus, in libro *de Vera Religione*⁶: *Quis est dolor qui dicitur animi, nisi carere mutabilibus rebus quibus fruebatur, aut frui se posse speraverat? Et hoc est totum quod dicitur malum, idest peccatum, et poena peccati.* Ergo tristitia seu dolor non est summum malum hominis.

RESPONDEO dicendum quod impossibile est aliquam tristitiam seu dolorem esse summum hominis malum. Omnis enim tristitia seu dolor aut est de hoc quod est vere malum: aut est de aliquo apparenti malo, quod est vere bonum. Dolor autem seu tristitia quae est de vere malo, non potest esse summum malum: est enim aliquid eo peius, scilicet vel non iudicare esse malum illud quod vere est malum, vel etiam non refutare illud. Tristitia autem vel dolor qui est de apparenti malo, quod est vere bonum, non potest esse summum malum, quia peius esset omnino alienari a vero bono. Unde impossibile est quod aliqua tristitia vel dolor sit summum hominis malum.

AD PRIMUM ergo dicendum quod duo bona sunt communia et delectationi et tristitiae: scilicet iudicium verum de bono et malo; et ordo debitus voluntatis approbantis bonum et recusantis malum. Et sic patet quod in dolore vel tristitia est aliquod bonum, per cuius privationem potest fieri deterius. Sed non in omni delectatione est aliquod malum, per cuius remotionem possit fieri melius. Unde delectatio aliqua potest esse summum hominis

como se vê em Agostinho. Logo, a tristeza é o sumo mal do homem.

3. ADEMAIS, Agostinho traz este argumento: "Somos compostos de duas partes, alma e corpo, e o corpo é a parte pior. O sumo bem é o que há de melhor na melhor parte; o sumo mal é o que há de pior na parte pior. Ora, o que há de melhor no espírito é a sabedoria; no corpo, o que há de pior é a dor. Logo, o sumo bem do homem é ter sabedoria; o sumo mal é ter dor".

EM SENTIDO CONTRÁRIO, a culpa é um mal maior do que a pena, como foi estabelecido na I Parte. Ora, a tristeza ou a dor pertencem à pena do pecado, como gozar das coisas que passam é o mal da culpa. Com efeito, diz Agostinho: "Que é a dor, que se atribui ao espírito, senão estar privado das coisas passageiras, de que se gozava, ou de que se esperava gozar? Nisso está tudo o que se chama de mal: a saber, o pecado e a pena do pecado". Portanto, a tristeza ou a dor não são o sumo mal do homem.

RESPONDO. É impossível que o pior mal do homem seja uma tristeza ou dor. Pois, toda tristeza ou dor, ou é de algo que é um mal verdadeiro; ou de um mal aparente, que na verdade é um bem. A dor ou a tristeza que são de um verdadeiro mal não podem ser o mal pior: porque há um mal ainda pior que é não julgar como mal o que na verdade é malᶠ, ou então não rejeitá-lo. Quanto à tristeza ou dor que tem por objeto um mal aparente, que na verdade é um bem, essa não pode ser o pior dos males, pois pior ainda seria estar de todo separado do bem verdadeiro. É, portanto, impossível que a tristeza ou a dor sejam o pior dos males.

QUANTO AO 1º, portanto, deve-se dizer que há dois bens que são comuns tanto ao prazer quanto à tristeza: um juízo verdadeiro do bem e do mal, e a ordem correta da vontade que aprova o bem e rejeita o mal. E, por assim é claro que na dor ou na tristeza há um bem, cuja privação as coisas podem tornar-se piores. Mas, nem em todo prazer há um mal, por cuja remoção as coisas podem tornar-se melhores. Por isso, há um prazer que

---

3. Cc. 6, 15: ML 41, 409, 424.
4. C. 12: ML 32, 881.
5. Q. 48, a. 6.
6. C. 12, n. 23: ML 34, 132.

---

f. O pior dos males é considerar mal o que não o é realmente: é a cegueira do espírito, a falsidade do julgamento moral, a recusa da verdade.

bonum, eo modo quo supra⁷ dictum est: tristitia autem non potest esse summum hominis malum.

AD SECUNDUM dicendum quod hoc ipsum quod est voluntatem repugnare malo, est quoddam bonum. Et propter hoc, tristitia vel dolor non potest esse summum malum: quia habet aliquam permixtionem boni.

AD TERTIUM dicendum quod peius est quod nocet meliori, quam quod nocet peiori. Malum autem dicitur *quia nocet*, ut dicit Augustinus in *Enchirid.*⁸. Unde maius malum est quod est malum animae, quam quod est malum corporis. Unde non est efficax, ratio, quam Augustinus inducit non ex sensu suo sed ex sensu alterius.

---
7. Q. 34, a. 3.
8. C. 12: ML 40, 237.

pode ser o sumo bem do homem, no sentido em que expusemos acima; e a tristeza não pode ser o pior dos males.

QUANTO AO 2º, deve-se dizer que o fato mesmo de que a vontade rejeite o mal, é um certo bem. Por isso, a tristeza ou a dor não pode ser o pior dos males, por estar misturada com o bem.

QUANTO AO 3º, deve-se dizer que é pior o que é nocivo ao melhor, do que o que é nocivo ao pior. Ora o mal é justamente "o que é nocivo" diz Agostinho. Por conseguinte, o mal da alma á maior do que o mal do corpo. O argumento apresentado por Agostinho não é eficaz: é a opinião de outro, e não dele mesmo.

DE PASSIONIBUS IRASCIBILIS

QUAESTIO XL
ET PRIMO, DE SPE ET DESPERATIONE
in octo articulos divisa

Consequenter considerandum est de passionibus irascibilis: et primo, de spe et desperatione; secundo, de timore et audacia; tertio, de ira.

Circa primum quaeruntur octo.
Primo: utrum spes sit idem quod desiderium vel cupiditas.
Secundo: utrum spes sit in vi apprehensiva, vel in vi appetitiva.
Tertio: utrum spes sit in brutis animalibus.
Quarto: utrum spei contrarietur desperatio.

AS PAIXÕES DO IRASCÍVEL

QUESTÃO 40
A ESPERANÇA E O DESESPERO[a]
em oito artigos

Seguindo uma ordem lógica, vamos considerar as paixões do irascível: primeiro, a esperança e o desespero; depois, o temor e a audácia; e enfim, a ira.

A respeito do primeiro, são oito as perguntas:
1. A esperança é o mesmo que desejo ou cupidez?
2. A esperança está na potência apreensiva ou na apetitiva?
3. Há esperança nos animais irracionais?
4. A esperança tem por contrário o desespero?

---
a. Depois das paixões do concupiscível, eis as do irascível, tal como Sto. Tomás as define: o desejo de um bem futuro difícil, mas possível, um bem "árduo". A distinção entre essas duas grandes espécies de apetites pode ser curiosamente aproximada dessa outra distinção, mas com certeza não identificada a ela, efetuada por Freud entre dois tipos de pulsão. Freud, em 1923, em seu Além do Princípio do Prazer, crê constatar a existência de um dualismo das pulsões ou instintos: instinto de vida, ou libido, e instinto de morte, ou de agressividade. Baseia a existência deste último na convicção de que "a vida psíquica, talvez a vida nervosa de modo geral, é dominada pela tendência à diminuição, à invariação, à supressão da tensão interna provocada pelas excitações, pelo princípio do Nirvana" (Au-delà du principe du plaisir, Payot, 1970, p. 70), que é em suma um retorno ao estado inorgânico. Ele acredita observar esse "instinto de morte" "na fase de organização oral da libido; a posse amorosa coincide com a destruição do objeto. Mais tarde, a tendência sádica se torna autônoma e, finalmente, na fase genital propriamente dita, quando a procriação se torna o objetivo do amor, a tendência sádica leva o indivíduo a apoderar-se do objeto sexual e dominá-lo" (op. cit., p. 68). Vê-se que o irascível de Sto. Tomás está longe de recobrir o instinto de morte freudiano, mas pode-se pensar que as análises do fundador da psicanálise podem enriquecer o estudo tomista do irascível, que será completado pelas questões sobre a virtude de força (II-II, q. 128-140).

Quinto: utrum causa spei sit experientia.
Sexto: utrum in iuvenibus et ebriosis spes abundet.
Septimo: de ordine spei ad amorem.
Octavo: utrum spes conferat ad operationem.

Articulus 1
Utrum spes sit idem quod desiderium vel cupiditas

AD PRIMUM SIC PROCEDITUR. Videtur quod spes sit idem quod desiderium sive cupiditas.

1. Spes enim ponitur una quatuor principalium passionum. Sed Augustinus, enumerans quatuor principales passiones, ponit cupiditatem loco spei, ut patet in XIV *de Civ. Dei*[1]. Ergo spes est idem quod cupiditas sive desiderium.
2. PRAETEREA, passiones differunt secundum obiecta. Sed idem est obiectum spei, et cupiditatis sive desiderii, scilicet bonum futurum. Ergo spes est idem quod cupiditas sive desiderium.
3. Si dicatur quod spes addit supra desiderium possibilitatem adipiscendi bonum futurum, contra: Id quod per accidens se habet ad obiectum, non variat speciem passionis. Sed possibile se habet per accidens ad bonum futurum, quod est obiectum cupiditatis vel desiderii, et spei. Ergo spes non est passio specie differens a desiderio vel cupiditate.

SED CONTRA, diversarum potentiarum sunt diversae passiones specie differentes. Sed spes est in irascibili; desiderium autem et cupiditas in concupiscibili. Ergo spes differt specie a desiderio seu cupiditate.

RESPONDEO dicendum quod species passionis ex obiecto consideratur. Circa obiectum autem spei quatuor conditiones attenduntur. Primo quidem, quod sit bonum: non enim, proprie loquendo, est spes nisi de bono. Et per hoc differt spes a timore, qui est de malo. — Secundo, ut sit futurum: non enim spes est de praesenti iam habito. Et per hoc differt spes a gaudio, quod est de bono praesenti. — Tertio, requiritur quod sit aliquid arduum cum difficultate adipiscibile: non enim aliquis dicitur aliquid sperare minimum, quod statim est in sua potestate ut habeat. Et per hoc differt spes a desiderio vel cupiditate, quae est de bono

Artigo 1
A esperança é o mesmo que desejo ou cupidez?

QUANTO AO PRIMEIRO ARTIGO, ASSIM SE PROCEDE: parece que a esperança **é** o mesmo que desejo ou cupidez.

1. Com efeito, a esperança está entre as quatro paixões principais. Ora, Agostinho, enumerando essas quatro paixões põe a cupidez em lugar da esperança. Logo, esperança é o mesmo que cupidez ou desejo.
2. ALÉM DISSO, as paixões diferem segundo os objetos. Ora, é o mesmo o objeto da esperança, da cupidez ou do desejo, isto é, o bem futuro. Logo, esperança é o mesmo que cupidez ou desejo.
3. ADEMAIS, se disserem que a esperança acrescenta ao desejo a possibilidade de alcançar o bem futuro, respondemos que aquilo que é acidental no objeto não varia a espécie da paixão. Ou, ser possível é algo acidental ao bem futuro, objeto da cupidez ou desejo, e da esperança. Logo, a esperança não é uma paixão especificamente distinta do desejo ou cupidez.

EM SENTIDO CONTRÁRIO, a potências diversas correspondem paixões de espécies diversas. Ora, a esperança está no irascível, enquanto o desejo e a cupidez estão no concupiscível. Logo, a esperança difere em espécie do desejo ou cupidez.

RESPONDO. A espécie da paixão é determinada por seu objeto. Ora, no objeto da esperança se consideram quatro condições: 1. Deve ser um *bem*: falando com propriedade, só há esperança de um bem. Nisso difere do temor, que é de um mal. — 2. O bem tem de ser *futuro*, porque não se espera o que presentemente já se possui. Nisso difere da alegria, que é de um bem presente. — 3. O bem tem de ser *árduo*, de difícil obtenção. Não se diz que se espera uma coisa insignificante, que se pode imediatamente possuir. Nisso difere do desejo ou cupidez, que são de um bem futuro absolutamente: por isso pertencem ao concupis-

---

1 PARALL.: Supra, q. 25, a. 1; III *Sent.*, dist. 26, q. 1, a. 3; q. 2, a. 3, q.la 2; *De Virtut.*, q. 4, a. 1; *Compend. Theol.*, part. 2, c. 7.

1. C. 3, n. 2: ML 41, 406.

futuro absolute: unde pertinet ad concupiscibilem, spes autem ad irascibilem. — Quarto, quod illud arduum sit possibile adipisci: non enim aliquis sperat id quod omnino adipisci non potest. Et secundum hoc differt spes a desperatione.

Sic ergo patet quod spes differt a desiderio, sicut differunt passiones irascibilis a passionibus concupiscibilis. Et propter hoc, spes praesupponit desiderium: sicut et omnes passiones irascibilis praesupponunt passiones concupiscibilis, ut supra² dictum est.

AD PRIMUM ergo dicendum quod Augustinus ponit cupiditatem loco spei, propter hoc quod utrumque respicit bonum futurum: et quia bonum quod non est arduum, quasi nihil reputatur; ut sic cupiditas maxime videatur tendere in bonum arduum, in quod etiam tendit spes.

AD SECUNDUM dicendum quod obiectum spei non est bonum futurum absolute: sed cum arduitate et difficultate adipiscendi, ut dictum est³.

AD TERTIUM dicendum quod obiectum spei non tantum addit possibilitatem super obiectum desiderii, sed etiam arduitatem: quae ad aliam potentiam facit spem pertinere, scilicet ad irascibilem, quae respicit arduum, ut in Primo⁴ dictum est. — Possibile autem et impossibile non omnino per accidens se habent ad obiectum appetitivae virtutis. Nam appetitus est principium motionis: nihil autem movetur ad aliquid nisi sub ratione possibilis; nullus enim movetur ad id quod existimat impossibile adipisci. Et propter hoc, spes differt a desperatione secundum differentiam possibilis et impossibilis.

cível e a esperança ao irascível. — 4. Esse bem árduo seja *possível de obter*: não se espera o que é totalmente impossível obter. Nesse sentido, a esperança difere do desespero.

Vê-se pois que a esperança difere do desejo: como as paixões do irascível diferem do concupiscível. É por isso que a esperança pressupõe o desejo, como todas as paixões do irascível pressupõem as paixões do concupiscível, como acima foi dito.

QUANTO AO 1º, portanto, deve-se dizer que Agostinho afirma cupidez por esperança porque ambas visam o bem futuro, e porque o bem que não é árduo, se julga insignificante; de modo que a cupidez parece tender sobretudo para o bem árduo, para o qual também tende a esperança.

QUANTO AO 2º, deve-se dizer que o objeto da esperança não é o bem futuro absolutamente, mas um bem futuro que é difícil e árduo de conseguir, como foi dito.

QUANTO AO 3º, deve-se dizer que o objeto da esperança não só acrescenta possibilidade ao objeto do desejo, mas também arduidade; isso faz a esperança pertencer a outra potência, ou seja, ao irascível, que visa o árduo, como vimos na I Parte. — Possível e impossível não são condição totalmente acidental para o objeto da potência apetitiva. Porque o apetite é princípio de moção: nada se move para um objeto senão sob a razão de possível; pois ninguém se move para o que acredita ser impossível conseguir^b. Por este motivo, a esperança difere do desespero segundo a diferença entre o possível e o impossível.

ARTICULUS 2

Utrum spes sit in vi apprehensiva, an in vi appetitiva

AD SECUNDUM SIC PROCEDITUR. Videtur quod spes pertineat ad vim cognitivam.

1. Spes enim videtur esse expectatio quaedam: dicit enim Apostolus, Rm 8,25: *Si autem quod non videmus speramus, per patientiam expectamus*. Sed expectatio videtur ad vim cognitivam

ARTIGO 2

A esperança está na potência apreensiva ou na apetitiva?

QUANTO AO SEGUNDO, ASSIM SE PROCEDE: parece que a esperança **pertence** à potência cognitiva.

1. Com efeito, a esperança parece ser uma certa expectativa. O Apóstolo escreve na Carta aos Romanos: "se esperamos o que não vemos, aguardamos com paciência". Ora, a expectativa

---

2. Q. 25, a. 1.
3. In corp.
4. Q. 81, a. 2.

PARALL.: III *Sent*., dist. 26, q. 1, a. 1; q. 2, a. 2.

---

b. Sto. Tomás não ignora a existência das ilusões que fazem esperar o impossível. Ele assinalará que isso é frequente entre os jovens (a. 6), nas pessoas sem experiência e nos tolos (a. 5, r. 3), naqueles que não refletem e nos bêbados (a. 6).

pertinere, cuius est *exspectare*. Ergo spes ad cognitivam pertinet.

2. PRAETEREA, idem est, ut videtur, spes quod fiducia: unde et sperantes *confidentes* vocamus, quasi pro eodem utentes eo quod est confidere et sperare. Sed fiducia, sicut et fides, videtur ad vim cognitivam pertinere. Ergo et spes.

3. PRAETEREA, certitudo est proprietas cognitivae virtutis. Sed certitudo attribuitur spei. Ergo spes ad vim cognitivam pertinet.

SED CONTRA, spes est de bono, sicut dictum est[1]. Bonum autem, inquantum huiusmodi, non est obiectum cognitivae, sed appetitivae virtutis. Ergo spes non pertinet ad cognitivam, sed ad appetitivam virtutem.

RESPONDEO dicendum quod, cum spes importet extensionem quandam appetitus in bonum, manifeste pertinet ad appetitivam virtutem: motus enim ad res pertinet proprie ad appetitum. Actio vero virtutis cognitivae perficitur non secundum motum cognoscentis ad res, sed potius secundum quod res cognitae sunt in cognoscente. Sed quia vis cognitiva movet appetitivam, repraesentando ei suum obiectum; secundum diversas rationes obiecti apprehensi, subsequuntur diversi motus in vi appetitiva. Alius enim motus sequitur in appetitu ex apprehensione boni, et alius ex apprehensione mali: et similiter alius motus ex apprehensione praesentis et futuri, absoluti et ardui, possibilis et impossibilis. Et secundum hoc, spes est motus appetitivae virtutis consequens apprehensionem boni futuri ardui possibilis adipisci, scilicet extensio appetitus in huiusmodi obiectum.

AD PRIMUM ergo dicendum quod, quia spes respicit ad bonum possibile, insurgit dupliciter homini motus spei, sicut dupliciter est ei aliquid possibile: scilicet secundum propriam virtutem, et secundum virtutem alterius. Quod ergo aliquis sperat per propriam virtutem adipisci, non dicitur expectare, sed sperare tantum. Sed proprie dicitur expectare quod sperat ex auxilio virtutis alienae: ut dicatur *exspectare* quasi *ex alio spectare*, inquantum scilicet vis apprehensiva praecedens non

parece pertencer à potência cognitiva, da qual é próprio *esperar*. Logo, a esperança pertence à cognitiva.

2. ALÉM DISSO, esperança parece ser o mesmo que confiança. Por isso, os que esperam se dizem *confiantes*, como se pudesse usar, um pelo outro, confiar e esperar. Ora, a confiança, como a fé, parece pertencer à potência cognitiva. Logo, também a esperança.

3. ADEMAIS, a certeza é uma propriedade da potência cognitiva. Ora, a certeza atribui-se à esperança. Logo, a esperança pertence à potência cognitiva.

EM SENTIDO CONTRÁRIO, a esperança tem por objeto o bem, como foi dito. O bem, enquanto tal, não é objeto da potência cognitiva, mas da apetitiva. Logo, a esperança não pertence à cognitiva, mas à potência apetitiva.

RESPONDO. A esperança implica certa extensão do apetite para o bem[c]; por isso pertence evidentemente à potência apetitiva, pois o movimento em direção às coisas pertence propriamente ao apetite. Ora, a ação da potência cognitiva se realiza não segundo o movimento do cognoscente em direção às coisas, mas antes segundo que as coisas conhecidas estão naquele que conhece. Como, porém, a potência cognitiva move o apetite representando-lhe seu objeto, daí decorrem diversos movimentos no apetite, conforme as diversas razões do objeto apreendido. Com efeito, o movimento que resulta no apetite da apreensão do bem, é diferente do que resulta da apreensão do mal; e igualmente, são diversos os movimentos que resultam da apreensão do presente e do futuro, do absoluto e do árduo, do possível e do impossível. Assim, a esperança é o movimento da potência apetitiva subsequente à apreensão do bem futuro, árduo e possível de ser obtido; é a extensão do apetite para esse objeto.

QUANTO AO 1º, portanto, deve-se dizer que como a esperança visa o bem possível, surge no homem um duplo movimento da esperança, pois as coisas lhe podem ser possíveis de dois modos: ou por suas próprias forças, ou pelas forças de um outro. O que alguém espera obter por suas próprias forças, não se diz que tem expectativa, mas apenas que espera. Só há expectativa, propriamente, do que se espera por auxílio de uma força alheia. Ter expectativa, *exspectare*, é como

---

1. Art. praec.

c. A esperança "infla" o apetite; é presença ativa do futuro, abre horizontes.

solum respicit ad bonum quod intendit adipisci, sed etiam ad illud cuius virtute adipisci sperat; secundum illud Eccli 51,10: *Respiciens eram ad adiutorium hominum*. Motus ergo spei quandoque dicitur expectatio, propter inspectionem virtutis cognitivae praecedentem.

AD SECUNDUM dicendum quod illud quod homo desiderat, et aestimat se posse adipisci, credit se adepturum: et ex tali fide in cognitiva praecedente, motus sequens in appetitu fiducia nominatur. Denominatur enim motus appetitivus a cognitione praecedente, sicut effectus ex causa magis nota: magis enim cognoscit vis apprehensiva suum actum quam actum appetitivae.

AD TERTIUM dicendum quod certitudo attribuitur motui non solum appetitus sensitivi, sed etiam appetitus naturalis: sicut dicitur quod lapis certitudinaliter tendit deorsum. Et hoc propter infallibilitatem quam habet ex certitudine cognitionis quae praecedit motum appetitus sensitivi, vel etiam naturalis.

ARTICULUS 3
Utrum spes sit in brutis animalibus

AD TERTIUM SIC PROCEDITUR. Videtur quod in brutis animalibus non sit spes.

1. Spes enim est de futuro bono, ut Damascenus dicit[1]. Sed cognoscere futurum non pertinet ad animalia bruta, quae habent solum cognitionem sensitivam, quae non est futurorum. Ergo spes non est in brutis animalibus.

2. PRAETEREA, obiectum spei est bonum possibile adipisci. Sed possibile et impossibile sunt quaedam differentiae veri et falsi, quae solum sunt in mente, ut Philosophus dicit in VI *Metaphys*.[2] Ergo spes non est in brutis animalibus, in quibus non est mens.

3. PRAETEREA, Augustinus dicit, *super Gen. ad litt*.[3], quod *animalia moventur visis*. Sed spes non est de eo quod videtur: nam quod videt quis, quid

olhar para um outro, *ex alio spectare*, no sentido de que a potência cognitiva que precede não olha só para o bem a alcançar, mas também para aquilo por cujo poder espera alcançar, como diz o livro do Eclesiástico. "Eu buscava pelo olhar o auxílio dos homens". O movimento da esperança às vezes se diz expectativa por causa dessa prospecção precedente da potência cognitiva.

QUANTO AO 2º, deve-se dizer que aquilo que o homem deseja e julga que pode alcançar, acredita que vai conseguir: por causa dessa fé que precede na potência cognitiva, o movimento subsequente no apetite se chama confiança. Assim, o movimento apetitivo recebe o nome do conhecimento que o precedeu, como o efeito da causa mais conhecida; porque a potência apreensiva conhece mais seu ato do que o ato da apetitiva[d].

QUANTO AO 3º, deve-se dizer que a certeza é atribuída não só ao movimento do apetite sensível, mas também ao apetite natural; como se diz que a pedra, com certeza, tende para baixo. E isso, devido à infalibilidade que lhe vem do conhecimento certo que precedeu o movimento do apetite sensível, ou mesmo, do apetite natural.

ARTIGO 3
Há esperança nos animais irracionais?

QUANTO AO TERCEIRO, ASSIM SE PROCEDE: parece que **não** há esperança nos animais irracionais.

1. Com efeito, a esperança tem como objeto o bem futuro, como diz Damasceno. Ora, conhecer o futuro não pertence aos animais irracionais, que só têm conhecimento sensitivo, que não se estende ao futuro. Logo, não há a esperança nos animais irracionais.

2. ALÉM DISSO, o objeto da esperança é o bem possível de atingir. Ora, possível e impossível são diferenças de verdadeiro e falso, que "só no espírito podem existir", segundo diz o Filósofo no livro VI da *Metafísica*. Logo, não há esperança nos animais irracionais, que não têm espírito.

3. ADEMAIS, Agostinho diz: "os animais se movem pelo que veem". Ora, a esperança é daquilo que não se vê; "Porque o que se vê, como

---

3 PARALL.: III *Sent*., dist. 26, q. 1, a. 1.
 1. *De fide orth*. l. II, c. 12: MG 94, 929 B.
 2. C. 4: 1027, b, 27-29.
 3. L. IX, c. 14, n. 25: ML 34, 402.

---

d. Esta verdade irá adquirir uma grande atualidade com a "descoberta" por Freud do inconsciente, que ele situa no "isto", o primeiro reservatório da energia psíquica (ver Le Concept d'inconscient, em Métapsychologie, Gallimard, 1952, p. 9-24).

sperat? ut dicitur Rm 8,24. Ergo spes non est in brutis animalibus.

SED CONTRA, spes est passio irascibilis. Sed in brutis animalibus est irascibilis. Ergo et spes.

RESPONDEO dicendum quod interiores passiones animalium ex exterioribus motibus deprehendi possunt. Ex quibus apparet quod in animalibus brutis est spes. Si enim canis videat leporem, aut accipiter avem, nimis distantem, non movetur ad ipsam, quasi non sperans se eam posse adipisci: si autem sit in propinquo, movetur, quasi sub spe adipiscendi. Ut enim supra[4] dictum est, appetitus sensitivus brutorum animalium, et etiam appetitus naturalis rerum insensibilium, sequuntur apprehensionem alicuius intellectus, sicut et appetitus naturae intellectivae, qui dicitur voluntas. Sed in hoc est differentia, quod voluntas movetur ex apprehensione intellectus coniuncti: sed motus appetitus naturalis sequitur apprehensionem intellectus separati, qui naturam instituit; et similiter appetitus sensitivus brutorum animalium, quae etiam quodam instinctu naturali agunt. Unde in operibus brutorum animalium, et aliarum rerum naturalium, apparet similis processus sicut et in operibus artis. Et per hunc modum in animalibus brutis est spes et desperatio.

AD PRIMUM ergo dicendum quod, quamvis bruta animalia non cognoscant futurum, tamen ex instinctu naturali movetur animal ad aliquid in futurum, ac si futurum praevideret. Huiusmodi enim instinctus est eis inditus ab intellectu divino praevidente futura.

AD SECUNDUM dicendum quod obiectum spei non est possibile, prout est quaedam differentia veri: sic enim consequitur habitudinem praedicati ad subiectum. Sed obiectum spei est possibile quod dicitur secundum aliquam potentiam. Sic enim distinguitur possibile in V *Metaphys.*[5]: scilicet in duo possibilia praedicta.

AD TERTIUM dicendum quod, licet id quod est futurum non cadat sub visu; tamen ex his quae videt animal in praesenti, movetur eius appetitus in aliquod futurum vel prosequendum vel vitandum.

esperar?" diz a Carta aos Romanos. Logo, não há esperança nos animais irracionais.

EM SENTIDO CONTRÁRIO, a esperança é uma paixão do irascível. Ora, nos animais irracionais há o irascível. Logo, há também a esperança.

RESPONDO. As paixões interiores dos animais podem depreender-se de seus movimentos exteriores. Deles aparece que há esperança nos animais irracionais. Se o cão vê uma lebre, ou o abutre um pássaro demasiado longe não se move em sua direção, como se não esperasse poder alcançá-lo; mas se estiver perto, se move, como se tivesse esperança de alcançá-lo. Pois como se disse acima, o apetite sensitivo dos animais irracionais, e mesmo o apetite natural das coisas insensíveis, seguem-se à apreensão de algum intelecto, como o apetite da natureza intelectiva, que se chama vontade. Nisso está a diferença: a vontade se move pela apreensão do intelecto a ela unida, enquanto o movimento do apetite natural segue-se à apreensão do intelecto separado, que instituiu a natureza; o mesmo sucede com o apetite sensitivo dos animais irracionais, que agem por uma espécie de instinto natural[e]. Por isso vemos nas ações dos animais irracionais, e de outras coisas naturais, um processo semelhante, como também nas obras da arte. Desse modo, há esperança e desespero nos animais irracionais.

QUANTO AO 1º, portanto, deve-se dizer que ainda que os animais irracionais não conheçam o futuro, pelo instinto natural o animal se move para algo que está no futuro, como que prevendo o futuro. Tal instinto foi posto neles pelo intelecto divino, que prevê o futuro.

QUANTO AO 2º, deve-se dizer que o objeto da esperança não é o possível, enquanto é uma diferença do verdadeiro: assim segue a relação do predicado com o sujeito. Mas, o objeto da esperança é o possível entendido em relação com alguma potência. São estes os dois sentidos de possível que o livro V da *Metafísica* distingue.

QUANTO AO 3º, deve-se dizer que embora o futuro não esteja sob os olhos, o que animal vê presentemente move seu apetite para algo futuro que deve ser buscado ou evitado.

---

4. Q. 1, a. 2; q. 26, a. 1; q. 35, a. 1.
5. C. 12: 1019, b, 28-33.

---

e. Ao constatar que os animais são capazes de uma certa esperança, Sto. Tomás "encarna" profundamente no animal humano a necessidade vital da esperança.

Articulus 4
Utrum spei contrarietur desperatio

AD QUARTUM SIC PROCEDITUR. Videtur quod desperatio non sit contraria spei.

1. *Uni* enim *unum est contrarium*, ut dicitur in X *Metaphys.*[1]. Sed spei contrariatur timor. Non ergo contrariatur ei desperatio.

2. PRAETEREA, contraria videntur esse circa idem. Sed spes et desperatio non sunt circa idem: nam spes respicit bonum, desperatio autem est propter aliquod malum impeditivum adeptionis boni. Ergo spes non contrariatur desperationi.

3. PRAETEREA, motui contrariatur motus: quies vero opponitur motui ut privatio. Sed desperatio magis videtur importare immobilitatem quam motum. Ergo non contrariatur spei, quae importat motum extensionis in bonum speratum.

SED CONTRA est quod desperatio nominatur per contrarium spei.

RESPONDEO dicendum quod, sicut supra[2] dictum est, in mutationibus invenitur duplex contrarietas. Una secundum accessum ad contrarios terminos: et talis contrarietas sola invenitur in passionibus concupiscibilis, sicut amor et odium contrariantur. Alio modo, per accessum et per recessum respectu eiusdem termini: et talis contrarietas invenitur in passionibus irascibilis, sicut supra[3] dictum est. Obiectum autem spei, quod est bonum arduum, habet quidem rationem attractivi, prout consideratur cum possibilitate adipiscendi: et sic tendit in ipsum spes, quae importat quendam accessum. Sed secundum quod consideratur cum impossibilitate obtinendi, habet rationem repulsivi: quia, ut dicitur in III *Ethic.*[4], *cum ventum fuerit ad aliquid impossibile, tunc homines discedunt*. Et sic respicit hoc obiectum desperatio. Unde importat motum cuiusdam recessus. Et propter hoc, contrariatur spei sicut recessus accessui.

AD PRIMUM ergo dicendum quod timor contrariatur spei secundum contrarietatem obiectorum, scilicet boni et mali: haec enim contrarietas invenitur in passionibus irascibilis, secundum quod derivantur a passionibus concupiscibilis. Sed desperatio contra-

Artigo 4
O desespero é contrário à esperança?

QUANTO AO QUARTO, ASSIM SE PROCEDE: parece que o desespero **não** é contrário à esperança.

1. Com efeito, "só há um contrário para cada coisa" segundo o livro X da *Metafísica*. Ora, o temor é o contrário da esperança. Logo, o desespero não é contrário à esperança.

2. ALÉM DISSO, os contrários parecem referir-se à mesma coisa. Ora, a esperança e o desespero não visam o mesmo: a esperança visa o bem e o desespero é por causa de algum mal que impede a obtenção do bem. Logo, a esperança não é contrária ao desespero.

3. ADEMAIS, um movimento é contrário a outro movimento; o repouso, porém, se opõe ao movimento como privação dele. Ora, o desespero antes parece implicar imobilidade que movimento. Logo, não é contrário à esperança, que implica um movimento de expansão rumo ao bem esperado.

EM SENTIDO CONTRÁRIO, o desespero tem esse nome por ser contrário à esperança.

RESPONDO. Como foi dito, nos movimentos de mudança se encontra uma dupla contrariedade: uma, segundo o acesso aos termos contrários; tal contrariedade só existe nas paixões do concupiscível, como o amor e o ódio são contrários. A outra contrariedade é segundo aproximação ou afastamento em relação ao mesmo termo, como se dá nas paixões do irascível, como foi dito acima. O objeto da esperança, que é o bem árduo, tem a razão de atrativo, enquanto se considera possível alcançá-lo; e assim tende para ele a esperança, que implica uma certa aproximação. Mas enquanto se considera impossível obtê-lo, tem a razão de repulsivo, pois como diz o livro III da *Ética*: "Quando os homens chegam a algo impossível, então se afastam". É este o objeto do desespero. E isso implica o movimento de um certo afastamento. É o contrário da esperança, como o afastamento é contrário à aproximação.

QUANTO AO 1º, portanto, deve-se dizer que o temor e a esperança são contrários em razão da contrariedade de seus objetos que são o bem e o mal: esta contrariedade existe nas paixões do irascível, enquanto derivam das paixões do

---

4 PARALL.: Supra, q. 23, a. 2; infra, q. 45, a. 1, ad 2; III *Sent.*, dist. 26, q. 1, a. 3, ad 3.

1. C. 5: 1055, a, 19-21.
2. Q. 23, a. 2.
3. Loc. cit.
4. C. 5: 1112, b, 24-28.

riatur ei solum secundum contrarietatem accessus et recessus.

AD SECUNDUM dicendum quod desperatio non respicit malum sub ratione mali: sed per accidens quandoque respicit malum, inquantum facit impossibilitatem adipiscendi. Potest autem esse desperatio ex solo superexcessu boni.

AD TERTIUM dicendum quod desperatio non importat solam privationem spei; sed importat quendam recessum a re desiderata, propter aestimatam impossibilitatem adipiscendi. Unde desperatio praesupponit desiderium, sicut et spes: de eo enim quod sub desiderio nostro non cadit, neque spem neque desperationem habemus. Et propter hoc etiam, utrumque eorum est de bono, quod sub desiderio cadit.

ARTICULUS 5
Utrum causa spei sit experientia

AD QUINTUM SIC PROCEDITUR. Videtur quod experientia non sit causa spei.

1. Experientia enim ad vim cognitivam pertinet: unde Philosophus dicit, in II *Ethic.*[1], quod *virtus intellectualis indiget experimento et tempore*. Spes autem non est in vi cognitiva, sed in appetitiva, ut dictum est[2]. Ergo experientia non est causa spei.

2. PRAETEREA, Philosophus dicit, in II *Rhetoric.*[3], quod *senes sunt difficilis spei, propter experientiam*: ex quo videtur quod experientia sit causa defectus spei. Sed non est idem causa oppositorum. Ergo experientia non est causa spei.

3. PRAETEREA, Philosophus dicit, in II *de Caelo*[4], quod *de omnibus enuntiare aliquid, et nihil praetermittere, quandoque est signum stultitiae*. Sed quod homo tentet omnia, ad magnitudinem spei pertinere videtur: stultitia autem provenit ex inexperientia. Ergo inexperientia videtur esse magis causa spei quam experientia.

SED CONTRA est quod Philosophus dicit, in III *Ethic.*[5], quod *aliqui sunt bonae spei, propter*

concupiscível. Mas, o desespero é contrário à esperança somente segundo a contrariedade da aproximação e do afastamento.

QUANTO AO 2º, deve-se dizer que o desespero não visa o mal sob a razão de mal; mas por acidente, às vezes, visa o mal, enquanto esse impossibilita alcançar o bem. Pode haver desespero só pelo sobreexcesso do bem[f].

QUANTO AO 3º, deve-se dizer que o desespero não implica só a privação da esperança, mas um certo afastamento da coisa desejada, por causa da suposta impossibilidade de alcançá-la. Por isso, o desespero pressupõe o desejo, como também a esperança; não se tem esperança nem desespero do que não é objeto de nosso desejo. Por isso, os dois se referem ao bem, que é objeto do desejo.

ARTIGO 5
A experiência é causa de esperança?

QUANTO AO QUINTO, ASSIM SE PROCEDE: parece que a experiência **não** é causa da esperança.

1. Com efeito, a experiência pertence à potência cognitiva; por isso diz o Filósofo, no livro II da *Ética*: "A potência intelectual precisa de experiência e de tempo". Ora, a esperança não está na potência cognitiva, mas na apetitiva, como foi dito. Logo, a experiência não é causa da esperança.

2. ALÉM DISSO, diz o Filósofo no livro II da *Retórica*: "Os velhos têm dificuldade em esperar, pela experiência que têm", o que parece indicar que a experiência causa a falta de esperança. Ora, a mesma coisa não é causa de opostos. Logo, a experiência não é causa de esperança.

3. ADEMAIS, diz o Filósofo no livro II do *Céu*: "Pronunciar-se sobre tudo e nada deixar passar, às vezes é causa de estupidez". Ora, que um homem queira tentar tudo, parece sinal de uma grande esperança; a estupidez provém da inexperiência. Logo, a inexperiência parece ser mais causa de esperança do que a experiência.

EM SENTIDO CONTRÁRIO, diz o Filósofo no livro III da *Ética*: "Alguns têm boa esperança por te-

---

5 PARALL.: Infra, q. 42, a. 5, ad 1; q. 45, a. 3.
   1. C. 1: 1103, a, 16-18.
   2. Art. 2.
   3. C. 13: 1390, a, 4.
   4. C. 5: 287, b, 28-31.
   5. C. 11: 1117, a, 10-11.

f. Um bem desejado, mas colocado tão alto que fica fora do alcance, é causa de desespero.

multoties et multos vicisse: quod ad experientiam pertinet. Ergo experientia est causa spei.

RESPONDEO dicendum quod, sicut supra[6] dictum est, spei obiectum est bonum futurum arduum possibile adipisci. Potest ergo aliquid esse causa spei, vel quia facit homini aliquid esse possibile: vel quia facit eum existimare aliquid esse possibile. Primo modo est causa spei omne illud quod auget potestatem hominis, sicut divitiae, fortitudo, et, inter cetera, etiam experientia: nam per experientiam homo acquirit facultatem aliquid de facili faciendi, et ex hoc sequitur spes. Unde Vegetius dicit, in libro *de Re Militari*[7]: *Nemo facere metuit quod se bene didicisse confidit.*

Alio modo est causa spei omne illud quod facit alicui existimationem quod aliquid sit sibi possibile. Et hoc modo et doctrina, et persuasio quaelibet potest esse causa spei. Et sic etiam experientia est causa spei: inquantum scilicet per experientiam fit homini existimatio quod aliquid sit sibi possibile, quod impossibile ante experientiam reputabat. — Sed per hunc modum experientia potest etiam esse causa defectus spei. Quia sicut per experientiam fit homini existimatio quod aliquid sibi sit possibile, quod reputabat impossibile; ita e converso per experientiam fit homini existimatio quod aliquid non sit sibi possibile, quod possibile existimabat.

Sic ergo experientia est causa spei duobus mobis: causa autem defectus spei, uno modo. Et propter hoc, magis dicere possumus eam esse causam spei.

AD PRIMUM ergo dicendum quod experientia in operabilibus non solum causat scientiam; sed etiam causat quendam habitum, propter consuetudinem, qui facit operationem faciliorem. Sed et ipsa virtus intellectualis facit ad potestatem facile operandi: demonstrat enim aliquid esse possibile. Et sic causat spem.

AD SECUNDUM dicendum quod in senibus est defectus spei propter experientiam, inquantum experientia facit existimationem impossibilis. Unde ibidem subditur quod eis *multa evenerunt in deterius.*

AD TERTIUM dicendum quod stultitia et inexperientia possunt esse causa spei quasi per accidens, removendo scilicet scientiam per quam vere exis-

rem triunfado muitas vezes e de muita gente"; o que pertence à experiência. Logo, a experiência é causa de esperança.

RESPONDO. Como se disse antes, o objeto da esperança é o bem futuro, árduo e possível de obter-se. Uma coisa pode ser causa da esperança ou porque faz que para o homem algo seja possível; ou porque o faz pensar que algo seja possível. Do primeiro modo, é causa da esperança tudo o que aumenta o poder do homem[g]: riqueza, força, e entre outras coisas, a experiência, pois pela experiência o homem adquire a capacidade de fazer algo com facilidade, e disso resulta a esperança. Por isso diz Vegécio: "Ninguém receia fazer o que confia ter aprendido bem".

Da segunda maneira é causa de esperança tudo o que faz pensar que algo lhe é possível. E desse modo o saber e toda espécie de persuasão pode ser causa da esperança. É assim que a experiência é causa de esperança, na medida em que pela experiência o homem é levado a crer que lhe é possível o que antes de ter experiência julgava impossível. — Do mesmo modo, a experiência pode ser causa da falta de esperança, pois como pela experiência o homem pode pensar que lhe possível o que antes julgava impossível, inversamente pode pela experiência julgar impossível o que antes pensava ser possível.

Assim, a experiência é causa da esperança de dois modos e causa da falta de esperança de um modo só. Por isso, podemos dizer que a experiência é antes causa de esperança.

QUANTO AO 1º, portanto, deve-se dizer que a experiência, em matéria de ação, não causa apenas ciência, mas também um certo hábito, por motivo do costume, que torna a ação mais fácil. Mas a própria potência intelectual contribui para a capacidade de agir com facilidade, pois mostra que algo é possível. E assim causa a esperança.

QUANTO AO 2º, deve-se dizer que falta esperança aos velhos por causa da experiência, na medida que a experiência faz avaliar o que é impossível. Por isso no mesmo texto se acrescenta "que muitas coisas lhes resultaram mal".

QUANTO AO 3º, deve-se dizer que a estupidez e a inexperiência podem, acidentalmente, ser causa de esperança, afastando o conhecimento pelo qual

---

6. Art. 1.
7. L. I, c. 1: ed. Lang, Lipsiae 1885, p. 6, ll. 4-5.

---

g. Não é somente a experiência que pode aumentar a esperança, mas também tudo o que aumenta o poder do homem: riqueza, força, saber etc. A velhice, pelo contrário, enfraquece a esperança.

timatur aliquid esse non possibile. Unde ea ratione inexperientia est causa spei, qua experientia est causa defectus spei.

Articulus 6
Utrum in iuvenibus et in ebriosis abundet spes

Ad sextum sic proceditur. Videtur quod iuventus et ebrietas non sint causa spei.

1. Spes enim importat quandam certitudinem et firmitatem: unde Hb 6,19, spes comparatur ancorae. Sed iuvenes et ebrii deficiunt a firmitate: habent enim animum de facili mutabilem. Ergo iuventus et ebrietas non est causa spei.

2. Praeterea, ea quae augent potestatem, maxime sunt causa spei, ut supra[1] dictum est. Sed iuventus et ebrietas quandam infirmitatem habent adiunctam. Ergo non sunt causa spei.

3. Praeterea, experientia est causa spei, ut dictum est[2]. Sed iuvenibus experientia deficit. Ergo iuventus non est causa spei.

Sed contra est quod Philosophus dicit, in III *Ethic.*[3], quod *inebriati sunt bene sperantes.* Et in II *Rhetoric.*[4] dicitur quod *iuvenes sunt bonae spei.*

Respondeo dicendum quod iuventus est causa spei propter tria, ut Philosophus dicit in II *Rhetoric.*[5]. Et haec tria possunt accipi secundum tres conditiones boni quod est obiectum spei, quod est futurum, et arduum, et possibile, ut dictum est[6]. Iuvenes enim multum habent de futuro, et parum de praeterito. Et ideo, quia memoria est praeteriti, spes autem futuri; parum habent de memoria, sed multum vivunt in spe. — Iuvenes etiam, propter caliditatem naturae, habent multos spiritus: et ita in eis cor ampliatur. Ex amplitudine autem cordis est quod aliquis ad ardua tendat. Et ideo

se pensava, com verdade, algo não ser possível. Assim, pelo mesma razão pela qual a inexperiência é causa de experiência, a experiência é causa de falta de esperança.

Artigo 6
A esperança é abundante nos jovens e nos ébrios?

Quanto ao sexto, assim se procede: parece que a juventude e a embriaguês **não** são causa de esperança.

1. Com efeito, a esperança implica certeza e firmeza, por isso é comparada a uma âncora, na Carta aos Hebreus. Ora, os jovens e os ébrios carecem de firmeza, pois têm o espírito facilmente mutável. Logo, a juventude e a embriaguês não são causa de esperança.

2. Além disso, o que aumenta o poder é sobretudo causa de esperança, como acima foi dito. Ora, a juventude e a embriaguês são acompanhadas de uma certa fraqueza. Logo, não são causa de esperança.

3. Ademais, como se disse, a experiência é causa de esperança. Ora, falta aos jovens a experiência. Logo, juventude não é causa de esperança.

Em sentido contrário, o Filósofo diz no livro III da *Ética*: "Os bêbados são cheios de esperança". E no livro II da *Retórica*: "os jovens têm boa esperança".

Respondo. A juventude é causa de esperança por três motivos, como diz o Filósofo no livro II da *Retórica*. Esses três motivos podem tomar-se segundo três condições do bem, objeto da esperança: que seja futuro, árduo e possível, como foi dito. Com efeito, os jovens têm muito futuro e pouco passado: e assim como a memória é do passado e a esperança do futuro, eles têm pouca memória e vivem com muita esperança. — Além disso, os jovens, por terem a natureza quente, têm muitos "espíritos"[h], e neles o coração se amplia. Por ter o coração dilatado é que se tende para as

---

6 Parall.: Infra, q. 45, a. 3.

1. Art. praec.
2. Ibid.
3. C. 11: 1117, a, 14-17.
4. C. 12: 1389, a, 19.
5. Ibid.: 1389, a, 19-26.
6. Art. 1.

---

h. Essas explicações fisiológicas são as dos médicos gregos e de Aristóteles. Temos hoje um melhor conhecimento da fisicopsicologia da esperança e também de sua sociologia. O número crescente de suicidas adolescentes é o sintoma de uma "doença" da sociedade, que não lhes oferece esperança alguma.

invenes sunt animosi et bonae spei. — Similiter etiam illi qui non sunt passi repulsam, nec experti impedimenta in suis conatibus, de facili reputant aliquid sibi possibile. Unde et iuvenes, propter inexperientiam impedimentorum et defectuum, de facili reputant aliquid sibi possibile. Et ideo sunt bonae spei.

Duo etiam istorum sunt in ebriis: scilicet caliditas et multiplicatio spirituum, propter vinum; et iterum inconsideratio periculorum vel defectuum. — Et propter eandem rationem etiam omnes stulti, et deliberatione non utentes, omnia tentant, et sunt bonae spei.

AD PRIMUM ergo dicendum quod in iuvenibus et in ebriis licet non sit firmitas secundum rei veritatem, est tamen in eis secundum eorum aestimationem: reputant enim se firmiter assecuturos illud quod sperant.

Et similiter dicendum ad secundum, quod iuvenes et ebrii habent quidem infirmitatem secundum rei veritatem: sed secundum eorum existimationem, habent potestatem; quia suos defectus non cognoscunt.

AD TERTIUM dicendum quod non solum experientia, sed etiam inexperientia est quodammodo causa spei, ut dictum est[7].

coisas difíceis. Por isso os jovens são animosos e têm boa esperança. — Igualmente, quem não sofreu rejeição nem experimentou obstáculos em suas tentativas, julga facilmente que as coisas são possíveis. Por isso os jovens, pela falta de experiência dos obstáculos e das deficiências, facilmente julgam que as coisas lhes são possíveis. E por isso têm boa esperança.

Duas destas coisas se encontram nos ébrios: o calor e a multiplicação dos espíritos, por causa do vinho; e também a irreflexão sobre os perigos e as deficiências. — Pela mesma razão também todos os estúpidos e os estouvados se atrevem a tudo e têm boa esperança.

QUANTO AO 1º, portanto, deve-se dizer que embora os jovens e os ébrios não tenham na verdade firmeza, eles pensam que a têm e acreditam conseguir firmemente o que esperam.

QUANTO AO 2º, deve-se dizer que igualmente os jovens e os bêbados são fracos, mas em sua opinião têm poder, pois não conhecem suas deficiências.

QUANTO AO 3º, deve-se dizer que não é só a experiência, mas também a inexperiência que é causa de esperança, como, foi dito.

ARTICULUS 7
Utrum spes sit causa amoris

AD SEPTIMUM SIC PROCEDITUR. Videtur quod spes non sit causa amoris.
1. Quia secundum Augustinum, XIV *de Civ. Dei*[1], prima affectionum animae est amor. Sed spes est quaedam affectio animae. Amor ergo praecedit spem. Non ergo spes causat amorem.
2. PRAETEREA, desiderium praecedit spem. Sed desiderium causatur ex amore, ut dictum est[2]. Ergo etiam spes sequitur amorem. Non ergo causat ipsum.
3. PRAETEREA, spes causat delectationem, ut supra[3] dictum est. Sed delectatio non est nisi de bono amato. Ergo amor praecedit spem.

SED CONTRA est quod Mt 1,2, super illud, "Abraham genuit Isaac, Isaac autem genuit Iacob",

ARTIGO 7
A esperança é causa do amor?

QUANTO AO SÉTIMO, ASSIM SE PROCEDE: parece que a esperança **não** é causa do amor.
1. Com efeito, segundo Agostinho, a primeira das afeições da alma é o amor. Ora, a esperança é uma afeição da alma. Logo, o amor precede a esperança e não é por ela causado.
2. ALÉM DISSO, o desejo precede a esperança. Ora, o desejo é causado pelo amor, como se disse. Logo, também a esperança vem depois do amor, e não o causa.
3. ADEMAIS, foi dito acima que a esperança causa prazer. Ora, o prazer só tem por objeto o bem amado. Logo, o amor precede a esperança.

EM SENTIDO CONTRÁRIO, a Glosa explica a propósito do Evangelho de Mateus: "Abraão gerou Isac;

---

7. A. praec., ad 3.

7 PARALL.: Supra, q. 27, a. 4, ad 3; infra, q. 62, a. 4, ad 3; II-II, q. 17, a. 8; *De Virtut.*, q. 4, a. 3.
1. C. 7, n. 2: ML 41, 410.
2. Q. 25, a. 2; q. 28, a. 6, ad 2.
3. Q. 32, a. 3.

dicit Glossa[4]: *idest, fides spem, spes caritatem.* Caritas autem est amor. Ergo amor causatur a spe.

RESPONDEO dicendum quod spes duo respicere potest. Respicit enim sicut obiectum, bonum speratum. Sed quia bonum speratum est arduum possibile; aliquando autem fit aliquod arduum possibile nobis, non per nos, sed per alios; ideo spes etiam respicit illud per quod fit nobis aliquid possibile.

Inquantum igitur spes respicit bonum speratum, spes ex amore causatur: non enim est spes nisi de bono desiderato et amato. — Inquantum vero spes respicit illum per quem fit aliquid nobis possibile, sic amor causatur ex spe, et non e converso. Ex hoc enim quod per aliquem speramus nobis posse provenire bona, movemur in ipsum sicut in bonum nostrum: et sic incipimus ipsum amare. Ex hoc autem quod amamus aliquem, non speramus de eo, nisi per accidens, inquantum scilicet credimus nos redamari ab ipso. Unde amari ab aliquo facit nos sperare de eo: sed amor eius causatur ex spe quam de eo habemus.

Et per haec patet responsio AD OBIECTA.

Isac gerou Jacó": "Quer dizer que a fé gera a esperança e a esperança, a caridade". Ora, a caridade é amor. Logo, o amor é causado pela esperança.

RESPONDO. A esperança pode visar duas coisas. Visa o bem esperado, como objeto. Mas, porque o bem esperado é árduo e possível, às vezes acontece que nos seja possível não por nós mesmos, mas por outros. Por isso, a esperança visa também algo pelo qual uma coisa se nos torna possível.

Enquanto a esperança visa o bem esperado, a esperança é causada pelo amor; porque não há esperança senão do bem que se deseja e se ama. — Mas, na medida que a esperança visa quem nos torna as coisas possíveis, então o amor é causado pela esperança, e não o contrário. Pelo fato de que esperamos obter um bem por meio de alguém, nos movemos em sua direção como se fosse nosso bem, e assim começamos a amá-lo. E pelo fato que amamos alguém, não esperamos dele, a não ser acidentalmente, isto é, enquanto acreditamos que ele corresponde ao nosso amor. Por isso, ser amado por alguém faz que nele esperemos; mas é a esperança que nele depositamos que faz que o amemos.

Com isso fica clara a resposta ÀS OBJEÇÕES.

ARTICULUS 8
Utrum spes conferat ad operationem, vel magis impediat

AD OCTAVUM SIC PROCEDITUR. Videtur quod spes non adiuvet operationem, sed magis impediat.

1. Ad spem enim securitas pertinet. Sed securitas parit negligentiam, quae impedit operationem. Ergo spes impedit operationem.

2. PRAETEREA, tristitia impedit operationem, ut supra[1] dictum est. Sed spes quandoque causat tristitiam: dicitur enim Pr 13,12: *Spes quae differtur, affligit animam.* Ergo spes impedit operationem.

3. PRAETEREA, desperatio contrariatur spei, ut dictum est[2]. Sed desperatio, maxime in rebus bellicis, adiuvat operationem: dicitur enim 2Reg 2,26, quod *periculosa res est desperatio.* Ergo spes facit contrarium effectum, impediendo scilicet operationem.

ARTIGO 8
A esperança ajuda a ação, ou antes a impede?

QUANTO AO OITAVO, ASSIM SE PROCEDE: parece que a esperança **não** ajuda a ação, mas antes a impede.

1. Com efeito, a segurança faz parte da esperança. Ora, a segurança provoca negligência, que impede a ação. Logo, a esperança impede a ação.

2. ALÉM DISSO, a tristeza impede a ação, como foi dito acima. Ora, a esperança às vezes causa tristeza: diz-se no livro dos Provérbios: "A esperança diferida aflige a alma". Logo, a esperança impede a ação.

3. ADEMAIS, o desespero é contrário à esperança, como se disse. Ora, o desespero, sobretudo na guerra, favorece a ação, como está escrito no livro dos Reis: "O desespero é coisa perigosa". Logo, a esperança tem efeito contrário, a saber, o de impedir a ação.

---

4. Interl.

8
1. Q. 37, a. 3.
2. Art. 4.

SED CONTRA est quod dicitur 2Cor 9,10, quod *qui arat, debet arare in spe fructus percipiendi.* Et eadem ratio est in omnibus aliis.

RESPONDEO dicendum quod spes per se habet quod adiuvet operationem, itendendo ipsam. Et hoc ex duobus. Primo quidem, ex ratione sui obiecti, quod est bonum arduum possibile. Existimatio enim ardui excitat attentionem: existimatio vero possibilis non retardat conatum. Unde sequitur quod homo intente operetur propter spem. — Secundo vero, ex ratione sui effectus. Spes enim, ut supra³ dictum est, causat delectationem: quae adiuvat operationem, ut supra⁴ dictum est. Unde spes operationem adiuvat.

AD PRIMUM ergo dicendum quod spes respicit bonum consequendum: securitas autem respicit malum vitandum. Unde securitas magis videtur opponi timori, quam ad spem pertinere. — Et tamen securitas non causat negligentiam, nisi inquantum diminuit existimationem ardui: in quo etiam diminuitur ratio spei. Illa enim in quibus homo nullum impedimentum timet, quasi iam non reputantur ardua.

AD SECUNDUM dicendum quod spes per se causat delectationem: sed per accidens est ut causet tristitiam, ut supra⁵ dictum est.

AD TERTIUM dicendum quod desperatio in bello fit periculosa, propter aliquam spem adiunctam. Illi enim qui desperant de fuga, debilitantur in fugiendo, sed sperant mortem suam vindicare. Et ideo ex hac spe acrius pugnant: unde periculosi hostibus fiunt.

3. Q. 32, a. 3.
4. Q. 33, a. 4.
5. Q. 32, a. 3, ad 2.

EM SENTIDO CONTRÁRIO, diz a segunda Carta aos Coríntios: "Quem lavra, deve lavrar na esperança da colheita".

RESPONDO. A esperança por si ajuda a ação, intensificando-a. E por dois motivos: 1. em razão de seu objeto, que é o bem árduo possível. A consideração do árduo excita a atenção, e a consideração do possível não retarda o esforço. Daí se segue que o homem age intensamente por causa da esperança. — 2. em razão do efeito. A esperança, como se disse, causa o prazer, que favorece a ação, como foi dito. Donde se segue que a esperança ajuda a ação.

QUANTO AO 1º, portanto, deve-se dizer que a esperança visa um bem a ser alcançado: e a segurança visa um mal a evitar. Daí que a segurança parece se opor mais ao temor, do que pertencer à esperança. — A segurança não causa negligência, a não ser enquanto diminui a consideração do árduo: no que também diminui a razão da esperança. Com efeito, aquilo em que o homem não receia nenhum obstáculo, não é julgado como árduo.

QUANTO AO 2º, deve-se dizer que a esperança, por si, causa prazer, mas por acidente causa tristeza, como se disse.

QUANTO AO 3º, deve-se dizer que o desespero na guerra torna-se perigoso, por ser acompanhado de alguma esperança. Quem desespera da fuga, enfraquece ao fugir; mas espera vingar sua morte. Por isso, com tal esperança, luta com mais vigor: a assim se torna perigoso para o inimigo.

QUAESTIO XLI
DE TIMORE SECUNDUM SE

in quatuor articulos divisa

Consequenter considerandum est, primo, de timore; et secundo, de audacia.

Circa timorem consideranda sunt quatuor: primo, de ipso timore; secundo, de obiecto eius; tertio, de causa ipsius; quarto, de effectu.

Circa primum quaeruntur quatuor.
Primo: utrum timor sit passio animae.
Secundo: utrum sit specialis passio.

QUESTÃO 41
O TEMOR EM SI MESMO

em quatro artigos

Em seguida, deve-se considerar o temor e depois a audácia. A propósito do temor consideramos quatro pontos: 1, O temor em si mesmo; 2, seu objeto; 3, sua causa; 4, seu efeito.

Sobre o primeiro, são quatro as perguntas:
1. O temor é uma paixão da alma?
2. É uma paixão especial?

Tertio: utrum sit aliquis timor naturalis.
Quarto: de speciebus timoris.

3. Há um temor natural?
4. Sobre as espécies do temor.

ARTICULUS 1
Utrum timor sit passio animae

AD PRIMUM SIC PROCEDITUR. Videtur quod timor non sit passio animae.
1. Dicit enim Damascenus, in libro III[1], quod *timor est virtus secundum systolen* idest contractionem, *essentiae desiderativa*. Sed nulla virtus est passio, ut probatur in II *Ethic*.[2]. Ergo timor non est passio.
2. PRAETEREA, omnis passio est effectus ex praesentia agentis proveniens. Sed timor non est de aliquo praesenti, sed de futuro, ut Damascenus dicit in II libro[3]. Ergo timor non est passio.
3. PRAETEREA, omnis passio animae est motus appetitus sensitivi, qui sequitur apprehensionem sensus. Sensus autem non est apprehensivus futuri, sed praesentis. Cum ergo timor sit de malo futuro, videtur quod non sit passio animae.

SED CONTRA est quod Augustinus, in XIV *de Civ. Dei*[4], enumerat timorem inter alias animae passiones.

RESPONDEO dicendum quod, inter ceteros animae motus, post tristitiam, timor magis rationem obtinet passionis. Ut enim supra[5] dictum est, ad rationem passionis primo quidem pertinet quod sit motus passivae virtutis, ad quam scilicet comparetur suum obiectum per modum activi moventis: eo quod passio est effectus agentis. Et per hunc modum, etiam sentire et intelligere dicuntur pati. Secundo, magis proprie dicitur passio motus appetitivae virtutis. Et adhuc magis proprie, motus appetitivae virtutis habentis organum corporale, qui fit cum aliqua transmutatione corporali. Et adhuc propriissime illi motus passiones dicuntur, qui important aliquod nocumentum.

Manifestum est autem quod timor, cum sit de malo, ad appetitivam potentiam pertinet, quae per se respicit bonum et malum. Pertinet autem ad appetitum sensitivum: fit enim cum quadam transmutatione, scilicet *cum contractione*, ut Da-

ARTIGO 1
O temor é paixão da alma?

QUANTO AO PRIMEIRO ARTIGO, ASSIM SE PROCEDE: parece que o temor **não** é paixão da alma.
1. Com efeito, Damasceno escreve: "O temor é uma virtude que age por sístole", isto é, por contração, "e que deseja a essência". Ora, nenhuma virtude é paixão, como se demonstra no livro II da *Ética*. Logo, o temor não é paixão
2. ALÉM DISSO, a paixão é um efeito que provém da presença de um agente. Ora, o temor não é de algo presente, mas de algo futuro, como diz Damasceno. Logo, o temor não é paixão.
3. ADEMAIS, toda paixão da alma é um movimento do apetite sensitivo, que se segue à apreensão dos sentidos. Ora, o sentido não apreende o futuro, mas o presente. Logo, como o temor se refere ao mal futuro, parece não ser uma paixão da alma.

EM SENTIDO CONTRÁRIO, Agostinho enumera o temor entre as paixões da alma.

RESPONDO. Entre outros movimentos da alma, depois da tristeza, o temor é o que mais verifica a razão de paixão. Como foi dito acima, à razão de paixão pertence, primeiro, que seja movimento de uma potência passiva, com a qual se relaciona seu objeto como um princípio ativo da moção. Por isso, a paixão é o efeito de um agente. É dessa maneira que sentir e conhecer se dizem padecer. Em segundo lugar, a paixão se diz com mais propriedade movimento da potência apetitiva. E com mais propriedade ainda, movimento da potência apetitiva que tem um órgão corporal e que se realiza com alguma mudança corporal. E com o máximo de propriedade se chamam paixão os movimentos que implicam algum dano.

É claro que o temor, que se refere ao mal, pertence à potência apetitiva, que por si visa o bem e o mal. Pertence ao apetite sensitivo, pois se realiza com alguma mudança, a saber, *com contração*, como diz Damasceno. E implica tam-

---

1. *De fide orth.*, l. III, c. 23: MG 94, 1088 C.
2. C. 4: 1105, b, 28-31.
3. *De fide orth.*, l. II, c. 12: MG 94, 929 B.
4. C. 5: ML 41, 408.
5. Q. 22.

mascenus dicit⁶. Et importat etiam habitudinem ad malum, secundum quod malum habet quodammodo victoriam super aliquod bonum. Unde verissime sibi competit ratio passionis. — Tamen post tristitiam, quae est de malo praesenti: nam timor est de malo futuro, quod non ita movet sicut praesens.

AD PRIMUM ergo dicendum quod virtus nominat quoddam principium actionis: et ideo, inquantum interiores motus appetitivae virtutis sunt principia exteriorum actuum, dicuntur virtutes. Philosophus autem negat passionem esse virtutem quae est habitus.

AD SECUNDUM dicendum quod, sicut passio corporis naturalis provenit ex corporali praesentia agentis, ita passio animae provenit ex animali praesentia agentis, absque praesentia corporali vel reali: inquantum scilicet malum quod est futurum realiter, est praesens secundum apprehensionem animae.

AD TERTIUM dicendum quod sensus non apprehendit futurum: sed ex eo quod apprehendit praesens, animal naturali instinctu movetur ad sperandum futurum bonum, vel timendum futurum malum.

bém a relação com o mal, enquanto o mal vence, de algum modo, o bem. Por isso, lhe compete a razão de paixão com toda verdade. — Entretanto, menos que a tristeza, que é de um mal presente: pois o temor é do mal futuro, que não move tanto quanto o presente.

QUANTO AO 1º, portanto, deve-se dizer que virtude é o nome de um princípio de ação: por isso enquanto os movimentos interiores da potência apetitiva são princípios de atos exteriores, chamam-se virtudes. O Filósofo nega que a paixão seja virtude no sentido de um hábito.

QUANTO AO 2º, deve-se dizer que como a paixão de um corpo natural provém da presença corporal de um agente, assim a paixão da alma provém da presença psíquicaª de um agente, sem que ele esteja presente corporalmente ou realmente; isto é, enquanto o mal, que na realidade é futuro, está presente segundo a apreensão da alma.

QUANTO AO 3º, deve-se dizer que o sentido não apreende o futuro; mas pelo fato de apreender o presente, o animal é movido por seu instinto natural a esperar um bem futuro ou a temer um mal futuro.

ARTICULUS 2
Utrum timor sit specialis passio

AD SECUNDUM SIC PROCEDITUR. Videtur quod timor non sit specialis passio.

1. Dicit enim Augustinus, in libro *Octoginta trium Quaest.*¹, quod *quem non exanimat metus, nec cupiditas eum vastat, nec aegritudo*, idest tristitia, *macerat, nec ventilat gestiens et vana laetitia*. Ex quo videtur quod, remoto timore, omnes aliae passiones removentur. Non ergo passio est specialis, sed generalis.

2. PRAETEREA, Philosophus dicit, in VI *Ethic.*², quod *ita se habet in appetitu prosecutio et fuga, sicut in intellectu affirmatio et negatio.* Sed negatio non est aliquid speciale in intellectu, sicut nec affirmatio, sed aliquid commune ad multa. Ergo nec fuga in appetitu. Sed nihil est aliud timor quam fuga quaedam mali. Ergo timor non est passio specialis.

ARTIGO 2
O temor é uma paixão especial?

QUANTO AO SEGUNDO, ASSIM SE PROCEDE: parece que o temor **não** é uma paixão especial.

1. Com efeito, Agostinho diz: "A quem o temor não inquieta, nem a cupidez devasta, nem a doença, isto é, a tristeza enfraquece, nem agita uma alegria alvoroçada e vã". Parece que daí se conclui que, removido o temor, se removem todas as outras paixões. Portanto, não é uma paixão especial, mas geral.

2. ALÉM DISSO, o Filósofo diz no livro VI da *Ética* que "o prosseguimento e a fuga estão no apetite como a afirmação e a negação no intelecto". Ora, a negação não é algo especial no intelecto, nem também a afirmação, mas algo comum a muitas coisas. Logo, também não é especial a fuga no apetite. Ora, o temor não é outra coisa que uma certa fuga do mal. Logo, o temor não é uma paixão especial.

---

6. Loc. cit. in 1 a.

1. Q. 33: ML 40, 23.
2. C. 2: 1139, a, 21-22.

---

a. Literalmente: "a paixão da alma provém da presença animal do agente". Traduz-se aqui "presença psíquica", pois essa presença é percebida pelos sentidos, função animal.

3. Praeterea, si timor esset passio specialis, praecipue in irascibili esset. Est autem timor etiam in concupiscibili. Dicit enim Philosophus, in II *Rhetoric.*[3], quod *timor est tristitia quaedam*: et Damascenus dicit[4] quod *timor est virtus desiderativa*: tristitia autem et desiderium sunt in concupiscibili, ut supra[5] dictum est. Non est ergo passio specialis: cum pertineat ad diversas potentias.

Sed contra est quod condividitur aliis passionibus animae; ut patet per Damascenum, in II libro[6].

Respondeo dicendum quod passiones animae recipiunt speciem ex obiectis. Unde specialis passio est quae habet speciale obiectum. Timor autem habet speciale obiectum, sicut et spes. Sicut enim obiectum spei est bonum futurum arduum possibile adipisci; ita obiectum timoris est malum futurum difficile cui resisti non potest. Unde timor est specialis passio animae.

Ad primum ergo dicendum quod omnes passiones animae derivantur ex uno principio, scilicet ex amore, in quo habent ad invicem connexionem. Et ratione huius connexionis, remoto timore, removentur aliae passiones animae: non ideo quia sit passio generalis.

Ad secundum dicendum quod non omnis fuga appetitus est timor, sed fuga ab aliquo speciali obiecto, ut dictum est[7]. Et ideo, licet fuga sit quoddam generale, tamen timor est passio specialis.

Ad tertium dicendum quod timor nullo modo est in concupiscibili: non enim respicit malum absolute, sed cum quadam difficultate vel arduitate, ut ei resisti vix possit. Sed quia passiones irascibilis derivantur a passionibus concupiscibilis et ad eas terminantur, ut supra[8] dictum est; ideo timori attribuuntur ea quae sunt concupiscibilis. Dicitur enim timor esse tristitia, inquantum obiectum timoris est contristans, si praesens fuerit: unde et Philosophus dicit ibidem quod timor procedit *ex phantasia futuri mali corruptivi vel contristativi*. Similiter et desiderium attribuitur a Damasceno timori, quia, sicut spes oritur a desiderio boni ita timor ex fuga mali; fuga autem mali oritur ex desiderio boni, ut ex supra[9] dictis patet.

3. Ademais, se o temor fosse uma paixão especial, estaria sobretudo no irascível. Ora, o temor está também no concupiscível, pois diz o Filósofo, no livro II da *Retórica* que "o temor é uma espécie de tristeza" e Damasceno, que "o temor é uma força que deseja". Ora, a tristeza e o desejo estão no concupiscível, como se disse acima. O temor não é, pois, uma paixão especial, já que pertence a diversas potências.

Em sentido contrário, o temor se distingue das outras paixões da alma, segundo Damasceno.

Respondo. As paixões da alma recebem sua espécie de seus objetos. Assim, uma paixão especial é a que tem um objeto especial. Ora, o temor tem um objeto especial, como a esperança. Com efeito, como o objeto da esperança é um bem futuro árduo possível de ser obtido; assim o objeto do temor é o mal futuro difícil ao qual não se pode resistir. O temor é, pois, uma paixão especial da alma.

Quanto ao 1º, portanto, deve-se dizer que todas as paixões da alma derivam de um só principio, a saber, do amor, no qual se conectam umas com as outras. Por razão dessa conexão, removido o temor, se removem as outras paixões da alma; e não porque seja uma paixão geral.

Quanto ao 2º, deve-se dizer que nem toda fuga do apetite é temor, e sim a fuga de algum objeto especial, como se disse. Embora a fuga seja algo geral, o temor é uma paixão especial.

Quanto ao 3º, deve-se dizer que o temor de nenhum modo está no concupiscível porque não visa o mal absolutamente, mas com alguma dificuldade ou arduidade, de modo que apenas se lhe pode resistir. Mas, porque as paixões do irascível derivam das paixões do concupiscível, atribuem-se ao temor aquelas que são do concupiscível. Diz-se que o temor é tristeza enquanto o objeto do temor é algo que entristece, se está presente. Daí dizer o Filósofo, no mesmo lugar que o temor procede da *imaginação de um mal futuro que destrói ou entristece*. Igualmente, o desejo é atribuído por Damasceno ao temor, porque, como a esperança nasce do desejo do bem, o temor nasce da fuga do mal. E a fuga do mal nasce do desejo do bem, como está claro pelo que acima foi dito.

---

3. C. 5: 1382, a, 21.
4. *De fide orth.*, l. III, c. 23. MG 94, 1088 C.
5. Q. 23, a. 4.
6. *De fide orth.*, l. II, cc. 12, 15: MG 94, 929 B, 932 C.
7. In corp.
8. Q. 25, a. 1.
9. Q. 25, a. 2; q. 29, a. 2; q. 36, a. 2.

ARTICULUS 3
Utrum sit aliquis timor naturalis

AD TERTIUM SIC PROCEDITUR. Videtur quod timor aliquis sit naturalis.
1. Dicit enim Damascenus, in III libro[1], quod *est quidam timor naturalis, nolente anima dividi a corpore*.
2. PRAETEREA, timor ex amore oritur, ut dictum est[2]. Sed est aliquis amor naturalis, ut Dionysius dicit, 4 cap. *de Div. Nom.*[3]. Ergo etiam est aliquis timor naturalis.
3. PRAETEREA, timor opponitur spei, ut supra[4] dictum est. Sed est aliqua spes naturae: ut patet per id quod dicitur Rm 4,18, de Abraham, quod *contra spem* naturae, *in spem* gratiae *credidit*. Ergo etiam est aliquis timor naturae.

SED CONTRA, ea quae sunt naturalis, communiter inveniuntur in rebus animatis et inanimatis. Sed timor non invenitur in rebus inanimatis. Ergo timor non est naturalis.

RESPONDEO dicendum quod aliquis motus dicitur naturalis, quia ad ipsum inclinat natura. Sed hoc contingit dupliciter. Uno modo, quod totum perficitur a natura, absque aliqua operatione apprehensivae virtutis: sicut moveri sursum est motus naturalis ignis, et augeri est motus naturalis animalium et plantarum. — Alio modo dicitur motus naturalis, ad quem natura inclinat, licet non perficiatur nisi per apprehensionem: quia, sicut supra[5] dictum est, motus cognitivae et appetitivae virtutis reducuntur in naturam, sicut in principium primum. Et per hunc modum, etiam ipsi actus apprehensivae virtutis, ut intelligere, sentire et memorari, et etiam motus appetitus animalis, quandoque dicuntur naturales.

Et per hunc modum potest dici timor naturalis. Et distinguitur a timore non naturali, secundum diversitatem obiecti. Est enim, ut Philosophus dicit in II *Rhetoric.*[6], timor de malo corruptivo, quod natura refugit propter naturale desiderium essendi: et talis timor dicitur naturalis. Est iterum de malo contristativo, quod non repugnat naturae, sed de-

ARTIGO 3
Há um temor natural?

QUANTO AO TERCEIRO, ASSIM SE PROCEDE: parece que o temor é natural.
1. Com efeito, Damasceno diz: "Há um temor natural, não querendo a alma ser separada do corpo".
2. ALÉM DISSO, o temor nasce do amor, como foi dito. Ora, existe um amor natural, segundo Dionísio. Logo, há também um temor natural.
3. ADEMAIS, o temor se opõe à esperança, como acima foi dito. Ora, há uma esperança que é da natureza, como se vê pelo que se diz de Abraão na Carta aos Romanos: "Contra a esperança" da natureza "acreditou na esperança" da graça. Logo, há também um temor da natureza.

EM SENTIDO CONTRÁRIO, o que é natural se encontra comumente nas coisas animadas e inanimadas. Ora, não se encontra temor nas coisas inanimadas. Logo, não há temor natural.

RESPONDO. Um movimento se chama natural porque a natureza para ele se inclina, o que acontece de dois modos. No primeiro modo, tudo se realiza pela natureza, sem qualquer ação da potência apreensiva: como mover-se para cima é o movimento natural do fogo, e crescer é o movimento natural dos animais e das plantas. — No outro modo, diz-se natural o movimento ao qual a natureza se inclina, embora não seja realizado senão pela apreensão; porque, como acima foi dito, o movimento das potências cognitivas e apetitivas se reduzem à natureza, como a seu princípio primeiro. É desta maneira que, às vezes, se chamam naturais até mesmo os atos da potência apreensiva, como conhecer, sentir e recordar, e também os movimentos do apetite animal.

O temor se diz natural neste segundo sentido. E distingue-se do temor não-natural por ter um objeto diverso. Com efeito, segundo o Filósofo, no livro II da *Retórica*, há um temor cujo objeto é o "mal que corrompe", que a natureza repele por causa do desejo natural de existir; esse temor se chama natural. Mas há, além dele, o temor do

---

1. *De fide orth.*, l. III, c. 23: MG 94, 1088 C.
2. A. praec., ad 1.
3. MG 3, 713 AB.
4. Q. 40, a. 4, ad 1.
5. Q. 10, a. 1; q. 17, a. 9, ad 2.
6. C. 5: 1382, a, 22.

siderio appetitus: et talis timor non est naturalis. Sicut etiam supra[7] amor, concupiscentia et delectatio distincta sunt per naturale et non naturale.

Sed secundum primam acceptionem *naturalis*, sciendum est quod quaedam de passionibus animae quandoque dicuntur naturales, ut amor, desiderium et spes: aliae vero naturales dici non possunt. Et hoc ideo, quia amor et odium, desiderium et fuga, important inclinationem quandam ad prosequendum bonum et fugiendum malum; quae quidem inclinatio pertinet etiam ad appetitum naturalem. Et ideo est amor quidam naturalis: et desiderium vel spes potest quodammodo dici etiam in rebus naturalibus cognitione carentibus. — Sed aliae passiones animae important quosdam motus ad quos nullo modo sufficit inclinatio naturalis. Vel quia de ratione harum passionum est sensus seu cognitio, sicut dictum est[8] quod apprehendo requiritur ad rationem delectationis et doloris: unde quae carent cognitione, non possunt dici delectari vel dolere. Aut quia huiusmodi motus sunt contra rationem inclinationis naturalis: puta quod desperatio refugit bonum propter aliquam difficultatem; et timor refugit impugnationem mali contrarii, ad quod est inclinatio naturalis. Et ideo huiusmodi passiones nullo modo attribuuntur rebus inanimatis.

Et per hoc patet responsio AD OBIECTA.

"mal que entristece", que não repugna à natureza, mas ao desejo do apetite; e tal temor não é natural. É a mesma distinção feita acima para o amor, a concupiscência, o prazer: naturais ou não naturais.

Mas segundo a primeira accepção de *natural*, deve-se saber que algumas entre as paixões da alma, às vezes, se dizem naturais, como o amor, o desejo e a esperança; há outras, porém, que não se podem chamar naturais. E isso porque amor e ódio, desejo e fuga, implicam uma inclinação para buscar o bem e fugir do mal; inclinação que pertence também ao apetite natural. É assim que existe um amor que é natural; e se se pode falar, de certo modo, um desejo e esperança mesmo em coisas naturais privadas de conhecimento. — Mas, as outras paixões da alma implicam certos movimentos para os quais de nenhum modo basta a inclinação natural. Ou porque pertence à razão dessas paixões o sentido ou o conhecimento, como foi dito, já que a apreensão se requer para prazer e dor. Por isso, dos que carecem de conhecimento não se pode dizer que tenham prazer ou dor. Ou então, porque tais movimentos são contrários à razão de inclinação natural, por exemplo, o desespero rejeita o bem por causa de alguma dificuldade, e o temor foge do enfrentamento do mal contrário, a que levaria a inclinação natural. Por isso essas paixões de modo algum são atribuídas às coisas inanimadas.

Pelo acima exposto fica clara a resposta ÀS OBJEÇÕES.

ARTICULUS 4
Utrum convenienter assignentur species timoris

AD QUARTUM SIC PROCEDITUR. Videtur quod inconvenienter Damascenus[1] assignet sex species timoris: scilicet *segnitiem, erubescentiam, verecundiam, admirationem, stuporem, agoniam*.

1. Ut enim Philosophus dicit, in II *Rhetoric*.[2], timor est de malo contristativo. Ergo species timoris debent respondere speciebus tristitiae. Sunt autem quatuor species tristitiae, ut supra[3] dictum est. Ergo solum debent esse quatuor species timoris, eis correspondentes.

ARTIGO 4
As espécies do temor

QUANTO AO QUARTO, ASSIM SE PROCEDE: parece que Damasceno **não** elencou de modo satisfatório as seis espécies do temor: "preguiça, vergonha, pudor, admiração, estupor e angústia".

1. Com efeito, diz o Filósofo, no livro III da *Retórica*: "O temor tem por objeto o mal que entristece". Portanto, as espécies de temor devem corresponder às espécies da tristeza. Ora, como se viu acima, há quatro espécies de tristeza. Logo, só devem ser quatro as espécies de temor, que lhes correspondam.

---

7. Q. 26, a. 1; q. 30, a. 3; q. 31, a. 7.
8. Q. 31, a. 1, 3; q. 35, a. 1.

PARALL.: III *Sent*., dist. 26, q. 1, a. 3; dist. 34, q. 2, a. 1, q.la 2, ad 6; *De Verit*., q. 26, a. 4, ad 7.

1. *De fide orth*., l. II, c. 15: MG 94, 932 C.
2. C. 5: 1382, a, 22.
3. Q. 35, a. 8.

2. PRAETEREA, illud quod in actu nostro consistit, nostrae potestati subiicitur. Sed timor est de malo quod excedit potestatem nostram, ut dictum est[4]. Non ergo segnities et erubescentia et verecundia, quae respiciunt operationem nostram, debent poni species timoris.

3. PRAETEREA, timor est de futuro, ut dictum est[5]. Sed *verecundia est de turpi actu iam commisso*, ut Gregorius Nyssenus[6] dicit. Ergo verecundia non est species timoris.

4. PRAETEREA, timor non est nisi de malo. Sed admiratio et stupor sunt de magno et insolito, sive bono sive malo. Ergo admiratio et stupor non sunt species timoris.

5. PRAETEREA, philosophi ex admiratione sunt moti ad inquirendum veritatem, ut dicitur in principio *Metaphys.*[7]. Timor autem non movet ad inquirendum, sed magis ad fugiendum. Ergo admiratio non est species timoris.

SED IN CONTRARIUM sufficiat auctoritas Damasceni et Gregorii Nysseni[8].

RESPONDEO dicendum quod, sicut dictum est[9], timor est de futuro malo quod excedit potestatem timentis, ut scilicet ei resisti non possit. Sicut autem bonum hominis, ita et malum, potest considerari vel in operatione ipsius, vel in exterioribus rebus. In operatione autem ipsius hominis, potest duplex malum timeri. Primo quidem, labor gravans naturam. Et sic causatur segnities: cum scilicet aliquis refugit operari, propter timorem excedentis laboris. — Secundo, turpitudo laedens opinionem. Et sic, si turpitudo timeatur in actu committendo, est erubescentia: si autem sit de turpi iam facto, est verecundia.

Malum autem quod in exterioribus rebus consistit, triplici ratione potest excedere hominis facultatem ad resistendum. Primo quidem, ratione suae magnitudinis: cum scilicet aliquis considerat aliquod magnum malum, cuius exitum considerare non sufficit. Et sic est admiratio. — Secundo, ratione dissuetudinis: quia scilicet aliquod malum inconsuetum nostrae considerationi offertur, et sic est magnum nostra reputatione. Et hoc modo est *stupor*, qui causatur ex insolita imaginatione. — Tertio modo, ratione improvisionis, quia scilicet provideri non potest: sicut futura infortunia timentur. Et talis timor dicitur agonia.

2. ALÉM DISSO, o que existe por nossa ação, está sujeito a nosso poder. Ora, o temor tem por objeto um mal que ultrapassa nosso poder, como foi dito. Logo, a preguiça, a vergonha e o pudor, que concernem nossa ação, não devem ser afirmadas como espécies de temor.

3. ADEMAIS, o temor é do futuro, como já foi dito. Ora, "o pudor tem por objeto o ato torpe já cometido", segundo Gregório de Nissa. Logo, o pudor não é uma espécie de temor.

4. ADEMAIS, só há temor do mal. Ora, a admiração e o estupor são de algo grande e insólito, seja bom ou seja mau. Logo, a admiração e o estupor não são espécies de temor.

5. ADEMAIS, os filósofos foram levados pela admiração a pesquisar a verdade, como diz o livro da *Metafísica*. Ora, o temor não leva a procurar, mas antes a fugir. Logo, a admiração não é uma espécie do temor.

EM SENTIDO CONTRÁRIO, basta a autoridade de Damasceno e de Gregório de Nissa.

RESPONDO. Como foi dito, o temor é de um mal futuro que ultrapassa o poder do que teme, de modo que não lhe pode resistir. Como o bem do homem, também o mal, pode considerar-se ou na ação dele, ou nas coisas exteriores. Na ação do homem, há dois tipos de mal a temer. Primeiro, o trabalho que pesa sobre a natureza. Daí surge a preguiça quando se recusa a agir por causa do temor do trabalho excessivo. — O outro mal é a infâmia que prejudica a reputação. Se alguém teme a infâmia em um ato a praticar, tem vergonha; se teme infâmia por um ato torpe já praticado, tem pudor.

O mal que está nas coisas exteriores pode ultrapassar a capacidade do homem de três maneiras: 1, em razão de sua grandeza. Quando alguém considera um grande mal, e não consegue ver como sair dele. Há então admiração. — 2, em razão da falta de costume. Quando um mal insólito se oferece à nossa consideração, e assim é grande para nossa apreciação. Há então estupor, produzido por uma imagem insólita. — 3, em razão da surpresa, porque não se pode prever: assim tememos as desgraças futuras. Esse temor se chama angústia.

---

4. Art. 2.
5. Art. 1, 2.
6. NEMESIUS, *De nat. hom.*, c. 20, al. l. IV, c. 14 vel 13: MG 40, 689 A.
7. L. I, c. 2: 982, b, 12-14.
8. Cfr. loc. cit. arg. 1, 3.
9. Art. 2.

AD PRIMUM ergo dicendum quod illae species tristitiae quae supra[10] positae sunt, non accipiuntur secundum diversitatem obiecti, sed secundum effectus, et secundum quasdam speciales rationes. Et ideo non oportet quod illae species tristitiae respondeant istis speciebus timoris, quae accipiuntur secundum divisionem propriam obiecti ipsius timoris.

AD SECUNDUM dicendum quod operatio secundum quod iam fit, subditur potestati operantis. Sed aliquid circa operationem considerari potest facultatem operantis excedens, propter quod aliquis refugit actionem. Et secundum hoc, segnities, erubescentia et verecundia ponuntur species timoris.

AD TERTIUM dicendum quod de actu praeterito potest timeri convitium vel opprobrium futurum. Et secundum hoc, verecundia est species timoris.

AD QUARTUM dicendum quod non quaelibet admiratio et stupor sunt species timoris, sed admiratio quae est de magno malo, et stupor qui est de malo insolito. — Vel potest dici quod, sicut segnities refugit laborem exterioris operationis, ita admiratio et stupor refugiunt difficultatem considerationis rei magnae et insolitae, sive sit bona sive mala: ut hoc modo se habeat admiratio et stupor ad actum intellectus, sicut segnities ad exteriorem actum.

AD QUINTUM dicendum quod admirans refugit in praesenti dare iudicium de eo quod miratur, timens defectum, sed in futurum inquirit. Stupens autem timet et in praesenti iudicare, et in futuro inquirere. Unde admiratio est principium philosophandi: sed stupor est philosophicae considerationis impedimentum.

QUANTO AO 1º, portanto, deve-se dizer que aquelas espécies de tristeza, que foram elencadas acima, não se tomaram segundo a diversidade do objeto, mas segundo os efeitos, e segundo certas razões especiais. Por isso, não é preciso que aquelas espécies de tristeza correspondam às espécies de temor aqui tratadas, que se tomam segundo a divisão própria do objeto do temor.

QUANTO AO 2º, deve-se dizer que a ação, enquanto se faz, está sujeita ao poder de quem age. Mas há algo que concerne à ação e pode-se considerar como excedendo a capacidade do agente, motivo pelo qual ele se recusa a agir. Desse ponto de vista, a preguiça, a vergonha e o pudor são afirmados como espécies de temor.

QUANTO AO 3º, deve-se dizer que a propósito de um ato passado, pode-se temer a censura, ou o opróbio futuro. Sob este aspecto, a vergonha é uma espécie de temor.

QUANTO AO 4º, deve-se dizer que não é qualquer admiração e qualquer estupor que são espécies de temor, mas admiração diante de um grande mal, e estupor diante de um mal insólito. — Ou pode dizer-se que assim como a preguiça foge do trabalho da ação exterior, assim a admiração e o estupor fogem da dificuldade da consideração de uma coisa grande e insólita, seja boa ou seja má: desse modo, a admiração e o estupor são para o ato do intelecto o que a preguiça é para o ato exterior.

QUANTO AO 5º, deve-se dizer que quem se admira, se recusa a dar no presente um juízo sobre aquilo que admira, temendo enganar-se; mas questiona sobre o futuro. Quem está em estupor, teme, ao mesmo tempo, julgar no presente e questionar no futuro. Por isso, a admiração é o princípio do filosofar, mas o estupor é um obstáculo à indagação filosófica.

---

10. Loc. cit. in arg.

QUAESTIO XLII
DE OBIECTO TIMORIS
in sex articulos divisa

Deinde considerandum est de obiecto timoris.

Et circa hoc quaeruntur sex.
Primo: utrum bonum sit obiectum timoris, vel malum.

QUESTÃO 42
O OBJETO DO TEMOR
em seis artigos

Em seguida, deve-se considerar o objeto do temor.

Sobre isso, são seis as perguntas:
1. O objeto do temor é o bem ou o mal?

Secundo: utrum malum naturae sit obiectum timoris.
Tertio: utrum timor sit de malo culpae.
Quarto: utrum ipse timor timeri possit.
Quinto: utrum repentina magis timeantur.
Sexto: utrum ea contra quae non est remedium, magis timeantur.

2. O mal da natureza é objeto de temor?
3. Há temor do mal do pecado?
4. Pode-se temer o próprio temor?
5. Temem-se mais os males imprevistos?
6. Temem-se mais os males irremediáveis?

Articulus 1
Utrum obiectum timoris sit bonum, vel malum

Ad primum sic proceditur. Videtur quod bonum sit obiectum timoris.
1. Dicit enim Augustinus, in libro *Octoginta trium Quaest.*[1], quod *nihil timemus, nisi ne id quod amamus, aut adeptum amittamus, aut non adipiscamur speratum.* Sed id quod amamus est bonum. Ergo timor respicit bonum sicut proprium obiectum.
2. Praeterea, Philosophus dicit, in II *Rhetoric.*[2], quod *potestas, et super alium ipsum esse, est terribile.* Sed huiusmodi est quoddam bonum. Ergo bonum est obiectum timoris.
3. Praeterea, in Deo nihil malum esse potest. Sed mandatur nobis ut Deum timeamus; secundum illud Ps 33,10: *Timete Dominum, omnes sancti eius.* Ergo etiam timor est de bono.

Sed contra est quod Damascenus dicit, in II libro[3], quod timor est de malo futuro.

Respondeo dicendum quod timor est quidam motus appetitivae virtutis. Ad virtutem autem appetitivam pertinet prosecutio et fuga, ut dicitur in VI *Ethic.*[4]. Est autem prosecutio boni, fuga autem mali. Unde quicumque motus appetitivae virtutis importat prosecutionem, habet aliquod bonum pro obiecto: quicumque autem importat fugam, habet malum pro obiecto. Unde, cum timor fugam quandam importet, primo et per se respicit malum sicut proprium obiectum.

Potest autem respicere etiam bonum, secundum quod habet habitudinem ad malum. Quod quidem potest esse dupliciter. Uno quidem modo, inquantum per malum privatur bonum. Ex hoc autem ipso est aliquid malum, quod est privativum boni. Unde, cum fugiatur malum quia malum est, sequitur ut fugiatur quia privat bonum quod quis

Artigo 1
O objeto do temor é o bem ou o mal?

Quanto ao primeiro artigo, assim se procede: parece que o bem **é** o objeto do temor.
1. Com efeito, Agostinho diz: "Nada tememos a não ser perder o que amamos, quando o alcançamos; ou não alcançá-lo, quando o esperamos". Ora, o que amamos é o bem. Logo, o temor visa o bem como seu próprio objeto.

2. Além disso, no livro II da *Retórica*: "É terrível o poder e também estar apoiado sobre outro". Ora, isso é um bem. Logo, o bem é objeto do temor.

3. Ademais, nada de mal pode existir em Deus. Ora, nos é mandado temer a Deus, segundo a palavra do Salmo 33: "Temei o Senhor, todos os santos de Deus". Logo, o bem é objeto do temor.

Em sentido contrário, escreve Damasceno que o objeto do temor é o mal futuro.

Respondo. O temor é um movimento da potência apetitiva. Pertencem à potência apetitiva o prosseguimento e a fuga, como diz o livro VI da *Ética*. Ora, o prosseguimento é do bem, a fuga é do mal. Por isso, todo movimento da potência apetitiva que implica prosseguimento, tem algum bem por objeto; e tudo o que implica fuga, tem por objeto o mal. Assim, como o temor implica uma fuga por si e primeiramente, visa o mal como seu próprio objeto.

No entanto, o temor pode visar o bem, enquanto esse está em relação com o mal. O que pode ocorrer de duas maneiras. A primeira, enquanto o mal priva de um bem. Uma coisa é má justamente por isso: por privar de um bem. Assim quando se foge do mal por ser mal, segue-se que se foge dele porque priva do bem, o qual se busca por

---

1 Parall.: II-II, q. 19, a. 1, 11.

1. Q. 33: ML 40, 22.
2. C. 5: 1382, a, 30-32.
3. *De fide orth.*, l. II, c. 12: MG 94, 929 B.
4. C. 2: 1139, a, 21-22.

amando prosequitur. — Et secundum hoc dicit Augustinus⁵ quod nulla est causa timendi, nisi ne amittatur bonum amatum.

Alio modo comparatur bonum ad malum, ut causa ipsius: inquantum scilicet aliquod bonum sua virtute potest inducere aliquod nocumentum in bono amato. Et ideo, sicut spes, ut supra⁶ dictum est, ad duo respicit, scilicet ad bonum in quod tendit, et ad id per quod sperat se bonum concupitum adipisci; ita etiam timor ad duo respicit, scilicet ad malum quod refugit, et ad illud bonum quod sua virtute potest infligere malum. — Et per hunc modum Deus timetur ab homine, inquantum potest infligere poenam, vel spiritualem vel corporalem. — Per hunc etiam modum timetur potestas alicuius hominis, maxime quando est laesa, vel quando est iniusta: quia sic in promptu habet nocumentum inferre. Ita etiam timetur *super alium esse*, idest inniti alii, ut scilicet in eius potestate sic constitutum nobis nocumentum inferre: sicut ille qui est conscius criminis, timetur, ne crimen revelet.

Et per hoc patet responsio AD OBIECTA.

amor. — Nesse sentido, diz Agostinho que não há motivo de temor senão o de perder o bem amado.

A segunda, enquanto é sua causa, isto é, enquanto um bem, por seu poder, pode produzir algum dano no bem amado. Por isso, como acima foi dito que a esperança visa duas coisas: o bem a que tende e aquele por meio do qual se espera conseguir o bem desejado; assim também o temor visa duas coisas: o mal de que foge, e aquele bem que, por seu poder, pode infligir um mal[a]. — É neste sentido que se teme a Deus, enquanto pode infligir uma pena, espiritual ou corporal. — Do mesmo modo, se teme o poder de algum homem, sobretudo quando se sente ofendido, ou é injusto; porque tem a seu alcance o poder de fazer dano. Teme-se também *estar sobre outro*, isto é, apoiar-se sobre outro, porque nessa situação ele tem o poder de nos fazer dano; assim como quem tem consciência do crime que praticou, teme que seja revelado.

Pelo exposto acima está clara a resposta ÀS OBJEÇÕES.

Articulus 2
Utrum malum naturae sit obiectum timoris

AD SECUNDUM SIC PROCEDITUR. Videtur quod timor non sit de malo naturae.

1. Dicit enim Philosophus, in II *Rhetoric*.¹, quod *timor consiliativos facit*. Non autem consiliamur de his quae a natura eveniunt, ut dicitur in III *Ethic*.². Ergo timor non est de malo naturae.

2. PRAETEREA, defectus naturales semper homini imminent, ut mors et alia huiusmodi. Si igitur de huiusmodi malis esset timor, oporteret quod homo semper esset in timore.

3. PRAETEREA, natura non movet ad contraria. Sed malum naturae provenit ex natura. Ergo quod timendo aliquis refugiat huiusmodi malum, non est a natura. Timor ergo naturalis non est de malo naturae; ad quem tamen hoc malum pertinere videtur.

Artigo 2
O mal da natureza é objeto de temor?

QUANTO AO SEGUNDO, ASSIM SE PROCEDE: parece que o temor **não** tem a ver com o mal da natureza.

1. Com efeito, segundo o Filósofo, no livro II da *Retórica*, "O temor leva à deliberação". Ora, não deliberamos sobre os acontecimentos naturais, diz o livro III da *Ética*. Logo, o temor não tem a ver com o mal da natureza.

2. ALÉM DISSO, as deficiências da natureza sempre ameaçam o homem, como a morte e outros. Portanto, se houvesse temor desses males, o homem deveria estar todo o tempo com medo.

3. ADEMAIS, a natureza não move para lados contrários. Ora, o mal da natureza procede dela. Logo, que alguém evite esse mal por medo, não procede da natureza. Logo, o temor natural não tem a ver com um mal da natureza, à qual aliás, esse mal parece pertencer.

---

5. Vide 1 a.
6. Q. 40, a. 7.

1. C. 5: 1383, a, 6-7.
2. C. 5: 1112, a, 23-26.

a. O temor não é a tristeza. Esta última é uma paixão do concupiscível, e a primeira, do irascível. Ele se distingue da tristeza por seu movimento duplo, um de perseguição, outro de fuga possível.

SED CONTRA est quod Philosophus dicit, in III *Ethic*.³, quod *inter omnia terribilissimum est mors, quae est malum naturae.*

RESPONDEO dicendum quod, sicut Philosophus dicit in II *Rhetoric*.⁴, timor provenit *ex phantasia futuri mali corruptivi vel contristativi*. Sicut autem contristativum malum est quod contrariatur voluntati; ita corruptivum malum est quod contrariatur naturae. Et hoc est malum naturae. Unde de malo naturae potest esse timor.

Sed considerandum est quod malum naturae quandoque est a causa naturali: et tunc dicitur malum naturae, non solum quia privat naturae bonum, sed etiam quia est effectus naturae; sicut mors naturalis, et alii huiusmodi defectus. Aliquando vero malum naturae provenit ex causa non naturali: sicut mors quae violenter infertur a persecutore. Et utroque modo malum naturae quodammodo timetur, et quodammodo non timetur. Cum enim timor proveniat *ex phantasia futuri mali*, ut dicit Philosophus⁵; illud quod removet futuri mali phantasiam, excludit etiam timorem. Quod autem non appareat aliquod malum ut futurum, potest ex duobus contingere. Uno quidem modo, ex hoc quod est remotum et distans: hoc enim, propter distantiam, imaginamur ut non futurum. Et ideo vel non timemus, vel parum timemus. Ut enim Philosophus dicit, in II *Rhetoric*.⁶, *quae valde longe sunt non timentur: sciunt enim omnes, quod morientur; sed quia non prope est, nihil curant.* — Alio modo aestimatur aliquod malum quod est futurum, ut non futurum, propter necessitatem, quae facit ipsum aestimare ut praesens. Unde Philosophus dicit, in II *Rhetoric*.⁷, quod *illi qui iam decapitantur non timent*, videntes sibi necessitatem mortis imminere; *sed ad hoc quod aliquis timeat, oportet adesse aliquam spem salutis.*

Sic igitur malum naturae non timetur, quia non apprehenditur ut futurum. Si vero malum naturae, quod est corruptivum, apprehendatur ut propinquum, et tamen cum aliqua spe evasionis, tunc timebitur.

EM SENTIDO CONTRÁRIO, o Filósofo diz no livro III da *Ética*: que "a morte é o mais terrível de todos os males"; e a morte é um mal da natureza.

RESPONDO. O temor, segundo diz o Filósofo, no livro II da *Retórica*, provém "da imaginação de um mal futuro que corrompe ou que entristece". Entristece, quando contraria a vontade; corrompe, quando contraria a natureza. Esse é o mal da natureza, por isso pode ser objeto de temor.

Há de notar-se que o mal da natureza provém às vezes de causa natural: e se diz então mal da natureza, não só porque priva de um bem da natureza, mas também porque é um efeito da natureza, como a morte natural e semelhantes deficiências. Às vezes, porém, um mal da natureza provém de uma causa não natural, como a morte violenta infligida por um perseguidor. Num caso e no outro, teme-se de certa maneira o mal da natureza, e de certa maneira não se teme. O temor provém, diz o Filósofo, da "imaginação de um mal futuro": tudo o que afasta a imaginação do mal futuro, suprime também o temor. Ora, que um mal não apareça como futuro, pode dar-se de duas maneiras. Um maneira é que o mal seja remoto e distante; por causa dessa distância imaginamos que não é futuro; e por isso não o tememos, ou quase nada. Como diz o Filósofo, no livro II da *Retórica*: "O que está muito longe, não se teme: todos sabem que vão morrer, mas como isso não está próximo, não se preocupam"ᵇ. De outra maneira, um mal futuro não é considerado como futuro, por causa de sua necessidade, que leva a considerá-lo como presente. Diz ainda o Filósofo, no livro II da *Retórica*: "Os que vão ser decapitados não temem, vendo que é inevitável a morte iminente, porque para ter medo é preciso que haja alguma esperança de salvação".

É assim que os males da natureza não são temidos, porque não são apreendidos como futuros. Se, porém, um mal da natureza destrutivo for apreendido como próximo e com alguma esperança de fuga, então será temido.

---

3. C. 9: 1115, a, 26-27.
4. C. 5: 1382, a, 21-22.
5. Loc. cit.
6. C. 5: 1382, a, 25-27.
7. C. 5: 1383, a, 5-6.

b. Na medida em que a morte nos parece distante, sua perspectiva é menos um temor do que uma tristeza: uma e outra "repugnam" à natureza individual (ver r. 3). Mediante todos os ardis possíveis, pessoais e coletivos, os homens se esforçam em compensar o temor que ela inspira. Freud analisou essas atitudes de fuga diante da morte, seu recalque e suas sublimações, particularmente em Totem e Tabu (Payot, 1968), em Luto e Melancolia (em Métapsychologie, Gallimard, 1952) e em, suas Considerações atuais sobre a guerra e a morte (em Essais de psychanalyse, Payot, 1951, p. 219-250).

AD PRIMUM ergo dicendum quod malum naturae quandoque non provenit a natura, ut dictum est[8]. Secundum tamen quod a natura provenit, etsi non ex toto vitari possit, potest tamen differri. Et sub hac spe, potest esse consilium de vitatione ipsius.

AD SECUNDUM dicendum quod malum naturae, etsi semper immineat, non tamen semper imminet de propinquo. Et ideo non semper timetur.

AD TERTIUM dicendum quod mors et alii defectus naturae proveniunt a natura universali: quibus tamen repugnat natura particularis quantum potest. Et sic ex inclinatione particularis naturae, est dolor et tristitia de huiusmodi malis, cum sunt praesentia; et timor, si immineant in futurum.

ARTICULUS 3
Utrum timor sit de malo culpae

AD TERTIUM SIC PROCEDITUR. Videtur quod timor possit esse de malo culpae.
1. Dicit enim Augustinus, *super Canonicam Ioan.*[1], quod *timore casto timet homo separationem a Deo*. Sed nihil separat nos a Deo nisi culpa; secundum illud Is 59,2: *Peccata vestra diviserunt inter vos et Deum vestrum*. Ergo timor potest esse de malo culpae.
2. PRAETEREA, Tullius dicit, in IV *de Tusculanis Quaest.*[2], quod *de illis timemus, cum futura sunt, de quorum praesentia tristamur*. Sed de malo culpae potest aliquis dolere vel tristari. Ergo etiam malum culpae aliquis potest timere.
3. PRAETEREA, spes timori opponitur. Sed spes potest esse de bono virtutis, ut patet per Philosophum in IX *Ethic.*[3]. Et Apostolus dicit, *ad Gl* 5,10: *Confido de vobis in Domino, quod nihil aliud sapietis*. Ergo etiam timor potest esse de malo culpae.

4. PRAETEREA, verecundia est quaedam species timoris, ut supra[4] dictum est. Sed verecundia est de turpi facto, quod est malum culpae. Ergo et timor.

SED CONTRA est quod Philosophus dicit, in II *Rhetoric.*[5], quod *non omnia mala timentur, puta si aliquis erit iniustus, aut tardus*.

QUANTO AO 1º, portanto, deve-se dizer que o mal da natureza, às vezes, não procede da natureza, como foi dito. Mas mesmo quando procede da natureza, embora não possa ser evitado de todo, pode ao menos ser retardado. Nessa esperança pode-se deliberar sobre como evitá-lo.

QUANTO AO 2º, deve-se dizer que o mal da natureza, embora sempre ameaçador, nem sempre ameaça de perto. Por isso, nem sempre é temido.

QUANTO AO 3º, deve-se dizer que a morte e outras deficiências da natureza provêm da natureza universal: a natureza particular se opõe a elas quanto pode. É a inclinação da natureza particular que causa a dor e a tristeza desses males, quando presentes; e o temor, quando ameaçam no futuro.

ARTIGO 3
O objeto do temor é o mal de culpa?

QUANTO AO TERCEIRO, ASSIM SE PROCEDE: parece que o objeto do temor **pode** ser o mal de culpa.
1. Com efeito, diz Agostinho: "O temor casto faz o homem temer separar-se de Deus". Ora, nada nos separa de Deus a não ser a culpa, segundo o livro de Isaías: "Vossos pecados estabeleceram a divisão entre vós e Deus". Logo, o objeto do temor pode ser o mal de culpa.
2. ALÉM DISSO, Cícero escreve: "O que tememos quando é futuro, é o mesmo que nos entristece quando é presente". Ora, é possível entristecer-se ou doer-se do mal de culpa. Logo, pode-se temer igualmente o mal de culpa.
3. ADEMAIS, a esperança se opõe ao desespero. Ora, o objeto da esperança pode ser o bem da virtude, como esclarece o Filósofo, no livro IX da *Ética*. E o Apóstolo, na Carta aos Gálatas: "Confio em vós, no Senhor, que não tereis outro sentimento". Logo, o objeto do temor pode ser também o mal de culpa.
4. ADEMAIS, a vergonha é uma espécie de temor, foi dito. Ora, a vergonha é de um ato torpe feito, que é um mal de culpa. Logo, também o temor.

EM SENTIDO CONTRÁRIO, diz o Filósofo, no livro II a *Retórica*: "Não se temem todos os males, por exemplo, se alguém será injusto ou rude".

---

8. In corp.

PARALL.: II-II, q. 144, a. 2.

1. Tract. IX, n. 5: ML 35, 2049.
2. C. 4: ed. Müller, Lipsiae 1889, p. 394, ll. 13-14.
3. C. 4: 1166, a, 25-27.
4. Q. 41, a. 4.
5. C. 5: 1382, a, 22-23.

RESPONDEO dicendum quod, sicut supra[6] dictum est, sicut obiectum spei est bonum futurum arduum quod quis potest adipisci; ita timor est de malo futuro arduo quod non potest de facili vitari. Ex quo potest accipi quod id quod omnino subiacet potestati et voluntati nostrae, non habet rationem terribilis: sed illud solum est terribile, quod habet causam extrinsecam. Malum autem culpae propriam causam habet voluntatem humanam. Et ideo proprie non habet rationem terribilis.

Sed quia voluntas humana ab aliquo exteriori potest inclinari ad peccandum; si illud inclinans habeat magnam vim ad inclinandum, secundum hoc poterit esse timor de malo culpae, inquantum est ab exteriori causa: puta cum aliquis timet commorari in societate malorum, ne ab eis ad peccandum inducatur. Sed proprie loquendo, in tali dispositione magis timet homo seductionem quam culpam secundum propriam rationem, idest inquantum est voluntaria: sic enim non habet ut timeatur.

AD PRIMUM ergo dicendum quod separatio a Deo est quaedam poena consequens peccatum: et omnis poena aliquo modo est ab exteriori causa.

AD SECUNDUM dicendum quod tristitia et timor in uno conveniunt, quia utrumque est de malo: differunt autem in duobus. In uno quidem, quia tristitia est de malo praesenti, timor de malo futuro. In alio vero, quia tristitia, cum sit in concupiscibili, respicit malum absolute: unde potest esse de quocumque malo, sive parvo sive magno. Timor vero, cum sit in irascibili, respicit malum cum quadam arduitate seu difficultate: quae tollitur, inquantum aliquid subiacet voluntati. Et ideo non omnia timemus quae sunt futura, de quibus tristamur cum sunt praesentia, sed aliqua, quae scilicet sunt ardua.

AD TERTIUM dicendum quod spes est de bono quod quis potest adipisci. Potest autem aliquis adipisci bonum vel per se, vel per alium: et ideo spes potest esse de actu virtutis, qui est in potestate nostra constitutus. Sed timor est de malo quod non subiacet nostrae potestati: et ideo semper malum quod timetur, est a causa extrinseca. Bonum autem quod speratur, potest esse et a causa intrinseca, et a causa extrinseca.

RESPONDO. Como foi dito acima, assim como o objeto da esperança é o bem futuro, árduo e possível de se obter, assim também o temor é do mal futuro árduo e que não se pode evitar facilmente. Donde se segue: o que está totalmente sob nosso poder e nossa vontade não tem razão de terrível; só é terrível o que tem causa extrínseca. O mal de culpa tem por causa a vontade humana, e por isso não tem razão de terrível[c].

Mas, porque a vontade humana pode ser inclinada ao pecado por algo exterior, se o que a leva ao mal tem uma forte influência para isso, pode-se temer o mal de culpa, na medida em que vem de uma causa exterior; por exemplo, quando se teme ficar na companhia dos maus, para não ser induzido por eles a pecar. Falando com propriedade, o que se teme nessa situação é mais a sedução do que a culpa, segundo sua razão própria, que é ser voluntária, e assim não tem por que temer-se.

QUANTO AO 1º, portanto, deve-se dizer que separar-se de Deus é uma pena consecutiva ao pecado, e toda pena provém, de certo modo, de uma causa exterior.

QUANTO AO 2º, deve-se dizer que a tristeza e o temor coincidem em um ponto: em ter o mal por objeto. Em dois pontos diferem: a tristeza é de um mal presente, o medo, de um mal futuro. E também, porque a tristeza, por estar no concupiscível, visa o mal absolutamente, e assim pode ser de qualquer mal, grande ou pequeno. Mas, o temor, por estar no irascível, visa o mal com certa arduidade ou dificuldade; o que se suprime, na medida em que algo está sujeito à vontade. Por isso, não se temem todos os males futuros, dos quais nos entristecemos quando presentes, mas somente alguns, a saber, os que são árduos.

QUANTO AO 3º, deve-se dizer que a esperança é de um bem que pode ser alcançado, ou por si, ou por meio de outrem. Por isso, a esperança pode ser de um ato de virtude, que está em nosso poder realizar. Mas, o temor é de um mal que não está sujeito a nosso poder; assim, o mal que se teme tem sempre uma causa extrínseca. E o bem, que se espera, pode ter uma causa intrínseca e uma causa extrínseca.

---

6. Q. 40, a. 1; q. 41, a. 2.

---

c. Belo otimismo o de Sto. Tomás, estranho à culpabilidade mais ou menos neurótica, tão frequente no Ocidente há vários séculos.

Ad quartum dicendum quod, sicut supra[7] dictum est, verecundia non est timor de actu ipso peccati, sed de turpitudine vel ignominia quae consequitur ipsum: quae est a causa extrinseca.

Articulus 4
Utrum timor ipse timeri possit

Ad quartum sic proceditur. Videtur quod timor timeri non possit.

1. Omne enim quod timetur, timendo custoditur, ne amittatur: sicut ille qui timet amittere sanitatem timendo custodit eam. Si igitur timor timeatur, timendo se custodiet homo ne timeat. Quod videtur esse inconveniens.

2. Praeterea, timor est quaedam fuga. Sed nihil fugit seipsum. Ergo timor non timet timorem.

3. Praeterea, timor est de futuro. Sed ille qui timet, iam habet timorem. Non ergo potest timere timorem.

Sed contra est quod homo potest amare amorem, et dolere de dolore. Ergo etiam, pari ratione, potest timere timorem.

Respondeo dicendum quod, sicut dictum est[1], illud solum habet rationem terribilis, quod ex causa extrinseca provenit: non autem quod provenit ex voluntate nostra. Timor autem partim provenit ex causa extrinseca, et partim subiacet voluntati. Provenit quidem ex causa extrinseca, inquantum est passio quaedam consequens phantasiam imminentis mali. Et secundum hoc, potest aliquis timere timorem: ne scilicet immineat ei necessitas timendi, propter ingruentiam alicuius excellentis mali.
— Subiacet autem voluntati, inquantum appetitus inferior obedit rationi: unde homo potest timorem repellere. Et secundum hoc, timor non potest timeri, ut dicit Augustinus, in libro *Octoginta trium Quaest*.[2] Sed quia rationibus quas inducit, aliquis posset uti ad ostendendum quod timor nullo modo timeatur, ideo ad eas respondendum est.

Ad primum ergo dicendum quod, non omnis timor est unus timor: sed secundum diversa quae timentur, sunt diversi timores. Nihil ergo prohibet

Artigo 4
Pode-se temer o próprio temor?

Quanto ao quarto, assim se procede: parece que **não** se pode temer o próprio temor.

1. Com efeito, tudo que se teme, guarda-se com medo, para não perdê-lo: assim quem teme perder a saúde, a conserva, com medo. Se, pois, o temor é temido, o homem se guardará com temor, de temer. O que parece inconveniente.

2. Além disso, o temor é uma certa fuga. Ora, nada foge de si mesmo. Logo, o temor não teme o temor.

3. Ademais, o temor é do futuro. Ora, quem teme já está com temor. Logo, não se pode temer o temor.

Em sentido contrário, pode-se amar o amor e entristecer-se da tristeza. Logo, pela mesma razão, pode-se temer o temor.

Respondo. Como foi dito, só tem razão de temível o que procede de uma causa extrínseca, e não o que procede de nossa vontade. Ora o temor procede em parte de uma causa extrínseca, em parte está sujeito à vontade. Procede de uma causa extrínseca enquanto é uma paixão consecutiva à imaginação de um mal iminente. Sob esse aspecto, pode alguém temer o temor: para que assim não o ameace a necessidade de temer, ao desabar sobre ele um mal de grandes proporções. — O temor está sujeito à vontade, na medida em que o apetite inferior obedece à razão, por isso, o homem pode recalcar o temor[d]. Nesse sentido, o temor pode ser temido, como disse Agostinho. Mas, porque se poderiam utilizar as razões que ele aduz para mostrar que de nenhum modo se teme o temor, por isso há que responder às objeções.

Quanto ao 1º, portanto, deve-se dizer que não há um temor único, mas segundo as diversas coisas que se temem, diversos são os temores.

Quanto ao 4º, deve-se dizer, como acima o foi, que a vergonha não é temor do próprio ato do pecado, mas da torpeza ou ignomínia que o segue, e que é uma causa exterior.

---

7. Q. 41, a. 4, ad 2, 3.

1. Art. praec.
2. Q. 33: ML 40, 23.

---

d. Recalcar (em latim, *repellere*) o temor é aqui o efeito da influência da razão sobre as potências inferiores. Não se trata do recalque ao qual se refere a psicanálise, e que é um procedimento inconsciente.

quin uno timore aliquis praeservet se ab alio timore, et sic custodiat se non timentem illo timore.

AD SECUNDUM dicendum quod, cum sit alius timor quo timetur malum imminens, et alius timor quo timetur ipse timor mali imminentis; non sequitur quod idem fugiat seipsum, vel quod sit idem fuga sui ipsius.

AD TERTIUM dicendum quod propter diversitatem timorum iam dictam, timore praesenti potest homo timere futurum timorem.

ARTICULUS 5
Utrum repentina magis timeantur

AD QUINTUM SIC PROCEDITUR. Videtur quod insolita et repentina non sint magis terribilia.

1. Sicut enim spes est de bono, ita timor est de malo. Sed experientia facit ad augmentum spei in bonis. Ergo etiam facit ad augmentum timoris in malis.
2. PRAETEREA, Philosophus dicit, in II *Rhetoric*.[1], quod magis timentur *non qui acutae sunt irae, sed mites et astuti*. Constat autem quod illi qui acutae irae sunt, magis habent subitos motus. Ergo ea quae sunt subita, sunt minus terribilia.

3. PRAETEREA, quae sunt subita, minus considerari possunt. Sed tanto aliqua magis timentur, quanto magis considerantur: unde Philosophus dicit, in II *Ethic*.[2], quod *aliqui videntur fortes propter ignorantiam, qui, si cognoverint quod aliud sit quam suspicantur, fugiunt*. Ergo repentina minus timentur.

SED CONTRA est quod Augustinus dicit, in II *Confess*.[3]: *Timor insolita et repentina exhorrescit, rebus quae amantur adversantia, dum praecavet securitati.*

RESPONDEO dicendum quod, sicut supra[4] dictum est, obiectum timoris est malum imminens quod non de facili repelli potest. Hoc autem ex duobus contingit: scilicet ex magnitudine mali, et ex debilitate timentis. Ad utrumque autem horum operatur quod aliquid sit insolitum et repentinum. Primo

Nada impede que por um temor alguém se guarde de outro temor, e assim se conserve sem medo daquele temor.

QUANTO AO 2º, deve-se dizer que um é o temor com que se teme o mal iminente, e outro o temor com que se teme o temor desse mal iminente; daí não se segue que a mesma coisa fuja de si mesma, ou que seja ela a fuga de si mesma.

QUANTO AO 3º, deve-se dizer que devido à diversidade de temores de que já falamos, o homem pode pelo temor presente temer o temor futuro.

ARTIGO 5
Os males imprevistos são mais temidos?

QUANTO AO QUINTO, ASSIM SE PROCEDE: parece que as coisas insólitas e imprevistas **não** são mais terríveis.

1. Com efeito, como a esperança é do bem, o temor é do mal. Ora, a experiência contribui para o aumento da esperança nas coisas boas. Logo, contribui para o aumento do temor nas coisas más.
2. ALÉM DISSO, diz o Filósofo, no livro II da *Retórica*, que se teme mais "não os que têm iras violentas, e sim os mansos e astutos". Ora, sabe-se que os que têm iras violentas têm mais movimentos imprevistos. Logo, as coisas imprevistas são menos terríveis.

3. ADEMAIS, o que acontece imprevistamente dá menos lugar à reflexão. Ora, quanto mais se teme uma coisa, mais se pensa nela; por isso diz o Filósofo, no livro II da *Ética*: "Alguns parecem fortes por causa de sua ignorância, pois se soubessem que as coisas são diferentes do que suspeitam, se poriam em fuga". Logo, se teme menos o imprevisto.

EM SENTIDO CONTRÁRIO, Agostinho diz: "O medo tem horror do que é insólito e imprevisto, que contrariam o que se ama, com cuja segurança se preocupa".

RESPONDO. Foi dito acima que o objeto do temor é o mal iminente que não pode ser facilmente recalcado. Isso se dá de dois modos: ou pela grandeza do mal, ou pela fraqueza de quem teme. Que algo seja insólito e imprevisto incide sobre os dois lados. 1, faz que o mal iminente

---
5
1. C. 5: 1382, b, 20-21.
2. C. 11: 1117, a, 24-28.
3. C. 6, n. 13: ML 32, 681.
4. A. 3; q. 41, a. 2.

quidem, facit ad hoc quod malum imminens maius appareat. Omnia enim corporalia, et bona et mala, quanto magis considerantur, minora apparent. Et ideo, sicut propter diuturnitatem dolor praesentis mali mitigatur, ut patet per Tullium in III *de Tusculanis Quaest.*[5]; ita etiam ex praemeditatione minuitur timor futuri mali. — Secundo, aliquid esse insolitum et repentinum facit ad debilitatem timentis: inquantum subtrahit remedia quae homo potest praeparare ad repellendum futurum malum, quae esse non possunt quando ex improviso malum occurrit.

AD PRIMUM ergo dicendum quod obiectum spei est bonum quod quis potest adipisci. Et ideo ea quae augmentant potestatem hominis, nata sunt augere spem: et eadem ratione, diminuere timorem, quia timor est de malo cui non de facili potest resisti. Quia igitur experientia facit hominem magis potentem ad operandum, ideo, sicut auget spem, ita diminuit timorem.

AD SECUNDUM dicendum quod illi qui habent iram acutam, non occultant eam: et ideo nocumenta ab eis illata non ita sunt repentina, quin praevideantur. Sed homines mites et astuti occultant iram: et ideo nocumentum quod ab eis imminet, non potest praevideri, sed ex improviso advenit. Et propter hoc Philosophus dicit quod tales magis timentur.

AD TERTIUM dicendum quod, per se loquendo, bona vel mala corporalia in principio maiora apparent. Cuius ratio est, quia unumquodque magis apparet, contrario iuxta se posito. Unde cum aliquis statim a paupertate ad divitias transit, propter paupertatem praeexistentem divitias magis aestimat: et e contrario divites statim ad paupertatem devenientes, eam magis horrent. Et propter hoc, malum repentinum magis timetur, quia magis videtur esse malum. — Sed potest propter aliquod accidens contingere quod magnitudo alicuius mali lateat: puta cum hostes se insidiose occultant. Et tunc verum est quod malum ex diligenti consideratione fit terribilius.

apareça ainda maior. Quanto mais se reflete, menos importância se dá às coisas corporais, boas e más. Assim, como a dor do mal presente se abranda pela duração, como diz Cícero, também pela consideração prévia diminui o temor do mal futuro. — 2, o insólito e o repentino contribuem para a fraqueza do medroso, enquanto lhes retiram os remédios que o homem poderia preparar afim de recalcar o mal futuro; o que não é possivel quando o mal ocorre repentinamente.

QUANTO AO 1º, portanto, deve-se dizer que o objeto da esperança é o bem que alguém pode alcançar. Por isso, tudo o que aumenta o poder do homem, naturalmente aumenta a esperança, e pela mesma razão diminui o temor, porque o temor é do mal a que não se pode resistir facilmente. Como a experiência faz o homem mais poderoso para agir, por isso, como aumenta a esperança, assim diminui o temor.

QUANTO AO 2º, deve-se dizer que os que têm ira violenta não a esconden; por isso, os danos que infligem não são tão repentinos a ponto de serem imprevisíveis. Os homens mansos e astutos, porém, ocultam a ira e assim o dano, que estão para causar, não se pode prever, pois chega de improviso. Por isso, diz o Filósofo que esses são mais temidos.

QUANTO AO 3º, deve-se dizer que, falando propriamente, os bens ou os males corporais parecem maiores no começo. A razão é que uma coisa se destaca mais na presença de seu contrário. Por isso, quando alguém passa de repente da pobreza para a riqueza, estima ainda mais a riqueza, por causa da pobreza que precedeu; ao contrário, o rico que cai subitamente na pobreza, tem ainda mais horror a ela. E por isso, o mal imprevisto se teme mais, porque mais parece ser um mal. — Mas, acidentalmente, acontece que no começo esteja oculta a grandeza do mal: por exemplo, quando o inimigo se esconde numa emboscada. Nesse caso, é verdade que o mal se torna mais terrível quando se tem uma cuidadosa visão dele.

---

5. C. 30: ed. Müller, Lipsiae 1889, p. 385, ll. 29-35.

ARTICULUS 6
Utrum ea contra quae non est remedium, magis timeantur

AD SEXTUM SIC PROCEDITUR. Videtur quod ea quae non habent remedium, non sint magis timenda.

1. Ad timorem enim requiritur quod remaneat aliqua spes salutis, ut supra[1] dictum est. Sed in malis quae non habent remedium, nulla remanet spes salutis. Ergo talia mala nullo modo timentur.

2. PRAETEREA, malo mortis nullum remedium adhiberi potest: non enim, secundum naturam, potest esse reditus a morte ad vitam. Non tamen mors maxime timetur, ut dicitur Philosophus, in II *Rhetoric.*[2]. Non ergo ea magis timentur quae remedium non habent.

3. PRAETEREA, Philosophus dicit, in I *Ethic.*[3], quod *non est magis bonum quod est diuturnius, eo quod est unius diei: neque quod est perpetuum, eo quod non est perpetuum*. Ergo, eadem ratione, neque maius malum. Sed ea quae non habent remedium, non videntur differre ab aliis nisi propter diuturnitatem vel perpetuitatem. Ergo propter hoc non sunt peiora, vel magis timenda.

SED CONTRA est quod Philosophus dicit, in II *Rhetoric.*[4], quod *omnia timenda sunt terribiliora quaecumque, si peccaverint, corrigi non contingit; aut quorum auxilia non sunt; aut non facilia.*

RESPONDEO dicendum quod obiectum timoris est malum: unde illud quod facit ad augmentum mali, facit ad augmentum timoris. Malum autem augetur non solum secundum speciem ipsius mali, sed etiam secundum circumstantias, ut ex supra[5] dictis apparet. Inter ceteras autem circumstantias, diuturnitas, vel etiam perpetuitas, magis videtur facere ad augmentum mali. Ea enim quae sunt in tempore, secundum durationem temporis quodammodo mensurantur: unde si pati aliquid in tanto tempore est malum, pati idem in duplo tempore apprehenditur ut duplatum. Et secundum hanc rationem, pati idem in infinito tempore, quod est perpetuo pati, habet quodammodo infinitum augmentum. Mala autem quae, postquam advenerint, non possunt habere remedium, vel non de facili,

ARTIGO 6
O que é irremediável é mais temido?

QUANTO AO SEXTO, ASSIM SE PROCEDE: parece que não se deve temer mais o que não tem remédio.

1. Com efeito, para haver temor é preciso que reste alguma esperança de salvação, como acima foi dito. Ora, para o que não tem remédio, nenhuma esperança de salvação resta. Logo, de nenhum modo se temem esses males.

2. ALÉM DISSO, para o mal da morte, não se pode usar remédio algum, pois, segundo a natureza, não pode haver retorno da morte para a vida. Ora, não é a morte o que mais se teme, no dizer do Filósofo, no livro II da *Retórica*. Ora, não se teme mais o que não tem remédio.

3. ADEMAIS, diz o Filósofo, no livro I da *Ética*: "Um bem que dura mais não é mais bem do que o de um dia só, nem o que é perpétuo é mais bem do que o não perpétuo". Portanto, pelo mesmo motivo, nem um mal maior. Ora, o que não tem remédio não parece diferenciar-se dos outros senão pela durabilidade ou perpetuidade. Logo, nem por isso é pior, nem mais temível.

EM SENTIDO CONTRÁRIO, diz o Filósofo, no livro II da *Retórica*: "Entre as coisas a temer, as mais terríveis são as faltas incorrigíveis, ou as que não têm socorro, ou que dificilmente o encontram".

RESPONDO. O objeto do temor é o mal; assim o que contribui para o aumento do mal, também aumenta o temor. O mal aumenta não só pelo que tem de específico enquanto mal, mas também pela circunstâncias, como ficou claro pelo que acima se disse. Entre outras circunstâncias, a duração, ou mesmo a perpetuidade, são as que parecem mais contribuir para o aumento do mal. Tudo o que está no tempo se mede, de certo modo, pela duração do tempo: se é um mal sofrer algo durante um certo tempo, sofrê-lo no duplo do tempo é sofrer duas vezes mais. Nesse sentido, sofrer num tempo infinito, ou seja, ter um sofrimento perpétuo, significa de certo modo um aumento infinito. Ora, os males que, depois de ocorrerem, não podem ter remédio, ou dificilmente, são considerados

---

6
1. Art. 2.
2. C. 5: 1382, a, 26-27.
3. C. 4: 1096, b, 3-5.
4. C. 5: 1382, b, 22-26.
5. Q. 18, a. 3.

accipiuntur ut perpetua vel diuturna. Et ideo maxime redduntur timenda.
AD PRIMUM ergo dicendum quod remedium mali est duplex. Unum, per quod impeditur futurum malum, ne adveniat. Et tali remedio sublato, aufertur spes, et per consequens timor. Unde de tali remedio nunc non loquimur. — Aliud remedium mali est, quo malum iam praesens removetur. Et de tali remedio nunc loquimur.
AD SECUNDUM dicendum quod, licet mors sit irremediabile malum, tamen, quia non imminet de prope, non timetur, ut supra[6] dictum est.
AD TERTIUM dicendum quod Philosophus ibi loquitur de per se bono, quod est bonum secundum speciem suam. Sic autem non fit aliquid magis bonum propter diuturnitatem vel perpetuitatem, sed propter naturam ipsius boni.

6. Art. 2.

como perpétuos ou duradouros. E, por isso, são sobretudo temíveis.
QUANTO AO 1º, portanto, deve-se dizer que o mal tem dois remédios: um pelo qual se impede que o futuro mal ocorra. Quando se elimina esse remédio, tira-se a esperança, e por consequência o temor. Desse remédio não falamos agora. — O outro remédio é o que retira o mal já presente: desse remédio é que falamos agora.
QUANTO AO 2º, deve-se dizer que, embora a morte seja um mal irreparável, por não estar iminente e perto, não se teme, como se disse acima.
QUANTO AO 3º, deve-se dizer que nesse texto, o Filósofo fala do bem por si, isto é, do bem em sua espécie. Assim, uma coisa não se torna mais bem por ser duradoura ou perpétua, mas por causa da natureza do mesmo bem.

QUAESTIO XLIII
DE CAUSA TIMORIS
in duos articulos divisa
Deinde considerandum est de causa timoris. Et circa hoc quaeruntur duo.
Primo: utrum causa timoris sit amor.
Secundo: utrum causa timoris sit defectus.

ARTICULUS 1
Utrum causa timoris sit amor

AD PRIMUM SIC PROCEDITUR. Videtur quod amor non sit causa timoris.
1. Illud enim quod introducit aliquid, est causa eius. Sed *timor introducit amorem caritatis*, ut Augustinus dicit, *super Canonicam Ioan.*[1] Ergo timor est causa amoris, et non e converso.
2. PRAETEREA, Philosophus dicit, in II *Rhetoric*.[2], quod *illi maxime timentur, a quibus expectamus imminere nobis aliqua mala*. Sed per hoc quod ab aliquo expectamus malum, magis provocamur ad

QUESTÃO 43
A CAUSA DO TEMOR
em dois artigos
Em seguida, deve-se considerar a causa do temor. Sobre isso, são duas as perguntas:
1. O amor causa o temor?
2. A deficiência causa temor?

ARTIGO 1
O amor causa o temor?

QUANTO AO PRIMEIRO ARTIGO, ASSIM SE PROCEDE: parece que o amor **não** é causa do temor.
1. Com efeito, o que introduz uma coisa é causa dela. Ora, diz Agostinho: "O temor introduz o amor de caridade". Logo, o temor é causa o amor e não vice-versa.
2. ALÉM DISSO, o Filósofo diz no livro II da *Retórica*: "Temem-se sobretudo aqueles de que se espera alguns males". Ora, pelo fato de esperarmos o mal da parte de alguém, somos mais

1 PARALL.: In *Psalm.* 18.
1. Tract. IX, n. 5: ML 35, 2049.
2. C. 5: 1382, b, 33-34.

odium eius quam ad amorem. Ergo timor magis causatur ab odio quam ab amore.

3. PRAETEREA, supra[3] dictum est quod ea quae sunt a nobis ipsis, non habent rationem terribilium. Sed ea quae sunt ex amore, maxime proveniunt ex intimo cordis. Ergo timor ex amore non causatur.

SED CONTRA est quod Augustinus dicit, in libro *Octoginta trium Quaest.*[4]: *Nulli dubium est non aliam esse metuendi causam, nisi ne id quod amamus, aut adeptum amittamus, aut non adipiscamur speratum*. Omnis ergo timor causatur ex hoc quod aliquid amamus. Amor igitur est causa timoris.

RESPONDEO dicendum quod obiecta passionum animae se habent ad eas tanquam formae ad res naturales vel artificiales: quia passiones animae speciem recipiunt ab obiectis, sicut res praedictae a suis formis. Sicut igitur quidquid est causa formae, est causa rei constitutae per ipsam; ita etiam quidquid, et quocumque modo, est causa obiecti, est causa passionis. Contingit autem aliquid esse causam obiecti vel per modum causae efficientis: vel per modum dispositionis materialis. Sicut obiectum delectationis est bonum apparens conveniens coniunctum: cuius causa efficiens est illud quod facit coniunctionem, vel quod facit convenientiam vel bonitatem, vel apparentiam huiusmodi boni; causa autem per modum dispositionis materialis, est habitus, vel quaecumque dispositio secundum quam fit alicui conveniens aut apparens illud bonum quod est ei coniunctum.

Sic igitur, in proposito, obiectum timoris est aestimatum malum futurum propinquum cui resisti de facili non potest. Et ideo illud quod potest inferre tale malum, est causa effectiva obiecti timoris, et per consequens ipsius timoris. Illud autem per quod aliquis ita disponitur ut aliquid sit ei tale, est causa timoris, et obiecti eius, per modum dispositionis materialis. Et hoc modo amor est causa timoris: ex hoc enim quod aliquis amat aliquod bonum, sequitur quod privativum talis boni sit ei malum, et per consequens quod timeat ipsum tanquam malum.

AD PRIMUM ergo dicendum quod, sicut supra[5] dictum est, timor per se et primo respicit ad malum quod refugit, quod opponitur alicui bono amato. Et sic per se timor nascitur ex amore. — Secundario vero respicit ad id per quod provenit tale malum. Et sic per accidens quandoque timor inducit amo-

provocados a odiá-lo do que a amá-lo. Logo, o temor é mais causado pelo ódio do que pelo amor.

3. ADEMAIS, acima foi dito que não têm razão de terríveis as coisas que vêm de nós mesmos. Ora, o que vem do amor provém do mais íntimo do coração. Logo, o temor não é causado pelo amor.

EM SENTIDO CONTRÁRIO, Agostinho escreve: "Ninguém duvida que não existe outra razão de temer do que perder o que amamos, quando o temos, ou de não alcançá-lo quando o esperamos". Logo, todo temor vem de que amamos alguma coisa. O amor, pois, é causa do temor.

RESPONDO. Os objetos das paixões da alma estão em relação com elas, como as formas com as coisas naturais ou artificiais: porque as paixões da alma são especificadas por seus objetos, como as coisas da natureza e da arte, por suas formas. Como tudo o que é causa da forma, é causa da coisa por ela constituída, assim também tudo o que, de qualquer modo é causa do objeto, é também causa da paixão. Acontece que uma coisa é causa do objeto ou como causa eficiente, ou como disposição material. Como o objeto do prazer é o bem manifesto, conveniente e unido, sua causa eficiente é o que realiza a união, ou a conveniência ou bondade, ou a aparência de tal bem. E a causa, como disposição material, é o *habitus*, ou qualquer disposição que torna a alguém conveniente, ou manifesto, aquele bem que lhe está unido.

Assim, pois, no caso presente, o objeto do temor é o que se julga como mal futuro próximo, a que dificilmente se poderá resistir. Por isso, o que pode infligir esse mal é a causa efetiva do objeto do temor, e consequentemente do mesmo temor. O que dispõe alguém de tal modo que esse mal lhe apareça assim, causa o temor e seu objeto à maneira de disposição material. É desse modo que o amor é causa de temor: por alguém amar um determinado bem, segue-se que para ele é um mal o que o priva desse bem. E por consequência o teme como a um mal.

QUANTO AO 1º, portanto, deve-se dizer que como acima se disse, o temor, por si e em primeiro lugar, visa o mal, que se evita, que se opõe a algum bem amado. Assim, o temor nasce por si do amor. — Em segundo lugar, o temor visa aquilo do qual provém esse mal, e assim,

---
3. Q. 42, a. 3.
4. Q. 33: ML 40, 22.
5. Q. 42, a. 1.

rem: inquantum scilicet homo qui timet puniri a Deo, servat mandata eius, et sic incipit sperare, et spes introducit amorem, ut supra[6] dictum est.

AD SECUNDUM dicendum quod ille a quo expectantur mala, primo quidem odio habetur: sed postquam ab ipso iam incipiunt sperari bona, tunc incipit amari. Bonum autem cui contrariatur malum quod timetur, a principio amabatur.

AD TERTIUM dicendum quod ratio illa procedit de eo quod est causa mali terribilis per modum efficientis. Amor autem est causa eius per modum materialis dispositionis, ut dictum est[7].

ARTICULUS 2
Utrum causa timoris sit defectus

AD SECUNDUM SIC PROCEDITUR. Videtur quod defectus non sit causa timoris.
1. Illi enim qui potentiam habent, maxime timentur. Sed defectus contrariatur potentiae. Ergo defectus non est causa timoris.
2. PRAETEREA, illi qui iam decapitantur, maxime sunt in defectu. Sed tales non timent, ut dicitur in II *Rhetoric.*[1]. Ergo defectus non est causa timoris.

3. PRAETEREA, decertare ex fortitudine provenit, non ex defectu. Sed *decertantes timent eos qui pro eisdem decertant*, ut dicitur in II *Rhetoric.*[2]. Ergo defectus non est causa timoris.

SED CONTRA, contrariorum contrariae sunt causae. Sed *divitiae, et robur, et multitudo amicorum, et potestas, excludunt timorem*, ut dicitur in II *Rhetoric.*[3]. Ergo ex defectu horum timor causatur.

RESPONDEO dicendum quod, sicut supra[4], dictum est, duplex causa timoris accipi potest: una quidem per modum materialis dispositionis, ex parte eius qui timet; alia per modum causae efficientis, ex parte eius qui timetur. Quantum igitur ad primum, defectus, per se loquendo, est causa timoris: ex aliquo enim defectu virtutis contingit

acidentalmente, o temor às vezes leva ao amor; enquanto, por exemplo, o homem que receia ser punido por Deus, guarda seus mandamentos, e assim começa a ter esperança, e a esperança leva ao amor, como acima se disse.

QUANTO AO 2º, deve-se dizer que aquele de quem se esperam males, é inicialmente objeto de ódio; mas desde que se começa a esperar dele coisas boas, então começa a ser amado. Mas o bem, que se opõe ao mal que se teme, já era amado desde o começo.

QUANTO AO 3º, deve-se dizer que esse argumento procede do que é causa do mal terrível como eficiente. Mas o amor é causa do temor como disposição material, como foi dito.

ARTIGO 2
A deficiência é causa de temor?

QUANTO AO SEGUNDO, ASSIM SE PROCEDE: parece que a deficiência **não** é causa de temor.
1. Com efeito, são mais temidos os que são poderosos. Ora, a deficiência se opõe à potência. Logo, a deficiência não é causa de temor.
2. ALÉM DISSO, os que vão ser decapitados estão numa grande deficiência. Ora, esses não têm medo, diz o livro II da *Retórica*. Logo, a deficiência não é causa do temor.

3. ADEMAIS, combater provém da coragem, não da deficiência. Ora, "os combatentes temem os que combatem com eles" diz o livro II da *Retórica*. Logo, a deficiência não é causa do temor.

EM SENTIDO CONTRÁRIO, os contrários têm causas contrárias. Ora, "as riquezas, a força, a multidão dos amigos e o poder eliminam o temor" diz o livro II da *Retórica*. Logo, o temor é causado pela deficiência dessas coisas.

RESPONDO. Como acima foi dito, podem-se distinguir duas causas do temor: Uma age como uma disposição material, da parte de quem teme; a outra, como causa eficiente, da parte do que é temido. Quanto à primeira, a deficiência, propriamente falando é causa de temor: pois a deficiência de força faz que alguém não possa repelir facil-

---

6. Q. 40, a. 7.
7. In corp.

PARALL.: In *Psalm*. 26.

1. C. 5: 1383, a, 5.
2. C. 5: 1382, b, 13-14.
3. C. 5: 1383, b, 1-3.
4. Art. praec.

quod non possit aliquis de facili repellere imminens malum. Sed tamen ad causandum timorem requiritur defectus cum aliqua mensura. Minor enim est defectus qui causat timorem futuri mali, quam defectus consequens malum praesens, de quo est tristitia. Et adhuc esset maior defectus, si totaliter sensus mali auferretur, vel amor boni cuius contrarium timetur.

Quantum vero ad secundum, virtus et robur, per se loquendo, est causa timoris: ex hoc enim quod aliquid quod apprehenditur ut nocivum, est virtuosum, contingit quod eius effectus repelli non potest. Contingit tamen per accidens quod aliquis defectus ex ista parte causat timorem, inquantum ex aliquo defectu contingit quod aliquis velit nocumentum inferre: puta propter iniustitiam, vel quia ante laesus fuit, vel quia timet laedi.

AD PRIMUM ergo dicendum quod ratio illa procedit de causa timoris ex parte causae efficientis.

AD SECUNDUM dicendum quod illi qui iam decapitantur, sunt in passione praesentis mali. Et ideo iste defectus excedit mensuram timoris.

AD TERTIUM dicendum quod decertantes timent non propter potentiam, qua decertare possunt: sed propter defectum potentiae, ex quo contingit quod se superaturos non confidunt.

mente um mal iminente. Mas, para causar temor, requer-se que a deficiência tenha certa medida. Pois menor é a deficiência que causa o temor do mal futuro, do que a deficiência que resulta de um mal presente, que produz tristeza. E a deficiência seria ainda maior se abolisse de todo o sentido do mal, ou o amor do bem cujo contrário se teme.

Quanto à segunda, a potência e a força, falando com propriedade, são causa do temor. Se o que percebemos como nocivo é poderoso, resulta que não se pode evitar seu efeito. Acidentalmente, porém, sucede que alguma deficiência, que haja dessa parte, cause temor, enquanto alguém por alguma deficiência queira infligir dano, por exemplo, por injustiça ou porque antes foi lesado ou receia que o seja.

QUANTO AO 1º, portanto, deve-se dizer que o argumento procede da causa do temor sob o aspecto de causa eficiente.

QUANTO AO 2º, deve-se dizer que quem vai ser decapitado sofre de um mal presente. E esta deficiência excede a medida do temor.

QUANTO AO 3º, deve-se dizer que os combatentes temem não pelo poder, com que podem combater; mas pela deficiência de poder pela qual ocorre que não confiem que possam vencer.

QUAESTIO XLIV
DE EFFECTIBUS TIMORIS
in quatuor articulos divisa
Deinde considerandum est de effectibus timoris.

Et circa hoc quaeruntur quatuor.
Primo: utrum timor faciat contractionem.
Secundo: utrum faciat consiliativos.
Tertio: utrum faciat tremorem.
Quarto: utrum impediat operationem.

ARTICULUS 1
Utrum timor faciat contractionem

AD PRIMUM SIC PROCEDITUR. Videtur quod timor non faciat contractionem.

QUESTÃO 44
OS EFEITOS DO TEMOR
em quatro artigos
Em seguida, devem-se considerar os efeitos do temor.

A propósito, são quatro as perguntas:
1. O temor tem por efeito contrair?
2. O temor leva a deliberar?
3. O temor faz tremer?
4. O temor impede a ação?

ARTIGO 1
O temor tem por efeito contrair?

QUANTO AO PRIMEIRO ARTIGO, ASSIM SE PROCEDE: parece que o temor **não** tem por efeito contrair.

1

1. Contractione enim facta, calor et spiritus ad interiora revocantur. Sed ex multitudine caloris et spirituum in interioribus, magnificatur cor ad audacter aliquid aggrediendum, ut patet in iratis: cuius contrarium in timore accidit. Non ergo timor facit contractionem.

2. PRAETEREA, multiplicatis spiritibus et calore in interioribus per contractionem, sequitur quod homo in vocem prorumpat: ut patet in dolentibus. Sed timentes non emittunt vocem, sed magis redduntur taciturni. Ergo timor non facit contractionem.

3. PRAETEREA, verecundia est quaedam species timoris, ut supra[1] dictum est. Sed *verecundati rubescunt*, ut dicit Tullius, IV *de Tusculanis Quaest*.[2], et Philosophus in IV *Ethic*.[3]. Rubor autem faciei non attestatur contractioni, sed contrario. Non ergo contractio est effectus timoris.

SED CONTRA est quod Damascenus dicit, in III libro[4], quod *timor est virtus secundum systolen*, idest secundum contractionem.

RESPONDEO dicendum quod, sicut supra[5] dictum est, in passionibus animae est sicut formale ipse motus appetitivae potentiae, sicut autem materiale transmutatio corporalis: quorum unum alteri proportionatur. Unde secundum similitudinem et rationem appetitivi motus, sequitur corporalis transmutatio. Quantum autem ad animalem motum appetitus, timor contractionem quandam importat. Cuius ratio est, quia timor provenit ex phantasia alicuius mali imminentis quod difficile repelli potest, ut supra[6] dictum est. Quod autem aliquid difficile possit repelli, provenit ex debilitate virtutis, ut supra[7] dictum est. Virtus autem, quanto est debilior, tanto ad pauciora se potest extendere. Et ideo ex ipsa imaginatione quae causat timorem, sequitur quaedam contractio in appetitu. Sicut etiam videmus in morientibus quod natura retrahitur ad interiora, propter debilitatem virtutis: et videmus etiam in civitatibus quod, quando cives timent,

1. Com efeito, quando há contração, o calor e os espíritos são levados para o interior. Ora, quando há muito calor e espíritos no interior, o coração se dilata para enfrentar audazmente qualquer coisa, como se vê nas pessoas iradas: e o contrário sucede no temor. Logo, o temor não provoca contração.

2. ALÉM DISSO, quando a contração multiplica o calor e os espíritos no interior, o homem irrompe em gritos, como se vê nos que sofrem. Ora, os que têm medo não emitem voz, antes se tornam taciturnos. Logo, o temor não provoca contração.

3. ADEMAIS, a vergonha é uma espécie do temor, como se disse. Ora, "os que têm vergonha enrubescem", dizem Cícero e o Filósofo, no livro IV da *Ética*. Logo, a contração não é efeito do temor.

EM SENTIDO CONTRÁRIO, diz Damasceno: "O temor é uma força por sístole", isto é, por contração.

RESPONDO. Como se disse acima, nas paixões da alma o movimento da potência apetitiva está como elemento formal, e a mudança corporal, como elemento material: e são proporcionados um ao outro. Assim a mudança corporal ocorre à semelhança e segundo a razão do movimento apetitivo[a]. Quanto ao movimento animal do apetite, o temor implica uma certa contração. O motivo é que o temor provém da imaginação de um mal iminente que só dificilmente se pode superar, como acima foi dito. A dificuldade em repelir o mal deriva da debilidade da potência, como acima se disse; pois quanto mais fraca é a potência, menor é o âmbito de sua expansão. Por isso, da mesma imaginação que produz o temor, segue-se uma contração no apetite. É o que vemos nos moribundos, em que a natureza se retira para o interior, devido à debilidade da potência; e também nas cidades: quando os cidadãos têm medo, deixam o

---

1. Q. 41, a. 4.
2. C. 8: ed. Müller, Lipsiae 1889, p. 398, l. 6.
3. C. 15: 1128, b, 13-15.
4. *De fide orth.*, l. III, c. 23: MG 94, 1088 C.
5. Q. 28, a. 5.
6. Q. 41, a. 2.
7. Q. 43, a. 2.

a. Essa aplicação do hilemorfismo e da unidade funcional entre o corpo e a alma caminha no sentido da psicologia e da medicina contemporâneas, em especial da psicossomática. Sem dúvida, os efeitos do temor descritos por Aristóteles e Sto. Tomás parecem-nos bem superficiais. Dão testemunho, contudo, da preocupação do teólogo em se informar o melhor possível sobre os diversos efeitos do temor, como das outras paixões.

retrahunt se ab exterioribus, et recurrunt, quantum possunt, ad interiora. Et secundum similitudinem huius contractionis, quae pertinet ad appetitum animalem, sequitur etiam in timore ex parte corporis, contractio caloris et spirituum ad interiora.

AD PRIMUM ergo dicendum quod, sicut Philosophus dicit in libro *de Problematibus*[8], licet in timentibus retrahantur spiritus ab exterioribus ad interiora, non tamen est idem motus spirituum in iratis et timentibus. Nam in iratis, propter calorem et subtilitatem spirituum, quae proveniunt ex appetitu vindictae, interius fit spirituum motus ab inferioribus ad superiora: et ideo congregantur spiritus et calor circa cor. Ex quo sequitur quod irati redduntur prompti et audaces ad invadendum. — Sed in timentibus, propter frigiditatem ingrossantem, spiritus moventur a superioribus ad inferiora: quae quidem frigiditas contingit ex imaginatione defectus virtutis. Et ideo non multiplicantur calor et spiritus circa cor, sed magis a corde refugiunt. Et propter hoc, timentes non prompte invadunt, sed magis refugiunt.

AD SECUNDUM dicendum quod naturale est cuilibet dolenti, sive homini sive animali, quod utatur quocumque auxilio potest, ad repellendum nocivum praesens quod infert dolorem: unde videmus quod animalia dolentia percutiunt vel faucibus vel cornibus. Maximum autem auxilium ad omnia in animalibus est calor et spiritus. Et ideo in dolore natura conservat calorem et spiritum interius, ut hoc utatur ad repellendum nocivum. Et ideo Philosophus dicit, in libro *de Problematibus*[9], quod, multiplicatis introrsum spiritibus et calore, necesse est quod emittantur per vocem. Et propter hoc, dolentes vix se possunt continere quin clament. — Sed in timentibus fit motus interioris caloris et spirituum a corde ad inferiora, ut dictum est[10]. Et ideo timor contrariatur formationi vocis, quae fit per emissionem spirituum ad superiora per os. Et propter hoc, timor tacentes facit. Et inde est etiam quod *timor trementes facit*, ut dicit Philosophus, in libro *de Problematibus*[11].

AD TERTIUM dicendum quod pericula mortis non solum contrariantur appetitui animali, sed etiam contrariantur naturae. Et propter hoc, in huiusmodi timore non solum fit contractio ex parte appetitus,

exterior e se recolhem para o interior, na medida do possível. Assim, à semelhança dessa contração, que pertence ao apetite animal, resulta no temor, por parte do corpo, uma contração do calor e dos espíritos para o interior.

QUANTO AO 1º, portanto, deve-se dizer que segundo o Filósofo, no livro dos *Problemas*, embora os espíritos se retirem do exterior para o interior nos que têm medo, não é o mesmo movimento nos irados e nos medrosos. Nos irados, por causa do calor e da subtileza dos espíritos, que vêm do desejo de vingança, ocorre no íntimo um movimento da parte inferior para a superior; e assim se concentram os espíritos e o calor em torno do coração. Disso se segue que os irados tornam-se prontos e audazes para atacar. — Mas nos amedrontados, por causa do frio que os torna espessos, os espíritos se movem da parte superior para a inferior; essa frigidez provém da imaginação da deficiência de potência. E assim não se concentram o calor e os espíritos ao redor do coração, mas antes se afastam dele. Por isso, os amedrontados não estão prontos para atacar, e sim para fugir.

QUANTO AO 2º, deve-se dizer que é natural ao que sofre, seja homem ou animal, lançar mão de qualquer meio para repelir o nocivo que está presente e inflige dor: vemos, assim, os animais que sofrem dores, dar mordidas ou chifrar. Ora, na vida animal, o calor e os espíritos são da máxima utilidade para tudo. Assim, na dor a natureza conserva no interior o calor e os espíritos e os utiliza para repelir o que faz mal. Diz o Filósofo, no livro dos *Problemas*, que uma vez concentrados no interior os espíritos e o calor, é necessário que escapem sob forma de voz. Por isso, os que sofrem dificilmente podem conter os gritos. — Mas nos atemorizados, o movimento do calor interior e dos espíritos vai do coração para a parte inferior, como se disse; e assim o medo dificulta a formação da voz, que se faz mediante a emissão dos espíritos para a parte superior pela boca. Por isso, o temor faz calar e "faz tremer" como diz o Filósofo, no livro dos *Problemas*.

QUANTO AO 3º, deve-se dizer que os perigos de morte não só são contrários ao apetite animal, mas também à natureza. Por isso, nesse tipo de temor, a contração não se faz só por parte do apetite,

---

8. Sect. 27, probl. 3: 947, b, 23-32.
9. Loc. cit., probl. 9: 948, b, 20-23.
10. In resp. ad arg. praec.
11. Loc. cit., probl. 1, 6, 7: 947, b, 12; 948, a, 35; b, 6.

sed etiam ex parte naturae corporalis: sic enim disponitur animal ex imaginatione mortis contrahens calorem ad interiora, sicut quando naturaliter mors imminet. Et inde est quod *timentes mortem pallescunt*, ut dicitur in IV *Ethic*.[12]. — Sed malum quod timet verecundia, non opponitur naturae, sed solum appetitui animali. Et ideo fit quidem contractio secundum appetitum animalem, non autem secundum naturam corporalem: sed magis anima, quasi in se contracta, vacat ad motionem spirituum et caloris, unde fit eorum diffusio ad exteriora. Et propter hoc, verecundati rubescunt.

mas também por parte da natureza corporal: assim, pois, o animal reage à imaginação da morte contraindo o calor para o interior, como quando a morte natural se aproxima. Por este motivo, diz o livro IV da *Ética*: "Os que têm medo de morrer ficam pálidos". O mal que a vergonha teme, não é contrário à natureza, mas só ao apetite animal. E assim a contração ocorre segundo o apetite animal, não segundo a natureza corporal; é antes a alma, como que contraída em si mesma, que libera o movimento dos espíritos e do calor, pelo qual se faz sua difusão para o exterior. É por isso que os envergonhados enrubescem.

Articulus 2
Utrum timor faciat consiliativos

Ad secundum sic proceditur. Videtur quod timor non faciat consiliativos.

1. Non enim est eiusdem consiliativos facere, et consilium impedire. Sed timor consilium impedit: omnis enim passio perturbat quietem, quae requiritur ad bonum usum rationis. Ergo timor non facit consiliativos.

2. Praeterea, consilium est actus rationis de futuris cogitantis et deliberantis. Sed aliquis timor est *excutiens cogitata, et mentem a suo loco removet*, ut Tullius dicit, in IV *de Tusculanis Quaest*.[1]. Ergo timor non facit consiliativos, sed magis impedit consilium.

3. Praeterea, sicut consilium adhibetur ad vitanda mala, ita etiam adhibetur ad consequenda bona. Sed sicut timor est de malis vitandis, ita spes est de bonis consequendis. Ergo timor non facit magis consiliativos quam spes.

Sed contra est quod Philosophus dicit, in II *Rhetoric*.[2], quod *timor consiliativos facit*.

Respondeo dicendum quod aliquis potest dici consiliativus dupliciter. Uno modo, a voluntate seu sollicitudine consiliandi. Et sic timor consiliativos facit. Quia, ut Philosophus in III *Ethic*.[3] dicit, *consiliamur de magnis, in quibus quasi nobis ipsis discredimus*. Ea autem quae timorem incutiunt, non sunt simpliciter mala, sed habent quandam magnitudinem: tum ex eo quod apprehenduntur ut quae difficiliter repelli possunt; tum etiam quia

Artigo 2
O temor leva a deliberar?

Quanto ao segundo, assim se procede: parece que o temor **não** leva a deliberar.

1. Com efeito, a mesma coisa não pode levar à deliberação e impedi-la. Ora, o temor impede a deliberação: toda paixão perturba o repouso requerido para o bom uso da razão. Logo, o temor não leva a deliberar.

2. Além disso, a deliberação é ato da razão que pensa e decide sobre o futuro. Ora, há um temor que "expulsa os pensamentos e faz a mente sair de seu lugar", segundo Cícero. Logo, o temor não leva à deliberação, mas antes a impede.

3. Ademais, não se delibera só para evitar os males, mas também para conseguir os bens. Ora, como o temor é dos males a evitar, assim a esperança é dos bens a obter. Logo, o temor não leva mais a deliberar do que a esperança.

Em sentido contrário, diz o Filósofo, no livro II da *Retórica*: "O temor leva a deliberar".

Respondo. Pode-se estar disposto a deliberar de dois modos. 1. Pela vontade ou solicitude de deliberar. É assim que o temor leva a deliberar. Porque, diz o Filósofo, no livro III da *Ética*: "Tomamos conselho nas coisas importantes, em que, de certo modo, desconfiamos de nós mesmos". O que incute temor são as coisas não absolutamente más, mas que têm certa grandeza: por este motivo, se apreendem como difíceis de serem superadas,

---

12. C. 15: 1128, b, 13-15.

Parall.: II-II, q. 129, a. 7; in *Psalm*. 12.

1. C. 8: ed. Müller, Lipsiae 1889, p. 398, ll. 8-13.
2. C. 5: 1383, a, 6-7.
3. C. 5: 1112, b, 10-11.

apprehenduntur ut de prope existentia, sicut iam[4] dictum est. Unde homines maxime in timoribus quaerunt consiliari.

Alio modo dicitur aliquis consiliativus, a facultate bene consiliandi. Et sic nec timor, nec aliqua passio consiliativos facit. Quia homini affecto secundum aliquam passionem, videtur aliquid vel malus vel minus quam sit secundum rei veritatem: sicut amanti videntur ea quae amat, meliora; et timenti, ea quae timet, terribiliora. Et sic ex defectu rectitudinis iudicii, quaelibet passio, quantum est de se, impedit facultatem bene consiliandi.

Et per hoc patet responsio AD PRIMUM.

AD SECUNDUM dicendum quod quanto aliqua passio est fortior, tanto magis homo secundum ipsam affectus, impeditur. Et ideo quando timor fuerit fortis, vult quidem homo consiliari, sed adeo perturbatur in suis cogitationibus, quod consilium adinvenire non potest. Si autem sit parvus timor, qui sollicitudinem consiliandi inducat, nec multum rationem conturbet; potest etiam conferre ad facultatem bene consiliandi, ratione sollicitudinis consequentis.

AD TERTIUM dicendum quod etiam spes facit consiliativos: quia, ut in II *Rhetoric*.[5] Philosophus dicit, *nullus consiliatur de his de quibus desperat*; sicut nec de impossibilibus, ut dicitur in III *Ethic*.[6]. Timor tamen facit magis consiliativos quam spes. Quia spes est de bono, prout possumus ipsum consequi: timor autem de malo, prout vix repelli potest: et ita magis respicit rationem difficilis timor quam spes. In difficilibus autem, maxime in quibus nobis non confidimus, consiliamur, sicut dictum est[7].

e que também se apresentam como uma ameaça próxima, como foi dito. Por isso, os homens são levados a deliberar sobretudo nos temores.

2. Pela faculdade de bem deliberar. Desse ponto de vista nem é o temor, nem é outra paixão que leva a deliberar. Porque o homem, sob o influxo de alguma paixão, parece ver as coisas maiores ou menores do que são na realidade: quem ama vê como melhores as coisas que ama; quem teme, vê como mais terríveis as que teme. Assim, por deficiência de juízo reto, as paixões, quanto delas depende, impedem a faculdade de bem deliberar.

QUANTO AO 1º, portanto, deve-se dizer que a primeira objeção está assim respondida.

QUANTO AO 2º, deve-se dizer que quanto mais forte é uma paixão, mais impede quem está afetado por ela. Por isso, em caso de grande medo, o homem quer deliberar, mas fica tão perturbado em seus pensamentos que não pode chegar à deliberação. Se, porém, for um pequeno temor, que leve à solicitude de deliberar e não perturbe muito a razão, pode contribuir para a faculdade de bem deliberar, em razão da solicitude que produz.

QUANTO AO 3º, deve-se dizer que a esperança leva a deliberar, pois, segundo o Filósofo, no livro II da *Retórica*: "Ninguém delibera sobre coisas de que desespera" como também "não delibera sobre o impossível", O temor leva mais a deliberar do que a esperança, porque a esperança é do bem, enquanto o podemos conseguir; o temor é do mal, enquanto apenas pode ser repelido; e assim visa mais a razão de difícil, do que a esperança. Mas nas dificuldades, sobretudo nas quais não confiamos em nós mesmos, é que deliberamos, como foi dito.

ARTICULUS 3

Utrum timor faciat tremorem

AD TERTIUM SIC PROCEDITUR. Videtur quod tremor non sit effectus timoris.

1. Tremor enim ex frigore accidit: videmus enim infrigidatos tremere. Timor autem non videtur causare frigus, sed magis calorem desiccantem: cuius signum est quod timentes sitiunt,

ARTIGO 3

O temor faz tremer?

QUANTO AO TERCEIRO, ASSIM SE PROCEDE: parece que o tremor não é efeito do temor.

1. Com efeito, o tremor é provocado pelo frio: vemos que os friorentos tremem. Ora, o temor não parece causar frio, mas calor ressecante: sinal disso é que os que sentem medo, sentem sede,

---

4. Q. 42, a. 2.
5. C. 5: 1383, a, 7-8.
6. C. 5: 1112, b, 24-28.
7. In corp.

3 PARALL.: Supra, a. 1, ad 2; in *Psalm*. 17.

et praecipue in maximis timoribus, sicut patet in illis qui ad mortem ducuntur. Ergo timor non causat tremorem.

2. Praeterea, emissio superfluitatum ex calore accidit: unde, ut plurimum, medicinae laxativae sunt calidae. Sed huiusmodi emissiones superfluitatum ex timore frequenter contingunt. Ergo timor videtur causare calorem. Et sic non causat tremorem.

3. Praeterea, in timore calor ab exterioribus ad interiora revocatur. Si igitur propter huiusmodi revocationem caloris, in exterioribus homo tremit; videtur quod similiter in omnibus exterioribus membris deberet causari tremor ex timore. Hoc autem non videtur. Non ergo tremor corporis est effectus timoris.

Sed contra est quod Tullius dicit, in IV *de Tusculanis Quaest*.[1], quod *terrorem sequitur tremor, et pallor, et dentium crepitus*.

Respondeo dicendum quod, sicut supra[2] dictum est, in timore fit quaedam contractio ab exterioribus ad interiora: et ideo exteriora frigida remanent. Et propter hoc in eis accidit tremor, qui causatur ex debilitate virtutis continentis membra: ad huiusmodi autem debilitatem maxime facit defectus caloris, qui est instrumentum quo anima movet, ut dicitur in II *de Anima*[3].

Ad primum ergo dicendum quod, calore ab exterioribus ad interiora revocato, multiplicatur calor interius, et maxime versus inferiora, idest circa nutritivam. Et ideo, consumpto humido, consequitur sitis: et etiam interdum solutio ventris, et urinae emissio, et quandoque etiam seminis. — Vel huiusmodi emissio superfluitatum accidit propter contractionem ventris et testiculorum, ut Philosophus dicit, in libro de *Problematibus*[4].

Unde patet solutio ad secundum.

Ad tertium dicendum quod, quia in timore calor deserit cor, a superioribus ad inferiora tendens, ideo timentibus maxime tremit cor, et membra quae habent aliquam connexionem ad pectus, ubi est cor. Unde timentes maxime tremunt in voce, propter vicinitatem vocalis arteriale ad cor. Tremit etiam labium inferius, et tota inferior mandibula, propter continuationem ad cor: unde et crepitus dentium sequitur. Et eadem ratione brachia et ma-

sobretudo nos grandes temores, como se vê nos condenados à morte. Logo, o tremor não é efeito do temor.

2. Além disso, o calor provoca a emissão de elementos supérfluos; por isso em geral os laxantes são quentes. Ora, essas emissões ocorrem com frequência por medo. Logo, o temor parece causar o calor, e não o tremor.

3. Ademais, no temor, o calor retrocede do exterior para o interior. Assim, se por esse retrocesso do calor, o homem treme no exterior, parece que igualmente deveriam tremer todos os membros exteriores por causa do temor. Ora, isso não acontece. Logo, o tremor do corpo não é efeito do temor.

Em sentido contrário, diz Cícero: "O terror é seguido por tremor, palidez e ranger dos dentes".

Respondo. Como acima foi dito, no temor se dá uma certa contração do exterior para o interior; por isso os exteriores ficam frios. Daí que neles ocorra o tremor, que se deve à fraqueza da potência que retém os membros coesos. Esse enfraquecimento se deve sobretudo à deficiência de calor, que é o instrumento pelo qual a alma move, segundo o livro II da *Alma*.

Quanto ao 1º, portanto, deve-se dizer que quando o calor retrocede do exterior para o interior, se concentra sobretudo na parte inferior, isto é, em torno do aparelho digestivo. Assim, ao consumir o úmido, resulta a sede. Acontece também que o ventre afrouxe, e haja emissão de urina e as vezes de sêmem. — Ou talvez essa emissão de supérfluos se dê pela contração do ventre e dos testículos, como diz o Filósofo, no livro dos *Problemas*.

Quanto ao 2º, deve-se dizer que está clara a resposta à segunda objeção.

Quanto ao 3º, deve-se dizer que no temor, o calor abandona o coração, tendendo das partes superiores às inferiores, por isso o coração de quem teme é sobretudo tomado pelo tremor, e também os membros que têm alguma conexão com o tórax, onde está o coração. Daí que os atemorizados tremerem, sobretudo na voz, pela proximidade da artéria vocal com o coração. Treme também o lábio inferior e toda mandíbula inferior, por sua

---

1. C. 8: ed. Müller, Lipsiae 1889, p. 398, ll. 6-7.
2. Art. 1.
3. C. 4: 416, b, 29-31.
4. Sect. 22, probl. 10, 11: 948, b, 35-949, a. 20.

nus tremunt. — Vel etiam quia huiusmodi membra sunt magis mobilia. Propter quod et genua tremunt timentibus; secundum illud Is 35,3: *Confortate manus dissolutas, et genua trementia roborate.*

Articulus 4
Utrum timor impediat operationem

AD QUARTUM SIC PROCEDITUR. Videtur quod timor impediat operationem.
1. Operatio enim maxime impeditur ex perturbatione rationis, quae dirigit in opere. Sed timor perturbat rationem, ut dictum est[1]. Ergo timor impedit operationem.
2. PRAETEREA, illi qui faciunt aliquid cum timore, facilius in operando deficiunt: sicut si aliquis incedat super trabem in alto positam, propter timorem de facili cadit; non autem caderet, si incederet super eandem trabem in imo positam, propter defectum timoris. Ergo timor impedit operationem.
3. PRAETEREA, pigritia, sive segnities, est quaedam species timoris. Sed pigritia impedit operationem. Ergo et timor.

SED CONTRA est quod Apostolus dicit, Philp 2,12: *Cum metu et tremore vestram salutem operamini:* quod non diceret, si timor bonam operationem impediret. Timor ergo non impedit bonam operationem.

RESPONDEO dicendum quod operatio hominis exterior causatur quidem ab anima sicut a primo movente, sed a membris corporeis sicut ab instrumentis. Contingit autem operationem impediri et propter defectum instrumenti, et propter defectum principalis moventis. Ex parte igitur instrumentorum corporalium, timor, quantum est de se, semper natus est impedire exteriorem operationem, propter defectum caloris qui ex timore accidit in exterioribus membris. Sed ex parte animae, si sit timor moderatus, non multum rationem perturbans, confert ad bene operandum, inquantum causat quandam sollicitudinem, et facit hominem attentius consiliari et operari. — Si vero timor tantum increscat quod rationem perturbet, impedit operationem etiam ex parte animae. Sed de tali timore Apostolus non loquitur.

continuidade com o coração, o que leva ao ranger dos dentes. Tremem, pela mesma razão, os braços e as pernas. — Ou, talvez, seja pela maior mobilidade desses membros. Assim tremem os joelhos dos que têm medo, como diz o livro de Isaías: "Fortificai as mãos que desfalecem, fortalecei os joelhos que tremem".

Artigo 4
O temor impede a ação?

QUANTO AO QUARTO, ASSIM SE PROCEDE: parece que o temor **impede** a ação.
1. Com efeito, o que a impede a ação é a perturbação da razão que dirige a obra. Ora, o temor perturba a razão, como foi dito. Logo, impede a ação.
2. ALÉM DISSO, quem faz algo com temor, fracassa mais facilmente: como quem anda sobre uma trave colocada num poste alto, se tiver temor, facilmente cai; e não cairia se a trave estivesse posta em baixo, por deficiência de temor. Logo, o temor impede a ação.
3. ADEMAIS, a preguiça, ou a indolência, é uma espécie de temor. Ora, a preguiça impede a ação. Logo, o temor também.

EM SENTIDO CONTRÁRIO, diz o Apóstolo, na Carta aos Filipenses: "Trabalhai em vossa salvação com temor e tremor"; ele não diria isso se o temor impedisse a boa ação. Logo, o temor não a impede.

RESPONDO. A ação exterior do homem é causada pela alma como princípio motor, pelos membros corporais como instrumentos. Ocorre que a ação é impedida tanto por deficiência do instrumento, como por deficiência do motor principal. Da parte dos instrumentos corporais, o temor no que lhe toca por si, é sempre de natureza a impedir a ação exterior pela deficiência de calor que pelo temor ocorre nos membros exteriores. Mas, da parte da alma, se o temor for moderado e não perturbar muito a razão, contribui para bem agir, enquanto causa a solicitude e faz o homem mais atento para deliberar e agir. — Se, porém, o temor for tão grande que perturbe a razão, impede a ação, da parte da alma. Não é desse temor que o Apóstolo fala.

4
1. Art. 2.

Et per haec patet responsio AD PRIMUM.

AD SECUNDUM dicendum quod illi qui cadunt de trabe in alto posita, patiuntur perturbationem imaginationis, propter timorem casus imaginati.

AD TERTIUM dicendum quod omnis timens refugit id quod timet: et ideo, cum pigritia sit timor de ipsa operatione, inquantum est laboriosa, impedit operationem, quia retrahit voluntatem ab ipsa. Sed timor qui est de aliis rebus, intantum adiuvat operationem, inquantum inclinat voluntatem ad operandum ea per quae homo effugit id quod timet.

QUANTO AO 1º, pelo que foi dito, está clara a resposta.

QUANTO AO 2º, deve-se dizer que os que caem de uma trave elevada têm sua imaginação perturbada por causa do temor da queda imaginada.

QUANTO AO 3º, deve-se dizer que quem teme, foge do objeto de seu temor. Por isso, a preguiça sendo temor da própria ação, enquanto laboriosa, impede a ação, porque retrai dela a vontade. Mas o temor, que é de outras coisas, pode ajudar a ação na medida em que inclina a vontade a agir para evitar o que se teme.

QUAESTIO XLV
DE AUDACIA
in quatuor articulos divisa
Deinde considerandum est de audacia.
Et circa hoc quaeruntur quatuor.
Primo: utrum audacia sit contraria timori.
Secundo: quomodo audacia se habeat ad spem.
Tertio: de causa audaciae.
Quarto: de effectu ipsius.

QUESTÃO 45
A AUDÁCIA
em quatro artigos
Em seguida, deve-se considerar a audácia.
A propósito, são quatro as perguntas:
1. A audácia é contrária ao temor?
2. Que relação tem a audácia com a esperança?
3. Sobre a causa da audácia.
4. Sobre o efeito da audácia.

ARTICULUS 1
Utrum audacia sit contraria timori

AD PRIMUM SIC PROCEDITUR. Videtur quod audacia non contrarietur timori.

1. Dicit enim Augustinus, in libro *Octoginta trium Quaest.*[1], quod *audacia vitium est*. Vitium autem virtuti contrariatur. Cum ergo timor non sit virtus, sed passio, videtur quod timori non contrarietur audacia.

2. PRAETEREA, uni unum est contrarium. Sed timori contrariatur spes. Non ergo contrariatur ei audacia.

3. PRAETEREA, unaquaeque passio excludit passionem oppositam. Sed id quod excluditur per timorem, est securitas: dicit enim Augustinus, II *Confess.*[2], quod *timor securitati praecavet*. Ergo securitas contrariatur timori. Non ergo audacia.

SED CONTRA est quod Philosophus dicit, in II *Rhetoric.*[3], quod *audacia est timori contraria*.

ARTIGO 1
A audácia é contrária ao temor?

QUANTO AO PRIMEIRO ARTIGO, ASSIM SE PROCEDE: parece que a audácia **não** é contrária ao temor.

1. Com efeito, diz Agostinho: "A audácia é um vício". Ora, o vício é contrário à virtude. Logo, como o temor não é virtude, mas paixão, parece que o temor não é contrário à audácia.

2. ALÉM DISSO, os contrários se opõem um a um. Ora, o temor é contrário à esperança. Logo, não é contrário à audácia.

3. ADEMAIS, qualquer paixão exclui a paixão oposta. Ora, o que é excluído pelo temor é a segurança: diz Agostinho que "o temor previne-se frente a segurança". Logo, a segurança é contrária ao temor e não a audácia.

EM SENTIDO CONTRÁRIO, diz o Filósofo no livro II da *Retórica*: "A audácia é contrária ao temor".

---

1 PARALL.: Supra, q. 23, a. 2.

1. Qq. 31, 34: ML 40, 21, 23.
2. C. 6, n. 13: ML 32, 681.
3. C. 5: 1383, a, 16.

RESPONDEO dicendum quod de ratione contrariorum est quod *maxime a se distent*, ut dicitur in X *Metaphys*.[4]. Illud autem quod maxime distat a timore, est audacia: timor enim refugit nocumentum futurum, propter eius victoriam super ipsum timentem; sed audacia aggreditur periculum imminens, propter victoriam sui supra ipsum periculum. Unde manifeste timori contrariatur audacia.

AD PRIMUM ergo dicendum quod ira et audacia, et omnium passionum nomina, dupliciter accipi possunt. Uno modo, secundum quod important absolute motus appetitus sensitivi in aliquod obiectum bonum vel malum: et sic sunt nomina passionum. Alio modo, secundum quod simul cum huiusmodi motu important recessum ab ordine rationis: et sic sunt nomina vitiorum. Et hoc modo loquitur Augustinus de audacia: sed nos loquimur nunc de audacia secundum primum modum.

AD SECUNDUM dicendum quod uni secundum idem, non sunt plura contraria: sed secundum diversa, nihil prohibet uni plura contrariari. Et sic dictum est supra[5] quod passiones irascibilis habent duplicem contrarietatem: unam secundum oppositionem boni et mali, et sic timor contrariatur spei; aliam secundum oppositionem accessus et recessus, et sic timori contrariatur audacia, spei vero desperatio.

AD TERTIUM dicendum quod securitas non significat aliquid contrarium timori, sed solam timoris exclusionem: ille enim dicitur esse securus, qui non timet. Unde securitas opponitur timori sicut privatio: audacia autem sicut contrarium. Et sicut contrarium includit in se privationem, ita audacia securitatem.

ARTICULUS 2

Utrum audacia
consequatur spem

AD SECUNDUM SIC PROCEDITUR. Videtur quod audacia non consequatur spem.
1. Audacia enim est respectu malorum et terribilium, ut dicitur in III *Ethic*.[1]. Spes autem

RESPONDO. É da razão dos contrários que "distem o máximo um do outro", como diz o livro X da *Metafísica*. O que dista mais do temor é a audácia: o temor evita o dano futuro, por pensar que este vai vencê-lo; a audácia afronta o perigo iminente, porque acredita na sua vitória sobre o perigo. Assim é evidente que a audácia é contrária ao temor.

QUANTO AO 1º, portanto, deve-se dizer que a ira e a audácia e os nomes de todas as paixões podem entender-se de dois modos. Primeiro, enquanto implicam absolutamente um movimento do apetite sensitivo em direção a algum objeto, bom ou mau; e assim se denominam paixões. Segundo, enquanto, juntamente com esse movimento, implicam um afastamento da ordem da razão: e assim se denominam vícios. É nesse último sentido que Agostinho fala da audácia: nós falamos aqui de audácia no primeiro sentido.

QUANTO AO 2º, deve-se dizer que a mesma coisa, sob o mesmo aspecto, não tem mais de um contrário; mas segundo diversos aspectos, nada proíbe que tenha muitos contrários. Como se disse acima, as paixões do irascível têm dois tipos de contrários: um, segundo a oposição de bem e mal, e assim o temor é contrário à esperança; outro, segundo a oposição de aproximação e afastamento; e assim, a audácia é contrária ao temor, e o desespero à esperança.

QUANTO AO 3º, deve-se dizer que a segurança não significa algo contrário ao temor, mas só a exclusão do temor: diz-se seguro aquele que não teme. Assim a segurança se opõe ao temor como privação, e a audácia, como o contrário. E como o contrário inclui em si a privação, assim a audácia inclui a segurança[a].

ARTIGO 2

A audácia é consequência
da esperança?

QUANTO AO SEGUNDO, ASSIM SE PROCEDE: parece que a audácia **não** é consequência da esperança.
1. Com efeito, a audácia tem como objeto as coisas más e terríveis, segundo o livro III da *Ética*.

---

4. C. 4: 1055, a, 9-10.
5. Q. 23, a. 2; q. 40, a. 4.

PARALL.: Supra, q. 25, a. 3; *De Verit.*, q. 26, a. 5, ad 2; III *Ethic.*, lect. 15.

1. C. 10: 1115, b, 28-33.

---

a. Acontece que a segurança, excluindo todo temor, convida à inação, ao adormecimento no conforto.

respicit bonum, ut supra[2] dictum est. Ergo habent diversa obiecta, et non sunt unius ordinis. Non ergo audacia consequitur spem.

2. PRAETEREA, sicut audacia contrariatur timori, ita desperatio spei. Sed timor non sequitur desperationem: quinimmo desperatio excludit timorem, ut Philosophus dicit, in II *Rhetoric*.[3] Ergo audacia non consequitur spem.

3. PRAETEREA, audacia intendit quoddam bonum, scilicet victoriam. Sed tendere in bonum arduum pertinet ad spem. Ergo audacia est idem spei. Non ergo consequitur ad spem.

SED CONTRA est quod Philosophus dicit, in III *Ethic*.[4], quod *illi qui sunt bonae spei, sunt audaces*. Videtur ergo audacia consequi spem.

RESPONDEO dicendum quod, sicut iam pluries dictum est, omnes huiusmodi passiones animae ad appetitivam potentiam pertinent. Omnis autem motus appetitivae potentiae reducitur ad prosecutionem vel fugam. Prosecutio autem vel fuga est alicuius et per se, et per accidens: per se quidem est prosecutio boni, fuga vero mali; per accidens autem potest prosecutio esse mali, propter aliquod bonum adiunctum, et fuga boni, propter aliquod malum adiunctum. Quod autem est per accidens, sequitur ad id quod est per se. Et ideo prosecutio mali sequitur prosecutionem boni: sicut et fuga boni sequitur fugam mali. Haec autem quatuor pertinent ad quatuor passiones: nam prosecutio boni pertinet ad spem, fuga mali ad timorem, insecutio mali terribilis pertinet ad audaciam, fuga vero boni pertinet ad desperationem. Unde sequitur quod audacia consequitur ad spem: ex hoc enim quod aliquis sperat superare terribile imminens, ex hoc audacter insequitur ipsum. Ad timorem vero sequitur desperatio: ideo enim aliquis desperat, quia timet difficultatem quae est circa bonum sperandum.

AD PRIMUM ergo dicendum quod ratio sequeretur, si bonum et malum essent obiecta non habentia ordinem ad invicem. Sed quia malum habet aliquem ordinem ad bonum, est enim posterius bono, sicut privatio habitu; ideo audacia, quae insequitur malum, est post spem, quae insequitur bonum.

Ora, a esperança visa o bem, como acima foi dito. Logo, têm objetos diversos e não pertencem à mesma ordem. Logo, a audácia não é consequência da esperança.

2. ALÉM DISSO, como a audácia é o contrário do temor, assim o desespero o é da esperança. Ora, o temor não é consequência do desespero; mais ainda, o desespero exclui o temor, diz o Filósofo, no livro II da *Retórica*. Logo, a audácia não é consequência da esperança.

3. ADEMAIS, a audácia busca um certo bem, a saber, a vitória. Ora, tender para um bem árduo pertence à esperança. Logo, a audácia é o mesmo que a esperança, e portanto não é sua consequência.

EM SENTIDO CONTRÁRIO, o Filósofo diz, no livro III da *Ética*: "Os que estão cheios de esperança, são audaciosos". Vê-se, pois, que a audácia é consequência da esperança.

RESPONDO. Como já foi dito muitas vezes, todas essas paixões da alma pertencem à potência apetitiva. Todo movimento da potência apetitiva se reduz à busca ou à fuga. Tanto a busca quanto a fuga é de alguma coisa ou por si ou por acidente. Por si, a busca é do bem, e a fuga é do mal. Por acidente, pode a busca ser do mal, por algum bem que lhe está conexo; e a fuga do bem, por algum mal que lhe está conexo. O que é por acidente, segue-se ao que é por si. Por isso, a busca do mal segue-se à busca do bem, e a fuga do bem, segue-se à fuga do mal. Essas quatro determinações se aplicam às quatro paixões: buscar um bem, pertence à esperança; evitar o mal, ao temor; buscar um mal terrível, à audácia; evitar o bem, ao desespero. Daí se segue que a audácia é consequência da esperança: pelo fato de que alguém espera triunfar de um mal terrível iminente, por isso o afronta audazmente. O desespero é consequência do temor: alguém desespera porque teme a dificuldade a respeito do bem a esperar.

QUANTO AO 1º, portanto, deve-se dizer que o argumento seria válido se o bem e o mal fossem objetos sem relação recíproca. Porque o mal tem relação com o bem, pois lhe é posterior, como a privação é posterior à posse, por isso, a audácia, que busca o mal, é posterior à esperança, que busca o bem.

---

2. Q. 40, a. 1.
3. C. 5: 1383, a, 3-6.
4. C. 11: 1117, a, 9-11.

AD SECUNDUM dicendum quod, etsi bonum simpliciter sit prius quam malum, tamen fuga per prius debetur malo quam bono: sicut insecutio per prius debetur bono quam malo. Et ideo sicut spes est prior quam audacia, ita timor est prior quam desperatio. Et sicut ex timore non semper sequitur desperatio, sed quando fuerit intensus; ita ex spe non semper sequitur audacia, sed quando fuerit vehemens.

AD TERTIUM dicendum quod audacia, licet sit circa malum cui coniunctum est bonum victoriae secundum aestimationem audacis, tamen respicit malum: bonum vero adiunctum respicit spes. Et similiter desperatio respicit bonum directe, quod refugit: malum vero adiunctum respicit timor. Unde, proprie loquendo, audacia non est pars spei, sed eius effectus: sicut nec desperatio est pars timoris, sed eius effectus. Et propter hoc etiam audacia principalis passio esse non potest.

QUANTO AO 2º, deve-se dizer que, embora o bem seja absolutamente primeiro em relação ao mal, a fuga se deve primeiro ao mal do que ao bem; como a busca se deve primeiro ao bem que ao mal. Por isso, como a esperança é anterior à audácia, assim o temor é anterior ao desespero. E como do temor nem sempre se segue o desespero, a não ser quando for intenso, assim da esperança nem sempre se segue a audácia, a não ser quando for veemente.

QUANTO AO 3º, deve-se dizer que a audácia, embora seja acerca de um mal, a que está conexo o bem da vitória, segundo o pensamento do audaz, visa o mal; e o bem conexo ao mal, a esperança o visa. Igualmente, o desespero visa diretamente o bem, o qual ele evita; o temor, porém, visa o mal que lhe está conexo. Por isso, falando com propriedade, a audácia não é uma parte da esperança, mas seu efeito; como tampouco o desespero não é parte, mas é efeito do temor. E também por isso a audácia não pode ser uma paixão principal.

ARTICULUS 3
Utrum defectus aliquis sit causa audaciae

AD TERTIUM SIC PROCEDITUR. Videtur quod defectus aliquis sit causa audaciae.

1. Dicit enim Philosophus, in libro *de Problematibus*[1], quod *amatores vini sunt fortes et audaces*. Sed ex vino sequitur defectus ebrietatis. Ergo audacia causatur ex aliquo defectu.

2. PRAETEREA, Philosophus dicit, in II *Rhetoric.*[2], quod *inexperti periculorum sunt audaces*. Sed inexperientia defectus quidam est. Ergo audacia ex defectu causatur.

3. PRAETEREA, iniusta passi audaciores esse solent; *sicut etiam bestiae cum percutiuntur*, ut dicitur in III *Ethic.*[3]. Sed iniustum pati ad defectum pertinet. Ergo audacia ex aliquo defectu causatur.

SED CONTRA est quod Philosophus dicit, in II *Rhetoric.*[4], quod causa audaciae est, *cum in phantasia spes fuerit salutarium ut prope existentium, timendorum autem aut non entium, aut*

ARTIGO 3
Alguma deficiência é causa da audácia?

QUANTO AO TERCEIRO, ASSIM SE PROCEDE: parece que alguma deficiência é causa da audácia.

1. Com efeito, diz o Filósofo, no livro dos *Problemas*: "Os amantes do vinho são fortes e audaciosos". Ora, o vinho produz a deficiência da embriaguês. Logo, a audácia é causada por uma deficiência.

2. ALÉM DISSO, diz o Filósofo, no livro II da *Retórica*: "Os que não têm experiência dos perigos são audaciosos". Ora, a inexperiência é uma deficiência. Logo, a audácia é causada por uma deficiência.

3. ADEMAIS, os que sofreram injustiças costumam ser mais audaciosos, diz o livro III da *Ética*, "como também os animais quando são espancados". Ora, sofrer injustiça tem a ver com a deficiência. Logo, a audácia é causada por alguma deficiência.

EM SENTIDO CONTRÁRIO, o Filósofo diz, no livro II da *Retórica*, sobre a causa da audácia: "Quando na imaginação há esperança de coisas favoráveis como existentes e próximas de nós, e as coisas a

---

1. Sect. 27, probl. 4: 948, a, 13.
2. C. 5: 1383, a, 28-29.
3. C. 11: 1116, b, 32-1117, a, 5.
4. C. 5: 1383, a, 17-18.

longe entium. Sed id quod pertinet ad defectum, vel pertinet ad salutarium remotionem, vel ad terribilium propinquitatem. Ergo nihil quod ad defectum pertinet, est causa audaciae.

RESPONDEO dicendum quod, sicut supra[5] dictum est, audacia consequitur spem, et contrariatur timori: unde quaecumque nata sunt causare spem, vel excludere timorem, sunt causa audaciae. Quia vero timor et spes, et etiam audacia, cum sint passiones quaedam, consistunt in motu appetitus et in quadam transmutatione corporali; dupliciter potest accipi causa audaciae, sive quantum ad provocationem spei, sive quantum ad exclusionem timoris: uno modo quidem, ex parte appetitivi motus; alio vero modo, ex parte transmutationis corporalis.

Ex parte quidem appetitivi motus, qui sequitur apprehensionem, provocatur spes causans audaciam, per ea quae faciunt nos aestimare quod possibile sit adipisci victoriam; vel secundum propriam potentiam, sicut fortitudo corporis, experientia in periculis, multitudo pecuniarum, et alia huiusmodi; sive per potentiam aliorum, sicut multitudo amicorum vel quorumcumque auxiliantium, et praecipue si homo confidat de auxilio divino; unde *illi qui se bene habent ad divina, audaciores sunt*, ut etiam Philosophus dicit, in II *Rhetoric*.[6] — Timor autem excluditur, secundum istum modum, per remotionem terribilium appropinquantium: puta quia homo non habet inimicos, quia nulli nocuit, quia non videt aliquod periculum imminere; illis enim videntur maxime pericula imminere, qui aliis nocuerunt.

Ex parte vero transmutationis corporalis, causatur audacia per provocationem spei et exclusionem timoris, ex his quae faciunt caliditatem circa cor. Unde Philosophus dicit, in libro *de Partibus Animalium*[7], quod *illi qui habent parvum cor secundum quantitatem, sunt magis audaces; et animalia habentia magnum cor secundum quantitatem, sunt timida: quia calor naturalis non tantum potest calefacere magnum cor, sicut parvum; sicut ignis non tantum potest calefacere magnum domum, sicut parvam*. Et in libro *de Problematibus*[8] dicit quod *habentes pulmonem sanguineum, sunt audaciores, propter caliditatem cordis exinde consequentem*. Et ibidem dicit

temer são vistas ou como não existentes ou como muito remotas". Mas, o que concerne à deficiência ou é o afastamento das coisas favoráveis, ou a proximidade das coisas terríveis. Logo, nada do que pertence à deficiência é causa da audácia.

RESPONDO. Acima foi dito que a audácia segue-se à esperança, e se opõe ao temor; então tudo o que é de natureza a causar esperança ou excluir temor é causa da audácia. Como, porém, temor e esperança e também audácia, por serem paixões, consistem em um movimento do apetite e em certa mudança corporal, pode-se entender a causa da audácia em dois sentidos: seja quanto à provocação da esperança, seja quanto à eliminação do temor; e de dois modos: um, da parte da portência apetitiva, outro, da parte da mudança corporal.

Da parte do movimento apetitivo, que se segue à apreensão, a esperança que produz a audácia é provocada pelo que nos faz acreditar que é possível alcançar a vitória: ou segundo nossas próprias forças, como o vigor do corpo, experiência nos perigos, abundância de riquezas etc; ou pelas forças dos outros, como amigos numerosos ou outros que ajudem, e sobretudo, se o homem confiar no socorro divino. Diz o Filósofo, no livro II da *Retórica*: "Os que estão em boas relações com o divino são mais audaciosos". — Quanto ao temor, ele é eliminado pela remoção de qualquer coisa terrível que se aproxime: por exemplo, os homens não têm inimigos porque não fizeram mal a ninguém, ou porque não veem a iminência de perigo algum; a esses homens parece que os perigos ameaçam mais os que prejudicaram os outros.

Da parte da mudança corporal, a audácia tem por causa a provocação da esperança e a exclusão do temor, o que produz uma quentura em volta do coração. Por isso diz o Filósofo, no livro das *Partes dos Animais*: "Os que têm um coração de pequenas dimensões são mais audaciosos; e os animais, que têm um coração de grande dimensões são medrosos, porque o calor natural não consegue aquecer tanto um grande coração como um pequeno: tal como o fogo não aquece tão bem uma casa grande como uma pequena". E em outra passagem, diz que "os que têm pulmão sanguíneo são mais audaciosos por causa do calor do coração que disso resulta". E no mesmo lugar diz: "Os

---

5. Art. 1, 2.
6. C. 5: 1383, b, 5-6.
7. L. III, c. 4: 667, a, 15-26.
8. Loc. cit. in 1 a: 948, a, 17-19.

quod *vini amatores sunt magis audaces, propter caliditatem vini*: unde et supra[9] dictum est quod ebrietas facit ad bonitatem spei: caliditas enim cordis repellit timorem, et causat spem, propter cordis extensionem et amplificationem.

AD PRIMUM ergo dicendum quod ebrietas causat audaciam, non inquantum est defectus, sed inquantum facit cordis dilatationem: et inquantum etiam facit aestimationem cuiusdam magnitudinis.

AD SECUNDUM dicendum quod illi qui sunt inexperti periculorum, sunt audaciores, non propter defectum, sed per accidens: inquantum scilicet, propter inexperientiam, neque debilitatem suam cognoscunt, neque praesentiam periculorum. Et ita, per subtractionem causae timoris, sequitur audacia.

AD TERTIUM dicendum quod, sicut Philosophus dicit in II *Rhetoric*.[10], *iniustum passi redduntur audaciores, quia aestimant quod Deus iniustum passis auxilium ferat*.

Et sic patet quod nullus defectus causat audaciam nisi per accidens: inquantum scilicet habet adiunctam aliquam excellentiam, vel veram vel aestimatam, vel ex parte sui vel ex parte alterius.

amantes do vinho são mais audaciosos, porque o vinho aquece"; por isso, acima foi dito que a embriaguês contribui para a bondade da esperança, pois a quentura do coração repele o temor e causa esperança, por estender e ampliar o coração.

QUANTO AO 1º, portanto, deve-se dizer que a embriaguês causa a audácia, não enquanto é deficiência, mas enquanto causa a dilatação do coração; e também enquanto faz acreditar que alguma coisa é grande.

QUANTO AO 2º, deve-se dizer que os que não têm experiência do perigo são mais audaciosos, não por deficiência, mas acidentalmente: a saber, por sua inexperiência não conhecem sua fraqueza, ou a presença dos perigos. E assim, eliminando a causa do temor, segue-se a audácia.

QUANTO AO 3º, deve-se dizer que, como diz o Filósofo, no livro II da *Retórica*: "Os que sofreram injustiça se tornam mais audaciosos porque acreditam que Deus vai socorrer as vítimas da injustiça".

Assim está claro que nenhuma deficiência causa a audácia a não ser acidentalmente, enquanto tem a si unido algum valor, verdadeiro ou suposto, ou de sua parte, ou da parte de outro.

ARTICULUS 4
Utrum audaces sint promptiores in principio quam in ipsis periculis

AD QUARTUM SIC PROCEDITUR. Videtur quod audaces non sint promptiores in principio quam in ipsis periculis.
1. Tremor enim ex timore causatur, qui contrariatur audaciae, ut ex dictis[1] patet. Sed audaces quandoque in principio tremunt, ut Philosophus dicit, in libro *de Problematibus*[2]. Ergo non sunt promptiores in principio quam in ipsis periculis existentes.
2. PRAETEREA, per augmentum obiecti augetur passio: sicut si bonum est amabile, et magis bonum est magis amabile. Sed arduum est obiectum audaciae. Augmentato ergo arduo, augmentatur audacia. Sed magis fit arduum et difficile periculum, quando est praesens. Ergo debet tunc magis crescere audacia.

ARTIGO 4
Os audaciosos estão mais dispostos no começo ou no meio do perigo?

QUANTO AO QUARTO, ASSIM SE PROCEDE: parece que os audaciosos **não** estão mais dispostos no começo do que no meio do perigo.
1. Com efeito, o tremor é efeito do temor, que é contrário à audácia, como foi dito. Ora, os audaciosos, às vezes, tremem no começo, como diz o Filósofo, no livro dos *Problemas*. Logo, não estão mais dispostos no começo do que no meio do perigo.
2. ALÉM DISSO, com o aumento do objeto aumenta a paixão: assim, se o bem é amável, bem maior é ainda mais amável. Ora, o árduo é o objeto da audácia. Logo, quando o árduo aumenta, aumenta a audácia. Mas, o perigo se torna mas árduo e dificil quando está presente. Portanto, então a audácia deve crescer ainda mais.

---

9. Q. 40, a. 6.
10. C. 5: 1383, b, 7-9.

PARALL.: III *Ethic*., lect. 15.

1. A. 1; q. 44, a. 3.
2. Sect. 27, probl. 3: 948, a, 8-9.

3. PRAETEREA, ex vulneribus inflictis provocatur ira. Sed ira causat audaciam: dicit enim Philosophus, in II *Rhetoric*.[3], quod *ira est ausivum*. Ergo quando iam sunt in ipsis periculis, et percutiuntur, videtur quod magis audaces reddantur.

SED CONTRA est quod dicitur in III *Ethic*.[4], quod *audaces praevolantes sunt et volentes ante pericula, in ipsis autem discedunt*.

RESPONDEO dicendum quod audacia, cum sit quidam motus appetitus sensitivi, sequitur apprehensionem sensitivae virtutis. Virtus autem sensitiva non est collativa nec inquisitiva singulorum quae circumstant rem, sed subitum habet iudicium. Contingit autem quandoque quod secundum subitam apprehensionem non possunt cognosci omnia quae difficultatem in aliquo negotio afferunt: unde surgit audaciae motus ad aggrediendum periculum. Unde quando iam experiuntur ipsum periculum, sentiunt maiorem, difficultatem quam aestimaverunt. Et ideo deficiunt.

Sed ratio est discussiva omnium quae afferunt difficultatem negotio. Et ideo fortes, qui ex iudicio rationis aggrediuntur pericula, in principio videntur remissi: quia non passi, sed cum deliberatione debita aggrediuntur. Quando autem sunt in ipsis periculis, non experiuntur aliquid improvisum; sed quandoque minora illis quae praecogitaverunt. Et ideo magis persistunt. — Vel etiam quia propter bonum virtutis pericula aggrediuntur, cuius boni voluntas in eis perseverat, quantacumque sint pericula. Audaces autem, propter solam aestimationem facientem spem et excludentem timorem, sicut dictum est[5].

AD PRIMUM ergo dicendum quod etiam in audacibus accidit tremor, propter revocationem caloris ab exterioribus ad interiora, sicut etiam in timentibus. Sed in audacibus revocatur calor ad cor: in timentibus autem, ad inferiora.

AD SECUNDUM dicendum quod obiectum amoris est simpliciter bonum: unde augmentatum simpliciter augmentat amorem. Sed obiectum audaciae est compositum ex bono et malo; et motus audaciae in malum, praesupponit motum spei in bonum. Et ideo si tantum addatur de arduitate ad periculum quod excedat spem, non sequetur motus audaciae, sed diminuetur. — Si tamen sit motus

3. ADEMAIS, as feridas infligidas provocam a ira. Ora, a ira causa a audácia; diz o Filósofo, no livro II da *Retórica*: "a ira dá ousadia". Logo, quando já se está dentro do perigo e se recebem golpes, parece que a audácia aumenta.

EM SENTIDO CONTRÁRIO, diz o livro III da *Ética*: "Os audaciosos são apressados e decididos antes dos perigos, mas durante eles, os abandonam".

RESPONDO. Por ser um movimento do apetite sensível, a audácia segue-se à apreensão da potência sensitiva. A potência sensitiva não é deliberativa, nem pondera as várias circunstâncias que dizem respeito a uma coisa, mas faz um juízo imediato. Acontece que, às vezes, numa apreensão repentina, não se podem conhecer todas as coisas que fazem dificuldade ao assunto: daí surge o movimento da audácia para enfrentar o perigo. Quando se experimenta o perigo, sente-se que a dificuldade é maior do que se calculara. Por isso, se perde o ânimo.

A razão examina tudo o que faz dificuldade ao assunto. Por isso, os fortes, que com base num juizo da razão enfrentam os perigos, no princípio parecem remissos, porque não agem por paixão, mas com a devida deliberação. Quando estão nos perigos, nada encontram que não tenham previsto; e às vezes acham os perigos menores do que pensavam antes. Por esse motivo têm mais persistência. — Ou, também, porque eles enfrentam os perigos pelo bem da virtude, e essa vontade do bem neles persiste, por maiores que sejam os perigos. Os audaciosos, por sua vez, só têm por motivo a avaliação que produz a esperança e exclui o temor, como foi dito.

QUANTO AO 1º, portanto, deve-se dizer que ocorre o tremor nos audaciosos, por causa do calor que retrocede das partes exteriores para as interiores, como também acontece com os atemorizados. Nos audaciosos, o calor retrocede para o coração e nos atemorizados, para as partes inferiores.

QUANTO AO 2º, deve-se dizer que o objeto do amor é o bem absolutamente moderado; por isso, quando se aumenta o bem absolutamente, o amor aumenta. O objeto da audácia é composto de bem e de mal; e o movimento da audácia para o mal pressupõe o movimento da esperança para o bem. Por esse motivo, se for acrescentada tanta arduidade ao perigo que exceda a esperança, o

---

3. C. 5: 1383, b, 7.
4. C. 10: 1116, a, 7-9.
5. Art. praec.

audaciae, quanto maius est periculum, tanto maior audacia reputatur.

AD TERTIUM dicendum quod ex laesione non causatur ira, nisi supposita aliqua spe, ut infra[6] dicetur. Et ideo si fuerit tantum periculum quod excedat spem victoriae, non sequetur ira. — Sed verum est quod, si ira sequatur, audacia augebitur.

6. Q. sq., a. 1.

movimento da audácia não vai aumentar, mas diminuir. — Mas, se o movimento da audácia ainda existir, quanto maior for o perigo, tanto maior se julgará a audácia.

QUANTO AO 3º, deve-se dizer que as feridas só causam a ira, suposta alguma esperança, como abaixo se dirá. Se for tão grande o perigo que ultrapasse toda esperança de vitória, não se seguirá a ira. — É verdade que, se se seguir a ira, a audácia aumentará.

QUAESTIO XLVI
DE IRA SECUNDUM SE
in octo articulos divisa

Deinde considerandum est de ira. Et primo, de ira secundum se; secundo, de causa factiva irae, et remedio eius; tertio, de effectu eius.
Circa primum quaeruntur octo.
Primo: utrum ira sit passio specialis.
Secundo: utrum obiectum irae sit bonum, an malum.
Tertio: utrum ira sit in concupiscibili.
Quarto: utrum ira sit cum ratione.
Quinto: utrum ira sit naturalior quam concupiscentia.
Sexto: utrum ira sit gravior quam odium.
Septimo: utrum ira solum sit ad illos ad quos est iustitia.
Octavo: de speciebus irae.

QUESTÃO 46
A IRA EM SI MESMA
em oito artigos

Em seguida, deve-se considerar a ira. Primeiro, a ira em si mesma; depois, a causa que a provoca e seus remédios; enfim, seus efeitos.
Sobre o primeiro, são oito as perguntas:
1. A ira é uma paixão especial?
2. O objeto da ira é o bem, ou o mal?
3. A ira está no concupíscivel?
4. A ira acompanha a razão?
5. A ira é mais natural que a concupiscência?
6. A ira é mais grave que o ódio?
7. A ira se refere só àqueles aos quais se refere a justiça?
8. Sobre as espécies de ira.

ARTICULUS 1
Utrum ira sit specialis passio

AD PRIMUM SIC PROCEDITUR. Videtur quod ira non sit passio specialis.
1. Ab ira enim denominatur potentia irascibilis. Sed huius potentiae non est una tantum passio, sed multae. Ergo ira non est una passio specialis.

2. PRAETEREA, cuilibet passioni speciali est aliquid contrarium; ut patet inducenti per singula. Sed irae non est aliqua passio contraria, ut supra[1] dictum est. Ergo ira non est passio specialis.

ARTIGO 1
A ira é uma paixão especial?

QUANTO AO PRIMEIRO ARTIGO, ASSIM SE PROCEDE: parece que a ira **não** é uma paixão especial.
1. Com efeito, a potência irascível tira seu nome da ira. Ora, essa potência não tem uma só paixão, mas muitas. Logo, a ira não é uma paixão especial.
2. ALÉM DISSO, cada paixão especial tem o seu contrário, como se vê examinando uma por uma. Ora, não há uma paixão contrária à ira, como se disse acima. Logo, a ira não é uma paixão especial.

1 PARALL.: Supra, q. 23, a. 4: III *Sent*., dist. 26, q. 1, a. 3.
1. Q. 23, a. 3.

3. PRAETEREA, una specialis passio non includit aliam. Sed ira includit multas passiones: est enim cum tristitia, et cum delectatione, et cum spe, ut patet per Philosophum, in II *Rhetoric*.[2]. Ergo ira non est passio specialis.

SED CONTRA est quod Damascenus[3] ponit iram specialem passionem. Et similiter Tullius, IV *de Tusculanis Quaest*.[4].

RESPONDEO dicendum quod aliquid dicitur generale dupliciter. Uno modo, per praedicationem: sicut *animal* est generale ad omnia animalia. — Alio modo, per causam: sicut sol est causa generalis omnium quae generantur in his inferioribus, secundum Dionysium, in 4 cap. *de Div. Nom*.[5]. Sicut enim genus continet multas differentias potestate, secundum similitudinem materiae; ita causa agens continet multos effectus secundum virtutem activam. — Contingit autem aliquem effectum ex concursu diversarum causarum produci: et quia omnis causa aliquo modo in effectu manet, potest etiam dici, tertio modo, quod effectus ex congregatione multarum causarum productus, habet quandam generalitatem, inquantum continet multas causas quodammodo in actu.

Primo ergo modo, ira non est passio generalis, sed condivisa aliis passionibus, ut supra[6] dictum est. — Similiter autem nec secundo modo. Non est enim causa aliarum passionum: sed per hunc modum potest dici generalis passio amor, ut patet per Augustinum, in XIV libro *de Civ. Dei*[7]; amor enim est prima radix omnium passionum, ut supra[8] dictum est. — Sed tertio modo potest ira dici passio generalis, inquantum ex concursu multarum passionum causatur. Non enim insurgit motus irae nisi propter aliquam tristitiam illatam et nisi adsit desiderium et spes ulciscendi: quia, ut Philosophus dicit in II *Rhetoric*.[9], *iratus habet spem puniendi; appetit enim vindictam ut sibi possibilem*. Unde si fuerit multum excellens persona quae nocumentum intulit, non sequitur ira, sed solum tristitia, ut Avicenna dicit, in libro *de Anima*[10].

3. ADEMAIS, uma paixão especial não inclui outra. Ora, a ira inclui muitas paixões, pois é acompanhada de tristeza, de prazer, de esperança, como mostra o Filósofo, no livro II da *Retórica*. Logo, não é uma paixão especial.

EM SENTIDO CONTRÁRIO, Damasceno afirma a ira como paixão especial. Cícero também.

RESPONDO. Uma coisa pode dizer-se geral de dois modos. Primeiro, por atribuição, como *animal* é geral para todos os animais. — Segundo, por causa: como o sol é a causa geral de tudo o que é gerado nessas partes inferiores, segundo Dionísio. Como pois o gênero contém potencialmente muitas diferenças, como se fosse uma matéria, assim a causa eficiente contém, por sua potência ativa, muitos efeitos distintos. — Acontece, porém, que um efeito seja produzido pela confluência de diversas causas, e como toda a causa de certo modo permanece em seu efeito, pode-se dizer também, e este é o terceiro modo, que um efeito produzido pelo concurso de diversas causas, tem uma certa generalidade, enquanto contém muitas causas de certo modo em ato.

Pelo primeiro modo, a ira não é uma paixão geral, mas é uma paixão entre as outras, como acima foi dito. — Nem também, pelo segundo modo, pois a ira não é causa das outras paixões. Desse modo, a paixão que se poderia dizer geral é o amor, como mostra Agostinho. O amor, foi já dito, é a raiz primeira de todas as paixões. — Pelo terceiro modo, a ira pode dizer-se uma paixão geral, enquanto é causada pelo concurso de muitas paixões. Não surge o movimento da ira a não ser por causa de alguma tristeza sofrida e se não houver também o desejo e a esperança de vingança[a]. Como diz o Filósofo, no livro II da *Retórica*, "O homem irado tem esperança de punir: deseja a vingança que puder tomar". Portanto, se for uma pessoa muito proeminente que causou o dano, não se segue a ira, mas só a tristeza, como diz Avicena.

---

2. C. 2: 1378, a, 31-b, 3.
3. *De fide orth*., l. II, c. 16: MG 94, 932 D.
4. C. 7: ed. Müller, Lipsiae 1889, p. 397, l. 14: cfr. c. 9: ib., p. 398, l. 23.
5. MG 3, 700 A.
6. Q. 23, a. 4.
7. C. 7, n. 2: ML 41, 410.
8. Q. 27, a. 4; q. 28, a. 6, ad 2; q. 41, a. 2, ad 1.
9. C. 2: 1378, b, 1-8.
10. L. IV, c. 6.

---

a. O que é específico da ira é a coexistência da tristeza sofrida com o prazer da vingança a infligir. No que ela é caracteristicamente uma paixão do irascível. Não pode ter "contrário", como as outras paixões.

AD PRIMUM ergo dicendum quod vis irascibilis denominatur ab ira, non quia omnis motus huius potentiae sit ira: sed quia ad iram terminantur omnes motus huius potentiae; et inter alios eius motus, iste est manifestior.

AD SECUNDUM dicendum quod ex hoc ipso quod ira causatur ex contrariis passionibus, scilicet a spe, quae est boni, et a tristitia, quae est mali, includit in seipsa contrarietatem: et ideo non habet contrarium extra se. Sicut etiam in mediis coloribus non invenitur contrarietas, nisi quae est simplicium colorum, ex quibus causantur.

AD TERTIUM dicendum quod ira includit multas passiones, non quidem sicut genus species: sed magis secundum continentiam causae et effectus.

QUANTO AO 1º, portanto, deve-se dizer que a potência irascível tira seu nome da ira, não porque todos os movimentos dela sejam de ira, mas porque todos eles têm a ira por termo, e entre os outros movimentos dessa potência, a ira está mais em evidência.

QUANTO AO 2º, deve-se dizer que por ser a ira causada por paixões contrárias, a saber, a esperança que é do bem, a tristeza que é do mal; inclui em si mesma a contrariedade; e por isso, não tem contrário fora dela. Assim como nas cores intermediárias não se acha contrariedade a não ser a das cores simples das quais se originam.

QUANTO AO 3º, deve-se dizer que a ira inclui muitas paixões, não como o gênero contêm as espécies, mas segundo o modo como causa e efeito se contêm.

ARTICULUS 2
Utrum obiectum irae sit bonum, vel malum

AD SECUNDUM SIC PROCEDITUR. Videtur quod obiectum irae sit malum.
1. Dicit enim Gregorius Nyssenus[1] quod ira est quasi *armigera concupiscentiae*: inquantum scilicet impugnat id quod concupiscentiam impedit. Sed omne impedimentum habet rationem mali. Ergo ira respicit malum tanquam obiectum.
2. PRAETEREA, ira et odium conveniunt in effectu: utriusque enim est inferre nocumentum alteri. Sed odium respicit malum tanquam obiectum, ut supra[2] dictum est. Ergo etiam et ira.
3. PRAETEREA, ira causatur ex tristitia: unde Philosophus dicit, in VII *Ethic.*[3], quod *ira operatur cum tristitia*. Sed tristitiae obiectum est malum. Ergo et irae.
SED CONTRA est quod Augustinus dicit, in II *Confess.*[4], quod *ira appetit vindictam*. Sed appetitus vindictae est appetitus boni: cum vindicta ad iustitiam pertineat. Ergo obiectum irae est bonum.
Praeterea, ira semper est cum spe: unde et delectationem causat, ut dicit Philosophus, in II *Rhetoric.*[5]. Sed spei et delectationis obiectum est bonum. Ergo et irae.
RESPONDEO dicendum quod motus appetitivae virtutis sequitur actum virtutis apprehensivae. Vis

ARTIGO 2
O objeto da ira é o bem ou o mal?

QUANTO AO SEGUNDO, ASSIM SE PROCEDE: parece que o objeto da ira é o mal.
1. Com efeito, diz Gregório de Nissa que a ira é como "a escudeira da concupiscência", enquanto combate o que impede a concupiscência. Ora, todo impedimento tem razão de mal. Logo, a ira visa o mal como objeto.
2. ALÉM DISSO, a ira e o ódio coincidem no efeito, que é causar dano a outro. Ora, o ódio visa o mal como objeto, como acima foi dito. Logo, também a ira.
3. ADEMAIS, a ira é causada pela tristeza: por isso diz o Filósofo, no livro VII da *Ética*: "A ira age com tristeza". Ora, o objeto da tristeza é o mal. Logo, da ira também.
EM SENTIDO CONTRÁRIO, Agostinho diz que "a ira deseja a vingança". Mas, o desejo da vingança é desejo do bem; pois a vingança pertence à justiça. Logo, o objeto da ira é o bem.
Ademais, a ira está sempre com a esperança, por isso causa prazer, como diz o Filósofo, no livro II da *Retórica*. Ora, o objeto da esperança e do prazer é o bem. Logo, da ira também.
RESPONDO. O movimento da potência apetitiva segue-se ao ato da potência apreensiva. A

2 PARALL.: Infra, a. 6; *De Malo*, q. 12, a. 2, 4.

1. NEMESIUS, *De nat. hom.*, c. 21, al. l. IV, c. 14 vel 13: MG 40, 692 B.
2. Q. 29, a. 1.
3. C. 7: 1149, b, 20-26.
4. C. 6: ML 32, 681.
5. C. 2: 1378, b, 1-8.

autem apprehensiva dupliciter aliquid apprehendit: uno modo, per modum incomplexi, sicut cum intelligimus quid est homo; alio modo, per modum complexi, sicut cum intelligimus album inesse homini. Unde utroque modo vis appetitiva potest tendere in bonum et malum. Per modum quidem simplicis et incomplexi, cum appetitus simpliciter sequitur vel inhaeret bono, vel refugit malum. Et tales motus sunt desiderium et spes, delectatio et tristitia, et alia huiusmodi. — Per modum autem complexi, sicut cum appetitus fertur in hoc quod aliquod bonum vel malum insit vel fiat circa alterum, vel tendendo in hoc, vel refugiendo ab hoc. Sicut manifeste apparet in amore et odio: amamus enim aliquem, inquantum volumus ei inesse aliquod bonum; odimus autem aliquem, inquantum volumus ei inesse aliquod malum. Et similiter est in ira: quicumque enim irascitur, quaerit vindicari de aliquo. Et sic motus irae tendit in duo: scilicet in ipsam vindictam, quam appetit et sperat sicut quoddam bonum, unde et de ipsa delectatur: tendit etiam in illum de quo quaerit vindictam, sicut in contrarium et nocivum, quod pertinet ad rationem mali.

Est tamen duplex differentia attendenda circa hoc, irae ad odium et ad amorem. Quarum prima est, quod ira semper respicit duo obiecta: amor vero et odium quandoque respiciunt unum obiectum tantum, sicut cum dicitur aliquis amare vinum vel aliquid huiusmodi, aut etiam odire. — Secunda est, quia utrumque obiectorum quod respicit amor, est bonum: vult enim amans bonum alicui, tanquam sibi convenienti. Utrumque vero eorum quae respicit odium, habet rationem mali: vult enim odiens malum alicui, tamquam cuidam inconvenienti. Sed ira respicit unum obiectum secundum rationem boni, scilicet vindictam, quam appetit: et aliud secundum rationem mali, scilicet hominem nocivum, de quo vult vindicari. Et ideo est passio quodammodo composita ex contrariis passionibus.

Et per hoc patet responsio AD OBIECTA.

Articulus 3
Utrum ira sit in concupiscibili

AD TERTIUM SIC PROCEDITUR. Videtur quod ira sit in concupiscibili.

faculdade apreensiva apreende as coisas de duas maneiras: a primeira, como algo não-complexo, como quando conhecemos o que é o homem; a outra maneira, como algo complexo, como quando conhecemos que branco é inerente ao homem. Assim, de ambos os modos a potência apetitiva pode tender para o bem e para o mal: pelo modo simples e não-complexo, quando o apetite absolutamente busca o bem, ou a ele adere; ou então foge do mal. Tais movimentos são o desejo e a esperança, o prazer e a tristeza etc. — Pelo modo complexo, quando o apetite deseja que algum bem ou mal esteja presente ou se realize em um outro, seja tendendo para isso, seja fugindo disso. O que é muito claro no amor e no ódio: amamos alguém, quando queremos que um certo bem nele esteja; mas o odiamos, quando queremos que algum mal nele esteja. O mesmo sucede com a ira; quem está irado, busca vingar-se de alguém. Por isso, o movimento da ira tende para duas direções: para a vingança, que deseja e espera como se fosse um bem, e por isso tem prazer na vingança; e para a pessoa de quem procura se vingar, como se fosse contrária e nociva, o que pertence à razão de mal.

Há porém uma dupla diferença a considerar entre a ira e o ódio, e entre a ira e o amor. A primeira é que a ira visa sempre dois objetos, enquanto o amor e o ódio, às vezes, visam um objeto único, quando se diz que alguém ama, ou então odeia o vinho, ou coisa semelhante. — A segunda é que os dois objetos visados pelo amor, ambos são bens. O amante quer o bem para alguém, como sendo conveniente para si mesmo. Os dois objetos, que o ódio visa, têm a razão de mal: o que odeia quer o mal para alguém, como não lhe sendo conveniente. A ira visa um objeto segundo a razão de bem, a saber, a vingança, que deseja; e outro, segundo a razão de mal, a saber, o homem pernicioso, do qual quer vingar-se. Assim a ira é uma paixão composta, de certo modo, de paixões contrárias.

Com isso, estão claras as respostas ÀS OBJEÇÕES.

Artigo 3
A ira está no concupiscível?

QUANTO AO TERCEIRO, ASSIM SE PROCEDE: parece que a ira **está** no concupiscível.

---

3 PARALL.: III *Sent.*, dist. 26, q. 1, a. 2.

1. Dicit enim Tullius, in IV *de Tusculanis Quaest.*[1], quod ira est *libido* quaedam. Sed libido est in concupiscibili. Ergo et ira.

2. PRAETEREA, Augustinus dicit, in *Regula*[2], quod *ira crescit in odium.* Et Tullius dicit, in eodem libro, quod *odium est ira inveterata.* Sed odium est in concupiscibili, sicut amor. Ergo ira est in concupiscibili.

3. PRAETEREA, Damascenus[3] et Gregorius Nyssenus[4] dicunt quod *ira componitur ex tristitia et desiderio.* Sed utrumque horum est in concupiscibili. Ergo ira est in concupiscibili.

SED CONTRA, vis concupiscibilis est alia ab irascibili. Si igitur ira esset in concupiscibili, non denominaretur ab ea vis irascibilis.

RESPONDEO dicendum quod, sicut supra[5] dictum est, passiones irascibilis in hoc differunt a passionibus concupiscibilis, quod obiecta passionum concupiscibilis sunt bonum et malum absolute; obiecta autem passionum irascibilis sunt bonum et malum cum quadam elevatione vel arduitate. Dictum est autem[6] quod ira respicit duo obiecta: scilicet vindictam, quam appetit; et eum de quo vindictam quaerit. Et circa utrumque quandam arduitatem ira requirit: non enim insurgit motus irae, nisi aliqua magnitudine circa utrumque existente; *quaecumque* enim *nihil sunt, aut modica valde, nullo digna aestimamus*, ut dicit Philosophus, in II *Rhetoric.*[7]. Unde manifestum est quod ira non est in concupiscibili, sed in irascibili.

AD PRIMUM ergo dicendum quod Tullius[8] libidinem nominat appetitum cuiuscumque boni futuri non habita discretione ardui vel non ardui. Et secundum hoc, ponit iram sub libidine, inquantum est appetitus vindictae. Sic autem libido communis est ad irascibilem et concupiscibilem.

AD SECUNDUM dicendum quod ira dicitur crescere in odium, non quod eadem numero passio quae prius fuit ira, postmodum fiat odium per quandam inveterationem: sed per quandam causalitatem. Ira enim, per diuturnitatem, causat odium.

1. Com efeito, diz Cícero que a ira é uma certa "libido"[b]. Ora, a libido está no concupiscível. Logo, a ira também.

2. ALÉM DISSO, Agostinho diz que "a ira cresce até ao ódio". E Cícero, que "o ódio é uma ira inveterada". Ora, o ódio está no concupiscível, como o amor. Logo, a ira está no concupiscível.

3. ADEMAIS, Damasceno e Gregório de Nissa dizem que "a ira é composta de tristeza e desejo". Ora, estes estão no concupiscível. Logo, a ira está no concupiscível.

EM SENTIDO CONTRÁRIO, a potência concupiscível é distinta da irascível. Se, pois, a ira estivesse no concupiscível, não daria seu nome à potência irascível.

RESPONDO. Como já foi dito, a diferença entre as paixões do concupiscível e as do irascível é que os objetos das paixões do concupiscível são o bem e o mal, absolutamente falando; enquanto os objetos das paixões do irascível são o bem e o mal que tenham certa grandeza ou arduidade. Foi também dito que a ira visa dois objetos: a saber, a vingança, que deseja; e a pessoa de que quer vingar-se. A ira requer uma certa arduidade nos dois: não surge o movimento da ira se não houver uma certa grandeza nos dois objetos, pois diz o Filósofo, no livro II da *Retórica*: "O que não é nada, ou muito insignificante, não tem nenhum interesse". Está claro, pois, que a ira não está no concupiscível, mas no irascível.

QUANTO AO 1º, portanto, deve-se dizer que Cícero chama libido o desejo de qualquer bem futuro, sem discernir o bem árduo do não árduo. Deste modo, afirma a ira sob a libido, a ira como um tipo de concupiscência, enquanto é desejo de vingança. Assim a libido é comum ao irascível e ao concupiscível.

QUANTO AO 2º, deve-se dizer que a ira cresce até ao ódio, não porque a mesma e uma só paixão que antes foi ira se tornou ódio, por certo envelhecimento; mas por uma certa causalidade. A ira, quando dura muito, produz o ódio.

---

1. C. 9: ed. Müller, Lipsiae 1889, p. 398, l. 23.
2. Epist. 211, al. 109, n. 14: ML 33, 964.
3. *De fide orth.*, l. II, c. 16: MG 94, 933 A.
4. NEMESIUS, *De nat. hom.*, c. 21, al. l. IV, c. 14 vel 13: MG 40, 692 A.
5. Q. 23, a. 1.
6. Art. praec.
7. C. 2: 1378, b, 12-13.
8. Ibid., c. 6: ed. Müller, Lipsiae 1889, p. 395, l. 23; cfr. c. 7: p. 396, l. 30.

---

b. Cícero emprega a palavra *libido*, à qual Freud atribuiu um sentido e um desenvolvimento que lhe são próprios.

AD TERTIUM dicendum quod ira dicitur componi ex tristitia et desiderio, non sicut ex partibus, sed sicut ex causis. Dictum est autem supra[9] quod passiones concupiscibilis sunt causae passionum irascibilis.

QUANTO AO 3º, deve-se dizer que a ira se compõe de tristeza e desejo, não como partes, mas como causas. Como acima foi dito, as paixões do concupiscível são causas das paixões do irascível.

ARTICULUS 4
Utrum ira sit cum ratione

AD QUARTUM SIC PROCEDITUR. Videtur quod ira non sit cum ratione.
1. Ira enim, cum sit passio quaedam, est in appetitu sensitivo. Sed appetitus sensitivus non sequitur rationis apprehensionem, sed sensitivae partis. Ergo ira non est cum ratione.
2. PRAETEREA, animalia bruta carent ratione. Et tamen in eis invenitur ira. Ergo ira non est cum ratione.
3. PRAETEREA, ebrietas ligat rationem. Adiuvat autem ad iram. Ergo ira non est cum ratione.
SED CONTRA est quod Philosophus dicit, in VII *Ethic.*[1], quod *ira consequitur rationem aliqualiter*.
RESPONDEO dicendum quod, sicut supra[2] dictum est, ira est appetitus vindictae. Haec autem collationem importat poenae infligendae ad nocumentum sibi illatum: unde, in VII *Ethic.*[3], dicit Philosophus quod *syllogizans quoniam oportet talem oppugnare, irascitur confestim*. Conferre autem et syllogizare est rationis. Et ideo ira est quodammodo cum ratione.
AD PRIMUM ergo dicendum quod motus appetitivae virtutis potest esse cum ratione dupliciter. Uno modo, cum ratione praecipiente: et sic voluntas est cum ratione; unde et dicitur appetitus rationalis. Alio modo, cum ratione denuntiante: et sic ira est cum ratione. Dicit enim Philosophus, in libro *de Problemat.*[4], quod *ira est cum ratione, non sicut praecipiente ratione, sed ut manifestante iniuriam*. Appetitus enim sensitivus immediate rationi non obedit, sed mediante voluntate.

ARTIGO 4
A ira acompanha a razão?

QUANTO AO QUARTO, ASSIM SE PROCEDE parece que a ira **não** acompanha a razão.
1. Com efeito, sendo uma paixão, a ira está no apetite sensitivo. Ora, este não se segue à apreensão da razão, mas à da parte sensível. Logo, a ira não acompanha a razão.
2. ALÉM DISSO, os animais irracionais carecem de razão. E contudo, neles se encontra a ira. Logo, a ira não acompanha a razão.
3. ADEMAIS, a embriaguês inibe a razão e ajuda a ira. Logo, a ira não acompanha a razão.
EM SENTIDO CONTRÁRIO, diz o Filósofo, no livro VII da *Ética*: "A ira de certo modo segue a razão".
RESPONDO. Acima foi dito que a ira é um desejo de vingança. Ora, a vingança implica uma comparação da pena a ser infligida com o dano que se sofreu: assim diz o Filósofo, no livro VII da *Ética*, que "quem chega à conclusão de que precisa atacar, logo fica irado". Comparar e deduzir é proprio da razão. Logo, a ira de certo modo acompanha a razão[c].
QUANTO AO 1º, portanto, deve-se dizer que o movimento da potência apetitiva pode de dois modos acompanhar a razão: 1. Acompanhar a razão que ordena. Assim a vontade acompanha razão, por isso se chama apetite racional. 2. Acompanhar a razão que denuncia. Assim a ira acompanha a razão, pois diz o Filósofo: "A ira acompanha a razão, não a razão que ordena, mas a que manifesta a injúria". Com efeito, o apetite sensitivo não obedece à razão imediatamente, mas mediante a vontade.

---

9. Q. 25, a. 2.

4 PARALL.: II-II, q. 156, a. 4; VII *Ethic.*, lect. 6.

1. C. 7: 1149, b, 1-3.
2. Art. 2.
3. C. 7: 1149, a, 33-34.
4. Sect. 28, probl. 3: 949, b, 17-19.

c. Para experimentar ira, é preciso ser dotado de razão, uma vez que é preciso estabelecer alguma relação entre a ofensa sofrida e a vingança desejada. Se os animais são capazes de ira, ela só é instintiva (r. 2). O homem, animal racional, não é estranho a esse instinto, e é por isso que a ira requer algum uso da razão, a qual ela bloqueia, com bastante frequência (r. 3). Sto. Tomás retomará essa dificuldade em seu tratado da virtude de força para assegurar que pode ser virtuoso pôr-se em ira, uma ira "moderada" (ver II-II, q. 123, a. 10).

AD SECUNDUM dicendum quod bruta animalia habent instinctum naturalem ex divina ratione eis inditum, per quem habent motus interiores et exteriores similes motibus rationis, sicut supra[5] dictum est.

AD TERTIUM dicendum quod, sicut dicitur in VII *Ethic.*[6], *ira audit aliqualiter rationem*, sicut nuntiantem quod iniuriatum est ei: *sed non perfecteaudit*, quia non observat regulam rationis in rependendo vindictam. Ad iram ergo requiritur aliquis actus rationis; et additur impedimentum rationis. Unde Philosophus dicit, in libro *de Problemat.*[7], quod illi qui sunt multum ebrii, tanquam nihil habentes de iudicio rationis, non irascuntur: sed quando sunt parum ebrii, irascuntur, tanquam habentes iudicium rationis, sed impeditum.

QUANTO AO 2º, deve-se dizer que os animais irracionais têm um instinto natural que lhes foi dado pela razão divina; esse instinto produz neles movimentos interiores e exteriores semelhantes aos movimentos da razão, como acima foi dito.

QUANTO AO 3º, deve-se dizer que segundo o livro VII da *Ética*: "A ira, de certo modo, escuta a razão", que adverte que lhe foi cometida uma injustiça; "mas não escuta perfeitamente", porque não observa a regra da razão ao tomar a vingança. Portanto, para a ira se requer algum ato da razão; mas se lhe acrescenta um obstáculo da razão. Por isso, diz o Filósofo os que estão muito ébrios a ponto de nada terem do juízo da razão, não ficam irados: mas quando estão pouco ébrios, ficam irados, como tendo um certo juízo da razão, embora impedido.

ARTICULUS 5
Utrum ira sit naturalior quam concupiscentia

AD QUINTUM SIC PROCEDITUR. Videtur quod ira non sit naturalior quam concupiscentia.
1. Proprium enim hominis dicitur quod sit animal mansuetum natura. Sed *mansuetudo opponitur irae*, ut dicit Philosophus, in II *Rhetoric.*[1]. Ergo ira non est naturalior quam concupiscentia, sed omnino videtur esse contra hominis naturam.

2. PRAETEREA, ratio contra naturam dividitur: ea enim quae secundum rationem agunt, non dicimus secundum naturam agere. Sed *ira est cum ratione, concupiscentia autem sine ratione*, ut dicitur in VII *Ethic.*[2]. Ergo concupiscentia est naturalior quam ira.

3. PRAETEREA, ira est appetitus vindictae: concupiscentia autem maxime est appetitus delectabilium secundum tactum, scilicet ciborum et venereorum. Haec autem sunt magis naturalia homini quam vindicta. Ergo concupiscentia est naturalior quam ira.

SED CONTRA est quod Philosophus dicit, in VII *Ethic.*[3], quod *ira est naturalior quam concupiscentia*.

ARTIGO 5
A ira é mais natural que a concupiscência?

QUANTO AO QUINTO, ASSIM SE PROCEDE: parece que a ira **não** é mais natural que a concupiscência.
1. Com efeito, é próprio do homem ser um animal manso por natureza. Ora, diz o Filósofo, no livro II da *Retórica*: "A mansidão se opõe à ira". Logo, a ira não é mais natural ao homem que a concupiscência, mas parece totalmente contrária à natureza do homem.

2. ALÉM DISSO, a razão se contrapõe à natureza: pois o que age segundo a razão, não dizemos que age segundo a natureza. Ora, "a ira acompanha a razão, a concupiscência não", diz o livro VII da *Ética*. Logo, a concupiscência é mais natural que a ira.

3. ADEMAIS, a ira é um apetite de vingança, enquanto a concupiscência é sobretudo o apetite do que é deleitável para o tato, como alimento e sexo. Ora, essas coisas são mais naturais ao homem do que a vingança. Logo, a concupiscência é mais natural que a ira.

EM SENTIDO CONTRÁRIO, diz o Filósofo no livro VII da *Ética*: "A ira é mais natural que a concupiscência".

---

5. Q. 40, a. 3.
6. C. 7: 1149, b, 1-3.
7. Sect. 3, probl. 2, 27: 871, a, 8-15; 875, a, 29-40.

5 PARALL.: II-II, q. 156, a, 4; *De Verit.*, q. 25, a. 6, ad 4; VII *Ethic.*, lect. 6.

1. C. 3: 1380, a, 6.
2. C. 7: 1149, b, 1-3.
3. C. 7: 1149, b, 6-13.

RESPONDEO dicendum quod naturale dicitur illud quod causatur a natura, ut patet in II *Physic.*[4]. Unde utrum aliqua passio sit magis vel minus naturalis, considerari non potest nisi ex causa sua. Causa autem passionis, ut supra[5] dictum est, dupliciter accipi potest: uno modo, ex parte obiecti; alio modo, ex parte subiecti. Si ergo consideretur causa irae et concupiscentiae ex parte obiecti, sic concupiscentia, et maxime ciborum et venereorum, naturalior est quam ira: inquantum ista sunt magis naturalia quam vindicta.

Si autem consideretur causa irae ex parte subiecti, sic quodammodo ira est naturalior, et quodammodo concupiscentia. Potest enim natura alicuius hominis considerari vel secundum naturam generis, vel secundum naturam speciei, vel secundum complexionem propriam individui. Si igitur consideretur natura generis, quae est natura huius hominis inquantum est animal; sic naturalior est concupiscentia quam ira: quia ex ipsa natura communi habet homo quandam inclinationem ad appetendum ea quae sunt conservativa vitae, vel secundum speciem vel secundum individuum. — Si autem consideremus naturam hominis ex parte speciei, scilicet inquantum est rationalis; sic ira est magis naturalis homini quam concupiscentia: inquantum ira est cum ratione magis quam concupiscentia. Unde Philosophus dicit, in IV *Ethic.*[6], quod *humanius est punire*, quod pertinet ad iram, *quam mansuetum esse*: unumquodque enim naturaliter insurgit contra contraria et nociva. — Si vero consideretur natura huius individui secundum propriam complexionem, sic ira naturalior est quam concupiscentia: quia scilicet habitudinem naturalem ad irascendum, quae est ex complexione, magis de facili sequitur ira, quam concupiscentia vel aliqua alia passio. Est enim homo dispositus ad irascendum, secundum quod habet cholericam complexionem: cholera autem, inter alios humores, citius movetur; assimilatur enim igni. Et ideo magis est in promptu ut ille qui est dispositus secundum naturalem complexionem ad iram, irascatur; quam de eo qui est dispositus ad concupiscendum, quod concupiscat. Et propter hoc Philosophus dicit, in VII *Ethic.*[7], quod ira magis traducitur a parentibus in filios, quam concupiscentia.

RESPONDO. Chama-se natural o que é causado pela natureza, como está claro no livro II da *Física*. Que uma paixão seja mais ou menos natural, só pode ser considerado por sua causa. Como foi dito acima, a causa da paixão pode ser tomada de dois modos: ou da parte do objeto, ou da parte do sujeito. Se for considerada a causa da ira e da concupiscência da parte do objeto, a concupiscência, sobretudo a que diz respeito aos alimentos e ao sexo, é mais natural do que a ira, pois estas coisas são mais naturais do que a vingança.

Se a causa da ira for considerada da parte do sujeito, de certo modo a ira é mais natural; e de certo modo também, a concupiscência. A natureza do homem pode ser considerada ou segundo a natureza genérica, ou segundo a natureza específica, ou enfim, segundo a compleição do indivíduo. Se pois se considera a natureza genérica, que é a natureza do homem enquanto é animal, então a concupiscência é mais natural do que a ira; porque, pela mesma natureza comum, o homem tem certa inclinação a desejar o que conserva a vida, ou segundo a espécie, ou segundo o indivíduo. — Se, porém, consideramos a natureza do homem específica, a saber, enquanto é racional, assim a ira é mais natural ao homem do que a concupiscência, enquanto a ira acompanha a razão mais que a concupiscência. Por isso diz o Filósofo, no livro IV da *Ética*, que "é mais humano punir", o que pertence à ira, "do que ser manso", pois qualquer um se ergue naturalmente contra as coisas contrárias e nocivas. — Se, porém, se considera a natureza deste indivíduo segundo sua compleição própria, a ira é também mais natural que a concupiscência. Com efeito, o hábito natural de irar-se, que vem da compleição, é mais facilmente acompanhado pela ira do que pela concupiscência ou por outra paixão[d]. O homem tem disposição para a ira por ter uma compleição biliosa. É a bílis que, entre os outros humores, mais depressa se move: é comparada ao fogo. Assim mais prontamente se irrita quem é disposto por natureza para a ira, do que deseja a concupiscência quem é disposto para a concupiscência. Por isso, o Filósofo, no livro VII da *Ética*, diz que a ira se transmite melhor dos pais para os filhos do que a concupiscência.

---

4. C. 1: 192, b, 35-36; 193, a, 32-33.
5. Q. 36, a. 2.
6. C. 11: 1126, a, 30-31.
7. C. 7: 1149, b, 6-13.

d. A natureza humana só existe em cada indivíduo, em razão de sua "compleição corporal", é mais ou menos colérico. Essa particularidade pode ser hereditária.

AD PRIMUM ergo dicendum quod in homine considerari potest et naturalis complexio ex parte corporis, quae est temperata; et ipsa ratio. Ex parte igitur complexionis corporalis, naturaliter homo, secundum suam speciem, est non habens superexcellentiam neque irae neque alicuius alterius passionis, propter temperamentum suae complexionis. Alia vero animalia, secundum quod recedunt ab hac qualitate complexionis ad dispositionem alicuius complexionis extremae, secundum hoc etiam naturaliter disponuntur ad excessum alicuius passionis: ut leo ad audaciam, canis ad iram, lepus ad timorem, et sic de aliis. — Ex parte vero rationis, est naturale homini et irasci et mansuetum esse: secundum quod ratio quodammodo causat iram, inquantum nuntiat causam irae; et quodammodo sedat iram, inquantum iratus *non totaliter audit imperium rationis*, ut supra[8] dictum est.

AD SECUNDUM dicendum quod ipsa ratio pertinet ad naturam hominis. Unde ex hoc ipso quod ira est cum ratione, sequitur quod secundum aliquem modum sit homini naturalis.

AD TERTIUM dicendum quod ratio illa procedit de ira et concupiscentia, ex parte obiecti.

QUANTO AO 1º, portanto, deve-se dizer que se pode considerar no homem tanto a compleição natural corpórea, que é moderada, e a própria razão. Da parte da compleição natural, o homem naturalmente, segundo sua espécie, não tem exagero nem de ira nem de alguma outra paixão, por causa do equilíbrio de sua compleição. Os outros animais, enquanto se afastam dessa compleição equilibrada para uma compleição disposta a algum extremo, estão dispostos ao exagero de alguma paixão: assim o leão exagera na audácia; o cão, na ira, e a lebre, no temor etc. — Da parte da razão, é natural ao homem irar-se e ser manso; enquanto a razão de certo modo causa a ira, ao denunciar sua causa; e de certo modo abranda a ira, porque o homem irado "não escuta de todo o mandamento da razão", como acima foi dito.

QUANTO AO 2º, deve-se dizer que a própria razão pertence à natureza do homem. Pelo fato mesmo de a ira acompanhar a razão, se deduz que seja, de algum modo, natural ao homem.

QUANTO AO 3º, deve-se dizer que o argumento procede da ira e da concupiscência, da parte do objeto.

ARTICULUS 6
Utrum ira sit gravior quam odium

AD SEXTUM SIC PROCEDITUR. Videtur quod ira sit gravior quam odium.

1. Dicitur enim Pr 27,4, quod *ira non habet misericordiam, nec erumpens furor*. Odium autem quandoque habet misericordiam. Ergo ira est gravior quam odium.

2. PRAETEREA, maius est pati malum et de malo dolere, quam simpliciter pati. Sed illi qui habet aliquem odio, sufficit quod ille quem odit, patiatur malum: irato autem non sufficit, sed quaerit quod cognoscat illud et de illo doleat, ut dicit Philosophus, in II *Rhetoric*.[1]. Ergo ira est gravior quam odium.

3. PRAETEREA, quanto ad constitutionem alicuius plura concurrunt, tanto videtur esse stabilius: sicut habitus permanentior est qui ex pluribus actibus causatur. Sed ira causatur ex concursu plurium passionum, ut supra[2] dictum est: non autem odium. Ergo ira est stabilior et gravior quam odium.

ARTIGO 6
A ira é mais grave que o ódio?

QUANTO AO SEXTO, ASSIM SE PROCEDE: parece que a ira é mais grave que o ódio.

1. Com efeito, diz-se no livro dos Provérbios: "A ira não tem misericórdia, nem furor impetuoso". Ora, o ódio às vezes tem misericórdia. Logo, a ira é mais grave que o ódio.

2. ALÉM DISSO, é pior sofrer um mal e padecer por causa dele, do que absolutamente sofrê-lo. Ora, quem tem ódio a alguém se contenta que o odiado sofra um mal. Isso não basta ao homem irado: quer que o outro conheça seu mal e padeça por causa dele, diz o Filósofo, no livro II da *Retórica*. Logo, a ira é mais grave que o ódio.

3. Ademais, quando muitas coisas contribuem para constituir algo, isso parece mais estável: como o hábito é mais permanente quando é causado por numerosos atos. Ora, a ira é causada pelo concurso de muitas paixões, como acima se disse; e o ódio, não. Logo, a ira é mais estável e mais grave que o ódio.

---

8. A. praec., ad 3.

6 PARALL.: II-II, q. 158, a. 4; *De Malo*, q. 12, a. 4.
1. C. 4: 1382, a, 8-15.
2. Art. 1.

SED CONTRA est quod Augustinus, in *Regula*³, odium comparat *trabi*, iram vero *festucae*.

RESPONDEO dicendum quod species passionis, et ratio ipsius, ex obiecto pensatur. Est autem obiectum irae et odii idem subiecto: nam sicut odiens appetit malum ei quem odit, ita iratus ei contra quem irascitur. Sed non eadem ratione: sed odiens appetit malum inimici, inquantum est malum; iratus autem appetit malum eius contra quem irascitur, non inquantum est malum, sed inquantum habet quandam rationem boni, scilicet prout aestimat illud esse iustum, inquantum est vindicativum. Unde etiam supra⁴ dictum est quod odium est per applicationem mali ad malum; ira autem per applicationem boni ad malum. — Manifestum est autem quod appetere malum sub ratione iusti, minus habet de ratione mali quam velle malum alicuius simpliciter. Velle enim malum alicuius sub ratione iusti, potest esse etiam secundum virtutem iustitiae, si praecepto rationis obtemperetur: sed ira in hoc solum deficit, quod non obedit rationis praecepto in ulciscendo. Unde manifestum est quod odium est multo deterius et gravius quam ira.

AD PRIMUM ergo dicendum quod in ira et odio duo possunt considerari: scilicet ipsum quod desideratur, et intensio desiderii. Quantum igitur ad id quod desideratur, ira habet magis misericordiam quam odium. Quia enim odium appetit malum alterius secundum se, nulla mensura mali satiatur: ea enim quae secundum se appetuntur, sine mensura appetuntur, ut Philosophus dicit I *Politic*.⁵, sicut avarus divitias. Unde dicitur Eccli 12,16: *Inimicus si invenerit tempus, non satiabitur sanguine*. — Sed ira non appetit malum nisi sub ratione iusti vindicativi. Unde quando malum illatum excedit mensuram iustitiae, secundum aestimationem irascentis, tunc miseretur. Unde Philosophus dicit, in II *Rhetoric*.⁶, quod *iratus, si fiant multa, miserebitur: odiens autem pro nullo*.

Quantum vero ad intensionem desiderii, ira magis excludit misericordiam quam odium: quia motus irae est impetuosior, propter cholerae in-

EM SENTIDO CONTRÁRIO, Agostinho compara o ódio "à trave", e a ira "ao argueiro".

RESPONDO. A espécie da paixão e sua razão, se ponderam por seu objeto. O objeto da ira e do ódio é o mesmo, quanto ao sujeito: pois como quem odeia, deseja o mal para o odiado, assim o irado para aquele que o irrita. Não sob a mesma razão: o que odeia deseja o mal do inimigo, enquanto é mal; o irado deseja o mal para quem o irrita, não enquanto mal, mas por uma certa razão de bem, enquanto acredita que é justo, porque se vinga. Por isso foi dito acima que o ódio aplica o mal ao mal; e a ira, aplica o bem ao mal. — É evidente que desejar o mal sob a razão de justo, corresponde menos à razão de mal do que desejar absolutamente o mal de alguém. Querer o mal de alguém sob a razão de justo, corresponde menos à razão de mal do que absolutamente querer o mal de alguém. Com efeito, querer o mal de alguém sob a razão de justo, pode ser até de acordo com a virtude da justiça, se for obedecido o preceito da razãoᵉ; mas a ira falha somente nisto: quando não obedece ao preceito da razão ao executar a vingança. Daí se esclarece que o ódio é muito pior e mais grave que a ira.

QUANTO AO 1º, portanto, deve-se dizer que na ira e no ódio podem considerar-se duas coisas: o objeto do desejo e a intensidade do desejo. Quanto, pois, àquilo que deseja, a ira tem mais misericórdia que o ódio. Porque o ódio deseja o mal do outro em si mesmo, não se sacia com nenhuma medida de mal. Como diz o Filósofo, no livro I da *Política*, o que se deseja por si mesmo, se deseja sem medida, como o avarento deseja as riquezas. Por isso, diz o livro do Eclesiástico: "O inimigo, se tiver tempo, não se farta de sangue". — A ira só deseja o mal sob a razão da justiça da vingança. Quando o mal infligido ultrapassa a medida da justiça, segundo a avaliação de quem está irado, então ele tem misericórdia. Diz Aristóteles, no livro II da *Retórica*: "O homem irado se compadece se muitas coisas ocorrerem, mas o que odeia, com nada se contenta".

Quanto à intensidade do desejo, a ira exclui mais a misericórdia que o ódio, porque o movimento da ira é mais impetuoso, devido à infla-

---

3. Epist. 211, al. 109, n. 14: ML 33, 964.
4. Art. 2.
5. C. 3: 1257, b, 25-30.
6. Loc. cit.: 1382, a, 14.

e. A vingança pode ser um ato de justiça. Logo, a ira pode ser moralmente boa. Isto será tratado no artigo seguinte.

flammationem. Unde statim subditur: *Impetum concitati spiritus ferre quis poterit?*

AD SECUNDUM dicendum quod, sicut dictum est[7], iratus appetit malum alicuius, inquantum habet rationem iusti vindicativi. Vindicta autem fit per illationem poenae. Est autem de ratione poenae quod sit contraria voluntati, et quod sit afflictiva, et quod pro aliqua culpa inferatur. Et ideo iratus hoc appetit, ut ille cui nocumentum infert, percipiat, et doleat, et quod cognoscat propter iniuriam illatam sibi hoc provenire. Sed odiens de hoc nihil curat: quia appetit malum alterius inquantum huiusmodi. — Non est autem verum quod id de quo quis tristatur, sit peius: *iniustitia* enim *et imprudentia, cum sint mala* quia tamen sunt voluntaria, *non contristant eos quibus insunt*, ut dicit Philosophus, in II *Rhetoric.*[8].

AD TERTIUM dicendum quod id quod ex pluribus causis causatur, tunc est stabilius, quando causae accipiuntur unius rationis: sed una causa potest praevalere multis aliis. Odium autem provenit ex permanentiori causa quam ira. Nam ira provenit ex aliqua commotione animi propter laesionem illatam: sed odium procedit ex aliqua dispositione hominis, secundum quam reputat sibi contrarium et nocivum id quod odit. Et ideo sicut passio citius transit quam dispositio vel habitus, ita ira citius transit quam odium; quamvis etiam odium sit passio ex tali dispositione proveniens. Et propter hoc Philosophus dicit, in II *Rhetoric.*[9], quod *odium est magis insanabile quam ira.*

mação da bílis. Por isso, em seguida acrescenta: "Quem poderá suportar a violência de um espírito exacerbado?"

QUANTO AO 2º, deve-se dizer que, como foi dito, o homem irado deseja o mal de alguém, enquanto significa uma justa vingança. A vingança se faz pela aplicação de uma pena. É da razão da pena que seja contrária à vontade e que faça sofrer, e que seja infligida por alguma culpa. Por isso, o homem irado quer que aquele que recebe o castigo perceba e sofra, e conheça que isso provém da injustiça que cometeu. O que odeia não cuida disso, para nada: porque deseja o mal do outro enquanto mal. — Não é verdade que aquilo, de que alguém se entristece, seja o pior: pois "a injustiça e a imprudência são males; porém como são voluntárias, não entristecem aqueles em que se encontram", diz o Filósofo, no livro II da *Retórica*.

QUANTO AO 3º, deve-se dizer que aquilo que é causado por muitas causas é mais estável quando as causas são da mesma razão; mas uma só causa pode prevalecer sobre muitas outras. O ódio provém de uma causa mais duradoura do que a ira; pois a ira provém de uma certa comoção da alma devida à ofensa que lhe infligiram, enquanto o ódio procede de uma certa disposição do homem pela qual julga contrário e pernicioso para si aquilo que ele odeia. Por isso, como uma paixão passa mais depressa que uma disposição ou hábito, assim a ira passa mais depressa que o ódio; embora o ódio seja uma paixão que provém daquela disposição. Por isso, o Filósofo, no livro II da *Retórica*, diz: "O ódio é mais incurável do que a ira".

ARTICULUS 7
Utrum ira sit ad illos solum ad quos est iustitia

AD SEPTIMUM SIC PROCEDITUR. Videtur quod ira non solum sit ad illos ad quos est iustitia.

1. Non enim est iustitia hominis ad res irrationales. Sed tamen homo quandoque irascitur rebus irrationalibus: puta cum scriptor ex ira proiicit pennam, vel eques percutit equum. Ergo ira non solum est ad illos ad quos est iustitia.

ARTIGO 7
A ira se refere só aqueles aos quais a justiça se refere?

QUANTO AO SÉTIMO, ASSIM SE PROCEDE: parece que a ira **não** se refere só àqueles aos quais a justiça se refere.

1. Com efeito, a justiça do homem não se refere a coisas irracionais. Ora, os homens, às vezes, ficam irados com coisas irracionais; por exemplo, o escritor irado joga fora sua caneta, o cavaleiro espanca seu cavalo. Logo, a ira não se refere apenas àqueles a que se refere a justiça.

---

7. In corp.
8. Loc. cit.: 1382, 1, a, 11-12.
9. Ibid.: 1382, a, 7-8.

2. Praeterea, *non est iustitia hominis ad seipsum, nec ad ea quae sui ipsius sunt*, ut dicitur in V *Ethic.*[1]. Sed homo quandoque sibi ipsi irascitur, sicut poenitens propter peccatum: unde dicitur in Ps 4,5: *Irascimini, et nolite peccare*. Ergo ira non solum est ad quos est iustitia.

3. Praeterea, iustitia et iniustitia potest esse alicuius ad totum aliquod genus, vel ad totam aliquam communitatem: puta cum civitas aliquem laesit. Sed ira non est ad aliquod genus, sed solum *ad aliquod singularium*, ut dicit Philosophus, in II *Rhetoric.*[2]. Ergo ira non proprie est ad quos est iustitia et iniustitia.

Sed contrarium accipi potest a Philosopho in II *Rhetoric.*[3].

Respondeo dicendum quod, sicut supra[4] dictum est, ira appetit malum, inquantum habet rationem iusti vindicativi. Et ideo ad eosdem est ira, ad quos est iustitia et iniustitia. Nam inferre vindictam ad iustitiam pertinet: laedere autem aliquem pertinet ad iniustitiam. Unde tam ex parte causae, quae est laesio illata ab altero; quam etiam ex parte vindictae, quam appetit iratus; manifestum est quod ad eosdem pertinet ira, ad quos iustitia et iniustitia.

Ad primum ergo dicendum quod, sicut supra[5] dictum est, ira, quamvis sit cum ratione, potest tamen etiam esse in brutis animalibus, quae ratione carent, inquantum naturali instinctu per imaginationem moventur ad aliquid simile operibus rationis. Sic igitur, cum in homine sit et ratio et imaginatio, dupliciter in homine potest motus irae insurgere. Uno modo, ex sola imaginatione nuntiante laesionem. Et sic insurgit aliquis motus irae etiam ad res irrationales et inanimatas, secundum similitudinem illius motus qui est in animalibus contra quodlibet nocivum. — Alio modo, ex ratione nuntiante laesionem. Et sic, ut Philosophus dicit II *Rhetoric.*[6], *nullo modo potest esse ira ad res insensibiles, neque ad mortuos*. Tum quia non dolent: quod maxime quaerunt irati in eis quibus irascuntur. Tum etiam quia non est ad eos vindicta: cum eorum non sit iniuriam facere.

2. Além disso, diz o livro V da *Ética*: "Não há justiça do homem para consigo mesmo, nem para com o que lhe pertence". Ora, o homem, às vezes, se ira contra si mesmo; como o penitente por causa de seu pecado. Por isso, diz o Salmo 4: "Ficai irados, mas não pequeis". Logo, a ira não é só para aqueles aos quais se refere a justiça.

3. Ademais, a justiça e a injustiça podem existir nas relações de um indivíduo com todo um gênero, ou com toda uma comunidade; por exemplo, quando uma cidade faz dano a um individuo. Ora, a ira não se refere a um gênero, mas, como diz o Filósofo, no livro II da *Retórica*, "Só a algum singular". Logo, a ira não se refere propriamente às mesmas coisas que a justiça e a injustiça.

Em sentido contrário, pode-se tomar o texto do Filósofo no livro II da *Retórica*.

Respondo. Como já se disse, a ira deseja o mal enquanto tem razão de justa vingança. Por isso, a ira se refere às mesmas coisas que a justiça e a injustiça. Vingar-se, pertence à justiça, prejudicar alguém pertence à injustiça. Portanto, tanto por parte da causa, que é o dano infligido pelo outro, quanto por parte da vingança, que o irado deseja, é claro que a ira visa as mesmas coisas que a justiça e a injustiça.

Quanto ao 1º, portanto, deve-se dizer que, como acima se disse, a ira, embora acompanhe a razão, pode existir também nos animais irracionais, carentes de razão, na medida em que são movidos instintivamente pela imaginação, para algo parecido com as operações racionais. Como no homem há razão e imaginação, o movimento da ira pode surgir nele de duas maneiras. Uma maneira é quando só a imaginação faz ver a ofensa. Assim, surge o movimento da ira mesmo contra as coisas irracionais e inanimadas, pela semelhança do movimento que existe nos animais contra algo pernicioso. — A outra maneira é quando a razão denuncia a ofensa. E assim, como diz o Filósofo no livro II da *Retórica*: "A ira de modo algum pode elevar-se contra as coisas insensíveis, nem contra os mortos". Primeiro, porque não sofrem; e é isso que os irados mais buscam nos que os irritam. Depois, porque não se pode vingar deles, já que não é possivel fazer-lhes nenhum dano.

---

1. C. 6: 1134, b, 12.
2. C. 4: 1382, a, 4-5.
3. Cc. 2, 3: 1378, a, 31-33; 1380, a, 5-18.
4. Art. praec.
5. A. 4, ad 2.
6. C. 3: 1380, b, 24-25.

AD SECUNDUM dicendum quod, sicut Philosophus dicit in V *Ethic*.[7], *quaedam metaphorica iustitia et iniustitia est hominis ad seipsum*, inquantum scilicet ratio regit irascibilem et concupiscibilem. Et secundum hoc etiam homo dicitur de seipso vindictam facere, et per consequens sibi ipsi irasci. Proprie autem et per se, non contingit aliquem sibi ipsi irasci.

AD TERTIUM dicendum quod Philosophus, in II *Rhetoric*.[8], assignat unam differentiam inter odium et iram, quod *odium potest esse ad aliquod genus, sicut habemus odio omne latronum genus: sed ira non est nisi ad aliquod singulare*. Cuius ratio est, quia odium causatur ex hoc quod qualitas alicuius rei apprehenditur ut dissonans nostrae dispositioni: et hoc potest esse vel in universali, vel in particulari. Sed ira causatur ex hoc quod aliquis nos laesit per suum actum. Actus autem omnes sunt singularium. Et ideo ira semper est circa aliquod singulare. — Cum autem tota civitas nos laeserit, tota civitas computatur sicut unum singulare.

QUANTO AO 2º, deve-se dizer que como diz o Filósofo, no livro V da *Ética*: "Por metáfora se pode falar em justiça e injustiça do homem para consigo mesmo", a saber, enquanto a razão rege o concupiscível e o irascível. Nesse sentido, também se diz que o homem toma vingança de si mesmo, e por conseguinte, fica irado contra si mesmo. Propriamente e por si, não acontece que alguém fique irado contra si mesmo.

QUANTO AO 3º, deve-se dizer que o Filósofo, no livro II da *Retórica*, estabelece uma diferença entre ódio e ira: "O ódio pode ser para com todo um gênero, como temos ódio a todo gênero de ladrões; mas quando há ira, é contra algum indivíduo singular". O motivo é que o ódio é causado pela apreensão da qualidade de alguma coisa como em desarmonia com nossa disposição; e isso pode acontecer no universal ou no particular. A ira é causada porque alguém nos feriu por seu ato. Ora, todos os atos são de individuos singulares. Por isso, a ira é sempre a respeito de algo singular. — Quando, porém, foi a cidade inteira que nos fez dano, a cidade é contada como um só singular.

ARTICULUS 8
Utrum convenienter assignentur species irae

AD OCTAVUM SIC PROCEDITUR. Videtur quod Damascenus[1] inconvenienter assignet tres species irae: scilicet *fel, maniam* et *furorem*.

1. Nullius enim generis species diversificantur secundum aliquod accidens. Sed ista tria diversificantur secundum aliquod accidens: *principium enim motus irae fel vocatur; ira autem permanens dicitur mania; furor autem est ira observans tempus in vindictam*. Ergo non sunt diversae species irae.
2. PRAETEREA, Tullius, in IV *de Tusculanis Quaest*.[2], dicit quod *excandescentia graece dicitur thymosis; et est ira modo nascens et modo desistens*. *Thymosis* autem secundum Damascenum[3], est idem quod *furor*. Non ergo furor tempus quaerit ad vindictam, sed tempore deficit.

ARTIGO 8
As espécies da ira

QUANTO AO OITAVO, ASSIM SE PROCEDE: parece que Damasceno **não** estabelece convenientemente as três espécies da ira como sendo: "cólera, raiva e furor".

1. Com efeito, as espécies de um gênero não se diversificam por algo acidental. Ora, essas três se diversificam desse modo. Chama-se "cólera, o movimento inicial da ira; raiva, a ira que dura; e furor, a ira que aguarda o momento da vingança". Logo, não são diversas espécies da ira.
2. ALÉM DISSO, diz Cícero, "a irritabilidade se diz em grego *thymosis*; é uma ira que de repente nasce, e logo se extinge". Ora, segundo Damasceno, *thymosis* é o mesmo que furor. Logo, o furor não espera tempo para a vingança, pois se extinge com o tempo.

---

7. C. 15: 1138, b, 5-14.
8. Loc. cit. in arg.: 1382, a, 4-7.

8 PARALL.: II-II, q. 158, a. 5.

1. *De fide orth*., l. II, c. 16: MG 94, 933 A.
2. C. 9: ed. Müller, Lipsiae 1889, p. 398, ll. 24-26.
3. Loc. cit.: MG 94, 933 A.

3. PRAETEREA, Gregorius, XXI *Moral.*⁴, ponit tres gradus irae, scilicet *iram sine voce*, et *iram cum voce*, et *iram cum verbo expresso*: secundum illa tria quae Dominus ponit Mt 5,22: *Qui irascitur fratri suo*, ubi tangitur *ira sine voce*; et postea subdit: *Qui dixerit fratri suo, Raca*, ubi tangitur *ira cum voce, sed necdum pleno verbo formata*; et postea dicit: *Qui autem dixerit fratri suo, Fatue*, ubi *expletur vox perfectione sermonis*. Ergo insufficienter divisit Damascenus iram, nihil ponens ex parte vocis.

SED CONTRA est auctoritas Damasceni⁵ et Gregorii Nysseni⁶.

RESPONDEO dicendum quod tres species irae quas Damascenus ponit, et etiam Gregorius Nyssenus, sumuntur secundum ea quae dant irae aliquod augmentum. Quod quidem contingit tripliciter. Uno modo, ex facilitate ipsius motus: et talem iram vocat fel, quia cito accenditur. Alio modo, ex parte tristitiae causantis iram, quae diu in memoria manet: et haec pertinet ad maniam, quae a *manendo* dicitur. tertio, ex parte eius quod iratus appetit, scilicet vindictae: et haec pertinet ad furorem, qui nunquam quiescit donec puniat. Unde Philosophus, in IV *Ethic.*⁷, quosdam irascentium vocat *acutos*, quia cito irascuntur; quosdam *amaros*, quia diu retinent iram; quosdam *difficiles*, quia nunquam quiescunt nisi puniant.

AD PRIMUM ergo dicendum quod omnia illa per quae ira recipit aliquam perfectionem, non omnino per accidens se habent ad iram. Et ideo nihil prohibet secundum ea species irae assignari.

AD SECUNDUM dicendum quod *excandescentia*, quam Tullius ponit, magis videtur pertinere ad primam speciem irae, quae perficitur secundum velocitatem irae, quam ad furorem. Nihil autem prohibet ut *thymosis* graece, quod latine *furor* dicitur, utrumque importet, et velocitatem ad irascendum, et firmitatem propositi ad puniendem.

AD TERTIUM dicendum quod gradus illi irae distinguuntur secundum effectum irae: non autem secundum diversam perfectionem ipsius motus irae.

3. ADEMAIS, Gregório distingue três graus na ira, a saber: a ira sem voz, a ira com voz, e a ira que se exprime em palavras", segundo o ensinamento de Cristo no Evangelho de Mateus, que distinge estes três graus na ira: "Quem se põe em ira contra seu irmão": é a ira muda;"quem disser a seu irmão *raca*": é a ira que se manifesta por voz, mas sem palavras formadas; "quem disser ao seu irmão: tolo" aí se perfaz a linguagem expressiva. Logo, a divisão de Damasceno é insuficiente, já que em nada se refere à voz.

EM SENTIDO CONTRÁRIO, está a autoridade de Damasceno e de Gregório de Nissa.

RESPONDO. As três espécies de ira que Damasceno afirma e também Gregório de Nissa, são tiradas segundo o que dá à ira um certo aumento. Isso acontece de três modos: 1º: pela facilidade do mesmo movimento: essa ira chama-se cólera, porque se inflama facilmente. 2º: por parte da tristeza que causa ira, que permanece muito tempo na memória: essa é a raiva, que vem de *permanecer*. 3º: da parte do que o irado deseja, isto é, a vingança: é o *furor*, que jamais descansa até punir. Por isso diz o Filósofo, no livro IV da *Ética*, que chama alguns irados de *agudos*, porque logo ficam irados; a outros chama *amargos*, que conservam a ira muito tempo; e a outros enfim, *difíceis*, porque não descansam até punirᶠ.

QUANTO AO 1º, portanto, deve-se dizer que todas essas coisas pelas quais a ira recebe alguma perfeição, não são de todo acidentais. Por isso nada impede que as espécies da ira sejam por elas determinadas.

QUANTO AO 2º, deve-se dizer que a irritabilidade, mencionada por Cícero, parece pertencer mais à primeira espécie de ira, carterizada pela velocidade da ira, do que ao furor. Nada impede que a *thymosis*, em grego, ou o *furor*, em latim, implique as duas coisas: a velocidade para irar-se e a firmeza do propósito para punir

QUANTO AO 3º, deve-se dizer que esses graus do movimento da ira se distingem segundo os efeitos dela e não segundo a perfeição do próprio movimento da ira.

---

4. C. 5, al. 4: ML 76, 194 C.
5. Loc. cit.: MG 94, 933 A.
6. NEMESII, *De nat. hom.*, c. 21, al. l. IV, c. 14 vel 13: MG 40, 692 A.
7. C. 11: 1126, a, 18-28.

---

f. Essas três espécies de ira são de observação geral. Há homens que chamamos de moles, outros rancorosos, outros implacáveis no prazer de se vingar, e assim por diante.

QUAESTIO XLVII
DE CAUSA EFFECTIVA IRAE, ET DE REMEDIIS EIUS
in quatuor articulos divisa

Deinde considerandum est de causa effectiva irae, et de remediis eius.
Et circa hoc quaeruntur quatuor.
Primo: utrum semper motivum irae sit aliquid factum contra eum qui irascitur.
Secundo: utrum sola parvipensio vel despectio sit motivum irae.
Tertio: de causa irae ex parte irascentis.

Quarto: de causa irae ex parte eius contra quem aliquis irascitur.

Articulus 1
Utrum semper motivum irae sit aliquid factum contra eum qui irascitur

Ad primum sic proceditur. Videtur quod non semper aliquis irascatur propter aliquid contra se factum.

1. Homo enim, peccando, nihil contra Deum facere potest: dicitur enim Iob 35,6: *Si multiplicatae fuerint iniquitates tuae, quid facies contra illum?* Dicitur tamen Deus irasci contra homines propter peccata; secundum illud Ps 105,40: *Iratus est furore Dominus in populum suum.* Ergo non semper aliquis irascitur propter aliquid contra se factum.

2. Praeterea, ira est appetitus vindictae. Sed aliquis appetit vindictam facere etiam de his quae contra alios fiunt. Ergo non semper motivum irae est aliquid contra nos factum.

3. Praeterea, sicut Philosophus dicit, in II *Rhetoric.*[1], homines irascuntur praecipue contra eos *qui despiciunt ea circa quae ipsi maxime student: sicut qui student in philosophia, irascuntur contra eos qui philosophiam despiciunt*, et simile est in aliis. Sed despicere philosophiam non est nocere ipsi studenti. Non ergo semper irascimur propter id quod contra nos fit.

4. Praeterea, ille qui tacet contra contumeliantem, magis ipsum ad iram provocat, ut dicit Chrysostomus[2]. Sed in hoc contra ipsum nihil agit, quod tacet. Ergo non semper ira alicuius provocatur propter aliquid quod contra ipsum fit.

QUESTÃO 47
A CAUSA EFETIVA DA IRA E SEUS REMÉDIOS
em quatro artigos

Em seguida, deve-se considerar a causa efetiva da ira e seus remédios.
Sobre isso, são quatro as perguntas:
1. O motivo da ira é sempre alguma coisa feita contra o que fica irado?
2. Só o menosprezo ou o desprezo é o motivo da ira?
3. Sobre a causa da ira por parte do que fica irado.
4. Sobre a causa da ira por parte de quem é objeto da ira.

Artigo 1
O motivo da ira é sempre alguma coisa feita contra quem fica irado?

Quanto ao primeiro artigo, assim se procede: parece que **nem** sempre alguém fica irado por causa de alguma coisa feita contra ele.

1. Com efeito, o homem, pecando, nada pode fazer contra Deus. Diz o livro de Jó: "Se tuas iniquidades se avolumarem, que farás contra ele? Diz-se, porém, que Deus fica irado contra os homens devido aos pecados, segundo o Salmo 105: "O Senhor ficou irado com furor contra seu povo". Logo, nem sempre alguém se ira por algo feito contra ele.

2. Além disso, a ira é apetite de vingança. Ora, alguém pode querer tomar vingança do que se faz contra outros. Logo, nem sempre o motivo da ira é o mal feito contra nós.

3. Ademais, diz o Filósofo, no livro II da *Retórica*, que os homens se irritam sobretudo contra os que "desprezam o que mais lhes interessa; como os que estudam a filosofia se irritam contra os que desprezam a filosofia". Ora, desprezar a filosofia prejudica a quem a estuda. Logo, não é sempre por causa do que fazem contra nós que ficamos irados.

4. Ademais, quem se cala ante aquele que o insulta, o provoca ainda mais à ira, como diz Crisóstomo. Ora, nisso nada faz contra ele; apenas se cala. Logo, nem sempre a ira é provocada por algo que se faz contra o irado.

---

1. C. 2: 1379, a, 33-35.
2. Homil. 22 in Epist. ad Rom.: MG 60, 609.

SED CONTRA est quod Philosophus dicit, in II *Rhetoric*.³, quod *ira fit semper ex his quae ad seipsum. Inimicitia autem et sine his quae ad ipsum: si enim putemus talem esse, odimus.*

RESPONDEO dicendum quod, sicut supra⁴ dictum est, ira est appetitus nocendi alteri sub ratione iusti vindicativi. Vindicta autem locum non habet nisi ubi praecessit iniuria. Nec iniuria omnis, ad vindictam provocat, sed illa sola quae ad eum pertinet qui appetit vindictam: sicut enim unumquodque naturaliter appetit proprium bonum, ita etiam naturaliter repellit proprium malum. Iniuria autem ab aliquo facta non pertinet ad aliquem, nisi aliquid fecerit quod aliquo modo sit contra ipsum. Unde sequitur quod motivum irae alicuius semper sit aliquid contra ipsum factum.

AD PRIMUM ergo dicendum quod ira non dicitur in Deo secundum passionem animi: sed secundum iudicium iustitiae, prout vult vindictam facere de peccato. Peccator enim, peccando, Deo nihil nocere effective potest: tamen ex parte sua dupliciter contra Deum agit. Primo quidem, inquantum eum in suis mandatis contemnit. Secundo, inquantum nocumentum aliquod infert alicui, vel sibi vel alteri: quod ad Deum pertinet, prout ille cui nocumentum infertur, sub Dei providentia et tutela continetur.

AD SECUNDUM dicendum quod irascimur contra illos qui aliis nocent, et vindictam appetimus, inquantum illi quibus nocetur, aliquo modo ad nos pertinent: vel per aliquam affinitatem, vel per amicitiam, vel saltem per communionem naturae.

AD TERTIUM dicendum quod id in quo maxime studemus, reputamus esse bonum nostrum. Et ideo, cum illud despicitur, reputamus nos quoque despici, et arbitramur nos laesos.

AD QUARTUM dicendum quod tunc aliquis tacens ad iram provocat iniuriantem, quando videtur ex contemptu tacere, quasi parvipendat alterius iram. Ipsa autem parvipensio quidam actus est.

EM SENTIDO CONTRÁRIO, diz o Filósofo, no livro II da *Retórica*: "A ira sempre é causada por algo que nos diz respeito; mas a inimizade pode existir sem que se faça algo contra nós: se julgamos que alguém é de uma certa maneira, basta para o odiarmos".

RESPONDO. Como acima foi dito, ira é o apetite de fazer o mal ao outro em razão de uma justa vingança. A vingança não tem lugar senão quando a injustiça veio antes. Nem toda injustiça provoca a vingança, mas só a que foi feita a quem deseja vingar-se: como se deseja naturalmente o próprio bem, assim também naturalmente se repele o próprio mal. Mas a injustiça, feita por alguém, não nos concerne a não ser que seja feita de algum modo contra nós mesmos. Daí se segue que o motivo da ira é sempre algo feito contra nós mesmos.

QUANTO AO 1º, portanto, deve-se dizer que a ira não é atribuída a Deus como uma paixão da alma; mas como uma decisão de sua justiça enquanto quer que o pecado seja vingado. O pecador, ao pecar, em nada efetivamente pode fazer mal a Deus; mas de sua parte age duplamente contra Deus. Primeiro, enquanto o despreza em seus mandamentos. Segundo, pelo dano que inflige a alguém: a si mesmo ou a outro: isso diz respeito a Deus, pois aquele a quem inflige o mal está sob a providência e a tutela de Deusᵃ.

QUANTO AO 2º, deve-se dizer que temos ira contra os que fazem dano aos outros e ansiamos por vingança, na medida em que aqueles que são ofendidos de algum modo nos pertencem: ou por alguma afinidade ou pela amizade, ou pelo menos por comunidade de natureza.

QUANTO AO 3º, deve-se dizer que aquilo a que mais nos dedicamos, cremos ser nosso bem. Por isso, quando ele é desprezado, nós nos sentimos desprezados também e achamos que fomos ofendidos.

QUANTO AO 4º, deve-se dizer que quando alguém, por seu silêncio, provoca a ira do ofensor, é que esse silêncio parece vir do desprezo, como menosprezando a ira do outro. O menosprezo mesmo já é um ato.

---

3. C. 4: 1382, a, 2-4.
4. Q. 46, a. 6.

---

a. Essa maneira de situar o pecado está bem na linha de Sto. Tomás, tal como ele a esboçou (I-II, q. 21, a. 1), e tal como a desenvolverá (I-II, q. 71).

Articulus 2
Utrum sola parvipensio vel despectio sit motivum irae

AD SECUNDUM SIC PROCEDITUR. Videtur quod non sola parvipensio vel despectio sit motivum irae.

1. Dicit enim Damascenus[1] quod *iniuriam passi, vel aestimantes pati, irascimur*. Sed homo potest iniuriam pati etiam absque despectu vel parvipensione. Ergo non sola parvipensio est irae motivum.
2. PRAETEREA, eiusdem est appetere honorem, et contristari de parvipensione. Sed bruta animalia non appetunt honorem. Ergo non contristantur de parvipensione. Et tamen *in eis provocatur ira propter hoc quod vulnerantur*, ut dicit Philosophus, in III *Ethic*.[2]. Ergo non sola parvipensio videtur esse motivum irae.
3. PRAETEREA, Philosophus, in II *Rhetoric*.[3], ponit multas alias causas irae: puta *oblivionem, et exultationem in infortuniis, denuntiationem malorum, impedimentum consequendae propriae voluntatis*. Non ergo sola parvipensio est provocativum irae.

SED CONTRA est quod Philosophus dicit, in II *Rhetoric*.[4], quod ira est *appetitus cum tristitia punitionis, propter apparentem parvipensionem non convenienter factam*.

RESPONDEO dicendum quod omnes causae irae reducuntur ad parvipensionem. Sunt enim tres species parvipensionis, ut dicitur in II *Rhetoric*.[5], scilicet *despectus, epereasmus*, idest impedimentum voluntatis implendae, et *contumeliatio*: et ad haec tria omnia motiva irae reducuntur. Cuius ratio potest accipi duplex. Prima est, quia ira appetit nocumentum alterius, inquantum habet rationem iusti vindicativi: et ideo intantum quaerit vindictam, inquantum videtur esse iusta. Iusta autem vindicta non fit nisi de eo quod est iniuste factum: et ideo provocativum ad iram semper est aliquid sub ratione iniusti. Unde dicit Philosophus, in II *Rhetoric*.[6], quod *si homines putaverint eos qui laeserunt, esse iuste passos, non irascuntur: non enim fit ira ad iustum*. Contingit autem tripliciter

Artigo 2
Só o menoscabo ou o desprezo é motivo da ira?

QUANTO AO SEGUNDO, ASSIM SE PROCEDE: parece que só o desprezo ou o menoscabo **não** é motivo de ira.

1. Com efeito, diz Damasceno que "ficamos irados ao sofrer injustiça, ou julgar que a sofremos". Ora, o homem pode sofrer injustiça sem desprezo ou menoscabo. Logo, não só o menoscabo é motivo da ira.
2. ALÉM DISSO, é próprio do mesmo desejar a honra e se entristecer com o menoscabo. Ora, os animais irracionais não desejam a honra. Portanto, não se entristecem com o menoscabo. Contudo, "neles se provoca a ira ao serem espancados", como diz o Filósofo, no livro III da *Ética*. Logo, nem só o menoscabo parece ser a causa da ira.
3. ADEMAIS, o Filósofo, no livro II da *Retórica*, enumera muitas outras causas da ira, por exemplo, "o esquecimento, a alegria nas desgraças, o anúncio de males, o obstáculo à realização da própria vontade". Portanto, não é só o menoscabo que provoca a ira.

EM SENTIDO CONTRÁRIO, o Filósofo diz, no livro II da *Retórica*, que a ira é "um desejo de punir com tristeza por causa de um menoscabo aparentemente feito sem razão".

RESPONDO. Todas as causas da ira se reduzem ao menoscabo. Há três espécies dele, segundo o livro II da *Retórica*: a saber, o desdém, o vexame (que impede fazer nossa vontade) e o ultraje: todos os motivos da ira se reduzem a estes três. Há duas razões para isso. A primeira é que a ira deseja o dano do outro sob a razão de justa vingança: por isso procura a vingança na medida em que lhe parece justa; e para que seja justa, é necessário que se tenha cometido uma injustiça. Por isso, o que provoca a ira é sempre algo sob a razão de injusto. Diz o Filósofo, no livro II da *Retórica*: "Se os homens pensarem os que fizeram dano sofreram justamente, não ficam irados; pois ninguém fica irado contra o que é justo", Pode-se prejudicar a alguém de três modos: por ignorân-

---

1. *De fide orth.*, l. II, c. 16: MG 94, 933 B.
2. C. 11: 1116, b, 25-30.
3. C. 2: 1379, a, 9 sqq.; b, 17 sqq.; 34-1380, a, 4.
4. C. 2: 1378, a, 31-33.
5. C. 2: 1378, b, 13-15.
6. C. 3: 1380, b, 16-17.

nocumentum alicui inferri: scilicet ex ignorantia, ex passione, et ex electione. Tunc autem aliquis maxime iniustum facit, quando ex electione vel industria, vel ex certa malitia nocumentum infert, ut dicitur in V *Ethic*.[7]. Et ideo maxime irascimur contra illos quos putamus ex industria nobis nocuisse. Si enim putemus aliquos vel per ignorantiam, vel ex passione nobis intulisse iniuriam, vel non irascimur contra eos, vel multo minus: agere enim aliquid ex ignorantia vel ex passione, diminuit rationem iniuriae, et est quodammodo provocativum misericordiae et veniae. Illi autem qui ex industria nocumentum inferunt, ex contemptu peccare videntur: et ideo contra eos maxime irascimur. Unde Philosophus dicit, in II *Rhetoric*.[8], quod *his qui propter iram aliquid fecerunt, aut non irascimur, aut minus irascimur: non enim propter parvipensionem videntur egisse*.

Secunda ratio est, quia parvipensio excellentiae hominis opponitur: *quae* enim *homines putant nullo digna esse, parvipendunt*, ut dicitur in II *Rhetoric*.[9]. Ex omnibus autem bonis nostris aliquam excellentiam quaerimus. Et ideo quodcumque nocumentum nobis inferatur, inquantum excellentiae derogat, videtur ad parvipensionem pertinere.

AD PRIMUM ergo dicendum quod ex quacumque alia causa aliquis iniuriam patiatur quam ex contemptu, illa causa minuit rationem iniuriae. Sed solus contemptus, vel parvipensio, rationem irae auget. Et ideo est per se causa irascendi.

AD SECUNDUM dicendum quod, licet animal brutum non appetat honorem sub ratione honoris, appetit tamen naturaliter quandam excellentiam: et irascitur contra ea quae illi excellentiae derogant.

AD TERTIUM dicendum quod omnes illae causae ad quandam parvipensionem reducuntur. Oblivio enim parvipensionis est evidens signum: ea enim quae magna aestimamus, magis memoriae infigimus. Similiter ex quadam parvipensione est quod aliquis non vereatur contristare aliquem, denuntiando sibi aliqua tristia. Qui etiam in infortuniis alicuius hilaritatis signa ostendit, videtur parum curare de bono vel malo eius. Similiter etiam qui impedit aliquem a sui propositi assecutione, non

cia, por paixão, e por escolha. A maior injustiça se faz quando é por escolha ou por cálculo, ou que por certa malvadeza se inflige o dano, como diz o livro V da *Ética*. Por isso, nossa maior ira é contra os que achamos que nos prejudicaram por cálculo. Mas se acharmos que foi por ignorância ou por paixão que nos fizeram injustiça, ou não nos iramos contra eles, ou nos iramos muito menos. Agir por ignorância ou paixão diminui a razão de injúria, e de certo modo provoca a misericórdia e o perdão. Os que por cálculo nos fazem dano parecem pecar por desprezo, e por isso nos irritamos o máximo contra eles. Daí dizer o Filósofo, no livro II da *Retórica*: "Contra os que agiram por ira, ou não nos iramos, ou nos iramos muito menos, já que não parece terem agido por menoscabo".

A segunda razão é que o menoscabo se opõe à dignidade do homem: "O que acreditam digno de nada, os homens menosprezam", diz o livro II da *Retórica*. Em todos nossos bens, o que buscamos é um certo valor[b]. Por isso, tudo o que nos faz dano, enquanto atenta contra nosso valor, parece provir do menoscabo em que nos têm.

QUANTO AO 1º, portanto, deve-se dizer que quando alguém sofre a injustiça por qualquer outra causa que não o desprezo, aquela causa diminui a razão de injúria. Só o desprezo ou menoscabo aumenta a razão de irar-se. Por isso é, por si, causa da ira.

QUANTO AO 2º, deve-se dizer que, embora o animal irracional não deseje a honra, enquanto tal, deseja naturalmente uma certa superioridade, e se irrita contra os que negam esse valor.

QUANTO AO 3º, deve-se dizer que todas essas causas se reduzem a algum tipo de menoscabo: pois, o esquecimento é um sinal evidente do menoscabo. As coisas que julgamos importantes, fixamos melhor na memória. Igualmente, vem de certo menoscabo o fato de alguém não recear entristecer o outro, dando uma má notícia. Também quem mostra sinais de se divertir nas desgraças, parece que pouco se importa com seu bem ou mal. Igualmente, quem impede o outro de realizar

---

7. C. 10: 1135, b, 24-25; 1136, a, 4.
8. C. 3: 1380, a, 34-35.
9. C. 2: 1378, b, 12-13.

---

b. Traduz-se aqui, e em outras passagens, o latim *excellentia* por valor. Poder-se-ia falar também de superioridade. É um fato que encontramos na posse de nossos bens materiais e outros um sentimento de superioridade e de valorização. Ficamos frustrados ao vê-los desprezados pelos outros.

propter aliquam utilitatem sibi inde provenientem, non videtur multum curare de amicitia eius. Et ideo omnia talia, inquantum sunt signa contemptus, sunt provocativa irae.

Articulus 3
Utrum excellentia irascentis sit causa irae

AD TERTIUM SIC PROCEDITUR. Videtur quod excellentia alicuius non sit causa quod facilius irascatur.

1. Dicit enim Philosophus, in II *Rhetoric*.[1], quod *maxime aliqui irascuntur cum tristantur, ut infirmi, et egentes, et qui non habent id quod concupiscunt*. Sed omnia ista ad defectum pertinere videntur. Ergo magis facit pronum ad iram defectus quam excellentia.
2. PRAETEREA, Philosophus dicit ibidem[2] quod *tunc aliqui maxime irascuntur, quando in eis despicitur id de quo potest esse suspicio quod vel non insit eis, vel quod insit eis debiliter: sed cum putant se multum excellere in illis in quibus despiciuntur, non curant*. Sed praedicta suspicio ex defectu provenit. Ergo defectus est magis causa quod aliquis irascatur, quam excellentia.
3. PRAETEREA, ea quae ad excellentiam pertinent, maxime faciunt homines iucundos et bonae spei esse. Sed Philosophus dicit, in II *Rhetoric*.[3], quod *in ludo, in risu, in festo, in prosperitate, in consummatione operum, in delectatione non turpi, et in spe optima, homines non irascuntur*. Ergo excellentia non est causa irae.

SED CONTRA est quod Philosophus, in eodem libro[4], dicit quod homines propter excellentiam indignantur.

RESPONDEO dicendum quod causa irae in eo qui irascitur, dupliciter accipi potest. Uno modo, secundum habitudinem ad motivum irae. Et sic excellentia est causa ut aliquis de facili irascatur. Est enim motivum irae iniusta parvipensio, ut dictum est[5]. Constat autem quod quanto aliquis est excellentior, iniustius parvipenditur in hoc in quo excellit. Et ideo illi qui sunt in aliqua excellentia, maxime irascuntur, si parvipendatur: puta si dives parvipenditur in pecunia, et rhetor in loquendo, et sic de aliis.

Artigo 3
O valor do que fica irado é causa da ira?

QUANTO AO TERCEIRO, ASSIM SE PROCEDE: parece que o valor de alguém **não** é a causa de irritar-se facilmente.

1. Com efeito, diz o Filósofo no livro II da *Retórica*: "Há quem fique irado quando está triste, como os doentes, os necessitados, e os que não possuem o que desejam. Ora, tudo isso parece estar unido à deficiência. Logo, a deficiência inclina mais à ira que o valor.
2. ALÉM DISSO, diz também o Filósofo: "Há quem se irrite muito quando neles se despreza aquilo que se suspeita que não tem, ou só tem em pouco grau. Mas quando crê possuir em grau de excelência aquilo que outros nele desprezam, não dá importância". Ora, procede de deficiência essa suspeita. Logo, a deficiência, mais que o valor, é causa de que alguém se irrite.
3. ADEMAIS, as coisas que constituem o valor, são as que mais tornam os homens alegres e cheios de esperança. Ora, diz o Filósofo, no livro II da *Retórica*, que "no jogo, no riso, na festa, na prosperidade, no acabamento das obras, no prazer honesto e na nobre esperança, os homens não se encolerizam. Logo, o valor não é causa da ira.

EM SENTIDO CONTRÁRIO, o Filósofo diz que os homens ficam irados por causa de seu valor.

RESPONDO. Na pessoa irada, a causa de sua ira pode ser entendida de dois modos: 1. Em sua relação com o motivo da ira. É assim que o valor é causa de alguém irar-se com facilidade. É motivo da ira o menoscabo injusto, como se disse. É claro que quanto alguém tem mais valor, é mais injusto menosprezá-lo naquilo em que se destaca. Por isso, os que sobressaem em alguma coisa, ficam mais irados quando são menosprezados: por exemplo, um rico cuja fortuna é menosprezada, um orador cuja eloquência se despreza etc.

3
1. C. 2: 1379, a, 15-19.
2. C. 2: 1379, a, 36-b, 2.
3. C. 3: 1380, b, 3-5.
4. C. 9: 1386, b, 12-16; 1387, b, 4-7.
5. Art. praec.

Alio modo potest considerari causa irae in eo qui irascitur, ex parte dispositionis quae in eo relinquitur ex tali motivo. Manifestum est autem quod nihil movet ad iram, nisi nocumentum quod contristat. Ea autem quae ad defectum pertinent, maxime sunt contristantia: quia homines defectibus subiacentes facilius laeduntur. Et ista est causa quare homines qui sunt infirmi, vel in aliis defectibus, facilius irascuntur: quia facilius contristantur.

Et per hoc patet responsio AD PRIMUM.

AD SECUNDUM dicendum quod ille qui despicitur in eo in quo manifeste multum excellit, non reputat se aliquam iacturam pati, et ideo non contristatur: et ex hac parte minus irascitur. Sed ex alia parte, inquantum indignius despicitur, habet maiorem rationem irascendi. Nisi forte reputet se non invideri vel subsannari propter despectum; sed propter ignorantiam, vel propter aliud huiusmodi.

AD TERTIUM dicendum quod omnia illa impediunt iram, inquantum impediunt tristitiam. Sed ex alia parte, nata sunt provocare iram, secundum quod faciunt hominem inconvenientius despici.

2. Pela disposição nele produzida pelo motivo da ira. É evidente que nada move à ira a não ser o dano que entristece. No que concerne às deficiências, causam muito mais tristeza, porque quem sofre de deficiências é mais facilmente vulnerável. Os doentes e os que sofrem de outras deficiências mais facilmente ficam irados, porque se entristecem com mais facilidade.

QUANTO AO 1º, portanto, deve-se dizer que com isso está respondida a primeira objeção.

QUANTO AO 2º, deve-se dizer que quem é desprezado num ponto em que muito sobressai, não julga sofrer dano algum e por isso não fica triste; motivo pelo qual pouco se irrita. Por outro lado, quanto mais indigno é o desprezo, maior é o motivo da ira. A menos que se julgue que a causa da inveja ou derisão não é o desprezo, e sim a ignorância ou coisa do gênero.

QUANTO AO 3º, deve-se dizer que tudo isso impede a ira na medida em que impede a tristeza. De outro lado, são de natureza a provocar a ira, porque fazem que o homem seja desprezado de uma maneira mais inconveniente.

ARTICULUS 4
Utrum defectus alicuius sit causa ut contra eum facilius irascamur

AD QUARTUM SIC PROCEDITUR. Videtur quod defectus alicuius non sit causa ut contra ipsum facilius irascamur.
1. Dicit enim Philosophus, in II *Rhetoric.*[1], quod *his qui confitentur et poenitent et humiliantur, non irascimur, sed magis ad eos mitescimus. Unde et canes non mordent eos qui resident.* Sed haec pertinent ad parvitatem et defectum. Ergo parvitas alicuius est causa ut ei minus irascamur.

2. PRAETEREA, nullus est maior defectus quam mortis. Sed ad mortuos desinit ira. Ergo defectus alicuius non est causa provocativa irae contra ipsum.

3. PRAETEREA, nullus aestimat aliquem parvum ex hoc quod est sibi amicus. Sed ad amicos, si nos offenderint, vel si non iuverint, magis offendimur: unde dicitur in Ps 54,13: *Si inimicus meus maledixisset mihi, sustinuissem utique.* Ergo

ARTIGO 4
A deficiência de alguém é a causa de que contra ele mais facilmente nos irritemos?

QUANTO AO QUARTO, ASSIM SE PROCEDE: parece que a deficiência de alguém **não** é causa de que mais facilmente nos irritemos.
1. Com efeito, diz o Filósofo, no livro II da *Retórica*: "Não ficamos irados contra os que confessam, se arrependem e humilham, mas antes nos aplacamos. Também os cães não mordem os que ficam parados". Ora, tudo isso faz parte da pequenez e da deficiência. Logo, a insignificância de alguém é causa de que nos iremos menos contra ele.

2. ALÉM DISSO, não há deficiência maior que a morte. Ora, contra os mortos, a ira se apaga. Logo, a deficiência de alguém não é causa da ira contra ele.

3. ADEMAIS, não julgamos alguém insignificante pelo fato de ser nosso amigo. Ora, ficamos mais ofendidos quando os amigos nos ofendem ou não nos socorrem; assim diz o Salmo 55: "Se um inimigo me insultasse, eu poderia suportar". Logo,

---
1. C. 3: 1380, a, 13-25.

defectus alicuius non est causa ut contra ipsum facilius irascamur.

SED CONTRA est quod Philosophus dicit, in II *Rhetoric*.[2], quod *dives irascitur contra pauperem, si eum despiciat; et principans contra subiectum*.

RESPONDEO dicendum quod, sicut supra[3] dictum est, indigna despectio est maxime provocativa irae. Defectus igitur vel parvitas eius contra quem irascimur, facit ad augmentum irae, inquantum auget indignam despectionem. Sicut enim quanto aliquis est maior, tanto indignius despicitur; ita quanto aliquis est minor, tanto indignius despicit. Et ideo nobiles irascuntur si despiciantur a rusticis, vel sapientes ab insipientibus, vel domini a servis.

Si vero parvitas vel defectus diminuat despectionem indignam, talis parvitas non auget, sed diminuit iram. Et hoc modo illi qui poenitent de iniuriis factis, et confitentur se male fecisse, et humiliantur et veniam petunt, mitigant iram, secundum illud Pr 15,1: *Responsio mollis frangit iram*: inquantum scilicet tales videntur non despicere, sed magis magnipendere eos quibus se humiliant.

Et per hoc patet responsio AD PRIMUM.

AD SECUNDUM dicendum quod duplex est causa quare ad mortuos cessat ira. Una, quia non possunt dolere et sentire: quod maxime quaerunt irati in his quibus irascuntur. — Alio modo, quia iam videntur ad ultimum malorum pervenisse. Unde etiam ad quoscumque graviter laesos cessat ira: inquantum eorum malum excedit mensuram iustae retributionis.

AD TERTIUM dicendum quod etiam despectio quae est ab amicis, videtur esse magis indigna. Et ideo ex simili causa magis irascimur contra eos, si despiciant, vel nocendo vel non iuvando, sicut et contra minores.

2. C. 2: 1379, a, 1-4.
3. Art. 2, 3.

a deficiência de alguém não é a causa de que nos irritemos mais facilmente contra ele.

EM SENTIDO CONTRÁRIO, diz o Filósofo, no livro II da *Retórica*: "O rico fica irado contra o pobre, se este o despreza; e o chefe contra seu subordinado".

RESPONDO. Como se disse acima, o desprezo indigno é o que mais provoca a ira. Portanto, a deficiência ou insignificância daquele contra quem nos iramos, contribui para o aumento da ira, enquanto aumenta o desprezo indigno. Assim, pois, quanto alguém é mais proeminente, é mais indigno ser desprezado, assim também quanto mais insignificante é alguém, é mais indigno que despreze os outros. Por isso, os nobres ficam irados quando desprezados pelos camponeses, ou os sábios pelos ignorantes, ou os senhores pelos servos.

Mas se a insignificância ou a deficiência diminui a indignidade do desprezo, tal pequenez não aumenta, mas diminui a ira. Desse modo, os que se arrependem das injustiças cometidas, e confessam ter agido mal, se humilham e pedem perdão, aplacam a ira, conforme diz o livro dos Provérbios: "Uma resposta branda acalma a ira". Desse modo dão mostras de não desprezar, mas antes de honrar aqueles diante dos quais se humilham.

QUANTO AO 1º, portanto, deve-se dizer que pelo que foi dito está clara a resposta à PRIMEIRA OBJEÇÃO.

QUANTO AO 2º, deve-se dizer que a ira cessa diante dos mortos por dois motivos. Primeiro, porque já não sofrem nem sentem; ora, é isso que mais buscam os irados naqueles que os encolerizam. — Segundo, porque parece que chegaram ao cúmulo dos males. A ira cessa também ante os que foram gravemente feridos, na medida em que seu mal excede a medida da justa retaliação.

QUANTO AO 3º, deve-se dizer que o desprezo que vem dos amigos parece ser mais indigno. E por motivo semelhante nos iramos contra eles, se nos desprezam, nos fazem dano e não nos ajudam, como nos iramos contra nossos inferiores.

QUAESTIO XLVIII

DE EFFECTIBUS IRAE

in quatuor articulos divisa

Deinde considerandum est de effectibus irae. Et circa hoc quaeruntur quatuor.

QUESTÃO 48

OS EFEITOS DA IRA

em quatro artigos

Em seguida, devem-se considerar os efeitos da ira. Sobre isso, são quatro as perguntas:

Primo: utrum ira causet delectationem.
Secundo: utrum maxime causet fervorem in corde.
Tertio: utrum maxime impediat rationis usum.
Quarto: utrum causet taciturnitatem.

1. A ira causa prazer?
2. Causa sobretudo calor no coração?
3. Impede o uso da razão?
4. Faz silenciar?

Articulus 1
Utrum ira causet delectationem

AD PRIMUM SIC PROCEDITUR. Videtur quod ira non causet delectationem.
1. Tristitia enim delectationem excludit. Sed ira est semper cum tristitia: quia, ut dicitur in VII *Ethic.*[1], *omnis qui facit aliquid per iram, facit tristatus*. Ergo ira non causat delectationem.
2. PRAETEREA, Philosophus dicit, in IV *Ethic.*[2], quod *punitio quietat impetum irae, delectationem pro tristitia faciens*: ex quo potest accipi quod delectatio irato provenit ex punitione, punitio autem excludit iram. Ergo, adveniente delectatione, ira tollitur. Non est ergo effectus delectationi coniunctus.
3. PRAETEREA, nullus effectus impedit causam suam: cum sit suae causae conformis. Sed delectationes impediunt iram, ut dicitur in II *Rhetoric.*[3]. Ergo delectatio non est effectus irae.

SED CONTRA est quod Philosophus, in eodem libro[4], inducit proverbium[5], quod ira *multo dulcior melle distillante in pectoribus virorum crescit*.

RESPONDEO dicendum quod, sicut Philosophus dicit in VII *Ethic.*[6], delectationes, maxime sensibiles et corporales, sunt medicinae quaedam contra tristitiam: et ideo quanto per delectationem contra maiorem tristitiam vel anxietatem remedium praestatur, tanto delectatio magis percipitur; sicut patet quod quando aliquis sitit, delectabilior fit ei potus. Manifestum est autem ex praedictis quod motus irae insurgit ex aliqua illata iniuria contristante; cui quidem tristitiae remedium adhibetur per vindictam. Et ideo ad praesentiam vindictae delectatio sequitur: et tanto maior, quanto maior fuit tristitia. — Si igitur vindicta fuerit praesens realiter, fit perfecta delectatio, quae totaliter excludit tristitiam, et per hoc quietat motum irae. — Sed antequam vindicta sit praesens realiter, fit irascenti

Artigo 1
A ira causa prazer?

QUANTO AO PRIMEIRO ARTIGO, ASSIM SE PROCEDE: parece que a ira **não** causa prazer.
1. Com efeito, a tristeza exclui o prazer. Ora, como diz o livro VII da *Ética*: "Quem age movido pela ira, o faz contristado". Logo, a ira não causa prazer.
2. ALÉM DISSO, diz o Filósofo no livro IV da *Ética*: "O castigo acalma o ímpeto da ira, fazendo o prazer suceder à tristeza": donde se entende que o prazer do irado vem da punição e a punição suprime a ira. Portanto, quando chega o prazer, a ira desaparece. Não é, pois, um efeito ligado ao prazer.
3. ADEMAIS, nenhum efeito impede sua causa, porque é conforme com ela. Ora, diz o livro II da *Retórica*, os prazeres impedem a ira. Logo, o prazer não é efeito da ira.

EM SENTIDO CONTRÁRIO, o Filósofo cita o provérbio: "A ira que sobe ao coração do homem é muito mais doce que o mel que destila".

RESPONDO. Como diz o Filósofo, no livro VII da *Ética*, os prazeres, sobretudo os sensíveis e corporais são remédios contra a tristeza. Por isso, na medida em que o prazer serve de remédio a uma tristeza maior ou ansiedade, tanto mais se percebe o prazer. Por exemplo, quando alguém tem sede, mais deleitável lhe parece a bebida. É claro, pelo que foi dito, que o movimento da ira surge em razão de uma injustiça sofrida que entristece, e esta tristeza serve de remédio para a vingança. Assim, o prazer é consequência da presença da vingança e será tanto maior quanto maior foi a tristeza. — Se a vingança estiver presente realmente, o prazer é perfeito, excluindo totalmente a tristeza e acalmando o movimento da ira. — A vingança, antes de estar presente realmente, está

1
1. C. 7: 1149, b, 20-26.
2. C. 11: 1126, a, 21-26.
3. C. 3: 1380, b, 4.
4. C. 2: 1378, b, 5-7.
5. HOMER., *Iliad.*, l. 18, vv. 109-110: ed. Ludwich, Lipsiae 1907, p. 270.
6. C. 15: 1154, a, 27-31.

praesens dupliciter. Uno modo, per spem: quia nullus irascitur nisi sperans vindictam, ut supra[7] dictum est. — Alio modo, secundum continuam cogitationem. Unicuique enim concupiscenti est delectabile immorari in cogitatione eorum quae concupiscit: propter quod etiam imaginationes somniorum sunt delectabiles. Et ideo, cum iratus multum in animo suo cogitet de vindicta, ex hoc delectatur. Tamen delectatio non est perfecta, quae tollat tristitiam, et per consequens iram.

AD PRIMUM ergo dicendum quod non de eodem iratus tristatur et gaudet: sed tristatur de illata iniuria, delectatur autem de vindicta cogitata et sperata. Unde tristitia se habet ad iram sicut principium: sed delectatio sicut effectus vel terminus.

AD SECUNDUM dicendum quod obiectio illa procedit de delectatione quae causatur ex reali praesentia vindictae, quae totaliter tollit iram.

AD TERTIUM dicendum quod delectationes praecedentes impediunt ne sequatur tristitia; et per consequens impediunt iram. Sed delectatio de vindicta consequitur ipsam.

ARTICULUS 2
Utrum ira maxime causet fervorem in corde

AD SECUNDUM SIC PROCEDITUR. Videtur quod fervor non sit maxime effectus irae.

1. Fervor enim, sicut supra[1] dictum est, pertinet ad amorem. Sed amor, sicut supra[2] dictum est, principium est et causa omnium passionum. Cum ergo causa sit potior effectu, videtur quod ira non faciat maxime fervorem.

2. PRAETEREA, illa quae de se excitant fervorem, per temporis assiduitatem magis augentur: sicut amor diuturnitate convalescit. Sed ira per tractum temporis debilitatur: dicit enim Philosophus, in II *Rhetoric.*[3], quod *tempus quietat iram*. Ergo ira non proprie causat fervorem.

3. PRAETEREA, fervor additus fervori, augmentat fervorem. Sed *maior ira superveniens facit iram mitescere*, ut Philosophus dicit, in II *Rhetoric.*[4]. Ergo ira non causat fervorem.

presente ao que se irrita de dois modos: 1. pela esperança: não há ira sem esperança da vingança, como acima foi dito. — 2. Pelo pensamento persistente: quem deseja, gosta de demorar-se no pensamento de seu objeto de desejo: por esse motivo até as imagens dos sonhos trazem prazer. E por isso, quando o irado revive muito em sua mente a ideia da vingança, tem prazer nisso. Mas, esse prazer não é perfeito, a ponto de eliminar a tristeza, e por conseguinte, a ira[a].

QUANTO AO 1º, portanto, deve-se dizer que quem está irado não se alegra e entristece da mesma coisa: tem tristeza da injustiça sofrida e se alegra pela vingança pensada e esperada. Assim a tristeza está para a ira como seu princípio, e o prazer, como seu efeito ou termo.

QUANTO AO 2º, deve-se dizer que a objeção procede do prazer causado pela presença real da vingança, que elimina de todo a ira.

QUANTO AO 3º, deve-se dizer que os prazeres anteriores impedem que surja a tristeza; e por conseguinte, impedem a ira. Mas o prazer da vingança vem depois dela.

ARTIGO 2
A ira causa sobretudo calor no coração?

QUANTO AO SEGUNDO, ASSIM SE PROCEDE: parece que o calor **não** é sobretudo efeito da ira.

1. Com efeito, o calor, como acima foi dito, pertence ao amor. Ora, o amor, como também foi dito, é princípio e causa de todas as paixões. Logo, sendo a causa mais forte que o efeito, parece que a ira não causa sobretudo o calor.

2. ALÉM DISSO, o que, por si, excita o calor aumenta à medida que o tempo passa: como o amor se fortifica com a duração. Ora, a ira, com o passar do tempo, enfraquece. Diz o Filósofo, no livro II da *Retórica*, que "o tempo acalma a ira". Logo, a ira não causa propriamente o calor.

3. ADEMAIS, calor mais calor, faz um calor maior. Ora, "a chegada de uma ira maior faz que se acalme a ira", como diz o Filósofo, no livro II da *Retórica*. Logo, a ira não causa o calor.

---

7. Q. 46, a. 1.

1. Q. 28, a. 5, in resp. ad ob.; q. 37, a. 2.
2. Q. 27, a. 4; q. 28, a. 6, ad 2; q. 41, a. 2, ad 1.
3. C. 3: 1380, b, 6.
4. C. 3: 1380, b, 10-11.

a. Os fantasmas dos sonhos foram o primeiro objeto de análise de Freud em O Sonho e sua Interpretação.

SED CONTRA est quod Damascenus dicit[5], quod *ira est fervor eius qui circa cor est sanguinis, ex evaporatione fellis fiens.*

RESPONDEO dicendum quod, sicut dictum est[6], corporalis transmutatio quae est in passionibus animae, proportionatur motui appetitus. Manifestum est autem quod quilibet appetitus, etiam naturalis, fortius tendit in id quod est sibi contrarium, si fuerit praesens: unde videmus quod aqua calefacta magis congelatur, quasi frigido vehementius in calidum agente. Motus autem appetitivus irae causatur ex aliqua iniuria illata, sicut ex quodam contrario iniacente. Et ideo appetitus potissime tendit ad repellendum iniuriam per appetitum vindictae: et ex hoc sequitur magna vehementia et impetuositas in motu irae. Et quia motus irae non est per modum retractionis, cui proportionatur frigus; sed magis per modum insecutionis, cui proportionatur calor; consequenter fit motus irae causativus cuiusdam fervoris sanguinis et spirituum circa cor, quod est instrumentum passionum animae. Et exinde est quod, propter magnam perturbationem cordis quae est in ira, maxime apparent in iratis indicia quaedam in exterioribus membris. Ut enim Gregorius dicit, in V *Moral*.[7], *irae suae stimulis accensum cor palpitat, corpus tremit, lingua se praepedit, facies ignescit, exasperantur oculi, et nequaquam recognoscuntur noti: ore quidem clamorem format, sed sensus quid loquatur, ignorat.*

AD PRIMUM ergo dicendum quod *amor ipse non ita sentitur, nisi cum eum prodit indigentia,* ut Augustinus dicit, in X *de Trin.*[8]. Et ideo quando homo patitur detrimentum amatae excellentiae propter iniuriam illatam, magis sentitur amor; et ideo ferventius cor mutatur ad removendum impedimentum rei amatae; ut sic fervor ipse amoris per iram crescat, et magis sentiatur.

Et tamen fervor qui consequitur calorem, alia ratione pertinet ad amorem, et ad iram. Nam fervor amoris est cum quadam dulcedine et lenitate: est enim in bonum amatum. Et ideo assimilatur calori aeris et sanguinis: propter quod, sanguinei sunt magis amativi; et dicitur quod *cogit amare iecur*,

EM SENTIDO CONTRÁRIO, diz Damasceno: "A ira é um calor do sangue em volta do coração, proveniente da evaporação do fel".

RESPONDO. Como já foi dito, a mudança corporal que ocorre nas paixões da alma é proporcionada ao movimento do apetite. É claro que qualquer apetite, mesmo o apetite natural, tende com mais força em direção ao objeto contrário, quando esse está presente; por isso, vemos que a água fervida congela mais, como se o frio agisse com mais força contra o calor. O movimento apetitivo da ira é causado por alguma injustiça sofrida, como se fosse a provocação de um contrário. É por isso que o apetite tende energicamente a repelir a injustiça pelo desejo de vingança; como consequência há grande violência e impetuosidade no movimento da ira. E porque o movimento da ira não se dá ao modo de contração, que corresponde ao frio, mas antes na forma de descontração, que corresponde ao calor, o movimento da ira causa uma certa fervura do sangue e dos espíritos em volta do coração, o qual é o instrumento das paixões da alma. É por isso, pela grande perturbação do coração que ocorre na ira, que aparecem sobretudo nos irados alguns sinais nos membros exteriores. Como diz Gregório: "Aceso pelo estímulo da ira, o coração palpita, o corpo treme, a língua se embaraça, o rosto se inflama, os olhos se exasperam, e não se reconhecem os conhecidos: a boca profere gritos, mas não se sabe que sentido tem o que diz".

QUANTO AO 1º, portanto, deve-se dizer que segundo Agostinho: "O amor nunca se sente tanto, como quando a pobreza o revela". E por isso, quando o homem sofre dano no que é tão valorizado e querido, devido a uma injustiça que lhe é feita, o amor é mais sentido: e por isso o coração se modifica com mais calor para remover o impedimento que sofre a causa amada: assim o próprio calor do amor cresce por causa da ira, e é mais sentido.

A fervura que se segue ao calor tem razões diversas no amor e na ira. Pois o calor do amor se dá com certa doçura e mansidão, pois é para o bem amado. E assim, parece com o calor do ar e do sangue. Por isso os sanguíneos são mais amorosos; e se diz também que "o fígado leva a amar"[b] pois no

---

5. *De fide orth.*, l. II, c. 16: MG 94, 932 D.
6. Q. 44, a. 1.
7. C. 45, al. 30; in vet. 31: ML 75, 724 CD.
8. C. 12: ML 42, 984.

---

b. Apoiando-se sobre os conhecimentos medicinais de sua época, Sto. Tomás se interessa, uma vez mais, pelas disposições corporais que incidem sobre a natureza individual de cada pessoa por tal ou tal paixão. Os sanguíneos seriam levados ao amor, e os biliosos à ira.

in quo fit quaedam generatio sanguinis. — Fervor autem irae est cum amaritudine, ad consumendum: quia tendit ad punitionem contrarii. Unde assimilatur calori ignis et cholerae: et propter hoc Damascenus dicit[9] quod *procedit ex evaporatione fellis, et fellea nominatur.*

AD SECUNDUM dicendum quod omne illud cuius causa per tempus diminuitur, necesse est quod tempore debilitetur. Manifestum est autem quod memoria tempore diminuitur: quae enim antiqua sunt, a memoria de facili excidunt. Ira autem causatur ex memoria iniuriae illatae. Et ideo causa irae per tempus paulatim diminuitur, quousque totaliter tollatur. — Maior etiam videtur iniuria quando primo sentitur; et paulatim diminuitur eius aestimatio, secundum quod magis receditur a praesenti sensu iniuriae. — Et similiter etiam est de amore, si amoris causa remaneat in sola memoria: unde Philosophus dicit, in VIII *Ethic.*[10], quod *si diuturna fiat amici absentia, videtur amicitiae oblivionem facere.* Sed in praesentia amici, semper per tempus multiplicatur causa amicitiae: et ideo amicitia crescit. Et similiter esset de ira, si continue multiplicaretur causa ipsius.

Tamen hoc ipsum quod ira cito consumitur, attestatur vehementi fervori ipsius. Sicut enim ignis magnus cito extinguitur, consumpta materia; ita etiam ira, propter suam vehementiam, cito deficit.

AD TERTIUM dicendum quod omnis virtus divisa in plures partes, diminuitur. Et ideo quando aliquis iratus alicui, irascitur postmodum alteri, ex hoc ipso diminuitur ira ad primum. Et praecipue si ad secundum fuerit maior ira: nam iniuria quae excitavit iram ad primum, videbitur, comparatione secundae iniuriae, quae aestimatur maior, esse parva vel nulla.

ARTICULUS 3
Utrum ira maxime impediat rationis usum

AD TERTIUM SIC PROCEDITUR. Videtur quod ira non impediat rationem.

1. Illud enim quod est cum ratione, non videtur esse rationis impedimentum. Sed *ira est cum ratione*, ut dicitur in VII *Ethic.*[1]. Ergo ira non impedit rationem.

figado se dá certa produção do sangue. — Quanto ao calor da ira, é amargo e consumidor, porque tende à punição do contrário. Assim, parece com o calor do fogo e da bílis; por isso diz Damasceno que procede da evaporação da bilis, e é chamado 'bilioso'.

QUANTO AO 2º, deve-se dizer que tudo aquilo cuja causa diminui com o tempo, necessariamente se enfraquece com o tempo. É claro que a memória diminui com o tempo: as coisas antigas facilmente saem da memória. Ora, o que causa a ira é a lembrança da injustiça infligida: é por isso que a causa da ira com o tempo diminui pouco a pouco, até se extinguir totalmente. — A injustiça parece maior logo que é sentida, paulatinamente diminui sua apreciação, à medida que fica mais distante o primeiro sentimento da injustiça. — E o mesmo sucede no amor, quando a causa do amor ficou apenas na memória; por isso diz o Filósofo, no livro VIII da *Ética*, que "se a ausência do amigo se prolongar muito, parece que faz esquecer a amizade". Mas, na presença do amigo o tempo só faz multiplicar a causa da amizade e assim a amizade cresce. O mesmo sucederia com a ira, se continuamente fosse multiplicada sua causa.

O fato mesmo de a ira se enfraquecer rapidamente prova a veemência de seu calor. Assim como um grande fogo se apaga rapidamente, uma vez acabada a matéria, assim também a ira, por sua veemência, cessa rapidamente.

QUANTO AO 3º, deve-se dizer que toda força dividida em muitas partes, dimunui. Por isso, quem está irado com alguém, e depois se encoleriza contra outros, diminui a ira contra o primeiro, sobretudo se a ira contra o segundo for maior: pois a injustiça que excitou a primeira ira parecerá pequena ou nula comparada com a segunda, que se considera mais grave.

ARTIGO 3
A ira impede sobretudo o uso da razão?

QUANTO AO TERCEIRO, ASSIM SE PROCEDE: parece que a ira não impede o uso da razão.

1. Com efeito, o que acompanha a razão não parece impedi-la. Ora, diz o livro VII da *Ética*: "A ira acompanha a razão". Logo, a ira não impede a razão.

---

9. Loc. cit.
10. C. 7: 1157, b, 11-13.

3 PARALL.: *De Malo*, q. 12, a. 1.
1. C. 7: 1149, a, 25-b, 3.

2. PRAETEREA, quanto magis impeditur ratio, tanto diminuitur manifestatio. Sed Philosophus dicit in VII *Ethic.*[2], quod *iracundus non est insidiator, sed manifestus*. Ergo ira non videtur impedire usum rationis, sicut concupiscentia; quae est insidiosa, ut ibidem dicitur.

3. PRAETEREA, iudicium rationis evidentius fit ex adiunctione contrarii: quia contraria iuxta se posita magis elucescunt. Sed ex hoc etiam crescit ira: dicit enim Philosophus, in II *Rhetoric.*[3], quod *magis homines irascuntur, si contraria praeexistunt, sicut honorati si dehonorentur*; et sic de aliis. Ergo ex eodem et ira crescit, et iudicium rationis adiuvatur. Non ergo ira impedit iudicium rationis.

SED CONTRA est quod Gregorius dicit, in V *Moral.*[4], quod *ira intelligentiae lucem subtrahit, cum mentem permovendo confundit*.

RESPONDEO dicendum quod mens vel ratio quamvis non utatur organo corporali in suo proprio actu; tamen, quia indiget ad sui actum quibusdam viribus sensitivis, quorum actus impediuntur corpore perturbato; necesse est quod perturbationes corporales etiam iudicium rationis impediant: sicut patet in ebrietate et somno. Dictum est autem[5] quod ira maxime facit perturbationem corporalem circa cor, ita ut etiam usque ad exteriora membra derivetur. Unde ira, inter ceteras passiones, manifestius impedit iudicium rationis; secundum illud Ps 30,10: *Conturbatus est in ira oculus meus*.

AD PRIMUM ergo dicendum quod a ratione est principium irae, quantum ad motum appetitivum, qui est formalis in ira. Sed perfectum iudicium rationis passio irae praeoccupat quasi non perfecte rationem audiens, propter commotionem caloris velociter impellentis, quae est materialis in ira. Et quantum ad hoc, impedit iudicium rationis.

AD SECUNDUM dicendum quod iracundus dicitur esse manifestus, non quia manifestum sit sibi quid facere debeat: sed quia manifeste operatur, non quaerens aliquam occultationem. Quod partim contingit propter impedimentum rationis, quae non potest discernere quid sit occultandum et quid manifestandum, nec etiam excogitare occultandi vias. Partim vero est ex ampliatione cordis, quae pertinet ad magnanimitatem, quam facit ira: unde et de

2. ALÉM DISSO, quanto mais a razão é impedida, tanto mais diminui sua manifestação. Ora, diz o Filósofo, no mesmo livro: "O iracundo não é insidioso, mas age às claras". Logo, a ira não parece impedir o uso da razão, como a concupiscência, que é insidiosa; como aí mesmo se diz.

3. ADEMAIS, o juízo da razão fica mais claro pela junção dos contrários, porque os contrários postos lado a lado, mais se destacam. Ora, isso também faz aumentar a ira. Diz o Filósofo no livro II da *Retórica*: "Os homens se encolerizam mais quando os contrários preexistem juntos, como os homens honrados quando são desonrados" etc. Logo, pelo mesmo motivo tanto a ira cresce, como o juízo da razão é fortificado. Logo, a ira não impede o juízo da razão.

EM SENTIDO CONTRÁRIO, escreve Gregório que "a ira retira a luz da inteligência porque por sua comoção confunde a mente".

RESPOSTA. A mente ou a razão, ainda que não use um órgão corporal em seu próprio ato, precisa para seu ato de algumas potências sensíveis, cuja atividade é impedida pelas perturbações do corpo; perturbações essas que necessariamente impedem até o juízo da razão, como é claro na embriaguês e no sono. Mas já se disse, a ira causa sobretudo perturbação corporal no coração que se difunde até aos membros exteriores. Por isso a ira, entre as outras paixões é a que impede, com mais evidência, o uso da razão, segundo diz o Salmo 30: "Minha visão se perturbou com a ira".

QUANTO AO 1º, portanto, deve-se dizer que o princípio da ira vem da razão, quanto ao movimento apetitivo que é o elemento formal na ira. Mas a paixão da ira se adianta ao perfeito juízo da razão, como se não ouvisse perfeitamente a razão, devido à comoção do calor que impele com rapidez, que é o elemento material na ira. Nesse sentido, impede o juízo da razão.

QUANTO AO 2º, deve-se dizer que quando se diz que o irado age às claras, não significa que tem clareza sobre o que deve fazer, mas age às claras porque nada procura esconder. Isso sucede em parte pela inibição da razão, que não pode discernir o que é para esconder e o que é para manifestar, e nem mesmo excogitar os meios de ocultar. Em parte, porém, é pela ampliação do coração, que corresponde à magnanimidade, e

---

2. C. 7: 1149, b, 14-20.
3. C. 2: 1379, b, 4-5.
4. C. 45, al. 30; in vet. 31: ML 75, 724 A.
5. Art. praec.

magnanimo Philosophus dicit, in IV *Ethic.*[6], quod *est manifestus oditor et amator et manifeste dicit et operatur.* — Concupiscentia autem dicitur esse latens et insidiosa, quia, ut plurimum, delectabilia quae concupiscuntur, habent turpitudinem quandam et mollitiem, in quibus bomo vult latere. In his autem quae sunt virilitatis et excellentiae, cuiusmodi sunt vindictae, quaerit homo manifestus esse.

AD TERTIUM dicendum quod, sicut dictum est[7], motus irae a ratione incipit: et ideo secundum idem appositio contrarii ad contrarium adiuvat iudicium rationis, et auget iram. Cum enim aliquis habet honorem vel divitias, et postea incurrit alicuius detrimentum, illud detrimentum apparet maius: tum propter vicinitatem contrarii; tum quia erat inopinatum. Et ideo causat maiorem tristitiam: sicut etiam magna bona ex inopinato venientia, causant maiorem delectationem. Et secundum augmentum tristitiae praecedentis, consequenter augetur et ira.

que a ira também produz; por isso diz o Filósofo, no livro IV da *Ética*, sobre o magnânimo que ele "odeia e ama às claras e claramente fala e age".
— A concupiscência se diz secreta e tortuosa[c], porque em geral os prazeres cobiçados implicam certa torpeza e efeminidade, que se quer ocultar. Mas nos atos que são de virilidade e de valor, como é a vingança, o homem procura ser claro.

QUANTO AO 3º, deve-se dizer que, como foi dito, o movimento da ira parte da razão. Pelo mesmo motivo a justaposição de um contrário com o seu contrário ajuda o juízo da razão e aumenta a ira. Quando se têm honras e riquezas e depois se sofre a perda de alguma, a perda parece maior, tanto pela proximidade do contrário, quanto pelo inesperado da ocorrência. Por isso, causa maior tristeza; como grandes bens que chegam sem que se esperem, causam maior prazer. E na medida do aumento da tristeza precedente, consequentemente aumenta a ira.

ARTICULUS 4
Utrum ira maxime causet taciturnitatem

AD QUARTUM SIC PROCEDITUR. Videtur quod ira non causet taciturnitatem.
1. Taciturnitas enim locutioni opponitur. Sed per crementum irae usque ad locutionem pervenitur: ut patet per gradus irae quos Dominus assignat, Mt 5,22, dicens: *Qui irascitur fratri suo*; et, *qui dixerit fratri suo, Raca*; et, *qui dixerit fratri suo, Fatue*. Ergo ira non causat taciturnitatem.
2. PRAETEREA, ex hoc quod custodia rationis deficit, contingit quod homo prorumpat ad verba inordinata: unde dicitur Pr 25,28: *Sicut urbs patens et absque murorum ambitu, ita vir qui non potest cohibere in loquendo spiritum suum.* Sed ira maxime impedit iudicium rationis, ut dictum est[1]. Ergo facit maxime profluere in verba inordinata. Non ergo causat taciturnitatem.
3. PRAETEREA, Mt 12,34 dicitur: *Ex abundantia cordis os loquitur.* Sed per iram cor maxime perturbatur, ut dictum est[2]. Ergo maxime causat locutionem. Non ergo causat taciturnitatem.

ARTIGO 4
A ira causa sobretudo o silêncio?

QUANTO AO QUARTO, ASSIM SE PROCEDE: parece que a ira não causa o silêncio.
1. Com efeito, o silêncio se opõe à fala. Ora, pelo aumento da ira se chega até à fala, como se vê pelos graus da ira que o Senhor distingue no Evangelho de Mateus: "Quem se ira contra seu irmão" e "quem diz a seu irmão, *raca*" e "quem diz a seu irmão: *louco*". Logo, a ira não causa o silêncio.
2. ALÉM DISSO, quando a razão deixa de controlar, sucede que o homem prorrompe em palavras desordenadas, por isso se diz no livro dos Provérbios: "Como a cidade aberta e sem muros, assim é o homem que não pode dominar seu espírito quando fala". Ora, a ira impede sobretudo o juízo da razão, como foi dito. Logo, faz que jorrem mais palavras desordenadas. A ira, portanto, não causa o silêncio.
3. ADEMAIS, no Evangelho de Mateus se diz que "a boca fala da abundância do coração". Ora, é pela ira que o coração sobretudo se agita. Logo, causa sobretudo a fala e não o silêncio.

---

6. C. 8: 1124, b, 26-27.
7. In resp. ad 1.

1. Art. praec.
2. Art. 2.

---

c. Constatar que a concupiscência é "secreta e tortuosa" (*latens et insidiosa*) é abrir a porta ao que Freud denominou de inconsciente.

SED CONTRA est quod Gregorius dicit, in V *Moral*.³, quod *ira per silentium clausa, intra mentem vehementius aestuat*.

RESPONDEO dicendum quod ira, sicut iam⁴ dictum est, et cum ratione est, et impedit rationem. Et ex utraque parte, potest taciturnitatem causare. Ex parte quidem rationis, quando iudicium rationis intantum viget quod, etsi non cohibeat affectum ab inordinato appetitu vindictae, cohibet tamen linguam ab inordinata locutione. Unde Gregorius, in V *Moral*.⁵, dicit: *Aliquando ira perturbato animo, quasi ex iudicio, silentium indicit.* — Ex parte vero impedimenti rationis, quia, sicut dictum est⁶, perturbatio irae usque ad exteriora membra perducitur; et maxime ad illa membra in quibus expressius relucet vestigium cordis, sicut in oculis et in facie et in lingua; unde, sicut dictum est⁷, *lingua se praepedit, facies ignescit, exasperantur oculi*. Potest ergo esse tanta perturbatio irae, quod omnino impediatur lingua ab usu loquendi. Et tunc sequitur taciturnitas.

AD PRIMUM ergo dicendum quod augmentum irae quandoque est usque ad impediendum rationem a cohibitione linguae. Quandoque autem ultra procedit, usque ad impedientum motum linguae, et aliorum membrorum exteriorum.

Et per hoc etiam patet solutio AD SECUNDUM.

AD TERTIUM dicendum quod perturbatio cordis quandoque potest superabundare usque ad hoc, quod per innordinatum motum cordis impediatur motus exteriorum membrorum. Et tunc causatur taciturnitas, et immobilitas exteriorum membrorum: et quandoque etiam mors. — Si autem non fuerit tanta perturbatio, tunc ex abundantia perturbationis cordis, sequitur oris locutio.

EM SENTIDO CONTRÁRIO, Gregório diz: "A ira fechada pelo silêncio, ferve com mais veemência no espírito".

RESPONDO. Como já foi dito, a ira acompanha a razão e impede a razão. E de ambos os lados pode causar o silêncio. Do lado da razão, quando o juizo da razão tem tanto vigor que embora não consiga coibir o sentimento em seu desordenado desejo de vingança, pelo menos retém a língua para não dizer palavras desordenadas. Assim diz Gregório: "Às vezes, a ira em uma alma perturbada impõe o silêncio por uma espécie de juízo". — Do lado do impedimento da razão, como se disse, a perturbação da ira é levada até os membros exteriores, sobretudo aos membros em que mais aproximadamente brilha o vestigio do coração, como nos olhos, no rosto e na língua, como foi dito: "A lingua se embaraça, a face se inflama, os olhos se exasperam". Logo, a perturbação da ira pode ser tanta que totalmente impeça a língua de falar. E a consequência é o silêncio.

QUANTO AO 1º, portanto, deve-se dizer que o aumento da ira vai, às vezes, até impedir a razão de coibir a língua. Mas, às vezes vai mais além, até a impedir o movimento da língua e de outros membros exteriores.

QUANTO AO 2º, deve-se dizer que isso responde também à SEGUNDA OBJEÇÃO.

Quanto ao 3º, deve-se dizer que a perturbação do coração pode ser, às vezes, tão violenta que o movimento desordenado do coração impeça o movimento dos membros exteriores. Então se produz o silêncio e a imobilidade dos membros exteriores, e até mesmo, às vezes, a morte. — Se, porém, a perturbação não for tanta, então, da abundância da perturbação do coração, resulta a fala oral.

---

3. C. 45, al. 30; in vet. 31: ML 75, 725 B.
4. A. praec.; q. 46, a. 4.
5. Loc. cit.: ML 75, 725 A.
6. Art. 2.
7. Cfr. GREG., *loc. cit.*: ML 75, 724 C.

ÍNDICE DO VOLUME 3
QUESTÕES 1 A 48

Siglas e Abreviaturas	9
Autores e obras citados por Sto. Tomás na parte II – seção I – Questões 1 a 48	11
Fontes usadas por Sto. Tomás na parte II – seção I – Questões 1 a 48	21

SUMA TEOLÓGICA
PRIMEIRA PARTE

A BEM-AVENTURANÇA

INTRODUÇÃO E NOTAS POR JEAN-LOUIS BRUGUÈS		25
Introdução		27
Prólogo		29
Questão 1	**O último fim do homem**	31
Artigo 1	Convém ao homem agir em vista do fim?	31
Artigo 2	Agir em vista do fim é próprio da natureza racional?	33
Artigo 3	O ato do homem recebe a espécie do fim?	35
Artigo 4	Há um último fim para a vida humana?	37
Artigo 5	Poderá haver muitos últimos fins para um só homem?	40
Artigo 6	Tudo aquilo que o homem quer é em vista do último fim?	42
Artigo 7	Há um só último fim para todos os homens?	43
Artigo 8	As outras criaturas têm como próprio esse último fim?	45
Questão 2	**Em que consiste a bem-aventurança do homem**	46
Artigo 1	A bem-aventurança do homem consiste nas riquezas?	47
Artigo 2	A bem-aventurança do homem consiste nas honras?	49
Artigo 3	A bem-aventurança do homem consiste na fama ou na glória?	50
Artigo 4	A bem-aventurança do homem consiste no poder?	52
Artigo 5	A bem-aventurança do homem consiste em algum bem do corpo?	54
Artigo 6	A bem-aventurança do homem consiste no prazer?	56
Artigo 7	A bem-aventurança consiste em algum bem da alma?	59
Artigo 8	A bem-aventurança consiste em algum bem criado?	61
Questão 3	**O que é a bem-aventurança**	62
Artigo 1	A bem-aventurança é algo criado?	63
Artigo 2	A bem-aventurança é uma ação?	64
Artigo 3	A bem-aventurança é ação da parte sensitiva ou somente da intelectiva?	67
Artigo 4	A bem-aventurança da parte intelectiva é ação do intelecto ou da vontade?	69
Artigo 5	A bem-aventurança é ação do intelecto especulativo ou do intelecto prático?	71
Artigo 6	A bem-aventurança consiste na consideração das ciências especulativas?	74
Artigo 7	A bem-aventurança consiste no conhecimento das substâncias separadas, isto é, dos anjos?	76
Artigo 8	A bem-aventurança do homem está na visão da essência divina?	78
Questão 4	**O que se requer para a bem-aventurança**	80
Artigo 1	Requer-se o prazer para a bem-aventurança?	80
Artigo 2	Na bem-aventurança é mais importante a visão do que o prazer?	82
Artigo 3	Para a bem-aventurança requer-se a compreensão?	83
Artigo 4	Requer-se para a bem-aventurança a retidão da vontade?	85
Artigo 5	Requer-se para a bem-aventurança do homem o corpo?	86
Artigo 6	Requer-se para a bem-aventurança alguma perfeição do corpo?	90

Artigo 7	Requerem-se alguns bens exteriores para a bem-aventurança?...............	92
Artigo 8	Requer-se companhia dos amigos para a bem-aventurança?................	94
Questão 5	**A aquisição da bem-aventurança**..	**96**
Artigo 1	O homem pode conseguir a bem-aventurança?................................	96
Artigo 2	Pode um homem ser mais bem-aventurado do que outro?...................	98
Artigo 3	Alguém pode nesta vida ser bem-aventurado?.................................	100
Artigo 4	Pode-se perder a bem-aventurança adquirida?.................................	102
Artigo 5	O homem pode por seus dons naturais adquirir a bem-aventurança?.......	104
Artigo 6	O homem consegue a bem-aventurança pela ação de uma criatura superior?.............	107
Artigo 7	Algumas boas obras são exigidas para que o homem consiga de Deus a bem-aventurança?...................................	109
Artigo 8	Todo homem deseja a bem-aventurança?.......................................	111

OS ATOS HUMANOS: SUA NATUREZA, ESTRUTURA E DINAMISMO

INTRODUÇÃO E NOTAS POR SERVAIS PINCKAERS..		113
Introdução		115
Questão 6	**O voluntário e o involuntário**...	**117**
Artigo 1	O voluntário se encontra nos atos humanos?..................................	118
Artigo 2	Encontra-se o voluntário nos animais?..	121
Artigo 3	O voluntário pode ser sem ato?...	123
Artigo 4	Pode a vontade sofrer violência?..	124
Artigo 5	A violência causa o involuntário?...	126
Artigo 6	O medo causa o involuntário de modo absoluto?............................	128
Artigo 7	A concupiscência causa o involuntário?..	130
Artigo 8	A ignorância causa o involuntário?..	132
Questão 7	**As circunstâncias dos atos humanos**...	**134**
Artigo 1	A circunstância é acidente do ato humano?...................................	134
Artigo 2	O teólogo deve considerar as circunstâncias dos atos humanos?.........	136
Artigo 3	As circunstâncias estão convenientemente enumeradas no livro III da *Ética*?..............	138
Artigo 4	As circunstâncias *por quê* e *em que consta a ação* são as principais?.......	140
Questão 8	**A vontade e seu objeto**...	**142**
Artigo 1	A vontade é somente do bem?...	142
Artigo 2	A vontade é somente do fim ou também daquilo que é para o fim?......	144
Artigo 3	Move-se a vontade pelo mesmo ato para o fim e para aquilo que é para o fim?........	147
Questão 9	**O que move a vontade**..	**148**
Artigo 1	A vontade é movida pelo intelecto?..	149
Artigo 2	A vontade é movida pelo apetite sensitivo?....................................	151
Artigo 3	Move-se a vontade a si mesma?...	153
Artigo 4	A vontade se move por um princípio exterior?...............................	154
Artigo 5	A vontade é movida por corpo celeste?...	156
Artigo 6	A vontade é movida só por Deus como princípio exterior?................	159
Questão 10	**O modo de mover-se da vontade**..	**161**
Artigo 1	A vontade é movida naturalmente para alguma coisa?......................	161
Artigo 2	A vontade é movida necessariamente por seu objeto?.......................	163
Artigo 3	A vontade é movida necessariamente pelo apetite sensitivo?..............	165
Artigo 4	A vontade é movida necessariamente pelo princípio exterior que é Deus?.............	167
Questão 11	**A fruição que é ato da vontade**..	**169**
Artigo 1	Fruir é ato da potência apetitiva?...	170
Artigo 2	Fruir convém à criatura racional ou também aos animais irracionais?...	171
Artigo 3	Há fruição somente do fim último?..	173
Artigo 4	Há fruição somente do fim possuído?...	175

Questão 12	**A intenção**	176
Artigo 1	A intenção é ato do intelecto ou da vontade?	176
Artigo 2	A intenção é só do último fim?	178
Artigo 3	Alguém pode ter simultaneamente intenção de duas coisas?	179
Artigo 4	A intenção do fim é o mesmo ato que a volição do que é para o fim?	181
Artigo 5	A intenção convém aos animais irracionais?	183
Questão 13	**A eleição do que é para o fim pela vontade**	184
Artigo 1	A eleição é ato da vontade ou da razão?	185
Artigo 2	A eleição convém aos animais irracionais?	186
Artigo 3	A eleição é só do que é para o fim ou também, às vezes, do mesmo fim?	188
Artigo 4	A eleição é só daquilo que podemos fazer?	190
Artigo 5	A eleição é só das coisas possíveis?	191
Artigo 6	O homem elege necessária ou livremente?	193
Questão 14	**A deliberação que precede a eleição**	195
Artigo 1	A deliberação é uma investigação?	195
Artigo 2	A deliberação é somente sobre o fim, ou também sobre o que é para o fim?	197
Artigo 3	A deliberação é somente sobre nossas ações?	198
Artigo 4	A deliberação é sobre todas as nossas ações?	200
Artigo 5	A deliberação procede de modo resolutório?	201
Artigo 6	A deliberação procede ao infinito?	202
Questão 15	**O consentimento, que é ato da vontade, comparado com aquilo que é para o fim**	204
Artigo 1	O consentimento é ato da potência apetitiva ou da potência apreensiva?	205
Artigo 2	O consentimento convém aos animais irracionais?	206
Artigo 3	O consentimento é sobre o fim ou sobre o que é para o fim?	207
Artigo 4	O consentimento ao ato pertence só à parte superior da alma?	209
Questão 16	**O uso, que é ato da vontade, comparado com as coisas que são para o fim**	211
Artigo 1	O uso é ato da vontade?	211
Artigo 2	Convém o uso aos animais irracionais?	213
Artigo 3	O uso pode ser também do último fim?	214
Artigo 4	O uso precede a eleição?	215
Questão 17	**Os atos imperados pela vontade**	217
Artigo 1	Imperar é ato da razão ou da vontade?	218
Artigo 2	Imperar pertence aos animais irracionais?	219
Artigo 3	O uso precede o império?	221
Artigo 4	O império e o ato imperado são um só ato, ou são diversos?	222
Artigo 5	O ato da vontade é imperado?	224
Artigo 6	O ato da razão é imperado?	225
Artigo 7	O ato do apetite sensitivo é imperado?	227
Artigo 8	Os atos da alma vegetativa são imperados?	229
Artigo 9	Os atos dos membros externos são imperados?	231

OS ATOS HUMANOS: SUA DIFERENCIAÇÃO MORAL, BOA OU MÁ

INTRODUÇÃO E NOTAS POR SERVAIS PINCKAERS		235
Introdução		237
Questão 18	**A bondade e a malícia dos atos humanos em geral**	239
Artigo 1	Toda ação humana é boa ou alguma é má?	240
Artigo 2	O ato humano é bom ou mau pelo objeto?	242
Artigo 3	A ação humana é boa ou má pelas circunstâncias?	244
Artigo 4	A ação humana é boa ou má pelo fim?	245
Artigo 5	A ação humana é boa ou má em sua espécie?	247
Artigo 6	O ato tem a espécie de bem ou de mal pelo fim?	249

Artigo 7	A espécie que é pelo fim está contida na espécie que é pelo objeto, como em seu gênero, ou ao contrário?..	250
Artigo 8	Algum ato é indiferente segundo sua espécie?................................	253
Artigo 9	Algum ato é indiferente segundo o indivíduo?................................	254
Artigo 10	Uma circunstância constitui o ato moral na espécie de bem ou de mal?........	257
Artigo 11	Toda circunstância que aumenta a bondade ou a malícia constitui o ato moral na espécie de bem ou mal?................................	258
Questão 19	**A bondade e a malícia do ato interior da vontade**................................	260
Artigo 1	A bondade da vontade depende do objeto?....................................	261
Artigo 2	A bondade da vontade depende só do objeto?.................................	262
Artigo 3	A bondade da vontade depende da razão?.....................................	264
Artigo 4	A bondade da vontade depende da lei eterna?.................................	266
Artigo 5	A vontade que discorda da razão errônea é má?...............................	267
Artigo 6	A vontade que concorda com a razão errônea é boa?...........................	270
Artigo 7	A bondade da vontade no que é para o fim depende da intenção do fim?........	272
Artigo 8	A medida da bondade e da malícia na vontade é consequência da medida do bem ou do mal na intenção?..	274
Artigo 9	A bondade da vontade depende da conformidade com a vontade divina?..........	276
Artigo 10	Para que a vontade humana seja boa é necessário que ela esteja em conformidade com a vontade divina no que quer?................................	277
Questão 20	**A bondade e a malícia dos atos humanos exteriores**................................	281
Artigo 1	A bondade ou a malícia da vontade está por primeiro no ato da vontade ou no ato exterior?...	281
Artigo 2	Toda bondade e malícia do ato exterior depende da bondade da vontade?........	283
Artigo 3	Uma só é a bondade e a malícia do ato exterior e do ato interior da vontade?...	284
Artigo 4	O ato exterior acrescenta bondade ou malícia ao ato interior?...................	286
Artigo 5	O acontecimento subsequente acrescenta bondade ou malícia ao ato exterior?...	288
Artigo 6	O mesmo ato exterior pode ser bom ou mau?...................................	290
Questão 21	**As consequências dos atos humanos em razão da bondade e malícia**............	292
Artigo 1	O ato humano, enquanto bom ou mau, tem razão de retidão ou de pecado?.......	292
Artigo 2	O ato humano, enquanto bom ou mau, tem razão de louvável ou culpável?.......	294
Artigo 3	O ato humano, enquanto bom ou mau, tem razão de mérito ou de demérito?......	296
Artigo 4	O ato humano, enquanto bom ou mau, tem razão de mérito ou demérito diante de Deus?	298

AS PAIXÕES DA ALMA

INTRODUÇÃO E NOTAS POR ALBERT PLÉ...		301
Introdução		303
Questão 22	**O sujeito das paixões da alma**...	305
Artigo 1	Existe alguma paixão na alma?...	305
Artigo 2	Encontra-se a paixão mais na parte apetitiva do que na apreensiva?............	307
Artigo 3	A paixão reside mais no apetite sensitivo do que no intelectivo, chamado vontade?..	310
Questão 23	**Diferença das paixões entre si**...	311
Artigo 1	As paixões do concupiscível e do irascível são diferentes?......................	312
Artigo 2	A contrariedade entre as paixões do irascível é uma contrariedade segundo o bem e o mal?..................................	314
Artigo 3	Existe paixão da alma que não tenha o seu contrário?.........................	316
Artigo 4	Uma mesma potência pode ter paixões especificamente diferentes e não contrárias entre si?..	318
Questão 24	**O bem e o mal nas paixões da alma**..	320
Artigo 1	Pode haver bem e mal moral nas paixões da alma?.............................	320
Artigo 2	Toda paixão da alma é moralmente má?..	322

Artigo 3	A paixão aumenta ou diminui a bondade ou a malícia do ato?...............	324
Artigo 4	Alguma paixão é boa ou má por sua espécie?...............................	326
Questão 25	**A ordem das paixões entre si**..	328
Artigo 1	As paixões do irascível têm prioridade sobre as paixões do concupiscível ou vice-versa?	328
Artigo 2	O amor é a primeira das paixões do concupiscível?........................	330
Artigo 3	A esperança é a primeira entre as paixões do irascível?...................	333
Artigo 4	As principais paixões são as quatro seguintes: a alegria e a tristeza, a esperança e o temor?.........................	335
Questão 26	**O amor**...	336
Artigo 1	O amor está no concupiscível?...	337
Artigo 2	O amor é paixão?..	339
Artigo 3	Amor é o mesmo que dileção?..	340
Artigo 4	O amor se divide convenientemente em amor de amizade e amor de concupiscência?	342
Questão 27	**A causa do amor**...	344
Artigo 1	O bem é a causa única do amor?...	344
Artigo 2	O conhecimento é causa do amor?..	345
Artigo 3	A semelhança é causa do amor?..	347
Artigo 4	Alguma outra paixão da alma é causa do amor?...........................	349
Questão 28	**Os efeitos do amor**...	350
Artigo 1	A união é efeito do amor?...	351
Artigo 2	A mútua inerência é efeito do amor?.....................................	353
Artigo 3	O êxtase é efeito do amor?..	355
Artigo 4	O ciúme é efeito do amor?...	356
Artigo 5	O amor é paixão que fere o amante?.....................................	358
Artigo 6	O amor é causa de tudo o que o amante faz?............................	360
Questão 29	**O ódio**...	361
Artigo 1	O mal é causa e objeto do ódio?..	361
Artigo 2	O ódio é causado pelo amor?..	363
Artigo 3	O ódio é mais forte que o amor?..	364
Artigo 4	Alguém pode odiar a si mesmo?..	366
Artigo 5	Alguém pode odiar a verdade?..	367
Artigo 6	Pode-se ter ódio a alguma coisa em geral?...............................	369
Questão 30	**A concupiscência**..	370
Artigo 1	A concupiscência está só no apetite sensitivo?............................	371
Artigo 2	A concupiscência é uma paixão especial?.................................	372
Artigo 3	Algumas concupiscências são naturais e outras não o são?................	374
Artigo 4	A concupiscência é infinita?..	376
Questão 31	**O deleite ou prazer em si mesmo**......................................	378
Artigo 1	O prazer é paixão?..	379
Artigo 2	O prazer está no tempo?...	381
Artigo 3	O prazer difere da alegria?..	382
Artigo 4	O prazer está no apetite intelectual?.....................................	384
Artigo 5	Os prazeres corporais e sensíveis são maiores do que os prazeres espirituais e inteligíveis?............................	385
Artigo 6	Os prazeres do tato são maiores que os prazeres dos outros sentidos?.....	388
Artigo 7	Algum prazer não é natural?...	390
Artigo 8	O prazer pode ser contrário ao prazer?...................................	392
Questão 32	**A causa do prazer**...	393
Artigo 1	A ação é causa própria do prazer?.......................................	394
Artigo 2	O movimento é causa de prazer?...	395

Artigo 3	A esperança e a memória são causa do prazer?	398
Artigo 4	A tristeza é causa de prazer?	399
Artigo 5	As ações dos outros são para nós causa de prazer?	400
Artigo 6	Fazer o bem a outro é causa de prazer?	402
Artigo 7	A semelhança é causa de prazer?	404
Artigo 8	A admiração é causa do prazer?	406
Questão 33	**Os efeitos do prazer**	**408**
Artigo 1	O prazer causa dilatação?	408
Artigo 2	O prazer causa a sede ou o desejo de si mesmo?	409
Artigo 3	O prazer impede o uso da razão?	411
Artigo 4	O prazer aperfeiçoa a ação?	413
Questão 34	**Bondade e malícia dos prazeres**	**415**
Artigo 1	Todo prazer é mau?	415
Artigo 2	Todo prazer é bom?	418
Artigo 3	Algum prazer é o melhor?	420
Artigo 4	O prazer é a medida ou a regra para julgar o bem ou o mal moral?	422
Questão 35	**A dor ou tristeza em si mesma**	**423**
Artigo 1	A dor é paixão da alma?	424
Artigo 2	Tristeza é o mesmo que dor?	426
Artigo 3	A tristeza ou dor é contrária ao prazer?	427
Artigo 4	Toda tristeza é contrária a todo prazer?	429
Artigo 5	Alguma tristeza é contrária ao prazer da contemplação?	431
Artigo 6	Deve-se evitar mais a tristeza do que desejar o prazer?	434
Artigo 7	A dor exterior é maior que a interior?	437
Artigo 8	Há somente quatro espécies de tristeza?	439
Questão 36	**As causas da tristeza ou dor**	**441**
Artigo 1	A causa da dor é o bem perdido, ou o mal presente?	442
Artigo 2	A concupiscência é causa de dor?	443
Artigo 3	O desejo de unidade é causa de dor?	445
Artigo 4	O poder a que não se pode resistir é causa de dor?	447
Questão 37	**Os efeitos da dor ou tristeza**	**448**
Artigo 1	A dor suprime a faculdade de aprender?	448
Artigo 2	O acabrunhamento do espírito é efeito da tristeza ou da dor?	450
Artigo 3	A tristeza ou a dor enfraquece toda ação?	452
Artigo 4	A tristeza prejudica mais o corpo que as outras paixões da alma?	453
Questão 38	**Os remédios da tristeza ou da dor**	**455**
Artigo 1	A dor ou tristeza é aliviada por qualquer prazer?	455
Artigo 2	A dor ou tristeza é aliviada pelas lágrimas?	457
Artigo 3	A tristeza ou dor é aliviada pela compaixão dos amigos?	458
Artigo 4	A dor e a tristeza são aliviadas pela contemplação da verdade?	460
Artigo 5	A dor e a tristeza são aliviadas pelo sono e pelos banhos?	461
Questão 39	**A bondade e a malícia da tristeza ou da dor**	**462**
Artigo 1	Toda tristeza é má?	463
Artigo 2	A tristeza pode ser um bem honesto?	464
Artigo 3	A tristeza pode ser um bem útil?	466
Artigo 4	A dor corporal pode ser o pior dos males?	467
Questão 40	**A esperança e o desespero**	**469**
Artigo 1	A esperança é o mesmo que desejo ou cupidez?	470
Artigo 2	A esperança está na potência apreensiva ou na apetitiva?	471
Artigo 3	Há esperança nos animais irracionais?	473

Artigo 4	O desespero é contrário à esperança?	475
Artigo 5	A experiência é causa de esperança?	476
Artigo 6	A esperança é abundante nos jovens e nos ébrios?	478
Artigo 7	A esperança é causa do amor?	479
Artigo 8	A esperança ajuda a ação, ou antes a impede?	480
Questão 41	**O temor em si mesmo**	**481**
Artigo 1	O temor é paixão da alma?	482
Artigo 2	O temor é uma paixão especial?	483
Artigo 3	Há um temor natural?	485
Artigo 4	As espécies do temor	486
Questão 42	**O objeto do temor**	**488**
Artigo 1	O objeto do temor é o bem ou o mal?	489
Artigo 2	O mal da natureza é objeto de temor?	490
Artigo 3	O objeto do temor é o mal de culpa?	492
Artigo 4	Pode-se temer o próprio temor?	494
Artigo 5	Os males imprevistos são mais temidos?	495
Artigo 6	O que é irremediável é mais temido?	497
Questão 43	**A causa do temor**	**498**
Artigo 1	O amor causa o temor?	498
Artigo 2	A deficiência é causa de temor?	500
Questão 44	**Os efeitos do temor**	**501**
Artigo 1	O temor tem por efeito contrair?	501
Artigo 2	O temor leva a deliberar?	504
Artigo 3	O temor faz tremer?	505
Artigo 4	O temor impede a ação?	507
Questão 45	**A audácia**	**508**
Artigo 1	A audácia é contrária ao temor?	508
Artigo 2	A audácia é consequência da esperança?	509
Artigo 3	Alguma deficiência é causa da audácia?	511
Artigo 4	Os audaciosos estão mais dispostos no começo ou no meio do perigo?	513
Questão 46	**A ira em si mesma**	**515**
Artigo 1	A ira é uma paixão especial?	515
Artigo 2	O objeto da ira é o bem ou o mal?	517
Artigo 3	A ira está no concupiscível?	518
Artigo 4	A ira acompanha a razão?	520
Artigo 5	A ira é mais natural que a concupiscência?	521
Artigo 6	A ira é mais grave que o ódio?	523
Artigo 7	A ira se refere só aqueles aos quais a justiça se refere?	525
Artigo 8	As espécies da ira	527
Questão 47	**A causa efetiva da ira e seus remédios**	**529**
Artigo 1	O motivo da ira é sempre alguma coisa feita contra quem fica irado?	529
Artigo 2	Só o menoscabo ou o desprezo é motivo da ira?	531
Artigo 3	O valor do que fica irado é causa da ira?	533
Artigo 4	A deficiência de alguém é a causa de que contra ele mais facilmente nos irritemos?	534
Questão 48	**Os efeitos da ira**	**535**
Artigo 1	A ira causa prazer?	536
Artigo 2	A ira causa sobretudo calor no coração?	537
Artigo 3	A ira impede sobretudo o uso da razão?	539
Artigo 4	A ira causa sobretudo o silêncio?	541

Edições Loyola é uma obra da Companhia de Jesus do Brasil e foi fundada em 1958. De inspiração cristã, tem como maior objetivo o desenvolvimento integral do ser humano. Atua como editora de livros e revistas e também como gráfica, que atende às demandas internas e externas. Por meio de suas publicações, promove fé, justiça e cultura.

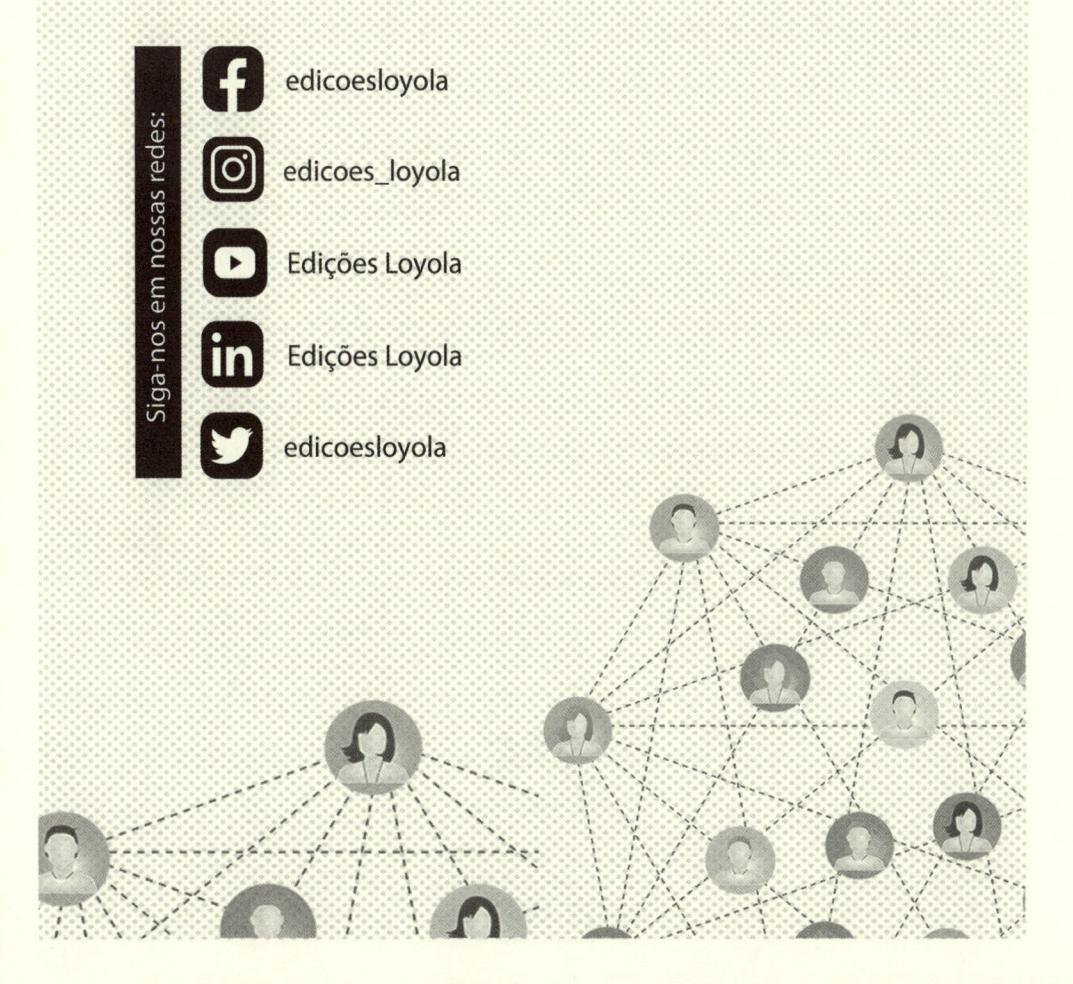

Siga-nos em nossas redes:

- edicoesloyola
- edicoes_loyola
- Edições Loyola
- Edições Loyola
- edicoesloyola

Edições Loyola

editoração impressão acabamento
rua 1822 nº 341
04216-000 são paulo sp
T 55 11 3385 8500/8501 • 2063 4275
www.loyola.com.br